KB060282

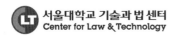
서울대학교 기술과 법 센터
Center for Law & Technology

상표법 주해 II

TRADEMARK LAW COMMENTARY

▪ 편집대표 정상조 ▪

博 英 社

머 리 말

　지구상에서 가장 비싼 상표는 '애플(Apple)'이다. 애플의 가치는 미화 1,841억 달러(한화 약 202조원)에 달하는 것으로 평가되고 있는데, 그 가치는 애플의 주식시가총액의 25%에 해당되는 비중을 가진다. 필자는 이와 같이 막대한 경제적 가치와 비중을 차지하는 상표에 관해서 그 법률적 쟁점들을 체계적으로 정리하고 분석해보고 싶었다. 특히 고대에 상품의 교역과 함께 상표가 사용되기 시작한 이래 오늘날까지 계속 사용되고 있지만, 상표의 기능과 상표법의 법목적은 상당한 변화를 겪어왔다. 이러한 상표제도 진화의 역사 속에서 오늘날 우리 상표법제도의 실제 모습과 중요한 논점들을 객관적으로 설명하고, 향후 전개될 시장의 변화와 상표법제도의 효율적인 대응에 도움이 될 수 있는 단행본/주해서를 펴내고 싶었다.

　이미 저작권법, 특허법, 디자인보호법에 관한 주해서를 출판한 바 있는데, 상표법에 관한 체계적이고 객관적인 쟁점의 정리도 주해서의 형식으로 추진하는 것이 바람직하다고 생각되었다. 이에 필자는 2010년경 서울대 법대 박준석 교수와 함께 상표법 주해서를 기획하기 시작했고, 설범식 부장판사와 함께 집필자 선정과 조문 분담 그리고 원고 집필 등 일련의 주해서 출판작업을 추진했다. 상표법 조문별로 국내 최고의 전문가로 하여금 객관적인 논점의 정리와 분석을 분담할 수 있도록 하기 위해서, 12명의 교수, 21명의 판사, 10명의 변호사 그리고 4명의 특허청공무원을 포함해서 총47명의 필자분을 섭외하고 원고 집필에 착수했다. 그러나, 그 동안 수차례에 걸친 상표법 개정이 있었고, 상표법 개정에 따른 주해서 원고의 반복되는 수정 필요성으로 인해서 주해서 출판이 순차 연기되어 왔다. 상표법 해설에 필연적으로 수반되는 부정경쟁방지법에 관한 전문 개정의 가능성이 제기되고 있지만, 더 이상 상표법 주해서 출판을 늦추기 어렵다고 판단되어, 이제까지 가다듬어 오던 주해서 원고수정을 마감하고 그 출판에

이르게 되었다. 이에 효율적인 출판 작업을 위하여 전지원 부장판사가 편집에
합류하였다.

　　1인의 저자에 의해서 쓰여진 교과서와 달리, 상표법 주해서는 각 조문별 최
고의 전문가들이 모여서 객관적이고 체계적인 정리와 분석을 해놓은 역작이라
고 자부할 수 있다. 특히 집필자들의 구성에서 쉽게 알 수 있듯이, 학계와 실무
계 그리고 재조와 재야 전문가들이 함께 모여서 수차례의 원고 수정을 거쳐서
완성해낸 주해서라고 하는 점을 강조하고 싶다. 따라서, 7년 동안의 원고집필과
수정이라고 하는 오랜 기다림 끝에 세상으로 나오게 된『상표법 주해』는 우리
나라 상표법 전문가들의 다양한 시각과 상당한 고민 및 경험이 축적된 작품이
라고 자랑하고 싶다. 우리 상표법이 직면한 어떠한 쟁점이나 문제가 제기되더라
도,『상표법 주해』가 적확하고 속 시원한 대답을 제시해줄 수 있을 것으로 기대
한다.

　　기나긴 세월 동안 상표법이 개정될 때마다 그에 맞추어 열과 성을 다하여
묵묵히 원고수정을 계속해 주신 집필자분들께 감사와 경의를 표한다. 그리고 저
작권법, 특허법, 디자인보호법 주해서에 이어, 이번『상표법 주해』의 출판에까
지 많은 지원을 해준 박영사 안종만 회장, 조성호 이사에게 감사드린다.

2018년 2월
관악캠퍼스 연구실에서
편집대표 정상조

상표법 주해 편저자

편집대표 : 정상조 (서울대학교 법학전문대학원 교수)
　　주무 : 설범식 (서울고등법원 부장판사)
　　도움 : 전지원 (대전고등법원 부장판사)

상표법 주해 집필자 명단

강경태 (변호사)
고재홍 (전 특허심판원 심판관, 변리사)
곽부규 (변호사)
권동주 (특허법원 고법판사)
김기영 (서울동부지방법원 부장판사)
김동준 (충남대 법학전문대학원 교수)
김병식 (청주지방법원 부장판사)
김병일 (한양대학교 법학전문대학원 교수)
김승곤 (수원지방법원 여주지원 부장판사)
김　신 (전주지방법원 부장판사)
김용덕 (대전지방법원 홍성지원장)
김운호 (변호사)
김종석 (변호사)
김창권 (대법원 재판연구관)
김철환 (변호사)
김태현 (대구고등법원 고법판사)
나종갑 (연세대학교 법학전문대학원 교수)
문선영 (숙명여자대학교 법학과 교수)
박길채 (전 특허심판원 심판관, 변리사)

박민정 (변호사)

박원규 (서울중앙지방법원 부장판사)

박익환 (경희대학교 법학전문대학원 교수)

박정희 (변호사)

박정훈 (광주고등법원 고법판사)

박종학 (서울남부지방법원 부장판사)

박준석 (서울대학교 법학전문대학원 교수)

박태일 (대전지방법원 부장판사)

설범식 (서울고등법원 부장판사)

성창익 (변호사)

손영식 (특허심판원 심판장)

손천우 (대법원 재판연구관)

염호준 (사법정책연구원 부장판사)

우라옥 (서울서부지방법원 부장판사)

유영선 (변호사)

윤주탁 (특허법원 판사)

윤태식 (서울중앙지방법원 부장판사)

이규호 (중앙대학교 법학전문대학원 교수)

이대희 (고려대학교 법학전문대학원 교수)

이해완 (성균관대학교 법학전문대학원 교수)

전지원 (대전고등법원 부장판사)

정상조 (서울대학교 법학전문대학원 교수)

정태호 (원광대학교 법학전문대학원 교수)

차형렬 (특허심판원 수석심판관)

최성준 (전 방송통신위원회 위원장, 변호사)

한규현 (서울고등법원 부장판사)

한동수 (변호사)

홍정표 (국민대학교 교수)

(이상, 가나다 순)

차 례

제5장 상표권

제82조(상표권의 설정등록) ··· <김기영>   *1*

제83조(상표권의 존속기간) ··· <김기영>   *7*

제84조(존속기간갱신등록신청) ··· <박정희>   *13*

제85조(존속기간갱신등록신청 등의 효력) ······························· <박정희>   *16*

제86조(지정상품 추가등록출원) ··· <박정희>   *18*

제87조(지정상품의 추가등록거절결정 및 거절이유통지) ·············· <박정희>   *21*

제88조(존속기간갱신등록신청 절차 등에 관한 준용) ·················· <박정희>   *23*

제89조(상표권의 효력) ··· <나종갑>   *24*

[제90조 전론(前論)] 진정상품의 병행수입 ······························· <김병일>   *85*

제90조(상표권의 효력이 미치지 아니하는 범위) ······················· <김병일>   *92*

제91조(등록상표 등의 보호범위) ··· <나종갑>   *108*

제92조(타인의 디자인권등과의 관계) ······································ <김병일>   *117*

제93조(상표권등의 이전 및 공유) ··· <김병일>   *125*

제94조(상표권의 분할) ··· <김병일>   *136*

제95조(전용사용권) ·· <이해완>   *139*

제96조(상표권 등의 등록의 효력) ·· <이해완>   *154*

제97조(통상사용권) ·· <이해완>   *157*

제98조(특허권 등의 존속기간 만료 후 상표를 사용하는 권리) ····· <이해완>   *169*

제99조(선사용에 따른 상표를 계속 사용할 권리) ······················ <이해완>   *176*

제100조(전용사용권·통상사용권 등의 등록의 효력) ···················· <이해완>   *185*

제101조(상표권의 포기) ··· <박익환>   *187*

제102조(상표권 등의 포기의 제한) ··· <박익환>   *189*

제103조(포기의 효과) ·· <박익환> 192

제104조(질권) ·· <박익환> 194

제105조(질권의 물상대위) ···································· <박익환> 197

제106조(상표권의 소멸) ······································ <박익환> 200

제 6 장 상표권자의 보호

제107조(권리침해에 대한 금지청구권등) ············· <박익환> 204

제108조(침해로 보는 행위) ·································· <문선영> 214

제109조(손해배상의 청구) ···································· <문선영> 231

제110조(손해액의 추정 등) ·································· <염호준> 238

제111조(법정손해배상의 청구) ····························· <염호준> 276

제112조(고의의 추정) ·· <염호준> 284

제113조(상표권자 등의 신용회복) ························· <염호준> 287

제114조(서류의 제출) ·· <강경태> 291

제 7 장 심 판

제115조(보정각하결정에 대한 심판) ····················· <설범식> 296

제116조(거절결정에 대한 심판) ···························· <설범식> 306

제117조(상표등록의 무효심판) ····························· <김기영> 322

제118조(존속기간갱신등록의 무효심판) ················· <박정희> 341

제119조(상표등록의 취소심판) ····························· <한규현> 344

제120조(전용사용권 또는 통상사용권 등록의 취소심판) ············· <한규현> 406

제121조(권리범위확인심판) ·································· <박정희> 410

제122조(제척기간) ·· <김기영> 419

제123조(심사규정의 상표등록거절결정에 대한 심판에 관한 준용) ··· <설범식> 426

제124조(공동심판의 청구 등) ······························ <손영식> 431

제125조(상표등록의 무효심판 등에 대한 심판청구방식) ············· <손영식> 440

제126조(보정 각하결정 등에 대한 심판청구방식) ····················· <손영식> 448

제127조(심판청구서 등의 각하) ······················· <손영식> 455

제128조(보정할 수 없는 심판청구의 심결 각하) ··········· <손영식> 462

제129조(심판관) ····························· <손영식> 465

제130조(심판관의 지정) ························· <손영식> 469

제131조(심판장) ····························· <홍정표> 472

제132조(심판의 합의체) ························· <홍정표> 474

제133조(답변서 제출 등) ························ <홍정표> 478

제134조(심판관의 제척) ························· <홍정표> 482

제135조(제척신청) ···························· <홍정표> 490

제136조(심판관의 기피) ························· <홍정표> 491

제137조(제척 또는 기피의 소명) ··················· <홍정표> 494

제138조(제척 또는 기피신청에 관한 결정) ············· <홍정표> 496

제139조(심판절차의 중지) ······················· <홍정표> 498

제140조(심판관의 회피) ························· <홍정표> 500

제141조(심리 등) ···························· <김철환> 501

제142조(참가) ······························ <김철환> 507

제143조(참가의 신청 및 결정) ···················· <김철환> 513

제144조(증거조사 및 증거보전) ··················· <김철환> 516

제145조(심판의 진행) ························· <김철환> 522

제146조(직권심리) ···························· <홍정표> 524

제147조(심리·심결의 병합 또는 분리) ··············· <김철환> 528

제148조(심판청구의 취하) ······················· <김철환> 532

제149조(심결) ······························ <김 신> 535

제150조(일사부재리) ·························· <김 신> 539

제151조(소송과의 관계) ························· <윤태식> 549

제152조(심판비용) ···························· <곽부규> 554

제153조(심판비용의 금액에 대한 집행권원) ············ <곽부규> 576

제154조(보정각하결정 및 거절결정에 대한 심판의 특칙) ····· <설범식> 578

제155조(심사 또는 이의신청 절차의 효력) ············· <박길채> 581

제156조(상표등록거절결정 등의 취소) ··············· <박길채> 587

제 8 장　재심 및 소송

제157조(재심의 청구) ··· <우라옥>　*591*

제158조(사해심결에 대한 불복청구) ····································· <우라옥>　*601*

제159조(재심청구의 기간) ··· <우라옥>　*608*

제160조(재심에 의하여 회복한 상표권의 효력 제한) ··········· <우라옥>　*612*

제161조(재심에서의 심판 절차 규정의 준용) ························ <우라옥>　*618*

제162조(심결 등에 대한 소) ··· <최성준>　*620*

제163조(피고적격) ··· <최성준>　*693*

제164조(소제기통지 · 재판서 정본 송부) ······························ <최성준>　*698*

제165조(심결 또는 결정의 취소) ··· <최성준>　*699*

제166조(변리사의 보수와 소송비용) ······································· <최성준>　*714*

제 9 장　「표장의 국제등록에 관한 마드리드 협정에 대한 의정서」에 따른 국제출원

제1절 국제출원 등

제167조(국제출원) ··· <손영식>　*729*

제168조(국제출원인의 자격) ··· <손영식>　*735*

제169조(국제출원의 절차) ··· <손영식>　*738*

제170조(국제출원서 등 서류제출의 효력발생 시기) ··············· <손영식>　*742*

제171조(기재사항의 심사 등) ··· <손영식>　*745*

제172조(사후지정) ··· <손영식>　*750*

제173조(존속기간의 갱신) ··· <손영식>　*755*

제174조(국제등록의 명의변경) ··· <손영식>　*758*

제175조(수수료의 납부) ··· <손영식>　*761*

제176조(수수료 미납에 대한 보정) ··· <손영식>　*768*

제177조(절차의 무효) ··· <손영식>　*770*

제178조(국제등록 사항의 변경등록 등) ································· <손영식> 773
제179조(업무표장에 대한 적용 제외) ································· <손영식> 777

제2절 국제상표등록출원에 관한 특례

제180조(국제상표등록출원) ·· <손영식> 779
제181조(업무표장의 특례) ··· <손영식> 786
제182조(국제상표등록출원의 특례) ·································· <손영식> 788
제183조(국내등록상표가 있는 경우의 국제상표등록출원의 효과) ··· <손영식> 792
제184조(출원의 승계 및 분할이전 등의 특례) ······················ <손영식> 801
제185조(보정의 특례) ··· <손영식> 804
제186조(출원 변경의 특례) ·· <손영식> 810
제187조(출원 분할의 특례) ·· <손영식> 812
제188조(파리협약에 따른 우선권 주장의 특례) ····················· <손영식> 814
제189조(출원 시 및 우선심사의 특례) ······························ <손영식> 817
제190조(거절이유 통지의 특례) ······································ <차형렬> 822
제191조(출원공고의 특례) ··· <차형렬> 833
제192조(손실보상청구권의 특례) ····································· <차형렬> 839
제193조(상표등록결정 및 직권에 의한 보정의 특례) ················ <차형렬> 844
제194조(상표등록료 등의 특례) ······································ <차형렬> 850
제195조(상표등록료 등의 반환의 특례) ······························ <차형렬> 854
제196조(상표원부에의 등록의 특례) ·································· <차형렬> 858
제197조(상표권 설정등록의 특례) ···································· <차형렬> 863
제198조(상표권 존속기간 등의 특례) ································· <차형렬> 866
제199조(지정상품추가등록출원의 특례) ······························ <차형렬> 873
제200조(상표권 분할의 특례) ·· <차형렬> 875
제201조(상표권등록 효력의 특례) ···································· <차형렬> 877
제202조(국제등록 소멸의 효과) ······································ <차형렬> 883
제203조(상표권 포기의 특례) ·· <차형렬> 889

제204조(존속기간갱신등록의 무효심판 등의 특례) ························ <차형렬> *892*

제3절 상표등록출원의 특례

제205조(국제등록 소멸 후의 상표등록출원의 특례) ····················· <차형렬> *894*
제206조(마드리드 의정서 폐기 후의 상표등록출원의 특례) ·········· <차형렬> *901*
제207조(심사의 특례) ·· <차형렬> *906*
제208조(제척기간의 특례) ·· <차형렬> *909*

제 10 장 상품분류전환의 등록

제209조(상품분류전환등록의 신청) ·· <박정희> *912*
제210조(상품분류전환등록의 거절결정 및 거절이유의 통지) ········ <박정희> *916*
제211조(상품분류전환등록) ·· <박정희> *919*
제212조(상품분류전환등록신청에 관한 준용) ····································· <박정희> *920*
제213조(상품분류전환등록이 없는 경우 등의 상표권의 소멸) ······· <박익환> *921*
제214조(상품분류전환등록의 무효심판) ··· <박정희> *927*

제 11 장 보 칙

제215조(서류의 열람등) ··· <강경태> *929*
제216조(상표등록출원·심사·심판 등에 관한 서류의 반출과 공개 금지)<강경태> *931*
제217조(상표문서 전자화업무의 대행) ·· <홍정표> *933*
제218조(서류의 송달) ·· <윤주탁> *937*
제219조(공시송달) ··· <윤주탁> *945*
제220조(재외자에 대한 송달) ··· <윤주탁> *951*
제221조(상표공보) ··· <한규현> *954*
제222조(등록상표의 표시) ·· <김태현> *957*
제223조(동음이의어 지리적 표시 등록단체표장의 표시) ·············· <이규호> *961*
제224조(거짓 표시의 금지) ·· <염호준> *962*

제225조(등록상표와 유사한 상표 등에 대한 특칙) ························· <김기영> *965*

제226조(불복의 제한) ··· <최성준> *970*

제227조(비밀유지명령) ··· <이규호> *973*

제228조(비밀유지명령의 취소) ·· <이규호> *974*

제229조(소송기록 열람 등의 청구 통지 등) ································· <이규호> *974*

제 12 장 벌   칙

제230조(침해죄) ·· <박태일> *982*

제231조(비밀유지명령 위반죄) ·· <염호준> *1028*

제232조(위증죄) ·· <박태일> *1030*

제233조(거짓 표시의 죄) ·· <염호준> *1040*

제234조(거짓 행위의 죄) ·· <염호준> *1043*

제235조(양벌규정) ··· <윤주탁> *1045*

제236조(몰수) ·· <윤주탁> *1047*

제237조(과태료) ·· <윤주탁> *1050*

사항색인 ··· *1055*

[상표법 주해 제1권 차례]

제 1 장 총 칙

제1조(목적) ··· <정상조>   *1*

[제2조 전론(前論)] 상표의 개념 ································ <나종갑>   *17*

제2조(정의)
    제1항 제1호~제2호 ··· <나종갑>   *94*
    제1항 제3호~제10호 ··· <이규호>   *163*
    제1항 제11호 ··· <박준석>   *196*
    제2항 ·· <박준석>   *242*
    제3항, 제4항 ·· <이규호>   *246*

제3조(상표등록을 받을 수 있는 자)
    제1항~제2항 ·· <김운호>   *257*
    제3항~제5항 ·· <이규호>   *264*
    제6항 ·· <김운호>   *267*

제4조(미성년자 등의 행위능력) ······························ <손천우>   *270*
제5조(법인이 아닌 사단 등) ······································ <손천우>   *281*
제6조(재외자의 상표관리인) ······································ <설범식>   *287*
제7조(대리권의 범위) ·· <손천우>   *293*
제8조(대리권의 증명) ·· <김 신>   *301*
제9조(행위능력 등의 흠에 대한 추인) ······················ <김 신>   *304*
제10조(대리권의 불소멸) ··· <김 신>   *308*
제11조(개별대리) ··· <김 신>   *311*
제12조(대리인의 선임 또는 교체 명령 등) ················ <김 신>   *313*
제13조(복수당사자의 대표) ·· <박원규>   *316*
제14조(「민사소송법」의 준용) ···································· <박원규>   *325*
제15조(재외자의 재판관할) ·· <박원규>   *332*
제16조(기간의 계산) ··· <설범식>   *337*
제17조(기간의 연장 등) ··· <박원규>   *345*
제18조(절차의 무효) ··· <윤태식>   *351*
제19조(절차의 추후 보완) ·· <윤태식>   *361*
제20조(절차의 효력의 승계) ······································ <윤태식>   *369*
제21조(절차의 속행) ··· <윤태식>   *373*
제22조(절차의 중단) ··· <윤태식>   *396*
제23조(중단된 절차의 수계) ······································ <윤태식>   *403*
제24조(수계신청) ··· <윤태식>   *409*
제25조(절차의 중지) ··· <윤태식>   *415*
제26조(중단 또는 중지의 효과) ·································· <윤태식>   *420*
제27조(외국인의 권리능력) ·· <홍정표>   *423*
제28조(서류제출의 효력 발생 시기) ··························· <박정훈>   *428*
제29조(고유번호의 기재) ··· <박정훈>   *433*

제30조(전자문서에 의한 상표에 관한 절차의 수행) ················· <박정훈>   *437*
제31조(전자문서 이용신고 및 전자서명) ························· <박정훈>   *442*
제32조(정보통신망을 이용한 통지 등의 수행) ···················· <박정훈>   *445*

제 2 장   상표등록요건 및 상표등록출원

제33조(상표등록의 요건)
  제1항 제1호~제2호 ······································· <이대희>   *448*
  제1항 제3호 ·· <이규호>   *461*
  제1항 제4호 ·· <이규호>   *474*
  제1항 제5호 ·· <김창권>   *481*
  제1항 제6호 ·· <김창권>   *486*
  제1항 제7호 ·· <김창권>   *496*
  제2항 ··· <이해완>   *513*
  제3항 ··· <이해완>   *549*
[제34조 전론(前論)] 상표의 동일·유사 ······················· <한동수>   *550*
[제34조 전론(前論)] 상표의 주지·저명 ······················· <전지원>   *582*
제34조(상표등록을 받을 수 없는 상표)
  제1항 제1호 ·· <김동준>   *605*
  제1항 제2호 ·· <김동준>   *625*
  제1항 제3호 ·· <김동준>   *635*
  제1항 제4호 ·· <권동주>   *646*
  제1항 제5호 ·· <김동준>   *656*
  제1항 제6호 ·· <김동준>   *662*
  제1항 제7호 ·· <김종석>   *677*
  제1항 제8호 ·· <김종석>   *685*
  제1항 제9호 ·· <전지원>   *688*
  제1항 제10호 ··· <전지원>   *703*
  제1항 제11호 ··· <전지원>   *706*
  제1항 제12호 ··· <유영선>   *720*
  제1항 제13호~제14호 ···································· <유영선>   *750*
  제1항 제15호 ··· <유영선>   *765*
  제1항 제16호 ··· <김동준>   *799*
  제1항 제17호 ··· <김동준>   *807*
  제1항 제18호 ··· <정태호>   *819*
  제1항 제19호 ··· <정태호>   *826*
  제1항 제20호 ··· <정태호>   *839*
  제1항 제21호 ··· <정태호>   *848*
  제2항 ··· <전지원>   *888*
  제3항 ··· <권동주>   *891*
  제4항 ··· <김종석>   *897*

제35조(선출원) ··· <박태일>　899
제36조(상표등록출원) ·· <박태일>　919
제37조(상표등록출원일의 인정 등) ······································· <박태일>　932
제38조(1상표 1출원) ··· <성창익>　938
제39조(절차의 보정) ··· <성창익>　950
제40조(출원공고결정 전의 보정) ·· <성창익>　955
제41조(출원공고결정 후의 보정) ·· <성창익>　967
제42조(보정의 각하) ··· <박종학>　971
제43조(수정정관 등의 제출) ··· <박종학>　980
제44조(출원의 변경) ··· <박종학>　985
제45조(출원의 분할) ··· <박종학>　992
제46조(조약에 따른 우선권 주장) ··· <박종학>　1001
제47조(출원 시의 특례) ··· <박종학>　1010
제48조(출원의 승계 및 분할이전 등) ····································· <성창익>　1016
제49조(정보의 제공) ··· <윤태식>　1024

제 3 장　심　　사

제50조(심사관에 의한 심사) ··· <김용덕>　1028
제51조(상표전문기관의 지정 등) ·· <김용덕>　1035
제52조(전문조사기관의 지정취소 등) ····································· <김용덕>　1040
제53조(심사의 순위 및 우선심사) ··· <김용덕>　1043
제54조(상표등록거절결정) ·· <김용덕>　1049
제55조(거절이유통지) ·· <김용덕>　1053
제56조(서류의 제출 등) ··· <김기영>　1058
제57조(출원공고) ··· <김용덕>　1060
제58조(손실보상청구권) ··· <김병식>　1067
제59조(직권보정 등) ··· <김병식>　1082
제60조(이의신청) ··· <김병식>　1089
제61조(이의신청 이유 등의 보정) ··· <김병식>　1098
제62조(이의신청에 대한 심사 등) ··· <고재홍>　1102
제63조(이의신청에 대한 심사의 범위) ···································· <고재홍>　1104
제64조(이의신청의 병합 또는 분리) ······································ <김병식>　1106
제65조(이의신청의 경합) ·· <김병식>　1109
제66조(이의신청에 대한 결정) ··· <김병식>　1111
제67조(상표등록 출원공고 후의 직권에 의한 상표등록거절결정) ············· <김병식>　1119
제68조(상표등록결정) ·· <김승곤>　1123
제69조(상표등록여부결정의 방식) ··· <김승곤>　1125
제70조(심사 또는 소송절차의 중지) ······································ <김승곤>　1128
제71조(심판 규정의 이의신청 심사 및 결정에의 준용) ·················· <김승곤>　1131

제4장 상표등록료 및 상표등록 등

제72조(상표등록료) ··· <박민정> *1136*
제73조(상표등록료를 납부할 때의 일부 지정상품의 포기) ···················· <박민정> *1146*
제74조(상표등록료의 납부기간 연장) ····································· <박민정> *1148*
제75조(상표등록료의 미납으로 인한 출원 또는 신청의 포기) ··············· <박민정> *1150*
제76조(상표등록료의 보전 등) ·· <박민정> *1155*
제77조(상표등록료 납부 또는 보전에 의한 상표등록출원의 회복 등) ·········· <박민정> *1158*
제78조(수수료) ·· <김승곤> *1162*
제79조(상표등록료 및 수수료의 반환) ···································· <김승곤> *1165*
제80조(상표원부) ·· <강경태> *1170*
제81조(상표등록증의 발급) ·· <강경태> *1182*

사항색인 ··· *1185*

제 5 장
상표권

제82조(상표권의 설정등록)

① 상표권은 설정등록에 의하여 발생한다.

② 특허청장은 다음 각 호의 어느 하나에 해당하는 경우에는 상표권을 설정하기 위한 등록을 하여야 한다.

1. 제72조제3항 또는 제74조에 따라 상표등록료(제72조제1항 각 호 외의 부분 후단에 따라 분할납부하는 경우에는 1회차 상표등록료를 말하며, 이하 이 항에서 같다)를 낸 경우

2. 제76조제2항에 따라 상표등록료를 보전하였을 경우

3. 제77조제1항에 따라 상표등록료를 내거나 보전하였을 경우

③ 특허청장은 제2항에 따라 등록한 경우에는 상표권자의 성명·주소 및 상표등록번호 등 대통령령으로 정하는 사항을 상표공보에 게재하여 등록공고를 하여야 한다.

〈소 목 차〉

Ⅰ. 서론
  1. 의의
  2. 연혁·비교법적 고찰
Ⅱ. 설정등록에 의한 상표권의 발생(제1항)
Ⅲ. 등록료의 납부에 의한 설정등록 의무의 발생(제2항)
Ⅳ. 특허청장의 등록공고의무(제3항)

Ⅰ. 서론

1. 의의

이 규정은 상표권은 등록에 의하여 발생한다는 등록주의를 규정한 것이다.[1] 상표등록출원을 한 자가 일정한 심사절차에 의해 심사를 받은 결과 제68조에 의한 상표등록결정이 있다 하더라도 그 결정만으로는 상표권이 발생하지

---

[1] 문삼섭, 상표법(제2판), 세창출판사(2004), 524; 특허청, 조문별 상표법해설(2007), 236.

않고 설정등록에 의하여 비로소 발생하도록 한 것이다.[2] 설정등록은 상표권 발생의 유효요건일뿐만 아니라 존속요건이기도 하다.[3]

상표법이 규정한 상표권 또는 좁은 의미의 상표권은 상표의 설정등록에 의해서 발생하고(제82조), 설정등록이 있은 날로부터 10년간 존속하지만 상표권자에 의해 계속적인 상표사용이 유지되는 한 존속기간갱신등록신청에 의해서 영원히 존속할 수 있다(제83조). 다만 상표는 상품이나 서비스의 출처로서의 식별력을 가지고 수요자들에게 널리 알려진 경우에 보호될 가치가 있는 것이고, 그러한 의미의 주지상표의 보유자에게 주어지는 넓은 의미의 상표권은 수요자들에게 널리 알려진 때, 즉 주지성을 획득하게 된 때부터 발생한다.[4]

상표법 체계는 일반적으로 사용주의와 등록주의로 나누어진다.[5] 사용주의하에서는 상표권이 등록에 관계없이 상표의 실제적 사용에 의하여 발생하며, 등록주의 하에서는 상표권이 등록에 의하여 발생하고 권리의 우선순위는 원칙적으로 출원일에 의하여 결정된다.[6] 사용주의 또는 등록주의의 채택여부는 각국의 역사·경제적·법적인 환경을 반영하며 산업정책과 깊은 연관을 맺고 있다.[7] 사용주의를 채택하고 있는 대표적인 나라는 미국이고, 우리나라와 일본 그리고 독일은 등록주의를 채택하고 있다.[8] 다만 현대에 있어서 신제품을 시장에 내어 놓기 전에 국내외에서 사용되지 않은 좋은 상표를 미리 등록하여 권리확보를 하여둔 다음 광고 선전과 동시에 제품을 시장에 출하하는 경우도 많다는 점에서 사용주의만을 고집하기 어려운 면이 있고, 상표권의 발생을 사용 실적과 관계없이 등록에만 의존하는 경우 선의 상표사용자의 이익을 해치고 상표브로커의 발호로 상표제도 자체가 남용될 여지도 있으므로, 사용주의 국가는 등록주의적 요소를, 등록주의 국가는 사용주의 요소를 도입하여 상표제도를 합리화하려 노력하고 있다.[9] 사용주의를 취하는 미국에서 1988년 상표법 개정을 통하여 사

---

2) 특허청(주 1), 236.

3) 網野誠, 商標[제6판], 有斐閣(2002), 733.

4) 정상조·박준석, 지적재산권법(제2판), 홍문사(2011), 583.

5) 송영식 외 6인 공저, 송영식 지적소유권법(하), 육법사(2008), 37, 39-42, 186-187; 특허청(주 1), 236; 문삼섭(주 1), 39.

6) 특허청(주 1), 236.

7) 특허청(주 1), 236.

8) 송영식 외 6인 공저(주 5), 37, 39-40, 187 참조; 문삼섭(주 1), 39-40 참조; 小野昌延 편, 注解 商標法 [신판] 상권, 靑林書院(2005), 627.

9) 송영식 외 6인 공저(주 5), 39-40; 특허법원 지적재산소송실무연구회, 지적재산소송실무(전면개정판), 박영사(2010), 477.

용 사실은 없더라도 사용의사만 있으면 상표등록을 인정하는 것, 등록주의를 취하고 있는 우리나라 상표법에서 상표가 식별력을 갖추지 못한 경우라도 출원 전에 그 상표를 사용한 결과 수요자 간에 특정인의 상품에 관한 출처를 표시하는 것으로 식별할 수 있게 된 경우 그 상표를 사용한 상품에 한정하여 상표의 등록을 허용(제33조 제2항), 미등록 주지·저명상표와 동일·유사한 상표의 등록 배제(제34조 제1항 제9호 및 제10호), 선사용자에게 계속하여 상표를 사용할 수 있는 권리 인정(제99조), 등록상표를 3년 이상 사용하고 있지 아니할 경우 이를 취소사유로 한 점(제119조 제1항 제3호) 등은 그러한 예라 할 것이다.[10]

설정등록을 위해서는 특허청에 등록료를 납부하여야 하며, 등록료를 납부하지 아니한 경우에는 그 상표등록출원은 포기한 것으로 본다(제75조).

2. 연혁·비교법적 고찰

가. 제정 상표법 — 사용주의

우리나라의 제정상표법은 상표를 정당히 영업상 사용하는 자는 상표를 상표등록부에 등록할 수 있다(제2조), 동종의 상품에 사용할 동일 또는 유사한 상표에 대한 2인 이상의 등록출원이 경합하였을 때에는 영업상 최선사용자에 한하여 등록한다(제3조), 상표권은 상표권리인이 그 영업을 폐지하였을 때에는 그 날부터 소멸된다(제22조)고 규정하여 사용주의를 채택하고 있었다.[11]

나. 1958년 개정 상표법 이후 — 등록주의

1958년 개정 상표법에서는 2이상의 등록출원이 경합할 경우 선출원자를 등록한다고 규정하였고, 1973년 개정 상표법(1973. 2. 8. 법률 제2506호) 제19조는 "상표권은 설정의 등록에 의하여 발생한다"고 규정함으로써 등록주의를 명확히 하였다.

1990년 개정 상표법(1990. 1. 13. 법률 제4210호)에서는 관련 조문을 제41조로 변경하고 제2항에서 "제34조 제1항의 규정에 의하여 상표등록료를 납부한 때에는 상표권의 설정등록을 하여야 한다"는 내용을 신설하였다.

2002년 개정 상표법(2002. 12. 11. 법률 제6765호)에서는 상표등록료 보전제도 등의 도입에 따라 제41조 제2항 중 "제34조 제1항"을 "제34조 제1항 또는 제35조"로, "납부한 때에는 상표권의 설정등록을"을 "납부한 때, 제36조의2 제2항의

10) 송영식 외 6인 공저(주 5), 40-42, 187; 특허청(주 1), 237.
11) 이하 2.항의 내용은 특허청(주 1), 236-237을 주로 참고하였다.

규정에 의하여 상표등록료를 보전한 때 또는 제36조의3 제1항의 규정에 의하여 상표등록료를 납부하거나 보전한 때에는 상표권을 설정하기 위한 등록을"로 개정하였다.

2010 개정 상표법(2010. 1. 27. 법률 제9987호)에서는 상표등록료 분할납부제도의 도입에 따라 특허청장이 상표등록료의 납부에 따라 상표등록을 하여야 하는 '상표등록료'와 관련하여 "제34조 제1항 후단에 따라 분할납부하는 경우에는 1회차 상표등록료를 말한다"는 규정을 추가하였다.

2016. 2. 29. 전부개정된 상표법(법률 제14033호, 2016. 9. 1. 시행)에서는 조문체계를 정비함에 따라 조문을 제82조로 변경하고, 제2항을 이해하기 쉽게 항목별로 1 내지 3호로 나누어 정리하였으며, 등록공고에 관한 제3항을 신설하였다.

Ⅱ. 설정등록에 의한 상표권의 발생(제1항)

제1항은 상표권은 설정등록에 의하여 발생한다고 함으로써 우리 상표법이 등록주의에 기초하고 있음을 명확히 하고 있다. 상표권이 설정등록에 의하여 발생한다는 점에서 설정등록은 창설적·설권적인 행위라 할 것이고, 확인적 성격을 가지는 특허권·디자인권 등의 등록과 다르다.[12)]

이 규정의 취지에 따라 판례도 "구 상표법(1997. 8. 22. 법률 제5355호로 개정되기 전의 것, 이하 같다) 제41조는 상표권은 설정등록에 의하여 발생한다고 규정하고 있고, 같은 법 제56조 제1항 제1호는 상표권의 이전(상속 기타 일반승계에 의한 경우를 제외한다)은 이를 등록하지 아니하면 그 효력이 발생하지 아니한다고 규정하고 있어, 상표법상 상표권자라 함은 상표등록원부상에 등록권리자로 기재되어 있는 자를 말한다고 보아야 할 것이고, 상표권을 양도받았으나 아직 그 이전등록을 마치지 아니한 양수인은 상표권자라고 할 수 없고 그 경우에는 상표등록원부상 등록권리자로 남아있는 양도인이 여전히 상표권자라 할 것이다"라고 판시한 바 있다.[13)]

---

12) 網野誠(주 3), 734 참조.
13) 대법원 1999. 9. 3. 선고 98후881, 898, 904, 911 판결; 대법원 2008. 11. 13. 선고 2006다 22722 판결.

III. 등록료의 납부에 의한 설정등록 의무의 발생(제2항)

이는 상표등록결정을 받은 자가 등록료를 납부하였을 경우 특허청장에게 설정등록 의무가 발생함을 명시한 규정이다. 구체적으로는 상표권의 설정등록·지정상품의 추가등록 또는 존속기간갱신등록을 받고자 하는 자가 산업통상자원부령으로 정한 요건을 충족하여 등록료를 납부하였을 때(제72조제1항), 등록료의 납부기간을 청구에 의하여 연장 받은 후 그 기간 이내에 납부하였을 때(제74조), 상표등록료를 보전하였을 때(제76조제2항), 자기가 책임질 수 없는 사유로 등록료를 납부하지 못한 것을 허용된 기간 내에 납부하거나 보전함으로써 상표등록출원이 회복된 때(제77조제1항)에 특허청장은 상표권을 설정하기 위한 등록을 하여야 한다.

IV. 특허청장의 등록공고의무(제3항)

제3항은 제2항에 따라 설정등록을 한 경우 특허청장이 그에 관한 등록공고를 하여야 함을 규정한 것이다. 공고의 방법은 상표권자의 성명·주소 및 상표등록번호 등 대통령령으로 정하는 사항을14) 상표공보에 게재하는 방법에 의한

---

14) 상표법 시행령(대통령령 제27331호) 제14조(상표공보에 게재하는 등록공고 사항)는 이에 관해 다음과 같이 정하고 있다.
  ① 법 제82조제3항에서 "상표권자의 성명·주소 및 상표등록번호 등 대통령령으로 정하는 사항"이란 다음 각 호의 사항을 말한다.
  1. 상표권자의 성명과 주소(법인인 경우에는 그 명칭과 영업소의 소재지). 다만, 자연인인 상표권자의 신청이 있으면 주소의 일부만을 게재할 수 있다.
  2. 표장(제2조제3호에 해당하는 표장의 경우에는 "견본 없음"이라고 표시한다)
  3. 지정상품 및 상품류
  4. 상표등록출원번호 및 상표등록출원일(법 제180조제1항에 따른 국제상표등록출원인 경우에는 국제등록번호 및 같은 조 제2항에 따른 국제등록일이나 사후지정일)
  5. 출원공고번호 및 출원공고일
  6. 상표등록번호 및 상표등록일
  7. 상표등록공보번호 및 상표등록공고일
  8. 조약에 따른 우선권 주장에 관한 사항(법 제46조제1항에 따른 우선권을 주장하는 상표등록출원인 경우만 해당한다)
  9. 상표에 대한 설명(제2조제2호에 해당하는 표장만으로 된 상표 및 같은 조 제3호에 해당하는 표장을 포함하는 상표인 경우만 해당한다)
  10. 제2조제3호에 해당하는 표장을 포함하는 상표의 경우 시각적 표현(해당 표장을 문자·숫자·기호·도형 또는 그 밖의 방법을 통하여 시각적으로 인식하고 특정할 수 있도록 구체적으로 표현한 것을 말한다. 이하 같다)에 관한 사항

다. 상표공보에 관하여는 제221조에서 규정하고 있다.

〈김기영〉

---

11. 시각적 표현에 합치하는 소리파일(소리상표인 경우만 해당한다)

12. 법 제33조제2항에 해당함을 나타내는 취지(같은 항에 해당하여 등록결정된 상표등록출 원인 경우만 해당한다)

13. 지리적 표시 단체표장 또는 지리적 표시 증명표장이라는 취지(지리적 표시 단체표장 또 는 지리적 표시 증명표장만 해당한다)

14. 법 제36조제3항 및 제4항에 따른 정관 또는 규약의 요약서(단체표장, 지리적 표시 단체 표장, 증명표장 및 지리적 표시 증명표장만 해당하며, 법 제43조제1항 또는 제2항에 따라 수정된 정관 또는 규약은 수정된 것으로 한다)

15. 지정상품을 추가하려는 상표의 상표등록번호 또는 상표등록출원번호(지정상품 추가등 록인 경우만 해당한다)

16. 그 밖에 특허청장이 게재할 필요가 있다고 인정하는 사항

② 제1항제1호 단서에 따른 신청의 방법·절차와 주소의 게재 범위는 특허청장이 정하여 고시한다.

> **제83조(상표권의 존속기간)**
> ① 상표권의 존속기간은 제82조제1항에 따라 설정등록이 있는 날부터 10년으로 한다.
> ② 상표권의 존속기간은 존속기간갱신등록신청에 의하여 10년씩 갱신할 수 있다.
> ③ 제1항 및 제2항에도 불구하고 다음 각 호의 어느 하나에 해당하는 경우에는 상표권의 설정등록일 또는 존속기간갱신등록일부터 5년이 지나면 상표권이 소멸한다.
> 1. 제72조제3항 및 제74조에 따른 납부기간 내에 상표등록료(제72조제1항 각 호 외의 부분 후단에 따라 상표등록료를 분할납부하는 경우로서 2회차 상표등록료를 말한다. 이하 이 항에서 같다)를 내지 아니한 경우
> 2. 제76조제1항에 따라 상표등록료의 보전을 명한 경우로서 그 보전기간 내에 보전하지 아니한 경우
> 3. 제77조제1항에 해당하는 경우로서 그 해당 기간 내에 상표등록료를 내지 아니하거나 보전하지 아니한 경우

<소 목 차>

Ⅰ. 서론
　1. 의의
　2. 연혁·비교법적 고찰
Ⅱ. 상표권의 존속기간 및 갱신등록(제1

항, 제2항)
Ⅲ. 상표등록료 미납으로 인한 상표권의
　소멸(제3항)

Ⅰ. 서론

1. 의의

이 규정은 상표권을 10년으로 한정함으로써 사용하지 않는 상표권이 자연스럽게 소멸하는 계기가 될 수 있게 하는 한편, 지속해서 갱신할 수 있게 함으로써 사용하고 있는 상표권을 반영구적으로 유지할 수 있도록 한 것이다.[1]

상표는 장기간 사용할수록 상표권자의 신용과 소비자의 신뢰가 축적되므로 이를 보호하는 것이 상표권자와 소비자 모두에게 이익이 된다.[2] 따라서 상표법에서는 상표권의 존속기간갱신등록제도를 두어 지속해서 상표권을 유지할 수

---

[1] 정상조·박준석, 지적재산권법(제2판), 홍문사(2011), 583; 특허청, 조문별 상표법해설(2007), 239.

[2] 특허청(주 1), 239; 小野昌延 편, 注解 商標法 [신판] 상권, 靑林書院(2005), 633 참조.

있도록 하고 있다.[3] 이는 특허권을 영구적으로 존속시키는 것이 특허제도의 목적인 기술의 발전을 저해할 우려가 있다는 점에서 존속기간 연장을 인정하지 않고 존속기간의 경과 후에는 일반공중이 자유롭게 이용할 수 있도록 하고 있는 것과 다른 점이다.[4]

종전에는 상표권의 존속기간을 갱신하려 할 경우 신규출원에 준하여 상표권의 존속기간갱신등록출원을 하여야 했으나, 2010년(2010. 1. 27. 법률 제9987호) 개정 상표법에서는 이를 간소화하여 기간 내에 상표등록료를 납부하고 존속기간갱신등록신청서를 제출하면 별도의 심사절차 없이 기간이 갱신되도록 하였다 (제84조).[5] 나아가 위 개정 상표법에서는 상표등록료 분할납부제도 도입에 따라 분할납부시 나머지 5년분의 등록료를 납부하지 않았을 때의 상표권 소멸시기에 관하여도 규정하였다.[6]

2. 연혁·비교법적 고찰

가. 제정 상표법

우리나라의 제정상표법(1949. 11. 28. 법률 제71호)은 제17조에서 "상표등록은 등록한 날로부터 10년간 유효하다. 단 갱신등록의 출원에 의하여 다시 10년간 갱신할 수 있다"고 규정하였다.

나. 1973년 개정 상표법

1973년 개정상표법(1973. 2. 8. 법률 제2506호)은 제20조에서 "상표권의 존속기간은 설정의 등록일로부터 10년으로써 종료한다. 상표권의 존속기간은 갱신등록의 출원에 의하여 10년간씩 갱신할 수 있다"고 규정하되, 그 등록상표가 제9조 제1항 제1호, 제2호, 제4호 또는 제11호의 규정에 해당하게 되었을 때(갱신등록의 출원 중 국기·국장 등과 동일·유사한 상표, 국가·민족 등을 비방·모욕 등을 하는 상표, 공서양속을 문란하게 할 염려가 있는 상표, 상품의 품질을 오인하게 할 염려가 있는 상표)는 갱신등록을 받을 수 없도록 하였다.

다. 1980년 개정 상표법

1980년 개정 상표법(1980. 12. 31. 법률 제3326호) 제20조는 갱신등록의 부등

---

3) 송영식 외 6인 공저, 송영식 지적소유권법(하), 육법사(2008), 226 참조.
4) 小野昌延 편(주 2), 633-634 참조.
5) 정상조·박준석(주 1), 583, 각주 166.
6) 특허청, 조문별 상표법 개정연혁 해설집(2010. 5.), 161.

록사유를 제8조(상표등록의 요건)과 제9조 제1항(등록을 받을 수 없는 상표)의 규정
에 해당한 때(일부 제외)와 상표권자·전용사용권자 또는 통상사용권자 중 어느
누구도 정당한 이유 없이 상표권의 존속기간갱신등록출원 전 3년 내에 국내에
서 그 등록상표를 어느 지정상품에도 사용하지 아니한 때로 확대하였다.

라. 1990년, 1993년 및 제1997년 개정 상표법

1990년 개정상표법(1990. 1. 13. 법률 제4210호)에서는 관련 조항을 제42조로
변경하고 1993년 개정상표법(1993. 12. 10. 법률 제4597호)에서는 존속기간갱신등
록 절차를 간소화하기 위해 "상표권자·전용사용권자 또는 통상사용권자 중 어
느 누구도 정당한 이유없이 상표권의 존속기간갱신등록출원일 전 3년 이내에
국내에서 그 등록상표를 어느 지정상품에도 사용하지 아니한 경우"는 존속기간
갱신등록 부등록사유에서 삭제하였다.[7]

한편, 1997년 개정상표법(1997. 8. 22. 법률 제5355호) 전에는 "다만, 그 등록
상표가 제6조제1항 각호의 1(제6조제2항에 해당하는 경우를 제외한다)·제7조제1항
제1호 내지 제5호 또는 제11호의 규정에 해당하는 경우에는 그러하지 아니하
다."라고 하여 갱신등록 제외대상을 규정하고 갱신등록출원이 그에 해당하는지
여부에 대하여 실체심사를 하도록 규정하였으나, 위 1997년 개정상표법에서 상
표법조약(Trademark Law Treaty)의 가입에 대비하고 갱신등록출원이 거절되는 비
율이 매우 낮다는 점을 고려하여 갱신등록출원에 대한 실체심사를 하지 않도록
하였다.[8]

마. 2010년 개정상표법

2010년(2010. 1. 27. 법률 제9987호) 개정상표법은 "② 상표권의 존속기간은
상표권의 존속기간갱신등록신청에 따라 10년씩 갱신할 수 있다. ③ 제1항 및 제
2항에도 불구하고 제34조제1항 후단에 따라 상표등록료를 분할납부하는 경우로
서 같은 조 제3항 및 제35조에 따른 납부기간에 2회차 상표등록료를 납부하지
아니한 경우(납부기간이 만료되더라도 제36조의2에 따라 보전을 명한 경우에는 그 보
전기간 이내에 납부하지 아니한 경우를, 제36조의3에 해당하는 경우에는 그 해당 기간
이내에 납부하지 아니한 경우를 말한다)에 그 상표권은 상표권의 설정등록일 또는
존속기간갱신등록일부터 5년이 지나면 소멸한다"로 규정하고 있다.

---

7) 특허청(주 1), 241.
8) 특허청(주 1), 240.

개정 전 상표법(2010. 1. 27. 법률 제9987호로 개정되기 전의 것)은 상표권의 존속기간은 상표권 설정등록일부터 10년으로 하고(제42조), 존속기간 갱신을 위해서는 갱신등록출원서를 제출토록 하며(제43조), 존속기간갱신등록 거절사유(제45조 제1항), 거절이유 통지 및 의견서 제출(제45조 제2항)에 관한 사항을 규정함으로써 상표등록출원절차에 준하는(출원공고 및 이의신청절차는 생략) 심사절차를 거치도록 규정하고 있었다.[9]

그러나 우리나라가 2002년 가입한 상표법조약(Trademark Law Treaty, TLT) 제13조는 존속기간갱신등록과 관련하여 체약국 관청은 당해 등록에 대한 실체심사를 행할 수 없도록 하고, 법령이 정하는 기간 내에 갱신출원서 제출과 수수료 납부 및 하나 또는 2이상의 지정언어로 작성토록 하는 조건 외에는 다른 조건을 요구하지 못하도록 규정하고 있다.[10]

따라서 개정상표법은 상표법조약의 취지를 반영하여 존속기간갱신절차를 간소화함으로써 갱신등록출원제도를 신청제로 변경하고(제42조 및 제43조), 개정 전의 제45조를 삭제하여 심사관에 의한 갱신등록 거절사유의 유무에 관한 심사절차를 거치지 않는 것으로 변경하였다.[11]

바. 2016. 2. 29. 개정상표법

2016. 2. 29. 전부개정된 상표법(법률 제14033호, 2016. 9. 1. 시행)에서는 조문체계를 정비함에 따라 조문을 제83조로 변경하고, 제3항을 이해하기 쉽게 항목별로 1 내지 3호로 나누어 정리하였다.

Ⅱ. 상표권의 존속기간 및 갱신등록(제1항, 제2항)

제1항은 상표권이 상표권의 설정등록이 있는 날부터 10년간 존속함을 규정하고 있다. 이는 특허 및 실용신안권의 존속기간이 출원일로부터 시작하는 것과 대비되는 것이다.[12]

10년의 존속기간은 세계 대부분 국가가 채택하고 있으며, 상표법조약이나

---

9) 특허청(주 6), 161; 일본의 개정상표법에 관하여 小野昌延 편(주 2), 634-636 참조.
10) Trademark Law Treaty §13, http://www.wipo.int/treaties/en/ip/tlt/trtdocs_wo027.html#a13에서 검색 가능(2011. 5. 1. 최종 접속).
11) 특허청(주 6), 161; 小野昌延 편(주 2), 634-636 참조.
12) 小野昌延 편(주 2), 634.

마드리드 의정서에 의한 국제등록의 경우도 마찬가지다.[13] 무역관련 지적재산권에 관한 협정(TRIPS) 제18조에서는 7년 이상으로 규정하고 있다.[14]

　　제2항은 상표는 최초등록 이후 10년 단위로 하여 무한정으로 갱신등록이 가능함을 규정하고 있다. 갱신등록에 의하여 상표권은 소멸되지 아니하고 그 효력을 계속 유지할 수 있게 된다.

　　종래 갱신등록의 법적성질에 관하여 갱신등록에 의하여 새로 상표권이 설정된다는 설(신권리발생설)과 원상표권의 존속기간을 연장하는 것이라고 보는 설(권리연장설)이 대립하고 있었고, 후설이 통설이었다.[15] 판례는 "상표권의 존속기간 갱신등록은 그 등록에 의하여 새로운 상표권이 발생하는 것이 아니라 존속기간이 만료하게 된 상표권이 상표권자와 지정상품의 동일성을 유지하면서 그 존속기간만을 연장하는 것이고, 만일 상표권의 존속기간 갱신등록을 무효로 하는 심결이 확정된 경우에는 설정등록에 의하여 발생한 상표권은 갱신되기 전의 상표권의 존속기간이 종료하였을 때 소멸하는 것으로 보아야 한다"고 하여,[16] 권리연장설의 입장을 취하였다. 나아가 갱신등록 제외대상을 규정하고 갱신등록출원이 그에 해당하는지에 대하여 실체심사를 하도록 규정하고 있던 1997년 개정상표법(1997. 8. 22. 법률 제5355호) 이전의 법과 관련하여, "상표권의 존속기간갱신등록에 관하여 적용되는 구 상표법(1993. 12. 10. 법률 제4597호로 개정되기 전의 것) 제42조 제2항 제2호는 상표권의 존속기간갱신등록시 그 출원일 전 3년 이내에 국내에서 그 등록상표를 어느 지정상품에도 사용하지 아니한 경우를 갱신등록 거절사유로 들고 있고, 같은 법 제43조 제1항 제3호는 갱신등록시에 위 경우에 해당하지 아니함을 증명하는 사항을 기재한 서류를 제출하도록 규정하고 있으므로, 상표권의 존속기간갱신등록이 된 경우에는 갱신등록 출원시로부터 그 이전 3년 이내의 상표사용사실이 추정된다"고 판시한 바 있다.[17]

---

13) 특허청(주 1), 240.
14) Trips 협정 전문은 http://www.wto.org/english/docs_e/legal_e/legal_e.htm#TRIPs에서 검색 가능(2016. 12. 28. 최종 접속).
15) 송영식 외 6인 공저(주 3), 227-228 참조.
16) 대법원 2005. 2. 18. 선고 2002후505 판결.
17) 대법원 1999. 5. 28. 선고 98후1280 판결; 대법원 1997. 10. 24. 선고 96후2326 판결; 대법원 1995. 11. 28. 선고 95후897 판결.

Ⅲ. 상표등록료 미납으로 인한 상표권의 소멸(제3항)

현행 상표법 제72조 제1항 후단은 상표등록료 분할납부제도를 도입하여 상표권 설정등록시 및 존속기간갱신등록시 상표등록료를 2회로 분할하여 납부할 수 있도록 하고 있다. 상표법 제83조 제3항은 상표권자가 위 규정에 따라 상표등록료를 분할납부 하기로 한 다음 2회차 등록료, 즉 10년의 상표권 존속기간 중 나머지 5년분의 등록료를 납부하지 않았을 때의 상표권 소멸시기에 관하여 규정하고 있다.[18] 즉, 그러한 상표권은 상표권의 설정등록일 또는 존속기간갱신등록일부터 5년이 지나면 소멸한다.

여기서 2회차 상표등록료의 납부기간은, 산업통상자원부령으로 정해진 기간(제72조제3항) 및 특허청장이 등록출원인 또는 존속기간갱신등록신청인의 청구에 의하여 제72조제3항의 기간을 30일의 기간 이내에서 연장한 기간(제74조), 그 납부기간이 만료되더라도 특허청장의 보전명령이 있는 경우에는 보전명령을 받은 날부터 1개월 이내(제76조제1항, 제2항), 등록출원인 또는 존속기간갱신등록신청인이 책임질 수 없는 사유로 말미암아 위 각 기간 이내에 상표등록료를 납부하거나 보전하지 아니한 경우에는 그 사유가 소멸한 날부터 2개월 이내(다만, 납부기간의 만료일 또는 보전기간의 만료일 중 늦은 날부터 1년이 지난 때에는 그러하지 아니하다. 제77조제1항)를 말한다.

〈김기영〉

---

18) 특허청(주 6), 161.

제84조(존속기간갱신등록신청)

① 제83조제2항에 따라 존속기간갱신등록신청을 하고자 하는 자는 다음 각 호의 사항을 적은 존속기간갱신등록신청서를 특허청장에게 제출하여야 한다.

1. 제36조제1항제1호·제2호·제4호 및 제6호의 사항

2. 등록상표의 등록번호

② 존속기간갱신등록신청서는 상표권의 존속기간 만료 전 1년 이내에 제출하여야 한다. 다만, 이 기간에 존속기간갱신등록신청을 하지 아니한 자는 상표권의 존속기간이 끝난 후 6개월 이내에 할 수 있다.

③ 상표권이 공유인 경우에는 공유자 모두가 공동으로 존속기간갱신등록신청을 하여야 한다.

④ 제1항부터 제3항까지에서 규정한 사항 외에 존속기간갱신등록신청에 필요한 사항은 산업통상자원부령으로 정한다.

<소 목 차>

Ⅰ. 본조의 취지
Ⅱ. 본조의 내용
  1. 존속기간갱신등록신청서
  2. 존속기간갱신등록신청기간
3. 공유인 상표권의 존속기간갱신등록신청
4. 산업통상자원부령에의 위임

Ⅰ. 본조의 취지

본조는 상표법 제83조 제2항에 따른 상표권의 존속기간갱신등록신청의 절차, 기간, 상표권이 공유인 경우의 존속기간갱신등록신청권자 등에 관하여 정하고 있다. 상표권의 존속기간갱신등록신청을 하려고 하는 자는 본조에서 정한 절차와 요건 등을 갖추어서 존속기간갱신등록신청을 하여야 한다.

Ⅱ. 본조의 내용

1. 존속기간갱신등록신청서

존속기간갱신등록신청서에는, 신청인의 성명 및 주소(법인인 경우에는 그 명칭 및 영업소의 소재지), 신청인의 대리인이 있는 경우에는 그 대리인의 성명 및 주소나 영업소의 소재지[대리인이 특허법인·특허법인(유한)인 경우에는 그 명칭, 사

무소의 소재지 및 지정된 변리사의 성명], 지정상품 및 산업통상자원부령으로 정하는 상품류, 그 밖에 산업통상자원부령으로 정하는 사항을 기재하여야 하는데, 지정상품 및 상품류를 기재하게 한 것은 존속기간갱신등록신청을 할 때 갱신등록을 원하지 않는 지정상품을 뺄 수 있게 하기 위해서이다.

존속기간갱신등록신청서에는 상표등록출원서와 달리 존속기간갱신등록을 받고자 하는 상표를 기재하지 않는데, 이는 상표등록출원과 달리 존속기간갱신등록신청은 그 등록에 의하여 새로운 상표권이 발생하는 것이 아니라 존속기간이 만료하게 된 상표권이 상표권자와 지정상품의 동일성을 유지하면서 그 존속기간만을 연장하는 것이기 때문이다.[1]

2. 존속기간갱신등록신청기간

존속기간갱신등록신청은 상표권의 존속기간 만료 전 1년 이내에 하여야 하나(본문), 다만 이 기간 내에 존속기간갱신등록신청을 하지 아니하였더라도 상표권의 존속기간이 끝난 후 6개월 이내에는 존속기간갱신등록신청을 할 수 있다(단서). 본조 제2항 단서에서 존속기간 만료 후의 존속기간갱신등록신청에 신청인의 귀책사유가 없음을 요구하고 있지 않기 때문에 존속기간 만료 후의 존속기간갱신등록신청은 수수료로 상표법 제78조 제2항의 규정에 따른 수수료에 산업통상자원부령으로 정한 금액을 더하여 납부하여야 하는 것(상표법 제78조 제3항) 이외에는 존속기간 만료 전의 존속기간갱신 등록신청과 차이가 없다.[2]

3. 공유인 상표권의 존속기간갱신등록신청

상표권이 공유인 경우에는 공유자 모두가 공동으로 존속기간갱신등록신청을 하여야 한다. 이 규정은 상표권이 공유인 경우의 존속기간갱신등록신청권자에 관하여 정한 것인데, 이 규정을 공유자 상호간의 이해관계 조정을 위한 것으로 이해하는 견해[3]도 있으나, 상표권의 공유의 법률적 성질을 반영하여 존속기간갱신등록신청에 일정한 제한을 가한 것으로 보이고, 공유자 상호간의 이해관

---

1) 대법원 2004. 5. 28. 선고 2003후564 판결[공2004, 1099]; 小野昌延 編, 注解 商標法(新版), 靑林書院(2005), 639(盛岡一夫 집필)도 같은 취지이다.
2) 입법론적으로는 실체적, 절차적 요건에 대한 심사 없이 존속기간갱신등록신청만으로 상표권의 존속기간이 갱신 되도록 하고 있는 현행 상표법 아래에서 본조 제2항 단서와 같은 특칙을 두어 존속기간 만료 전 1년 이내에 존속기간갱신등록신청을 하지 아니한 상표권자를 두텁게 보호할 필요가 있을지 의문이다.
3) 특허청, 조문별 상표법해설(2007), 243.

계 조정은 그에 따른 부수적 효과로 보는 것이 바람직하다.

한편 상표법 제96조 제1항 제1호에 의하면 공유상표권자의 지분 포기에 의한 지분권의 소멸도 등록하지 아니하면 효력이 발생하지 않는다고 해석되므로, 상표권의 공유자 중 일부가 그 지분권을 포기하였다고 하더라도 그 포기가 등록되지 않은 상태에서 나머지 공유자들만이 한 존속기간갱신등록신청은 존속기간갱신등록의 무효사유를 가지게 되고, 상표등록원부에 공유상표권자로 등재되어 있는 상표권자 중 일부가 존속기간갱신등록신청 포기의 의사를 표시하고 존속기간갱신등록신청을 하지 아니하여 나머지 공유자들만이 존속기간갱신등록신청을 한 경우도 마찬가지이다.4)

4. 산업통상자원부령에의 위임

존속기간갱신등록신청에 관하여 본조 제1항 내지 제3항에서 정하지 아니한 사항 중 필요한 사항은 산업통상자원부령에서 정할 수 있도록 위임하고 있는바, 이에 관하여 정하고 있는 상표법 시행규칙 제59조 제1항에서는, 존속기간갱신등록신청서에, 1. 시각적 표현에 합치하는 냄새견본의 경우 밀폐용기 3통 또는 향패치 30장, 2. 대리인에 의하여 절차를 밟을 때에는 그 대리권을 증명하는 서류 1통을 첨부하여 특허청장에게 제출하도록 하고 있다.

〈박정희〉

---

4) 위 2003후564 판결.

> **제85조(존속기간갱신등록신청 등의 효력)**
> ① 제84조제2항에 따른 기간에 존속기간갱신등록신청을 하면 상표권의 존속기간이 갱신된 것으로 본다.
> ② 존속기간갱신등록은 원등록(原登錄)의 효력이 끝나는 날의 다음 날부터 효력이 발생한다.

<소 목 차>

Ⅰ. 본조의 취지
Ⅱ. 본조의 내용

1. 존속기간갱신등록신청의 효력
2. 존속기간갱신등록의 효력발생일

Ⅰ. 본조의 취지

본조는 상표권의 존속기간갱신등록신청의 효력과 존속기간갱신등록의 효력발생일에 관하여 정하고 있다. 2010. 1. 27. 법률 제9987호로 상표법이 개정되기 전까지는 존속기간갱신등록신청에 따른 존속기간갱신간주의 효과가 존속기간갱신등록거절결정이 확정되는 것을 해제조건으로 하는 조건부였으나, 법률 제9987호에 의하여 상표권의 존속기간갱신등록거절결정 제도가 폐지됨에 따라 존속기간갱신등록의 무효심판에 의하여 존속기간갱신등록이 무효로 되는 것은 별론으로 하고 존속기간갱신등록신청만으로 확정적으로 상표권의 존속기간이 갱신되게 되었다.

Ⅱ. 본조의 내용

1. 존속기간갱신등록신청의 효력

상표법 제84조 제2항에서 정한 기간 내에 상표권의 존속기간갱신등록신청을 하게 되면 상표권의 존속기간이 갱신된 것으로 간주된다. 여기에서 말하는 상표법 제84조 제2항에서 정한 기간은 그 본문의 상표권의 존속기간 만료 전 1년 이내나 단서의 상표권의 존속기간이 끝난 후 6개월 이내 모두를 포함하므로, 상표권의 존속기간 만료 1년 전부터 존속기간 만료 후 6개월 이내에 존속기간갱신등록신청을 한 이상 당해 상표의 상표권은 존속기간이 갱신된다. 상표권의 존속기간갱신에 존속기간갱신등록신청 이외의 다른 요건은 요구되지 않는다.

2. 존속기간갱신등록의 효력발생일

존속기간갱신등록의 효력은 원등록의 효력이 끝나는 다음 날부터 발생한다. 따라서 존속기간의 갱신을 등록하게 되면,[1] 원등록의 효력이 끝나더라도 그 다음날부터 존속기간갱신등록의 효력이 발생하게 되므로, 상표권의 효력은 중단되지 않고 연장되게 된다. 존속기간갱신등록신청단계에서 그 실체적, 절차적 요건에 대하여 심사를 하지 않는 현행 상표법 아래에서는 결국 본조 제1항에 따라 존속기간갱신등록신청이 있게 되면 당연히 당해 상표의 존속기간이 갱신되므로, 존속기간갱신등록신청만으로 당해 상표권의 효력이 중단 없이 연장되게 된다.

〈박정희〉

---

[1] 존속기간의 갱신은 등록하여야 효력이 발생한다(상표법 제96조 제1항 제1호).

제86조(지정상품 추가등록출원)

① 상표권자 또는 출원인은 등록상표 또는 상표등록출원의 지정상품을 추가하여 상표등록을 받을 수 있다. 이 경우 추가등록된 지정상품에 대한 상표권의 존속기간 만료일은 그 등록상표권의 존속기간 만료일로 한다.

② 제1항에 따라 지정상품의 추가등록을 받으려는 자는 다음 각 호의 사항을 적은 지정상품의 추가등록출원서를 특허청장에게 제출하여야 한다.

1. 제36조제1항제1호 · 제2호 · 제5호 및 제6호의 사항
2. 상표등록번호 또는 상표등록출원번호
3. 추가로 지정할 상품 및 그 상품류

<소 목 차>

Ⅰ. 본조의 취지   1. 지정상품의 추가등록
Ⅱ. 본조의 내용   2. 지정상품의 추가등록출원서

Ⅰ. 본조의 취지

상표등록출원 후 지정상품을 추가할 필요가 생기거나 상표등록 후에 사업확장 등의 사정 변화에 따라 지정상품의 범위를 확대할 필요가 생길 수 있다. 이와 같은 경우에 별도의 상표등록출원 절차에 의하여 표장은 같고 지정상품이 다른 상표를 새로이 등록받을 수도 있지만, 이러한 번거로움 없이 지정상품 만을 추가할 수 있다면 편리할 것인데, 이에 관하여 규정한 것이 본조이다.

지정상품의 추가등록은 상표권의 권리범위를 보다 유연하게 확장함으로써 상표권자의 상표관리를 용이하게 하는 기능을 가지고 있고,[1] 그 대상이 지정상품의 추가로 한정되었을 뿐 사실상 새로운 상표를 출원하는 기능을 가지고 있어서 그 요건이나 절차 등에서 상표등록출원과 큰 차이가 없다.

Ⅱ. 본조의 내용

1. 지정상품의 추가등록

지정상품의 추가등록은 이미 등록되어 있는 등록상표나 상표등록출원 중인

---

1) 문삼섭, 상표법, 세창출판사(2002), 581.

상표에 지정상품을 추가하는 것이므로, 그 전제로서 당연히 상표권이 등록되어 있거나 상표등록출원 중에 있어야 한다. 또한 그 지정상품추가등록출원인이 상표권자 또는 상표등록출원인이어야 함도 당연하다. 상표권이 공유인 경우에 공유자 전원이 지정상품의 추가등록출원을 하여야 하는지에 관하여는 별도의 규정은 없으나, 아래에서 보는 바와 같이 추가등록된 지정상품은 등록상표나 상표등록출원 중인 상표와 일체를 이루게 되므로, 공유자 전원이 지정상품의 추가등록출원을 하여야 할 것이다.

　　현행 상표법 상 지정상품의 추가등록출원에 등록상표나 상표등록출원 중인 상표의 지정상품과 동일 상품류에 속하여야 한다는 제한이 없으므로, 상표권자 또는 상표등록출원인은 지정상품의 상품류에 관계없이 자신이 원하는 지정상품에 대하여 추가등록을 출원할 수 있다.

　　지정상품의 추가등록은 등록상표나 상표등록출원 중인 상표를 전제로 그 지정상품만을 추가하는 제도이므로, 지정상품이 추가등록되는 경우에는 당연히 등록상표나 상표등록출원 중인 상표와 일체를 이루게 된다고 보아야 한다. 이와 같이 추가등록된 지정상품은 등록상표나 상표등록출원 중인 상표와 운명을 같이 하므로, 등록상표나 상표등록출원 중인 상표가 소멸하는 경우 같이 소멸하고, 그 존속기간도 등록상표나 상표등록출원 중인 상표의 존속기간에 따라 정하여진다.

　　그렇다고 하더라도 추가등록된 지정상품의 출원일이 등록상표나 상표등록출원 중인 상표의 출원일로 소급되는 것은 아니므로(상표법 제88조 제2항, 제37조), 선출원 여부 등은 지정상품의 추가등록출원일을 기준으로 정하여야 한다. 또한 추가등록된 지정상품이 등록상표나 상표등록출원 중인 상표와 일체를 이룬다고 하더라도, 양자는 별도의 절차에 따라 심사, 등록되므로, 지정상품의 추가등록출원에 대한 거절결정이 등록상표나 상표등록출원 중인 상표에 영향을 미치지 않고, 지정상품의 추가등록에 대하여만 무효심판을 제기하는 경우에는 그 결과가 등록상표나 상표등록출원 중인 상표에 영향을 미치지 않는다.

　　지정상품의 추가등록은 등록하여야 효력이 발생한다(상표법 제96조 제1항 제1호).

2. 지정상품의 추가등록출원서

지정상품의 추가등록출원서에는, 출원인의 성명 및 주소(법인인 경우에는 그

명칭 및 영업소의 소재지), 출원인의 대리인이 있는 경우에는 그 대리인의 성명
및 주소나 영업소의 소재지[대리인이 특허법인·특허법인(유한)인 경우에는 그 명칭,
사무소의 소재지 및 지정된 변리사의 성명], 상표법 제46조의 조약에 따른 우선권
주장을 하는 경우 그 취지, 최초로 출원한 국가명 및 출원 연월일, 그 밖에 산
업통상자원부령으로 정하는 사항, 상표등록번호 또는 상표등록출원번호, 추가로
지정할 상품 및 그 상품류 등을 기재하여야 한다. 한편 대리인에 의하여 지정상
품의 추가등록출원절차를 밟을 때에는 그 대리권을 증명하는 서류를 첨부하여
야 할 것이다(상표법 시행규칙 제2조 제1항, 제2항).

〈박정희〉

제87조(지정상품의 추가등록거절결정 및 거절이유통지)

① 심사관은 지정상품추가등록출원이 다음 각 호의 어느 하나에 해당하는 경우에는 그 지정상품의 추가등록거절결정을 하여야 한다.

1. 제54조 각 호의 어느 하나에 해당할 경우

2. 지정상품의 추가등록출원인이 해당 상표권자 또는 출원인이 아닌 경우

3. 등록상표의 상표권 또는 상표등록출원이 다음 각 목의 어느 하나에 해당하게 된 경우

　가. 상표권의 소멸

　나. 상표등록출원의 포기, 취하 또는 무효

　다. 상표등록출원에 대한 제54조에 따른 상표등록거절결정의 확정

② 심사관은 제1항에 따라 지정상품의 추가등록거절결정을 하려는 경우에는 출원인에게 거절이유를 통지하여야 한다. 이 경우 출원인은 산업통상자원부령으로 정하는 기간 내에 거절이유에 대한 의견서를 제출할 수 있다.

③ 제2항 후단에 따른 기간 내에 의견서를 제출하지 아니한 출원인은 그 기간의 만료일부터 2개월 이내에 지정상품의 추가등록에 관한 절차를 계속 진행할 것을 신청하고, 그 기간 내에 거절이유에 대한 의견서를 제출할 수 있다.

〈소 목 차〉

Ⅰ. 본조의 취지
Ⅱ. 본조의 내용

1. 지정상품의 추가등록의 거절이유
2. 지정상품의 추가등록 거절이유통지

Ⅰ. 본조의 취지

　　본조는 지정상품의 추가등록의 거절이유와 거절결정시의 거절이유통지 등에 관하여 정하고 있다. 상표법 제88조 제2항에서는 지정상품추가등록출원의 출원 및 심사절차에 그 성질에 반하지 않는 범위 내에서 상표등록출원의 출원 및 심사절차를 준용하고 있는데, 본조에서는 그 중 지정상품의 추가등록의 거절이유 등에 관하여 별도로 정하고 있는 것이다.

II. 본조의 내용

1. 지정상품의 추가등록의 거절이유

지정상품의 추가등록의 거절이유로는, 제54조 각 호의 어느 하나에 해당할 경우, 지정상품의 추가등록출원인이 해당 상표권자 또는 출원인이 아닌 경우, 등록상표의 상표권이 소멸하거나 상표등록출원이 포기, 취하 또는 무효가 되거나 상표등록출원에 대한 상표등록거절결정이 확정된 경우를 들고 있다.

앞에서 본 바와 같이 지정상품의 추가등록출원은 그 대상이 지정상품의 추가로 한정되었을 뿐 사실상 새로운 상표를 출원하는 기능을 가지고 있어서, 상표등록출원의 거절이유 모두가 지정상품의 추가등록의 거절이유가 되고, 그 외에 지정상품의 추가등록에 특유한 거절이유가 일부 추가되어 있다.

2. 지정상품의 추가등록 거절이유통지

심사관은 지정상품의 추가등록출원에 전항의 거절이유가 있더라도 바로 거절결정을 하여서는 아니 되고, 출원인에게 거절이유를 통지하여야 하는데, 출원인은 산업통상자원부령으로 정하는 기간[1] 내에 거절이유에 대한 의견서를 제출할 수 있다. 또한 출원인은 이와 같이 정한 기간 내에 거절이유에 대한 의견서를 제출하지 아니하였다고 하더라도 그 정한 기간의 만료일부터 2개월 이내에 지정상품의 추가등록에 관한 절차를 계속 진행할 것을 신청하면서 그 기간 내에 거절이유에 대한 의견서를 제출할 수 있다.

지정상품의 추가등록출원에서의 거절이유의 통지는 그 법률적 성격이나 그 절차를 이행하지 아니한 경우에의 효과에서 상표등록출원에서의 거절이유의 통지와 차이가 없다.

〈박정희〉

---

1) 현행 상표법 시행규칙에서 지정상품의 추가등록출원에 관하여 별도의 규정을 두고 있지 않고, 개정 전의 상표법 시행규칙(2013. 6. 28. 산업통상자원부령 제16호로 일부 개정된 것) 제30조의2와 같이 '거절이유에 대한 의견서 제출기한'에 관한 일반 규정도 두고 있지 않아서, 위 기간에 관하여는 상표법 시행규칙 제50조의 규정을 유추할 수밖에 없을 것으로 보인다. 그에 의할 경우 위 기간은 2개월 이내에서 심사관이 정한 기간이 될 것이다.

> **제88조(존속기간갱신등록신청 절차 등에 관한 준용)**
> ① 존속기간갱신등록신청 절차의 보정에 관하여는 제39조를 준용한다.
> ② 지정상품추가등록출원에 관하여는 제37조, 제38조 제1항, 제39조부터 제43조까지, 제46조, 제47조, 제50조, 제53조, 제57조부터 제70조까지, 제128조, 제134조 제1호부터 제5호까지 및 제7호, 제144조, 「민사소송법」 제143조, 제299조 및 제367조를 준용한다.

　　상표권의 존속기간갱신등록신청에는 절차의 보정을 정한 상표법 제39조의 규정이 준용된다.

　　지정상품의 추가등록출원에는 상표등록출원일의 인정 등을 정한 상표법 제37조, 1상표 1출원을 정한 상표법 제38조 제1항, 절차의 보정, 출원공고결정 전의 보정, 출원공고결정 후의 보정, 보정의 각하, 수정정관 등의 제출을 정한 상표법 제39조 내지 제43조, 조약에 따른 우선권주장과 출원 시의 특례를 정한 상표법 제46조, 제47조, 심사관에 의한 심사를 정한 상표법 제50조, 심사의 순위 및 우선심사를 정한 상표법 제53조, 출원공고, 손실보상청구권, 직권보정 등, 이의신청, 이의신청 이유 등의 보정, 이의신청에 대한 심사 등, 이의신청에 대한 심사의 범위, 이의신청의 병합 또는 분리, 이의신청의 경합, 이의신청에 대한 결정, 상표등록출원공고 후의 직권에 의한 상표등록거절결정, 상표등록결정, 상표등록여부결정의 방식, 심사 또는 소송절차의 중지를 정한 상표법 제57조 내지 제70조, 보정할 수 없는 심판청구의 심결 각하를 정한 상표법 제128조, 심판관의 제척을 정한 상표법 제134조 제1호 내지 제5호 및 제7호, 증거조사 및 증거보전을 정한 상표법 제144조, 통역을 정한 민사소송법 제143조, 소명의 방법을 정한 민사소송법 제299조, 당사자신문을 정한 민사소송법 제367조의 규정이 준용된다.

〈박정희〉

제89조(상표권의 효력)

상표권자는 지정상품에 관하여 그 등록상표를 사용할 권리를 독점한다. 다만, 그 상표권에 관하여 전용사용권을 설정한 때에는 제95조제3항에 따라 전용사용권자가 등록상표를 사용할 권리를 독점하는 범위에서는 그러하지 아니하다.

<소 목 차>

Ⅰ. 서론
Ⅱ. 상표권의 본질
  1. 서론
  2. 상표의 사용과 상표권의 발생
  3. 상표권과 혼동이론 및 희석화 이론
  4. 상표의 사용과 상표권의 범위
  5. 상표권의 효력
  6. 권리의 집합(bundle of rights)
Ⅲ. 상표권의 한계

  1. 서론
  2. 상표권의 헌법적 근거와 한계
  3. 상표법적 한계
  4. 타법상의 제한
  5. 당사자의 의사표시에 의한 제한
  6. 상표권의 행사와 권리남용
Ⅳ. 상표권과 전용사용권
  1. 서론
  2. 전용사용권의 본질

Ⅰ. 서론

본 조항은 상표권의 효력을 규정한 규정이다. 보통 상표권의 효력은 적극적 효력과 소극적 효력으로 나누어, 표장의 상품에 대한 독점적 사용권은 적극적 효력, 침해에 대한 금지청구권은 소극적 효력으로 나눈다. 본 조항은 독점적 사용권을 규정한 적극적 효력에 관한 규정이다.

등록상표는 지정상품에 사용하는데 독점권이 있다. 즉 독점적 효력은 i) 등록상표, ii) 지정상품, 그리고 iii) 사용에 한정된다. 따라서 상표 자체에 독점권을 인정하자는 희석화 이론과 구별된다. 즉 희석화 이론은 i) 상표에 대하여 배타적 권리를 인정하고자 하지만 혼동 이론은 i) 등록상표를 ii) 지정상품에 iii) 사용하는데 배타적 권리를 부여한다. 지정상품이 아닌 다른 상품(이종상품)이거나 상표법에 정의된 사용[1])이 아닌 경우에는 배타적 효력을 인정하지 않는다. 상표자체에 배타적 효력을 부여하지 않으므로 상표권은 약한 권리라고도 한다.

상표법 제89조의 규정은 우리법상 상표권의 효력은 전통적인 혼동 이론에 입각하고 있다는 근거가 된다. 우리 상표법상 상표권자는 상표를 지정상품에 사

---

1) 상표법 제2조 제1항 제11호 및 제2항.

용할 권리가 있고, 상표권자가 상표를 사용하지 않는 경우에는 상표등록이 취소
될 수 있다.[2] 이는 상표가 사용에 종속(appurtenant)되는 것을 의미한다. 이는 커
먼로상 확립된 상표의 독립 및 종속의 이분법(In Gross/Appurtenant Dichotomy)의
원칙과 크게 다를 바가 없다고 생각된다. 커먼로상 상표권이 발생하기 위해서는
상표를 사용하여야 하므로 상표는 사용에 종속되게 된다. 상표권은 상표자체에
대한 독점을 인정하지 않는다.[3] 상표권은 상품과의 관계에서 발생한다.

1949년 제정된 최초의 상표법 제15조는 "등록된 상표권리인은 따로 정하는
분류표에 의하여 지정된 상품 또는 영업에 그 상표를 전용할 권리를 가진다"고
규정하고 있었다. 이는 현재와 같은 취지이다. 상표를 전용한다는 의미는 상표
를 독점한다는 의미이고, 지정상품 내지 지정서비스업은 분류표에 지정된 상품
또는 영업이라는 의미이다. 다만 '사용'을 할 수 있는 권리라고 규정하지 않아
사용에 대한 정의규정은 없다. 그러나 제29조에 침해행위의 태양을 구체적으로
규정하고 있어,[4] 간접적으로 그 침해에 해당하는 행위에 대해서 상표권자가 독
점권을 갖는 것으로 규정하고 있다.

1973년 개정법은 "상표권자는 지정상품에 대하여 그 등록상표를 사용할 권
리를 독점한다"고 규정하여 현재의 상표법과 같은 내용을 이루었다. 1990년 개
정법에서 단서 조문을 추가하여 현재와 같이 전용사용권을 설정한 경우에 전용
사용권자가 등록상표를 사용할 권리를 독점하는 범위내에서 상표권자의 독점권
이 제한됨을 규정하였다.

---

2) 상표법 제119조 제1항 제3호.
3) Prestonettes, Inc., v. Coty, 264 U.S., 359, 368 (1924).
4) 1949년 상표법 제29조.
   좌의 각호의 1에 해당한 행위는 등록상표권리인의 권리에 대한 침해이다.
   1. 타인의 등록상표와 동일 또는 유사한 상표를 동종의 상품에 사용한 행위
   2. 전호의 상품을 교부, 판매하거나 교부, 판매의 목적으로 수입 또는 소지한 행위
   3. 타인의 등록상표와 동일 또는 유사한 상표를 동종의 상품에 사용케 할 목적으로 교부,
      판매하거나 교부, 판매의 목적으로 소지한 행위
   4. 타인의 등록상표와 동일 또는 유사한 상표를 동종의 상품에 사용할 목적이나 사용케
      할 목적으로 수입한 행위
   5. 타인의 등록상표를 동종의 상품에 사용할 목적이나 사용케 할 목적으로 위조 또는 모
      조한 행위
   6. 타인의 등록상표를 위조 또는 모조할 목적이나 위조 또는 모조케 할 목적으로 그 용구
      를 제작, 교부, 판매 또는 소지한 행위
   7. 동종의 상품에 관하여 타인의 등록상표와 동일 또는 유사한 것을 영업용광고, 간판, 표
      찰 또는 거래서류등에 사용한 행위

Ⅱ. 상표권의 본질

1. 서론

상표는 독자적(in gross)으로 권리가 발생하지 않고, 특정상품에 대한 사용에 종속되어(appurtenant) 상표권이 발생한다. 이를 In Gross/Appurtenant Dichotomy 라고 한다. 이 원칙은 커먼로 재산법상의 지역권에서 발생하는 원칙이다. 즉 지역권(easement)에 관한 권리는 토지소유권에 부종(appurtenant)한다는 원칙이다.[5]

상표에 대한 권리는 사용에 종속된다. 즉 사용에 따라서 상표권도 결정된다. 사용범위 및 사용되는 물품 그리고 사용태양 등에 따라 상표권의 내용도 결정된다. 상표법이 발전하던 초기에는 상표는 상품의 출처나 후원관계에 대한 소비자 혼동을 방지하는 역할을 하였다. 따라서 상품과 상표는 불가분적으로 연결될 수밖에 없었고 상표는 상품에 대한 사용에 대하여 종속적(appurtenant)일 수밖에 없었다.

상표는 상표가 사용되는 상품의 출처나 후원관계를 표시하고 상표법은 이러한 상품의 출처나 후원관계 혼동을 방지하고자 한 것이다. 따라서 혼동이론에서는 '상표'와 상표가 '사용'되는 '상품'은 불가분적으로 연결되어 있다. 혼동이란 상표자체의 혼동이 아니라 상품과의 관계, 즉 상품의 출처나 후원관계에 대한 혼동을 의미하게 된다. 따라서 혼동이론상 상표권은 상표자체에 대한 독점사용권이 아니라 특정한 상품(지정상품)에 대하여 사용하는 것에 대한 독점권이기 때문에 약한 권리(weak right)라고도 한다.

그러나 지금 사람들의 교류가 빈번하여 정보유통이 자유로울 뿐만 아니라 대중매체의 발달로 인하여 상표가 상품에 대하여 가지는 정보의 전달적 기능이 중시되고, 상표가 상품과는 독립적으로 독자적인 가치를 가지게 되었다. 희석화 이론은 이러한 독자적인 가치를 법적으로 인정하고자 한다. 그러나 상표권 형성의 역사를 살펴보면 상표권은 상표의 상품에 대한 사용에 의해서 그 내용, 성질 및 범위 등이 결정되었다. 즉 상표와 상품은 불가분적인 관계에서 상표법리, 즉 혼동이론이 형성되었다.

---

5) 우리나라 민법 제292조에 해당한다.

2. 상표의 사용과 상표권의 발생

상표를 취득하는 데 있어서 전 세계의 법제도는 사용주의와 출원주의[6]로 양분되어 있다. 대다수의 국가는 출원주의를 취하고 있고, 사용주의는 미국에서 취하고 있다. 사용주의는 상표의 선사용이 있는 경우에 그 상표에 대하여 상표권을 부여하고, 출원주의는 특정상표를 선출원하여 등록한 자에게 상표권을 권리를 부여한다.

사용주의와 출원주의 모두 선점의 원칙(the rule of first possession)에 의하여 권리를 부여하는 방식이라는 점에서는 모두 같다. 사용주의는 실제적인 점유인 상표의 사용이 있어야 권리를 부여하고,[7] 출원주의는 출원에 의한 상표의 등록에 의하여 관념적인 점유를 하여야 권리를 부여한다. 사용주의가 동산에 대하여 점유가 필요하듯 상표의 실제적인 사용이 필요한 데 반하여 출원에 의한 등록주의는 부동산 등기와 같이 등록이라는 행위에 의하여 권리를 부여한다.

사용주의하에서 상표권 발생의 전제로서 사용이 필요하다. 사용주의하에서 상표는 그 자체(in gross)만으로 아무런 권리가 발생하지 않고, 상품에 사용될 때 비로소 그 권리가 발생한다. 그 이유는 상표가 상품에 사용되어야 소비자들이 상표가 특정하는 상품과 상표를 관련시킬 수 있는 식별력이 발생하기 때문이다. 상표가 상품에 사용되어야 하는 이유는 상표제도란 상표사용으로부터 형성되는 신용(goodwill)을 보호하여 소비자 혼동을 방지하기 위한 것이기 때문이다.[8] 상표사용이 없는 경우에는 신용(goodwill)이 없으므로 신용(goodwill)에 대한 혼동도 발생하지 않는다. 신용(goodwill)은 사용주의하에서 발생하는 필연적인 개념이다.

---

6) "출원주의"는 출원에 의한 등록주의가 정확한 명칭이다. 출원은 권리자를 정하는데, 등록은 권리의 효력이 발생하는 시점을 말하기 때문이다. 출원주의나 등록주의는 같은 의미로 사용한다. 이에 반하여 사용주의는 사용시점이 권리자를 정하는 시점인 동시에 상표권이 발생하는 시점이다.

7) 사용주의는 미국이 채택하고 있다. 사용주의를 취하던 영국은 1938년 출원주의로 변경했다. 캐나다는 1954년 출원주의로 변경하였지만 출원을 하더라도 사용에 의하여 상표등록의 효력이 발생하였으므로 완전한 출원주의는 아니었다. 완전한 출원주의는 2014년 도입됐다.

8) United Drug Co. v. Theodore Rectanus Co., 248 U.S. 90 (1918).

There is no such thing as property in a trade-mark except as a right appurtenant to an established business or trade in connection with which the mark is employed···. [T]he right to a particular mark grows out of its use, not its mere adoption; its function is simply to designate the goods as the product of particular trader and to protect his good will against the sale of another's product as his; and it is not the subject of property except in connection with an existing business. Id., 97.

　　출원주의도 사용주의 법리를 바탕으로 하므로 출원에 의한 등록만으로 완전한 상표권이 발생하는 것은 아니다.[9] 출원주의에서도 상표의 사용이나 사용의사는 필요하다. 예컨대 우리나라 상표법 제3조 제1항은 "국내에서 상표를 사용하는 자 또는 사용하고자 하는 자는 자기의 상표를 등록받을 수 있다."라고 하여 상표등록에 상표의 사용이나 사용의사가 필요하다. 현재 각국의 상표권제도는 사용주의와 출원주의를 혼합하고 있다. 우리나라 상표법 제99조는 선의의 선사용자의 권리를 보호하고 있을 뿐만 아니라, 제33조 제2항은 사용에 의하여 식별력을 취득한 상표의 상표등록을 인정하여 사용주의를 가미하고 있다. 사용주의를 취하는 미국은 상표등록을 하기 위해서 실제 상표사용이 필요하지만, 출원주의와 같이 실제 사용이 없더라도 사용의사에 의한 상표출원을 하여 등록하는 제도(intend to use registration)를 인정하고 있다.[10]

　　사용주의하에서는 상표권을 취득하기 위해서는 실제로 상표를 사용하여야 하기 때문에 상표사용을 위한 투자를 하여야 한다. 따라서 사용주의하에서는 상품에 대하여 상표를 사용하지 않고는 상표출원등록에 의하여 상표를 선점하는 행위가 가능하지 않다. 출원주의는 출원에 의한 등록이라는 형식적이고 간단한 행위에 의해서 상표의 선점이 가능하다. 따라서 출원주의보다 사용주의가 상표자원의 낭비가 적다고 할 수 있다. 즉 사용주의가 출원주의보다 상표자원의 보호라는 관점에서는 사회적으로 더 바람직한 방법이라고 할 수 있다. 다만 사용주의의 경우에도 실제상의 사용이 아닌 명목상의 사용(token use)에 의한 상표선점 선점행위가 발생할 수 있다. 사용주의를 취하는 미국은 명목상의 사용(token use)에 의하여 상표를 선점하는 것을 방지하기 위하여 상표사용은 진실한 사용(bona fide use)일 것을 요구한다.[11]

　　앞서 언급한 바와 같이 출원주의하에서는 상표선점행위가 발생하여 상표자원이 비효율적으로 사용될 수 있다. 이러한 비효율적인 선점행위를 규제하기 위

---

9) 예컨대 우리나라의 경우에도 상표사용이 없는 경우에는 손해배상을 부정한다. 대법원 2004. 7. 22. 선고 2003다62910 판결(X-Girl 사건). 일본도 같은 취지이다. 최고재 1997. 3. 11. 1994년(オ) 제1102호 (소승초밥사건), 민집 51권 3호 1055.

10) 미국 랜햄법(Lanham Act)상 상표의 사용을 하지 않으면 상표등록신청을 할 수 없었으나, 1988년 랜햄법의 개정으로 사용의사(intent-to-use; ITU)가 있으면 상표사용전이라도 상표등록신청을 할 수 있도록 하였다. 15 USC § 1051 (b) (1).

11) 명목상의 사용은 상표의 포기로 인정된다. 15 U.S.C. § 1127. 또한 상표사용은 충분한 사용(sufficient use)이 되어야 한다. 충분한 사용은 실질적으로 상거래가 있었음을 나타낼 만한(an arms length business transaction) 사용이어야 하고, 내부적인 거래를 위한 사용만으로는 충분한 사용이 될 수 없다.

해서 상표사용이 없는 경우 상표등록을 취소할 수 있도록 하고 있다.[12] 즉 출원
주의 하에서도 상품에 대한 사용을 요구하는 것이다. 상품에 대한 사용에 의해
서 상표권의 범위가 결정되는 것은 사용주의에서 더 명확히 나타난다. Hanover
Star Milling Co. v. Metcalf 사건[13]에서 미국연방대법원은 동일한 시장에서 동
일한 상표로 경쟁하는 경우에는 선점(prior appropriation)의 원칙에 따라 그 권리
자가 결정되지만 두 당사자가 동일한 상품(goods of the same class)에 대하여 동
일한 상표를 원격지의 분리된 시장에서 사용하는 경우에는 상표의 선점은 법적
인 의미가 없다고 한다. 왜냐하면 두 시장은 분리되어 있어 경쟁적인 관계가 아
니므로 선사용자를 가릴 필요가 없기 때문이다.[14]

　상표권은 상표에 대하여 독점권을 주는 것이지만 상표에 대한 독점권은 저
작권이나 특허권과 같은 정도의 배타성을 가지지 못한다. 즉 전통적으로 상표는
상표가 사용되는 상품의 출처에 대하여 소비자가 혼동하는 것을 방지하는 기능
을 하였다. 상표는 상품과의 관계에서 소비자의 혼동을 방지하는 범위내에서 권
리가 발생하였다. 소비자의 혼동을 방지하는 범위란 결국 상표가 상품에 사용되
는 범위라고 할 수 있다

　상표를 상품에 사용한다고 할 때의 '사용'의 의미는 상표법 제2조 제1항 제
11호 및 제2항에 정의되어 있다. 위 정의조항에서의 사용은 출처표시로서의 사
용인 상표적 사용을 말한다.[15] 예컨대 도메인 네임으로의 사용은 상표적 사용이
아니다.[16] 그러나 항상 도메인 네임의 상표적 사용이 부정되는 것은 아니다. 도

---

12) 상표법 제119조 제1항 제3호. 15 U.S.C. § 1127.
　　Abandonment of mark. A mark shall be deemed to be "abandoned" if either of the follow-
ing occurs:
　　(1) When its use has been discontinued with intent not to resume such use. Intent not to re-
sume may be inferred from circumstances. Non use for 3 consecutive years shall be prima
facie evidence of abandonment. "Use" of a mark means the bona fide use of such mark
made in the ordinary course of trade, and not made merely to reserve a right in a mark.
13) Hanover Star Milling Co. v, Metcalf, 240 US 403 (1916).
14) Hanover Star Milling Co. v, Metcalf, 240 US 403, 415 (1916).
15) 대법원 2007. 10. 12. 선고 2007다31174 판결.
　　서비스표의 침해가 인정될 수 있으려면 서비스표의 사용이 전제되어야 할 것인데, 상표
법상 '상표의 사용'이라 함은 상표법 제2조 제1항 제6호 각 목 소정의 행위를 의미하는 것
인바, 어떤 표지의 사용이 여기에 해당하기 위해서는 사회통념상 수요자에게 상품의 출처
를 표시하고 자기의 업무에 관계된 상품과 타인의 업무에 관계된 상품을 구별하는 식별표
지로 기능하고 있어야 하고, 이러한 법리는 상표법 제2조 제3항에 의하여 서비스표의 경
우에도 마찬가지로 적용된다.
16) 대법원 2007. 10. 12. 선고 2007다31174 판결. ("파출박사"라는 한글인터넷도메인이름을

메인네임의 등록사용의 경우에 도메인네임의 사용태양 및 그 도메인네임으로 연결되는 웹사이트 화면의 표시 내용 등을 전체적으로 고려하여 거래통념상 상품의 출처를 표시하고 자기의 업무에 관계된 상품과 타인의 업무에 관계된 상품을 구별하는 식별표지로 기능하고 있을 때에는 '상표의 사용'으로 볼 수 있다.[17]

상표적 사용이란 도메인 네임 등을 포함한 표장이 상품의 출처나 업무 표시 또는 후원관계의 표시 등으로 사용되는 것을 말한다. 따라서 타인의 등록상표를 이용한 경우라고 하더라도 그것이 상표의 본질적인 기능이라고 할 수 있는 출처표시를 위한 것이 아니어서 상표의 사용으로 인식될 수 없는 경우에는 등록상표의 상표권을 침해한 행위로 볼 수 없다고 할 것이고, 그것이 상표로서 사용되고 있는지의 여부를 판단하기 위하여는, 상품과의 관계, 상품 등에 표시된 위치, 크기 등 당해 표장의 사용 태양, 등록상표의 주지저명성 그리고 사용자의 의도와 사용경위 등을 종합하여 실제 거래계에서 그 표시된 표장이 상품의 식별표지로서 사용되고 있는지 여부를 종합하여 판단하여야 하며, 타인의 등록상표와 유사한 표장을 이용한 경우라고 하더라도 그것이 상표의 본질적인 기능이라고 할 수 있는 출처표시를 위한 것이 아니라 순전히 의장적으로만 사용되거나[18] 기능설명이나 상품의 기능이 적용되는 기종을 밝히기 위해서 사용한 경우[19]와 같이 출처표시를 위한 상표의 사용으로 인식될 수 없는 경우에는 등록상표의 상표권을 침해한 행위로 볼 수 없다는 것이 확고한 대법원 판례의 취지이다. 따라서 상표법상 상표의 사용이란 출처표시나 후원관계로서 사용하는 경우만을 의미한다.

그러나 사용주의에서 사용은 출원에 의한 등록주의에서의 사용과는 사뭇 다르다. 사용주의에서 사용은 그야말로 사용(use)을 의미하고 상품에 표시하는

등록하고 이를 자신이 개설한 웹사이트(www.pachulpaksa.com)에 연결되도록 하여 그 웹사이트에서 직업정보 제공 등의 서비스를 제공한 경우에 위 한글인터넷도메인이름이 서비스의 출처표시로 기능하고 있다고 볼 수 없다). 같은 취지의 판결, 대법원 2004. 2. 13. 선고 2001다57709 판결.

17) 대법원 2008. 9. 25. 선고 2006다51577 판결.

18) 대법원 2004. 10. 15. 선고 2004도5034 판결; 대법원 1997. 2. 14. 선고 96도1424 판결, 2003. 4. 11. 선고 2002도3445 판결 등.

19) 대법원 2005. 6. 10. 선고 2005도1637 판결. "타인의 등록상표와 유사한 표장을 이용한 경우라고 하더라도 그것이 상표의 본질적인 기능이라고 할 수 있는 출처표시를 위한 것이 아니라 상품의 기능을 설명하거나 상품의 기능이 적용되는 기종을 밝히기 위한 것으로서 상표의 사용으로 인식될 수 없는 경우에는 등록상표의 상표권을 침해한 것이라고 할 수 없다."

것을 의미한다. 그 사용의 지리적, 물적 및 시적 범위가 상표권의 범위가 된다. 이는 우리법상 상표적 사용과 상표의 표시[20]와 그 의미가 가깝다. 그러나 출원주의에서의 사용은 상품에 대한 표시[21]뿐만 아니라 권리의 내용과 범위[22]도 의미하게 된다. 즉 사용주의는 상표의 사용범위가 권리를 정하는 범위가 되지만, 출원주의에서는 법이 상표를 사용하는 범위를 결정하게 된다.

3. 상표권과 혼동이론 및 희석화 이론

혼동이론은 상표의 사용에 대한 종속성을 엄격하게 해석하여 상표는 항상 상품과 관련되어야 한다고 한다. 상품에 대한 사용과는 관련없이 상표자체로서는("in gross") 아무런 권리를 인정받을 수 없다.[23] 상표란 상품의 출처를 표시하는 것이므로 상표보호를 하는 것은 상품의 출처에 대한 혼동을 방지하는 것이다. 따라서 상표란 상품과 불가분의 관계에 있을 수밖에 없다. 타인의 상표를 자신의 상품에 사용한다면 소비자는 상품을 생산·판매하는 주체에 대하여 혼동이 발생한다. 상표의 기능은 출처의 혼동을 방지하고자 하는 것이다. 전통적인 혼동이론이 상표의 품질보증적 기능을 도외시하는 것은 아니다. 왜냐하면 상표의 기능은 출처표시뿐만 아니라 품질보증도 포함하고 있기 때문이다. 혼동방지란 출처에 대한 혼동뿐만 아니라 품질에 대한 혼동도 방지하는 것을 의미한다. 13세기경부터 발전되어오기 시작하여 현재에 이른 상표법은 상표가 없어 출처를 알 수 없는 상품은 품질을 알 수 없었으므로 출처를 알 수 없는 상품의 판매를 제한함으로서 소비자를 상품의 출처에 대한 혼동으로부터 보호하고자 하였다.[24] 따라서 출처의 혼동방지란 품질의 혼동방지를 포함한다.

희석화 이론은 상표는 상표가 나타내는 신용(goodwill)에 대하여 정보전달적 기능이 있으므로 이러한 상표의 정보전달적 기능은 상품에 대한 사용과는 무관하게 상표에 대한 독자적인 이익으로서 보호받아야 한다고 한다. 혼동이론에 의하여 확립된 원칙에 의하면 상표의 출처표시기능과 품질보증기능은 상표의 상품에 대한 사용과 불가분적으로 관련을 맺고 있다. 그러나 희석화 이론에 의한

---

20) 상표법 제2조 제1항 제11호 가목 및 다목, 제2항 참조.
21) 상표법 제2조 제1항 제11호 가목 및 다목, 제2항 참조.
22) 상표법 제2조 제1항 제11호 나목 참조.
23) United Drug Co. v. Theodore Rectanus Co., 248 U.S. 90 (1918).
24) Arthur R. Miller & Michael H. Davis, Intellectual Property: Patent, Trademarks, and Copyright in a Nutshell, 155 (2000, 3rd ed.).

상표보호를 주장한 Frank Schechter는 상표의 정보전달기능은 상표의 상품에 대한 사용과 분리하여 상표만의 독자적인 가치를 인정한다. 희석화 이론은 상표 그 자체(in gross)에 대하여 독자적인 가치를 인정하고 상표에 재산적인 권리를 부여한다.[25] 희석화 이론은 소비자에게 발생한 상품의 출처에 대한 신용 (goodwill), 품질(quality) 또는 상표가 전달하는 정보의 가치를 보호하여야 하므로 상표의 목적은 이러한 신용에 대한 소비자의 평가를 저해하는 행위(dilution)로부터 상표사용자를 보호하여야 한다는 것이다. 그는 상표의 정보전달적 가치로 인하여 상표는 경쟁관계 있는 상품(동일·유사상품)뿐만 아니라 비경쟁관계에 있는 상품(이종상품)에 대해서도 보호되어야 한다는 것이다. 그는 상표침해에 대한 손해를 "상표를 비경쟁적인 상품에 사용함으로써 상표에 대한 소비자의 인식을 점차적으로 마모(whittling away or dispersion)시키는 것"이라고 한다. 따라서 상표가 사용된 상품뿐만 아니라 상표가 사용되지 않은 상품에 대한 권리도 인정하여야 하는 것이다. 이는 상표만의 독자적인(in gross) 권리를 인정하는 것이다. 따라서 희석화 이론에 의하면 상표는 상품에 대한 사용과 관련없이 상표에 그 자체에 대하여 배타적인 권리가 되어야 한다.

현재 희석화 이론은 불공정경쟁법에 의하여 불법행위로 도입되었다. 희석화에 의한 상표침해를 규정하고 있는 미국 랜햄법(Lanham Act) 제43조 (c)항은 연방불공정경쟁법이다. 우리나라 부정경쟁방지 및 영업비밀보호에 관한 법률 제2조 제1항 다목에서 상표희석화 행위를 부정경쟁행위로 간주하고 있다. 상표권의 효력을 규정하고 있는 우리 상표법 제89조는 상표는 상품에 대한 사용을 독점할 수 있는 권리로 인정함으로서 전통적인 혼동이론에 입각하여 규정하고 있다. 물론 침해의제를 규정한 상표법 제108조도 침해의제를 상품에 대한 동일·유사상품으로 한정하여 혼동이론에 입각하고 규정하고 있다. 일본이나 미국도 혼동이론에 입각하여 상표권의 효력을 인정하고 있다. 즉 희석화 이론에 입각한 상표권의 내용은 상표법에 도입하지 않고 있다. 소극적으로 제34조 제1항의 부등록사유로서 규정하고 있을 뿐이다.

그런데 최근 희석화 이론에 의한 상표등록을 허용하는 법리에 의한 대법원 판결이 있었다. 그러나 법원의 상표법의 해석의 범위를 넘는 것이어서 국회의 입법권을 침해한 판결이 아닌가 하는 의문이 제기된다. 대법원은

---

25) 3 J. Thomas McCarthy, Trademarks & Unfair Competition § 24:108 (2004).

상표법 제6조 제1항 제4호는 현저한 지리적 명칭·그 약어 또는 지도만으로 된 상표는 등록을 받을 수 없다고 규정하고 있다. 이와 같은 상표는 그 현저성과 주지성 때문에 상표의 식별력을 인정할 수 없어 어느 특정 개인에게만 독점사용권을 부여하지 않으려는 데 그 규정의 취지가 있다. 이에 비추어 보면, 상표법 제6조 제1항 제4호의 규정은 현저한 지리적 명칭 등이 다른 식별력 없는 표장과 결합되어 있는 경우에도 적용될 수 있기는 하나, 그러한 결합에 의하여 본래의 현저한 지리적 명칭 등을 떠나 새로운 관념을 낳거나 새로운 식별력을 형성하는 경우에는 위 법조항의 적용이 배제된다.

고 판시하고 있다.26) 위 판결은 2016년 개정 상표법 제33조 제1항 제4호가 규정하는 '현저한 지리적 명칭' 등이 다른 식별력 없는 표장과 결합되어 있는 경우에도 여전히 현저한 지리적 명칭이므로 본질적인 식별력이 없는 상표이지만, "그러한 결합에 의하여 본래의 현저한 지리적 명칭 등을 떠나 새로운 관념을 낳거나 새로운 식별력을 형성하는 경우에는 위 법조항의 적용이 배제된다."고 하고 있는데, 여기에서 위 판결은 1) 새로운 관념을 낳거나, 2) 새로운 식별력을 형성하는 경우를 제시하고 있다. 여기서 새로운 관념과 새로운 식별력의 의미는 "서울특별시 관악구 등에 소재하고 있는 국립종합대학교", 즉 "서울대학교"를 지칭하는 것으로 보인다.27) "서울대학교"는 더 이상 현저한 지리적 명칭이나 기타 식별력이 없는 명칭이 아니라는 의미는 "서울특별시 관악구 등에 소재하고 있는 국립종합대학교"라는 새로운 식별력이나 관념이 "서울에 있는 대학교"라는 의미를 대체한다는 의미이다. 위 판결은 현저한 지리적 명칭이더라도 사용에 의하여 충분한 식별력을 형성한 경우에는 더 이상 현저한 지리적 명칭이 아니므로 제6조 제2항도 적용될 여지가 없다는 것이다.28) 그리하여 지정상품인 "농

---

26) 대법원 2015. 1. 29. 선고 2014후2283 판결.
27) 특허법원 2014. 9. 18. 선고 2014허2092 판결.

　　지정상품을 농산물이유식 등 원심 별지 기재 지정상품으로 하고 **"서 울 대 학 교"**로 구성된 이 사건 출원상표(출원번호 생략)는 현저한 지리적 명칭인 '서울'과 흔히 있는 명칭인 '대학교'가 불가분적으로 결합됨에 따라, 단순히 '서울에 있는 대학교'라는 의미가 아니라 '서울특별시 관악구 등에 소재하고 있는 국립종합대학교'라는 새로운 관념이 일반 수요자나 거래자 사이에 형성되어 충분한 식별력을 가지므로 상표법 제6조 제1항 제4호, 제7호에 모두 해당하지 아니하여, 위 각 지정상품에 대한 상표등록이 허용되어야 하며, (2) 상표법 제6조 제1항 제4호, 제7호에 해당하지 아니하는 이상, 상표법 제6조 제2항에 의하여 각 지정상품에 대하여 개별적으로 사용에 의한 식별력을 취득하였는지 여부를 별도로 따질 필요가 없다.

28) 이러한 결론은 기존 판결과 다른 것이다. 대법원은 경남대학교 사건에서

산물 이유식"에 대하여 본질적인 식별력이 있다는 의미이다. 따라서 상표사용
주체인 서울대학교가 상표로서 서울대학교를 사용한다면 어느 상품이든지간에
식별력이 발생한다. 그리고 서울대학교 이외에 다른 주체가 사용한다면 이는 현
저한 지리적 명칭일 뿐만 아니라 오인혼동을 일으키는 상표권 침해상표[29]가 되
어 등록을 할 수 없게 된다. 결국 본 판결은 상품과 관계없이 서울대학교라는
표장의 독점을 허용하는 것과 같은 결과를 가져오는 것으로 결과적으로 희석화
이론에 의한 표장 자체를 등록할 수 있고, 등록에 따라 해당 표장에 대하여 독
점적인 권리를 인정하는 것과 같은 결과가 된다. 그러나 이는 우리 상표법이 명
시하지는 않지만 그 법리상 근거로 하고 있는 혼동이론의 범위를 벗어난 판결
이라고 하지 않을 수 없다. 결국 법원의 해석범위를 넘어 사법권의 한계를 벗어
나 입법권을 침해하는 판결이라고 하지 않을 수 없다.

4. 상표의 사용과 상표권의 범위

사용주의하에서는 상표권이란 상표가 사용된 범위에 의해서 발생한다. 상
표가 사용된 범위는 시간적, 지리적, 소비자 내지 시장 등에 의존하게 된다.[30]
등록주의에서는 상표를 사용할 상품을 지정하게 되므로 그 지정상품에 대해서
전국적으로 모든 소비자에 대한 권리가 발생하므로 사용주의와는 다르다. 그러
나 현행 상표법상으로는 상표권은 상품에 대한 사용을 떠나서는 발생할 수 없
다는 점에서 사용주의와 일치한다. 이하 이해를 돕기 위해서 사용주의상에서의
상표권에 대해서 설명한다.

경남대학교

[경남대학교] 산학협력단이 등록서비스표 " 慶南大學校 "의 등록권리자인 [경남대학교]
학교법인을 상대로 등록서비스표가 상표법 제6조 제1항 제4호, 제7호 등에 해당한다는 이
유로 등록무효심판청구를 한 사안에서, 등록서비스표의 구성 중 '경남대학교' 부분은 그
자체로는 현저한 지리적 명칭인 '경상남도'의 약어인 '경남'과 보통명칭인 '대학교'를 표시
한 것에 지나지 않아 식별력이 있다고 할 수 없으나, 오랜 기간 지정서비스업에 사용된 결
과 등록결정일 무렵에는 수요자 사이에 그 표장이 [경남대학교] 학교법인의 업무에 관련된
서비스업을 표시하는 것으로 현저하게 인식되기에 이르렀으므로 그 표장이 사용된 지정서
비스업에 관하여 식별력을 가지게 되었다.
라고 판시한 바 있다. 대법원 2012. 11. 15. 선고 2011후1982 판결.
29) 상표법 제34조 제1항 제11호, 제12호도 적용가능하다. 그 외 제9호, 제10호뿐만 아니라
제4호의 적용도 가능하게 될 수 있다.
30) 미국의 경우 연방상표법인 랜햄법(Lanham Act)에 따른 등록을 하는 경우 전국적인 사용
의 효과가 발생하여 실제사용과 관계없이 전국적인 상표권의 효력을 취득하게 된다. 물론
등록을 하여 전국적인 사용 효과를 취득하더라도 선사용자가 우선하게 된다.

사용주의하에서 상표권의 발생과 소멸은 상표의 상품에 대한 사용에 의해서 발생하게 된다. 따라서 상표의 사용이 없는 경우에는 상표권이 발생하지 않거나 소멸하게 된다. 미국의 랜햄법(Lanham Act)도 3년 동안 계속적으로 사용을 하지 않으면 포기의 일응의 추정(prima facie evidence)이 된다고 규정하고 있다.[31] 우리나라 상표법도 3년간 상표를 불사용하면 취소할 수 있도록 하고 있다.[32]

상표권의 범위도 사용의 범위에 의해서 정해진다. 지리적 범위, 물적범위 및 소비자의 범위는 상표권의 범위를 결정한다. 사용주의 하에서 상표권은 사용한 지리적 범위내에서 발생한다. 예컨대 팬케익 밀가루의 상표권은 그 밀가루가 판매되는 지역에만 미치게 된다.[33] 따라서 동일지역에서 동등한 물품에 대한 동등한 상표의 사용은 먼저 사용한 자가 권리자가 되지만, 상표의 사용지역이 다른 경우에 한 상표의 상표권은 다른 상표에게는 미치지 않게 된다.

또한 시장의 차이에서도 상표권의 범위가 제한된다. 도매시장과 소매시장은 다른 시장이다. 따라서 도매시장에서 사용한 상표는 소매시장에는 미치지 않게 된다. Dawn Donut Co. v. Hart's Food Stores, Inc. 사건[34]에서 법원은 선행사용자(senior user)가 도매시장(wholesale market)에서만 상표를 사용하였다면 상표의 선행사용은 동일·유사상표의 동일·유사상품에 대한 소매시장(retail market)에서의 사용을 금할 수 있는 효력이 발생하지 않는다고 하고 있다. 예컨대 소위 '명품'과 비명품 사이에는 그 시장이 다르기 때문에 혼동가능성이 적다고 할 수 있다. 이러한 법리는 사용주의뿐만 아니라 등록주의하에서도 발생한다. 우리 대법원도

비록 2개의 상표가 상표 자체의 외관·칭호·관념에서 서로 유사하여 일반적·추상적·정형적으로는 양 상표가 서로 유사해 보인다 하더라도 당해 상품을

---

31) 15 U.S.C. § 1127.

Abandonment of mark. A mark shall be deemed to be "abandoned" if either of the following occurs:

(1) When its use has been discontinued with intent not to resume such use. Intent not to resume may be inferred from circumstances. Non use for 3 consecutive years shall be prima facie evidence of abandonment. "Use" of a mark means the bona fide use of such mark made in the ordinary course of trade, and not made merely to reserve a right in a mark.

32) 상표법 제119조 제1항 제3호.

33) Hanover Star Milling Co. v, Metcalf, 240 US 403 (1916).

34) Dawn Donut Co. v. Hart's Food Stores, Inc., 267 F.2d 358 (2d Cir. 1959) (시장을 소매시장과 도매시장으로 구별하고 있다).

둘러싼 일반적인 거래실정, 즉, 시장의 성질, 고객층의 재력이나 지식 정도, 전문가인지 여부, 연령, 성별, 당해 상품의 속성과 거래방법, 거래장소, 고장수리 등 사후관리 여부, 상표의 현존 및 사용 상황, 상표의 주지 정도 및 당해 상품과의 관계, 수요자의 일상 언어생활 등을 종합적·전체적으로 고려하여, 거래사회에서 수요자들이 구체적·개별적으로는 상품의 품질이나 출처에 관하여 오인·혼동할 염려가 없을 경우에는 양 상표가 공존하더라도 당해 상표권자나 수요자 및 거래자들의 보호에 아무런 지장이 없다 할 것이어서, 그러한 상표의 등록을 금지하거나 등록된 상표를 무효라고 할 수는 없다 할 것이다.[35)]

라고 하여 시장의 차이, 소비자의 차이를 인정하고 있다. 대법원은 Rolens와 Rolex 상표의 유사성을 인정하였지만 Rolens 상표의 상품들은 중저가의 상품이어서 거래자 및 일반 수요자는 일반적인 보통 수준의 사람들이지만, Rolex 상표의 상품들은 세계적으로 유명한 고가, 고품질의 시계로서 그 주요 거래자는 재력이 있는 소수의 수요자라는 차이를 인정하여 상표가 동일한 지정상품에 다같이 사용될 경우라도, 거래자나 일반 수요자에게 상품의 품질이나 출처에 대하여 오인·혼동을 일으키게 할 염려는 없다고 하였다. 이는 상품이 판매되는 시장의 차이 및 소비자의 차이 등에서 발생하는 상표권의 효력범위의 제한을 인정한 것이라 할 수 있다.

5. 상표권의 효력

가. 효력범위

(1) 독점권과 금지권

상표를 등록한 경우에는 그 지정상품에 대한 독점권이 발생한다. 상표법 제89조에 규정된 독점권은 지정상품에 적극적으로 상표를 독점적 사용을 할 수 있다는 의미로 적극적 권리라고도 한다. 독점적 효력이 미치는 효력은 i) '등록상표'를 ii) '지정상품'에 대하여 iii) '사용'하는 것이다. 이 경우 등록상표나 지정상품과 동일한 것뿐만 아니라 동일성이 있는 상표나 상품을 포함한다.[36)] 상표권의 독점권의 범위가 위와 같이 등록상표를 지정상품에 사용되는 것에 한정되

---

35) 대판 1996. 7. 30 85후1821.
36) 동일성은 동일에 포함되는 것으로 해석한다. 1995. 4. 25, 93후1834; 1992. 11. 10, 92후650. 전효숙, 상표와 상품의 동일·유사, 특허소송연구, 특허법원, 1집 289 이하 참조. 이하 동일과 동일성을 명시적으로 구분하지 않는 한 같은 의미로 사용한다.

기 때문에 상표권은 본질적으로 약한 권리(weak rights)라고 한다. 특허권이 i) '특허등록이 된 발명'의 ii) '실시'에 독점권이 미치고, 그 아이디어를 어떤 물품에 적용할 것인지는 문제삼지 않는 것과는 대비된다. 즉 특허는 상표권에 있어서 '지정상품'에 해당하는 요건이 없다. 물론 독점권을 가지는 범위, 즉 등록상표를 지정상품에 사용하는 권리 범위는 독점권의 효력에서 타인의 사용을 배제[37]할 수 있는 권리가 존재한다.

현재의 통설·판례는 우리 상표법 제89조에 대하여 본 조항은 상표권에 대한 전용권, 즉 적극적 효력을 규정하고 있고, 제108조는 유사영역을 상표침해로 의제하고 이에 대하여 전용권을 인정하지 않고 다만 제107조의 금지청구권과 손해배상청구권을 인정하여 소극적 효력을 규정한 것이라고 이해한다.[38] 대법원도 상표권의 적극적 효력과 소극적 효력을 구분하고 있다. 대법원은 구 상품류구분 제44류 '보석, 귀금속류와 그들의 모조품 및 다른 류에 속하지 아니하는 그들의 제품(본류에 명시된 상품의 전부)'에 등록상표를 황금당이라고 등록한 소위 황금당사건에서 등록상표가 지정상품인 보석류에 대하여는 유효하므로 상표권자는 그 등록상표를 보석류에는 독점적으로 사용할 수 있으나 유사상품인 귀금속류에 대하여는 독점적으로 사용할 수 없고, 다른 상표권의 저촉을 받지 않는 한도 내에서 비독점적으로 사용할 수 있을 뿐이고, 제3자는 등록상표의 금지적 효력에 의하여 지정상품인 보석류뿐 아니라 이와 유사한 상품(귀금속제품)에도 이 사건 등록상표 및 이와 유사한 상표를 사용하는 것이 금지된다고 하였다.[39]

(2) 유사범위에 대한 새로운 해석의 시도

상표법 제108조에 의해서 창설되는 유사영역은 상표권자와 일반 공중의 사용을 제한하는 공중의 영역(the public domain)을 설정한 것으로 생각된다. 즉 상표권자에게 일방적인 소극적 권리를 부여하는 것은 아니다. 상표권자와 일반 공중으로부터 보호는 상표제도의 공익성과 무체재산권이라는 특징으로 인하여 필요한 것이라고 할 수 있다. 유사영역에 대한 사용에 대하여 한편으로 상표권자에게 손해배상청구 및 금지청구권을 부여하고 있고 일반 공중에게 상표등록취소신청을[40]할 수 있는 통제권을 부여하고 있지만 이는 공중의 영역(the public

---

37) 상표법 제107조.
38) 대법원 1994. 5. 24. 선고 92후2274 전원합의체 판결.
39) 대법원 1995. 4. 14. 선고 94후227 판결. (본 판결은 대법원 1994. 5. 24. 선고 92후2274 전원합의체 판결사건에 대한 같은 상표에 대한 판결로서 동 판결과 관련된 판결임).
40) 상표법 제119조 제1항 제1호 및 제2호 참조.

domain)의 효율적 통제 내지는 관리수단으로서 혼동가능성이 있는 공중의 영역의 사용으로 인한 소비자의 혼동방지라는 공익적 목적을 달성하기 위한 것이라고 해석된다. 공중도 유사영역을 사용하지 않을 의무를 부담하기 때문에 유사영역에 대하여 상표권자에게 일방적으로 부여한 소극적 권리는 아니다.

상표법 제108조에서 규정하는 유사범위는 다른 지적재산권에도 존재한다. 유사범위는 무체재산권인 지적재산권의 특성상 경계범위가 명확치 않을뿐더러 특허법상 균등론의 근거와 같이 언어만으로는 그 권리범위를 특정하는 것이 쉽지 않기 때문에 인정된다고 볼 수 있다. 따라서 유사범위를 보호할 필요성이 있다. 특허의 경우에는 유사범위는 판례상 인정되는 균등영역으로 보호된다. 디자인의 경우에는 유사디자인제도가 그것이다. 다만, 특허와 디자인은 독점의 범위를 확장하여 결과적으로 특허권자나 디자인권자가 균등영역이나 유사디자인 부분에 대하여 독점권을 행사하게 된다.[41] 그러나 상표는 유사영역에 대하여 상표권자의 독점의 범위를 확장하는 것은 아니다. 상표는 소비자 혼동방지를 그 출발점으로 하고 있기 때문에 특허나 디자인과 같이 개인의 사적권리의 창설과 보호가 중요한 것은 아니다. 이러한 상표의 본질로 인하여 유사영역에 대해서 특허나 디자인과는 다른 법적 접근을 할 필요성이 있다. 이에 상표법은 상표권자나 공중 그 누구에게도 속하지 않는 공중의 영역을 설정한 것이라 할 수 있다.

2016년 개정 상표법 제89조에 규정된 독점권의 범위를 넘어서는 상표권의 소극적인, 즉 제108조에 규정된 범위는 상표권자가 타인의 사용을 금지 또는 배제할 수 있는 범위이지만, 이는 상표권자가 타인에게 가지는 일방적인 권리는 아니다. 왜냐하면 상표권자도 제108조에 규정된 소극적 권리범위에 대하여 사용권이 인정되지 않을 뿐만 아니라 오히려 상표법은 "상표권자가 고의로 지정상품에 등록상표와 유사한 상표를 사용하거나 지정상품과 유사한 상품에 등록상표 또는 이와 유사한 상표를 사용함으로써 수요자로 하여금 상품의 품질의 오인 또는 타인의 업무에 관련된 상품과의 혼동을 생기게 한 경우"에 상표등록을 취소할 수 있도록 하고 있으므로[42] 공중(the public)만이 유사범위에서 상표사용을 하지 않을 소극적 의무를 부담하는 것은 아니다. 본 규정은 일본 상표법[43]과 우리 상표법에 존재하는 규정이다. 상표사용을 취소할 수 있도록 하는

---

41) 디자인보호법(법률 제11111호, 2011. 12. 2, 일부개정) 제7조 참조.

42) 상표법 제119조 제1항 제1호 및 제2호 참조.

43) 현행 일본 상표법 제51조는 "商標権者が故意に指定商品若しくは指定役務についての登録商標に類似する商標の使用又は指定商品若しくは指定役務に類似する商品若しくは役務

규정은 미국상표법에서도 찾아 볼 수 있다. 미국 연방상표법은 상표권자나 상표권자의 허락을 얻은 자가 상표가 사용되는 상품이나 서비스의 출처를 허위로 표시하는 경우에는 상표가 취소될 수 있도록 하고 있다.[44] 독일 상표법도 상표권자에게 등록상표에 대한 배타권(exclusive right)을 부여하고,[45] 제3자로 하여금 등록상표나 유사상표를 사용하지 못하도록 하고 있다.[46] 또한 상표소유자나 그의 허락에 의한 상표사용의 결과로 공중을 기망하는 것에 대하여 책임이 있는 경우, 특히 상품의 종류나 성질 또는 지리적 표시에 관련한 경우, 상표취소가 될 수 있다.[47] 우리 상표법과 일본 상표법이 명확하게 유사범위에 대하여 공중이나 상표권자에 대하여 사용하지 못하도록 한 것은 무체재산권인 상표권의 범위는 그 경계가 모호하기 때문에 유사범위를 두어 상표권자와 공중으로 하여금 그 범위에서 상표를 사용하지 못하도록 한 것으로 볼 수 있다.

　상표법 제108조에 규정된 것은 침해로 보는 행위, 즉 침해의제규정이다. 침해로 보기 때문에 민법상 손해배상청구권과 상표법 제107조의 금지청구권이 인정된다. 따라서 상표권을 제외한 공중의 사용이 금지된다. 여기까지만 고려한다면 제108조에 규정되어 있는 유사범위는 분명히 공중이 사용금지의무를 부담하는 상표권자의 권리이다. 그런데 제119조 제1항 제1호 및 제2호는 "상표권자가 고의로 지정상품에 등록상표와 유사한 상표를 사용하거나 지정상품과 유사한 상품에 등록상표 또는 이와 유사한 상표를 사용함으로써 수요자로 하여금 상품의 품질의 오인 또는 타인의 업무에 관련된 상품과의 혼동을 생기게 한 경우"를 상표등록취소사유로 규정하고 있다. 물론 고의의 사용으로 한정하고 있지만 상표권자에게도 유사범위에 대한 사용금지의무가 있고, 이를 위반하는 경우에는 상

についての登録商標若しくはこれに類似する商標の使用であつて商品の品質若しくは役務の質の誤認又は他人の業務に係る商品若しくは役務と混同を生ずるものをしたときは、何人も、その商標登録を取り消すことについて審判を請求することができる。" 라고 규정하여 우리 상표법 제119조 제1항 제2호와 같은 의미로 규정하고 있다.

44) 15 USC § 1064 ("if the registered mark is being used by, or with the permission of, the registrant so as to misrepresent the source of the goods or services in connection with which the mark is used.").
45) 독일상표법 제15조 제1항.
46) 독일상표법 제15조 제2항. (유명상표의 경우에는 동조 제3항 참조).
47) 독일상표법 제49조 제2항 제2호. 영국상표법도 같은 취지의 규정을 두고 있다. 영국상표법 제46조 제1항 (d)호는 "that in consequence of the use made of it by the proprietor or with his consent in relation to the goods or services for which it is registered, it is liable to mislead the public, particularly as to the nature, quality or geographical origin of those goods or services."라고 하여 독일법과 같다.

표취소사유가 된다. 즉 상표권자에게 유사범위에 대한 사용권이 없다. 유사범위
에 대해서는 상표권자나 공중 모두 상표사용이 금지된다. 물론 상표권자가 과실
로 유사범위에 상표를 사용하는 경우에는 취소사유가 되지 않지만, 과실로 사용
하는 경우에 취소사유가 되지 않는다고 하여 상표권자에게 이용권이라는 권리가
부여되어 있다고 할 수 없다.48) 또한 과실에 의한 사용은 상표사용의사가 있는
것이 아니므로 상표의 사용으로 인정되지도 않는다. 결국 유사범위는 상표권자
와 공중 모두가 사용이 금지되는 공중의 영역으로 설정된 것으로 볼 수 있다.49)

　　사용주의하에서는 사용을 하면 상표권이 발생하기 때문에 위의 규정은 실
효성이 적다고 할 수 있다. 또한 상표법 제91조에서 설명하는 바와 같이 사용상
표자체가 변화하기 때문에 동일성이 유지되는 범위내에서의 점진적인 변화는
tacking doctrine에 의해서 동일상표의 사용으로 인정받는다.50) 유사상표사용자
체가 권리를 발생시키기 때문에 등록주의를 취하는 우리법과 같이 해석할 수는
없다.51) 다만 위 미국상표법 규정은 연방상표법이 등록주의를 취하기 때문에 등
록상표를 이용하여 허위표시하는 것을 막기 위한 것으로서 우리법에서 혼동의
발생을 요구하는 것52)과 같은 취지이다.

　　유사범위는 혼동이 발생하는 영역이어서 공중만이 사용이 금지된다면 상표
권자의 상표권이 확장될 수밖에 없다.53) 그러나 유사범위는 상표권자가 상표등
록시에 상표의 사용을 하겠다고 적극적인 의사를 표시한 것이 아니므로 상표권
자의 상표등록출원의사가 없는 유사범위까지 권리범위를 인정할 필요는 없다.
만일 상표권자가 유사범위까지 상표를 사용하고자 하는 경우에는 상표출원시에
유사범위를 포함하여 출원을 하면 된다. 사용주의 하에서 상표권은 상표의 사용
과의 관계에서 권리가 발생하는 것이므로 상표를 사용하지 않는 유사범위까지
독점권을 인정할 수 없을뿐더러 일반 공중의 자유권을 희생하면서까지 상표권

---

48) 독점권을 이용권이라고 하는데, 여기서의 이용권은 독점권은 아니다. 유사영역에는 상표
　　법 제89조가 독점권을 부여하지 않았기 때문이다.

49) 중립지대(buffer zone)라고 하기도 한다. 박용규, 상표권의 적극적 효력(사용권)과 소극적
　　효력(금지권)과의 관계―구상표법 제26조의 금지적 효력 제한의 법리와 관련하여―, 대법
　　원판례해설(제23권), 법원도서관(1995), 594 참조.

50) tacking doctrine에 의하더라도 점진적인 변화라고 하더라도 최초의 사용상표와 최후의
　　사용상표는 동일성이 인정되지 않고 유사할 수도 있다.

51) 이러한 원칙에 대한 직접적인 쟁점은 아니지만 유연적인 취지로 볼 수 있는 판결도 있
　　다. 대법원 2012. 11. 15. 선고 2011후1982 판결 참조.

52) 상표법 제119조 제1항 제1호 및 제2호 참조.

53) 綱野誠, 商標, 대광서림(1992), 601.

자에게 유사범위까지 독점권을 부여할 정당성이나 필요성도 없다. 만일 유사범위까지 적극적 권리를 인정받고 싶다면, 그 범위까지 상표사용을 하면 되기 때문이다. 따라서 등록주의나 사용주의를 불문하고 유사범위까지 상표권을 인정할 필요가 없는 것이다. 유사범위에 대해서 상표권자에게 소극적 권리도 인정할 필요성이 없는 것이다. 다만 이러한 전제는 독점권이 인정되는 동일범위와 유사범위의 구분이 명확하면 명확할수록 이러한 전제의 성립가능성도 크다.

특허권의 균등범위나 디자인권에서 유사디자인권과는 구분되어야 한다. 특허나 디자인의 경우에는 발명의 기여에 대한 정당한 보상[54]의 차원에서 균등론과 유사디자인제도가 인정되지만, 특허나 디자인과 같은 노력이나 진보성이 필요하지 않고, 상표의 '선택'에 의해 권리가 발생하는 상표를 같은 입장에서 볼 수 없다.

우리 상표법 제108조에 규정된 범위를 소극적 권리라고 하는 것은 상표권자도 사용하지 않을 의무를 부담하다는 것을 고려하지 않고, 자칫 공중만이 상표권자에게 사용하지 않을 의무를 부담하는 상표권자의 소극적 권리라는 오해를 불러일으킬 위험이 있다.[55] 한때 일본에서는 금지권을 규정하는 것이 아니고 유사범위에 대해서는 상표권의 효력이 미치지 않는다고 한 견해도 있었다.[56] 아마도 이러한 문제점 때문에 제시된 견해가 아닌가 생각된다. 2016년 개정 상표법 제90조의 상표권의 효력이 제한되는 범위와 관련하여 이러한 불분명함이 더

---

54) 균등론의 기원이 된 중심한정주의에서 균등론은 보상설을 바탕으로 한다. 졸고, 특허청구범위해석에 있어서 중심한정주의의 기원 및 발전과 시사점, 산업재산권 제49호 지식재산학회(2016), 55.

55) 예컨대, 박용규(주 49), 594, 독자의 이해를 위하여 전문을 인용하여 보면 아래와 같다. 결국 상표권의 위와 같은 적극적 효력(사용권)과 소극적 효력(금지권)의 범위가 다름으로써 언제나 사용권 상호간에는 상호불가침의 중립지대(buffer zone)가 있게 마련이고, 이 사건에서도 위 92후2274호 전원합의체 판결의 취지에 따라 피심판청구인의 등록상표가 보석류에 대하여는 유효하다고 보는 한 상표권자는 등록상표를 보석류에는 독점적으로 사용할 수 있으나 이와 유사한 상품인 귀금속류에 대하여는 독점적으로 사용할 수는 없고 다른 상표권의 저촉을 받지 않는 한도내에서 비독점적으로 사용할 수 있을 뿐이고(다만 뒤에서 보는 바와 같이 실제상 이러한 사용도 제약을 받을 것임), 제3자는 등록상표의 금지적 효력에 의하여 지정상품인 보석류뿐 아니라 이와 유사한 상품에도 등록상표 및 이와 유사한 상표를 사용하는 것이 금지되는 것이다.
즉 '중립지대(buffer zone)'인 유사영역에 대해서는 실제사용도 제약을 받을 수 있지만, 상표권자가 비독점적으로 사용할 수 있을 뿐이라고 한다. 그러나 본문에서 논의한 바와 같이 상표권자가 비독점적으로 사용할 수 없다. 상표취소사유(상표법 제73조 제1항 제2호)가 되기 때문이다.

56) 兼子=染野, 工業所有權法, 日本評論社(1960), 808, 784.

커지고 있다. 특히 상표법 제90조는 상표권의 금지권의 한계를 규정한 것이고 독점권의 한계규정은 아니라고 한다.[57] 즉 제90조에 나열된 상표에 대해서 공중이 사용하는 경우 상표권자가 이를 금지할 수는 없지만, 상표권자가 이를 사용할 수 있으므로 이용권이 인정된다는 취지이다.

　　상표는 그 특성상 동일성과 유사성의 한계를 명확하게 구분할 수 없다. 이는 무체재산권의 특징이기도 하다. 따라서 상표의 권리범위를 동일성이 있는 부분으로 한정한다면 소비자는 지정상품에 사용되는 등록상표를 제3자(공중)가 등록상표와 유사한 상표나 지정상품과 유사한 상품에 사용되는 동일 또는 유사상표와 구분할 수 없다. 소비자는 이를 구분하기 위하여 많은 비용과 시간을 투자하여야 한다. 또한 동일범위뿐만 아니라 유사범위까지 상표권자에게 상표 사용권을 인정한다면[58] 유사범위와 비유사범위 사이의 경계가 명확하지 않으므로 소비자에게 같은 문제가 발생한다. 따라서 거래의 불확실성으로 인하여 거래비용이 증가할 수밖에 없다. 따라서 상표의 특성상 유사범위를 설정하여 상표권자나 공중 모두 사용할 수 없도록 할 필요성이 있다. 이러한 이유 때문에 상표권자도 유사범위에 대하여 이용권을 가질 수 없는 것이다. 또한 상표권자에게 금지청구권을 부여할 필요도 없다.[59] 상표법 제119조 제1항 제1호 및 제2호의 규정에는 고의로 인한 경우만 상표등록취소사유로 하고 있으므로 과실로 인한 경우에는 취소사유가 되지 않는다. 과실로 인한 경우를 제외한다고 하여 상표권자에게 이용권을 부여한 것은 아니다. 동일범위와 유사범위의 경계가 명확치 않으므로 상표권자의 과실로 인한 유사범위의 사용까지 취소사유로 할 필요성이 적기 때문이다.

　　유사범위에 대하여 공중이 사용을 하는 경우에 상표권자의 동일범위의 사용과 구별이 명확치 않으므로 소비자에게 혼동이 발생할 뿐만 아니라 상표권자

---

57) 송영식 외 6인, 지적소유권법(하), 육법사(2008), 275는 상표권의 효력은 자기의 성명, 명칭 등과 상품의 보통명칭, 산지 원자재 등을 보통의 방법으로 표시하는 상표 및 관용상표 등에는 미치지 아니한다고 규정하고 있는 상표법 제90조는 공익과 상표보호의 목적에 비추어 특정인에게 독점시키기에 적합하지 아니한 상표와 상표권의 범위 밖에 두는 것이 적당한 상표를 한정하여 상표권의 금지적 효력의 한계를 법정한 규정으로서 금지권의 제한에 불과하고 사용권을 제한하는 것은 아니라고 하고 있다.

58) 사실 유사범위까지 상표를 인정할 실익은 전혀 없다. 앞서 언급한 바와 같이 유사범위까지 상표사용을 원한다면 그 범위까지 상표출원을 하면 되기 때문이다. 이는 상표권자가 선택을 할 문제이므로 선택을 하지 않은 유사범위까지 상표권의 효력을 인정할 이유가 전혀 없는 것이다.

59) 그러한 법에서 상표권자에게 금지청구권을 인정하는 이유는 후술한다.

와 공중 사이에 분쟁이 발생하기 쉽기 때문에 유사범위에 대하여 굳이 공중에게 사용을 인정할 필요가 없다. 따라서 유사범위는 상표권자나 공중에게 사용을 인정할 실익보다는 그 폐해가 크다. 그런데 이와 같은 경우에 공중의 유사범위의 사용에 대하여 상표권자에게 침해금지청구권과 손해배상청구권을 인정하는 것을 쉽게 설명할 수가 없다. 이러한 이유 때문에 유사범위에 대하여 상표권자의 소극적 권리로 이론을 구성하는 것이 논리적일 수 있다. 그러나 공중의 영역 (the public domain) 침해에 대해서 상표권자에게 소권을 인정하는 것은 소비자 보호의 실효성 때문이라고 할 수 있다. 공중의 영역의 침해에 대해서 상표권자에게 감시할 수 있도록 하는 것이 효율적이다. 따라서 상표권자에게 손해배상청구권과 금지청구권을 인정한다면 각 침해행위에 대하여 효과적인 억제방법이 될 것이다. 국가가 유사범위에 대하여 침해를 하는지를 감시할 필요도 없다. 유사범위의 침해에 대하여 손해배상청구권을 인정하더라도 불법행위의 요건상 상표권자에게 손해가 발생하여야 하기 때문에 모든 경우에 손해배상까지 인정되는 것은 아니므로[60] 소비자 보호라는 목적을 벗어나 상표권자에게 과도한 이익을 부여하는 것은 아니다. 그리고 상표권자가 고의로 유사범위에 대하여 상표사용을 하여 혼동을 발생케 하는 경우에 공중은 상표취소를 청구할 수 있다. 상표권자가 고의로 유사범위에 대하여 상표사용을 하여 혼동을 발생하게 하는 경우에 취소사유로 하는 것은 결국 소비자를 혼동으로부터 보호하기 위한 것이라고 할 수 있다. 이 경우 소비자인 공중에게 소권을 부여하여 유사범위에 대한 상표사용을 억제하여 소비자의 혼동을 보호하고 있는 것이다. 결국 유사범위에 대해서는 혼동의 영역으로 설정하고 상표권자나 공중에게 사용을 하지 못하도록 하고 있는 것이고, 유사범위에 대해서 소비자의 혼동을 방지하기 위한 법 기술적 (legal technology) 조치라고 할 수 있다.

상표법 제90조는 상표권의 효력이 미치지 않는 범위를 규정하고 있다. 앞서 언급한 바와 같이 상표법 제90조는 상표권자의 금지권이 미치는 한계만 규정한 것으로서 상표권자의 사용권을 제한하는 것은 아니라고 한다.[61] 이 견해에서 말

---

60) 대법원 2004. 7. 22. 선고 2003다62910 판결 참조. "상표법 제67조 제2항, 제3항, 제5항은 같은 조 제1항과 마찬가지로 불법행위에 기한 손해배상청구에 있어서 손해에 관한 피해자의 주장·입증책임을 경감하는 취지의 규정이고, 손해의 발생이 없는 것이 분명한 경우까지 침해자에게 손해배상의무를 인정하는 취지는 아니라 할 것이므로 상표권의 침해행위에도 불구하고 상표권자에게 손해의 발생이 없다는 점이 밝혀지면 침해자는 그 손해배상책임을 면할 수 있는 것으로 해석함이 상당하다 할 것이고…"

61) 송영식 외 6인(주 57), 275.

하는 사용권이란 비독점적인 사용권을 말한다고 할 것이다. 독점적인 사용권이
라면 상표법 제89조에 규정된 경우를 말하는 것으로서 제90조에 규정된 상표권
이 제한되는 경우라고 할 수 없기 때문이다. 그런데 비독점적인 사용권이란 아
무런 의미가 없다. 그 범위는 공중도 자유롭게 사용을 할 수 있기 때문이다. 결
국 상표권자의 '권리'라고 할 수 없는 것이다. 상표법 제90조에 규정된 범위는
자유권의 영역이다. 상표법 제90조의 상표권이 제한되는 경우는 상표의 본질적
인 법리 때문에 발생한다. 따라서 금지권과 사용권을 나누어 설명할 수는 없다
고 보인다. 상표법 제90조에 규정된 상표권이 제한되는 경우는 상표권자만이 누
리는 것은 아니고, 상표권자와 공중 모두가 가진다. 제90조의 규정이 있더라도
상표권자는 자신의 상표를 사용할 권리를 가진다. 그리고 제3자도 제90조에 규
정된 내용의 권리, 자유권을 가진다.[62]

　　우리나라는 한때 연합상표(associated trademark) 제도를 시행하여 등록상표와
유사범위에 속하는 상표에 대하여 연합상표로 등록허용하였다. 연합상표제도는
자기 상표의 보호를 위하여 미리 그 금지권의 범위 내에 속하는 유사상표를 등
록하여 전용권으로 확보하여 자기상표의 침해에 대한 명확신속한 조치를 취할
수 있는 방어적 기능을 부여한 것으로 유사상표에 관한 분쟁을 미연에 방지하
고자 한 것이었다.[63] 연합상표는 연합상표군에 속하는 하나의 상표를 사용하는
경우에는 연합상표 전체를 사용한 것으로 인정하는 등 상표등록자에게 매우 유
리하고 편리한 제도이었다. 그러나 연합상표제도는 상표권자에게 과도한 권리
를 부여하는 것일뿐더러 식별력이 없는 상표에 대한 권리 보호제도로 이용될
뿐만 아니라 상표등록을 남용하는 결과를 가져왔다. 이에 1997년 상표법을 개
정하면서[64] 연합상표제를 폐지했다.

나. 물권법정주의와 상표권의 법정

　　독점권이 미치는 범위는 상표법 제2조 제1항 제11호 및 제2항에 정의된 사
용에 한정된다. 상표법 제2조에 정의된 사용의 범위를 벗어나는 경우에는 독점
권이 없다. 상표법이 사용의 범위를 법정한 것[65]은 물권법정주의와 같이 상표권
의 범위와 한계를 정한 것이다. 나아가 상표권의 범위가 법정된 것은 상표의

---

62) 자세한 것은 본조 설명 중 "III. 상표권의 한계" 참조.
63) 대법원 1992. 5. 12. 선고 88후974, 88후981, 88후998 판결.
64) 1997. 8. 22. 개정 법률 제5355호.
65) 상표법 제2조 제1항 제11호 및 제2항.

'사용'만이 아니다. 등록상표와 유사한 상표나 지정상품과 유사한 상품에 대한 상표의 사용에 대해서는 상표법 제89조에 규정된 상표의 독점 사용권이 미치지 못한다. 이러한 경우에는 상표법 제108조에 규정된 배제 또는 금지청구권만이 적용되게 된다.

　　전통적인 견해는 상표권 침해로 의제한 상표법 제108조는 소극적으로 상표권자의 금지적 권리로 규정한 것이라고 하지만, 필자의 생각으로는 동 규정은 상표권의 공익적인 성격에 기원하는 규정으로서 상표제도의 실효성의 확보를 위한 것이다.[66] 제108조에 규정한 소극적 범위는 제3자가 그 범위를 침해하는 경우에 상표권자에게 금지청구권을 부여할 뿐만 아니라 다른 한편으로 상표권자에게도 그 범위를 사용하지 않도록 하는 의무를 부여하고 있으므로[67] 상표권자의 금지적 권리라고 하면 상표권자에게 제3자에게 금지청구권을 행사할 수 있는 일방적인 권리를 부여하고 제3자에게 의무를 부여하는 것처럼 오해를 불러일으킬 수 있다. 그러나 상표권자도 유사범위에 대해서 사용하지 않아야 하기 때문에 권리와 의무가 동시에 존재하는 영역이라고 할 수 있다.

다. 식별력과 상표권

(1) 식별력과 보호범위

　　상표법 제33조 제1항은 식별력이 없어 상표등록을 할 수 없는 상표를 규정하고 있다. 상표의 식별력은 상품과의 관계에서 발생한다. 식별력이 큰 상표는 그 보호범위, 즉 권리범위가 더 넓다. 따라서 침해가능성이나 혼동가능성이 높다.

　　제33조 제1항 제1호 내지 제3호는 상표의 식별력은 상표가 사용되는 상품

---

66) 적극적 효력과 소극적 효력을 나누는 실익을 다음과 같이 설명하는 견해가 있다. [綱野 誠(주 53), 600-601]. 첫째, 상표는 원래 누구라도 선택하여 사용할 수 있고, 법이 상표권을 독점적 권리로서 보호하는 것은 상품표지로서의 가치가 인정되기 때문이므로 발명, 고안 등과 같이 그 자체가 창작적 가치가 있는 것이 아니므로 특허나 의장과 같이 유사범위에까지 적극적인 사용권을 인정할 합리적 이유가 없고, 둘째, 상표의 유사범위는 상품과의 관계에서 거래실정상 변화하기 때문에 불안정, 불명확하게 되므로 상표의 유사범위까지 상표권자에게 독점적인 사용권을 허용하면 상표에 관한 권리범위가 불안정하게 된다. 따라서 다른 상품이나 상표와의 관계상 상표나 상품의 혼동이 일어날 염려가 많아 불필요한 다툼이 발생할 수 있고, 셋째, 등록상표와 유사한 상표에 독점사용권을 인정하면, 상표권자에게 권리를 인정한 등록상표와 유사한 상표범위에 다시 유사한 상표에 대하여 제3자의 사용을 금지하지 않으면 출처의 혼동을 방지할 수 없게 된다. 이러한 경우 등록상표와 유사한 상표만이 아니라 다시 이러한 유사상표와 유사한 상표에 대하여도 등록을 금지해야 하므로 권리범위가 필요이상으로 확대될 염려가 있을 뿐만 아니라 실무상의 심사도 불가능하다는 것이다.

67) 상표법 제119조 제1항 제1호 및 제2호 참조.

과의 관계에서 발생함을 나타내고 있다. 제1호는 "그 상품의 보통명칭을 보통으로 사용하는 방법으로 표시한 표장만으로 된 상표," 제2호는 "그 상품에 대하여 관용하는 상표" 그리고 제3호는 "그 상품의 산지(産地)·품질·원재료·효능·용도·수량·형상·가격·생산방법·가공방법·사용방법 또는 시기를 보통으로 사용하는 방법으로 표시한 표장만으로 된 상표"라고 규정하고 있다. 결국 상표의 식별력이란 그 상표가 사용되는 상품과의 관계에서 발생한다. 따라서 상표의 식별력도 상표의 상품에 대한 사용관계에 의해서 결정된다.

(2) 식별력과 효력범위

상표권은 등록상표에 미친다. 그러나 등록상표 전부에 미치는 것은 아니다. 상표에는 식별력이 있는 부분과 식별력이 없는 부분이 있다. 상표권의 효력은 식별력이 있는 부분에만 미친다. 예컨대, 상표에 상품과의 관계에서 기술적인 부분이 있는 경우에는 그 기술적인 부분에 대해서는 상표권의 효력이 미치지 않는다. 대법원도 등록상표인 경우에 상품의 효능, 용도 등을 표시하는 기술적 상표라고 하더라도 그 사정만으로 곧바로 그와 동일, 유사한 상표에 대하여 상표권의 효력이 미치지 않는 것은 아니고, 상품의 효능, 용도 등을 '보통으로 사용하는 방법으로 표시하는' 상표에 대하여서만 그 효력이 미칠 수 없다고 보아야 한다고 한다.[68]

사용주의하에서는 식별력은 상표를 사용하여야 발생하므로 상표를 사용한 범위내에서만 식별력이 발생한다. 따라서 상품이나 지리적인 범위도 상표의 사용범위에 의해서 결정된다.

6. 권리의 집합(bundle of rights)

우리나라 재산법(물권법)은 물권법정주의를 취하여 법률 또는 관습법에 의하는 외에는 임의로 창설하지 못한다.[69] 현재 법에서 정한 물권은 소유권, 점유권, 지상권, 지역권, 전세권, 유치권, 질권 및 저당권이다. 그 이외의 물권은 인정되지 않는다. 퍼블리시티권과 관련하여 서울고등법원이 "우리나라에서도 근래에 이르러 연예, 스포츠 산업 및 광고산업의 급격한 발달로 유명인의 성명이나 초상 등을 광고에 이용하게 됨으로써 그에 따른 분쟁이 적지 않게 일어나고 있으므로 이를 규율하기 위하여 이른바 퍼블리시티권(Right of Publicity)이라는 새로운

---

68) 대법원 1996. 5. 13.자 96마217 결정.
69) 민법 제185조.

권리 개념을 인정할 필요성은 수긍할 수 있으나, 성문법주의를 취하고 있는 우리나라에서 법률, 조약 등 실정법이나 확립된 관습법 등의 근거 없이 필요성이 있다는 사정만으로 물권과 유사한 독점·배타적 재산권인 퍼블리시티권을 인정하기는 어렵다고 할 것이며, 퍼블리시티권의 성립요건, 양도·상속성, 보호대상과 존속기간, 침해가 있는 경우의 구제수단 등을 구체적으로 규정하는 법률적인 근거가 마련되어야만 비로소 퍼블리시티권을 인정할 수 있을 것이다." 라고 판시[70]한 것은 물권법정주의 원칙을 잘 설명하여 주고 있다. 물권법정주의라고 하여 재산권 자체가 위의 8가지 물권으로만 구성된 것은 아니다. 재산권은 무한정한 권리이지만 법상 위의 8가지 이외의 물권을 인정하지 않는다는 의미이다. 따라서 법률이나 관습법에 의하여 위의 8가지 이외의 물권을 창설할 수 있다.

준물권에 해당하는 상표권도 물권법정주의와 같은 원칙이 적용된다. 상표법상 이러한 원칙은 사용의 정의에서 찾아 볼 수 있다. 앞서 본 바와 같이 상표권은 등록상표를 지정상품에 독점적으로 '사용'할 권리이다. 상표법 제2조 제1항 제11호는 상표의 사용을 정의하고 있다. 따라서 동 조항에서 사용에 정의된 것이 아닌 것은 상표권의 범위에 포함되지 않는다. 따라서 상표권자도 사용으로 정의된 것이 아닌 것에 대해서는 독점권을 가지지 않는다. 물론 법에서 상표권의 내용으로 새롭게 창설하는 것에 대해서는 상표권의 내용이 된다.[71]

영미법상 권리의 집합(bundle of rights)도 같은 개념이다. 재산권이란 개별의 권리(a stick of right)가 집합된(bundle) 권리라는 것이다. 재산권은 무한한 권리이고, 무한한 권리는 개별의 권리(a stick)가 모여서 이루어진 권리이다. 재산권을 이루는 개별의 권리(a stick)만 또는 일부의 권리(some of sticks)를 라이센스 하는 것이 가능하다.

상표법도 재산법이므로 같은 원칙이 적용된다. 상표법상 사용으로 정의된, 예컨대, "상품 또는 상품의 포장에 상표를 표시한 것을 양도 또는 인도하거나 양도 또는 인도할 목적으로 전시·수출 또는 수입하는 행위"[72] 중에서 일부만을

---

70) 서울고법 2002. 4. 16. 선고 2000나42061 판결.
71) 예컨대 우리 상표법상으로 상표권자가 '수출'하는 권리를 가지고 있지만, 우리 특허법상으로 특허권자가 명시적인 '수출'하는 권리는 가지고 있지 않다(특허법 제2조 제3항 가목 참조). 물론 특허법의 해석상 양도의 개념에 수출을 포함시키는 것이 다수의 견해이다. 그러나 명시적인 규정은 없으므로 반대의 해석도 가능하다. 즉 권리의 내용은 법이 정하는 바에 따르게 된다. 저작권도 수출입에 관한 규정은 없지만 배포권(저작권법 제20조)에 포함시킨다. ('수출'에 대해 자세한 것은 상표법 제2조 해설 중 I. 2. 물권법정주의 참조).
72) 상표법 제2조 제1항 제11호 나목.

분리하여 라이센스할 수 있다. 또한 상표권의 존속기간 내에서 기간으로 분할하여 그 일부의 기간만을 라이센스할 수 있으며, 지역을 분할하거나 일부지역에만 라이센스하는 것도 가능하다. 또한 질적으로서 독점사용권, 통상사용권 및 법에는 명시되어 있지 않지만 당사자간의 계약으로 독점적 통상사용권을 설정하는 것도 가능하다. 즉 라이센스 계약의 내용으로 6개월의 기간 동안 제주도에서 판매(만)하는 전용사용권 또는 통상사용권의 설정도 가능하다. 상표권을 포함한 지적재산권은 권리의 집합(bundle of rights)개념으로 잘 설명된다.

Ⅲ. 상표권의 한계[73]

1. 서론

상표권은 법상 인정되는 권리이다. 상표권을 포함한 지적재산권의 본질을 자연법상의 권리로 이해하는 경우도 있지만, 상표법은 특허법이나 저작권법과는 본질적으로 다른 측면이 있다. 뿐만 아니라 특허권이나 저작권 보호는 헌법에 명시된 규정이 있지만 상표는 그러하지 아니하다.

저작권이나 특허권은 신규한 것일 것을 요구한다. 저작권법에서는 창작성(original)을 요구하고 특허법에서는 신규성(novelty)을 요구한다. 양자는 새롭게 창조할 것을 요구한다는 점에서는 같다. 다만 저작권법에서는 저작자에게만 새로울 것이면 충분한 주관적 신규성이고 특허법에서는 모두에게 새로울 것을 요구하는 객관적/보편적 신규성을 요구한다.

상표도 신규성을 요구하는데 신규성의 의미는 저작권이나 특허권과는 다르다. 상표에서 신규성은 식별력으로 나타난다.[74] 상표도 식별력을 새롭게 창작한 것이 많으면 더 많이, 강하게 보호된다. 즉 창작/조어상표의 경우에는 상표를 새롭게 창작한 것이므로 식별력도 새롭게 창작한 것이다. 따라서 식별력을 창작하였으므로 창작/조어상표는 많이 보호되지만, 그 상품에 대한 기술적인 명칭을 상표로 사용한 경우에는 식별력이 없으므로 상표로서 부적당하다. 즉 상표는 상

---

73) 상표권의 한계는, 나종갑, 상표권의 범위와 한계—헌법적 관점을 중심으로, 지식재산연구(제7권 제1호), 지식재산연구원(2012), 29면 이하를 편집한 것임(본 주해의 원고를 수정하여 위 논문으로 게재하고, 위 논문을 다시 본 주해로 옮긴 것임).

74) 상표에 대해서도 식별력의 창작성에 의하여 상표를 보호한다는 원칙이 성립되었다는 점에 대해서는 나종갑, 나쁜 지적재산권(Bad Intellectual Properties)의 재림-대법원 2013.3.28. 선고 2011후835 판결, 산업재산권 (제50권), 64.

품과의 관계에서 식별력이 발생할뿐더러 기존의 자유롭게 사용할 수 있었던 공중의 자원(기술명칭 등)에 대해서도 독점이 발생하게 되므로 상표법은 공중의 자유권을 제한하는 경우를 대비하여 상표법 제90조와 같이 상표권의 한계를 규정한 조정규정을 두고 있다. 이러한 명시적인 규정이 없더라도 상표권의 본질이나 헌법이나 타법과의 관계에서도 상표권의 한계가 설정된다. 따라서 상표법 제90조는 상표권의 범위의 확인규정이자 예시적인 규정이라고 할 수 있다. 그러나 상표법 제90조를 공익과 상표보호의 목적에 비추어 특정인에게 독점시키기에 적합하지 아니한 상표와 상표권의 범위 밖에 두는 것이 적당한 상표를 열거하여 상표권의 금지적 효력이 미치는 한계를 법에 의하여 제한하려는 규정으로 상표법 제90조는 금지권의 제한에 불과하고 사용권을 제한하는 것은 아니라고 보는 견해가 있다.[75] 상표권자는 제3자가 상표법 제90조에 해당하는 상표사용을 하는 경우에 이를 금지할 수 없지만 자신은 여전히 그 범위의 상표사용을 할 수 있다. 이를 제3자가 제90조에 해당하는 상표사용을 할 때 상표권자의 금지권이 제한되어 제3자에게 상표사용의 금지를 청구할 수 없지만 상표권자는 여전히 사용권이 있으므로 상표 사용에는 제한이 없다고 해석하는 것이다. 여기에서 상표권자가 가지는 사용권이란 비독점적인 사용권을 의미할 것이다. 독점적인 사용권이라면 독점적인 상표권을 제한한 제90조의 의의가 없게 된다. 상표권자가 비독점적 사용권을 가지는 경우 제3자도 사용권을 가지게 되므로 그 또한 의미가 없게 된다. 따라서 제90조가 상표권자의 금지권만 제한한다고 해석하는 것은 부당하다.

　　제90조는 상표권의 성질상의 본질적인 한계(범위)를 확인한 것에 불과하다. 즉 상표법 제90조에 규정된 범위에 대해서 상표권자에게 상표법상의 금지권 뿐만 아니라 상표법상의 사용권이 있다고 할 수 없다. 상표권자가 상표를 사용할 수 있다고 하더라도 이는 자신이 가지고 있는 상표권의 행사에 의한 상표사용이 아니라 일반인이 인격권이나 자유권의 행사에 의해서 사용하는 것[76]과 같이

---

75) 송영식 외 6인(주 57), 275.
76) 대법원 1999. 11. 26. 선고 98후1518 판결 참조. 동 판결은 "상표법(1990. 1. 13. 법률 제4210호로 개정되기 전의 것) 제26조 제3호[현 제51조 제1항 제3호]에서 등록상표의 지정상품과 동일·유사한 상품에 대하여 관용하는 상표와 현저한 지리적 명칭 등으로 된 상표에 대하여는 등록상표권의 효력이 미치지 아니한다고 규정한 취지는, 특별현저성 내지 식별력이 없는 관용표장이나 현저한 지리적 명칭 등으로 된 표장은 일반의 자유로운 사용을 보장하고자 하는 것으로서…" 라고 판시하여 자유권 범위내라는 취지의 의미를 부여하고 있다. 대법원 2002. 11. 13. 선고 2000후3807 판결은 "상표법 제51조 제1호 본문은 자기의

상표권자 자신의 인격권이나 자유권에 의한 상표 사용이라고 하여야 하기 때문이다.[77]

　상표법 제90조에 해당하는 범위는 상표권의 본질상 상표법상 상표권자의 권리범위가 아니기 때문에 상표권의 권리범위를 확인하는 내용일 뿐 제90조에 의해서 제한되는 범위에 대하여 상표권자의 상표권이 없기 때문에 상표권의 제한이라고 할 수도 없는 것이다.[78] 즉 제90조는 제90조에 의해서 상표권의 제한을 신설하는 창설적 조항이 아니라, 상표권의 범위와 한계를 확인하는 조항이므로 제90조가 없더라도 제90조와 동일한 내용은 상표권 침해가 될 수 없다. 저작권법의 경우에는 제7조에서 보호받지 못하는 저작물을 규정하고 있고, 제23조 내지 제38조에 저작재산권의 제한에 대해서도 규정하고 있는데, 상표법 제90조는 저작권법 제7조의 보호받지 못하는 저작물에 관한 규정과 그 지위가 유사하다고 할 수 있다. 즉 저작재산권의 제한이 아닌 원래 저작물로 인정받지 못하는 것에 관한 규정과 그 지위가 유사하다고 할 것이다.

성명, 명칭, 상호 등을 보통으로 사용하는 방법으로 표시하는 상표에 대하여는 등록상표의 효력이 미치지 않는다고 규정하고 있는바, 위 규정은 자기의 상호 등은 자기의 인격과 동일성을 표시하기 위한 수단이기 때문에…"라고 하여 본 규정이 인격권에서 기초하고 있음을 나타내고 있다.

77) 예컨대 제90조 제1항 제2호에 규정된 사용은 출처표시로서의 상표사용, 즉 상표적 사용이 아니다.

78) 대법원 1999. 11. 26. 선고 98후1518 판결 참조. 동 판결은
　구 상표법(1990. 1. 13. 법률 제4210호로 개정되기 전의 것) 제26조 제3호에서 등록상표의 지정상품과 동일·유사한 상품에 대하여 관용하는 상표와 현저한 지리적 명칭 등으로 된 상표에 대하여는 등록상표권의 효력이 미치지 아니한다고 규정한 취지는, 특별현저성 내지 식별력이 없는 관용표장이나 현저한 지리적 명칭 등으로 된 표장은 일반의 자유로운 사용을 보장하고자 하는 것으로서 상표 부등록 사유에 관한 규정인 같은 법 제8조 제1항 제2호, 제4호와 그 입법 취지가 일맥상통한다 할 것이나, 같은 법 제26조는 상표권의 효력의 범위가 제한될 등록상표의 요건에 관한 규정이 아니라 등록상표권의 금지적 효력을 받지 않고 자유로이 사용할 수 있는 유사상표의 요건에 관한 규정이라 할 것이고, 위 규정은 같은 법 제2조 제5항에 의하여 서비스표에도 동일하게 적용될 것이므로, 등록서비스표와 동일·유사한 다른 서비스표가 같은 법 제26조 제3호에 해당하는 경우에는 등록서비스표의 등록 경위나 등록무효 사유의 존부 또는 무효심결의 확정여부에 관계없이 등록서비스표의 효력이 그 유사 서비스표에 미치지 아니한다.
　라고 하여, 현행 상표법 제90조 제1항에 해당하는 규정이 상표권을 제한하는 것은 아니라는 취지로 판시하고 있다. 다만, 위 판결에서 유사상표의 요건에 관한 규정이라고 설시하더라도 이는 확인적 의미로 이해하여야 한다.

2. 상표권의 헌법적 근거와 한계

가. 헌법 제22조 제2항과 상표권

상표법과 상표권도 헌법에 일치하도록 규정되어 해석되어야 한다. 상표권은 상표권자에게 상표권이라는 배타적인 재산권을 부여하는 것이므로 상표권을 행사하는 경우에는 타인의 기본권과 충돌할 수 있다. 따라서 상표권의 헌법상 지위에 대한 분석이 전제되어야 상표권의 범위와 한계에 대한 정확한 해석을 할 수 있다.

상표법의 헌법적 근거는 재산권 보장조항인 제23조와 경제질서조항인 제119조 제1항 "대한민국의 경제질서는 개인과 기업의 경제상의 자유와 창의를 존중함을 기본으로 한다." 및 제2항 "국가는 균형있는 국민경제의 성장 및 안정과 적정한 소득의 분배를 유지하고, 시장의 지배와 경제력의 남용을 방지하며, 경제주체간의 조화를 통한 경제의 민주화를 위하여 경제에 관한 규제와 조정을 할 수 있다."로 보아야 한다. 일부의 견해는 상표권의 근거를 헌법 제22조 제2항으로 보고 있으나,[79] 헌법 제22조 제2항은 "저작자·발명가·과학기술자와 예술가의 권리"를 법에 의하여 보호하도록 하고 있으므로 저작권과 특허권의 근거 조항일 뿐 상인의 상거래에 사용되는 상표보호에 관한 내용을 전혀 포함하고 있지 않기 때문에 상표법의 근거조항이 될 수는 없다고 판단된다.

헌법재판소는 과학기술자의 특별보호를 명시한 헌법 제22조 제2항은 과학·기술의 자유롭고 창조적인 연구개발을 촉진하여 이론과 실제의 양면에 있어 그 연구와 소산을 보호함으로써 문화창달을 제고하는 데 그 목적이 있다고 언급한 바 있지만,[80] 헌법 제22조 제2항이 상인의 상거래와 관련성이 있음을 시사한 바는 없다.[81]

상표는 발명이나 저작물과는 달리 대부분의 경우 이미 존재하는 표장을 선택하는 것만으로 권리를 부여하는 것으로서 저작권이나 특허권과 같은 의미의

---

79) 상표와 영업비밀을 포함하여 지적재산권의 근거조항을 제22조 제2항에서 찾는 견해는 장영수, 헌법학(제3판), 홍문사(2008), 755; 홍성방, 헌법학(제5판), 현암사(2008), 519.

80) 헌재 1993. 11. 25. 92헌마87 결정.

81) 헤겔에 있어서 인간은 자율성(autonomy) 또는 자유의지(freewill)의 추상적인 집합체이다. 자율성이나 자유의지가 구체화되기 전까지 인간이란 존재하지 않는다. 인간은 궁극적인 실재화를 위해서 실재하는 외부의 존재에 대하여 자신의 의지를 행할 수 있다. 외부의 존재는 인간의 의지가 부여되어야 실질이 되고 인간의 자유의지에 의해서 생성된 것은 개성이 부여된다. 인간의 개성이 부여된 것은 재산으로서 그 인간이 이용할 수 있는 추상적 권리를 가진다. 이러한 고전적인 이론에 의하면 상표권이나 재산권도 인격권의 일종으로 볼 수도 있다고 생각된다.

창작성이 없기 때문에,[82] 창작성에 관련된 헌법 제22조 제2항을 근거로 제시하는 것은 타당하지 않다.[83] 헌법 제22조 제2항인 학문과 예술의 자유조항은 "저작자·발명가·과학기술자와 예술가의 권리"만 관련되어 있을 뿐 "상품을 생산·가공·증명 또는 판매하는 것을 업으로 영위하는 자"[84]가 자기의 업무에 관련된 상품을 타인의 상품과 식별되도록 하기 위하여 사용하는 표장보호와 관련된 내용은 전혀 없다. 또한 성질상으로도 "저작자·발명가·과학기술자와 예술가"와 "상품을 생산·가공·증명 또는 판매하는 것을 업으로 영위하는 자"는 전혀 관련성이 없다. 전자는 학문이나 예술을 하는 자로서 학문과 예술의 자유와 관련되어 있지만, 후자는 단순히 경제활동을 하는 자일뿐이다.

특허권과 저작권을 법으로서 보호하도록 한 미국헌법의 특허-저작권조항(Patent and Copyright Clause)[85]에 근거하여 미국의 1870년과 1876년 연방상표법[86]이 제정되었지만, 소위 상표사건(the Trademark Cases)[87]에서 연방대법원은 위 상표법들이 연방헌법상 근거가 없이 제정되었다는 이유로 무효하고 판시했다. 위 사건에서 미국연방대법원은 연방헌법상의 특허-저작권조항(Patent and Copyright Clause)은 특허와 저작권에 관한 조항일 뿐 상거래에 사용되는 상표와는 전혀 관련이 없으므로, 연방의회는 특허-저작권조항(Patent and Copyright Clause)에 근거하여 주(states)의 권한인 상표에 관하여 연방법을 제정할 아무런 권한이 없다고 지적하였다. 이에 연방의회는 1881년과 1905년에 연방의회의 권한의 범위 내인 연방헌법상의 주간통상조항(Interstate Commerce Clause)에 근거하여 상표에 대한 사항을 주간통상(interstate commerce)에 관련한 사항으로 한정하

---

82) 저작물이나 발명과 같은 의미의 창작성이 없다는 취지는 상표선택 그 자체에 아무런 창작성이 없다는 의미가 아니다. 상표선택에 의해서 식별력이 발생하기 때문에 식별력이 창작이 되지만, 특허권이나 저작권에서 의미하는 인간의 정신활동의 산물로서 창작성과는 그 의미가 다르기 때문이다.

83) 정필운, "헌법 제22조 제2항 연구", 법학연구 제20권 1호(2010), 223. 다만 상표권은 지적, 정신적 창작물이 아니어서 헌법적 보호근거가 제22조 제2항이 아닌 제23조라는 견해[박성호, "지적재산권에 관한 헌법 제22조 제2항의 의미와 내용", 법학논총, 24집 1호(2007.04), 106]에 동의한다.

84) 상표법 제2조 제1항 제1호.

85) U.S. Constitution, Art. 1, § 8.

86) The Act of Aug. 14, 1876 (19 Stat. 141), "An Act to punish the counterfeiting of trade-marks and the sale or dealing in of counterfeit trade-mark goods." 1876년 법은 상표 침해에 대한 형사적 구제 등에 관하여 규정하였다.

87) United State v. Steffens; United State v. Wittemann; United State v. Johnson 100 U.S. 82 (1879).

여 상표법을 제정하였다. 1946년 제정된 랜햄법(Lanham Act)도 헌법상의 주간통상조항에 근거하고 있으므로 랜햄법(Lanham Act)이 적용되기 위해서는 주간통상에 사용되는 상표이어야 한다.[88]

우리 헌법 제22조 제2항도 미국의 특허-저작권조항(Patent and Copyright Clause)과 같이 "저작자·발명가·과학기술자와 예술가의 권리"만이 규정되어 있을 뿐 상표관련조항이 없다. 따라서 미국의 상표사건의 판결이유는 우리 헌법규정을 이해하는 데도 타당하다고 보인다. 결국 헌법 제22조 제2항은 상표에 대한 헌법적 근거가 될 수 없음이 명백하다.

나. 경제질서조항

헌법 제119조 제1항의 경제질서는 개인과 기업의 경제상의 자유와 창의를 존중하는 것을 기본으로 한다는 조항에 따라 상표선택의 자유 등 상표의 자유사용이 존중되어야 하고, 또한 제2항의 경제의 규제와 조정규정에 따라 상표에 관한 법을 제정할 권리가 부여되었다고 보아야 할 것이다. 이에 상표법이 제정되었고, 헌법 제23조에 의해서 상표권은 재산권으로서 헌법상 보호를 받는다고 하여야 할 것이다.

헌법 제120조 제1항 "광물 기타 중요한 지하자원·수산자원·수력과 경제상 이용할 수 있는 자연력은 법률이 정하는 바에 의하여 일정한 기간 그 채취·개발 또는 이용을 특허할 수 있다."[89]와 제2항 "국토와 자원은 국가의 보호를 받으며, 국가는 그 균형있는 개발과 이용을 위하여 필요한 계획을 수립한다."라는 조항은 간접적인 관련조항이라 할 수 있다. 제120조 제1항은 상표와는 직접적인 관련성이 적지만, 제2항의 경우에는 표장도 일부분은 국가의 자원, 정확히는 공중의 영역(the public domain)에 있는 만인의 공유권리(publici juris)라고 할 수 있으므로[90] 위 조항은 상표보호와 관련성이 있다. 예컨대 조어/창작표장의 경우

---

88) 랜햄법(Lanham Act)은 명시적으로 상표가 주간통상에 사용될 것을 요구하고 있다.
   15 U.S.C. §1051. Registration; application; payment of fees; designation of agent for service of process.
       …
       (1) The statement shall be verified by the applicant and specify that —
          …
          (C) the mark is in use in commerce; and...
89) 사실 본 헌법조항은 유체물과 자연력에 관련된 것이므로 상표에 직접 적용시키는 것은 무리가 있다.
90) 나종갑, 미국상표법연구(개정판), 글누리, 2006, 137면.

에는 상표사용자가 창작한 것이므로 공유자원이라고 할 수 없겠지만, 일반명칭, 관용명칭이나 특정상품에 대한 기술명칭은 공중의 재산이라고 할 수 있다. 또한 암시명칭이나 임의선택명칭도 상품과의 관계에서 발생하는 식별력은 창작된 것이라고 할 수 있지만, 그 명칭 자체는 공중의 재산이라고 할 수 있다. 따라서 공중의 재산인 한도내에서 국가가 규제를 할 수 있다고 보인다. 나아가 헌법 제124조 소비자운동보호보장조항도 상표가 궁극적으로 소비자의 혼동을 방지하기 위한 것이라는 점을 감안하면 간접적인 근거조항이 될 수 있다.91)

다. 상표권의 범위와 한계

상표권의 행사는 여러 가지 측면에서 헌법적 문제를 발생시킨다. 헌법상 인격권이나 표현의 자유와 같은 자유권적 기본권은 불가침의 권리이다. 재산권인 상표권에 의하여 표현의 자유를 제한하는 것은 인간의 자유권적 기본권에 대한 심각한 손상이 될 수 있다.

(1) 일반명칭 및 관용명칭

특정상품에 대한 일반명칭과 관용명칭을 사용할 수 있는 권리는 그 일반명칭과 관용명칭이 만인의 재산이므로 결국 만인이 가지는 자유권이라고 할 것이다.92) 따라서 누구든지 자유롭게 그 상품에 대한 일반명칭과 관용명칭을 사용할 수 있다.93) 상표법 제90조 제1항 제2호와 제4호는 해당상품의 일반명칭과 관용명칭을 상표로 사용하는 경우에는 등록상표의 상표권의 효력이 미치지 않는다고 규정하고 있다. 이는 상표법리상 당연한 것을 확인하는 것이다. 상표권은 만

---

91) 정필운(주 79), 223.

92) Kellogg Co. v. National Biscuit Co., 305 U.S. 111, 59 S.Ct. 109, 83 L.Ed. 73 (1938); DuPont Cellophane Co. v. Waxed Products Co., 85 F.2d 75 (2d Cir.), cert. denied, E.I. DuPont De Nemours & Co. v. Waxed Products Co., 299 U.S. 601, 57 S.Ct. 194, 81 L.Ed. 443 (1936); Donald F. Duncan, Inc. v. Royal Tops Mfg. Co., 343 F.2d 655 (7th Cir. 1965); General Time Instr. Corp. v. U.S. Time Corp., 165 F.2d 853 (2d Cir.), cert. denied 334 U.S. 846, 68 S.Ct. 1515, 92 L.Ed. 1770 (1948). 일반명칭은 상표가 될 수 없을뿐더러 상표법 제33조 제2항의 적용을 받지 않으므로 사용에 의한 식별력을 인정할 수 없다고 생각한다. 이 점에 대해서는 나종갑, "일반명칭과 이차적 의미: 자유·재산권·그 한계", 법조, 통권576호 (2004. 10), 116 이하 참조.

93) 예컨대, Kellogg Co. v. National Biscuit Co., 305 U.S. 111, 59 S.Ct. 109, 83 L.Ed. 73 (1938) 판결은 "Like every other member of the public, it was, and remained, free to make shredded wheat when it chose to do so; and to call the product by its generic name."라고 하여 경쟁자는 자신의 상품(shredded wheat)을 제조할 자유와 제조한 경우에 일반명칭에 의해서 지칭할 자유가 있다고 판시하고 있다. 305 U.S. 119, 59 S.Ct. 114. 우리 대법원 1999. 11. 26. 선고 98후1518 판결 참조.

인이 상품의 보통명칭을 사용하는 자유권의 범위까지 부여될 수 없기 때문이다.

(2) 성명 등 인격권

상표권은 재산권이므로 재산권 보장에 관한 제23조의 적용을 받는다. 우리 헌법상 보장된 기본권은 헌법상 보장된 재산권보다 상위의 권리이다. 따라서 기본권에 관련된 권리행사는 재산권인 상표권보다 우선한다. 예컨대 기본권에 관련된 성명이나 초상 등에 대해서는 사람이 인격적 존재로서 가지는 것이라 할 수 있다. 즉 인간은 인격적 이익의 향수를 내용으로 하는 자기 자신에 대한 일반적 권리로서 인격권을 가지고 있다. 인격권은 인간의 생명, 신체, 건강, 자유, 명예, 정조, 성명, 초상, 사생활의 비밀 등의 보호를 내용으로 하는 권리이다. 따라서 "자기의 성명·명칭 또는 상호·초상·서명·인장 또는 저명한 아호·예명·필명과 이들의 저명한 약칭을 상거래 관행에 따라 사용하는 상표"[94]는 헌법상 기본권인 인격권의 행사에 의한 것이라 할 수 있다.[95] 따라서 자기의 성명 등을 상거래 관행에 따라[96] 사용하는 상표는 상표법에 따라 설정된 상표권으로 제한할 수 없다고 할 것이다.[97]

위와 같은 인격권은 자연인이 누리는 것일 뿐만 아니라, 그 성질상 법인이 누리는 것을 포함한다. 상호(trade name)의 경우 인격권에 포함되지만[98] 상표(trademark)는 인격권이라고 할 수 없다. 법인이 자신의 동일성을 지칭하는 상호는 인간의 동일성을 지칭하는 성명과 같은 것이므로 인간에 있어서 인격권과

---

94) 상표법 제90조 제1항 제1호.

95) 대법원 2002. 11. 13. 선고 2000후3807 판결 참조.

96) 2016년 개정전에는 "보통으로 사용하는 방법으로"로 규정되어 있었는데, 상거래 관행으로 변경하였다.

97) 대법원 2002. 11. 13. 선고 2000후3807 판결 참조. 물론 미국에서 상업적 표현에 대해서는 일반 표현의 자유와 동일시하지 않는다. 상업적 표현에 대해서는 더 많은 규제를 할 수 있다고 한다. 상업적 표현이 헌법적 보호를 받기 위해서는 합법적인 행위이어야 하고, 공중을 기망하거나 현혹하지 않아야 한다. 이러한 경우 수정헌법 제1조는 제한적으로 적용된다고 본다. 미국에서는 1942년 Valentine v. Chrestensen, 316 U.S. 52 (1942) 사건에서 상업적 언론은 수정헌법 제1조의 보호대상이 아니라고 하는 "상업적 언론의 원칙"을 확립했으나, Virginia State Board of Pharmacy v. Virginia Citizens Consumer Council, Inc., 425 U.S. 748 (1976) 사건에서 Valentine v. Chrestensen 사건 판결을 폐기하고, 상업적 언론에 대하여 수정헌법 제1조의 보호를 부여하였다. 즉 상업적 언론에 대해서는 규제 등을 할 수 있게 된다. 그러나 상표권자의 상표사용이 진실과 관련된 것이라면(자신의 이름 사용 등) 상업적 표현이더라도 보호받아야 한다. 상업적 언론에 대해서는 김웅규, "상업적 언론의 헌법적 보호", 헌법학연구, 제7권 3호(2001.10) 357 이하 참조.

98) 우리 대법원은 상호는 자기의 인격과 동일성을 표시하기 위한 수단으로, 상표권은 이러한 상호 등에는 미치지 않는 것으로 보고 있다. 대법원 2002. 11. 13. 선고 2000후3807 판결 ("옥류관" 사건) 참조.

같은 것이다.99) 법인이 상호(trade name)를 선택하여 사용할 수 있는 권리는 인격권뿐만 아니라 제15조에 규정된 직업의 자유의 내용으로 인정되는 영업의 자유에 따라 누릴 수 있는 권리이므로100) 자유권적 기본권이라 할 수 있다. 따라서 자기의 상호를 선택하여 사용할 수 있는 권리는 상표권인 재산권보다 우선한다고 할 수 있다.101)

영미법에서도 자신의 이름을 영업적 활동에 사용할 수 있는 권리는 절대적인 권리(absolute rights) 내지 신성불가침의 권리로 인정한다.102) 자신의 이름을 사용하는 것이 타인의 영업행위와 충돌을 하더라도 자신의 이름을 사용할 수 있는 권리는 누구나 가지는 권리이므로 타인이 자신의 성명사용으로 인하여 상표권자에게 손해가 발생하더라도 그 손해에 대해서는 법에 의하여 청구할 수 있는 손해로 인정되지 않는다.103) 그리고 자신의 성명을 선택하는 것은 인격권에 속하므로 성명에 대하여 특정인에게 선점원칙에 의한 독점을 허용할 수 없다. 동일한 성명을 사용한다고 하여 소비자들이 상품의 출처를 동일한 것으로 기망당하는 것은 아닐 뿐더러 양자가 경쟁관계에 있지 않을 경우에는 더욱 그러하다.104)

결국 상표법 제90조 제1항 제1호의 "자기의 성명·명칭 또는 상호·초상·서명·인장 또는 저명한 아호·예명·필명과 이들의 저명한 약칭을 상거래 관행

---

99) 대법원 2002. 11. 13. 선고 2000후3807 판결 ("옥류관" 사건).

100) 허영, 한국헌법론(전정 제6판), 박영사(2010), 476-477. 상호의 경우에도 상호자유의 원칙 (상법 제18조)이 규정되어 있다.

101) 일본의 "소승초밥" (일본 최고재 1997. 3. 11. 판결) 사건 참조. 본 사건에서 일본의 최고재판소는 프랜차이즈 계약에 의하여 결합된 기업그룹을 표시하는 것은 일본 상표법 제26조 제1항 제1호의 자기명칭을 표시하는 것으로서 등록상표권의 침해가 아니라고 판시했다 (일본 상표법 제26조 제1항 제1호는 우리상표법 제90조 제1항 제1호에 해당한다).

102) Meneely v. Meneely, 62 N.Y. 427 (1875).
"[E]very man has the absolute right to use his own name in his own business, even though he may interfere with or injure the business of another person bearing the same name, provided he does not resort to any artifice or contrivance for the purpose of producing the impression that the establishments are identical or do anything calculated to mislead. Where the only confusion created is that which results from the similarity of the names the courts will not interfere." Id. 431-432.
다만 Garrett v. T. H. Garrett & Co., 78 F. 472 (6th Cir. 1896) 참고.

103) Singer Mfg. Co. v. June Mfg. Co., 163 U.S 169 (1896); Seligman v. Fenton, 286 Pa. 372, 133 A. 561, 47 A.L.R. 1186 (1926) 참조.

104) Philco Corp. v. F. & B. Manufacturing 170 F.2d 958, 962 (7th Cir. 1948), cert. denied, 336 U.S. 945 (1949 라디오와 트랜지스터 등을 제조, 판매하는 Philco Corporation이 피고를 상대로 자동차 부품에 대한 Filk라는 상표의 사용을 금지하여 줄 것을 청구한 사건에서 기망이 없는 한 피고는 자신의 이름을 자유로이 사용할 수 있다는 이유로 원고의 청구를 기각했다.).

에 따라 사용하는 상표"는 헌법 제10조에 기반하는 인격권이나 제15조 직업의 자유에 기초한 것일 뿐만 아니라 자신의 성명을 출처표시의 수단으로 사용하는 것은 진실을 말하는 것으로서 표현의 자유의 영역에 속한다고 보아야 할 것이다. 따라서 공중이 이러한 상표를 사용하는 것은 다음에서 보는 표현의 자유에 의해서도 보호된다고 할 수 있다.

(3) 표현의 자유

상표법 제90조 제1항 제2호의 "등록상표의 지정상품과 동일·유사한 상품의 보통명칭·산지·품질·원재료·효능·용도·수량·형상·가격 또는 생산방법·가공방법·사용방법 및 시기를 보통으로 사용하는 방법으로 표시하는" 것은 헌법상 보장된 표현의 자유와 언론·출판의 자유에 의해서 보호된다고 할 수 있다.105) 상품의 산지·품질·원재료·효능·용도·수량·형상·가격 또는 생산방법·가공방법·사용방법 및 시기를 보통으로 사용하는 방법으로 표시하는 것은 상품에 대한 기술적인 표현이다. 일반명칭에 의한 표현을 포함하여 이러한 기술적 표현은 상품에 대하여 진실을 말하는 것으로서106) 인류의 공유자산으로서107) 공익상 이러한 표현에 대한 보호가 필요하다고 하지 않을 수 없으므로 헌법상 표현의 자유와 언론·출판의 자유에 의해서 보호되어야 한다.108) 또한 상표의

---

105) 한 EU FTA, 제10.17조도 같은 취지로 규정하고 있다.

106) Prestonettes, Inc. v. Coty, 264 U.S. 359 (1924).

　　Then what new rights does the trade-mark confer? It does not confer the right to prohibit the use of the word or words. It is not a copyright… A trade-mark only gives the right to prohibit use of it so far as to protect the owner's goodwill against the sale of another's product as his… When the mark is used in the way that does not deceive the public, we see no such sanctity in the word as to prevent its being used to tell the truth. It is not taboo.

　　Id. 368. 그 외 기술적 명칭의 사용이 진실을 말하는 것이므로 자유사용이 가능하다는 판결은 Canal Co. v. Clark., 80 U.S. 311 (1872), KP Permanent Make-Up, Inc. v. Lasting Impression I, Inc. 543 U.S. 111, 122 (2004) 참조.

107) Avery & Sons v. Meikle & Co., 81 Ky. 73, 90 (1883). 본 판결은

　　The alphabet, English vocabulary, and Arabic numerals, are to man, in conveying his thoughts, feelings, and the truth, what air, light, and water are to him in the enjoyment of his physical being. Neither can be taken from him. They are the common property of mankind, in which all have an equal share and character of interest. From these fountains whosoever will may drink, but an exclusive right to do so cannot be acquired by any.

　　라고 판시하여 기술적 명칭을 상표로서 인정하지 않는 것은 표현의 자유를 보장하기 위한 것으로, 그러한 기술적 명칭은 인류의 공통자산이므로 어느 누구도 자유사용가능하지만 배타적인 권리를 가질 수 없다고 판시했다.

108) 대법원 1996. 5. 13.자 96마217 결정도

　　광고가 단순히 상업적인 상품이나 서비스에 관한 사실을 알리는 경우에도 그 내용이 공

출처표시로서의 사용이 상품에 대한 올바른 정보전달을 위해 필요한 경우에도 타인의 상표를 사용할 수 있다. 대법원은 버버리 사건에서

> 상표는 기본적으로 당해 상표가 부착된 상품의 출처가 특정한 영업주체임을 나타내는 상품출처표시기능과 이에 수반되는 품질보증기능이 주된 기능이라는 점 등에 비추어 볼 때, 병행수입업자가 위와 같이 소극적으로 상표를 사용하는 것에 그치지 아니하고 나아가 적극적으로 상표권자의 상표를 사용하여 광고·선전행위를 하더라도 그로 인하여 위와 같은 상표의 기능을 훼손할 우려가 없고 국내 일반 수요자들에게 상품의 출처나 품질에 관하여 오인·혼동을 불러일으킬 가능성도 없다면, 이러한 행위는 실질적으로 상표권침해의 위법성이 있다고 볼 수 없을 것이므로, 상표권자는 상표권에 기하여 그 침해의 금지나 침해행위를 조성한 물건의 폐기 등을 청구할 수 없다고 봄이 상당하다고 할 것이다.[109]

라고 하고 있다. 즉 상표권자가 아닌 병행수입업자의 상표사용이 진실을 말하는 것이라면, 그 상표 사용으로서 오인혼동을 일으킬 수 없으므로 상표권을 침해하지 않는다는 것이다. 이는 진실을 말하는 표현의 자유를 상표권에 우선하는 권리로 인정한 것으로 진실을 말하는 권리는 공중의 영역(the public domain)에 유보된 것으로 본 것이라고 할 수 있다. 다만, 위 버버리 사건의 경우에는 출처표시로서 타인의 상표를 지명적으로 사용하였다는 점에서 상표법 제90조에 규정된 비상표적인 사용인 보통으로 사용하는 방법으로 사용한 경우와는 구별된다. 그럼에도 불구하고 대법원은 진실을 위한 표현의 자유를 인정하고 있다.

출처표시를 위한 상표의 공정사용이 허용된다는 견해는 유럽사법재판소(European Court of Justice)에서도 지지되고 있다. 2004년 Gerolsteiner사건[110]에서

익을 포함하는 때에는 헌법 제21조의 표현의 자유에 의하여 보호된다. 헌법은 제21조 제1항에서 "모든 국민은 언론·출판의 자유 … 를 가진다"라고 규정하여 현대 자유민주주의의 존립과 발전에 필수불가결한 기본권으로 언론·출판의 자유를 강력하게 보장하고 있는바, 광고물도 사상·지식·정보 등을 불특정다수인에게 전파하는 것으로서 언론·출판의 자유에 의한 보호를 받는 대상이 됨은 물론이다(헌재 1998. 2. 27. 96헌바2, 판례집 10-1, 118, 124). 뿐만 아니라 국민의 알권리는 국민 누구나가 일반적으로 접근할 수 있는 모든 정보원(情報原)으로부터 정보를 수집할 수 있는 권리로서 정보수집의 수단에는 제한이 없는 권리인 바, 알권리의 정보원으로서 광고를 배제시킬 합리적인 이유가 없음을 고려할 때, 광고는 이러한 관점에서도 표현의 자유에 속한다고 할 것이다.
라고 하여 같은 취지이다.

109) 대법원 2002. 9. 24. 선고 99다42322 판결.
110) Gerolsteiner Brunnen GmbH & Co. v Putsch GmbH, Case C-100/02. 본 사건은 독일연방

ECJ는 KERRY SPRING라는 상품의 지리적 기원을 나타내는 상표는 타인이 자신의 상품의 출처표시로 사용하더라도 상표침해가 될 수 없다고 판시했다. 피고가 원고의 상표인 KERRY SPRING을 사용했더라도, 피고도 자신의 상품을 KERRY SPRING에서 취득한 것임을 표시한 것이었다.[111] ECJ는 상표지침(First Directive 89/104) 제6조 제1항 (b)[112]에 규정된 "indication of geographical origin"의 "indication"의 의미에는 비상표적 사용에 한정되는 것은 아니라고 판시했다. 본 사건은 ECJ의 그동안의 상반되는 견해[113]에 대하여 다시 공정사용("honest practice")을 인정한 것이다.

　상품의 산지는 그 상품에 대한 기술적 명칭이지만 상품의 생산지가 될 수 없는 태양(Sun), 달(Moon), 화성(Mars), 금성 Venus(금성) 및 Milky Way(은하수) 등의 명칭은 상품의 설명이나 진실과는 관계없으므로 (현저한) 지리적 명칭으로 인정될 수 없다고 생각된다. 이러한 지역은 특정한 상품의 출처나 서비스 제공지가 될 수 없기 때문에 일반 공중이 사용할 필요성도 없다. 결국 지리적 명칭은 그 사용의 필요성이 있는 사람은 언제든지 이를 사용하여야 하기 때문에 상

　대법원이 EU의 상표지침(First Directive 89/104) 제6조 제1항 (b)의 해석에 관한 ECJ에 판단을 구한 사건이다.

111) 독일의 1심법원은 상표의 공정사용을 인정하여 침해를 부인했으나, 2심법원은 상표침해를 인정했다. 연방대법원은 ECJ에 해석을 의뢰한 것이다.

112) First Council Directive 89/104/EEC of 21 December 1988 to approximate the laws of the Member States relating to trade marks

　Article 6 Limitation of the effects of a trade mark

　1. The trade mark shall not entitle the proprietor to prohibit a third party from using, in the course of trade,

　(a) his own name or address;

　(b) indications concerning the kind, quality, quantity, intended purpose, value, geographical origin, the time of production of goods or of rendering of the service, or other characteristics of goods or services;

　(c) the trade mark where it is necessary to indicate the intended purpose of a product or service, in particular as accessories or spare parts;

　provided he uses them in accordance with honest practices in industrial or commercial matters

　2. The trade mark shall not entitle the proprietor to prohibit a third party from using, in the course of trade, an earlier right which only applies in a particular locality if that right is recognized by the laws of the Member State in question and within the limits of the territory in which it is recognized.

113) ECJ는 Van Zuylen v. HAG (HAG I) [1974] ECR 731 사건에서는 출처표시로서의 사용, 즉 상표적 사용이라도 공정사용에 해당한다고 판시했으나, SUCAL v. HAG (HAG II) [1990] ECR I-3711 사건에서는 상표적 사용인 경우에는 공정사용이 부정된다고 판시했다.

표로서 독점이 될 수 없는 것이다.

공중에게 유보된 기술적 표장에 대하여 상품에 대한 기술적인 내용으로서의 사용이라고 하더라도 상업적 표현이라고 인정되어 기본권이 제한되는지 문제가 될 수 있다.114) 그러나 기술적인 내용은 상품에 대한 정보이므로 대중에게 진실을 전달하는 것이 된다. 따라서 대중을 기망하거나 현혹하는 것은 아니다.115) 그리고 상업적 표현이 표현의 자유의 영역으로 보호받는 한 재산권인 상표권보다 우위의 권리이다.116) 자신의 상품에 대해서 설명하는 것에 의해서 소비자들에게 혼동이 발생할 가능성이 있지만 어느 정도의 혼동이 발생하는 것은 불가피한 것이다.117) 이러한 단어를 상표로 선택한 자는 타인의 기술적 표현에 의해서 자신의 상품과 혼동이 발생할 수 있다는 것을 감수한 것이므로 경쟁자의 진실한 표현에 의하여 발생한 소비자의 혼동에 대해서 손해를 인정할 수 없다.118) 뿐만 아니라 그러한 표현은 진실에 부합되는 것으로서 소비자들에게 혼동이 발생한다고 하더라도 소비자들이 기망당하는 것은 아니기 때문이다.119) 기술적 표현이 진실의 표현으로 사용되는 것은 주된 가치이고 특정인의 상품의 출처표시로 사용하는 것은 이차적인 가치이다.120)

---

114) McCharty 교수도 기술적 용어를 상업적으로 사용하더라도 자유경쟁의 원칙상 상표권에 의하여 상업적 사용을 금할 수 없다고 한다. J. Thomas McCarthy, *Trademarks and Unfair Competition*, 4th ed., v.2. Clark Boardman Callaghan, 2004, § 11:45.

115) Restatement (Third) of Unfair Competition, West, 1985, § 14 cmt. (d). "[m]erchants should remain free to indicate the location of their place of business or the geographic origin of their goods without unnecessary risk of infringement."

116) 헌법재판소 1998. 2. 27.자 96헌바2 전원재판부 결정은
   "우리 헌법은 제21조 제1항에서 "모든 국민은 언론·출판의 자유 … 를 가진다"라고 규정하여 현대 자유민주주의의 존립과 발전에 필수불가결한 기본권으로 언론·출판의 자유를 강력하게 보장하고 있는바, 광고물도 사상·지식·정보 등을 불특정다수인에게 전파하는 것으로서 언론·출판의 자유에 의한 보호를 받는 대상이 됨은 물론이다."
   라고 하여 광고(상업적 표현)도 표현의 자유에 의해서 보호받는다고 하고 있다.

117) William R. Warner & Co. v. Eli Lilly & Co., 265 U.S. 526, 528, 44 S.Ct. 615, 68 L.Ed. 1161 (1924) ("[t]he use of a similar name by another to truthfully describe his own product does not constitute a legal or moral wrong, even if its effect be to cause the public to mistake the origin or ownership of the product").

118) 이러한 법리는 자신의 상표를 일반인이 명칭으로 사용하여 일반명칭화 되도록 방치한 것에 대한 벌칙이 부과되는 것과 같은 법리이다.

119) Canal Co. v. Clark, 13 Wall. 311, 327, 20 L.Ed. 581 (1872) ("Purchasers may be mistaken, but they are not deceived by false representations, and equity will not enjoin against telling the truth"). KP Permanent Make-Up, Inc. v. Lasting Impression I, Inc. 543 U.S. 111, 122 (2004).

120) 이점에서 주된 의미(primary meaning)와 이차적 의미(secondary meaning)의 가치가 구별

　우리 대법원이 소니(SONY)사가 제조한 전자제품에 사용할 수 있도록 제3자
가 제조한 리모컨 하단 중앙부분에 "만능eZ 소니전용"이라고 표기한 것에 대하여

　　　타인의 등록상표와 유사한 표장을 이용한 경우라고 하더라도 그것이 상표
　　의 본질적인 기능이라고 할 수 있는 출처표시를 위한 것이 아니라 상품의 기능
　　을 설명하거나 상품의 기능이 적용되는 기종을 밝히기 위한 것으로서 상표의
　　사용으로 인식될 수 없는 경우에는 등록상표의 상표권을 침해한 것이라고 할
　　수 없을 것이다[121)

라고 판시한 것은, 타인의 상표를 설명적으로 사용한 것은 진실을 말할 표현의
자유가 상표권이라는 재산권보다 우위인 것을 나타낸 것이라 할 수 있다.[122) 이
러한 경우에 미국에서는 앞서 언급한 바와 같이 공정사용보다 좀 더 엄격한 요
건하에 지명적 공정사용(nominative fair use)을 인정한다.
　상품에 관한 기술적인 사용은 헌법에 의하여 보호되어야 한다. 그러나 우리
대법원이

　　　어느 기술적 표장이 상표법 제6조 제2항에 의하여 등록이 되었다면 이러한
　　등록상표는 같은 항에 의하여 특별현저성을 갖추게 된 것이어서 상표권자는 그
　　등록상표를 배타적으로 사용할 수 있는 권리를 가지게 되었다고 볼 것이며, 이
　　러한 등록상표에 관한 한 그 상표권은 앞서 본 상표법 제51조 제2호 소정의 상
　　표에도 그 효력을 미칠 수 있다고 보아야 할 것이므로, 그 상표권자는 위 제51
　　조 제2호의 규정에 불구하고 타인이 그 등록상표와 동일 또는 유사한 상표를

된다.
121) 대법원 2005. 6. 10. 선고 2005도1637 판결.
122) 본 판례에 대해서는 박성수, "상표의 요건과 상표적 사용", 대법원판례해설 56호
　　(2005.12), 법원도서관 43-57 참조. 법원이 지정상품이 서적인 타인의 등록상표인 "윈도우"
　　및 "WINDOW"를 컴퓨터 운영체제(소프트웨어)와 그 설명서 등에 표시한 경우, "컴퓨터
　　소프트웨어 프로그램의 명칭을 표시한 것으로 그 사용설명서, 고객등록카드, 참고서에 기
　　술되어 있는 내용을 안내·설명하기 위한 것일 뿐 상품의 출처표시로 사용된 것이라고 볼
　　수 없다."고 한 경우도 그 상품에 대한 기술적인 사용으로서 상품의 진실에 관련된 것이므
　　로 표현의 자유가 적용된 것으로 볼 수 있다. 대법원 2003. 10. 10. 선고 2002다63640 판
　　결. EU의 경우에 상품의 호환가능성에 대한 정보를 제공하기 위하여 타인의 상표를 자신
　　의 상품의 용도표시에 사용할 수 있다고 하여 상표의 설명적 사용을 허용한 판결이 BMW
　　사건결정이다. Bayerische Motorenwerke AG (BMW) and BMW Nederland BV v. Ronald
　　Karel Deenik, Judgment of the Court in Case C-63/97 of February 23, 1999.

그 지정상품과 동일 또는 유사한 상품에 상표로서 사용하는 것을 금지시킬 수 있는 것이라고 할 것이고, 이는 기술적 상표가 등록이 된 이후에 사용에 의하여 상표법 제6조 제2항에서 규정한 특별현저성을 취득한 경우에도 마찬가지라고 봄이 상당하다.

라고 판시하여[123] 상품에 관한 기술적 사용보다 상표권을 우선하고 있다. 이러한 입장은 최근까지 지속되고 있는데, 대법원은 Coffee Bean 사건에서

등록무효 심판청구의 대상이 된 등록상표가 상표법 제7조 제1항 제11호 후단의 '수요자를 기만할 염려가 있는 상표'에 해당하는지를 판단하는 기준시는 등록결정시이므로, 선사용상표가 거래사회에서 오랜 기간 사용된 결과 등록상표의 등록결정시에 선사용상표의 구성 중 애초에는 식별력이 없었거나 미약하였던 부분이 수요자 간에 누구의 업무에 관련된 상품을 표시하는 것인가 현저하게 인식되어 있는 경우에는 선사용상표가 사용된 상품에 관하여 그 부분을 식별력 있는 요부로 보아 등록상표와 선사용상표 간의 상표 유사 여부를 살피고 등록상표가 수요자를 기만할 염려가 있는 상표에 해당하는지 여부를 판단할 수 있다.

고 판시하고 있다.[124] 그리하여 기술적인 부분에 식별력이 발생하면 타인이 그

---

123) 대법원 1996. 5. 13.자 96마217 결정 (인용표시부분생략). 제33조 제2항에 의하여 사용에 의한 식별력을 취득한 상표에 대해서 제90조가 적용되는지에 대하여 적용배제설과 적용설의 대립이 있다. 전자는 적용을 긍정한다면 제33조 제2항의 실효성이 없거나, 제33조 제2항의 취지는 사용에 의한 식별력을 취득한 경우 기술적 상표가 아닌 임의선택표장으로서의 효력을 인정하는 것이어서 더 이상 기술적 상표가 아니므로 제90조의 적용이 없는 상표가 된다고 하거나, 제3자의 사용이 보통으로 사용하는 방법으로 표시하는 상표라고 할 수 없다는 것을 근거로 한다. 적용설은 제33조 제2항에 의해서 등록을 하더라도 여전히 기술적 상표라는 것을 근거로 한다. 적용배제설로는 송영식·황종환·김원오, 상표법(한빛지적소유권센터, 1997), 365면; 문삼섭, 상표법(세창출판사, 제2판), 310면, 이동흡, 상표의 특별현저성, 재판자료, 제57집, (법원도서관, 1992), 79-80면 참조; 판결로는 대법원 1992. 5. 12. 선고 88후974, 981, 998 판결; 대법원 1992. 5. 12. 선고 91후97 판결; 대법원 1996. 5. 13. 96마217 결정; 대법원 1997. 5. 30. 선고 96다56382 판결. 적용설은 구대환, 기술적 상표의 효력범위에 대한 문제점과 해결방안의 모색-상표법 제6조 제2항과 제51조의 충돌과 해결방안, 산업재산권 제46호(한국지식재산학회, 2015), 443면 이하; 강동세, 사용에 의한 식별력을 취득한 상표의 효력, 법조 제56권 제6호(법조협회 2007), 125-129면; 나종갑, 상표권의 범위와 한계-헌법적 관점을 중심으로, 지식재산연구 제7권(지식재산연구원 2012), 30면 이하, 판결로는 대법원 1987. 6. 23. 선고 86후4 판결.
124) 대법원 2013. 3. 28. 선고 2011후835 판결. 본 판결에 관하여는 "나종갑, 나쁜 지적재산권(Bad Intellectual Properties)의 재림(1)—대법원 2013. 3. 28. 선고 2011후835 판결." 산업

기술적인 부분을 출처표시로서가 아닌, 기술적 의미, 즉 비상표적으로 사용하고 있더라도 상표의 요부로 보아 상표의 유사부분인지 판단할 수 있다는 것이다. 그러나 이는 상표권을 헌법상 기본권보다 우선시하는 것으로서 부당한 판결이라고 하지 않을 수 없다.125) 뿐만 아니라 앞서의 표현의 자유를 인정한 판결과 모순되는 판결이라고 하지 않을 수 없다.126)

　　이러한 경우에 상표의 기술적 내지 설명적 사용은 비상표적 사용으로서 진실을 말하는 것이므로 표현의 자유에 의하여 보호되어야 한다. 다만 기술적 상표사용으로 인하여 발생하는 혼동은 상표법이 아닌 부정경쟁방지법에 의하여 해결하여야 한다. 기술적으로 상표를 사용하더라도 발생하는 혼동방지를 위한 조치를 하는 한 공중도 같은 상표를 사용할 수 있어야 한다.127) 우리 상표법은 제90조 제3항은 "상표권의 설정등록이 있은 후에 부정경쟁의 목적으로 자기의 성명·명칭 또는 상호·초상·서명·인장 또는 저명한 아호·예명·필명과 이들의 저명한 약칭을 사용하는 경우에는 적용하지 아니한다."라고 하여 부정경쟁행위를 금지하고 있다. 대법원도 버버리 사건에서 그와 같은 법리를 인정하고 있다. 대법원은

　　　　병행수입업자가 적극적으로 상표권자의 상표를 사용하여 광고·선전행위를 한 것이 실질적으로 상표권 침해의 위법성이 있다고 볼 수 없어 상표권 침해가 성립하지 아니한다고 하더라도, 그 사용태양 등에 비추어 영업표지로서의 기능

재산권 제50호 31면 이하 참조.

125) 헌법적 근거 이외도 위 판결이 부당한 근거는 더 있다. 상표법 제33조 제2항에 의해서 식별력을 취득한 상표로서 상표등록을 한 경우에는 식별력이 있는 상표 중에서 보호범위가 가장 적고 약하다. 그럼에도 불구하고 보호범위가 넓고 강한 상표는 상표법 제90조 제1항에 의한 제한을 받을 수 있는 반면, 보호범위가 가장 적고 약한 상표를 제한을 받을 수 없다고 하는 것은 논리적인 모순이다. 뿐만 아니라 뒤에서 보는 바와 같이 제90조의 적용을 배제하는 견해들은 사용에 의한 식별력의 의미, 즉 이차적 의미를 제대로 이해하지 못한 결과이다. 결국 대법원 판례에 의하면 제90조가 적용되는 경우란 거의 없게 된다.

126) 위 판결에 대해서는 원래의 주된 의미와 사용에 의하여 발생한 이차적 의미를 구분하지 못한 판결이란 비판을 할 수 있다. 나종갑(주 74), 64 이하.

127) Bayer Co. v. United Drug Co., 272 F. 505 (S.D.N.Y. 1921). 본 사건에서 법원은 의약품에 대하여 잘 모르는 일반 소비자와 의약품에 대하여 잘 아는 소비자(의사, 약사, 화학자 등)를 구별하여, 일반인들에게는 ASPIRIN은 일반명칭화 되었으므로 자유롭게 사용할 수 있지만, 전문가들에게는 혼동이 발생할 우려가 있으므로 원래의 ASPIRIN 상표의 소유자인 Bayer가 판매하는 방법(예컨대, 병당 100정 이상 등)과 구별하여 판매하도록 하고(병당 50정 이하) 직접적으로 Bayer의 ASPIRIN이라는 상표와 동일, 유사한 디자인과 형상으로써 ASPIRIN이라는 상표를 쓰지 못하게 하고 있다. 다만 일반명칭으로서 aspirin이라는 용어의 사용은 가능하다고 하였다.

을 갖는 경우에는 일반 수요자들로 하여금 병행수입업자가 외국 본사의 국내 공인 대리점 등으로 오인하게 할 우려가 있으므로, 이러한 사용행위는 부정경쟁방지및영업비밀보호에관한법률 제2조 제1호 (나)목 소정의 영업주체혼동행위에 해당되어 허용될 수 없다.[128]

라고 하고 있다.

　상표법 제90조 제1항 제2호의 경우에도, 제1호와는 달리 상표법에 명시적 규정은 없지만, 부정경쟁방지법이 적용되어 부정경쟁행위는 금지되는 것으로 해석되어야 한다. 물론 입법론적으로는 제1호와 같이 제2호도 같은 법리가 적용됨을 명시하는 것이 바람직하다. 다만 그러한 사용에서 어느 정도 혼동이 발생하는 것은 불가피한 것이므로 부정경쟁행위로 금지되어야 하는 범위는 매우 좁다. 원래 기술적 표장이 식별력이 발생하여 상표등록을 하였더라도 그 상표권의 범위는 매우 협소할 수밖에 없다. 뿐만 아니라 기술적으로 사용되어야 할 언어를 특정인이 상표로 사용하는 것은 혼동의 위험에 대한 감수를 수반한 것으로 볼 수밖에 없다. 그 혼동은 매우 엄격하게 해석하여야 하기 때문이다.[129] 따라서 상표법 제90조 제3항에 규정된 "상표권의 설정등록이 있은 후에 부정경쟁의 목적으로 자기의 성명·명칭 또는 상호·초상·서명·인장 또는 저명한 아호·예명·필명과 이들의 저명한 약칭을 사용하는 경우에는 적용하지 아니한다."라는 규정의 의미를 제한적으로 해석하여야 한다. 부정경쟁의 목적으로 자기상호를 보통으로 사용하는 경우에는 부정경쟁행위로 인정할 수 있지만 상표권의 침해로 인정하는 것은 타당하지 않다. 왜냐하면, 제90조에 규정된 사유들은 원래 상표권이 인정되지 않는 영역이기 때문이다. 원래 상표권이 존재하지 않는 영역에서 부정경쟁행위가 발생하였다고 하여 상표권이 존재하게 되고 이에 따라 그 부정경쟁행위가 상표법상의 상표권을 침해한다고 볼 수는 없기 때문이다. 또한 앞서 언급한 바와 같이 기술적으로 상표를 사용하여 혼동이 발생할 수 있지만, 소비자에게 진실을 알리는 데 있어서 소비자에게 어느 정도 혼동이 발생하더라

---

128) 대법원 2002. 9. 24. 선고 99다42322 판결.

129) Cosmetically Sealed Industries, Inc. v. Chesebrough-Pond's USA Co., 125 F.3d 28, 30(C.A.2 N.Y.,1997). "If any confusion results, that is a risk the plaintiff accepted when it decided to identify its product with a mark that uses a well known descriptive phrase." Id; KP Permanent Make-Up, Inc. v. Lasting Impression I, Inc. 543 U.S. 111, 122 (2004). 이러한 경우에 발생하는 혼동은 매우 적을 수밖에 없다. 왜냐하면 기술적 표장을 상표로 보호하더라도 보호영역이 매우 좁기 때문에 혼동가능성도 매우 적기 때문이다.

도 이는 불가피하기 때문이다.[130] 상품에 대한 기술적 표현은 진실을 말하는 것
이기 때문에 공중을 기망하는 혼동은 아니다. 진실을 알리는 것과 혼동이 발생
하는 것 중에서 진실을 알리는 것이 우선되어야 할 가치이다.

　　상표의 패러디도 표현의 자유 영역이어서 상표침해가 성립하지 않는지 문
제된다. 미국에서는 성공한 패러디는 상표침해가 아니라고 하고 있다. 뿐만 아
니라 희석화로부터도 면책이 된다. 어느 누구도 표현의 자유가 있으므로 패러디
상표가 정당한 표현의 자유권을 행사하는 이상 타인의 법익을 침해하는 것은
아니다. 그러나 표현의 자유도 그 한계가 있으므로 타인의 법익을 침해하거
나[131] 소비자를 혼동하게 할 목적인 경우에는 패러디가 성립하지 않는다. 패러
디는 비상업적으로 사용되는 것이므로 상업적으로 사용되는 경우와 다르다.

　　패러디에 상업적인 면이 있다고 하여 패러디가 성립되지 않는다고 할 수는
없다.[132] Anheuser-Busch, Inc. v. L & L Wings, Inc. 사건[133]에서 제4순회법원
은 피고가 사용한 언어들이 패러디로서 인식될 뿐만 아니라 혼동가능성이 없으
므로 상표침해가 인정되지 않는다고 하였다.[134] 제4순회법원은 "성공적인 모방
은 원래의 디자인의 충분한 내용을 전달하여 소비자들에게 패러디의 주제를 알
게 함으로써 소비자가 혼동을 하지 않게 한다.(Successful trademark takeoffs dispel
consumer confusion by conveying just enough of the original design to allow the con-
sumer to appreciate the point of the parody.")라고 하여[135] 상표침해를 인정하지 않
는다. 패러디는 원래의 메시지와 패러디가 전달하고자 하는 메시지를 명확히 구
분함으로써 소비자들이 혼동을 하지 않는다. 그러나 패러디가 상품출처의 혼동
을 주는 경우에는 상표침해가 발생할 수 있다. Anheuser-Busch, Inc. v. Balducci
Publications 사건[136]에서 제8순회법원은 패러디 상표로 인하여 혼동이 발생한다

---

130) Canal Co. v. Clark, 13 Wall. 311, 327, 20 L.Ed. 581 (1872); KP Permanent Make-Up,
　　Inc. v. Lasting Impression I, Inc. 543 U.S. 111, 122 (2004).
131) 예컨대 공적인 인물(public figure) 등의 경우에는 프라이버시 침해주장이 제한된다.
132) Anheuser-Busch, Inc. v. L & L Wings, Inc., 962 F.2d 316 (4th Cir. 1992), cert. denied,
　　506 U.S. 872 (1992).
133) 원래 Budweiser 회사의 맥주 캔에는 "King of Beer"라고 기재되어 있다. 그리고 패러디
　　광고에 쓰인 Myrtle Beach는 사우스 캐롤라이나 주의 대서양 연안에 있는 해변의 휴양지
　　이름이다.
134) Anheuser-Busch, Inc. v. L & L Wings, Inc., 962 F.2d 316 (4th Cir. 1992), cert. denied.
　　506 U.S. 872 (1992).
135) Anheuser-Busch, Inc. v. L & L Wings, Inc., 962 F.2d 316, 321 (4th Cir. 1992).
136) Anheuser-Busch, Inc. v. Balducci Publication, 814 F. Supp. 791 (E.D. Mo. 1993), reversed
　　28 F.3d 769 (8th Cir. 1994), cert. denied, 513 U.S. 1112 (1995).

는 이유로 상표침해를 인정했다. 결국 혼동을 가져오지 않는 그 메시지가 명확한 패러디는 상표권 침해가 되지 않는다. 이는 헌법상의 표현의 자유가 우선하기 때문이라고 할 수 있다.

상표권의 행사는 헌법상 공공복리의 원칙에 의하여 제한될 수 있다. 헌법상 재산권의 행사는 공공복리에 적합하도록 하여야 하고,137) 공공필요에 의한 재산권의 수용·사용 또는 제한 및 그에 대한 보상은 법률로써 하되, 정당한 보상을 지급하여야 한다.138) 상표권의 행사는 공공복리에 어긋날 수 있다. 또한 공공의 필요에 의해서 상표권을 수용·사용 또는 제한하는 경우에는 법률에 의하여야 하며 이러한 경우에 대한 보상은 법률에 정하여야 한다.

(4) 직업의 자유

국민이 가지는 영업의 자유는 직업의 자유에 속하는 자유권이다. 상호나 상표를 자유로이 선택할 수 있는 권리는 영업의 자유의 내용으로 이해된다.139) 따라서 상호나 상표선택의 자유는 자유권적 기본권이라고 할 수 있다. 그러나 자유권의 행사에 의해서 타인의 자유권이나 재산권(상표권)을 침해할 수 있다.

상표선택은 기존에 그 상표의 표장을 자유롭게 사용할 수 있었던 공중(the public)의 자원(특히 일반명칭이나 기술명칭 등)에 대해서도 독점이 발생하게 되어 공중이 단어를 자유롭게 사용하던 자유권을 제한하게 될 수 있다. 따라서 재산적 가치를 보호하기 위한 영업의 자유권과 공중의 단어 사용의 자유권의 충돌이 발생하게 된다. 이러한 경우에는 공중의 자유가 영업의 자유보다 우선한다고 할 수밖에 없다.140) 예컨대, 기술적 표장에 대해서 사용에 의한 식별력이 발생한 경우에는 상표등록을 할 수 있지만, 그 기술적 표장의 원래의 본질적인 의미(original primary meaning)에 대한 공중의 자유사용이 특정인에게 식별력을 부여하는 이차적 의미(secondary meaning)로서의 상표사용보다 선행될 뿐만 아니라 공중은 상표로서의 사용에도 불구하고 상표사용과 병행적으로 여전히 그러한 자유사용권을 누리고 있는 것이므로 상표로서의 사용은 제한될 수밖에 없다. 이러한 법 원리는 선의의 선사용자에게 상표를 계속 사용할 권리를 부여하는 상

---

137) 헌법 제23조 제2항. 상호의 선택이 상표권과 충돌할 수 있지만, 상호의 선택은 인격권이나 영업의 자유에서 발생하는 권리이다. 따라서 이러한 기본권의 행사는 재산권의 행사보다 우선할 수 있다는 점은 앞서 언급하였다.
138) 헌법 제23조 제3항.
139) 대법원 2002. 11. 13. 선고 2000후3807 판결 ("옥류관" 사건) 참조.
140) 허영(주 100), 272.

표법규정에도 이미 반영되어 있다.[141]

상표법은 상표권이 공중의 자유권과 충돌할 수 있는 경우를 대비하여 상표법 제90조와 같이 상표권의 범위와 한계를 규정한 조정규정을 두고 있다. 이러한 명시적인 규정이 없다고 하더라도 상표권의 본질, 헌법이나 타법과의 관계에서도 상표권의 범위와 한계가 설정된다. 따라서 상표법 제90조는 금지권의 범위를 정한 것[142]이 아니라 헌법상 당연한 것을 규정한 확인적이고 예시적인 규정이라고 할 수 있다.[143] 다만 제90조 제1항 전부가 헌법상 당연한 것을 규정한 것은 아니다.[144]

상표법 제90조를 명시한 것은 무효심판절차와 관련되어 그 의의를 찾아 볼 수 있다. 무효심판은 상표권이 소멸된 후에도 청구할 수 있도록 규정하고 있다.[145] 그러나 무효심판을 제기할 수 있는 일부 사유에 대하여 제척기간이 존재하기 때문에[146] 그 제척기간내에 그 사유를 근거로 상표등록무효를 청구하지 않으면 그 상표 등록은 유효하다. 따라서 무효사유가 있음에도 불구하고 제척기간이 도과한 상표는 더 이상 무효임을 다툴 방법이 없으므로 그 상표등록의 유효성을 인정할 수밖에 없다. 그러한 상표와 제90조에 규정된 사유가 충돌할 경우에 제90조는 어느 가치가 우선하여야 하는지를 명백히 확인한 점에 그 의의가 있다고 할 것이다. 그러한 무효사유가 있는 상표의 상표권행사는 권리남용으로 인정되어 그 상표권 행사가 부인되어야 할 것이다.

3. 상표법적 한계

가. 이차적 의미(secondary meaning)

이차적 의미(secondary meaning)는 원래의 의미 또는 주된 의미(Original/primary meaning)에 대응되는 개념이다. 우리나라에서는 특별현저성이라고도 한다.[147]

원래의 의미 내지 주된 의미는 특정한 상품에 대한 기술적인 단어의 본래의

---

141) 상표법 제99조 참조.
142) 송영식 외 6인(주 57), 274.
143) 상표법 제90조를 금지권을 제한하려는 규정으로 이해하는 견해가 있다. 송영식 외 6인 (주 57), 274.
144) 예컨대 상표법 제90조 제1항 제5호의 기능적인 상표의 제한은 상표법상 당연한 법리이지 헌법상의 원칙을 확인한 것은 아니다.
145) 상표법 제117조 제2항.
146) 상표법 제122조.
147) 상표법 제33조 제2항 참조. 우리나라에서는 강학상 '특별현저성'이라는 표현을 사용하고 있다.

의미인 특정 상품의 성질 등을 의미하고, 이차적 의미는 사용에 의하여 후천적
으로 취득한 상품의 출처로서 인식되는 의미를 말한다. 즉 이차적 의미를 간단
히 말하면 상품과 상품의 출처간의 '연상관계' 내지 '후원관계'라고 할 수 있
다.148) 연상관계가 성립하기 위해서는 공중에게 상표는 특정의 상품이 특정의
생산자로부터 유래한다는 것이 인식되어야 한다. 그 특정의 생산자, 즉 출처는
구체적이거나 알려진 출처를 의미하는 것은 아니므로 익명의 출처이면 족하
다.149) 예컨대, '새우깡'이라는 기술적 상표에서 새우로 만든 과자라는 의미와
특정한 출처의 의미를 가지고 있다.150) 새우로 만든 과자라는 의미는 원래의 의
미 또는 주된 의미에 해당하고, 특정한 출처표시로서의 의미는 이차적 의미에
해당한다. 이차적 의미가 발생하여 상표적격성이 있는 상표들도 여전히 원래의
의미 내지 주된 의미를 가지고 있고, 이러한 일차적 의미 내지 주된 의미는 그
언어가 가지고 있는 본질적인 속성이므로 공중의 자산이다. 따라서 공중은 이러
한 언어를 언제든지 기술적으로 사용할 수 있다.151) 앞서 언급한 바와 같이 이러
한 기술적 표현은 표현의 자유에 의해서 보호된다. 상표법 제33조의 이차적 의
미를 취득한 경우일지라도 여전히 그 상표를 보통으로 사용하는 방법으로 사용
하는 경우에는 주된 의미나 원래의 의미로 사용하는 것이다.152) 따라서 공중(the
public)이 원래의 의미나 주된 의미로 사용하는 경우에는 출처표시로서의 사용,
즉 상표적 사용도 아니기 때문에 이차적 의미를 취득한 상표침해가 될 수 없다.

그럼에도 불구하고 대법원이 2014년 개정 전 상표법 제6조 제2항의 특별현
저성을 취득하여 등록한 상표에 대해서 현 상표법 제90조의 제한을 받지 않는
다고 판시한 것153)은 부당하다. 일부 판례는 특별현저성을 주지성으로 이해한
것으로도 보이고,154) 소비자에 대한 인식의 정도가 강하므로 더 보호되어야 한
다는 것으로 해석한 것으로 추측된다.155) 그러나 주지성은 이차적 의미로서의

---

148) Restatement (Third) of Unfair Competition, § 13 cmt. (e); Carter-Wallace, Inc. v. Procter
    & Gamble Co., 434 F.2d 794 (9th Cir. 1970).
149) Aloe Crèm Laboratories, Inc. v. Milsan, Inc., 423 F.2d 845 (5th Cir. 1970).
150) 대법원 1990. 12. 21. 선고 90후38 판결 참조.
151) KP Permanent Make-Up, Inc. v. Lasting Impression I, Inc. 543 U.S. 111, 122 (2004);
    McCarthy, supra 42, § 11:45 .
152) 정상조, "상표의 식별력: "우리은행" 관련 특허법원 판결에 대한 비판적 검토", Law &
    Technology, 제4권 제1호 (2008. 1), 64-65.
153) 대법원 1996. 5. 13. 자 96마217 결정 등.
154) 특허법원 2005. 1. 27. 선고 2004허6057 판결.
155) 다만, 많은 대법원 판례는 주지성이라고 명시하지 않을뿐더러, 주지성의 정도를 입증하

인식의 정도를 나타낼 뿐, 그 주된 의미나 원래의 의미를 변경시키는 것은 아니다. 즉 주지성은 상표적 사용이나 비상표적 사용과 그 궤를 달리하는 것이다. 이차적 의미의 취득을 어느 정도의 범위에서 인정할 것인지는 주지성과 관련되어 있다. 2016년 개정전 상표법 제6조 제2항에 의한 등록을 하기 위해서 저명한 정도 또는 주지의 정도까지 인식될 것을 요구하는지 또는 소비자에게 특정인의 상품의 출처표시라고 인정되는 정도만으로도 족한 것인지는 다를 수 있지만, 이차적 의미는 해당상표가 특정인의 상품에 대한 표장이라고 인식되는 것을 말하는 것이므로 그 개념들은 다를 수밖에 없는 것이다. 결국 특별현저성이 주지성을 의미한다고 하더라도 이러한 주지상표에 생성된 출처표시의 의미는 이차적 의미 이상의 것은 아니다. 우리 상표법은 이러한 고려까지 하여 2016년 개정전 상표법 제6조 제2항을 규정한 것으로는 보이지 않는다.

결과적으로 대법원은 2016년 개정전 상표법 제6조 제2항의 이차적 의미를 취득한 상표에 대해서 주된 의미 내지 일차적 의미까지 그 효력을 확대한 오류를 범하고 있다. 이로 인하여 2016년 개정전 상표법 제6조 제2항의 특별현저성의 의미를 오해하고, 이차적 의미와 주된 의미 내지 일차적 의미를 구별하지 못한 결과를 가져오고 있다고 할 수 있다.[156]

이러한 대법원 판례는 식별력의 의의를 다르게 이해한 데서 기인한다고 할 수 있다. 식별력은 창작/조어상표가 식별력이 가장 높고, 일반명칭이 식별력이 가장 적다(없다)는 것은 일반적으로 인정되고 있다. 창작/조어 상표 등 본질적으로 식별력이 인정되는 경우에도 2016년 개정 상표법 제90조뿐만 아니라 상표법리에 의한 상표권의 제한이 인정된다. 물론 창작/조어상표에 제90조가 적용될 여지는 없다. 창작/조어상표는 원래의 의미 내지 주된 의미만 있을 뿐 이차적 의미란 있을 수 없기 때문이다.[157] 기술적 명칭에 대해서 이차적 의미가 발생하였다고 하더라도 주된 의미는 공중의 사용에 유보된 것이다. 그럼에도 불구하고 대법원 판례에 따르면 원래의 의미가 공중에게 유보된, 이차적 의미가 발생한 기술명칭에 대해서 창작/조어상표보다 더 강한 권리를 부여하는 이상한 결과가 된다.

2014년 개정전 우리 상표법 제6조 제2항에 "현저하게 인식되어 있는 것"이라고 표현한 것은 Restatement에 "special significance"[158]라고 규정되어 있는 것

여야 한다고 하지는 않는다.

156) 정상조(주 152), 64-65.

157) 물론 일반명칭화가 된 경우에는 일반명칭상표이므로 더 이상 창작/조어상표가 아니다.

158) Restatement, Tort § 716 cmt. a (1938).

과 비슷하다. 그러나 이는 원래의 또는 주된 의미(primarily meaning)에 대응된 의미로서 이차적 의미(secondary meaning)라고 할 수 있으므로 특별현저성보다는 이차적 의미라고 표현하는 것이 보다 타당하다. 특별현저성이라고 하면 이에 대응되는 의미로서 원래의 또는 주된 의미를 나타내는 적절한 용어가 마땅한 것이 없기 때문이다. 랜햄법(Lanham Act)은 상표가 상거래에서 상표등록출원인의 상품에 대하여 식별력(distinctiveness)이 발생하였을 경우("has become distinctive of the applicant's goods in commerce")라고 하여[159] 이차적 의미와 식별력을 같은 의미로 취급하고 있다. 그리하여 이러한 혼란을 피하고자 2014년 상표법 개정시에 "특정인의 상품에 관한 출처를 표시하는 것으로 식별할 수 있게 된 경우"라고 변경하였다. 앞으로의 대법원의 입장변화가 기대된다.

나. 상표권의 본질상 한계

상표권의 범위와 한계는 상표법 제90조에 정해져 있다. 제90조에 정해진 사유는 상표법이 아니더라도 헌법이나 상표권의 본질상 그 한계로서 인정되는 사유들도 포함되어 있다.

제90조 제1항 제5호의 기능적 상표의 경우에는 상표권의 본질상 인정되는 한계이다. 상표는 식별력을 보호하는 것으로서 기능을 보호하는 것은 아니다. 기능은 특허에 의해서 보호되어야 한다. 만일 상표에 의해 기능을 보호한다면 특허의 엄격한 신규성이나 진보성 심사없이 식별력에 대한 심사만으로 기능을 보호하는 결과가 될 뿐만 아니라 특허의 보호기간인 등록 후 출원일로부터 20년이 아닌, 상표의 갱신등록에 의하여 영구히 기능을 보호하는 결과가 된다. 이러한 법원칙 때문에 기능적 상표는 등록될 수 없지만[160] 등록되더라도 무효이다.[161] 따라서 제90조 제1항 제5호의 규정은 확인적인 의미를 가질 뿐이다.

제90조 제1항 제4호의 현저한 지리적 명칭의 경우에는 그 상표가 사용되는 상품에 관계없이 현저한 지리적 명칭 자체는 식별력이 없으므로 상표등록을 할 수 없다.[162] 또한 기능적 상표와 같은 이유로 등록되더라도 무효이다.[163] 본 조

---

159) 15 U.S.C. § 1052 (f).
160) 상표법 제34조 제1항 제15호.
161) 상표법 제117조 제1항 제1호.
162) 상표법 제33조 제1항 제4호. 공중의 자유사용 보장을 위해서 특정인의 독점을 허용하지 않은 이유이다. 대법원 2006. 1. 26. 선고 2004후1175 판결 참조. 다만 이차적 의미가 발생한 경우에는 상표등록을 허용한다.
163) 상표법 제117조 제1항 제1호.

항은 상표등록이 무효로 될 때까지 상표권의 소극적 권리인 금지권을 제한하여 공중의 자유사용을 보장한다는 것에 의미를 부여하기도 한다.[164] 그러나 이러한 무효사유는 상표등록을 무효로 한다는 심결이 확정된 때에는 그 상표권은 처음부터 없었던 것으로 보기 때문에 본 조항이 없더라도 공중은 자유사용을 할 수 있다. 즉 금지권을 제한하는 의미는 없다. 다만 현저한 지리적 명칭에 대해서 식별력을 인정하지 않는 것은 상표법 원리보다는 정책적인 이유에 기한 것으로서 본질적인 식별력이 없다고 의제한 것으로 판단된다. 가장 설득력이 있는 근거는 현저함은 공중에 의해서 창작된 것이므로 특정인이 독점하는 것은 정당한 보상을 넘는 것이고, 다른 한편으로는 희소자원을 특정인에게 독점을 허용하는 것이 타당하지 않다는 것을 들 수 있을 것이다.

　앞서의 대법원 판례[165]는 상표법 제33조 제2항에 의하여 등록된 상표는 제90조의 제한을 받지 않는다고 하고 있는데, 그 이유를 명확히 하지 않고 있어서 의문이다. 아마도 제33조 제2항에 의하여 등록한 경우에 제90조의 제한을 받는다면 상표등록의 의의가 없거나, 제33조 제2항의 요건상 주지성을 취득했으므로 강력하게 보호되어야 된다는 취지일 수 있다. 그러나 만일 위 대법원 판례와 같이 이해한다면 제90조 제1항 제2호가 적용되어 상표권의 효력이 제한되는 상표란 거의 없다고 보아야 한다. 왜냐하면, 제90조 제1항 제2호에 규정된 사유에 관련된 상표의 경우에는 이미 제33조나 제34조에 의하여 상표등록이 거절되고, 상표등록이 된 경우에도 무효사유[166]가 된다. 따라서 공중은 제90조의 규정에 관계없이 그와 같은 상표를 사용할 수 있다. 즉 제90조가 없더라도 일반명칭이나 기술적 명칭 등은 식별력이 없어 상표등록이 거절되거나 등록되더라도 무효이므로 공중은 자유로이 사용할 수 있다. 결국 이러한 범위내에서 제90조에 의하여 그 효력이 제한되는 등록된 상표는 존재하지 않는 셈이다. 제90조가 의의가 있는 경우는 제90조 제1항 제2호에 관련된 상표와 제33조 제2항에 의해서 기술적 명칭에 대하여 등록한 상표가 있는 경우에 앞서 언급한 바와 같이 상표등록무효심판의 제기에 대한 제척기간이 있는 경우이다. 제33조 제2항에 의하여 등록한 상표의 경우에는 유효한 상표가 된다. 따라서 공중이 기술적으로 사용하는 경우, 즉 비상표적 사용에는 상표권의 효력이 미치지 않는다는 점을 확

---

164) 송영식 외 6인(주 57), 274.
165) 대법원 1996. 5. 13. 자 96마217 결정 등.
166) 상표법 제117조 제1항.

인할 필요가 있다. 제90조는 이러한 확인적인 의미가 있는 규정이다. 그런데 위 대법원 판결은 제33조 제2항에 의하여 등록된 상표에는 제90조에 의한 상표권의 제한이 적용되지 않는다고 함으로써 제90조의 존재가치를 무시한 것이다. 결국 우리 판례의 법리에 따르면 제90조가 확인적인 의미라도 있는 경우란 제1항 제2호에 관련된 상표와 무효심판제기의 제척기간이 있는 상표에 대해서뿐이다.

오히려 대법원 판결은 상표법을 더 복잡하게 하고 있다. 대법원은 "우리은행사건"167)에서 "등록서비스표 "우리은행"의 등록을 허용한다면 '우리'라는 단어에 대한 일반인의 자유로운 사용을 방해함으로써 사회 일반의 공익을 해하여 공공의 질서를 위반하고, '우리'라는 용어에 대한 이익을 그 등록권자에게 독점시키거나 특별한 혜택을 줌으로써 공정한 서비스업의 유통질서에도 반하므로, 위 등록서비스표는 구 상표법(2007. 1. 3. 법률 제8190호로 개정되기 전의 것) 제7조 제1항 제4호에서 정한 '공공의 질서 또는 선량한 풍속을 문란하게 할 염려가 있는 상표'에 해당하여 등록을 받을 수 없는 서비스표에 해당한다"고 하고 있다. 그러나 본 판시는 부당한 판례인 대법원 판결168)의 법리를 유지하기 위한 것으로 보일 뿐 그 타당성이 없다.

위 우리은행 사건에서 원심은 우리은행 서비스표는 사용에 의한 식별력을 취득하였음을 인정하였다.169) 따라서 사용에 의한 식별력을 취득한 경우에는 상표법 제33조 제2항에 의해서 등록했으므로 제33조 제2항에 의해서 등록한 경우에 제90조의 적용이 없다는 위 대법원 판결170)에 따라 우리은행은 제90조의 제한을 받지 않는 매우 강력한 서비스표권을 갖게 된다. 이에 공중(the public)은 우

---

167) 대법원 2009. 5. 28. 선고 2007후3301 판결. 우리은행 사건은 다음과 같이 3개의 판결이 있으나 그 법리는 별 차이가 없으므로 2007후3301판결을 중심으로 판단한다.

특허법원	대법원	관련된 서비스표	비 고
2007.7.11. 선고 2005허9886	2009.5.28. 선고 2007후3301	우리은행	
2007.7.11. 선고 2005허9954	2009.5.28. 선고 2007후3318	우리은행 Woori Bank	
2007.7.11. 선고 2005허9961	2009.5.28. 선고 2007후3325	우리은행	도형과 문자가 파란색인 결합표장임

168) 예컨대, 대법원 1996. 5. 13. 자 96마217 결정 등.
169) 특허법원 2007. 7. 11. 선고 2005허9961 판결. 다만, 우리은행이 주장한 서비스업 모두에 식별력을 취득하였다고 인정한 것은 아니다. 일부에 대해서만 사용에 의한 식별력 취득을 인정하였다.
170) 예컨대, 대법원 1996. 5. 13. 자 96마217 결정 등.

리은행을 기술적으로도 사용하지 못하는 결과를 가져온다. 따라서 대법원이 제
34조 제1항 제4호의 공공질서 위반이라는 논리를 제시한 것이 아닌가 생각된다.

우리은행 사건 판결은 '우리'라는 단어는 "'우리 회사', '우리 동네' 등과 같
이 그 뒤에 오는 다른 명사를 수식하여 소유관계나 소속 기타 자신과의 일정한
관련성을 표시하는 의미로 일반인의 일상생활에서 지극히 빈번하고 광범위하게
사용되는 용어이고('나'를 지칭하는 경우에도 '우리'라는 용어가 흔히 쓰이고 있을 정
도이다), 한정된 특정 영역에서만 사용되는 것이 아니라 주제, 장소, 분야, 이념
등을 가리지 않고 어느 영역에서도 사용되는 우리 언어에 있어 가장 보편적이
고 기본적인 인칭대명사로서, 만일 이 단어의 사용이 제한되거나 그 뜻에 혼란
이 일어난다면 보편적, 일상적 생활에 지장을 받을 정도로 일반인에게 필수불가
결한 단어"라는 것이다. 그리하여 "어느 누구든지 아무 제약 없이 자유로이 사
용할 수 있어야 할 뿐 아니라 위에서 본 바와 같은 위 단어의 일상생활에서의
기능과 비중에 비추어 이를 아무 제약 없이 자유롭고 혼란 없이 사용할 수 있
어야 한다는 요구는 단순한 개인적 차원이나 특정된 부분적 영역을 넘는 일반
공공의 이익에 속하는 것이라고 봄이 상당하다"고 한다. 그리하여 이러한 상표
를 등록하는 것은 2016년 개정 상표법 제34조 제1항 제4호의 공공질서위반에
해당한다고 한다.

그러나 이러한 논리는 "이차적 의미"의 의의를 오해한 것에서 기인하는 것
이 아닌가 한다. 상표법 제33조 제2항에 의해서 우리은행이 "우리은행" 서비스
표를 등록하더라도 공중은 기술적 의미로서 우리은행이라고 사용할 수 있다. 이
경우 공중은 우리은행이라는 의미를 일차적 의미 또는 주된 의미로 사용하기
때문에 우리은행의 서비스표를 침해하는 것이 아니다.[171] 이러한 사용은 대법원
도 인정하는 "상표적 사용"이 아니기 때문이다. 대법원이 '우리'라는 단어를 공
중이 사용할 수 없을 것이라고 염려하는 바와는 달리, 특정은행이 "우리은행"을
서비스표로 사용하더라도 일반 공중은 보편적, 일상적 생활에 지장을 받는 것은
아니다.

또한 특정은행이 상표법 제33조 제2항에 의해서 "우리은행"을 서비스표 등
록하더라도 상표법 제90조에서 규정하는 바와 같이 상표권의 제한을 받게 되므
로 공중이 보통으로 사용하는 방법으로 사용하는 한, 제90조에 따라 상표권의
효력은 제한되기 때문이다. 그러나 공중의 사용으로 우리은행 서비스표에 혼동

---

171) 정상조(주 152), 64-65.

이 발생하는 경우에는 부정경쟁행위가 될 수 있음은 당연하다.[172] 원래 기술적 표장에 식별력이 발생한 경우에 상표권을 인정하는 것은 부정경쟁행위로부터 보호하기 위한 것이었다. 다만, 앞서 언급한 바와 같이 "우리"라는 본질적 식별력이 없는 단어를 서비스표로 선택한 은행은 경쟁은행을 포함한 공중이 우리은행이라는 단어를 사용하여 혼동이 발생하더라도 이는 진실한 것이므로 경쟁은행이나 공중의 사용이 기망을 일으키지 않는 한 보호받을 수는 없다. 왜냐하면 그러한 위험은 식별력이 없는 단어를 서비스표로 선택한 은행의 책임이기 때문이다.[173]

우리은행 사건 판결이 강조하는 바와 같이 "우리"는 기본적인 인칭대명사로서 일반인에게도 그 사용이 필수 불가결한 언어라면 그 언어는 본질적으로 식별력이 없는 언어이다. 뿐만 아니라 식별력에 관한 학설중의 하나인 독점부적응성설에 따라 특정인이 독점을 할 수 없으므로 식별력이 없다고 해야 한다. 따라서 제33조 제1항 제1호의 일반명칭이라고 인정하여 상표등록을 할 수 없다고 해석을 하는 것이 타당하다.[174] 사용에 의해서 일반명칭에 대한 식별력이 발생하였다면 이는 사실상(de facto)의 식별력에 불과하다.[175] 가사 "우리"라는 표장

---

172) 대법원 2006. 1. 26. 선고 2004후1175 판결 참조.
173) Cosmetically Sealed Industries, Inc. v. Chesebrough–Pond's USA Co., 125 F.3d 28, 30(C.A.2 N.Y.,1997); KP Permanent Make–Up, Inc. v. Lasting Impression I, Inc. 543 U.S. 111, 122 (2004).
174) 본 사건의 원심법원인 특허법원은 우리은행에 대해서 사용에 의한 식별력을 취득했음을 인정했다.(특허법원 2007. 7. 11. 선고 2005허9886). 그리고 필자는 상표법 제33조 제2항에 의해서 상표등록을 할 수 있는 것은 기술명칭과 상표법 제33조 제1항 제4호 내지 제6호에 준하는 표장이지, 상표등록을 하고자 하는 상품에 대한 일반명칭과 관용명칭은 제33조 제2항에 의해서 상표등록을 할 수 없다는 것을 주지하고자 한다.
175) 일반명칭이 사용에 의한 식별력을 취득하면 더 이상 일반명칭이 아니기 때문에 일반명칭을 배제한 제33조 제2항의 적용이 없다는 이유로 일반명칭에 대해서 제33조 제2항의 적용을 긍정하는 견해(이동흡, "상표의 특별현저성", 지적소유권에 관한 제문제(하), 재판자료(제57집), 법원행정처(1992. 12), 28; 김대원, "사용에 의한 식별력 판단기준과 이에 의해 등록된 상표권의 효력", 창작과 권리(제28호), 세창출판사(2002. 9), 72; 송영식 외 2, 지적소유권법(하) 124-125, n 74 (육법사)(2003); 사법연수원, 상표법(2003), 70; 일부 판례도 같은 취지이다(대법원 1992. 5. 12. 선고 88후974, 981, 998 판결; 대법원 1996. 5. 13.자 96마 217 결정; 대법원 1992. 5. 12. 선고 91후97 판결; 대법원 1992. 5. 12. 선고 91후103 판결; 대법원 2012. 11. 29. 선고 2011후774 판결; 대법원 2013. 3. 28. 선고 2011후835 판결, 특허법원 2000. 8. 11. 선고 99허9861 판결 등))가 있다. 그러나 일반명칭에 대해서는 제6조 제2항의 적용을 부인하여야 한다.(특허법원 1999. 7. 8. 선고 98허185 판결) 다만, 일반명칭화된 상표의 경우는 예외로서 제33조 제2항이 적용될 수 있다고 보인다. 예컨대 미국상표법도 일반명칭에 대해서는 이차적 의미 취득에 의한 상표취득을 부인하지만, 원래 상표이었다가 일반명칭화된 상표는 다시 상표성을 인정하는 것이 미국판례와 연방상표법이다.

이 일반명칭이라고 할 수 없어도 제33조 제1항 제6호의 '간단하고 흔히 있는 표장'이 될 수 있다고 보인다. 이러한 기술적인 명칭은 사용에 의해서 식별력이 발생한 경우 제33조 제2항에 의해서 서비스표 등록을 할 수 있지만, 이 경우 공중은 원래의 의미 내지 주된 의미로서 그 표장을 자유로이 사용할 수 있다고 해야 한다. 결국 우리은행 사건에서 대법원은 부당한 판결176)의 법리를 유지하기 위해서 공공질서 위반이라는 사유를 근거로 한 것으로 볼 수밖에 없다. 물론 상표법 제33조 제1항 제6호의 '간단하고 흔히 있는 표장'에 대해서는 제90조에 의해서 그 효력이 제한되는 경우로 명시되지 않았지만, 식별력이 발생한 부분에 대해서만 등록에 의하여 상표권을 취득하고, 식별력이 발생하지 않은 부분은 상표권을 취득하는 것이 아니므로 결론에 있어서는 같다.

상표권은 보호기간내에서 등록상표를 지정상품에 독점적으로 사용할 수 있는 권리이다. 따라서 제91조에 규정하는 바와 같이 등록상표의 보호범위는 상표등록출원서에 기재된 상표에 의하여 정해지고, 지정상품의 보호범위는 상표등록출원서 또는 상품분류전환등록신청서에 기재된 상품에 의하여 정해진다. 또한 상표권은 등록상표를 지정상품에 사용할 권리이므로 등록상표가 아니거나 지정상품이 아닌 상품에 대한 독점적 사용권은 없다. 따라서 상표권을 약한 권리(weak right)라고 한다. 상표 자체에 대한 독점은 인정되지 않고 특정상품에 대한 상표의 사용에 대해서만 그 권리가 인정되기 때문이다.

오히려 "상표권자가 고의로 지정상품에 등록상표와 유사한 상표를 사용하

(15 U.S.C. § 106 (3) 참조) 나종갑, 미국상표법, 165쪽. 영국법도 일반명칭화된 상표는 이차적 의미 취득에 의한 상표취득을 인정한다.(1994년 영국상표법 제3조 제1항 단서) 독일상표법도 영국법과 같다.(1998년 독일상표법 제8조 제3항) 다만, 독일상표법은 식별력이 없는 표장(동법 제8조 제2항 제1호)에 대해서 식별력이 발생하면 상표등록을 할 수 있는 것같이 규정하여(동법 제8조 제2항 제1호) 일반명칭도 식별력이 발생하면 상표등록을 할 수 있는 것 같이 규정하고 있으나, 동 조항은 우리법 제33조 제1항 제7호와 같이 식별력이 없는 상표의 의미이고, 일반명칭의 의미는 아니라고 보인다. 왜냐하면 기본적으로 우리상표법과 미국상표법은 식별력의 분류체계를 "Abercrombie Test"(일반/관용-기술-암시-임의선택-조어/창작의 분류법)에 의하여 구분하고 있지만, 영국이나 독일 상표법은 그러한 분류체계를 따르지 않고 있을 뿐만 아니라 독일법 제8조 제2항 제3호가 일반명칭화된 상표에 대해서 식별력이 발생하면 상표등록을 할 수 있도록 규정하고 있으므로 일반명칭과 일반명칭화된 상표를 구별할 실익이 있을뿐더러, 일반명칭상표는 동조 제2항 제5호의 공공정책에 위반된 상표로 인정될 수 있다. 따라서 독일이나 영국법이 일반명칭에 대해서 식별력이 발생하면 상표등록을 인정한다고 보는 견해(김대원, "사용에 의한 식별력 판단기준과 이에 의해 등록된 상표권의 효력—상표법 제6조 제2항 관련—", 창작과 권리 제28호, 64.)에 동의할 수 없다.
176) 대법원 1996. 5. 13. 자 96마217 결정 등.

거나 지정상품과 유사한 상품에 등록상표 또는 이와 유사한 상표를 사용함으로
써 수요자로 하여금 상품의 품질의 오인 또는 타인의 업무에 관련된 상품과의
혼동을 생기게 한 경우"는 상표가 취소된다.[177] 본조는 상표권자로 하여금 등록
상표를 상표제도의 본래의 목적에 반하여 부정하게 사용하지 못하도록 함으로
써 상품거래의 안전과 부정경쟁을 방지하여 공중의 이익보호뿐만 아니라 다른
상표권자의 영업상의 신용과 권익도 보호하려는 데 목적이 있다.[178] 본 상표권
자가 오인·혼동을 일으킬 만한 대상상표의 존재를 알면서 실사용상표를 사용하
는 한, 상표 부정사용에 대한 고의가 있다고 할 수 있고 특히 그 대상상표가 주
지·저명 상표인 경우에는 그 대상상표나 그 표장상품의 존재를 인식하지 못하
는 등의 특단의 사정이 없는 한 고의의 존재가 추정된다.[179]

　　상표를 양도하거나 라이센스하는 것은 법에 정해진 한도 내에서 자유이다.
그러나 전용사용권자 또는 통상사용권자가 지정상품 또는 이와 유사한 상품에
등록상표 또는 이와 유사한 상표를 사용함으로써 수요자로 하여금 상품의 품
질의 오인 또는 타인의 업무에 관련된 상품과의 혼동을 생기게 한 경우에는
상표권자가 상당한 주의를 취한 경우를 제외하고 상표등록이 취소될 수 있
다.[180] 또한 상표권의 이전으로 인하여 유사한 등록상표가 각각 다른 상표권자
에게 속하게 되고 그 중 1인이 자기의 등록상표의 지정상품과 동일 또는 유사
한 상품에 부정경쟁을 목적으로 자기의 등록상표를 사용함으로써 수요자로 하
여금 상품의 품질의 오인 또는 타인의 업무에 관련된 상품과의 혼동을 생기게

---

177) 상표법 제119조 제1항 제2호.
178) 특허법원 2003. 6. 5. 선고 2002허8349 판결.
　　　상표등록을 취소하기 위한 요건으로서는, 첫째로 상표권자가 자기의 등록상표의 지정상
　　품에 그 등록상표와 유사한 상표를 사용하거나 그 지정상품과 유사한 상품에 등록상표나
　　이와 유사한 상표를 사용하여야 하고, 둘째로 그 결과 자기의 상품과 타인의 상품 사이에
　　출처의 혼동이나 상품의 품질의 오인이 생길 염려가 있어야 하며, 셋째로 위와 같은 등록
　　상표의 부정사용이 상표권자의 고의, 즉 그와 같은 사용의 결과 상품의 출처의 혼동이나
　　품질의 오인을 일으키게 할 염려가 있다는 것을 인식하면서 사용할 것을 요한다.
179) 특허법원 2003. 6. 5. 선고 2002허8349 판결.
180) 상표법 제119조 제1항 제2호. 특허법원 2006. 6. 29. 선고 2006허3113 판결 "오인·혼동
　　을 일으키지 말라는 주의나 경고를 한 정도로는 상당한 주의를 하였다고 인정할 수 없다.
　　사용실태를 실질적·정기적으로 감독하고 있었다든지 보고를 받고 있었다든지 하는 방법
　　으로 사용권자를 실질적으로 그 지배 아래 두고 있는 것과 같은 관계가 유지되고 있다는
　　것이 인정되어야 상당한 주의를 한 것으로 인정될 수 있다. 등록상표권자가 통상사용권자
　　에게 상표사용계약의 해지의사를 통보하고, 통상사용권자의 통상사용권 포기를 원인으로
　　한 통상사용권 설정등록의 말소등록이 이루어진 것만으로는 상당한 주의를 한 것으로 볼
　　수 없다."

한 경우181)에도 취소될 수 있다. 소비자의 상표의 품질보증적 기능에 대한 신뢰를 보호하기 위한 조항이다.

상표의 사용이 타인의 특허와 충돌될 수도 있을 뿐더러 상표가 디자인보호법에 의해서 보호받는 디자인과 충돌하거나 저작권과 충돌할 수 있다. 이에 상표법이나 특허법 등은 충돌을 예상하여 규정을 마련하고 있다.182) 그 이외에도 공유관계에 의해서 상표권이 제한될 수 있고,183) 특허권 등의 존속기간 만료 후에 상표권과 충돌할 수 있으므로 조정규정을 두고 있다.184) 선의의 선사용자가 있는 경우에도 상표권이 제한된다.185)

또한 비상업적 사용, 비교광고에서의 사용, 비판이나 인용 등의 사용, 또는 뉴스에서의 사용 등은 상표적 사용186)이 아닐뿐더러 일정한 부분은 표현의 자유에 의해서 보호되므로 상표침해가 아니라고 할 것이다. 병행수입된 진정상품에 대해서도 정당한 상표권자가 아니더라도 일정한 범위내에서 상표를 사용할 수 있을뿐더러,187) 소량이나 개인적인 목적으로 상품을 수입하는 경우에도 수입권한이 제한될 수 있다.188)

다. 절차적 한계

i) 상표등록 또는 존속기간갱신등록이 무효로 된 후 재심에 의하여 그 효력이 회복된 경우, ii) 상표등록이 취소된 후 재심에 의하여 그 효력이 회복된 경우 및 iii) 상표권의 권리범위에 속하지 아니한다는 심결이 확정된 후 재심에 의하여 이와 상반되는 심결이 확정된 경우재심에 의하여 회복한 상표권은 그 회복된 상표권의 효력은 선의(善意)로 해당 등록상표와 같은 상표를 그 지정상품과 같은 상품에 사용한 행위와 제108조에 규정된 간접침해로 의제하는 행위에 대하여는 그 효력이 미치지 않는다.189)

본 규정은 효력은 상표권이 소멸한 것으로 믿은 선의의 제3자를 보호하기

---

181) 상표법 제119조 제1항 제9호.
182) 상표법 제92조.
183) 상표법 제93조.
184) 상표법 제98조.
185) 상표법 제99조.
186) 상표법 제2조 제1항 제11호 및 제2항.
187) 대법원 2002. 9. 24. 선고 99다42322 판결. 다만 병행수입된 진정상품에 대하여 상표사용을 할 수 있다고 하더라도 상표사용을 혼동적으로 사용하는 경우에는 부정경쟁행위가 될 수 있다. Id.
188) 관세법시행령 제243조.
189) 상표법 제160조.

위한 조항이다. 상표권이 소멸한 것으로 믿었으나, 재심에 의하여 해당 상표권의 효력이 부활하여 결과적으로 상표침해행위를 한 자를 상표침해로부터 보호하기 위하여 재심의 효력을 제한하였다.

4. 타법상의 제한

상표법은 독점을 창설하고 공정거래법은 독점을 규제한다. 양법은 모순되는 것 같지만, 적용영역과 기능이 다르므로 양법은 모순되지 않는다는 것이 정설이다. 따라서 공정거래법은 원칙적으로 상표권의 행사에는 적용되지 않는다. 그러나 상표권의 부당한 행사에는 공정거래법이 적용된다. 독점규제 및 공정거래에 관한 법률 제59조는 "이 법의 규정은 「저작권법」, 「특허법」, 「실용신안법」, 「디자인보호법」 또는 「상표법」에 의한 권리의 정당한 행사라고 인정되는 행위에 대하여는 적용하지 아니한다."라고 하여 상표권의 부당한 행사에 공정거래법이 적용될 수 있음을 명정하고 있다. 이에 공정거래위원회는 "지적재산권의 부당행사에 대한 심사지침"을 마련하였다. 또한 "국제계약상의불공정거래행위등의유형및기준"을 마련하고 일정한 경우 병행수입의 방해행위는 불공정거래행위로 본다.190)

5. 당사자의 의사표시에 의한 제한

사용권이 설정된 경우에 상표권은 사용권에 의해서 제한을 받는다. 상표권에 대하여 당사자의 의사표시에 의해서 전용사용권을 설정한 경우에는 상표권자의 독점권이 전용사용권자에게 이전되므로 상표권자라도 전용사용권을 설정한 범위내에서는 상표를 사용할 권리가 없다. 전용사용권이 설정된 경우에는 반대되는 약정이 없는 한 그 범위내에서 상표권자의 상표사용권이 제한되는 것으

---

190) 대법원 2002. 2. 5. 선고 2000두3184 판결.
　　독점수입권자가 병행수입품의 제품번호 등을 통하여 그 구입경로를 알아낸 행위 등과 외국상표권자로 하여금 병행수입품을 취급한 외국상표권자의 해외거래처에 대하여 제품공급을 하지 못하게 한 결과 사이에 상당인과관계가 있어야 하고, 독점수입·판매계약에 의한 권리행사 등과 같은 독점수입권자의 행위에 의하여 결과적으로 병행수입방해의 결과가 초래된 경우에는 행위의 외형상 바로 공정한 거래를 저해할 우려가 있다고 보기는 어려우므로, 그것이 부당하게 행하여진 경우라야 공정한 거래를 저해할 우려가 있다고 볼 수 있고, 이 경우 부당성의 유무는 당해 권리행사의 의도와 목적, 가격경쟁저해성, 대상 상품의 특성과 그 시장상황, 행위자의 시장에서의 지위, 병행수입업자에 대한 영향 등 개별사안에서 드러난 여러 사정을 종합적으로 살펴 그것이 공정한 거래를 저해할 우려가 있는지 여부에 따라 판단하여야 하며, 그에 관한 입증책임은 공정거래위원회에게 있다.

로 된다.[191] 따라서 상표권자가 전용사용권 범위내에서 상표를 사용하고자 할 경우에는 전용사용권자 사이에 합의가 있어야 한다.[192] 이 경우 의사표시는 사용허락이므로 통상사용권을 설정받는 것이 된다.

통상사용권이 설정된 경우에는 상표권자의 독점권은 제한되지 않지만, 상표권자가 가지는 금지권은 통상사용권자에게 행사할 수 없다. 통상사용권은 통상사용권자의 상표사용이 상표권의 침해가 되지 않으므로 금지권이나 손해배상청구권을 행사할 수 없다. 당사자의 계약에 의하여 상표권자의 금지권이나 손해배상청구권을 제한하는 것이다.

6. 상표권의 행사와 권리남용

상표권의 행사가 사법상 권리남용이 될 수 있다. 예컨대, 무효인 상표권에 기한 상표권의 행사 등이 권리남용에 해당할 수 있다. 대법원은

상표권은 기본적으로는 사적재산권의 성질을 가지지만 그 보호범위는 필연적으로는 사회적 제약을 받는다 할 것인데, 상표의 등록이 자기의 상품을 다른 업자의 상품과 식별시킬 목적으로 한 것이 아니고 일반 수요자로 하여금 타인의 상품과 혼동을 일으키게 하거나 타인의 영업상의 시설이나 활동과 혼동을 일으키게 하여 이익을 얻을 목적으로 형식상 상표권을 취득하는 경우에는 상표의 등록출원 자체가 부정경쟁행위를 목적으로 하는 것이 되고, 비록 권리행사의 외형을 갖추었다 하더라도 이는 상표법을 악용하거나 남용한 것이 되어 상표법에 의한 적법한 권리의 행사라고 인정할 수 없다.

고 한다.[193] 이와 같이 부정경쟁행위에 대해서는 권리남용을 쉽게 인정하여 왔다.[194] 이러한 경우에는 상표법 등 다른 법률에 부정경쟁방지법과 다른 규정이

---

191) 상표법 제89조 참조.
192) 綱野誠, 商標(第5版), 有斐閣(1999), 719 참조.
193) 대법원 1995. 11. 7. 선고 94도3287 판결. 대법원 1999. 11. 26. 선고 98다19950 판결(서비스표권의 취득이 자기의 영업을 타인의 영업과 식별시킬 목적으로 한 것이라기보다 일반 수요자로 하여금 타인의 영업과 혼동을 일으키게 하여 이익을 얻을 목적에서 이루어진 것이라고 보아 서비스표 사용이 상표법에 의한 적법한 권리행사라 할 수 없다고 한 사례); 대법원 2007. 6. 14. 선고 2006도8958 판결 등 참조.
194) 대법원 1995. 11. 7. 선고 94도3287 판결; 대법원 1993. 1. 19. 선고 92도2054 판결; 대법원 1999. 11. 26. 선고 98다19950 판결; 대법원 2000. 5. 12. 선고 98다49142 판결; 대법원 2001. 4. 10. 선고 2000다4487 판결 등 참조.

있는 경우에는 부정경쟁방지법의 규정을 적용하지 아니하고 다른 법률의 규정을 적용하도록 규정하고 있는 부정경쟁방지 및 영업비밀보호에 관한 법률 제15조의 적용이 배제되어 부정경쟁방지 및 영업비밀보호에 관한 법률보다 특별법인 상표법이 적용되어 상표권자의 상표권행사가 우선하는 것이 아니라 오히려 상표권자의 상표권 행사가 권리남용으로서 미등록주지표장사용권자에 대한 부정경쟁행위가 된다.[195]

　　최근에는 미등록의 상표가 주지성이 인정되지 않아 부정경쟁행위가 되지 않아도 권리남용을 인정하고 있다. 대법원은

　　　　상표권자가 당해 상표를 출원·등록하게 된 목적과 경위, 상표권을 행사하기에 이른 구체적·개별적 사정 등에 비추어, 상대방에 대한 상표권의 행사가 상표사용자의 업무상의 신용유지와 수요자의 이익보호를 목적으로 하는 상표제도의 목적이나 기능을 일탈하여 공정한 경쟁질서와 상거래 질서를 어지럽히고 수요자 사이에 혼동을 초래하거나 상대방에 대한 관계에서 신의성실의 원칙에 위배되는 등 법적으로 보호받을 만한 가치가 없다고 인정되는 경우에는, 그 상표권의 행사는 비록 권리행사의 외형을 갖추었다 하더라도 등록상표에 관한 권리를 남용하는 것으로서 허용될 수 없고, 상표권의 행사를 제한하는 위와 같은 근거에 비추어 볼 때 상표권 행사의 목적이 오직 상대방에게 고통을 주고 손해를 입히려는 데 있을 뿐 이를 행사하는 사람에게는 아무런 이익이 없어야 한다는 주관적 요건을 반드시 필요로 하는 것은 아니[196]

라고 하여 부정경쟁행위가 되지 않아도 권리남용을 인정하고 있다.

　　또한 모방상표의 상표권 행사 대해서도 권리남용을 인정하여 오고 있는데, 대법원은 원고들이 이 사건 등록상표와 동일한 표장을 오피스 소프트웨어에 사용하리라는 것을 피고가 이 사건 등록상표의 출원 전에 알고 있었던 것으로 보이는 점, 피고가 이 사건 등록상표를 사용한 영업을 한 바 없고, 그와 같은 영업을 할 것으로 보이지도 않는 점, 피고가 원고들이 이 사건 등록상표와 동일한 표장을 계속 사용하여 왔음에도 곧바로 이를 문제로 삼지 않고 있다가 이 사건 등록상표와 동일한 표장을 사용한 원고들의 영업활동이 활발해진 시점에서 이

---

195) 대법원 2001. 4. 10. 선고 2000다4487 판결.
196) 대법원 2008. 7. 24. 선고 2006다40461, 40478 판결; 대법원 2007. 1. 25. 선고 2005다67223 판결; 대법원 2007. 2. 22. 선고 2005다39099 판결; 대법원 2006. 2. 24.자 2004마101 결정 등.

를 문제로 삼고, 상당한 돈을 양도대가로 요구한 점 등에 비추어 보면, 피고의
원고들에 대한 이 사건 등록상표권의 행사는 상표사용자의 업무상의 신용유지
와 수요자의 이익보호를 목적으로 하는 상표제도의 목적이나 기능을 일탈하여
공정한 경쟁질서와 상거래 질서를 어지럽히는 것이어서 비록 권리행사의 외형
을 갖추었다 하더라도 등록상표에 관한 권리를 남용하는 것으로서 허용될 수
없다고 하였다.197)

　　그러나 상표취소사유가 있는 경우에는 달리 해석한다. 대법원은 상표취소
사유가 있는 경우에는 등록취소심결에 적법하게 출원·등록된 상표인 이상 비록
등록취소사유가 있다 하더라도 그 등록취소심결 등에 의하여 취소가 확정될 때
까지는 여전히 유효한 권리로서 보호받을 수 있으므로, 그 상표권에 기한 금지
청구가 권리남용 또는 신의칙 위반에 해당된다고 볼 수 없다고 한다.198)

Ⅳ. 상표권과 전용사용권

1. 서론

　　상표법 제89조 단서문은 "다만, 그 상표권에 관하여 전용사용권을 설정한
때에는 제95조제3항에 따라 전용사용권자가 등록상표를 사용할 권리를 독점하
는 범위에서는 그러하지 아니하다."라고 규정하고 있다.

　　본 조항은 상표에 대하여 전용사용권을 설정한 경우에는 전용사용권자가
그 설정행위로 정한 범위안에서 지정상품에 관하여 등록상표를 사용할 권리를
독점하게 되므로,199) 그 범위에서 상표권자의 독점사용권은 없다는 의미이다.
예컨대 상표권자가 행정구역상 서울에서만 상표의 전용사용권을 설정한 경우에
서울에서의 상표사용권은 라이센시가 취득하고, 상표권자는 서울에서의 상표사
용을 할 수 없게 된다. 다만 상표권은 가분적인 권리(bundle of rights)이므로 지
역분할뿐만 아니라 시간분할 및 양적·질적으로 분할하여 라이센스할 수 있다.

2. 전용사용권의 본질

　　우리 상표법상 상표사용권은 전용사용권과 통상사용권이 있다.200) 전용사용

197) 대법원 2008. 7. 24. 선고 2006다40461, 40478 판결.
198) 대법원 1998. 5. 22. 선고 97다36262 판결 참조.
199) 상표법 제89조 및 제95조 제3항.
200) 상표법 제95조 및 제97조 참조.

권은 전용사용권자가 설정계약에서 정한 내용에 따라 상표권의 독점사용권을 가지게 된다.

여기서 독점사용권의 의미는 상표법 제89조에 따라 상표권자가 가지는 상표의 독점사용권과 같은 의미이다. 영문 라이선스계약상 사용되는 배타적 사용권(exclusive license)과는 다르다. 배타적 사용권(exclusive license)은 우리나라의 전용사용권이 아닌 통상사용권이다. 통상사용권 중에서 강학상 논의되는 '독점적 통상사용권'이다. 즉 배타적 사용권을 설정하는 라이선스 계약은 라이선시(licensee)에게만 사용권을 독점적으로 부여하는 당사자 사이에만 구속력이 있는 채권적 계약이다. 비배타적 사용권(non-exclusive license)은 기본적으로 우리의 일반적으로 말하는 통상사용권과 같은 권리이다. 우리나라 상표법상 전용사용권자가 독점사용권을 행사하는 범위내에서 상표권자의 독점사용권은 배제된다. 전용사용권 설정계약은 영문상으로는 Assignment Agreement으로 표현된다. 즉 상표권자의 독점권이 이전(Assignment)되는 것이기 때문이다.

상표에 대하여 전용사용권을 설정하였더라도 상표권자가 상표권의 소극적 권리인 금지권을 행사할 수 있는지가 문제가 된다. 전용사용권이 설정된 경우에 독점권과 이에 따른 금지권은 전용사용권자가 행사하게 된다. 그런데 상표권자도 금지권을 행사할 수 있는지에 대해서 상표법은 아무런 규정을 두고 있지 않으므로 해석에 의할 수밖에 없다. 상표법상 전용사용권자가 독점권을 가지게 되므로[201] 전용사용권이 설정된 경우에는 그 범위 내에서 물권이라는 상표권이 이전되어 상표권자는 아무런 독점권을 갖지 못하게 되므로 상표권자는 금지권을 행사할 수 없다고 하는 견해[202]와 이에 반해 전용사용권을 설정하더라도 상표권자는 전용사용권자에게 상표를 사용하게 할 수 있는 권리를 가지고 있고, 제3자가 전용사용권을 침해하는 경우에 출처의 오인혼동을 방지하여야 할 법률상의 이익이 있으므로[203] 상표권자는 전용사용권을 침해하는 제3자에게 그 금지를 청구할 수 있다는 견해가 있다.[204] 이와 같은 견해는 상표권의 성질, 즉 독점권(전용권) 또는 배타권으로 보는지 여부에 따라 해결하는 견해와

---

201) 상표법 제89조.
202) 일본의 兼子=染野의 견해[綱野誠(주 192), 719-720 참조]
203) 상표법 제120조 참조. 제120조는 전용사용권자 또는 통상사용권자가 사용권을 가지는 상표로 소비자 혼동을 일으키는 행위를 한 경우에는 그 전용사용권 또는 통상사용권 등록의 취소심판을 청구할 수 있도록 하고 있는바, 이는 상표권자가 사용권을 설정하더라도 자신의 상표를 보호할 이익이 있다는 것을 나타낸 것이라 할 수 있다.
204) 綱野誠(주 192), 719-720 참조.

같다.205) 상표권자의 금지청구권 행사를 긍정하는 견해는 상표권을 배타권으로 보는 입장에서 출발한다. 상표권을 배타권으로 보는 경우에는 자신이 직접 실시하지 않더라도 전용사용권을 통하여 상표를 사용하고 있는 것이다. 상표권자가 상표권을 전용사용권자에게 사용·수익하게 하는 것은 소유권자가 소유물을 제3자에게 사용·수익하게 하는 것과 같다. 이러한 경우에 민법상 소유권자에게도 물권적 청구권 행사를 긍정하는 것과 같이 상표권자는 침해금지청구권을 행사할 수 있다고 한다.206) 독점권설(전용권설)은 상표권자가 전용사용권자에게 상표사용할 독점권(전용권)을 이전한 것이므로 상표권자라고 하더라도 전용사용권을 설정한 범위 내에서는 자신의 독점권(전용권) 행사가 제한된다고 보아야 한다고 한다. 유사범위에 대해서 상표권자의 소극적 권리만을 인정한 것이 아니라고 해석하는 필자로서는 유사범위에 대해서 공익적인 성격에 따라서 침해로 의제하고 이러한 공익 목적을 효율적으로 달성하기 위한 수단으로서 상표권자에게 손해배상청구와 금지청구를 인정한 것이라고 보는 한, 제3자의 침해로 의제되는 행위에 대해서 소비자의 혼동방지라는 공익을 달성하기 위해서는 상표권자의 금지청구권을 인정하는 것이 타당하다고 생각된다.

영문 라이선스 계약상 배타적 사용권(exclusive license)은 기본적으로 통상사용권에 해당하므로 제3자에 대한 권리 행사 등에 있어서 차이가 있다. 제3자가 사용권을 침해할 수 있는지, 이에 따라 제3자에게 상표침해 소송을 제기할 수 있는지 여부로 나타난다. 우리 상표법상의 전용사용권자는 상표사용의 독점권이 있으므로 제3자가 상표침해를 한 경우에 자신의 독점적 상표 사용권을 침해하였다는 것을 이유로 손해배상과 금지청구를 할 수 있다. 그러나 배타적 사용권(exclusive license)자는 상표권자와의 관계에서 배타적으로 사용할 수 있는 권리, 즉 채권적 권리 밖에 없으므로 제3자에 대해서 자신의 권리침해를 이유로 상표침해소송이나 금지청구를 할 수 없다.207) 따라서 라이선스 계약에서 우리 상표법상 전용사용권(assigned rights)인지 또는 배타적 사용권(exclusive right)인지를 명확히 하여야 한다. 또한 준거법 조항에서도 준거법 국가에서 어떠한 사용권을 인정하고 있는지 검토하여 준거법에 합치하게 사용권의 내용을 확정하여야 한다. 예컨대, 우리나라 상표권을 라이선스하면서 라이선스계약의 준거법을

---

205) 이러한 법리는 특허권과 같다. 특허권의 경우에도 배타권설과 전용권설에 대한 논의가 있고, 그 성질에 따라 특허권자의 금지청구권행사여부에 대한 법리도 달리한다.

206) 박희섭·김원오, 특허법 원론(제3판), 세창출판사(2006). 442.

207) 일본에서는 독점적 통상사용권자에게 소제기를 허용하여야 한다는 논의가 있다.

외국법으로 하는 경우에 그 라이선스(사용권)를 우리나라 특허청에 등록을 한다
면 그 계약을 관할하는 법은 계약과는 달리 우리나라법이 되어야 할 것이다.

〈나종갑〉

[제90조 전론(前論)] 진정상품의 병행수입

〈소 목 차〉

Ⅰ. 序
Ⅱ. 병행수입의 허용여부에 관한 학설
  1. 금지론
  2. 허용론
Ⅲ. 진정상품의 병행수입 허용여부의 판단
  1. 국내·외 상표권자가 동일인인 경우
  2. 국내·외 상표권자가 동일인이 아

닌 경우
Ⅳ. 여론
  1. 상표법의 태도
  2. 행정부의 태도
  3. 병행수입업자의 광고행위의 허용
  여부

Ⅰ. 序

'진정상품의 병행수입'이란 진정상품을 권원 없는 제3자가 타국의 상표권자 또는 전용사용권자의 허락없이 수입하여 판매하는 행위"를 말한다.[1] 진정상품의 병행수입은 보통 수입국의 상품가격이 타국보다 현저히 높을 때 발생하는데, 그것을 상표권 침해행위로 보아 규제할 것인지 아니면 전체적으로 이익이 되는 것으로 보아서 허용할 것인지 여부가 문제되고 있다.[2]

Ⅱ. 병행수입의 허용여부에 관한 학설

1. 금지론

병행수입의 금지론은 파리협약 제6조 제3항에 의한 속지주의 원칙에 근거한다. 즉 상표권은 각국마다 독립적이므로 상표권의 효력은 당해 국가에 한정되는 것이고 따라서 진정상품인지의 여부에 관계없이 수입국의 상표권자 또는 전용사용권자의 허락없이 동일한 상표가 부착된 상표품을 수입하는 것은 상표권의 침해라고 한다.

구체적으로 i) 병행수입업자는 정당권리자의 광고 및 투자, 대고객 서비스체

---

[1] "진정상품"이라 함은 상표가 외국에서 적법하게 사용할 수 있는 권리가 있는 자에 의하여 부착되어 배포된 상품을 말한다. 한편, 외국에서 정당하게(with authorized) 생산되고 지불된 상품을 상표를 사용할 권리가 없는 시장에 수입하여 판매하는 경우에 그 상품을 회색상품(gray market goods)이라고 한다.

[2] 사법연수원, 상표법, 사법연수원(2015), 244.

제에 무임승차함으로써 부당한 이득을 취하게 된다. 결국 상표권자는 그 상표품의 품질, 서비스의 향상, 유지를 위해 자본을 투하하려는 인센티브를 상실하게 되고 길게 보면 이는 소비자의 손실이 된다. ii) 병행수입품은 품질관리가 허술하고 애프터서비스가 미치지 않아 소비자에게 불측의 손해를 줄 수 있고 이러한 경우 정당 권리자의 신용만 훼손된다. iii) 다국적기업은 국가별로 다른 품질의 상품을 공급하는 경우가 많은데, 동일상표라도 열등품이 수입되면 정당권리자 및 소비자에게 피해를 준다. iv) 등록은 각국별로 하게 하면서 금지권이 미치지 않게 한다면 상표권의 독점배타성이 약화되고 사용권제도가 무의미해진다.

2. 허용론

상표를 일단 적법하게 사용하여 상표품을 유통하였으면 국내외를 막론하고 상표권은 이미 소진되어 버린 것이라거나(국제적 소진이론) 또는 상표의 출처표시기능을 해하지 않고 공중에게 오인·혼동을 생기게 할 위험성이 없는 때에는 상표의 기능이 침해당하는 것이 아니므로 상표권의 침해가 아니라고 한다(상표기능론 또는 공중오인설).3)

구체적으로 i) 병행수입을 허용하게 되면 소비자들은 다양한 종류의 상품을 저렴한 가격으로 구입할 선택권을 부여한다. ii) 병행수입을 금지하면 자유로운 국제유통을 제한함으로써 가격차별 및 재판매가격유지를 통해 국제시장을 통제하려는 다국적 기업의 독점이윤만을 보장하는 것이 되어 자국내소비자에게 가격부담만 안겨 주게 된다. iii) 증가된 경쟁은 시장의 효율성을 향상시키고 자유

---

3) 허용론의 자세한 분석은, 박준석, "상표상품만의 병행수입론 논의를 넘어 특허-상표-저작권 전반의 권리소진이론으로", 「저스티스」 제132호(2012.10), 212-215. 기타 병행수입을 허용하는 이론으로는 i) 普遍性理論—상품의 판매장소에 상관없이 상품의 출처(제조업자만을 의미함)를 정확히 나타내기만 하면 병행수입은 허용된다는 이론으로 초기 미국법원의 케이스에서 지지된 이론이다. ii) 商標機能論—상표보호의 목적은 상표의 본질적인 기능인 출처표시기능과 품질보증기능 보호를 통하여 상표권자의 신용과 경업질서를 보호하기 위한 것이지 상표권자에게 국제시장의 독점 내지 지배를 인정하기 위한 것이 아니므로 병행수입이 출처표시기능을 해치지 않고 상품의 품질에 차이가 없다면 상표권을 침해하는 것이 아니라고 한다. Cinzano판결로 대표되는 독일판례의 입장이며, "상표권의 속지주의가 타당한 범위도 상표보호의 정신에 비추어 상표의 기능에 대한 침해의 유무를 중시하여 합리적으로 결정하지 않으면 안된다"는 大阪地方裁判所의 파카판결(1970.2.27)에서도 지지된바 있다.(cf. 單一機能理論—Agfa사건) iii) 實質的 違法性論—비록 병행수입업자가 등록상표에 대해 어떠한 권리를 가지고 있지 않더라도 동일의 진정한 상품을 수입판매하는 것은 상표보호의 본질에 비추어 실질적인 違法性을 결하고 있어 상표권 침해를 구성하지 않는다는 이론으로서 병행수입의 문제를 형법상의 실질적 위법성론을 적용하여 해결한 것이다(대법원 2002. 9. 24. 선고 99다42322 판결).

무역에 따른 국가의 이익을 증진한다. iv) 상표의 출처표시기능이 약화되고 품질보증기능이 강화되는 현실에서 수요자의 신뢰이익을 해칠 염려가 크지 않다.

Ⅲ. 진정상품의 병행수입 허용여부의 판단

병행수입이 허용되기 위해서는 (i) 수입상품이 진정상품이어야 하며, (ii) 광의의 출처원이 동일하여야 할 뿐만 아니라 (iii) 품질보증기능이 침해되지 않도록 상품형태의 변경 또는 품질의 변화가 있거나 또는 재포장되거나 내용물이 교체되어서는 아니 된다.4) 그러나 상표권자 자신이 나라마다 상품의 소재·품질 등을 달리한 경우라면 상표권자의 신용을 해하는 바가 없으므로 상표권 침해는 부정된다.5) 진정상품의 병행수입 허용여부의 구체적인 판단은 다음과 같다.

1. 국내·외 상표권자가 동일인인 경우

동일상표가 동일권리자에게 속하는 경우에는 병행수입을 허용하는 것이 국제적 추세이다.6)

가. 국내에 그 상표권에 대한 전용사용권이 설정되지 아니한 경우(허용)

동일상표권자가 일국에서 스스로 권리를 행사하면서 다른 나라에서 제3자에게 사용허락(license)하여 그로 하여금 전용권을 행사하도록 한 경우에도 병행수입은 허용된다. 왜냐하면 사용자의 권리는 원래 상표권에서 파생된 것이므로 상표권자의 권리보다 클 수 없고, 따라서 상표권자가 자기상품수입을 금지시킬 수 없다면 사용권자도 그러한 권한을 가질 수가 없기 때문이다.

나. 국내에 그 상표권에 대한 전용사용권이 설정된 경우

국내의 전용사용권자가 상표품을 외국의 상표권자로부터 수입만을 하는 경우에는 결국 품질이 동일한 상품이므로 병행수입이 허용된다. 그러나 국내의 전용사용권자가 국내에서 상표품을 직접 생산하여 판매하는 경우에는 병행수입이

---

4) 수입된 상품과 우리나라의 상표권자가 등록상표를 부착한 상품 사이에 품질에 있어 실질적인 차이가 없어야 하고, 여기에서 품질의 차이란 제품 자체의 성능, 내구성 등의 차이를 의미하는 것이지 그에 부수되는 서비스로서의 고객지원, 무상수리, 부품교체 등의 유무에 따른 차이를 말하는 것이 아니다.(대법원 2006. 10. 13. 선고 2006다40423 판결— Starcraft)

5) 田村善之, 商標法槪說, 弘文堂(2000), 477-480.

6) 상세한 것은 최순용, 병행수입과 상표권, 지적재산권법강의, 홍문사(1997), 519 이하 참조.

원칙적으로 허용되지 아니한다.7)

2. 국내·외 상표권자가 동일인이 아닌 경우

가. 국내·외 상표권자가 타인이지만 이들 사이에 법적, 경제적으로 밀접한 관계가 있는 경우

(i) 품질이 동일한 경우   외국의 제조업자에 의하여 제조되어 상표가 부착된 상품이 수입국의 상표권자인 총대리점 또는 독점적 판매회사를 통하여 판매되는 경우로서, 수입국의 상표권자는 외국의 제조자와 타인간이나 사전에 양도 또는 동의에 의하여 계약적 또는 경제적으로 관련있는 경우와 같이 일반적으로 품질의 동일성이 유지되는 경우에는 병행수입이 허용된다.8)

(ii) 품질이 상이한 경우   국내 상표권자가 외국 상표권자의 총대리점 또는 독점적 판매업자의 관계에 있거나 국내외 상표권자가 계열회사 관계에 있어 동일시 할 수 있는 경우에 원칙적으로 병행수입이 허용된다. 그러나 동일기업집단에 속하는 동계(同系)회사이지만, 자회사 각각이 그 상표에 대한 각국에서의 상표권자이고 시장공급이 분산되어 있어 독자적인 업무상 신용(good will)을 형성하여 온 경우에는 이를 특별히 보호할 필요가 있으므로 병행수입은 허용되지 아니한다.9)

---

7) Polo사건에서 대법원은 국외에서 제조·판매되는 상품과 국내 전용사용권자가 제조·판매하는 상품 사이에 품질상의 차이가 없다거나 출처가 동일하다고 볼 수 없고 국내·외 상표권자가 공동지배 통제관계에 있지도 아니한 경우는 진정상품의 병행수입이 허용되지 않는다고 하였다.(대법원 1997. 10. 10. 선고 96도2191 판결—폴로)

8) 일본의 BBS사건(1988)에서는 원고가 상표권자로서 갖는 업무상의 신용은 외국제조사가 세계시장에서 갖고 있는 명성 이상의 것이 아니고 그 출처표시 및 품질보증기능은 피고의 병행수입에 의하여 손상되지 않으므로 결국 원고와 외국회사 사이에는 동일업체와 같은 관계가 생긴 것으로 볼 수 있어 피고의 병행수입이 허용된다고 했고, Revlon 사건(1963)에서 뒤셀도르프고등재판소는 미국에서의 親會社의 판매행위는 독일에서의 子會社의 의사에 기한 것으로 볼 수 있고 그 상표권은 이미 행사되어 소진되어 버렸으므로 병행수입이 허용된다고 했다.

9) Lux사건(1952) 및 Columbia사건(1963)에서 스위스 법원은 이 견해를 취하였다. Lux사건의 개요는 다음과 같다. 스위스의 비누회사인 Sunlight社는 미국의 비누제조업자인 American Lever Bros. Co.와 동일기업체에 속하여 두 회사는 모두 비누에 Lux라는 상표를 사용하였다. Sunlight社는 스위스 수입업자가 미국에서 Lux비누(진정상품)를 수입하는 것에 대하여 자기의 상표권에 기하여 금지청구를 하였다. 법원은 Sunlight社가 과거 30년 이상 스위스에서 독립하여 good will을 형성하여 온 점에 결정적인 중요성을 부여하고 혼동의 염려가 있다는 이유로 원고의 청구를 인용하였다. 그러나 Philips 사건(1960)에서는 스위스에서 필립스제품을 구입하는 자는 그것이 필립스 콘쩨른 소속의 어느 회사의 제품이라고 생각하지 특별히 원고(내국 제조자)의 제품이라고 생각하지는 않으므로 공중의 오인의 위험성이 없다는 점에

나. 국내외 상표권자가 법적, 경제적 관계는 없으나 상표가 동일출처를 표시하는 경우

상표가 동일인의 소유였으나 그 후 1국의 상표권이 양도된 경우와 같이, 당초에는 상표가 동일출처를 표시하는 것이었지만 국내외의 상표권자가 현재에는 법적, 경제적으로 아무런 관계가 없는 경우에는 병행수입이 허용되지 않는다.10)

다. 국내·외 상표권자가 전혀 별개인 경우

동일상표에 관한 국내·외 상표권자가 법적으로 완전히 별개의 독립한 자로서 그 사이에 어떠한 계약상, 경제상의 결합관계도 존재하지 않는 경우에는 속지주의원칙이 적용되어 진정상품의 병행수입이 허용되지 않는다.11)

Ⅳ. 여론

1. 상표법의 태도

상표법은 진정상품의 병행수입에 관한 명문의 규정은 없지만, '수입'을 상표의 사용의 하나로 정의하고(상표법 제2조 제1항 제11호), 정당한 권원 없이 제3자가 등록상표와 동일 또는 유사한 상표를 동일 또는 유사상품에 사용하는 것을 상표권의 침해로 규정하고 있다(상표법 제108조 제1항). 상표법의 각 규정은 상표법의 목적과 기능에 비추어 합목적적으로 해석되어야 한다는 점에서 국제적 소진이론이나 상표기능론에 기초하여 병행수입을 긍정할 수 있을 것이다. 대법원은 병행수입 그 자체는 위법성이 없는 정당한 행위로서 상표권 침해 등을 구성하지 아니하므로 병행수입업자가 상표권자의 상표가 부착된 상태에서 상품을 판매하는 행위는 상표제도의 목적과 기능에 비추어 볼 때 당연히 허용되는 것으로 보고 있다.12) 요컨대, 진정상품의 병행수입의 허용여부는 상표권자와 소

서 병행수입을 허용하였다.

10) Pemier Dental 사건(1986).

11) EMI 사건(1959), Columbia 사건(1963)에서는 내외상표권리자 간의 관계가 親子會社에 있어서만큼 밀접하지 않고 개별독립적이라는 이유로 모두 병행수입을 인정하지 않았다. 한편, 도로테비스 사건(1982)은 세계적으로 저명한 외국상표에 대해서 국내상표권을 취득한 자가 외국권리자와의 계약이 소멸된 후에 자기의 상표권에 의하여 당해 외국권리자의 상품의 병행수입을 금지하려고 한 사안으로서 법언은 권리남용이라는 이유로 그 권리행사를 인정하지 않았다.

12) 대법원 2002. 9. 24. 선고 99다42322 판결-버버리.

비자 및 병행수입업자의 이익이 첨예하게 대립되는 문제로서 병행수입이 과연 상표권을 침해하는 행위인가는 상표법의 목적과 제규정을 기초로 하고 상품유통의 촉진, 경쟁촉진, 물가안정 및 수요자의 후생증대와 같은 국가정책적인 목적을 고려하여 결정되어야 할 문제이다.

2. 행정부의 태도

관세법에 기초한 「지적재산권 보호를 위한 수출입통관사무처리규정」에 의하면 등록된 상표권을 침해하는 물품은 수출입할 수 없지만, 일정한 경우에는 진정상품에 대하여 세관에서 통관압류를 하지 않도록 하였다.[13] (i) 국내외 상표권자가 동일인이거나 계열회사관계(주식의 30% 이상을 소유하면서 최다 출자자인 경우), 수입대리점 관계 등 동일인으로 볼 수 있는 관계가 있는 경우와 (ii) 외국의 상표권자와 앞의 (i)의 관계에 있는 국내상표권자로부터 전용사용권을 설정받은 경우에는 병행수입이 허용된다.[14]

공정거래위원회는 「병행수입에 있어서의 불공정거래행위 유형에 관한 고시」를 제정하여,[15] i) 해외유통경로로부터의 진정상품 구입방해, ii) 판매업자에 대한 병행수입품의 수입제한, iii) 병행수입품을 취급한 판매업자에 대한 차별적 취급, iv) 병행수입품을 취급한 판매업자에 대한 제품공급거절 및 중단, v) 병행수입품을 취급하는 소매업자에 대한 독점수입품의 판매제한 등을 부당한 병행수입저지행위로 규정하고 있다.

3. 병행수입업자의 광고행위의 허용여부

병행수입에 관하여 광고가 행하여지는 경우는 상표가 부착된 병행수입품의 단순한 수입판매(소극적 행위)가 아닌 적극적 행위를 포함하므로 상표권침해가 성립한다는 견해도 있을 수 있으나, 진정상품에 관한 출처, 식별기능을 해치는

---

13) 高勇夫, "관세법령상 병행수입의 허용기준에 관한 연구", 企業法研究 제15집 (2003), 401 이하.

14) 다만, 국내전용사용권자가 당해 상표가 부착된 물품을 제조·판매만 하는 경우에는 국내 전용사용권자와 외국의 상표권자가 동일인이거나 동일인으로 볼 수 있는 관계에 있는 경우에 한한다.

15) 법적 투명성을 높일 필요가 있기 때문이라고 하나 병행수입의 허용여부는 이론상 문제점이 많고 구체적인 사안에 따라 허용여부가 달라지는 것인 만큼 국가에서 과도하게 간여하는 것은 국제통상에 있어 원활한 상품교역을 방해할 우려가 있다. 구체적 사안마다 사법절차에 의해 해결토록 함이 타당할 것이다.

것은 아니므로 상표권침해가 되지 아니한다.16) 그러나 병행수입이 허용되었다고 해서 병행수입업자가 상표를 사용할 정당한 권원을 갖는 것은 아니므로 그 광고행위도 원칙적으로 상표권 소진의 효과가 미치는 범위 내, 즉 병행수입된 대상물품 그 자체의 판매행위에 한정해야 할 것이다.17)

병행수입업자가 적극적으로 상표권자의 상표를 사용하여 광고·선전행위를 한 것이 실질적으로 상표권 침해의 위법성이 있다고 볼 수 없어 상표권 침해가 성립하지 아니한다고 하더라도, 그 사용태양 등에 비추어 영업표지로서의 기능을 갖는 경우에는 일반 수요자들로 하여금 병행수입업자가 외국 본사의 국내 공인 대리점 등으로 오인하게 할 우려가 있으므로, 이러한 사용행위는 부정경쟁방지 및 영업비밀보호에 관한 법률 제2조 제1호 나목 소정의 영업주체 혼동행위에 해당되어 허용될 수 없는 것이다.18)

〈김병일〉

---

16) 대법원 2002. 9. 24. 선고 99다42322 판결-버버리.

17) 다만 병행수입업자의 광고행위는 실질적으로 상표권 침해의 위법성이 있다고 볼 수 없어 상표권 침해가 성립하지 아니한다고 하더라도, 그 사용태양 등에 비추어 영업표지로서의 기능을 갖는 경우에는 일반 수요자들로 하여금 병행수입업자가 외국 본사의 국내 공인 대리점 등으로 오인하게 할 우려가 있으므로, 이러한 사용행위는 부정경쟁방지법 제2조의 영업주체혼동행위에 해당되어 부정경쟁행위가 될 수 있을 것이다(대법원 2002. 9. 24. 선고 99다42322 판결-버버리). 田村善之(주 5), 151 이하 참조.

18) 대법원 2002. 9. 24. 선고 99다42322 판결-나이키.

제90조(상표권의 효력이 미치지 아니하는 범위)

① 상표권(지리적 표시 단체표장권을 제외한다)은 다음 각 호의 어느 하나에 해당하는 경우에는 그 효력이 미치지 아니한다.

1. 자기의 성명·명칭 또는 상호·초상·서명·인장 또는 저명한 아호·예명·필명과 이들의 저명한 약칭을 상거래 관행에 따라 사용하는 상표

2. 등록상표의 지정상품과 동일·유사한 상품의 보통명칭·산지·품질·원재료·효능·용도·수량·형상(포장의 형상을 포함한다)·가격 또는 생산방법·가공방법·사용방법 및 시기를 보통으로 사용하는 방법으로 표시하는 상표

3. 입체적 형상으로 된 등록상표의 경우에는 그 입체적 형상이 누구의 업무에 관련된 상품을 표시하는 것인지 식별할 수 없는 경우에 등록상표의 지정상품과 동일·유사한 상품에 사용하는 등록상표의 입체적 형상과 동일·유사한 형상으로 된 상표

4. 등록상표의 지정상품과 동일·유사한 상품에 대하여 관용하는 상표와 현저한 지리적 명칭 및 그 약어 또는 지도로 된 상표

5. 등록상표의 지정상품 또는 그 지정상품의 포장의 기능을 확보하는데 불가결한 형상, 색채, 색채의 조합, 소리 또는 냄새로 된 상표

② 지리적 표시 단체표장권은 다음 각 호의 1에 해당하는 경우에는 그 효력이 미치지 아니한다.

1. 제1항제1호·제2호(산지에 해당하는 경우를 제외한다) 또는 제4호에 해당하는 상표

2. 지리적 표시 등록단체표장의 지정상품과 동일하다고 인정되어 있는 상품에 대하여 관용하는 상표

3. 지리적 표시 등록단체표장의 지정상품과 동일하다고 인정되어 있는 상품에 사용하는 지리적 표시로서 해당 지역에서 그 상품을 생산·제조 또는 가공하는 것을 업으로 영위하는 자가 사용하는 지리적 표시 또는 동음이의어 지리적 표시

4. 선출원에 의한 등록상표가 지리적 표시 등록단체표장과 동일·유사한 지리적 표시를 포함하고 있는 경우에 상표권자 전용사용권자 또는 통상사용권자가 지정상품에 사용하는 등록상표

③ 제1항제1호는 상표권의 설정등록이 있은 후에 부정경쟁의 목적으로 자기의 성명·명칭 또는 상호·초상·서명·인장 또는 저명한 아호·예명·필명과 이들의 저명한 약칭을 사용하는 경우에는 적용하지 아니한다.

〈소 목 차〉

Ⅰ. 개설
Ⅱ. 제90조의 효력제한사유의 의의 및
　　취지
　　1. 의의
　　2. 취지

3. 상표권의 효력이 제한되는 구체적
　범위
4. 지리적표시 단체표장권의 효력이
　미치지 아니하는 경우
5. 관련문제

Ⅰ. 개설

상표권도 재산권의 일종이므로 다른 권리와 마찬가지로 상표권의 효력은 여러 가지 이유에서 제한을 받는다. 상표권의 효력이 제한되는 경우는 사용권의 설정에 의한 계약상의 제한을 생각할 수 있다(상표법 제95조·제97조). 다만, 이 경우는 상표권자의 의사에 의한 것으로 자기의 상표권의 이용형태에 지나지 아니하므로 엄밀한 의미에서 상표권의 효력 제한은 아니다. 또한 상표권의 효력은 공익적 이유 내지 상표권의 한계에 비추어 금지권의 행사가 제한되거나(상표법 제90조), 타인의 권리와의 이해조정을 위하여 제한되는 경우(상표법 제92조)가 있다.[1] 그 밖에 상표법이론 및 판례에 의해 상표권의 행사가 제한되는 경우(예, 진정상품의 병행수입, 상표권의 소진 또는 권리남용 등) 등이 있다.

상표권의 효력은 적극적 효력(전용권)과 소극적 효력(금지권)으로 구분되므로, 상표권의 효력의 제한도 적극적 효력과 소극적 효력이 제한되는 경우가 있다. 또 적극적 효력의 제한은 독점사용권에 대한 제한[2]과 수익·처분의 제한[3]으로 구분된다.

---

[1] 예컨대, 상표법 제92조는 선행하는 타인의 디자인권 등과의 관계에서 또는 신의성실의 원칙에서 등록상표의 적극적 효력을 제한하고 있다.

[2] 전용사용권을 설정에 의한 계약상의 제한(상표법 제89조 단서) 및 타인의 디자인권, 저작권, 실용신안권, 특허권과의 저촉관계에서 오는 제한(상표법 제92조)에 따라 독점사용권이 제한된다.

[3] 상표권은 분할이전시에는 유사한 지정상품은 함께 이전하여야 한다(상표법 제93조 제1항). 상표권이 공유인 경우에는 각 공유자는 다른 공유자 전원의 동의를 얻지 아니하면 그 지분을 양도하거나 그 지분을 목적으로 하는 질권을 설정할 수 없고, 사용권을 설정할 수 없다(상표법 제93조 제2항, 제3항). 상표권에 대하여 사용권이나 질권이 설정되어 있는 경우에는 그 권리자의 동의를 얻지 아니하면 상표권을 포기할 수 없다(상표법 제102조).

Ⅱ. 제90조의 효력제한사유의 의의 및 취지

1. 의의

상표권자는 자신의 등록상표를 사용할 권리를 독점하므로 제3자가 정당한 이유 없이 상표권자의 등록상표를 사용하는 것은 상표권침해행위를 구성하고, 상표권자는 이에 대하여 금지청구, 손해배상 등을 청구할 수 있다. 그러나 상표등록출원 전부터 이미 사용되고 있는 상호, 품질이나 효능을 보통으로 사용하는 방법으로 표시하는 상표 등 일정한 경우에는 상표권의 소극적 효력을 제한하여 그 자유로운 사용을 보장할 필요가 있다. 상표법 제90조는 공익적인 견지 및 상표법의 상표보호의 목적에 비추어 특정인에게 독점적 사용을 허용하기에 적합하지 아니한 상표에 대하여 상표권의 금지적 효력을 제한하기 위하여 마련된 규정이다.[4]

한편 지리적표시 단체표장권은 그 성질상 통상의 상표와 달리 규율할 필요가 있으므로, 제90조를 제1항과 제2항으로 분리하여, 지리적표시 단체표장권의 효력제한은 제90조제2항에서 규정하고 있다.[5]

상표권의 소극적 효력은 ① 자기의 성명성명·명칭 또는 상호·초상·서명·인장 또는 저명한 아호·예명·필명과 이들의 저명한 약칭을 상거래 관행에 따라 상표로 사용하거나(상표법 제90조 제1항 제1호) ② 상품의 보통명칭, 산지, 판매지 등을 보통의 방법으로 표시하는 상표(상표법 제90조 제1항 제2호), ③ 식별력없는 입체적 형상과 동일·유사한 형상으로 된 상표(상표법 제90조 제1항 제3호), ④ 관용상표나 현저한 지리적 명칭 등으로 된 상표(상표법 제90조 제1항 제4호), ⑤기능적인 입체적 형상이나 색채, 색채의 조합, 소리 또는 냄새로 된 상표(상표법 제90조 제1항 제5호)에는 미치지 아니한다. 이와 같이 상표권의 효력이 제한되는 것은 본래부터 상표로서 등록받을 수 없는 상표임에도 불구하고 잘못 등록된 상표, 상표의 구성 중 일부분에 식별력이 없는 상표 등이 있다.

2. 취지

상표권의 효력제한을 규정한 상표법 제90조 제1항 각호는 상표부등록사유

---

4) 특허청·한국지식재산연구원, 지식재산제도의 실효성 제고를 위한 법제도 기초 연구─상표법 조문별 해설서(2014), 597.
5) 이 밖에 2004년 개정법에서는 지리적 표시 단체표장권의 효력제한에 관한 규정을 신설하였다(구 상표법 제51조 제2항).

를 규정하고 있는 상표법 제33 제1항 제1호 내지 제4호, 제34조 제1항 제6호·제15호와 같은 내용에 해당한다. 이들 표지는 원래 생산자, 판매자는 물론 널리 일반인의 자유로운 사용이 보장되어야 할 표지이므로 부등록사유로 삼는 것이나 과오로 상표등록이 허용되었다 하더라도 이러한 표지를 사용하는 자는 당해 등록상표에 대한 무효심판을 청구할 것도 없이 그 금지권을 배제할 수 있는 점에 실익이 인정된다. 이러한 상표의 존재는 무효사유가 있다 하더라도 무효로 확정되기 전까지는 경쟁자에게 위축효과(萎縮效果)가 있고 무효사유가 없다 하더라도 등록상표권의 존재가 거래의 편의와 시장기능을 저해하여서는 아니 되므로 본조항의 합리적 운영이 대단히 필요한 실정이다. 특히 본조는 무효심판청구의 제척기간이 경과한 후에 있어서 과오등록상표의 금지권에 대한 선의의 제3자 보호를 위한 경우,6) 등록상표자체는 식별력이 있지만 그 유사범위에 속하는 상표에 대해서는 식별력이 없는 경우,7) 식별력이 없는 부분이 식별력있는 문자 또는 도형과 결합하여 등록된 경우, 후발적으로 식별력을 상실한 경우에 실익이 있다. 또한 등록상표가 타인의 성명 등을 보통으로 사용하지 않는 특수한 방법으로 등록된 경우, 그 밖에 등록상표와 동일한 명칭의 도시가 생겨나 해당상품의 산지가 된 경우와 같이 자유사용의 필요가 생긴 경우 등에도 본조에 의하여 상표권의 금지적 효력에서 벗어날 수 있는 실익이 인정된다. 나아가 본 조문은 이와 같은 효과를 기대하는 것만을 목적으로 한 것은 아니고 넓게 일반인 특히 상품의 생산자·판매자를 위하여 본조에 열거된 표장의 자유로운 사용을 등록의 문제와 관계없이 법에 의하여 보장하려는 것이다.8)

3. 상표권의 효력이 제한되는 구체적 범위

가. 자기의 성명·명칭 등을 상거래 관행에 따라 사용하는 상표

(1) 의의

자기의 성명·명칭 또는 상호·초상·서명·인장 또는 저명한 아호·예명·필명과 이들의 저명한 약칭을 상거래 관행에 따라 사용하는 상표는 상표권의 효력이 미치지 아니한다(상표법 제90조 제1항 제1호). 다만, 상표권의 설정등록이 있

---

6) 網野 誠, 商標[第6版], 有斐閣(2002), 765.
7) 網野 誠(주 6), 765. 예컨대 등록상표의 호칭이나 관념이 유사한 상표가 다른 상품의 보통명칭에 해당하는 경우에는 그 다른 상품에 등록상표와 유사한 표장을 사용하는 것을 금지하지 못한다. 사법연수원, 상표법, 사법연수원(2015), 254.
8) 網野 誠(주 6), 765; 사법연수원(주 7), 254-255.

은 후에 부정경쟁의 목적으로 자기의 성명·명칭 또는 상호·초상·서명·인장 또는 저명한 아호·예명·필명과 이들의 저명한 약칭을 사용하는 경우에는 적용하지 아니한다(상표법 제90조 제3항).

이 규정은 본조는 자기의 성명이나 상호 등은 자기의 인격과 동일성을 표시하기 위한 수단이기 때문에 성명이나 상호 등이 상품에 관하여 사용되는 방법이 거래사회의 통념상 자기의 성명이나 상호 등을 나타내기 위하여 필요한 범위 내에 있는 한 그 성명이나 상호 등과 동일·유사한 타인의 등록상표권의 효력이 위와 같이 사용된 상호 등에 미치지 않는다는 취지이다.9) 따라서 성명이나 상호 등의 표시방법으로 보아 타인의 상품과 식별되도록 하기 위한 표장으로 사용되었다고 볼 수밖에 없는 경우에는 그 표장에 타인의 등록상표권의 효력이 미친다.10)

(2) 적용요건

(가) 자기의 성명·명칭 또는 상호 등과 저명한 아호 등 및 이들의 저명한 약칭

자기의 성명 등이어야 하므로 타인의 성명 등의 사용에 대해서는 적용되지 아니한다.11) 자기의 성명·상호 등은 저명할 것을 요구하지 않지만 아호·예명·필명 및 이들의 약칭은 저명성이 요구된다. 본호는 자기의 상호 등을 순수하게 상호 그 자체로 사용하는 경우만을 가리키는 것이 아니라, 상품거래사회에서 통념상 행하여지는 방법으로 자기의 상호 등을 상표로 사용하는 경우를 포함한다.12) 또 자연인의 성명이나 법인단체 등의 명칭 또는 상법의 규정에 의한 상호는 약칭이 아닌 성명이나 상호 그대로의 사용을 뜻한다. 따라서 법인인 회사가 회사의 종류를 나타내는 '주식회사' 부분을 생략한 경우에는 이는 단지 '상호의 약칭'에 불과하고 '상호' 그 자체를 표시하는 상표에 해당한다고 볼 수 없기 때문에 이러한 약칭은 상호로서 저명한 경우에만 본호의 적용을 받을 수 있다.13)

(나) 상거래 관행에 따라 사용하는 상표

본호는 자기의 성명·상호 등을 '상거래 관행에 따라 사용'하는 경우에 적용되며, 이는 사용자에게 입증책임이 있다. '상거래 관행'이란 불확정 개념으로

---

9) 대법원 2002. 11. 13. 선고 2000후3807 판결─옥류관.
10) 대법원 2002. 11. 13. 선고 2000후3807 판결─옥류관.
11) 타인의 상호상표의 통상사용권자가 구 상표법 제51조 제1호를 이유로 하여 상표권 침해가 아님을 주장할 수 없다(대법원 2002. 4. 26. 선고 2001다4057, 4064 판결).
12) 대법원 2002. 11. 13. 선고 2000후3807 판결.
13) 대법원 2001. 3. 23. 선고 2000후3708 판결─하나로통신; 대법원 2005. 10. 14. 선고 2005도5358 판결─스포렉스.

그 구체적 내용은 판례를 통하여 형성될 수밖에 없는데, 법문의 표현과 2016년 개정취지에 비추어 볼 때 구법상 '보통으로 사용하는 방법'에 비하여 그 적용범위는 확대되었다.[14]

구법상 '보통으로 사용하는 방법으로 표시하는 상표'라 함은 성명·명칭의 경우에 일반의 주의를 끌만한 서체나 도안으로 표시하는 방법이 아니고 단지 자기의 성명·명칭 등을 기재하는 방법으로 표시하는 상표를 말하며,[15] 상호의 경우에는 도안화 등 특별한 식별력을 갖도록 함이 없이 표시하는 것을 의미할 뿐만 아니라, 그 표장을 보고 일반 수요자가 상호임을 인식'할 수 있도록 표시하는 것을 전제로 한다. 따라서 상호를 특이한 글씨체나 색채, 문자의 도안화, 도형과 결합하여 사용하는 등 상호로서의 태양을 넘어 자타상품의 식별표지로만 사용되는 경우에는 본조에 해당하지 아니한다.[16] 여기서 상호의 사용은 상호 또는 약칭을 순수하게 상호로서 사용하는 것만을 가리키는 것은 아니지만, 당해 표장의 구성태양 및 사용태양에 비추어 거래통념상 자기의 상호 또는 그 약칭을 나타내기 위하여 필요한 범위 내에 있어야 하며, 오로지 상표적 사용으로만 인식되는 경우에는 상호를 보통으로 사용하는 방법으로 표시한 것이 아니다.[17]

(다) 적용의 예외—부정경쟁의 목적이 없을 것

상표권의 설정등록이 있은 후에 부정경쟁의 목적으로 그 상표를 사용하는 경우에는 상표권의 효력이 미친다(상표법 제90조 제3항).[18] 단서가 '상표권의 설정 등록이 있은 후'라고 규정하고 있는 것은 상표법이 등록주의를 취하고 있으므로 등록상표권만이 그러한 표장의 사용을 금지시킬 수 있기 때문에 위와 같이 규정한 것일 뿐이며, 상표권의 설정등록이 있기 전부터 부정경쟁의 목적으로

---

14) 상표법 전부개정법률안 검토보고서, 국회 산업통상자원위원회(2015), 23.

15) 대법원 1984. 1. 24. 선고 83후69 판결—신당고려당.

16) 대법원 2001. 3. 23. 선고 2000후3708 판결—"하나로통신". 사용된 상호 등의 표장이 외관상 일반인의 주의를 끌만한 특이한 서체나 도안으로 된 경우에는 자기의 상호 등을 보통으로 사용하는 방법으로 표시하는 것에 해당하지 않을 가능성이 많기는 하지만, 그러한 사정만으로 단정할 것은 아니고 사용된 표장의 위치, 배열, 크기, 다른 문구와의 연결관계, 도형과 결합되어 사용되었는지 여부 등 실제 사용태양을 종합하여 거래통념상 자기의 상호 등을 보통으로 사용하는 방법으로 표시한 경우에 해당하는지 여부를 판단하여야 할 것이다(대법원 2002. 11. 13. 선고 2000후3807 판결—옥류관).

17) 대법원 1987. 2. 24. 선고 86후111 판결.

18) 한편, 자기의 상호를 보통으로 표시하는 방법으로 사용하는 경우라 하더라도, 타인의 상표권의 설정등록이 있은 후에 부정경쟁의 목적으로 사용하는 경우에는 부정경쟁방지법 제2조 제1호에 정한 부정경쟁행위를 구성할 수 있다(대법원 2005. 5. 27. 선고 2004다60584 판결—Covermate).

그와 동일·유사한 '명칭·상호 등 표시 표장'을 사용하여 등록 후 이를 계속하여 사용하는 경우에도 단서 규정이 적용된다.[19]

여기서 부정경쟁의 목적이란 '등록된 상표권자의 신용을 이용하여 부당한 이익을 얻을 목적'을 말하며, 단지 등록상표라는 것을 알았다는 사실만으로는 부족하며, 상표권 침해자의 상표 선정의 동기, 피침해상표의 인식여부 등 주관적 사정과 상표의 유사성과 피침해상표의 신용상태, 영업목적의 유사성 및 영업 활동의 지역적 인접성, 상표권 침해자의 현실의 사용상태 등의 객관적 사정을 고려하여 판단하여야 한다.[20]

한편, '등록된 상표권자의 신용'은 사용에 의하여 획득되는 것인데, 반드시 등록상표가 동일성을 유지하면서 사용된 경우에만 등록된 상표권자의 신용이 형성되는 것인지에 대해서는 견해의 대립이 있다. 그러나 여기서 '등록된 상표권자의 신용'은 반드시 등록된 상표가 동일성을 유지하면서 국내에 널리 인식되었을 때에만 형성되는 것으로 보아야 할 것은 아니고, 상표등록이 등록상표의 미사용을 이유로 취소되지 않는 한 등록에 의한 상표권은 여전히 보장되어야 하므로 등록상표의 구성부분 중 일부의 사용이 등록상표의 부정사용(상표 제119조 제1항 제1호)에 해당하는 등 특단의 사유가 없는 한 일부의 사용으로써도 부정경쟁자와의 관계에 있어서는 등록상표 자체의 신용이 형성된 것으로 보아야 할 것이다.[21]

나. 보통명칭이나 기술적 표장을 보통으로 사용하는 방법으로 표시한 상표
(1) 의의

등록상표의 지정상품과 동일, 유사한 상품의 보통명칭·산지·품질·원재료·효능·용도·수량·형상(포장의 형상을 포함)·가격 또는 생산방법·가공방법·사용방법 및 시기를 보통으로 사용하는 방법으로 표시하는 상표에 대해서는 상표권의 효력이 미치지 아니한다(상표법 제90조 제1항 제2호). 따라서 당해 상품을 취급하는 거래사회에서 일반수요자와 거래업계에서 통상 그 상품을 지칭하는 것으로 인식되고 사용되는 보통명칭, 산지표시, 품질 또는 원재료의 표시, 사용방법 및 시기표시 등과 같은 기술적 표장에는 상표권의 효력이 제한된다.

보통명칭은 특정종류의 상품의 명칭으로서 일반적으로 사용되는 것이므로

---

19) 대법원 2000. 4. 11. 선고 98후2221 판결─학원사.
20) 대법원 1993. 10. 8. 선고 93후411 판결; 대판 1995. 11. 21. 선고 95후804 판결─한일; 대판 2002. 11. 13. 선고 2000후3807─옥류관.
21) 대법원 1993. 12. 21. 선고 92후1844 판결─"(주)거북이약품", "TORTOISE".

본질적으로 자타상품의 식별력이 없어 특정인에게 이를 독점케 하는 것은 부적
당하고 상품의 품질·산지 등의 표시와 같은 기술적 표장은 누구라도 자유롭게
사용할 수 있는 것이므로 자유사용의 필요가 공익상 요청된다.[22] 따라서 이러한
표장에 관하여는 특정인이 비록 상표등록을 받았다 하더라도 이를 보통으로 사
용하는 방법으로 표시하는 것에는 상표권의 효력이 미치지 않도록 한 것이다.
예컨대, 인삼을 원료로 한 비누에 관하여 특정인이 특수한 서체로 "人蔘"비누라
는 상표등록을 받은 경우 제3자가 보통의 문자로 "인삼(人蔘) 비누 ABC"라는
상표를 사용하더라도 여기서 "인삼(人蔘) 비누"는 특정인의 상표를 상표적으로
사용한 것이 아니고 기술적 표장을 보통의 방법으로 사용한 것이므로 상표권의
효력이 미치지 아니한다.[23]

　　상표법은 지정상품이 동일한 상품뿐만 아니라 유사상품에 대해서도 상표권
의 금지적 효력이 미치기 때문에, 유사한 상품의 보통명칭 등에도 효력이 미치
지 않도록 규정하고 있다. 또 등록된 상표를 구성하는 문자와 동일한 문자가 그
의 지정상품에 대해서는 보통명칭 또는 산지, 품질 등을 표시하는 의미를 갖는
것은 아니지만 유사상품에 대해서는 보통명칭 또는 산지, 품질 등의 표시로서
사용되는 경우에도 본조를 적용한다.[24]

(2) 적용요건

(가) 등록상표의 지정상품과 동일 또는 유사한 상품의 보통명칭 또는 기술적
　　 표장

　　보통명칭 또는 기술적 표장은 제33조 제1항 제1호 및 제3호에서의 의미와
동일하다. 보통명칭 또는 기술적 표장의 해당여부는 등록무효사유의 판단시인
출원시 또는 등록여부결정시가 아니라 문제가 된 각 사용행위의 시점(손해배상
청구의 경우에는 대상이 된 과거의 사용행위시, 금지청구의 경우에는 현재 및 장래의
시점)이 된다고 해석하여야 한다.[25]

　　본호에 규정된 품질, 효능, 산지 등 표시에 해당하는 여부는 그 상표의 구

---

22) 대법원 2004. 8. 16. 선고 2002후1140 판결.

23) 판례 중에는 학습지에 관한 "재능교육"이라는 고딕체 상표를 제3자가 월간지에 "꿈을
　　키우는 재능교육"이라고 고딕체로 사용한 것에 대해 구 상표법 제51조가 규정하는 기술적
　　상표의 사용에 불과하다는 원심판결을 취소하고 그것이 보통으로 사용하는 방법으로 사용
　　한 것인지의 여부가 확정되지 아니하였고, 부정경쟁방지법에 의한 보호 가능성을 심리하
　　지 아니한 것이 위법하다 하여 취소한 예(대법원 1996. 5. 13. 선고 96마217 결정)가 있다.

24) 網野誠(주 6), 768.

25) 田村善之, 商標法槪說, 弘文堂(2000), 197.

성, 외관, 칭호, 관념, 지정상품과의 관계 및 거래사회의 실정 등을 감안하여 객
관적으로 판단하여야 하며, 특히 상품의 '산지'라 함은 그 상품이 생산되는 지
방의 지리적 명칭을 말하고 반드시 일반 수요자나 거래자에게 널리 알려진 산
지만을 말하는 것은 아니다.26) 또 기술적 표장은 반드시 거래사회에서 현실적으
로 사용되어야만 인정되는 것은 아니다.27)

　(나) 보통으로 사용하는 방법으로 표시하는 상표

　제2호는 '보통으로 사용하는 방법으로 표시'하는 상표에 한정된다. 여기서
보통으로 사용하는 방법으로 표시한다 함은 상표의 사용태양이 당해 상품의 품
질, 효능, 형상 등을 직감시키거나 강조하여 일반 수요자나 거래자들에게 당해
상품의 단순한 품질, 효능, 형상 등을 표시하는 방법이라고 인식되는 것을 말한
다.28)

　상품에 사용하는 표시방법이 보통으로 사용되는 방법이냐 아니냐는 각각의
상품에 관한 거래실태와의 관계에서 상대적으로 결정하여야 한다. 상표의 사용
태양이 상품을 지칭하거나 상품의 품질, 효능에 관한 정보전달을 목적으로 하는
경우에는 본조에 해당하고 자타상품 식별표지로서만 사용되는 경우에는 상표권
의 효력이 제한되지 아니한다.29) 예컨대, 서적의 제호는 그 책의 내용을 표시할
뿐 출판사 등 그 출처를 표시하는 것은 아니어서 원칙적으로 그 상품을 다른
사람의 상품과 식별되도록 하기 위하여 사용하는 표장이 아니므로, 책의 제목으
로 사용된 표장에 대하여는 그 표장과 동일 또는 유사한 등록상표의 상표권의
효력이 미치지 아니한다.30)

　또 상표가 당해 상품의 품질, 효능이나 형상 등을 표시하는 것이라고 인식
된 경우라고 하더라도, 그것이 보통으로 사용하는 방법으로 표시되지 아니하고
특수한 글씨체나 모양을 사용한 도안으로 표시하는 등 다른 상품과 구별되는
식별력을 갖는 정도의 것일 때에는 본호에 해당하지 아니한다.31) 따라서 본호에
해당하는 상표가 유명한 예술가의 특수한 서체로 된 상표나 도안화된 문자·도
형 등으로 된 상표인 경우에 이를 그대로 사용하는 것은 보통으로 사용하는 방

　26) 대법원 1989. 9. 26. 선고 88후1137 판결.
　27) 대법원 2001. 4. 24. 선고 2000후3425 판결–"MOSAIC COLOR".
　28) 대법원 1995. 2. 10. 선고 94후1770 판결; 대법원 1996. 5. 13. 선고 96마217 결정.
　29) 網野誠(주 6), 766-767.
　30) 대법원 2002. 12. 10. 선고 2000후3395 판결–"리눅스(Linux)".
　31) 대법원 1977. 5. 10. 선고 76다1721 판결(공1977, 10061), 대법원 1984. 1. 24. 선고 83후
　　69 판결(공1984, 374), 대법원 1992. 2. 25. 선고 91후691 판결(공1992, 1169) 등 참조.

법으로 표시하는 것이 아닌 상표적 사용이라고 할 수 있으나 보통의 인쇄문자나 도안화되지 아니한 문자·도형 등으로 사용하는 경우에는 보통으로 사용하는 방법으로 표시한 것이므로 상표권의 효력이 미치지 아니한다.

(3) 상표법 제90조 제1항 제2호와 제33조 제2항의 관계

상품의 품질 등을 표시하는 기술적 표장이라 하더라도 지속적인 사용에 의하여 수요자 간에 그 상표가 누구의 상품을 표시하는 것인가가 현저하게 인식됨으로써 상표법 제33조 제2항에 의하여 사용에 의한 식별력을 취득하여 등록된 상표에 관하여는 상표법 제90조 제1항 제2호 소정의 상표권 효력의 제한 규정이 적용될 것인가에 관하여 학설 및 판례가 엇갈린다.

(가) 학설

우리나라 및 일본의 학설은 상품의 품질 등을 표시하는 기술적 표장이라 하더라도 지속적인 사용에 의하여 수요자간에 그 상표가 누구의 상품을 표시하는 것인가가 현저하게 인식된 경우에 상표법 제33조 제2항에 의하여 식별력을 취득할 수 있고, 이와 같이 식별력을 얻은 등록상표는 상표법 제90조 제1항 제2호에 의한 상표권 효력의 제한을 받지 아니한다는 소극설(적용배제설)이 통설로 볼 수 있다.[32]

(나) 대법원 판례

① 적극설(적용설)   대법원 1987. 6. 23. 선고 86후4 판결(공1987, 1237)에서는 "(기술적 상표는) 비록 그 상표가 주지저명한 상표로서 상표등록이 가능하더라도 부정경쟁의 목적으로 사용하는 여부에 관계없이 구 상표법 제26조 제2호(현행 상표법 제90조 제1항 제2호)에 의하여 상표권의 효력이 미치지 아니한다."고 판시하여 상표법 제33조 제2항에 의하여 식별력을 취득한 상표에 대하여도 상표법 제90조 제1항 제2호의 적용의 취지를 밝히고 있다.

② 소극설(적용배제설)   대법원 1992. 5. 12. 선고 88후974, 981, 998(병합) 판결, 1992. 5. 12. 선고 91후97 판결, 1992. 5. 12. 선고 91후103 판결, 1996. 5. 13. 선고 96마217 결정, 1997. 5. 30. 선고 96다56382 판결 등에서는 "상품의 품질 등을 표시하는 기술적 표장이라 하더라도 지속적인 사용에 의하여 수요자 간에 그 상표가 누구의 상품을 표시하는 것인가가 현저하게 인식됨으로써 상표법 제33조 제2항에 의하여 식별력을 취득한 상표는 같은 항에 의하여 특별현저

---

32) 사법연수원(주 7), 254면. 일본 상표법 제3조 제2항(우리 상표법 제33조 제2항)의 규정은 그 규정의 연혁으로 보아서 상표법 제26조(우리 상표법 제90조)의 상표의 효력에 관한 규정의 예외규정이라고 한다. 小野昌延(編)/中村英夫, 注解 商標法(上), 靑林書院(2005), 189.

성을 갖추게 된 것이어서 이러한 등록 상표에 관하여는 상표법 제90조 제1항 제2호 소정의 상표권 효력의 제한 규정이 적용되지 아니한다."고 판시하여 소극설의 입장을 명백히 하였다.

(다) 사견

상표법 제33조 제2항은 기술적 상표라도 일반수요자 간에 식별력을 취득하였으면 상표로서의 등록적격성을 인정하여 일반 상표와 동일한 효력을 인정하겠다는 것이다. 따라서 이 경우에만 일반 상표(기술적 상표가 아닌 상표)와 달리 기술적 상표에 적용되는 상표의 효력제한 규정인 법 제90조 제1항 제2호를 적용할 필요는 없다는 견지에서 소극설이 타당하다고 생각된다. 나아가 기술적 상표가 등록 후에 사용에 의한 식별력을 취득한 경우에도 등록 전 사용에 의한 식별력을 취득한 경우와 마찬가지로 제90조 제1항 제2호의 적용이 없다.

□ 이른바 Fair Use에 관하여

기술적 용어(descriptive terms)의 공정한 사용에 관해 상표권의 효력이 미치지 아니함은 WTO/TRIPS 제17조에도 규정되어 있다. 기술적 용어를 비상표적으로 사용하는 경우(보통으로 사용하는 방법으로 사용하는 경우)에 상표권이 효력이 미칠 수 없음은 당연한 법리라 할 것이다. 우리 상표법(일본 상표법도 동일)은 나아가 상표적으로 사용하더라도 "보통으로 사용하는 방법으로 표시"하는 한 상표권의 효력이 미치지 아니할 것으로 확장적으로 규정한 것으로 해석된다.[33]

이밖에 상거래에 있어서 부수적인 사용(collateral use) 예컨대 렌즈 제조업자가 몇 가지 카메라에 함께 사용할 수 있는 렌즈를 개발 시판하면서 "삼성카메라에 사용할 수 있는 렌즈"라고 표시하여 타인의 상표(삼성)를 부수적으로 사용하더라도 이는 상업상 성실한 관행(honest practices)에 반하지 아니하고 공평한 평가(fair comment)이므로 상표의 식별기능을 저해하는 상표적 사용이 아니라고 보아 상표권 침해를 구성하지 아니한다고 해석함이 타당할 것이다. 미국의 판례법상 확립된 원칙(Prestonettes, Inc, v·Coty, 1924)이며, 유럽공동체상표법(CTM 제12호)과 독일(상표법 제23조)·영국(상표법 제11조) 등에서 명문으로 이를 규정하고 있다.

---

33) 미국의 판례에 의하면 튀김요리 모듬상품에 관한 "Fish Fri"라는 상표권자는 같은 제품에 "fish fry"라는 용어를 설명적으로 사용하는 경우(출처 혼동이 없는 경우) 그 금지를 청구할 수 없다고 한다(Zatarains Inc. v. Oak Grove Smokehause Inc. U. S. P. Q 988, 5th, Cir, 1983).

다. 식별력없는 입체적 형상과 동일·유사한 형상으로 된 상표

입체적 형상으로 된 등록상표에 있어서 그 입체적 형상이 누구의 업무에 관련된 상품을 표시하는 것인지 식별할 수 없는 경우에 등록상표의 지정상품과 동일·유사한 상품에 사용하는 등록상표의 입체적 형상과 동일·유사한 형상으로 된 상표에는 상표권의 효력이 미치지 아니한다(상표법 제90조 제1항 제3호).

현행 심사실무는 '식별력 없는 입체적 형상과 식별력 있는 문자 또는 도형'이 결합한 입체상표의 경우에 통상 전체적으로 식별력을 인정하여 입체상표로 등록을 허용하고 있다. 그런데, 입체적 형상 자체에 식별력이 없음에도 불구하고, 단지 결합된 문자나 도형이 식별력을 구비하고 있음을 이유로 입체상표로 등록할 경우에 상표권자 및 일반 수요자들은 상표등록원부에 "입체상표"라고 표시된 사실만 믿고 마치 그 입체적 형상에 대해서도 독점 배타적 효력이 있는 것처럼 오해할 우려가 크다. 따라서 상표법은 상표권 효력제한 사유로 입체상표로서 입체적 형상 자체가 식별력이 없는 경우에 상표권의 효력이 식별력이 없는 입체적 형상과 동일·유사한 입체적 형상으로 된 상표에 미치지 않음을 명시적으로 규정함으로써, 입체상표의 권리보호 범위에 관한 일반수요자 등의 오해를 적극적으로 해소하고 있다.

라. 관용상표나 현저한 지리적 명칭 등으로 된 상표

(1) 의의

등록상표의 지정상품과 동일·유사한 상품에 관용하는 상표와 현저한 지리적 명칭 및 그 약어 또는 지도로 된 상표에 대해서는 상표권의 효력이 미치지 아니한다(상표법 제90조 제1항 제3호). 따라서 당해 상품을 취급하는 일반수요자나 거래업계가 그 상품의 명칭으로 일반적으로 사용한 결과 자타상품의 식별력을 상실한 관용표장, 국내 일반수요자에게 널리 알려진 지리적 명칭 및 그 약어나 지도로 된 상표에는 상표권의 효력이 제한된다.

본호는 식별력이 없는 관용표장이나 현저한 지리적 명칭 등으로 된 표장에 대해서 일반의 자유로운 사용을 보장하고자 하는 것으로서 상표부등록 사유에 관한 상표법 제33조 제1항 제2호, 제4호와 그 입법 취지가 일맥상통한다.

(2) 적용요건

관용하는 상표와 현저한 지리적 명칭 및 그 약어 또는 지도는 상표법 제33조 제1항 제2호 및 제4호에서의 의미와 동일하며, 본호에의 해당여부도 심결시 또는 변론종결시를 기준으로 한다. 관용표장은 그 자체가 절대적 부등록사유에 해당하고 사용에 의한 식별력 취득에 의한 등록도 인정되지 아니하며(상표법 제33조 제1항 제2호 및 제33조 제2항), 혹시 등록 당시에는 관용표장이 아니어서 적법하게 등록되었다 하더라도 침해소송 변론 종결 당시 관용표장화한 경우에는 관계거래자 누구나 자유사용의 필요가 있으므로 상표권의 효력이 미칠 수 없음은 당연하다. 따라서 이 경우 보통으로 사용하는 방법으로 사용하는 것에 국한할 필요 없이 상표권의 효력이 미치지 아니한다고 봄이 타당할 것이다. 제2호의 경우와 마찬가지로 지정상품과 유사한 상품의 관용표장 등에 대해서도 인정한다.

본호는 제2호와는 달리 관용표장이나 현저한 지리적 명칭 등이 보통으로 사용하는 방법으로 표시된 표장으로 한정하지 아니하고 있으므로, 사용상표가 현저한 지리적 명칭 등을 도안화하거나 다른 문자 또는 도형과 결합된 것이라 하더라도, 그 결합에 의하여 표장을 구성하고 있는 단어가 본래의 현저한 지리적 명칭이나 관용표장 또는 그 결합표장에 흡수되어 불가분의 일체를 구성하고 있다면 그 사용상표에 대해서는 본호의 규정의 적용이 배제되지 아니한다.[34)]

마. 기능적인 형상이나 색채, 소리 또는 냄새로 된 상표

등록상표의 지정상품 또는 그 지정상품 포장의 기능을 확보하는 데 불가결한 형상, 색채, 색채의 조합, 소리 또는 냄새로 된 상표에 대해서는 상표권의 효력이 미치지 아니한다(상표법 제90조 제1항 제4호). 본호는 상표법 제33조 제1항 제13호에 대응하여, 기능성 있는 입체적 형상이나 색채 또는 색채의 조합, 소리 또는 냄새로 된 상표에 대해서는 자유로운 사용을 개방하여 효과적인 경쟁을 보장하기 위한 것이다.

상품 또는 상품의 포장의 기능을 확보하는 데 불가결한 입체적 형상으로 되거나 색채 또는 색채의 조합이라 함은 상품의 형상이나 색채 또는 디자인적 특성으로 인하여 상품 자체의 본래 기능을 넘어서 경쟁상 우월한 기능이 존재하는 경우를 말한다. 상품의 기술적·기능적 효과는 특허권·실용신안권에 의한 유한한 보호에 국한되는 것이고, 상표법의 보호대상이 될 수 없다(상표법 제34조 제1항 제13호). 자세한 내용은 상표법 제34조 제1항 제15호 해설 부분 참조.

---

34) 대법원 1999. 11. 26. 선고 98후1518 판결–"코리아리서치센터 Korea Research Center Ltd. + KRC".

4. 지리적표시 단체표장권의 효력이 미치지 아니하는 경우

지리적표시 단체표장권은 "제90조 제1항제1호·제2호(산지에 해당하는 경우는 제외한다) 또는 제4호에 해당하는 상표"에는 효력이 미치지 아니한다(상표법 제90조 제2항 제1호). 상표권의 경우와 마찬가지로 거래상 이러한 표지의 자유로운 사용을 인정할 필요가 있기 때문이다. 다만, 지리적표시의 특성상 산지표시 또는 현저한 지리적 명칭 등의 사용에 대해서는 지리적표시 단체표장권의 효력이 미친다.

지리적표시 단체표장권은 "지리적 표시 등록단체표장의 지정상품과 동일하다고 인정되어 있는 상품에 대하여 관용하는 상표"에는 효력이 미치지 아니한다(상표법 제90조 제2항 제2호). 동종업자간에 관용하는 상표는 누구든지 자유로이 사용할 필요가 있기 때문이다.

지리적표시 단체표장권은 "지리적 표시 등록단체표장의 지정상품과 동일하다고 인정되어 있는 상품에 사용하는 지리적 표시로서 해당 지역에서 그 상품을 생산·제조 또는 가공하는 것을 업으로 영위하는 자가 사용하는 지리적 표시 또는 동음이의어 지리적 표시"에는 효력이 미치지 아니한다(상표법 제90조 제2항 제3호). 전자는 지리적 표시가 나타내는 출처에서 영업을 하는 모든 사업자에게 자유로운 지리적표시의 사용을 허용하는 것이고, 후자는 동음이의어 각각의 사용을 보장할 필요가 있기 때문에 단채표장권의 효력을 제한하고 있다.

지리적표시 단체표장권은 "선출원에 의한 등록상표가 지리적 표시 등록단체표장과 동일·유사한 지리적 표시를 포함하고 있는 경우에 상표권자, 전용사용권자 또는 통상사용권자가 지정상품에 사용하는 등록상표"에는 그 효력이 미치지 아니한다(상표법 제90조 제2항 제5호).

5. 관련문제

가. 제90조 각호의 관계 및 적용범위

상표법 제90조 제1항 제1호 내지 제4호는 각각 독립적인 것이어서 어느 하나의 요건을 충족하면 그 상표에 대해서는 상표권의 효력이 미치지 아니한다.[35]

---

[35] 어느 서비스표가 상표법 제90조 제1항 제3호 소정의 관용표장, 현저한 지리적 명칭으로 이루어진 경우에는 비록 그 서비스표가 한편으로 제90조 제1항 제1호 본문 소정의 자기의 상호를 보통으로 사용하는 방법으로 표시하는 서비스표에 해당하더라도 부정경쟁의 목적으로 사용하는지 여부에 관계없이 등록서비스표권의 효력이 이에 미칠 수 없다(대법원

상표법 제90조는 상표권의 효력을 제한하는 예외규정이므로 엄격하게 해석되어야 한다. 따라서 상표권의 효력이 제한되는 것은 본조 각호 소정의 상표에 해당하고 그 상표와 유사한 상표에 대해서까지 상표권의 효력이 제한되는 것은 아니다.

나. 결합상표의 일부분에 제90조가 적용될 수 있는지 여부

상표법 제90조는 동법 제33조 제1항 각호의 경우와는 달리 '만'이라는 한정어를 요건으로 하지 않는다. 따라서 제90조 제1항 각호의 1에 해당하는 부분이 상표의 일부로 되어 있는 경우에 그 부분이 결합에 의하여 독자의 관념을 형성하는 경우가 아니라면 그 부분에 대해서는 상표권의 효력이 미치지 아니한다. 즉 상표의 일부에 기술적 표시나 관용명칭 등이 포함된 경우에 그 부분에 대해서는 상표권의 효력이 미치지 아니한다.[36]

다. 권리불요구제도

권리불요구제도(disclaimer)라 함은 출원상표에 자타상품의 식별력이 없는 부분이 포함되어 있을 경우 출원서에 그 부분에 대해서는 독점적 권리를 주장하지 않는다는 의사표시를 하는 제도를 말한다. 최근 기업가치 제고를 위한 브랜드 경영의 중요성이 증가함에 따라 기업의 상표 사용행태에도 다양성 요구가 증가하고 있고, 결합상표의 증가 등으로 등록된 상표권의 구성요소 중 식별력 없는 부분을 근거로 한 상표권의 행사 가능성이 증가하고 있다. 권리불요구제도는 전체로서 식별력을 가지는 등록상표 중의 식별력이 없는 구성 부분에 대하여 권리불요구함으로써, 상표법 제90조와 상호보완적으로 상표권의 범위를 명확히 할 수 있다. 권리불요구제도가 도입되면 상표권 효력범위의 명확화를 통해 출원인 등의 선행상표와 유사여부 판단이 용이해져 상표권자와의 분쟁이 감소

1994. 9. 27. 선고 94다2213 판결).

36) 장식용 시트의 표장에 '데코' 및 'DECOSHEET'를 사용한 경우, 장식의 뜻을 가진 영문자로 '데커레이션'으로 발음되는 'decoration'은 우리나라의 영어보급 수준에 비추어 볼 때 일반 수요자가 쉽게 그 뜻을 알 수 있는 단어이며, 한편 일반 수요자나 거래자는 장식용 시트에 사용된 'DECOSHEET'라는 상표를 일단 'DECO'와 'SHEET'로 분리 관찰하여, 'SHEET'는 장식용 시트의 형태인 얇은 판을 나타내고 'DECO'로부터는 쉽게 위 영문자 'decoration'을 직감할 수 있는 점에 비추어 '데코' 및 'DECOSHEET'는 그 사용상품의 용도와 형상을 나타내고 있어, 비록 이 부분이 등록상표와 동일 또는 유사하다고 하더라도, 구 상표법 제51조 제2호의 규정에 의하여 등록상표의 상표권의 효력이 미치지 아니한다(대법원 1999. 11. 12. 선고 99후24 판결). 한편, 일본 상표법 제26조는 이를 명시적으로 규정하고 있다.

될 수 있을 것이다.

라. 자유사용의 필요와 상표권의 보호범위

상표법의 영역에 있어서도 특허의 경우와 같이 권리행사의 단계에서 주지·저명상표나 강한 상표는 큰 보호, 기술적 표시와 같이 일반인의 자유사용의 필요성이 큰 약한 상표는 작은 보호의 원칙이 적용되어야 한다.

자유사용의 필요가 크면 큰 만큼 상표권의 권리범위는 좁게 해석하여야 하는 상관관계에 있다. 즉 자유사용의 필요가 큰 표지의 사용은 ① 상표로서의 사용이 아니라거나 ② 상표법 제90조에 의해 권리의 효력이 미치지 아니한다거나 또는 ③ 당해 상표권의 보호범위에 속하지 아니한다는 이유로 권리침해를 부정하여야 할 경우가 많다. 특히 상표의 보호범위를 판정함에 있어 자유사용의 필요가 존재하는 부분은 독립한 상표의 요부로 보아서는 아니 된다.37) 이는 공지기술을 포함하는 특허의 권리범위를 제한하는 것과 같은 법리이다.

〈김병일〉

---

37) 玉井克裁, 知的財産權의 潮流, 信山社(1995), 199 이하 참조. 동 논문 227면에 의하면 「기술적 상표는 특별현저성을 취득하여 등록되었다 하더라도 권리행사의 단계에서 통상과 다른 유사여부판단법칙이 적용된다. 예컨대 "티올(THIOL)"이라는 용어는 유기화학분야에서 사용되는 극히 전문적인 용어이므로 "하이티올"이라는 상표는 거래자·수요자에게 자타식별력이 없는 표장이라 할 수 없다는 이유로 등록되었다. 원래 "티올"은 알콜과 훼놀의 유황유사체를 지칭하는 전문어이므로 경쟁업자에게는 자유사용의 필요가 있는 것이다. 따라서 제품의 효능·성분을 광고함에 있어 "티올(THIOL)"이라는 용어를 강조하여 큰 글씨로 쓴다거나 동종제품에 "슈퍼티올" "울트라티올"이라는 상표를 붙여도 자유라고 해석하여야 한다. 즉 일반적인 관찰방법에 의하면 "하이티올"이라는 상표에 관하여는 "티올" 부분이 요부이고, 그것을 사용한 "슈퍼티올" 등의 상표는 유사범위에 속한다고 할 수 있을 것이나, 이 경우 "티올" 부분은 자유사용의 필요가 있으므로 "하이티올"이라는 상표의 권리범위는 좁다고 하여야 한다」라고 한다. 우리 상표법의 해석에 있어서도 적용할 수 있는 이론이라 할 것이다.

> **제91조(등록상표 등의 보호범위)**
> ① 등록상표의 보호범위는 상표등록출원서에 적은 상표 및 기재사항에 따라 정해진다.
> ② 지정상품의 보호범위는 상표등록출원서 또는 상품분류전환등록신청서에 기재된 상품에 따라 정해진다.

<소 목 차>

Ⅰ. 본조의 취지
Ⅱ. 등록상표의 지정상품에 대한 사용
Ⅲ. 지정상품의 보호범위

1. 지정상품
2. 유사상품

Ⅰ. 본조의 취지

본조는 등록상표와 지정상품의 범위를 주의적으로 규정하고 있다. 즉 제89조의 상표권의 독점적 효력이 적용되는 범위를 본조에서 다시 한 번 확인한 것이다.

등록상표는 상표등록출원시에 기재된 상표 및 기재사항에 의해서 정해진다. 상표등록을 받고자 하는 자는 상표에 관한 사항을 기재한 등록출원서를 특허청장에게 제출하여야 한다.[1] 이는 등록상표를 정하기 위한 것이고, 상표권자는 등록상표를 사용할 권리를 독점하게 된다. 따라서 본 조항과는 관계없이 상표등록출원서에 기재된 상표에 의해서 상표권자의 권리범위가 정해지게 된다. 상표등록출원서의 보정이 있는 경우에는 보정된 출원서에 기재된 상표를 말한다.

상표가 색채상표에 해당하는지 여부는 그 상표등록출원서에 첨부된 상표의 견본을 기준으로 판단하여야 한다. 따라서 상표등록출원서에 색채상표라는 취지의 기재가 없다는 이유만으로 채색한 견본이 제출되었다고 하더라도 이를 색채서비스표가 아니라고 볼 수는 없을 것이다.[2]

지정상품의 보호범위는 상표등록출원서 또는 상품분류전환등록신청서에 기재된 상품에 의하여 정하여 진다. 지정상품도 상표등록출원시에 기재된 상품에 의해서 정해진다. 상표등록을 받고자 하는 자는 지정상품과 그 류구분에 관한

---

1) 상표법 제36조 제1항.
2) 특허법원 2004. 12. 24. 선고 2004허6118 판결.

사항을 기재한 등록출원서를 특허청장에게 제출하도록 하여야 한다. 따라서 등록출원시에 지정상품이 정해지므로 지정상품의 보호범위는 상표등록출원서에 기재한 지정상품에 의해서 정해진다. 그러나 이러한 류구분에 의한 상품분류는 절대적인 것이 아니다.

　한편 상품류구분체계가 니스분류체계로 바뀜에 따라 기존의 상품분류체계를 새로운 상품분류체계로 변경하여야 할 필요성이 있다. 따라서 상품분류전환등록제도에 의해서 상품분류전환등록을 한 경우에는 지정상품도 상품분류전환등록신청서에 기재된 상품에 따라 그 범위가 정해지게 된다.

Ⅱ. 등록상표의 지정상품에 대한 사용

　상표권은 상표등록출원서에 기재된 상표에 미친다. 상표등록출원서에 기재된 상표를 상표등록출원서에 기재된 지정상품에 사용하지 않는 경우에는 상표등록이 취소된다.[3] 상표등록출원서는 시행규칙상의 상품류구분에 따라서 지정상품을 정하게 되는바, 실거래상 개별적인 제품의 특성에 따른 고유의 제품명으로써 유통될 뿐이고 '화장용 첨가제'라는 통칭으로는 유통되지 아니할뿐더러 상표법 및 그 시행규칙에 의한 상품류 구분은 상표등록사무의 편의를 위하여 구분한 것으로서 상품의 유사 범위를 정한 것은 아니다.[4]

　동일한 상표의 사용으로 인정되는 범위에는 상표의 동일성이 인정되는 상표가 포함된다. 등록출원서에 기재된 상표와 실사용상표가 차이가 날 수 있다. 이러한 경우에 모두 등록상표사용을 하지 않는 것이라 할 수 없다. 상표의 동일성 범위내인 경우에는 같은 상표로 볼 수 있다.

　그러나 상표법 제119조 제1항 제3호는 "상표권자·전용사용권자 또는 통상사용권자 중 어느 누구도 정당한 이유 없이 등록상표를 그 지정상품에 대하여 취소심판청구일 전 계속하여 3년 이상 국내에서 사용하고 있지 아니한 경우"를 등록상표에 대한 취소사유의 하나로 규정하고 있다. 따라서 동일성이 인정되지 않는 상표를 지정상품에 사용한 경우에는 상표사용으로 간주되지 않으므로 상표취소가 될 수 있다. 대법원은 등록상표를 지정상품에 사용한다는 것은 등록상

---

3) 상표법 제119조 제1항 제3호.
4) 상표법 제38조 제1항 내지 제3항 참조. 대법원 2002. 10. 25. 선고 2001후1037 판결; 대법원 1997. 2. 14. 선고 96후924 판결 등 참조.

표와 물리적으로 동일한 상표를 사용하여야 하는 것뿐만 아니라 거래사회의 통념상 이와 동일하게 볼 수 있는 형태의 사용도 포함되므로 상표의 동일성을 해치지 않을 정도의 변형사용은 허용되나,5) 그 정도를 벗어나는 것은 허용될 수 없으므로 유사한 상표를 사용한 것만으로는 등록상표를 사용하였다고 인정할 수 없다고 한다.6) 또한 등록상표와 동일 또는 유사한 상표를 사용하는 경우에는 상표침해를 구성하게 된다.

---

5) 대법원 1992. 11. 10. 선고 92후650 판결 (등록상표 "" 중 도형부분은 그 자체만으로 식별력이 있다고 할 수 없어 상표의 요부를 구성한다고 할 수 없으므로 등록상표 중 도형부분을 제외한 문자부분만을 잡지의 제호로 사용하였다 하더라도 이는 등록상표의 요부가 아닌 부기적 부분을 변형하여 사용한 것에 지나지 아니하여 등록상표와 동일한 상표를 사용한 것이다.); 대법원 1995. 4. 25. 선고 93후1834 전원합의체 판결 (홀라보노와 후라보노의 동일성여부) (영문자와 그 발음을 그대로 표기한 한글의 결합상표인 인용상표가 비록 껌포장지의 같은 면에 두 부분이 함께 표시되지는 아니하였더라도 윗면과 옆면에 서로 가까이 표시되어 있고 상표의 요부는 모두 사용되었을 뿐만 아니라 껌포장지의 크기나 상표가 표시된 위치에 비추어 볼 때 보는 각도에 따라 한글과 영문자 부분이 한눈에 모두 들어오며 영문자 "FLAVONO"는 "홀라보노"로 발음할 수도 있으나 "후라보노"로 발음할 수도 있으므로 인용상표가 한글 부분과 영문자 부분이 아주 가까이 결합된 상태로 사용되지 아니하였다거나 영문자 부분은 등록된 대로 사용되고 한글 부분만이 등록된 "홀라보노"에서 "후라보노"로 변형사용된 정도만으로는 거래사회통념상 동일성을 가진 사용의 범주에서 벗어났다고 보기는 어렵다.).

6) 동일성이 문제된 경우는, (대법원 2006. 10. 13. 선고 2005후1172 판결 : 공보불게재) (탄산수 캔에는 등록상표(등록번호 제179301호)의 상표인 중 탄산수 캔의 진열장에 부착된 광고판이나 기타 광고물 등에도 영문부분 ("HIGH MOUNTAIN")이 표시된 탄산수 캔의 형상이 표현되어 있는 이외에 한글로 표시되어 있기는 하지만 그 표시태양에 비추어 볼 때 한글부분은 영문부분과 일체로 사용되었다기보다는 별도의 한글상표로서 사용되었거나 영문 상표를 단순히 한글로 설명하는 광고글귀에 불과하다고 여겨지므로, 위와 같은 상표사용은 한글과 영문 모두를 요부로 하는 이 사건 등록상표의 동일성 범위 내에서의 사용으로 볼 수 없다.); 대법원 1992. 12. 22. 선고 92후698 판결 (등록상표는 한글 '티파니'와 영문자 'TIFFANY'가 결합된 상표인데 그 중 한글로 된 부분만을 상표로 사용한 것이 같은 법 제45조 제1항 제3호 소정의 등록상표를 정당하게 사용한 경우에 해당되지 않는다.); 대법원 1987. 3. 24. 선고 86후100 판결(등록상표와 연합상표인 상표등록 제83092호의 상표는 그 구성을 도형과 한글자 및 영문자를 와 같이 표기하여 구성된 것으로 도형과 문자들이 각각 상표의 요부를 형성한 결합상표인데 피심판청구인은 위 연합상표중에서 그 요부의 하나인 한글자 "낫소"를 제외한 상표로 사용한 사실이 있을 뿐이어서 그와 같은 사용은 이 사건 상표의 사용이라고 볼 수 없다.); 대법원 1985. 5. 28. 선고 84후117 판결 ("POPO"라 횡서한 아래에 "뽀뽀"라 횡서하여 표시된 상표의 등록후 단순히 "뽀뽀빵"이라는 표장만을 지정상품에 사용한 경우 위 등록상표의 사용으로 볼 수 없다.).

사건번호	등록상표	실제사용상표	판단
대법원 1994. 11. 8. 선고 93후2059 판결	JAGUAR JAGUAR FOCUS 자 가 (주)자가-포-카스	카탈로그: JAGUAR JAGUAR FOCUS 자 가 (주)자가-포-카스 실제사용: "JE"	도형 대신 "QUARTZ"의 부기적인 표기 등에도 불구하고 위 실사용상표 사용은 동일성을 벗어날 정도로 변형된 사용이 아님.
대법원 1994.12.22. 선고 93후2066 판결	(등록상표):	FROG	한글과 영문자의 상하 위치만 바뀐 것으로 보았다. 색상이나 글자꼴을 변경한다든가 그 상표의 요부가 아닌 기호나 부기적 부분을 변경하여 사용한 경우는 동일성이 인정된다.
대법원 1996. 4. 26. 선고 95후1555 판결	JELLIA Jellia ゼリア 제 리 아	Jellia	등록상표가 결합상표이고 결합상표를 이루는 기호나 문자 또는 도형들이 각기 상표의 요부를 구성하고 있는 경우에는 그 중 어느 한 부분만을 상표로 사용하였다 하더라도 이를 들어 등록상표를 정당하게 사용한 것이라고는 할 수 없다 할 것이다.
대법원 2001. 4. 24. 선고 98후959 판결	• CHAMPION	Champion	실사용상표는 첫음절 "C"가 다소 디자인화되어 있고 나머지 철자들은 필기체로 되어, "C"자 형상의 도형이 위 영문자를 감싸고 있어 전체적인 외관은 이 사건 등록상표와 다소 다른 점이 있음. 그러나 거래사회통념상 이를 이 사건 등록상표와 동일성의 범위를 벗어난 사용은 아니다.
대법원 2000. 5. 30. 선고 98후2955 판결	K2	K2 K2	사용상표 1, 2와 등록상표는 모두 'K2'를 도안화하였다고 보이기는 하나 그 도안화의 방법과 정도가 상당히 상이한바, 'K2'는 외국어문자 1개와 아라비아 숫자 1개만으로 이루어진 간단하고 흔한 표장에 불과한 점, 원고의 주장에 의하더라도 'K2'는 세계에서 둘째로 높은 산의 이름으로서 … 현저한 지리적 명칭으로 인식될 가능성을 배제할 수

			없는 점 등을 감안하면, 이 사건 등록상표는 'K2'의 식별력으로 인하여 등록되었다기보다는 그 도안의 특수성에 의하여 등록되었다고 봄이 상당하므로, 이 사건 등록상표와 도안의 형태를 현저히 달리하는 사용상표 1, 2는 이 사건 등록상표와 동일성의 범위 내에 들어간다고 보기 어렵다.
대법원 2008. 9. 25. 선고 2006후2288 판결			"K2, , K2" 는 '' 상표와 동일성 범위 내에 있는 상표라는 취지.
대법원 2005. 9. 29. 선고 2004후622 판결		포장 윗면: 포장 옆면:	'치킨'이나 'CHICKEN' 부분은 그 사용서비스업과 관련하여 식별력이 없고, 위 두 표장의 배치위치나 상자의 크기 등에 비추어 볼 때 일반 거래자나 수요자가 위와 같이 배치된 두 표장을 한 눈에 인식할 수 있는 점에 비추어 그 배열위치와 글자체의 차이에도 불구하고, 거래통념상 이 사건 등록서비스표 전체와 동일성이 있는 서비스표를 사용한 것이라고 봄이 상당하다.
특허법원 2003. 7. 25. 선고 2003허1109 판결			정사각형의 외곽에 직선과 직각으로 이루어진 문양을 배경으로 하여 가운데 원 안에 두 마리의 학이 아래, 위로 서로 쳐다보며 그 중심에는 구름이 배치되어 있는 형상의 등록상표와 완전히 동일한 외관을 가지는 표장은 등록상표의 권리범위에 속한다.

사용주의 하에서는 사용 상표의 차이가 날 수 있다. 이러한 경우에 이전에 사용한 상표가 차이가 난다는 이유로 현사용 상표의 상표권을 최초의 상표사용

시점부터 인정하지 않는 경우에는 상표권을 잃게 된다. 따라서 사용주의하에서는 "tacking doctrine" 하에서 상표의 사용이나 등록에 따른 우선권(priority)을 유지하면서 상표의 외관의 변화에 대하여 상표권의 효력을 인정한다. tacking doctrine이 적용되기 위해서는 이전의 사용 상표와 현재의 사용 상표는 동일한 상업적 인상을 계속하여 전달하여야 한다.

1914년	1921년
1933년	1941년
1956년	1968년-현재

위 상표는 미국의 Morton Salt사의 유명한 우산 속의 소녀(the Morton Umbrella Girl)이다.[7] 위 상표는 몇 번에 걸쳐 지속적으로 변화하여 왔다. 즉 표장속의 소녀의 의상, 머리와 쓰고 있는 우산 등은 계속 변화하여 왔다. 그러나 위 표장이 전달

---

7) http://www.mortonsalt.com/heritage/mug.html(최종방문 2011. 7. 20.).

하는 이미지는 동일하다. 동일한 연령대의 소녀는 비속에서 우산을 들고 다른 한
손에는 Morton 소금통을 뒤쪽으로 하여 소금을 흘리고 있어 위 상표들은 지속적
으로 동일한 이미지를 형성하고 있다. 따라서 구체적인 차이점에 불구하고 동일성
있는 상표로 인정된다.[8]

III. 지정상품의 보호범위

1. 지정상품

지정상품은 상표등록출원서에 기재된다. 이 경우에 지정상품은 동일성이
있는 상품을 포함한다고 해석된다. 상품의 동일은 두 개의 상품의 내용이 일치
하는 것을 말한다. 그러나 상품이 동일하다고 하여 크기, 무게, 형태, 색채까지
완전히 물리적으로 동일할 것을 요구하는 것은 아니다.[9] 예컨대, 상호 다른 형
태, 크기로 구성된 텔레비전과 텔레비전 사이(예컨대 50인치 LCD 텔레비전과 60
인치 LCD 텔레비전), 오토바이와 오토바이 사이, 만년필과 만년필, 자동차와 자
동차 사이는 동일상품이라고 할 수 있다.[10] 사회통념상 상품이 본질적인 동일성
을 잃지 아니하면 상품의 내용이 반드시 일치하지는 않더라도 동일성이 있다고
할 것이다. 예컨대, 컬러텔레비전과 흑백텔레비전, 브라운관식 텔레비전과 LCD,
OLED 텔레비전 사이, 손목시계와 탁상시계 사이, 내연기관자동차와 전기자동
차 사이는 완전히 동일하지는 아니하나 동일성이 있는 상품이라고 할 수 있다.
물론 이러한 관념도 불가변적인 것은 아니다. 사회 경제적 환경의 변화에 따라
변화할 수 있다.

상품의 동일 여부는 상품의 이름으로 판단할 수는 없고, 실제 2개 이상의
상품을 대비하여 그 상품의 품질, 형상, 용도, 거래의 실태 등을 고려하여 실제
거래의 통념에 따라 객관적으로 판단하여야 한다. 대법원 판례는 등록상표를 그
지정상품에 사용하고 있지 아니한 경우라 함은 등록상표를 지정상품 그 자체
또는 거래사회의 통념상 이와 동일하게 볼 수 있는 상품에 현실로 사용하지 아
니한 때를 말한다 할 것이고, 지정상품과 유사한 상품에 사용한 것만으로는 등

---

8) 우리나라에서 유사한 원칙을 인정한 판례로는 대법원 2008. 9. 25. 선고 2006후2288 판
   결을 들 수 있다.
9) 전효숙, 상표와 상품의 동일·유사, 재판자료 제57집, 법원도서관 (1992) 117; 문삼섭, 상
   표법(제2판), H세창출판사(2004), 511 등.
10) 전효숙(주 9), 117; 문삼섭(주 9), 511.

록상표를 지정상품에 사용하였다고 볼 수 없다고 하고 있다.[11] 따라서 판례는 지정상품은 거래사회의 통념상 이와 동일하게 볼 수 있는 상품을 포함하는 것으로 보고 있다고 할 수 있다. 그리하여 등록상표의 지정상품이 쌀, 보리, 현미, 현미가루, 보리가루 등인 경우에 여러 가지 곡물 또는 야채 등의 분말을 일정한 비율로 혼합한 즉석건조건강식품은 그 지정상품과 동일한 상품이라고 할 수 없을 뿐만 아니라 아래에 설명하는 동일성이 있는 상품이라고도 할 수 없다.[12]

2. 유사상품

1973. 12. 31. 개정 전의 상표법은 상표권을 동종의 상품에 미치는 것으로 규정하였기 때문에 동종상품에는 동일 상품뿐 아니라 유사상품도 포함된다고 해석할 필요성이 있었다. 그러나 그 이후에는 상표권의 효력이 미치는 범위를 동일 또는 유사상품에 미치는 것으로 규정하고 있으므로 동일상품의 의미를 유사상품까지 확대할 수는 없지만 상품의 동일의 범위에는 동일성이 있는 경우도 포함하는 것으로 해석한다.[13] 예컨대 컬러텔레비전과 흑백텔레비전이나 손목시계와 탁상시계 등은 동일하지는 않으나 동일성이 있는 상품으로 인정한다.[14]

상품의 동일유사판단에 있어서 구체적인 상표와의 관계에서 출처혼동의 우려가 있는지를 고려하여 판단하여야 한다는 상대적 판단설과 상표와는 관계없이 상품 상호간의 관계에서 추상적으로 판단하여야 한다는 절대적 판단설이 존재한다. 절대적 판단설은 대비된 상품의 객관적 속성만으로 판단하여야 한다는 객관설과 상표가 사용된 상품이 수요자에게 일반적인 출처의 혼동위험이 존재하는지 여부에 따라 판단하여야 한다는 주관설로 나누어지고 있다.

특허청의 경우, 심사등록업무의 획일적이고도 객관적 기준에 의하여 상품간의 유사성을 판단하여야 하므로 상품의 객관적 속성만으로 판단한다. 이에 반하여 법원은 거래실정을 반영하여 추상적 혼동의 위험성이 있는지를 판단하는 주관설의 입장으로 보인다. 대법원은 거래사회의 통념상 동일성 있는 상품인지 여부는 양 상품의 품질·용도·형상·사용방법·유통경로 및 공급자와 수요자 등 상품의 속성과 거래의 실정을 종합적으로 고려하여 객관적으로 판단하여야 한

---

11) 대법원 2001. 1. 19. 선고 2000후3166 판결; 대법원 2009. 7. 23. 선고 2007후4434 판결.
12) 대법원 2001. 1. 19. 선고 2000후3166 판결.
13) 전효숙(주 9), 312-313.
14) 전효숙(주 9), 312-313.

다고 하여 절대적 판단설 중 객관설의 입장에 있는 듯하다.[15] 종전 판결로서
"상표법 시행 규칙에서 정한 상품 구분의 새 분류(제31류)는 상품의 유사범위를
정한 것이라고는 할 수 없으며 상표의 지정상품과의 동일 또는 유사여부는 그
들 상품의 성질, 모양, 용도 등을 종합해서 거래에 있어서 상호 오인 혼동될 염
려가 있는지의 여부를 가려 결정하여야 할 것인바 '낫'과 이발기구인 '바리칸'
은 같은 '수동 이기류'에 속한다 하더라도 그 품질에 있어서는 물론이거니와 그
모양이나 용도에 있어서 거래관념상 도저히 상호동일하거나 유사하다"고 할 수
없다고 하여 객관설의 입장으로 보이는 것도 있다.[16] 대법원은 지정상품이 금강
석, 홍옥, 단백석, 진주, 수정, 산호, 카메오, 마노, 나전제품, 큐빅지르코니아, 비
취, 청옥'인 경우에 '진주, 산호'는 보석의 원석에 해당하는 원재료이거나 또는
이를 가공처리한 것을 말하므로 그 공급자는 '진주, 산호'의 채집자 또는 보석
가공업자이고 그 수요자는 보석가공업자 또는 귀금속판매상이라고 할 수 있는
데 반하여 실제로 상표가 사용된 상품은 '진주 반지, 산호 반지'인데, '진주 반
지, 산호 반지'는 위와 같이 가공처리한 '진주, 산호'를 디자인된 반지틀과 결합
하여 심미감을 갖는 보석 장신구로 만든 것으로서 그 공급자는 귀금속판매상이
고 그 수요자는 일반소비자이기 때문에 '진주, 산호'와 '진주 반지, 산호 반지'
는 양 상품의 품질·용도·형상 및 사용방법이 다르고, 그 공급자 및 수요자가
다르다고 할 것이고, 위와 같은 양 상품의 속성과 거래의 실정을 고려하면, 피
고가 보석 장신구인 '진주 반지, 산호 반지'에 이 사건 등록상표를 사용한 것은
거래사회의 통념상 이 사건 등록상표의 지정상품인 '진주, 산호'와 동일성 있는
물품에 대하여 등록상표를 사용한 것이라고 할 수 없다고 판시하여 상품의 수
요자의 일반적인 출처의 혼동가능성을 고려하여 판단한 것으로 보인다.[17]

〈나종갑〉

---

15) 대법원 2009. 7. 23. 선고 2007후4434 판결; 대법원 2008. 5. 29. 선고 2006후2967 판결.
16) 대법원 1977. 12. 13. 선고 76후23 판결 거절사정.
17) 대법원 2008. 5. 29. 선고 2006후2967 판결.

제92조(타인의 디자인권등과의 관계)

① 상표권자·전용사용권자 또는 통상사용권자는 그 등록상표를 사용할 경우에 그 사용상태에 따라 그 상표등록출원일 전에 출원된 타인의 특허권·실용신안권·디자인권 또는 그 상표등록출원일전에 발생한 타인의 저작권과 저촉되는 경우에는 지정상품 중 저촉되는 지정상품에 대한 상표의 사용은 특허권자·실용신안권자·디자인권자 또는 저작권자의 동의를 얻지 아니하고는 그 등록상표를 사용할 수 없다.

② 상표권자·전용사용권자 또는 통상사용권자는 그 등록상표의 사용이 「부정경쟁방지 및 영업비밀보호에 관한 법률」 제2조제1호차목에 따른 부정경쟁행위에 해당하는 경우에는 같은 목에 따른 타인의 동의를 받지 아니하고는 그 등록상표를 사용할 수 없다.

〈소 목 차〉

Ⅰ. 서설—타인의 권리와의 이해조정을 위한 상표권의 제한
  1. 타인의 선행하는 권리와의 저촉에 의한 제한
  2. 신의성실의 원칙에 반하는 상표사용권의 제한
Ⅱ. 적용요건
  1. 제92조 제1항의 적용요건
  2. 제92조 제2항의 적용요건
Ⅲ. 적용의 효과
  1. 상표권의 적극적 효력제한
  2. 통상사용권허여심판 또는 법정허락의 불인정
Ⅳ. 관련문제
  1. 상표등록출원이 선행인 경우
  2. 특허권 등의 존속기간 만료 후에 상표를 사용하는 권리

Ⅰ. 서설—타인의 권리와의 이해조정을 위한 상표권의 제한

1. 타인의 선행하는 권리와의 저촉에 의한 제한

가. 의의 및 입법취지

권리의 저촉이란 두개의 권리가 중복되어 있어서 그 어느 쪽을 행사 하더라도 타방의 권리를 침해하게 되는 관계를 말한다. 상표법은 상표권자·전용사용권자 또는 통상사용권자는 그 등록상표를 사용할 경우에 그 사용상태에 따라 그 상표등록출원일 전에 출원된 타인의 특허권·실용신안권·디자인권이나 그 출원일전에 성립한 타인의 저작권과 저촉하는 경우에는 지정상품 중 저촉되는 지정상품에 대한 상표의 사용은 이들 선행권리자들의 동의를 얻지 아니하고는

그 등록상표를 사용하지 못하도록 하여 상표권의 전용권을 제한하고 있다(상표법 제92조 제1항).

상표법과 특허법·실용신안법·디자인보호법 및 저작권법은 각기 보호법익이 상이하여 상호 독립적으로 권리가 발생하지만, 보호 객체의 구성요소가 공통되어 권리간에 경합 내지 저촉이 발생할 경우에는 선출원우위의 원칙(저작권의 경우에는 출원일과 권리발생일)에 의하여 이를 사후적으로 조정하기 위한 것이다. 한편 상표는 상품의 표지로서 전체적으로 관찰되고 이용되므로, 동일·유사·비유사의 문제가 있을 뿐 이용이라는 개념이 발생할 여지는 없다.

나. 저촉의 태양

(1) 특허권·실용신안권과의 저촉

상표는 원래 상품의 식별표지이므로 기술적 사상을 보호하는 특허·실용신안과 직접적 관계나 저촉관계가 있을 수 없다. 다만 입체상표의 도입으로 실제 상표를 사용함에 있어 경우에 따라 특허·실용신안권을 구체화한 제품과 동일·유사하여 저촉관계가 발생하는 것도 이론상 가능하므로(현실적으로는 물품의 형태를 보호하는 실용신안권과 저촉이 예상된다) 그 조정규정을 마련한 것이다.

상표법 제92조의 반대해석으로 상표등록출원일 이후에 출원된 특허권·실용신안권의 실시가 상표권에 저촉되는 경우 상표권자의 동의를 얻어야 하는지 의문이다. 특허·실용신안과 저촉되는 (입체)상표는 대개의 경우 기능적이거나 기술적(descriptive)인 것이므로 상표법 제90조의 규정에 의하여 상표권의 효력이 제한되는 경우가 대부분일 것이며, 특허법 및 실용신안법은 이와 관련된 별도의 규정을 두고 있지는 않다.[1]

(2) 디자인권과의 저촉

물품형태의 기능적, 심미적 특징은 디자인권의 보호대상이다. 지정상품의 기능적·장식적 특징을 포함하는 입체상표는 원칙적으로 식별력이 없는 상표로 등록거절사유가 된다. 다만 당해 물품형태가 사용에 의한 식별력을 취득한 경우

---

[1] 일본 특허법(제72조) 및 실용신안법(제17조)은 이 경우 출원일이 앞선다면 상표권자의 동의를 받아야 하는 것으로 하고 있다. 그러나 상표등록출원일을 기준으로 하는 것은 부당하다고 본다. 왜냐하면 특허출원은 기술이론을 완성시킨 다음 이루어지므로 출원이 중요한 보호기준이 될 것이나, 상표의 경우는 실제 사용에 의해 신용을 획득한 때에 보호실체를 갖추는 것이므로 특히 불사용상표의 경우 상표등록출원일을 기준으로 하여 출원일 이후에 획득된 특허권·실용신안권보다 불사용상표권이 우선한다는 것은 합리성이 없다 할 것이다. 입법론상으로는 등록일 또는 주지성 취득일 이후에 취득한 특허권에 한하여 상표권이 그보다 우선한다고 함이 타당할 것이다.

에는 상표등록을 받을 수는 있으나, 그 경우에도 기능적 특징과 장식적인 특징
은 상표에 의한 보호를 받을 수 없다. 따라서 상품표지로서 기능을 하는 물품의
장식적 특징을 입체상표로 등록을 받은 경우에는 디자인권과 상표권의 저촉이
발생한다. 상표법은 이 경우 권리조정규정으로 먼저 권리를 취득하는 자가 우선
하도록 하여 선출원인 디자인권이 존재하는 경우 상표권자는 디자인권자의 동
의를 얻도록 한 것이다.2)

   그러나 디자인은 물건의 형상, 모양, 색채 등을 통하여 미적 가치를 표현하
는 것이므로 물건과 분리되어서는 존재할 수 없는 것임에 반하여 상표는 상품
의 구조 자체와는 무관하게 사용되는 것이다. 따라서 등록상표가 그 지정상품과
동일한 물품에 사용되더라도 그 사용의 태양이 디자인으로 사용되지 않는 한
디자인권과 저촉되는 일은 없을 것이다. 상표법 제92조에 "그 사용 상태에 따
라"라고 규정한 것도 그와 같은 경우에만 저촉이 있음을 명확히 하기 위한 것
이다. 등록상표의 일부가 디자인권과 저촉하는 경우에도 저촉의 범위 내에서 사
용할 수 없다.3)

   반대로 선출원의 상표권이 존재한 경우 후원의 디자인권자가 디자인을 실
시함에 있어 상표권과 이용·저촉관계에 있을 때 선출원의 상표권자의 동의를
얻어야 하도록 규정(디자인 제95조)하여 권리조정을 꾀하고 있다.

   (3) 저작권과의 저촉

   상표의 도형, 색채, 입체적 형상 등은 미술저작물이나 도형저작물과 저촉관
계가 발생할 수 있다. 출원상표가 타인의 저명한 저작물과 동일·유사한 경우에
는 공서양속 위반으로 거절되겠지만, 착오로 등록된 경우 또는 타인의 저명하지
않은 저작물과 동일·유사한 상표가 등록된 경우에는 본조의 규정이 적용될 것
이다.4) 예컨대 뽀빠이라는 문자와 만화주인공의 도형의 결합상표인 경우 만화
주인공의 도형이 저작권법의 보호대상이 되는 경우, 이를 상표로 등록하였다고
하더라도 이를 상품에 표시하는 것은 대상 상품이 어떤 것인가에 관계없이 복
제권을 침해하는 것이 되므로 선행 저작권자의 동의를 받지 않으면 저작권 침

---

2) 원래 선출원의 디자인권이 존재하는 경우 그에 저촉하는 도형상표·색채상표·입체상표
   는 공공질서 즉 상표법·디자인보호법 질서에 반하므로 등록되어서는 아니되며 이를 간과
   하였거나 다른 사유로 등록된 경우에 본조에 의해 처리된다.
3) 사법연수원, 상표법, 사법연수원(2015), 261-262.
4) 타인의 저작물과 저촉되는 상표가 등록된 경우에도 그 타인이 자신의 저작물을 이용하
   는 행위는 상표적 사용이 아니므로 상표권 침해를 구성하지 않는다.

해를 구성한다.5)

　　반대로 선행의 등록상표권이 존재하는 경우 후에 이와 저촉되는 저작권이 발생할 경우 권리의 조정관계도 생각해 볼 수 있으나, 저작권은 저작물의 작성과 동시에 발생하는 것이므로(저작물은 창작물이어야 하므로) 실제로는 이러한 사태가 발생할 가능성이 거의 없고(저작물이 선행하는 상표와 유사할지라도 그의 작성이 독자적인 것이라면 저작권이 발생하므로 가능성이 전혀 없는 것은 아니다), 저작물의 이용은 상표적 사용이 아닌 이상 상표권의 효력이 미치지 않는다는 점에서 저작권법은 후 발생 저작물의 이용을 보장하기 위한 별도의 규정을 마련하지 않은 것으로 생각된다.6)

　　상표법 제92조 제1항에서 등록상표가 그 등록출원 전에 발생한 저작권과 저촉되는 경우에 저작권자의 동의 없이 그 등록상표를 사용할 수 없다고 한 것은 저작권자에 대한 관계에서 등록상표의 사용이 제한됨을 의미하는 것이므로, 저작권자와 관계없는 제3자가 등록상표를 무단으로 사용하는 경우에는 상표권자는 그 사용금지를 청구할 수 있다.7)

2. 신의성실의 원칙에 반하는 상표사용권의 제한

　　상표권자・전용사용권자 또는 통상사용권자는 그 등록상표의 사용이 부정경쟁방지법 제2조제1호차목8)에 따른 부정경쟁행위에 해당하는 경우에는 같은 목에 따른 타인의 동의를 받지 아니하고는 그 등록상표를 사용할 수 없다(상표법 제92조 제2항).

　　상표법 제92조 제2항은 2014년 개정 상표법에서 신설된 것으로 상표권자 등의 등록상표에 대한 사용이 타인의 상당한 투자나 노력으로 만들어진 성과

---

5) 사법연수원(주 3), 262.
6) 참고로 저작권은 객체의 실질적 유사성이 있는 경우에도 주관적으로 타인의 저작물에 의거하지 않은 이상 권리의 병존이 가능하여 각자 자기의 저작물을 이용할 수 있는 것이므로(이 점에서 소위, 遮斷效가 없다고 한다) 저작물간의 이용・저촉에 관한 규정을 두고 있지 않다. 그러나 저작물과 상표의 경우는 저작권법 내에서의 문제가 아니므로 저작권의 발생 시점 이전에 출원하여 등록된 상표와 실질적유사성이 있는 저작물을 상표적으로 이용하는 경우에는 베끼지 않고(not substantially copied) 독자적으로 창작한 것일지라도 문리적 해석으로는 상표권 침해가 된다고 보아야 하겠지만 사례를 예상하기가 매우 어렵다.
7) 대법원 2006. 9. 11. 선고 2006마232 결정.
8) 차목은 불법행위이론에 기초한 판례(대법원 2010. 8. 25. 선고 2008마1541 결정)의 판시 문구를 반영하여 구성요건이 만들어진 것이어서 전형적인 부정경쟁행위로 분류되어온 행위유형들을 모두 커버할 수 있는 보편적 일반조항이 아니라 '성과모용'의 금지에 국한될 수밖에 없는 한계가 존재한다.

등을 무단으로 사용하는 결과를 초래하는 경우 등록상표의 사용에 있어 그 타인의 동의를 요함으로써 공정한 상거래 관행 및 경쟁질서를 확립하고 부정경쟁방지법과의 조화를 도모하기 위함이다.

Ⅱ. 적용요건

1. 제92조 제1항의 적용요건

가. 선행하는 타인의 권리가 존재할 것

상표권자와 선행권리자가 타인간인 경우에 한하여 적용된다. 동일인 간에는 권리의 충돌을 조정할 필요가 없기 때문이다. 선행하는 권리는 특허권·실용신안권·디자인권 또는 저작권이어야 한다. 따라서 상표권과 상표권 간에는 본 규정이 적용되지 아니한다.[9] 또한 타인의 특허권·실용신안권·디자인권에 관한 출원이 저촉관계인 상표등록출원일보다 먼저 출원되어 등록되어야 하며, 저작권의 경우 그 발생일이 출원일보다 앞서야 한다.

나. 등록상표의 사용일 것

본 규정은 전용권의 제한에 관한 것이므로 등록상표를 그 지정상품에 대하여 사용하는 경우에 한하여 적용된다. 따라서 상표권자가 등록상표를 유사 또는 비유사범위 내에서 사용할 때에는 타인의 권리가 후출원 또는 후발생의 것이라도 그 권리자의 허락을 받아야 한다.

다. 상표의 사용상태에 따라 선행권리와의 저촉이 있을 것

본 규정은 등록상표의 사용상태가 타인의 선행하는 권리와 저촉되는 경우에 한하여 적용된다. 따라서 등록상표의 '사용상태'가 타인의 선행하는 권리와 저촉되지 않는 경우에는 그 등록상표를 자유로이 사용할 수 있다. 또한 본 규정은 저촉되는 지정상품에 대한 상표의 사용에 한하여 적용된다. 따라서 어느 지정상품에 대한 상표의 사용이 타인의 권리와 저촉되지 않는 경우에는 타인의 권리를 침해하는 것이 아니므로 그 등록상표를 자유로이 사용할 수 있다.

---

9) 본 규정은 저촉하는 양 권리가 유효한 것임을 전제로 하는 것인데, 상표권의 중복등록의 경우에는 무효심판으로 이해관계를 조정해야 하기 때문이다. 최성우·정태호, OVA 상표법, 한국특허아카데미(2012), 379.

2. 제92조 제2항의 적용요건

가. 등록상표의 사용일 것

제1항과 마찬가지로 '등록상표'의 사용인 경우에 한하여 적용이 있으며, 상표권자 등이 등록상표와 유사한 상표를 사용한 경우에는 본항의 적용이 없다.

나. 부정경쟁방지법 제2조 제1호 차목에 따른 부정경쟁행위에 해당할 것

2013. 7. 30 개정 부정경쟁방지법은 부정경쟁행위의 유형인 제2조 제1호 가목~자목 이외에 타인의 상당한 투자나 노력으로 만들어진 성과 등을 공정한 상거래 관행이나 경쟁질서에 반하는 방법으로 자신의 영업을 위하여 무단으로 사용함으로써 타인의 경제적 이익을 침해하는 행위를 부정경쟁행위의 유형으로 추가하였다.

부정경쟁방지법 제2조 제1호 차목	차. __그 밖에__ 타인의 상당한 투자나 노력으로 만들어진 __성과 등__을 공정한 상거래 관행이나 경쟁질서에 반하는 방법으로 자신의 영업을 위하여 무단으로 사용함으로써 타인의 경제적 이익을 침해하는 행위

차목은 불법행위이론에 기초한 판례(대법원 2010. 8. 25. 선고 2008마1541 결정)의 판시문구를 반영하여 구성요건이 만들어진 것이어서 전형적인 부정경쟁행위로 분류되어온 행위유형들을 모두 커버할 수 있는 보편적 일반조항이 아니라 '성과모용'의 금지에 국한될 수밖에 없는 한계가 존재한다.

법문에서 '타인의 상당한 투자나 노력으로 만들어진 성과 등을~' 부분은 성과경쟁의 원칙을 천명한 것으로 부정경행위로부터 보호객체가 되는 대상을 한정 짓는 구성요건이다. 다양한 부정경쟁행위를 포섭할 수 있는 일반조항의 형태 중에서 신설된 우리 일반조항은 '타인의 성과물 도용'의 규율에 초점을 맞추어 입안한 것으로 보아야 할 것이다.[10] 독일에서는 부정경쟁방지법에 의한 노력의 보충적 보호를 통하여 경쟁적 특성을 지닌 탁월한 노력을 불공정한 사용으로부터 보호하여 왔다. 이는 모방으로부터, 즉 구체화된 노력의 모용으로부터 보호하는 것이다. 이러한 보호는 동일한 혹은 거의 동일한 모방 등 타인의 노력을 직접적으로 모용하는 경우뿐만 아니라 타인의 노력 결과물을 토대로 해서 모조

---

10) 김원오, "부정경쟁방지법상 신설된 일반조항의 법적 성격과 그 적용의 한계", 「산업재산권」 제45호(2014), 274.

하는 경우에도 인정된다. 다만 부정경쟁방지법은 어떤 노력 결과물을 직접 보호하는 것이 아니라 특별법인 지적재산권법에 의해 보호받지 못하는 한도 내에서 공서양속에 반하는 모용행위, 영업행위 또는 기타 사용행위의 금압을 통해 지적재산권법을 보충하는 의미에서 보호하는 것이다. 배타적 지적재산권법이 적용되는 경우 외에는 원칙적으로 모방은 허용되기 때문에 부정경쟁방지법은 부정경쟁행위 또는 부정이용행위에 해당하는 특별한 상황이 있는 경우, 예컨대, 타인의 성과를 그대로 이용하는 독창성없는 모방인 예속적 모방(slavish imitation)을 방지하기 위해 보충적으로 적용되어 왔다고 볼 수 있다.

　'타인의 상당한 투자나 노력으로 만들어진 성과'란 (가) 내지 (자)목의 부정경쟁행위의 보호법익에 대한 투자나 노력에 상응하는 정도의 투자나 노력에 의한 것이어야 할 것이다.[11] 이때 '타인'이란 자신의 성과에 대한 타인의 부당한 무임승차 행위로부터 보호를 주장할 수 있는 자를 의미한다. '투자나 노력'의 상당성은 구체적인 상황에 따라 판단하여야 하며, 판례의 축적이 요구되는 상황이다. '성과'는 투자·노력의 결과 경제적 가치를 갖는 것으로써 기술적 성과뿐 아니라, 고객에 대한 이미지, 고객 네트워크 등도 이에 포함된다. 그러나 "자신의 동일성(identity)이 상업적으로 사용되는 것을 통제할 인간의 천부적인 권리" 또는 "사람의 초상, 성명 등 그 사람 자체를 가리키는 것을 광고, 상품 등에 상업적으로 사용하여 경제적 이익을 얻을 수 있는 권리"라고 정의되는 퍼블리시티권의 대상인 유명인의 성명, 초상 등이 갖는 고객흡인력 자체는 차목의 성과 등에 해당하지 아니한다. 따라서 키워드검색광고 서비스 사업자에 대해서 연예인등의 성명 등의 명성을 무단 사용한 것에 대해서 부정경쟁방지법 제2조의 차목을 적용하는 것에는 분명한 한계가 존재한다.

Ⅲ. 적용의 효과

1. 상표권의 적극적 효력제한

　상표권자는 선행 권리자의 동의를 얻지 못하면 자기의 등록상표를 그 지정상품에 대하여 사용하지 못한다. 본조의 적용이 있는 경우라도 전용권이 제한되는 것이지 그 금지권까지 제한되는 것은 아니다.[12]

---

11) 최정열·이규호, 부정경쟁방지법, 진원사(2017), 211.
12) 구 상표법 제53조(현행 상표법 제92조)에서 등록상표가 그 등록출원 전에 발생한 저작권

2. 통상사용권허여심판 또는 법정허락의 불인정

상표법은 타 권리자가 동의를 해주지 않을 경우에 상표의 사용을 강제적으로 보장하기 위한 소위 통상사용권허여심판이나 법정허락제도를 인정하고 있지 않다. 왜냐하면 상표는 창작물이 아니라 표지선택의 결과에 불과하기 때문에 그 사용을 강제적으로 보장할 필요는 없기 때문이다.

IV. 관련문제

1. 상표등록출원이 선행인 경우

특허법 제98조, 실용신안법 제25조 및 디자인법 제95조는 상표등록출원이 선행하는 경우로서 권리의 저촉이 있는 경우에는 선행하는 상표권자의 동의를 받도록 규정하고 있다. 그러나 저작권은 저작물의 창작과 동시에 발생하는 것이므로 상표등록출원일이 저작권 발생일보다 앞서는 경우가 거의 없고, 저작물의 이용은 상표적 사용이 아니면 상표권의 효력이 미치지 않는다고 해석할 수 있으므로 저작권법에는 상표등록출원 후에 저작권이 발생한 저작물의 이용을 보장하기 위한 별도의 규정이 없다.

2. 특허권 등의 존속기간 만료 후에 상표를 사용하는 권리

상표법은 상표권이 반영구적인 권리라는 점을 고려하여, 상표등록출원일전 또는 상표등록출원일과 동일한 날에 출원되어 등록된 특허권 · 실용신안권 · 디자인권 등이 상표권과 저촉되는 경우로서 그 특허권 등의 존속기간이 만료되는 때에는 그 원특허권자 등에게 원특허권 등의 범위 안에서 그 특허발명 등을 계속해서 실시할 수 있도록 하고 있다(상표법 제98조).

〈김병일〉

과 저촉되는 경우에 저작권자의 동의 없이 그 등록상표를 사용할 수 없다고 한 것은 저작권자에 대한 관계에서 등록상표의 사용이 제한됨을 의미하는 것이므로, 저작권자와 관계없는 제3자가 등록상표를 무단으로 사용하는 경우에는 상표권자는 그 사용금지를 청구할 수 있다(대법원 2006. 9. 11. 선고 2006마232 결정).

제93조(상표권등의 이전 및 공유)

① 상표권은 그 지정상품마다 분할하여 이전할 수 있다. 이 경우 유사한 지정상품은 함께 이전하여야 한다.

② 상표권이 공유인 경우에는 각 공유자는 다른 공유자 모두의 동의를 얻지 아니하면 그 지분을 양도하거나 그 지분을 목적으로 하는 질권을 설정할 수 없다.

③ 상표권이 공유인 경우에는 각 공유자는 다른 공유자 모두의 동의를 얻지 아니하면 그 상표권에 대하여 전용사용권 또는 통상사용권을 설정할 수 없다.

④ 업무표장권은 이를 양도할 수 없다. 다만, 그 업무와 함께 양도하는 경우에는 그러하지 아니하다.

⑤ 제34조제1항제1호의3 단서, 같은 호 라목 단서 또는 같은 항 제3호 단서에 따라 등록된 상표권은 양도할 수 없다. 다만, 제34조제1항제1호다목 · 라목 또는 같은 항 제3호의 명칭, 약칭 또는 표장과 관련된 업무와 함께 양도하는 경우에는 그러하지 아니하다.

⑥ 단체표장권은 이를 이전할 수 없다. 다만, 법인의 합병의 경우에는 특허청장의 허가를 받아 이전할 수 있다.

⑦ 증명표장권은 이전할 수 없다. 다만, 해당 증명표장에 대하여 제3조제3항에 따라 등록받을 수 있는 자에게 그 업무와 함께 이전할 경우에는 특허청장의 허가를 받아 이전할 수 있다.

⑧ 업무표장권, 제34조제1항제1호다목 단서, 같은 호 라목 단서 또는 같은 항 제3호 단서에 따른 상표권, 단체표장권, 또는 증명표장권을 목적으로 하는 질권은 설정할 수 없다.

<소 목 차>

Ⅰ. 상표권의 이전
  1. 서설
  2. 이전의 태양
  3. 이전절차 및 효력발생
  4. 이전의 효과
  5. 상표권이전의 제한
  6. 관련문제

Ⅱ. 상표권의 공유
  1. 서
  2. 공유상표권의 효력
  3. 공유상표권의 제한
  4. 공유상표권 제한을 위반한 경우의
     효과
  5. 관련문제

Ⅰ. 상표권의 이전

1. 서설

가. 의의

상표권의 이전이란 상표권의 내용 및 하자의 동일성을 유지하면서 그 권리의 주체만을 교체하는 것을 말한다. 상표권은 재산권의 일종으로서 다른 산업재산권과 마찬가지로 타인에게 양도할 수 있다. 상표권은 상표권자의 자유의사에 의한 양도, 상속 기타 일반승계에 의하여 이전되고 강제집행에 의한 이전도 가능하다. 다만 상표법의 목적에 부합되도록 품질의 오인이나 출처의 혼돈 등을 방지하여 수요자의 이익 등을 보호하기 위하여 이전에 일정한 제한이 따른다.

나. 연혁

1990년 1월 13일 법률 제4210호로 개정되기 이전의 법은 「상표는 등록여부를 불문하고 그 지정상품의 영업과 같이 하지 아니하면 이를 이전할 수 없다」고 규정하였다(구 상표법 제27조 제1항). 상표란 상품의 출처를 표시하는 기능을 갖기 때문에 영업과 밀접한 관련을 가지며, 특히 상품의 품질, 특성이 영업과 불가분의 관계가 있는 경우에는 영업과 분리해서 상표권만의 이전을 인정하는 때에는 일반수요자는 출처의 혼동에 의해 기대에 반하는 품질, 특성의 상품을 구입하는 것이 되기 때문에 상품의 동일성을 담보한다는 면으로부터 보아도 상표권이 영업과 분리해서 이전하는 것은 인정될 수 없다는 것이 그 이유였다.

그러나 상표가 갖는 출처표시기능은 주로 상표권자의 거래상 이익을 보호하는 것이므로 상표권자 자신이 이러한 이익을 포기하고 영업과 분리해서 상표만을 이전하겠다는 것을 거부할 이유가 없고, 상품의 품질이라는 측면에서 보아도, 상표가 영업과 함께 이전되면 품질이 보증되고 분리해서 이전되면 품질이 보증되지 않는다는 필연적 관계는 존재하지 아니한다. 상표권을 양수한 자는 이제 상표권자로서 그 상표에 의해 표창된 상품의 신용을 높이려는 의욕이 있으면 상품의 품질향상에 노력할 것이며, 그렇지 않으면 상품의 품질이 저하되어 일반소비자의 기대를 해치기는 하나, 그것은 상표와 영업을 함께 양수했는가 아닌가에 달려있다기보다는 양수인의 기업노력의 여하에 달려있다. 그렇다면 품질보증이라는 측면에서 보아도 상표권을 영업과 분리해서 이전하는 것을 불허

할 이유는 존재하지 아니한다. 특히 거래현실에서 보면 상표가 거래재로 되는 경우란 상표와 영업과의 관계가 희박한 경우가 태반이다. 상표와 영업과의 관련이 유기적으로 되어 있는 상표는 오히려 거래의 대상으로 되기 힘들다고 보지 않으면 안 된다. 상표의 사용허락의 경우는 동일한 상표를 부착했으나 출처가 다른 상품이 동시에 둘 이상 존재하는 것이 상례이므로 소비자보호를 위하여 품질의 동일성 보장은 어떠한 방법으로든 준수되어야 하나, 상표의 이전의 경우에는 오로지 상표권자의 상품만이 존재한다. 따라서 현실적으로 영업이 존재하지 않음에도 불구하고 오로지 상표전매만을 목적으로 상표권을 취득하거나 양수하는 상표브로커의 횡행을 어느 정도 효과적으로 방지할 수 있다면 상표권의 이전을 자유롭게 인정하여도 하등 문제될 바가 없다. 여기서 상표법은 상표권만의 이전이 가능하도록 규정하였고 이로써 상표권의 재산권성이 제고되었다.

2. 이전의 태양

상표권의 이전은 발생원인에 따라 특정승계와 일반승계로, 이전의 범위에 따라 전부승계와 일부승계로 구분된다.

가. 특정승계와 일반승계

상표권은 영업과 함께 하지 아니하고도 매매·증여 등에 의해 자유롭게 양도된다. 지정상품이 둘 이상인 경우는 「그 지정상품마다 분할하여 이전할 수 있다」(상표법 제93조 제1항). 또 상표권은 공장재단의 구성요소로서 재단저당에 포함되어 담보가 가능하고(공장 및 광업재단 저당법 제13조 제1항 제6호), 질권설정이 가능하므로 이러한 담보권의 실행을 통해서도 이전되며, 강제집행을 통하여서도 이전된다.

또 상표권은 상속, 포괄유증, 회사의 합병 등 일반승계에 의해서도 이전됨은 물론이다. 상표권이 상속 기타 일반승계에 의하여 이전되는 경우에는 등록을 하지 아니하여도 승계의 효력이 발생한다(상표법 제96조 제1항). 다만, 지체없이 특허청장에게 신고하여야 하며(상표법 제96조 제2항), 3년 이내에 상속인이 그 상표권의 이전등록을 하지 아니한 경우에는 상표권자가 사망한 날부터 3년이 되는 날의 다음 날에 상표권이 소멸된다(상표법 제106조 제1항).

나. 전부승계와 일부승계

상표권의 이전은 지정상품에 전부에 대한 상표권을 양도하는 경우와 지정상품별로 분할해서 이전하거나 지분의 일부만을 이전하는 경우가 있다.

3. 이전절차 및 효력발생

특정승계의 경우에는 양도계약서나 양도증과 같이 등록원인을 증명하는 서류를 첨부한 권리이전등록신청서를 제출하면 되고, 영업과 함께 이전한다는 사실의 증명이나 이전공고 사실을 증명하는 서류가 필요없다. 상표권의 특정승계에 의한 이전은 이를 등록하지 아니하면 그 효력이 발생하지 아니한다(상표법 제96조 제1항 제1조).[1]

일반승계의 경우에는 승계원인이 발생하면 상표권이 이전되는 것이므로 별도의 절차를 요하지 아니하며, 다만 지체없이 그 취지를 특허청장에게 신고하여야 한다(상표법 제96조 제2항). 3년 이내에 상속인이 그 상표권의 이전등록을 하지 아니한 경우에는 상표권자가 사망한 날로부터 3년이 되는 날의 다음날에 상표권이 소멸된다(상표법 제106조 제1항).

4. 이전의 효과

상표권 이전 시에는 그 내용 및 하자 등이 동일성을 유지하면서 그대로 이전된다. 따라서 무효사유가 있는 상표권이 이전되는 경우에는 당해 무효사유도 그대로 수반되어 이전되고, 불사용취소심판에 있어서도 불사용기간은 이전 전후의 기간을 합산하여 계산된다.[2]

손실보상청구권은 경고 후 상표권의 설정등록시까지의 기간에 대하여 인정되는 것으로서, 그 행사는 상표권의 행사에 영향을 미치지 아니한다(상표법 제58조). 이와 같이 상표권과 손실보상청구권은 별개이기 때문에 상표권이 이전되었다고 하여 손실보상청구권이 그에 부수하여 함께 이전되는 것은 아니다.[3]

또한 상표권의 이전이 있는 경우에도 전용사용권, 등록한 통상사용권, 질권 등의 부수적인 권리의 효력에는 영향이 없다. 상표권자가 밟은 절차의 효력은 그 권리의 승계인에게 미치며(상표법 제20조), 특허청장이나 심판장은 승계인에게 상표에 관한 절차를 속행하게 할 수 있다(상표법 제21조).

---

1) 과거 상표법(1973. 2. 8. 법률 제2506호)은 상표권의 이전의 경우 이전일로부터 1년 이내에 이전등록을 신청하지 아니하면 상속의 경우를 제외하고 취소의 원인이 된다고 규정(구 상표법 제45조 제1항 제5호 V)하였으나 삭제되었다. 또 1997년 개정시 상표법 조약에 가입함을 전제로 동 조약에서 금지하는 상표권이전시의 신문공고절차 요건을 삭제하였다. 타당한 조치임은 물론이다.
2) 대법원 2000. 4. 25. 선고 97후3920 판결.
3) 최성우·정태호, OVA상표법, 한국특허아카데미(2011), 385.

5. 상표권이전의 제한

가. 서설

상표권은 영업과 분리하여 자유롭게 양도할 수 있다. 다만 상표법은 수요자의 품질오인 및 출처혼동을 방지하기 위하여 공유상표·업무표장·단체표장 등 특수한 관계에 있는 상표권의 이전에 대해서는 일정한 제한을 가하고 있다.

나. 제한사유

(1) 유사지정상품의 분할이전금지

상표권의 분할이전시에는 유사한 지정상품을 수요자의 상품출처에 대한 오인·혼동을 방지하기 위하여 반드시 함께 이전하여야 한다(상표법 제93조 제1항 후단).

(2) 공유에 관한 상표권의 이전제한

상표권자가 상표권을 양도하는 경우에는 당사자의 합의만으로 양도할 수 있지만 공유인 상표는 공유자전원의 승낙이 없으면 그 지분을 양도하거나 그 지분을 목적으로 하는 질권을 설정할 수 없다(상표법 제93조 제2항). 이것은 공유자가 누가 되느냐에 따라 공유자간의 신뢰관계와 자본능력 또는 영업의 경영능력에 큰 변동을 가져오기 때문이다. 이 규정은 공유자 상호간에 신뢰관계와 자본능력 등을 고려하여 상표권의 양도시에는 공유자의 동의를 구하도록 한 것이다.

(3) 국가·공공단체 등이 등록한 상표권의 이전제한

국가·공공단체 또는 이들의 기관과 공익법인의 영리를 목적으로 하지 아니하는 업무 또는 영리를 목적으로 하지 아니하는 공익사업을 표시하는 표장으로 저명한 것은 오직 이들 공공단체만이 상표등록을 받을 수 있다(상표법 제34조 제1항 제1호 다목 단서, 제34조 제1항 제1호 라목, 제34조 제1항 제3호 단서). 따라서 이들의 경우에 상표의 자유양도를 인정하는 것은 상표법 제34조 제1항 제1호 및 3호의 입법취지에 어긋난다. 그러나 본래의 업무와 함께 일괄하여 양도하는 것은 동조 동항 동호의 입법취지에 어긋나지 아니하므로 이러한 경우에는 양도가 허용된다(상표법 제93조 제5항 단서).

(4) 단체표장권, 업무표장권 증명표장권의 양도제한과 금지

단체표장권은 이를 이전할 수 없다. 다만 법인의 합병의 경우에는 특허청장의 허가를 받아 이전할 수 있다(상표법 제93조 제6항). 법인의 합병의 경우에 단

체표장이 이전된다 함은 단체표장권을 가진 A법인이 B법인과 합병하여 A법인
이 소멸하고 존속되는 B법인이 단체표장권의 주체가 되는 경우를 말한다. 업무
표장권은 업무와 함께 양도하는 경우를 제외하고는 양도할 수 없다(상표법 제93
조 제4항). 증명표장권은 해당 증명표장에 대하여 제3조제3항에 따라 등록받을
수 있는 자에게 그 업무와 함께 이전할 경우에는 특허청장의 허가를 받아 이전
할 수 있다(상표법 제93조 제7항).

다. 위반의 효과

상표권 이전의 제한 규정을 위반하여 이전된 경우에는 상표등록취소심판의
대상이 된다(상표법 제119조 제1항 제4호). 즉 분할이전의 대상이 되는 지정상품
은 반드시 서로 다른 류구분에 속할 필요는 없으므로 동일류구분 내의 상품이
라도 가능하다. 그러나 유사상품에 대하여 상표권을 분할하여 이전한 결과 유사
상품에 동일한 상표를 사용함으로써 일반 수요자로 하여금 상품출처의 오인을
야기한 경우에는 상표등록의 취소사유가 될 수 있다. 다만, 취소심판청구 후 당
해 청구사유의 하자가 치유된 경우에는 취소를 면할 수 있으며(상표법 제119조
제4항), 본호에 의하여 상표등록이 취소되더라도 재출원이 제한되지 아니한다(상
표법 제34조 제3항).

6. 관련문제

가. 상표권 분할 후의 이전에 대한 문제

상표법은 유사한 지정상품에 관한 상표권은 함께 이전하도록 하고 있다. 그
런데 상표권자가 상표법 제94조(상표권의 분할)의 규정에 의하여 유사한 지정상
품들을 각각 별개의 상표권으로 분할한 후에 그 상표권을 주체를 달리하여 이
전한다면 이에 대하여 동법 제119조 제1항 제4호의 취소사유에 해당하는가에
대하여 논란이 있다.[4]

나. 마드리드 의정서에 의한 출원의 특례
(1) 국제등록의 명의변경

국제등록명의인 또는 그 승계인은 지정상품 또는 지정국의 전부 또는 일부
에 대하여 국제등록의 명의를 변경할 수 있다(상표법 제174조). 다만, 양수인은

---

4) 최성우·정태호(주 3), 386. 상표법 제93조 제1항 후단의 규정을 유추적용하여 취소사유
에 해당한다고 보는 견해도 있으나, 이는 입법적으로 해결해야 할 문제이다.

국제출원의 출원인적격을 가진 자이어야 하며(공통규칙 제25조), 국제등록의 명의변경은 신청서를 국제등록명의인이 국제사무국에 직접 제출하거나 등록명의인의 본국관청을 통하여 제출할 수도 있고, 양수인의 체약당사자 관청을 통하여 제출할 수도 있다(의정서 제9조). 국제등록명의의 변경에 의하여 국제등록지정상품의 전부 또는 일부가 분할되어 이전된 경우에는 국제상표등록출원은 변경된 국제등록명의인에 의하여 각각 출원된 것으로 본다(상표법 제184조 제2항).

(2) 국제등록기초상표권의 이전

국제등록기초상표권의 이전은 우리나라 특허청에서 등록절차를 밟는 것이 아니라, 국제사무국이 국제등록의 명의변경을 국제등록부에 등록함으로써 효력이 발생하게 된다(상표법 제184조 제1항). 국제등록기초상표권의 경우 특정승계든 일반승계든 그 원인에 관계없이 국제등록부에 명의변경이 되지 않으면 승계의 효력이 발생하지 않으므로(상표법 제201조 제1항), 기타 일반승계의 경우에도 출원인이 국제사무국에 명의변경신고를 하여야 한다(상표법 제201조 제3항).

Ⅱ. 상표권의 공유

1. 서

가. 의의

'상표권의 공유'란 하나의 상표권을 2인 이상이 공동으로 소유하는 것을 말한다. 상표권의 공유란 지정상품을 달리하여 상표권을 각각 소유하는 것이 아니라 상표권 전체에 대하여 각각의 지분별로 소유하는 것이다.

'상표권의 공유'는 하나의 상표를 2인 이상이 공동출원하여 상표등록을 받는 경우에 형성되는 것이 일반적이지만, 상표권의 지분을 일부이전 또는 공동상속하거나 질권 등의 실행결과 다수인에 의한 공유관계가 성립하기도 한다.

나. 법적 성질

상표권의 공유는 민법상 준공유로서 특별한 규정이 없는 한 민법의 공유에 관한 규정이 준용된다. 다만, 상표법은 상표권의 공익성과 보호객체의 무체성을 고려하여 상표의 사용과 관련해서는 공유적인 성질을 그리고 상표권의 수익·처분과 관련해서는 합유적인 성질을 갖는 것으로 하고 있다.[5]

---

5) 최성우·정태호(주 3), 388.

민법상 공유물의 이용은 각 공유자의 지분의 과반수로서 결정한다(민법 제
265조)고 규정한다. 이에 반해 특허법은 계약으로 특별히 약정한 경우를 제외하
고는 다른 공유자의 동의를 얻지 아니하고 그 특허발명을 자신이 실시할 수 있
다고 규정(특허법 제99조 제3항)하고 있다. 상표법은 이에 관해 아무런 규정도 두
고 있지 아니하지만, 다수설은 그 객체의 무체성으로부터 상표의 사용은 각자의
지분의 다과에 불구하고, 전면적으로 사용할 수가 있으며, 또 다른 공유자의 동
의도 필요없다고 해석하고 있다.[6] 다만, 공중을 오인시키는 결과를 가져와서도
안 되며, 공익에 반해서도 안 되는 것은 병존적 사용의 전제조건이라고 하여야
할 것이다.[7]

2. 공유상표권의 효력

가. 적극적 효력— 공유자의 자유사용

상표법상 특허법 등과 같이 명문의 규정은 두고 있지 않지만 원칙적으로
각 공유자는 계약에 의하여 특별히 달리 약정한 경우를 제외하고는 다른 공유
자의 동의없이 자기의 지분에 근거하여 등록상표를 자유로이 사용할 수 있다.
또한 공유자 중 1인만의 정당한 사용으로도 제119조 제1항 제3호의 취소를 면
할 수 있고, 공유자 중 1인만의 부정사용으로도 제119조 제1항 제1호에 의한 취
소가 될 수 있다.

나. 소극적 효력

공유상표권에 대한 제6장의 침해행위에 대하여 침해의 예방·금지청구(상표
법 제107조 제1항)는 보존행위로서 단독으로 권리전체에 대하여 행사할 수 있다.
그러나 손해배상청구는 일종의 처분행위이므로 자기의 지분에 대한 손해배상청
구만이 가능하며, 1인이 단독으로 전체에 대하여 행사할 수는 없다.[8]

---

6) 이수웅, 상표법, 한국공업소유권법학연구원(1990), 744. 그러나 무체재산이라고 하여 이
   러한 해석을 하여야 할 논리 필연적인 근거가 없으므로 이론상 민법의 적용을 배제하기
   위해서는 특별규정을 두는 것이 타당할 것이다. 일본 상표법(제35조)은 특허법의 규정을
   준용하고, 영국 상표법은 명문으로 규정(제23조)하여 입법적으로 해결하고 있다.
7) 파리조약 제5조 c(3). 그러나 우리 상표법상 이러한 사용에 대한 제재조치는 마련되어
   있지 아니하다. 소비자보호를 위해 입법적 해결이 필요하다.
8) 최성우·정태호(주 3), 390.

3. 공유상표권의 제한

가. 지분의 포기

공유자의 지분은 균등한 것으로 추정된다. 공유상표권자 중의 1인이 상표권에 대한 자기의 지분을 포기하는 것은 다른 공유자에 대한 불이익행위가 아니므로 지분의 포기는 자유이다. 상표권이 포기되거나 상속인이 존재하지 아니하면 그 상표권은 소멸되는 것이 원칙이나, 공유상표권의 경우에는 나머지 공유자에게 각 지분의 비율에 따라 귀속되는 것으로 해석된다.[9]

나. 지분양도 및 질권설정의 제한 등

공유자에게는 상표권의 자유로운 사용이 보장되므로 누가 새로운 공유자가 될 것인지 또는 공유자 상호간이나 사용권자의 신뢰관계나 자본력·기술력 등에 따라 공유지분의 경제적 가치가 상대적으로 변화할 수 있기 때문에 누가 상표의 공동사용자인가는 다른 공동사용자에게 중대한 이해를 가지고 있다. 따라서 상표법은 상표권의 특성에 따라 지분의 양도나 사용권 설정 등에 일정한 제한을 두고 있다. 즉 민법상의 공유지분 양도와 달리 상표권의 공유지분 양도나 그 지분을 목적으로 하는 질권의 설정 및 공유상표권에 대한 사용권설정의 경우에는 다른 공유자 모두의 동의가 필요하다(상표법 제94조 제2항). 또한 존속기간 갱신등록신청(상표법 제84조 제3항), 상품분류전환등록신청(상표법 제209조 제4항), 지정상품의 추가등록출원(상표법 제87조 제1항 제2호)도 공유자 전원이 공동으로 하여야 한다.

다. 심판청구상의 제한

공유인 상표권의 상표권자에 대하여 심판을 청구할 경우에는 공유자 모두를 피청구인으로 청구하여야 하고(상표법 제124조 제2항), 상표권 또는 상표등록을 받을 수 있는 권리의 공유자가 그 공유인 권리에 관하여 심판을 청구할 경우에는 공유자 모두가 공동으로 청구하여야 한다(상표법 제124조 제3항). 이 경우 청구인이나 피청구인 중 1인에 관하여 심판절차의 중단 또는 중지의 원인이 있는 때에는 전원에 관하여 그 효력이 발생한다(상표법 제124조 제4항).

---

9) 최성우·정태호(주 3), 388.

라. 공유상표권의 효력에 관한 심판의 심결취소소송

심결취소소송이 고유필수적 공동소송인지 유사필수적 공동소송인지에 대하여 다툼이 있다. 과거 특허법원은 심결취소소송을 고유필수적 공동소송으로 보아 공유자 전원이 공동으로 소를 제기해야 하지만, 민사소송법 제68조에 의해 흠결의 치유가 가능한 것으로 보았다.[10] 그런데 대법원은 "상표권의 공유자가 그 상표권의 효력에 관한 심판에서 패소한 경우에 제기할 심결취소소송은 공유자 전원이 공동으로 제기하여야만 하는 고유필수적 공동소송이라고 할 수 없고, 공유자의 1인이라도 당해 상표등록을 무효로 하거나 권리행사를 제한·방해하는 심결이 있는 때에는 그 권리의 소멸을 방지하거나 그 권리행사방해배제를 위하여 단독으로 그 심결의 취소를 구할 수 있다"[11]고 판시하여 유사필수적 공동소송으로 보고 있다. 상표법은 특허법원에의 심결취소의 소송에 대한 특별한 규정이 없지만, 일반이론에 따라 공유상표권자 1인이 제기한 심결취소소송은 보존행위로 보아 적법한 소제기에 해당한다.

4. 공유상표권 제한을 위반한 경우의 효과

가. 상표등록취소심판의 대상

공유지분의 양도에 따른 제한규정을 위반한 경우에는 상표등록의 취소사유에 해당하며(상표법 제119조 제1항 제4호), 다만 취소심판 청구 후에 해당 사실이 없어진 경우에는 취소를 면할 수 있다(상표법 제119조 제4항). 그리고 사용권 설정에 관하여는 명문의 규정이 없으나, 다른 공유자의 동의서가 없으면 사용권의 설정등록을 할 수 없다. 따라서 다른 공유자 전원의 동의없이 사용권을 설정받아 상표를 사용한 자는 다른 공유자와의 관계에서 상표권을 침해한 것으로 된다.[12]

나. 거절결정

공유자 전원이 상품분류전환등록신청 또는 지정상품추가등록출원을 하지 않은 경우 당해 신청 또는 출원은 거절된다(상표법 제210조 제1항 제3호 및 제87조 제1항 제2호).

---

10) 특허법원 1999. 5. 28. 선고 98허7110 판결.
11) 대법원 2004. 12. 9. 선고 2002후567 판결.
12) 최성우·정태호(주 3), 390.

다. 부적법각하

공유자 전원을 청구인 또는 피청구인으로 하지 않은 심판청구 및 공유자 전원을 원고 또는 피고로 하지 않은 심결취소소송은 흠결이 보정되지 않는 한 부적법한 것으로서 각하된다.

5. 관련문제

가. 공유물의 분할청구

공유관계의 해소를 위하여 공유물의 분할을 청구할 수 있으나(민법 제268조 제1항), 상표권은 객체의 무체성으로 인하여 현물분할은 불가능하므로 대금분할이나 가격배상의 방법에 의할 수밖에 없다. 다만 예외적으로 지정상품별로의 이전이나 사용권의 분할수단으로서의 이전이 가능하다고 본다.

나. 상표의 사용에 따른 문제점

다른 무체재산권과 같은 자유사용의 여부에 대해 명문규정은 없으나 당연히 자유사용을 할 수 있다고 본다. 또한 공유자 사이의 합의에 의하여 지정상품별로의 분할이전이나 사용권의 분할에 의한 이용 등도 가능할 것이나, 상호유사하지 아니한 범위 내에서 이루어져야 할 것이다. 그러나 공유 상표권자 각자가 상표를 사용함에 있어 수요자로 하여금 출처의 혼동이나 품질의 오인을 야기하는 경우에는 상표권취소사유에 해당할 수 있다(상표법 제119조 제1항 제1호).

〈김병일〉

제94조(상표권의 분할)
① 상표권의 지정상품이 둘 이상인 경우에는 그 상표권을 지정상품별로 분할할 수 있다.
② 제1항의 분할은 제117조제1항에 따른 무효심판이 청구된 경우에는 심결이 확정되기까지는 상표권이 소멸된 후에도 할 수 있다.

〈소 목 차〉

Ⅰ. 상표권의 분할
　1. 의의
　2. 적용요건

3. 상표권 분할의 효과
4. 관련문제

Ⅰ. 상표권의 분할

1. 의의

상표권의 지정상품이 2 이상인 경우 지정상품별로 상표권을 분할할 수 있다. 2 이상의 상품을 지정상품으로 하여 상표등록출원한 경우 2 이상의 출원으로 분할할 수 있는 것과 마찬가지로 등록상표권도 2 이상의 상표권으로 분할할 수 있다. 상표법 조약이 상표권의 분할을 인정토록 의무화 하고 있어(동 조약 7(2)) 1997년 상표법 개정에 의하여 도입되었다(구 상표법 제54의2). 상표권의 분할을 인정하는 취지는 다류1출원등록제도를 인정하는 현행법에서 일단 상표가 등록된 이후라도 상표권을 분할하여 소유하는 것이 권리의 관리·이용면에서 편리할 수 있기 때문이다.

상표권 분할이 인정됨에 따라 이의신청이나 심판청구가 있을 경우 상표권자가 분쟁이 된 상품 또는 서비스를 분할하여 그것대로 다투고, 분쟁이 없는 권리에 대하여는 안심하고 유효한 상표권자로서 행세할 수 있어 극히 유용한 제도인 것이다. 상표권 소멸 후라도 무효심판청구가 가능하기 때문에 예컨대, 손해배상청구가 진행 중일 경우 무효심판확정 전에 상표권을 분할해서 무효심판청구와 관계없는 지정상품에 관한 상표권만에 기하여 권리행사를 신속히 할 수 있도록 하였다(상표법 제94조 제2항).

2. 적용요건

(1) 주체의 동일

상표권의 지정상품별 분할이전은 상표권의 주체가 변동하는 것이지만, 상표권의 분할은 객체만이 변동하는 것이므로 분할 전후의 상표권자가 동일하여야 한다.

(2) 상표권의 지정상품이 2 이상일 것

상표권의 지정상품이 2 이상이면 족하고(상표법 제94조 제1항), 분할되는 지정상품이 다른 상품류구분에 속할 필요는 없고 동일류구분 내의 상품이라도 가능하다. 또한 상표권의 지정상품별 분할이전(상표법 제94조 제1항 후단)과 달리 유사상품을 동시에 분할해야 하는 것도 아니다.

(3) 분할의 시기

상표권의 분할은 유효한 상표권의 존재를 전제로 하는 것이므로 상표권이 존속중인 한 언제든지 할 수 있다. 다만 무효심판이 청구된 때에는 심결이 확정되기까지는 상표권이 소멸된 후에도 상표권을 분할할 수 있다(상표법 제94조 제2항). 따라서 상표권자는 상표권을 분할하여 무효사유가 없는 지정상품에 대해서는 등록무효의 불안을 제거하고, 나머지 지정상품에 대해서는 계속해서 무효 여부를 다툴 수 있다. 또한 상표법은 상표권의 소멸 후에도 상표권의 사용으로 인한 분쟁에 무효원인이 없는 지정상품을 분할할 수 있게 함으로써 무효사유가 없는 지정상품에 대한 상표권자의 보호를 두텁게 하고 있다.

(4) 상표권 분할의 신청

상표권을 분할하고자 하는 자는 해당 지정상품을 기재한 '상표권분할 등록신청서'를 수수료와 함께 특허청장에게 제출하여야 한다.

3. 상표권 분할의 효과

(1) 별개의 상표권으로 인정

분할된 상표권은 원상표권과 완전히 독립된 별개의 상표권으로 인정된다. 따라서 무효사유나 취소사유 등도 별도로 판단하며, 갱신등록신청도 별개로 하여야 한다. 다만 분할된 상표권은 원상표권의 설정등록일부터 권리가 존속하고 존속기간도 원상표권의 존속기간과 같다.

(2) 분할된 상표권의 이전

원칙적으로 분할된 상표권은 원상표권과 관계없이 자유롭게 이전할 수 있다. 다만, 유사한 지정상품간에 상표권을 분할하고 나서 그 후 주체를 달리하여 상표권을 이전하는 것이 가능한지에 대해서는 논란이 있다.

4. 관련문제

(1) 상표권의 분할이전과의 차이

상표권의 분할은 객체의 분리를 허용한 것임에 반하여, 상표권의 분할이전은 상표권의 재산적 이용, 즉 양도를 인정하되 일정한 제한을 가한 것이다. 따라서 상표권의 분할은 주체의 변경없이 객체만이 세분됨에 반하여, 상표권의 분할이전은 객체가 세분되어 각자 다른 주체에게 귀속되는 것을 말한다.[1]

(2) 일부무효와의 관계

상표권이 분할되면 별도로 갱신등록출원을 하여 갱신등록료를 납부해야 하며, 불사용에 의한 상표권의 취소에 있어서도 사용의제의 혜택을 받지 못하는 단점이 있다. 또한 무효심판에 있어서 지정상품의 일부에 대한 무효심결이 가능하다는 것이 판례의 입장이므로 굳이 상표권을 분할하지 않더라도 상표권자는 적절한 구제가 가능하다. 따라서 상표권의 분할은 다류구분1출원제도의 도입에 따른 필수적인 제도라기보다는 상표권자에게 다양한 선택의 기회를 제공한 것이라고 할 수 있다.[2]

(3) 마드리드 의정서에 의한 출원의 특례

국제등록기초상표권에 대해서는 이전과 관계없이 단순한 지정상품의 분할은 허용되지 아니한다(상표법 제187조).

〈김병일〉

---

1) 최성우 · 정태호, OVA상표법, 한국특허아카데미(2011), 394.
2) 최성우 · 정태호(주 1), 394.

제95조(전용사용권)

① 상표권자는 그 상표권에 관하여 타인에게 전용사용권을 설정할 수 있다.

② 업무표장권, 단체표장권 또는 증명표장권에 관하여는 전용사용권을 설정할 수 없다.

③ 제1항에 따른 전용사용권의 설정을 받은 전용사용권자는 그 설정행위로 정한 범위에서 지정상품에 관하여 등록상표를 사용할 권리를 독점한다.

④ 전용사용권자는 그 상품에 자기의 성명 또는 명칭을 표시하여야 한다.

⑤ 전용사용권자는 상속이나 그 밖의 일반승계의 경우를 제외하고는 상표권자의 동의를 받지 아니하면 그 전용사용권을 이전할 수 없다.

⑥ 전용사용권자는 상표권자의 동의를 받지 아니하면 그 전용사용권을 목적으로 하는 질권을 설정하거나 통상사용권을 설정할 수 없다.

⑦ 전용사용권의 이전 및 공유에 관하여는 제93조제2항 및 제3항을 준용한다.

<소 목 차>

Ⅰ. 서론
  1. 사용권제도
  2. 전용사용권의 의의
Ⅱ. 전용사용권의 설정
  1. 설정의 방식
  2. 설정의 금지 및 제한
  3. 설정의 범위
Ⅲ. 전용사용권의 내용
  1. 법적 성격
  2. 전용사용권의 범위
  3. 전용사용권의 효력
  4. 전용사용권에 대한 통상사용권 및
     질권의 설정
  5. 전용사용권 설정에 따른 당사자의
     권리의무

Ⅳ. 계약당사자의 변동
  1. 전용사용권의 이전
  2. 상표권의 이전에 의한 당사자 간
     계약관계의 승계
Ⅴ. 전용사용권의 소멸
  1. 전용사용권의 존속기간의 만료
  2. 상표권의 소멸
  3. 전용사용권 설정계약의 해제 또는
     해지
  4. 전용사용권의 포기
  5. 혼동
Ⅵ. 등록

I. 서론

1. 사용권제도

가. 의의

상표권자가 등록상표를 상표권자 이외의 자에게 설정행위에서 정하는 범위 안에서 그 지정상품에 사용하도록 허락할 수 있도록 하는 제도를 '사용권제도' 라 한다. 상표법은 본조에 의한 전용사용권 제도와 제97조에 의한 통상사용권 제도를 규정하여 '사용권제도'를 도입하고 있다.

나. 사용권제도에 대한 비판과 그에 대한 반론

상표법상의 이러한 사용권제도에 대하여는 다른 지식재산법의 경우와 달리 비판적인 의견이 꽤 있는데, 그것은 주로 이러한 제도가 일반 소비자의 이익을 침해할 수 있다는 우려에 기한 것이다. 즉 일반 소비자는 상표권자가 제3자에게 등록상표에 대한 사용권을 설정한 사실을 모른 채 그것이 상표권자의 상품이라 고 믿고 상품을 구입하였더니 전용사용권자 또는 통상사용권자의 상품으로서 상표권자의 그것보다 조악하여 결과적으로 불측의 손해를 입게 되는 등의 일이 발생할 수 있음을 걱정하는 것이다. 따라서 사용권제도를 두더라도 그러한 소비 자의 이익을 해할 우려가 없는 경우에 한정하는 등의 제한을 붙일 필요가 있다 는 의견이 있다.[1] 그러나 그러한 제한을 가한다고 할 때 현실적으로 그와 관련 한 사전 심사를 하는 것은 지극히 어렵다. 또한 일반적으로 사용허락을 인정하 여도, 만약 사용자의 상품이 조악한 것이면 그 상품에 사용된 등록상표의 신용 이 상실되고 그것은 곧 상표권자의 신용의 상실을 의미하는 것이므로 상표권자 로서는 충분히 신용할 수 있는 자에게만 사용허락을 하고 또한 사용권자의 상 품의 관리에 충분한 주의를 기울이게 되므로 사용허락에 의하여 일반 소비자가 불측의 손해를 입을 우려가 실제적으로는 없다고 볼 수 있다. 즉 상표권자가 자 신의 신용을 지키려고 노력하는 것이 당연한 일이라면 사용허락에 있어서도 마 찬가지의 주의를 기울일 것이고 소비자의 입장에서는 설사 상품 출처의 혼동이 있더라도 품질에 대한 오인이 생기지 않으면 별 문제는 없을 것이라는 생각이 사용권제도의 전제가 되고 있다.[2] 이것은 산업구조와 생산환경의 변화로 전체

[1] 小野昌延·三山峻司, 新·商標法概說, 靑林書院(2009), 276 및 280 참조.
[2] 日本 特許廳 編, 工業所有權法(産業財産權法) 逐條解說(第18版), 社團法人 發明協會

적으로 상품품질의 균질화가 이루어짐으로써 상표의 출처표시기능이 약화된 현실과도 깊은 관련성이 있다.3) 한편으로는 보다 자유롭고 개방적인 사용권제도가 상표권의 재산권적 성격을 중시하는 국제적 경향과도 부합하는 것이라 할 수 있다.

이에 따라 현행 상표법은 사용권제도에 대한 '사전체크' 방식의 제한을 가하는 대신, 전용사용권자 또는 통상사용권자가 지정상품 또는 이와 유사한 상품에 등록상표 또는 이와 유사한 상표를 사용함으로써 수요자로 하여금 상품의 품질의 오인 또는 타인의 업무에 관련된 상품과의 혼동을 생기게 한 경우에는 상표권자가 상당한 주의를 한 경우를 제외하고 그 등록상표가 취소심판의 대상이 되도록 하는 제도(제119조 제1항 제2호)를 통한 이른바 '사후체크' 방식을 취하고 있다.

다. 연혁

1986년 개정법(1986. 12. 31. 법률 제3892호) 시행 이전의 구 상표법은 전용사용권 제도는 두지 않고 등록을 효력발생 요건으로 하는 통상사용권 제도만 두면서 통상사용권 등록신청이 지정상품의 품질의 동일성을 보장하는 것이라고 인정될 때만 등록을 받아 주도록 규정하여(구 상표법 제29조 제3항) 품질의 동일성이 통상사용권 등록의 요건임을 명백히 하고, 그러한 통상사용권 등록에 기한 경우 등을 제외하고는 "자기의 등록상표와 동일 또는 유사한 상표로서 그 지정상품과 동일 또는 유사한 상품에 타인이 사용하는 것을 묵인하거나 또는 사용하게 하였을 때"를 상표등록 취소사유(구 상표법 제45조 제1항 제1호)로 규정하고 있었다. 이것은 무제한적 사용허락으로 소비자들이 특히 품질오인으로 인한 피해를 입는 일이 없도록 비교적 엄격한 사전 체크 방식의 규제를 가하였던 것으로 볼 수 있다.

그러다가 1986년 개정법에서부터 상표권자와 사용권자의 상품의 품질이 동일할 것을 사용권설정등록의 요건으로 하지 않고 사용권설정등록 후 출처의 오인, 혼동이 발생하는 경우 취소심판의 대상이 되도록 하는 사후 체크 방식으로 전환하였다. 1990년 개정법(1990. 1. 13. 법률 제4210호)에서는 위와 같은 사후체크방식을 계속 유지하는 한편 전용사용권에 관한 규정을 신설하여 현재와 같은 전용사용권과 통상사용권으로 이원화하여 규정하게 되었다. 이러한 과정을 통

(2010), 1307-1308.
3) 문삼섭, 상표법(제2판), 세창출판사(2004), 544 참조.

해 상표법은 사용권제도에 대한 엄격한 통제를 점차 개방해 왔다.

라. 사용권의 종류

상표법상 사용권은 전용사용권(exclusive license)과 통상사용권(non-exclusive license)으로 나누어진다. 전용사용권은 물권적 성격을 가지고 통상사용권은 채권적 성격을 가진다는 점에 근본적인 차이가 있다.

2. 전용사용권의 의의

전용사용권(exclusive license)이란 상표권자로부터 설정을 받은 제3자(전용사용권자)가 등록상표를 그 지정상품에 대하여 배타적·독점적으로 사용할 수 있는 권리를 말한다. 상표법은 상표권자가 그 상표권에 관하여 타인에게 전용사용권을 설정할 수 있으며 전용사용권의 설정을 받은 전용사용권자는 그 설정행위로 정한 범위 안에서 지정상품에 관하여 등록상표를 사용할 권리를 독점한다고 규정하고 있다(제95조 제1항, 제3항).

II. 전용사용권의 설정

1. 설정의 방식

전용사용권은 상표권자의 법률행위에 의하여 설정된다. 그 법률행위는 대개 상표권자와 전용사용권자 사이의 계약(전용사용권 설정계약)의 형태를 취하겠지만, 단독행위인 유언의 형태로도 가능하다.[4]

전용사용권 설정은 위와 같은 법률행위에 의하여 행하여지고, 그것으로 바로 효력이 발생한다. 한미 FTA 이행을 위한 2011. 12. 2. 개정 상표법이 시행되기 전에는 전용사용권 설정 등록을 하여야 그 효력이 발생하는 것으로 규정되어 있었다(개정전 법 제56조 제1항). 즉 2011년 법개정 전의 구법에 의하면 전용사용권의 경우는 통상사용권의 경우와 달리 등록이 대항요건이 아니라 효력발생요건으로 규정되어 있었는데, 개정법에 의하여 전용사용권도 통상사용권과 마찬가지로 등록이 효력발생요건이 아닌 대항요건으로 보게 되었다.

개정전 법 하에서는 전용사용권 설정 합의가 있는 한 등록을 하지 않았더라도 그 의사해석에 따라 원칙적으로 독점적 통상사용권의 설정으로서의 효력

---

4) 小野昌延 編, 注解 商標法(上卷)(新版), 靑林書院(2005), 762.

을 가지는 것으로 보는 견해가 많았다.[5) 하급심판례도 같은 입장을 취하여, 예컨대 특허법원 2007. 7. 12. 선고 2007허1169판결은 "상표권자인 A회사와 B회사 사이에 등록상표에 대한 라이센스 계약이 체결되었고, 그 계약 내용이 등록상표를 독점적으로 사용할 수 있는 전용사용권에 관한 것이라 하더라도 이를 상표법 제56조 제1항 제2호에 의하여 등록하지 않아 전용사용권설정의 효력은 없지만, 통상사용권설정의 효력은 있어 B회사는 적어도 통상사용권자로서의 지위를 가진다"고 판시한 바 있다. 이러한 학설, 판례의 입장은 개정법 하에서는 더 이상 유지될 수 없게 되었다. 즉, 현행법 하에서는 전용사용권 설정 합의가 있는 한 등록을 하지 않았더라도 전용사용권 설정의 효력이 발생하므로, 통상사용권 설정의 효력을 인정할 수 없고, 그럴 필요도 없다.

2. 설정의 금지 및 제한

업무표장권·단체표장권 또는 증명표장권에 관하여는 전용사용권을 설정할 수 없다(제95조 제2항). 그리고 상표권이 공유인 경우에는 각 공유자는 다른 공유자의 동의를 얻지 아니하면 그 상표권에 대하여 전용사용권을 설정할 수 없다(제95조 제7항, 제93조 제3항).

3. 설정의 범위

상표권자가 전용사용권을 설정할 수 있는 범위에 관하여는 ① 상표권의 효력 중 그 사용권의 범위 안에서만 전용사용권을 설정할 수 있다(따라서 등록상표와 동일한 상표를 그 지정상품 등과 동일한 상품 등에 대하여만 설정할 수 있다)고 보는 견해와 ② 그 범위를 넘더라도 금지권의 범위 안이면 전용사용권을 설정할 수 있다는 견해로 나뉘는데 ①설이 통설이다.[6)

전용사용권의 법적 성격에 비추어볼 때 통설의 입장이 기본적으로 타당한 것으로 보아야 할 것이나, 상표권자가 전용사용권자와 사이에 사용권의 범위를 넘어 금지권의 범위 안에서 전용사용권을 설정한 경우에 그것이 완전 무효가 되는 것은 아니라고 생각된다. 즉, 그 경우에도 통설에 따라 적어도 대외적으로는 사용권의 범위 안에서만 전용사용권을 설정한 것과 동일한 법률효과가 있다

5) 특허법상의 통상실시권에 관한 것이지만, 정상조·박성수 공편, 특허법 주해 I, 박영사 (2010), 1230(이회기 집필부분); 中山信弘·小泉直樹 編, 新·注解 特許法(上卷), 青林書院 (2011), 1220 등이 같은 입장을 보였다.
6) 문삼섭(주 3), 548; 網野誠, 商標(第五版), 有斐閣(1999), 787; 小野昌延 編(주 4), 762.

고 보겠지만, 당사자 사이에 전용사용권자가 금지권의 범위에 속하는 유사 상표
의 사용 또는 유사 상품 등에의 사용 행위를 할 경우에도 상표권자가 그것을
용인하겠다는 의사표시가 있었던 것 자체를 무효로 볼 이유는 없다는 것이다.
즉 그 부분에 대한 당사자 사이의 합의는 물권적인 효력을 가지지는 않지만, 당
사자 사이에 채권적인 효력을 가지므로, 설사 전용사용권자가 사용권의 범위를
넘어서 금지권에 속하는 위와 같은 행위를 한 경우에도 상표권자가 금지청구권
을 행사하거나 손해배상청구를 하는 등 이의를 제기할 수는 없다고 보아야 할
것이다. 이 문제에 대하여, 위에서 본 통설의 입장을 취하더라도 위와 같은 당
사자 간 합의를 법률상 금지권의 해제계약으로 볼 것인지, 사실상의 사용허락에
불과한 것으로 해석할 것인지의 문제가 미해결 상태로 남아 있다고 보는 견해
가 있는바[7], 상표권자가 전용사용권자에게 금지권의 범위에 속하는 상표 사용
행위에 대하여도 사실상의 사용허락을 한 것에 기하여 사적 자치의 원칙상 당
사자 사이에 위와 같은 법률효과가 발생하는 것으로 보는 것이 타당할 것으로
생각된다.

Ⅲ. 전용사용권의 내용

1. 법적 성격

전용사용권자는 그 설정행위에서 정한 범위 안에서 지정상품에 관하여 등
록상표를 독점적으로 사용할 권리를 가진다(제95조 제3항). 이것은 단순한 채권
적 권리가 아니라 일종의 물권적 권리로서, 배타적 성격을 가진다. 따라서 상표
권자가 제3자에게 중복하여 전용사용권을 설정하거나 통상사용권을 설정하는
것이 허용되지 않을 뿐만 아니라 상표권자라 하더라도 특별한 약정이 없는 한
전용사용권이 미치는 범위 내에서는 등록상표를 사용할 수 없어 그 범위에 관
한 한 상표권이 제한되는 셈이 된다.[8]

상표권의 권리범위 전부에 전용사용권을 설정하면 상표권자도 전혀 사용할
수 없고 만약 사용한 경우에는 상표권자라고 하여도 전용사용권침해가 된다.[9]

---

7) 小野昌延·三山峻司(주 1), 276.
8) 제89조(상표권의 효력) 상표권자는 지정상품에 관하여 그 등록상표를 사용할 권리를 독
   점한다. 다만, 그 상표권에 관하여 전용사용권을 설정한 때에는 제95조 제3항에 따라 전용
   사용권자가 등록상표를 사용할 권리를 독점하는 범위에서는 그러하지 아니하다.
9) 小野昌延 編(주 4), 759.

상표권자가 스스로 사용할 권리를 유보하려면 전용사용권자로부터의 명시 또는 묵시의 승낙을 요하며, 그러한 승낙을 받을 경우에는 법적으로 상표권자가 전용사용권자로부터 전용사용권의 통상사용권을 설정 받은 것으로 볼 수 있다. 따라서 그것을 제3자에게 대항하려면, 통상사용권 설정의 등록을 받아야 한다.[10)]

2. 전용사용권의 범위

전용사용권의 범위는 상표권자의 설정행위(통상은 당사자 간의 설정계약)에 따라 정해진다. 설정행위에서 정하는 전용사용권의 범위는 보통 대상이 되는 상품 또는 서비스, 존속기간, 사용할 수 있는 지역 등이다. 판매태양이나 수량[11)], 특히 당해 상표를 부착한 상품의 거래선을 제한하는 것도 공정거래법을 위반하는 것이 아닌 한 상표법상으로는 가능하다.[12)] 다만 대외적으로는 등록된 바에 따라 그 범위가 정해진다. 즉 당사자 간의 계약에서 전용사용권의 범위를 한정하는 내용을 포함하였더라도 그것을 등록하지 아니하면 대외적으로는 그와 같은 범위의 한정이 없는 것으로 취급된다. 또한 상표권은 국내에서만 효력을 가지므로, 장소적 제한으로서 수출지역을 한정하는 것은 불가능하다.[13)] 현실적으로는 수출 상대방의 지정이 이루어지는 예도 드물지 않으나, 그것을 등록할 수는 없으며, 따라서 당사자 사이에 채권적 효력을 가질 뿐 대외적인 효력은 없다.[14)] 한편으로, 상표를 분리하여 그 일부의 사용만을 허락하는 것이 허용되지

---

10) 小野昌延 編(주 4), 762.

11) 다만, 전용사용권의 설정에 있어서 수량을 제한하는 것은 동일한 전용사용권을 복수의 사람에게 설정한다는 것을 의미하므로 이것은 전용사용권의 본질에 반하는 결과가 된다는 이유로 전용사용권으로 등록받을 수 없다는 견해가 있을 수 있다. 이 견해에 의할 경우에는 계약상 수량을 제한하는 내용을 포함한 경우에도 당사자 사이에 채권적 효력이 있을 뿐이므로, 그것을 위반한 경우에 상표권 침해가 되지 아니하고 단순히 채무불이행에 불과한 것으로 보게 된다. 특허법상의 전용실시권에 관한 것이지만, 中山信弘·小泉直樹 編(주 5), 1221-1222 참조.

12) 小野昌延 編(주 4), 759; 사법연수원, 상표법(2010), 166; 송영식 외 6인, 지적소유권법(하), 육법사(2008), 214 등 참조. 독점규제법과의 관계에 대하여 송영식 외 6인, 전게서, 220면은 다음과 같이 설명하고 있다. "상표권자가 사용권설정계약시에 1) 지역한정, 2) 가격한정, 3) 원재료, 부품 등의 구입처 한정 등과 같은 조건을 붙이는 경우가 있는바, 합리적인 이유가 있는 경우에는 상표법에 기한 권리행사(독점규제법 제57조)에 해당한다 할 것이다. 그러나 상표권자로서 우월적 지위를 남용하여 부당한 제한을 강요하는 경우에는 정당한 권리행사라 할 수 없고 독점규제법위반이 문제될 수도 있을 것이다."

13) 특허권의 전용실시권에 관한 것이지만, 정상조·박성수 공편(주 5), 1231도 같은 의견을 취하고 있다.

14) 小野昌延 編(주 4), 762.

않음은 물론이다.[15]

전용사용권자라도 그 설정 받은 범위를 넘어서 상표를 사용하면 상표권침해가 성립할 수 있다.[16]

3. 전용사용권의 효력

가. 전용사용권자의 지위

전용사용권은 독점적이고 배타적인 권리로서 물권적인 성격을 가지므로 그 설정받은 범위 안에서는 상표권과 동일한 보호를 받는 것으로 볼 수 있다. 따라서 제3자에 의한 상표권의 침해가 있는 경우에 전용사용권자는 상표권자와 마찬가지로 직접 자기의 이름으로 침해의 금지·예방청구권, 손해배상청구권, 신용회복청구권 등을 행사할 수 있다(제107조, 제109조, 제113조). 즉 이러한 권리들은 모두 전용사용권자 고유의 권리이고 상표권자를 대위하여 행사하는 것이 아니다.

전용사용권자가 행사하는 금지청구권의 범위는 상표권자의 경우와 동일하므로 사용을 허락받은 상표나 상품등과 동일한 범위 안에서만이 아니라 그와 유사한 범위에까지 권리를 행사할 수 있다. 손해배상청구에 있어서도 상표권자와 마찬가지로 손해액 추정규정(제110조)의 적용을 받으며, 손해의 입증을 위해 침해자에 대한 서류제출 명령을 신청할 수 있다(제114조).

또한 전용사용권 침해에 대하여도 상표권침해와 동일한 법정형으로 형사처벌 규정이 마련되어 있다(제230조).

나. 전용사용권을 설정한 상표권자의 지위

(1) 금지청구권

전용사용권 설정 후에도 상표권자는 제3자의 침해행위에 대하여 금지청구권을 행사할 수 있는가. 이에 대하여 학설은 대체로 긍정적인 입장을 취하고 있다.[17] 그 이유로는 전용사용권 설정 후에도 상표권자에게는 사용료 징수를 통한 수익권능이 남아 있고 상표권 침해행위가 있으면 그 수익권능이 침해될 가능성이 있으므로 상표권자에게도 침해행위를 배제할 수 있는 권리가 필요하다는 것

---

15) 網野誠(주 6), 787.

16) 小野昌延 編(주 4), 759; 小野昌延·三山峻司(주 1), 277.

17) 특허법원 지적재산소송실무연구회, 지적재산 소송실무(전면개정판), 박영사(2010), 669; 송영식 외 6인(주 12), 215; 網野誠(주 6), 720; 小野昌延 編(주 4), 764; 小野昌延·三山峻司(주 1), 277-278.

과 전용사용권 설정 후에도 상표권은 허공권이 아니고 전용사용권이 어떤 이유로 소멸하면 등록상표의 사용권 및 금지권을 회복할 수 있는 지위에 있다는 것 등이 들어진다.[18]

대법원도 2006. 9. 8. 선고 2006도1580판결에서 "상표권이나 서비스표권에 관하여 전용사용권이 설정된 경우 이로 인하여 상표권자나 서비스표권자의 상표 또는 서비스표의 사용권이 제한받게 되지만, 제3자가 그 상표 또는 서비스표를 정당한 법적 권한 없이 사용하는 경우에는 그 상표권자나 서비스표권자가 그 상표권이나 서비스표권에 기하여 제3자의 상표 또는 서비스표의 사용에 대한 금지를 청구할 수 있는 권리까지 상실하는 것은 아니고, 이러한 경우에 그 상표나 서비스표에 대한 전용사용권을 침해하는 상표법 위반죄가 성립함은 물론 상표권자나 서비스표권자의 상표권 또는 서비스표권을 침해하는 상표법 위반죄도 함께 성립한다"고 판시하여 같은 입장을 취하고 있는 것으로 보인다.

상표권과 전용사용권의 관계는 민법상 소유권과 지상권의 관계와 본질적으로 유사한 면이 있는데, 지상권을 설정한 소유권자의 지위와 관련하여, 대법원 1974. 11. 12. 선고 74다1150판결은 "무릇 토지소유권은 그 토지에 대한 지상권 설정이 있어도 이로 인하여 그 권리의 전부 또는 일부가 소멸하는 것도 아니고 단지 지상권의 범위에서 그 권리행사가 제한되는 것에 불과하며, 일단 지상권이 소멸되면 토지소유권은 다시 자동적으로 완전한 제한 없는 권리로 회복되는 법리라 할 것이므로 소유자가 그 소유토지에 대하여 지상권을 설정하여도 그 소유자는 그 토지를 불법으로 점유하는 자에게 대하여 방해배제를 구할 수 있는 물권적 청구권이 있다고 해석함이 상당"하다고 판시하여 위와 같은 입장을 뒷받침하고 있다.[19]

(2) 손해배상청구권

전용사용권을 설정한 경우에도 상표권자가 손해배상청구권을 가지는지 여부에 대하여는 경우의 수를 나누어 살펴볼 필요가 있다. 만약 전용사용권을 설정함에 있어서 일정기간에 대하여 일정금액으로 사용료를 정하여 전용사용권을 설정한 경우라면 상표권침해로 인하여 매상이 감소하더라도 상표권자에게는 사용료 수입의 감소가 없으므로 손해배상을 청구할 수 없을 것이다. 그러나 전용사용권 설정에 따른 사용료를 전용사용권자의 판매량에 비례하여 받는 경우에

---

18) 網野誠(주 6), 720; 小野昌延 編(주 4), 764.

19) 조영선, "특허실시권자의 손해배상 및 금지청구권", 저스티스 통권 제110호, 114-115 참조

는 전용사용권이 설정되어 있더라도 상표권자의 손해배상청구가 그 사용료 감소분에 상응하는 만큼은 받아들여질 수 있다.[20] 결국 이 문제는 구체적인 사안에서 상표권자에게 손해가 있었는지 여부에 따라 판단되어야 할 것이다.[21]

다. 효력의 제한

전용사용권도 상표권과 마찬가지로 일정범위 내에서 등록상표의 사용에 대한 독점배타적인 권리를 가짐을 위에서 본 바와 같지만, 전용사용권은 상표권에 기초한 권리로서 그에 부수한다는 성질(부수성)을 갖고 있기 때문에 상표법상 상표권의 효력이 제한되는 범위에 대해서는 전용사용권의 효력도 미치지 아니하고, 특허권 등의 존속기간 만료 후 상표를 사용하는 권리가 인정되는 경우(제98조) 및 선사용자가 계속 상표를 사용할 권리가 인정되는 경우(제99조) 등에도 당해 전용사용권이 제한되는 결과가 된다.[22]

4. 전용사용권에 대한 통상사용권 및 질권의 설정

전용사용권자는 그 전용사용권을 다시 타인에게 설정할 수 없음은 물론이지만, 상표권자의 동의를 얻어 그 전용사용권에 대하여 질권을 설정하거나 타인에게 통상사용권을 설정할 수는 있다(제95조 제6항). 이러한 경우에 대하여 상표권자의 동의를 요하도록 한 것은 상표의 신용유지와 상품 또는 서비스의 품질유지를 위해 상표권자가 통제력을 가지도록 하기 위한 것이라고 할 수 있다.

전용사용권이 공유로 되어 있는 경우에는 다른 공유자의 동의도 필요하다(제95조 제7항, 제93조 제2항, 제3항). 이는 통상사용권자가 누구인지에 따라 상표권자 또는 다른 공유전용상용권자에게 사업상 상당한 영향을 미칠 수 있기 때문이다.

2011. 12. 2.자로 상표법이 개정되기 전의 판례는 상표권자와 사이에 전용

---

20) 특허권의 경우에 대한 것이지만, 정상조·박성수 공편(주 5), 266-267이 같은 입장을 취하고 있다.

21) 대법원 2002. 10. 11. 선고 2002다33175 판결이 전용사용권이 설정된 기간에 대하여 상표권자의 손해가 없었던 것으로 본 원심 판결의 내용을 수긍하는 취지의 판시를 하고 있으나, 구체적으로 어떤 사안인지 명료하지 아니하여, 이 문제에 관한 대법원의 입장이 정확히 알기는 어렵다. 이 대법원 판결의 취지가 전용사용권을 설정한 경우에는 '특별한 사정'이 없는 한 상표권자에게 손해가 있다고 인정되지 않아 결과적으로 그 손해배상청구를 받아들일 수 없다고 판시한 것으로 이해하더라도[문삼섭(주 3), 639 참조], 전용사용권자의 판매액에 따라 상표권자가 받을 사용료가 정해지는 것과 같은 경우에는 '특별한 사정'이 있는 것으로 볼 수 있을 것이다.

22) 문삼섭(주 3), 548-549 참조.

사용권 설정계약을 체결하고 나아가 상표권자로부터 통상사용권 설정에 관한 사전 동의를 얻은 자가 전용사용권 설정등록을 마치지 아니한 경우에는 등록상표의 전용사용권자가 아직 아니고 따라서 다른 사람에게 통상사용권을 설정하여 줄 수 없다고 보았다.[23] 그러나 현행법 하에서는 전용사용권의 경우도 등록이 효력발생요건이 아니라 대항요건일 뿐이므로, 등록을 마치지 않더라도 전용사용권자로서의 지위를 가지며, 따라서 다른 사람에게 통상사용권을 설정하여 주는 것도 적법하고 그에 따른 법적 효력이 발생하는 것으로 보아야 할 것이다.

5. 전용사용권 설정에 따른 당사자의 권리의무

가. 설정자의 의무

(1) 등록협력의무

전용사용권의 설정자는 전용사용권자에 대하여 등록절차에 협력하여야 할 의무가 있다. 전용사용권의 설정등록은 전용사용권자(등록권리자)와 상표권자(등록의무자)가 공동으로 신청하여야 하며, 신청서에는 등록원인을 증명하는 서류(계약서등) 등 일정한 서류를 첨부하여야 한다. 설정자가 이러한 공동신청에 협력하기를 거부할 경우 상대방은 설정자를 상대로 등록절차 이행 청구 소송을 제기할 수 있을 것이다.

(2) 상표권의 유지와 관련된 의무

먼저, 상표권의 포기는 전용사용권의 존속여부와 관련된 중요한 사항이므로 상표권자가 전용사용권 설정이후 당해 상표권을 포기하고자 할 때에는 전용사용권자의 동의를 받아야 한다(제102조 제1항).

또한 전용사용권자는 상표권자의 의사에 관계없이 상표권의 존속기간갱신등록출원에 대한 상표등록료를 납부할 수 있다. 상표등록료의 납부는 원칙적으로 상표권자의 의무이지만 상표권자의 상표등록료 불납으로 상표권이 소멸될 경우 전용사용권도 함께 소멸되는바 이해관계인의 입장에서 상표등록료의 대납이 허용된다.[24]

나. 전용사용권자의 의무

(1) 사용료 지급의무

전용사용권자의 가장 중요한 의무는 사용료(로열티) 지급의무이다. 그 구체

---

23) 대법원 2006. 5. 12. 선고 2004후2536 판결.
24) 문삼섭(주 3), 549.

적인 액수와 산정방식 등은 계약에 의하여 정해질 것이다.

(2) 성명 또는 명칭 표시의무

전용사용권자는 그 상품에 자기의 성명 또는 명칭을 표시하여야 한다(제95조 제4항). 이것은 소비자들이 동일한 상표로 인하여 출처의 혼동을 일으키는 것을 막고자 하는 공익적 취지의 규정이다. 따라서 자기의 성명 등을 표시하지 않거나 표시하였더라도 형식적인 것에 그쳐서 출처의 혼동을 방지할 수 없는 정도이면, 상표법 제119조 제1항 제2호에 해당한다는 이유로 상표등록이 취소될 수도 있다.[25]

IV. 계약당사자의 변동

1. 전용사용권의 이전

전용사용권자는 상속 기타 일반승계의 경우를 제외하고는 상표권자의 동의를 얻지 아니하면 그 전용사용권을 이전할 수 없다(제95조 제5항). 전용사용권은 일종의 재산권이지만 상표권자와 전용사용권자 사이의 특수한 관계에서 발행하는 권리이고 전용사용권자가 누구인가에 따라 특허권자는 중대한 이해관계를 가지므로 원칙적으로 상표권자의 동의를 요하도록 한 것이다.

전용사용권이 공유되고 있는 경우 상표권이 공유된 경우와 마찬가지로 그 지분의 양도에 있어서 다른 공유자 전원의 동의를 필요로 한다(제95조 제7항, 제93조 제2항).

2. 상표권의 이전에 의한 당사자 간 계약관계의 승계

상표권자는 제3자에게 전용사용권을 설정한 후에도 상표권을 자유롭게 양도할 수 있다. 이 경우 전용사용권자는 설정등록에 의하여 상표권의 양수인에 대하여도 자신의 전용사용권을 대항할 수 있으므로 특별한 불이익이 생기지 않는다.

다만 이 경우에 양도전의 상표권자와 전용사용권자 사이의 법률관계(전용사용권자가 전용사용권설정계약에 기한 경우에 그 계약상의 지위나 계약에 의하여 발생한 권리의무관계)가 그대로 양도후의 상표권자와 전용사용권자 사이의 법률관계로 승계되는지 여부가 문제된다.

---

25) 사법연수원(주 12), 166; 송영식 외 6인(주 12), 215.

국내에서 직접적으로 이 문제를 다룬 논의를 찾기는 어려우나, 특허권자와 전용실시권자 사이의 법률관계에 대한 논의를 참고할 수 있다. 특허권이 양도된 경우 전용실시권 설정자와 전용실시권자 사이의 계약관계가 신 특허권자와 전용사용권자 사이에 그대로 승계되는지 여부에 관하여는 일본의 학설이 다음과 같은 세 가지 입장으로 나뉘어 있다.

① 제1설: 신 특허권자가 설정계약에 따른 권리, 의무를 그대로 승계한다는 입장[26]이다.

② 제2설: 특허권 양도는 자유롭게 할 수 있지만 전용실시권 설정자로서의 지위는 권리만이 아니라 의무도 포함되어 있으므로 일방적 행위에 의하여 양도되지 않는다고 보는 입장[27]이다.

③ 제3설: i) 전용실시권 설정의 범위, 실시료의 액수 및 지불방법이나 시기는 등록되어있으면 동일한 조건으로 신 특허권자에 대하여 효력을 가지고, ii) 그 밖에 일반적으로 특허권의 전용실시권설정에 기하여 설정자가 당연히 지는 의무에 대하여는 등록이 없더라도 신 특허권자에게 이전하지만, iii) 전용실시권 설정에 기한 것이 아닌데 계약상 부과되어 있는 의무는 구 특허권자와 전용실시권자의 특수한 관계 하에 과해지는 것이고 등록할 사항도 아니므로 당연히는 신 특허권자에게 이전하지 않는다고 하는 것과 같이 계약조항의 내용에 따라 신 특허권자에게 승계될지 여부를 판단하여야 한다는 입장[28]이다.

특허법과 관련한 국내 학설은 대체로 제3설(절충설)의 입장을 지지하고 있다.[29]

제3설의 입장이 당사자 간의 이해관계를 적절히 조정하고 있다는 점에서 가장 타당하며, 신 상표권자와 전용사용권자 사이의 관계에 대하여도 동일하게 적용할 수 있을 것으로 생각된다.[30]

V. 전용사용권의 소멸

전용사용권은 다음의 경우에 소멸한다.

---

26) 織田季明·石川義雄, 增訂 新特許法詳解, 日本發明新聞社, 345. 小野昌延 編(주 4), 767에서 재인용.
27) 大隅健一郎, "技術提携", 經營法學全集 11권, 152. 小野昌延 編(주 4), 767에서 재인용.
28) 中山信弘 編, 注解 特許法(上卷)(第3版), 818. 小野昌延 編(주 4), 768에서 재인용.
29) 송영식 외 6인(주 12), 457; 정상조·박성수 공편(주 5), 1236.
30) 小野昌延 編(주 4), 768도 제3설의 입장이 신상표권자와 전용사용권자 사이의 관계에 대하여 참고가 될 수 있다고 보고 있다.

1. 전용사용권의 존속기간의 만료

전용사용권은 설정행위로 정해진 존속기간이 만료함으로써 소멸한다.

존속기간이 정해져 있지 않은 전용사용권의 경우는 그 소멸시기가 분명하지 않은 면이 있다. 특허권, 실용신안권, 디자인권은 모두 존속기간의 갱신이 인정되지 않으므로 존속기간이 없는 전용실시권이라 해도 최소한 그 기초가 되는 특허권 등이 존속기간의 만료로 소멸하면 전용실시권도 소멸하게 됨에 반하여, 상표권에 관해서는 존속기간이 있지만 갱신등록 절차에 의해 존속기간의 갱신을 할 수 있으므로 그와 같이 상표권의 갱신이 이루어진 경우에 존속기간의 정함이 없는 상표의 전용사용권이 계속 존속하는 것으로 볼 것인지 아니면 갱신등록 전의 존속기간의 만료에 의하여 전용사용권은 소멸하는 것으로 보아야 하는 것인지 문제되는 것이다.31) 이것은 결국 당사자 사이의 의사해석의 문제라할 것이나 특별한 다른 의사표시 없이 상표권의 갱신 등록이 이루어진 경우에는 전용사용권에 대하여도 (다시 존속기간의 정함이 없는 것으로) 묵시적인 갱신을한 것으로 보는 것이 타당할 것이라 생각된다.32)

2. 상표권의 소멸

전용사용권은 상표권을 기초로 하여 성립하는 것이므로(부수성), 상표권이 소멸하면 당연히 전용사용권도 소멸한다. 이 경우 상표권 소멸의 원인이 무엇인지는 문제가 되지 않으나, 전용사용권을 설정한 상표권자가 그 상표권을 포기함에 있어서는 전용사용권자의 동의를 얻어야 한다(제102조 제1항).

무효로 소멸한 상표권이 재심에 의하여 부활하는 경우 전용실시권도 함께 부활하는지 여부가 문제될 수 있으나, 원래 전용사용권은 상표권에 부수하는 것으로서 그와 운명을 같이 하는 것이라는 점, 전용사용권이 부활한다고 보는 것이 당사자 간 공평의 견지에 비추어 보더라도 타당한 점 등을 감안할 때 당연히 부활한다고 보는 것이 타당하다고 생각된다.33)

---

31) 小野昌延 編(주 4), 768.
32) 그러한 취지로 판시한 일본 하급심 판례(東京地方裁判所 昭和54년 6월 29일 선고 昭和51年(ワ)第1530호, 第4402호 판결)가 있다. 小野昌延 編(주 4), 768 참조.
33) 특허권의 전용실시권에 관한 것이지만, 정상조·박성수 공편(주 5), 1242가 같은 입장을 취하고 있다.

3. 전용사용권 설정계약의 해제 또는 해지

전용사용권설정계약이 해제 또는 해지된 경우도 전용사용권 소멸사유의 하나이다. 2011. 12. 2.자 상표법 개정 이전의 구법 하에서는 그러한 해제 등 사유로 인한 전용사용권 소멸도 그에 따른 등록을 마쳐야 소멸의 법적 효과가 발생하였으나(구법 제56조 제1항 제3호), 현행법 하에서는 등록 자체가 효력발생요건이 아니라 대항요건에 불과하게 되었으므로, 위와 같은 소멸에 대하여 등록을 마치지 않아도 그 소멸의 법적 효과가 발생하는 것으로 보아야 한다.

4. 전용사용권의 포기

전용사용권은 포기에 의하여 소멸한다. 다만 전용사용권에 대하여 질권이나 통상사용권이 설정되어 있는 경우에는 전용사용권자는 그 질권자 또는 통상사용권자의 동의를 얻지 아니하면 그 전용사용권을 포기할 수 없다(제102조 제2항).

5. 혼동

상표권과 당해 상표의 전용사용권이 동일한 인격에게 귀속되게 된 때에는 혼동(민법 제191조 제1항)에 의하여 소멸한다. 다만 당해 전용사용권을 목적으로 하는 질권 등이 설정되어 있는 경우는 예외이다(같은 항 단서).

Ⅵ. 등록

전용사용권의 설정도 2011. 12. 2. 개정법 하에서는 계약 등에 의하여 바로 효력이 발생하며, 등록은 효력발생요건이 아니라 대항요건임은 위에서 본 바와 같다. 전용사용권의 설정 외에도 그 이전(상속 기타 일반승계에 의한 경우를 제외한다)·변경·포기에 의한 소멸 또는 처분의 제한, 전용사용권을 목적으로 하는 질권의 설정·이전(상속 기타 일반승계에 의한 경우를 제외한다)·변경·포기에 의한 소멸 또는 처분의 제한 등은 모두 등록을 하여야 제3자에게 대항할 수 있다(제100조 제1항).

〈이해완〉

> **제96조(상표권 등의 등록의 효력)**
> ① 다음 각 호에 해당하는 사항은 등록하지 아니하면 그 효력이 발생하지 아니한다.
> 1. 상표권의 이전(상속이나 그 밖의 일반승계에 의한 경우는 제외한다)·변경·포기에 의한 소멸, 존속기간의 갱신, 상품분류전환, 지정상품의 추가 또는 처분의 제한
> 2. 상표권을 목적으로 하는 질권의 설정·이전(상속이나 그 밖의 일반승계에 의한 경우는 제외한다)·변경·소멸(권리의 혼동에 의한 경우는 제외한다) 또는 처분의 제한
> ② 제1항 각 호에 따른 상표권 및 질권의 상속이나 그 밖의 일반승계의 경우에는 지체 없이 그 취지를 특허청장에게 신고하여야 한다.

<소 목 차>

Ⅰ. 취지   Ⅲ. 질권의 설정
Ⅱ. 상표권

Ⅰ. 취지

본조는 상표권의 이전 등 및 그에 대한 질권의 설정이나 이전, 변경, 소멸 등에 관한 사항은 원칙적으로 등록을 효력발생요건으로 하는 것으로 규정하고 있다(등록주의). 명확한 공시방법을 통하여 권리자 및 권리관계의 변동을 명확화하고 제3자를 보호하여 거래의 안전을 도모하는 것에 그 취지가 있다.[1] 원래 전용사용권도 등록이 그 효력발생요건으로 규정되어 있었으나, 2011. 12. 2.자 개정에 따라 전용사용권도 통상사용권과 마찬가지로 등록이 대항요건으로 규정되게 되었다.

Ⅱ. 상표권

본조에서 상표권과 관련하여 등록을 효력발생요건으로 규정한 것은 상속 기타 일반승계에 의한 경우를 제외한 이전, 포기에 의한 소멸, 존속기간의 갱신,

---

1) 특허청, 조문별 상표법 해설(2004), 271.

상품분류전환, 지정상품의 추가 또는 처분의 제한 등이다. 상표권 자체도 설정
등록이 효력발생요건이나 그것은 본조가 아닌 제82조 제1항에서 규정하고 있다.

　　상속 기타 일반승계에 의한 이전을 등록주의의 예외로 한 것은 상속 등의
발생시점부터 이전등록이 마쳐지기 전까지 상표권의 권리자가 없게 되는 것을
방지하고자 하는 취지로 볼 수 있다. 다만, 그 경우에도 지체 없이 그 취지를
특허청장에게 신고하여야 한다(제96조 제2항). 이 경우 신고가 상표권 이전의 효
력발생요건이거나 대항요건인 것은 아니며, 신고가 없어도 상표권 이전의 효력
이 발생함은 물론이다. 상속의 경우에 상표권자가 사망한 날부터 3년 이내에 상
속인이 상표권의 이전등록을 하지 아니한 경우에는 상표권자가 사망한 날부터
3년이 되는 날의 다음 날에 상표권이 자동적으로 소멸한다(제106조 제1항).

　　위와 같은 일반승계의 경우가 아닌 특정승계의 경우에는 이전등록을 마쳐
야만 상표권 이전의 효력이 발생하므로, 상표권을 양도받았으나 아직 이전등록
을 마치지 않은 양수인은 상표권자라고 할 수 없고, 그 경우에는 상표등록원부
상 등록권리자로 남아 있는 양도인이 여전히 상표권자라고 보아야 한다.[2] 상표
권을 비롯한 영업일체를 양도하는 것은 상표권의 일반승계에 해당하지 않고 특
정승계에 해당하므로 역시 이전등록을 마쳐야 상표권 이전의 효력이 발생하는
경우에 해당한다.[3]

　　이때의 등록은 '이전등록'이어야 하고, '등록명의인 표시변경등록'을 한 경
우는 등록으로서의 효력이 발생하지 않는다. 이에 관하여 대법원은 "상표등록원
부상 등록명의인 표시변경등록은 등록명의인의 동일성이 유지되는 범위 내에서
등록원부상의 표시를 실제와 합치시키기 위하여 행하여지는 것에 불과할 뿐 어
떠한 권리변동을 가져오는 것은 아니므로, 상표권을 이전하기로 하는 내용의 약
정을 체결하였으나 그 약정에 따른 상표권이전등록을 하는 대신 등록명의인 표
시(명칭)변경등록을 하였다고 하더라도 원칙적으로 상표권이전의 효력이 발생한
다거나 실체관계에 부합된다고 할 수는 없다"고 판시한 바 있다.[4]

　　상표권에 대한 처분의 제한은 보전처분인 가압류, 가처분 등을 말한다. 법
원에서 이러한 보전처분 결정을 하더라도 이를 등록하지 않으면 그 효력이 발
생하지 않는다.

---

2) 대법원 1999. 9. 3. 선고 98후881 판결.
3) 대법원 1991. 6. 25. 선고 90후2041 판결.
4) 대법원 2002. 2. 26. 선고 2001후1259 판결.

Ⅲ. 질권의 설정

상표권을 목적으로 하는 질권의 설정·이전(상속 기타 일반승계에 의한 경우를 제외한다)·변경·소멸(권리의 혼동에 의한 경우를 제외한다) 또는 처분의 제한은 등록을 하여야 효력이 발생한다. 질권의 설정에 관하여 등록을 효력발생요건으로 한 것은 역시 권리관계를 명확하게 하기 위한 것이라 할 수 있다.

〈이해완〉

제97조(통상사용권)

① 상표권자는 그 상표권에 관하여 타인에게 통상사용권을 설정할 수 있다.

② 제1항에 따른 통상사용권의 설정을 받은 통상사용권자는 그 설정행위로 정한 범위에서 지정상품에 관하여 등록상표를 사용할 권리를 가진다.

③ 통상사용권은 상속이나 그 밖의 일반승계의 경우를 제외하고는 상표권자(전용사용권에 관한 통상사용권의 경우에는 상표권자 및 전용사용권자를 말한다)의 동의를 받지 아니하면 이전할 수 없다.

④ 통상사용권은 상표권자(전용사용권에 관한 통상사용권의 경우에는 상표권자 및 전용사용권자를 말한다)의 동의를 받지 아니하면 그 통상사용권을 목적으로 하는 질권을 설정할 수 없다.

⑤ 통상사용권의 공유 및 설정의 제한 등에 관하여는 제93조제2항 및 제95조제2항·제4항을 준용한다.

<소 목 차>

Ⅰ. 서론
  1. 통상사용권의 의의
  2. 통상사용권의 종류
Ⅱ. 통상사용권의 설정
  1. 설정의 방식
  2. 설정의 금지 및 제한
Ⅲ. 통상사용권의 내용
  1. 법적 성격

  2. 통상사용권의 범위
  3. 통상사용권의 효력
  4. 통상사용권에 대한 질권의 설정
Ⅳ. 계약당사자의 변동
  1. 통상사용권의 이전
  2. 상표권의 이전
Ⅴ. 통상사용권의 소멸
Ⅵ. 등록

Ⅰ. 서론

1. 통상사용권의 의의

통상사용권(non-exclusive license)이란 상표권자 이외의 제3자가 상표권자 또는 전용사용권자와 설정행위에서 정한 범위 내에서 등록상표를 그 지정상품에 대하여 사용할 수 있는 권리로서(제97조 제2항), 전용사용권과 같은 물권적 성격이 없는 것을 말한다.

2. 통상사용권의 종류

통상사용권은 원래 배타적 권리가 아니므로 동일한 상표권에 관하여 복수 존재할 수 있지만, 계약에 의하여 상표권자와 통상사용권자 사이에 그 통상사용 권자에게 독점권을 부여하여 다른 제3자에게는 사용권 설정을 하지 않겠다는 약정을 체결할 수는 있다. 이 경우의 통상사용권을 독점적 통상사용권이라 한 다. 나아가 설정자(상표권자) 자신도 당해 상표를 사용하지 않겠다는 취지의 특 약을 하는 경우도 있는데, 이러한 경우의 통상사용권을 완전독점적 통상사용권 이라 부른다.[1] 이와 같은 통상사용권에 있어서의 '독점'에 관한 약정은 등록할 수 있는 사항은 아니고[2], 당사자 사이에 채권적 효력이 있을 뿐이라는 점에서 전용사용권과는 근본적으로 구별된다. 한편으로, 독점에 관한 약정이 없는 경우 의 통상사용권은 비독점적 통상사용권이라고 부른다.

결국 통상사용권은 크게 독점적 통상사용권과 비독점적 통상사용권으로 구 분된다.

Ⅱ. 통상사용권의 설정

1. 설정의 방식

통상사용권은 상표권자 또는 전용사용권자의 설정행위(보통은 상표권자 또는 전용사용권자와 통상사용권자 사이의 계약)에 의하여 설정된다. 그러나 반드시 특 정한 요식행위에 의하여야 하는 것이 아님은 물론 묵시적 행위에 의하여도 할 수 있다. 특허법원도 "상표의 통상사용권은 … 단순히 상표권자와 사용자 사이 의 합의만에 의하여 발생하고 통상사용권의 설정등록은 제3자에 대한 대항요건 일 뿐이므로, 통상사용권자는 반드시 등록된 통상사용권자일 필요가 없고, 또한 위와 같은 합의는 반드시 문서에 의하여 이루어져야 한다거나 어떠한 형식을 갖추어야만 한다고 할 수도 없으며, 묵시적 행위에 의하여도 할 수 있다"고 판 시한 바 있다.[3]

---

1) 小野昌延 編, 注解 商標法(上卷)(新版), 靑林書院(2005), 779.
2) 윤선희, 상표법, 법문사(2007), 522.
3) 특허법원 2010. 5. 12. 선고 2009허9082 판결; 특허법원 2004. 2. 6. 선고 2003허6081 판 결도 같은 취지로서, 등록상표권자와 사이에 등록상표 "TACT"를 사용하는 오토바이에 관 한 대리점 계약을 체결한 자가 통상사용권자의 자격으로 위 등록상표를 자신의 대리점 인

　　통상사용권 설정등록을 하지 않아도 설정의 효력이 발생하나, 등록을 하지 않을 경우 상표권의 양수인이나 전용사용권자 등에 대하여 통상사용권으로 대항할 수 없다(제100조 제1항 제1호). 즉 통상사용권은 당사자 간의 계약에 따라 발생하는 채권적 권리로서 등록이 효력발생요건이 아니고 대항요건일 뿐이므로 등록의 유무를 묻지 않고 계약 성립시에 그 효력이 발생하지만, 계약만으로는 상표권의 양수인이나 계약 후 전용사용권을 설정받은 전용사용권자에 대하여 통상사용권으로 대항할 수 없다. 그러나 통상사용권의 설정을 등록한 경우에는 상표권 또는 전용사용권을 취득한 자나 통상사용권 설정 후에 전용사용권자가 된 자에 대하여도 대항할 수 있고 그 지위는 번복되지 않는다. 이것은 "부동산 임대차를 등기한 때에는 그때부터 제삼자에 대하여 효력이 생긴다"고 규정한 민법 제621조 제2항과 유사한 취지로서, 그 경우 통상사용권에 관한 기본적인 권리의무 관계가 구 상표권자 등으로부터 신 상표권자 등에게 이전하여 구 상표권자는 더 이상 통상사용권 설정자의 지위를 가지지 않게 되는 것을 의미한다.4)

　　통상사용권을 설정한 경우에 상표권자가 그 등록을 하여야 할 의무는 없다. 과거에는 "상표권자의 전용사용권 또는 통상사용권의 설정등록을 하지 아니하고 타인에게 자기의 등록상표와 동일 또는 유사한 상표를 그 지정상품과 동일 또는 유사한 상품에 6월 이상 사용하게 한 경우"를 상표등록의 취소사유의 하나로 규정하고 있었던 적이 있으나5), 1997. 8. 22 법률 제5355호 개정법에 의하여 삭제되었다. 따라서 예컨대 프랜차이즈사업의 경우에, 가맹점사업자에게 일일이 통상사용권 설정등록을 하여야 할 법적인 부담은 제거된 상태이다.

2. 설정의 금지 및 제한

　　업무표장권 또는 단체표장권에 관하여는 통상사용권을 설정할 수 없다(제97조 제5항, 제95조 제2항). 그리고 상표권이 공유인 경우에 그에 대한 통상사용권을 설정하려면 다른 공유자의 동의가 있어야 한다(제93조 제3항).

　　터넷 홈페이지에 사용한 것이 상표법 제73조[개정법 제119조] 제1항 제3호의 사용에 해당한다고 한 사례이다.

4) 網野誠, 「商標」(第五版), 有斐閣(1999), 789-790.

5) 구 상표법 제73조 제1항 제1호.

Ⅲ. 통상사용권의 내용

1. 법적 성격

통상사용권은 전용사용권과 달리 채권적인 권리이므로 상표권자 또는 전용사용권자는 동일한 내용의 통상사용권을 다수의 자에게 설정할 수 있다. 또한 통상사용권의 설정에 의하여 상표권자 또는 전용사용권자는 통상사용권자가 설정행위의 범위 내에서 상표를 사용하는 것을 용인하여야 하고 만약 상표의 사용에 대하여 계약내용에 따라 협력을 필요로 하는 경우에는 협력의무를 부담하지만, 통상사용권 설정 후에도 스스로 사용할 수 있고, 상표권자의 경우 전용사용권을 설정할 수도 있다. 다만 통상사용권 설정 후 상표권자가 전용사용권을 설정함으로써 등록되어 있지 아니한 통상사용권자가 전용사용권과 충돌하는 범위 내에서 더 이상 상표를 사용할 수 없게 된 경우 통상사용권자는 상표권자에게 채무불이행책임을 물을 수는 있다.[6]

상표권은 무형의 권리로서, 동일한 내용의 사용권이 다수 병존할 수 있고 동일 내용의 통상사용권을 다수 설정하여도 채무불이행의 문제가 일어나지 않는다는 점에서 부동산 임차권과 같은 유체물에 관한 채권과는 다르다.[7]

2. 통상사용권의 범위

통상사용권의 범위는 상표권자의 설정행위(통상은 당사자 간의 설정계약)에 따라 정해진다. 설정행위에서 정하는 통상사용권의 범위는 보통 대상이 되는 상품 또는 서비스, 존속기간, 사용할 수 있는 지역 등이다. 통상사용권의 범위에 대하여는 전용사용권의 경우와 거의 동일하게 볼 수 있으므로, 전용사용권에 관한 제95조에 대한 주해의 해당 부분을 참조하기 바란다.

3. 통상사용권의 효력

가. 서언

제3자에 의한 상표권 침해행위가 있는 경우 통상사용권자는 그에 대응하여 어떤 조치를 취할 수 있을까. 전용사용권의 경우라면 물권적 성격의 권리이므로

---

6) 사법연수원, 「상표법」(2010), 143; 송영식 외 6인, 「지적소유권법(하)」, 육법사(2008), 217.
7) 網野誠(주 4), 790.

자신의 이름으로 금지청구권, 손해배상청구권 등의 권리를 행사할 수 있을 것이나 통상사용권의 경우는 채권적 성격의 권리라는 점에서 그러한 권리의 행사를 쉽게 인정하기는 어렵다. 일본에서는 이 문제에 관하여 ① 손해배상청구권과 금지청구권을 모두 인정하지 않는 설, ② 손해배상청구권은 인정하지만 금지청구권은 인정하지 않는 설, ③ 손해배상청구권을 인정하고 또한 금지청구권의 대위행사를 인정하는 설(독점적 통상사용권자에 한하지 않는 견해), ④ 독점적 통상사용권에 한하여 손해배상청구권은 인정하지만, (대위행사의 가능성은 유보하면서) 금지청구권은 인정하지 않는 설, ⑤ 독점적 통상사용권에 한하여 손해배상청구권을 인정하고 또한 금지청구권의 대위행사를 인정하는 설, ⑥ 독점적 통상사용권에 한하여 손해배상청구권과 금지청구권을 모두 인정하는 설, ⑦ 일반적으로 손해배상청구권을 인정하고 또한 특히 등록된 독점적 통상사용권에 대하여 금지청구권을 인정하는 설 등으로 나누어져 있지만[8], 우리나라의 학설대립은 특허법상의 통상실시권에 대한 논의를 함께 참고하더라도 일본의 경우처럼 복잡하지는 않다. 아래에서는 여러 논점의 조합에 따라 나누어지는 학설을 정리하는 대신 각각의 논점 별로 학설, 판례의 입장을 살펴보고 타당한 결론이 무엇인지 검토해 보고자 한다.

나. 고유의 금지청구권 유무

통상사용권은 대세적 효력을 가지는 물권적 권리가 아니라 설정자와 사이에 채권적인 효력을 가질 뿐이므로 상표권 침해에 대하여 자신의 이름으로 금지청구권 등을 행사할 수는 없다. 독점적 통상사용권의 경우에도 전용사용권과 달리 채권적 성격을 가지는 한 그러한 결론은 마찬가지라고 보아야 한다. 이와 같이 통상사용권자의 고유의 금지청구권 유무에 대하여는 이를 부정하는 것이 우리나라의 통설적인 입장이라 할 수 있다.[9]

대법원은 '소리바다' 사건에서 저작권법상의 독점적 이용허락과 관련하여 "저작권법은 특허법이 전용실시권제도를 둔 것과는 달리 침해정지청구권을 행사할 수 있는 이용권을 부여하는 제도를 마련하고 있지 아니하여, 이용허락계약의 당사자들이 독점적인 이용을 허락하는 계약을 체결한 경우라도 그 이용권자가 독자적으로 저작권법상의 침해정지청구권을 행사할 수는 없다고 할 것이다"

---

8) 小野昌延 編(주 1), 781-786 참조.
9) 윤선희(주 2), 526; 문삼섭, 「상표법」(제2판), 세창출판사(2004), 552; 사법연수원(주 6), 144; 최성준, "위조·불법복제에 관한 민사절차", LAW & TECHNOLOGY 제6권 제1호 (2010.1), 서울대학교 기술과법센터, 6-8.

라고 판시하고 있는바[10], 그 취지에 비추어 보면, 상표법의 경우에도 ‘침해금지청구권을 행사할 수 있는 이용권을 부여하는 제도’인 전용사용권이 아닌 한 독점적 통상사용권자라도 자신의 이름으로 금지청구권을 행사할 수는 없음을 뚜렷이 전제하고 있다고 볼 수 있다.

뒤에서 보는 바와 같이 독점적 통상사용권의 경우에 제3자에 의한 채권침해로 인한 불법행위가 성립될 수 있음을 긍정한다 하더라도 재산적 권리를 침해하는 불법행위의 효과는 특별한 사정이 없는 한[11] 금전배상에 한정되므로 그러한 불법행위를 이유로 한 금지청구권 행사도 원칙적으로 인정될 수 없다.[12]

다. 금지청구권의 대위 행사

통상사용권자가 고유의 금지청구권을 가지지는 않더라도 설정자인 상표권자의 금지청구권을 대위하여 행사할 수 있지 않을까 하는 점에 관하여 국내 학설은 독점적 통상사용권인지 여부를 불문하고 긍정하는 견해(제1설)[13]와 독점적 통상사용권에 한하여 긍정하는 견해(제2설)[14], 독점적 통상사용권인지 여부를 불문하고 부정하는 견해(제3설)[15]로 나누어진다.

생각건대, 비독점적 통상사용권의 경우에는 설정자에 대하여 제3자의 침해

---

10) 대법원 2007. 1. 25. 선고 2005다11626 판결.
11) 인터넷 포탈에 대한 대체광고 행위가 문제된 사안에서 대법원 2010. 8. 25.자 2008마 1541 결정이 그러한 ‘특별한 사정’을 이유로 예외적으로 금지청구권을 인정한 사례이다. 이 결정은 “경쟁자가 상당한 노력과 투자에 의하여 구축한 성과물을 상도덕이나 공정한 경쟁 질서에 반하여 자신의 영업을 위하여 무단으로 이용함으로써 경쟁자의 노력과 투자에 편승하여 부당하게 이익을 얻고 경쟁자의 법률상 보호할 가치가 있는 이익을 침해하는 행위는 부정한 경쟁행위로서 민법상 불법행위에 해당하는바, 위와 같은 무단이용 상태가 계속되어 금전배상을 명하는 것만으로는 피해자 구제의 실효성을 기대하기 어렵고 무단이용의 금지로 인하여 보호되는 피해자의 이익과 그로 인한 가해자의 불이익을 비교·교량할 때 피해자의 이익이 더 큰 경우에는 그 행위의 금지 또는 예방을 청구할 수 있다”고 설시하였다.
12) 조영선, “특허실시권자의 손해배상 및 금지청구권”, 저스티스 통권 제110호, 105-106; 최성준(주 9), 8.
13) 윤선희(주 2), 526.
14) 사법연수원(주 6), 144.
15) 특허법상의 통상실시권과 관련한 언급이긴 하지만, 박성수, “저작권법상 복제권의 침해 방조와 채권자 대위에 의한 침해금지청구의 행사 및 보전의 필요성”, 대법원판례해설 69호 (2008 상반기), 법원도서관, 692가 “특허의 경우에는 독점적 통상실시권자에게 금지청구의 대위행사를 인정하지 아니하는 것은 전용실시권을 설정하도록 권장하는 효과를 가지게 되므로 큰 불합리는 없고, 오히려 전용실시권의 등록을 권장하는 측면에서는 독점적 통상실시권자에게 금지청구의 대위행사를 인정하지 않는 것이 바람직하다”는 입장을 취하고 있다. 상표법상으로도 전용사용권 제도가 있다는 점에서 마찬가지의 결론을 취하게 될 것으로 보인다.

행위를 배제할 것을 청구할 권원이 없으므로 채권자대위를 위한 피보전권리가 있다고 할 수 없다. 반면에, 독점적 통상사용권이 설정된 경우에는 특별한 사정이 없는 한 통상사용권자가 설정자인 상표권자에 대하여 적어도 제3자의 침해를 배제하는 데 협력할 것을 요구할 권리가 있다고 볼 수 있고, 그런 상태에서 침해에 따른 이해관계가 예민하지 않은 상표권자가 침해행위의 배제에 소극적일 경우에는 독점적 통상사용권자가 상표권자의 권리를 대위하여 권리 행사를 할 수 있도록 허용하는 것이 현실적으로도 필요하고 권리보호의 충실화라고 하는 이상에도 부합한다는 점에서, 특정채권의 보전을 위해 채무자의 자력 유무를 불문하고 채권자대위권의 행사(전용)를 허용하는 민법상의 법리(판례)에 따라[16], 위 권리를 피보전권리로 하여 상표권자가 가지는 침해금지청구권을 대위 행사할 수 있는 것으로 보는 것이 타당한 것으로 생각된다.[17] 특허법상의 통상실시권과 관련하여, 독점적 통상실시권이라고 하더라도 통상실시권의 일종인 이상 실시계약 자체만으로 특허권자의 방해배제의무가 당연히 인정된다고 보기는 어렵고, 이는 실시계약에서 특허권자의 방해배제의무에 관한 특약이 있어야 인정된다고 볼 것이라는 견해[18]가 있으나, 독점적 통상실시권을 설정받는 자는, 제3자가 '특허권자로부터 허락을 받아 중복적으로 실시함으로써 자신과 경쟁하는 사태'는 물론이고, 제3자가 '무단으로 특허발명을 실시하여 자신과 경쟁하는 사태' 역시 배제되기를 희망하는 것이 당연하므로, 설정자가 제3자의 침해를 배제할 의무를 진다고 보는 것이 당사자의 계약의사 해석상 타당하다고 보는 견해[19]가 보다 타당한 것으로 여겨지고, 그것은 상표법상 독점적 통상사용권의 경우에도 마찬가지이다. 결론적으로, 제2설이 타당하다.

　　대법원은 위에서 본 '소리바다' 사건에서 저작물의 독점적 이용허락과 관련하여, "저작권법은 특허법이 전용실시권제도를 둔 것과는 달리 침해정지청구권을 행사할 수 있는 이용권을 부여하는 제도를 마련하고 있지 아니하여, 이용허

---

16) 민법상 특정채권의 보전을 위한 채권자대위권 행사에 관한 기존의 법리에 의해 인정되는 유형 중 독점적 통상사용권자에 의한 상표권자의 금지청구권 대위행사의 경우와 가장 유사한 것은 임차인(채권자)에 의한 임대인(채무자)의 임차지 침해자에 대한 방해제거 또는 예방청구권의 대위행사[자세한 것은 지원림, 「민법강의」(제7판), 박영사(2009), 1082-1083 참조]의 경우이다.

17) 특허법상의 문제에 대하여 논한 것이긴 하지만, 조영선(주 12)의 입장이 다소간 유사한 취지에서 같은 결론을 내리고 있는 것으로 보인다.

18) 권택수, "통상실시권의 효력과 관련한 몇 가지 문제(특히 금지청구권 및 손해배상청구권의 행사 등과 관련하여)", 특허법원 개원 10주년 기념논문집[특허소송연구 특별호(2008)], 484.

19) 조영선(주 12), 107.

락계약의 당사자들이 독점적인 이용을 허락하는 계약을 체결한 경우라도 그 이용권자가 독자적으로 저작권법상의 침해정지청구권을 행사할 수는 없다고 할 것이다. 따라서 이용허락의 목적이 된 저작권법이 보호하는 재산권의 침해가 발생하는 경우에도 그 권리자가 스스로 침해정지청구권을 행사하지 아니하는 때에는 독점적인 이용권자로서는 이를 대위하여 행사하지 아니하면 달리 자신의 권리를 보전할 방법이 없을 뿐 아니라, 저작권법이 보호하는 이용허락의 대상이 되는 권리들은 일신전속적인 권리도 아니어서 독점적인 이용권자는 자신의 권리를 보전하기 위하여 필요한 범위 내에서 권리자를 대위하여 저작권법 제91조 [현행 저작권법 제123조]에 기한 침해정지청구권을 행사할 수 있다고 할 것이다." 라고 판시하여 독점적인 이용허락의 경우에 한하여 채권자대위에 의한 정지청구권 행사를 긍정하는 입장을 취하고 있다. 이 판례에 대하여는 전용실시권 또는 전용사용권에 상응하는 제도가 없는 저작권법의 특징이 반영된 것이므로, 그러한 제도가 있는 경우에는 반대해석상 대위에 의한 권리행사를 부정하는 취지로 보아야 한다는 입장[20]과 독점적 통상사용권이나 독점적 저작물 이용권이나 모두 사용자(이용자)에게 독점적으로 사용(이용)하게 한다는 점에서는 차이가 없으므로 전용사용권의 경우에도 위 판례와 동일한 결론이 도출되어야 한다고 보는 입장[21]이 있을 수 있다. 위 판례의 문맥상으로도 저작권법상 전용사용권에 상응하는 배타적 이용권 등의 제도가 없다는 것은 직접적인 정지청구권 행사 가능성을 부정하는 이유가 되고 있을 뿐 정지청구권의 대위행사를 인정하는 논리적 근거로 제시된 것으로는 보기 어렵고, 저작권법상의 독점적 이용허락에 기

---

20) 박성수(주 15), 692가 그러한 취지로 보인다. 수원지법 2011. 1. 27.자 2010카합333 결정(당시 부장판사였던 박성수 변호사가 재판장임)도 "전용사용권 제도를 두고 있지 아니한 저작권법에 있어서는 저작권자로부터 독점적인 이용허락을 받은 자가 달리 독자적으로 저작권법상의 침해정지청구권을 행사할 방법이 없기 때문에 독점적인 이용허락권자가 저작권자를 대위하여 침해정지청구를 할 수 있는 것이 법리이지만(대법원 2007. 1. 25. 선고 2005다11626 판결 참조), 상표법상 얼마든지 전용사용권을 설정받을 수 있는 이 사건 채권자가 전용사용권을 설정받지 아니 하고 상표권자의 침해금지 청구권을 대위행사 할 수 있다면, 그것은 얼마든지 복수의 설정이 가능한 상표권의 통상사용권 제도의 입법취지에도 반하는 것으로서 우리 법이 예정하고 있는 바도 아니며, 나아가 채권자가 이 사건 상표권자에게 더 이상의 통상실시권자를 설정하는 것을 금지할 수 있는 권한이 있는 완전히 독점적인 통상실시권자라고 보기에도 부족하므로(채권자가 제출한 소갑 제1호증의 기재에 의하면 채권자가 현재까지 대한민국에서 이 사건 등록상표의 통상실시권자로서는 유일하다고 보일 뿐이다) 어느 모로 보나 채권자의 상표권 침해금지 청구는 더 나아가 살필 필요 없이 이유 없다"고 설시한 바 있다.
21) 특허법상의 전용실시권에 대한 것이지만, 정상조·박성수 공편, 「특허법 주해 I」, 박영사 (2010), 1254(이회기 집필부분)가 그러한 입장을 취하고 있다.

한 이용권과 상표법상의 독점적 통상이용권의 법적 성질이 전혀 다르지 않음에
도 불구하고 채권자대위의 가부라고 하는 민사적 법리와 관련하여 양자의 경우
를 다르게 취급하는 것은 수긍하기 어렵다는 점에서 후자의 입장이 타당하다고
생각된다. 따라서 상표법상의 독점적 통상사용권에 대하여도 저작권법상의 독
점적 이용허락의 경우와 마찬가지로 직접적인 금지청구권의 행사는 인정하지
않지만, 대위에 의한 금지청구권 행사는 인정하는 입장(제2설)이 대법원 판례와
도 부합되는 결론이라 하겠다.[22]

라. 손해배상청구권의 행사

상표법상 통상사용권자가 침해자를 상대로 손해배상청구권을 행사할 수 있
는지 여부에 대하여는 비독점적 통상사용권의 경우에는 부정적인 입장을, 독점
적 통상사용권의 경우에는 긍정적인 입장을 취하는 견해가 유력하다.[23]

독점적 통상사용권의 경우에 대한 긍정적인 입장이 근거로 하고 있는 것은
제3자의 채권침해에 관한 법리이다. 그런데 원래 채권은 물권과 달리 대세적·배
타적 권리가 아니므로 제3자에 의한 모든 채권 침해를 일반적으로 불법행위로 인
정할 수 있는 것은 아니다. 대법원도 "일반적으로 채권에 대하여는 배타적 효력
이 부인되고 채권자 상호간 및 채권자와 제3자 사이에 자유경쟁이 허용되는 것이
어서 제3자에 의하여 채권이 침해되었다는 사실만으로 바로 불법행위로 되지는
않는 것이지만, 거래에 있어서의 자유경쟁의 원칙은 법질서가 허용하는 범위 내
에서의 공정하고 건전한 경쟁을 전제로 하는 것이므로, 제3자가 채권자를 해한다
는 사정을 알면서도 법규를 위반하거나 선량한 풍속 또는 사회질서를 위반하는
등 위법한 행위를 함으로써 채권자의 이익을 침해하였다면 이로써 불법행위가 성
립하고, 여기에서 채권침해의 위법성은 침해되는 채권의 내용, 침해행위의 태양,
침해자의 고의 내지 해의의 유무 등을 참작하여 구체적, 개별적으로 판단하되, 거
래자유 보장의 필요성, 경제·사회정책적 요인을 포함한 공공의 이익, 당사자 사
이의 이익균형 등을 종합적으로 고려하여야" 한다고 판시한 바 있다.[24]

---

22) 그 이전에 선고된 서울중앙지방법원 2005. 5. 19. 선고 2004 가합 50561, 78573(반소) 판
    결(확정)도 독점적 통상사용권자는 서비스표권자의 침해금지청구권을 대위 행사할 수 있
    다고 판시하였다고 한다. 최성준(주 9), 8 참조.
23) 송영식 외 6인(주 6), 217; 최성준(주 9), 7 참조. 일본의 하급심판결도 독점적 통상사용
    권에 대하여는 대체로 손해배상청구권 행사를 긍정하는 결론을 내리고 있다. 小野昌延 編
    (주 1), 780 참조.
24) 대법원 2010. 8. 25. 선고 2008마1541 판결.

위와 같은 법리에 비추어보면, 동일한 등록상표에 대하여 다수의 통상사용권자가 경합할 수 있음을 전제로 하는 비독점적 통상사용권의 경우에는 제3자가 무단사용을 하더라도 통상사용권자와의 관계에서 불법행위가 되는 채권침해라고 볼 수 없을 것이다. 그러나 독점적 통상사용권자로서 외부적, 객관적으로 등록상표를 사용한 독점적 영업을 수행하고 있을 경우에 그것을 알고 있는 제3자가 그 등록상표를 무단으로 사용하는 것과 같은 경우에는 그 독점적 통상사용권자에 대한 관계에서 제3자의 채권침해의 불법행위가 성립하는 것으로 볼 수 있다. 대법원 판례 가운데 이러한 경우를 직접적으로 다룬 판례는 아직 보이지 않지만, 독점적 판매권에 대한 제3자의 채권침해를 인정한 대법원 2003. 3. 14. 선고 2000다32437 판결이 매우 유사한 사례이므로 참고할 필요가 있다.[25)]

이 판결은 "특정기업으로부터 특정물품의 제작을 주문받아 그 특정물품을 그 특정기업에게만 공급하기로 약정한 자가 그 특정기업이 공급받은 물품에 대하여 제3자에게 독점판매권을 부여함으로써 제3자가 그 물품에 대한 독점판매자의 지위에 있음을 알면서도 위 약정에 위반하여 그 물품을 다른 곳에 유출하여 제3자의 독점판매권을 침해하였다면, 이러한 행위는 특정기업에 대한 계약상의 의무를 위반하는 것임과 동시에 제3자가 특정기업으로부터 부여받은 독점판매인으로서의 지위 내지 이익을 직접 침해하는 결과가 되어, 그 행위가 위법한 것으로 인정되는 한, 그 행위는 그 특정기업에 대하여 채무불이행 또는 불법행위가 됨과는 별도로 그 제3자에 대한 관계에서 불법행위로 된다"고 하였다. 이 판결을 유추하여 볼 때, 독점적 통상사용권자라는 사실에 대한 고의 등의 일정한 요건 하에 독점적 통상사용권에 대한 제3자의 채권침해(불법행위)를 인정할 수 있고, 그러한 경우에는 당연히 독점적 통상사용권자 자신의 이름으로 손해배상청구권을 행사할 수 있다.

위와 같이 독점적 통상사용권자가 제3자의 채권침해를 이유로 손해배상청구권을 행사할 수 있는 것은 무조건적으로, 일반적으로 인정되는 것은 아니고, 고의 등을 요건으로 다소 예외적으로 인정되는 것이라고 보아야 할 것이다.[26)27)]

---

25) 조영선(주 12), 97 참조.

26) 조영선(주 12), 102가 기본적으로 같은 입장을 취하고 있다.

27) 저작물의 독점적 이용허락과 관련하여서는 제3자의 채권침해를 인정한 하급심 판결이 있다. 서울중앙지방법원 2009. 9. 4. 선고 2009가합18194 판결 : "원고가 2008. 9. 29. 그에게 위 각 서적에 관한 판권이 있고 피고 회사의 출판권은 종료하였으므로, 추후 원고의 권리를 침해할 경우 민형사상 이의를 제기하겠다는 내용의 내용증명을 피고 회사에게 보냈고, 위 내용증명이 같은 달 30일 피고 회사에 도달한 사실, 피고 회사가 위 내용증명을 받

독점적 통상사용권의 경우에 상표권자의 손해배상청구권을 대위 행사할 수
도 있다고 보는 견해가 있으나[28], 그 경우는 특정채권의 보전을 위한 채권자대
위권 행사를 허용하는 유형에 부합한다고 보기 어렵고, "채권자가 보전하려는
권리와 대위하여 행사하려는 채무자의 권리가 밀접하게 관련되어 있고, 채권자
가 채무자의 권리를 대위하여 행사하지 않으면 자기 채권의 완전한 만족을 얻을
수 없게 될 위험이 있어 채무자의 권리를 대위하여 행사하는 것이 자기 채권의
현실적 이행을 유효적절하게 확보하기 위하여 필요하며, 채권자대위권의 행사가
채무자의 자유로운 재산관리행위에 대한 부당한 간섭이 된다는 등의 특별한 사
정이 없는 경우"에 채권자대위권의 행사를 인정하는 대법원 판례[29]의 입장에 비
추어 보더라도 일반적으로 그 요건을 충족하는 것으로 보기 어려울 것이라는 점
에서, 대위행사를 긍정하는 위 견해에 선뜻 찬동하기 어렵다. 즉, 손해배상청구
권의 대위행사는 특별한 경우가 아닌 한 인정되기 어려운 것으로 보인다.[30]

4. 통상사용권에 대한 질권의 설정

통상사용권자는 상표권에 대한 통상사용권의 경우는 상표권자의 동의를 얻
은 경우에, 전용사용권에 대한 통상사용권의 경우는 상표권자 및 전용사용권자
의 동의를 얻은 경우에 한하여 그 통상사용권을 목적으로 하는 질권을 설정할
수 있다(제97조 제4항).

IV. 계약당사자의 변동

1. 통상사용권의 이전

통상사용권은 상표권에 대한 통상사용권의 경우에는 상표권자의 동의를 얻

은 이후에도 위 각 서적의 번역본을 판매하다가 2009. 4. 13.에서야 그 판매를 중단하고
재고서적을 모두 폐기한 사실, 피고 회사와 저작자 사이의 위 각 서적에 관한 번역출판계
약은 각 2008년 3월 및 같은 해 8월에 이미 종료한 사실은 앞서 본 바와 같으므로, 결국
피고 회사는 원고가 위 각 서적에 관한 독점적 이용권을 가지고 있음을 알면서도 그 채권
을 침해하였다고 할 것이고, 그 결과 그로 인하여 원고가 입은 손해를 배상할 의무가 있
다."

28) 최성준(주 9), 9가 그러한 취지로 보인다.
29) 대법원 2001. 5. 8. 선고 99다38699 판결 등.
30) 서울중앙지방법원 2009. 9. 4. 선고 2009가합18194 판결이 그러한 이유를 들어, 저작물
   에 대한 독점적 이용허락에 기한 이용권을 침해한 제3자에 대하여 저작권자를 대위하여
   손해배상청구를 한 부분은 그 피보전권리가 없다는 이유로 각하하는 결론을 내리고 있다.

은 경우에 한하여, 전용사용권에 관한 통상사용권에 있어서는 상표권자 및 전용
사용권자의 동의를 얻은 경우에 한하여 이전할 수 있다. 다만 상속이나 그 밖의
일반승계의 경우에는 그 성질상 상표권자 또는 전용사용권자의 승낙을 필요로
하지 않는다(제97조 제3항).

　　특정승계의 경우에도 등록은 이전의 효력발생요건이 아니고 대항요건에 지
나지 않는다(제100조 제1항).

2. 상표권의 이전

　　상표권자는 제3자에게 통상사용권을 설정한 후에도 상표권을 자유롭게 양
도할 수 있다. 이 경우의 당사자 지위의 승계 등 관련 법리는 전용사용권의 경
우와 기본적으로 같으므로 그에 관한 제95조의 주해 부분을 참조하기 바란다.

V. 통상사용권의 소멸

　　통상사용권은 상표권(및 전용사용권)에 부수된 권리이므로 상표권 또는 전용
사용권의 소멸에 의하여 소멸되며, 통상사용권의 기간만료, 설정계약의 해제 또
는 해지, 통상사용권의 포기 등에 의하여 소멸된다.

VI. 등록

　　통상사용권의 설정은 계약 등에 의하여 바로 효력이 발생하며, 등록은 효력
발생요건이 아니라 대항요건임은 위에서 본 바와 같다. 통상사용권의 설정 외에
도 그 이전(상속 기타 일반승계에 의한 경우를 제외한다)·변경·포기에 의한 소멸
또는 처분의 제한, 통상사용권을 목적으로 하는 질권의 설정·이전(상속 기타 일
반승계에 의한 경우를 제외한다)·변경·포기에 의한 소멸 또는 처분의 제한 등은
모두 등록을 하여야 제3자에게 대항할 수 있다(제100조 제1항).

〈이해완〉

제98조(특허권 등의 존속기간 만료 후 상표를 사용하는 권리)

① 상표등록출원일 전 또는 상표등록출원일과 동일한 날에 출원되어 등록된 특허권이 그 상표권과 저촉되는 경우 그 특허권의 존속기간이 만료되는 때에는 그 원특허권자는 원특허권의 범위에서 그 등록상표의 지정상품과 동일·유사한 상품에 대하여 그 등록상표와 동일·유사한 상표를 사용할 권리를 가진다. 다만, 부정경쟁의 목적으로 그 상표를 사용하는 경우에는 그러하지 아니하다.

② 상표등록출원일 전 또는 상표등록출원일과 동일한 날에 출원되어 등록된 특허권이 그 상표권과 저촉되는 경우 그 특허권의 존속기간이 만료되는 때에는 그 만료되는 당시에 존재하는 특허권에 대한 전용실시권 또는 그 특허권이나 전용실시권에 대한 「특허법」 제118조제1항의 효력을 가지는 통상실시권을 가진 자는 원권리의 범위에서 그 등록상표의 지정상품과 동일·유사한 상품에 대하여 그 등록상표와 동일·유사한 상표를 사용할 권리를 가진다. 다만, 부정경쟁의 목적으로 그 상표를 사용하는 경우에는 그러하지 아니하다.

③ 제2항에 따라 상표를 사용할 권리를 가진 자는 상표권자 또는 전용사용권자에게 상당한 대가를 지급하여야 한다.

④ 해당 상표권자 또는 전용사용권자는 제1항 또는 제2항에 따라 상표를 사용할 권리를 가진 자에게 그 자의 업무에 관한 상품과 자기의 업무에 관한 상품 간에 혼동을 방지하는 데 필요한 표시를 하도록 청구할 수 있다.

⑤ 제1항 및 제2항에 따른 상표를 사용할 권리를 이전(상속이나 그 밖의 일반승계에 의한 경우는 제외한다)하려는 경우에는 상표권자 또는 전용사용권자의 동의를 받아야 한다.

⑥ 상표등록출원일 전 또는 상표등록출원일과 동일한 날에 출원되어 등록된 실용신안권 또는 디자인권이 그 상표권과 저촉되는 경우로서 그 실용신안권 또는 디자인권의 존속기간이 만료되는 경우에는 제1항부터 제5항까지의 규정을 준용한다.

〈소 목 차〉

Ⅰ. 서론
  1. 의의
  2. 제도적 취지
  3. 법적 성질
Ⅱ. 요건
  1. 상표등록출원일전 또는 그와 동일한 날에 출원되어 등록된 특허권

  등일 것
  2. 특허권 등이 상표권과 저촉관계에 있을 것
  3. 특허권 등이 존속기간 만료로 소멸되었을 것
  4. 부정경쟁의 목적에 의한 사용이 아닐 것

Ⅲ. 법정사용권의 내용
　1. 사용권을 가지는 자
　2. 사용권의 범위
　3. 대가
Ⅳ. 관련 문제

1. 상표권자 등의 혼동방지표시청구권
2. 사용권 이전의 제한
3. 상표등록 또는 사용권등록취소심
　판 관련

Ⅰ. 서론

1. 의의

본조는 상표등록출원일 전 또는 그와 동일한 날에 출원되어 등록된 특허권, 실용신안권 또는 디자인권(이하 '특허권 등'이라 한다)이 상표권과 저촉되는 경우에 그 특허권 등의 존속기간이 만료되는 때에는 원특허권자 등은 원특허권 등의 범위 안에서 그 등록상표의 지정상품과 동일하거나 이와 유사한 상품에 대하여 그 등록상표와 동일하거나 이와 유사한 상표를 사용할 권리(이하 '특허권 등의 존속기간 만료 후에 상표를 사용하는 권리'라 한다)를 가지는 것으로 규정하고 있다. 다만, 부정경쟁의 목적으로 상표를 사용하는 경우에는 이러한 권리가 인정되지 않는다.

2. 제도적 취지

상표권과 저촉되는 특허출원 등이 상표등록출원일 전 또는 같은 날에 출원되어 등록된 경우에는 특허권자 등은 상표권자의 제약을 받지 않고 자유로이 자기의 특허발명, 고안 또는 디자인(이하 '특허발명 등'이라 한다)을 실시할 수 있지만[1], 그 특허권 등이 존속기간의 만료로 인하여 소멸할 경우 원특허권자 등의 특허발명 등에 대한 실시는 상표권 침해에 해당하게 되어 계속적으로 특허발명 등을 실시할 수 없는 문제가 발생하게 된다. 선출원된 권리임에도 불구하고 특허권등의 존속기간이 만료되었다는 이유만으로 원특허권자 등 자신이 계속하여

---

[1] 예컨대, 특허권의 경우 제98조에서 "특허권자·전용실시권자 또는 통상실시권자는 특허발명이 그 특허발명의 특허출원일전에 출원된 타인의 특허발명·등록실용신안 또는 등록디자인이나 이와 유사한 디자인을 이용하거나 특허권이 그 특허발명의 특허출원일전에 출원된 타인의 디자인권 또는 상표권과 저촉되는 경우에는 그 특허권자·실용신안권자·디자인권자 또는 상표권자의 허락을 얻지 아니하고는 자기의 특허발명을 업으로서 실시할 수 없다"고 규정하고 있으므로, 그 반대해석상 상표권과 저촉되는 특허출원이 상표등록출원일 전 또는 같은 날에 출원되어 등록된 경우에는 특허권자가 상표권자의 제약을 받지 않고 자유로이 자기의 특허발명을 실시할 수 있다는 결론이 도출된다.

실시하는 것도 할 수 없다면, 그에 따라 기존의 설비를 제거하여야 하는 불합리한 결과를 초래하여 산업발전에도 부정적인 영향을 미치게 될 것인데, 이는 산업재산권 상호간의 이용·저촉시 조정의 기본원칙인 '선출원우선'의 기본원칙에도 부합하지 아니하는 것이다. 1997년의 개정 상표법(1997. 4. 10. 법률 제5329호)에서부터 입체상표 제도가 도입됨으로써 상표권과 특허권이 저촉되는 경우가 있을 수 있게 되어 위와 같은 문제에 대한 해결의 필요성이 부각됨으로써 2001년의 개정 상표법(2001. 2. 3. 법률 제6414호)에서 처음으로 '특허권 등 존속기간 만료 후의 상표사용권' 제도를 신설하게 된 것이다.

3. 법적 성질

본조는 원특허권자 등이 원특허권 등의 범위 안에서 스스로 계속 상표를 사용하는 것에 대하여 상표권자 등이 금지청구권을 행사하지 못하도록 하기 위한 것에 취지가 있으나 단순히 상표권 제한규정은 아니고 '특허권 등의 존속기간 만료 후에 상표를 사용하는 권리'를 원특허권자등의 권리로 부여한 것이다. 이 권리는 일정한 법정요건을 갖춘 경우에 당사자의 의사와 관계없이 법에 따라 당연히 발생하는 것이므로 일종의 '법정사용권'이라 할 수 있다. 그 제도적 취지에 비추어 볼 때 제3자에의 사용행위를 배제할 수 있는 배타적 권리는 아니고, 채권적 성격의 권리로 보아야 한다.2)

II. 요건

1. 상표등록출원일전 또는 그와 동일한 날에 출원되어 등록된 특허권 등일 것

먼저, 특허출원 등이 상표등록출원일과 동일하거나 그 이전에 출원될 것을 요한다. 따라서 상표등록출원일보다 늦은 날에 출원되어 등록된 특허권, 실용신안권 또는 디자인권의 권리자나 사용권자는 본 규정의 적용대상이 아니며, 특허법 제98조 등의 규정에 따라 존속기간만료전일지라도 상표권자의 허락을 받아야 한다.

---

2) 문삼섭, 상표법(제2판), 세창출판사(2004), 556; 최성우, OVA 상표법(2010년 개정판), 한국특허아카데미(2010), 392; 박종태, 이지 상표법(제3판 증보판), 한빛지적소유권센터(2007), 461 등 참조.

2. 특허권 등이 상표권과 저촉관계에 있을 것

본조가 적용되기 위해서는 특허권 등이 상표권과 저촉관계에 있을 것을 요한다. 특허권 등이 상표권과 저촉관계에 있지 않은 경우에는 특허발명 등의 실시에 대하여 상표권의 금지적 효력이 미치지 아니하므로 이와 같은 규정을 필요로 하지 않기 때문이다. 상표권과 '저촉'된다는 것은 특허발명 등의 실시품(예를 들어 물건의 발명에 있어서 그 물건)의 형태가 등록상표의 입체적 형상과 동일하거나 또는 유사하여 그 실시(양도, 사용 등)가 상표법의 '사용'에 해당하는 것을 의미한다.[3]

상표권과 저촉되는 특허발명 등의 실시는 상표법 제90조 제1항 제2호(기술적 표장) 및 제5호(기능적인 입체적 형상)의 규정에 해당하여 그 부분에 대해서는 상표권의 효력이 미치지 않는 경우가 많을 것이나 항상 그렇다고 단정하기는 어렵고, 한편으로, 원특허권자 등은 제90조에 해당함을 주장·입증하기보다는 원특허발명의 계속적인 실시라는 것을 주장·입증하는 것이 보다 용이할 것이라는 점에서 본조의 의의를 찾을 수 있다.[4]

3. 특허권 등이 존속기간 만료로 소멸되었을 것

본조에 의한 사용권이 인정되는 것은 특허권 등이 '존속기간의 만료'로 소멸한 경우에 한한다. 따라서 연차등록료의 불납, 권리의 포기, 무효심결, 이의에 의한 취소결정, 권리자 사망 후 상속인이 없는 경우 등의 다른 사유로 특허권 등이 소멸한 경우에는 법정사용권이 인정되지 아니한다. 그러한 사유로 인하여 소멸된 경우라면 계속적인 사용을 보장해 줄 필요 또는 실익이 없다고 본 것이다.

4. 부정경쟁의 목적에 의한 사용이 아닐 것

위의 요건을 모두 충족한다고 하더라도 원특허권자 등이 부정한 목적으로 그 상표를 사용하는 경우에는 사용권이 인정되지 않는다. '부정경쟁의 목적'이란 상표권자의 신용에 편승하여 부당한 이익을 얻을 목적을 말한다. 예를 들어 후출원 상표권자가 자신의 노력에 의하여 당해 상표에 대하여 주지·저명성을 취득하고 있는 것을 알고 그 신용에 편승하기 위해 원특허권자가 그때까지 실

---

3) 小野昌延 編, 注解 商標法(上卷)(新版), 靑林書院(2005), 828 참조.
4) 최성우(주 2), 393.

시하지 않고 있던 발명을 존속기간만료 후에 실시하는 것과 같은 경우에는 부정경쟁의 목적이 있다고 볼 수 있다.[5] '부정경쟁의 목적에 의한 사용'이라는 것은 조문의 구성 등에 비추어 볼 때 상표권 침해소송의 피고(원특허권자 등)가 '사용권의 항변'을 제출한 데 대한 재항변으로서 원고(상표권자)가 주장 및 입증책임을 지는 것으로 보아야 할 것이다.[6]

Ⅲ. 법정사용권의 내용

1. 사용권을 가지는 자

상표권 또는 전용사용권에 대하여 법정사용권을 가지는 자는 존속기간이 만료되는 특허권 등에 대한 '원특허권자 등'이며, 당해 특허권 등에 대한 전용실시권 또는 등록한 통상실시권을 가지는 자도 사용권을 가진다. 다만, 실시권자의 경우에는 상표권자 또는 전용실시권자에게 상당한 대가를 지급하여야 한다(제98조 제3항).

2. 사용권의 범위

원특허권자 등이 가지는 사용권의 범위는 '원특허권의 범위' 안에서이다. 따라서 소멸된 특허권 등에 관한 특허발명 등을 실시하는 데 필요한 한도 내에서 사용권을 행사할 수 있다. 현재 실시하고 있거나 실시준비를 하고 있는 특허발명 등 및 사업목적의 범위 내로 한정되는 것은 아니다.[7] 한편, 특허권 등에 존재하는 실시권자의 경우에는 '원실시권'의 범위 안에서 사용권이 인정된다.

위와 같이 '원특허권의 범위' 또는 '원실시권의 범위' 내이기만 하면, 일반적인 통상사용권과는 달리 상표권의 전용권의 범위 내일 것을 요하지 않고 금지권의 범위에까지 사용권이 미친다. 그런 취지에서 본조 제1항은 "그 등록상표의 지정상품과 동일하거나 이와 유사한 상품에 대하여 그 등록상표와 동일하거나 이와 유사한 상표를 사용할 권리"라는 표현을 사용하고 있다.

---

5) 小野昌延 編(주 3), 828-829 참조. 뒤에서 보는 바와 같이 특허권 등의 존속기간 중에 '실시'할 것이 요건인 것은 아니지만, 존속기간 중에는 실시하지 않다가 존속기간 만료 후에 실시하고자 할 경우에는 부정경쟁의 목적이 인정되기 쉬울 것으로 본다.

6) 小野昌延 編(주 3), 828.

7) 문삼섭(주 2), 558; 박종태(주 2), 462; 최성우(주 2), 394.

3. 대가

원특허권자 등은 무상의 사용권을 가지고, 상표권자에게 대가를 지급할 필요가 없다. 이들은 자신의 창작물을 계속하여 이용하는 것이기 때문이다.[8] 그러나 특허권등에 대한 실시권자는 상표권자 또는 전용사용권자에게 상당한 대가를 지급하여야 한다(제98조 제3항). 실시권자는 특허권 등의 존속기간의 범위 내에서 당해 특허발명 등을 실시하기로 예정했던 것이므로 그 기간을 넘는 사용에 대해서는 대가를 지급하도록 한 것이다.[9]

IV. 관련 문제

1. 상표권자 등의 혼동방지표시청구권

당해 상표권자 또는 전용사용권자는 본조의 사용권을 가진 자에게 그 자의 업무에 관한 상품과 자기의 업무에 관한 상품 간에 혼동을 방지하는 데 필요한 표시를 하도록 청구할 수 있다(제4항).

2. 사용권 이전의 제한

상표를 사용할 권리를 가진 특허권자 등이나 실시권자는 자기의 상표사용권을 상속, 회사의 합병 등 일반승계의 경우를 제외하고는 상표권자 또는 전용사용권자의 동의를 얻어 이를 이전할 수 있다(제5항).

3. 상표등록 또는 사용권등록취소심판 관련

특허권 등의 존속기간 만료 후에 상표를 사용하는 권리를 가진 원특허권자 등은 약정에 의한 사용권자와는 달리 상표권자의 통제 하에 있는 자가 아니며, 허락에 의한 사용권자와 달리 상표등록취소로 인한 불이익도 없다는 점에서 상표법 제119조 제1항 제3호 상의 '통상사용권자'에 해당하지 않는 것으로 보아야 할 것이다.[10]

또한 특허권 등의 존속기간 만료 후에 상표를 사용하는 권리는 상표권자의

---

8) 최성우(주 2), 394.
9) 최성우(주 2), 394.
10) 문삼섭(주 2), 558; 최성우(주 2), 395; 박종태(주 2), 463.

의사에 관계없이 인정되는 법정사용권에 관한 규정이므로 상표법 제119조 제1
항 제2호의 취소사유는 적용되지 않으며, 등록원부에의 등록을 요하지 않는다는
점에서 상표법 제120조 상의 사용권 등록의 취소심판의 규정도 적용되지 않는
다고 해석하여야 할 것이다.11)

〈이해완〉

---

11) 문삼섭(주 2), 558; 최성우(주 2), 395.

제99조(선사용에 따른 상표를 계속 사용할 권리)

① 타인의 등록상표와 동일·유사한 상표를 그 지정상품과 동일·유사한 상품에 사용하는 자로서 다음 각 호의 요건을 모두 갖춘 자(그 지위를 승계한 자를 포함한다)는 해당 상표를 그 사용하는 상품에 대하여 계속하여 사용할 권리를 가진다.

1. 부정경쟁의 목적이 없이 타인의 상표등록출원 전부터 국내에서 계속하여 사용하고 있을 것

2. 제1호에 따라 상표를 사용한 결과 타인의 상표등록출원 시에 국내 수요자 간에 그 상표가 특정인의 상품을 표시하는 것이라고 인식되어 있을 것

② 자기의 성명·상호 등 인격의 동일성을 표시하는 수단을 상거래 관행에 따라 상표로 사용하는 자로서 제1항제1호의 요건을 갖춘 자는 해당 상표를 그 사용하는 상품에 대하여 계속 사용할 권리를 가진다.

③ 상표권자나 전용사용권자는 제1항에 따라 상표를 사용할 권리를 가지는 자에게 그 자의 상품과 자기의 상품 간에 출처의 오인이나 혼동을 방지하는 데 필요한 표시를 할 것을 청구할 수 있다.

<소 목 차>

I. 서론
  1. 선사용권의 의의
  2. 제도적 취지
II. 선사용권의 요건
  1. 부정경쟁의 목적이 없을 것
  2. 타인의 상표등록출원 전부터 국내에서 계속하여 상표를 사용하였을 것
  3. 타인의 상표등록출원 시에 국내의 수요자 간에 그 상표가 특정인의 상품을 표시하는 것이라고 인식되어 있을 것
  4. 해당 상표를 그 사용하는 상품에 대하여 계속하여 사용할 것
III. 선사용권의 효과
  1. 선사용권의 내용 및 법적 성격
  2. 선사용권을 가지는 자
  3. 선사용권의 범위
IV. 관련 문제
  1. 상표권자 등의 혼동방지표시청구권
  2. 상표등록취소심판 관련
  3. 경과규정에 따른 시적 적용범위

I. 서론

1. 선사용권의 의의

상표의 선사용권이라 함은 부정경쟁의 목적이 없이 타인의 상표등록출원 전부터 국내에서 계속하여 상표를 사용하고 있고 그 결과 타인의 상표등록 출

원시에 국내의 수요자 사이에 그 상표가 특정인의 상품을 표시하는 것이라고
인식되어 있을 경우 비록 등록상표와 동일하거나 유사한 상표를 그 지정상품과
동일하거나 유사한 상품에 사용하는 자라도 해당 상표를 그 사용하는 상품에
대하여 계속하여 사용할 수 있도록 상표법(본조)에서 인정한 권리를 말한다.

2. 제도적 취지

일정한 요건을 구비한 경우 상표의 선사용자에게 자기의 선사용 상표를 계
속하여 사용할 수 있는 권리를 부여함으로써, 모방상표를 등록하여 정당한 상표
사용자에게 높은 가격으로 되팔아 금전적 이득을 취하는 등의 초과적인 기대이
익을 축소 내지 박탈하여 모방상표 등록의 유인을 제거하고, 이를 통해 엄격한
선출원주의 운영에 따른 문제점을 보완하여 선출원주의와 사용주의를 조화시킴
으로써 진정한 상표 사용자의 이익을 보호하기 위한 것에 그 제도적 취지가 있
다.[1]

II. 선사용권의 요건

1. 부정경쟁의 목적이 없을 것

가. 부정경쟁의 목적의 의의

부정경쟁의 목적이란 타인의 신용을 이용하여 부당한 이익을 얻을 목적을
말한다. 단순히 타인상표의 존재를 인식하고 있다는 사정만으로는 부정경쟁의
목적이 있다고 보기 어렵다[2]. 타인의 상표등록출원 전부터 당해 상표를 통상의
일반적인 양태로 계속 사용해 왔다면 부정경쟁의 목적이 없는 것으로 사실상
추정된다고 볼 수 있을 것이다.[3] 그러나 A업종에서 저명한 타인의 상표와 동일
또는 유사한 상표를 그 타인의 B업종에서의 상표등록 출원 전부터 사용한 결과
국내의 수요자 사이에 그 상표가 특정인의 상품을 표시하는 것이라고 인식되게
된 경우라면 부정경쟁의 목적이 있었다고 인정될 것이다.[4]

---

1) 박종태, 이지 상표법(제3판 증보판), 한빛지적소유권센터(2007), 461.
2) 박종태(주 1), 465.
3) 網野誠, 商標(第五版), 有斐閣(1999), 732; 小野昌延・三山峻司, 新・商標法概說, 靑林書
   院(2009), 287 등 참조.
4) 小野昌延・三山峻司(주 3), 287; 小野昌延 編, 注解 商標法(上卷)(新版), 靑林書院(2005),
   801.

나. 기준시점

부정경쟁의 목적이 없을 것은 상표의 사용을 개시한 때부터 타인의 상표등
록 출원시까지 요구된다.[5] 즉, 본조 제1항의 문리해석에 의하면, 출원시까지에
부정경쟁의 목적이 없으면 선사용권이 생기고 선사용권이 생긴 이상 계속 사용
만 하고 있으면 부정경쟁의 목적은 묻지 않는 것으로 볼 수 있다. 선사용권 발
생 후의 사정변경에 따라 그 권리 행사 시점에 '부정경쟁의 목적'이 명백하게
된 경우라면 (본조의 적용은 배제되지 않지만) 권리남용으로 인정될 가능성이 있
을 수는 있다.[6]

다. 입증책임

본조의 조문 구성 등에 비추어 부정경쟁의 목적이 없다는 것의 입증책임은
일차적으로는 선사용권을 주장하는 자에게 있다고 보아야 할 것이다.[7] 부정경
쟁의 목적이 "없다"는 것은 소극적인 사실로서 그 입장이 어려울 수 있는바, 위
에서 본 바와 같이, 출원 전부터 통상의 일반적인 양태의 사용을 계속 해 오고
있으면 부정경쟁의 목적이 없는 것으로 사실상 추정되는 것으로 볼 경우에는
입증의 부담이 경감될 수 있을 것이다.[8]

2. 타인의 상표등록출원 전부터 국내에서 계속하여 상표를 사용하였을 것

타인의 상표등록출원 전부터 국내에서 계속 사용하고 있는 경우에 한하며,
출원 후 비로소 사용을 개시하거나 외국에서만 사용한 경우에는 본조의 사용권
이 인정되지 않는다. 본조 소정의 '사용'이라 함은 제2조 제1항 제11호 소정의
사용을 말하므로 광고적인 사용만으로도 족하다고 할 것이다.[9]

사용기간은 법률상의 요건이 아니므로 국내에서의 사용사실만 있다면 그
기간은 불문하고 일단 이 요건은 충족한 것으로 볼 수 있다.[10] 즉, 출원 전에
어느 정도의 기간 사용하였는지는 아래 "3. 타인의 상표등록출원 시에 국내 수
요자 간에 그 상표가 특정인의 상품을 표시하는 것이라고 인식되어 있을 것"이

---

5) 특허법원 지적재산소송실무연구회, 지적재산 소송실무(전면개정판), 박영사(2010), 685;
   최성우, OVA 상표법(2010년 개정판), 한국특허아카데미(2010), 397.
6) 網野誠(주 3), 733.
7) 小野昌延 編(주 4), 802; 網野誠(주 3), 733; 小野昌延·三山峻司(주 3), 287.
8) 小野昌延·三山峻司(주 3), 287.
9) 특허법원 지적재산소송실무연구회(주 5), 685; 小野昌延·三山峻司(주 3), 286.
10) 網野誠(주 3), 732.

라는 요건의 충족 여부와 관련하여 여러 가지 고려요소 중의 하나가 될 수 있을 뿐이다.

타인의 상표등록 출원시까지 계속하여 사용하였어야 하므로, 타인의 상표등록 출원 전에 상표를 사용하여 국내의 수요자 간에 그 상표가 특정인의 상품을 표시하는 것이라는 인식을 얻었다 하더라도 그 후 사용을 중단하였다면 선사용권은 인정되지 않는다.

3. 타인의 상표등록출원 시에 국내의 수요자 간에 그 상표가 특정인의 상품을 표시하는 것이라고 인식되어 있을 것

타인의 상표등록출원시란 엄밀하게는 '출원일'로 인정되는 날을 말한다. 즉, 출원일 불인정의 경우 절차보완서 도달일(제37조 제4항), 출원공고결정 등본의 송달 전에 한 보정이 상표권의 설정등록 후에 요지변경으로 인정된 경우에는 보정서 제출일(제40조 제3항)을 말한다. 상표권자에게 귀책사유가 있는 경우이므로 위와 같이 봄으로써 선사용권자의 정당한 이익을 배려해 주는 것이 타당하다. 한편, 조약우선권 주장을 수반한 출원은 선출원일, 국제상표등록출원은 국제등록일, 분할출원이나 변경출원은 원출원일을 기준으로 판단하는 것이 각 제도의 취지에 부합하는 해석이다.[11] 또한 최초의 등록출원일을 뜻하므로 갱신등록출원의 경우는 포함되지 않는다.[12] 국내의 수요자 간에 특정인의 상품의 표시로 인식되어야 하므로 외국의 수요자 간에만 그렇게 인식된 경우에는 선사용권이 인정되지 않는다.[13]

본조 소정의 '국내 수요자 간에 특정인의 상품을 표시하는 것이라고 인식되어 있는 상표'인지 여부는 그 상품이나 영업에 사용되는 상표의 사용기간, 사용량, 사용방법, 상품의 거래량 또는 상품에 관한 광고 선전 실태 등 제반 사정을 고려하여 거래실정과 사회통념상 수요자 간에 그 상표가 특정 출처의 상품 표지로 인식되었다고 볼 수 있는지 여부에 따라 판단하여야 할 것이다. 여기서 '특정인'이란 특정출처로서의 인식을 말하지만, 구체적 출처일 필요는 없으며 익명의 존재로서의 추상적 출처를 의미한다.[14]

법문의 표현상 수요자 간에 '현저하게' 인식될 것을 요하지 않는다는 점에서 제34조 제1항 제12호 후단 및 제13호의 인식도와 동일하다고 할 것이고, 상

---

11) 최성우(주 5), 397-398.
12) 網野誠(주 3), 734.
13) 특허법원 지적재산소송실무연구회(주 5), 686.
14) 박종태(주 1), 465.

표법 제34조 제1항 제9호나 제11호에 비하여는 그 인식도가 낮아도 될 것을 전제하고 있다. 따라서 그에 비하여 상대적으로 협소한 지역에서 수요자 간에 인식된 경우라도 선사용권이 인정된다.[15] 특히, 선사용자의 사실상태로서의 신용을 보호한다는 제도적 취지를 감안할 때 그 지역적 범위는 국내 일정지역에서 인식된 것만으로 족하다고 할 것이다.[16]

한편, 2013. 4. 5.자 개정 상표법에 의하여 본조 제2항에 해당하는 규정이 신설되었다. 이에 따라 자기의 성명·상호 등 인격의 동일성을 표시하는 수단을 상표로 사용하는 자가 부정경쟁의 목적 없이 타인의 상표등록출원 전부터 국내에서 해당 상표를 사용하여 온 경우에는 타인의 상표등록출원 시에 국내의 수요자 간에 그 상표가 특정인의 상품을 표시하는 것이라고 인식되었는지 여부와 관계없이 선사용권에 기하여 그 상표를 계속 사용할 수 있게 되어 선의의 상표 사용자가 부당하게 상표권 분쟁에 휘말리지 않을 수 있는 폭이 넓어지게 되었다.

4. 해당 상표를 그 사용하는 상품에 대하여 계속하여 사용할 것

선사용권은 타인의 상표등록 출원 시점에 이미 발생한 것이므로, 상표 사용의 계속성은 선사용권의 성립요건이 아니라 존속요건이라고 해석된다.[17] 타인의 출원시점부터 선사용권을 주장하는 시점까지 해당 상표를 그 사용하는 상품에 계속하여 사용하여야 한다. 해당 상표를 그 사용하는 상품에 계속하여 사용할 것을 요하므로 예컨대 카메라에 사용하던 상표를 시계에만 사용하는 식으로 사용 상품을 장기적으로 변경한 경우에는 '사용의 계속성'을 인정할 수 없으므로 선사용권이 상실된다.[18] 다만 계속하여 '사용'할 것을 요할 뿐 '국내의 수요자 간이 그 상표가 특정인의 상품을 표시하는 것이라고 인식되는' 상태가 계속 유지될 것을 요하는 것은 아니다. 타인의 상표 출원일을 기준으로 그러한 인식도의 요건을 충족하여 일단 선사용권이 성립하였으면, 그 이후에는 근근이 계속 사용하기만 하여 위와 같은 인식도가 유지되지 않았다 하더라도 선사용권의 항변을 할 수 있다.[19]

여기서 말하는 사용의 '계속성'은 물리적인 의미에서 일체의 중단 없이 상표를 사용하여야 하는 것을 의미하는 것이 아니고 일시적으로 사용을 중지한

---

15) 최성우(주 5), 398; 특허법원 지적재산소송실무연구회(주 5), 686.
16) 박종태(주 1), 466.
17) 특허법원 지적재산소송실무연구회(주 5), 686.
18) 網野誠(주 3), 735-736 참조.
19) 網野誠(주 3), 735 참조.

사실이 있더라도 그 중지이유, 중지기간, 주지성의 수준 등의 여러 사정을 종합적으로 참작하여 규범적인 관점에서 그 계속성 여부를 판단하여야 할 것이다.[20] 예를 들어, 겨울철에 여름철 물건의 판매를 중지하거나 공장 소실로 인하여 복구될 때까지 제조를 중지한 경우처럼 계절적인 이유나 기타 사정으로 부득이하게 일시 중지한 경우에는 계속성을 인정할 수 있다.[21] 일본의 하급심판결례 중에는 원고가 그 표장의 사용을 중지한 것은 표장의 사용을 중지하라는 경고를 받은 상태라서 거래처에 혼란이 생기는 것을 우려하였기 때문이고 분쟁이 해결되었을 때에는 사용할 의사를 가지고 있었다고 인정하여 이러한 경우에는 "계속하여 그 상품에 대하여 그 상표의 사용을 하는 경우"에 해당한다고 판시한 사례가 있다.[22]

선사용 상표의 사용과 관련된 영업을 타인에게 양도한 경우에는 그 양수인이 뒤에서 보는 바와 같이 선사용권자의 지위를 승계하게 될 것인바, 양도인은 장기적으로 영업을 계속하지 않을 의사, 곧 상표를 장기적으로 상표를 계속 사용하지 않을 의사를 객관적으로 명백하게 한 것으로 볼 것이므로 이러한 경우 양도인은 선사용권을 상실한 것으로 보아야 할 것이다.[23]

Ⅲ. 선사용권의 효과

1. 선사용권의 내용 및 법적 성격

위의 모든 요건을 충족하는 자는 타인의 등록상표의 금지권의 범위 내라도 자기의 상표를 계속해서 사용할 수 있는 권리, 즉 선사용권이 있다.

선사용권은 상표권자의 금지청구권 행사에 대항하여 사용권 존재의 항변을 하는 데 주로 사용되는 수동적인 성격의 권리로서 타인의 사용을 배제할 수 있는 배타적 효력은 없으므로 채권적 성격의 법정 사용권이라 할 것이다. 실제로는 선사용권자가 사용하는 상표 등이 주지성을 가지고 있고 제3자의 사용에 의하여 혼동이 발생할 경우에는 부정경쟁방지법에 의한 금지청구권을 행사할 수 있는 경우가 많을 것이지만, 그것은 본조의 선사용권과는 별개의 문제이다.

---

20) 특허법원 지적재산소송실무연구회(주 5), 686; 최성우(주 5), 398.
21) 최성우(주 5), 398; 網野誠(주 3), 735.
22) 東京地方裁判所 平成 3년 12월 20일 선고 平成 1年(ワ) 第11631호 판결[小野昌延 編 (주 4), 813 참조].
23) 網野誠(주 3), 735.

선사용권의 위와 같은 성격과 관련하여 선사용권을 상표권자의 금지청구권 행사에 대한 항변으로만 주장할 수 있는 것인지 아니면 반소(反訴) 또는 별소(別訴)로서 선사용권의 확인청구를 하는 것이 가능한지에 대하여 의문이 제기된다. 선사용권은 통상 상표권자로부터의 금지청구를 배척하는 항변사유로서 그 존재 의의가 있는 것이므로 특정의 상표권자에 대하여 선사용권의 확인이라고 하는 형식을 취하는 것보다는 금지청구권 부존재확인청구라고 하는 형식으로 다투는 것이 보다 직접적이고 발본적인 해결이 된다는 점에서 선사용권의 확인을 구할 '확인의 이익'은 일반적으로는 인정되기 어려울 것이다. 다만 선사용권이 인정되는 구체적 범위에 대하여는 그것만으로 다툼이 되는 요소가 있을 수 있으므로 선사용상표의 동일성의 범위나 선사용상표의 사용이 허용되는 상품, 서비스의 범위 등에 대하여 선사용권의 유무를 확인함으로써 분쟁의 해결에 도움이 되는 경우(앞서 제기된 소송에서 선사용권의 항변이 받아들여졌는데 나중의 소송에서 선사용권의 구체적 범위가 문제로 된 것과 같은 사안)에는 예외적으로 확인의 이익이 인정될 수 있다고 본다.24)

2. 선사용권을 가지는 자

선사용권을 가지는 자는 타인의 등록상표와 동일, 유사한 상표를 그 지정상품과 동일, 유사한 상품에 사용하는 자로서 본조 제1항 각호의 요건을 모두 갖춘 선사용자 또는 그 지위를 승계한 자이다(본조 제1항). 상속이나 회사의 합병 등의 일반승계만이 아니라 특정승계에 해당하는 영업양수 등을 통해 업무를 승계한 자도 '그 지위를 승계한 자'에 포함되며, 그 승계와 관련하여 상표권자의 동의를 받을 필요가 없다. 상표 사용과 관련된 업무의 승계가 중요한 요소이므로, 상속을 받았더라도 업무를 승계하지 않은 자는 선사용권의 취득을 주장할 수 없다.25) 그것은 특정승계의 경우도 마찬가지이다. 즉, 상표법상 명문의 규정은 없으나 입법취지 등에 비추어 볼 때 선사용권자가 그 영업이나 업무와 분리하여 선사용권 자체만을 이전하는 것은 허용되지 않는다고 볼 것이다.26) 한편, 승계의 시기는 타인의 상표등록 전후를 불문한다.27)

24) 東京地方裁判所 昭和 3년 12월 20일 선고 平成 1年(ワ) 第11631호 판결[小野昌延·三山峻司(주 3), 290 참조].
25) 최성우(주 5), 399.
26) 박종태(주 1), 467.
27) 日本 特許廳編, 工業所有權法(産業財産權法) 逐條解說(第18版), 社團法人 發明協會 (2010), 1316.

3. 선사용권의 범위

선사용권은 '해당 상표'를 '그 사용하는 상품'에 대하여 사용할 수 있는 권리이다. 즉, 본조의 사용권은 선사용자의 해당 상표 및 사용상품과 상표 및 상품이 동일한 범위에 한하며 유사한 경우에는 본조의 사용권을 주장할 수 없다. 이와 관련하여 일본 하급심판결 중에 건조김과 조미김에 상표를 사용한 자가 통조림김에 대하여 선사용권의 항변을 한 것을 '동일' 범위를 벗어났다는 이유로 배척한 사례[28]가 있다. 다만 좁은 의미의 '동일'의 범위는 아니고, 그보다는 약간 넓은 개념으로서 사회통념상 동일한 것으로 인식됨을 뜻하는 '동일성'의 범위로 해석되고 있다.[29] 그러한 관점에서 역시 일본의 하급심판결 중에 특정한 글자체의 'Happy Baby'와 'HAPPY BABY'는 대문자·소문자의 차이와 글자체가 다른 점 등이 있지만 그 다른 부분은 광고 효과나 거래동향 등을 고려하여 통상 행해지는 변경의 범위에 속하는 것으로 인정되고 사회통념상 동일한 것으로 인식된다고 하여 선사용권의 성립을 긍정한 사례[30]가 있다.

지역적인 범위와 관련하여서도 타인의 출원 시에 국내의 수요자 간에 인식된 지역에 한하여 계속 사용할 수 있다는 견해가 있으나[31], 이에 대하여는 "상표법이 선사용권의 지역적 한계를 규정하고 있지는 않다는 점에서 사용지역을 엄격하게 제한하는 것은 선사용자에게 가혹할 수 있다"는 견해[32]도 있다.

한편, 해당상품 및 사용상품과 동일 범위의 사용에 해당하는 한 그 사용이 타인의 등록상표와 유사한 범주에 속하는 경우에도 당연히 적용되며, 반드시 타인의 등록상표와 동일한 상표를 동일한 지정상품에 사용하여야 하는 것은 아니다.[33]

---

28) 東京地方裁判所 昭和 39년 10월 30일 선고 판결[小野昌延 編(주 4), 814 참조].
29) 網野誠(주 3), 738; 小野昌延 編(주 4), 814; 최성우(주 5), 399.
30) 神戸地方裁判所 平成 11년 7월 7일 선고 平成 9年(ワ) 第2128호 판결[小野昌延 編(주 4), 814 참조].
31) 小野昌延 編(주 4), 814.
32) 최성우(주 5), 399.
33) 박종태(주 1), 467.

Ⅳ. 관련 문제

1. 상표권자 등의 혼동방지표시청구권

상표권자나 전용사용권자는 선사용권자에게 자기의 상품과 선사용권자의 상품 간의 출처의 오인이나 혼동을 방지하는 데 필요한 표시를 할 것을 청구할 수 있는 혼동방지표시청구권을 가진다(제3항). 상품 출처의 혼동방지를 위한 규정이다. 사용허락의 경우와 달리 선사용권은 상표권자의 의사에 기하지 않고 발생하며, 발생 후에 그 통제가 미치지 않는 것이므로 이러한 규정을 필요로 하는 것이다.[34] 여기에서 '오인이나 혼동을 방지하는 데 필요한 표시'는 거래에 있어서 상품 출처의 오인이나 혼동을 방지하기에 족한 것이면 된다. 그러나 등록상표권자라 하더라도 본항에 기하여 선사용상표의 요부를 변경하도록 하는 등의 표시를 요구할 수는 없다고 하여야 할 것이다. 그렇게 해석하지 않으면 본항의 취지가 몰각되어 선사용권이 사실상 부정되는 결과를 낳기 때문이다.[35]

2. 상표등록취소심판 관련

본조의 사용권자는 상표권자의 통제 하에 있는 자가 아니며, 허락에 의한 사용권자와 달리 상표등록취소로 인한 불이익도 없다는 점에서 본조의 사용권자는 제119조 제1항 제3호의 통상사용권자에 포함되지 않는다고 본다.[36]

3. 경과규정에 따른 시적 적용범위

2007년 개정 상표법 부칙(2007. 1. 3. 법률 제8190호) 제7조는 본조에 대하여 "제57조의3(개정법 제99조)의 개정규정은 2007년 7월 1일 이후 최초로 타인이 상표등록출원을 하여 등록되는 상표에 대하여 선사용자가 동 개정규정의 요건을 갖춘 경우부터 적용한다"라고 규정하고 있다. 따라서 2007년 7월 1일 이후 출원되어 등록된 상표에 대하여만 본조의 요건을 갖춘 경우 선사용권을 주장할 수 있다.

〈이해완〉

---

34) 日本 特許廳 編(주 27), 1316.
35) 小野昌延 編(주 4), 816; 網野誠(주 3), 739.
36) 박종태(주 1), 467.

제100조(전용사용권 · 통상사용권 등의 등록의 효력)

① 다음 각 호에 해당하는 사항은 이를 등록하지 아니하면 제3자에게 대항할 수 없다.

1. 전용사용권 또는 통상사용권의 설정·이전(상속, 그 밖의 일반승계에 의한 경우는 제외한다)·변경·포기에 의한 소멸 또는 처분의 제한

2. 전용사용권 또는 통상사용권을 목적으로 하는 질권의 설정·이전(상속이나 그 밖의 일반승계에 의한 경우는 제외한다)·변경·포기에 의한 소멸 또는 처분의 제한

② 전용사용권 또는 통상사용권을 등록한 때에는 그 등록 후에 상표권 또는 전용사용권을 취득한 자에 대하여도 그 효력이 발생한다.

③ 제1항 각 호에 따른 전용사용권·통상사용권 및 질권의 상속이나 그 밖의 일반승계의 경우에는 지체 없이 그 취지를 특허청장에게 신고하여야 한다.

<소 목 차>

Ⅰ. 취지 | Ⅱ. 해설

Ⅰ. 취지

본조는 전용사용권 또는 통상사용권의 설정이나 이전, 변경 등에 관한 사항은 등록을 제3자에 대한 대항요건으로 한다는 규정이다. 2011. 12. 2.자 상표법 개정 이전에는 통상사용권만 등록이 대항요건으로 규정되어 있었고, 전용사용권은 등록이 효력발생요건으로 규정되어 있었으므로, 본조도 통상사용권에 대하여만 규정하고 있었는데, 위 날짜의 개정으로 전용사용권도 등록이 효력발생요건이 아닌 대항요건으로 규정되게 되면서, 본조에서 전용사용권과 통상사용권에 관한 등록을 통일적으로 규정하게 되었다.

본조는 상표사용권과 관련하여 등록을 통한 공시에 의하여 권리자 및 권리관계를 명확히 하여 제3자를 보호하기 위한 규정이다.[1]

그러나 다른 한편으로 본조(특히 제2항)는 통상사용권자를 보호하고자 하는 취지도 내포하고 있다. 통상사용권은 원래 물권적 성격의 권리가 아니라 채권적 성격의 권리이므로 원칙적으로 물권적 권리에 우선할 수 없고, 따라서 통상사용

---

1) 특허청, 조문별 상표법 해설(2004), 280.

권의 설정 후에 상표권자가 변동하거나 전용사용권이 새로이 설정될 경우에 새로운 상표권자나 전용사용권자에게 대항할 수 없다는 점에서 그 법률적 지위가 매우 불안정하다고 할 수 있다. 본조는 이러한 통상사용권자의 불안정한 법률적 지위를 등록이라는 공시방법을 통해 보완함으로써 권리변동에 대항할 수 있는 지위를 부여하고 있다. 통상사용권의 본질적 성격이 채권적인 것임에도 불구하고 위와 같은 물권적 성격의 권리변동에 대항할 수 있도록 하는 것은 "부동산 임대차를 등기한 때에는 그때부터 제삼자에 대하여 효력이 생긴다"고 규정한 민법 제621조 제2항과 매우 유사한 성격을 가지고 있는 것으로 볼 수 있다.

Ⅱ. 해설

① 전용사용권 또는 통상사용권의 설정·이전(상속, 그 밖의 일반승계에 의한 경우는 제외한다)·변경·포기에 의한 소멸 또는 처분의 제한(제1항 제1호)과 ② 전용사용권 또는 통상사용권을 목적으로 하는 질권의 설정·이전(상속이나 그 밖의 일반승계에 의한 경우는 제외한다)·변경·포기에 의한 소멸 또는 처분의 제한(제1항 제2호)은 등록되지 않았을 경우 제3자에게 대항할 수 없다(제1항). 당사자 사이에 사용권설정계약만 있으면 등록을 하지 않아도 그 효력은 발생하나, 미등록 상태에서는 그 설정 후 상표권을 양수하거나 전용사용권을 설정받은 제3자에게 대항할 수 없으므로 그들이 권리행사를 할 경우 사용권자로서의 지위를 주장할 수 없고 따라서 상표의 사용을 중단해야 하는 경우가 생길 수 있다. 설정등록을 마친 전용사용권자 또는 통상사용권자는 등록 후에 상표권이나 전용사용권을 취득한 자에게도 그 사용권으로 대항할 수 있다(제2항).

전용사용권 또는 통상사용권의 이전도 역시 등록을 하지 않아도 효력이 발생하나, 제3자에 대한 대항력을 가지지 못한다. 상속이나 그 밖의 일반승계의 경우에는 등록을 하지 않아도 이전받은 지위를 주장하여 대항할 수 있으나, 그렇게 승계한 취지를 특허청장에게 신고하여야 한다(제3항).

〈이해완〉

> **제101조(상표권의 포기)**
> 상표권자는 상표권에 관하여 지정상품마다 포기할 수 있다.

<소 목 차>

Ⅰ. 개설 | Ⅱ. 내용
  1. 의의
  2. 연혁(개정경과)

Ⅰ. 개설

1. 의의

상표권은 재산적 성질의 권리이므로 상표권자는 이를 포기할 수 있다. 상표권의 포기는 상표권 소멸의 한 원인으로 상표권자가 자기의 상표권의 전부 또는 일부를 소멸시키는 처분행위이다. 상표권자가 상표권을 포기하겠다는 의사표시와 함께 특허청장에게 상표권말소등록신청을 하여 그 포기에 의한 상표권의 소멸등록이 이루어졌을 때 포기의 효력이 발생하며 그때부터 장래를 향하여 소멸한다(상표법 제96조 제1항 제1호, 제103조).

2. 연혁(개정경과)

1949년 제정된 우리 상표법에서는 "등록상표권리인은 등록 또는 갱신등록의 유효기간중 등록말소나 지정된 상품의 일부말소를 청구할 수 있다"고 규정하였다. 1990년 개정법(1990. 1. 13. 법률 제4210호)에서는 지정상품마다 상표권을 포기할 수 있다는 현행 규정내용으로 개정되었다.

Ⅱ. 내용

상표권은 전부 또는 그 일부, 즉 지정상품마다 포기될 수 있다. 상표권자가 상표권 전부를 포기한 경우 상표권의 전부소멸, 일부를 포기한 경우 상표권의 일부소멸이 발생한다. 상표권의 일부포기는 일부 지정상품에 무효원인이 있을 경우의 대응이나 사업상의 필요, 또는 등록료부담 경감 등의 필요로 인하여 상표권의 일부만을 포기하고자 할 경우에 이용할 수 있도록 하기 위한 제도이다.[1] 포기의 대상이 된 상표권에 대하여 전용사용권 혹은 통상사용권이 설정되어 있거나, 질권이 설정되어 있는 경우 상표권자는 이러한 전용사용권자, 통상사용권자 혹은 질권자의 동의를 얻지 않으면 상표권을 포기할 수 없다(상표법 제102조 제1항). 상표권자의 일방적인 포기에 의해 이해관계인에게 불측의 손해를 주지 못하도록 상표권의 포기에 제한을 가하고 있다.[2]

〈박익환〉

1) 특허청, 조문별 상표법해설(2007), 317.
2) 문삼섭, 상표법(제2판), 세창출판사(2004), 570.

제102조(상표권 등의 포기의 제한)

① 상표권자는 전용사용권자·통상사용권자 또는 질권자의 동의를 얻지 아니하면 상표권을 포기할 수 없다.

② 전용사용권자는 제95조제6항의 규정에 따른 질권자 또는 통상사용권자의 동의를 얻지 아니하면 전용사용권을 포기할 수 없다.

③ 통상사용권자는 제97조제4항의 규정에 따른 질권자의 동의를 얻지 아니하면 통상사용권을 포기할 수 없다.

<소 목 차>

Ⅰ. 개설
  1. 의의
  2. 연혁(개정경과)
Ⅱ. 내용

1. 상표권의 포기
2. 전용사용권의 포기
3. 통상사용권의 포기
Ⅲ. 포기의 절차

Ⅰ. 개설

1. 의의

상표권자는 등록된 상표를 자신이 직접 사용할 수도 있지만, 제3자에게 등록된 상표의 사용을 허락할 수 있다. 즉, 상표권자는 설정계약에서 정한 범위에서 등록상표를 제3자가 사용할 수 있도록 전용사용권 혹은 통상사용권을 부여해 줄 수 있다. 또한 전용사용권자는 상표권자의 동의를 얻어 제3자에게 통상사용권을 부여할 수 있다. 나아가 상표권도 재산권이므로 채권의 담보로서 질권을 설정할 수 있으며, 전용사용권자 혹은 통상사용권자도 채권의 담보로서 상표권자의 동의 혹은 상표권자와 전용사용권자의 동의를 얻어 전용사용권 혹은 통상사용권에는 채권의 담보로서 질권을 설정할 수 있다. 제102조는 상표권자 등 권리자의 상표권 등에 대한 포기의 자유를 제한하여 포기로 인하여 법률상 불이익을 받을 수 있는 이해관계자 간에 이해를 조정하기 위한 규정이다. 상표권, 전용사용권, 통상사용권은 재산권이므로 원칙적으로 권리자의 일방적인 의사로 포기할 수 있으나 전용사용권 등도 상표권 등에 부수되어 소멸함으로써 전용사용권자·통상사용권자 또는 질권자 등 이해관계를 갖는 자에게 불측의 손해가

발생할 수 있으므로 이들의 동의를 포기요건으로 하도록 규정한 것이다.[1]

2. 연혁(개정경과)

1973년 개정법(1973. 2. 8. 법률 제2506호)에서 "상표등록의 등록말소나 지정
상품의 일부말소를 청구할 경우 통상사용권자의 동의를 받아야 한다"고 규정하
였다. 1990년 개정법(1990. 1. 13. 법률 제4210호)에서 상표권, 전용사용권, 통상사
용권을 포기할 경우 전용사용권 등 각각의 동의가 필요하다고 규정하게 되었는
데, 동 규정이 현행법에 이르고 있다.

II. 내용

1. 상표권의 포기

상표권자는 자신의 상표권에 타인에게 전용사용권을 설정하거나(상표법 제
95조), 질권을 설정하거나(제96조 제1항 제2호), 통상사용권을 설정할 수 있다(제
97조 제1항). 또한 전용사용권자가 그 전용사용권을 목적으로 질권을 설정하거나
통상사용권을 허락하도록 동의할 수 있다(제95조 제6항). 이와 같이 상표권이 타
인의 권리의 목적인 경우 상표권을 포기하기 위하여는 전용사용권자, 질권자,
전용사용권자의 허락에 의한 통상사용권자, 상표권자의 허락에 의한 통상사용
권자의 동의를 얻어야 한다.

상표권이 공유인 경우에는 공유자의 허락을 얻어야 전용사용권과 질권의
설정 및 통상사용권의 허락을 할 수 있다(제93조 제3항). 일부 공유자가 상표권
의 지분을 포기하면, 그 지분은 다른 공유자에게 지분 비율로 속하게 되므로 일
부 보유자가 자기의 지분을 포기할 때 다른 공유자의 동의는 필요없다.

2. 전용사용권의 포기

전용사용권자는 상표권자의 동의를 얻어 그 전용사용권을 목적으로 하는
질권을 설정하거나 통상사용권을 허락할 수 있다(제95조 제6항). 이 경우 전용사
용권자가 전용사용권을 포기하기 위해서는 전용사용권의 포기로 권리가 소멸되
는 질권자와 통상사용권자의 동의를 얻어야 한다(제102조 제2항). 전용사용권의
포기로 인해 권리제한이 회복되는 상표권자의 동의는 필요없다.

---

1) 특허청, 조문별 상표법해설(2007), 318.

3. 통상사용권의 포기

상표권자가 허락한 통상사용권자는 상표권자의 동의를 얻어, 전용사용권자가 상표권자의 동의를 얻어 허락한 통상사용권자는 상표권자와 전용사용권자의 동의를 얻어 그 통상사용권을 목적으로 하는 질권을 설정할 수 있다(제97조 제4항). 이 경우 통상사용권가 통상사용권을 포기하기 위하여는 포기로 인해 권리가 소멸하는 질권자의 동의를 얻어야 한다(제102조 제3항). 제한된 권리가 회복되는 상표권자와 전용사용권자의 동의는 필요없다.

Ⅲ. 포기의 절차

상표권을 포기하기 위하여는 위에서 정한 이해관계인의 동의가 있어야 할 뿐만 아니라 상표법 제96조가 정한 등록이 있어야 그 효력이 발생한다. 권리포기의 등록을 위하여는 이해관계인의 동의서를 첨부하여 등록을 말소하는 신청서를 제출한다.

전용사용권 및 통상사용권은 당사자 간의 합의로서 성립하고, 등록은 효력요건이 아닌 제3자에 대한 대항요건에 불과하다(제100조 제1항 제1호). 전용사용권이나 통상사용권을 목적으로 하는 질권 또한 이와 같다. 전용사용권이나 통상사용권의 설정이나 포기는 등록이 대항요건이므로 등록없이도 통상사용권이 설정되고 포기될 수 있으나, 이를 등록하지 않으면 제3자에게 대항할 수 없다.

〈박익환〉

> **제103조(포기의 효과)**
>
> 　상표권·전용사용권·통상사용권 및 질권을 포기하였을 경우에는 상표권·전용사용권·통상사용권 및 질권은 그 때부터 소멸된다.

〈소 목 차〉

Ⅰ. 개설　　　　　　　　　　　 2. 연혁(개정경과)
　1. 의의　　　　　　　　　　 Ⅱ. 포기의 효과

Ⅰ. 개설

1. 의의

　본 조는 상표권자, 전용사용권자, 통상사용권자 또는 질권자가 자신의 권리를 포기하는 경우에 그 권리소멸의 효력발생시기를 정하는 규정이다. 상표권 등 권리의 포기에 소급효가 없음을 분명히 정한다.

2. 연혁(개정경과)

　상표권 등의 포기로 인한 권리소멸의 효력발생시기에 관하여 상표법은 1973년 개정법(1973. 2. 8. 법률 제2506호) 제33조 제2항에서 "등록의 말소가 있을 때에는 그 상표권은 그 때부터 없는 것으로 본다"고 규정하였었다. 1990년 개정법(1990. 1. 13. 법률 제4210호)에서 현재의 규정과 같이 규정되었다.

Ⅱ. 포기의 효과

　상표권, 전용사용권, 통상사용권 및 질권은 포기가 있는 때부터 권리가 소멸한다. 특허권의 포기는 등록하여야 그 효력이 발생하므로(제96조 제1항) 상표권의 경우 포기가 있는 때는 포기를 원인으로 말소등록이 된 때이다. 전용사용권이나 통상사용권의 포기는 등록이 효력요건이 아닌 제3자에 대한 대항요건이므로(제100조 제1항 제1호), 전용사용권이나 통상사용권의 경우 포기가 있는 때란 민법상 의사표시에 관한 일반원칙에 따라 포기의 의사가 상대방인 상표권자 혹은 전용사용권자에게 도달한 때이다. 질권자는 일방적인 의사표시에 의해 질권을 포기할 수 있다. 다만, 상표권을 목적으로 하는 질권의 경우 그 포기로 인한 소멸을 등록하여야 효력이 발생하며(제96조 제1항 제3호), 전용사용권이나 통상사용권을 목적으로 하는 질권의 경우 그 포기로 인한 소멸을 등록하여야 제3자에게 대항할 수 있다(제100조 제1항 제2호).

상표권 등의 포기는 소급효가 인정되지 않아 장래를 향해서만 그 효력이 있다. 상표권 등을 포기하더라도 포기 전의 권리는 유효하다. 상표권 등이 포기되기 전에 유효하게 존재하였던 상표권 등의 효력 여하에 대하여 다툴 이익이 인정되는 이해관계인은 무효심판의 청구와 그 심판청구를 기각한 심결에 대한 심결취소소송은 허용된다. 상표권의 포기로 인하여 상표등록이 말소된 경우에는 무효심판청구가 부적법한 것으로서 각하되어야 하는 것은 아니다.[1] 다만, 상표등록출원의 선후관계를 정함에 있어서 상표등록출원이 포기된 때에는 출원시에 소급하여 출원이 없었던 것으로 간주된다(제35조 제3항). 포기되어 상표권이 소멸되었다고 하더라도 그 상표가 부착된 상품이 유통될 수 있다. 일정기간 등록상표를 사용하지 않았다는 이유 등으로 제119조 제1항 제1호부터 제3호까지, 제5호부터 제9호까지의 규정에 해당하는 사유로 상표등록취소심판이 청구되고 그 청구일 이후에 상표권자가 상표권의 전부 또는 지정상품의 일부를 포기한 경우에는 상표권자 및 그 상표를 사용한 자는 그 날부터 3년 이내에는 포기로 인해 소멸된 상표와 동일·유사한 상표를 그 지정상품과 동일 또는 유사한 상품에 대하여 등록받을 수 없다(제34조 제3항). 상표의 불사용등을 이유로 등록취소심판이 제기되면 상표권자가 자진하여 상표등록을 포기하고 신규로 출원하여 등록을 받음으로써 취소심판제도가 회피되는 것을 방지하기 위하여, 취소심판이 청구된 후 상표권을 포기한 자에 대해서도 취소된 경우와 같이 3년간 그 등록을 받을 수 없도록 규정한 것이다.[2]

〈박익환〉

---

1) 대법원 1990. 9. 11. 선고 89후1769 판결.
2) 송영식 외 6인 공저, 지적소유권법(하)(2008), 152. 이 경우에는 상표등록취소심판청구인에게 우선출원의 기회가 부여된다.

제104조(질권)

상표권·전용사용권 또는 통상사용권을 목적으로 하는 질권을 설정하였을 경우에는 질권자는 해당 등록상표를 사용할 수 없다.

〈소 목 차〉

Ⅰ. 개설
Ⅱ. 질권의 설정
Ⅲ. 질권설정의 효력

1. 일반적 효력
2. 질권자의 등록상표 사용

Ⅰ. 개설

상표권등을 목적으로 설정된 질권의 질권자는 당해 상표권등의 사용권을 갖지 못한다는 규정이다. 질권이란 채권자가 그 채권의 담보목적으로 채무자나 제3자(물상보증인)로부터 받은 담보물건(동산 또는 재산권)을 채무의 변제가 있을 때까지 유치함으로써 채무의 변제를 강제하는 동시에, 변제가 없는 때에는 그 담보된 목적물로부터 우선적으로 변제를 받는 권리이다.[1] 질권은 연혁적으로 동산에 대한 권리로 발전해 왔으나, 동산이외의 채권 등 재산권도 양도성이 인정되고 우선변제를 받을 수 있다면 질권의 목적물(권리질권)로 될 수 있게 되었다. 상표권 등도 양도성이 있는 재산권으로서 권리질권으로 질권설정의 목적이 될 수 있다. 상표권·전용사용권 또는 통상사용권은 양도성이 있는 재산권으로서 환가성이 인정되므로 민법상 권리질권의 목적물이 될 수 있고, 상표법은 명문으로 상표권·전용사용권·통상사용권에 대하여 질권을 설정할 수 있다고 규정한다.

본 규정은 1990년 개정법(1990. 1. 13. 법률 제4210호)에서 신설되어 현재에 이르고 있다.

Ⅱ. 질권의 설정

상표권, 전용사용권 및 통상사용권에 관하여 질권을 설정할 수 있다. 통상

---

1) 곽윤직, 물권법(신정판), 박영사(1999), 396.

사용권에는 상표권에 관한 통상사용권과 전용사용권에 관한 통상사용권이 포함
된다. 상표권자가 상표권을 대상으로 질권을 설정함에는 별다른 문제가 없다.
상표권등이 공유인 경우 다른 공유자의 동의를 얻으면 그 지분에 관하여도 질
권을 설정할 수 있다(제93조 제2항, 제95조 제7항, 제97조 제5항). 전용사용권자가
전용사용권을 대상으로 질권을 설정하기 위하여는 상표권자의 동의가 필요하다
(제95조 제6항). 통상사용권자가 통상사용권을 대상으로 질권을 설정하기 위하여
는 상표권자(상표권에 대한 통상사용권의 경우)의 동의 또는 상표권자 및 전용사
용권자(전용사용권에 대한 통상사용권의 경우)의 동의가 필요하다(제97조 제4항).

　　상표등록출원에 대하여는 질권설정이 인정되지 않는다. 상표등록출원은 아
직 상표권으로 설정등록되기 전이므로 불확실한 권리일 뿐만 아니라 특허를 받
을 수 있는 권리와 달리 창작이 아니라 선택된 표지에 대한 것이므로 재산권으
로 보호받아야 할 당위성도 크지 않기 때문이다.[2]

　　상표권등에 대한 질권의 설정은 상표권자등 질권설정자와 질권자와의 질권
설정에 대한 합의에 의해 행해진다. 상표권을 목적으로 하는 질권의 설정은 등
록하여야 효력을 발생한다(제96조 제1항 제2호). 한편 전용사용권이나 통상사용
권을 대상으로 하는 질권의 설정은 등록이 제3자에 대한 대항요건이다(제100조
제1항 제2호). 질권은 질권자가 포기하거나, 채권의 변제, 질권의 행사, 설정계약
의 해제, 상표권, 전용사용권 혹은 통상사용권의 소멸 등으로 소멸한다.

Ⅲ. 질권설정의 효력

1. 일반적 효력

　　상표권등에 질권이 설정되는 경우, 그 질권으로 담보되는 채권의 범위는 설
정계약에서 정한 바에 따른다. 법적 성질이 민법상 권리질권에 해당되므로, 피담
보채권의 범위는 다른 약정이 없다면 원본, 이자, 위약금, 질권실행의 비용, 채무
불이행으로 인한 손해배상 등에 미친다(민법 제355조, 제334조 분문). 상표권등에
대한 질권도 담보물권의 공통적인 성질인 불가분성을 가지므로, 질권자가 피담
보채권의 전부를 변제받지 않는 한 상표권등에 대한 질권의 효력은 상표권등의
전체에 대하여 존속한다. 상표권등에 대한 질권자는 피담보채무를 변제받지 못

---

[2] 문삼섭, 상표법(제2판), 세창출판사(2004), 561. 특허법상 상응된 개념인 특허를 받을 수
　　있는 권리는 명문으로 질권설정이 금지되어 있다(특허법 제37조 제2항).

할 경우 상표권등을 환가하여 그 환가대금으로부터 우선적으로 변제받을 수 있다. 상표권등은 민사집행법 제251조가 정하는 "그 밖의 재산권을 목적으로 하는 강제집행"의 대상이 된다. 상표권등에 대한 질권 역시 "그 밖의 재산권을 목적으로 하는 담보권"에 해당되므로, 그 실행은 "그 밖의 재산권을 목적으로 하는 강제집행"에 준하여 민사집행법이 규정하는 특별환가절차에 의하게 된다. 민사집행법 제251조, 제241조에 의한 특별한 현금화 방법으로서, 1. 상표권등을 법원이 정한 값으로 지급함에 갈음하여 압류채권자에게 양도하는 양도명령, 2. 추심에 갈음하여 법원이 정한 방법으로 그 상표권등을 매각하도록 집행관에게 명하는 매각명령, 3 관리인을 선임하여 그 상표권등의 관리를 명하는 관리명령, 4. 그 밖의 적당한 방법으로 현금화하도록 하는 명령에 의해 현금화될 수 있다.

2. 질권자의 등록상표 사용

상표권등을 목적으로 하는 질권이 설정된 경우 질권자는 당해 등록상표를 사용할 수 없다(제104조). 상표의 사용을 위하여는 상당한 투자와 시간을 필요로 하지만 질권의 존속은 일시적일 수 있기 때문에 질권자에게 사용을 인정하는 경우 부적당하고, 오히려 사용·수익으로부터 우선변제를 받는 쪽이 양자에게 유리한 개연성이 있는 근거에서 위 조항은 설명되기도 한다.[3] 특허법의 경우, 특허권등을 목적으로 질권을 설정한 경우 질권자는 약정으로 특별히 정한 경우에는 당해 특허발명을 실시할 수 있다고 규정한다(특허법 제121조). 상표법에서 특허법과는 달리 질권자의 상표사용을 허락하지 않는 이유는 채무자인 상표권자등과 질권자가 등록상표를 병존해서 사용할 경우 일반수요자로 하여금 상품 출처에 관한 혼동을 유발시킬 가능성이 있는 까닭이다.[4]

〈박익환〉

---

3) 특허청, 조문별 상표법 해설(2007), 321.
4) 문삼섭(주 2), 562. 여기에서는 이 경우에도 질권자의 상표사용금지 규정은 질권자에 대한 사용권설정 금지규정은 아니므로 질권자는 상표권자와 사용권설정을 통해 당해 등록상표를 사용할 수 있다고 본다.

> **제105조(질권의 물상대위)**
>
> 질권은 이 법에 따른 상표권의 사용에 대하여 받을 대가나 물건에 대해서도 행사할 수 있다. 다만, 그 지급 또는 인도 전에 그 대가나 물건을 압류하여야 한다.

<소 목 차>

Ⅰ. 개설
  1. 의의
  2. 제도적 취지

Ⅱ. 대상이 되는 권리
Ⅲ. 행사요건으로서의 압류

Ⅰ. 개설

1. 의의

담보물권이 목적물의 멸실·훼손·공용징수 등으로 그 목적물에 갈음하는 금전 기타의 물건이 목적물소지자에게 귀속하게 된 경우에 담보물권이 그 목적물에 갈음하는 것에 관하여 존속하는 성질을 담보물권의 물상대위성이라고 한다.[1] 담보물권으로서 질권에 물상대위성이 인정된다. 제105조는 제104조에 의한 상표권·전용사용권·통상사용권(이하 "상표권등"이라고 함)에 대한 질권에 대해서도 물상대위가 인정됨을 규정한다.

2. 제도적 취지

물상대위가 인정되는 근거에 관하여 통설(가치권설)은, 담보물권은 목적물의 실체를 목적으로 하는 권리가 아니라, 그 교환가치의 지배를 목적으로 하는 이른바 가치권이므로 목적물 자체가 멸실 또는 훼손되더라도 그 교환가치를 대표하는 다른 물건이 존재하는 때에는 그 물건 위에 담보권을 존속시키는 것이 담보물권의 본질상 당연하기 때문이라고 한다.[2] 위 설명은 상표법상 질권에 관한 물권대위에 대해서도 마찬가지이다. 민법상의 물상대위와는 달리 상표사용에 대한 사용료에 대하여도 물상대위가 성립된다고 규정하고 있는 점에서 특색이 있다.

---

[1] 곽윤직, 물권법(신정판), 박영사(1999), 379.
[2] 곽윤직 편집대표, 민법주해 Ⅵ, 박영사(2002), 401(양승태 집필부분).

II. 대상이 되는 권리

질권의 목적이 된 상표법상 상표권의 사용에 대하여 받을 대가나 물건이
그 대상으로 된다. 이는 상표의 사용에 대하여 발생하게 될 대가나 물건에 대한
청구권을 뜻한다. 동 조항의 "이 법상 상표권의 사용"이란 문언상 상표권에 관
하여 질권이 설정된 경우로 국한된다고 볼 수 있으나, 전용사용권이나 통상사용
권에 관해 질권이 설정된 경우를 배제할 근거는 찾기 힘들다. "이 법상 상표권
의 사용"이란 문언은 "이 법상 상표의 사용"을 의미하는 것으로 질권이 전용사
용권이나 통상사용권에 관해 설정된 경우를 포괄한다고 본다.3)

이미 질권설정자가 상표의 사용에 대한 대가나 물건을 수령한 경우 그 즉
시 질권설정자의 일반재산으로 편입되는 것이고, 질권자가 질권에 기하여 질권
설정자의 일반재산에 대하여까지 우선변제를 요구할 아무런 권한이 없는 까닭
이며, 질권설정자가 사용료를 이미 수령한 경우에는 물상대위가 인정될 여지가
없다.4)

상표의 사용과 관련한 청구권에는 사용료청구권, 손해배상청구권 등 당해
상표의 사용과 관련하여 질권설정자에게 발생할 수 있는 모든 청구권이 이에
포함된다.

III. 행사요건으로서의 압류

물상대위의 대상이 되는 권리는 상표의 사용과 관련하여 질권설정자가 취
득한 대가나 물건등의 청구권이다. 상표등에 관한 질권자의 물상대위에 관하여
그 지급 또는 인도전에 이를 압류하여야 한다고 압류의 시기를 제한한다(제105
조 단서). 사용료 등을 채무자(상표권자 등 질권의 목적물의 소유자)가 받은 후에는
채무자의 그 밖의 재산과 혼동되어 식별할 수 없게 되므로 질권의 실행에 어려
움이 있으며 다른 채권자의 이익을 해칠 염려도 있는 까닭이다.5) 물상대위의
대상이 되는 권리가 '청구권'인 이상 실제로 지급이 이루어지면, '청구권' 자체

---

3) 특허법에서의 상응규정인 특허법 제123조에서는 "질권은 이 법에 의한 보상금 또는 특
   허 발명의 실시에 대하여 받을 대가나 물건에 대하여도 이를 행사할 수 있다"고 규정한다.
4) 정상조·박성수 공편, 특허법주해 I , 박영사(2011), 1335(심준보 집필부분) 참조.
5) 문삼섭, 상표법(제2판), 세창출판사(2004), 562.

가 소멸하게 되는 것이므로, 지급 또는 인도 전에 압류하도록 제한하는 것은 당연한 내용에 해당된다.[6]

　　상표권등에 기한 질권에 있어서 물상대위권은 당해 질권자가 직접 압류신청을 하거나 질권자가 아닌 제3자에 의하여 압류가 행해진 상황에서 질권자가 배당요구신청을 하는 방법으로 행사하게 된다. 즉, 질권자는 민사집행법 제273조(구 민사소송법 제733조)에 의하여 담보권의 존재를 증명하는 서류를 집행법원에 제출하여 채권압류 및 전부명령을 신청하거나, 제3자의 압류에 의한 강제집행절차에 배당요구의 종기까지 민사집행법 제247조 제1항(구 민사소송법 제580조 제1항)에 의한 배당요구를 하는 방법으로 물상대위권을 행사할 수 있다.[7] 이 같이 물상대위권자의 권리행사의 방법과 시간을 제한하는 취지는 물상대위의 목적인 채권의 특정성을 유지하여 그 효력을 보전하고, 평등배당을 기대한 다른 일반채권자의 신뢰를 보호하는 등 제3자에게 불측의 손해를 입히지 아니함과 동시에 집행절차의 안정과 신속을 꾀한다는 것이다. 한편 질권자가 물상대위권의 행사에 나아가지 아니하여 우선변제권을 상실함으로써 다른 채권자가 그 보상금 또는 이에 대한 변제공탁금으로부터 이득을 얻었다고 하더라도 질권자는 이를 부당이득으로서 반환청구할 수 없다는 것이 대법원의 입장이다.[8] 동 판결은 민법상 근저당권자의 토지수용보상청구권에 대한 물상대위에 관한 판결이나 상표법상 물상대위의 행사방법에도 마찬가지로 해석해야 할 것이다.

〈박익환〉

---

6) 정상조·박성수 공편(주 4), 1336.
7) 대법원 2003. 3. 28. 선고 2002다13539 판결.
8) 대법원 2002. 10. 11. 선고 2002다33137 판결.

제106조(상표권의 소멸)
① 상표권자가 사망한 날부터 3년 이내에 상속인이 그 상표권의 이전등록을 하지 아니한 경우에는 상표권자가 사망한 날부터 3년이 되는 날의 다음 날에 상표권이 소멸된다.
② 청산절차가 진행 중인 법인의 상표권은 법인의 청산종결등기일(청산종결등기가 되었더라도 청산사무가 사실상 끝나지 아니한 경우에는 청산사무가 사실상 끝난 날과 청산종결등기일부터 6개월이 지난 날 중 빠른 날로 한다. 이하 이 항에서 같다)까지 그 상표권의 이전등록을 하지 아니한 경우에는 청산종결등기일의 다음 날에 소멸한다.

<소 목 차>

Ⅰ. 개설
Ⅱ. 상표권자의 사망으로 인한 상표권의 소멸
Ⅲ. 상표권자가 청산법인인 경우 상표권의 소멸

Ⅰ. 개설

상표권의 소멸이란 유효하게 발생한 상표권이 일정한 사실의 발생으로 인하여 그 후 효력을 상실하게 되는 것을 말한다. 광의의 소멸원인에는 상표등록이 무효되거나 취소되는 경우를 포함할 것이지만, 협의의 소멸원인은 상표권의 존속기간의 만료, 포기, 상품분류전환등록의 불이행 및 상표권자 사망시 이전등록을 받지 않는 경우 등이다. 상표권이 소멸하면 상표권에 부수하는 전용사용권, 통상사용권, 질권 등도 함께 소멸한다. 제106조는 상표권자가 사망한 경우 혹은 이에 준한 법인이 상표권자인 경우에 상속인이 상속받거나 청산법인이 상표권을 이전할 수 있는 기간을 규정한다. 민법은 상속인이 없는 경우 상속재산의 국가귀속을 규정한다(민법 제1058조). 상표권의 경우 특허권과 마찬가지로 그 예외를 인정한다.[1] 상표법은 상속인이 사망시로부터 3년 안에 상속으로 인한 이전등록을 하지 않는 경우에는 그 상표권은 소멸한다고 규정한다. 상속인이 없는 경우에는 국가가 상표권을 독점적으로 소유하는 것보다는 이를 일반공중에

---

[1] 특허법 제124조에서 "특허권은 상속이 개시된 때 상속인이 없는 경우에는 소멸한다"고 규정한다.

개방하여 사용할 수 있게 함이 산업정책상 유리하다는 생각에서 이해된다. 상속인이 있는 경우에는 권리주체의 변경에 따른 등록기재사항과 실체적 법률관계의 안정성을 도모하기 위한 것이다.2) 2007년 개정법(2007. 1. 3. 법률 제8190호)에서는 제2항을 신설하여 청산절차가 진행중인 법인의 상표권은 그 청산종결등기일까지 이전등록을 하지 아니하면 소멸된다는 규정을 추가하였다. 상표권의 소멸여부를 명확히 하고 또 상표권의 처분 및 귀속문제를 신속하게 처리하도록 유도하기 위해서는 자연인의 사망의 경우와 동일한 취지로 법인의 소멸시 상표권의 소멸에 관한 규정이 필요하였다는 설명이다.3)

Ⅱ. 상표권자의 사망으로 인한 상표권의 소멸

상표권자가 사망한 날부터 3년 이내에 상속인이 그 상표권의 이전등록을 하지 않으면 상표권자가 사망한 날로부터 3년이 되는 날의 다음 날에 상표권이 소멸한다. 상표법 제106조는 상표권자가 사망한 경우 상표권의 이전등록이 이루어지지 않는 경우 상표권자가 사망한 날로부터 3년이 되는 날의 다음 날에 상표권이 소멸하는 것으로 규정한다. 사망한 상표권자에게 민법이 정하는 상속인이 없는 경우라면 상표권의 소멸여하에 관하여 제106조가 정하지 않는다. 상표법상 명문의 규정은 달리 없다. 특허법 규정을 유추적용할 때 상표권자의 사망시에 상표권이 소멸하는 것으로 보는 견해가 옳다고 본다.4)

상표권이 양도되는 등 특정승계의 경우, 이전등록은 특정승계의 효력요건이다. 이에 대하여 상속등으로 인한 일반승계의 경우, 상속이 개시됨으로써 상속으로 인한 이전등록등 별도의 절차 없이도 그 효과는 인정된다. 다만 상표법은 이 같은 일반승계의 경우에도 지체없이 그 취지를 특허청장에 신고하여야 한다고 규정하며(제96조 제2항), 나아가 3년 이내에 상속으로 인한 상표권의 이전등록을 행할 등록의무를 부과하고 이를 어기면 상속된 상표권 소멸의 제재를 가한다. 이처럼 상표권자가 사망한 경우 3년의 기한 내에 이전등록을 하도록 의무한 것은 권리주체의 변동에 따른 등록기재사항과 실체적 권리관계를 일치시켜 법률관계의 안정을 도모하기 위한 것임은 앞에서 밝힌 바와 같다. 그러나 상

2) 특허청, 조문별 상표법해설(2007), 322.
3) 특허청(주 2), 323.
4) 문삼섭, 상표법(제2판), 세창출판사(2004), 571.

표권자가 사망한 경우 3년 이내에 그 이전등록이 되지 않아 상표권이 소멸되는 것보다는, 상표권자가 사망한 후 상표권의 존속기간이 갱신되지 않아 존속기간이 종료되어 상표권이 소멸되는 경우가 더 많을 것이다. 상표권자가 사망했음에도 그 상속인이 3년 이내에 상속으로 인한 이전등록을 행하였는지의 여부가 밝혀지기 힘든 까닭이다.

　　동 조항이 적용되는 상표권은 법률에 의하여 당연히 소멸되는 것이나, 특허청장은 직권으로 상표권소멸의 등록을 하도록 되어 있다.5)

Ⅲ. 상표권자가 청산법인인 경우 상표권의 소멸

　　2007년 상표법개정시 제64조(현행법 제106조)에서 제2항이 신설된 것은 자연인의 사망과는 달리 청산종결에 따른 법인의 소멸시에 상표권의 소멸에 관한 규정이 없어, 공유권리의 경우 심판시 당사자적격, 상표권의 존속기간갱신등록출원시 출원인 적격, 상표권이전등록 및 사용권설정등록시 등록의무자 적합성 여부 등과 관련된 문제뿐만 아니라, 제3자가 소멸된 법인의 상표와 동일·유사한 상표를 등록받기 위하여는 먼저 불사용취소심판을 제기하여 상표권을 소멸시켜야 하는 등의 문제를 해소하고자 한 것이다.6)

　　자연인에 있어서 사망과 마찬가지로, 법인이 그의 능력을 잃게 되는 것이 법인의 소멸이다. 자연인의 사망과는 달리 법인이 소멸하게 되는 경우, 법인은 먼저 해산되어 본래의 적극적 활동을 정지하고 청산절차에 들어가게 된다. 해산한 법인이 처리되지 않고 남은 사무를 처리하고, 재산을 정리하여 완전히 소멸할 때까지의 절차가 청산절차이다. 해산으로 법인의 권리능력이 전적으로 소멸되지 않으며, 청산에 필요한 한도로 제한된다. 해산 후 청산종결까지 존속하는 법인을 일컬어 청산법인이라고 한다. 청산법인은 청산의 목적범위 내에서만 권리가 있고 의무를 부담한다(민법 제81조). 법인이 해산되면, 청산인이 청산법인의 집행기관이 된다. 청산인은 청산법인의 능력의 범위 내에서 내부의 사무를 집행하고, 외부에 대하여 청산법인을 대표하게 된다. 청산이 종결하면, 청산인은 3주 이내에 청산종결의 등기를 하게 된다(민법 제94조).

　　청산법인의 재산으로 상표권이 있는 경우, 청산인은 이를 양도하는 등 적절

---

　5) 상표등록령 제4조 제1호.
　6) 특허청(주 2), 323.

한 환가절차를 걸쳐 이를 처분하게 된다. 청산법인의 상표권이 처분되어 그에 따르는 이전등록이 청산종결등기 이전에 행해진다면 그 이전등록으로 인한 별도의 문제는 없다. 상표법 제106조가 적용되는 것은 청산법인의 상표권이 청산종결등기일까지 그 상표권의 이전등록이 되지 않는 경우이다. 이러한 경우 청산법인의 상표권은 청산종결등기일의 다음 날에 소멸된다. 청산종결등기가 되었더라도 청산사무가 사실상 끝나지 않은 경우에는 그 한도에서 청산법인의 권리능력은 존속한다고 보아야 할 것이다.[7] 이러한 상황에서는 청산사무가 사실상 끝난 날과 청산종결등기일로부터 6개월이 지난 날 중 빠른 날의 다음 날에 청산법인의 상표권은 소멸한다고 제106조는 규정한다.

〈박익환〉

---

7) 대법원 1980. 4. 8. 선고 79다2036 판결 등 참조.

제 6 장
상표권자의 보호

제107조(권리침해에 대한 금지청구권등)

① 상표권자 또는 전용사용권자는 자기의 권리를 침해한 자 또는 침해할 우려가 있는 자에 대하여 그 침해의 금지 또는 예방을 청구할 수 있다.

② 상표권자 또는 전용사용권자가 제1항에 따른 청구를 할 때에는 침해행위를 조성한 물건의 폐기, 침해행위에 제공된 설비의 제거나 그 밖에 필요한 조치를 청구할 수 있다.

③ 제1항에 따른 침해의 금지 또는 예방을 청구하는 소가 제기된 경우 법원은 원고 또는 고소인(이 법에 따른 공소의 제기가 있는 경우만 해당한다)의 신청에 의하여 임시로 침해행위의 금지, 침해행위에 사용된 물건 등의 압류나 그 밖에 필요한 조치를 명할 수 있다. 이 경우 법원은 원고 또는 고소인에게 담보를 제공하게 할 수 있다.

〈소 목 차〉

Ⅰ. 상표권침해 개설
  1. 상표권침해의 의의
  2. 조문의 개정연혁
Ⅱ. 침해금지청구권의 내용

1. 청구권의 당사자
2. 청구권의 내용
3. 상대방의 주요항변: 권리남용

Ⅰ. 상표권침해 개설

1. 상표권침해의 의의

상표법상 상표권은 등록상표를 지정상품에 관하여 독점·배타적으로 사용할 수 있는 물권에 유사한(준물권) 절대권이다.[1] 상표권자 이외의 제3자가 상표권자

---

1) 상표법에서 특별히 규정한 것을 제외하고 단체표장, 증명표장 및 업무표장에 관하여는 상표법에서 상표에 관한 규정이 적용되는 것처럼(상표법 제2조 제3항), 여기에서도 앞으로 달리 언급되지 않는다면 단체표장 등에 관하여도 마찬가지인 것으로 한다.

의 허락없이, 임의로 상표권의 내용에 속하는 행위를 하는 것은 허용되지 않으
며 상표권침해에 해당된다. 상표권침해의 일반요건은 상표권이 유효하게 존재하
고 상표권의 권리범위 내의 사용이며(유사상표, 속지주의) 정당한 권한없이 위법
적인 사용으로 상표권 제90조(상표권의 효력이 미치지 아니하는 범위) 및 제160조
(재심에 의하여 회복한 상표권의 효력의 제한)의 효력제한범위 내의 사용이 아니고
업(業)으로서의 사용이면 1회 사용일지라도 침해요건이 성립한다.[2] 상표권자는
지정상품에 관하여 그 등록상표를 사용할 권리를 독점한다(상표법 제89조). 상표
법 제108조 제1항에서는 타인의 등록상표와 동일한 상표를 그 지정상품과 유사
한 상품에 사용하거나 타인의 등록상표와 유사한 상표를 그 지정상품과 동일 또
는 유사한 상품에 사용하는 행위를 상표권침해행위로 본다고 규정한다(등록상표
의 유사범위에 대한 침해). 그렇다면 타인의 유효한 등록상표와 동일 또는 유사한
상표를 그 지정상품 또는 유사한 상품에 정당한 사유없이 사용한다면 상표권침
해에 해당된다. 등록주의를 택하는 우리나라는 상표권의 배타적인 효력범위를
유사상품까지 미치도록 규정하여 상품이 유사한 경우 침해로 보고, 유사하지 않
은 경우 침해가 아닌 것으로 획일적인 기준에 의한 정형적인 보호를 도모한다는
평가이다.[3] 한편 법 조문상으로는 상표권 침해기준과 관련하여 "소비자의 혼동
여부"를 명문으로 규정하고 있지 않다. 그렇지만 우리 판례에서는 "혼동의 염
려", "혼동의 의심", "혼동하기 쉬운", "혼동가능성", "혼동의 여지" 등을 침해판
단의 기준으로 흔히 설시한다. 이러한 태도를 우리 상표법 제1조에서 "이 법은
상표를 보호함으로써 상표 사용자의 업무상 신용 유지를 도모하여 산업발전에
이바지하고 수요자의 이익을 보호함을 목적으로 한다"는 규정으로부터 수요자의
이익을 생산자 보호 및 산업발전과 함께 상표보호의 목적으로 동일하게 규정하
는 것으로부터 이해하기도 한다. 동일하거나 유사한 상표를 부착한 동일하거나
유사한 상품이 유통되면 소비자가 원하는 상품을 선택하는 데 혼동을 유발하여
소비자의 탐색비용이 증가되는 것을 방지함으로써 소비자의 혼동으로부터 자유
로울 이익을 보호하는 시각으로부터 이해하는 것이다.[4]

　　상표권자는 자신이 지정한 상품에 관하여 등록상표를 독점적으로 사용할
권리(상표권의 적극적 효력)를 가짐과 동시에 정당한 권리자가 아닌 자가 등록상

---

　2) 윤선희, 상표법, 법문사(2007), 532.
　3) 전효숙, "상표와 상품의 동일·유사", 지적재산권의 제문제(하), 법원행정처(1992), 83.
　4) 김동욱, "상표판례를 통해 본 한국과 미국의 상표침해이론 비교 및 침해기준 조화를 위
　　한 상표정책 방향", 산업재산권 제35호, 한국산업재산권법학회(2011), 307-308.

표를 사용하는 것을 배제할 수 있는 권리(상표권의 소극적 효력)를 갖게 된다. 상
표법 제107조가 규정하는 상표권침해에 대한 금지청구권은 상표권의 소극적 효
력에 근거하여 그 민사적 구제책으로 부여된다. 상표권침해시 민사적 구제책으
로 상표법은 이외에도 손해배상청구권(상표법 제109조), 신용회복청구권(상표법
제113조)을 규정한다.

2. 조문의 개정연혁

원래 우리 상표법이 1949년 제정될 때에는 동일하거나 유사한 상표를 동일
한 상품에만 사용한 경우 침해로 보았다가, 1973년 개정시 동일하거나 유사한
상품까지 확대 규정되었다. 1990년 개정 상표법에서는 전용실시권자도 침해금
지 또는 예방청구 등을 할 수 있도록 규정되었다.[5] 전용사용권자의 경우에는
동 개정법이 시행일인 1990년 9월 1일 이후 전용사용권 침해에 대한 금지청구
시 적용되었다. 위 1990년 개정법 규정이 현재에 이르며, 2011년 12월 2일 법률
번호 제11113호의 한미FTA이행 개정입법에 의하여 제3항이 추가되었다.

Ⅱ. 침해금지청구권의 내용

1. 청구권의 당사자

침해행위의 금지 또는 예방을 청구할 수 있는 주체는 상표권자 및 전용사
용권자이다. 통상사용권자는 상표권자 또는 전용사용권자와의 사이에서 상표권
자의 상표를 사용할 수 있는 허락을 받은 것이므로 상표권침해시 제3자에게 침
해행위의 금지등을 청구할 수 없다. 통상사용권자의 경우 특정채권보전을 위한
채권자대위의 법리에 의하여도 원칙적으로 제3자에 대한 침해행위금지청구는
인정되지 않는다. 일반적으로 통상사용권자가 자신의 상표사용권을 행사하기
위하여 제3자에 의한 상표의 사용을 금지시켜야만 하는 법률관계가 성립된다고
볼 수 없는 까닭이다.[6] 상표권자는 전용사용권이 설정된 경우에도 상표권의 소

---

5) 1990. 9. 1. 전문개정 법률 제4210호.
6) 상표의 통상사용권과 관련하여 서울중앙지방법원 2005. 5. 19. 선고 2004가합56061,
   78573(반소) 판결(확정)은 이 같은 취지의 판시를 한 바 있다. 동 판결에 의하면, 예외적으
   로 채권자가 보전하려는 권리와 대위하여 행사하려는 채무자의 권리가 밀접하게 관련되어
   있고, 채권자가 채무자의 권리를 대위하여 행사하지 않으면 자기 채권의 완전한 만족을 얻
   을 수 없게 될 위험이 있어서 자기 채권의 현실적 이행을 유효 · 적절하게 확보하기 위하여
   채무자의 권리를 대위하여 행사하는 것이 필요한 경우에는, 채권자대위권의 행사가 채무

극적 효력이 제한되지 않으므로 자신의 권리에 기하여 타인의 사용에 대한 금지·예방을 청구할 수 있으며, 당해 상표권이 공유인 경우 침해의 금지·예방청구는 보존행위의 일종이므로 공유상표권자의 1인이 단독행위로서 그 권리 전체에 대한 청구자가 될 수 있다.[7]

침해금지청구권의 상대방은 정당한 권원없이 상표권의 내용에 해당하는 행위를 하는 자 또는 침해할 우려가 있는 자이다.[8] 침해금지청구로 상표권자나 전용사용권자 이외의 자가 정당한 권원없이 상표권의 내용에 해당하는 행위를 하는 것을 금지하고, 이에 따른 설비 등을 제거하여 권리의 침해를 원천적으로 제거하게 된다.

2. 청구권의 내용

상표권자 또는 전용사용권자는 자기의 권리를 침해한 자 또는 침해할 우려가 있는 자에 대하여 그 침해의 금지 또는 예방을 청구하고(상표법 제107조제1항), 침해행위를 조성한 물건의 폐기, 침해행위에 제공된 설비의 제거 기타 침해의 예방에 필요한 행위를 청구할 수 있다(상표법 제107조제2항). 이 같은 금지청구권을 행사하기 위하여 상표권의 위법한 현실적인 침해가 있거나 침해의 우려가 인정되어야 한다. 그러나 상표권침해로 인한 손해배상청구권의 경우와는 달리 침해행위에 대한 귀책요건, 즉, 고의, 과실을 묻지 않는다. 상표권이 소멸한 때에는 침해행위도 존재하지 않으므로 금지청구권은 발생하지 않는다.[9] 상표권을 침해할 우려로 인한 금지청구권에서 침해에 대한 우려는 객관적으로 존재하여야 하는 것으로 침해의 가능성이 극히 큰 경우에 해당되어야 한다.[10] 침해가 있은 후 일시적으로 중단된 경우에도 금지청구권을 행사할 수 있다.[11] 상표법 제108조 제1항 제2호 내지 제4호의 사유는 침해의 우려가 현저한 대표적인 경

자의 자유로운 재산관리행위에 대한 부당한 간섭이 되는 등의 특별한 사정이 없는 한, 채권자는 채무자의 권리를 대위행사할 수 있다고 하였다.

7) 문삼섭, 상표법(제2판), 세창출판사(2004), 636-637.
8) 수원지방법원 2000. 5. 26. 선고 99가합17091, 20783 판결에서는 상표권의 침해행위를 한 회사의 대표이사가 법인등기부상 취임일자 훨씬 이전부터 회사의 실질적인 경영에 관여하여 오면서 상표권자에 대한 상표권 침해행위를 하여 온 경우, 상표권자는 회사외에 대표이사 개인을 상대로도 그 독립적인 지위에 기한 상표권 침해행위의 금지 및 예방을 구할 수 있다고 판시하였다.
9) 網野 誠, 商標(第4版), 有斐閣(1998), 807.
10) 상표법, 사법연수원(2007), 262.
11) 윤선희(주 2), 538.

우이지만 법의 의제에 의하여 당연히 침해행위로 간주되므로 위 각 호에 해당
하는 경우에는 별도로 침해의 우려가 있는지 여부를 묻지 아니하고 침해로 간
주되어 금지청구권이 인정된다.12) 긴급을 요하는 경우 금지청구의 본안의 소를
제기하기 전 혹은 그와 동시에 보전소송으로 침해금지가처분을 신청한다.13) 이
경우 상표권침해라는 보전되어야 할 권리가 인정되어야 할 뿐만 아니라, 본안에
앞서 가처분으로 긴급히, 신속하게 권리가 보호되어야 할 필요성, 즉 보전의 필
요성이 인정되어야 한다.14)

　　　금지(예방)청구권은 침해행위의 중단을 청구하게 된다. 침해행위를 하는 상
대방에게 침해행위를 하지 말라는 부작위를 청구한다. 상표권자는 금지청구를
하면서 부대청구로서 상표법 제107조 제2항에 기하여 침해행위를 조성한 물건
의 폐기나 침해행위에 제공된 설비의 제거 기타 침해의 예방에 필요한 행위를
청구할 수 있다. "침해행위를 조성한 물건"은 침해행위의 필연적 내용을 이루는
상표가 표시된 용기나 라벨 등을 말하며, "침해행위에 제공된 설비"는 침해행위
에 제공된 등록상표의 위조용구 등을 말하고, "침해의 예방에 필요한 행위"는
획일적으로 결정되어 지는 것이 아니고 거래업계의 관행과 행위자의 주관적 의
도를 종합하여 결정하게 되며 점유의 인도청구, 수출입시 세관단속 의뢰, 상대
방의 담보제공 또는 공탁을 하도록 하는 방법 등이 해당된다고 한다.15) 금지청
구의 내용이 되는 행위유형은 침해자가 제조, 판매하는 특정상품에 상표를 부착
하거나 이를 판매하는 행위, 용기, 포장, 광고에 상표를 사용하는 행위의 금지와
표시를 붙인 간판, 옥탑 등의 철거, 위반 상호의 등기말소 등이 주요한 것이
다.16) 상표법 제107조 제2항에 의한 폐기·제거청구권은 침해행위의 재발을 방
지하기 위한 부대적인 청구권이므로 이를 독립하여 청구할 수는 없으며 항상
동조 제1항의 침해금지 또는 예방청구권과 함께 청구하여야 한다.17)

　　　금지청구의 범위에 관하여는 원칙적으로 침해상표의 전면적 사용금지를 구

---

12) 사법연수원(주 10), 262.
13) 이 경우의 가처분은 민사집행법 제304조가 정하는 임시의 지위를 정하기 위한 가처분이
　　다(만족적 가처분이라고도 명명된다).
14) 보전의 필요성이 인정되지 않으면 피보전채권이 인정된다고 하여도 가처분은 인정되지 않
　　는다. 보전되어야 할 권리가 명백하지 않다면, 긴급하게 권리가 보호되어야 할 필요성은 인
　　정되지 않아 가처분신청은 기각되는 경우가 많다. 이러한 경우 만일 권리가 인정된다고 하
　　여도 가처분이 아닌, 본안소송을 통하여 권리가 보호되어야 한다는 판단을 흔히 받게 된다.
15) 특허청, 조문별 상표법해설(2007), 328.
16) 사법연수원(주 10), 264.
17) 문삼섭(주 7), 637.

할 수 있으며, 침해자가 표시의 변경에 의해 침해를 계속하는 경우 그것이 사소하다면 집행기관의 판단에 의하여 금지의 대상에 포함된다고 본다.[18]

　　제107조 제3항은 제1항에 따라 상표권침해금지 혹은 예방청구의 소가 제기되거나 상표법에 따라 상표법위반죄로 기소된 경우 원고 혹은 고소인의 신청에 따라 필요한 임시적 보호조치를 할 수 있다고 규정한다. 임시적 보호조치의 내용은 임시로 침해행위를 금지하고, 침해행위에 사용된 물건 등을 압류하는 등의 필요한 조치를 할 수 있다고 한다. 이 같은 임시적 보호조치는 민사집행법에 따른 보전소송을 통해서도 그 효과를 달성할 수 있다. 즉 상표권자나 전용사용권자는 제107조 제1항의 권리를 보전채권으로 하여 보전의 필요성이 소명된다면, 상표권침해로 인한 침해금지청구의 소를 본안소송으로 하는 민사집행법 제300조에 따른 가처분이 가능하다. 게다가 상표권침해 등으로 인한 침해금지를 구하는 임시의 지위를 정하는 가처분의 경우 보전소송의 본안화현상이 두드러져, 위 가처분을 위한 보전소송이 상표권침해로 인한 본안소송을 사실상 대신하는 현상도 많이 일어난다. 실무상으로도 민사집행법에 따른 가처분제도를 많이 이용하므로 제107조 제3항에 따른 임시적 보호조치가 활성화될 것으로 보이지 않는다. 또한 민사집행법에 따른 가처분에는 보통 법원이 정하는 담보의 제공이나 보증을 세워야 하는 것처럼, 제3항의 경우 임시적 보호조치에는 담보를 제공하게 할 수 있다고 규정하므로 그 차이는 더더욱 느껴지지 않는다.

　　제3항에는 고소인의 신청에 따라 임시적 보호조치를 명할 수 있다고 규정한다. 상표법에 따라 침해가 인정되어 공소가 제기될 것을 요건으로 한다. 그러나 위 보호조치는 명시적으로 형사소송절차 내에서 행하여지도록 규정하지 않으므로, 광의의 민사소송절차로서 행하여지는 것이라고 봄이 상당하다.[19] 그러나 이러한 경우 고소인은 대개 상표권자로서, 제107조 제1항의 청구를 할 수 있는 원고에 해당되므로 고소인에게 별도의 권한을 인정하는 실익은 크지 않을 것이다. 다만 제3항에서 필요한 조치의 예로 침해행위에 의하여 만들어진 물건의 압류를 규정한다. 일반적으로 압류나 가압류는 금전채권이나 금전으로 환산할 수 있는 채권의 집행 또는 집행보전의 목적으로 채무자의 책임재산에 관하여 행해지는 것인데, 침해행위에 의하여 만들어진 물건의 배포를 방지하기 위하여 이를 압류하는 것은 일반적인 압류나 가압류와는 다른, 임시적으로 침해행위

---

18) 사법연수원(주 10), 264.
19) 정상조 편저, 저작권법 주해, 박영사(2007), 1151(권영준 집필부분).

의 금지를 효율적으로 구하는 성격을 가진 것이다.[20]

3. 상대방의 주요항변: 권리남용

상표권침해시 상표권자등의 침해금지청구에서 그 침해자측이 내세우는 주
된 항변중의 하나로 권리남용의 법리가 주장된다.[21] 상표권자측의 상표권침해
가 인정된다고 하여도 침해금지청구는 권리남용에 해당되어 그 청구는 기각되
어야 한다는 주장이다. 즉, 상표권자는 권리의 범위 내에서 상표권을 행사하여
야 하며 그 행사가 권리남용에 해당되지 않아야 한다.

상표권의 행사가 권리남용에 해당되는 경우는 민법 제2조에 근거한 대원칙
으로 권리남용금지의 법리가 상표법 영역에서 적용되는 사례들(협의의 권리남용)
과 상표권의 무효선언에 갈음한 권리남용에 해당되는 사례들로 분류된다. 전자
의 법리는 다음의 판시로서 정리될 수 있다: "권리의 행사가 주관적으로 오직
상대방에게 고통을 주고 손해를 입히려는 데 있을 뿐, 이를 행사하는 사람에게
는 아무런 이익이 없고, 객관적으로 사회질서에 위반된다고 볼 수 있으면, 그
권리의 행사는 권리남용으로서 허용되지 아니하고, 그 권리의 행사가 상대방에
게 고통이나 손해를 주기 위한 것이라는 주관적 요건은 권리자의 정당한 이익
을 결여한 권리행사로 보이는 객관적 사정에 의하여 추인할 수 있으며, 어느 권
리행사가 권리남용이 되는가의 여부는 개별적이고 구체적인 사안에 따라 판단
되어야 한다."[22] 상표법상 협의의 권리남용의 법리는 위의 일반적인 권리남용의
법리가 상표법 영역에서 어떻게 적용되는가의 문제이다. 후자의 사례들은 상표
출원을 하여 등록이 되었지만, 무효사유가 있어 종국적으로는 효력이 부인될 상
표권에 기하여 상표권자가 침해금지청구등을 하였을 경우에 우리 법원이 '권리
남용'임을 내세워 그 청구를 배척하게 되는 경우이다.

협의의 권리남용의 법리가 상표법에 적용된 사안으로, 주관적 요건과 객관
적 요건을 모두 긍정한 대법원 판결이 있다. 아직 국내에 등록되지 않은 외국상

---

20) 위의 글에서는 침해금지청구권등을 피보전권리로 하는 점유이전금지가처분을 통하여 이
   와 유사한 효과를 달성할 수 있다는 견해이다.
21) 이외에도 침해주장에 대한 대응방안으로는 당해 상표를 사용할 정당한 권한이 있다는
   주장을 할 수 있고, 침해의 주장을 받은 자가 사용하는 상표가 상표권자측의 권리범위에
   속하지 않는다는 소극적 권리범위확인심판청구를 하는 방법, 당해 상표가 등록에 무효사
   유가 있는 경우 상표등록무효심판 청구를 하는 방법 등이 있다(이들에 관하여는 문삼섭(주
   7), 687 참조).
22) 대법원 2010. 12. 9. 선고 2010다59783 판결 등 참조.

표에 관한 지위를 양도한 자가 스스로 그와 유사한 모방상표를 먼저 등록한 다음, 양수인측을 상대로 상표사용금지가처분을 구한 사안이다. 대법원은 이러한 배신적 행위가 상표법 제7조의 무효사유에는 해당하지 않는다고 보았지만, "적어도 계약기간 동안에는 위 제품에 대한 독점적인 수입판매권이 유지·보장될 수 있도록 협력하고 이를 방해하여서는 아니 되며, 채무자에 대하여 영업양도인으로서 일정한 기간 동안 동종영업에 관한 경업금지의무를 부담한다고 할 것인데, 위와 같은 의도로 채무자사용상표와 동일·유사한 이 사건 등록상표를 출원·등록하는 것은 신의칙 내지 사회질서에 반하는 것으로서, 그러한 상표권의 행사는 채무자에게 손해를 가하거나 고통을 주기 위한 권리의 행사에 해당하(므로) 채권자의 채무자에 대한 이 사건 가처분신청은 사회질서에 반하는 것으로서 상표권을 남용한 권리의 행사로서 허용될 수 없다"고 판시한다.[23] 한편 상표법 분야의 협의의 권리남용 관련 판례중에는 상표법의 특수한 성격을 내세워서 "권리의 행사가 상대방에게 고통이나 손해를 주기 위한 것"이라는 주관적 요건은 필요하지 않다고 명시적으로 배척한 사례가 있다. 음반 및 카세트테이프 제조판매업을 영위하면서 약 6년 동안 총5회에 걸쳐 "진한 커피"라는 타이틀로 제1집부터 제5집까지의 음반을 발매하여 그 타이틀에 대한 식별력을 취득하였고, 신청인은 피신청인의 진한 커피 제1,2집에 수록된 곡의 선택·배열 등 편집과정에 상당 정도 관여한 관계로 "진한 커피" 편집음반의 상업적 성공에 관한 사정을 잘 알고 있는 상황이었다.[24] 신청인이 먼저 "진한 커피"라는 표장을 음반 및 카세트테이프를 지정상품으로 하여 상표등록하였고, 이어 신청인은 그 상표권에 기하여 피신청인에게 사용금지가처분을 구한 사안에서 대법원은 "상표권자가 당해 상표를 출원·등록하게 된 목적과 경위, 상표권을 행사하기에 이른 구체적·개별적 사정 등에 비추어, 상대방에 대한 상표권의 행사가 상표사용자의 업무상의 신용유지와 이익보호를 목적으로 하는 상표제도의 목적이나 기능을 일탈하여 공정한 경쟁질서와 상거래질서를 어지럽히고 수요자 사이에 혼동을 초래하거나 상대방에 대한 관계에서 신의성실의 원칙에 위배되는 등 법적으로 보호받을 만한 가치가 없다고 인정되는 경우에는, 그 상표권의 행사는 비록 권리행사의 외형을 갖추었다 하더라도 등록상표에 관한 권리를 남용하는 것으

---

23) 대법원 2006. 2. 24.자 2004마101 결정.

24) 이 사실관계는 박준석, 제34회 민사판례연구회 심포지엄 자료집—지적재산권의 제문제 —, 민사판례연구회(2011), 125에 실린 내용을 참조하였다.

로서 허용될 수 없고, 상표권을 제한하는 위와 같은 근거에 비추어 볼 때 이를 행사하는 사람에게는 아무런 이익이 없어야 한다는 주관적 요건을 반드시 필요로 하는 것은 아니다"라고 판시한 바 있다.[25] 권리남용이 인정되기 위하여 주관적 요건의 구비여하에 관하여 민법에서도 논란이 있다.[26] 선사용상표가 보호할 가치가 큰 반면 등록상표는 보호할 가치가 없거나 매우 적음에도 무조건 등록상표를 우선시한다면 오히려 상표제도의 목적과 기능에 배치되는 결과를 가져와 일정한 경우 권리남용을 인정해야 하는데, 등록상표권자의 선사용자에 대한 상표권행사가 그 등록상표권자에게 아무런 이익이 없다고는 보기 어려워, 만일 이러한 주관적 요건을 언제나 요구하게 된다면, 상표권 행사의 권리남용은 거의 생각하기 어려운 점 등을 고려할 때 주관적 요건 없이 권리남용의 성립을 인정하여도 부당하지 않다는 논지에서 위 판결을 옹호하는 견해가 개진된다.[27] 그러나 이러한 견해에 대해서는 우리 상표법상 대원칙인 선출원주의 하에서 당연히 감수되어야 할 결과에 불과하거나 입법적 보완으로 해결하여야 할 타당한 상표등록거절 사유 사이의 공백에 불과한 것으로 "협의의 권리남용"에서와 동일하게 대처하면 충분하였을 것이라는 비판적인 견해도 있다.[28]

   상표권의 무효선언에 갈음한 권리남용의 법리는 애당초 특허권과 관련하여 논의되었다. 대법원 2004. 10. 28. 선고 2000다69194 판결에서 "특허의 무효심판이 확정되기 이전이라도 하더라도 특허권침해소송을 심리하는 법원은 특허에 무효사유가 있는 것이 명백한지 여부에 대하여 판단할 수 있고, 심리한 결과 당해 특허에 무효사유가 있는 것이 분명한 때에는 그 특허권에 기초한 금지나 손해배상 등의 청구는 특별한 사정이 없는 한 권리남용에 해당하여 허용되지 아니한다"라고 판시한 바 있다. 상표무효심판은 특허무효심판과 같이 상표법 소정의 절차에 의하여 가능하다. 그러나 이러한 원칙에 입각한다고 하더라도 상표침해소송에서 피고가 당해 상표의 유·무효를 주장할 수 없게 된다면, 이는 하자 있는 상표에 대하여 법원이 무제한의 보호를 부여하는 결과가 되어 사법의 정의관념에 반하게 된다.[29] 동일한 산업재산권법에 속하여 특허청이 담당하는 법

  25) 대법원 2007. 1. 25. 선고 2005다67223 판결. 동 판결은 대법원 2008. 7. 24. 선고 2006다 40461, 40478 판결에서도 확인되고 있다.
  26) 김천수, "권리남용과 권리행사상 신의칙", 민사판례연구 32권, 박영사(2010), 1 등 참조.
  27) 오영준, "등록상표권자의 상표권의 행사가 권리남용에 해당하기 위한 요건", 대법원판례해설 69호(2007년 상반기), 법원도서관, 581.
  28) 박준석(주 24), 128.
  29) 유대종, "상표무효사유와 상표권 남용에 관한 소고", 산업재산권 제30호, 한국산업재산

률이지만 상표법은 과학기술에 깊이 관련된 특허법과는 확연히 차이가 있기 때문에 기술문외한인 법관으로 하여금 진보성까지 판단할 것인지를 둘러싼 특허법상의 논란이 상당히 불식된다.[30] 상표등록무효사유가 명백한 경우에는 상표권자와 침해혐의자간의 형평의 이념, 침해혐의자의 방어방법 제한과 무효심판 강요 및 소송경제적 이익 등을 고려할 경우 침해소송법원이 등록상표가 명백하게 무효사유를 내포하고 있다고 판단되는 경우 무효심결이 확정되기 이전이라 하더라도 당해 상표에 기한 권리행사를 제한하는 것은 정의관념 및 상표법의 목적에 정합성을 갖는다는 평가도 받는다.[31] 상표의 무효선언에 갈음한 권리남용의 법리에 관한 견해에 대하여 이는 진정한 의미의 권리남용의 항변이라고 하기 어렵다는 비판이 제기된다. 무효심판이 있기 이전임에도 구체적 타당성을 우선시하여 아직 외형상 유효한 것으로 취급되어야 할 권리의 효력을 사실상 우회적으로 부정하는 논리적 기교에 '권리남용'이라는 수식이 등장하는 것이라는 해석도 전개되는 법리이다.[32]

　　무효심판사유가 존재할 때 권리남용으로 처리한 특허침해사건에서의 논의는 출원·심사·등록에 의한 권리발생 및 무효심판에 의한 무효화라는 체계를 공유하는 상표권에도 같은 영향을 주었다. 무효사유가 명백한 상표권에 기한 권리행사에 대하여 그 상표를 대세적으로 무효화하기 위해서는 무효심판제도를 이용하여야 할 것이나 무효심결이 확정되기 이전이라도 그 권리는 실질적으로 공허한 권리에 불과하므로 권리남용이 된다고 해석함이 학설 및 하급심판례이었다.[33] 동 견해는 최근 대법원판결에서도 "상표권자의 상표등록이 무효가 될 것이 명백하다면 등록무효심결 전이라도 법원은 상표침해금지나 손해배상청구를 기각할 수 있다고 판시한 바 있다.[34]

〈박익환〉

　　권법학회(2009), 279.

30) 박준석(주 24), 153.

31) 유대종(주 29), 290.

32) 박준석(주 24), 123-124.

33) 서울중앙지방법원 2003. 8. 29. 선고 2001가합59038 판결; 송영식 외 공저, 송영식지적소유권법(하), 육법사(2008), 291 등 참조. 이 같은 법리는 취소사유가 명백한 경우에도 적용되어 취소심결의 확정전이라도 상표권자의 권리행사는 권리남용이 된다는 것이다.

34) 대법원 2012. 1. 18. 선고 2010다103000 전원합의체판결.

제108조(침해로 보는 행위)

① 다음 각 호의 어느 하나에 해당하는 행위는 상표권(지리적 표시 단체표장권은 제외한다) 또는 전용사용권을 침해한 것으로 본다.

1. 타인의 등록상표와 동일한 상표를 그 지정상품과 유사한 상품에 사용하거나 타인의 등록상표와 유사한 상표를 그 지정상품과 동일·유사한 상품에 사용하는 행위

2. 타인의 등록상표와 동일·유사한 상표를 그 지정상품과 동일·유사한 상품에 사용하거나 사용하게 할 목적으로 교부·판매·위조·모조 또는 소지하는 행위

3. 타인의 등록상표를 위조 또는 모조하거나 위조 또는 모조하게 할 목적으로 그 용구를 제작·교부·판매 또는 소지하는 행위

4. 타인의 등록상표 또는 이와 유사한 상표가 표시된 지정상품과 동일·유사한 상품을 양도 또는 인도하기 위하여 소지하는 행위

② 다음 각 호의 어느 하나에 해당하는 행위는 지리적 표시 단체표장권을 침해한 것으로 본다.

1. 타인의 지리적 표시 등록단체표장과 유사한 상표(동음이의어 지리적 표시는 제외한다. 이하 이 항에서 같다)를 그 지정상품과 동일하다고 인정되는 상품에 사용하는 행위

2. 타인의 지리적 표시 등록단체표장과 동일·유사한 상표를 그 지정상품과 동일하다고 인정되는 상품에 사용하거나 사용하게 할 목적으로 교부·판매·위조·모조 또는 소지하는 행위

3. 타인의 지리적 표시 등록단체표장을 위조 또는 모조하거나 위조 또는 모조하게 할 목적으로 그 용구를 제작·교부·판매 또는 소지하는 행위

4. 타인의 지리적 표시 등록단체표장과 동일·유사한 상표가 표시된 지정상품과 동일하다고 인정되는 상품을 양도 또는 인도하기 위하여 소지하는 행위

<소 목 차>

Ⅰ. 본조의 취지
Ⅱ. 본조의 연혁
Ⅲ. 상표권 침해로 보는 행위의 유형
  1. 서

2. 등록상표의 유사범위에 대한 침해
3. 간접침해(제2호 내지 제4호)

I. 본조의 취지

상표권자는 지정상품에 대하여 등록상표와 동일한 상표를 사용할 권리를 독점하므로, 제3자가 상표권자의 동의없이 등록상표와 동일한 상표를 지정상품과 동일한 상품에 사용하는 행위가 상표권의 침해가 됨은 당연하다. 그러나, 상표권의 침해범위를 이와 같이 엄격하게 해석하게 된다면 상표권의 실효성을 확보하기 어려울 것이므로, 상표법은 본조에 의하여 등록상표를 지정상품과 유사한 상품에 사용하거나 등록상표와 유사한 상표를 그 지정상품과 동일 또는 유사한 상품에 사용하는 행위와 현재는 상표권이 직접적으로 침해되고 있지 아니하나 방치하면 직접침해로 이어질 개연성이 큰 예비적 행위, 이른바 간접침해 행위도 상표권의 침해행위로 간주하고 있다.[1]

II. 본조의 연혁

본 조는 1973. 2. 8. 법률 제2506호로 상표법이 전부 개정될 당시 제36조 제1 내지 제3호로 처음으로 도입되었는데, 그 후 1990. 1. 13. 법률 제4210호로 개정 당시 제66조 제1호 내지 제3호로 조문이 이동된 후, 1997. 8. 22. 법률 제5335호에서 제4호를 신설하여 '타인의 등록상표 또는 이와 유사한 상표가 표시된 지정상품과 동일 또는 유사한 상품을 양도 또는 인도하기 위하여 소지하는 행위'를 침해로 보는 행위로 추가하였다.

그 후 2004. 12. 31. 법률 제7290호의 상표법 일부개정에 의해 지리적 표시를 단체표장으로 등록을 인정하게 됨에 따라 제66조 각호 외의 부분 중 '상표권'을 '상표권(지리적 표시 단체표장권을 제외한다)'으로 하고, 동조 제2호 및 제3호를 현행법과 같이 규정함과 아울러 지리적 표시 단체표장에 관한 제2항을 신설하였으며, 2011. 6. 30. 법률 제10811호로 일부개정시 「대한민국과 유럽연합 및 그 회원국 간의 자유무역협정」의 합의사항을 반영하기 위하여 제66조 제2항 제1호, 제2호 및 제4호 중 "동일한 상품"을 각각 "동일하거나 동일하다고 인식되어 있는 상품"으로 개정하였다. 또한 2016. 2. 29. 법률 제14033호로 상표법이 전면개정됨에 따른 조문체계의 정리에 따라 종전 제66조의 규정을 현행과 같이

---

1) 조문별 상표법해설, 특허청(2004), 296; 윤선희, 상표법(제4판), 법문사(2016), 544.

제108조로 이동하였다.

Ⅲ. 상표권 침해로 보는 행위의 유형

1. 서

상표법은 등록상표의 동일범위에서의 침해, 즉 등록상표와 동일범위 내의 상표를 지정상품과 동일상품에 사용하는 침해행위 외에도 본조 제1항 제1호에 의해 등록상표의 유사범위에 대한 침해를 상표권 침해로 간주하고 있는데, 전자를 사용권의 침해로, 후자를 금지권 내지 배타권의 침해로 부르기도 한다. 나아가 상표법은 본조 제1항 제2호 내지 제4호에서 등록상표의 동일 및 유사범위 침해에 대한 예비적, 기여적 행위에 해당하는 간접침해에 대하여도 규정하고 있다. 상표권은 지식재산의 일종으로 유체물과 달리 침해가 용이하나 침해여부의 판단이 어렵고, 침해로 인하여 상표의 신용이 손상될 경우 그 회복이 대단히 어려우므로, 상표법은 이를 고려하여 금지권의 범위를 위와 같이 유사범위까지 확대하고, 나아가 상표권 침해의 예비적, 기여적 행위를 상표권 등 침해로 간주하는 형태로 간접침해에 관하여 비교적 자세한 규정을 두고 있다. 한편, 본조 제2항은 지리적 표시 단체표장을 침해한 것으로 보는 행위에 대하여 규정하고 있는데, 제2항은 본조 제1항 상표권 침해로 보는 행위 일반에 관한 조문 구조에 대응하는 형태로 이루어져 있으므로, 이하에서는 제2항의 경우 제1항의 설명과 달라지는 부분에 한하여 별도로 언급하기로 한다.

2. 등록상표의 유사범위에 대한 침해

(1) 제1호의 행위

본호에 의하면, 제3자가 등록상표와 동일한 상표를 그 지정상품과 유사한 상품에 사용하거나 등록상표와 유사한 상표를 그 지정상품과 동일 또는 유사한 상품에 사용하는 행위를 상표권 또는 전용사용권을 침해한 행위로 본다.

따라서 제1호에 의해 침해로 보는 행위는 행위자가 ① 등록상표와 동일한 상표를 지정상품과 유사한 상품에 사용하는 행위, ② 등록상표와 유사한 상표를 지정상품과 동일한 상품에 사용하는 행위 그리고 ③ 등록상표와 유사한 상표를 지정상품과 유사한 상품에 사용한 행위를 말한다. 이는 구체적인 거래실정을 바탕으로 혼동가능성 여부를 판단하여 상표권의 침해여부를 결정하는 것이 아니라 형식적으로 상표와 상품이 유사하면 혼동이 생길 가능성이 크다는 경험적 사실을 바탕으로 유사범위까지 상표권 침해를 의제하여 상표권의 보호범위를 결정하는 것이라 할 수 있다.[2]

등록상표의 동일범위 내의 침해를 사용권의 침해, 위와 같은 등록상표의 유사범위에서의 침해를 배타권 내지 금지권의 침해로 부르기도 하나, 상표권자가 자기의 등록상표를 타인이 허락없이 지정상품에 대하여 사용하는 것을 금지할 권리를 가지는 것은 당연하므로 이와 같이 양자를 구분하는 것은 적절치 못하다. 또한 등록상표의 유사범위 내의 침해는 법정손해배상제도의 적용이 없음을 제외하고는 동일범위에서의 침해와 법적책임이 동일하므로 양자는 모두 본래적 의미의 침해로 볼 수 있고, 간접침해는 아니라고 본다.

(2) 상표의 동일·유사
(가) 상표의 동일

상표의 동일이란, 동일상표가 구체적으로 무엇을 의미하는지 명확하게 설명하기 어려우나, 일반적으로는 상표의 물리적 동일뿐만 아니라 사회통념상 상표의 동일성이 인정되는 경우를 포함하는 개념으로 설명되고 있다. 따라서 상표의 구성요소나 이의 결합을 대비판단할 때 양 상표가 완전히 동일하지 않더라도, 거래의 실제에 있어서 동일한 상표로서 인식될 수 있을 정도이면 동일한 상표라고 보는 것이 통상적이다.[3]

상표심사기준에 의하면, 상표의 동일이라는 개념은 이를 규정한 상표법 각 조문의 입법취지에 맞추어 유연하게 해석할 필요가 있다고 보고 있고,[4] 상표법 각 규정의 입법취지 등 제반 사정에 따라 상표의 동일 개념에 대하여 어느 정도 조정하여 합목적적으로 해석하여야 한다는 견해가 유력하게 대두되고 있으며, 대법원 역시 최근에는 상표의 동일 개념을 해당 규정의 입법취지에 따라 독자적으로 판단하여야 한다는 내용의 판결을 내리고 있다.[5] 예를 들어 관리의

---

2) 송영식 외 6, 지적소유권법(하), 육법사(2008), 240; 문삼섭, 상표법(제2판), 세창출판사(2004), 635.

3) 전효숙, "상표와 상품의 동일 유사", 특허소송연구(1), 특허법원(2000), 289; 박준석, "판례상 상표의 동일·유사성 판단기준", 사법논집 제39집, 법원도서관(2004. 12), 506; 대법원 1996. 4. 26. 선고 95후1555 판결; 대법원 1995. 4. 25. 선고 93후1834 판결; 대법원 1992. 12. 22. 선고 92후650 판결 등.

4) 상표심사기준, 특허청(2016), 219; 특허법원 지적재산소송실무연구회, 지적재산소송실무, 박영사(2010), 614.

5) 윤선희(주 1), 351; 윤태식, "상표법상 상표의 유사여부 판단에 관한 연구", 사법논집 제

안정과 유지를 도모하여야 할 불사용 취소 심판 사건의 경우에는 상표의 동일
범위를 다른 규정의 것보다 다소 탄력적으로 해석하고, 반대로 권리의 발생과
관련하여 사용에 의한 식별력 취득 여부의 판단에 있어서는 상표의 동일범위를
상대적으로 엄격하게 해석하는 것이 상표법의 입법목적에 부합하다는 것이다.

상표법은 상표권의 발생, 존속, 소멸 등 각각의 단계에서 적용할 각각의 조
문이 다르므로, 상표의 동일여부의 판단은 상표법의 목적과 각 규정의 입법취지
를 고려하는 한편, 유사와의 관계에서 상대적, 탄력적으로 결정하여야 할 것이
다. 그러므로 본조와 같이 유사 개념과 대비되어 동일 개념이 규정된 경우에는
불사용취소심판에서의 상표의 동일범위보다는 상대적으로 엄격하게 해석하되,
반드시 이를 물리적으로 동일한 범위에 한정할 필요는 없다고 생각된다.

(나) 상표의 유사

① 의의

상표의 유사란 대비되는 양 상표가 동일한 것은 아니지만 외관·호칭·관념
중 어느 한 가지 이상의 면에서 비슷하여 거래자 또는 일반수요자로 하여금 상
품의 출처에 대하여 오인·혼동을 일으킬 우려가 있는 경우를 가리키는 것이다.
과거 상표의 유사여부는 상표 자체의 유사성만을 기준으로 판단하여야 한다는
견해도 있었으나, 상표 자체의 구성만을 기준으로 상표의 유사를 판단하게 되면
상표의 구성 중 무엇을 중심으로 판단하는가에 따라 상표권자의 주관에 의해
결론이 달라질 수 있고, 상품출처의 혼동을 방지하고자 하는 상표법의 목적에
부합하지 않는다는 비판이 있었다. 따라서 현재는 상표의 유사여부는 상품출처
의 혼동여부를 기준으로 판단하여야 한다는 것이 통설이고 대법원의 확립된 입
장이다.6)

59집, 법원도서관(2014. 12), 167; 대법원 2013. 12. 26. 선고 2012후1521 판결.
6) 윤선희(주 1), 352; 이상경, 지적재산권소송법, 육법사(1998), 423; 유영선, "상표의 유사
여부 판단 실무에 대한 비판적 고찰", 특허소송연구 제5집, 특허법원(2011), 312; 윤선희,
"상표의 유사와 출처의 혼동에 관한 연구", 법조 제704권(2015. 5.), 96; 전효숙(주 3), 291;
정태호, "상표권 침해 및 부정경쟁행위에 관한 상표의 유사 판단의 비판적 검토", 법학논
집(2015. 9), 378; 특허법원 지적재산소송실무연구회(주 4), 615; 대법원 2006. 8. 25. 선고
2005후2908 판결; 대법원 2004. 10. 15. 선고 2003후1871 판결 외 다수. 참고로, 일본의 경
우에도 "(일본의) 현행법 하에서는, 재판실무에 있어서, 동일 또는 유사의 상품 또는 역무
에 사용된 상표가, 출처(역무의 경우 영업주체)의 오인혼동을 생길 우려가 있는가 아닌가
에서 유부판단을 행해야 하고, 그 때, 상표의 외관, 호칭, 관념 등에 있어서 거래자, 수요자
에 준 인상, 기억, 연상 등을 종합하여 그 상품 또는 역무에 관한 거래의 실정을 근거로 전
체적으로 고찰한다고 하는 사고방식이 기본적으로 정착되어 있다."고 한다(小野昌延, 三山
峻司(編集), 新·注解 商標法<下券>, 靑林書院(2016), 1106(領木 將文 집필부분).).

이에 따라 상표법상 상표의 유사는 단순히 유사라는 용어보다는 이른바 '혼동적 유사'가 더 적절한 용어라고 설명하기도 하며,[7] 경험칙상 상표 구성상의 차이가 명확하여 상표 자체에 대한 혼동은 없으나 동종 상품에 사용될 경우 상품출처에 관한 혼동을 일으키게 하는 상표도 상표법상 유사상표에 포함된다고 보아야 한다.[8] 상표법에서 유사판단은 상품출처의 혼동 여부를 고려한 법률적 평가개념으로서 상표권 침해나 권리의 속부를 판단하기 위한 형식적, 추상적, 기술적인 판단기준이며, 상표법은 유사성으로부터 상품출처의 혼동을 추론하는 것으로서 부정경쟁방지법상 표지의 유사여부가 혼동여부 판단을 위한 사실자료가 되는 것과는 차이가 있다.

또한 상표의 유사와 혼동의 개념을 동일한 것으로 이해하는 견해도 있으나[9] 상표의 유사는 양 상표가 외관, 호칭, 관념 중 어느 면에서 근사한 것을 뜻하며, 등록주의를 취하는 현행 법제 하에서 상품 출처의 혼동을 보다 쉽게 판단하기 위한 형식적, 기술적 개념으로, 상품의 출처 혼동과는 직접적인 관련이 없다.[10] 상표법의 목적은 수요자들의 상품 출처 혼동을 방지하고자 하는 것임에는 틀림이 없으나, 혼동 여부를 판단하기는 쉽지 않고 등록주의 하에서는 현실적으로 사용사실이 없는 상표의 유사여부를 판단하여야 할 경우가 있으므로, 출처의 혼동 여부를 판단하기 위하여 보다 분명한 상표의 동일 유사라는 객관적, 형식적 기준을 채택한 것이다.[11] 따라서 유사와 혼동의 개념을 동일시하거나, 원인과 결과의 관계 또는 실질적으로 동일한 관계로 보는 것은, 입법론으로 논하는 것은 별론으로 하고, 비록 구체적 사안에서의 결론에 실질적으로 차이가 없다 하더라도, 등록주의를 취하고 있는 현행법제하에서는 유사와 혼동은 구분되어야 할 것이다.

또한 상표법에서의 혼동 개념은, 표지의 유사성에서 기인하는 제품 간의 혼동뿐만 아니라 상품 출처의 혼동을 의미하는 협의의 출처 혼동이며, 이는 부정경쟁방지법상의 혼동개념과는 달리 상표법상의 유사 개념이 상표의 유사 외에 상품의 유사를 포함하는 것이기 때문이다. 따라서 본호의 경우 상표법 제34조

---

7) 한동수, "상표법 제7조 제1항 제7호의 해석론", 특허소송연구 제5집, 특허법원(2011), 338.

8) 상표법, 사법연수원(2015), 223.

9) 일본의 출처혼동 균등론이 이에 해당하며, 그밖에 양자를 실질적으로 동일하다고 보는 국내의 견해로는 유영선(주 6), 314 및 윤태식(주 5), 170.

10) 송영식 외 6(주 2), 247; 윤선희(주 1), 353; 박준석(주 3), 471; 윤선희(주 6), 96.

11) 박준석(주 3), 469; 한동수(주 7), 338.

제1항 제11호나 부정경쟁방지법상의 혼동개념과 같이 영업이나 후원관계의 오인까지 규제하는 광의의 혼동이 아니며, 협의의 출처 혼동을 기준으로 상표권의 침해나 권리범위의 포함여부를 판단하여야 한다.

나아가 혼동에는 개별적 사정을 그다지 고려하지 않는 일반적, 추상적, 형식적 혼동과 개별적 사정을 고려하여 판단하는 구체적, 실질적, 개별적 혼동이 있다.12) 등록주의 법제 하에서는 상표의 사용사실이 권리 발생 요건이 아니므로, 상표의 유사 판단의 기준이 되는 상품출처의 혼동은 원칙적으로 일반적 출처의 혼동을 의미한다고 보아야 할 것이다. 상표법은 구체적 경우에 혼동의 염려가 있더라도 상표의 유사나 상품의 유사가 인정되지 않는다면 상표권의 금지적 효력이 미치지 않는 것이 원칙이므로, 개별적 구체적 혼동행위 금지를 목적으로 하는 부정경쟁방지법과 차이가 있다.

그러나, 이러한 전통적 견해에 대하여는 우리 상표법이 상표의 유사여부 판단에서 구체적 거래실정을 고려하지 않고 일반적 출처 혼동 우려를 기준으로만 판단하여야 하는 것처럼 오해를 불러일으킨다고 비판하거나,13) 일반적 출처 혼동과 구체적 출처혼동의 개념을 굳이 구분할 필요가 없다고 하면서 거래 실정이나 구체적 출처 혼동도 일반적 출처 혼동을 포함한 거래실정에 포섭되어야 한다는 견해가 있고,14) 앞서 본 전통적 견해를 취하는 경우에도 당해 상표가 지정상품에 사용된 경우에는 구체적 사실에 기한 판단이 경험칙에 우선한다고 보고 있어,15) 많은 학설들이 해당 상표의 거래실정을 관찰하여 구체적 출처 혼동 염려를 상표의 유사 판단에 고려하여야 한다는 것에는 대체로 긍정적인 입장이며, 다만 구체적 거래실정을 어느 정도 고려하여야 하는가에 대하여 차이를 보이고 있다.

상표의 유사 판단에 있어서 거래실정을 고려함에 있어서는, 경험칙화된 거래실정에 따라 획일적으로 판단해야 한다는 견해와 구체적 거래실정에 따라 구체적 개별적으로 판단해야 한다는 견해로 나뉘는데,16) 최근 실무의 경향은 일반

---

12) 일반적 출처의 혼동유무는 상표 그 자체의 유사성, 상품의 동종성의 정도, 당해 상품의 경험칙화한 거래실정 등에 비추어 추상적, 형식적 자료에 의해 획일적으로 판단되고, 구체적 출처의 혼동유무는 상표의 표지력의 크기, 주지 · 저명성의 정도 등 구체적 거래실정까지 고려하여 결정된다.
13) 유영선(주 6), 318-319.
14) 윤태식(주 5), 176.
15) 전효숙(주 3), 291-292.
16) 한동수(주 7), 341.

적인 출처의 혼동여부보다 구체적 출처의 혼동을 우선하여 적용하는 경향이 있
다.17) 최근 대법원은 타인의 등록상표와 동일 또는 유사한 상표를 지정상품과
동일 또는 유사한 상품에 사용하는 행위는 상표권에 대한 침해행위가 된다고
전제하면서, "여기서 유사상표의 사용행위에 해당하는지에 대한 판단은 두 상표
가 해당 상품에 관한 거래실정을 바탕으로 외관, 호칭, 관념 등에 의하여 거래
자나 일반 수요자에게 주는 인상, 기억, 연상 등을 전체적으로 종합할 때, 두 상
표를 때와 장소를 달리하여 대하는 거래자나 일반 수요자가 상품 출처에 관하
여 오인·혼동할 우려가 있는지의 관점에서 이루어져야 한다."고 판시하여,18)
상표침해소송에서도 피침해상표의 주지성 등 거래실정을 고려하여 상표의 유사
로 판단할 수 있음을 명시적으로 판시하고 있다.19)

　　이와 관련하여, 상표의 유사 여부의 판단 기준이 되는 혼동여부는 당연히
상표의 주지성 여부, 수요자의 수준, 실제 거래계의 상황, 언어관습 등 제반 거
래실정을 참작한 현실에서의 혼동여부를 의미하는 것이지, 우리 상표법이 원칙
적으로 등록주의를 취하고 있다고 해서 추상적, 관념적인 혼동으로만 파악해야
하는 것은 결코 아니므로, 법원은 상표의 유사성 판단과 관련하여 어느 사건에
서와 마찬가지로 가능한 한 다양하고 합리적인 판단요소들을 종합적으로 참작
하여 거래의 실정과 상식에 맞는 살아있는 판결을 해야 한다는 유력한 주장이
있고,20) 구체적 타당성을 중시하는 실무계의 입장은 구체적 거래사정을 기초로
유사여부 판단을 하는 경향이 있음은 사실이다. 그러나, 상표 유사 판단에서 구
체적 거래실정을 우선할 경우 침해여부의 결론이 침해자의 사용태양의 변경에
따라 달라지게 되므로, 국소적, 부동적인 사정을 근거로 비유사로 판단하는 것
은 신중을 기할 필요가 있고,21) 주지·저명상표에 있어서는 주지·저명성을 근

17) 특허법원 지적재산소송실무연구회(주 4), 617; 대법원 1996. 7. 30. 선고 95후1821 판결;
　　대법원 1996. 9. 24. 선고 96후153 판결; 대법원 2000. 1. 21. 선고 99후2532 판결; 대법원
　　2006. 10. 26. 선고 2005후2250 판결; 대법원 2013. 6. 27. 선고 2011다97065 판결; 대법원
　　2013. 3. 14. 선고 2010도15512 판결; 대법원 2014. 6. 26. 선고 2012다12849 판결 등.
18) 대법원 2015. 10. 15. 선고 2014다216522 판결(다이소 사건).
19) 구민승, "상표침해소송에서 거래실정을 고려한 상표 유사 판단", 대법원판례해설 제106
　　호, 법원도서관(2015. 하), 365.
20) 유영선(주 6), 324; 구민승(주 19), 356.
21) 구민승(주 19), 361. 다만, 동 견해는 등록단계에서는 일반적, 항상적 사정만 고려해야 하
　　나 침해소송에서는 구체적 거래실정에 일반적이고 항상적인 사정뿐만 아니라 국소적이고
　　부동적인 사정도 고려할 수 있다는 것을 전제로, 국소적, 부동적 사정을 근거로 비유사로
　　판단하는 데에 신중을 기하여야 한다는 입장이다.

거로 오히려 혼동의 우려가 부정될 가능성도 있게 되어 부당한 결과를 초래할 수 있으므로 유의하여야 할 것이다.[22]

등록주의 법제를 취하는 현행법 하에서는 상표가 등록 후 사용되지 않는 경우가 있을 수 있으므로 상표의 유사여부 판단은 원칙적으로 일반적 출처 여부를 기준으로 판단하여야 한다고 하는 것이 논리적이다. 다만, 실제로 일반적 출처혼동과 구체적 출처혼동은 해당 상표가 사용되어 구체적 거래실정에 따라 혼동 염려의 유무가 달라지는 예외적인 사안에서 구별할 실익이 있을 뿐이고, 상표법은 소비자들의 상품 출처 혼동을 방지하고자 함을 목적으로 하는 것이므로, 구체적 거래실정에 따라 혼동가능성이 달라지는 경우에는 이를 종합적으로 고려하여 상표의 유사판단에 이르는 것이 합목적적이라고 할 수 있다. 나아가 상품 출처 혼동의 의미 역시 상표법상 각 규정의 입법취지를 고려하여 달리 판단되어야 할 것이므로, 상표권의 침해 여부가 문제되는 본호에서의 판단은 상표 등록 단계에서의 상표 유사 여부 판단에 비해 보다 구체적인 거래실정을 고려한 판단이 필요한 경우가 있을 것이다. 즉, 등록주의 하에서 상표의 유사는 일반적 출처혼동을 의미하는 것이 원칙이나, 사용사실이 있을 경우에는 거래실정에 따라 혼동 염려의 유무가 달라지는 예외적인 경우에 이를 반영하여 구체적 출처혼동이 고려될 수 있고, 특히 상표등록무효심판 또는 상표권 침해 판단에 있어서는 구체적인 거래실정에 따른 개별적 사정이 유사 판단의 자료로 고려될 여지가 크다고 할 수 있다.

② 상표 유사여부의 판단기준

상표의 유사 여부 판단은 양 상표의 외관, 호칭, 관념 등을 전체적, 객관적, 이격적으로 관찰하여 거래상 일반 수요자나 거래자가 상표에 대하여 느끼는 직관적 인식을 기준으로 상품출처에 대한 오인, 혼동의 우려가 있는지 여부에 대하여 판단한다. 따라서 상표 유사 여부의 관찰 대상은 외관, 호칭, 관념이고, 관찰방법은 객관적, 전체적, 이격적 관찰이며, 판단기준은 거래상 일반 수요자나 거래자가 상표에 대하여 느끼는 직관적 인식이라고 할 수 있다.[23]

---

22) 대법원 1996. 7. 30. 선고 95후1821 판결(Rolens 사건); 대법원 2013. 6. 27. 선고 2011다97065 판결(Uracle 사건); 대법원 2006. 10. 26. 선고 2005후2250 판결(포카칩 사건)에서는 문제된 상표의 주지성을 근거로 오인, 혼동의 염려가 없다는 이유로 상표권 침해가 부정된 반면, 대법원 2013. 3. 14. 선고 2010도15512 판결(루이비똥 사건); 대법원 2014. 6. 26. 선고 2012다12849 판결(리엔 사건) 등에서는 선등록상표의 주지성을 고려하여 상표권 침해가 인정된 바 있어 혼동을 주고 있다.

23) 유영선(주 6), 324; 특허법원 지적재산소송실무연구회(주 4), 617-618; 대법원 2006. 8.

상표의 외관, 호칭, 관념이 유사하면 일응 양 상표가 유사하다고 볼 수 있으나 해당 상표의 주지저명성, 거래상 경험칙 또는 구체적 거래사정 등에 비추어 상품 출처의 혼동이 일어나지 않는 경우에는 그러하지 아니하다.

아울러 상표의 유사판단은 권리범위확인심판에서는 심결시, 침해소송단계에서는 사실심 변론종결시를 기준으로 판단하되, 불법행위를 원인으로 한 손해배상소송에서는 침해행위시를 기준으로 판단한다.

또한, 상표 유사 여부는 먼저 통상의 일반적 수요자나 거래자의 주의력을 기준으로 상품출처의 오인, 혼동 가능성을 객관적으로 판단하여야 하고, 별도의 시간과 장소에서 양 상표가 유사한지 여부를 이격적으로 판단하여야 한다. 또한 상표는 전체로서 하나의 식별표지이므로 상표를 전체로서 관찰함이 원칙이며, 그 보충으로서 요부관찰과 분리관찰이 병행된다. 따라서 상표의 유사판단은 양 상표의 외관, 호칭, 관념 중 어느 하나라도 유사하여 거래상 상품출처의 오인·혼동의 우려가 있는 경우에는 유사라고 판단하는 것이 원칙이고, 외관, 호칭, 관념 중 어느 하나가 유사하더라도 전체적으로 현저한 차이가 있어 거래상 상품의 출처 오인·혼동을 일으킬 염려가 없는 때에는 비유사상표로 보아야 하고,[24) 서로 다른 부분이 있어도 호칭이나 관념이 유사하여 수요자가 오인, 혼동하기 쉬운 경우에는 유사상표로 볼 수 있다.[25) 다만 상표의 일정한 부분이 특별히 수요자의 주의를 끌고 그 부분이 존재함으로써 상표의 자타상품 식별력을 갖는 경우에는 이러한 요부를 중심으로 양 상표를 대비관찰하여 유사여부를 판단함으로써 적절한 전체관찰을 보충할 수 있도록 하여야 한다. 이러한 경우 상품의 보통명칭, 관용표장, 기술적 표장 등 식별력이 없는 부분은 상표의 요부가 될 수 없으므로 이를 제외한 나머지 부분을 대비하여 상표 유사여부를 판단하여야 하며,[26) 사용에 의한 특별 현저성을 취득하여 등록된 경우에는 그 유사범위는 원칙적으로 그와 동일 유사한 외관, 호칭을 가진 상표에 국한되고 동일 유사한 관념의 상표에까지는 미치지 아니한다.[27) 또한 일반적으로 널리 사용되는 용어로 구성된 상표가 같은 상품류에 많이 등록된 경우에도 식별력이 없어 요부라

25. 선고 2005후2908 판결, 대법원 2004. 10. 15. 선고 2003후1871 판결 등 다수.
24) 조문별 상표법해설(주 1), 62; 대법원 199. 4. 23. 선고 98후874 판결; 대법원 2002. 5. 28. 선고 2001후2870 판결 등.
25) 윤선희(주 1), 359.
26) 대법원 1999. 11. 12. 선고 99후21677판결; 대법원 2000. 1. 28. 선고 97후3272 판결.
27) 상표법(주 8), 223.

고 볼 수 없다.28) 이와 같이 상표는 전체 관찰을 원칙으로 하나, 각 구성부분을
분리하여 관할하는 것이 거래상 자연스럽지 못하다고 여겨질 정도로 불가분적
으로 결합되어 있지 않는 한, 그 구성부분 중 식별력이 있는 일부만에 의하여
간략하게 호칭, 관념될 수도 있고 하나의 상표에서 두 개 이상의 호칭이나 관념
이 발생할 수도 있는 것인바, 그 중 하나의 호칭, 관념이 타 상표와 동일, 유사
하다고 인정될 때에는 두 상표는 유사하다고 판단하여야 한다.29) 또한 요부관찰
은 분리관찰을 전제로 하는 것은 아니며 분리관찰이 자연스럽지 못한 경우에도
가능하다.30)

　이상과 같이 상표의 유사여부는 상표 자체의 구성을 대상으로 객관적으로
판단하고 상표 사용자의 의사 등은 고려하지 않는 것이 원칙이다. 그러나, 이에
나아가 상표 유사 여부의 최종적 판단에 있어서는 큰 이익에 대해서는 큰 보호,
작은 이익에 대해서는 작은 보호의 원칙에 따라 상표의 주지저명성, 자타상품의
식별력, 거래통용성 등이 고려되어야 하고,31) 실제 사용 상태를 참작하여 그 상
표가 사용되는 상품의 종류, 성질이나 상품이 거래되는 거래자층, 업계의 관행
등 구체적인 거래실정을 종합적으로 고려하여 상품 출처의 혼동가능성을 기준
으로 구체적 타당성을 기하여 판단하여야 한다.

　한편, 타인의 등록상표와 유사한 표장을 이용한 경우라고 하더라도 그것이
상표의 본질적인 기능이라고 할 수 있는 출처 표시를 위한 것이 아니라 상품의
기능을 설명하거나 상품의 기능이 적용되는 기종을 밝히기 위한 것으로서 상표
의 사용으로 인식될 수 없는 경우에는 등록상표의 상표권을 침해한 것이라고
할 수 없고,32) 순전히 디자인으로만 사용되는 등 상표의 사용으로 인식될 수 없
는 경우에도 등록상표의 상표권을 침해한 행위로 볼 수 없다.33)

---

28) 대법원 1996. 3. 22. 선고 95후1494 판결; 대법원 1996. 7. 30. 선고 95후2084 판결; 대법
　원 1996. 10. 25. 선고 96후511 판결; 대법원 1998. 7. 14. 선고 97후2866 판결; 대법원
　2001. 6. 29. 선고 99후1843 판결; 대법원 1998. 10. 13. 선고 97후2804 판결 등.
29) 대법원 2001. 7. 27. 선고 99후796 판결; 대법원 2001. 11. 14. 선고 2001후1198 판결.
30) 대법원 2004. 4. 11. 선고 99후2013 판결.
31) 송영식 외 6(주 2), 298.
32) 대법원 2005. 6. 10. 2005도1637 판결; 2003. 6. 13. 2001다79068 판결.
33) 대법원 2004. 10. 28. 선고 2003후2027 판결; 대법원 2003. 2. 14. 선고 2002후1324 판결.
　다만 디자인과 상표는 배타적, 선택적인 관계에 있는 것이 아니므로 디자인이 될 수 있는
　형상이나 모양이라고 하더라도 그것이 상표의 본질적인 기능이라고 할 수 있는 자타상품
　의 출처표시를 위하여 사용되는 것으로 볼 수 있는 경우에는 위 사용은 상표로서의 사용
　이라고 보아야 한다(대법원 2013. 3. 28. 선고 2010다58261 판결, 2009. 5. 14. 선고 2009후
　665 판결, 2000. 12. 26. 선고 98도2743 판결).

그밖에, 상표법 제34조 제1항 제11호의 수요자들에게 현저하게 인식되어 있는 타인의 상품이나 영업과 혼동을 일으키게 하거나 그 식별력 또는 명상을 손상시킬 염려가 있는 상표, 즉 저명상표의 경우에 등록금지효를 발생시키는 혼동가능성 범위는, 동일 또는 유사한 상품뿐만 아니라 상표의 저명도와 다른 계통의 상품 또는 영업과 관련성이 있는 경우도 포함하므로 상표와 상품이 비유사한 경우에도 발생할 수 있다고 봄이 일반적인데,[34] 저명상표의 경우 본조 제1호에 따른 상표권의 금지적 효력의 범위가 위와 같이 이종상품에 대해서까지 확대되는지 문제가 있을 수 있다. 판례는 저명상표의 경우에도 단지 등록금지효에 있어서 통상의 상표보다 그 범위가 넓어질 뿐 사용금지효에 있어서는 통상의 상표와 동일하게 상표와 상품이 유사한 경우에 한한다는 입장이다.[35]

한편, 지리적 표시 단체표장권의 금지청구권은 제108조 제2항 제1호에 따라 제3자가 동일 또는 유사한 표장을 '동일하거나 동일하다고 인식되어 있는 상품'에 사용한 경우에만 행사할 수 있고, 이는 지리적 표시 증명표장에도 적용되므로 동일하게 해석된다(법 제2조 제4항).

(3) 상품의 동일·유사
(가) 상품의 동일

상표는 자타상품 식별표지이므로, 상표의 동일 유사는 상품의 동일 유사를 포함하는 개념이다. 상품의 동일이란 둘 이상의 상품이 완전히 동일한 것 외에도 사회통념상 일반수요자들이 평균적 인식을 기준으로 동일하다고 인정되는 경우를 포함하는 것으로, 두 개 이상의 상품을 비교하여 상품의 품질, 구성, 형상, 용도 등 여러 거래 사정을 종합적으로 고려하여 객관적으로 판단해야 한다. 또한 상품의 동일 여부도 각 규정에 따라 상표법의 목적과 각 규정의 입법취지를 고려하여 판단하여야 할 것이고, 상표법상 상품이 동일한 것을 말하므로 상품명만으로 양 상품이 동일하다고 판단할 수는 없으며, 상품학상 동일한 상품이라 하더라도 상표법상 동일한 상품이라고 단정할 수 없다.[36]

(나) 상품의 유사

상품의 유사란 대비되는 두 상품이 동일하지 않지만 거래사회에서 일반 수

---

34) 윤선희(주 1), 284-285.
35) 대법원 2001. 3. 23. 선고 98후1914 판결.
36) 예를 들어 방한용장갑, 의료용장갑, 가사용장갑은 상품학상 동일한 상품이나, 상표법상 상품류나 상품군이 다른 상품으로서 동일상품으로 볼 수 없다(최성우, OVA상표법, 한국특허아카데미(2002), 132).

요자에게 오인, 혼동을 야기시킬 수 있는 정도로 상품의 품질, 형상이 일치하거나 원료, 생산자가 일치하는 경우를 말한다.[37] 특허청은 심사실무상 지정상품의 유사 여부의 판단은 원칙적으로 상표법 시행규칙에 따라 특허청장이 정하는 상품 기준에 따르고, 상품의 속성인 품질, 형상, 용도 및 생산·판매부문, 수요자층 등의 거래실정 또는 서비스의 성질이나 내용, 제공수단, 제공장소, 서비스업의 제공자 및 수요자의 범위 등의 거래실정을 종합적으로 고려할 때 불합리하다고 판단되는 경우에는 위 기준과 달리 판단할 수 있다는 입장을 취하고 있다.[38]

그러나, 상표법 제38조 제3항은 위 상품류 구분은 상품의 유사범위를 정하는 것이 아니라고 명시하고 있으므로, 대법원은 상표법시행규칙상의 상품류구분표는 상표등록사무의 편의를 위하여 구분한 것으로서 동종의 상품을 법정한 것이 아니므로 상품류구분표상 같은 류에 속한다고 하여 동일·유사한 상품이라고 단정할 수는 없다고 일관적으로 판시하고 있으며, 지정상품의 동일·유사 여부는 상품의 속성인 원료, 품질, 형상, 용도, 생산자의 일치, 거래경로나 판매점의 일치, 수요층의 일치, 거래의 실정 등을 종합적으로 고려하여 거래의 통념에 따라 판단하여야 한다는 입장을 취하고 있다.[39]

3. 간접침해(제2호 내지 제4호)

가. 의의

본조 제2호 내지 제4호는 상표권 침해의 예비적, 기여적 행위를 상표권 침해로 간주하고 있는데 이를 강학상 간접침해 또는 의제침해라 한다. 이러한 행위들은 상표권의 사용 그 자체가 아니므로 상표권이 직접적으로 침해되고 있지 아니하나 방치하면 직접침해로 이어질 개연성이 큰 예비적 행위로서 이를 침해행위로 간주하여 상표권자와 일반 수요자를 보호함으로써 상표권의 실효성을 실질적으로 확보하기 위한 것이다.[40] 상표법상 간접 침해 규정은 다른 지식재산권법의 규정과는 달리 문제가 되는 위조 또는 모조의 예비 단계를 비교적 자세하게 침해로 간주하고 있다는 점에 의의가 있다.

---

37) 윤선희(주 1), 388.
38) 조문별 상표법해설(주 1), 63; 상표심사기준(주 4), 231.
39) 윤선희(주 1), 376; 특허법원 지적재산소송실무연구회(주 4), 656; 대법원 1994. 11. 25. 선고, 94후1435 판결; 1994. 2. 22. 선고 93후1506 판결; 1993. 5. 11. 선고 92후2106 판결; 1996. 4. 26. 선고, 95후859 판결; 1997. 1. 10. 선고, 96후924 판결 등.
40) 문삼섭(주 2), 636.

나. 상표법상 간접침해로 되는 행위

상표법상 간접침해로 보는 행위로는 등록상표권의 경우 ① 타인의 등록상
표와 동일 또는 유사한 상표를 그 지정상품과 동일 또는 유사한 상품에 사용할
목적이나 사용하게 할 목적으로 교부 또는 판매하거나 위조·모조 또는 소지하
는 행위(본조 제1항 제2호), ② 타인의 등록상표를 위조 또는 모조할 목적이나 위
조 또는 모조하게 할 목적으로 그 용구를 제작·교부·판매 또는 소지하는 행위
(본조 제1항 제3호), ③ 타인의 등록상표 또는 이와 유사한 상표가 표시된 지정상
품과 동일 또는 유사한 상품을 양도 또는 인도하기 위하여 소지하는 행위(본조
제1항 제4호)를 침해로 간주하고 있다.

본조 제1항 제2호에서 교부 또는 판매의 대상이 되는 것은 상표 그 자체
가 아니라 상표를 표시한 물건을 의미한다고 봄이 상당하므로, 상표권자의 승낙
없이 제3자에게 등록상표를 사용하게 한 행위는 상표법 제108조 제1항 제1호나
제2호 소정의 상표권 침해행위에 해당한다고 할 수 없다.[41] 또한 본조 제1항 제
2호 및 3호는 모두 주관적 요건인 목적을 요구하는 점에서 특허법상 간접침해
와 차이가 있다.[42] 한편, 본조 제1항 제4호는 1997년 8월 22일 상표법 개정에
의하여 추가 신설된 규정으로, 종래 판매목적의 소지 그 자체에 대해서는 상표
권 침해로 인정하지 않았으나 위 개정법 의해 상표권 침해 상품의 보관행위에
까지 상표권의 효력범위를 확장하였다.[43] 판매 목적으로 소지한 경우에는 그 내
용품이 진정한 상품인지 업으로써 한 것인지 여부를 묻지 아니하며,[44] 소지하였
다가 판매행위에까지 이른 경우에 소지행위는 판매행위에 흡수된다.[45]

또한 본조는 제2항에서 지리적 표시 단체표장권에 대하여 규정하여 ① 타
인의 지리적 표시 등록단체표장과 동일·유사한 상표를 그 지정상품과 동일하다
고 인정되는 상품에 사용하거나 사용하게 할 목적으로 교부·판매·위조·모조
또는 소지하는 행위(본조 제2항 제2호), ② 타인의 지리적 표시 등록단체표장을
위조 또는 모조하거나 위조 또는 모조하게 할 목적으로 그 용구를 제작·교부·
판매 또는 소지하는 행위(본조 제2항 제3호), ③ 타인의 지리적 표시 등록단체표

41) 대법원 1999. 8. 20. 선고 98후119 판결; 대법원 2004. 9. 24. 선고 2002다58594 판결; 대
　　법원 2006. 12. 8. 선고 2006다54064 판결.
42) 송영식외 6(주 2), 298.
43) 송영식외 6(주 2), 298.
44) 日本 最高裁判所 昭和 46. 7. 20. 판결.
45) 東京高判 昭和 42. 1. 3. 판결.

장과 동일·유사한 상표가 표시된 지정상품과 동일하다고 인정되는 상품을 양도 또는 인도하기 위하여 소지하는 행위(본조 제2항 제4호)를 침해로 간주하고 있으며, 이는 지리적 표시 증명표장권에도 그대로 적용된다.

다. 상표법상 간접침해 규정의 특징

상표법상 간접침해 규정은 양도 등의 전단계인 소지행위를 간접침해의 행위 태양으로 명시하고 있다는 점에서 기타 지식재산권법에 비해 간접침해의 행위유형을 다양하게 규정하고 있다.46) 우리나라의 특허법 제127조, 실용신안법 제29조, 디자인보호법 제113조는 직접침해의 예비적, 기여적 행위 중 전용물적 간접침해에 대하여만 침해로 간주하고 있고, 저작권법의 경우 제124조에서 간접침해의 일정 유형의 침해예비행위를 침해로 보는 규정이 있다. 그러나 이러한 각 지식재산권법상의 간접침해 규정은 그 적용범위가 협소하여 각 지식재산권의 침해행위에 효율적으로 대응하지 못한다는 비판을 받아 왔는데, 이에 비하면 상표법상 간접침해에 대하여는 여타 지식재산권의 경우와는 달리 보다 자세히 규정되어 있어 상표권의 침해에 보다 효율적으로 대처할 수 있다는 점에서 의의가 있다. 그러나, 다른 지식재산권법상의 간접침해와는 달리 상표권의 경우에는 침해성립의 판단에 있어서 지정상품을 고려하여 판단하게 되므로, 지정상품과의 관계에서 간접침해가 성립하기도 하고 그렇지 않을 수 있다는 점에서 특징이 있다.

라. 상표권 간접침해에 대한 구제방법

본조 제2호 내지 제4호에 정한 행위에 대하여 상표권자는, 민사상 구제조치, 즉 상표권 침해행위에 대한 금지청구권이나 손해배상청구권을 행사할 수 있다. 다만, 이러한 간접침해에 대하여 형사적 책임이 인정되는지에 관하여는 학설의 대립이 있는데, 실무상 상표권 침해죄를 인정하고 있다는 것이 다수설 및 판례이다.47) 그러나, 하급심 판례 중 상표권 간접침해에 대하여 상표권 침해죄를 적용한 사례가 다수 있고 이 중 대법원의 상고기각판결로 확정된 것이 종종

---

46) 참고로 일본 특허법은 상표법과 같이 소지행위를 양도 등의 목적이라는 전제하에 침해로 인정하기 위하여 2006년 특허법 개정에 의해 일본 특허법상 간접침해에 관한 규정인 101조 제3호 및 제6호를 신설하여 간접침해의 인정범위를 넓히고 있다.

47) 윤선희(주 1), 562; 대법원 1986. 7. 22. 선고 86도1218 판결; 대법원 1999. 4. 13. 선고 99도148판결; 대법원 2008. 3. 27. 선고 2008도966 판결; 대법원 2008. 11. 27. 선고 2008도 7940 판결 등.

있기는 하지만, 이러한 사례만을 근거로 대법원이 상표권 간접침해에 대하여 상
표권 침해죄를 인정하고 있다고 단정하기는 어렵다는 견해도 있고,[48] 상표법상
간접침해 규정만으로 상표권 침해죄를 인정하는 것은 유추해석으로 인한 형벌
권의 확대로서 죄형법정주의에 위반되고, 미수범 이전의 행위에 대하여 기수범
의 죄책을 인정하는 것은 형벌의 불균형성 문제가 제기될 우려가 있다는 이유
로 비판적인 입장을 취하는 견해도 존재한다.[49] 또한 대법원은 특허권 간접침해
의 규정은 민사책임을 부과시키는 정책적 규정일 뿐 형벌법규의 구성요건으로
규정한 취지는 아니라고 판시한 바 있고,[50] 상표법에도 간접침해에 대한 형사책
임을 인정하는 명문규정을 두고 있지 않으므로, 상표권 간접침해행위에 대하여
상표권 침해죄로 의율할 수는 없다고 생각된다. 반면 일본의 경우에는, 東京高
判 昭和 58. 11. 7.자 「盛光상표사건」에서 "현행 상표법 제78조에서 말하는 상
표권 침해로는 동법 제36조에서 말한 침해행위에 그치지 않고, 동법 제37조의
규정에 의해 침해로 간주되는 행위도 포함하는 것으로 해석하는 것이 상당하
다"고 판시한 사례가 있고, 일본 상표법 제78조의2는 "제37조 또는 제67조에 따
라 상표권 또는 전용사용권을 침해하는 행위로 간주되는 행위를 한 자는 5년
이하의 징역 또는 5백만 엔 이하의 벌금에 처하거나 이를 병과한다."라는 명문
규정을 가지고 있어 일반 상표권 침해죄의 경우 보다 낮은 법정형에 의한 형사
적 책임을 부과하고 있다.[51]

마. 상표권 간접침해와 속지주의

나아가, 세계화의 영향으로 상표권의 간접침해행위가 국내에서 발생되었으
나 직접침해는 국외에서 이루어진 경우에 이를 상표권 간접침해로 규율할 수
있는가가 문제될 수 있다. 일본의 경우는 서독에 있는 회사에 상표가 부착되지
않은 마킹 펜과 지정상품을 문방구류로 하는 원고의 등록상표와 동일한 상표를

48) 박태일, "상표권침해 및 상품주체오인행위 형사사건에 관한 연구", 법조 제59조 제2호,
    2010, 334-335.
49) 송영식 외 6(주 2), 388; 최재식, "특허 · 상표권 침해에 대한 형사적 구제방안의 비교법적
    검토", 변호사 47집, 서울지방변호사회(2015. 1.), 278-279; 홍민지, "죄형법정주의 관점에
    서 바라본 상표권 침해의 형사처벌 규정에 관한 정비방안 고찰: 상표위조행위를 중심으
    로", 형사정책연구 제27권 제3호(통권 제107호), 한국형사정책연구원(2016), 62.
50) 대법원 1993. 2. 23. 선고 92도3350 판결.
51) 第七十八条の二　第三十七条又は第六十七条の規定により商標権又は専用使用権を侵害
    する行為とみなされる行為を行つた者は、五年以下の懲役若しくは五百万円以下の罰金に
    処し、又はこれを併科する。

인쇄한 라벨 및 선물박스를 수출하여 원고의 등록상표권 간접침해 여부가 문제된 사안에서 속지주의를 근거로 침해를 부정한 판례가 있으나,[52] 국내에서는 아직 관련 사례가 발견되지 않고 있다. 다만 대법원은 국내에서 단말기 하단의 숫자 키패드가 결여된 상태로 휴대전화 단말기를 생산, 수출하고 해외에서 해당 키패드를 조립, 완성한 행위에 있어서 위 반제품의 수출행위가 국내 특허권에 대한 간접침해에 해당되는지가 문제된 사안에서 속지주의 원칙을 근거로 간접침해를 부정하였는데,[53] 이에 따르면 향후 상표권의 간접침해행위가 국내에서 발생되고 직접침해가 국외에서 이루어진 경우에도 상표권 간접침해가 인정되지 않는다고 판단할 것으로 생각된다.

〈문선영〉

---

52) 東京地判 昭和 53. 2. 17. 無体集 10卷 1号 18頁.
53) 대법원 2015. 7. 23. 선고 2014다42110 판결.

> **제109조(손해배상의 청구)**
>
> 상표권자 또는 전용사용권자는 자기의 상표권 또는 전용사용권을 고의 또는 과실로 침해한 자에 대하여 그 침해에 의하여 자기가 받은 손해의 배상을 청구할 수 있다.

〈소 목 차〉

Ⅰ. 의의
Ⅱ. 본조의 연혁
Ⅲ. 손해배상청구권 일반 이론
   1. 손해배상청구의 당사자

2. 손해배상청구권의 성립 요건
3. 손해배상의 범위와 방법
4. 상표권 침해에 대한 민법상 구제
   수단과 본조와의 관계

Ⅰ. 의의

상표권자 또는 전용사용권자(이하 상표권자 등)는 정당한 권원 없는 제3자의 해당 상표권에 대한 침해로 인하여 손해를 입은 경우 그 침해자에 대하여 자기가 받은 손해의 배상을 청구할 수 있다. 본조는 위와 같이 상표권 침해에 대한 민사상의 구제수단의 하나인 손해배상청구권이 상표권자등에게 인정된다는 점을 명시적으로 확인하고 있는 규정으로서, 상표권 침해에 대한 민법상 불법행위로 인한 손해배상청구권에 관한 특별규정이라고 할 수 있다. 그러나 본조가 없다 하더라도 민법 제750조에 의하여 상표권자 등에게 침해행위에 대한 손해배상청구권이 인정됨은 당연하다.[1]

상표권 침해로 인한 손해배상청구권은 권리침해의 금지청구권과는 달리, 침해자에게 침해행위에 대한 고의 또는 과실이 있어야 하고, 침해행위로 인하여 손해가 발생하여야 청구가 가능하다.[2] 상표권자 등은 상표권 침해로 인한 손해배상 청구권과 함께 민법상 부당이득반환의 법리에 의해서도 구제를 받을 수 있다.

---

1) 송영식 외 6, 지적소유권법(하), 육법사(2008), 301.
2) 윤선희, 상표법(제4판), 법문사(2016), 552; 조문별 상표법해설, 특허청(2004), 299.

Ⅱ. 본조의 연혁

본조는 2014. 6. 11. 법률 제12751호로 상표법이 개정될 당시 제66조의2의 독립한 조문으로 도입된 조항으로, 2016. 2. 29. 법률 제14033호로 상표법이 개정됨에 따른 조문체계의 정리에 따라 종전 제66조의2의 규정을 제109조로 이동하여 현재에 이르고 있다.

상표법상 상표권자 등이 상표권 침해에 대하여 손해배상을 청구할 수 있음을 선언하고 있는 규정을 연혁적으로 살펴보면, 1949. 11. 28. 법률 제71호로 제정·공표된 우리나라 최초의 상표법은 제30조 제1항에서 '권리침해를 받은 등록상표권리인은 침해인이 그 상표가 이미 등록된 사실을 알았을 경우에 한하여 침해행위에 의한 침해인의 이득과 권리인의 손실 또는 대리인의 보수에 대하여 그 배상을 청구할 수 있다.'고 규정하고 있어서, 현행 상표법과 달리 권리자가 침해행위에 대한 손해배상청구권을 행사하기 위해서는 침해자가 해당 상표의 등록사실을 알았을 것을 요건으로 하고 있었다.[3]

그 후 1973. 2. 8. 법률 제2506호로 상표법이 전면개정되면서, 동법 제37조 제1항은 '상표권자는 고의 또는 과실로 자기의 상표권을 침해한 자에 대하여는 손해배상을 청구할 수 있다.'고 규정함으로써 고의 외에 과실에 의한 상표권 침해행위에 대하여도 손해배상을 청구할 수 있음을 명문으로 선언하여 현행법과 유사한 형태의 규정이 상표법상 도입되었다.[4] 그러나, 이 규정은 민법 제750조에 의한 불법행위로 인한 손해배상청구권을 다시 한번 확인하는 것에 지나지 않는 것이었으므로 1990. 1. 13. 법률 제4210호로 상표법의 전면개정시 이를 삭

---

3) 다만, 동 조항 제3항은 '법원은 증명된 손해액을 근거로 적당한 배상액을 정할 수 있으나 그 전액은 손해액의 3배를 초과할 수 없다.'는 규정을 두어 손해배상액 결정에 대한 법원의 재량을 손해액의 3배 범위 내에서 인정할 수 있도록 함으로써 상표권 침해로 인한 손해배상액의 인정범위를 확대하고 있었다.

4) 구 상표법 제37조 (손해배상의 청구)
  ① 상표권자는 고의 또는 과실로 자기의 상표권을 침해한 자에 대하여는 손해배상을 청구할 수 있다.
  ② 상표권자는 전항의 규정에 의한 청구를 하는 경우에 그 자가 침해행위에 의하여 이익을 받았을 때에는 그 이익의 액은 상표권자가 받은 손해액으로 추정한다.
  ③ 상표권자는 그 등록상표의 사용에 의하여 통상 받을 수 있는 이익에 상당하는 금액을 전항의 손해액에 첨가하여 그 배상을 청구할 수 있다.
  ④ 법원은 증명된 손해액을 근거로 적당한 배상액을 정할 수 있으나 그 전액은 손해액의 3배를 초과할 수 없다.

제하였고,5) 이후 상표법이 여러 차례의 개정을 거치는 동안 부활되지 않았으나 2014. 6. 11. 법률 제12751호로 상표법이 개정되면서 손해배상액 산정에 관한 특칙규정인 상표법 제67조와 별개로 제66조의2의 독립한 조문으로 상표법에 다시 도입된 후 현행법에 이르고 있다.

Ⅲ. 손해배상청구권 일반 이론

1. 손해배상청구의 당사자

상표권 침해로 인한 손해배상을 청구할 수 있는 자는 상표권자나 전용사용권자이고, 그 상대방은 상표권 또는 전용사용권을 현실적으로 침해한 자이다. 상표권이 공유인 경우 다른 공유자의 동의 없이도 각 공유자는 자신의 지분에 관하여 손해배상청구를 할 수 있고, 손해배상은 침해행위로 인하여 손해가 발생하여야 청구가 가능하므로 침해의 위험이 있으나 아직 침해에 이르지 아니한 자는 청구의 상대방이 되지 못한다.6)

2. 손해배상청구권의 성립 요건

손해배상을 청구하기 위해서는 침해자에게 고의 또는 과실이 있어야 하고, 침해로 권리자에게 손해가 발생하여야 하며, 침해행위가 위법하여야 하고, 위법한 침해행위와 손해발생 사이에 상당한 인과관계가 있어야 한다.

상표법은 상표권이 무형의 재산권으로서 상표권자가 그 침해로 인한 손해를 입증하는 것이 쉽지 않은 점을 고려하여 손해액 추정(상표법 제110조)과 법정손해배상(상표법 제111조)을 규정하고 있고, 아울러 등록상표임을 표시한 상표권 등을 침해한 자에 대해서는 침해의 고의를 추정(상표법 제112조)하는 등 상표권자의 입증책임을 경감하기 위한 일련의 규정들을 가지고 있다.7)

3. 손해배상의 범위와 방법

침해행위로 인한 손해는 침해행위와 상당한 인과관계가 있는 모든 손해로,

---

5) 참고로, 손해배상액을 정함에 있어서 손해액의 3배를 초과할 수 없도록 한 구 특허법 제37조 제4항의 규정 역시 1990. 1. 13. 법률 제4210호로 상표법의 전면개정시 그 내용이 삭제, 개정되었다.
6) 박종태, 상표법(제10판), 한빛지적소유권센터(2016), 611; 상표법, 사법연수원(2015), 277.
7) 위 각 규정들에 대한 자세한 해설은 해당 규정의 각 주해서 내용을 참조.

손해에는 재산적 손해와 정신적 손해가 있고, 재산적 손해는 다시 소극적 손해와 적극적 손해로 나뉜다.[8] 따라서 그 침해행위가 없었더라면 얻을 수 있었으나 침해행위로 인하여 얻지 못하게 된 금액 상당의 손해(소극적 손해), 침해행위로 인하여 입게 된 기존 재산의 감소로서의 손해(적극적 손해), 침해행위로 인하여 입게 된 정신적 손해(위자료)를 청구할 수 있다. 판례는 손해3분설에 따라 위 세 가지 손해를 독립된 소송물로 보고 있으므로 소송당사자는 각각의 청구금액을 특정해서 청구하고 법원도 각 청구의 당부에 대하여 판단하여야 한다. 다만 판례에 의하면, 일반적으로 타인의 불법행위에 의하여 재산권이 침해된 경우 그 재산적 손해의 배상에 의하여 정신적 고통도 회복된다고 보아야 하므로, 재산적 손해의 배상만으로는 회복할 수 없는 정신적 손해가 발생하였다는 특별한 사정이 있고, 침해자가 그러한 사정을 알았거나 알 수 있는 경우에만 정신적 고통에 대하여만 그 손해에 대한 위자료를 청구할 수 있다고 판시하고 있다.[9]

　　이러한 손해배상 방법은 일반 불법행위와 같이 금전배상을 원칙으로 하고,[10] 손해배상청구권의 시효는 손해 및 가해자를 안 날로부터 3년 또는 침해행위가 있은 날로부터 10년이다. 또한 손해액 산정의 기준시기는 원칙적으로 침해행위시이다.

4. 상표권 침해에 대한 민법상 구제 수단과 본조와의 관계

(1) 민법 제750조의 불법행위로 인한 손해배상 청구권과 본조의 관계

　　상표권 침해행위는 민사상 불법행위를 구성함이 명백하므로, 민법 제750조의 요건을 만족하는 경우 불법행위가 성립됨은 물론이다. 따라서 과거 본조가 없었을 때에도 상표권자가 불법행위의 요건을 입증하여 민법 제750조에 의해 손해배상 청구가 가능하다고 해석하는 데 학설, 판례가 일치하였고, 손해배상액의 추정에 관한 현행 상표법 제110조(구 상표법 제67조)를 상표권자의 입증을 경감하기 위한 민법 제750조의 특칙으로 해석하였다.

　　상표법은 본조를 두어 상표권 침해로 인한 손해배상청구권의 근거규정을 별도로 마련하였으나, 본조와 민법 제750조는 요건상의 차이가 없고 동일한 내용을 반복하여 규정할 뿐이어서, 본조는 상표법상 상표권자등이 침해행위에 대

---

8) 윤선희(주 2), 552-553.
9) 대법원 2003. 7. 25. 선고 2003다22912 판결, 2004. 3. 18. 선고 2001다82507 판결 등 참조.
10) 민법 제763조는 손해배상방법에 관한 동법 제393조를 적용하고 있으므로 손해는 금전배상을 원칙으로 한다.

해 손해배상청구권을 갖는다는 것을 다시 한번 확인하는 것 이상의 의미를 갖지 못한다.[11] 사견으로 본조는 민법 제750조와 요건상의 차이가 전혀 없는 것이어서 입법체계상 상표법에 이를 별도로 규정할 필요가 있었을지 의문이다.

오히려, 본조로 인해 당사자가 본조에 근거하여 상표법상의 손해배상청구를 하는 경우에는 상표법상 손해액 추정(상표법 제110조)에 따른 소극적 손해를 청구하는 것 외에 적극적 손해나 위자료 등은 청구할 수는 없고, 이를 구하기 위해서는 보충적으로 민법 제750조에 근거한 손해배상을 청구한다는 별도의 주장이 있어야 하는 것은 아닌지 의문이 제기되어 당사자들 사이에 혼란을 일으킬 염려도 있다.

그러나, 상표법상 침해행위에 대한 손해배상청구권에 대하여 상표법상 각 규정에서 정하는 경우 외에는 민법에 따른다는 명문규정이 없다고 하더라도, 상표법상의 특칙이 적용되지 않는 경우에는 일반 민법상 불법행위 규정이 적용된다고 보는 것이 상표법의 다른 규정이나 본질에 반하지 않는다 할 것이다. 그러므로, 적극적 손해나 위자료의 청구가 가능한 경우에 당사자는 본조를 근거로 각각의 청구를 하는 것으로 족하고, 보충적으로 민법 제750조에 따른 손해배상청구권을 별도로 주장하여야 한다고까지 해석할 필요는 없다고 생각된다. 본조와 민법 제750조는 동일 내용의 반복에 불과한 것이어서 본조를 주장하면 그것으로 족하고, 당사자의 본조에 근거한 청구에 대하여는 민법 제750조의 청구가 간접적으로 주장된 것으로 보거나 민법 제750조에 따른 청구라는 주장이 내포 또는 포함된 것으로 해석할 수도 있으므로, 당사자가 적극적 손해나 위자료의 청구시 별도로 민법 제750조에 근거한 주장임을 명시해야 한다고 볼 필요는 없다고 생각된다.

(2) 민법 제741조의 부당이득반환청구권

상표권 침해자는 법률상 원인 없이 타인의 상표를 사용하여 이익을 얻고

---

11) 참고로, 1990. 1. 13. 개정 전 구 특허법 제156조는 특허권자 또는 전용실시권자는 고의 또는 과실에 의하여 자기의 특허권을 침해한 자에 대하여 손해배상을 청구할 수 있음을 규정하고 있었으나, 위 규정은 손해배상 청구권을 창설하는 것은 아니었고, 민법 제750조를 다시 한 번 확인하는 것으로 보는 것이 일반적이다. 이에 대하여 구 특허법 제156조는 동 조항에 의하여 특허침해가 불법행위가 된다든가 손해배상청구권을 발생시킨다는 데에 의의를 가지는 조문이 아니었고, 당연한 것을 반복한 것에 불과하였고, 오히려 같은 조 제2항이 선의 무과실로 특허권을 침해한 자에 대해서 이득반환 또는 손해배상을 청구할 수 없고 침해행위의 금지만을 청구할 수 있도록 규정한 것이 존재의의가 있다고 설명하기도 한다[박성수, 특허침해로 인한 손해배상청구액의 산정에 관한 연구, 서울대학교 법학박사 학위논문(2006. 8.), 1].

상표권자에게 손해를 가한 것이므로 그 이익을 부당이득으로서 상표권자에게 반환하여야 한다(민법 제741조). 불법행위로 인한 손해배상청구권과 부당이득반환청구권의 관계는 청구권의 경합을 인정하는 것이 통설이므로,[12] 상표권 침해의 경우에도 불법행위로 인한 손해배상책임과 부당이득 반환의무는 모두 성립된다.

상표권침해행위로 인한 손해배상청구권과 부당이득반환청구권의 차이점으로는, 첫째 성립요건과 관련하여 양자는 주관적 요건에서 차이가 있다. 즉, 침해행위로 인한 손해배상청구권은 침해자의 고의, 과실을 요건으로 하지만 부당이득반환청구권은 그러한 주관적 요건을 필요로 하지 않는다. 둘째 반환범위에 있어서의 차이가 있다. 부당이득반환청구권의 반환범위는 침해자가 선의일 경우에는 현존이익의 한도 내이고, 악의일 경우에는 받은 이익에 법정이자를 부가하고 다시 권리자에게 손해가 있으면 그 손해를 배상하도록 하고 있다. 셋째 불법행위로 인한 손해배상의 경우에는 침해행위와 인과관계 있는 손해에 대해서만 입증하면 되나, 부당이득의 경우에는 침해자가 이익을 얻은 사실도 입증하여야 한다. 넷째, 과실상계의 인정여부과 관련하여, 민법 제763조는 동법 제396조를 준용하고 있으므로, 불법행위로 인한 손해배상청구에 관하여 피해자에게 과실이 있는 때에는 법원은 손해배상의 책임 및 그 금액을 정함에 이를 참작하여야 하나, 부당이득청구권에서는 과실상계 규정은 적용되지 않는다. 다섯째 상표권 침해행위로 인한 손해배상청구권이 단기소멸시효로 소멸한 경우에도 부당이득 반환청구는 10년의 시효에 걸리지 않는 한 청구가 가능하다.[13]

상표권 침해를 이유로 한 부당이득반환청구소송에서 상표법상 손해액 추정규정을 적용할 수 있는지에 대해서는, 상표법 제110조가 침해행위에 대한 손해배상을 청구하는 경우에 적용되는 것임을 명시하고 있고, 침해로 인한 손해배상청구권과 부당이득반환청구권은 위와 같이 구별되는 것이므로 이를 직접 적용

---

12) 청구권경합설은 불법행위로 인한 손해배상청구와 부당이득반환청구는 서로 다른 소송물이므로 서로 독립된 청구권이 발생하며, 병합형태는 선택적 병합관계로 본다. 반면 법조경합관계는 당사자 사이에 특별한 관계에 놓이면 어느 청구권이 다른 청구권 근거규정을 완전히 배제하는 관계로, 예를 들어 자동차손해배상보장법 제3조는 불법행위에 관한 민법규정의 특별규정이라고 할 것이므로 불법행위에 관한 민법 제760조, 제756조와 법조경합관계에 있다고 할 수 있다. 법조경합은 특별규범의 적용범위가 일반규범의 적용범위에 완전히 다 들어가 버리는 관계일 때 성립하는 것인데 부당이득반환청구와 불법행위로 인한 손해배상청구는 양자가 요건과 효과를 달리하는 것이므로 청구권경합설이 타당하다.

13) 대법원 1998. 7. 10. 선고 97다41370 판결(동 판결의 환송후 판결은 서울고등법원 2000. 10. 18. 선고 98나40635 판결임).

할 수는 없다고 생각된다. 다만, 판례는 타인의 주지한 상표를 사용함으로써 부정경쟁행위 또는 등록상표권 침해에 해당한다는 이유로 부정경쟁방지 및 영업비밀보호에 관한 법률에 따른 손해배상책임과 부당이득반환청구를 선택적으로 구하고 있는 사안에서, 타인의 상표를 적법하게 사용함에 필요한 적정사용료를 지불하지 않은 채 이를 사용함으로서 그 지불을 면하는 이득을 얻고 권리자가 본래 받아야 할 사용료를 지급받지 못함으로써 동액상당의 손실을 입었다는 이유로 침해자가 그 사용료 상당액을 부당이득으로 권리자에게 반환할 의무가 있다고 판시하거나,[14] 상표권 침해행위자가 등록상표와 유사한 상표의 사용으로 법률상 원인없이 얻은 이득액과 손해액을 (구)상표법 제67조의 조항들을 참고하여 1억으로 봄이 상당하다고 판결한 사례가 있으나[15] 이 역시 부당이득액을 산정할 때 상표법상의 손해액 추정 규정을 그대로 직접 원용한 것은 아니고, 상표법상 통상 사용료 상당액의 손해액추정 규정을 참고한 정도로 보인다.

〈문선영〉

---

14) 서울고등법원 2000. 10. 18. 선고 98나40635 판결.
15) 서울동부지방법원 2006. 4. 28. 선고 2005가합4992 판결; 정상조·박성수 공편, 특허법주해Ⅱ, 박영사(2010), 278(박성수 집필부분).

제110조(손해액의 추정 등)

① 제109조에 따른 손해배상을 청구하는 경우 침해한 자가 그 침해행위를 하게 한 상품을 양도한 경우에는 그 상품의 양도수량에 상표권자 또는 전용사용권자가 그 침해행위가 없었다면 판매할 수 있었던 상품의 단위수량당 이익액을 곱한 금액을 상표권자 또는 전용사용권자의 손해액으로 할 수 있다.

② 제1항에 따른 손해액은 상표권자 또는 전용사용권자가 생산할 수 있었던 상품의 수량에서 실제 판매한 상품의 수량을 뺀 수량에 단위수량당 이익액을 곱한 금액을 한도로 한다. 다만, 상표권자 또는 전용사용권자가 해당 침해행위 외의 사유로 판매할 수 없었던 사정이 있는 경우에는 해당 침해행위 외의 사유로 판매할 수 없었던 수량에 따른 금액을 빼야 한다.

③ 제109조에 따른 손해배상을 청구하는 경우 권리를 침해한 자가 그 침해행위에 의하여 이익을 받은 경우에는 그 이익액을 상표권자 또는 전용사용권자가 받은 손해액으로 추정한다.

④ 제109조에 따른 손해배상을 청구하는 경우 그 등록상표의 사용에 대하여 통상 받을 수 있는 금액에 상당하는 금액을 상표권자 또는 전용사용권자가 받은 손해액으로 하여 그 손해배상을 청구할 수 있다.

⑤ 제4항에도 불구하고 손해액이 같은 항에 규정된 금액을 초과하는 경우에는 그 초과액에 대해서도 손해배상을 청구할 수 있다. 이 경우 상표권 또는 전용사용권을 침해한 자에게 고의 또는 중대한 과실이 없을 때에는 법원은 손해배상액을 산정할 때 그 사실을 고려할 수 있다.

⑥ 법원은 상표권 또는 전용사용권의 침해행위에 관한 소송에서 손해가 발생한 것은 인정되나 그 손해액을 증명하기 위하여 필요한 사실을 밝히는 것이 사실의 성질상 극히 곤란한 경우에는 제1항부터 제5항까지의 규정에도 불구하고 변론전체의 취지와 증거조사의 결과에 기초하여 상당한 손해액을 인정할 수 있다.

〈소 목 차〉

Ⅰ. 서론
Ⅱ. 손해액 추정규정의 연혁
  1. 제110조의 연혁
  2. 다른 지적재산권법과의 관계
  3. 입법경위
Ⅲ. 제110조 각항에 공통된 문제
  1. 상표권침해로 인한 손해배상청구
    의 유형

  2. 당사자의 주장과 규정의 적용
Ⅳ. 제110조 제1항, 제2항
  1. 법적 성격
  2. 추정의 범위
  3. 상표권자 또는 전용사용권자의 상
    표 사용 요부
  4. 적극적 요건
  5. 손해배상액의 상한(권리자의 생산

    능력)   4. 사용료 상당액 산정에 관한 판결
    6. 소극적 요건   Ⅶ. 제110조 제5항
    7. 적용의 효과   1. 주의적 규정
  Ⅴ. 제110조 제3항   2. 침해자의 과실 내용 참작
    1. 추정의 성질과 그 복멸사유   3. 제5항의 적용범위
    2. 이익의 범위   4. 감액의 한도
  Ⅵ. 제110조 제4항   Ⅷ. 제110조 제6항
    1. 법적 성격   1. 취지
    2. 구체적인 적용   2. 적용요건
    3. 사용료 상당액의 산정   3. 적용 효과

Ⅰ. 서론

상표권의 침해가 인정되더라도 실제 상표권자가 그로 인하여 입은 손해를 입증하는 것은 쉽지 않은 일이다. 이에 관하여 상표법 제110조에서는 '손해액의 추정 등'이라는 규정을 두고 있는데, 이는 민법 제750조에서 규정하고 있는 불법행위로 인한 손해배상청구권 규정에 대한 상표법상의 특칙이라고 할 것이다.

Ⅱ. 손해액 추정규정의 연혁

1. 제110조의 연혁

가. 1949. 11. 28. 제정 상표법(법률 제71호)

제30조 제3항에서 손해배상액의 산정 및 상한에 관한 규정을 마련하였다.

제30조
  ③ 법원은 증명된 손해액을 근거로 적당한 배상액을 정할 수 있으나 그 전액은 손해액의 3배를 초과할 수 없다.

나. 1973. 2. 8. 전문개정 법률 제2506호

기존 제30조 제3항을 제37조 제4항으로 변경하였고, 제37조 제2항, 제3항에서 현행법 제110조 제3항, 제4항과 유사한 규정을 신설하였다.

제37조(손해배상의 청구)

① (생략)

② 상표권자는 전항의 규정에 의한 청구를 하는 경우에 그 자가 침해행위에 의하여 이익을 받았을 때에는 그 이익의 액은 상표권자가 받은 손해액으로 추정한다.

③ 상표권자는 그 등록상표의 사용에 의하여 통상 받을 수 있는 이익에 상당하는 금액을 전항의 손해액에 첨가하여 그 배상을 청구할 수 있다.

④ 법원은 증명된 손해액을 근거로 적당한 배상액을 정할 수 있으나 그 전액은 손해액의 3배를 초과할 수 없다.

다. 1990. 1. 13. 전문개정 법률 제4210호

상표권자 외에 전용사용권자에게도 권리 침해로 인한 손해배상청구권을 인정하는 내용을 기존 제37조 제2항, 제3항과 유사한 제67조 제1항, 제2항의 손해배상액의 추정규정에 포함시키고 제67조 제3항을 신설함으로써, 현행법 제110조 제3항 내지 제5항과 같은 내용을 규정하였다.

제67조(손해액의 추정등)

① 상표권자 또는 전용사용권자가 고의 또는 과실에 의하여 자기의 상표권 또는 전용사용권을 침해한 자에 대하여 그 침해에 의하여 자기가 받은 손해의 배상을 청구하는 경우 권리를 침해한 자가 그 침해행위에 의하여 이익을 받은 때에는 그 이익의 액을 상표권자 또는 전용사용권자가 받은 손해의 액으로 추정한다.

② 상표권자 또는 전용사용권자가 고의 또는 과실에 의하여 자기의 상표권 또는 전용사용권을 침해한 자에 대하여 그 침해에 의하여 자기가 받은 손해의 배상을 청구하는 경우 그 등록상표의 사용에 대하여 통상 받을 수 있는 금액에 상당하는 액을 상표권자 또는 전용사용권자가 받은 손해의 액으로 하여 그 손해배상을 청구할 수 있다.

③ 제2항의 규정에 불구하고 손해의 액이 동항에 규정하는 금액을 초과하는 경우에는 그 초과액에 대하여도 손해배상을 청구할 수 있다. 이 경우 상표권 또는 전용사용권을 침해한 자에게 고의 또는 중대한 과실이 없는 때에는 법원은 손해배상의 액을 정함에 있어서 이를 참작할 수 있다.

라. 2001. 2. 3. 일부개정 법률 제6414호

현행법 제110조 제1항, 제2항 및 제6항과 같은 내용의 제67조 제1항 및 제

5항을 신설하면서 기존의 제1항 내지 제3항을 제2항 내지 제4항으로 옮김으로써 현행법과 같은 체계를 갖추게 되었다.

제67조 (손해액의 추정등)

① 상표권자 또는 전용사용권자는 자기의 상표권 또는 전용 사용권을 고의 또는 과실로 침해한 자에 대하여 그 침해에 의하여 자기가 받은 손해의 배상을 청구하는 경우 침해한 자가 그 침해행위를 하게 한 상품을 양도한 때에는 그 상품의 양도수량에 상표권자 또는 전용사용권자가 그 침해행위가 없었다면 판매할 수 있었던 상품의 단위수량당 이익액을 곱한 금액을 상표권자 또는 전용사용권자의 손해액으로 할 수 있다. 이 경우 손해액은 상표권자 또는 전용사용권자가 생산할 수 있었던 상품의 수량에서 실제 판매한 상품의 수량을 뺀 수량에 단위수량당 이익액을 곱한 금액을 한도로 한다. 다만, 상표권자 또는 전용사용권자가 당해 침해행위외의 사유로 판매할 수 없었던 사정이 있는 때에는 당해 침해행위외의 사유로 판매할 수 없었던 수량에 따른 금액을 빼야 한다. <신설 2001. 2. 3.>

② 상표권자 또는 전용사용권자가 고의 또는 과실에 의하여 자기의 상표권 또는 전용사용권을 침해한 자에 대하여 그 침해에 의하여 자기가 받은 손해의 배상을 청구하는 경우 권리를 침해한 자가 그 침해행위에 의하여 이익을 받은 때에는 그 이익의 액을 상표권자 또는 전용사용권자가 받은 손해의 액으로 추정한다.

③ 상표권자 또는 전용사용권자가 고의 또는 과실에 의하여 자기의 상표권 또는 전용사용권을 침해한 자에 대하여 그 침해에 의하여 자기가 받은 손해의 배상을 청구하는 경우 그 등록상표의 사용에 대하여 통상 받을 수 있는 금액에 상당하는 액을 상표권자 또는 전용사용권자가 받은 손해의 액으로 하여 그 손해배상을 청구할 수 있다.

④ 제3항의 규정에 불구하고 손해의 액이 동항에 규정하는 금액을 초과하는 경우에는 그 초과액에 대하여도 손해배상을 청구할 수 있다. 이 경우 상표권 또는 전용사용권을 침해한 자에게 고의 또는 중대한 과실이 없는 때에는 법원은 손해배상의 액을 정함에 있어서 이를 참작할 수 있다. <개정 2001. 2. 3.>

⑤ 법원은 상표권 또는 전용사용권의 침해행위에 관한 소송에 있어서 손해가 발생된 것은 인정되나 그 손해액을 입증하기 위하여 필요한 사실을 입증하는 것이 해당 사실의 성질상 극히 곤란한 경우에는 제1항 내지 제4항의 규정에 불구하고 변론전체의 취지와 증거조사의 결과에 기초하여 상당한 손해액을 인정할 수 있다. <신설 2001. 2. 3.>

2. 다른 지적재산권법과의 관계

특허법과 디자인보호법의 경우 1990. 1. 13. 개정으로 현행 상표법 제110조 제3항 내지 제5항과 동일한 내용을, 2001. 2. 3. 개정으로 현행 상표법 제110조 제1항, 제2항, 제6항과 동일한 내용을, 특허법 제128조와 의장법(현 '디자인보호법') 제64조에 신설하였고, 부정경쟁방지 및 영업비밀보호에 관한 법률(이하 '부정경쟁방지법'이라 한다)의 경우 1998. 12. 31. 법률 제5621호로 개정되기 전에는 제15조[1])에서 특허법, 실용신안법, 의장법, 상표법 등을 포괄적으로 원용하는 규정만을 두고 있었는데, 1998. 12. 31. 법률 제5621호로 제14조의2를 신설하여 현행 상표법 제110조 제3항 내지 제5항과 동일한 내용을, 2001. 2. 3. 법률 제6421호로 현행 상표법 제110조 제1항, 제2항, 제6항과 동일한 내용을 각 규정하였으며, 실용신안법 제30조에서는 특허법 제128조를 준용하고 있고, 저작권법 제93조 제1항 내지 제3항은 상표법 제3항, 제4항, 제5항 제1문과 동일한 체계로 구성되어 있다. 따라서 이하에서 살펴볼 내용은 — 그 결론은 각 보호법익, 재산적 가치 등의 특징에 따라 다소 다를 수 있으나 — 기본적으로 위 각 법률에서도 동일하게 논의될 수 있는 사항들이다.

3. 입법경위

현행법 제110조와 동일한 내용의 규정을 신설한 1990. 1. 13. 법률 4210호와 2001. 2. 3. 법률 6414호의 제안이유나 검토의견에서는 상표권자 외에 전용사용권자에게도 권리 침해로 인한 손해배상청구권을 인정하였다는 내용[2]) 외에는 위 규정의 입법취지에 관한 별다른 설명이 없어 위 규정이 도입되게 된 배경을 파악하기 어렵고, 이는 각 같은 날 동일한 내용으로 개정된 특허법이나 디자인보호법의 경우도 2001. 2. 3. 법률 제6411호로 특허법 개정 당시 특허권 등의 침해로 인한 손해액을 쉽게 산정할 수 있는 규정을 마련함으로써 특허권자등에 대한 보호를 강화하였다는 간단한 설명[3]) 외에 별다른 언급이 없는 점에서

---

1) 제15조 (다른 법률과의 관계)
    특허법, 실용신안법, 의장법, 상표법, 독점규제및공정거래에관한법률 또는 형법중 국기·국장에 관한 규정에 제2조 내지 제6조, 제10조 내지 제14조 및 제18조제1항의 규정과 다른 규정이 있는 경우에는 그 법에 의한다.
2) 제147회 국회(정기회) 상공위원회 상표법개정법률안 심사보고서, 3.
3) 제216회 국회(임시회) 산업자원위원회 특허법중개정법률안 심사보고서, 2.

마찬가지라 할 것이다.

한편 특허법 제128조 제1항의 도입배경에 관하여는, 대법원 1997. 9. 12. 선고 96다43119 판결에서 제시된 기준을 반영한 것이라는 견해[4], 위 판결 및 일본 특허법의 태도에 따라 신설된 것이라는 견해[5], 미국 Panduit 사건[6]의 이론에 따라 도입된 일본 특허법의 규정에 뿌리를 둔 것이라는 견해[7], 일본 특허법의 규정을 받아들인 것이라는 견해[8] 등이 있다.

위 논의는 상표법 제110조 제1항, 제2항에 관하여도 마찬가지로 적용될 수 있다고 할 것인데, 이 규정은 기본적으로 상표법 제110조 제3항에서 침해자의 이익액을 상표권자 또는 전용사용권자의 손해액으로 추정하고 있던 것에서 한 걸음 더 나아가 상표권자 또는 전용사용권자가 입증하기 더욱 용이한 상표권자 또는 전용사용권자의 이익률에 침해자의 판매수량을 곱한 금액으로써 상표권자 또는 전용사용권자의 손해액을 추정할 수 있도록 함으로써 상표권자 또는 전용사용권자의 편의를 증진시키고자 하는 규정으로서 위 96다43119 판결의 결론의 도출과정과 궤를 같이 한다고 할 것이나, 기본적으로 일본 특허법 개정의 영향을 받은 것임을 부인할 수는 없을 것이다.[9]

Ⅲ. 제110조 각항에 공통된 문제

1. 상표권침해로 인한 손해배상청구의 유형

상표법 제110조는 손해3분설 중 소극적 재산손해에 관한 규정으로서,[10] 상

---

4) 정상조, 지적재산권법, 홍문사(2004), 203; 송영식, 지적소유권법(하)(제2판), 육법사(2013), 290(김병일 집필부분)에서는 상표법 제67조 제1항에 관하여 이와 같은 취지로 설명하고 있다.

5) 김철환, "특허권침해로 인한 손해배상액의 산정방법", 창작과 권리 제40호, 세창출판사(2005), 10.

6) Panduit Corp. v. Stahlin Bros. Fibre Works, Inc., 575 F.2d 1152, 197 U.S.P.Q. 726(6th Cir. 1978).

7) 윤선희, "특허권침해에 있어 손해배상액의 산정―특허법 제128조 제1항의 이해―", 저스티스 제80호, 한국법학원(2004), 134.

8) 양창수, "특허권 침해로 인한 손해배상 시론―특허법 제128조 제1항의 입법취지와 해석론―", 법조 제588호, 법조협회(2005), 30.

9) 일본 특허법의 개정 과정에 관한 자세한 내용은 박성수, 특허침해로 인한 손해배상액의 산정, 경인문화사(2007), 29-34, 43-52 참조.

10) 이균용, "상표권침해로 인한 금지청구 및 손해배상청구소송에 관한 소고", 법조 제420호, 법조협회(1991), 67; 김병일, "상표권침해로 인한 손해배상", 창작과 권리 제15호, 세창출판사(1999), 98.

표권자 또는 전용사용권자로서는 ① 민법 제750조에 의한 손해배상청구 외에,
입증의 부담을 덜기 위하여 ② 상표법 제110조 제3항에 의하여 침해자의 침해
행위로 인한 이익액을, ③ 대법원 1997. 9. 12. 선고 96다43119 판결[11] 및 그 이
후에 신설된 상표법 제110조 제1항에 의하여 침해자의 상품 양도수량에 상표권
자 또는 전용사용권자의 단위수량당 이익액을 곱한 금액을 각 청구할 수도 있
고, 이러한 입증조차도 곤란할 경우 ④ 상표법 제110조 제4항에 의하여 통상사
용료 상당액을 청구하거나 ⑤ 법원에서 인정하는 상당한 손해액을 청구할 수도
있는데,[12] 이 경우 각 항마다 소송물이 달라지는지 여부가 문제될 수 있다.

　살피건대 소극적 손해를 청구하는 한 소송물이 달라지는 것은 아니므로, 만
약 상표법 제110조 제3항에 기한 청구 또는 민법 제750조에 기한 청구를 하였
다가 청구기각 판결을 받아 확정되었다면 다시 상표법 제110조 제4항에 기한
청구를 하는 것은 기판력에 저촉된다.[13]

2. 당사자의 주장과 규정의 적용

　법원은 제110조의 각 항을 적용할 때 당사자가 주장하는 항에 구속되는지,
아니면 당사자가 명시적으로 주장하지 않은 항도 적용할 수 있는지 여부가 문
제된다.

　학설로는, 대법원은 손해배상책임이 인정되는 한 손해액에 관하여는 법원
이 적극적으로 석명권을 행사하고 입증을 촉구하여야 하며 경우에 따라서는 직
권으로 손해액을 심리판단할 필요가 있다는 입장을 취하고 있으므로 법원은 당

---

11) 상표권자가 상표법 제67조 제1항(현행법 제110조 제3항)에 의하여 상표권을 침해한 자
　에 대하여 손해배상을 청구하는 경우에, 침해자가 받은 이익의 액은 침해 제품의 총 판매
　액에 그 순이익률을 곱하거나 또는 그 제조판매수량에 그 제품 1개당 순이익액을 곱하는
　등의 방법으로 산출함이 원칙이지만, 통상 상표권의 침해에 있어서 침해자는 상표권자와
　동종의 영업을 영위하면서 한편으로 그 상표에 화체된 상표권자의 신용에 무상으로 편승
　하는 입장이어서, 위와 같은 신용을 획득하기 위하여 상표권자가 투여한 자본과 노력 등을
　고려할 때, 특별한 사정이 없는 한 침해자의 위 순이익률은 상표권자의 해당 상표품 판매
　에 있어서의 순이익률보다는 작지 않다고 추인할 수 있으므로, 침해자의 판매액에 상표권
　자의 위 순이익률을 곱하는 방법으로도 침해자가 받은 이익의 액을 산출할 수 있고, 위와
　같이 산출된 이익의 액은 침해자의 순이익액으로서, 그 중 상품의 품질, 기술, 의장, 상표
　이외의 신용, 판매정책, 선전 등으로 인하여 상표의 사용과 무관하게 얻은 이익이 있다는
　특별한 사정이 없는 이상 그것이 상표권자가 상표권 침해로 인하여 입은 손해액으로 추정
　된다고 보아야 한다.
12) 이는 통상적으로 예비적 주장에 의하여 청구하는 경우가 대부분일 것이다.
13) 전효숙, "상표권 침해로 인한 손해배상청구의 요건사실", 민사재판의 제문제 9권, 한국사
　법행정학회(1997) 452; 이균용(주 10), 76; 김병일(주 10), 96.

사자의 주장이 없더라도 직권으로 다른 유형의 계산방법에 따라 손해액을 산정할 수 있다거나,[14] 변론의 전 취지에 의하여 명시적으로 주장하지 않은 항에 대한 주장이 있다고 선의로 해석하여 적용을 인정할 수 있을 것[15]이라는 취지로 당사자가 주장하는 항에 구속되지 않는다는 견해[16]와 민사소송법상의 변론주의와 관련하여, 원고가 주장책임을 지는 이상 그러한 문언이 어떠한 형태로든 전혀 주장되어 있다고 해석되지 않는 경우에는 당사자가 주장하지 않은 항을 적용할 수 없으나 가능한 석명권을 적절하게 행사하여 주장을 정리할 수 있도록 하여야 한다는 견해[17]가 있다.

　　대법원은 구 부정경쟁방지 및 영업비밀보호에 관한 법률(2007. 12. 21. 법률 제8767호로 개정되기 전의 것, 이하 '부경법'이라 한다) 제14조의2 제1항의 적용을 주장하는 원고에 대하여 제2항, 제3항을 적용하여 산정한 손해액이 더 적음을 이유로 피고가 제2항, 제3항의 적용을 주장할 수 있는가의 문제에 대하여, 부경법 제14조의2 제1항은 영업상의 이익을 침해당한 자(이하 '피침해자'라 한다)가 부정경쟁행위 또는 영업비밀 침해행위가 없었다면 판매할 수 있었던 물건의 수량을 영업상의 이익을 침해한 자(이하 '침해자'라 한다)가 부정경쟁행위 또는 영업비밀 침해행위로 양도한 물건의 양도수량에 의해 추정하는 규정으로, 피침해자에 대하여는 자신이 생산할 수 있었던 물건의 수량에서 침해행위가 있었음에도 실제 판매한 물건의 수량을 뺀 수량에 단위수량당 이익액을 곱한 금액을 한도로 하여 부정경쟁행위 또는 영업비밀 침해행위가 없었다면 판매할 수 있었던 물건의 수량 대신에 침해자가 양도한 물건의 양도수량을 입증하여 손해액을 청구할 수 있도록 하는 한편 침해자에 대하여는 피침해자가 부정경쟁행위 또는 영업비밀 침해행위 외의 사유로 판매할 수 없었던 사정이 있는 경우 당해 부정경쟁행위 또는 영업비밀 침해행위 외의 사유로 판매할 수 없었던 수량에 따른 금액을 빼야 한다는 항변을 제출할 수 있도록 한 것이므로, 피침해자가 같은 항에 의하여 손해액을 청구하여 그에 따라 손해액을 산정하는 경우에 침해자로서

---

14) 전효숙(주 13), 453.

15) 김병일(주 10), 97.

16) 특허법 제128조에 관한 학설로는 이상경, 지적재산권소송법, 육법사(1998), 311; 권택수, "특허권 침해로 인한 손해배상―특히 일실이익의 산정과 관련하여―", 민사재판의 제문제 제11권, 한국사법행정학회(2002), 577; 안원모, 특허권의 침해와 손해배상, 세창출판사(2005), 243-244.

17) 이균용(주 10), 76; 특허법 제128조에 관한 학설로는 양창수(주 8), 66, 67; 박성수(주 9), 363.

는 같은 항 단서에 따른 손해액의 감액을 주장할 수 있으나, 같은 항에 의하여 산정된 손해액이 같은 조 제2항이나 제3항에 의하여 산정된 손해액보다 과다하다는 사정을 들어 같은 조 제2항이나 제3항에 의하여 산정된 손해액으로 감액할 것을 주장하여 다투는 것은 허용되지 아니한다고 판시하였다.[18]

Ⅳ. 제110조 제1항, 제2항

1. 법적 성격

본 조항은 조문 구조와 달리 그 연혁 및 논리구조를 보면 먼저 신설된 제110조 제3항의 보충규정 내지 특별규정에 해당한다고 할 수 있고 그 법적 성격 내지 추정의 범위 역시 제3항에서의 논의와 궤를 같이 한다고 할 것이므로, 제3항에 관한 기존의 논의를 중심으로 살펴보면, 권리자의 현실의 손해액에 관계없이 침해자가 얻은 전 이익의 반환청구권을 새로 인정한 규정이라는 견해,[19] 특별히 규범적 손해개념을 새로 도입한 것이라는 견해[20]도 있으나, 위 규정은 권리자가 침해에 의하여 입은 소극적 손해의 인과관계와 액수를 입증하는 것이 극도로 곤란하다는 점에 비추어 권리자의 입증의 부담을 덜어주기 위해 설정된 규정이라는 견해가 우리나라[21]와 일본[22]의 통설이다. 또한 이를 반증의 제출을 허락하지 않는 간주규정이 아니라 반증에 의하여 그 추정을 깨뜨릴 수 있는 추정규정으로 보는 견해가 다수설이다.[23]

판례도 제110조 제1항, 제2항의 규정은 상표권자 등이 상표권 등의 침해로 인하여 입은 손해의 배상을 청구하는 경우에 그 손해의 액을 입증하는 것이 곤란한 점을 감안하여 권리를 침해한 자가 그 침해행위에 의하여 이익을 받은 때에는 그 이익의 액을 상표권자 등이 입은 손해의 액으로 추정하는 것일 뿐이라고 판시하여[24] 통설과 같은 입장이다.

---

18) 대법원 2009. 8. 20. 선고 2007다12975 판결.
19) 播磨良承, "特許權侵害における民事責任の本質", 時報, 42卷 9號, 149. 전효숙(주 13), 440에서 재인용.
20) 田村善之 知的財産權と損害賠償, 弘文堂(1993), 214-215. 전효숙(주 13), 440에서 재인용.
21) 이균용(주 10), 68; 전효숙(주 13), 440; 송영식(주 4), 289-290(김병일 집필부분).
22) 中山信弘 編, 注解 特許法 (上), 青林書院(1994), 860-862. 전효숙(주 13), 440에서 재인용.
23) 박성수(주 9), 214.
24) 대법원 1997. 9. 12. 선고 96다43119 판결; 대법원 2004. 7. 22. 선고 2003다62910 판결; 2009. 10. 29. 선고 2007다22514, 22521(병합) 판결 등.

2. 추정의 범위

가. 손해 발생의 추정 여부

먼저 위 규정에 의한 추정의 범위에 손해의 발생까지도 포함되는지 여부에 관하여, 우리나라의 통설[25]은 위 규정의 취지는 손해액에 관한 법률상의 사실추정규정으로서 손해의 발생까지 추정하는 것은 아니므로 위 규정에 의한 손해배상을 구하는 경우에는 상표권자 또는 전용사용권자가 손해의 발생에 관하여 입증하여야 한다고 해석하고 있다.

판례도 제67조 제1항(현행법 제110조 제3항)의 규정은 상표권자 등이 상표권 등의 침해로 인하여 입은 손해의 배상을 청구하는 경우에 그 손해의 액을 입증하는 것이 곤란한 점을 감안하여 권리를 침해한 자가 그 침해행위에 의하여 이익을 받은 때에는 그 이익의 액을 상표권자 등이 입은 손해의 액으로 추정하는 것일 뿐이고, 상표권 등의 침해가 있는 경우에 그로 인한 손해의 발생까지를 추정하는 취지라고 볼 수 없으므로, 상표권자가 위 규정의 적용을 받기 위하여는 스스로 업으로 등록상표를 사용하고 있고 또한 그 상표권에 대한 침해행위에 의하여 실제로 영업상의 손해를 입은 것을 주장·입증할 필요가 있다고 판시한 바 있다.[26]

나. 입증의 정도

따라서 상표권자 또는 전용사용권자가 위 규정의 적용을 받기 위하여는 상표권의 침해행위뿐만 아니라 이로 인하여 상표권자 또는 전용사용권자가 손해를 입은 사실, 즉 상표권자 또는 전용사용권자가 스스로 업으로 등록상표를 사용하고 있고 또한 그 상표권에 대한 침해행위에 의하여 실제로 영업상의 손해를 입은 것을 주장·입증할 필요가 있으나,[27] 상표권자 또는 전용사용권자의 입증책임을 완화하기 위하여 도입된 규정의 취지에 비추어볼 때 손해의 발생에 관한 입증의 정도를 완화할 필요가 있다.

판례 역시 이와 같은 입장에서 위 규정의 취지에 비추어 보면, 위와 같은 손해의 발생에 관한 주장·입증의 정도에 있어서는 손해 발생의 염려 내지 개연성의 존재를 주장·입증하는 것으로 족하다고 보아야 하고, 따라서 상표권자가

---

25) 전효숙(주 13), 441; 이균용(주 10), 68; 김병일(주 10), 86.
26) 대법원 1997. 9. 12. 선고 96다43119 판결.
27) 전효숙(주 13), 443.

침해자와 동종의 영업을 하고 있는 것을 증명한 경우라면 특별한 사정이 없는 한 상표권 침해에 의하여 영업상의 손해를 입었음이 사실상 추정된다고 볼 수 있다고 판시하였다.[28]

3. 상표권자 또는 전용사용권자의 상표 사용 요부

통설은, 상표법 제110조 제1항 내지 제3항에 의하여 손해배상을 청구하기 위하여 권리자는 등록상표를 지정상품에 사용하고 있을 것을 요건으로 하고, 등록상표를 지정상품에 사용하고 있지 않는 경우에는 스스로 상표 사용에 의하여 얻을 수 있는 이익의 상실이 있다고 할 수 없으므로 상표권의 침해가 있다 하더라도 본 조항을 적용할 여지는 없다는 입장으로서,[29] 상표권은 설정등록에 의하여 발생하고, 상표권은 등록상표를 지정상품에 사용하는 권리이므로 상표법이 등록상표를 지정상품과 유사한 상품에 사용하는 행위를 침해행위로 정하고 있는 결과 상표권의 금지권의 범위(물적 보호범위)가 유사범위에까지 확장됨으로써 상표권자가 받는 사용상의 이익은 반사적 이익에 지나지 아니하는 것이고, 상표권자가 지정상품이 아닌 유사상품에 상표를 사용하여 침해자와 동종 영업을 행하고 있는 경우 경합상품에 의해서 발생할 수 있는 손해를 침해행위에 의해서 받은 손해라고 평가할 수는 없으며, 이와 같은 경우에는 그 상표의 통상적인 사용료 상당액 또는 상표 자체의 명성에 대한 손상 등을 손해로써 주장할 수 있을 뿐, 통상의 영업상 손해의 발생을 주장할 수는 없고, 상표법은 상품의 출처혼동방지라는 실제적 필요에 따라 상표권의 금지적 효력이 유사상표 및 유사상품에까지 미치는 것으로 규정하고 있으나, 이때에도 상표법의 목적은 '등록상표'의 '지정상품'에 관한 출처혼동을 방지하는 데에 있지, '유사상품'에 관한 출처의 혼동을 방지하는데 있지 않은데, 이와 같이 보는 것이 등록상표의 유사범위에의 사용은 불사용취소사유가 되고(제119조 제1항 제3호), 유사범위에의 사용으로 혼동을 생기게 하면 상표의 취소사유가 되는(제119조 제1항 제2호) 상표법 내의 다른 법규정들과도 조화로운 해석이라는 것을 근거로 한다.[30]

이에 대하여 특허법 제128조에 대한 학설로서, 위 요건은 법 규정의 문언에

---

28) 대법원 2013. 7. 25. 선고 2013다21666 판결, 1997. 9. 12. 선고 96다43119 판결.

29) 이균용(주 10), 68, 69; 김병일(주 10), 87, 88; 전지원, "상표권 침해로 인한 영업상 손해의 배상을 구하기 위한 전제요건인 상표권자의 '등록상표 사용'의 의미", 대법원판례해설 81호, 법원도서관(2009), 555-557.

30) 전지원(주 29), 555-557.

없는 요건이고 추정의 복멸에 의하여 과잉배상이 방지될 수 있으므로 권리자가 등록상표를 실제로 지정상품에 사용하고 있을 것을 요건으로 하지 아니한다는 견해[31]가 있다.

앞서 살펴본 1997. 9. 12. 선고 96다43119 판결에서는 상표권자가 위 규정의 적용을 받기 위하여는 스스로 업으로 등록상표를 사용하고 있고 또한 그 상표권에 대한 침해행위에 의하여 실제로 영업상의 손해를 입은 것을 주장·입증할 필요가 있다는 전제하에, 상표권자인 원고가 '⊗ SUNX'라는 등록상표를 부착한 제품을 그 계열회사인 소외 회사를 통하여 위 회사와 사이에 대한민국 내에서의 독점판매대리점 계약을 체결한 피고 3 회사에 공급하여 온 사실, 그런데 피고들이 이 사건 등록상표와 유사한 'SUNKS'라는 표장을 원고의 제품과 유사한 제품에 부착, 판매하여 온 사실을 인정한 다음, 피고들은 공동하여 이 사건 등록상표를 부착, 판매하는 원고의 상품과 같은 종류의 상품에 위 등록상표와 유사한 위 표장을 부착, 판매함으로써 원고의 등록상표권을 침해하였다고 할 것이므로 각자 상표권자인 원고가 입은 손해를 배상할 책임이 있다고 한 원심의 판단은 정당하다고 판시하였는데, 위 판결에 대하여는, 통설의 입장에 따른 것으로 해석하는 견해[32]와 위 판결에서는 권리자가 침해자와 동종의 영업을 하고 있는 것을 증명한 것으로 충분하다고 하였을 뿐 상표를 스스로 지정상품에 사용하였어야만 손해가 발생한다고 판시한 바는 없으므로 위 판결이 통설의 입장을 취한 것으로 볼 수는 없다는 견해[33]가 있다.

한편 대법원 2009. 10. 29. 선고 2007다22514, 22521(병합) 판결에서는 상표권 침해행위로 인하여 영업상의 이익이 침해되었음을 이유로 위 규정에 따라 영업상 손해의 배상을 구하는 상표권자로서는 스스로 업으로 등록상표를 사용하고 있음을 주장·입증할 필요가 있으며, 여기에서 등록상표를 사용하고 있는 경우라 함은 등록상표를 지정상품 그 자체 또는 거래사회의 통념상 이와 동일하게 볼 수 있는 상품에 현실로 사용한 때를 말하고, 지정상품과 유사한 상품에 사용한 것만으로는 등록상표를 사용하였다고 볼 수 없다는 전제하에, 피고들이 공동하여 이 사건 상표를 부착, 판매하는 원고의 상품과 같은 종류의 상품인 화장품에 이 사건 상표와 유사한 피고실시표장을 부착, 판매함으로써 원고의 이

---

31) 박성수(주 9), 269.
32) 이균용(주 10), 69.
33) 박성수(주 9), 126.

사건 상표권을 침해하였고, 이 사건 상표가 실제 사용된 상품인 화장품이 이 사
건 상표의 지정상품 중 '화장비누, 크림비누' 등과 유사한 상품에 해당한다 하
더라도, 원고가 이 사건 상표를 그 지정상품 자체 또는 거래사회의 통념상 이와
동일하게 볼 수 있는 상품에 현실로 사용하여 제품을 생산·판매하는 등의 영업
활동을 하였다고 인정되지 않는 이상, 그에 따른 영업상의 손해가 있었다고 보
기는 어렵다고 판시하여 통설과 같은 입장임을 명백히 하였다.

4. 적극적 요건

가. 침해품의 양도수량

민법상의 일반불법행위의 원칙인 차액설에 의하여 손해액을 산정하면, 「권
리자의 감소한 판매량(= 침해가 없었다면 판매가능한 판매량 – 실제 판매량) × 권리
자의 상품 단위수량당 이익액」과 같이 산정할 수 있는데, 이 중에서 '침해가 없
었다면 판매가능한 판매량'을 입증하기가 쉽지 않으므로, 제110조 제1항에서는
「침해품의 양도수량 × 권리자의 상품 단위수량당 이익액」과 같이 산정할 수 있
도록 하였다. 이로써 제114조의 서류제출명령 등에 의하여 침해자의 매출전표
등을 제출받아 침해품의 양도수량을 파악하고 권리자 자신의 이익액을 스스로
산정하여 손해액을 비교적 쉽게 계산할 수 있다.

여기에서 '침해품의 양도수량'을 '권리자의 감소한 판매량'으로 추정하는
논리구조를 가지고 있으므로, 침해품의 양도수량이 침해로 인한 권리자의 매출
감소를 추인할 수 있는 사정이 존재할 것을 요한다면서, 비교적 시장구조가 단
순하고 침해자가 1인인 경우, 권리자의 상품과 침해품 이외에 대체상품이 없어
상호경쟁관계에 있는 경우에 특히 이 방식이 합리성을 띄게 된다는 견해[34]와
특허법 제128조 제1항에 관한 논의이기는 하나 만일 침해자의 판매수량이 침해
로 인한 권리자의 매출액 감소를 추인할 수 있을 정도의 사정이 존재한다면 굳
이 특허법 제128조 제1항을 신설하지 아니하더라도 특허권 침해로 인한 일실이
익의 산정에 관한 종전의 방식에 의하여 권리자의 매출감소로 인한 일실이익의
배상을 인정할 수 있을 것이므로 위와 같은 해석은 특허법 제128조 제1항을 무
의미하게 만드는 것이라는 비판[35]이 있다.

---

34) 송영식(주 4), 291(김병일 집필부분).
35) 박성수(주 9), 227.

나. 단위수량당 이익액

특허법 제128조 제1항의 단위수량당 이익의 의미에 관하여, 다수설[36]은 침해가 없었다면 증가하였을 것으로 상정되는 대체제품의 단위당 매출액으로부터 그것을 달성하기 위하여 증가하였을 것으로 상정되는 단위당 비용을 공제한 액, 즉 한계이익이라고 한다.

판례[37]도 의장권 등의 침해로 인한 손해액의 추정에 관한 구 의장법(2004. 12. 31. 법률 제7289호 디자인보호법으로 개정되기 전의 것) 제64조 제1항 본문에서 말하는 '단위수량당 이익액'은 침해가 없었다면 의장권자가 판매할 수 있었을 것으로 보이는 의장권자 제품의 단위당 판매가액에서 그 증가되는 제품의 판매를 위하여 추가로 지출하였을 것으로 보이는 제품 단위당 비용을 공제한 금액을 말한다고 판시하여 한계이익설을 취하고 있다.

5. 손해배상액의 상한(권리자의 생산능력)

손해액은 상표권자 또는 전용사용권자가 생산할 수 있었던 상품의 수량에서 실제 판매한 상품의 수량을 뺀 수량에 단위수량당 이익액을 곱한 금액을 한도로 한다. 즉, 권리자의 생산능력을 벗어난 범위에서 침해자가 생산, 판매한 경우에는 그 범위는 손해배상액 산정의 기초로 할 수 없는 것인데, 그 증명책임은 권리자측에 있다.[38]

6. 소극적 요건

상표권자 또는 전용사용권자가 당해 침해행위 외의 사유로 침해자의 판매수량 전부 또는 일부를 판매할 수 없었던 사정이 있는 때에는 당해 침해행위 외의 사유로 판매할 수 없었던 수량에 따른 금액을 빼야 한다. 당해 침해행위 외의 사유로 침해자의 판매수량 전부 또는 일부를 판매할 수 없었던 사정에는 예컨대 침해품의 기술적 우수성, 침해자의 영업노력 등으로 침해품이 많이 팔렸다는 사정,[39] 시장에서의 대체품의 존재,[40] 저렴한 가격, 광고·선전, 지명도[41]

---

36) 박성수(주 9), 231, 232; 안원모(주 16), 169; 양창수(주 8), 60, 61.
37) 대법원 2006. 10. 13. 선고 2005다36830 판결.
38) 박성수(주 9), 239; 양창수(주 8), 64.
39) 김철환(주 5), 12.
40) 윤선희(주 7), 126.
41) 윤선희, 특허법(제3판), 법문사(2007), 808.

등이 해당할 수 있고, 이러한 사정은 감액 요소로서 침해자가 주장, 입증하여야 한다.42) 아울러 침해자는 위와 같은 사정이 존재하는 것 뿐만 아니라 그러한 사정에 의하여 판매할 수 없었던 수량에 대하여도 입증하여야 한다.43)

디자인권에 관한 판례에서 구 의장법(2004. 12. 31. 법률 제7289호 디자인보호법으로 개정되기 전의 것) 제64조 제1항 단서의 사유는 침해자의 시장개발 노력·판매망, 침해자의 상표, 광고·선전, 침해제품의 품질의 우수성 등으로 인하여 의장권의 침해와 무관한 판매수량이 있는 경우를 말하는 것으로서, 의장권을 침해하지 않으면서 의장권자의 제품과 시장에서 경쟁하는 경합제품이 있다는 사정이나 침해제품에 실용신안권이 실시되고 있다는 사정 등이 포함될 수 있으나, 위 단서를 적용하여 손해배상액의 감액을 주장하는 침해자는 그러한 사정으로 인하여 의장권자가 판매할 수 없었던 수량에 의한 금액에 관해서까지 주장과 입증을 하여야 한다고 판시한 바 있고,44) 상표권에 관하여도 이와 동일한 취지의 판결45)이 있다.46)

---

42) 특허법 제128조 제1항에 관한 우리나라의 통설이다. 박성수(주 9), 244; 윤선희(주 41), 808.

43) 안원모(주 16), 180.

44) 대법원 2006. 10. 13. 선고 2005다36830 판결.

45) 대구고등법원 2013. 2. 1. 선고 2011나6183 판결(대법원 2013. 7. 25. 선고 2013다21666 판결로 상고기각되었다).

46) 위 판결에서는 소극적 요건의 구체적인 입증 정도에 관하여, ① 피고의 경우 1978. 7. 20. 피고의 전신인 남성알미늄공업사가 설립되어 1985. 12. 17. 주식회사 남성알미늄으로 법인전환하였는데, 요부인 '남성'은 피고의 대표이사의 성(姓)인 남(南)과 별을 뜻하는 성(星)을 결합한 것이고, 원고의 경우 1947. 7. 20. 원고의 전신인 남선경금속 공업사가 설립되어 1973. 1. 4. 남선경금속공업 주식회사로 법인전환하였으며, 1990. 2. 28. 현재의 상호(주식회사 남선알미늄)로 변경하는 등 원고와 피고의 상호는 독자적으로 생성, 발전한 것으로 보이고, ② 요부인 남성 다음에 '알미늄'이라는 보통명칭을 사용하여 상호의 주된 부분을 완성한 시기는 오히려 피고가 10여년 이상 앞서는데, 원고의 상호와 피고의 이전 상호인 주식회사 남성알미늄은 요부인 '남성' 또는 '남선'에 보통명칭인 '알미늄'이 결합하게 됨으로써 비로소 두 상호의 유사성이 분명하게 부각되는 점, ③ 피고가 생산하는 알미늄 제품은 특별한 가공이나 용역을 투여하는 과정을 거치지 아니하고 그 자체로 직접 효용을 발휘할 수 있는 최종 소비재가 아니라 별도의 가공이나 용역이 투여됨으로써 비로소 최종적인 효용을 얻을 수 있는 중간재적인 제품이고(예컨대, 알미늄을 재료로 하여 생산된 최종 소비재인 주전자, 그릇 등이 아니라 최종적인 효용을 얻기 위하여는 별도의 가공을 필요로 하는 형재 또는 인테리어 등 공사업자의 시공과정이 필요한 창문, 도어용 샤시 등의 제품이다), 피고도 자신이 생산하는 알미늄 제품의 거의 대부분을 대리점이나 공사업체에 판매하고 일반소비자를 상대로 판매하지는 않았는데, 알미늄 대리점, 알미늄창호 판매점, 알미늄창호 시공회사, 알미늄프로파일 취급점 등 알미늄 제품을 전문적으로 취급하는 업체에서는 피고의 전신인 주식회사 남성알미늄과 원고의 상호인 주식회사 남선알미늄을 혼동하지는 않았던 점, ④ 피고가 생산하는 제품을 일반인인 소비자가 직접 구입하여 공사에 사용하는 경우는

7. 적용의 효과

침해품의 양도수량에 권리자가 그 침해행위가 없었다면 판매할 수 있었던 상품의 단위수량당 이익액을 곱한 금액을 권리자의 손해액으로 할 수 있다. 이는 앞서 본 바와 같이 반증의 제출을 허락하지 않는 간주규정이 아니라 반증에 의하여 그 추정을 깨뜨릴 수 있는 추정규정으로 보는 견해가 다수설이다.[47]

다만 소극적 요건이 존재하는 것으로 인정되는 경우 당해 침해행위 외의 사유로 판매할 수 없었던 수량에 따른 금액을 빼야 하는데, 그 부분에 대하여 같은 조 제4항의 적용을 주장하여 제4항의 사용료 상당액의 청구가 가능한 것인지 문제된다. 특허법 제128조의 해석에 있어서는 제1항, 제2항에 의한 청구가 인정되지 않는 부분에 대하여 제3항의 적용을 긍정하고 있다.[48]

Ⅴ. 제110조 제3항

1. 추정의 성질과 그 복멸사유

가. 추정의 성질

제3항은 불법행위의 요건사실인 '침해행위와 인과관계 있는 손해의 액'을 증명함에 대신하여 이보다 증명이 용이한 별개의 사실인 '침해행위에 의하여 침해자가 얻은 이익의 액'을 증명함에 의하여 '침해행위와 인과관계 있는 손해의 액'이 증명된 것으로 인정한다는 규정으로서 법률상의 사실추정에 해당한다.[49] 이러한 추정은 그 효과를 주장하는 권리자에 대해서는 증명주제의 선택을 허용하고, 이를 복멸하고자 하는 침해자에게는 반대사실을 입증할 책임을 부담시킨다. 즉 권리자는 손해배상을 청구할 때 직접 '침해 행위와 인과관계 있는 손해의 액'을 증명하거나, '침해자의 이익액'을 증명하여 이에 대신할 수도 있

통상적으로 상정하기 어려운 점(일반소비자가 공사업체에 특정회사의 제품을 사용해 줄 것을 요구할 수는 있으나, 그러한 경우에도 공사업체를 통하여 남성알미늄과 남선알미늄의 혼동가능성이 배제될 수 있을 것으로 보인다) 등을 종합하면, 피고의 상표권 침해와 인과관계가 인정되는 원고의 손해는 극히 미미하다고 할 것이고, 상표법 제67조 제1항에 규정된 피고가 양도한 상품의 수량에 원고가 그 침해행위가 없었다면 판매할 수 있었던 상품의 단위수량당 이익액을 곱한 금액의 대부분은, 상표권자가 당해 침해행위 외의 사유로 판매할 수 없었던 수량에 따른 금액에 해당한다는 사실이 입증되었다고 볼 것이라고 판시하였다.

47) 박성수(주 9), 214.
48) 박성수(주 9), 259, 260.
49) 전효숙(주 13), 443; 김병일(주 10), 86.

다. 한편 이를 다투는 침해자는 '침해행위에 의한 이익의 액'의 증명을 진위불
명의 상태로 만들어 본항의 추정을 면할 수 있는데, 이는 추정의 복멸이 아니라
추정규정의 적용배제이고, 이 때 침해자가 내세우는 증거는 반증이다. 또한 '침
해행위에 의한 이익의 액'이 권리자에 의하여 증명된 경우에도 침해자는 '침해
행위와 인과관계가 있는 손해의 액'의 부존재를 증명하면 손해배상을 면할 수
있는데, 이는 추정의 복멸이고, 이 때 침해자가 내세우는 증거는 반증이 아니라
본증으로서 법관을 확신 시킬 정도에 이르러야 한다.[50]

나. 인과관계의 추정

일반적으로 불법행위로 인한 손해배상을 청구하기 위하여는 권리자가 침해
행위와 손해의 발생 사이에 인과관계가 있다는 것을 입증할 책임을 부담하는
것이 원칙인데, 엄격한 인과관계를 요구할 경우 이 규정의 실효성을 사실상 부
인하는 결과에 이를 수 있으므로, 제110조 제3항은 침해행위와 손해의 발생 사
이에 인과관계가 존재한다는 점까지도 추정하는 것이다.[51]

판례는 상표권자 또는 전용사용권자가 이 규정에 의하여 상표권 침해자에
대하여 손해배상을 청구하는 경우 그 자가 침해행위에 의하여 이익을 받았을
때에는 그 이익의 액은 상표권자가 받은 손해액으로 추정되므로 상표권자 또는
전용사용권자는 상표권 침해자가 취득한 이익을 입증하면 되고 그 밖에 침해행
위와 손해의 발생 간의 인과관계에 대하여는 이를 입증할 필요가 없다고 판시
한 바 있다.[52]

다. 추정복멸 사유

손해의 불발생이 추정복멸 사유인지에 관하여, 손해의 발생까지 추정되는
것은 아니라는 통설[53]에 의하면 '손해의 불발생'은 부인에 해당할 것이나, 손해
의 발생까지 추정되는 것은 아니라고 하면서도 '손해의 발생'은 손해발생의 염
려 내지 개연성의 존재만으로 족한 것이므로 구체적 손해의 불발생은 침해자가
입증책임을 부담한다는 견해[54]도 있다. 한편 손해의 발생까지 추정되는 것이라

---

50) 전효숙(주 13), 443.
51) 저작권법에 관하여, 황찬현, "손해배상책임에 관한 현행법의 규정과 입법론적 검토", 정
    보법학 제3호, 한국정보법학회(1999), 312.
52) 대법원 1992. 2. 25. 선고 91다23776 판결.
53) 전효숙(주 13), 441; 이균용(주 10), 68; 김병일(주 10), 86.
54) 小野昌延(編), 注解商標法, 靑林書院(1994), 620, 전효숙(주 13), 444에서 재인용.

는 견해에 의하면 손해의 불발생은 추정복멸사유에 해당할 것이다.[55]

판례[56]는 이에 관하여 제110조 제3항, 제4항이 손해의 발생이 없는 것이 분명한 경우에까지 침해자에게 손해배상의무를 인정하는 취지는 아니므로, 침해자도 권리자가 동종의 영업에 종사하지 않는다는 등으로 손해의 발생이 있을 수 없다는 것을 주장·입증하여 손해배상책임을 면하거나 또는 적어도 그와 같은 금액을 얻을 수 없었음을 주장·입증하여 위 규정의 적용으로부터 벗어날 수 있다고 판시하였다.[57]

제2항의 상표권자의 생산능력의 한계나, 소극적 요건인 침해행위 외에 판매할 수 없었던 사정, 즉 침해품의 기술적 우수성, 침해자의 영업노력 등으로 침해품이 많이 팔렸다는 사정, 시장에서의 대체품의 존재, 저렴한 가격, 광고·선전, 지명도 등의 사유는 추정복멸사유에 해당할 수 있으나, 침해자는 위와 같은 사정이 존재하는 것뿐만 아니라 그러한 사정에 의하여 권리자의 실제 손해액이 추정액보다 적다는 것을 입증하여야 추정이 복멸된다.

판례[58]도 제110조 제3항은 침해행위에 의하여 침해자가 받은 이익의 액으로 권리자가 받은 손해액을 추정하는 것으로서, 침해자의 상품 또는 서비스의 품질, 기술, 의장 상표 또는 서비스표 이외의 신용, 판매정책, 선전 등으로 인하여 침해된 상표 또는 서비스표의 사용과 무관하게 얻은 이익이 있다는 특별한 사정이 있는 경우에는 위 추정과 달리 인정될 수가 있고, 이러한 특별한 사정에 침해자가 침해한 상표 또는 서비스표 이외의 다른 상표 또는 서비스표를 사용하여 이익을 얻었다는 점이 포함될 수 있으나, 그에 관한 입증책임은 침해자에게 있다고 할 것이라고 판시한 바 있다.

---

55) 전효숙(주 13), 444.
56) 대법원 2008. 3. 27. 선고 2005다75002 판결.
57) 원고 회사가 닭고기를 공급하는 회사로서 업으로 통닭용 양념을 제조하여 판매한 바는 없고, 통닭용 양념의 공급선이나 판매망을 따로 갖춘 것도 아니며, 단지 양념 공급업 알선을 소극적으로 한 사실이 인정되므로 피고 회사가 원고의 이 사건 등록상표권 또는 등록서비스표권을 침해하는 동종의 영업을 한다고 보기 어렵다고 보아, 피고 회사의 이 사건 등록상표권 또는 등록서비스표권 침해에 관하여 상표법 제67조 제2항, 제3항(현행법 제110조 제3항, 제4항)을 적용하지 아니한 원심의 인정과 판단은 위 법리와 기록에 비추어 정당하다고 판시하였다.
58) 대법원 2008. 3. 27. 선고 2005다75002 판결.

2. 이익의 범위

침해자의 이익액은 「침해품 매상고 × 피고의 이익률」 또는 「침해품 판매수량 × 침해품 1개당 이익액」의 방법으로 산정할 수 있는데, 여기서 말하는 침해자의 이익을 어떻게 산정할 것인지 문제된다.

가. 학설

(1) 순이익설

침해자의 이익을, 당해 제품의 매상액에서 제조원가 외에 매출액을 높이기 위하여 업무상 지출된 비용(일반관리비, 판매비, 발송운송비, 광고선전비, 제세공과금 등 필요한 경비)을 공제함으로써 산정된 금액으로 보는 견해[59]이다. 이를 침해자의 이익에서 고정비용(감가상각비, 일반관리비 등을 판매수량에 비율적으로 대응한 금액)과 변동비용(재료비, 판매비 등)을 공제한 것으로 설명하기도 한다.[60] 순이익설은 일반불법행위로 인하여 발생한 손해 중 일실이익은 본래의 필요경비를 제외한 순이익 상당의 손실액을 가리키는 것이고, 위 규정은 단순히 입증책임의 경감을 위한 손해액의 추정규정에 불과할 뿐 어떤 제재적 의미를 가지는 것은 아니라고 할 것이므로, 이 규정에 의해 권리자의 손해액으로 추정되는 침해자의 이익액도 순이익액으로 해석하여야 한다고 한다.[61] 이 견해에 의하면 권리자가 침해자의 순이익이 얼마인지를 입증하여야 한다.[62]

(2) 총이익설(粗利益說[63])

당해 제품의 매상액으로부터 제조원가, 판매원가 외에 침해자가 침해행위로 제조, 판매를 한 것에 직접 필요하였던 제경비(일반관리비의 공제를 하지 않는다)만을 공제한 액으로 보는 견해인데, 오로지 침해자측의 사정만을 고려의 대상으로 하여 권리자측의 사정을 판단요소로 하지 않는 점에서는 종래의 순이익설과 기본적으로 발상을 같이 한다.[64]

---

59) 저작권법 제93조에 관한 학설로는 정상조(주 4), 451; 특허법 제128조에 관한 학설로는 배대헌, 특허권침해와 손해배상, 세창출판사(1997), 96, 97; 김철환(주 5), 14.

60) 박성수(주 9), 275.

61) 김철환(주 5), 14; 배대헌(주 59), 95; 정상조(주 4), 451; 황찬현(주 51), 314.

62) 배대헌(주 59), 96.

63) 田村善之 「特許權侵害に対する損害賠償(四 · 完)」法協108卷10号1頁(108卷1539頁), 小野昌延(編), 注解商標法(新版) 下卷, 靑林書院(2005), 938에서 재인용.

64) 박성수(주 9), 277.

(3) 한계이익설

침해행위로부터 얻는 이익액은 재무회계상의 이익개념에 의할 것이 아니라 침해자의 매상액에서 생산증가에 따른 변동경비(원료비, 제품의 제조·판매를 위해 직접 추가적 지출을 요하는 인건비, 기타 경비의 증가분)만을 공제한 금액으로 파악하는 견해이다.[65] 이 견해에 따르면 침해품의 개발비, 일반관리비, 제품의 매출과 관계없이 고정적으로 지출되는 인건비, 제조관리비는 공제대상에서 제외되는데, 즉, 상품의 생산에 새로운 설비투자나 고용원 채용, 훈련 등의 필요가 없는 경우라면 변동경비만 공제하면 충분하고 고정비적 성격의 경비는 공제할 필요가 없다고 보는 것으로서, 결국 원가를 변동비와 고정비로 나누고 고정비는 공제할 수 없다고 하는 한정원가에 의하여 일실이익이 확대되는 결과가 된다.[66]

만일 순이익설의 방식대로 고정비용을 공제하게 되면 공제되는 만큼의 비용이 결국 타제품에 할당되어 그 이익을 감하게 되고 권리자에게는 회복할 수 없는 손해가 남게 되므로 이 규정의 이익은 한계이익으로 보는 것이 논리적으로 정당하고,[67] 순이익설에 의하면 권리자는 침해자가 얻은 순이익을 주장·입증해야 하는데 권리자가 침해자의 당해 제품에 관한 필요경비를 주장·입증하는 것은 현실적으로 곤란한 경우가 많아서 주장·입증책임을 권리자에게 완전히 부담시키는 경우에는 이 규정의 추정을 받을 수 없게 되고 입증책임 경감이라는 제110조의 입법취지에 반하게 되는 반면,[68] 한계이익설을 취할 경우 순이익설과 비교하여 상대적으로 일실이익이 늘어나게 되므로 부수적으로 상표권 침해에 대한 재제적인 효과도 거둘 수 있다[69]는 점을 근거로 한다.

(4) 절충설

일반적으로 순이익으로 보아야 할 것이나, 이렇게 되면 계산이 복잡하게 되어 손해액의 입증을 용이하게 하려고 한 제110조의 기본취지에 어긋나므로, 기본적으로 순이익설에 의거하면서도 권리자가 총이익액을 입증한 때에는 침해자가 감액요소, 즉 침해자가 그 이익 중에 자기의 노력과 출자에 기초한 것을 주장·입증하지 않으면 총이익을 권리자의 손해액으로 인정하는 것이 상당하다는

---

65) 전효숙(주 13), 436; 송영식(주 4), 293(김병일 집필부분)에서도 한계이익설을 최근의 유력한 견해로 소개하고 있다. 특허법 제128조에 관한 학설로는 박성수(주 9), 277.
66) 송영식(주 4), 293(김병일 집필부분).
67) 전효숙(주 13), 436.
68) 이상경(주 16), 299.
69) 전효숙(주 13), 436.

견해이다.70)

나. 판결

(1) 대법원 1992. 2. 25. 선고 91다23776 판결

타인의 상표권을 침해한 자가 침해행위에 의하여 이익을 받았을 때에는 그 이익의 액을 상표권자가 받은 손해액으로 추정하는데 피고가 1987. 4.말부터 1988. 11. 초순경까지 사이에 원고의 등록상표와 유사한 상표가 들어 있는 포장지를 사용하여 분와사비 70,000포를 판매한 사실 및 피고가 분와사비를 판매하여 얻은 순이익이 1포당 금 288원인 사실은 당사자 사이에 다툼이 없고 위 기간 이후에도 1989. 1. 30.부터 같은 해 3월말까지 분와사비 2,520포를 더 판매한 사실이 인정된다 하여 피고는 원고에게 합계금 20,885,760원(72,520포 × 288원)을 배상할 의무가 있다고 판시하였다.

(2) 대법원 1997. 9. 12. 선고 96다43119 판결

상표권자가 제110조 제1항에 의하여 상표권을 침해한 자에 대하여 손해배상을 청구하는 경우에, 침해자가 받은 이익의 액은 침해 제품의 총 판매액에 그 순이익률을 곱하거나 또는 그 제조판매수량에 그 제품 1개당 순이익액을 곱하는 등의 방법으로 산출함이 원칙이라 할 것이나, 통상 상표권의 침해에 있어서 침해자는 상표권자와 동종의 영업을 영위하면서 한편으로 그 상표에 화체된 상표권자의 신용에 무상으로 편승하는 입장이어서, 위와 같은 신용을 획득하기 위하여 상표권자가 투여한 자본과 노력 등을 고려할 때, 특별한 사정이 없는 한 침해자의 위 순이익률은 상표권자의 해당 상표품 판매에 있어서의 순이익률보다는 작지 않다고 추인할 수 있으므로, 침해자의 판매액에 상표권자의 위 순이익률을 곱하는 방법으로도 침해자가 받은 이익의 액을 산출할 수 있다고 할 것이고, 위와 같이 산출된 이익의 액은 침해자의 순이익액으로서, 그것이 상표권자가 상표권 침해로 인하여 입은 손해액으로 추정된다고 보아야 할 것이라고 전제하고, 상표권 침해가 있었던 1990년부터 1993년경까지의 피고 2가 경영하는 소외 회사의 총 매출액은 합계 금 945,311,750원이고, 그 중 1/5 정도가 위 유사한 표장을 부착한 상품의 매출액이며, 한편 같은 기간 동안의 원고 회사의 영업이익률은 7.608% 정도인 사실을 인정한 다음, 특별한 사정이 없는 한 위 유사한 표장을 부착한 상품의 매출액에 원고 회사의 위 영업이익률을 곱하는

---

70) 송영식(주 4), 292(김병일 집필부분); 김병일(주 10), 90.

방법으로 산정한 금액이 피고들의 위 상표권 침해로 인한 이익의 액이라고 보아 이를 원고가 입은 손해의 액으로 추정하는 원심의 판단은 정당하다고 판시하였다.

위 판결에 대하여 순이익설을 취한 것으로 이해하면서 우리나라의 주류적인 판결례가 순이익설을 취하고 있다는 견해[71]가 있으나, 이에 대하여는 96다43119 판결은 순이익률이나 순이익액이라는 표현을 사용하고 있으면서도 비용으로 공제하는 항목이 구체적으로 무엇인지, 다시 말해서 일반관리비를 공제한 것인지 아닌지에 대하여는 명시적으로 밝힌 바 없으므로 이 판결을 가지고 순이익설을 채택하였다고 단정하기 어렵다는 견해,[72] 위 판결은 침해자 이익에 대하여 판단한 것일 뿐만 아니라 상표권자인 원고회사 자신이 침해자인 피고의 순이익률이 그의 '영업이익률'보다 작지 않다고 주장하여 이를 기준으로 침해자 이익을 산정한 것을 그대로 수긍한 것에 그친다는 견해[73]가 있다.

(3) 대법원 2008. 3. 27. 선고 2005다75002 판결

제110조 제3항은 권리를 침해한 자가 그 침해행위에 의하여 이익을 받은 때에는 그 이익의 액을 권리자가 받은 손해의 액으로 추정한다고 규정하고 … 있으므로, 상표권자 혹은 전용사용권자로서는 침해자가 상표권 침해행위로 인하여 얻은 수익에서 상표권 침해로 인하여 추가로 들어간 비용을 공제한 금액, 즉 침해자의 이익액을 손해액으로 삼아 손해배상을 … 청구할 수 있다고 판시함으로써 한계이익설을 채택하였다.[74][75]

다. 이익액 산정에 관한 하급심 판결

(1) 서울민사지방법원 1992. 2. 21. 선고 90가합36831 판결

실용신안권에 관한 사안으로서, 총제품매출액에서 총제품매입원가를 공제하여 매출총이익을 계산하는 방식으로 산출된 피고들의 이익을 원고의 손해로 보아 손해배상액을 산정하였는데, 이 판결을 조이익설(총이익설)에 가까운 판결로 평가하는 견해[76]가 있다.

---

71) 윤선희(주 7), 119.
72) 박성수(주 9), 279.
73) 양창수(주 8), 63.
74) 정상조, 박성수 공편, 특허법주해 II, 박영사((2010), 230(박성수 집필 부분).
75) 위 판결의 원심인 서울고등법원 2005. 11. 8. 선고 2004나91900 판결에서는 '이 경우 이익은 매출액에서 일반관리비 등을 제외한 순이익을 의미한다'라고 판시하였다.
76) 전효숙(주 13), 436.

(2) 서울지방법원 2004. 2. 13. 선고 2002가합30683 판결[77]

특허법 제128조 제2항에 기하여 손해배상을 청구한 사안인데, 손해배상액을 산정함에 있어 침해자의 총매출액 중 침해된 특허를 이용한 사료나 그 관련 제품의 매출액이 차지하는 비율에 따른 매출총이익액에서 같은 비율에 따른 판매 및 일반관리비(다만, 그 특허를 이용한 매출과 관계없이 고정적으로 지출되리라고 보이는 임원급여와 감가상각비는 제외한다)를 공제하는 방식[= 매출총이익 × 사료 관련 매출액/매출총액 - (판매 및 일반관리비 - 고정비용) × 사료 관련 매출액/매출총액]으로 계산함이 상당하다고 판시함으로써, 명시적으로 한계이익설을 채택하였다.[78]

(3) 서울고등법원 2004. 7. 6. 선고 2003나36739 판결[79]

부정경쟁방지법 제14조의2 제2항에 의하면 부정경쟁행위로 인한 손해배상을 청구하는 경우에는 영업상의 이익을 침해한 자가 그 침해행위에 의하여 이익을 받은 것이 있는 때에는 그 이익액을 손해액으로 추정한다고 규정하고 있고, 이 경우 침해자가 받은 이익액은 침해제품의 총판매액에 그 순이익률을 곱하는 등의 방법으로 산출함이 원칙이지만 침해자의 판매액에 청구권자의 순이익률을 곱하는 방식에 의한 손해산정도 적법하다 할 것인바, 피고의 2002. 7. 1.부터 2002. 12. 31.까지의 매출액이 201,523,355원이고, 원고의 2002. 1. 1.부터 2002. 12. 31.까지의 매출액 대비 영업이익률이 30.48%인 사실은 당사자 사이에 다툼이 없으므로, 이에 의하면 피고가 위 부정경쟁행위로 인하여 2002. 7. 1.부터 2002. 12. 31.까지의 기간 동안 얻은 이익액은 61,424,318원(201,523,355원 × 30.48%)이 된다고 판시하였다.

(4) 서울고등법원 2005. 3. 16. 선고 2004나53922 판결[80]

피고의 부정경쟁행위로 인하여 원고가 입은 손해는 특별한 사정이 없는 한 부정경쟁방지법 제14조의 2 제2항에 의하여 부정경쟁행위자가 부정경쟁행위로 인하여 얻은 이득액에 상당한 액이라 할 것인바, 피고가 1997년도부터 2002. 2. 26.까지 옥시화이트 제품을 판매하여 그 합계액이 6,968,585,314원에 이르는 사실을 인정할 수 있고, 피고가 속하는 비누 및 세정제 제품의 도매 및 상품중개업자의 표준소득률 중 일반율이 4.6%인 사실을 인정할 수 있어 피고가 옥시화이트 제품을 판매하여 320,554,924원(= 매출액 합계 6,968,585,314원 × 0.046) 상당

---

77) 서울고등법원 2004나21659로 항소되었다가, 2006. 7. 28. 피고의 항소취하로 확정되었다.
78) 박성수(주 9), 281.
79) 상고기간 도과되어 확정되었다.
80) 상고기간 도과되어 확정되었다.

의 이익을 얻은 사실을 인정할 수 있으므로, 원고가 입은 손해액은 320,554,924 원으로 추정된다고 판시하였다.

(5) 대전지방법원 홍성지원 2010. 6. 10. 선고 2009가단1566 판결[81]

원고는 상표권 침해행위에 해당하는 피고들의 세금계산서 매입분을 특정하지 못하고 있는 점, 피고들이 이 사건 상표를 표시한 상품 등을 판매하는 과정에서 지출한 판매비와 관리비 등을 추출할 자료가 부족하고, 피고들의 이익은 이 사건 상표권의 침해행위에 의해서만 발생하였다기보다는 김 등 원료 구입과정에서 들인 노력과 상품 판매 과정에서의 경영력, 판매력 등에서도 기인한 것으로 보이는 점 등에 비추어 보면, 이 사건 상표권 침해행위로 인한 피고들의 이익액은 제110조 제3항에 의하여 이를 산정하는 것은 적절치 않다고 판시하였다.

Ⅵ. 제110조 제4항

1. 법적 성격

상표권자 또는 전용사용권자는 그 등록상표의 사용에 대하여 통상받을 수 있는 금액에 상당하는 액을 상표권자 또는 전용사용권자가 받은 손해액으로 하여 그 배상을 청구할 수 있다고 규정하고 있는데, 특히 손해불발생의 항변이 가능한지와 관련하여 위 규정의 법적 성격이 문제된다.

가. 손해액법정설

손해발생을 전제로 하여 사용료 상당액을 최저한도의 손해액으로 법정한 것이므로 권리자로서는 손해의 발생을 요건사실로 증명할 필요가 없고 권리침해 및 사용료 상당액만 주장·입증하면 족하며 손해의 불발생은 항변사유로서 침해자에게 주장·입증책임이 있다는 견해[82]이다. 이 설에 의하면 손해의 발생이 있을 수 없는 경우를 제외하고는 최소한 사용료 상당액의 손해는 인정되나 상표권자가 실제로 상표를 사용하여 영업을 하고 있지 아니하거나 상표권자가 타인에게 전용사용권을 설정하면서 사용료를 정액으로 정한 경우에는 손해가 있을 수 없기 때문에 배상을 하지 않아도 된다고 한다.[83]

---

81) 대전고등법원 2010나5470으로 항소되었다가 2010. 9. 1. 항소취하로 확정되었다.
82) 전효숙(주 13), 448; 이균용(주 10), 74, 75; 문용선, "상표권 침해로 인한 손해배상청구에 관한 구 상표법 제67조 제2항의 취지", 대법원판례해설 제42호, 법원도서관(2002), 182; 송영식 외 6인(주 4), 293(김병일 집필부분).
83) 문용선(주 82), 179.

나. 손해발생의제설

상표권침해의 경우 손해액의 증명이 곤란한 것을 감안하여 상표권 침해행
위가 있으면 항상 최저한도 사용료 상당액의 손해가 발행하고 있는 것으로 간
주하는 규정으로서 손해의 발생, 손해액 및 손해와 침해 사이의 인과관계의 존
재가 모두 의제되어 있으므로 권리자는 침해자의 권리침해를 입증하기만 하면
되고, 손해의 불발생을 항변사유로 주장할 수 없다는 견해이다. 이 설에서는 상
표권자가 실제로 상표를 사용하여 영업을 하고 있지 아니하더라도 타인의 침해
가 있으면 장래 사용하는 경우에 수입의 감소가 있을 것을 상정할 수 있고 이
런 의미에서 상표권 그 자체의 가치의 감소라고 하는 손해가 발생한다고 말할
수 있다고 하거나, 침해자가 적법하게 사용하기 위하여는 상표권자의 사용허락
을 요하기 때문에 상표권자는 적어도 얻을 수 있는 사용료를 상실하고 있다고
말할 수 있기 때문이라고 한다. 이 규정과 동일한 규정인 특허법 제128조 제3항
의 법적 성격에 대하여는 손해발생의제설이 다수설[84]이다.

다. 판례

판례는 제110조 제4항은 제110조 제3항과 마찬가지로 불법행위에 기한 손
해배상청구에 있어서 손해에 관한 피해자의 주장·입증책임을 경감하는 취지의
규정이고 손해의 발생이 없는 것이 분명한 경우까지 침해자에게 손해배상의무
를 인정하는 취지는 아니라 할 것이므로, 제110조 제4항의 규정에 의하여 상표
권자 등이 상표권 등을 침해한 자에 대하여 침해에 의하여 받은 손해의 배상을
청구하는 경우에 상표권자 등은 손해의 발생사실에 관하여 구체적으로 주장·입
증할 필요는 없고, 권리침해의 사실과 통상 받을 수 있는 금액을 주장·입증하
면 족하다고 할 것이지만, 침해자도 손해의 발생이 있을 수 없다는 것을 주장·
입증하여 손해배상책임을 면할 수 있다고 보아, 상표권자가 제3자에게 전용사
용권을 부여한 경우나[85] 상표권자가 해당상표를 등록만 해두고 실제 사용하지
는 않았다는 등 손해발생을 부정할 수 있는 사정을 침해자가 증명한 경우에
는[86] 손해배상책임을 부정하였고, 이러한 전제하에 상표권자에게 손해의 발생

---

84) 박성수(주 9), 292, 293; 장수길, "지적소유권의 침해에 따른 손해배상", 지적소유권법연
   구 창간호, 한국지적소유권학회(1991), 52; 정희장, "특허권등 침해로 인한 손해배상청구권,
   부당이득반환청구권", 재판자료 제56집, 법원도서관(1992), 428; 이상경(주 16), 309면.
85) 대법원 2002. 10. 11. 선고 2002다33175 판결.
86) 대법원 2016. 9. 30. 선고 2014다59712, 59729 판결 [공2016하, 1597].

이 인정되지 아니하는 경우에는 민법 제750조에 기한 손해배상청구권 역시 인정될 수 없다고 판시하여[87] 손해불발생의 항변을 인정하고 있다.

라. 결론

이 규정은 민법 제750조에 의한 불법행위로 인한 손해배상청구권의 특칙으로서 권리자의 입증을 용이하게 하기 위한 규정이라 할 것인데, 단순히 입증의 부담을 완화시켜주는 것에서 더 나아가 손해의 발생이 있을 수 없는 경우에도 손해의 배상을 인정하는 것은 민법 제750조의 범위를 일탈하는 것이다. 따라서 손해의 점에 관한 상표권자 또는 전용사용권자의 입증을 완화하는 것으로 충분하고 침해자에게 손해불발생의 항변까지 불허할 필요는 없다고 할 것이다.[88] 또한 민법상 손해의 개념에 관한 통설 및 판례의 기본적 입장인 차액설에 의할 경우 불사용상표권에 대해서 실시료 수입을 얻는 것을 기대할 수 없을 뿐만 아니라, 타인이 이를 사용하더라도 가치의 감소가 희박한 상표의 경우에 손해를 의제하는 것은 합리성에 의문이 있으며, 불사용취소심판의 대상이 되는 등록상표의 권리침해에 있어서 적어도 취소가능시점 이후에 관해서는 권리자의 손해발생을 인정할 수 없다.[89]

물론, 판례는 기본적으로 차액설을 취하면서도 보충적으로 평가설(법익침해

---

87) 대법원 2004. 7. 22. 선고 2003다62910 판결에서는 이 같은 취지에서 "원심은 서울 중구 신당동 소재 광희시장에서 의류판매업에 종사하는 피고가 2001. 8.경부터 2001. 11. 20.까지 사이에 원고가 의류 등을 지정상품으로 하여 일본 및 대한민국 특허청에 각 등록한 상표인 X-GIRL(이하 '이 사건 상표'라고 한다)에 대한 정당한 사용권한 없이 이를 위조한 상표가 부착된 티셔츠 등 의류를 일본 보따리상들에게 판매하여 온 사실, 원고는 피고의 이 사건 판매행위 기간 동안 일본 내에서는 위 상표를 부착한 제품을 생산·판매하여 왔지만 대한민국 내에서는 그 생산·판매 등 영업활동을 하지 아니한 사실 등을 인정한 다음, 피고의 이 사건 판매행위 기간 동안 원고가 대한민국 내에서 위 상표를 사용하여 제품을 생산·판매하는 등의 영업활동을 한 바가 없는 이상 그에 따른 영업상 손해도 없었다 할 것이고, 원고가 대한민국에서 이 사건 상표권을 등록하고 그 침해행위에 대한 단속활동을 벌여 왔다 해도 이를 제품의 생산·판매 또는 그와 유사한 내용의 영업활동에 해당하는 것으로 볼 수 없다 할 것이며, 따라서 피고의 이 사건 판매행위로 인하여 원고에게 영업상 손해가 발생하였음을 전제로 하는 원고의 한국 상표권에 기한 손해배상청구는 이유 없다고 판단한 다음, 나아가 원고가 이 사건 상표에 관한 대한민국 내 위조품 단속을 위하여 지출하였다고 주장하는 비용은 원고 직원들이 대한민국 내에서 불특정 다수인을 상대로 위조품 단속을 하는 과정에서 일반적으로 지출된 것일 뿐 피고의 이 사건 판매행위 단속에 직접 소요된 것이라고 볼 수 없다는 이유로 위 지출비용 상당의 손해배상청구도 배척하였다. 앞서 본 법리를 기초로 이 사건 기록을 살펴보면, 위와 같은 원심의 사실인정 및 판단은 정당하다."라고 판시하였다.
88) 문용선(주 82), 181.
89) 김병일(주 10), 92.

설)에 의해 구체적 타당성을 확보하고자 하고 있고, 예컨대 토지의 소유자는 실제로 토지를 사용하고 있지 않았더라도 토지의 불법점유자에 대하여 임료 상당액을 청구할 수 있기는 하다.90) 그러나 상표를 보호함으로써 상표사용자의 업무상의 신용유지를 도모하여 산업발전에 이바지함과 아울러 수요자의 이익을 보호함을 목적으로 하여 본래는 배타성이 없는 공중의 영역에 속하는 것이나 지적창작물에 대하여 인공적으로 상표권이라는 배타적 지배영역을 설정한 것임을 고려하여 볼 때, 상표권 침해의 경우에도 그와 같이 일단 상표권이 침해되면 상표의 기회이익 내지는 그 효용이 상실되었다고 보아 당연히 통상사용료 상당액의 손해가 있다고 인정되어야 하는 것인지는 의문이다.

다만, 이와 동일한 내용을 규정하고 있는 특허법 제128조 제3항에 대한 해석으로는 이른바 최저배상액의 법정이라고 하여 권리자의 손해발생 여부를 묻지 않는다고 보는 견해가 다수설인데, 상표법에서는 이와 달리 해석하는 것이 타당한가 하는 점에 대한 의문이 있을 수 있으나, 이와 같은 해석이 가능한 이유는 우리 법체계가 상표권에 대하여 가지는 평가와 특허권에 대하여 가지는 평가가 다르기 때문이라고 보아야 할 것이다. 특허권이나 저작권은 기술의 발전과 지적 창작에 가치가 있어서 그 자체로 재산적 가치를 갖는 것임에 비하여, 상표는 설령 그 창작을 위한 노력과 투자가 큰 경우에 있어서도 영업표지로서 사용에 의하여 업무상 신용이나 고객흡인력을 축적해 나가는 것이기 때문에 이러한 신용이나 고객흡인력이 화체되지 아니한 불사용상표의 객관적 가치는 매우 미미하거나 없을 수도 있기 때문이다.91) 일본의 판례 중에도 이와 같은 취지에서 특허권이나 실용신안권은 창작적인 발명이나 고안에 관계된 것으로 그 자체가 재산적 가치를 갖는 것임에 대하여 상표권은 문자나 도형을 조합시킨 상표 그 자체에 재산적 가치가 있는 것이 아니라 업무상의 신용이 부착됨으로써 비로소 재산적 가치를 취득하는 것이라고 판시한 것이 있다.92)

결국 이는 법리에 따라 필연적으로 결론이 도출될 수 있는 문제라기보다

---

90) 다만, 타인의 토지의 경계를 침범하여 건물을 신축함으로써 타인의 토지를 점유하고 있는 경우에는 건물을 철거함으로써 불법점유자의 점유를 배제하기 전까지는 그 토지의 소유자로서는 위 토지를 현실적으로 이용할 수 없음에 반하여, 상표권의 침해로 상표권자 또는 전용사용권자에게 손해가 발생하는 경우에는 침해행위가 계속되고 있고 그로 인하여 상표의 가치훼손이 있다 하더라도 상표권자 또는 전용사용권자는 여전히 자신의 상표를 현실적으로 사용할 수 있다는 점에서 차이가 있다.

91) 전효숙(주 13), 448.

92) 最高裁判所 1997(平成9). 3. 11. 선고 平成6(才) 1102 판결(民集 第51卷 3号 1055頁).

가치판단에 따른 정책적인 고려에 의하여 평가될 문제라고 생각되고, 제110조 제4항에 대한 해석으로는 손해액법정설이 타당하다고 판단된다.

2. 구체적인 적용

가. 상표권자가 실제로 상표를 사용하여 영업을 하고 있지 아니한 경우

이러한 경우 손해불발생의 항변의 원칙적인 경우로서 침해자로서는 이 같은 사항을 항변으로 주장, 입증하여 손해배상책임을 면할 수 있을 것이다. 다만, 상표권자가 상표를 사용하여 영업을 하고 있지 아니하다 하더라도 타인이 상표권을 침해함으로써 상표권 자체의 가치의 감소라고 하는 손해가 발생하거나 상표권자가 타인에게 사용을 허락하여 사용료의 지급을 받는 것이 불가능하게 되었다거나 하는 등의 특별한 사정이 있는 경우에는 상표권자에게 손해가 있다고 할 수 있을 것이다.93)

나. 상표권자가 전용사용권을 설정한 경우

전용사용권을 설정, 등록하면 전용사용권자는 그 등록상표를 독점사용할 권리를 가지게 되고 그 범위 내에서는 상표권자도 그 상표를 사용하지 못하므로 이러한 전용사용권의 설정은 상표권자의 침해자에 대한 청구에 대한 손해불발생의 항변사유가 된다. 다만 전용사용권의 사용료를 정액으로 정하지 않고 상품의 판매액에 따른 비율로 정한 경우에는 상표권의 침해에 의하여 전용사용권자의 상품의 판매에 영향을 미침으로써 상표권자의 사용료 수입이 줄어들 수 있으므로 예외적으로 손해불발생의 항변이 인정되지 않을 수 있다.94)

또한 전용사용권이 설정된 경우 상표권의 침해는 전용사용권자의 권리를 침해하는 것이 되므로 전용사용권자의 손해배상청구에 대하여는 이 같은 항변으로 대항할 수 없을 것임은 당연하다.

다. 그 밖에 상표권자에게 사용료 상당의 손해도 발생하지 아니하는 경우

특허권, 실용신안권 등의 경우에는 그 자체가 창작적 가치를 가지는 것이어서 그 침해품은 그 성능, 효용 등에 있어서 특허권 등을 이용한 것이기 때문에 침해품의 매상 중에는 반드시 특허권 등의 대가에 해당하는 부분이 있으나, 상표권의 경우는 그 자체가 재산적 가치를 가지는 것은 아니고 상품의 출처인 기

---

93) 문용선(주 82), 185.
94) 문용선(주 82), 184; 김병일(주 10), 95.

업 등의 영업상의 신용 등과 결부되어 비로소 일정한 가치를 가지는 것으로서, 상표를 부착한 상품이 판매되었다고 하여 곧바로 당해 상표가 매상에 기여하였다고 할 것도, 당해 상표에 대하여 사용·허락을 구하는 수요가 존재한다고 하는 것을 의미하는 것도 아니다.

이러한 점에 비추어 보면, 개별 사안에 있어서 극히 예외적인 특수사정이 존재하는 경우, 즉 권리자의 등록상표에 고객흡인력이 전혀 없고, 침해자 제품의 매상은 전적으로 침해자의 영업력 및 그 제품의 고품질에 기인하는 것이어서 유사상표의 사용은 이에 전혀 기여하지 아니한 것이 명백하고, 동시에 침해자가 유사상표를 사용함으로써 권리자가 등록상표를 제3자에게 사용·허락하여 사용료를 얻을 가능성을 해하였다고 하는 사정을 인정할 여지도 없는 것과 같은 경우에 있어서는 사용료 상당액의 손해가 전혀 없다고 할 수 있을 것이다.[95]

3. 사용료 상당액의 산정

가. 통상 받을 수 있는 금액의 의미

상표권자는 배타적인 사용권을 타인에게 설정하기보다 통상사용권을 설정하는 것이 일반적이고 전용사용료보다는 통상사용료가 낮기 때문에, 여기에서의 '통상 받을 수 있는 금액'이란 통상사용권의 사용료 상당액으로서 객관적으로 상당한 액을 의미하는 것으로 보는 것이 일반적이다.[96] 객관적으로 상당한 액이란 침해자에게 사용을 허락하였다면 받을 수 있었을 액이 아니라 일반적으로 침해 당시 타인에게 사용허락을 하였다면 받을 수 있었을 액을 의미한다.

통상사용권이 설정되어 있는 경우에는 그 사용료를 참고할 수 있을 것이지만,[97] 통상사용권이 설정되어 있지 않을 경우에는 권리자가 주장하는 액수의 범위 내에서 법원이 감정이나 사실조회 등의 증거조사방법을 통하여 이를 결정하게 될 것인데, 사용요율이나 단위당 사용료의 액수는 권리자의 입증이 없어도

95) 문용선(주 82), 186, 187.
96) 송영식(주 4), 293(김병일 집필부분); 전효숙(주 13), 449.
97) 특허법에 관한 판례로서, 대법원 2006. 4. 27. 선고 2003다15006 판결에서는 특허법 제128조 제3항에 의하여 특허발명의 실시에 대하여 통상 받을 수 있는 금액에 상당하는 액을 결정함에 있어서는, 당해 특허발명에 대하여 특허권자가 제3자와 사이에 특허권 실시계약을 맺고 실시료를 받은 바 있다면 그 계약 내용을 침해자에게도 유추적용하는 것이 현저하게 불합리하다는 특별한 사정이 없는 한 그 실시계약에서 정한 실시료를 참작하여 위 금액을 산정하여야 하며, 그 유추적용이 현저하게 불합리하다는 사정에 대한 입증책임은 그러한 사정을 주장하는 자에게 있다고 판시한 바 있다.

법원이 현저한 사실이나 변론 전체의 취지로부터 인정할 수 있으나, 침해자의 판매수량과 판매가액에 관하여는 권리자가 주장입증책임을 부담한다.[98]

다만 이러한 사용료 상당액의 배상은 침해자가 현실적으로 사용하였을 것을 요하고, 사용을 위한 예비행위(제108조 제1항 제2호 내지 제4호)에 그친 경우에는 적용되지 않는다.[99]

나. 사용료 상당액 산정의 기준시

상표의 사용료 상당액 산정의 기준시에 관하여 불법행위시인 침해행위가 발생한 때로 보는 견해[100] 외에는 국내에서는 별다른 논의가 없으나, 특허의 실시료 상당액 산정의 기준시에 관하여는, 원칙적으로 사후적으로 보아 객관적으로 상당한 액으로 해석하여야 한다는 견해,[101] 실시료 상당액의 기준은 침해시를 기준으로 하면 배상액이 소액에 그치게 되어 불공평하므로 사실심 변론종결시를 기준으로 하고 그간의 모든 사정을 고려하여 결정하여야 한다는 견해,[102] 상당한 실시료 산정의 기준시점은 침해행위시를 기준으로 하되, 사실심의 변론종결시에 명확하게 밝혀진 침해기간 중의 특허발명의 가치에 관한 전체의 증거를 참작하여 합리적인 당사자라면 침해행위 개시시에 합의하였을 실시료액을 기준으로 하여야 한다는 견해[103] 등이 있다.

특허법에 관한 판례로서, 대법원 2006. 4. 27. 선고 2003다15006 판결에서는 특허법 제128조 제3항에 의하여 특허발명의 실시에 대하여 통상 받을 수 있는 금액에 상당하는 액을 결정함에 있어서는, 특허발명의 객관적인 기술적 가치, 당해 특허발명에 대한 제3자와의 실시계약 내용, 당해 침해자와의 과거의 실시계약 내용, 당해 기술분야에서 같은 종류의 특허발명이 얻을 수 있는 실시료, 특허발명의 잔여 보호기간, 특허권자의 특허발명 이용 형태, 특허발명과 유사한 대체기술의 존재 여부, 침해자가 특허침해로 얻은 이익 등 변론종결시까지 변론과정에서 나타난 여러 가지 사정을 모두 고려하여 객관적, 합리적인 금액으로 결정하여야 한다고 판시하였다.

---

98) 이균용(주 10), 75, 76.
99) 송영식(주 4), 293(김병일 집필부분); 김병일(주 10), 94.
100) 김병일(주 10), 94.
101) 손경한 편, 신특허법론, 법영사(2005), 817(전효숙 집필 부분 "특허권침해로 인한 손해배상").
102) 송영식 외 2인, 지적소유권법(제7판), 육법사(2005), 478; 박성수(주 9), 305.
103) 안원모(주 16), 255.

4. 사용료 상당액 산정에 관한 판결

가. 대법원 2006. 4. 27. 선고 2003다15006 판결

특허권에 관한 사안으로서, 특허법 제128조 제3항에 의하여 특허발명의 실시에 대하여 통상 받을 수 있는 금액에 상당하는 액을 결정함에 있어서는, 특허발명의 객관적인 기술적 가치, 당해 특허발명에 대한 제3자와의 실시계약 내용, 당해 침해자와의 과거의 실시계약 내용, 당해 기술분야에서 같은 종류의 특허발명이 얻을 수 있는 실시료, 특허발명의 잔여 보호기간, 특허권자의 특허발명 이용 형태, 특허발명과 유사한 대체기술의 존재 여부, 침해자가 특허침해로 얻은 이익 등 변론종결시까지 변론과정에서 나타난 여러 가지 사정을 모두 고려하여 객관적, 합리적인 금액으로 결정하여야 하고, 특히 당해 특허발명에 대하여 특허권자가 제3자와 사이에 특허권 실시계약을 맺고 실시료를 받은 바 있다면 그 계약 내용을 침해자에게도 유추적용하는 것이 현저하게 불합리하다는 특별한 사정이 없는 한 그 실시계약에서 정한 실시료를 참작하여 위 금액을 산정하여야 하며, 그 유추적용이 현저하게 불합리하다는 사정에 대한 입증책임은 그러한 사정을 주장하는 자에게 있다고 판시하였다.

나. 대법원 2008. 4. 24. 선고 2006다55593 판결

구 저작권법(2006. 12. 28. 법률 제8101호로 개정되기 전의 것) 제93조 제2항에 따라 손해액을 산정함에 있어 그 권리의 행사로 통상 얻을 수 있는 금액에 상당하는 액이라 함은 침해자가 저작물의 이용허락을 받았더라면 그 대가로서 지급하였을 객관적으로 상당한 금액을 말하는 것으로, 저작권자가 침해행위와 유사한 형태의 저작물 이용과 관련하여 저작물이용계약을 맺고 이용료를 받은 사례가 있는 경우라면, 특별한 사정이 없는 한 그 이용계약에서 정해진 이용료를 저작권자가 그 권리의 행사로 통상 얻을 수 있는 금액으로 보아 이를 기준으로 손해액을 산정함이 상당하다는 전제 하에 원심이 원고와 피고 사이에 2000. 5. 23. 체결된 이 사건 3곡에 대한 저작권 이용료를 기준으로 이 사건 3곡에 대한 저작권 침해로 인한 손해액을 산정하였음은 옳다고 판시하였다.

다. 대법원 2001. 11. 30. 선고 99다69631 판결

저작권자가 침해행위와 유사한 형태의 저작물 사용과 관련하여 저작물사용계약을 맺고 사용료를 받은 사례가 있는 경우라면, 그 사용료가 특별히 예외적

인 사정이 있어 이례적으로 높게 책정된 것이라거나 저작권 침해로 인한 손해
배상청구 소송에 영향을 미치기 위하여 상대방과 통모하여 비정상적으로 고액
으로 정한 것이라는 등의 특별한 사정이 없는 한, 그 사용계약에서 정해진 사용
료를 저작권자가 그 권리의 행사로 통상 얻을 수 있는 금액으로 보아 이를 기
준으로 손해액을 산정함이 상당하다고 판시하였다.

라. 대법원 2003. 3. 11. 선고 2000다48272 판결

이 사건 등록고안에 관하여 원고 A나 원고들이 체결한 기존의 각 실시허락
계약을 보면 매출금액의 3%를 통상실시료로 지급하기로 약정하였고 위 실시료
율 3%는 이 사건 등록고안의 기술내용과 기여도 등을 고려하여 정한 것으로 보
이며, 달리 위 실시료율이 부당하다고 볼 만한 자료를 기록상 찾아보기 어려운
이상, 통상실시료 상당의 금액을 손해배상으로 구하는 이 사건에 있어서 피고들
이 배상할 손해액은 위 실시료율에 의하여 산정함이 상당하다고 판시하였다.

마. 대구고등법원 2013. 2. 1. 선고 2011나6183 판결[104]

일반적으로 사용료는 기존에 상표권 사용계약이 있었으면 그에 따르고, 사
용계약이 없는 경우에는 업계의 통상적인 사용료 등에 거래의 개별사정을 고려
하여 적정하게 산정한 사용료율에 침해품의 판매가격을 곱하는 방식에 의하여
산정하는 것이 보통이라는 전제 아래, 감정결과에 의하여 원고가 피고로부터
2004년부터 2007년까지 받을 수 있었던 원고 상표의 통상사용료율[105]을 0.5%
로 인정하였다.

바. 서울중앙지방법원 2009. 5. 6. 선고 2007가합46652 판결[106]

피고 1은 원고 2와 이 사건 가맹계약을 체결하면서 월 카드매출액의 1%에
해당하는 금액을 로열티로 지급하기로 한 점, 원고 1은 원고 2의 대표이사로서
피고 1과 이 사건 가맹계약을 직접 체결한 점 등을 감안할 때, 피고들이 원고 1
에게 이 사건 서비스표 사용의 대가로 통상 지급하여야 할 금원은 '월 카드매출
액의 1%에 해당하는 금액'이라고 판시하였다.

---

104) 대법원 2013. 7. 25. 선고 2013다21666 판결로 상고기각되었다.
105) 통상사용료율 = 기업가치×상표기여도/총매출액.
106) 항소기간 도과로 확정되었다.

Ⅶ. 제110조 제5항

1. 주의적 규정

제4항의 규정에 불구하고 손해의 액이 동항에 규정하는 금액을 초과하는 경우에는 그 초과가액에 대하여도 손해배상을 청구할 수 있다. 이는 실손해배상의 원칙을 확인하는 규정으로서 이 규정이 없더라도 민법이나 제1항의 규정에 의한 손해배상청구가 가능하므로 주의적 규정에 지나지 않는다.[107]

2. 침해자의 과실 내용 참작

침해자에게 고의 또는 중대한 과실이 없는 때에는 법원은 손해배상의 액을 정함에 있어서 이를 참작할 수 있다. 즉 침해자에게 경과실만 있는 경우에는 제4항의 손해배상액을 초과하는 손해배상액이 경감될 수 있다. 이는 사용료 상당액 이상의 배상을 청구하는 경우에 경과실밖에 없는 침해자에게 이를 모두 배상케 하는 것은 가혹하므로 법원의 재량에 의하여 배상액을 경감할 수 있도록 하는 규정이다.

3. 제5항의 적용범위

손해액이 제4항의 사용료 상당액을 초과하는 한 제1항, 제2항이나 제3항에 의하여 산정된 금액에 대하여도 제5항 제2문을 근거로 하여 침해자의 경과실을 참작하여 손해배상액을 정할 수 있는지 문제되는데, 제5항 제2문의 규정 자체가 제4항의 금액을 넘는 손해배상청구의 경우라고만 규정하여 제1항 내지 제3항에 의한 청구를 배제하고 있지 않고, 제5항 제2문이 침해자를 보호하기 위한 규정이라고 한다면, 사용료의 액을 초과하는 손해배상이 제1항 내지 제3항의 규정에 의하여 청구되어 그 손해배상액이 사용료를 초과하는 경우에도 법원이 이를 참작할 수 있다고 보아야 할 것이다.[108]

4. 감액의 한도

침해자의 경과실을 참작한다 하더라도 제4항의 사용료 상당액은 침해자의

---

107) 전효숙(주 13), 450.
108) 이균용(주 10), 78; 전효숙(주 13), 451; 김병일(주 10), 98.

과실 정도에 관계없이 최저의 손해배상액으로써 인정되는 것이므로 제4항의 사용료 상당액 이하로 경감할 수는 없다.[109]

VIII. 제110조 제6항

1. 취지

이는 2001. 2. 3. 특허법과 함께 상표법이 법률 제6414호로 개정되면서 신설된 규정으로서 앞에서 살펴본 제1항 내지 제5항의 규정 취지와 마찬가지로 권리의 침해사실 및 손해의 발생사실이 인정되는 이상 손해액의 입증이 곤란한 경우라 하더라도 법원이 변론 전체의 취지와 증거조사의 결과에 기초하여 상당하다고 인정되는 금액을 손해액으로 인정할 수 있도록 함으로써 권리자의 입증의 부담을 완화하고자 하는 규정이다.

2. 적용요건

손해액을 입증하기 위하여 필요한 사실을 입증하는 것이 해당 사실의 성질상 극히 곤란한 경우의 예로 '침해자가 매입·매출관계 서류를 전혀 작성치 않았거나 제출하지 아니한 경우 등의 사정으로 손해액의 입증을 위하여 필요한 사실의 입증이 대단히 곤란한 경우'[110]를 들 수 있다.

이에 관하여 대법원 2005. 1. 13. 선고 2002다67642 판결은 증거에 의하여 산정한 피고의 이익 금액에는 이 사건 등록상표권의 침해행위에 의하여 얻은 이익과 무관한 정상적인 영업이익 및 피고가 종래부터 구축한 영업망이나 경영수완에 의한 이익 등의 기여요인에 의한 이익이 포함되어 있기 때문에 그 이익 전부를 곧바로 침해행위에 의하여 얻은 것이라고 할 수 없지만, 달리 침해행위에 의하여 얻은 이익액을 인정할 증거가 없고, 이 사건 등록상표의 통상 사용료를 산정할 자료도 없어, 결국 피고의 이 사건 등록상표권의 침해행위로 인한 손해액을 입증하기 위하여 필요한 사실을 입증하는 것이 해당 사실의 성질상 극히 곤란한 경우에 해당한다고 판시한 바 있다.

---

109) 전효숙(주 13), 452; 이균용(주 10), 79; 김병일(주 10), 98.
110) 송영식(주 4), 294(김병일 집필부분).

3. 적용 효과

가. 상당한 손해액의 인정

법원은 변론 전체의 취지와 증거조사의 결과에 기초하여 상당한 손해액을 인정할 수 있는데, 법원은 피고의 매출액, 피고가 상표를 사용하게 된 배경, 원고와 피고의 상품 및 영업의 동종성, 상표권침해의 기간, 피고가 보여준 태도, 권리침해의 고의성, 기타 이 사건 변론에 나타난 제반 사정 등[111])을 참작할 수 있다. 어느 정도가 상당한 손해액에 해당하는지에 관하여 이를 사회통념상 침해된 손해액[112])으로 이해하는 견해도 있으나, 이는 결국 개별 사건에서 법원이 구체적으로 판단할 사항이다.

나. 상당한 손해액에 관한 판결

(1) 대법원 2005. 1. 13. 선고 2002다67642 판결

피고가 (가)호 표장 또는 (나)호 표장을 부착한 위 상품의 수입, 판매 수량은 265,752상자(1상자당 24캔)이고, 그 상품의 수입단가는 1상자에 최대 7,000원, 피고가 도매상에 판매하는 가격은 1상자에 최소 8,000원에 이르는 사실을 인정한 다음, 이러한 사실을 토대로 산정한 피고의 이익 금액인 265,752,000원{265,752상자 × (8,000원 - 7,000원)}에는 이 사건 등록상표권의 침해행위에 의하여 얻은 이익과 무관한 정상적인 영업이익 및 피고가 종래부터 구축한 영업망이나 경영수완에 의한 이익 등의 기여요인에 의한 이익이 포함되어 있기 때문에 그 이익 전부를 곧바로 침해행위에 의하여 얻은 것이라고 할 수 없지만, 달리 침해행위에 의하여 얻은 이익 액을 인정할 증거가 없고, 한편, 이 사건 등록상표의 통상 사용료를 산정할 자료도 없어, 결국 피고의 이 사건 등록상표권의 침해행위로 인한 손해액을 입증하기 위하여 필요한 사실을 입증하는 것이 해당 사실의 성질상 극히 곤란한 경우에 해당하므로, 상표법 제67조 제5항(현행법 제110조 제6항)을 적용하여 그 증거조사 결과에 나타난 이 사건 등록상표의 인지도, 피고가 (가)호 표장 및 (나)호 표장을 피고의 상품에 사용하게 된 경위, 원고와 피고의 사업규모, 수요자와 유통경로의 이동(異同), 기타 변론에 나타난 제반 사정 등을 종합하여 원고의 손해액은 위에서 추산된 피고의 이익 중 60%에 해당하는 금액인

---

111) 대법원 2005. 5. 27. 선고 2004다60584 판결 참조.
112) 전수진, 특허침해에 있어서 손해배상액의 산정에 관한 연구, 연세대학교 법무대학원 석사학위논문(2003), 94.

159,451,200원(= 265,752,000원 × 60%)이라고 봄이 상당하다고 판시하였다.

(2) 대법원 2005. 5. 27. 선고 2004다60584 판결

상표사용료 상당액의 합계가 133,155,798원이고, 이와 별도로 피고들이 1999. 12.부터 2000. 9.까지 '오리리화장품'이라는 상호를 표시하여 생산·판매한 제품의 총매출액이 804,380,774원에 이르는 점, 피고들이 이 사건 각 등록상표 및 피고들 상표를 사용하게 된 배경, 원고들과 피고들의 상품 및 영업의 동종성, 상표권침해 및 부정경쟁행위의 기간, 그 동안 피고들이 보여준 태도와 권리침해의 고의성, 기타 이 사건 변론에 나타난 제반 사정 등을 종합하여, 이 사건 상표권침해 및 부정경쟁행위로 인하여 피고들이 원고에게 배상하여야 할 손해액을 1억 7천만 원으로 정하였는바, 원심의 이러한 조치는 위 각 규정에 따른 것으로서 정당하며, 그 손해액 또한 비교적 적정하다고 판시하였다.

(3) 서울고등법원 2013. 5. 29. 선고 2012나61393 판결[113]

상표권침해행위에 따른 손해가 발생한 것으로 인정될 수 있는 경우에 손해의 성질상 손해액의 입증이 곤란하다고 할 수 없다고 하여도 손해액을 입증하기 위하여 필요한 사실(상대방의 판매수량이나 이익률 등)을 입증하는 것이 해당 사실의 성질상 극히 곤란한 때에는 변론 전체의 취지와 증거조사의 결과에 기초하여 상당한 손해액을 인정할 수 있고, 다만 그 인정은 경험칙에 기초한 개연성이 높은 것이거나 적어도 사실과 손해 사이에 공평성을 갖출 수 있을 정도로 균형을 갖추어야 한다고 해석된다.

이 사건에서 보면, 피고들이 세무 신고한 2009년부터 2012년까지 사업소득의 합계는 939,104,500(= 85,824,000 + 147,019,000 + 97,108,000 + 145,100,000 + 89,895,000 + 145,908,600 + 90,619,900 + 137,630,000)원에 이르고, 피고들은 매출액 중 별지3 문양을 사용한 제품의 비중은 15%이고 그 영업이익률은 15%라고 자인하고 있다. 그리고 별지2 문양을 사용한 제품의 비중과 영업이익률도 비슷하다고 본다면 피고들이 별지2, 3 문양을 사용하여 얻은 이익은 21,129,851(= 939,104,500 × 0.15 × 0.15)원 정도로 추정된다. 그리고 상표권과 같은 절대적 배타권에서는 제3자가 상표권의 대상이 되어 있는 등록상표와 동일하거나 유사한 상표를 지정상품과 동일하거나 유사한 상품에 사용하면 설령 그에 따라 실제로 혼동이나 혼동의 우려가 생기지 않아도 등록상표의 자타 식별기능이나 광고선전 기능이 침해되고 그 결과 상표권의 재산적 가치가 저하되는 것은 경험칙에 비추어 분명하

---

113) 상고되었으나 대법원 2013. 10. 17. 선고 2013다56877 판결로 심리불속행기각되었다.

므로 상표권자가 그와 같은 등록상표의 모용을 입증하면 통상은 손해가 생긴 사실이 추정된다.

　　그뿐만 아니라 피고들이 개인 명의로 사업자등록을 한 다음, 원고의 상표와 유사한 상표를 사용한 상품을 판매하고 있는 영업형태에 비추어 실제 매출액은 세무 신고한 매출액보다 클 것으로 보이고, 별지2, 3 문양을 사용한 제품의 판매량과 영업이익률도 피고들이 자인하고 있는 것보다 클 개연성이 있으며, 피고 B는 2009. 5. 초 무렵부터 2009. 10. 23.까지 약 6개월 동안에도 별지2 문양의 상표가 부착된 가방 약 600개를 750만 원에 판매하였고, 지갑 약 80개를 100만 원에 판매하였으며, 판매 시가 1,300만 원 상당의 가방 약 880개와 지갑 약 170개를 판매 목적으로 보관하였고, 피고들은 원고의 상표권을 침해한 전력이 있을 뿐 아니라 상표권 침해에 관한 민사, 형사사건이 계속되고 있음에도 이 법원 변론종결시점까지 별지 문양이 사용된 제품을 여전히 제조, 판매하고 있었으며, 피고들은 별지 문양을 사용하여 상품을 제조, 판매한 자료를 전혀 제출하지 않고 있고, 원고가 그에 관한 자료를 입수하여 제출하는 것도 사실상 불가능한 사정에 비추어 원고 등록상표의 주지 저명성, 피고들의 의도, 침해의 경위·태양·기간·정도, 원고의 제품과 피고들 제품의 가격 및 거래방법의 차이 등을 종합적으로 고려하여 볼 때, 원고는 피고들의 제품 생산·판매행위로 말미암아 적어도 4,000만 원 정도의 재산상 손해를 입었다고 봄이 타당하다.

　　(4) 서울고등법원 2011. 8. 17. 선고 2010나102542 판결[114]

　　피고의 이 사건 상표권 침해로 인하여 원고가 입은 손해액을 구체적으로 산정하기 어려우므로, 원고가 입은 손해액은 상표법 제67조 제5항(현행법 제110조 제6항)에 따라 법원이 변론 전체의 취지와 증거조사 결과에 기초하여 산정할 수밖에 없는바, … 피고의 이 사건 상표권 침해기간 중 총매출액이 450,774,204원인 점, 그 중 상당 부분은 피고들 표장 외의 다른 표장들이 사용된 조미 김의 매출액으로 보이는 점, 원고가 이 사건 상표의 단독상표권자가 아니라 공동상표권자인 점, 원고가 운영하는 업체의 매출규모 및 영업이익률, 피고가 이 사건 소장을 송달받고도 2009. 12.까지 이 사건 상표권 침해행위를 하여 온 점 등 변론에 나타난 제반 사정 등을 고려하면 피고의 이 사건 상표권 침해로 인하여 원고가 입은 손해액은 700만 원 정도로 봄이 타당하다고 판시하였다.

---

114) 대법원 2013. 11. 28. 선고 2011다73793 판결로 원고 패소 부분이 파기되어 서울고등법원 2013나78251호로 환송되었고 2014. 4. 29. 조정으로 확정되었다.

(5) 서울고등법원 2009. 5. 13. 선고 2008나60317 판결[115]

원고가 RENOMA 상표의 사용을 허락함에 있어 제품의 품질과 이에 따른 상표에 화체된 상표권자의 신용을 지키기 위해 노력한 사정, 원고가 RENOMA 상표의 사용을 허락하고 받은 기본사용료의 액수, 원고가 상표사용을 허락하고 받은 매출액에 따른 사용료의 액수와 피고들의 매출 또는 이익의 비교, 상표권이나 전용사용권을 침해하는 상품이 생산업자, 도매업자, 판매업자 등으로 순차로 유통되는 경우에 있어서 상표권자나 전용사용권자는 주로 하나의 특정업자와 상표사용에 관한 계약을 체결하고, 그에 따라 사용료를 취득하는 것이 일반적인 사정(적법한 상표사용계약에 따라 생산·판매된 상품을 취득한 사람에 대해서는 상표권의 효력이 소진되어 그 사람에 의한 상품의 양도 등은 상표권의 침해행위에 해당하지 않는다), 피고들이 RENOMA 표장을 무단으로 사용한 기간과 정도, 전용사용권 침해행위의 태양, 그 밖에 변론에 나타난 모든 사정(피고 1이 소비자들에게 제공한 수량을 정확하게 확정할 수는 없는 점, 피고 2와 피고 1 사이의 물품공급계약에서의 대금이 235,000,000원인 점 등)을 고려하면, 피고들이 연대하여 RENOMA 상표의 전용사용권자인 원고에게 배상해야 할 손해배상액은 5,000만원 정도로 정함이 상당하다.

(6) 대전지방법원 홍성지원 2010. 6. 10. 선고 2009가단1566 판결[116]

원고가 이 사건 상표를 취득하고 유지함에 들인 비용과 노력, 이 사건 약정에서 해외 수출의 경우 순 이익금의 20%를 사용료로 지급하기로 한 점, 甲은 자신 역시 통상사용권자에 불구함에도 乙에게 충청도 이남 지역에 대해 이 사건 상표의 통상사용권을 부여하면서 그 사용료로 매출액의 1%를 지급받기로 하였는데, 이 사건 상표에 관해 정상적으로 통상사용권을 부여할 경우에 사용료는 이보다 상당히 높을 것으로 보이는 점, 그 밖에 피고들이 이 사건 상표권을 침해한 기간과 정도, 침해행위의 태양, 그로 인한 매출액, 원고가 위 일본국 등록상표에 관하여 지급받은 사용료 액수 등을 고려하면, 이 사건 상표권 침해행위로 인한 손해배상액은 피고 회사는 60,000,000원, 피고 3은 10,000,000원으로 정함이 상당하다고 판시하였다.

〈염호준〉

---

[115] 상고기간 도과로 확정되었다.
[116] 대전고등법원 2010나5470으로 항소되었다가 2010. 9. 1. 항소취하로 확정되었다.

> **제111조(법정손해배상의 청구)**
> ① 상표권자 또는 전용사용권자는 자기가 사용하고 있는 등록상표와 같거나 동일성이 있는 상표를 그 지정상품과 같거나 동일성이 있는 상품에 사용하여 자기의 상표권 또는 전용사용권을 고의나 과실로 침해한 자에 대하여 제109조에 따른 손해배상을 청구하는 대신 5천만 원 이하의 범위에서 상당한 금액을 손해액으로 하여 배상을 청구할 수 있다. 이 경우 법원은 변론전체의 취지와 증거조사의 결과를 고려하여 상당한 손해액을 인정할 수 있다.
> ② 제1항 전단에 해당하는 침해행위에 대하여 제109조에 따라 손해배상을 청구한 상표권자 또는 전용사용권자는 법원이 변론을 종결할 때까지 그 청구를 제1항에 따른 청구로 변경할 수 있다.

<소 목 차>

Ⅰ. 서론
Ⅱ. 도입배경
Ⅲ. 요건
  1. 적용대상
  2. 법정손해배상액의 단위
  3. 실손해액과 법정손해액의 선택적 청구
Ⅳ. 손해배상범위
  1. 상한액 설정
  2. 손해액 인정에 필요한 고려요소

Ⅰ. 서론

2011. 12. 2. 법률 제11113호로 상표법을 개정하면서 제67조의2(현행법 제111조)를 신설하였는데, 개정이유에 의하면, 상표권 침해에 따른 손해배상소송에서 손해의 입증이나 손해액을 추정하기 곤란한 경우 상표권자 등의 권리 보호가 어려운 경우가 있어 5천만 원 이하의 손해액에 대하여는 상표권자 등의 입증책임을 완화하는 법정손해배상제도를 신설하여 상표권자 등이 실손해액과 법정손해액 중 선택하여 청구할 수 있도록 하였다고 한다.

한편, 제110조 제6항에서는 '법원은 상표권 또는 전용사용권의 침해행위에 관한 소송에서 손해가 발생한 것은 인정되나 그 손해액을 증명하기 위하여 필요한 사실을 밝히는 것이 사실의 성질상 극히 곤란한 경우에는 제1항부터 제5항까지의 규정에도 불구하고 변론전체의 취지와 증거조사의 결과에 기초하여 상당한 손해액을 인정할 수 있다'라고 규정하고 있는데, 제110조 제6항에 의하여 인정되는 상당한 손해액은 소위 적정손해배상으로서 침해사실과 손해발생은 인정되나 구체적인 손해액의 입증이 어려운 경우에 적용될 수 있으나, 제111조에 의하여 인정되는 법정손해배상은 침해사실만 입증되면 손해발생 및 구체적인 손해액의 입증 없이도 배상을 받을 수 있다는 점에서 구별된다.

II. 도입배경

법정손해배상제도에 대하여는 손해배상액 산정시 법원의 재량권을 침해하고 손해배상에 대한 민사소송의 원칙이 실손해배상원칙이므로 일정 액수의 범위를 사전에 정하는 것은 우리 법체계와 맞지 않는다는 비판도 있었으나,[1] 한·미 FTA에서 법정손해배상에 관한 미국의 요구를 우리나라가 수용하였고,[2] 이를 이행하기 위하여 제111조를 신설하게 되었다. 참고로 한·EU FTA 협정문에도 법정손해배상제도가 규정되어 있기는 하나 이는 한·미 FTA 협정문과 달리 강행규정이 아닌 임의규정으로 되어 있다.

한·미 FTA	한·EU FTA
제18.10조 제6항 민사 사법절차에서 상표의 위조의 경우에 권리자의 선택에 따라 이용 가능한 <u>법정손해배상액을 수립하거나 유지한다.</u>	제10.50조 제3항 민사 사법절차에서 상표의 위조의 경우에 권리자의 선택에 따라 이용 가능한 <u>법정손해배상액(사전설정 손해배상액)을 수립하거나 유지할 수 있다.</u>

III. 요건

1. 적용대상

당초 한·미 FTA 협정문에 의하면 상표위조(trademark counterfeiting)의 경우에 권리자의 선택에 따라 이용가능한 법정손해배상액을 수립하거나 유지하도록

---

1) 이종구, "한미FTA의 이행에 따른 미국의 법정손해배상제도의 도입과 그 한계", 산업재산권 제23호, 한국산업재산권법학회(2007), 636.

2) 제18.2조(지적재산권 집행)
6. 민사 사법절차에서, 각 당사국은 최소한 저작권 또는 저작인접권에 의하여 보호되는 저작물·음반 및 실연에 대하여, 그리고 <u>상표위조의 경우에, 권리자의 선택에 따라 이용 가능한 법정손해배상액을 수립하거나 유지한다.</u> 법정손해배상액은 장래의 침해를 억제하고 침해로부터 야기된 피해를 권리자에게 완전히 보상하기에 충분한 액수이어야 한다.

하였으나, 상표법에 법정손해배상제도를 도입하면서는 상표위조의 경우로 제한하지 않았다.

다만 이는 위조상표의 사용 등으로 인한 상표권 침해행위가 있을 경우에 손해 액수의 증명이 곤란하더라도 일정한 한도의 법정금액을 배상받을 수 있도록 함으로써 피해자가 쉽게 권리구제를 받을 수 있도록 하는 예외적 규정이므로, 그 적용요건은 법문에 규정된 대로 엄격하게 해석하여야 한다. 따라서 상표권자가 이 규정에 따른 손해배상을 청구하려면, 상표권 침해 당시 등록상표를 상표권자가 실제 사용하고 있었어야 하고, 침해자가 사용한 상표가 상표권자의 등록상표와 같거나 동일성이 있어야 하며, 동일성 요건을 갖추지 못한 경우에는 통상의 방법으로 손해를 증명하여 배상을 청구하여야지 위 규정에서 정한 법정손해배상을 청구할 수는 없다.[3]

주관적 요건으로 침해자의 고의나 과실을 요한다. 또한 법정손해배상청구는 2012. 3. 15. 이후 최초로 제기된 상표권 또는 전용사용권의 침해에 관한 소에 대하여만 적용이 가능하다(2011. 12. 2. 개정 법률 제11113호 부칙 제4조, 제1조 참조).

2. 법정손해배상액의 단위

동일 당사자간에 2개 이상의 상표 또는 지정상품에 대한 상표권 침해가 이루어진 경우 각 상표마다 5천만 원 이하에서 각각 청구할 수 있는 것인지, 아니면 전체적으로 하나의 소송 내에서는 5천만 원을 상한으로 하여 청구할 수 있는 것인지 조문에 별도로 명시되어 있지 않아 이에 관한 검토가 필요하다.

미국 랜햄법(Lanham Act) §35(c)[4]에는 '위조된 상표별로, 지정상품 또는 지정서비스의 형태별로(per counterfeit mark per type of goods or services)'라고 명시되어 있고, 실제 사례[5]에서도 위 조문에 따라 먼저 법률상의 한도 내에서 단위당 법정손해배상액을 정한 후 위조된 상표 및 지정상품의 수를 곱하여 총 법정손해배상액을 산정하고 있다.[6] 한편 상표법과 함께 법정손해배상제도가 도입된

---

3) 대법원 2016. 9. 30. 선고 2014다59712, 59729 판결 [공2016하, 1597].

4) (1) not less than $500 or more than $100,000 per counterfeit mark per type of goods or services sold, offered for sale, or distributed, as the court considers just; or

(2) if the court finds that the use of the counterfeit mark was willful, not more than $1,000,000 per counterfeit mark per type of goods or services sold, offered for sale, or distributed, as the court considers just.

5) Louis Vuitton Malletier, S.A. v. Mosseri, F.Supp.2d, 2009 WL 3633882(D.N.J. 2009).

6) 위 사안에서는 피고가 원고의 상표 27개를 핸드백, 지갑, 벨트, 여행가방, 동전지갑, 열쇠

저작권법에서는 '침해된 각 저작물등마다 1천만 원 이하의 범위에서 상당한 금액의 배상을 청구할 수 있다(제125조의2 제1항)'라고 명시적으로 규정하고 있다.

입법론으로는 저작권법 해당 조문과 같이 상표법 제111조에 명시적으로 규정하는 것이 바람직하다고 할 것이나, 2개 이상의 상표 또는 지정상품에 대한 상표권 침해가 이루어진 경우 이를 각각 별개의 소로 제기할 수도 있을 것인데, 이를 침해자가 동일하기 때문에 단순병합하여 청구하였다는 이유만으로 하나의 소송 내에서는 5천만 원으로 손해배상액의 상한이 제한된다고 볼만한 합리적인 근거가 있다고 보기는 어렵다. 따라서 현행법의 해석에 의하더라도 동일 당사자 간에 2개 이상의 상표 또는 지정상품에 대한 상표권 침해가 이루어진 경우 각 상표마다 5천만 원 이하에서 각각 청구할 수 있는 것으로 보는 것이 타당하다고 할 것이다.[7]

3. 실손해액과 법정손해액의 선택적 청구

상표권자 또는 전용사용권자는 제109조에 따른 실손해액을 청구하는 대신 5천만 원 이하의 범위에서 상당한 금액을 손해액으로 하여 배상을 청구할 수 있고(제111조 제1항 참조), 제109조에 따른 손해배상을 청구한 경우에도 변론종결시까지 그 청구를 제111조 제1항에 따른 법정손해배상청구로 변경할 수 있다(제111조 제2항 참조). 제111조 제2항에 대하여는 변론종결 이전에 특별한 사유가 없는 한 이 같은 청구원인의 변경은 당연히 가능한 것이고,[8] 제111조 제2항에서는 실손해배상청구를 법정손해배상청구로 변경할 수 있다고만 규정하고 있을 뿐 변론종결 이전에 법정손해배상청구를 실손해배상청구로 변경할 수 있다는 것에 대하여는 아무런 언급이 없어 오해를 불러일으킬 여지가 있으므로 이를 삭제하는 것이 바람직하다는 견해가 있다.[9]

케이스 등 6개 지정상품에 대하여 위조한 사안에서 총 법정손해배상액을 $4,072,892.22[= 27개(위조상표) × 6개(지정상품) × $25,141.31(단위 당 법정손해배상액)]로 산정하였다.

7) 同旨: 정태호, "개정 상표법의 주요 문제점들에 대한 고찰", 산업재산권 제38호, 한국산업재산권법학회(2012), 206~209; 김원준, "한·미 FTA 반영 상표법 개정에 대한 고찰", 법학논총 제32집 제3호, 전남대학교 법학연구소(2012), 36.

8) 민사소송법 제262조(청구의 변경)
　① 원고는 청구의 기초가 바뀌지 아니하는 한도안에서 변론을 종결할 때(변론 없이 한 판결의 경우에는 판결을 선고할 때)까지 청구의 취지 또는 원인을 바꿀 수 있다. 다만, 소송절차를 현저히 지연시키는 경우에는 그러하지 아니하다.

9) 정태호(주 7), 214-215.

Ⅳ. 손해배상범위

1. 상한액 설정

미국 랜햄법(Lanham Act) §35(c)[10])에서는 위조 표장당 $500 이상 $100,000 이하, 위조가 고의로 판결될 경우 $1,000,000 이하로 한도를 설정하고 있다. 이에 비하여 우리 상표법 제111조 제1항에서는 하한액 없이 상한액만을 5천만 원으로 설정하고 있는데, 위 조항 신설 당시 양국간의 경제규모, 미국의 경제규모 대비 법정손해배상액의 비율 등을 고려하여 상한액이 정해진 것이라고 한다.[11])

한편 우리나라는 미국과 달리 손해액의 하한은 따로 정하지 않았는데, 이에 관하여 한·미 FTA 협정문에 의하면 법정손해배상액은 장래의 침해를 억제하고 침해로부터 야기된 피해를 권리자에게 완전하게 보상하기에 충분한 액수이어야 하는데[12]) 하한을 정하지 않은 법정손해배상액은 이 요건을 충족시키지 못한다

---

10) (c) In a case involving the use of a counterfeit mark (as defined in section 1116(d) of this title) in connection with the sale, offering for sale, or distribution of goods or services, the plaintiff may elect, at any time before final judgment is rendered by the trial court, to recover, instead of actual damages and profits under subsection (a) of this section, an award of statutory damages for any such use in connection with the sale, offering for sale, or distribution of goods or services in the amount of-

(1) not less than $500 or more than $100,000 per counterfeit mark per type of goods or services sold, offered for sale, or distributed, as the court considers just; or

(2) if the court finds that the use of the counterfeit mark was willful, not more than $1,000,000 per counterfeit mark per type of goods or services sold, offered for sale, or distributed, as the court considers just.

11) 특허청, 상표법 일부개정법률(안) 법안심의자료(2011. 10.)

국가명	GDP*	1인당 GDP**	법정손해배상액	
			하한	상한
한국	1조 705억	20,591	-	5,000만원
미국	14조 6,578억	47,284	USD500 (약 57만원)	USD100,000 (약 1억 1,300만원)

(*, ** 단위: USD, 출처: 2010년도 IMF 통계)

12) 제18.2조(지적재산권 집행)

6. 민사 사법절차에서, 각 당사국은 최소한 저작권 또는 저작인접권에 의하여 보호되는 저작물·음반 및 실연에 대하여, 그리고 상표위조의 경우에, 권리자의 선택에 따라 이용가능한 법정손해배상액을 수립하거나 유지한다. 법정손해배상액은 장래의 침해를 억제하고 침해로부터 야기된 피해를 권리자에게 완전히 보상하기에 충분한 액수이어야 한다.

거나,[13] 하한선이 없는 상태에서 상당히 낮은 손해액을 법원이 책정한다면 상표 위조자에 대한 상표권자의 법적 구제조치를 강화하기 위하여 만들어진 본 제도의 취지가 무의미해지는 결과가 나타날 수도 있다는 견해[14]가 있다.

2. 손해액 인정에 필요한 고려요소

제111조 제1항에서는 법원은 변론전체의 취지와 증거조사의 결과를 고려하여 상당한 손해액을 인정할 수 있다고만 규정하고 있을 뿐이어서 상당한 손해액을 인정함에 있어 구체적으로 어떠한 사정을 고려할 것인지 문제된다. 이와 관련하여 미국과 우리나라의 판결례를 검토하여 보기로 한다.

가. Polo Ralph Lauren, L.P. v. 3M Trading Co.[15]

이 판결에서는 관련요소(relevant factors)로서 ① 침해자가 획득한 이익과 절감된 비용(the profits reaped and the expenses saved by the infringer), ② 원고의 일실이익(the revenues lost by the plaintiff), ③ 권리의 가치(the value of the copyright), ④ 잠재적 침해자를 저지할 필요성(the need to deter potential infringers), ⑤ 피고의 의도와 무지의 정도(the degree of willfulness or the innocence of the defendant), ⑥ 손익의 입증에 필요한 정보제공에 관한 피고의 협조(the defendant's cooperativeness in providing information relevant to proof of profits and losses), ⑦ 피고에 의한 장래의 재발방지를 위한 필요성(the need to deter the defendant from future misconduct)을 들고 있다.

나. 부산지방법원 2013. 9. 5. 2012가합45002 판결[16]

원고 회사는 이 사건 동일·유사상표 사용 피고들의 상표권 침해행위로 인한 손해배상으로 상표법 제67조의2(현행법 제111조) 제1항에 의하여 각 3천만 원의 지급을 구하고 있는바, 이 사건 변론에 나타난 원고 회사와 위 피고들의 관

---

13) 남희섭, "자유무역협정과 지식재산제도의 충격", 지식과 권리 제14호, 대한변리사회 (2011), 42.

14) 정태호(주 7), 210.

15) 1999 U.S. Dist LEXIS 7913(S.D.N.Y. 1999).

16) 부산고등법원 2013나52233호로 항소되었는데, 항소심에서는 구 상표법(2016. 2. 29. 법률 제14033호로 개정되기 전의 것) 제67조 제5항(현행법 제110조 제6항)에 따라 손해액을 산정하였고, 위 판결은 대법원 2014다226123호로 상고되었으나 2015. 1. 15. 심리불속행기각되었다.

계, 이 사건 원고 등록상표들[17]이 가지는 인지도 및 브랜드 가치,[18] 위 피고들의 구체적인 상표권 침해 태양과 정도,[19] 위 피고들의 수입금액 등을 종합해 보면, 원고 회사의 손해액은 ① 피고 1, 2의 경우 각 5백만 원, ② 피고 15의 경우 3백만 원, ③ 피고 3, 6, 9, 10, 13, 14, 17의 경우는 각 2백만 원, ④ 피고 5, 12의 경우는 각 1백만 원, ⑤ 피고 8, 16의 경우는 각 50만 원으로 정함이 상당하다고 판시하였다.

---

17) 원고 회사는 '제11류: 온돌장치가 되어 있는 전기침대'를 지정상품으로 하여 등록한 "**장수온돌**"[상표등록번호 제524178호, 등록일 2002. 7. 2., 이하 "장수온돌(돋움체)"이라 한다], '제11류: 전기침대, 비의료용전기담요, 전기보온발싸개, 전기이불, 전기족온기, 침대보온기, 침대매트, 전열식카펫, 비의료용전기방석, 비의료용전기온열패드'를 지정상품으로 하여 등록한 "**장수★★★★★**"(상표등록번호 제543523호, 등록일 2003. 3. 19., 이하 "장수★★★★★"라 한다), '제20류: 침대(돌침대에 한함)'를 지정상품으로 하여 등록한 색채상표 "   "[상표등록번호 제617740호, 등록일 2005. 5. 11., 이하 "장수돌침대(네모형)"라 한다], '제11류: 전기돌침대, 돌침대보온기'를 지정상품으로 하여 등록한 색채상표 "   "[상표등록번호 제610726, 등록일 2005. 3. 8., 이하 "장수돌침대(계란형)"라 한다], '제11류: 전기침대, 비의료용 전기담요, 전기식보온발싸개, 전기이불, 전기족온기, 침대보온기, 전열식카펫, 비의료용 전기방석'을 지정상품으로 하여 등록한 "**장수촌**"(상표등록번호 제516902호, 등록일 2002. 4. 3., 이하 "장수촌"이라 한다), '제10류: 의료전용돌침대'를 지정상품으로 하여 등록한 "**장수돌침대★★★★★**"(상표등록번호 제545175호, 등록일 2003. 4. 14., 이하 "장수돌침대★★★★★"라 한다), '제20류: 침대, 탁자, 소파, 비의료용물침대, 안락의자, 안마대, 매트리스, 방석'을 지정상품으로 하여 등록한 "**음이온장수**"(상표등록번호 제483395호, 등록일 2000. 12. 12., 이하 "음이온장수"라 한다), '제20류: 온돌장치가 되어 있는 침대'를 지정상품으로 하여 등록한 "**장수온돌**"[상표등록번호 제590114호, 등록일 2004. 8. 12., 이하 "장수온돌(명조체)"라 하며, 위 상표들을 통칭하여 "이 사건 원고 등록상표들"이라 한다] 등의 상표권자이다.

18) 원고 회사는 1993.경부터 '장수돌침대'라는 표지를 사용하여 돌침대 제품을 생산, 판매하여 왔고, 그 무렵부터 케이블 TV나 공중파 방송 3사의 TV, 국내 여러 중앙 일간지와 지방지 및 각종 잡지 등을 통하여 전국적으로 '장수돌침대'라는 표지를 사용하여 제품광고를 해오고 있다.

19) 피고들은 가구 제조업 또는 가구 판매업에 종사하며 동일·유사 상표나 표장을 부착한 침대류 제품을 제조 또는 소지한 상표법 위반 혐의에 대해 벌금형을 선고받거나 기소유예 처분을 받았다.

다. 청주지방법원 2013. 7. 18. 선고 2012가단11822 판결[20]

이 사건 서비스표에 대한 침해행위가 이루어진 경위, 침해 기간 및 태양,[21] 침해 기간 중 얻었을 것으로 보이는 피고의 영업이익, 피고가 비교적 영세한 자영업자에 해당하는 점, 피고는 대전 지역에서 활동하였는데 원고가 대전 지역에서 이 사건 서비스표를 이용하여 영업을 하였다고 볼 근거가 없는 점, 피고는 원고가 이 사건 서비스표의 사용 금지를 요구하자 상호를 변경하고 피고가 운영하던 홈페이지를 폐쇄하고, 인터넷 포털사이트에서 피고 운영의 '브레인○○' 가 검색되지 않도록 조치를 취하는 등 이 사건 서비스표에 대한 침해행위를 자발적으로 중단하고 침해행위로 인한 피해를 최소화하기 위해 노력한 점, 이 사건 서비스표 전시행위는 피고가 상호를 변경한 상태에서 상호와 다른 간판만이 외부에 부착되어 있었던 것일 뿐인 점 등을 종합하여 보면, 피고가 이 사건 서비스표 침해행위로 인하여 원고에게 부담해야 할 손해액은 1,000,000원으로 정함이 상당하다고 판시하였다.

〈염호준〉

---

20) 확정됨.

21) 피고는 대전에서 '브레인○○'라는 상호의 미술 심리치료 및 교육을 목적으로 하는 학원을 운영하면서 2011. 6.경 원고로부터 이 사건 서비스표의 존재와 그 침해 사실을 고지 받았음에도, 2011. 7. 5.경부터 2011. 10. 8.경까지 피고 운영의 위 학원 건물 외부 유리벽에 부착된 시트지 간판에 '브레인○○'라는 명칭의 상호 내지 서비스표를 종전과 같이 표시하여 전시하였다는 공소사실로 기소되어 벌금 700,000원의 선고를 유예하는 판결을 선고 받았다.

> **제112조(고의의 추정)**
>
> 제222조에 따라 등록상표임을 표시한 타인의 상표권 또는 전용사용권을 침해한 자는 그 침해행위에 대하여 그 상표가 이미 등록된 사실을 알았던 것으로 추정한다.

<소 목 차>

Ⅰ. 의의   Ⅲ. 효과
Ⅱ. 문제점

Ⅰ. 의의

등록상표임을 표시한 타인의 상표권 또는 전용사용권을 침해한 자는 그 침해행위에 대하여 그 상표가 이미 등록된 사실을 알았던 것으로 추정한다. 이러한 특별규정을 둔 취지는 침해자의 주관적인 심리상태에 관한 피해자의 입증의 부담을 덜어 권리자를 두텁게 보호하려는 데 있다.[1]

Ⅱ. 문제점

1. 고의의 추정 규정은 구 상표법(1973. 2. 8. 법률 제2506호로 개정되기 전의 것)하에서는 다음과 같이 규정되어 있었다.

> **제30조**
>
> ① 권리침해를 받은 등록상표권리인은 침해인이 그 상표가 이미 등록된 사실을 알았을 경우에 한하여 침해행위에 의한 침해인의 이득과 권리인의 손실 또는 대리인의 보수에 대하여 그 배상을 청구할 수 있다.
>
> ② 제27조에 의한 등록표시가 있으면 침해인은 그 상표가 이미 등록된 사실을 알았던 것으로 추정한다.

즉, 구 상표법 제30조 제1항에서 '침해인이 그 상표가 이미 등록된 사실을 알았을 경우에 한하여' 손해배상을 청구할 수 있었으므로, 같은 조 제2항에서

---

1) 전효숙, "상표권 침해로 인한 손해배상청구의 요건사실", 민사재판의 제문제 9권, 한국사법행정학회(1997), 414.

'등록표시가 있으면 침해인은 그 상표가 이미 등록된 사실을 알았던 것으로 추정'하는 것이 의미를 가질 수 있었는데, 현행 상표법에서 과실이 있는 경우에도 손해배상청구를 할 수 있도록 하였고, 특허법, 실용신안법, 디자인보호법에 모두 과실 추정 규정을 두고 있는 것과도 균형이 맞지 않으므로, 이 규정을 존치시킬 별다른 실익은 없고 과실 추정 규정으로 개정하는 것이 바람직하다.[2]

2. 또한 상표권 침해행위에 있어서의 고의란 침해자가 침해행위로 되는 결과의 발생이 있을 것을 인식하면서 그 행위를 하는 심리상태를 말하는 것이므로, 상표권 침해행위상의 고의가 인정되려면 침해자가 그 상표권의 존재를 알고 있을 것뿐만 아니라 나아가 자신의 행위가 그 상표권에 저촉되는 것을 인식하고 있을 것을 요하는데, 위 고의 추정 규정은 침해자가 침해된 상표의 등록사실을 알고 있었던 점만을 법률상 추정하고 있을 뿐이므로 나머지 요건이 충족되지 않는 한 고의는 인정되지 않는다. 따라서 제112조의 표제를 '고의의 추정'이라고 한 것은 오해의 소지가 크다.[3]

III. 효과

1. 상표권의 설정등록이 되면 그 존재가 상표공보나 등록원부에 의해 일반인에게 공시되므로, 상표를 업으로써 실시하는 사업자에게 공보를 조사할 의무가 있는 것을 전제로 하여 침해행위가 증명되면 고의가 있는 것으로 추정된다. 따라서 상표권침해의 경우에 권리자는 고의·과실을 주장·입증할 필요가 없다. 그러나 이러한 고의 추정을 받는 것은 상표법 제222조의 규정에 의한 '등록상표'라는 상표등록표시가 있는 경우에 한한다. 또한 이 규정은 타인의 등록사실만을 추정하고 있을 뿐, 고의 추정에 필요한 상표권자의 침해사실에 대한 인식까지 추정하지 않는다.[4]

2. 본조의 추정에 의하여 침해자가 부지를 입증해야 한다. 부지가 증명된 경우 부지에 대한 과실 유무를 누가 입증할 것인가. 과실 추정 규정이 없었던 일본 구법하에서는 상표권의 존재는 상표공보나 등록원부에 의해 공시되고 일반인도 통상적인 주의만 하면 알 수 있으므로, 침해자는 과실조차 없다는 것을

---

2) 전효숙(주 1), 414-415.
3) 장수길, "지적소유권의 침해에 따른 손해배상", 지적소유권법연구 창간호, 한국지적소유권학회(1991), 45.
4) 김병일, "상표권 침해로 인한 손해배상", 창작과 권리 제15호, 세창출판사(1999), 82.

입증해야 했다. 그러나 아무리 상표공보나 등록원부에 기재되었다 하더라도 현실적으로 사용하지 않는 상표에까지 침해자가 입증책임을 부담한다는 것은 지나치게 등록상표권자를 보호하는 것이다. 따라서 불사용상표에 한하여는 상표권자가 침해자의 과실을 입증하여야 한다.[5)]

〈염호준〉

---

5) 송영식, 지적소유권법(하)(제2판), 육법사(2013), 290(김병일 집필부분).

> **제113조(상표권자 등의 신용회복)**
> 법원은 고의나 과실로 상표권 또는 전용사용권을 침해함으로써 상표권자 또는 전용사용권자의 업무상 신용을 떨어뜨린 자에 대해서는 상표권자 또는 전용사용권자의 청구에 의하여 손해배상을 갈음하거나 손해배상과 함께 상표권자 또는 전용사용권자의 업무상 신용회복을 위하여 필요한 조치를 명할 수 있다.

〈소 목 차〉

I. 의의
II. 연혁
III. 요건

1. 업무상 신용의 실추
2. 손해배상청구와의 관계
IV. 신용회복을 위한 필요한 조치

I. 의의

상표권자 또는 전용사용권자는 고의 또는 과실로 자기의 권리를 침해하거나 업무상의 신용을 떨어뜨린 자에 대하여 손해배상을 갈음하거나 손해배상과 함께 업무상의 신용회복을 위하여 필요한 조치를 명할 것을 법원에 청구할 수 있다.

우리 민법상 불법행위에 대한 구제는 금전에 의한 손해배상이 원칙이지만, 상표권은 특히 상표권자의 신용이 담겨져 있기 쉬운 것이기 때문에, 업무상의 신용이 떨어진 경우 등 금전적인 손해배상만으로는 충분하지 않은 경우가 있을 수 있는데, 이러한 경우 업무상의 신용회복을 위하여 필요한 조치를 명할 수 있도록 한 것이 이 규정이다.

II. 연혁

1949. 11. 28. 법률 제71호로 제정된 상표법 제30조 제4항에 '법원은 등록상표권리인의 청구에 의하여 손해배상에 대신하여 또는 손해배상과 함께 상품 또는 영업의 신용을 회복시키는 적당한 조치를 명할 수 있다'라고 규정되었고, 1973. 2. 8. 법률 제2506호로 전문개정된 상표법 제39조(상표권자의 신용회복의

조치)에 '고의 또는 과실'을 요건으로 명시하여 '법원은 고의 또는 과실로 상표
권을 침해함으로써 상표권자의 업무상의 신용을 실추케 한 자에 대하여는 상표
권자의 청구에 의하여 손해배상에 대신하여 또는 손해배상과 함께 업무상의 신
용회복을 위하여 필요한 조치를 명할 수 있다'라고 규정되었으며, 1990. 1. 13.
법률 제4210호로 전문개정된 상표법 제69조(상표권자등의 신용회복)에 전용사용
권자를 포함하여 비로소 현행법과 동일한 취지로 규정되었다.

　　이 규정은 민법 제764조(명예훼손의 경우의 특칙)[1]나 부정경쟁방지 및 영업
비밀보호에 관한 법률 제6조(부정경쟁행위로 실추된 신용의 회복)[2]와 동일한 취지
의 규정이다.

Ⅲ. 요건

1. 업무상 신용의 실추

　　상표권자 또는 전용사용권자가 법원에 업무상의 신용회복을 위하여 필요한
조치를 청구하기 위하여는 ① 침해자의 고의·과실, ② 상표권 또는 전용사용권
의 침해, ③ 업무상 신용의 실추를 요건으로 하는데(①, ②의 요건에 관하여는 제
109조의 관련 논의 참조), 여기에서 '업무상 신용의 실추'란 통상 품질이 열악한
상품에 상표권자 또는 전용사용권자의 등록상표 또는 이와 유사한 상표를 표시
하여 판매함으로써 일반수요자로 하여금 당해 상표권자 또는 전용사용권자의
업무상 신용을 훼손 또는 손상시키는 경우를 의미한다.[3]

2. 손해배상청구와의 관계

　　조문에서 손해배상에 갈음하거나 손해배상과 함께 업무상의 신용회복을 위
하여 필요한 조치를 명할 것을 법원에 청구할 수 있다고 규정하고 있으므로, 신

---

　　1) 제764조(명예훼손의 경우의 특칙)　타인의 명예를 훼손한 자에 대하여는 법원은 피해자
　　　의 청구에 의하여 손해배상에 갈음하거나 손해배상과 함께 명예회복에 적당한 처분을 명
　　　할 수 있다.
　　2) 제6조(부정경쟁행위 등으로 실추된 신용의 회복)　법원은 고의 또는 과실에 의한 부정경
　　　쟁행위나 제3조의2 제1항 또는 제2항을 위반한 행위(제2조 제1호 다목의 경우에는 고의에
　　　의한 부정경쟁행위만을 말한다)로 타인의 영업상의 신용을 실추시킨 자에게는 부정경쟁행
　　　위나 제3조의2 제1항 또는 제2항을 위반한 행위로 인하여 자신의 영업상의 이익이 침해된
　　　자의 청구에 의하여 제5조에 따른 손해배상을 갈음하거나 손해배상과 함께 영업상의 신용
　　　을 회복하는 데에 필요한 조치를 명할 수 있다.
　　3) 문삼섭, 상표법(제2판), 세창출판사(2004), 644.

용회복에 필요한 조치를 청구한다고 하여 손해배상청구권이 상실되는 것은 아니고, 손해배상청구와 신용회복에 필요한 조치의 청구를 반드시 동시에 하여야 하는 것도 아니다.4)

민법 제764조에 관한 대법원 1988. 6. 14. 선고 87다카1450 판결에서는 명예훼손으로 인한 피해자가 그로 인한 손해배상과 아울러 사죄광고를 함께 청구하고 있다면 법원은 그 명예훼손이 있는 것으로 인정될 때 그 청구범위 내에서 명예회복 처분을 금전배상과 함께 명하거나 또는 전자만을 명하거나 아니면 전자를 인정함이 없이 후자만을 명할 수 있다고 판시한 바 있다.

IV. 신용회복을 위한 필요한 조치

종래 신용회복을 위한 필요한 조치로서 사죄광고가 많이 이용되었으나, 민법 제764조의 위헌 여부에 대한 헌법소원5)에서 민법 제764조가 사죄광고를 포함하는 취지라면 그에 의한 기본권제한에 있어서 그 선택된 수단이 목적에 적합하지 않을 뿐만 아니라 그 정도 또한 과잉하여 비례의 원칙이 정한 한계를 벗어난 것으로 헌법 제37조 제2항에 의하여 정당화될 수 없는 것으로서 헌법 제19조에 위반되는 동시에 헌법상 보장되는 인격권의 침해에 이르게 된다고 결정하였으므로, 상표법 제113조의 신용회복을 위한 필요한 조치로 사죄광고를 명하는 것 역시 위헌의 소지가 있다.

그러나 저작권을 침해한 피고로 하여금 그 사실과 함께 법원의 판결을 그대로 방송 또는 보도할 것을 명하는 것은, 객관적 사실을 고지할 것을 명하는 것일 뿐이고 양심에 반하여 주관적 의사표명으로써 사과를 명하는 것이 아니므로, 헌법상 양심의 자유에 반하지 않는 적절한 구제조치에 해당된다.6)

그 밖에 위에서 열거하지 아니한 조치를 당사자가 신청한 경우 헌법, 법률 및 공서양속에 반하지 아니하는 한 허용될 수 있다. 신용회복을 위하여 필요한 조치는 일종의 비송사건에 해당하는 재판이라고 보아야 할 것이므로, 당사자가 신청한 조치와 동일한 조치를 법원이 인용하거나 기각하는 주문만이 가능한 것이 아니라 당사자가 신청한 범위를 벗어나지 아니하는 한 법원이 스스로 판단

---

4) 정상조·박성수 공편, 특허법주해 II, 박영사(2010), 321(박성수 집필 부분).
5) 헌법재판소 1991. 4. 1.자 89헌마160 결정.
6) 정상조, 지적재산권법, 홍문사(2004), 454; 서울고등법원 1994. 9. 27. 선고 92나35846 판결(상고기간 도과로 확정).

하여 피해자의 신용회복을 위하여 적절한 조치를 명할 수 있다고 할 것이다.[7)

〈염호준〉

---

7) 정상조·박성수 공편(주 4), 323.

> **제114조(서류의 제출)**
>
> 법원은 상표권 또는 전용사용권의 침해에 관한 소송에서 당사자의 신청에 의하여 다른 당사자에 대하여 해당 침해행위로 인한 손해를 계산하는 데에 필요한 서류의 제출을 명할 수 있다. 다만, 그 서류의 소지자가 그 서류의 제출을 거절할 정당한 이유가 있을 경우에는 그러하지 아니하다.

〈소 목 차〉

Ⅰ. 서론
Ⅱ. 서류제출명령의 절차
  1. 서류제출명령의 신청
  2. 손해의 계산에 필요한 서류

3. 법원의 결정
Ⅲ. 제출거부의 정당한 이유
Ⅳ. 제출명령 위반의 효과

Ⅰ. 서론

상표권자가 침해소송에서 자신의 손해액을 입증하여야 하지만 입증의 부담을 줄여주기 위해, '침해행위를 하게 한 상품의 양도수량에 상표권자 또는 전용사용권자의 단위수량당 이익액을 곱한 금액'(제110조 제1항), '침해자가 침해행위에 의하여 받은 이익의 액'(제110조 제3항), '등록상표의 사용에 대하여 통상 받을 수 있는 금액에 상당하는 액'(제110조 제4항) 등을 권리자의 손해액으로 추정하는 규정을 두고 있다. 그러나 이러한 추정규정에도 불구하고 침해자의 정확한 침해규모를 파악하지 않고서는 위와 같은 추정규정에 의한 금액 역시 산출하는 것이 불가능하며, 피해자의 침해규모를 알 수 있는 자료는 거의 침해자가 보유하고 있어 그 제출을 강제하지 않고서는 권리자가 자신의 손해액을 입증하는 것이 사실상 불가능하다. 이러한 권리자의 입증곤란을 구제하기 위해서는 위의 손해액 추정규정뿐만 아니라 침해자로 하여금 자신이 보유하는 자료의 제출을 강요하는 것이 필요하다.

상표법 제114조는 1990. 1. 13. 법률 제4210호(당시에는 제70조)에 의하여 신설되었는데, 당시 시행되던 민사소송법 제316조는 당사자와 문서 사이에 특별한 관계에 있는 경우에만 제출의무를 인정하였으므로, 상표권자의 권리보호를 위해 필요한 규정이었으나, 민사소송법이 2002년 개정을 통해 위와 같은 특별한 관계가 인정되지 않는 경우에도 일정한 예외사유가 없는 한 문서제출을 거부하지 못하도록 규정(민사소송법 제344조 제2항)함으로써 본조의 중요성이 다소 떨어졌다고 볼 수 있다.

민사소송법 제347조 제4항은, 법원이 문서가 제344조에 해당하는지를 판단하기 위하여 필요하다고 인정하는 때에는 문서를 가지고 있는 사람에게 그 문서를 제시하도록 명할 수 있고, 이 경우 법원은 그 문서를 다른 사람이 보도록 하여서는 안 된다고 규정하고 있으므로, 상표법 제114조에 의한 서류제출명령을 함에 있어서도 문서제시명령을 할 수 있을 것이다.

II. 서류제출명령의 절차

1. 서류제출명령의 신청

법원은 상표권 또는 전용사용권의 침해에 관한 소송에서 일방 당사자의 신청이 있는 경우 상대방에게 침해행위에 의한 손해를 계산하는 데 필요한 서류의 제출을 명할 수 있다. 서류제출명령을 할 수 있는 신청자의 자격에는 제한이 없으므로, 통상의 경우에는 권리자가 침해자가 소지하는 서류에 대해 제출명령을 신청할 것이지만, 권리자가 적극적으로 자신의 영역에 속하는 사항으로 손해액을 주장하는 경우, 예를 들어 자신의 매출액 감소나 자신이 체결한 통상사용권설정계약에 근거하여 손해액을 주장하는 경우에는 침해자 역시 반증을 위해 법원에 권리자가 소지하는 서류에 대한 제출명령을 신청할 수 있을 것이다. 원고와 피고뿐만 아니라 참가인도 서류제출명령을 신청할 수 있으며, 비록 제출명령의 상대방은 '타당사자'라고 표현하고 있지만 공동원고 또는 공동피고 사이에서도 서류제출명령을 신청할 수 있다는 견해가 있다.[1]

서류제출명령의 대상인 '서류'는, 민사소송법 제344조의 제출명령의 대상을 '문서'라고 규정한 것과 달리 '서류'라고 표현하고 있는 점에서 '서증'의 대상인 문서뿐만 아니라 검증의 대상인 문서까지 포함하는 넓은 개념으로 해석하는 것이 옳은 것 같다.[2]

서류제출명령을 신청할 때에는 제출명령 대상인 서류를 특정하고, 이를 소지하는 상대방 및 입증취지를 밝힐 필요가 있다. 서류의 특정은 대상서류 전체의 명칭을 구체적으로 특정하지 아니하고 특정할 수 있는 서류의 명칭을 열거한

---

1) 정상조·박성수 공편, 특허법 주해 II, 박영사(2010), 339(박성수 집필부분).
2) 정상조·박성수(주 1), 336.

뒤 '기타 명칭 여하를 불문하고 생산량, 판매량, 판매단가, 매출액, 제조원가 등을 알 수 있는 문서'라고 특정하는 것도 가능할 것이다. 상대방이 문서를 소지하고 있다는 점은 물론 신청자가 입증하여야 한다는 점에서 보면, 모든 문서를 구체적으로 특정할 것을 요구할 수도 있겠지만, 통상의 경우 사업을 운영하면서 당연히 소지할 것으로 보이는 문서는 그 정확한 명칭을 반드시 특정하지 아니하더라도 제도의 실효성을 보장하기 위해 제출명령을 허용하여야 할 것이다.

실제 침해소송에서는 권리의 침해 여부에 관한 심리가 어느 정도 진행되어 침해판단의 가능성이 있는 경우에 서류제출명령을 하는 경우가 많지만, 상표권 침해 여부에 관한 심리와 손해배상 수액의 심리가 병행되는 경우에는 위와 같은 서류제출명령이 소송 초기에 진행될 수도 있을 것이다.

2. 손해의 계산에 필요한 서류

손해의 계산에 필요한 서류에는, 침해행위를 하게 한 상품의 양도수량, 상표권자의 단위수량당 이익액, 침해자가 침해행위에 의하여 받은 이익의 액, 등록상표의 사용에 대하여 통상 받을 수 있는 금액을 알 수 있는 매상장부, 경비지출장부, 대차대조표, 손익계산서, 영업보고서, 매출(입)처별원장, 매출원장(매출전표), 매입원장(매입전표), 제조원가명세서, 출고전표, 제품수불대장, 재고표, 납품서 등의 서류가 포함될 수 있다.

'손해의 계산에 필요한 서류'에 손해 자체를 입증하는 데 필요한 서류도 포함될 수 있는지가 문제될 수 있다. 손해액은 손해의 발생을 전제로 하고, 침해 여부를 입증하는 데 필요한 서류와는 달리 손해를 입증하기 위한 서류는 손해의 계산에 필요한 서류와 동일하거나 밀접하게 관계된 서류일 수밖에 없으므로, 제114조의 대상 서류에는 손해 자체를 입증하는 데 필요한 서류도 포함된다고 볼 수 있을 것이다.

손해액을 입증하는 서류의 경우 침해와 직접 관련이 없는 제품에 관한 자료까지 포함하는 경우가 많을 것인데, 일부만으로 손해액을 계산하는 데 충분한 경우에는 제출대상을 그 부분만으로 한정하여야 할 것이나, 전체 수치를 알아야 비로소 해당 제품의 손해액을 계산할 수 있는 경우에는 서류 전체의 제출명령이 가능하다고 보아야 한다. 증거를 모색하기 위해 광범위하게 서류제출명령을 신청하는 경우 법원은 제출명령대상인지를 판단하기 위해 민사소송법 제347조 제4항에 규정된 문서제시명령을 할 수도 있을 것이다.

3. 법원의 결정

　　정당한 이유가 있는 경우 서류제출명령을 할 수 없으므로, 법원은 서류제출명령
에 대한 결정을 하기에 앞서 상대방에게 의견을 진술할 기회를 부여하여야 하고(민사
소송규칙 제110조 제2항), 신청이 이유 있을 경우 서류를 소지한 상대방에게 제출을 명
할 수 있다. 채부의 결정에 대하여는 즉시 항고할 수 있다(민사소송법 제348조).

Ⅲ. 제출거부의 정당한 이유

　　서류제출명령의 상대방은 서류 제출을 거절할 정당한 이유가 있는 경우 제
출명령에 응하지 않을 수 있는데, '정당한 이유'로 흔히 서류제출명령 대상 문
서에 영업비밀이 포함되어 있다는 주장이 많이 제기될 것이다. 그러나 대상 서
류가 영업비밀에 해당하는 경우 열람, 복사의 제한이나, 비밀유지명령, 문서검증
을 통하여 손해액의 계산에 필요한 자료를 확인한 후 이를 검증조서에 남기는
방법 등으로 영업비밀을 보호하는 조치를 할 수 있을 것이므로, 단지 영업비밀
이라는 이유만으로는 서류제출을 거부할 수 있다고 한다면 서류제출명령의 실
효성을 거둘 수 없다. 그 밖에 민사소송법 제344조 제1항 제3호[3]가 규정하는
문서제출명령에 대한 거부사유가 있는 경우에도 본 규정상 서류제출명령 거부
의 정당한 이유로 볼 수 있을 것이다. 그러나 서류제출명령 대상 서류가 손해액
과 관련이 없을 경우에는 제출명령의 대상 자체가 되지 않으므로 서류제출명령
신청을 기각하면 될 것이고, 제출명령의 대상은 되지만 제출을 거절할 정당한
이유가 있는 것으로 볼 것은 아니라고 생각한다.

Ⅳ. 제출명령 위반의 효과

　　본 규정에 의한 법원의 서류제출명령이 있음에도 불구하고 당사자가 정당

---

　3) 가. 제304조 내지 제306조에 규정된 사항이 적혀있는 문서로서 같은 조문들에 규정된
　　　　　동의를 받지 아니한 문서
　　　나. 문서를 가진 사람 또는 그와 제314조 각호 가운데 어느 하나의 관계에 있는 사람에
　　　　　관하여 같은 조에서 규정된 사항이 적혀 있는 문서
　　　다. 제315조 제1항 각호에 규정된 사항 중 어느 하나에 규정된 사항이 적혀 있고 비밀
　　　　　을 지킬 의무가 면제되지 아니한 문서

한 이유 없이 제출을 거부하거나 상대방의 사용을 방해할 목적으로 서류를 훼손한 경우에 법원은 민사소송법 제349조를 적용하여 서류에 관한 상대방의 주장사실을 진실한 것으로 인정할 수 있다. 나아가 상표권자가 주장하는 손해액을 그대로 인정할 수 있을지가 문제된다. 당사자가 문서제출명령에 따르지 아니하는 경우에 법원은 상대방의 문서에 관한 주장 즉, 문서의 성질, 내용, 성립의 진정 등에 관한 주장을 진실한 것으로 인정하여야 한다는 것이지 그 문서에 의해 입증하고자 하는 상대방의 주장사실까지 반드시 증명되었다고 인정하여야 하는 취지는 아니라는 대법원 판례[4]에 의하면, 상표권자가 주장하는 손해액을 바로 인정하기는 어려울 것이다. 그러나 미국의 디스커버리(Discovery) 제도와 같이 상표권자가 손해액을 입증하기 위해 필요한 자료를 얻을 수 있는 수단이 없는 우리나라에서, 침해자가 소지하는 손해액의 계산에 필요한 서류를 제출하지 않을 경우 상표법 제110조의 각종 추정규정에도 상표권자는 손해액을 입증하기 곤란하고, 징벌적 손해배상제도가 없으며, 손해액 입증을 비교적 엄격하게 인정함과 동시에 위자료 인정에 인색한 실무의 현실까지 고려하면, 손해배상제도를 통해 상표권자가 구제를 받는 것은 거의 불가능하다.[5] 상표법제도를 이렇게 운영할 경우 침해자로서는 침해사실이 발각되어도 사용권계약 등을 통해 원래 지급했어야 할 금액을 손해배상으로 지급하는 정도에 불과하여 처음부터 굳이 사용권설정계약을 체결할 실익이 없어 침해를 부추기는 결과를 초래한다. 따라서 서류제출명령에 불응함으로써 손해액을 입증할 수 없게 된 경우에는, 문서의 내용에 관한 상표권자의 주장을 인정한 후 이에 기초하여 손해액에 관한 상표권자의 주장까지 인정하거나, 침해자의 반증이 없는 한 상표권자 주장의 손해액을 추정하는 방법, 또는 충분한 위자료[6] 인정을 고려할 필요가 있다.

〈강경태〉

---

4) 대법원 1993. 6. 25. 선고 93다15991 판결.
5) 따라서 권리자는 손해배상청구보다는 금지청구에 더 주력하는 경향이 있다.
6) 정당한 사용권 계약을 체결하고 타인의 등록상표를 사용하는 것과 비교하여 보면, 무단으로 등록상표를 사용하다가 발각된 후에도 잘못을 인정하지 않고 각종 민형사 쟁송절차에서 부인하면서 다툰 후 손해배상이 인정된 경우, 사후적으로 손해액이 보전되었다고 하여 위와 같은 과정에서 겪은 정신적 고통이 위자되지 않는 것은 경험칙상 명백하므로, 위자료 인정에 관한 실무의 관행을 바꿀 필요가 있다.

제 7 장
심 판

제115조(보정각하결정에 대한 심판)
  제42조 제1항에 따른 보정각하결정을 받은 자가 그 결정에 불복할 경우에는
그 결정등본을 송달받은 날부터 30일 이내에 심판을 청구할 수 있다.

〈소 목 차〉

Ⅰ. 본조의 의의
Ⅱ. 본조의 연혁
Ⅲ. 심판의 청구
  1. 청구인
  2. 청구기간
  3. 청구의 방식
Ⅳ. 심판의 절차

  1. 형식적 요건 심사
  2. 심판청구서의 보정
  3. 심판의 심리
Ⅴ. 심결
  1. 보정각하결정 불복심판의 심결
  2. 심결의 효과

Ⅰ. 본조의 의의

상표등록출원 과정에서 상표 또는 지정상품에 관하여 출원공고결정 전에
보정을 하였으나 그 보정이 요지가 변경되었다고 하여 심사관이 이를 각하한
경우에 불복할 수 있는 심판제도이다. 즉 심사관의 보정각하결정이 요지변경에
해당하여 정당하게 각하한 것인지에 관하여 심판을 청구할 수 있도록 한 것이
다.[1] 그러나 출원공고결정 후에 보정이 있는 경우에는 이를 심사관이 각하하더
라도 이에 불복할 수 없고 당해 출원이 거절결정된 경우에 한하여 거절결정불
복심판을 청구하여 그 심판절차에서 보정각하결정에 대하여도 당부를 다툴 수
있다(제42조 제1항, 제5항).

상표출원인은 심사관의 보정각하결정이 있는 경우 ① 그 결정에 승복하고,
ⓐ 보정 전의 출원에 대하여 심사의 계속을 구하거나, ⓑ 보정 후의 상표에 대

---

[1] 특허청, 조문별 상표법해설(2004), 310.

하여 새로운 출원을 하거나, ② 그 결정에 불복하여 다툴 수 있다.

　　본조 제1항은 ②를 선택할 때, 그 결정을 심판에서 다투는 것을 규정한 것이다. 원래는 출원인의 이익을 도모하고자 하는 취지가 있었으나 출원심사 절차의 지연을 초래하게 된 것이 큰 약점이다.[2] 심판 청구기간은 보정각하결정 등본을 송달받은 날부터 30일간이다.

　　그리고 출원인이 보정각하결정 후에 그 보정 후의 상표에 대하여 새로운 출원을 하면서 보정각하결정에 대한 불복심판을 제기할 수 있는지가 문제되나, 새로운 출원을 하는 경우에는 불복할 수 없다고 할 것이다. 일본 상표법 제45조 제1항 단서는 이를 명문으로 규정하고 있다.[3] 본조의 보정각하결정에 대한 불복심판이 청구되면, 심사관은 심판의 심결이 확정될 때까지 그 상표등록출원의 심사를 중지하여야 한다(제42조 제3항).

　　본조는 보정각하결정을 받은 자가 이에 불복할 때 심판을 청구하여 다툴 수 있다는 것과 그 청구기간에 관하여 규정하고 있다.

Ⅱ. 본조의 연혁[4]

　　(1) 1990년 개정법(1990. 1. 13. 법률 제4210호)에서 처음으로 보정각하결정에 대한 불복제도가 도입되어 그 결정등본을 송달받은 날부터 30일 이내에 항고심판을 청구할 수 있도록 하였다. 다만, 특허법과 달리 이미 1980년 개정법(1980. 12. 31. 법률 제3326호)에서 출원의 보정제도가 도입되어 있었다(제14조의2).

　　(2) 1995년 개정법(1995. 1. 5. 법률 제4895호)에서는 특허청 심판소와 항고심판소가 폐지되어 특허심판원이 신설되고 사법부에는 고등법원급인 특허법원이 신설됨에 따라, 종전에 보정각하결정에 대하여 항고심판을 청구하던 것을 특허심판원에 심판으로 청구하도록 규정하였다. 한편 특허법은 2001년 개정 특허법(2001. 2. 3. 법률 제6411호)에서 보정각하결정에 대한 불복심판 제도가 폐지되고 거절결정에 대한 불복심판에서 이를 함께 다툴 수 있도록 개정되었다.

---

2) 송영식 외 6인, 송영식 지적소유권법(하), 육법사(2008), 356.
3) 일본 상표법 제45조(보정각하의 결정에 대한 심판) ① 제16조의2 제1항(보정의 각하)의 규정에 의한 각하의 결정을 받은 자는 그 결정에 불복이 있는 때는, 그 결정의 등본이 송달된 날부터 30일 이내에 심판을 청구할 수 있다. 다만, 제17조의2 제1항에서 준용하는 의장법 제17조의3 제1항(보정후의 의장에 대한 신출원)에 규정하는 새로운 상표등록출원을 한 때는, 그러하지 아니하다.
4) 특허청(주 1), 311.

(3) 2016. 2. 29. 법률 제14033호로 전부 개정된 현행 상표법은 조문체계의 정리에 따라 종전 제70조의3의 규정을 제115조로 이동하고, 내용의 변경 없이 인용조문과 문구만 수정하였다.

Ⅲ. 심판의 청구

1. 청구인

상표등록출원, 지정상품의 추가등록출원 또는 상품분류전환등록신청에 대하여 제40조에 따른 보정을 하였으나 제42조 제1항의 규정에 의하여 보정각하결정을 받은 당해 출원인 또는 신청인 및 그 승계인이 할 수 있다.

2. 청구기간

보정각하결정에 대한 불복심판의 청구기간은 보정각하결정등본을 송달받은 날부터 30일 이내이고, 이는 법정기간이다. 청구기간 경과 후의 심판청구는 부적법한 청구이고, 이는 그 보정을 할 수 없기 때문에 심판의 심결로 각하된다(제128조).

보정각하결정등본을 송달받은 날이라 함은, 등본이 출원인에게 도달된 날이다(도달주의).

특허청장은 당사자의 청구에 의하여 또는 직권으로 보정각하결정에 대한 불복심판의 법정기간을 30일 이내에서 한 차례 연장할 수 있다(제17조 본문). 다만, 교통이 불편한 지역에 있는 자의 경우에는 그 횟수 및 기간을 추가로 연장할 수 있다(제17조 단서).

심판청구절차를 밟을 자가 자기가 책임질 수 없는 사유로 인하여 위 심판청구 기간을 준수할 수 없었을 때에는 그 사유가 소멸한 날부터 14일 이내에 지키지 못한 절차를 추후보완할 수 있다. 다만, 그 기간의 만료일부터 1년이 경과한 때에는 그러하지 아니하다(제19조).

3. 청구의 방식

보정각하결정에 대한 심판을 청구하고자 하는 자는 다음 사항을 기재한 심판청구서를 특허심판원장에게 제출하여야 한다.

즉 심판청구서에는 ① 청구인의 성명 및 주소(법인인 경우에는 그 명칭 및 영

업소의 소재지) ② 청구인의 대리인이 있는 경우에는 그 대리인의 성명 및 주소
나 영업소의 소재지(대리인이 특허법인인 경우에는 그 명칭, 사무소의 소재지 및 지
정된 변리사의 성명) ③ 출원일 및 출원번호 ④ 지정상품 및 그 상품류 ⑤ 심사
관의 보정각하결정일 ⑥ 심판사건의 표시 ⑦ 청구의 취지 및 그 이유를 기재하
여야 한다(제126조 제1항).

　　보정각하결정에 대한 불복심판의 '청구인'은 앞에서 설명한 바와 같고, '대
리인'은 법정대리인과 임의대리인을 말한다. 참가인은 결정계 심판이므로 적용
되지 않는다.

　　'심판사건의 표시'란 심판사건의 종류와 사건의 연도별 일련번호를 말하며,
'청구의 취지'는 심판청구인이 심판을 통하여 구하는 권리보호의 형식과 법률효
과를 기재한 심판의 결론부분을 말한다. '청구의 이유'는 청구의 취지를 이유
있게 하는 심판청구인의 주장사실과 그에 대하여 제출한 증거를 말한다. 이와
같은 심판청구를 심판청구서라고 하는 서면으로 제출하도록 하는 것은 청구인
의 의사표시의 명확화와 객관화를 위해서이다.[5]

Ⅳ. 심판의 절차

1. 형식적 요건 심사

　　보정각하결정에 대한 심판이 청구되면 심판장은 청구서가 상표법 제126조
제1항의 규정에 따라 적법하게 작성된 것인지 여부 및 상표법 제127조 제1항
제2호의 사유에 해당하는 것은 없는지 여부를 심사하여 필요한 경우 보정을 명
하고 지정된 기간 내에 보정명령에 응하지 않는 경우에는 결정으로 그 심판청
구서를 각하한다(제127조 제2항). 이 각하결정에 대하여는 결정의 등본을 송달받
은 날부터 30일 이내에 특허법원에 소를 제기하여 다툴 수 있다(제162조 제1항).

2. 심판청구서의 보정

　　보정각하결정에 대한 심판이 특허심판원에 계속 중인 경우 심판청구를 보
정할 수 있으나, 그 보정은 청구서의 요지를 변경할 수 없다. 다만, 청구인의 추
가 등 청구인의 기재를 바로잡기 위한 사항과 청구의 이유에 대하여는 그러하
지 아니하다(제126조 제2항).

---

5) 문삼섭, 상표법, 세창출판사(2004), 906.

3. 심판의 심리

가. 심판관의 지정

심판이 청구되면 특허심판원장은 바로 합의체를 구성할 심판관과 심판장을 지정하여야 한다(제130조, 제131조).

나. 심리방법

보정각하결정에 대한 심판의 심리는 구술심리 또는 서면심리로 하는데, 청구인이 구술심리를 신청한 때에는 서면심리만으로 결정할 수 있다고 인정되는 경우 외에는 구술심리를 하여야 한다(제141조).

또한 심리에는 직권주의가 적용된다(제146조).

보정각하결정에 대한 심판은 특허청장을 상대방으로 하는 결정계 심판이어서 일반 제3자에 의한 심판참가는 허용되지 않고 있다(제154조, 제142조).

다. 심리대상

(1) 심리의 대상

보정각하결정에 대한 심판의 심리는 원결정의 적법성 여부를 대상으로 한다. 따라서 요지변경의 적법 여부가 그 판단의 대상이 된다. 요지변경은 출원서에 기재한 지정상품 또는 상표의 본질적 부분에 대하여 최초의 출원서와 다르게 변경하는 것으로 지정상품의 확대나 상표의 중요한 부분을 변경하는 것이 이에 해당한다.[6) 즉 최초 출원의 내용과 보정한 내용을 비교한 결과 동일성을 인정할 수 없을 정도로 현저하게 변경된 경우이다.

상표법은 상표권의 발생에 대하여 등록주의를 채용하고, 상표권의 귀속에 대하여 선출원주의를 원칙으로 하고 있다. 선출원, 등록주의 아래에서는 출원인의 상표등록을 받을 우선적 지위는 출원의 시간적 순위에 의하여 결정된다. 후출원자의 지위는 선출원자의 선출원상표의 등록청구의 범위에 지배된다. 이 때문에 출원인에게 출원시점의 등록청구의 범위를 확대하거나 또는 새로운 범위로 변경하는 보정을 인정하면 후출원자의 출원시점에서 얻은 지위가 부당하게 침해되고, 선출원 등록주의는 존립의 기반, 그 법리의 타당성을 잃게 된다. 요지변경을 인정하지 않는 이유는 이 때문이다.[7)

---

6) 윤선희, 상표법, 법문사(2007), 410.
7) 小野昌延 편, 注解 商標法(新版)(下), 靑林書院(2005), 1089(大村昇 집필부분).

(2) 요지변경의 범위

상표법은 요지변경에 해당하지 않는 경우로서 지정상품의 범위의 감축, 오기의 정정, 불명료한 기재의 석명, 상표의 부기적(附記的) 부분의 삭제를 규정하고 있는바(제40조 제2항), 특허청 상표심사기준8)은 이를 다음과 같이 세분하여 규정하고 있다.

(가) 요지변경이 아닌 경우

① '지정상품 범위의 감축'이란 최초출원의 지정상품 일부를 삭제하거나 한정하는 경우를 말하며, 지정상품을 그 범위 내에서 세분화하는 것도 요지변경으로 보지 아니한다. 최초 출원서 지정상품의 범위를 확대하거나 변경하지 아니하고 그 범위 내에서 지정상품을 추가하는 보정은 요지변경으로 보지 아니하며, 지정상품 일부를 삭제하는 보정을 한 후 다시 최초출원서에 포함된 지정상품을 추가하는 보정은 요지변경으로 보지 아니한다.

② '오기의 정정'이란 표장이나 지정상품의 기재가 출원인의 실수로 잘못 표시된 경우에 이를 정정하는 것을 말하며, 표장의 정정은 오기임이 객관적으로 명백한 경우에 한하여 정정을 인정하고, 지정상품의 정정은 실질적인 내용이 변경되지 않는 경우 출원인의 의사를 존중하여 가급적 인정하도록 한다.

③ '불명료한 기재의 석명'이란 당해 지정상품의 의미나 내용을 명확히 하기 위하여 지정상품의 명칭에 한자 또는 영문 등을 부기하는 것을 말하며, 이를 필요 이상 지나치게 길게 부기하거나 잘못 부기하는 경우는 요지변경으로 본다.

④ '상표의 부기적 부분'이란 상표의 구성 중 부기적인 것에 불과하여 이를 삭제하더라도 상표의 외관·칭호·관념 등에 중요한 영향이 없는 부분을 말하며 이를 삭제 정정하는 것은 요지변경으로 보지 아니한다.

상표의 구성 중 부기적인 부분에 『KS』, 『JIS(일본공업규격)』, 『특허』, 『실용신안』, 『디자인』, 『○○박람회 ○○상 수상』, 『○○장관상 수상』, 『○○인증』 등의 문자나 기호 또는 상품의 산지, 판매지, 품질 등 성질을 표시하는 문자가 있는 경우 이를 삭제하는 것은 원칙적으로 요지변경으로 보지 아니한다.

상표의 구성 중 부기적인 부분에 법 제34조 제1항 제1호 가목 내지 마목에서 규정하는 대한민국의 국기, 저명한 국제기관의 명칭 등을 포함하고 있는 경우 이를 삭제하는 것은 원칙적으로 요지변경으로 보지 아니한다.

상표의 구성 중 『주식회사』, 『(주)』 등 법인임을 표시하는 문자가 있는 경

---

8) 2016. 8. 29. 개정 특허청예규 제90호.

우 이를 삭제하는 것은 원칙적으로 요지변경으로 보지 아니한다.

　상표의 구성 중 부기적인 부분에 지정상품과 일치하는 상품명을 표시한 경우 이를 삭제하는 것은 요지변경으로 보지 아니한다.

　⑤ 일반상표를 출원하면서 표장의 일부 색채를 변경하는 경우 원칙적으로 요지변경으로 보지 아니한다. 다만, 상표의 외관·칭호·관념 등에 중요한 영향을 미친다고 판단될 경우에는 요지변경에 해당하는 것으로 본다.

　상표견본에서 기호·문자·도형 등이 선명하지 않은 경우 동일성이 인정되는 범위 내에서 이를 선명하게 수정하거나, 동일성이 인정되는 범위 내에서 견본 전체의 크기를 변경하는 것은 원칙적으로 요지변경으로 보지 아니한다.

　지리적 표시 단체표장의 경우 상표의 주요부가 지리적 표시이므로 이를 제외한 표장의 나머지 부분을 삭제하는 보정은 원칙적으로 요지변경으로 보지 아니한다.

　표장에 관한 설명서의 기재사항을 명확히 하기 위해 고치는 경우에는 원칙적으로 요지변경으로 보지 아니한다.

　2 이상의 도면 또는 사진이 서로 불일치하거나 선명하지 않은 경우에 이를 보완하기 위하여 그 도면 또는 사진을 수정 또는 교체하는 경우에는 요지변경으로 보지 아니한다. 다만, 상표의 외관·칭호·관념 등에 중요한 영향을 미친다고 판단될 경우에는 요지변경에 해당하는 것으로 본다.

　'시각적 표현'과 일치하지 아니하는 소리파일, 냄새견본을 시각적 표현에 맞게 수정 또는 교체하는 경우에는 요지변경으로 보지 아니한다.

　포괄명칭을 그 명칭에 포함되는 구체적인 명칭으로 세분하는 경우(해당 포괄명칭을 그대로 둔 채 세분하는 경우를 포함한다)에는 원칙적으로 요지변경으로 보지 아니한다.

　(나) 요지변경에 해당하는 경우

　① 국내출원

　상표의 구성 중 부기적 부분이 아니라 주요부와 결합되어 있거나 상표의 구성상 큰 비중을 차지하는 보통명칭, 품질표시, 현저한 지리적 명칭 등을 나타내는 문자, 도형 또는 기호를 변경하거나 추가 또는 삭제하는 것은 요지변경으로 본다.

　외국어나 한자만으로 된 상표를 한글 음역으로 변경하거나 그 상표의 상하 좌우에 한글 음역을 추가 병기하거나, 병기된 상표의 일부를 삭제하는 등 상표

의 관념, 칭호에는 실질적인 영향이 없으나 외관에 큰 영향을 주는 경우 요지변
경으로 본다.

② 국제상표등록출원

마드리드 의정서에 의한 국제출원(지리적 표시 단체표장을 포함)은 기초출원
이나 기초등록된 상표견본을 기초로 출원을 해야 하므로 지정국에서 상표견본
의 보정이 허용되지 않고 따라서 상표견본의 변경이 있는 경우 모두 요지변경
으로 본다.

③ 비전형상표의 요지변경 여부에 대한 판단

③-1 색채만으로 된 상표

색채만으로 된 상표에 색채를 새로이 결합하거나 색채를 변경하는 경우에
는 요지변경으로 본다. 다만, 일반상표를 색채만으로 된 상표로 잘못 출원한 것
이 명백한 경우(그 반대의 경우도 포함)에 상표의 유형을 변경하는 것은 요지변경
으로 보지 아니한다.

③-2 입체상표, 홀로그램상표, 동작상표, 기타 시각적 상표

입체상표의 경우에는 정지된 3차원적인 형상, 홀로그램상표의 경우에는 빛
의 간섭효과를 이용하여 평면에 나타나는 3차원적인 이미지, 동작상표의 경우에
는 움직이는 동적 이미지 등 비전형상표마다 그 표장의 본질적 특징이 있는데,
입체를 평면으로, 동작을 홀로그램으로, 정지된 입체를 움직이는 동작으로 변경
하는 등 표장의 본질을 변경하는 것은 원칙적으로 요지변경으로 본다. 다만, 출
원인이 상표의 유형을 잘못 기재하였음이 명백한 경우에는 일반상표를 입체상
표로, 동작상표를 홀로그램상표 등으로 상표의 유형을 변경(그 반대의 경우도 포
함)하는 것은 요지변경으로 보지 아니한다.

입체·홀로그램·동작·기타 시각적 상표의 경우 3차원적인 입체나 홀로그램,
동작 등의 특징을 나타내기 위하여 2장 이상 5장 이하의 상표견본 제출이 가능하
므로 출원인이 상표의 실질적 동일성이 인정되는 범위 내에서 상표견본 일부를
삭제, 변경 또는 추가하는 것은 요지변경으로 보지 아니한다. 다만, 상표견본을
삭제, 변경 또는 추가함으로써 입체·홀로그램·동작·기타 시각적 상표의 기본적
인 형상이나 이미지가 실질적으로 달라지는 경우에는 요지변경으로 본다.

③-3 소리상표, 냄새상표, 기타 비시각적 상표

소리·냄새·기타 비시각적 상표는 출원서에 기재된 시각적 표현을 기준으
로 요지변경 여부를 판단하되, 보호하고자 하는 표장의 실체는 첨부된 소리파일

이나 냄새견본 등이므로 소리파일이나 냄새견본을 참고하여 요지변경 여부를 판단하여야 한다. 따라서 시각적 표현 중 오기를 정정하거나 표현을 명확히 하기 위해 구체적인 내용을 보충하거나, 불필요한 부분을 삭제하거나, 잘못된 내용을 수정하는 보정은 요지변경으로 보지 않지만, 첨부된 소리파일이나 냄새견본과 실질적인 동일성이 인정되지 않는 경우는 요지변경으로 본다.

소리·냄새·기타 비시각적 상표를 일반·색채·입체상표 등 시각적 상표로 변경(그 반대의 경우도 포함)하거나 소리·냄새·기타 비시각적 상표 상호간의 변경도 원칙적으로 요지변경으로 본다. 다만, 출원인이 상표의 유형을 잘못 기재하였음이 명백한 경우에는 소리상표를 냄새상표로, 기타 비시각적 상표를 일반상표 등으로 상표의 유형을 변경(그 반대의 경우도 포함)하는 것은 요지변경으로 보지 아니한다.

V. 심결

1. 보정각하결정 불복심판의 심결

심판은 원칙적으로 심결로써 종결되나(제149조 제1항), 심판청구서의 각하결정(제127조 제2항), 보정할 수 없는 심판청구의 심결 각하(제128조), 심판청구의 취하(제148조) 및 심판청구에 관련된 당해 출원이 취하 또는 포기된 경우에도 심판이 종결된다.

보정각하결정에 대한 불복심판의 심결에는 취소심결과 기각심결이 있다. 심판관이 심리결과 심판청구가 이유 있다고 인정되는 경우에는 심결로써 보정각하결정을 취소하고(제156조 제1항), 특허청 심사부에 환송하여 심사에 붙일 것이라는 심결을 한다(제156조 제2항). 이 경우 그 사건은 특허청 심사국으로 환송되어 다시 심사하게 되고, 심결에서 취소의 기본이 된 이유는 그 사건에 대하여 심사관을 기속한다(제156조 제3항).

보정각하결정 불복심판의 청구가 이유 없다고 인정되면 당해 심판청구를 기각하는 심결을 하여야 한다. 기각심결에 대하여 출원인 등은 심결의 등본을 송달받은 날부터 30일 이내에 특허법원에 심결의 취소를 구하는 소송을 제기할 수 있다(제162조 제1항, 제3항).

2. 심결의 효과

가. 심판청구에 의한 효과

보정각하결정에 대한 불복심판이 청구되면 그 결정은 확정되지 않는다. 출원인이나 신청인이 보정각하결정에 대한 심판을 청구한 때에는 심사관은 그 심판의 심결이 확정될 때까지 그 상표등록출원의 심사를 중지하여야 한다(제42조 제3항). 이는 보정각하결정이 취소될 경우 그 취소의 기본이 된 이유는 그 사건에 대하여 심사관을 기속하기 때문이다.

나. 심결에 의한 효과

심판의 심결이 확정되면 그 심결의 내용에 따른 실질적인 효력이 발생한다. 즉 보정각하결정에 대한 심판에서 보정각하결정을 취소하는 심결이 있어 당해 사건이 심사관에게 환송된 경우에는 심결에 있어서 취소의 기본이 된 이유는 그 사건에 대하여 심사관을 기속한다(제156조 제3항). 따라서 심사관은 원래의 결정과 동일한 이유로 보정각하결정을 할 수 없으며, 다른 거절이유를 발견하지 못할 경우에는 보정된 출원서에 기하여 상표출원 심사를 하여야 한다.

상표법 제150조는 확정된 심결이 각하심결인 경우를 제외하고는 일사부재리의 효력을 가지는 심결에 대하여 아무런 제한을 두고 있지 아니하므로, 보정각하결정에 대한 불복심판에서의 인용심결과 기각심결 모두가 일사부재리의 효력을 가진다고 할 것이다. 그러나 보정각하결정에 대한 불복심판은 청구인적격 및 청구기간이 극히 제한되어 있기 때문에 실제로 적용될 여지가 거의 없다.9)

〈설범식〉

---

9) 정상조·박성수 공편, 특허법 주해Ⅱ, 박영사(2010), 373(최정열 집필부분), 637(박정희 집필부분) 참조.

제116조(거절결정에 대한 심판)

제54조에 따른 상표등록거절결정, 지정상품추가등록 거절결정 또는 상품분류전환등록 거절결정(이하 "거절결정"이라 한다)을 받은 자가 불복하는 경우에는 그 거절결정의 등본을 송달받은 날부터 30일 이내에 심판을 청구할 수 있다.

〈소 목 차〉

Ⅰ. 본조의 의의 및 법적 성격
  1. 의의
  2. 법적 성격
Ⅱ. 규정체계
Ⅲ. 본조의 연혁
Ⅳ. 심판의 청구
  1. 청구권자
  2. 청구기간
  3. 청구의 방식
Ⅴ. 심판의 절차

  1. 형식적 요건 심사
  2. 심판청구서의 보정
  3. 심판의 심리
Ⅵ. 심결
  1. 거절결정 불복심판의 심결
  2. 청구인용 심결
  3. 기각심결
Ⅶ. 효과
  1. 심판청구에 따른 효과
  2. 심결에 따른 효과

Ⅰ. 본조의 의의 및 법적 성격

1. 의의

상표등록출원에 대하여 상표법 제54조 각 호의 어느 하나에 해당한다는 이유로 상표등록거절결정을 한 경우 또는 지정상품의 추가등록출원에 대하여 상표법 제87조 제1항 각 호의 어느 하나에 해당한다는 이유로 지정상품의 추가등록거절결정을 한 경우 및 상품분류전환등록의 신청에 대하여 상표법 제210조 제1항 각 호의 어느 하나에 해당한다는 이유로 상품분류전환등록 거절결정을 한 경우 출원인 등은 이에 불복하여 특허심판원에 특허청의 심사관이 행한 그 거절결정을 취소하고 등록결정을 하여 줄 것을 청구할 수 있다.[1] 본조는 이와 같은 상표등록출원(제36조), 지정상품의 추가등록출원(제86조), 상품분류전환등록의 신청(제209조)에 대한 심사관의 거절결정이 정당한 것인지에 관하여 심판을 청구할 수 있는 절차를 규정한 것이다.[2] 거절결정은 행정처분의 일종이기는 하

---

1) 문삼섭, 상표법, 세창출판사(2004), 924; 윤선희, 상표법, 법문사(2007), 659.
2) 특허청, 조문별 상표법해설(2004), 306.

나 본조에 의한 심판을 청구하는 이외에 별도의 행정소송으로 이를 다투는 것
은 허용되지 아니한다(제226조 제1항).[3]

2. 법적 성격

상표등록출원에 대한 거절결정 불복심판은 심사관의 거절결정에 대하여 불
복이 있는 자가 하는 것이지만 심리와 심판의 대상이 되는 것은 심사의 속심으
로서 출원사건 그 자체의 재심사라고 이해되고 있다.[4] 이는 상표등록출원에 대
한 심사에서 밟은 절차는 본조에 의한 거절결정에 대한 심판절차에서도 그 효
력이 있기 때문이다(제123조). 즉, 본조에 의한 심판은 심사절차에 대하여 속심
적 성격을 갖는 것이다. 따라서 불복의 대상이 된 거절결정에서 내세운 거절이
유가 부당하였거나 보정에 의하여 해소된 경우에도 다른 이유를 내세워 거절결
정을 유지하고 심판청구를 기각할 수 있다.[5]

상표등록거절결정, 지정상품의 추가등록거절결정 및 상품분류전환등록 거
절결정에 대한 불복심판은 모두 특허청의 결정에 대한 불복심판으로서 특허청
을 일방 당사자로 하는 결정계 심판의 일종이다.[6]

Ⅱ. 규정체계

본조는 상표등록거절결정, 지정상품의 추가등록거절결정 또는 상품분류전
환등록 거절결정을 받은 자가 이에 불복하는 경우 심판을 청구하여 다툴 수 있
다는 것과 그 청구기간에 관하여 규정하고 있다.

Ⅲ. 본조의 연혁[7]

(1) 1949년 제정법(1949. 11. 28. 법률 제71호)에서 "등록출원 또는 갱신등록
출원이 최후 거절되었을 때에는 항고심판을 청구할 수 있다"고 규정하여(제18
조), 상표등록출원과 상품 또는 유사한 영업을 추가하는 정정등록출원(현행의 지

---

3) 정상조·박성수 공편, 특허법 주해 II, 박영사(2010), 363(최정열 집필부분) 참조.
4) 小野昌延 編, 注解 商標法(新版)(下), 靑林書院(2005), 1072(大村昇 집필부분).
5) 小野昌延 編(주 4), 1072; 정상조·박성수 공편(주 3), 364.
6) 특허법원 지적재산소송연구회, 지적재산소송실무(제3판), 박영사(2014), 699.
7) 특허청(주 2), 307.

정상품의 추가등록출원)에 대한 거절결정불복 항고심판 또는 상표권의 존속기간
갱신등록출원에 대한 거절결정불복 항고심판을 규정하고 있었다.

(2) 1973년 개정법(1973. 2. 8. 법률 제2506호)에서는 "사정 또는 심판의 심결
을 받은 자가 불복이 있을 때에는 그 사정 또는 심결의 송달을 받은 날로부터
30일 내에 항고심판을 청구할 수 있다."고 규정하여(제49조), 심사관의 거절결정
과 심판소의 심결에 대한 불복 항고심판을 규정한 조문으로 구성되어 있었다.

(3) 1995년 개정법(1995. 1. 5. 법률 제4895호)에서는 특허청 심판소와 항고심
판소를 통합하여 특허심판원이 신설되고, 사법부에는 고등법원급인 특허법원이
신설됨에 따라 종전에 항고심판으로 청구하던 사정계(결정계) 사건을 특허심판
원에 심판으로 청구하도록 규정하였다. 아울러 "거절사정을 받은 자가 불복이
있는 때에는 거절사정등본을 송달받은 날부터 30일 이내에 심판을 청구할 수
있다."고 규정하여(제70조의2), 심사관의 거절결정에 대한 불복심판을 현행과 같
은 조문형식으로 분리하여 신설하게 된 것이다.

(4) 2001년 개정법(2001. 2. 3. 법률 제6414호)에서 신설된 상품분류전환등록
은 갱신등록출원과 관련하여 어떠한 실체심사도 할 수 없도록 규정하고 있는
상표법조약 제13조 제4항의 내용을 반영한 것이다. 따라서 종전의 '상품 및 서
비스업 분류'(한국분류)를 니스협정에 의한 '국제 상품 및 서비스업 분류'(니스분
류) 제도로 전환하여 시행함(1998. 3. 1.)에 따라, 상표권존속기간갱신등록출원과
별도로 종전의 한국분류를 니스분류로 상품분류전환등록을 할 수 있도록 규정
하면서, "상표등록거절결정·지정상품의 추가등록거절결정·상표권의 존속기간
갱신등록거절결정 및 상품분류전환등록거절결정의 1에 해당하는 결정(이하 '거
절결정'이라 한다)을 받은 자가 불복이 있는 때에는 거절결정등본을 송달받은 날
부터 30일 이내에 심판을 청구할 수 있다."고 개정하여(제70조의2), 상품분류전
환등록신청 거절결정에 불복이 있는 경우 심판을 청구할 수 있도록 추가하여
규정한 것이다. 또한 종전에 사용하던 '거절사정'이라는 용어를 개정법에서는
'거절결정'으로 변경하였다.

(5) 2010년 개정법(2010. 1. 27. 법률 제9987호)에서는 "상표등록거절결정, 지
정상품의 추가등록거절결정 및 상품분류전환등록거절결정의 어느 하나에 해당하
는 결정(이하 "거절결정"이라 한다)을 받은 자가 불복할 때에는 거절결정등본을 송
달받은 날부터 30일 이내에 심판을 청구할 수 있다."고 개정하여(제70조의2), 종
전의 '상표권의 존속기간갱신등록거절결정'에 대한 불복심판 규정을 삭제하였다.

(6) 한편, 2016. 2. 29. 법률 제14033호로 전부 개정된 현행 상표법은 조문 체계의 정리에 따라 종전 제70조의2의 규정을 제116조로 이동하였다.

Ⅳ. 심판의 청구

1. 청구권자

가. 거절결정을 받은 자

거절결정에 대한 불복심판을 청구할 수 있는 자는 상표등록출원, 지정상품의 추가등록출원, 상품분류전환등록신청을 하였다가 거절결정을 받은 자이다.

상표등록거절결정은 출원인 또는 그 승계인에 대하여, 지정상품의 추가등록거절결정은 추가등록출원인 즉 상표권자 또는 출원인에 대하여, 상품분류전환등록 거절결정은 전환등록신청인[8] 즉 상표권자에 대하여 하는 것이므로, 심판은 거절결정을 받은 출원인, 추가등록출원인, 전환등록신청인 등이 청구할 수 있다.

등록결정을 받은 자는 결정의 내용에 불복이 있더라도 불복심판을 청구할 수 없다. 청구인적격이 없는 자의 심판청구는 부적법한 청구로서 그 보정이 불가능하기 때문에 심판의 심결로 각하된다.

나. 승계인

본조는 거절결정을 받은 자가 불복심판을 청구할 수 있다고 하여 청구인적격을 갖는 자를 규정하는 데 그치고, 승계인에 대하여 명문의 규정을 두고 있지 않다. 여기서 말하는 승계인이란 거절결정의 대상이 상표등록출원인 경우에는 당해 등록출원에 의하여 생긴 권리의 승계인, 그 대상이 지정상품추가등록출원인 경우에는 당해 상표권의 승계인, 그 대상이 상품분류전환등록신청인 경우에는 당해 상표권의 승계인이다.

상표등록출원에 의하여 생긴 권리 및 상표권은 이전할 수 있고, 특정승계의

---

8) 상표법 제209조(상품분류전환등록의 신청) ① 종전의 법(법률 제5355호 상표법중개정법률로 개정되기 전의 것을 말한다) 제10조 제1항에 따른 통상산업부령으로 정하는 상품류의 구분에 따라 상품을 지정하여 상표권의 설정등록, 지정상품의 추가등록 또는 존속기간갱신등록을 받은 상표권자는 해당 지정상품을 상품류의 구분에 따라 전환하여 등록을 받아야 한다. 다만, 법률 제5355호 상표법중개정법률 제10조 제1항에 따른 통산산업부령으로 정하는 상품류의 구분에 따라 상품을 지정하여 존속기간갱신등록을 받은 자는 그러하지 아니하다.

경우는 출원인변경 신고 또는 이전등록에 의하여 효력이 생기며, 상속 기타 일
반승계의 경우는 출원인변경 신고나 이전등록 없이 효력이 생긴다(제48조 제1항,
제96조). 또한 국제상표등록출원에 의하여 생긴 권리 및 국제등록에 기한 국제
등록기초상표권도 이전할 수 있지만 특정승계와 일반승계의 구별 없이, 국제사
무국에의 명의변경 신고 또는 국제상표등록부에의 이전등록에 의하여 효력이
생긴다(제184조, 제201조). 따라서 승계인은 그 효력의 발생에 의하여 거절결정을
받은 자의 심판청구인으로서의 지위를 수계하고, 청구인적격을 취득한다고 이
해할 수 있다.9)

　　상표등록출원에 의하여 생긴 권리 및 상표권의 특정승계인은 법정기간 내
에 심판청구를 행함과 동시에 그 기간 내에 출원인변경 신고 또는 이전등록의
신청을 행할 필요가 있다. 국제상표등록출원에 의하여 생긴 권리 또는 국제등록
에 기한 국제등록기초상표권의 (일반, 특정)승계인도 마찬가지이다. 동 기간 내에
출원인변경 또는 이전등록의 신청이 행하여지지 않는 경우 심판청구는 청구인
적격을 가지지 않는 자가 한 부적법한 것으로 보정할 수 없기 때문에, 심결로
각하된다.

　　특정승계인이 거절결정 불복심판 청구는 이를 법정기간 내에 하였으나, 승
계의 신고를 법정기간 경과 후에 한 사안에 대하여, 승계의 신고가 법정기간 내
에 행하여진 경우 거절결정의 명의인이 아닌 자로부터의 심판청구라는 흠결은
보정되고, 특정승계인은 심판청구인 지위를 적법하게 취득하기에 이른다고
봄이 마땅하지만, 심판청구에 대하여 청구기간을 정하고 있는 취지 및 특정승계
는 특허청장에 대한 신고를 효력요건으로 하고 있는 점에서 보면, 승계의 신고
가 법정청구기간 경과 후에 행하여진 경우에는 이미 그 흠결이 보정되지 않고
심판청구는 거절결정에 대한 심판의 청구인으로 될 수 없는 자가 행한 부적법
한 것이라고 해석함이 상당하다는 일본 하급심 판결이 있다.10)

　　일반승계(국제상표등록출원에 의하여 생긴 권리 또는 국제등록에 기한 국제등록
기초상표권의 일반승계는 제외)의 경우에는, 출원인변경 신고 또는 이전등록이 상
표등록출원에 의하여 생긴 권리의 이전 또는 상표권의 이전의 효력발생요건으
로 되어 있지 않기 때문에, 일반승계인이 행한 심판청구는 출원인변경 신고 또

---

　9) 小野昌延 編(주 4), 1075.
　10) 동경고등재판소 1985. 12. 24. 85(行け) 134号 無体財産權關係民事 · 行政裁判例集 17卷
　　3号 659(判例タイムズ 568号 81).

는 이전등록이 심판의 법정청구기간 내에 행하여지지 않았어도 기간경과 후의 출원인변경 신고 또는 이전등록에 의하여 청구인적격 결여의 흠결을 보정할 수 있다고 본다.[11]

다. 공동심판청구인

상표권 또는 상표등록출원에 의하여 생긴 권리의 공유자가 그 공유인 권리에 대하여 심판을 청구할 때는 공유자의 전원이 공동으로 청구하여야 한다(제124조 제3항). 또한 상표권이 공유인 경우에는 공유자 전원이 공동으로 상품분류전환등록을 신청하여야 하므로(제209조 제4항), 상품분류전환등록의 거절결정에 대한 심판청구도 공유자 전원이 공동으로 하여야 한다.

따라서 상표권이나 상표등록출원에 의하여 생긴 권리의 공유자의 일부가 제기한 거절결정에 대한 불복심판은 부적법한 것이다. 그러나 이와 같이 공유자의 일부가 제기한 심판청구라 하더라도 아직 심판청구기간이 도과되기 전이라면 나머지 공동출원인을 추가하는 보정을 허용하여 그 하자가 치유될 수 있도록 함이 당사자의 권리구제 및 소송경제면에서 타당하다.[12] 이와 같은 입장을 반영하여 구 상표법[13] 제77조에 의하여 준용되던 특허법 제140조 제2항 제1호가 2009년 개정되어, 당사자 중 상표권자의 기재를 바로잡기 위하여 하는 보정에 '상표권자를 추가하는 것'을 포함하여 이를 요지의 변경에 해당하지 않는 것으로 규정하였고, 특허법의 준용을 해소한 2011년 개정 상표법에서도 이를 그대로 규정하였으며[14], 현행 상표법도 이를 유지하고 있다(제126조 제2항 제1호 괄호).

2. 청구기간

가. 법정기간

거절결정에 대한 심판의 법정청구기간은 거절결정등본을 송달받은 날부터 30일간이다. 청구기간 경과 후의 심판청구는 부적법한 청구이고, 이는 그 보정을 할 수 없기 때문에 심판의 심결로 각하되며, 거절결정은 그대로 확정된다. 그러나 거절결정이 있었으나 아직 등본이 송달되기 전 또는 송달 중에 있는 경

---

11) 小野昌延 編(주 4), 1076.
12) 대법원 2005. 5. 27. 선고 2003후182 판결[공2005. 7. 1.(229), 1077].
13) 2011. 11. 2. 법률 제11113호로 개정되기 전의 것.
14) 2011. 11. 2. 법률 제11113호로 개정된 상표법 제79조 제2항 제1호.

우에는 불복심판을 청구할 수 있다고 해석할 것이다.[15]

   거절결정등본을 송달받은 날이라 함은, 등본이 출원인에게 도달된 날이다 (도달주의). 심판청구서의 특허청에 대한 제출도 도달주의를 취하지만(제28조 제1 항), 특허청에 직접 지참할 수 없는 자의 입장을 고려하여 이를 우편으로 발송 한 경우에는 우편물의 통신일부인(通信日附印)에 표시된 날이 분명하면 그 표시 된 날에, 분명하지 아니하면 우편물 수령증에 의하여 증명된 날에 각 도달한 것 으로 본다(제28조 제2항).

나. 청구기간의 계산과 연장

   기간의 계산에 있어서 첫날은 산입하지 아니하므로(제16조) 송달받은 날 다 음 날부터 기산하여 30일 이내에 심판을 청구하여야 한다.

   특허청장은 교통이 불편한 지역에 있는 자를 위하여 청구에 따라 또는 직 권으로 거절결정에 대한 불복심판의 법정기간을 연장할 수 있다(제17조).

   청구기간이 연장된 경우 이 연장된 기간은 원래의 기간과 일체를 이루어 합계된 하나의 기간으로서 심판청구를 하는 기간이 정해진다. 따라서 상표법 제 16조에서 말하는 '기간의 마지막 날'이라 함은 이 합계된 하나의 기간의 마지막 날을 지칭하는 것이고, 연장되기 전의 원래의 기간의 마지막 날이 공휴일 등에 해당한다고 하여 거기에 상표법 제16조 제4호를 적용할 여지는 없다.[16]

   한편, 당사자가 책임질 수 없는 사유로 기간을 준수하지 못한 경우에는 그와 같은 사유가 소멸한 날로부터 14일 이내에 이를 소명하여 심판을 청구할 수 있 다. 그러나 그 기간의 만료일부터 1년이 경과한 때에는 비록 당사자가 책임질 수 없는 사유로 기간을 준수하지 못한 경우라도 심판청구를 할 수 없다(제19조).[17] 당사자가 책임질 수 없는 사유는 천재지변이나 적법한 송달절차가 누락된 경우 등을 말하지만, 공유의 상표등록출원에 있어서 기간을 준수하지 못한 이유가 거 절결정을 송달받은 공동출원인의 과실에 기한 것이고 심판청구인 자신의 잘못 이 아닌 경우, 상표등록출원을 한 외국법인의 국내 대리인이 거절결정에 대한 불복심판 청구기간 중 병으로 위독한 상태에서 업무를 취급하지 못하였기 때문 에 기간을 준수하지 못한 사정 등은 당사자가 책임질 수 없는 사유라고 할 수

---

15) 정상조 · 박성수 공편(주 3), 365.
16) 이와 같이 해석하는 일본 하급심 판결로는, 동경고등재판소 1982. 10. 21. 昭57(行ケ) 94 호 無体集 14권 3호 727.
17) 상세한 것은 제19조 해설 부분 참조.

없다.18)

3. 청구의 방식

당사자계 심판에 있어서는 일반적인 심판청구서의 기재사항을 정한 상표법 제125조가 적용되나, 거절계 심판인 거절결정에 대한 불복심판의 심판청구서에는 상표법 제126조 제1항에 따른 기재를 하여야 한다.

심판청구서에는 ① 청구인의 성명 및 주소(법인인 경우에는 그 명칭 및 영업소의 소재지) ② 대리인이 있는 경우에는 그 대리인의 성명 및 주소나 영업소의 소재지(대리인이 특허법인인 경우에는 그 명칭, 사무소의 소재지 및 지정된 변리사의 성명) ③ 출원일 및 출원번호 ④ 지정상품 및 그 상품류 ⑤ 심사관의 거절결정일 ⑥ 심판사건의 표시 ⑦ 청구의 취지 및 그 이유를 기재하여야 한다(제126조 제1항).

거절결정에 대한 불복심판의 '청구인'은 앞에서 설명한 바와 같고, '대리인'은 법정대리인과 임의대리인을 말한다. 참가인은 결정계 심판이므로 적용되지 않는다.

'심판사건의 표시'란 심판사건의 종류와 사건의 연도별 일련번호를 말하며, '청구의 취지'는 심판청구인이 심판을 통하여 구하는 권리보호의 형식과 법률효과를 기재한 심판의 결론부분을 말한다. '청구의 이유'는 청구의 취지를 이유 있게 하는 심판청구인의 주장사실과 그에 대하여 제출한 증거를 말한다. 이와 같은 심판청구를 심판청구서라고 하는 서면으로 제출하도록 하는 것은 청구인의 의사표시의 명확화와 객관화를 위해서이다.19)

특허심판원장은 상표법 제116조에 따른 거절결정에 대한 심판이 청구된 경우 당해 거절결정이 상표등록이의신청에 의한 것인 때에는 그 취지를 이의신청인에게 통지하여야 한다(제126조 제3항).

---

18) 정상조·박성수 공편(주 3), 365.
19) 문삼섭(주 1), 906.

V. 심판의 절차

1. 형식적 요건 심사

거절결정에 대한 불복심판이 청구되면 심판장은 청구서가 상표법 제126조 제1항의 규정에 따라 적법하게 작성된 것인지 여부 및 상표법 제127조 제1항 제2호의 사유에 해당하는 것은 없는지 여부를 심사하여 필요한 경우 보정을 명하고 지정된 기간 내에 보정명령에 응하지 않는 경우에는 결정으로 그 심판청구서를 각하한다(제127조 제1항, 제2항). 이 각하결정에 대하여는 결정의 등본을 송달받은 날부터 30일 이내에 특허법원에 소를 제기하여 다툴 수 있다(제162조 제1항).

2. 심판청구서의 보정

거절결정에 대한 불복심판이 특허심판원에 계속 중인 경우 심판청구를 보정할 수 있으나, 그 보정은 청구서의 요지를 변경할 수 없다. 다만, 청구인의 추가 등 청구인의 기재를 바로잡기 위한 사항과 청구의 이유에 대하여는 그러하지 아니하다(제126조 제2항).

심판청구서의 요지란 심판의 당사자와 심판의 대상물을 의미하므로, 심판청구인, 사건의 표시, 청구의 취지의 동일성이 유지되는 범위 내에서 보정은 허용된다. 이는 만일 심판사건의 표시의 보정에 의하여 심판청구대상의 동일성을 잃게 하거나 청구의 취지를 변경하는 것을 인정할 경우 심판사무처리가 복잡하게 되어 심판의 지연요인이 되기 때문이다.[20]

3. 심판의 심리

거절결정에 대한 불복심판은 심사절차의 속심적 성격을 갖는 결정계 심판으로서 절차의 특성상 그 심리절차에 있어서도 여러 가지 특칙이 있다. 여기에서는 거절결정에 대한 불복심판의 심리절차에 있어서의 특징만을 간단하게 살펴본다. 심판의 일반적인 심리절차에 대한 설명은 각각의 해당 조문의 주해 부분을 참조하기 바란다.

---

20) 문삼섭(주 1), 908.

가. 심사규정의 준용

상표법에서는 심판관이 거절결정에 대한 불복심판사건에서 심사관의 원래의 거절결정을 취소하고 당해 출원을 심사국으로 보내는 환송결정을 하지 아니하고 자판으로 등록결정을 하거나 원래의 거절결정과 다른 이유로 거절심결을 할 수 있도록 심사규정을 거절결정에 대한 심판에도 준용하고 있다.

즉, 거절결정에 대한 심판에서는 심사절차에서 적용되는 상표법의 규정 중 출원공고결정 후의 보정(제41조), 보정의 각하(제42조), 출원의 분할(제45조), 거절이유통지(제55조, 제87조 제2항·제3항, 제210조 제2항·제3항), 출원공고(제57조), 손실보상청구권(제58조), 직권보정 등(제59조)에 관한 규정, 상표등록이의신청에 관한 규정(제60조 내지 제66조), 상표등록 출원공고 후의 직권에 의한 상표등록거절결정(제67조) 및 상표등록결정(제68조)에 관한 규정이 준용된다(제123조 제1항 전문). 이 경우 그 상표등록출원 또는 지정상품의 추가등록출원에 대하여 이미 출원공고가 있는 경우에는 제57조는 준용하지 아니한다(제123조 제1항 후문). 그리고 상표법 제42조 제4항·제5항, 제55조, 제87조 제2항·제3항 및 제210조 제2항·제3항을 적용할 경우에는 상표등록거절결정의 이유와 다른 거절이유를 발견한 경우에도 준용한다(제123조 제3항).

따라서 심판관이 심리과정에서 새로운 거절이유를 발견한 경우에는 거절이유를 통지할 수 있고, 이에 대하여 심판청구인은 보정서를 제출할 수 있다. 또한 심판청구인의 보정이 요지변경에 해당하는 경우에는 심판관은 당해 보정을 각하할 수 있고, 의견서나 보정서에 의하여 통지된 거절이유가 모두 해소된 경우에는 상표법 제68조의 규정에 의하여 심판관이 직접 상표등록결정을 할 수 있다.[21]

나. 심사의 효력 유지

심사에서 밟은 상표에 관한 절차는 거절결정에 대한 심판에서도 그 효력이 있다(제155조).

다. 심리방식

특허심판원에서의 거절결정에 대한 심판은 3인 또는 5인의 심판관 합의체가 담당한다. 따라서 심판이 청구되면 특허심판원장은 바로 합의체를 구성할 심

---

21) 문삼섭(주 1), 927.

판관과 심판장을 지정하여야 한다(제130조 제1항, 제131조 제1항, 제132조 제1항).

　심리는 구술심리 또는 서면심리로 한다. 다만, 당사자가 구술심리를 신청한
때에는 서면심리만으로 결정할 수 있다고 인정되는 경우 외에는 구술심리를 하
여야 한다. 구술심리는 이를 공개하여야 한다. 다만, 공공의 질서 또는 선량한
풍속을 문란하게 할 염려가 있는 때에는 그러하지 아니하다(제141조 제1항·제2
항). 심판장은 구술심리에 의한 심판을 할 경우에는 그 기일 및 장소를 정하고
그 취지를 기재한 서면을 당사자에게 송달하여야 한다. 다만, 당해 사건에 출석
한 당사자에게 알린 때에는 그러하지 아니하다. 심판장은 구술심리에 의한 심판
을 할 경우에는 특허심판원장이 지정한 직원에게 기일마다 심리의 요지 기타
필요한 사항을 기재한 조서를 작성하게 하여야 한다(제141조 제3항·제4항).

　심리에 있어서는 직권심리주의가 적용되고, 직권심리의 경우 그 이유에 대
하여 당사자에게 의견진술의 기회를 주어야 한다(제146조 제1항). 그러나 청구인
이 신청하지 아니한 청구의 취지에 대해서는 심리할 수 없다(제146조 제2항).

　거절결정 불복심판은 결정계 사건이므로 심판참가가 허용되지 않는다(제154
조, 제142조, 제143조). 다만 심판단계에서는 참가가 허용되지 않더라도 심결취소
소송 단계에서는 상표법상의 참가규정이 적용되지 아니하고 민사소송법상의 참
가제도에 관한 규정이 적용되므로 심결에 이해관계를 가지고 있는 자의 참가가
허용된다.[22] 대법원 판례도 이와 같다.[23]

라. 거절결정 불복심판의 심리대상

　(1) 심사절차에서 상표법 제40조, 제41조에 따른 보정이 출원의 요지를 변
경하는 것인 때에는 보정각하결정을 한다(제42조). 제40조에 따른 보정을 각하한
경우에는 그 각하결정에 대하여 불복할 수 있고, 그 불복심판의 심결이 확정될
때까지 심사절차를 중지하여야 한다(제42조 제3항).

　그러나 제41조에 따른 보정을 각하한 경우에는 그 각하결정에 대하여 독립
하여 불복할 수 없고, 다만 본조의 규정에 따라 거절결정에 대한 심판을 청구하
는 경우에 그 심판에서 다툴 수 있다(제42조 제5항). 따라서 제41조에 따른 보정
에 대하여 각하결정이 있는 경우에는 심판청구인이 상표법 제42조 제5항 단서
에 의한 보정각하결정 불복이 있는지 여부에 따라 심리대상이 다르게 된다.

　보정각하결정에 대한 불복이 없는 경우에는 거절결정의 대상이 된 출원서

---

22) 박종태, 이지상표법, 한빛지적소유권센터(2015), 637.
23) 대법원 2013. 10. 31. 선고 2012후1033 판결.

가 심리의 대상이 된다.

보정각하결정에 대한 불복이 있는 경우에는 심사절차에서의 보정각하결정
의 당부를 먼저 심리하고 보정각하결정이 부적법하다고 판단되는 때에는 보정
각하결정이 취소되는 것을 전제로 심사절차에서 각하된 보정에 의하여 보정된
출원서를 심리의 대상으로 하여 거절결정의 당부를 판단한다. 보정각하결정이
적법한 것으로 인정되는 때에는 보정전의 출원서가 심리의 대상이 된다. 따라서
심판단계에서 새로운 거절이유를 통지하는 때에도 어떤 출원서에 의하여 거절
이유를 통지하는 것인지를 분명히 해야 한다.

(2) 특허심판원의 심리범위는 거절결정에서의 거절이유에 한정되지 않으나
거절결정에서의 거절이유와 다른 이유를 들어 심판청구를 기각하고자 할 때, 즉
새로운 거절이유를 발견한 때에는 그 새로운 이유를 심판청구인에게 통지하고
의견서제출의 기회를 주어야 한다(제123조 제3항).

어디까지가 새로운 거절이유에 해당하는지가 문제된다. 출원상표와 대비되
는 선등록상표 등이 다르거나, 상표법 제34조 제1항 제9호로 거절한 것에 대하
여 같은 항 제12호를 이유로 거절결정을 유지하는 경우와 같이 서로 다른 법조
문을 적용하는 경우에는 원칙적으로 새로운 거절이유에 해당한다고 할 것이지
만, 실질적으로 의견제출 기회가 부여되었다고 볼 만큼 주된 취지에서 부합하는
거절사유라면 새로운 거절사유로 보기는 어려울 것이다.[24]

특허법원 판결은, 특허청 심사관이 상표법 제34조 제1항 제7호에 해당한다
는 거절이유를 통지한 후 출원인으로부터 의견서를 제출받고 상표출원공고결정
을 하였고, 이후 최종적으로 상표법 제33조 제1항 제3호에 해당한다는 거절이
유를 통지하였다면, 최초 거절이유로 통지된 상표법 제34조 제1항 제7호의 거
절이유는 철회된 것으로 봄이 상당하므로, 심판절차에서 상표법 제34조 제1항
제7호에 해당한다는 사유로 거절결정을 유지할 수 없다고 판시하였고,[25] '등록
주의 국가의 상표권'에 기해 상표법 제34조 제1항 제21호에 해당함을 이유로
거절결정을 하였는데, 심결취소소송 단계에서 위 '상표에 관한 권리를 가진 자'
의 근거가 되는 상표권을 '사용주의 국가의 상표권'으로 변경하여 주장하는 것
은 새로운 거절사유에 관한 주장이 아니라고 판시하였다.[26]

---

24) 특허법원 지적재산소송실무연구회(주 6), 700.
25) 특허법원 2008. 10. 23. 선고 2008허7997 판결(심리불속행 기각).
26) 특허법원 2008. 11. 19. 선고 2008허7027 판결(확정).

거절결정 불복심판 청구를 기각하는 심결에 대한 심결취소소송에서 특허청
장은 거절결정의 이유와 다른 새로운 거절이유에 해당하지 않는 한 심결에서
판단되지 않은 것이라고 하더라도 심결의 결론을 정당하게 하는 사유를 주장·
입증할 수 있으므로, 특허심판원이 심사단계에서 든 3가지의 거절이유 중 하나
만을 판단하여 거절결정을 유지하였더라도 심결취소소송에서는 특허청이 나머
지 거절이유를 주장하였다면 그 거절이유에 대하여도 심리 판단할 수 있다.27)

거절결정 불복심판 절차의 계속 중에 선출원상표에 대한 등록무효심판이
청구되었다 하더라도 이와 같은 사정은 상표법 제22조에 정한 심판절차의 중단
사유에 해당하지 아니하고, 심판절차의 중지 여부는 심판관이 자유재량으로 정
할 수 있는 것이므로, 등록무효심판의 심결이 확정될 때까지 심판절차를 중지하
지 않고 심결을 하였다고 하여 이를 위법한 것이라고 할 수 없다.28)

마. 심판절차에서의 보정

거절결정 불복심판을 청구하는 경우 그 청구일로부터 30일 이내에 요지를
변경하지 않는 범위 이내에서 지정상품 및 표장을 보정할 수 있다. 실무상 특허
심판원이 보정을 간과하고 보정 전의 지정상품을 대상으로 판단하는 경우가 종
종 있는데, 그 이유가 보정을 간과하였기 때문이라면 심판대상을 잘못 지정한
위법이 있는 것이고, 보정각하결정을 누락한 것이라면 그 보정각하결정의 위법
여부에 대한 심판을 청구할 기회도 없이 출원인의 심판청구가 기각됨으로써 심
판청구인이 법에 의하여 부여받은 절차상의 권리가 침해된 위법 상태가 발생하
였고 그러한 위법은 심판의 결론에 영향을 미칠 수 있는 정도의 것이므로, 보정
전의 지정상품을 대상으로 판단한 심결은 그 자체로 취소사유를 가지게 된다.29)

VI. 심결

1. 거절결정 불복심판의 심결

심판은 원칙적으로 심결로써 종결되나(제149조 제1항), 심판청구서의 각하결
정(제127조 제2항), 심판청구서의 부적법에 의한 각하심결(제128조), 심판청구의

---

27) 대법원 2004. 7. 22. 선고 2004후356 판결.
28) 특허법원 2008. 11. 19. 선고 2008허7423 판결(확정).
29) 특허법원 2004. 12. 3. 선고 2004허5801 판결(확정); 특허법원 지적재산소송실무연구회
    (주 6), 701-702.

취하(제148조) 및 심판청구에 관련된 당해 출원이 취하 또는 포기된 경우에도
심판이 종결된다.

거절결정 불복심판의 청구가 이유 있다고 인정되는 경우에는 심결로써 거
절결정을 취소하고, 직접 상표등록결정을 하거나, 특허청 심사본부에 환송할 수
있다.

거절결정 불복심판의 청구가 그 이유가 없다고 인정되면 당해 심판청구를
기각하는 심결을 하여야 한다. 보정각하결정에 대한 불복이 동반된 심판청구에
있어서도 원래의 거절결정이 결론적으로 정당하다면 비록 보정 그 자체는 형식
적으로 적법한 것이었다고 하더라도 심판청구를 기각한다는 심결을 하고, 보정
각하결정의 당부에 대하여는 이유에서 이를 기재하는 것으로 족하다.

2. 청구인용 심결

심판관은 심판청구가 이유 있다고 인정한 때에는 심결로써 거절결정을 취
소하여야 하며(제156조 제1항), 거절결정을 취소할 경우에는 심사에 붙일 것이라
는 심결을 할 수 있다(제156조 제2항). 그러나 거절결정에 대한 심판에서는 상표
등록결정에 관한 규정을 준용하고 있으므로 스스로 상표등록결정을 할 수도 있
다(제123조 제1항, 제68조).

가. 파기자판을 하는 경우

원래의 거절결정 이유로는 거절결정을 할 수 없다고 판단되어 거절결정을
취소하더라도 특허청 심사본부에 환송하는 것이 소송경제상 바람직하지 않은
경우가 있다. 즉 심판에서 충분히 행할 수 있는 판단 및 절차를 심사에서 중복
하여 행하게 되는 경우에는 환송하지 않고 스스로 심리를 진행하여 처리한다.
심판관이 자판을 하는 경우에는 원래의 거절결정을 취소하는 이외에 상표등록
결정 또는 지정상품의 추가등록결정, 상품분류전환등록결정을 할 수 있다.

나. 환송이 필요한 경우

상표에 대한 실질적 판단이 심사에서 행하여지지 아니하였거나 또는 형식
적 이유로 거절된 경우 및 의견진술의 기회를 주지 아니하고 거절결정을 한 것
을 위법하다고 하여 취소하는 경우와 같이 자판하는 것이 타당하지 아니한 경
우에는 원래의 거절결정을 취소하고 특허청 심사본부에 환송한다.

3. 기각심결

심판관이 심리한 결과 심판청구가 이유 없다고 인정하는 때에는 심판청구를 기각하는 심결을 하게 된다. 기각심결에 대하여 상표출원인은 심결의 등본을 송달받은 날부터 30일 이내에 특허법원에 심결의 취소를 구하는 소송을 제기할 수 있다.

Ⅶ. 효과

1. 심판청구에 따른 효과

가. 출원의 계속

거절결정에 대한 심판이 청구되면 그 거절결정은 확정되지 아니하고 당해 출원은 계속된다.

나. 보정 및 출원의 분할 가능

거절결정에 대한 심판의 청구일로부터 30일 이내에는 그 거절결정의 이유에 나타난 사항에 관하여 그 출원의 요지를 변경하지 아니하는 범위 내에서 그 지정상품 및 상표를 보정할 수 있다(제41조 제1항 제2호). 또한 위 보정기간 이내에 2 이상의 지정상품을 포함하고 있는 경우에는 2 이상의 상표등록출원으로 분할할 수도 있다(제45조 제1항).

다. 이의신청인에게 통지의무 발생

특허심판원장은 거절결정에 대한 심판이 청구된 경우 당해 거절결정이 상표등록 이의신청에 의한 것일 때에는 그 취지를 이의신청인에게 통지하여야 한다(제126조 제3항). 이는 당해 상표등록출원이 계속되고 있는 상태이므로 향후 등록될 가능성이 있음을 알려주어 이의신청인으로 하여금 당해 상표의 사용으로 인한 침해분쟁에 휘말리지 않도록 하기 위해서이다.[30]

2. 심결에 따른 효과

가. 기속력

심판의 심결이 확정되면 그 심결의 내용에 따른 실질적인 효력이 발생한다.

---

30) 문삼섭(주 1), 927.

즉 거절결정에 대한 불복심판에서 거절결정을 취소하는 심결이 있어 당해 사건
이 심사관에게 환송된 경우에는 심결에 있어서 취소의 기본이 된 이유는 그 사
건에 대하여 심사관을 기속한다(제156조 제3항). 따라서 심사관은 원래의 거절결
정과 동일한 이유로 거절결정을 할 수 없으며, 다른 거절이유를 발견하지 못할
경우에는 상표등록결정을 하여야 한다.

　　나. 상표법 제150조는 확정된 심결이 각하심결인 경우를 제외하고는 일사
부재리의 효력을 가지는 심결에 대하여 아무런 제한을 두고 있지 아니하므로,
해석상으로는 상표등록거절결정, 지정상품의 추가등록거절결정 및 상품분류전
환등록 거절결정에 대한 불복심판에서의 인용심결과 기각심결 모두 일사부재리
의 효력을 가진다고 볼 수 있다.[31] 그러나 거절결정 등에 대한 불복심판은 청구
인적격 및 청구기간이 극히 제한되어 있기 때문에 실제로 적용될 여지가 거의
없다.[32]

〈설범식〉

---

31) 이에 대하여 일사부재리의 규정은 심판의 심결이 확정등록 되는 때에 한하여 적용되는
　　것으로서 그 성질상 상표등록의 무효심판이나 권리범위확인심판 등 등록원부상 등록을 요
　　하는 경우의 심판에 적용되는 것이고, 따라서 등록원부상 등록을 필요로 하지 않는 심판인
　　거절결정에 대한 불복심판에는 적용되지 아니한다고 볼 것이라는 견해가 있다[문삼섭(주
　　1), 928].
32) 정상조·박성수 공편(주 3), 373, 637 참조.

제117조(상표등록의 무효심판)

① 이해관계인 또는 심사관은 상표등록 또는 지정상품의 추가등록이 다음 각 호의 어느 하나에 해당하는 경우에는 무효심판을 청구할 수 있다. 이 경우 등록상표의 지정상품이 둘 이상인 경우에는 지정상품마다 청구할 수 있다.

1. 상표등록 또는 지정상품의 추가등록이 제3조, 제27조, 제33조부터 제35조까지, 제49조제2항 후단, 같은 조 제4항 및 제6항부터 제8항까지, 제54조제1호·제2호 및 제4호부터 제7호까지의 규정에 위반된 경우

2. 상표등록 또는 지정상품의 추가등록이 그 상표등록출원에 의하여 발생한 권리를 승계하지 아니한 자가 한 것인 경우

3. 지정상품의 추가등록이 제87조제1항제3호에 위반된 경우

4. 상표등록 또는 지정상품의 추가등록이 조약에 위반된 경우

5. 상표등록된 후 그 상표권자가 제27조에 따라 상표권을 누릴 수 없는 자로 되거나 그 등록상표가 조약에 위반된 경우

6. 상표등록된 후 그 등록상표가 제33조제1항 각 호의 어느 하나에 해당하게 된 경우(같은 조 제2항에 해당하게 된 경우는 제외한다)

7. 제82조에 따라 지리적 표시 단체표장등록이 된 후 그 등록단체표장을 구성하는 지리적 표시가 원산지 국가에서 보호가 중단되거나 사용되지 아니하게 된 경우

② 제1항에 따른 무효심판은 상표권이 소멸된 후에도 청구할 수 있다.

③ 상표등록을 무효로 한다는 심결이 확정된 경우에는 그 상표권은 처음부터 없었던 것으로 본다. 다만, 제1항제5호부터 제7호까지의 규정에 따라 상표등록을 무효로 한다는 심결이 확정된 경우에는 상표권은 그 등록상표가 같은 호에 해당하게 된 때부터 없었던 것으로 본다.

④ 제3항 단서를 적용하는 경우에 등록상표가 제1항제5호부터 제7호까지의 규정에 해당하게 된 때를 특정할 수 없는 경우에는 해당 상표권은 제1항에 따른 무효심판이 청구되어 그 청구내용이 등록원부에 공시(公示)된 때부터 없었던 것으로 본다.

⑤ 심판장은 제1항의 심판이 청구된 경우에는 그 취지를 해당 상표권의 전용사용권자와 그 밖에 상표에 관한 권리를 등록한 자에게 통지하여야 한다.

〈소 목 차〉

Ⅰ. 서론
  1. 의의
  2. 연혁·비교법적 고찰

Ⅱ. 심판청구인―심사관 및 이해관계인
  1. 법률의 규정과 취지
  2. 이해관계인의 개념 및 범위

Ⅲ. 심판청구의 상대방
Ⅳ. 무효사유(제1항)
　　1. 무효사유 개관
　　2. 구체적 무효사유
Ⅴ. 상표권이 소멸된 후의 심판청구(제2항)
Ⅵ. 상표권의 무효확정심결의 효력(제3
　　항, 제4항)

　　1. 무효심결의 소급효(제3항 본문)
　　2. 소급효의 예외(제3항 단서, 제4항)
　　3. 일사부재리의 효력 발생
　　4. 무효심결 확정과 상표사용계약의
　　　 효력, 사용료 지급·반환 여부
Ⅶ. 심판청구의 취지 통지(제5항)
Ⅷ. 심판청구의 취하

Ⅰ. 서론

1. 의의

이 규정은 심사관의 상표심사에 대하여 이의신청기간을 경과하여 상표등록출원에 대하여 등록을 하였지만, 이러한 제도로도 완전한 심사가 어려운 만큼 상표심사의 완전성에 대한 사후적 보장제도를 마련한 것이다.[1] 즉, 착오 등으로 등록된 하자 있는 상표권을 계속하여 존속하게 한다면 산업발전에 저해되는 것이므로 이러한 상표권을 정리하기 위한 것이다.[2] 따라서 상표권이 설정등록으로 발생되었다 하더라도 그 등록된 상표권이 등록요건을 규정한 법령이나 조약을 위반하여 등록된 경우 그 등록을 무효로 하여 처음부터 없었던 것으로 하는 것이 상표법의 목적에 일치되는 것이므로 이해관계인이나 심사관이 그 등록을 무효로 한다는 심판을 청구하여 심판할 수 있도록 한 것이다.[3]

등록요건을 갖추지 못한 상표에 대해서 등록이 이루어진 경우 이해관계인이나 심사관은 무효심판을 통해서 그 등록을 무효로 할 수 있고, 이렇게 심판에 의해서만 무효로 할 수 있다.[4] 무효심판으로 상표등록이 무효로 되지 않는 한, 무효사유를 내포하고 있는 상표등록도 유효한 것으로 취급된다.[5] 무효심판의 성격에 대해서 통설은 상표권에 무효사유가 존재함을 단지 확인만 하는 것이 아니라 그 무효사유를 근거로 상표권의 효력을 소급적으로 소멸시키는 것이므로 기존의 법률관계에서 새로운 법률관계를 형성시킨다는 측면에서 형성적 성

---

1) 특허청, 조문별 상표법해설(2007), 350.
2) 특허청(주 1), 350.
3) 특허청(주 1), 350.
4) 정상조·박준석, 지적재산권법 제2판, 홍문사(2011), 606.
5) 정상조·박준석(주 4), 606.

질을 갖는 행정처분으로 본다.[6] 이에 대해 무효사유가 법에 열거되어 있고 그
러한 무효사유에 해당하는 경우에는 특허심판원의 준사법적인 절차를 거쳐 무
효의 심결에 이르게 된다는 점에서 사법처분에 유사한 것으로 보는 견해도 있
다.[7] 무효심판은 권리범위확인심판, 상표등록취소심판 등과 함께 특허청이 아닌
양 당사자 사이에서의 분쟁이라는 점에서 결정계 심판과 비교하여 당사자계 심
판이라고 부른다.[8]

2. 연혁·비교법적 고찰

가. 제정상표법

우리나라의 제정상표법(1949. 11. 28. 법률 제71호)은 제24조에서 무효사유를
규정하였고, 제25조에서 "상표등록의 이해관계자와 심사관은 등록의 무효 또는
취소와 상표권의 범위확인의 심판을 청구할 수 있다. 단, 제5조, 제9조 내지 제
12조와 제24조제4호의 경우에는 그 이해관계자만이 4년 이내에 한하여 심판을
청구할 수 있으며 상표권의 범위확인에 대하여는 심사관은 그 심판을 청구할
수 없다"고 규정하였다.[9]

나. 1973년 개정상표법

1973년 개정상표법(1973. 2. 8. 법률 제2506호)은 무효심판을 제46조로 별도
로 규정하고 공익에 위반하는 등록상표의 무효심판청구의 제척기간(4년 이내)을
폐지하여 상표등록이 소멸된 후에도 무효심판을 청구할 수 있도록 하였다.[10] 또
한 지정상품의 추가등록에 대하여도 무효심판을 청구할 수 있도록 개정하였고,
연합상표의 등록규정에 위반하여 등록된 경우에도 무효사유로 하였다.[11]

다. 1990년 개정상표법

1990년 개정상표법(1990. 1. 13. 법률 제4210호)에서는 제71조에서 등록상표

---

6) 송영식 외 6인 공저, 송영식 지적소유권법(하), 육법사(2008), 356; 문삼섭, 상표법(제2
   판), 세창출판사(2004), 932; 이상경, "특허법과 상표법상의 심판청구인 적격으로서의 이해
   관계인", 지적재산권의 현재와 미래: 소담 김명신선생 화갑기념논문집, 법문사(2004. 5),
   224.
7) 小野昌延 편, 注解 商標法 [신판] 하권, 靑林書院(2005), 1096; 網野誠, 商標[제6판], 有
   斐閣(2002), 954 참조.
8) 특허법원 지적재산소송실무연구회, 지적재산소송실무(전면개정판), 박영사(2010), 694.
9) 특허청(주 1), 354.
10) 특허청(주 1), 354.
11) 특허청(주 1), 354.

의 지정상품이 2 이상 있는 경우에는 지정상품마다 무효심판을 청구할 수 있도록 하여 등록상표에 대한 무효사유가 지정상품 중 일부에만 있는 경우 상표 자체가 무효가 되도록 하던 것을 무효사유가 있는 지정상품만을 무효시킬 수 있도록 하였고, 상표등록을 무효로 한다는 심결이 확정된 때에는 그 상표권은 처음부터 없었던 것으로 본다는 무효심판의 효력규정과 무효심판의 청구가 있는 때에는 그 취지를 당해 상표권의 전용사용권자 기타 상표에 관하여 등록을 한 권리를 가지는 자에게 통지한다는 내용을 규정하였다.12)

라. 2001년 개정상표법

2001년 개정상표법(2001. 2. 3. 법률 제6414호)에서는 거절결정이유에 신설된 "제2조제1항제1호 내지 제4호의 규정에 의한 표장의 정의에 합치하지 아니한 경우"를 무효사유에도 같이 신설하여 규정하였고, 또한 후발적 등록무효사유를 추가하여 "상표등록이 된 후에 그 등록상표가 제6조제1항 각호의 1에 해당하게 된 경우(제6조 제2항에 해당하게 된 경우를 제외한다)"를 새로운 무효사유로 규정하였다.13)

마. 2004년 개정상표법

2004년 개정상표법(2004. 12. 31. 법률 제7290호)에서는 지리적 표시 단체표장과 관련하여 등록된 지리적 표시 단체표장이 그 정의규정에 합치되지 않게 되거나 단체의 가입을 실질적으로 허용하지 아니하는 경우와 원산지 국가에서 더는 지리적 표시가 보호되지 않거나 사용되지 않는 경우를 무효심판사유로 추가하였으며 또한 단체표장 등록출원에 있어서 정관의 필수적 기재사항을 빠뜨린 경우도 무효사유로 추가하였다.14)

바. 2007년 개정상표법

2007년(2007. 1. 3. 법률 제8190호) 개정상표법은 등록상표의 상표권이 소멸하거나 상표등록출원이 포기·취하 또는 무효로 된 경우 또는 상표등록출원에 대한 거절결정이 확정된 경우의 지정상품 추가등록도 무효사유로 추가하였다.15)

---

12) 특허청(주 1), 354.
13) 특허청(주 1), 354-355.
14) 특허청(주 1), 355.
15) 특허청(주 1), 355.

사. 2016. 2. 29. 개정상표법

2016. 2. 29. 전부개정된 상표법(법률 제14033호, 2016. 9. 1. 시행)에서는 조문 체계를 정비함에 따라 조문을 제117조로 변경하였다.

Ⅱ. 심판청구인—심사관 및 이해관계인

1. 법률의 규정과 취지

상표등록의 무효심판을 청구할 수 있는 자는 이해관계인 또는 심사관이 다.[16] 특허법 제133조도 이와 동일하게 이해관계인 또는 심사관이 특허무효심 판을 청구할 수 있다고 규정하고 있으나, 2006년 개정을 통하여 구법에 존재하 던 이의신청제도를 폐지하는 한편 이를 무효심판에 통합하여 특허권의 설정등 록이 있는 날로부터 등록공고일 후 3개월 이내에는 누구든지 무효심판을 청구 할 수 있는 것으로 개정하였다.[17]

심사관도 상표등록 무효심판을 청구할 수 있는바, 심사관에게 등록의 무효 심판을 청구할 수 있도록 한 것은 심사관 개인을 이해관계인으로 보아서가 아 니라 상표제도의 원활한 목적 달성을 위한 공익적 견지에서 나온 것이므로 그 심사관은 심판제기 당시 상표등록출원에 대한 심사를 담당하고 있는 자이면 되 고 반드시 당해 상표등록을 심사하여 등록결정한 심사관에 한하거나 심결 당시 에 그 심사관의 지위에 있어야만 하는 것은 아니다.[18]

심사관 외에는 이해관계 있는 자에게만 청구인 적격을 인정하고 있는데, 이 는 상표권이 사권(私權)임을 전제로 상표권의 존속으로 인하여 자기의 권리 또 는 이익의 침해를 받거나 받을 우려가 있는 자에게만 청구권을 부여함으로써 상표권자가 지나치게 심판에 휘둘리는 것을 막아 그 권리의 안정성을 도모함과 동시에 무익한 청구로 인한 시간과 경비의 낭비를 막기 위한 것이다.[19]

이해관계는 심판청구의 요건이고 직권조사사항이나, 직권탐지사항은 아니

---

16) 일본 상표법은 '누구나 상표등록무효심판을 청구할 수 있다'고 규정하고 있는 점에서 우 리나라 상표법과 다르나, 그렇다 하여 무효심판을 청구할 수 있는 자의 범위가 무한정 넓 어지는 것은 아니고, '이익이 없으면 소권이 없다'는 민사소송법의 일반원칙에 따라 무효 심판을 청구할 수 있는 적격의 유무가 결정된다. 網野誠(주 7), 958; 小野昌延 편(주 7), 1103.

17) 정상조 · 박성수 공편, 특허법 주해 Ⅱ, 박영사(2010), 376(최정열 집필부분).

18) 특허법원 지적재산소송실무연구회(주 8), 697; 이상경(주 6), 223, 249 참조.

19) 이상경(주 6), 223 참조.

고 의심이 있으면 특허심판원은 소명을 요구한 후 이에 대한 소명이 없으면 심판청구를 심결로써 각하할 수 있다.[20] 이러한 이해관계 여부에 관한 판단시는 심결시이고,[21] 이해관계는 고정적 관념이 아니라 유동적인 것이므로 심판 계속 중 당사자간의 부쟁(不爭) 합의 등에 따라 이해관계가 소멸되면 청구인적격도 상실된다.[22]

청구인적격이 없다고 하여 각하한 심결에 대하여 취소소송이 제기된 경우, 특허법원은 이에 관한 당사자의 소명이 있으면 청구인적격을 부정한 심결을 사실인정의 위법을 이유로 취소할 것이고 반대로 소명이 없으면 심결의 사실인정에 위법이 없으므로 청구를 기각하게 될 것이다.[23]

2. 이해관계인의 개념 및 범위

가. 개념

앞에서 본 바와 같이 상표등록무효심판이 형성적 성질을 갖는 행정처분이라면, 형성심판의 청구이익이 곧 상표등록무효심판 청구의 이익이 되고, 또 행정심판법 제13조제1항의 처분의 취소 또는 변경을 구할 법률상 이익이 된다. 그 법률상 이익이 무엇인가에 관하여는 법률상 보호된 이익구제설, 보호할 가치 있는 이익구제설 등이 있으나, 판례는 법률상 보호된 이익구제설을 따르고 있다.[24] 이에 의하면 처분의 근거가 된 실정법규의 해석상 청구인이 내세우는 이익이 당해 법규에 의하여 보호되고 있는 것으로 인정되어야 한다.[25] 따라서 상표등록무효심판의 청구인은 상표법상 보호된 이익을 가져야 한다. 상표권자가 아닌 제3자가 상표법상 보호되는 이익은 상표등록으로 인하여 상표권자에게 상표권이 발생하거나 존속함으로써 침해받게 되는 이익이라 할 것이다. 그러한 이익이 개별적 사안에서 개별적·구체적으로 인정되어야 상표등록무효심판을 청구할 수 있다.[26] 다음 항에서는 종래의 학설 및 판례를 통하여 이러한 이익이 인정되는 범위 및 유형에 관하여 살펴본다.

---

20) 이상경(주 6), 232-234; 특허청(주 1), 353.
21) 대법원 1979. 10. 30. 선고 79후49 판결. 이상경(주 6), 232에서 재인용.
22) 대법원 1979. 10. 10. 선고 77후17 판결; 1981. 7. 1. 선고 80후10 판결. 이상경(주 6), 249에서 재인용.
23) 이상경(주 6), 234.
24) 대법원 1983. 7. 12. 선고 83누59 판결. 이상경(주 6), 225에서 재인용.
25) 이상경(주 6), 224-225 참조.
26) 이상경(주 6), 225 참조.

나. 범위 및 유형

등록상표의 무효심판을 청구할 수 있는 이해관계인은 피청구인의 등록상표 소멸과 직접적인 이해관계가 있는 자를 말하는데,[27] 그 등록상표와 동일 또는 유사한 상표를 사용한 바 있거나 현재 사용하고 있는 자뿐만 아니라 이와 같은 상표를 사용하리라고 추측이 가는 자도 포함된다.[28] 나아가 등록된 상표의 지정 상품과 동종의 상품을 제조·판매하는 자도 포함된다.[29]

등록상표의 사용권이 있는 자도 등록상표가 유효함을 전제로 사용료를 내야 하는 불이익을 받고 있다 할 것이므로 이해관계인에 포함된다.[30] 다만 상표 사용권자가 상표권자와 상표사용권 설정계약을 체결하면서 또는 상표권 침해와 관련하여 분쟁이 있던 중 화해계약을 체결하면서 상표의 효력에 관하여 다투지 않기로 하는 합의를 한 경우, 상표권의 경우 특허권보다 공익적 성격이 크게 드러나지 않는 점에 비추어 그러한 합의(부쟁의무의 특약)도 유효하다 할 것이므로, 그러한 합의를 한 자는 무효심판을 청구할 수 없다 할 것이다.[31]

실무상 상표등록의 무효심판을 청구할 수 있는 이해관계인의 범위를 취소 심판을 청구할 수 있는 이해관계인에 비하여 비교적 넓게 인정하고 있는데,[32] 동일 또는 유사한 상표를 사용한 일이 없더라도 이를 먼저 등록한 자도 포함된다.[33] 또한 상표등록출원을 하였으나 등록상표와 동일 또는 유사하다는 이유로 등록이 거절된 자도 포함된다.[34] 여기에서의 거절통지란 거절결정의 통지뿐만 아니라 거절이유의 통지까지도 포함된다. 등록거절의 이유가 명백히 위법한 경우에도, 사실인정과 법률을 명백히 잘못 적용한 판결도 당연무효가 아닌 한 상소의 이익을 인정하는 것과 같이, 출원인은 등록상표의 존재로 출원상표의 등록이 거절됨으로써 상표선택의 자유권이 침해된 것이므로 이해관계인이 되는 것으로 보아야 한다.[35]

---

27) 대법원 1998. 7. 24. 선고 97후2309 판결; 대법원 1996. 3. 12. 선고 95후1401 판결.

28) 대법원 1998. 7. 24. 선고 97후2309 판결; 대법원 1996. 3. 12. 선고 95후1401 판결; 이상 경(주 6), 239-242 참조.

29) 대법원 1995. 11. 28. 선고 95후897 판결, 이상경(주 6), 242에서 재인용.

30) 이상경(주 6), 244, 248; 小野昌延 편(주 7), 1103.

31) 小野昌延 편(주 7), 1103 참조.

32) 특허법원 지적재산소송실무연구회(주 8), 697.

33) 대법원 1998. 5. 29. 선고 97후1450 판결; 대법원 1989. 11. 28. 선고 89후469 판결.

34) 대법원 1988. 4. 25. 선고 88후158 판결.

35) 이상경(주 6), 245.

출원상표와 심판의 대상이 된 등록상표가 동일 또는 유사하여 거절결정이 될 위험이 있는 경우 그러한 취지의 거절이유통지를 받을 필요 없이 이해관계를 인정할 수 있는가에 대해서는 견해의 대립이 있다. 부정하는 측에서는, 상표출원은 누구나 아무 제한 없이 즉시 할 수 있으므로 만약 상표의 출원만으로 이해관계를 인정한다면 결국 누구나 등록무효 또는 취소의 심판을 청구할 수 있게 될 것이며 이는 심판청구를 이해관계인으로 한정한 법 취지에 명백히 어긋난다고 주장한다.36) 반면 긍정하는 측에서는, 상표출원은 국민 누구에게나 남겨진 자유권이고 그것이 무효 또는 취소사유를 가지는 등록상표의 존재로 말미암아 그와 동일 또는 유사한 상표라는 이유로 거절결정을 받을 우려가 있으면 공중의 자유영역에 남겨진 상표선택 및 등록신청권의 실현을 위하여 그 무효 또는 취소를 구할 자유가 있고, 당연히 거절될 출원을 끝까지 유지한 다음 거절통지를 받은 후에만 청구인 적격을 인정할 이론상 실제상의 필요가 없으며, 출원인에게 청구인 적격을 인정받기 위하여 거절통지를 받을 때까지 출원을 유지할 의무를 강제함과 동시에 특허청에게도 거절통지까지 하도록 함으로써 업무를 가중시키는 결과가 될 수 있다는 점에서, 이러한 경우에도 이해관계를 인정하여야 한다고 주장한다.37) 다만, 이해관계를 인정하는 견해도 상표사용의 의사 없이 등록상표의 무효심판만을 청구하기 위하여 동일 또는 유사한 상표의 출원을 한 다음 그 등록상표의 무효심판청구를 하는 경우에는 상표사용의사가 없어 상표선택 및 상표등록청구권이라는 자유권을 보호할 이익이 없으므로 이때에는 청구인 적격이 부정된다는 견해를 취한다.38)

나아가 무효사유를 지니는 등록상표의 존속으로 말미암아 그 상표권자로부터 사용중지의 요청이나 경고장을 받은 경우,39) 손해배상청구 또는 형사소추를 받은 경우,40) 심판청구인의 상표출원에 대하여 이의신청이 되거나 등록된 상표에 대하여 분쟁이 계속되고 있는 경우에도41) 이해관계가 인정된다.

---

36) 최형구, "상표심판사건의 제문제", 인권과 정의 221호(1995. 1), 대한변호사협회, 66. 이상경(주 6), 246에서 재인용.

37) 이상경(주 6), 246.

38) 이상경(주 6), 246-247.

39) 대법원 1980. 6. 10. 선고 80후31 판결.

40) 대법원 1990. 10. 16. 선고 89후568 판결.

41) 대법원 1996. 4. 26. 선고 95후1555 판결; 대법원 1994. 2. 25. 선고 92후2380 판결; 대법원 1992. 7. 28. 선고 92후162, 179 판결. 이 경우 심판의 대상이 된 등록상표와 동일·유사한 상표를 동일·유사한 상품을 지정상품으로 하여 선출원 등록한 자 또한 후출원등록상표로 말미암아 지정상품에 대한 그의 독점적 사용권이 침해될 우려가 있다는 점에서 이해

한편, 심판청구인이 무효심판청구의 대상인 등록상표의 지정상품에 관하여 피심판청구인과 경업관계에 있는 것은 아니지만 동업자단체로서 그 지정상품에 관하여 피심판청구인과 직접 경업관계에 있는 많은 회원들로 구성된 것이라면 그 정관에 명시되어 있는 회원의 복리증진을 위한 사업의 일환으로 개개의 회원들의 이해관계를 대표하여 무효심판청구를 하는 것도 가능하다.[42]

Ⅲ. 심판청구의 상대방

상표등록 무효심판청구의 상대방은 심판청구 당시 상표등록원부에 상표권자로 등록된 자이고, 무효심판의 계속 중에 상표권의 이전이 있는 경우 당시의 피청구인이 당사자의 지위에서 계속 심판절차를 수행할 수도 있고 그 승계인에게 심판절차를 속행하게 할 수도 있으며(상표법 제21조, 특허법 제19조), 상표권이 공유인 경우에는 공유자 전원을 피청구인으로 하여야 한다(상표법 제124조제2항, 특허법 제139조제2항).[43] 이와 관련하여 심결취소소송의 경우에 있어서 상표권이 공유인 경우 심판청구인이 패소하였다면 그 심결취소소송은 공유자 전원을 상대로 하여야 할 것이다. 상표권자인 공유자가 패소한 경우 공유자 전원이 심결취소소송을 제기하여야만 하는지에 관하여 논란이 있었다. 대법원은 권리범위확인사건에서 상표권의 공유자가 그 상표권의 효력에 관한 심판에서 패소한 경우에 제기할 심결취소소송은 공유자 전원이 공동으로 제기하여야만 하는 고유필수적 공동소송이라고 할 수 없고, 공유자의 1인이라도 당해 상표등록을 무효로 하거나 권리행사를 제한·방해하는 심결이 있는 때에는 그 권리의 소멸을 방지하거나 그 권리행사방해배제를 위하여 단독으로 그 심결의 취소를 구할 수 있다고 판시함으로써 공유자 1인에 의한 소제기도 허용됨을 명백히 하였는바,[44] 이는 상표등록무효심판이나 취소심판에도 그대로 적용된다 할 것이다.[45]

심판청구의 상대방을 잘못 특정한 경우, 제122조의 제척기간이 경과하기 전에는 언제든지 보정할 수 있다고 보는 것이 별도로 심판을 제기하여 진행하는 것보다 소송경제 등 측면에서 바람직하다 할 것이다.[46]

관계인에 해당한다. 이상경(주 6), 248.
42) 대법원 1990. 2. 9. 선고 89후1271 판결; 특허법원 2008. 10. 8. 선고 2008허5458 판결.
43) 특허법원 지적재산소송실무연구회(주 8), 697; 문삼섭(주 6), 934.
44) 대법원 2004. 12. 9. 선고 2002후567 판결.
45) 특허법원 지적재산소송실무연구회(주 8), 697-698.
46) 小野昌延 편(주 7), 1104.

Ⅳ. 무효사유(제1항)

1. 무효사유 개관

상표법은 등록무효사유를 제한적으로 열거하고 있다.[47] 상표의 등록을 무효로 하는 것은 상표등록결정 자체를 무효로 하는 것이므로 식별력이 없는 상표가 등록되었거나 부등록사유가 있음에도 불구하고 등록된 경우 또는 선출원에 위반된 출원에 의한 등록 등의 경우와 같이 상표등록을 무효로 하는 사유는 상표등록출원의 거절결정사유와 유사하다.[48]

다만, 제38조 제1항(1상표 1출원 원칙)에 위반된 등록은 단순한 절차적 요건의 위반에 불과하므로, 심사관의 거절결정이유에는 해당되나(제54조) 동 규정들에 위반되었음에도 불구하고 등록이 된 경우 심판에서의 무효사유로는 규정하고 있지 아니하다.[49]

반면, 상표등록출원인이나 그 승계인이 아닌 자가 상표등록 또는 지정상품의 추가등록을 한 경우 또는 등록상표의 상표권이 소멸하거나 상표등록출원이 포기 또는 무효로 되었는데도 지정상품 추가등록이 이루어진 경우에는 그 상표등록을 무효로 할 수 있고, "상표등록이 된 후에 그 등록상표가 제33조제1항 각 호의 어느 하나에 해당하게 된 경우(제33조제2항에 해당하게 된 경우를 제외한다)"도 무효사유로 하고 있으며, 지리적 표시 단체표장을 구성하는 지리적 표시가 원산지 국가에서 보호가 중단되거나 사용되지 아니하게 된 경우에도 그 지리적 단체표장을 무효로 할 수 있도록 하고 있다.[50]

제1항 단서는 등록상표의 지정상품이 둘 이상 있는 경우에는 지정상품마다 청구할 수 있다고 규정하고 있다. 어느 상표가 둘 이상의 상품을 지정상품으로 하여 등록이 되어 있는 경우에 비록 심판청구인이 상표등록 전부의 무효심판을 청구하는 경우라도 지정상품 중 일부에만 무효사유가 있고 다른 지정상품에는

---

47) 송영식 외 6인 공저(주 6), 357.
48) 특허청(주 1), 351; 정상조·박준석(주 4), 606.
49) 송영식 외 6인 공저(주 6), 358; 특허청(주 1), 351; 정상조·박준석(주 4), 606.
50) 송영식 외 6인 공저(주 6), 358; 특허청(주 1), 351. 한편, 현행 상표법상 갱신등록시 실체심사를 하지 아니한다는 면에서 상표가 적법하게 등록되었더라도 그후 거래실정의 변화로 공서양속에 위반되게 되었거나 품질 오인을 초래케 된 경우에 이에 대해서도 무효심판을 청구할 수 있도록 후발적 무효사유로 추가하여야 한다는 견해도 있다. 송영식 외 6인 공저(주 6); 문삼섭(주 6), 939 참조.

무효사유가 없음이 명백한 때에는 무효원인이 있는 지정상품에 한하여 등록무
효의 심판을 하여 그 부분만 말소하게 함이 상당하므로, 지정상품별로 등록무효
여부에 대한 판단을 하여야 한다.51) 이는 출원의 경우 지정상품 중 일부의 상품
에 등록무효사유가 있는 경우 출원의 단일성원칙에 따라 전부에 관하여 거절결
정 하는 것과 다른 것이다.52)

　　이러한 무효사유는 심판을 청구하는 자가 입증하여야 하고,53) 무효사유의
존부는 등록시를 기준으로 판단하나, 상표법 제117조 제1항 제5호 내지 제7호
와 같이 후발적 무효사유를 이유로 하는 경우에는 그러한 사유의 발생시부터
무효로 되기 때문에 그 시점 자체가 판단의 대상이 된다.54) 구체적인 무효사유
는 아래 별도의 항에서 살펴본다.

2. 구체적 무효사유

가. 제1호

　　제1호는 상표등록 또는 지정상품의 추가등록이 제3조(상표등록을 받을 수 있
는 자), 제27조(외국인의 권리능력), 제33조(상표등록의 요건), 제34조(상표등록을 받
을 수 없는 상표), 제35조(선출원), 제48조제2항 후단(분할이전시 유사한 지정상품의
동시 이전), 제48조 제4항(공유자 전원의 동의 얻어 지분 양도), 제6항(양도할 수 없는
등록출원), 제7항(단체표장등록출원의 이전), 제8항(증명표장등록출원의 이전)까지, 제
54조제1호(상표등록출원이 제2조제1항에 따른 상표, 단체표장, 지리적 표시, 지리적 표
시 단체표장, 증명표장, 지리적 표시 증명표장 또는 업무표장의 정의에 맞지 아니하는
경우), 제54조제2호(조약에 위반된 경우), 제4호(제3조에 따른 단체표장, 증명표장 및
업무표장의 등록을 받을 수 있는 자에 해당하지 아니한 경우), 제5호(지리적 표시 단체
표장등록출원의 경우에 그 소속 단체원의 가입에 관하여 정관에 의하여 단체의 가입을
금지하거나 정관에 충족하기 어려운 가입조건을 규정하는 등 단체의 가입을 실질적으
로 허용하지 아니한 경우), 제6호(증제36조제3항에 따른 정관에 대통령령으로 정하는
단체표장의 사용에 관한 사항의 전부 또는 일부를 적지 아니하였거나 같은 조 제4항에
따른 정관 또는 규약에 대통령령으로 정하는 증명표장의 사용에 관한 사항의 전부 또

---

51) 대법원 1994. 5. 24. 선고 92후 2274 전원합의체 판결; 대법원 1995. 10. 13. 선고 95후
　　217 판결.
52) 대법원 1993. 12. 21. 선고 93후1360 판결 참조; 송영식 외 6인 공저(주 6), 361.
53) 송영식 외 6인 공저(주 6), 358.
54) 網野誠(주 7), 954; 小野昌延 편(주 7), 1104 참조.

는 일부를 적지 아니한 경우) 및 제7호(증명표장등록출원의 경우에 그 증명표장을 사용할 수 있는 자에 대하여 정당한 사유 없이 정관 또는 규약으로 사용을 허락하지 아니하거나 정관 또는 규약에 충족하기 어려운 사용조건을 규정하는 등 실질적으로 사용을 허락하지 아니한 경우)의 규정에 위반된 경우를 무효사유로 규정하고 있다.[55]

상표법 제33조에 위반하여 무효인지 여부와 관련하여, 법원은 "지정상품이 건축용 금속제 합벽지지대, 건축용 금속제 골조 등인 등록상표 'SOLDIER'에 대하여, 관련 업계의 홍보물, 상품판매 카탈로그 및 인터넷 판매 사이트뿐만 아니라, 공개된 특허공보나 실용신안공보, 한국지반공학회지나 월간 건설 등 국내 건설 관련 잡지 및 논문 등을 종합하여 보면, "soldier"는 건축토목 관련 전문용어로서 거푸집의 강화 등을 위하여 사용되는 수직보강재(역직외판, 엄지말뚝)를 의미하고, 국내 거래계에서 솔(또는 쏠)져(또는 저), 솔져 빔(또는 비임) 및 솔져 파일(엄지말뚝) 등과 같이 호칭되다가, soldier와 그 보강재를 포함한 지지시스템 일체(합벽지지대)를 의미하는 "soldier system"과 함께 혼용되면서 엄지말뚝이나 합벽지지대의 일반적 명칭으로 사용되고 인식되어 있으므로, 지정상품 중 "합벽지지대"에 대하여는 식별력이 없을 뿐만 아니라, "건축용 금속제 골조" 등 다른 지정상품들도 합벽지지대와 서로 포함관계에 있거나 관련 상품으로서 위 등록상표는 이들 상품 모두에 대하여도 식별력이 없으므로, 위 등록상표는 그 지정상품의 보통명칭을 보통으로 사용하는 방법으로 표시한 표장만으로 된 상표로서 상표법 제71조 제1항 제1호, 제6조 제1항 제1호에 의하여 무효로 되어야 한다고 하였고,[56] "등록상표 '아이탱크'가 지정상품인 온수보일러 안전수위조절기의 성질(품질, 효능, 사용방법)을 보통으로 사용하는 방법으로 표시한 표장만으로 된 상표에 해당하는 것으로 상표법 제6조 제1항 제3호를 위반하여 등록된 것이므로 같은 법 제71조 제1항 제1호에 의하여 그 등록이 무효"라고 하였다.[57]

또 상표법 제34조에 위반하여 무효인지 여부와 관련하여, 법원은 "등록서비스표 "la prairie"는 그 출원 당시 저명표장인 인용서비스표 "LA PRAIRIE"와 동일, 유사한 표장으로서 그 표장에서 인용서비스표 또는 그 서비스업 등이 용이하게 연상되거나 인용서비스표 또는 그 서비스업 등과 밀접한 관련이 있는 것으로 인정되어 서비스업의 출처에 관하여 오인, 혼동의 염려가 있으므로, 그 등

---

55) 특허청(주 1), 351-352 참조.
56) 특허법원 2007. 5. 23. 선고 2007허760 판결.
57) 특허법원 1998. 7. 16. 선고 98허3682 판결.

록이 상표법 제7조 제1항 제10호를 위반한 것으로 같은 법 제71조 제1항 제1호
에 의해 무효"라고 하였고.[58] "한글 엘칸토"와 영문 "ELCANTO"를 상하로 배치
한 등록상표가 그 지정상품인 신사복에 사용될 경우 인용상표 **"엘칸토"**,
"ELCANTO" 등과 상품 출처의 오인·혼동을 일으켜 수요자를 기만할 염려가
있으므로, 위 등록상표의 '신사복' 등에 관한 지정상품추가등록이 구 상표법 제
7조 제1항 제11호를 위반한 것으로 같은 법 제71조 제1항 제1호에 의해 무효가
되어야 한다"고 하였다.[59]

나. 제2호 내지 제7호

　　제2호는 "상표등록 또는 지정상품의 추가등록이 그 상표등록출원에 의하여
발생한 권리를 승계하지 아니한 자가 한 경우", 제3호는 "지정상품의 추가등록
이 제87조 제1항 제3호(등록상표의 상표권 또는 상표등록출원이 상표권의 소멸, 상
표등록출원의 포기, 취하 또는 무효, 상표등록출원에 대한 제54조에 따른 상표등록거
절결정의 확정)의 어느 하나에 해당하게 된 경우", 제4호는 "상표등록 또는 지정
상품의 추가등록이 조약에 위반된 경우", 제5호는 "상표등록된 후 그 상표권자
가 제27에 따라 상표권을 누릴 수 없는 자로 되거나 그 등록상표가 조약에 위
반된 경우",[60] 제6호는 "상표등록이 된 후에 그 등록상표가 제33조 제1항 각호의
어느 하나에 해당하게 된 경우(같은 조 제2항에 해당하게 된 경우는 제외한다)"[61],
제7호는 "제82조에 따라 지리적 표시 단체표장등록이 된 후에 그 등록단체표장
을 구성하는 지리적 표시가 원산지 국가에서 보호가 중단되거나 사용되지 아니

---

58) 특허법원 1998. 10. 22. 선고 98허6964 판결.
59) 특허법원 1998. 10. 22. 선고 98허4487 판결.
60) 상표등록이 된 이후에 후발적인 사유에 의하여 그 등록상표를 무효로 하는 규정으로, 그
　　사례로는 외국인이 상표등록을 받은 후에 조약을 탈퇴하거나 상호주의에 의하여 권리능력
　　이 상실된 경우 또는 조약의 개정으로 상표등록 당시에는 적법하였으나 그후 개정된 조약
　　에 위배된 경우에 그 상표등록을 무효로 할 수 있는 규정이다. 특허청(주 1), 352.
61) 이는 2001. 2. 3. 법률 제6414호에서 신설된 규정으로 상표등록출원 당시에는 식별력이
　　있었으나 그 이후에 등록상표의 관리소홀이나 기타 이유에서 그 등록상표가 그 지정상품
　　의 보통명칭이나 관용표장 또는 기술적인 표장 등으로 식별력을 상실한 경우에 그 등록상
　　표를 무효로 할 수 있는 규정이다. 그러나 사용에 의한 식별력을 획득하여 상표등록 된 경
　　우는 제외된다[특허청(주 1), 352]. 이는 존속기간 갱신등록절차에서 실체심사가 폐지됨에
　　따라 식별력을 상실한 상표가 계속하여 갱신등록되는 폐단이 발생하여 2001년 개정법에서
　　후발적 무효사유로 추가한 것이다[송영식 외 6인 공저(주 6), 357]. 일본에서는 위와 같은
　　이유에서 이외에도 상표등록 후에 '공공질서 또는 선량한 풍속을 해할 우려가 있는 상표',
　　'상품의 품질 또는 서비스의 질의 오인을 생기게 할 우려가 있는 상표'도 등록무효사유로
　　추가하였다. 일본 상표법 제46조 제1항 제5호; 網野誠(주 7), 954.

하게 된 경우"에62) 관하여 규정하고 있다.

V. 상표권이 소멸된 후의 심판청구(제2항)

상표등록무효심판은 그 청구의 이익이 있는 한 언제라도 청구 가능하다.63) 즉 상표권이 소멸한 후에도 이를 청구할 수 있도록 하였다. 상표권이 존속기간 만료나 취소 등으로 소멸되어도 존속기간 중의 상표권의 침해행위에 대하여 손해배상 등의 분쟁이 계속될 수 있는 것이고, 이에 대하여 이해관계가 있는 자로서는 그 상표권에 대해 무효심판이 청구되어 무효로 확정되면 그 상표권이 처음부터 없었던 것으로 되어 상표권의 존속기간 만료나 취소와는 달리 손해배상을 할 필요도 없는 등 무효심판을 청구할 실익이 있기 때문이다.64)

다만, 제34조제1항제6호부터 제10호까지 및 제16호, 제35조에 해당하는 것을 사유로 하는 상표등록의 무효심판은 상표등록일로부터 5년이 지난 후에는 청구할 수 없다(법 제122조). 주지·저명상표 등에 관한 개인적인 이익의 보호를 위해서 무효심판의 청구가 가능함에도 불구하고 5년 이상이 경과하도록 방치된 경우에는 등록상표권의 안정성을 확보하고, 더 나아가 제척기간이 지나도록 등록상표가 계속 등록·사용되었다면 등록상표 자체의 주지·저명성이 형성될 수 있어서 제척기간 경과 후 그러한 등록상표 자체의 보호필요성이 등록당시의 주지·저명상표의 보호필요성 못지않게 중요하게 된 것으로 보아서 무효심판청구의 제척기간을 정해둔 것이다.65)

이와 관련하여 대법원은 타인의 상표가 상표등록 되지 아니한 채로 사용되고 있음을 알고서 부정경쟁의 목적으로 당해 상표를 먼저 상표등록 하여 사용하는 행위는 부정경쟁방지법위반으로 된다고 판시한 사례가 있다.66) 이에 대해서는 주지·저명상표의 보호가 일정한 제척기간의 범위 내에서 무효심판에 의해서 이루어져야 한다는 상표법의 취지에 정면으로 반하는 판결로서, 부정경쟁방

---

62) 이는 지리적 표시가 원산지 국가에서 사후적으로 보호가 중단되거나 사용되지 않는 경우 외국에서 원산지 국가 이상으로 그 지리적 표시를 보호할 의무나 이유가 없기 때문에 후발적 무효사유로 추가한 것이다. 송영식 외 6인 공저(주 6), 357-358.
63) 정상조·박준석(주 4), 606.
64) 특허청(주 1), 352-353; 정상조·박준석(주 4), 606.
65) 정상조·박준석(주 4), 606-607.
66) 대법원 1995. 11. 7. 선고 94도3287 판결; 대법원 1993. 1. 19. 선고 92도2054 판결. 정상조·박준석(주 4), 607에서 재인용.

지법이 스스로 상표법 등에 상이한 규정이 있는 경우에는 부정경쟁방지법을 적
용하지 않는다고 규정한 것(같은 법 제15조)의 정신에도 반하는 것이라는 비판이
있다.[67]

VI. 상표권의 무효확정심결의 효력(제3항, 제4항)

1. 무효심결의 소급효(제3항 본문)

무효심결이 확정되면 그 상표권은 처음부터 없었던 것으로 되어 선출원 상
표로서의 선원의 지위는 소급적으로 상실되고,[68] 무효가 확정되기 전의 상표권
의 행사로 인하여 상대방에게 입힌 손해배상 등에 대하여 상표권자가 책임을
지게 된다.[69] 상표권을 침해한 것으로 민사나 형사사건의 유죄판결이 확정되었
다 하더라도 상표권의 무효가 확정되면 침해되었다는 상표권은 처음부터 존재
하지 아니하였던 것으로 되므로, 무효심결 이전의 행위도 상표권 침해행위에
해당한다고 볼 수 없고,[70] 무효심결의 확정은 민사 및 형사소송의 재심사유가
된다.[71]

---

67) 정상조·박준석(주 4), 607, 618-620.
68) 대법원 2002. 1. 8. 선고 99후925 판결(아울러 "선출원의 인용상표가 후출원에 대한 거절
사정불복심판의 심결시에 무효로 확정되지 않았다고 하더라도 그 후 무효로 확정되면 그
등록은 처음부터 없었던 것으로 보는 것이므로 결국 인용상표의 등록은 후출원에 대한 거
절사정불복심판의 심결시에 없었던 것이 된다"고 판시); 대법원 2001. 11. 30. 선고 97후
3579 판결(인용상표와의 유사를 이유로 하는 거절사정을 유지하는 항고심판의 심결이 있
은 후 인용상표에 대한 등록무효심결이 확정된 경우, 인용상표에 대한 등록무효심결의 확
정시기가 항고심판의 심결이 있은 이후라고 하더라도 출원상표에 대한 거절사정이 확정되
기 전에 그러한 심결이 확정되었고, 그 심결에 대하여 소급효가 인정되는 이상, 항고심판
의 심결 당시에도 인용상표는 없었던 것이 되어 인용상표와의 유사를 이유로 출원상표가
등록될 수 없는 것이라는 항고심판의 심결은 결과적으로 위법하다고 판시); 특허법원
2000.6.9. 선고 99허8639 판결; 대법원 1996. 12. 10. 선고 96후1906(상표등록취소 청구소
송 계속 중 그 대상인 등록상표에 관하여 그 등록무효의 심결이 확정되었다면 그 등록상
표의 상표권은 처음부터 없었던 것으로 보아야 하므로, 그 상표등록취소 심판청구는 효력
이 없는 상표등록의 취소를 청구하는 것에 귀착되어 그 취소를 구할 법률상 이익이 없게
되어 부적법하게 된다).
69) 문삼섭(주 6), 937; 특허청(주 1), 353; 小野昌延 편(주 7), 1107 참조.
70) 특허청(주 1), 353; 대법원 1996. 5. 16. 선고 93도839 판결. 정상조·박준석(주 4), 607에
서 재인용.
71) 민사소송법 제422조 제1항 제8호, 형사소송법 제420조 제6호; 대법원 1997. 9. 12. 선고
97재후58 판결; 網野誠(주 7), 961 참조; 小野昌延 편(주 7), 1107 참조.

2. 소급효의 예외(제3항 단서, 제4항)

제117조 제1항 제5호부터 제7호의 규정에 따라 상표등록을 무효로 한다는 심결이 확정된 경우, 즉 상표등록 후 외국인의 권리능력 상실 등의 사유에 의하여 후발적 무효사유로 무효가 된 경우에는 그 후발적 무효사유가 발생한 시점까지만 무효의 효력이 소급되어 상표권이 없었던 것으로 된다. 그 후발적 무효사유에 해당하게 된 때를 특정할 수 없는 경우에는 그 청구내용이 상표등록원부에 공시된 때부터 당해 상표권이 없었던 것으로 본다.[72]

3. 일사부재리의 효력 발생

상표등록을 무효로 한다는 심결이 확정된 때에는 그 사건에 대해서는 누구든지 같은 사실 및 같은 증거에 의하여 다시 심판을 청구할 수 없다. 이는 동일한 사건에 대하여 상반된 심결이 존재하는 모순을 방지하기 위해서이다. 다만, 확정된 심결이 각하심결인 경우에는 그러하지 아니하다(상표법 제150조).

4. 무효심결 확정과 상표사용계약의 효력, 사용료 지급·반환 여부

상표등록의 무효심결이 확정된 경우 상표사용계약의 효력에 어떠한 영향을 미치는가가 문제될 수 있는데, 이와 관련해서는 상표가 무효로 되면 그 소급효가 실시계약에도 그대로 미치므로 사용계약도 무효로 된다는 견해와 상표무효심결의 확정으로 상표사용계약이 후발적 이행불능에 빠지게 되고 이는 계약의 해제 내지 해지 사유가 된다고 하는 견해가 있을 수 있다.[73]

상표가 무효로 확정된 경우 사용권자가 그 이후의 사용료 지급을 거절할

---

72) 종래 등록무효심판의 효력으로 '재출원의 제한'에 관한 규정이 있었으나, 2015년 개정에 의하여 삭제되었다.

73) 특허와 관련한 것으로 문선영, "특허의 무효로 인한 특허실시계약의 법률관계—기지급 실시료 반환의무 및 특허실시계약의 취소 가부를 중심으로—", 상사판례연구 제23집 제1권(2010. 3), 655-667 참조. 역시 특허와 관련하여, 특허실시계약을 무효로 할 것인가에 관한 당사자의 의사표시가 계약 문언상 불분명한 경우, 실시계약의 목적인 급부가 '특허'만인지 '기술'을 포함하는 것인지를 구별하여, 기술의 현실적인 전수가 급부의 목적인 경우에는 특허는 당해 기술을 특정하는 데 주된 의미가 있으므로 설령 특허가 사후에 소급하여 무효가 되더라도 실시계약을 무효로 할 수는 없다고 할 것이나, 기술의 현실적인 전수가 수반되지 아니한 단순한 특허 자체의 실시계약의 경우에는 통상실시계약이건 전용실시계약이건 불문하고 특허가 소급하여 무효로 됨에 따라 실시계약 또한 무효로 된다고 해석하여야 한다는 견해도 있다. 임상민, "특허의 소급적 무효와 기지불 실시료의 부당이득반환 허부", 사법 13호(2010. 9), 사법발전재단, 213.

수 있다는 점에 관하여는 논란이 없다.[74)]

    문제는 상표권자가 심결 확정 전에 지급받은 상표 사용료를 사용권자에게
반환할 의무가 있는지 여부이다. 사용계약 자체에 관련 특약이 있으면 그에 따
르면 될 것이나, 특약이 없는 경우와 관련하여 부당이득으로서 반환하여야 한다
는 견해(적극설)와 사용권자 스스로 상표등록이 무효로 될 때까지 상표 사용으
로 인한 이익을 얻었으므로 반환할 필요가 없다는 견해(소극설)가 있다.[75)]

    하급심 판결 중에는 특허가 무효로 된 경우의 실시료 반환청구와 관련하여
실시료를 반환할 의무가 있다고 한 것과 없다고 판단한 것이 있다.

    우선 반환하여야 한다고 한 판결은, "계약의 이행이 원시적으로 불능인 경
우 그 계약은 무효이므로(민법 제535조), 급부의 대상인 권리가 계약 당시에 유
효하게 존재하지 아니한다면 그 계약은 무효이고, 급부의 대상인 권리가 사후에
소급하여 무효로 되는 경우에도 계약시를 기준으로 이미 해당 급부는 이행될
수 없다는 점에서 역시 원시적 이행 불능에 해당하여 계약이 무효라고 할 것인
바, 특허에 대한 전용실시권설정계약은 전용실시권설정이라는 특허권의 처분행
위를 목적으로 하는 계약으로서 급부의 대상인 특허권이 유효하게 존재하지 아
니하면 전용실시권설정이 법률상 불가능하게 되므로 당사자 사이의 전용실시권
설정계약은 그 이행이 원시적으로 불가능하여 무효라 할 것이고(존속기간만료 이
후의 통상실시권 설정계약에 관한 대법원 1996. 5. 10. 선고 95다26735 판결 참조), 이
러한 법리는 특허등록의 무효가 확정되어 특허권이 소급하여 소멸하는 경우에
도 마찬가지라 할 것이므로, 특허권이 소급하여 무효로 된 경우 무효인 전용실
시권설정계약에 기한 사용료지급청구권도 발생할 수 없다고 할 것인바(이미 지
급한 사용료는 부당이득이 될 것이다), 특허권자가 이와 같이 무효로 될 특허권과
전용실시권설정계약에 기하여 특허무효가 확정되기 전까지 아무런 제한 없이
사용료를 지급받을 수 있다고 하는 것은 형평에 맞지 아니하고, 특허권자가 무
효심판이나 소송에서 지연책을 씀으로써 부당하게 사용료 상당의 이득을 도모
할 우려도 있으며, 특허의 무효심결이 확정되기 이전이라도 특허에 무효사유가
있는 것이 분명한 때에는 그 특허권에 기초한 금지와 손해배상 등의 청구는 특
별한 사정이 없는 한 권리남용에 해당하여 허용되지 않는 것(대법원 2004. 10.

---

    74) 문선영(주 73), 675 참조.
    75) 小野昌延 편(주 7), 1107; 문선영(주 73), 667-676 참조; 정상조·박성수 공편(주 17),
        376(최정열 집필부분) 참조.

28. 선고 2000다69194 판결 참조)과의 균형을 고려할 때 이러한 경우의 사용료청구는 용인될 수 없다고 할 것이므로, 특허에 무효사유가 있는 것이 분명하여 특허가 소급적으로 무효가 될 것이 명백한 경우에 그 특허권이 유효함을 전제로 전용실시권설정계약에 기해 사용료지급을 구하는 것은 특별한 사정이 없는 한 권리남용에 해당하여 허용되지 않는다고 할 것이다"라고 판시하였다.[76)]

반면, 반환할 의무가 없다고 한 판례로는, 디자인권과 관련하여 "의장권 실시로 인하여 독점적 이익을 누린 이상 이후 무효심결이 확정되었더라도 수수료 지급의무가 발생하지 않는다고 볼 수 없고, 의장권이 무효인 이상 불법행위가 성립하지는 아니하나 계약상 채무불이행은 성립한다"고 판시한 사례가 있고,[77)] 서비스표 관련하여 "이 사건 서비스표 사용계약은 상표법에 통상사용권 설정계약이고, 등록서비스표 권리자는 통상사용권자에게 배타적 권리를 행사하지 아니할 부작위의무만을 부담하는데, 이러한 부작위의무는 그 성질상 등록서비스표가 소급하여 무효로 된다고 하여 원시적 불능상태에 빠진다 할 수 없고 이미 이행이 완료되었고, 다만 무효심결 확정시에 이 사건 계약은 실효되었다"고 판시한 사례가 있다.[78)]

이러한 대립되는 판례가 공존하고 있던 가운데, 대법원은 2014. 11. 13. 선고 2012다42666 판결에서 "특허발명 실시계약이 체결된 이후에 계약 대상인 특허가 무효로 확정되면 특허권은 특허법 제133조 제3항의 규정에 따라 같은 조 제1항 제4호의 경우를 제외하고는 처음부터 없었던 것으로 간주된다. 그러나 특허발명 실시계약에 의하여 특허권자는 실시권자의 특허발명 실시에 대하여 특허권 침해로 인한 손해배상이나 금지 등을 청구할 수 없게 될 뿐만 아니라 특허가 무효로 확정되기 이전에 존재하는 특허권의 독점적·배타적 효력에 의하여 제3자의 특허발명 실시가 금지되는 점에 비추어 보면, 특허발명 실시계약의 목적이 된 특허발명의 실시가 불가능한 경우가 아닌 한 특허무효의 소급효에도 불구하고 그와 같은 특허를 대상으로 하여 체결된 특허발명 실시계약이 계약 체결 당시부터 원시적으로 이행불능 상태에 있었다고 볼 수는 없고, 다만 특허 무효가 확정되면 그때부터 특허발명 실시계약은 이행불능 상태에 빠지게 된다고 보아야 한다. 따라서 특허발명 실시계약 체결 이후에 특허가 무효로 확정되

---

76) 서울중앙지방법원 2006. 7. 5. 선고 2005가합62919 판결(항소기각 확정).
77) 서울중앙지방법원 2005. 1. 13. 선고 2003나39872 판결(심리불속행 상고기각).
78) 부산지방법원 2007. 2. 15. 선고 2005가합8197 판결(항소기각 확정).

었더라도 특허발명 실시계약이 원시적으로 이행불능 상태에 있었다거나 그 밖에 특허발명 실시계약 자체에 별도의 무효사유가 없는 한 특허권자가 특허발명 실시계약에 따라 실시권자로부터 이미 지급받은 특허실시료 중 특허발명 실시계약이 유효하게 존재하는 기간에 상응하는 부분을 실시권자에게 부당이득으로 반환할 의무가 있다고 할 수 없다."고 판시하여 반환할 의무가 없다는 견해를 채택하였다.[79]

VII. 심판청구의 취지 통지(제5항)

무효심판청구의 대상이 되는 등록상표에 전용사용권자나 통상사용권자 등 그 등록상표에 관하여 등록을 할 권리를 가진 자가 있는 경우에 이들에게 심판장이 심판청구의 취지를 통지하도록 규정한 것으로, 이들이 심판청구에 참가할 기회를 주는 등 상표권이 무효가 될 수 있는 경우를 대비하게 한 것이다.[80]

VIII. 심판청구의 취하

심판청구는 심결이 확정될 때까지 언제든지 이를 취하할 수 있다. 다만, 답변서의 제출이 있는 때에는 상대방의 동의를 얻어야 한다. 둘 이상의 지정상품에 관하여 무효심판을 청구한 때에는 지정상품마다 이를 취하할 수 있다. 심판청구의 취하가 있는 때에는 그 심판청구 또는 그 지정상품에 대한 심판청구는 처음부터 없었던 것으로 본다(제148조).

〈김기영〉

---

79) 같은 판결에서 대법원은, "특허는 성질상 특허등록 이후에 무효로 될 가능성이 내재되어 있는 점을 감안하면, 특허발명 실시계약 체결 이후에 계약 대상인 특허의 무효가 확정되었더라도 특허의 유효성이 계약 체결의 동기로서 표시되었고 그것이 법률행위의 내용의 중요부분에 해당하는 등의 사정이 없는 한, 착오를 이유로 특허발명 실시계약을 취소할 수는 없다."고 판시하였다.
80) 특허청(주 1), 353.

> **제118조(존속기간갱신등록의 무효심판)**
> ① 이해관계인 또는 심사관은 존속기간갱신등록이 다음 각 호의 어느 하나에 해당하는 경우에는 무효심판을 청구할 수 있다. 이 경우 갱신등록된 등록상표의 지정상품이 둘 이상인 경우에는 지정상품마다 청구할 수 있다.
>   1. 존속기간갱신등록이 제84조 제2항에 위반된 경우
>   2. 해당 상표권자가 아닌 자가 존속기간갱신등록신청을 한 경우
> ② 제1항에 따른 무효심판은 상표권이 소멸된 후에도 청구할 수 있다.
> ③ 존속기간갱신등록을 무효로 한다는 심결이 확정된 경우에는 그 존속기간갱신등록은 처음부터 없었던 것으로 본다.
> ④ 심판장은 제1항의 심판이 청구된 경우에는 그 취지를 해당 상표권의 전용사용권자와 그 밖에 상표에 관한 권리를 등록한 자에게 통지하여야 한다.

〈소 목 차〉

Ⅰ. 본조의 취지
Ⅱ. 본조의 내용
  1. 존속기간갱신등록의 무효사유 등

2. 존속기간갱신등록 무효심결의 효력 등

Ⅰ. 본조의 취지

심사관이 존속기간갱신등록신청에 대하여 심사를 하면서 그 존속기간갱신등록신청이 요건을 갖추지 못하였음에도 불구하고 이를 간과한 채 존속기간갱신등록결정이 이루어지고 그에 따라 존속기간갱신등록이 이루질 수 있다. 이와 같은 경우 하자 있는 존속기간갱신등록을 바로잡을 필요가 있는데, 이와 같은 하자 있는 존속기간갱신등록을 심판을 거쳐 무효로 할 수 있도록 한 것이 본조이다.

상표권의 존속기간갱신등록신청의 경우에는 상표등록출원, 상품분류전환등록신청, 지정상품의 추가등록출원 등과 달리 그 요건을 갖추지 못하였더라도 거절결정을 할 수 없으므로, 오로지 본조의 존속기간갱신등록의 무효심판에 의해서만 그 하자를 바로잡을 수 있다.

Ⅱ. 본조의 내용

1. 존속기간갱신등록의 무효사유 등

존속기간갱신등록의 무효심판을 청구할 수 있는 자는 이해관계인과 심사관이다. 존속기간갱신등록에 의하여 당해 상표권의 존속기간이 연장되므로, 그 무효심판을 청구할 수 있는 이해관계인은 상표등록의 무효심판과 같게 보아야 한다. 따라서 등록상표와 동일 또는 유사한 상표를 동일 또는 유사한 지정장품에 사용한 바 있거나 현재 사용하고 있는 자, 또는 등록상표의 지정상품과 동종의 영업을 영위하고 있음으로써 등록상표의 소멸에 직접적인 이해관계가 있는 자를 말하고, 이해관계인에 해당하는지 여부는 심결시를 기준으로 판단하여야 한다.[1]

심사관은 하자 있는 존속기간갱신등록에 대하여 공익의 대표자로서 무효심판을 청구할 수 있는 것이므로, 그 심사관은 당해 상표에 대하여 존속기간갱신등록결정을 한 심사관에 한정되지 않는다. 존속기간갱신등록의 무효심판은 상표권자의 이해관계에 중대한 영향을 미치므로, 그 무효심판의 상대방은 당연히 상표권자이다.

존속기간갱신등록의 무효심판은, 존속기간갱신등록신청이 그 신청기간 내에 이루어지지 않은 경우, 상표권자가 아닌 자가 존속기간갱신등록신청을 한 경우에 청구할 수 있는데, 공유자 중 일부만이 존속기간갱신등록신청을 한 경우에 상표권자가 아닌 자가 한 존속기간갱신등록신청으로서 무효사유를 가짐은 상표권의 존속기간갱신등록신청 부분에서 본 바와 같다.

상표등록의 무효심판과 마찬가지로 존속기간갱신등록의 무효심판도 갱신등록 된 지정상품이 2이상인 경우에 그 지정상품마다 청구할 수 있고, 상표권이 소멸된 후에 이를 청구할 수 있음도 마찬가지이다.

한편 존속기간갱신등록의 무효심판 중 존속기간갱신등록신청이 그 신청기간 내에 이루어지지 않았음을 원인으로 하는 경우에는 그 존속기간갱신등록일로부터 5년 내에 청구하여야 하는 제척기간의 제한이 있다(상표법 제122조 제1항).

2. 존속기간갱신등록 무효심결의 효력 등

상표권의 존속기간갱신등록을 무효로 하는 심결은 확정되어야 효력이 발생

---

1) 대법원 2009. 5. 28. 선고 2007후3301판결[공2009하, 1038] 외 다수.

하고, 그 효과로서 상표권의 존속기간갱신등록은 처음부터 없었던 것으로 보게 되므로, 결국 상표권이 존속기간의 만료로 소멸하게 된다.

　　심판장은 존속기간갱신등록의 무효심판이 청구된 경우에는 해당 상표의 상표권자를 제외한 전용사용권자 및 그 상표에 관하여 등록을 한 권리를 가지는 자에게 그 사실을 통지하여야 한다.

〈박정희〉

제119조(상표등록의 취소심판)

① 등록상표가 다음 각 호의 어느 하나에 해당하는 경우에는 그 상표등록의 취소심판을 청구할 수 있다.

1. 상표권자가 고의로 지정상품에 등록상표와 유사한 상표를 사용하거나 지정상품과 유사한 상품에 등록상표 또는 이와 유사한 상표를 사용함으로써 수요자에게 상품의 품질을 오인하게 하거나 타인의 업무와 관련된 상품과 혼동을 불러일으키게 한 경우.

2. 전용사용권자 또는 통상사용권자가 지정상품 또는 이와 유사한 상품에 등록상표 또는 이와 유사한 상표를 사용함으로써 수요자에게 상품의 품질을 오인하게 하거나 타인의 업무와 관련된 상품과의 혼동을 불러일으키게 한 경우. 다만, 상표권자가 상당한 주의를 한 경우는 제외한다.

3. 상표권자·전용사용권자 또는 통상사용권자 중 어느 누구도 정당한 이유없이 등록상표를 그 지정상품에 대하여 취소심판청구일 전 계속하여 3년 이상 국내에서 사용하고 있지 아니한 경우

4. 제93조제1항 후단, 같은 조 제2항, 같은 조 제4항부터 제7항까지의 규정에 위반된 경우

5. 상표권의 이전으로 유사한 등록상표가 각각 다른 상표권자에게 속하게 되고 그 중 1인이 자기의 등록상표의 지정상품과 동일·유사한 상품에 부정경쟁을 목적으로 자기의 등록상표를 사용함으로써 수요자에게 상품의 품질을 오인하게 하거나 타인의 업무와 관련된 상품과 혼동을 불러일으키게 한 경우

6. 제92조제2항에 해당하는 상표가 등록된 경우에 그 상표에 관한 권리를 가진 자가 해당 상표등록일부터 5년 이내에 취소심판을 청구한 경우

7. 단체표장과 관련하여 다음 각 목의 어느 하나에 해당하는 경우

   가. 소속단체원이 그 단체의 정관을 위반하여 단체표장을 타인에게 사용하게 한 경우나 소속단체원이 그 단체의 정관을 위반하여 단체표장을 사용함으로써 수요자에게 상품의 품질 또는 지리적 출처를 오인하게 하거나 타인의 업무와 관련된 상품과 혼동을 불러일으키게 한 경우. 다만, 단체표장권자가 소속단체원의 감독에 상당한 주의를 한 경우에는 제외한다.

   나. 단체표장의 설정등록 후 제36조 제3항에 따른 정관을 변경함으로써 수요자에게 상품의 품질을 오인하게 하거나 타인의 업무와 관련된 상품과 혼동을 불러일으키게 할 염려가 있는 경우

   다. 제3자가 단체표장을 사용하여 수요자에게 상품의 품질이나 지리적 출처를 오인하게 하거나 타인의 업무와 관련된 상품과 혼동을 불러일으키게 하였음에도 단체표장권자가 고의로 적절한 조치를 취하지 아니한 경우

8. 지리적 표시 단체표장과 관련하여 다음 각 호의 어느 하나에 해당하는 경우
　가. 지리적 표시 단체표장등록출원의 경우에 그 소속단체원의 가입에 관하여 정관에 의하여 단체의 가입을 금지하거나 정관에 충족하기 어려운 가입조건을 규정하는 등 단체의 가입을 실질적으로 허용하지 아니하거나 그 지리적 표시를 사용할 수 없는 자에게 단체의 가입을 허용한 경우
　나. 지리적 표시 단체표장권자나 그 소속단체원이 제223조를 위반하여 단체표장을 사용함으로써 수요자에게 상품의 품질을 오인하게 하거나 지리적 출처에 대한 혼동을 불러일으키게 한 경우
9. 증명표장과 관련하여 다음 각 목의 어느 하나에 해당하는 경우
　가. 증명표장권자가 제36조제4항에 따라 제출된 정관 또는 규약을 위반하여 증명표장의 사용을 허락한 경우
　나. 증명표장권자가 제3조제3항 단서를 위반하여 증명표장을 자기의 상품에 대하여 사용하는 경우
　다. 증명표장의 사용허락을 받은 자가 정관 또는 규약을 위반하여 타인에게 사용하게 한 경우 또는 사용을 허락받은 자가 정관 또는 규약을 위반하여 증명표장을 사용함으로써 수요자에게 상품의 품질, 원산지, 생산방법이나 그 밖의 특성에 관하여 혼동을 불러일으키게 한 경우. 다만, 증명표장권자가 사용을 허락받은 자에 대한 감독에 상당한 주의를 한 경우는 제외한다.
　라. 증명표장권자가 증명표장의 사용허락을 받지 아니한 제3자가 증명표장을 사용하여 수요자에게 상품의 품질, 원산지, 생산방법이나 그 밖의 상품의 특성에 관한 혼동을 불러일으키게 하였음을 알면서도 적절한 조치를 취하지 아니한 경우
　마. 증명표장권자가 그 증명표장을 사용할 수 있는 자에 대하여 정당한 사유 없이 정관 또는 규약으로 사용을 허락하지 아니하거나 정관 또는 규약에 충족하기 어려운 사용조건을 규정하는 등 실질적으로 사용을 허락하지 아니한 경우
② 제1항 제3호에 해당하는 것을 사유로 취소심판을 청구하는 경우 등록상표의 지정상품이 둘 이상 있는 경우에는 일부 지정상품에 관하여 취소심판을 청구할 수 있다.
③ 제1항 제3호에 해당하는 것을 사유로 취소심판이 청구된 경우에는 피청구인이 해당 등록상표를 취소심판청구에 관계되는 지정상품 중 하나 이상에 대하여 그 심판청구일 전 3년 이내에 국내에서 정당하게 사용하였음을 증명하지 아니하면 상표권자는 취소심판청구와 관계되는 지정상품에 관한 상표등록의 취소를 면할 수 없다. 다만, 피청구인이 사용하지 아니한 것에 대한 정당한 이유를 증명한 경우에는 그러하지 아니하다.

④ 제1항(제4호 및 제6호를 제외한다)에 해당하는 것을 사유로 취소심판을 청구한 후 그 심판청구사유에 해당하는 사실이 없어진 경우에도 취소사유에 영향이 미치지 아니한다.

⑤ 제1항에 따른 취소심판은 누구든지 청구할 수 있다. 다만, 제1항 제4호 및 제6호에 해당하는 것을 사유로 하는 심판은 이해관계인만이 청구할 수 있다.

⑥ 상표등록을 취소한다는 심결이 확정되었을 경우에는 그 상표권은 그 때부터 소멸된다. 다만, 제1항 제3호에 해당하는 것을 사유로 취소한다는 심결이 확정된 경우에는 그 심판청구일에 소멸하는 것으로 본다.

⑦ 심판장은 제1항의 심판이 청구된 경우에는 그 취지를 해당 상표권의 전용사용권자와 그 밖에 상표에 관한 권리를 등록한 자에게 통지하여야 한다.

〈소 목 차〉

Ⅰ. 입법취지 및 연혁
Ⅱ. 취소사유
　1. 상표권자의 부정사용(제1호)
　2. 사용권자의 부정사용(제2호)
　3. 등록상표의 불사용(제3호)
　4. 상표권의 이전 등 제한요건 위반
　　(제4호)
　5. 유사상표의 이전으로 인한 오인·
　　혼동(제5호)
　6. 등록상표의 사용이 부정경쟁행위
　　에 해당하는 경우(제6호)
　7. 단체표장의 부당사용(제7호)
　8. 지리적 표시 단체표장의 부당사용
　　(제8호)
　9. 증명표장의 부당사용(제9호)
Ⅲ. 심판의 청구 및 심결
　1. 심판청구인
　2. 심판청구서의 제출
　3. 취소심판청구의 통지
　4. 제척기간
　5. 심리와 심결
　6. 취소심결의 효력

Ⅰ. 입법취지 및 연혁

상표등록의 취소심판이라 함은 등록상표에 대하여 일정한 사유에 해당함을 이유로 상표권을 장래를 향하여 소멸시키는 심판(행정처분)이다. 특허법, 디자인보호법과 달리 상표법은 권리의 존속기간 중 제3자의 청구로 권리가 소멸될 수 있는 상표등록취소제도를 두고 있다. 상표등록 이후에도 상표의 사용 및 성실한 사용을 유도하기 위한 사후 감독 차원에서 규정에 위반된 상표권을 소멸시킬 수 있게 하여 수요자의 이익을 보호하고 상표의 올바른 사용을 간접적으로 강

제함으로써 상표제도의 목적을 달성하기 위한 것이다.[1]

　1949. 11. 28 법률 제71호로 제정된 상표법은 제23조에서 ① 자기상표와 동일 또는 유사한 상표로써 지정된 상품과 동종의 상품에 타인이 사용하는 것을 묵인하였을 때, ② 정당한 이유 없이 상표를 계속하여 1년 이상 영업에 사용하지 아니하였을 때(단, 연합상표인 경우에는 그중 1상표라도 사용하였을 때에는 예외로 함), ③ 고의로 상표에 상품의 오인혼동을 생기게 할 염려가 있는 부기 또는 변경을 하여 사용할 때, ④ 상표권을 이전한 경우 그 이전일부터 1년 이내에 이전등록을 신청하지 아니하였을 때를 취소사유로 규정하고, 제25조에서 이해관계자와 심사관이 취소심판을 청구할 수 있다고 규정하였다.

　1973. 2. 8. 법률 제2506호로 전문개정된 상표법 제45조 제1항은 (ㄱ) 자기의 등록상표와 동일 또는 유사한 상표로서 그 지정상품과 동일 또는 유사한 상품에 타인이 사용하는 것을 묵인하거나 또는 사용하게 하였을 때, (ㄴ) 고의로 지정상품에 등록상표와 유사한 상표를 사용하거나 또는 지정 상품과 유사한 상품에 등록상표나 이와 유사한 상표를 사용하여 상품의 출처의 혼동이나 품질의 오인이 생기게 할 염려가 있을 때, (ㄷ) 정당한 이유없이 국내에서 등록상표를 그 지정 상품에 계속하여 1년 이상 사용하지 아니하였을 때(다만, 연합상표인 경우에 등록상표 중 1상표라도 사용하였을 때 또는 등록상표의 지정상품 중 1상품에라도 그 등록상표를 사용하였을 때에는 예외로 함), (ㄹ) 제27조 제1항·제2항 또는 제5항의 규정에 위반되었을 때를 상표등록 취소사유로 규정하고, 제2항은 불사용 취소 규정의 적용에 있어 상표권자가 상표원부에 등록된 국내의 자기나 대리인의 주소 또는 영업소의 행정구역인 시, 군(특별시의 구)에서 (국내에 주소 또는 영업소가 없는 자로서 그 대리인의 등록이 없는 경우에는 특허국 소재에서) 그의 등록상표의 지정상품에 대하여 그 등록상표를 사용하지 아니하였을 때에는 그 상품에 대하여 그의 상표를 사용하지 아니한 것으로 추정한다는 규정을 하고, 제3항은 제1항 제1호 내지 제3호의 규정을 이유로 하는 심판청구의 등록 후 동호의 규정에 해당하는 사실이 없어진 경우에도 취소사유에 영향이 미치지 아니한다고 규정하고, 제4항은 제27조 제2항의 규정에 위반되었음을 이유로 하여 취소함에 있어서는 연합관계에 있는 연합상표 전부가 이에 해당하는 것으로 한다고 규정하였다.

　1980. 12. 31. 법률 제3326호로 일부개정된 상표법에서는 단체표장 제도가

---

1) 오세중·이창훈, 개정판 의장법·상표법, 한빛지적소유권센터(2002), 960 참조.

신설됨에 따라 제45조 제1항은 제5호, 제6호, 제7호에 (ㄱ) 단체표장을 특허청장의 허락없이 양도하였을 때, (ㄴ) 단체표장에 있어서 소속단체원이 정관의 규정에 위반하여 단체표장을 사용하는 것을 묵인하거나 사용하게 하였을 때, (ㄷ) 단체표장의 설정등록을 한 후 정관을 변경함으로써 단체표장의 사용에 관한 사항이 변경되어 수요자로 하여금 상품에 관하여 출처의 혼동·품질의 오인 또는 서비스업의 혼동을 생기게 할 염려가 있을 때를 취소사유로 규정하고, 파리협약의 규정(제6조의7)을 반영하여 제45조 제1항은 제9호를 신설하여 조약당사국 영역 내에서 등록된 상표 또는 이와 유사한 상표로서 그 상표에 관한 권리를 가진 자의 대리인이나 대표자 또는 상표등록출원일전 1년 내에 대리인이나 대표자였던 자가 권리자의 승낙을 받지 아니하는 등 정당한 이유없이 그 상표의 상품과 동일 또는 유사한 상품을 지정상품으로 상품등록출원을 하여 등록된 경우에 그 상표의 권리를 가진 자가 당해 상표등록일로부터 5년 내에 취소심판을 청구하였을 때를 취소사유로 규정하였다.

1986. 12. 31. 법률 제3892호로 일부개정된 상표법에서는 상표권자와 사용자 간에 요구되어 온 지정상품의 품질의 동일성 보장 조항을 삭제함에 따라 제45조 제2항은 사용권자가 지정상품에 대하여 그 등록상표를 사용함으로써 상품의 품질을 오인하게 하거나 상품의 출처를 혼동하게 할 때에는 심판에 의하여 그 상표등록을 취소하여야 한다(다만, 상표권자가 상당한 주의를 한 경우에는 예외로 한다)는 규정을 두었다.

1990. 1. 13. 법률 제4210호로 전부개정된 상표법 제73조는 제1항 제8호에서 전용사용권자 또는 통상사용권자가 지정상품 또는 이와 유사한 상품에 등록상표 또는 이와 유사한 상표를 사용함으로써 수요자로 하여금 상품의 품질의 오인 또는 타인의 업무에 관련된 상품과의 혼동을 생기게 한 경우(다만, 상표권자가 상당한 주의를 한 경우에는 그러하지 아니하다)라고 규정함으로써 지정상품에 등록상표를 사용하는 경우만을 규정하고 있는 종전 규정과 달리 지정상품 또는 이와 유사한 상품에 등록상표 또는 이와 유사한 상표를 사용하는 경우로 확대하였고, 제3항에서 불사용을 사유로 하여 취소심판을 청구하는 경우 등록상표의 지정상품이 2이상 있는 경우에는 일부 지정상품에 관하여 취소심판을 청구할 수 있다고 규정하여, 지정상품 일부에 대한 등록취소도 가능하게 되었고, 나아가 제4항에서 불사용을 사유로 하여 취소심판이 청구된 경우에는 피청구인이 당해 등록상표(당해 등록상표와 연합된 다른 등록상표가 있을 때에는 그중 어느 하나

의 등록상표 또는 당해 등록상표)를 취소심판청구에 관계되는 지정상품 중 1이상에 대하여 그 심판청구일전 3년 이내에 국내에서 정당하게 사용하였음을 증명하지 아니하는 한 상표권자는 취소심판청구와 관계되는 지정상품에 관한 상표등록의 취소를 면할 수 없고, 다만, 피청구인이 사용하지 아니한 데 대한 정당한 이유를 증명한 때에는 그러하지 아니하다고 규정함으로써 그 입증책임이 피청구인에게 전환되었다.

1997. 8. 22. 법률 제5355호로 일부개정된 상표법 제73조는 전용사용권 또는 통상사용권 등록의무 위반을 이유로 한 상표권 취소는 가혹하다는 이유로 제1항 제1호를 삭제하였고, 연합상표제도가 폐지되어 제2항을 삭제하고, 대신에 제1항 제9호를 신설하여 상표권의 이전으로 인하여 유사한 등록상표가 각각 다른 상표권자에게 속하게 되고 그 중 1인이 자기의 등록상표의 지정상품과 동일 또는 유사한 상품에 부정경쟁을 목적으로 자기의 등록상표를 사용함으로써 수요자로 하여금 상품의 품질의 오인 또는 타인의 업무에 관련된 상품과의 혼동을 생기게 한 경우를 취소사유로 규정하여 연합상표의 폐지에 따른 문제점을 보완하였고, 제4항에 규정하였던 연합상표의 사용의제는 폐지하였다.[2]

2004. 12. 31. 법률 제7290호로 일부개정된 상표법 제73조 제1항은 제10호, 제11호, 제12호를 신설하여 (ㄱ) 단체표장에 있어서 제3자가 단체표장을 사용함으로써 수요자로 하여금 상품의 품질 또는 지리적 출처에 관하여 오인을 초래하게 하거나 타인의 업무에 관련된 상품과 혼동을 생기게 하였음에도 단체표장권자가 고의로 상당한 조치를 취하지 아니한 경우, (ㄴ) 지리적 표시 단체표장등록을 한 후 단체표장권자가 지리적 표시를 사용할 수 있는 지정상품을 생산·제조 또는 가공하는 것을 업으로 영위하는 자에 대하여 정관에 의하여 단체의 가입을 금지하거나 정관에 충족하기 어려운 가입조건을 규정하는 등 단체의 가입을 실질적으로 허용하지 아니한 경우 또는 그 지리적 표시를 사용할 수 없는 자에 대하여 단체의 가입을 허용한 경우, (ㄷ) 지리적 표시 단체표장에 있어서 단체표장권자 또는 그 소속단체원이 제90조의2의 규정을 위반하여 단체표장을 사용함으로써 수요자로 하여금 상품의 품질에 대한 오인 또는 지리적 출처에 대한 혼동을 초래하게 한 경우를 취소사유로 규정하였다.

2011. 12. 2. 법률 제11113호로 일부개정된 상표법 제73조 제1항은 증명표장제도의 도입에 따라 제13호를 신설하여 (ㄱ) 증명표장권자가 정관 또는 규약을

---

2) 특허청, 조문별 상표법해설(2004), 335 참조.

위반하여 증명표장의 사용을 허락한 경우, (ㄴ) 증명표장권자가 증명표장을 자기
의 상품 또는 서비스업에 대하여 사용하는 경우, (ㄷ) 증명표장의 사용을 허락받
은 자가 정관 또는 규약을 위반하여 타인에게 사용하게 한 경우 또는 사용을
허락받은 자가 정관 또는 규약을 위반하여 증명표장을 사용함으로써 수요자로
하여금 상품 또는 서비스업의 품질, 원산지, 생산방법이나 그 밖의 특성에 관하
여 오인을 초래하게 한 경우(다만, 증명표장권자가 사용을 허락받은 자에 대한 감독
에 상당한 주의를 한 경우에는 그러하지 아니하다), (ㄹ) 증명표장권자로부터 사용을
허락받지 아니한 제3자가 증명표장을 사용함으로써 수요자로 하여금 상품 또는
서비스업의 품질, 원산지, 생산방법이나 그 밖의 상품의 특성에 관하여 오인을
초래하게 하였음에도 증명표장권자가 고의로 상당한 조치를 취하지 아니한 경
우, (ㅁ) 증명표장권자가 해당 증명표장을 사용할 수 있는 상품을 생산·제조·가
공 또는 판매하는 것을 업으로 영위하는 자나 서비스업을 영위하는 자에 대하
여 정당한 사유 없이 정관 또는 규약으로 사용을 허락하지 아니하거나 정관 또
는 규약에 충족하기 어려운 사용조건을 규정하는 등 실질적으로 사용을 허락하
지 아니한 경우를 상표등록 취소사유로 규정하였다.[3]

　　2014. 6. 11. 법률 제12751호로 일부개정된 상표법 제73조 제1항은 제53조
제2항(상표권자·전용사용권자 또는 통상사용권자는 그 등록상표의 사용이 부정경쟁방
지 및 영업비밀보호에 관한 법률 제2조 제1호 차목에 따른 부정경쟁행위에 해당할 경
우에는 같은 목에 따른 타인의 동의를 받지 아니하고는 그 등록상표를 사용할 수 없
다)이 신설됨에 따라 제7호 부분을 개정하여 제53조 제2항에 해당하는 상표가
등록된 경우에 그 상표에 관한 권리를 가진 자가 당해 상표등록일부터 5년 이
내에 취소심판을 청구한 경우를 상표등록 취소사유로 규정하였다.

　　2016. 2. 29. 법률 제14033호로 전부개정된 상표법 제119조는 종래 상표 불
사용에 따른 취소심판의 경우 이해관계인만 청구할 수 있도록 해 왔던 것을 누
구든지 청구할 수 있도록 청구인적격의 인정범위를 확대하였으며(제5항), 상표
불사용에 따른 취소심판의 경우 종래에는 그 취소심판의 심결이 확정되는 때에
상표권이 소멸되도록 하여 왔으나, 그 취소심판의 청구일로 소급하여 상표권이
소멸되도록 하였다(제6항).

---

　3) 위 개정 법률은 「대한민국과 미합중국 간의 자유무역협정 및 대한민국과 미합중국 간의
　　자유무역협정에 관한 서한교환」이 발효되는 2012. 3. 15.부터 시행되었다.

II. 취소사유

1. 상표권자의 부정사용(제1호)

가. 의의

상표법 제119조 제1항 제1호는 상표권자가 등록상표를 그 지정상품에 사용하지 아니하고 고의로 지정상품에 등록상표와 유사한 상표를 사용하거나 지정상품과 유사한 상품에 등록상표 또는 이와 유사한 상표를 사용함으로써 수요자로 하여금 상품의 품질을 오인하게 하거나 타인의 업무에 관련된 상품과의 혼동을 불러일으키게 한 경우를 상표등록의 취소사유의 하나로 규정하고 있다.

본호는 상표권자가 상표제도의 본래의 목적에 반하여 자신의 등록상표를 그 사용권의 범위를 넘어 부정하게 사용하지 못하도록 규제함으로써 상품 거래의 안전을 도모하고, 타인의 상표의 신용이나 명성에 편승하려는 행위를 방지하여 수요자의 이익보호는 물론 다른 상표를 사용하는 사람의 영업상의 신용과 권익도 아울러 보호하려는 데 그 취지가 있다.[4]

한편 구 상표법(1997. 8. 22 법률 제5355호로 개정되기 전의 것) 제73조 제1항 제1호는 "상표권자가 전용사용권 또는 통상사용권의 설정등록을 하지 아니하고 타인에게 자기의 등록상표와 동일 또는 유사한 상표를 그 지정상품과 동일 또는 유사한 상품에 6월 이상 사용하게 한 경우"를 취소사유로 규정하고 있었다.

이는 수요자들에게 상품 출처의 오인·혼동을 가져와 품질보증을 기대할 수 없어 불측의 손해를 입힐 염려를 방지하기 위하여 상표권의 전용사용권 또는 통상사용권의 설정에 의한 등록을 강제하기 위한 규정이었다. 그러나 구태여 상표권 자체를 취소하는 사유로 규정할 필요가 있겠느냐 하는 회의적인 견해가 있었고, 나아가 프랜차이즈 등 서비스업종의 경우에는 수십, 수백 명에 대한 상표사용허락의 개시와 종료가 빈발하고 있어서 이러한 경우 상표사용자 중의 한 사람이라도 사용권 설정등록을 6개월 이상 해태할 경우 상표권이 취소되도록 하는 것은 선의의 피해자가 발생할 수 있어서 현실적으로 무리이며, 상표 관리의 자율성 확보라는 국제적 추세에도 역행한다는 면이 있어 동 규정은 1997. 8. 22. 개정법률에서 삭제되었다.[5]

---

4) 대법원 2005. 6. 16. 선고 2002후1225 전원합의체 판결[집53특,369]; 대법원 1987. 6. 9. 선고 86후51, 52 판결; 대법원 1999. 9. 17. 선고 98후423 판결 등 참조.

5) 특허청(주 2), 325 참조.

나. 요건

(1) 상표권자에 의한 사용

부정사용의 주체는 상표권자에 한한다. 전용사용권자나 통상사용권자의 부정사용행위는 본호에 해당하지 아니하고, 상표법 제119조 제1항 제2호 또는 제120조의 적용을 받는다.

(2) 동일성을 벗어난 유사범위 내에서의 사용

부정사용은 상표권자가 ① 지정상품에 등록상표와 유사한 상표를 사용하거나, ② 지정상품과 유사한 상품에 등록상표를 사용하거나, 또는 ③ 지정상품과 유사한 상품에 등록상표와 유사한 상표를 사용하는 경우에 해당하여야 한다. 다시 말하면 상표권의 전용권 범위를 벗어나되 금지권의 범위 내에서의 사용이어야 한다.

상표권자가 지정상품에 등록상표를 사용하는 경우(전용권 범위 내의 사용), 상표권자가 등록상표와 유사하지 아니한 상표를 사용하거나 지정상품과 유사하지 아니한 상품에 사용하는 경우(금지권 범위 밖의 사용)에는 설령 그로 인하여 품질오인 또는 출처의 혼동이 발생한다고 하더라도 본호에 해당하지 않는다.

상표 상품	동일상표	유사상표	비유사상표
동일상품	정당한 사용		
유사상품		부정사용	본호와 무관
비유사상품			

여기에서 실제로 사용된 상표의 표장이 등록상표의 그것과 동일하다는 의미는 완전히 동일한 경우뿐만 아니라 사용통념상 등록상표의 통상의 사용범위 내로 볼 수 있는 경우를 포함하므로, 등록상표에서 어느 정도 부기나 변경이 있더라도 동일성이 있는 범위 내의 상표사용으로 인정되는 경우에는 유사한 상표의 사용에 해당하지 않는다.[6] 상표의 부기 또는 변경의 결과 비유사한 상표가 되는 경우에도 본호가 적용되지 않는다.

---

6) 특허법원 지적재산소송실무연구회, 지적재산소송실무, 박영사(2010), 711(이종우 집필부분) 참조.

등록상표와 유사한 상표에는 그 등록상표와 유사한 상표로서 색채를 등록
상표와 동일하게 하면 등록상표와 동일한 상표라고 인정되는 상표를 포함하지
아니하는 것으로 한다(상표법 제225조 제2항). 따라서 실사용상표가 색채만 다른
상표인 경우에는 등록상표와 유사한 상표에 해당하지 않는다.

　이에 대하여는 위 규정은 등록상표 전체를 다른 색으로 착색한 경우를 상
정하여 이에 대한 특칙으로서 상표권자는 다르게 착색된 상표에 대해서도 사용
권이 있다고 보고 상표법 제119조 제1항 제1호의 규정을 적용하지 않는다는 규
정이지 어떠한 수단과 방법으로 어떻게 다른 색을 착색하더라도 사용권이 있다
고 보아 상표법 제119조 제1항 제1호의 규정에 의한 취소심판의 적용을 받지
않게 하기 위해서 마련된 제도가 아니라는 전제 하에 등록상표의 일부만을 다
른 색으로 착색함으로써 수요자로 하여금 품질의 오인이나 타인의 업무에 관련
된 상품과의 혼동이 발생하는 경우에는 상표법 제225조 제2항의 규정의 적용이
배제되어 제119조 제1항 제1호의 규정에 의한 상표등록취소심판의 대상이 되게
하는 것이 상표법의 취지에 맞는 해석이라고 보는 견해7), 자기의 등록상표의
색채를 일부 변경하여 고의로 사용해서 타인의 상표와 출처의 혼동을 일으킬
수 있는 행위를 한 경우 형식적으로는 정당한 권리행사이지만 상표법 제225조
제2항의 규정의 취지에서 벗어난 행위이며, 경업질서의 유지라는 상표법의 목적
에도 반하기 때문에 권리의 남용에 해당한다고 보는 견해8)가 제기되고 있다.9)

(3) 품질의 오인 또는 타인의 업무에 관련된 상품과의 혼동

　상표권자의 사용으로 인하여 수요자로 하여금 상품의 품질을 오인하게 하
거나 타인의 업무에 관련된 상품과의 혼동을 불러일으키게 하여야 한다. 상품의
품질의 오인이나, 타인의 업무에 관계되는 상품과의 혼동은 현실적으로 그러한
오인·혼동이 생긴 경우뿐만 아니라 오인·혼동이 생길 염려가 객관적으로 존재
하면 족하다.10)

　상품의 품질의 오인을 하게 하는 경우라 함은 상표권자가 실제로 사용하는

---

　7) 문삼섭, 상표법(제2판), 세창출판사(2004), 950.

　8) 문삼섭(주 7), 949.

　9) 일본에서는 예컨대 유명상표인 "SONY"와 비유사하여 등록된 "NELSONYARN" 중
　　 "SONY"부분만을 착색하여 사용하는 경우에는 당해 유명상표의 명성에 무임승차하려는
　　 의사가 명백하므로 정당한 권리행사라고 볼 수 없기 때문에 색채상표의 특칙에 관계없이
　　 상표권자의 부정사용에 의한 취소심판의 대상이 되어야 한다는 견해가 유력하다[網野誠,
　　 商標(第6版), 有斐閣(2002), 905 참조].

　10) 대법원 1999. 9. 17. 선고 98후423 판결[집47(2)특,174] 참조.

상표로 인하여 혼동의 대상이 되는 상표를 부착한 타인의 상품의 품질과 오인을 하게 하는 경우 외에도 그 실사용상표의 구성 등으로부터 그 지정상품이 본래적으로 가지고 있는 성질과 다른 성질을 갖는 것으로 수요자를 오인하게 할 염려가 있는 경우도 포함한다.11)

상표권자가 저급의 상품에 등록상표 또는 이와 유사한 상표를 사용하는 경우에 품질오인에 해당하는지 여부에 관하여 논란이 있을 수 있으나, 다수설은 이에 해당하지 않는 것으로 본다.12)

타인의 업무에 관련된 상품과의 혼동은 상품의 출처가 동일한 것으로 오인하게 하는 혼동(이른바 협의의 혼동)뿐만 아니라 양자 사이에 인적 또는 자본적인 어떤 관계가 있는 것처럼 수요자로 하여금 오인하게 하는 혼동(이른바 광의의 혼동)도 포함한다. 상표권자가 실제로 사용하는 상표(실사용상표)의 사용상품과 혼동의 대상이 되는 타인의 상표(대상상표)에 의해 표창되는 상품이 이종의 상품인 경우에도 혼동이 생길 염려가 있을 수 있다.13)

상표권자가 실제로 사용하는 상표(실사용상표)와 혼동의 대상이 되는 타인의 상표(대상상표) 사이의 혼동 유무를 판단함에 있어서는, 각 상표의 외관, 호칭 및 관념 등을 객관적·전체적으로 관찰하여 판단한다.14)

오인·혼동의 대상이 되는 상표(대상상표)는 반드시 주지·저명한 상표임을 요하지 아니하나,15) 수요자에게 그 상표나 상품이라고 하면 특정인의 상표나 상품이라고 인식될 수 있을 정도로 알려져 있어야 한다.16)

대상상표가 당해 등록상표의 권리범위에 속하거나 상표법상의 등록상표가 아니라고 하더라도 그 혼동의 대상이 되는 상표로 삼을 수 있다.17)

---

11) 대법원 2003. 7. 11. 선고 2002후2457 판결[공2003.8.15.(184),1735] 참조.
12) 특허법원 지적재산소송실무연구회(주 6), 714; 문삼섭(주 7), 953 참조.
13) 대법원 1990. 9. 11. 선고 89후2304 판결 참조.
14) 대법원 2001. 4. 24. 선고 98후959 판결[공2001.6.15.(132),1269] 참조.
15) 대법원 1990. 9. 11. 선고 89후2304 판결[공1990.11.1.(883),2096] 등 참조.
16) 대법원 2005. 11. 10. 선고 2004후813 판결 참조.
17) 대법원 2005. 6. 16. 선고 2002후1225 전원합의체 판결[집53특,369]. 대법원 1988. 5. 10. 선고 87후87, 87후88 판결[공1988.6.15.(826),954] 및 대법원 1997. 8. 22. 선고 97후68 판결 [공1997.10.1.(43),2889]은 "대상상표가 등록상표의 권리범위에 속하는 것으로 미등록이거나 등록상표보다 후에 등록된 것이라면 그 상표는 등록상표의 권리범위확인심판으로 사용이 금지되어야 할 것이기 때문에 위의 오인·혼동 판단의 대상상표로 삼을 수 없다."고 보았으나, 위 전원합의체 판결에 의하여 폐기되었다.

(4) 고의

상표권자가 고의로 상표를 부정사용하여야 한다. 여기서 말하는 고의에는 타인의 이익을 침해할 의사나 부정경쟁의 목적 등과 같이 악의를 요하지 않는다.[18] 그 고의의 인정 여부에 관하여 보면, 상표권자가 오인·혼동을 일으킬 만한 대상상표의 존재를 알면서 그 대상상표와 동일·유사한 실사용상표를 사용하는 한 상표 부정사용의 고의가 있다 할 것이고, 특히 그 대상상표가 주지·저명상표인 경우에는 그 대상상표나 그 표장상품의 존재를 인식하지 못하는 등의 특단의 사정이 없는 한 고의의 존재가 추정된다.[19]

다. 관련 사례

(1) 부정사용에 해당한다고 본 사례

(가) 대법원 2005. 8. 19. 선고 2003후2713 판결[미간행]

위 판결은, 피고의 등록상표는 "누크"로 구성된 상표로서 "종이물수건"등을 지정상품으로 하고, 원고의 상표는 "**NUK**"로 구성된 상표로서 "유아용 우유 젖꼭지, 젖병, 유아용 크림, 유아용 로션 등"에 사용되고 위 사용상품 분야에서 주지 내지 저명한 상표인데, 피고는 등록상표의 한글 부분을 생략한 "**NUK**"로 사용한 사안에서, '피고가 실제 사용하는 상표는 원고의 상표와 동일할 정도이고, 그 사용상품인 "유아용 물티슈"와 원고 상표의 사용상품 사이에는 경제적 유연관계가 있을 뿐만 아니라 원고의 상표는 일반 수요자에게 널리 알려진 것이므로, 일반 수요자는 "유아용 물티슈"에 사용되는 피고의 상표가 원고의 상표인 것으로 오인, 혼동을 할 가능성이 매우 높다'고 판단한 원심을 정당하다고 보았다.

(나) 대법원 2005. 8.25. 선고 2003후2263 판결[미간행]

위 판결은, "⬛"로 구성된 이 사건 등록상표를 "**TOMMY ATKINS**" 등의

---

18) 송동원, "상표등록취소심판 및 사용권등록취소심판", 재판자료 57집 지적소유권에 관한 제문제(下), 173~174 참조.

19) 대법원 2004. 11. 12. 선고 2003다54315 판결[공2004.12.15.(216),2023] 참조; 대법원 1987. 6. 9. 선고 86후51,52 판결[집35(2)특,406]은 "사용의 결과 상품의 출처의 혼동이나 품질의 오인을 일으키게 할 염려가 있다는 것을 인식하면서 사용할 것을 요한다."고 판시하고 있고, 대법원 1988. 5. 10. 선고 87후87, 88판결, 1988. 12. 20. 선고 87후136판결 및 1990. 9. 11. 선고 89후2304 판결에서도 "상표권자가 등록상표를 변경하여 사용할 때 상품의 출처의 혼동이나 품질의 오인을 일으킬 염려가 있는 타인의 상표의 존재를 알고 있었다면 상표권자에게 고의가 있었던 것으로 볼 수 있다."라는 취지로 판시하고 있다.

형태로 사용함으로서 원래 'tommy'와 'atkins'로 분리되지 않고 전체적으로 인식될 수 있는 것을 'tommy'만으로 분리인식이 가능하게 한 것은, 'TOMMY HILFIGER' 또는 'TOMMY JEANS'로 구성된 원고의 상표와의 관계에서 그 지정상품의 품질이나 출처에 관하여 혼동을 야기함으로써 부정사용한 것이라고 판단하였다.

(다) 대법원 2005. 6. 16. 선고 2002후1225 전원합의체판결

위 판결은, 등록상표 "ROOT"의 상표권자가 이와 유사한 상표 "ROOT PORT"를 사용함으로써 주지·저명한 대상상표 "ROOTS"의 지정상품과 혼동을 생기게 하였다고 본 원심의 판단을 정당하다고 판단하였다.

(라) 대법원 2000. 4. 25. 선고 98후1877 판결[공2000.6.15.(108),1307]

위 판결은 등록상표 "TECO 테코"와 유사한 실사용상표 "TECO"와 주지, 저명한 대상상표 "LEGO"를 비교하여 보면, 첫 철자인 'T'와 'L'은 서로 상이하나 모음인 'E, O'가 동일하고 'C'와 'G'가 유사하게 보일 뿐만 아니라 그 전체적인 서체도 동일하며, 또 위 실사용상표는 적색의 배경 하에 노란색의 바탕, 검은색의 테두리가 있는 흰색 글씨 등으로 표기되어 사용되고 있어 실제로 사용된 인용상표와 그 색상 및 그 배열에 있어 동일한 점 등 양 상표의 전체적인 구성, 아이디어, 모티브 등이 동일하거나 극히 유사하여 그 호칭에 있어 차이가 있음에도 불구하고 위 실사용상표로부터 주지저명한 대상상표가 쉽게 연상됨으로 인하여 거래상 상품의 출처의 오인·혼동을 생기게 할 염려가 있다고 보았다.

(마) 대법원 1988. 5. 10. 선고 87후87,87후88 판결

위 판결은, 실사용상표 "   "와 대상상표 "   "는 그 호칭에 있어서 차이가 있을 뿐 관념과 외관에 있어서는 서로 유사한 것이 분명하므로 위 실사용 상표의 사용은 대상상표의 상품과의 사이에 상품의 출처의 오인, 혼동을 일으킬 우려가 있으므로 위 실사용상표는 상표법 제45조 제1항 제2호가 규정하는 등록상표의 취소요건인 유사상표에 해당한다고 보았다.

(2) 부정사용에 해당하지 않는다고 본 사례

(가) 대법원 2001. 3. 23. 선고 98후560 판결 [공보불게재]

이 사건 등록상표 "CAPS"의 하단에 표기된 한글부분을 삭제하여 "CAPS"로 변형하여 사용하였는데, 이러한 실사용상표와 심판청구인의 대상상표인 "GAP"와는 외관이 다르고, 실사용상표는 "캡스"로 호칭되는 데 비하여 대상상표는 "갭"으로 호칭되어 양 상표는 호칭도 다르며, 실사용상표는 "모자"를 의미하는 데 비하여 대상상표는 "공백, 틈"을 의미하므로 양 상표는 관념도 전혀 달라, 결국 실사용상표의 사용으로 인하여 수요자로 하여금 타인의 대상상표의 상품과 혼동을 일으키게 할 염려가 없다고 한 원심 판단에 대하여, 대법원은 '실사용상표는 이 사건 등록상표의 구성 중 영문자부분의 발음표기에 해당하는 한글부분만 삭제한 것에 불과하고 달리 대상상표와 유사하게 보이도록 특별히 변형하였다고 볼 만한 것이 없는 점, 실사용상표와 대상상표는 1음절 또는 2음절의 매우 짧은 음절의 문자상표인 점도 함께 고려하여 보면, 원심의 위와 같은 판단은 수긍이 간다.'는 취지로 판단하였다.

(나) 대법원 2000. 10. 27. 선고 99후352 판결 [공보불게재]

이 사건 등록상표는 영문자 "SCABAL TEX"로 이루어진 상표인데, 피고가 이 사건 등록상표 중 관용명칭에 해당하는 "TEX" 부분을 제외한 "SCABAL" 부분만을 그 지정상품 중 하나인 소모직물에 해당하는 양복지에 사용하였음을 알 수 있는바, 피고가 사용한 것이 이 사건 등록상표의 일부인 "SCABAL"이지만, 나머지 부분인 "TEX"는 양복지 등의 직물류에 사용되는 관용명칭이어서, 위 "SCABAL"은 거래사회의 통념상 이 사건 등록상표와 동일하게 볼 수 있는 형태의 사용이라 할 것이므로 그러한 사정만으로 곧 피고가 고의로 지정상품에 등록상표와 유사한 상표를 사용함으로써 수요자로 하여금 상품의 품질을 오인하게 하거나 타인의 업무에 관련된 상품과의 혼동을 생기게 하였다고 할 수는 없다고 판단하였다.

2. 사용권자의 부정사용(제2호)

가. 의의

상표법 제119조 제1항 제2호는 전용사용권자 또는 통상사용권자가 지정상품 또는 이와 유사한 상품에 등록상표 또는 이와 유사한 상표를 사용함으로써 수요자에게 상품의 품질을 오인하게 하거나 타인의 업무에 관련된 상품과의 혼동을 불러일으키게 한 경우를 취소사유로 하되, 상표권자가 상당한 주의를 한 경우에는 예외로 하고 있다.

상표권자로부터 사용허락을 받은 사용권자는 상표권자의 상품과 품질의 동일성을 유지하여 수요자의 불측의 손해를 방지하여야 하고, 자기의 명칭을 표시하여 출처의 혼동이 일어나지 아니하도록 하여야 할 의무가 있다. 또한 상표권자도 사용권을 설정한 경우에 그 행사가 그 의무에 위반하지 않도록 사용권자를 감독할 의무가 있다.

본호는 사용권자가 그 의무에 위반하여 수요자로 하여금 상품의 품질을 오인하게 하거나 타인의 업무에 관련된 상품과의 혼동을 불러일으키게 한 경우에 상표권자의 감독의무를 위반한 것으로 보아 상표등록을 취소하여 부정경쟁을 방지하고 수요자의 이익을 보호하되, 다만 상표권자가 그 감독의무를 충실히 한 경우에는 등록취소를 면할 수 있게 하는 데에 그 의의가 있다.[20]

대법원 2010. 4. 15. 선고 2009후3329 판결[공2010상,936]도 "본호의 취지는 상표권자에게 사용권을 자유롭게 설정할 수 있도록 하는 대신에 사용권자에 대한 감독의무를 부과하여 사용권자에 의한 등록상표의 부정사용행위에 대해서도 그 등록상표를 취소할 수 있도록 함으로써 소비자의 이익을 보호함은 물론 다른 상표를 사용하는 사람의 영업상의 신용과 권익도 보호하려는 데 있다."라고 판시하고 있다.

상표법 제119조 제1항 제1호는 상표권자 자신의 부정사용에 관한 조항임에 비하여, 본호는 사용권자의 부정사용에 관한 조항이다.

본호는 상표권자의 감독의무위반에 대한 제재이므로 설령 취소심판 청구 후에 그 심판청구사유에 해당하는 사실이 없어진 경우에도 취소사유에 영향을 미치지 아니한다(상표법 제119조 제4항).

나. 요건
(1) 전용사용권자나 통상사용권자가 한 행위일 것

전용사용권자 또는 통상사용권자 등 사용권자가 한 행위에 한정되고, 상표권자의 행위는 본호의 적용대상이 아니다.

사용권자가 2인 이상일 경우에는 그 중 1인이 상표를 부정사용한 경우에도

---

20) 송영식 외 6인 공저, 송영식 지적소유권법(하), 육법사(2008), 368-369(김병일 집필부분); 문삼섭(주 7), 989; 오세중·이창훈(주 1), 976; 특허법원 지적재산소송실무연구회(주 6), 736 등 참조.

본호의 적용이 된다. 이 경우 다른 사용권자는 불측의 손해를 입는 문제가 발생하는바, 사용권자 사이에서도 상호 감독할 수 있도록 계약을 체결하는 등 자구조치를 강구하는 것이 바람직하다.[21]

(2) 지정상품 또는 이와 유사한 상품에 등록상표 또는 이와 유사한 상표를 사용하였을 것

사용권자가 지정상품에 등록상표와 유사한 상표를 사용하는 경우, 유사한 상품에 등록상표 또는 이와 유사한 상표를 사용하는 경우에 본호에 해당함은 물론, 지정상품에 등록상표를 사용하는 경우에도 이에 본호에 해당한다. 이 점은 제1호와 차이가 있다. 즉 상표권자가 지정상품에 등록상표를 사용하는 경우에는 설령 그로 인하여 품질을 오인하게 하거나 타인의 업무에 관련된 상품과의 혼동을 불러일으키게 하더라도 제1호에 해당하지 않는다. 하지만, 사용권자가 지정상품에 등록상표를 사용하여 품질을 오인하게 하거나 타인의 업무에 관련된 상품과의 혼동을 불러일으키게 하는 경우에는 제2호에 해당한다. 본호는 사용허락제도의 남용을 규제하는 제도이므로 상표권자의 부정사용행위와는 달리 사용권자의 지정상품에 대한 등록상표의 사용도 포함한다.[22] 사용허락을 받지 아니한 상품에 대한 상표의 사용도 포함한다.

(3) 수요자에게 상품의 품질을 오인하게 하거나 타인의 업무에 관련된 상품과의 혼동을 불러일으키게 할 것

본호는 제1호와 달리 사용권자의 고의를 요하지 않는다. 따라서 객관적으로 오인·혼동행위라고 볼 수 있는 행위가 존재하면 족하다.[23]

본호에서 말하는 타인에는 상표권자와 다른 사용권자도 포함된다. 그러나 상표권자, 사용권자 상호간에 있어서는 출처의 혼동이 처음부터 예정되어 있는 것이므로, 제외되어야 한다. 다만, 상표법은 사용권자에게 자기명칭표시의무를 부과하고 있는바(상표법 제95조 제4항, 제97조 제5항), 이러한 의무를 이행할 경우 출처의 혼동을 방지할 수 있다.[24]

상품의 품질을 오인하게 한 경우라 함은 전용사용권자 또는 통상사용권자

---

21) 송영식 외 6인 공저(주 20), 369; 오세중·이창훈(주 1), 976 참조.
22) 송영식 외 6인 공저(20), 369면; 오세중·이창훈(주 1), 977 참조.
23) 오세중·이창훈(주 1), 977면; 송영식 외 6인 공저(20), 370 참조
24) 문삼섭(주 7), 990; 송영식 외 6인 공저(20), 370; 오세중·이창훈(주 1), 977 참조; 사용권자가 자기명칭표시의무를 위반하여 출처의 혼동이 생긴 때에는 본호를 적용하여야 한다는 견해도 있다[오승건, 상표법 특강 제5판, 세창출판사(1998), 414; 문삼섭(주 7), 991에서 재인용함].

가 실제로 사용하는 상표로 인하여 혼동의 대상이 되는 상표를 부착한 타인의 상품의 품질과 오인을 하게 하는 경우 외에도 그 실사용상표의 구성 등으로부터 그 지정상품이 본래적으로 가지고 있는 성질과 다른 성질을 갖는 것으로 수요자를 오인하게 할 염려가 있는 경우도 포함한다고 할 것이고, 여기에는 상품의 품질, 원재료, 효능, 용도 등의 오인뿐만 아니라 상품의 산지의 오인도 포함된다.[25]

본호는 품질의 오인으로 인한 수요자의 피해를 방지하기 위한 사후적 규제수단으로 볼 수 있으므로 상표법 제119조 제1항 제1호와 달리 품질의 劣惡도 포함된다. 따라서 지정상품에 등록상표를 사용하더라도 상표권자나 다른 사용권자의 상품보다 품질이 나쁜 지정상품을 판매하여 수요자의 기대에 어긋나는 경우도 상품의 품질 오인에 해당한다.[26]

본호의 혼동은 상품의 출처가 동일한 것으로 오인하게 하는 혼동(이른바 '협의의 혼동')뿐만 아니라 양자 사이에 인적 또는 자본적인 어떤 관계가 있는 것처럼 수요자로 하여금 오인하게 하는 혼동(이른바 '광의의 혼동' 내지 '후원관계의 오인')도 포함된다. 오인·혼동이 현실적으로 발생한 경우뿐만 아니라 그러한 유사상표 사용행위가 오인·혼동을 일으킬 염려가 객관적으로 분명하다면 현실적으로 오인·혼동이 없었더라도 본호는 적용된다.[27]

(4) 상표권자가 상당한 주의를 하지 아니하였을 것

이는 상표권자의 감독의무를 간접적으로 규정한 것이다. 상당한 주의라 함은 오인·혼동행위를 하지 말라는 주의나 경고만으로는 부족하고, 정기적으로 상표 사용 실태에 대하여 보고를 받거나 상품의 품질을 검사하는 등 실질적으로 사용권자를 그 지배하에 두고 있는 것과 같은 관계의 유지를 의미한다.[28]

따라서 상표권자가 등록상표에 대한 전용사용권자 또는 통상사용권자의 부정사용행위에 대하여 상당한 주의를 하였다고 하기 위해서는 전용사용권자 또

---

25) 대법원 2003. 7. 11. 선고 2002후2457 판결[공2003.8.15.(184),1735] 참조. 위 대법원 판결은 원심이 '등록상표의 통상사용권자가 등록상표에 "포천" 및 "막걸리"등의 문자를 병기한 실사용상표를 등록상표의 지정상품과 유사한 상품인 막걸리 제품에 사용함으로써 일반 수요자나 거래자는 실사용상표가 사용된 그 막걸리 제품이 경기 포천군 일동면 지역에서 생산되는 것으로 상품의 산지 등 품질을 오인하였거나 오인할 염려가 있다.'고 본 원심을 수긍하였다.

26) 문삼섭(주 7), 990면; 송영식 외 6인 공저(20), 369 참조.

27) 한동수, "상표법 제73조 제1항 제8호에서 대상상표가 일반 수요자에게 알려진 정도와 그 판단의 기준시점", 지적재산권 제24호, 지적재산권법제연구원(2008), 75 참조.

28) 오세중·이창훈(주 1), 977; 문삼섭(주 7), 991; 송영식 외 6인 공저(20), 370 참조.

는 통상사용권자에게 오인·혼동행위를 하지 말라는 주의나 경고를 한 정도로는 부족하고, 사용실태를 정기적으로 감독하는 등의 방법으로 상표사용에 관하여 전용사용권자 또는 통상사용권자를 실질적으로 그 지배하에 두고 있다고 평가할 수 있을 정도가 되어야 하므로, 상표권자가 통상사용권자들에게 브랜드 매뉴얼을 교부하고 그 준수 여부를 검사하여 시정을 요청하였다는 사정만으로는 상표사용에 관하여 그들을 실질적으로 지배하에 두고 감독하고 있었다고 보기 어렵다.29) 상당한 주의를 다하였다는 점은 상표권자가 주장·입증하여야 한다.

3. 등록상표의 불사용(제3호)

가. 의의

상표법 제119조 제1항 제3호는 상표권자·전용사용권자 또는 통상사용권자 중 어느 누구도 정당한 이유 없이 등록상표를 그 지정상품에 대하여 취소심판 청구일 전 계속하여 3년 이상 국내에서 사용하고 있지 아니한 경우를 취소사유의 하나로 규정하고 있다.

상표등록을 받고도 사용하지 아니하는 상표는 상표법의 목적에도 반할 뿐만 아니라 타인의 상표 선택의 자유를 부당하게 침해하고 이른바 空權에 의한 폐해가 크다. 본호는 이러한 문제를 시정하고자 함에 있다.30) 이와 관련하여 대법원 1982. 2. 23. 선고 80후70 판결은 "상표의 사용을 촉진하는 한편 아울러 불사용 상표에 대한 제재적 의미도 포함하는 것"으로 보았다. 대법원 2001. 4. 27. 선고 98후751 판결은 "상표법 제73조 제1항 제3호에서 불사용에 의한 상표등록취소제도를 마련하고 있는 것은 사용되지 아니하는 상표를 권리자에게 독점시켜 두는 경우 다른 사람의 상표 선택의 자유를 부당하게 제한하는 결과로

---

29) 대법원 2010. 4. 15. 선고 2009후3329 판결[공2010상,936] 참조.

30) 본 규정의 취지와 관련하여 상표권자가 등록된 상표에 대한 독점적 권리만을 누릴 뿐 이를 사용하지 않음으로써 타인의 상표선택을 제한하고 상품의 유통을 저해하는 것을 막기 위한 것이라는 견해{최형구, "상표심판사건의 제문제", 인권과 정의 221호(95.01), 대한변호사협회(1995), 81면}, 선출원주의 및 상표등록주의의 폐단을 방지하기 위한 것이라는 견해{김연환, "상표 불사용취소심판제도 개선방향에 관한 소고", 지식재산21 71호, 특허청(2002), 77면}, 불사용 등록상표의 취소제도는 상표등록주의 또는 사용주의를 막론하고 발생하는 것이므로 상표등록주의 또는 선출원과는 직접적인 관계는 없고, 타인의 상표선택의 제한과 제3자와 심사관의 상표검색의 어려움의 해소와 공권에 의한 폐해를 없애기 위한 것이라고 보아야 한다는 견해{최두진, "불사용상표등록취소의 요건", 지적재산권 제24호, 지적재산권법제연구원(2008), 11}, 불사용상표를 아무런 제한 없이 보호하게 되면 다른 사람의 상표선택의 자유를 부당하게 제한하고 이른바 공권에 의한 폐해가 크므로 그 등록을 취소하는 제도를 마련하고 있다는 견해{송영식 외 6인 공저(20), 198 참조} 등이 있다.

되므로 이를 방지하고자 하는 데에 주된 목적이 있는 것"이라고 보았다.

불사용 상표에 대한 보호는 이론상 등록 이후부터 사용개시의 준비에 필요한 적당한 기간 내에까지 한정할 필요가 있고 합리적인 저장기간이 경과한 후의 권리행사는 특별히 보호할만한 가치 있는 이익이 있는 경우를 제외하고는 이를 억제할 필요가 있다. 독일은 1967년의 사용강제제도의 채용에 의하여, 프랑스는 1964년의 불사용에 의한 실권제도의 채용에 의하여 합리적인 유예기간이 경과한 이후에는 상표권을 취소하도록 규정하고 있다. 미국에서는 등록 후 6년 째 되는 해에 상표를 아직도 사용하고 있다는 사용사실을 입증하도록 하고, 불사용에 의한 권리포기가 있는 경우에는 상표권은 상실되므로 상표법은 등록의 취소에 관한 절차를 규정하고 있고, 3년 이상 불사용은 포기의 일응의 증거로 하고, 영국에서도 불사용(5년)에 기한 등록취소의 제도를 두고 있다.[31]

나. 요건

(1) 등록상표의 불사용

(가) 상표권자·전용사용권자·통상사용권자의 불사용(상표사용의 주체)

상표권자, 전용사용권자, 통상사용권자 중 어느 누구도 사용하지 않아야 한다. 따라서 그 중 누구라도 등록상표를 사용하면 취소사유에 해당하지 않는다.[32] 통상사용권자에는 반드시 등록된 통상사용권자일 필요가 없으므로, 미등록의 통상사용권자에 의한 사용이 있을 경우에도 취소사유에 해당하지 않는다.[33] 다만, 통상사용권 설정행위 자체는 상표의 사용이 아니므로 통상사용권을 설정한 것만으로는 불사용 취소를 면할 수 없다.[34]

상표권자·전용사용권자 또는 통상사용권자가 아닌 자가 사용하는 것은 정당한 사용이 아니다. 대법원 판례는 법인의 대표이사인 자연인이 상표권자이지만 법인이 상표를 사용한 경우[35], 모회사가 상표권자인 경우 자회사의 상표사용은 별개의 법인격을 가진 자의 상표사용으로 상표권자의 정당한 사용으로 보지

---

31) 송영식 외 6인 공저(주 20), 193 참조.
32) 송영식 외 6인 공저(주 20), 195 참조.
33) 대법원 1995. 9. 5. 선고 94후1602 판결[공1995.10.15.(1002),3400], 문삼섭(주 7), 960 참조; 특허법원 2007. 7. 12. 선고 2007허1169 판결은 상표권자와 사용자가 라이선스 계약을 체결하였다면, 비록 그 계약 내용이 전용사용권에 관한 것으로서 이를 등록하지 않아 상표법 제56조 제1항 제2호에 의하여 전용사용권설정의 효력은 없다 하더라도, 통상사용권설정의 효력은 있어 사용자는 적어도 통상사용권자의 지위를 가진다고 보았다.
34) 대법원 1999. 8. 20. 선고 98후119 판결[공1999.9.15.(90),1886].
35) 대법원 1976. 5. 11. 선고, 75후4 판결.

않고 있다.36) 다만, 이러한 경우 상표권자로부터 묵시적인 승낙을 받은 통상사용권자로 볼 여지는 있다.37)

　　대법원 2006. 5. 12. 선고 2004후2529 판결[공2006.6.15.(252),1072]은 상표권자와 사이에 통상사용권 설정 권한을 갖는 마스터 라이선스 계약만 체결하고 전용사용권 설정등록을 마치지 않은 자로부터 상표사용 허락을 얻은 자가 상표를 사용한 것은 정당한 상표사용이 아니라고 보았다.38) 특허법원 2008. 6. 11. 선고 2008허1081 판결은 "통상사용권자에 의한 등록상표의 사용으로 그 취소를 막을 수 있으려면, 그 통상사용권자가 그 등록상표의 사용시점에 이미 적법한 통상사용권을 가지고 있었어야 하고, 그 등록상표의 사용시점에는 통상사용권자가 아니었으나, 등록상표 사용 후의 시점에 상표권자와의 약정에 의하여 그 등록상표 사용시점으로 통상사용권자로서의 지위를 소급적으로 인정받은 경우에는 위 법조 소정의 통상사용권자에 의한 등록상표의 사용이라고 할 수 없다."고 판단하였다.

　　제3자에 의한 유통을 상표권자 등의 사용으로 볼 것인지 문제된다. 이에 대하여 상표불사용 취소제도의 취지에 비추어 제3자의 유통에 의한 사용은 상표권자를 위하여 그 의사에 따라 상표를 사용하였다고 해석하여야 하는 견해39)와, 법문에서 상표권자·전용사용권자 또는 통상사용권자에 의한 사용을 전제로 하고 있는 한 상표권자 등의 사용행위로 보기 어렵고 상표권자의 통제 아래에 있는 경우에는 상표권자 등의 상표사용행위라고 볼 수 있지만, 그렇지 아니한 경우에는 유통과정 중의 거래업자들의 행위는 상표권자 등의 행위로 볼 수 없다고 하는 견해40)도 있다.

　　한편, 주문자 상표부착 생산방식에 의한 수출은 외국주문자의 주문에 따라 국내 생산업자가 상품을 제조하여 상표권자인 외국주문자의 상표를 부착한 뒤 이를 주문자에게 수출하는 방식에 의하는바, 이때 이 수출이 상표권자인 외국주문자의 상표사용행위인지 아니면 단지 국내 생산자의 수출행위에 그치고 마는 것인지가 문제된다.

---

36) 대법원 1978. 3. 26. 선고 78후9 판결.
37) 특허법원 지적재산소송실무연구회(주 6), 719 참조.
38) 이 판례에 대한 상세한 내용은 박성수, "전용사용권 설정계약 후 설정등록을 받지 않은 자가 상표권자의 동의 아래 통상사용권을 설정하고 상표를 사용하게 한 경우와 정당한 상표의 사용", 대법원판례해설 62호(2006 하반기), 법원도서관(2006), 90-104 참조.
39) 송동원(주 18), 178.
40) 최형구(주 30), 81.

이에 관하여는 주문자 상표부착 생산방식에 의한 수출의 경우라 할지라도
우리나라에서 생산된 상품에 그 타인의 등록상표를 부착하여 수출하는 행위는
국내에서 이루어진 우리나라 생산자의 상표사용 행위이기 때문에 이러한 주문
자 상표부착 생산방식의 수출을 한 우리나라 생산(수출)자의 행위는 상표권 침
해가 구성되므로, 결국 주문자 상표부착 생산방식에 의한 수출은 생산자의 상표
사용이고 주문자의 사용이 아니라고 하는 견해41), 주문자 상표부착 생산방식에
의한 수출은 상품제조에 대한 품질관리 등 실질적 통제가 상표권자에 의하여
유지되고 있으며, 수출업자의 생산이 오직 상표권자의 주문에만 의존하고 생산
된 제품 전량이 상표권자에게 인도되는 등 주문 상품에 대한 실질적인 통제와
의존적 생산이 인정될 때에 한하여 상표권자의 상품이라고 보아 상표권자 자신
의 상표사용행위로 인정하여야 한다는 견해42)로 나뉘어져 있다.

대법원 2002. 5. 10. 선고 2000후143 판결[공2002.7.1.(157),1429]은, "주문자상
표 부착방식(이른바 OEM 방식)에 의한 상표의 사용도 상표법 제2조 제1항 제6호
소정의 상품 또는 상품의 포장에 상표를 붙이는 행위에 해당하고, 수출자유지역
내에서 수출 목적으로만 등록상표가 부착된 상품을 제조한 것이라 하더라도 국
내에서의 상표 사용행위라고 볼 수 있다."고 본 다음, 원고의 한국 내 자회사인
소외 회사가 원고의 주문에 의하여 이 사건 등록상표를 부착한 조깅화를 주문
자상표 부착방식(이른바 OEM방식)으로 제조한 후 일본에 있는 원고에게 수출한
경우에 상표권자(원고)의 사용행위를 긍정하였다. 또한 대법원 2012. 7. 12. 선고
2012후740 판결은, "자신의 상표가 아니라 주문자가 요구하는 상표로 상품을
생산하여 주는 주문자상표부착생산 방식(이른바 OEM 방식)에 의한 수출의 경우
상품제조에 대한 품질관리 등 실질적인 통제가 주문자에 의하여 유지되고 있고
수출업자의 생산은 오직 주문자의 주문에만 의존하며 생산된 제품 전량이 주문
자에게 인도되는 것이 보통이므로, 상표법 제73조 제1항 제3호에 의한 상표등
록취소심판에서 누가 상표를 사용한 것인지를 판단하면서는 특별한 사정이 없
는 한 주문자인 상표권자나 사용권자가 상표를 사용한 것으로 보아야 한다."고
판시하였다.

한편, 상표권자가 외국에서 상표를 부착한 상품을 국내의 수입업자가 수입
하여 국내에서 유통한 경우에 상표권자의 국내에서 상표사용으로 인정될 수 있

---

41) 황종환 외 1, 상표법, 단국대학교출판부(2005), 822.
42) 최형구(주 30), 85, 90; 최두진(주 30), 14도 같은 견해를 취하고 있다.

는지 문제된다. 국내의 수입판매 대리점 또는 판매총판 등이 그 제품을 그대로 판매하거나 광고, 선전하는 경우에는 상표권자의 사용으로 볼 수 있다. 대법원 2001. 4. 27. 선고 98후751 판결도 "비록 외국에서 등록상표가 부착된 등록상표권자의 제품이라 하더라도 국내의 수입판매대리점 또는 판매총판 등이 그 제품을 그대로 판매하거나 광고, 선전하는 경우에는 상표법 제73조 제1항 제3호와의 관계에 있어서 등록상표권자 자신이 국내에서 등록상표를 사용한 것으로 보아야 할 것이고, 이와 같은 이치는 사용권자의 경우에도 마찬가지로 적용될 수 있다."고 판시하였다.

외국에 있는 상표권자가 국내에 판매대리점이나 총판을 두지 않고 상품을 국내에 수출하여 국내에서 정상적인 경로로 상품이 유통되고 있는 경우에 상표권자의 사용행위로 볼 수 있을 것인지에 관하여, 상표권자와의 직접적인 계약관계에 의하여 상표권자의 상품을 수입하는 경우에만 상표권자의 상표사용행위로 보는 견해43)도 있으나, 대법원 2003. 12. 26. 선고 2002후2020 판결[집51(2)특,454]은 "상표권자가 외국에서 자신의 등록상표를 상품에 표시하였을 뿐 우리나라에서 직접 또는 대리인을 통하여 등록상표를 표시한 상품을 양도하거나 상품에 관한 광고에 상표를 표시하는 등의 행위를 한 바 없다고 하더라도, 그 상품이 제3자에 의하여 우리나라로 수입되어 상표권자가 등록상표를 표시한 그대로 국내의 정상적인 거래에서 양도, 전시되는 등의 방법으로 유통됨에 따라 사회통념상 국내의 거래자나 수요자에게 그 상표가 그 상표를 표시한 상표권자의 업무에 관련된 상품을 표시하는 것으로 인식되는 경우에는 특단의 사정이 없는 한 그 상표를 표시한 상표권자가 국내에서 상표를 사용한 것으로 보아야 한다."고 판단하였다.44)

이에 대하여는 '상표권자의 상품을 유통하고자 하는 목적은 상표의 사용과 관계가 없으며, 불사용 상표취소제도는 상표권자의 사용을 촉구하려는 데 있는 것임에도 상표권자는 의욕 하지 않고 있는데 우연히 수입업자가 수입하여 국내에 유통시켰다는 사실만으로 상표권자의 행위로 볼 수는 없고, 더구나 판례는 상표권자와 사용자가 대표이사와 회사, 모회사와 자회사의 관계에 있음에도 이를 상표권자의 정당한 사용으로 보지 않고 있는데, 이는 상표가 사용되었다고

---

43) 최형구(주 30), 90.
44) 이 판례에 대한 상세한 내용은 강기중, "국내의 수입업자가 외국에서 상표가 부착된 상품을 수입하여 국내에 유통한 것이 외국에서 상표를 부착한 상표권자의 국내에서의 상표사용으로 인정되는지 여부", 대법원 판례해설 48호, 법원도서관(2004), 212-230 참조.

하는 결과가 아니라 상표권자의 의도된 사용을 중시하고자 하는 것이라고 생각
되고 이 점에서 본다면 상표권자와 직접적인 계약이 없이 이루어진 수입은 상
표권자의 사용행위라고 볼 수 없다.'며 비판하는 견해45)도 있다.

(나) 상표의 사용

상표의 사용에 관한 일반론은 상표법 제2조 제1항 제11호의 해설 부분에
미루고 여기에서는 불사용 취소심판과 관련된 사항만 보기로 한다.46)

1) 등록상표와 동일한 상표의 사용

가) 판단기준

등록상표를 그 지정상품에 사용하는 경우라 함은 등록상표와 동일한 상표
를 사용한 경우를 말한다. 동일한 상표라고 함은 등록상표 그 자체뿐만 아니라,
거래 사회통념상 등록상표와 동일하게 볼 수 있는 형태의 상표를 포함하나, 유
사상표를 사용한 경우는 포함되지 않는다. 그 사용에는 등록된 상표와 동일한
상표를 사용하는 경우는 물론 거래통념상 식별표지로서 상표의 동일성을 해치
지 않을 정도로 변형하여 사용하는 경우도 포함한다.47)

그런데 어느 범위 내에서 변형을 동일한 상표 사용이라고 볼 것인가에 관
하여는 다음과 같은 견해가 있다. 등록상표에 부기적인 문자나 도형을 배치하거
나 기존의 포장, 광고서류에 등록상표를 첨가하는 경우에는 그 사용상표에는 등
록상표가 일부로 포함되어 있으므로 등록상표의 사용으로 볼 수 있을 것이고,
일반적으로 등록상표의 변형사용으로 말미암아 등록상표 그 자체의 독립성이
상실된 경우에는 사회통념상 등록상표를 사용하였다고 볼 수 없는 반면 등록상
표의 요부가 아닌 부기적인 부분에서의 변형사용이 있는 경우에는 등록상표의
사용으로 보아야 한다는 견해48), 상표의 동일과 동일성은 다르고 상표견본과 동
일한 상표 이외에 다른 부기적인 문자가 부가된 경우, 가로로 된 등록상표를 세

---

45) 최두진(주 30), 15.
46) 구 상표법(1990. 1. 13. 법률 제4210호 개정되기 전의 것) 제2조 제4항 제3호에 의하여
    상표의 사용행위에 포함되는 '상품에 관한 광고에 상표를 붙이고 전시 또는 반포하는 행
    위' 즉, 상표의 선전광고는 국내에서 이루어질 것을 요한다고 할 것이나, 간행물을 통한
    선전광고의 방법에 있어서는 반드시 우리나라에서 발행된 간행물에 한정되는 것이 아니라
    외국에서 발행된 간행물이라 하더라도 우리나라에 수입, 반포되고 있다면 이러한 외국에
    서 발행된 간행물을 통한 국내에서의 상표의 선전광고 행위는 위 같은 법조 소정의 상표
    의 사용에 포함된다(대법원 1991. 12. 13. 선고 91후356 판결[공1992.2.1.(913), 524]).
47) 대법원 2005. 9. 29. 선고 2004후622 판결[공2005.11.1.(237),1725]; 대법원 2001. 4. 24.
    선고 98후959 판결[공2001.6.15.(132),1269] 등 참조.
48) 송동원(주 18), 179.

로로 한 경우, 도형과 결합한 경우, 등록상표의 서체가 다른 경우에는 동일성이 있는 상표이고, 상표의 구성을 변경해서 동일성이 있거나 유사한 경우는 유사상표라고 하는 견해[49), 불사용 상표취소 제도의 취지와 거래계의 실정을 고려하여 사회 통념상으로 동일한 상표라고 인식되어 상표의 출처표시기능을 하고 있으면 등록상표의 사용이라고 하여야 하고, 그 기준은 일률적으로 판단하기 어렵고 구체적인 사건에 따라 해결하여야 한다는 견해[50) 등이 제시되고 있다.

일본 상표법은 서체만의 변경을 가한 문자 상표, 일본문자와 로마자 상호간에 변경하여 동일한 호칭과 관념이 생기는 상표, 외관에 있어 동시되는 도형으로 된 상표를 등록상표에 포함하고 있고, 기타 당해 등록상표와 사회 통념상 동일하다고 인정되는 상표를 포함한다는 일반 규정을 두고 있다(일본 상표법 제50조 제1항).[51)

상표법은 제225조 제1항에서 '제119조 제1항 제3호에 따른 등록상표에는 그 등록상표와 유사한 상표로서 색채를 등록상표와 동일하게 하면 등록상표와 같은 상표라고 인정되는 상표가 포함되는 것으로 한다.'고 규정하고 있어 등록상표와 색채만 다른 상표는 등록상표와 동일한 것으로 보고 있다.

나) 부정사용취소심판에서의 유사와의 관계

부정사용취소심판에서의 상표의 유사와 불사용취소심판에서의 상표의 동일에 관하여 양자의 개념을 통일적으로 파악하는 견해와 양자의 개념을 각각의 입법 취지에 비추어 독립적으로 파악하는 견해가 대립된다.

전설에 의하면, 불사용취소심판에서의 동일과 부정사용취소심판에서의 유사의 개념이 동전의 양면처럼 반대 개념을 그 규범형식에 따라 달리 표현한 것으로 보아 제3호의 동일성 범위 내의 사용은 당연히 제1호 또는 제2호의 적용 대상에서 제외되게 된다. 이러한 입장은 제3호의 동일성과 제1호 또는 제2호의 유사의 개념을 통일적으로 파악하여, 제3호 사건에서 등록상표 및 지정상품과 동일성 범위 내로 판단된 상표의 사용은 전용권 범위 내의 사용으로서 이에 대하여 제재를 가하는 것은 적절치 않음을 그 근거로 한다.

후설에 의하면, 불사용취소심판의 제재를 면하는 동일 범위 내의 상표의 사용은 상표법 제89조의 전용권의 범위 내의 사용만을 의미하는 것은 아니고 이

---

49) 이수웅 외 1, 상표법, 한국 지적재산권 법학연구소(2000), 514-515.

50) 최두진(주 30) 20.

51) 최두진(주 30), 20 참조.

보다 다소 넓은 범위의 동일성을 의미하므로, 그 사용 중 전용권의 범위를 벗어나는 사용은 부정사용취소심판의 제재를 받을 수 있게 된다.[52)]

대법원 2013. 12. 26. 선고 2012후1521 판결은, "상표법 제73조 제1항 제2호에서 상표권자가 고의로 지정상품에 등록상표와 유사한 상표를 사용하거나 지정상품과 유사한 상품에 등록상표 또는 이와 유사한 상표를 사용함으로써 수요자로 하여금 상품 품질을 오인하게 하거나 타인의 업무에 관련된 상품과의 혼동을 생기게 한 경우에 그 상표등록을 취소할 수 있도록 한 것은 상표권자가 상표제도의 본래 목적에 반하여 자신의 등록상표를 그 사용권 범위를 넘어 부정하게 사용하지 못하도록 규제함으로써 상품 거래의 안전을 도모하고, 타인의 상표의 신용이나 명성에 편승하려는 행위를 방지하여 거래자와 수요자의 이익 보호는 물론 다른 상표를 사용하는 사람의 영업상 신용과 권익도 아울러 보호하려는 데 그 취지가 있다. 반면 상표법 제73조 제1항 제3호에서 상표권자 또는 전용사용권자 등이 정당한 이유 없이 국내에서 등록된 상표를 지정상품에 사용하지 아니한 경우에 그 상표등록을 취소할 수 있도록 한 것은 등록상표의 사용을 촉진함과 동시에 그 불사용에 대한 제재를 가하려는 데 그 취지가 있다. 따라서 상표법 제73조 제1항 제2호에서 정한 부정사용을 이유로 하는 상표등록취소심판에서 상표권자가 등록상표를 사용한 것인지 아니면 그와 유사한 상표를 사용한 것인지는 상표법 제73조 제1항 제3호에서 정한 불사용을 이유로 하는 상표등록취소심판에서의 상표 동일성 판단기준과 관계없이 상표법 제73조 제1항 제2호의 앞서 본 바와 같은 입법 취지에 따라 독자적으로 판단하여야 한다."고 판시하였다.

대법원 판결에서 나타난 사안을 유형별로 고찰하면, 다음과 같다.[53)]

다) 구성 중 일부가 생략된 경우

결합상표의 구성 중 어느 한 요부를 생략한 경우에는 동일성이 부정된다. 그러나 결합상표의 구성 중 상표의 요부로 볼 수 없는 부기적인 부분이나 식별력 없는 부분을 생략한 경우에는 동일성이 인정될 수 있다.

---

52) 원유석, "등록상표의 불사용취소와 부정사용취소의 실무적 재검토", 사법논집 제49집, 법원도서관, 52; 특허법원 지적재산소송실무연구회(주 6), 713.

53) 상세한 사례는 특허법원 지적재산소송실무연구회(주 6), 724-729; 오영준, "상표법 제73조 제1항 제3호의 등록상표의 불사용취소심판청구와 관련하여 실사용상표 '292513STORM'과 등록상표 'STORM'의 사용이 거래사회통념상 동일하게 볼 수 있는 형태의 사용에 해당하는지 여부", 대법원판례해설 62호, 법원도서관(2006), 111~121; 원유석(주 52), 29 이하 참조.

① 대법원 2013. 9. 26. 선고 2012후2463 전원합의체 판결[공2013하,2008]

영문자와 이를 단순히 음역한 한글이 결합된 등록상표에서, 그 영문 단어 자체의 의미로부터 인식되는 관념 외에 그 결합으로 인하여 새로운 관념이 생겨나지 않고, 영문자 부분과 한글 음역 부분 중 어느 한 부분이 생략된 채 사용된다고 하더라도 일반 수요자나 거래자에게 통상적으로 등록상표 그 자체와 동일하게 호칭될 것으로 보이는 한, 그 등록상표 중에서 영문자 부분 또는 한글 음역 부분만으로 구성된 상표를 사용하는 것은 거래통념상 등록상표와 동일하게 볼 수 있는 형태의 상표를 사용하는 것에 해당하며, 이를 두고 등록상표 취소사유인 등록상표를 사용하지 아니한 것이라고 볼 수 없다. 영문자 'CONTINENTAL'과 이를 단순히 음역한 한글 '콘티넨탈'이 이단으로 병기되어 있는 형태의 등록상표에 대하여 한글 부분이 생략되고 상단의 영문자 부분만이 표시된 형태로 되어 있는 실사용상표의 사용은 거래통념상 등록상표와 동일하게 볼 수 있는 형태의 상표 사용에 해당한다.

② 대법원 1992. 11. 10. 선고 92후650 판결[공1993.1.1.(935),116]

등록상표 "ⒺⒸ▦▦▦▦"중 도형부분은 그 자체만으로 식별력이 있다고 할 수 없어 상표의 요부를 구성한다고 할 수 없으므로 등록상표 중 도형부분을 제외한 문자부분만을 잡지의 제호로 사용하였다 하더라도 이는 등록상표의 요부가 아닌 부기적인 부분을 변형하여 사용한 것에 지나지 아니하여 등록상표와 동일한 상표를 사용한 것이라고 보아야 할 것이다.

라) 변형된 경우

등록상표의 식별력 있는 부분을 본래의 모습이나 위치와는 전혀 다르게 변형한 경우에는 동일성이 부정된다. 그러나 상표권자가 등록상표의 동일성을 해하지 아니하는 범위 내에서 그 색상이나 글자꼴을 변경한다든가, 그 상표의 요부가 아닌 기호나 부기적인 부분을 변경하여 사용한다 하더라도 이는 동일한 상표의 사용이라고 볼 수 있다.54) 다만, 등록상표에서 글자나 도형의 배치, 크기, 글자체의 변형, 색상의 차이가 있는 경우라도 기본적인 형태가 변경된 경우에는 동일성이 부정된다.55)

---

54) 대법원 1994. 11. 8. 선고 93후2059 판결[공1994.12.15.(982),3275]; 대법원 1992. 10. 27. 선고 92후605 판결[공1992.12.15.(934),3302].
55) 대법원 2009. 5. 14. 선고 2009후665 판결 참조.

① 대법원 2000. 5. 30. 선고 98후2955 판결[공2000.7.15.(110),1570])

원고가 잡지에 그 지정상품인 등산캠프용 텐트 등에 관한 광고를 하면서 "*K2*", "*K2*"와 같이 각 표기된 상표(이하 '사용상표 1, 2'라 한다)를 기재하여 사용한 경우, 사용상표 1, 2와 이 사건 등록상표 "*K2*"는 모두 'K2'를 도안화하였다고 보이기는 하나 그 도안화의 방법과 정도가 상당히 상이한바, 'K2'는 외국어문자 1개와 아라비아 숫자 1개만으로 이루어진 간단하고 흔한 표장에 불과한 점, 원고의 주장에 의하더라도 'K2'는 세계에서 둘째로 높은 산의 이름으로서 에베레스트보다 험준하여 등산인의 모험심을 북돋운다는 것으로서 이 사건 등록상표의 지정상품 중 '등산백, 등산백 받침대' 등 등산 관련용품의 일반 수요자나 거래자들에게는 현저한 지리적 명칭으로 인식될 가능성을 배제할 수 없는 점 등을 감안하면, 이 사건 등록상표는 'K2'의 식별력으로 인하여 등록되었다기보다는 그 도안의 특수성에 의하여 등록되었다고 봄이 상당하므로, 이 사건 등록상표와 도안의 형태를 현저히 달리하는 사용상표 1, 2는 이 사건 등록상표와 동일성의 범위 내에 들어간다고 보기 어렵다.

② 대법원 1999. 10. 12. 선고 97후2521 판결

등록상표는 캥거루 도형부분과 한글 및 영문의 문자 부분으로 구성되어 있음에 비하여 을 제1호증에 나타난 상표는 문자부분만으로 구성되어 있고, 을 제3호증에 나타난 상표는 캥거루 도형은 지정상품인 핸드백의 외부표면에, 문자부분은 제품의 내부에 각 분리 표기되어 있어, 모두 등록상표와 동일성이 인정되는 범위 내에서 정당하게 사용된 상표라고 할 수 없다.

③ 대법원 1995. 4. 25. 선고 93후1834 판결[집43(1)특,445;공1995.5.15.(992), 1869])

영문자와 그 발음을 그대로 표기한 한글의 결합상표인 인용상표가 비록 껌포장지의 같은 면에 두 부분이 함께 표시되지는 아니하였더라도 윗면과 옆면에 서로 가까이 표시되어 있고 상표의 요부는 모두 사용되었을 뿐만 아니라 껌포장지의 크기나 상표가 표시된 위치에 비추어 볼 때 보는 각도에 따라 한글과 영문자 부분이 한눈에 모두 들어오며 영문자 "FLAVONO"는 "훌라보노"로 발음할 수도 있으나 "후라보노"로 발음할 수도 있으므로 인용상표가 한글 부분과 영문자 부분이 아주 가까이 결합된 상태로 사용되지 아니하였다거나 영문자 부분은 등록된 대로 사용되고 한글 부분만이 등록된 "훌라보노"에서 "후라보노"로 변형 사용된 정도만으로는 거래사회통념상 동일성을 가진 사용의 범주에서

벗어났다고 보기는 어렵다.

④ 대법원 2001. 4. 24. 선고 98후959 판결[공2001.6.15.(132),1269])

일본국의 ○○○○ 주식회사(이하 '○○○○사'라고 한다)의 카탈로그인 을 제1호증에는 이 사건 등록상표(등록번호 제211755호) "**CHAMPION**"를 다소 변형한 "**_Champion_**"(이하 이를 '실사용상표 1'이라고 한다)와 함께 품목번호 'UFO-35'가 표시되어 있고, … 위 실사용상표 1은 이를 구성하는 영문자 중 첫음절 "C"가 다소 디자인화 되어 있고 나머지 철자들은 필기체로 되어 있으며, "C"자 형상의 도형이 위 영문자를 감싸고 있어 전체적인 외관에 있어서는 이 사건 등록상표와 다소 다른 점이 있으나, 그렇다고 하여 거래 사회통념상 이를 이 사건 등록상표와 동일성의 범위를 벗어난 사용으로 볼 것은 아니다.

⑤ 대법원 1994. 11. 8. 선고 93후2059 판결[공1994.12.15.(982),3275]

사용된 "상표 1"의 표장을 연합상표 "상표 2"와 비교하여 보면, 전체적으로는 연합상표는 흰색 바탕에 검정색 활자로 표시한 반면 사용상표는 역 사다리꼴의 도형 안에 녹색 바탕에 흰색 및 노란색의 활자로 표시하고 있고, 연합상표 상에는 상단에 표시되어 있는 영문자 부분 "JAGUAR FOCUS"가 사용상표상에는 하단에 작은 활자로 표시되고 국문자 부분이 상단에 글자꼴이 약간 변형되어 크게 표시되었으며 연합상표 상에는 하단의 좌측에 "JAGUAR FOCUS"의 두문자(이니셜)만을 따서 이를 사각형 안에 약간 도형화시켜 배치시켰으나 그 카탈로그 상에는 이 도형 부분이 빠져있고 대신 "JAGUAR FOCUS" 아래에 이와 거의 같은 크기의 활자로 "QUARTZ"라는 문자를 부기한 차이점이 있긴 하나, 연합상표 상에 있는 도형부분 "상표 3"은 그 자체만으로는 식별력이 있는 요부라고 할 수 없으며, 사용상표에 부가된 "QUARTZ" 부분은 수정진동자를 이용한 시계임을 나타내는 것으로서 지정상품의 성질 표시에 해당하여 이 또한 식별력이 있는 요부라고 할 수 없어 이러한 부분이 있고 없음은 단지 부기적인 변형에 불과하다고 할 것이므로 거래통념상 색상이나 글자꼴의 차이, 문자의 도치, "상표 3"도형 대신 "QUARTZ"의 부기적인 표기 등에도 불구하고 그 사용상표의 사용이 동일성을 벗어날 정도로 변형되어 사용된 것이라고 말할 수 없다.

마) 새로운 구성을 추가한 경우

추가된 부분이 등록상표와 일체불가분으로 결합되어 있지 아니하고 그 결합으로 새로운 관념을 형성하는 것이 아니면 원칙적으로 동일성 범위 내의 사용으로 본다. 추가된 부분이 식별력이 없는 경우에도 마찬가지이다.[56] 새로운 구성의 추가로 인하여 거래통념상 별개의 표장으로 인식되는 경우, 등록상표가 식별력이 약한 부분만으로 이루어져 있는데 현저한 식별력이 있는 새로운 표장이 추가된 경우에는 동일성이 부정된다.

① 대법원 2005. 9. 29. 선고 2004후622 판결[공2005.11.1.(237),1725]

이 사건 등록서비스표의 전용사용권자가 사용한 포장상자의 윗면에 "SAENARA CHICKEN"을, 옆면에 "새나라치킨"을 가까이 인쇄해 놓은 경우 위 두 표장은 이 사건 등록서비스표('새나라'와 'SAE NA RA'가 상하 2단으로 병기)의 한글 및 영문 부분을 어느 정도 도안화하면서 다른 단어를 부기한 것이기는 하지만, 그 도안화의 정도가 일반인의 특별한 주의를 끌 만큼 문자 인식력을 압도한다거나 그 호칭과 관념을 직감할 수 없을 정도는 아니고, 위 사용표장의 구성 중 '치킨'이나 'CHICKEN'이라는 부분은 그 사용서비스업과 관련하여 식별력이 없는 구성인 점, 위 두 표장의 배치위치나 상자의 크기 등에 비추어 볼 때 일반 거래자나 수요자가 위와 같이 배치된 두 표장을 한 눈에 인식할 수 있는 점을 종합하면, 전용사용권자가 위 포장상자에 위 표장들을 인쇄하여 사용한 것은 그 배열위치와 글자체의 차이에도 불구하고, 거래통념상 이 사건 등록서비스표 전체와 동일성이 있는 서비스표를 사용한 것이라고 봄이 상당하다.

② 대법원 2006. 6. 15. 선고 2004후2703 판결[미간행]

소외 회사가 이 사건 등록상표의 지정상품인 '슬리퍼'에 '292513STORM'이라고 표시하여 광고한 사실이 있다고 하더라도, 위 표장은 아라비아 숫자와 영문자가 같은 크기 및 형태로 아무런 간격 없이 연속하여 구성되어 있고 아라비아 숫자 부분이 영문자의 부기적인 부분에 불과하다고 볼 만한 사정도 없어, 일반수요자나 거래자에게 이 사건 등록상표와 구별되는 별개의 독립된 표장으로 인식된다고 봄이 상당하고, 따라서 위 표장의 사용은 거래사회의 통념상 이 사건 등록상표와 동일하게 볼 수 있는 형태의 상표의 사용이라고 할 수 없다.

바) 다른 상표와 함께 표시되거나 나열된 경우

등록상표는 반드시 독자적으로만 사용될 필요는 없으므로 등록상표가 다른 상표와 함께 표시되거나 나열되었다 하더라도 등록상표가 독립성을 지니고 있는 한 동일성이 인정된다.[57]

대법원 1996. 7. 26. 선고 95후2077 판결[공1996.9.15.(18),2662]

---

56) 대법원 2005. 9. 29. 선고 2004후622 판결[공2005.11.1.(237),1725].

57) 대법원 1996. 7. 26. 선고 95후2077 판결[공1996.9.15.(18),2662]; 대법원 1995. 2. 14. 선고 94후1015 판결[공1995.3.15.(988),1342] 참조.

피심판청구인이 실제로 사용한 위 상표는 피심판청구인의 다른 등록상표인 도형상표를 맨 윗단에 배치하고, 둘째 단에는 피심판청구인의 또 다른 등록상표인 "리도" 및 이 사건 등록상표 "큐티"를 함께 표기하되 "큐티"는 "리도"보다 훨씬 크게 하여 다른 글자꼴로 표시하였고, 셋째 단에는 "베이비"를, 맨 아랫단에는 "샴푸"를 표기하여 이들을 결합하여 사용한 것인바, 위 상표 중 "베이비"와 "샴푸"는 그 지정상품의 성질을 표시하는 부분들로서 식별력이 있는 요부(요부)가 될 수 없으며, 나머지 도형 부분과 각 문자 부분들은 일체불가분으로 결합되어 있지 아니하고 그 결합으로 인하여 새로운 관념을 형성하는 것도 아니어서 분리 관찰될 수 있으며, 문자 부분 중 이 사건 등록상표인 "큐티"는 "리도"라는 문자와는 다른 형태의 글자꼴로 더 크게 표시된 것이어서 등록상표로서의 동일성과 독립성이 있고 따라서 그 식별력이 있다고 할 것이어서 결국 피심판청구인은 위 상표를 사용함으로써 이 사건 등록상표를 사용하였다고 할 것이다.

2) 지정상품과 동일한 상품에 사용

가) 판단기준

상품의 동일이라 함은 두 개의 상품을 대비하였을 경우 상품의 내용이 서로 일치하는 것을 말하나, 크기, 무게, 형태, 색채까지 완전히 동일함을 의미하는 것은 아니다. 예를 들면 텔레비전과 텔레비전, 볼펜과 볼펜, 연필과 연필은 동일상품이라고 할 것이나, 연필과 만년필, 연필과 볼펜, 텔레비전과 라디오는 유사상품이지만 동일상품은 아니다. 사회통념상 상품이 본질적인 동일성을 잃지 아니하면 그 내용이 반드시 일치하지는 않더라도 동일성이 있다고 할 것이다. 예컨대, 컬러텔레비전과 흑백텔레비전, 손목시계와 탁상시계는 완전히 동일하지는 아니하나 동일성이 있는 상품이라고 할 수 있다.[58]

등록상표를 지정상품 그 자체 또는 거래사회의 통념상 이와 동일하게 볼 수 있는 상품에 현실로 사용하여야 하고, 지정상품과 유사한 상품에 사용한 것만으로는 등록상표를 지정상품에 사용하였다고 볼 수 없다. 거래사회의 통념상 동일성 있는 상품이란 양 상품의 품질·용도·형상·사용방법·유통경로 및 공급자와 수요자 등 상품의 속성과 거래의 실정을 종합적으로 고려하여 객관적으로 판단하여야 한다.[59]

---

58) 전효숙, "상표와 상품의 동일·유사", 특허소송연구 1집 특허법원(2000), 117 참조.
59) 대법원 2001. 1. 19. 선고 2000후3166 판결[공2001.3.15.(126),572], 대법원 2008. 5. 29.

나) 사례

① 대법원 2008. 5. 29. 선고 2006후2967 판결[미간행]

원고가 2005. 5. 30. 이 사건 등록상표의 지정상품 중 '금강석, 홍옥, 단백석, 진주, 수정, 산호, 카메오, 마노, 나전제품, 큐빅지르코니아, 비취, 청옥'에 대하여 상표법 제73조 제1항 제3호에 따라 제기한 상표등록취소심판에서, 피고는 원심판시 실사용표장이 인쇄된 보증서를 첨부하여 2004. 4. 7. 산호 반지 1개를, 2005. 3. 24. 진주 반지 1개를 판매하였음을 알 수 있다. 그런데 이 사건 등록상표의 지정상품의 하나인 '진주, 산호'는 보석의 원석에 해당하는 원재료이거나 또는 이를 가공 처리한 것을 말하므로 그 공급자는 '진주, 산호'의 채집자 또는 보석가공업자이고 그 수요자는 보석가공업자 또는 귀금속판매상인 반면, 실사용표장이 사용된 '진주 반지, 산호 반지'는 위와 같이 가공 처리한 '진주, 산호'를 디자인된 반지 틀과 결합하여 심미감을 갖는 보석 장신구로 만든 것으로서 그 공급자는 귀금속판매상이고 그 수요자는 일반소비자이다. 그렇다면 '진주, 산호'와 '진주 반지, 산호 반지'는 양 상품의 품질·용도·형상 및 사용방법이 다르고, 그 공급자 및 수요자가 다르다고 할 것이고, 위와 같은 양 상품의 속성과 거래의 실정을 고려하면, 피고가 보석 장신구인 '진주 반지, 산호 반지'에 이 사건 등록상표를 사용한 것은 거래사회의 통념상 이 사건 등록상표의 지정상품인 '진주, 산호'와 동일성 있는 물품에 대하여 등록상표를 사용한 것이라고 할 수 없다.

② 대법원 2001. 1. 19. 선고 2000후3166 판결[공2001.3.15.(126),572]

이 사건 등록상표의 지정상품은 쌀, 보리, 수수, 현미, 녹두, 옥수수, 콩가루, 감자가루, 현미가루, 보리가루이고, 이 사건 등록상표가 사용된 상품은 여러 가지 곡물 또는 야채 등의 분말을 일정한 비율로 혼합한 이른바 즉석건조건강식품인 경우에 이 사건 등록상표가 사용된 상품은 그 상품의 특성상 성분의 구성 및 비율에 그 특징이 있다는 점에 비추어 볼 때, 이 사건 등록상표의 지정상품 중 일부가 그 식품의 성분의 일부로 포함되어 있다고 하더라도, 거래사회의 통념상 개개의 곡물 내지 곡물가루에 불과한 이 사건 등록상표의 지정상품과 동일성의 범위 내에 있다고 보기는 어렵다.

③ 대법원 2009. 7. 23. 선고 2007후4427 판결[미간행]

이 사건 등록상표의 지정상품 중 '알로에 즙이 포함된 야채주스'와 원심 판시의 사용상품(알로엑스골드)은 품질·용도·복용방법·유통경로·수요자의 범위 등 상품의 속성과 거래의 실정에서 동일하다고 할 수 없으므로, 원고가 원심 판시의 사용상품에 이 사건 등록상표를 사용한 것이 거래사회의 통념상 이 사건 등록상표의 지정상품 중 '알로에 즙이 포함된 야채주스'와 동일성 있는 물품에 대하여 등록상표를 사용한 것이라고 할 수 없다.

3) 국내에서의 사용

상표는 국내에서 사용되어야 하고 외국에서만 사용된 경우는 상표의 사용으로 볼 수 없다. 상표의 사용이란 국내의 수요자가 상표의 존재를 인식할 수 있는 상태에 이르러야 하는 것이므로 국내시장에서 사용하여야 하는 것을 말하는 것이며, 등록상표를 부착한 상품을 국내시장이 아닌 치외법권 지역인 주한 외국대사관, 영사관에 공급하였다 하여 이를 들어 상표를 국내에서 사용하였다고 볼 수 없다.[60]

주문자상표 부착방식(이른바 OEM 방식)에 의한 상표의 사용도 상표법 소정의 상품 또는 상품의 포장에 상표를 붙이는 행위에 해당하고, 수출자유지역 내에서 수출 목적으로만 등록상표가 부착된 상품을 제조한 것이라 하더라도 국내에서의 상표 사용행위라고 볼 수 있다.[61]

4) 정당한 사용

가) 명목상의 사용

상표의 사용은 상품의 거래와 직접적, 실질적으로 관련된 것이어야 하므로, 형식에 집착하여서는 아니 되고 상표의 본래적 기능이 발휘되고 있는가, 또는 발휘될 개연성이 있는가를 기준으로 사회적 상당성이 있는 사용이어야 하고 따라서 단순히 상표권의 유지만을 위한 목적으로 상품과의 구체적인 관련 없이 사용된 것은 상표의 사용에 해당하지 않는다.[62] 따라서 실질적으로 상표를 사용할 의사 없이 단지 등록취소를 모면하기 위한 명목적인 사용인 경우에는 상표의 사용으로 볼 수 없다.[63]

---

60) 대법원 1991. 12. 27. 선고 91후684 판결[공1992.3.1.(915),787] 참조.
61) 대법원 2002. 5. 10. 선고 2000후143 판결[공2002.7.1.(157),1429] 참조.
62) 최두진(주 30), 17-18; 송동원(주 18), 177 참조.
63) 특허법원 2003. 1. 9. 선고 2002허4804 판결은 '상표를 그 지정상품에 표시하는 방법으로 사용한 사실이 있다고 하더라도 그 지정상품이 국내에서 통상적인 상거래를 통하여 유통되는 것을 전제로 한 것이 아니고 단순히 등록상표에 대한 불사용 취소를 면하기 위하여 극히 소량의 상품에 상표를 표시한 정도라면 이는 이른바, 명목상의 사용에 불과한 것으로서 같은 법 제73조 제4항이 규정하고 있는 정당한 사용이라고 할 수는 없다'고 판단

소송 등을 통하여 상표권을 행사한 것을 두고 상표법 제2조 제1항 제11호에서 규정하는 상표의 사용이라고 할 수는 없을 뿐만 아니라, 방위적 목적의 상표라고 하여 상표권 침해자에 대하여 상표권을 행사하여 온 것만으로는 불사용으로 인한 등록취소를 면할 수 없다.[64] 또한 등록상표의 제작에 필요한 인쇄를 의뢰하고 용기제작에 필요한 금형의 제작을 의뢰하여 납품받은 사실이 있는 것만으로는 상표를 사용한 경우라고 할 수 없다.[65]

나) 상품유통의 예정 · 준비를 전제로 하지 않는 선전 · 광고행위

상표에 대한 선전, 광고행위는 지정상품에 관련하여 행하여져야 하는 것일 뿐만 아니라 그 지정상품이 국내에서 현실적으로 유통되고 있거나 적어도 유통을 예정, 준비하고 있는 상태에서 행하여진 것이어야 상표의 사용이 있었던 것으로 볼 수 있다.[66] 따라서 등록상표를 선전, 광고한 신문에 등록상표의 등록번호와 상표를 기재하고 그 상표에 대하여 컴퓨터 및 전자오락기구를 오인 · 혼동하여 현혹 없기를 바란다고 기재하고 있어서, 그 광고문안의 취지를 지정상품에 관한 광고라고 하기 어렵고 또 광고 당시 그 지정상품이 현실적으로 유통되고 있거나 적어도 유통을 예정, 준비하고 있는 상태에 있었다고 보기도 어려워 그 신문광고만으로는 지정상품에 관한 광고에 상표를 붙인 행위라고 할 수 없다.[67]

다) 행정법규에 위반한 사용

등록상표가 지정상품에 사용되었다고 하려면 그 지정상품이 국내에서 일반적, 정상적으로 유통되고 있거나 유통될 것을 예정하고 있어야 할 것이되, 관련 행정법규가 그 지정상품의 제조 · 판매 등의 허가 또는 안전검사 · 품질검사 등을 받지 아니하거나 일정한 기준이나 규격에 미달하는 등의 경우에 그 제조 · 판매 등을 금지하고 있는 때에는, 상표를 보호함으로써 상표사용자의 업무상의 신용유지를 도모하고 수요자의 이익을 보호하고자 하는 상표법의 목적과 제품 등의 품질, 유효성 및 안전성을 확보하고 적절한 규제를 통하여 행정목적을 실현하고자 하는 행정법규의 목적이 반드시 서로 일치하는 것은 아니므로, 상표권자 등이 위와 같은 행정법규에 위반하여 특정 상품을 제조 · 판매하였거나 그러한 행

하고 있다.

64) 대법원 2001. 4. 24. 선고 2001후188 판결[공2001.6.15.(132),1278] 참조.
65) 대법원 1982. 2. 23. 선고 80후70 판결[집30(1)특,48] 참조.
66) 대법원 1990. 7. 10. 선고 89후1240,89후1257 판결[집38(2)특,373], 대법원 1992. 8. 18. 선고 92후209 판결[공1992.10.15.(930),2767] 참조
67) 대법원 1992. 8. 18. 선고 92후209 판결[공1992.10.15.(930),2767] 참조.

정법규 상의 의무를 이행하지 않은 상태에서 상품에 관한 광고, 선전행위를 하였다고 하더라도 그러한 사정만으로 그 상품이 국내에서 정상적으로 유통되지 아니하거나 유통될 것을 예정하고 있지 않은 경우에 해당한다고 일률적으로 말할 수는 없고, 그 상품의 제조·판매를 규율하는 행정법규의 목적, 특성, 그 상품의 용도, 성질 및 판매형태, 거래실정상 수요자가 그 상품에 대하여 느끼는 인식 등 여러 사정을 참작하여, 상표제도의 목적에 비추어 그 해당 여부를 개별적으로 판단하여야 한다.[68]

대법원 2006. 9. 22. 선고 2005후3406 판결[공2006.11.1.(261),1851]은 "피고가 레이싱카 완구에 대하여 품질경영 및 공산품안전관리법(2004. 10. 22. 법률 제7237호로 개정되기 전의 것) 제9조 제1항 및 같은 법 시행규칙(2004. 6. 9. 산업자원부령 제235호로 개정되기 전의 것) 제4조 [별표 2]에서 규정하는 안전검사를 받지 아니한 사실이 있다고 하더라도, 그러한 사정만으로 레이싱카 완구가 교환가치를 가지고 독립된 상거래의 목적물이 될 수 있는 물품으로서의 요건을 구비하고 있지 않다거나 국내에서 정상적으로 유통되지 아니하였다고 볼 수 없으므로, 이 사건 등록상표가 레이싱카 완구에 대하여 정당하게 사용되었음을 인정하는 데 아무런 장애가 되지 아니한다."고 판단하였다.[69]

대법원 2007. 1. 26. 선고 2005후179 판결[미간행] 역시, "구 품질경영 및 공산품안전관리법(2004. 10. 22. 법률 제7237호로 개정되기 전의 것) 제9조 및 같은 법 시행규칙(2004. 6. 9. 산업자원부령 제235호로 개정되기 전의 것) 제4조 [별표 2]에 의하면 이 사건 '보온냉수통'은 2002. 1. 1.부터 2004. 12. 9.까지 사이에 위 법규에서 지정하는 안전검사대상품목에 해당하기는 하였으나, 위 제품이 위와 같이 안전검사대상품목으로 지정되기 이전에는 사후검사품목(시장에 출고된 이후 유통 중인 제품을 대상으로 검사를 실시하는 품목)에 해당한 적도 있었으며{구 품질경영촉진법(2000. 12. 29. 법률 제6315호로 전문 개정되기 전의 것) 제17조 제1항 및 같은 법 시행규칙(2001. 6. 30. 산업자원부령 제136호로 전문 개정되기 전의 것) 제29조 [별표 4] 참조}, 아예 안전검사대상품목에서 제외된 적도 있고{구 품질경영 및 공산품 안전관리법 시행규칙(2002. 1. 17. 산업자원부령 제150호로 개정되기 전의

---

68) 대법원 2006. 9. 22. 선고 2005후3406 판결[공2006.11.1.(261),1851]; 대법원 2007. 1. 26. 선고 2005후179 판결[미간행] 등 참조.

69) 이 판결에 대한 해설은 오영준, "행정법규에 위반하여 지정상품을 제조·판매한 경우 상표의 "정당한 사용"에 해당하는지 여부 및 그 판단기준", 대법원판례해설 65호, 법원도서관(2007), 504-529 참조.

것) 제4조 [별표 2]의 2 참조}, 한편 실제 거래사회에서 제조업체들 사이에 위 제품에 관하여 안전검사를 받아야 한다는 인식이 일반화되어 있었다거나 일반 소비자들이 위 제품을 안전검사 없이는 유통될 수 없는 품목이라고 일반적으로 인식하고 있었다고 보기 어렵고, 위 제품 자체가 소비자의 생명·신체상에 치명적인 위해를 가할 가능성이 높은 물품이라고 보기도 어려운 점 등에 비추어 볼 때, 이 사건 '보온냉수통'은 위 행정법규에서 요구하는 안전검사를 받았는지 여부에 관계없이 시장에서 일반적, 정상적으로 유통되어 왔거나 유통될 수 있는 제품이라 할 것이고, 따라서 그 안전검사의 이행 여부가 이 사건 등록상표의 사용 여부를 결정하는 데에 장애가 된다고 할 수 없다."고 판단하였다.

한편, 대법원 1990. 7. 10. 선고 89후1240, 89후1257 판결[집38(2)특,373]은 "지정상품이 의약품인 경우 그 등록상표를 지정상품에 법률상 정당히 사용하기 위해서는 그 제조나 수입에 관하여 보건사회부장관의 품목별 허가를 받아야 하므로 그러한 허가를 받지 아니하였다면 신문지상을 통하여 1년에 한 차례씩 그 상표를 광고하였다거나 국내의 일부 특정지역에서 그 등록상표를 부착한 지정상품이 판매되었다고 하더라도 상표의 정당한 사용이 있었다고 볼 수 없다."고 판단하였다.

라) 저촉관계에 있는 권리를 침해하는 상표의 사용

상표권자·전용사용권자 또는 통상사용권자는 그 등록상표를 사용할 경우에 그 사용 상태에 따라 그 상표등록출원일전에 출원된 타인의 특허권·실용신안권·디자인권 또는 그 상표등록출원일전에 발생한 타인의 저작권과 저촉되는 경우에는 지정상품 중 저촉되는 지정상품에 대한 상표의 사용은 특허권자·실용신안권자·디자인권자 또는 저작권자의 동의를 얻지 아니하고는 그 등록상표를 사용할 수 없다(상표법 제92조 제1항). 그런데 이러한 저촉관계에 있는 경우에 상표권자가 특허권자 등의 동의를 얻지 아니하고 상표를 사용하는 행위에 대하여 적법한 사용으로 볼 수 있는가 하는 문제가 있다.

이에 대하여는 저촉관계에 있는 권리를 침해하는 상표의 사용이라고 하더라도 여전히 적법하게 등록된 상표로서의 사용이고 다른 권리자에 대한 관계는 민, 형사상으로 해결하면 되고 이를 상표의 사용여부와 연관시키는 것은 등록상표의 취소제도와 배치되는 것이므로 적법하게 등록된 상표가 실제로도 동일성을 유지하면서 적법하게 유통될 수 있는 지정상품에 상표적으로 사용된 경우에는 상표의 정당한 사용이 있다고 하는 견해[70]와 저촉 관계에 있는 자의 동의를 얻지 아니한 상표의 사용은 부적법한 것으로서 불사용으로 보아야 한다는 견해71)로 대립된다.

대법원은 타인의 저작권을 침해하는 등록상표의 사용은 불사용으로 인한 상표등록취소의 요건과 관련하여서는 상표의 정당한 사용에 해당한다고 보고 있다. 즉, 대법원 2001. 11. 27. 선고 98후2962 판결[공2002.1.15.(146),207]은 “갑이 등록상표의 등록출원일 전에 외국에서 등록상표와 동일하고 그 연합상표와 거의 동일한 형태의 도형을 창작하여 이에 대한 저작권을 취득하였고 이러한 저작물이 1995. 12. 6. 법률 제5015호로 개정된 저작권법에 의하여 우리나라에서 소급하여 보호됨으로써 을이 1996. 7. 1.부터 등록상표나 그 연합상표를 사용하려면 저작권자인 갑의 동의를 얻어야만 하고 그 동의를 받지 아니하고 그 연합상표 또는 이와 동일성 범주 내의 실사용상표를 사용하면 갑에 대한 저작권 침해가 되어 민사상 손해배상책임을 부담하게 되는 것은 별론으로 하고, 그 연합상표와 동일성 범주 내에 있는 실사용상표를 상표적으로 사용한 이상은 그 사용 자체가 구 상표법(1997. 8. 22. 법률 제5355호로 개정되기 전의 것) 제73조 제4항 소정의 연합상표의 ‘정당한 사용’이라고 인정한 원심의 판단을 정당하다”고 판단하였다.72)

마) 광고매체에 사용

상표법상 상표의 사용이라고 함은 상품 또는 상품의 포장에 상표를 표시하는 행위 등을 의미한다. 여기에서 말하는 ‘상품’은 그 자체가 교환가치를 가지고 독립된 상거래의 목적물이 되는 물품을 의미한다. 상품의 선전광고나 판매촉진 또는 고객에 대한 서비스 제공 등의 목적으로 그 상품과 함께 또는 이와 별도로 고객에게 무상으로 배부되어 거래시장에서 유통될 가능성이 없는 이른바 ‘광고매체가 되는 물품’은 비록 그 물품에 상표가 표시되어 있다고 하더라도,

---

70) 권택수, “불사용으로 인한 상표등록취소심판에 있어서 등록상표의 사용이 타인의 저작권 침해에 해당되는 경우 이를 상표의 정당한 사용으로 볼 수 있는지 여부”, 대법원판례해설 제39호, 법원도서관(2001), 241.

71) 최두진(주 30), 18.

72) 대법원 2001. 11. 27. 선고 98후2962 판결[공2002.1.15.(146),207] 참조; 이 판결의 해설로는 권택수(주 70), 231-250 참조; 한편, 대법원 2006. 9. 11. 자 2006마232 결정[집54(2)민,11]은 “상표법 제53조에서 등록상표가 그 등록출원 전에 발생한 저작권과 저촉되는 경우에 저작권자의 동의 없이 그 등록상표를 사용할 수 없다고 한 것은 저작권자에 대한 관계에서 등록상표의 사용이 제한됨을 의미하는 것이므로, 저작권자와 관계없는 제3자가 등록상표를 무단으로 사용하는 경우에는 상표권자는 그 사용금지를 청구할 수 있다.”고 판단하였다.

물품에 표시된 상표 이외의 다른 문자나 도형 등에 의하여 광고하고자 하는 상품의 출처표시로 사용된 것으로 인식할 수 있는 등의 특별한 사정이 없는 한, 그 자체가 교환가치를 가지고 독립된 상거래의 목적물이 되는 물품이라고 볼 수 없고, 따라서 이러한 물품에 상표를 표시한 것은 상표의 사용이라고 할 수 없다.[73]

5) 서비스표의 경우

통상 유형물인 상품과는 달리 수요자에게 제공되는 무형의 서비스의 경우 그 서비스 자체에 상표를 직접 사용할 수는 없다. 이러한 상품과 서비스의 차이를 고려할 때, 상표의 사용에는 서비스업에 관한 광고 · 정가표 · 거래서류 · 간판 또는 표찰에 상표를 표시하고 이를 전시 또는 반포하는 행위는 물론, 서비스의 제공시 수요자의 이용에 공여되는 물건 또는 당해 서비스의 제공에 관한 수요자의 물건에 상표를 표시하는 행위, 서비스의 제공시 수요자의 이용에 공여되는 물건에 상표를 표시한 것을 이용하여 서비스를 제공하는 행위 또는 서비스의 제공에 이용하는 물건에 상를 표시한 것을 서비스의 제공을 위하여 전시하는 행위 등이 포함된다.[74]

대법원 2011. 7. 28. 선고 2010후3080 판결은, 원심이 지정서비스업을 제과점업 등으로 하는 이 사건 등록서비스표 "木村屋"의 통상사용권자인 주식회사 고려당이 2008년 11월경부터 2009년 4월경까지 롯데백화점 부산본점 지하 1층 식품매장에서 즉석으로 빵을 구워 판매하는 등 제과점업을 영위하였는데, 그 판매대 위에는 위와 같이 즉석에서 구운 빵들이 담겨져 있는 나무상자들이 놓여 있었고, 위 나무상자 앞부분에는 이 사건 등록서비스표가 표시되어 있는 사실, 위 나무상자들 주변에는 위 매장에서 판매되는 빵의 종류 · 가격 등이 표시되어 있는 나무판들이 놓여 있었는데, 위 나무판들에도 이 사건 등록서비스표가 표시되어 있는 사실 등을 인정한 다음, 이 사건 등록서비스표가 표시된 위 나무상자들은 제과점업이라는 그 서비스의 제공시 수요자의 이용에 제공되는 물건에 해당할 뿐만 아니라 위 나무상자들의 전면은 간판으로서의 기능도 수행하고 있고,

---

73) 대법원 1999. 6. 25. 선고 98후58 판결[집47(1)특,327;공1999.8.1.(87),1517] 참조. 이 판례에 대한 해설로는 권택수, "이른바 '광고매체가 되는 물품'에 상표를 표시한 경우 이를 상표의 사용이라고 볼 수 있는지의 여부" 대법원판례해설 38호, 법원도서관(1999), 532-621면 참조; 이 판결에 대한 비판적 견해로는 박성호, "광고매체가 되는 물품'에 대한 등록상표의 사용과 상표등록의 불사용취소심판", 창작과 권리 제18호, 세창출판사(2000), 72~88 참조.

74) 대법원 2011. 7. 28. 선고 2010후3080 판결 참조.

위 나무판들은 서비스업에 대한 정가표라고 볼 수 있으므로, 이 사건 등록서비스표가 위 나무상자들 및 나무판들에 표시되어 서비스의 제공이 이루어진 이상 이 사건 등록서비스표는 이 사건 심판청구일 전 3년 이내에 국내에서 정당하게 사용되었다고 판단하였음은 정당하다고 판시하였다.

(다) 지정상품이 2 이상인 경우

등록상표의 지정상품이 둘 이상 있는 경우에는 일부 지정상품에 대하여 취소심판을 청구할 수 있다(상표법 제119조 제2항). 피심판청구인은 당해 등록상표를 취소심판청구에 관계되는 지정상품 중 하나 이상에 대하여 사용하였음을 증명하여야 취소심판청구와 관계되는 지정상품에 관한 상표등록의 취소를 면할 수 있다(상표법 제119조 제3항).

따라서 취소심판청구에 관계되는 지정상품 중 어느 하나라도 사용한 사실이 인정되면 비록 사용하지 아니한 지정상품이 있다고 하더라도 취소심판청구에 관계되는 지정상품 전부에 대하여 취소를 면하게 된다. 그러나 취소심판청구에 관계되는 지정상품 중 어느 하나라도 사용한 사실이 인정되지 않으면 설령 그 청구에 관계되는 지정상품이 아닌 다른 지정상품에 사용한 사실이 인정되더라도 그 청구에 관계되는 지정상품 전부에 대하여 취소를 면할 수 없다.

(2) 불사용의 기간은 심판청구일 전 3년 이상일 것

취소심판청구일 전 계속하여 3년 이상 사용하지 않아야 한다.[75] 불사용의 상태는 심판청구일을 기준으로 판단한다. 이 기간은 계속하여 3년이 되어야 하므로 잠시 사용한 때에는 그 때로부터 다시 기간을 기산하여야 한다. 또 취소심판청구일 전 계속하여 3년 이상이므로 그 전에 이미 3년 이상 불사용이라고 하더라도 취소심판청구 당시에 사용하고 있다면 이는 취소될 수 없다.[76]

심판청구시에는 그 불사용의 기간이 완성되지 아니하였으나 심판청구사건의 심리 중에 불사용기간이 완성된 경우 또는 심판청구시에는 등록상표를 사용하고 있었으나 심판청구 후에 사용하지 아니하여 심리종결 전에 불사용기간이 완성되는 경우 그 상표등록은 당해 심판에서는 취소될 수 없다.[77] 그러나 3년

---

75) 상품의 제조 판매를 위한 준비기간으로서 3년 내지 5년간의 유예기간을 주는 것이 국제적인 경향이다{송영식 외 6인 공저(주 20), 194 참조}.

76) 송영식 외 6인 공저(주 20), 194; 최두진(주 30), 26 참조.

77) 문삼섭(주 7); 대법원 1999. 9. 3. 선고 98후881, 898, 904, 911 판결[집47(2)특,160], 대법원 1995. 12. 26. 선고 95후651 판결[공1996.2.15.(4),562] 등 참조; 이에 대하여는 소송경제상 부당하다는 이유로 반대 견해{송동원(주 18), 181면; 송영식 외 6인 공저(주 20), 195}도 있고, 대법원 1995. 11. 28. 선고 95후897 판결[공1996.1.15.(2),232]도 취소사유에 해당

제 7 장 심 판

동안 불사용하여 심판청구당시까지 사용한 적이 없다면 심판청구 후에 사용하더라도 취소사유에 영향을 미치지 않는다.[78]

등록상표가 사용되지 않고 있는 도중에 상표권이 이전된 경우 양도인의 불사용 기간을 통산하여야 하는지가 문제된다.

이에 대하여는 현재의 상표권자에 관하여 판단하여야 한다는 이유로 통산할 수 없다는 견해[79], 불사용의 요건은 등록상표 자체에 관하여 판단하여야 하고, 만일 현재의 상표권자에 관하여 판단한다고 하면 3년 미만의 기간마다 상표권자의 다른 임원 등에게 차례로 상표등록명의를 변경 하는 등으로 본호의 적용을 배제할 수 있게 되므로 부당한 결과가 발생하여 결국 양도인과 양수인의 불사용 기간을 통산하여야 한다는 견해,[80] 상표를 단순히 타인에게 양도하였다고 하여 불사용의 대상에서 제외한다면 상표불사용에 의한 취소심판청구제도를 둔 취지에도 반하게 되므로 상표를 양도받은 등록상표를 진실로 사용할 가능성이 엿보인다면 취소를 면하게 하여야 할 것이나 사용할 가능성이 보이지 아니하거나 데이터를 제시함이 없이 형식적인 양수인에 불과하다면 전 권리자의 불사용기간을 양수인에게 포함시켜 취소의 대상으로 하여야 한다는 견해,[81] 사용의사가 객관적으로 드러난 경우에는 상표권자를 기준으로 판단하여야 할 것이고 무조건 양도인의 불사용 기간을 포함하여서는 아니 될 것이라는 견해[82] 등이 있다.

이에 대하여 대법원은, 불사용을 사유로 한 상표등록 취소심판은 등록상표가 계속하여 3년 이상 정당한 이유 없이 사용되지 않음으로써 그 취소의 요건은 충족되고, 상표의 이전이 있는 경우라도 이전등록시부터 불사용의 기간을 계산하여야 하는 것이 아니라는 입장을 취하고 있다.[83]

한다는 입장을 취하고 있다. 상세한 논의는 권택수, "상표등록취소심판청구시에는 불사용기간이 완성되지 아니 하였으나 심리 중에 불사용기간이 완성되거나 심판청구시에는 등록상표를 사용하고 있었으나 심판청구 후에 사용하지 아니하여 심리종결 전에 불사용기간이 완성된 경우, 당해 심판에서 그 상표등록을 취소할 수 있는지 여부(소극)", 대법원판례해설 제33호, 733-741 참조.

78) 송영식 외 6인 공저(주 20), 194; 대법원 1983. 4. 12. 선고 80후20 판결[집31(2)특,21] 참조.
79) 網野 誠, 소화54년판 상표, 有斐閣(2002), 661.
80) 송동원(주 18), 180; 특허법원 지적재산소송실무연구회(주 6), 730.
81) 이수웅, 1988년 상표법, 고시원, 833.
82) 최두진(주 30), 27.
83) 대법원 2000. 4. 25. 선고 97후3920 판결[공2000.6.15.(108),1304], 대법원 1982. 2. 9. 선고 80후118 판결[집30(1)특,54] 등 참조.

상표권자가 3년의 불사용기간이 경과한 이상 전용상표권자나 통상사용권자가 그 설정등록일로부터 3년이 경과되지 않아도 상표권은 소멸한다.[84]

(3) 불사용에 정당한 이유가 없을 것

(가) 의의

상표권자 등이 정당한 이유 없이 상표를 사용하지 않은 경우에만 상표등록을 취소할 수 있다. 등록상표를 그 지정상품에 사용하지 않은 데에 정당한 이유가 있으면 취소되지 아니한다. 불사용으로 인한 등록상표의 취소심판이 제재적인 것이라고 한다면 불사용이 부득이한 경우까지 제재하는 것은 맞지 않기 때문이다.[85]

정당한 이유가 있다고 하기 위해서는 천재지변 등 불가항력에 의하여 영업을 할 수 없었다든가 법령에 의한 금지 또는 인허가에 대한 행정적인 절차의 지연 등으로 사용을 시작하지 못하였다고 하는 것처럼 그 기간 중에 상표권자의 상표사용을 객관적으로 기대할 수 없는 특별한 사유가 존재함을 요한다.[86]

대법원은, 상표 불사용에 대한 '정당한 이유'라 함은 질병 기타 천재 등의 불가항력에 의하여 영업을 할 수 없는 경우뿐만 아니라, 법률에 의한 규제, 판매금지, 또는 국가의 수입제한조치 등에 의하여 부득이 등록상표의 지정상품이 국내에서 일반적·정상적으로 거래될 수 없는 경우와 같이 상표권자의 귀책사유로 인하지 아니한 상표 불사용의 경우도 포함된다는 입장을 취하고 있다.[87]

등록상표의 이전이 있는 경우, 그 상표의 양수인은 그 양수 당시 당해 상표의 사용상황 등을 조사하여 예컨대, 불사용의 상태가 상당기간 계속된 경우에는 그 등록이 장차 취소될 가능성이 있다는 점을 예상하고 양수하는 것으로 볼 것이고, 따라서 이러한 경우에 그 불사용에 대한 '정당한 이유'를 판단함에 있어서는 단지 당해 상표의 이전등록 이후의 사정만 참작할 것이 아니고 그 이전등록 이전의 계속된 불사용의 사정도 함께 고려함이 상당하다.[88]

사용권자가 있는 때에는 사용권자뿐만 아니라 상표권자에게도 정당한 이유가 있어야 한다. 하지만 전용사용권으로 인하여 상표권자라도 상표사용을 할 수

---

84) 최두진(주 30), 27 참조.
85) 특허법원 지적재산소송실무연구회(주 6), 730면; 최두진(주 30), 29 등 참조.
86) 송영식 외 6인 공저(주 20), 198 참조.
87) 대법원 2001. 4. 24. 선고 2001후188 판결[공2001.6.15.(132),1278]; 대법원 2000. 4. 25. 선고 97후3920 판결[공2000.6.15.(108),1304] 등 참조.
88) 대법원 2000. 4. 25. 선고 97후3920 판결[공2000.6.15.(108),1304].

없게 된 경우에는 상표사용의 독점적인 권한이 전용사용권자에게만 있으므로
전용사용권자를 기준으로 정당한 이유가 있는지 여부를 판단하여야 한다. 그렇
지 않다면 전용사용권자에게 정당한 이유가 있다고 하더라도 항상 상표등록이
취소되는 결과가 되기 때문이다.[89]

정당한 이유에 관하여 상표사용자에게 상표선택의 길을 넓혀 주기 위하여
좁게 해석하는 것이 타당하다는 견해[90]도 있고, 불사용제도의 목적에 비추어 합
목적적, 탄력적으로 해석할 필요가 있으므로, 예컨대 당해 상품의 제조허가를
받았다든가 또는 관계 관청에 신청 중인 경우와 같이 사용의사가 외부에 명백
히 표시되어 있을 때에는 정당한 이유가 있다고 보아야 한다는 견해[91]도 있다.

(나) 사례

1) 정당한 이유가 있다고 본 사례

대법원 1977. 12. 27. 선고 77후4 판결[집25(3)행,164]

특정외래품판매금지법의 규정에 의하여 그 지정상품을 일반시장에서 정상
적으로 판매할 수 없는 경우라던가 혹은 무역거래법의 규정에 의한 무역계획상
당해 지정상품이 수입금지 내지 수입 제한 조치됨으로 인하여 국내일반시장에
서 정상적으로 그 등록상표를 사용할 수 없게 된 경우에는 비록 본건 등록상표
가 국내 일반시장에서 정상적으로 사용되지 못하였다 할지라도 그 불사용의 이
유가 특정외래품판매금지법이나 정부의 무역계획에 따른 수출입규제에 의한 것
이므로 불가항력에 기인하는 것이라 할 것이므로 이러한 경우에는 '정당한 사
유'가 있는 경우에 해당한다.

2) 정당한 이유가 없다고 본 사례

① 대법원 2000. 4. 25. 선고 97후3920 판결[공2000.6.15.(108),1304]

피심판청구인들이 공동으로 이 사건 등록서비스표를 양수한 후 바로 이 사
건 등록서비스표를 사용할 의사로 소외 회사를 설립하여 그 대표이사가 된 다
음 그 지정서비스업인 피자전문식당업을 영위하기 위하여 필요한 구체적인 준
비행위에 착수하였다고 하여도, 그러한 사정만으로 피심판청구인들에게 그 불
사용에 대한 귀책사유가 없다고 할 수는 없다 할 것이어서 이를 서비스표 불사
용의 정당한 이유에 해당한다고 볼 수는 없다.

---

89) 이관희, "상표불사용 취소심판에 관한 소고 : 불사용에 대한 정당한 이유를 중심으로",
     창작과 권리 27호, 세창출판사(2002), 31-36; 최두진(주 30), 29-30 참조.
90) 이관희(주 89), 31.
91) 송영식 외 6인 공저(주 20), 198; 최두진(주 30), 30.

② 특허법원 2003. 12. 11. 선고 2003허3570 판결[각공2004.2.10.(6).214]

등록상표인 "케토패취"가 부착된 상품이 수입국에서의 판매 부진으로 인하여 수출이 불가능하게 된 것은 상표법 제73조 제4항 단서 소정의 상표를 사용하지 못한 데 대한 '정당한 이유'로 보기 어렵다.

③ 대법원 1991. 12. 27. 선고 91후684 판결[공1992.3.1.(915).787]

국세청장이 일정 시점 이후부터 본건등록상표의 지정상품인 외국산 주류를 수입할 수 있는 신규의 주류수입상면허발급을 금지하였다 하더라도 기존의 주류수입상을 통하여 그 외국산 주류를 수입할 수 있는 것이므로 국세청장이 외국산 주류수입상면허발급을 금지하였다는 사유만으로는 법률에 의한 규제, 판매금지 또는 국가의 수입제한조치에 해당한다고 할 수 없는 것이어서 이를 상표불사용의 정당한 이유라고 볼 수 없다.

④ 대법원 1990. 6. 26. 선고 89후1684 판결[공1990.8.15.(878).1582]

종전의 영업장소가 행정당국으로부터 미관지구로 지정되어 영업을 못하게 되었고 이전영업예정지에서의 건물신축도 허가받지 못하여 그 등록서비스표를 사용하지 못하였다는 등의 사유들은 모두 등록서비스권자의 귀책사유에 의한 것으로서 정당한 이유에 해당하지 않고, 주관적으로 상표를 사용하려는 의사가 있었다는 사실만으로는 그 취소사유가 배제되는 것은 아니다.

⑤ 대법원 1990. 6. 26. 선고 89후599 판결[공1990.8.15.(878).1579]

본건 등록상표의 지정상품인 '담배'가 그 수입에 있어서 허가 또는 지정이나 위탁을 필요로 한다는 점만으로 '정당한 이유'가 있다고 단정할 수는 없다.

⑥ 대법원 1985. 7. 23. 선고 85후2,3,7 판결[집33(2)특.352]

미국으로 이주한 상표권자로부터 상표권을 양도받아 등록명의변경절차를 밟는 과정에서 많은 시일이 소요되었기 때문에 그 상표를 지정상품에 사용하지 아니한 것이라는 사유는 '정당한 이유'에 해당하지 아니한다.

다. 입증책임의 전환

불사용취소심판이 청구된 경우에 피심판청구인은 해당 등록상표를 취소심판청구에 관계되는 지정상품 중 하나 이상에 대하여 사용하였음을 증명하거나 사용하지 아니한 데 대한 정당한 이유를 증명하여야 취소심판청구와 관계되는 지정상품에 관한 상표등록의 취소를 면할 수 있다(상표법 제119조 제3항). 따라서 피심판청구인은 상표의 사용 또는 불사용에 대한 정당한 이유를 증명할 책임이

있다. 불사용에 대한 정당한 이유는 취소심판청구와 관계되는 지정상품 전부에 존재하여야 한다.[92]

이와 같이 본호는 심판청구인이 취소사유에 대하여 증명책임을 지는 다른 취소사유와 달리 피심판청구인에게 그 증명책임이 전환된다. 그 증명책임을 전환한 이유는 심판청구인이 취소대상인 등록상표가 국내 어디에서도 사용되고 있지 않다는 소극적 사실을 증명하는 것이 사실상 불가능한 반면에 상표권자인 피심판청구인은 등록상표의 사용사실을 증명하기가 용이하기 때문이다.[93]

라. 기타

(1) 취소심판청구에 관계되는 지정상품의 일부 취하의 가부

불사용 등록취소심판 계속 중에 지정상품 중 일부에 대해 취하를 할 수 있는지와 관련하여 견해가 대립될 수 있으나, 실무는 부정하는 태도에 있다.[94] 2007. 1. 3. 법률 제8190호로 개정된 상표법 제77조에서는 일부 취하를 허용하는 특허법 제161조 제2항의 준용대상을 상표등록무효심판으로 하고 있고 상표등록취소심판은 이를 명시하고 있지 않다. 이러한 규정에 비추어 보면, 지정상품 중 일부에 대해 취하를 할 수 없는 것으로 이해된다.

(2) 취소심판청구에 관계되는 지정상품 중 일부 인용, 일부 기각 심결의 가부

불사용 등록취소심판에서는 심판청구의 대상이 지정상품을 일체 불가분으로 취급하여 전체를 하나의 청구로 보아야 하므로, 일부 인용, 일부 기각의 심결은 할 수 없는 것으로 해석하여야 한다. 대법원 판결도 같은 태도이다.[95]

(3) 공격방어방법의 추가적 변경 가부

심판청구를 할 때에 상표등록취소사유로 지정상품 전부에 대하여 상표법 제119조 제1항 제3호만을 주장하다가 심판 계속 중에 또는 심결취소소송에서 제1호 또는 제2호를 상표등록취소사유로 추가주장을 할 수 있는지가 문제될 수 있다.

이에 대하여 특허법원 2006. 4. 7. 선고 2005허5907 판결은 "심판은 특허심판원에서의 행정절차이고 심결은 행정처분이며, 그에 대한 불복의 소송인 심결취소소송은 항고소송에 해당하여 그 소송물은 심결의 실체적·절차적 위법 여부

---

92) 오세중·이창훈(주 1), 969 참조.
93) 특허법원 지적재산소송실무연구회(주 6), 931; 오세중·이창훈(주 1), 959 참조.
94) 특허법원 지적재산소송실무연구회(주 6), 731 참조.
95) 대법원 1993. 12. 28. 선고 93후718, 729, 732, 749 판결 참조.

이므로, 당사자는 심결에서 판단되지 아니한 것이라도 그 심결의 결론을 정당하게 하거나 위법하게 하는 사유를 심결취소소송 단계에서 주장·입증할 수 있고, 특히 이 사건과 같은 등록상표의 불사용으로 인한 상표등록의 취소심판은 사실상 당사자 간 상표권의 사용 여부를 둘러싼 민사분쟁의 성격을 띠고 있으므로 특허법원에서 사실심리를 제한해야 할 합리적인 이유가 없다. 따라서 피고는 심판절차에서 주장·입증하지 아니하였다고 하더라도 이 사건 소송에서 이 사건 등록상표가 상표법 제73조 제1항 제2호에 해당하여 그 상표등록이 취소되어야 한다는 주장을 새로 추가하고 그에 관해 입증할 수 있으므로…"라고 판시하여 적극설의 태도에 서 있다.

다만 지정상품 중 일부에 대하여 불사용취소심판(제3호)을 청구하였다가 나중에 또는 심결취소소송에서 제1호 또는 제2호를 이유로 한 상표등록취소사유로 추가하는 것에 관하여는 제1호 또는 제2호를 이유로 한 상표등록 취소심판은 등록상표 전체에 대하여만 가능하고 지정상품 중 일부에 대하여는 불가능하다는 이유로 이를 허용할 수 없다. 대법원 2010. 9. 9. 선고 2010후1213 판결[공2010하,1933]도, "상표법 제73조 제1항 제2호의 상표등록취소 심판청구는 등록상표의 지정상품 전체에 대하여만 할 수 있고 그 일부에 대한 청구는 허용되지 않으므로, 심판절차에서 등록상표 중 일부 지정상품에 대하여 상표법 제73조 제1항 제3호의 상표등록 취소사유를 주장하였다가 그 후의 심결취소소송 절차에서 상표법 제73조 제1항 제2호의 상표등록 취소사유를 추가로 주장할 수는 없다."고 판시하였다.

또한 심판절차에서 등록취소사유로 제1호 또는 제2호만을 주장하다가 심결취소소송 단계에서 제3호의 등록취소를 추가로 주장할 수 있는지에 관하여는 등록취소심판청구일을 확정할 수 없다는 이유로 이를 부정하는 견해[96]와 특허법원의 심리범위에 관하여 실무가 무제한설을 취하고 있고 소송경제상 이를 허용함이 타당하다는 이유로 이를 긍정하는 견해[97]가 대립한다.

4. 상표권의 이전 등 제한요건 위반(제4호)

상표권을 이전하면서 유사한 상품을 함께 이전하지 아니한 경우(상표법 제93조 제1항 후단 위반)에 취소사유가 된다. 상표권은 지정상품마다 이전할 수 있

---

96) 특허법원 지적재산소송실무연구회(주 6), 732.
97) 강동세, "상표등록취소심판제도의 제문제", 특허소송연구 2집, 특허법원(2001), 554-555.

으나, 이 경우 유사한 지정상품을 반드시 함께 이전하여야 한다(상표법 제93조
제1항). 이는 유사상품에 대하여 각기 다른 주체에 의한 별개의 상표권을 방지
하여 상품출처의 혼동이 생기지 않도록 하기 위함이다.[98]

　　상표권이 공유인 경우 공유자 전원의 동의를 얻지 아니하고 그 지분을 이
전하거나 그 지분을 목적으로 하는 질권을 설정한 경우(상표법 제93조 제2항 위
반)에도 취소사유가 된다. 상표권자가 상표권을 이전하는 경우에는 당사자의 합
의만으로 양도할 수 있지만 상표권이 공유인 경우에는 공유자 전원의 승낙이
없으면 그 지분을 이전하거나 그 지분을 목적으로 하는 질권을 설정할 수 없다
(상표법 제93조 제2항). 이것은 공유자가 누가 되느냐에 따라 공유자간의 신뢰관
계와 자금능력 또는 영업능력에 큰 차이를 가져오기 때문이다.

　　업무표장권을 업무와 분리하여 양도하는 경우(상표법 제93조 제4항 위반)도
취소사유가 된다. 업무표장권은 업무와 함께 하지 아니하는 한 이를 양도할 수
없다(상표법 제93조 제4항). 이는 당해 업무를 실제로 영위하지 아니하는 자가 그
업무를 표상하는 업무표장을 사용할 수 없도록 하기 위함이다.[99]

　　국제적십자사, 국제올림픽위원회 또는 저명한 국제기관이 등록받은 상표,
파리협약 제6조의3에 따라 세계지적소유권기구로부터 통지받아 특허청장이 지
정한 동맹국 등이 가입한 정부 간 국제기구가 등록받은 상표, 국가, 공공단체
등이 등록받은 상표를 업무와 분리하여 양도한 경우(상표법 제93조 제5항 위반)에
도 취소사유가 된다.

　　국제적십자, 국제올림픽위원회 또는 저명한 국제기관은 자기의 명칭, 약칭,
표장을 등록받을 수 있고(상표법 제34조 제1항 제1호 다목 단서), 파리협약 제6조
의3에 따라 세계지식재산기구로부터 통지받아 특허청장이 지정한 동맹국 등이
가입한 정부 간 국제기구는 자기의 명칭, 약칭, 표장을 등록받을 수 있다(상표법
제34조 제1항 제1호 라목 단서). 또한 국가, 공공단체 또는 이들의 기관과 공익법
인의 비영리 업무나 공익사업을 표시하는 표장으로서 저명한 것은 국가, 공공단
체 등만이 등록받을 수 있다(상표법 제34조 제1항 제3호 단서). 이들의 경우에 본
래의 업무와 함께 일괄하여 양도하지 않는 한 상표권의 양도를 인정하는 것은

---

98) 송영식 외 6인 공저(주 20), 208 참조; 특허청(주 2) 329-330 '상표권도 자유로운 이전이
　　허용됨이 원칙이지만, 상품에 대한 품질의 오인·출처의 혼동을 방지하여 수요자를 보호하
　　기 위하여 상표법의 목적에 반하는 상표권의 이전을 제한하고 이를 위반하여 이전된 경우
　　에는 그 상표권을 취소할 수 있게 하고 있다.'고 설명하고 있다.
99) 송영식 외 6인 공저(주 20), 83 참조.

입법취지에 어긋난다.

　단체표장권을 합병에 의하지 아니하고 이전하거나 합병에 의하여 이전하는 경우라도 특허청장의 허가를 받지 아니한 경우(상표법 제93조 제6항 위반)에도 등록취소 사유가 된다. 단체표장권은 이를 이전할 수 없다. 다만 법인의 합병의 경우에는 특허청장의 허락을 받아 이전할 수 있다(상표법 제93조 제6항). 단체표장권의 이전을 제한하는 것은 단체표장의 영업 또는 서비스업과의 견련성을 유지시키고자 하는 데에 있다.[100]

　증명표장권을 업무와 함께 이전하지 않거나 업무와 함께 이전하는 경우라도 특허청장의 허가를 받지 아니한 경우(상표법 제93조 제7항 위반)에도 등록취소 사유가 된다. 증명표장권은 이를 이전할 수 없다. 다만 상표법 제3조 제3항에 따라 등록받을 수 있는 자에게 그 업무와 함께 이전할 경우에는 특허청장의 허가를 받아 이전할 수 있다(상표법 제93조 제7항).

5. 유사상표의 이전으로 인한 오인·혼동(제5호)

가. 의의

　상표법 제119조 제1항 제5호는 상표권의 이전으로 인하여 유사한 등록상표가 각각 다른 상표권자에게 속하게 되고 그 중 1인이 자기의 등록상표의 지정상품과 동일 또는 유사한 상품에 부정경쟁을 목적으로 자기의 등록상표를 사용함으로써 수요자에게 상품의 품질을 오인하게 하거나 타인의 업무에 관련된 상품과의 혼동을 불러일으키게 한 경우를 취소사유로 삼고 있다.

　1997. 8. 22. 법률 제5355호에 의하여 연합상표 제도가 폐지됨에 따라 연합상표 간의 분리이전을 금지하는 규정이 삭제됨으로써 동일 또는 유사한 상품을 지정상품으로 하는 유사한 등록상표 간에 분리이전이 자유롭게 인정되었는바, 유사한 상표가 이전되어 권리자를 달리할 경우 양도인·양수인이 혼동이 초래되지 아니하도록 사용함이 바람직하지만 어느 한쪽이 부정경쟁의 목적으로 사용함으로써 품질의 오인 또는 타인의 업무에 관련된 상품과의 혼동을 불러일으키게 한 경우에는 상표등록을 취소하여 유사상표의 분리이전에 따른 폐해를 사후적으로 방지하여 수요자를 보호하는 공익적인 차원에서 본호가 마련되었다.[101]

---

100) 송영식 외 6인 공저(주 20), 86 참조.
101) 송영식 외 6인 공저(주 20), 368; 특허청(주 2), 332; 문삼섭(주 7), 993면; 오세중·이창훈(주 1), 978 참조.

나. 요건

(1) 상표권의 이전으로 인하여 유사한 등록상표가 각각 다른 상표권자에게
    속하게 되었을 것

유사한 등록상표란 1997. 8. 22. 법률 제5355호로 개정된 법률이 시행되기
전에 등록된 연합상표는 물론 그 후에 동일인에 의하여 등록된 유사상표도 포
함한다.102)

본호는 동일인의 소유에 속했던 표장이 유사한 등록상표들이 상표권의 이
전으로 인하여 각각 다른 상표권자에게 속하게 된 경우의 문제이므로, 본호가
적용되기 위해서는 처음부터 유사한 상표가 동일인에 속하여야 하고, 만일 유사
한 등록상표가 처음부터 타인 간의 소유였던 경우에는 상표등록 무효의 문제는
별론으로 하고 본호가 적용되지 않는다.103)

그리고 등록상표와 동일한 상표가 지정상품을 달리하여 각각 다른 상표권
자에게 속하게 된 때에는 상표법 제93조 제1항 후단에 해당하여 상표권의 이전
제한 위반으로 인한 취소사유(4호)에 해당함은 별론으로 하고 본호가 적용되지
는 않는다.104)

(2) 그 중 1인이 자기의 등록상표의 지정상품과 동일 또는 유사한 상품에
    부정경쟁을 목적으로 자기의 등록상표를 사용할 것

본호가 적용되기 위해서는 상표권자에 의한 사용에 해당하여야 한다. 상표
권의 이전 후에 존재하는 상표권자 중 1인에 의한 등록상표의 사용을 의미하므
로, 새로운 상표권자는 물론 기존의 상표권자의 상표의 사용의 경우에도 적용된
다. 그러나 상표권자가 아닌 전용사용권자 또는 통상사용권자에 의한 사용의 경
우에는 제2호의 문제가 되는 것은 별론으로 하고 본호가 적용되지는 않는다.105)

본호가 적용되기 위해서는 등록상표를 그 지정상품과 동일 또는 유사한 상
품에 사용하여야 한다. 상표권자 중 1인이 자기의 등록상표를 지정상품과 유사
한 상품에 사용하는 경우는 물론 자기의 등록상표를 지정상품에 사용하는 경우
에도 본호가 적용된다. 이 점은 상표법 제119조 제1항 제1호와 차이가 있다. 본
호는 자기의 등록상표를 사용하는 경우에만 적용되므로, 상표권자가 자신의 등

---

102) 문삼섭(주 7), 994 참조.
103) 오세중·이창훈(주 1), 979면; 문삼섭(주 7), 993-994 참조.
104) 문삼섭(주 7), 994면; 오세중·이창훈(주 1), 979 참조.
105) 오세중·이창훈(주 1), 979 참조.

록상표와 유사한 상표를 사용한 경우에는 상표법 제119조 제1항 제1호의 문제
가 되는 것은 별론으로 하고 본호가 적용되지는 않는다.

본호가 적용되기 위해서는 부정경쟁을 목적으로 사용하여야 한다. 유사한
등록상표가 각각 다른 상표권자에게 분리되어 이전된 후 어느 일방이 등록상표
를 사용한 결과 수요자 간에 널리 알려지게 되자 타방이 그 명성과 신용에 부
당하게 편승하기 위하여 그와 유사한 자기의 등록상표를 지정상품과 동일 또는
유사한 상품에 사용하는 경우 등을 말한다.[106] 따라서 대상상표에 대한 인식은
물론 수요자로 하여금 품질이나 출처를 혼동하게 하려는 적극적인 의사가 필요
하다는 점에서 단순히 "고의"를 요건으로 하는 제1호와 차이가 있다.[107] 부정경
쟁의 목적은 사용의 동기 · 이유 · 실제 사용의 실태 · 주지성의 정도 · 편승의 유무
등에 따라 판단한다.[108]

(3) 수요자로 하여금 상품의 품질을 오인하게 하거나 타인의 업무에 관련된
    상품과의 혼동을 불러일으키게 할 것

오인 · 혼동이라 함은 현실적으로 오인 · 혼동이 발생한 경우는 물론 오인 ·
혼동이 발생할 염려가 객관적으로 존재하면 충분하다. 비록 부정경쟁의 목적으
로 사용한다고 하더라도 수요자에게 오인 · 혼동이 발생하지 않는다면 본호가 적
용되지 않는다.[109]

6. 등록상표의 사용이 부정경쟁행위에 해당하는 경우(제6호)

가. 의의

상표법 제92조 제2항은 상표권자 · 전용사용권자 또는 통상사용권자에 의한
등록상표의 사용이 부정경쟁방지 및 영업비밀보호에 관한 법률 제2조 제1호 차
목(그밖에 타인의 상당한 투자나 노력으로 만들어진 성과 등을 공정한 상거래 관행이
나 경쟁질서에 반하는 방법으로 자신의 영업을 위하여 무단으로 사용함으로써 타인의
경제적 이익을 침해하는 행위)에 따른 부정경쟁행위에 해당할 경우 같은 목에 따
른 타인의 동의를 받지 않고서는 그 등록상표를 사용할 수 없다고 규정하고 있
다. 상표법 제119조 제1항 제6호는 상표법 제92조 제2항에 해당하는 상표가 등
록된 경우에 그 상표에 관한 권리를 가진 자가 해당 상표등록일부터 5년 이내

---

106) 문삼섭(주 7), 994면; 오세중 · 이창훈(주 1), 979 참조.
107) 오세중 · 이창훈(주 1), 979-980 참조.
108) 송영식 외 6인 공저(주 20), 368 참조.
109) 문삼섭(주 7), 994; 오세중 · 이창훈(주 1), 980 참조.

에 취소심판을 청구할 수 있다고 규정하고 있다.

방송프로그램, 연예인 명칭 등과 같이 타인이 상당한 투자나 노력을 기울여 만든 성과를 상표로 무단 출원하여 등록받는 사례가 점차 늘어나고 있는데, 상표법 제92조 제2항은 그러한 경우 그 타인의 동의를 받지 않고서는 그 등록상표를 사용할 수 없도록 함으로써 공정한 상거래 관행이나 경쟁질서의 확립을 도모하고자 한 규정이다.110) 이와 관련하여 그 타인이 동의하지 않을 경우 상표권자 등이 그 등록상표를 사용할 수 없음은 규정상 분명하나, 해당 등록상표의 등록 자체는 여전히 유효하므로, 상당한 투자나 노력으로 일정한 성과 등을 창출한 그 타인은 여전히 해당 상표를 출원·등록할 수 없게 되는 문제가 있을 수 있다. 그리하여 상표법 제119조 제1항 제6호는 상표법 제92조 제2항에 해당하는 상표가 등록된 경우에 해당 상표에 관한 권리를 가진 자가 해당 상표등록일부터 5년 이내에 취소심판을 청구할 수 있도록 한 것이다.

나. 요건

(1) 등록상표의 사용이 부정경쟁방지 및 영업비밀보호에 관한 법률 제2조 제1호 차목에 해당할 것

본 조항이 적용되기 위해서는 우선 상표권자 등에 의한 등록상표의 사용이 부정경쟁방지 및 영업비밀보호에 관한 법률 제2조 제1호 차목 소정의 부정경쟁행위 즉, '그밖에 타인의 상당한 투자나 노력으로 만들어진 성과 등을 공정한 상거래 관행이나 경쟁질서에 반하는 방법으로 자신의 영업을 위하여 무단으로 사용함으로써 타인의 경제적 이익을 침해하는 행위'에 해당하여야 한다.

2013. 7. 30. 법률 제11963호로 일부개정된 부정경쟁방지 및 영업비밀보호에 관한 법률은 제2조 제1호 차목을 신설하여 '그밖에 타인의 상당한 투자나 노력으로 만들어진 성과 등을 공정한 상거래 관행이나 경쟁질서에 반하는 방법으로 자신의 영업을 위하여 무단으로 사용함으로써 타인의 경제적 이익을 침해하는 행위'를 부정경쟁행위의 하나로 추가하였다. 이는 기술과 산업의 발전 등으로 인해 새롭게 나타나는 다양한 유형의 부정경쟁행위에 적절하게 대응하기 위한 것이었다.

종래 상표권자에 의한 등록상표의 사용이 부정경쟁행위에 해당할 수 있는지 여부에 관하여 논의가 있어 왔다. 대법원은 "부정경쟁방지법 제15조는 상표

---

110) 2014. 5. 국회 산업통상자원위원회 상표법 일부개정법률안 심사보고서 참조.

법 등 다른 법률에 부정경쟁방지법과 다른 규정이 있는 경우에는 부정경쟁방지
법의 규정을 적용하지 아니하고 다른 법률의 규정을 적용하도록 규정하고 있으
나, 상표권의 등록이나 상표권의 양수가 자기의 상품을 타인의 상품과 식별시킬
목적으로 한 것이 아니고 국내에서 널리 인식되어 사용되고 있는 타인의 상표
와 동일 또는 유사한 상표를 사용하여 일반수요자로 하여금 타인의 상품과 혼
동을 일으키게 하여 이익을 얻을 목적으로 형식상 상표권을 취득하는 것이라면
그 상표의 등록출원 자체가 부정경쟁행위를 목적으로 하는 것으로서, 가사 권리
행사의 외형을 갖추었다 하더라도 이는 상표법을 악용하거나 남용한 것이 되어
상표법에 의한 적법한 권리의 행사라고 인정할 수 없으므로 이러한 경우에는
부정경쟁방지법 제15조의 적용이 배제된다."고 판시하여 상표법상 등록된 상표
의 사용이라도 일정한 경우 부정경쟁행위에 해당할 수 있다는 태도를 취하고
있다.111)

한편 등록상표의 사용이 '그밖에 타인의 상당한 투자나 노력으로 만들어진
성과 등을 공정한 상거래 관행이나 경쟁질서에 반하는 방법으로 자신의 영업을
위하여 무단으로 사용함으로써 타인의 경제적 이익을 침해하는 행위'에 해당하
는지 여부는 상표권자가 당해 상표를 출원·등록하게 된 경위와 목적, 상표 사
용의 구체적인 태양 등 제반 사정을 종합적으로 고려하여 등록상표의 사용이
상표사용자의 업무상의 신용유지와 수요자의 이익보호를 목적으로 하는 상표제
도의 목적이나 기능을 일탈하여 공정한 경쟁질서나 상거래 질서를 어지럽히는
것인지를 판단하여야 한다.

(2) 상표에 관하여 권리를 가진 자가 해당 상표등록일부터 5년 이내에 취소
    심판을 청구할 것

상표법은 제6호를 사유로 취소심판을 청구할 경우 해당 상표등록일부터 5
년 이내에 청구하도록 제척기간을 두고 있다.

7. 단체표장의 부당사용(제7호)

가. 소속 단체원의 정관 위반(가목)

소속 단체원이 그 단체의 정관의 규정을 위반하여 단체표장을 타인에게 사
용하게 한 경우 또는 소속 단체원이 그 단체의 정관의 규정을 위반하여 단체표

111) 대법원 2001. 4. 10. 선고 2000다4487 판결; 대법원 2004. 11. 11. 선고 2002다18152 판
    결 등 참조.

장을 사용함으로써 수요자에게 상품의 품질 또는 지리적 출처를 오인하게 하거나 타인의 업무에 관련된 상품과 혼동을 불러일으키게 한 경우에 취소사유가 된다. 다만, 단체표장권자가 소속 단체원의 감독에 상당한 주의를 한 경우는 제외한다.

단체표장등록을 받고자 하는 자는 대통령령이 정하는 단체표장의 사용에 관한 사항을 정한 정관을 첨부한 단체표장등록출원서를 제출하여야 한다(상표법 제36조 제3항). 그런데 단체원이 이 정관에 정한 단체표장 사용에 관한 사항에 위반하여 단체표장을 타인에게 사용하게 하거나 단체표장을 사용함으로써 수요자에게 피해를 야기한 경우 그 단체표장은 취소의 대상이 된다.[112]

나. 단체표장의 사용에 관한 정관 변경(나목)

단체표장의 설정등록을 한 후 단체표장의 사용에 관한 사항을 정한 정관을 변경함으로써 수요자에게 상품의 품질을 오인하게 하거나 타인의 업무에 관련된 상품과의 혼동을 불러일으키게 할 염려가 있는 경우에도 취소사유가 된다.

단체표장의 사용에 관한 사항을 정한 정관의 변경이란 단체표장등록출원서에 첨부한 정관을 변경함으로써 단체표장을 사용할 단체원의 영업에 관한 상품이나 서비스업이 변경되거나 타 단체표장권자 또는 타 업자의 영업에 관한 상품이나 서비스업과 혼동을 일으킬 염려가 있는 경우를 말한다.[113]

다. 단체표장의 제3자 사용 방치(다목)

제3자가 단체표장을 사용함으로써 수요자에게 상품의 품질 또는 지리적 출처를 오인하게 하거나 타인의 업무에 관련된 상품과 혼동을 불러일으키게 하였음에도 단체표장권자가 고의로 적절한 조치를 취하지 아니한 경우에 취소사유가 된다.

8. 지리적 표시 단체표장의 부당사용(제8호)

가. 단체가입 요건 위배(가목)

지리적 표시 단체표장등록출원에 있어서 그 소속 단체원의 가입에 관하여 정관에 의하여 단체의 가입을 금지하거나 정관에 충족하기 어려운 가입조건을 규정하는 등 단체의 가입을 실질적으로 허용하지 아니하거나 그 지리적 표시를

---

112) 송영식 외 6인 공저(주 20), 365 참조
113) 송영식 외 6인 공저(주 20), 365 참조.

사용할 수 없는 자에게 단체의 가입을 허용한 경우에 취소사유가 된다.

나. 지리적 표시 단체표장의 부정사용(나목)

지리적 표시 단체표장에 있어서 단체표장권자 또는 그 소속 단체원이 제223조의 규정을 위반하여 단체표장을 사용함으로써 수요자에게 상품의 품질을 오인하게 하거나 지리적 출처에 대한 혼동을 불러일으키게 한 경우에 취소사유가 된다.

둘 이상의 지리적 표시 등록단체표장이 서로 동음이의어 지리적 표시에 해당하는 경우 각 단체표장권자 및 그 소속 단체원은 지리적 출처에 대하여 수요자가 혼동하지 아니하도록 하는 표시를 등록단체표장과 함께 사용하여야 한다(상표법 제223조). 그런데 단체표장권자 또는 그 소속 단체원이 이 규정을 위반하여 단체표장을 사용함으로써 수요자에게 상품의 품질을 오인하게 하거나 지리적 출처에 대한 혼동을 불러일으키게 한 경우에는 등록취소사유에 해당한다.

9. 증명표장의 부당사용(제9호)

증명표장이란 상품의 품질, 원산지, 생산방법 또는 그 밖의 특성을 증명하는 것을 업으로 하는 자가 타인의 상품에 대하여 그 상품이 품질, 원산지, 생산방법 또는 그 밖의 특성을 충족하는 것임을 증명하는 데 사용하는 표장을 말한다(상표법 제2조 제1항 제7호).

증명표장 제도는 2011. 12. 2. 법률 제11113호로 일부개정된 상표법에서 도입되었다. 상표법 제119조 제1항 제9호는 (가) 증명표장권자가 정관 또는 규약을 위반하여 증명표장의 사용을 허락한 경우, (나) 증명표장권자가 증명표장을 자기의 상품에 대하여 사용하는 경우, (다) 증명표장의 사용을 허락받은 자가 정관 또는 규약을 위반하여 타인에게 사용하게 한 경우 또는 사용을 허락받은 자가 정관 또는 규약을 위반하여 증명표장을 사용함으로써 수요자에게 상품의 품질, 원산지, 생산방법이나 그 밖의 특성에 관하여 혼동을 불러일으키게 한 경우(다만, 증명표장권자가 사용을 허락받은 자에 대한 감독에 상당한 주의를 한 경우는 제외한다), (라) 증명표장권자가 증명표장의 사용을 허락받지 아니한 제3자가 증명표장을 사용하여 수요자에게 상품의 품질, 원산지, 생산방법이나 그 밖의 상품의 특성에 관한 혼동을 불러일으키게 하였음을 알면서도 적절한 조치를 취하지 아니한 경우, (마) 증명표장권자가 그 증명표장을 사용할 수 있는 자에 대하

여 정당한 사유 없이 정관 또는 규약으로 사용을 허락하지 아니하거나 정관 또
는 규약에 충족하기 어려운 사용조건을 규정하는 등 실질적으로 사용을 허락하
지 아니한 경우를 각각 상표등록 취소사유로 규정하고 있다.

Ⅲ. 심판의 청구 및 심결

1. 심판청구인

가. 의의

상표등록의 취소심판은 누구든지 청구할 수 있다(상표법 제119조 제5항 본
문). 다만, 상표법 제119조 제1항 제4호 및 제6호에 해당하는 것을 사유로 하는
심판은 이해관계인만이 청구할 수 있다(상표법 119조 제5항 단서).[114]

구 상표법(2016. 2. 29. 법률 제14033호로 전문개정되기 전의 것) 제73조 제6항
에 의하면, 상표등록의 취소심판은 원칙적으로 이해관계인만이 청구할 수 있었
다. 구 상표법이 이해관계인에 한하여 취소심판을 청구할 수 있도록 한정하였던
이유는 취소심판청구의 남용을 방지함으로써 상표권자를 불필요한 법적인 분쟁
에 휘말리지 않도록 하는 한편 특허청의 업무 부담을 줄이기 위한 것이었다.[115]

다만, 구 상표법 제73조 제1항 제2호, 제5호, 제6호 또는 제8호부터 제13호
까지의 경우에는 누구든지 상표등록의 취소심판을 청구할 수 있었다(구 상표법
제73조 제6항 단서). 위 각 호는 사익보호의 측면도 있기는 하지만 수요자의 보
호를 목적으로 하는 공익적인 성격이 강하므로, 그 청구인 적격을 이해관계인에
한하지 않고 누구나 가능하도록 하고 있었다.[116]

상표법 제119조 제5항을 구 상표법 제73조 제6항과 대비하여 보면, 종전에
는 불사용을 이유로 한 취소심판 청구(상표법 제119조 제1항 제3호, 구 상표법 제
73조 제1항 제3호)의 경우 종전에는 '이해관계인'만이 청구할 수 있었던 것을 '누
구든지' 청구할 수 있도록 한 것이 실질적으로 변경된 부분이다.

상표법이 위와 같이 불사용취소심판의 경우 누구든지 청구할 수 있도록 그

---

114) 상표법 제119조 제1항 제6호의 경우에는 당해 상표에 관한 권리를 가진 자만이 청구할
    수 있다.
115) 문삼섭(주 7), 996.
116) 小野昌延 編, 註解 商標法 新版 下卷, 靑林書院, 1128(後藤晴男=有阪正昭 집필부분)에
    서는 청구인적격을 "누구든지"로 하고 있다고 하더라도 그 심판청구가 피심판청구인을 해
    할 목적으로 하는 경우에는 그 청구는 권리남용으로서 인정될 수 없다는 취지로 설명하고
    있다.

청구인 적격을 확대하게 된 것은, 불사용 상표의 누적으로 인해 신규 사업자의 상표 선택의 폭이 좁아지고 검색 부담이 과도하게 되는 점, 이해관계의 유무에 대한 다툼과 이에 대한 판단으로 인해 심리가 지연되는 점, 우리 상표법은 상표 권자가 상표권을 취득·유지·연장할 때 사용실적을 제출할 필요가 없도록 하는 대신 제3자의 불사용취소심판 청구를 통해 불사용상표를 정리하고 있어 심판청 구인 적격을 확대함으로써 불사용 상표의 정리를 촉진시킬 필요가 있는 점 등 이 고려된 결과로 보인다.

나. 이해관계인

(1) 의의[117]

상표법 제119조 제5항에서 말하는 이해관계인에 관하여 통설은 취소되어야 할 흠 있는 등록상표의 존속으로 인하여 사실상 또는 법률상 자신의 지위에 영 향을 받고 있거나 받을 것이 명백한 경우로 보고 있다.[118]

이에 대하여는 그 청구권자를 이해관계인으로 제한한 취지에 반하지 않는 한 상표권자 등에 의한 상표의 올바른 사용을 담보하기 위해서라도 이해관계인 의 범위를 지나치게 좁게 해석할 필요는 없다는 견해[119], 이 제도는 원래 권리 위에서 잠자는 상표권자에 대한 제재 규정이므로 나라에 따라서는 민중소송적 인 성질을 가지는 것으로 규정(독일 상표법 제55조 제2항, 일본 상표법 제50조 제1 항)되어 있는 점에 비추어 보면 이해관계인의 범위는 폭넓게 해석하여야 한다는 견해[120]도 있다.

대법원은 '이해관계인이라 함은 취소되어야 할 불법적인 등록상표의 존속 으로 인하여 상표권자로부터 상표권의 대항을 받아 그 등록상표와 동일 또는 유사한 상표를 사용할 수 없게 됨으로써 피해를 받을 염려가 있거나 법률상 자 신의 지위에 영향을 받을 것이 객관적으로 명백하여 그 등록상표의 소멸에 직 접적이고 현실적으로 이해가 있는 사람을 말한다.'는 입장을 취하고 있다.[121]

---

117) 상표법 개정으로 인해 이해관계인에 관한 논의의 필요성이 많이 줄어들게 된 것은 사실 이나, 여전히 일부 조항의 경우에는 이해관계인만이 청구할 수 있도록 규정되어 있을 뿐만 아니라, 심판청구에 관한 개정 사항은 법 시행 이후 심판청구된 경우부터 적용되기 때문에 (부칙 제3조 제2항) 법 시행 이전에 심판청구된 경우에는 종전과 마찬가지로 이해관계인 해당 여부를 판단하여야 하므로, 이해관계인에 관한 종전의 논의를 소개하기로 한다.
118) 문삼섭(주 7), 996 참조.
119) 특허법원 지적재산소송실무연구회(주 6), 705.
120) 송영식 외 6인 공저(주 20), 200 참조.
121) 대법원 1992. 7. 28. 선고 92후162,92후179(병합) 판결[공1992.10.1.(929),2668], 대법원

(2) 판단 기준

이해관계인에 해당하는 여부는 당사자 적격의 문제로서 직권조사사항이므로, 특허심판원이나 법원이 당사자가 제출한 자료를 고려하여 이해관계인에 해당하는 여부를 판단한다.122). 이해관계인에 해당하는지 여부는 심결 당시를 기준으로 판단하여야 한다.123) 심리결과 이해관계가 인정되지 않는 경우에는 심판청구는 청구인 적격이 없어 부적법 각하된다.

심판청구 당시 이해관계가 있는 당사자라 하더라도 심판계속 중 당사자 사이에 심판을 유지할 법률상의 이익이 소멸되는 내용의 합의가 있으면 이해관계는 소멸된다.124)

여러 개의 지정상품을 대상으로 불사용취소심판을 청구하는 경우에 모든 지정상품에 대하여 이해관계가 있어야 하는지 문제가 된다. 심판청구 대상으로 삼은 지정상품 전체에 대하여 이해관계가 있어야 한다는 견해, 심판청구 대상으로 삼은 지정상품 중 일부에 대하여만 이해관계가 있어도 가능하다는 견해가 대립될 수 있다.

이와 관련하여 특허법원 2008. 12. 19. 선고 2008허11361 판결[각공2008상,329]은 "등록취소 심판청구인의 이해관계는 등록상표의 지정상품 중 어느 하나의 지정상품에 관해서라도 등록상표의 권리자로부터 상표권의 대항을 받아 그 등록상표와 동일 또는 유사한 상표를 사용할 수 없게 될 염려가 있으면 충분하고, 반드시 등록상표의 모든 지정상품에 대한 이해관계까지 가질 필요는 없다."고 판시하고 있다.

대법원 2013. 2. 28. 선고 2012후3442 판결은 "상표법 제73조 제1항 제3호, 제3항, 제4항의 규정으로 미루어 볼 때, 심판청구인은 취소할 지정상품의 범위를 지정상품 전부로 할 것인지 아니면 그 일부로 할 것인지 임의로 정하여 상표등록취소심판을 청구할 수 있고, 동시에 수 개의 지정상품에 관하여 상표등록취소심판이 청구된 경우 심판청구 대상인 지정상품을 불가분일체로 취급하고

2001. 4. 24. 선고 2001후188 판결[공2001.6.15.(132),1278], 대법원 2006. 9. 14. 선고 2005후3291 판결[공2006.10.15. (260),1764] 등 참조.

122) 대법원 1992. 7. 28. 선고 92후162, 92후179(병합) 판결[공1992.10.1.(929),2668]; 대법원 1994. 2. 25. 선고 92후2380,2397,2403(병합) 판결[공1994.4.15.(966),1108] 등 참조

123) 대법원 2006. 9. 14. 선고 2005후3291 판결[공2006.10.15.(260),1764] 참조. 이에 대하여는 특허법원의 변론종결시를 기준으로 해석하여야 한다는 견해{정영환, "상표등록취소심판청구에 있어서의 이해관계인", 법조 521호, 법조협회(2000), 63}도 있다.

124) 대법원 1979. 10. 10. 선고 77후17 판결[공1979.12.15.(622),12315] 참조.

전체를 하나의 청구로 간주하여 지정상품 중 하나에 대하여 사용이 입증된 경우에는 그 심판청구는 전체로서 인용될 수 없고 사용이 입증된 지정상품에 대한 심판청구만 기각하고 나머지에 관한 청구를 인용할 것은 아니므로(대법원 2012. 1. 27. 선고 2011후2916 판결 등 참조), 상표등록취소심판청구에 있어서의 이해관계는 취소심판청구에 관계되는 지정상품 중 어느 하나의 지정상품에 관하여 있으면 충분하고, 반드시 취소심판청구에 관계되는 지정상품 각각에 관하여 모두 이해관계가 있을 필요까지는 없다. 그리고 이러한 법리는 상표법 제2조 제3항에 의하여 서비스표의 경우에도 마찬가지로 적용된다."고 판시하여 같은 견해를 취하고 있다. 위 대법원 판결은 등록서비스표의 135개의 지정서비스업 중 '가사서비스업, 예식장경영업' 등 63개의 지정서비스업에 관하여 서비스표등록의 취소심판을 청구한 사건에서 피고는 심판청구 전부터 '예식장경영업'을 해오고 있으므로 취소심판청구에 관계되는 지정상품에 관하여 등록서비스표의 소멸에 직접적이고도 현실적인 이해관계가 있는 사람에 해당한다고 판단하였다.

(3) 불사용취소심판에서의 이해관계인의 범위

(가) 학설

원칙적으로 등록상표와 동일·유사한 상표를 등록상표의 지정상품과 동일·유사한 상품에 사용한 경우를 의미하고, 부가적으로 등록상표와 동일 또는 유사한 상표를 현실적으로 사용하지 아니한 경우에는 취소를 구할 등록상표와 유사한 표장을 출원하였다가 거절사정을 받고 항고 중인 경우 등과 같이 상표를 사용할 의사가 객관적으로 명백한 경우를 의미한다고 보는 견해[125], 등록상표와 동일·유사한 상표를 등록상표의 지정상품과 동일·유사한 상품에 사용한 경우가 그 전형적인 예가 될 것이고, 나아가 등록상표와 동일 또는 유사한 상표를 현실적으로 사용하지 아니하는 경우라도 취소를 구할 등록상표와 유사한 표장을 출원하였다가 거절사정을 받은 경우 등에도 이해관계를 긍정함으로써 원칙적으로 그 취소를 구할 등록상표와 동일·유사한 상표를 등록상표의 지정상품과 동일 또는 유사한 상품에 사용할 의사가 추측될 수 있는 경우에도 직접적이고 현실적인 이해관계가 있는 것으로 볼 여지가 있다고 하는 견해[126], 실제로 당해

---

125) 정영환(주 123), 75(정영환 교수는 위 글에서 등록상표의 지정상품과 동종의 상품을 제조 또는 판매하고 있는 자를 이해관계인으로 본 대법원 1992. 11. 27. 선고 92후995,1004 판결을 등록상표와 동종 상품 판매업자를 이해관계인으로 인정한 예외적인 판결로 평가하고 있다. 이 견해에 의한다면, 동종업자인 사정만으로는 상표사용 의사가 명백하다고 볼 수 없으므로 이해관계인에 해당하지 않게 될 여지가 있어 보인다).
126) 권택수, "상표불사용으로 인한 등록취소심판에 있어서의 이해관계인(특히 심판청구인이

상표를 사용하고 있거나 상표사용의 의사를 객관적으로 인정할 수 있어야 한다
는 견해127) 등이 제시되고 있다.128)

  (나) 대법원 판례에서 나타난 사례

1) 긍정한 사례

가) 등록상표와 동일 또는 유사한 상표를 등록상표의 지정상품과 동일 또는
   유사한 상품에 사용한 경우

   이해관계인의 전형적인 사례에 해당한다. 대법원은 심판청구인이 피심판청
구인의 등록상표의 지정상품과 동종의 상품의 제조·판매업을 경영하면서 그 판
매상품에 그 등록상표와 유사한 상표를 사용하여 온 경우129), 심판청구인이 등
록상표의 지정상품과 동종 상품의 제조, 판매업을 영위해 오면서 그 판매상품에
등록상표와 동일 또는 유사한 상표를 사용해 왔고 향후에도 계속하여 이를 사
용해야 할 사정이 있음이 명백한 경우130), 심판청구인이 소외 회사를 통하여 이
사건 등록상표의 지정상품과 동종의 영업을 하고 있을 뿐만 아니라 이 사건 등
록상표와 유사한 표장을 사용하고 있는 경우131), 심판청구인과 피심판청구인은
동종의 화장품 제조업자이고, 청구인은 본건 등록상표와 유사한 상표를 본건 등
록상표의 지정상품과 동류의 상품을 지정상품으로 하여 출원하였다가 등록상표
와 유사하다는 이유로 거절통지된 바 있으며, 피심판청구인이 심판청구인의 사

외국의 동종업자 또는 동일 유사 상표권자인 경우)", 특허소송연구 2집, 특허법원(2002),
509면.

127) 임상민, "불사용으로 인한 상표등록취소 심판에서의 이해관계인", 법조 통권 654호, 법조
   협회(2011), 189, 211. 225, 228 등 참조. 임상민 판사는 불사용으로 인한 상표등록취소심
   판의 취지에 관하여 단지 경업질서의 유지 또는 불사용 상표의 정리에만 있지 아니하고
   경업자의 영업활동 보호 즉 사익을 보호하기 위한 제도로서의 취지가 강한 것으로 해석하
   면서, 통상적으로 상표 출원 자체가 상표사용의사를 객관적으로 추론할 수 있는 자료로 볼
   수 있지만, 불사용으로 인한 상표등록취소심판을 청구하면서 그에 인접한 시점에 상표를
   출원한 경우에는 실제 사용의사 없이 오로지 취소심판청구만을 위하여 상표사용의사가 존
   재하는 듯한 외관만을 만드는 경우가 얼마든지 있을 수 있으므로, 심판청구인이 단순히 상
   표사용의사를 외형적으로 표출한 것만으로는 객관적으로 상표사용의사가 인정된다고 판단
   하기에 부족하고 심판청구인이 객관적 사용의사를 입증하여야 이해관계인으로 인정될 수
   있다는 취지로 이해된다.
128) 상세한 논의는 특허법원 지적재산소송실무연구회(주 6), 705-799; 정영환(주 123), 66-75;
   권택수(주 126), 506-510; 임상민(주 127), 230-231 등 참조.
129) 대법원 1990. 1. 25. 선고 88후1328 판결[공1990.3.15(868),535]; 대법원 1995. 11. 28. 선
   고 95후897 판결[공1996.1.15.(2),232]; 대법원 1997. 10. 24. 선고 96후2326 판결[공
   1997.12.1.(47),3650]; 대법원 2009. 7. 23. 선고 2007후4427 판결[미간행] 등 참조.
130) 대법원 1987. 10. 26. 선고 86후78,79,80 판결[집35(3)특,477;공1987.12.15.(814),1795] 참조.
131) 대법원 1998. 3. 27. 선고 97후1115 판결[공1998.5.1.(57),1203] 참조.

용상표의 무효확인을 구하여 상표의 유사여부에 관한 분쟁이 항고심판 종결시까지 계속되고 있었던 경우132), 심판청구인이 "한국와이·케이·케이 판매주식회사"라는 상호로, 소외 한국지퍼주식회사가 제조하여 'YKK KZ'라는 상표를 붙인 슬라이드 파스너(Slide faster, 일명 지퍼)의 판매를 영업으로 하여 오던 중, 피심판청구인이 심판청구인을 상대로, 심판청구인의 상호 중 '와이.케이.케이'라는 부분은 국내에 널리 인식된 피심판청구인의 영업임을 표시하는 표지인 'Y.K.K'와 동일 또는 유사하므로, 심판청구인이 지퍼를 판매함에 있어서 부정한 목적으로 위 상호를 사용하여 피심판청구인 또는 피심판청구인과 관계가 있는 회사의 영업행위로 혼동을 일으키게 하고, 그로 인하여 피심판청구인이 영업상의 이익이 침해될 우려나 손해를 입을 염려가 있다는 이유로, 위 상호의 사용금지와 위 상호등기의 말소등기절차의 이행을 청구하는 소송을 제기한 결과, 피심판청구인의 청구를 인용하는 판결이 선고되어 그 판결이 그대로 확정되었고, 심판청구인이 그 판결에 따라 1990. 9. 19. 상호를 한국 와이 비 에스 주식회사로 변경한 경우133)에 이해관계인에 해당한다고 판단하였다.

나) 등록상표와 동일·유사한 상표를 등록상표의 지정상품과 동일·유사한 상품에 사용할 의사가 있는 것으로 볼 수 있는 경우

대법원 2004. 9. 13. 선고 2003후1123 판결[미간행]은 등록상표와 동일·유사한 상표를 그 지정상품에 사용할 것으로 추측되는 경우에 이해관계를 인정하였다.

나아가 대법원은 상표등록출원을 하였다가 등록상표로 인하여 그 상표등록거절결정을 받은 경우134), 심판청구인과 피심판청구인 사이에 각 서비스표의 유사 여부에 관하여 피심판청구인이 제기한 등록무효심판청구가 계속 중인 경우135), 취소를 구할 등록상표와 유사한 서비스표를 출원하였다가 거절사정을 받고 항고중인 사정이 있는 경우136), 상표등록취소심판청구인이 취소심판의 대상이 된 등록상표들의 연합상표들과 연합상표관계에 있었던 상표들로 인하여 출원상표의 등록이 거절된 경우137)에도 이해관계인에 해당한다고 보았다. 위 대법

---

132) 대법원 1982. 2. 23. 선고 80후70 판결[집30(1)특,48;공1982.5.1.(679),383] 참조.
133) 대법원 1991. 5. 14. 선고 90후2287 판결[공1991.7.1.(899),1646] 참조.
134) 대법원 1988. 4. 25. 선고 88후158 판결[공1988.6.1.(825),912]; 대법원 1976. 5. 11. 선고 75후4 판결 등 참조.
135) 대법원 1992. 7. 28. 선고 92후162, 92후179(병합) 판결[공1992.10.1.(929),2668] 참조.
136) 대법원 1994. 2. 25. 선고 92후2380, 2397, 2403(병합) 판결[공1994.4.15.(966),1108] 참조.
137) 대법원 1998. 12. 22. 선고 97후3319, 3326 판결[공1999.2.1.(75),239]; 대법원 1999. 12.

원 판결들은 등록상표와 동일·유사한 상표를 등록상표의 지정상품과 동일·유사한 상품에 사용할 의사가 있는지 여부에 관하여 명시적은 언급을 하지 않았으나, 위 각 사례들은 여기에 해당한다고 볼 여지가 충분하다.

　　다) 등록상표의 지정상품과 동종의 상품을 제조·판매하는 영업에 종사하는 경우

　　대법원은 등록상표의 지정상품과 동종의 상품을 제조 또는 판매하는 영업에 종사하고 있는 경우에 이해관계인에 해당한다고 판단하고 있다.138) 이 판결은 등록상표와 동일·유사한 상표를 등록상표의 지정상품과 동일·유사한 상품에 사용할 의사가 있는지 여부에 관하여 아무런 언급 없이 이해관계인에 해당한다고 판시함으로써 위 (가), (나)에서 살펴본 다른 대법원 판결들과는 다소 차이가 있어 보인다.139)

　　위 대법원 판결에 대하여는, 위 법리를 적극 원용하여 동일·유사한 상표의 사용 여부에 관계없이 동종의 상품을 제조 또는 판매하는 영업에 종사한다는 사유만으로 이해관계를 인정할 수 있다는 견해140)도 있고, 위와 같은 동종업자도 장차 등록상표와 동일·유사한 상표를 사용할 의사가 있다고 볼 여지가 있으므로, 다른 대법원 판결들과 상충된다고 볼 수 없다고 설명하는 견해141)도 있다.

　　2) 부정한 사례

　　대법원은 일반이 주지하는 기존 상표와 극히 유사한 상표를 취소심판청구일 2일 전에 출원하였다가 거절된 경우142), 심판청구인이 등록상표가 지정하는 것과 유사한 상품을 제조할 것을 설립목적으로 하였다 하더라도 그것을 현재 생산하지 않는 경우143), 심판청구인이 본건 등록상표를 사용하는 행위가 불공정행위라는 경제기획원장관의 시정명령에 따라 신문에 해명광고를 게재하면서 본

---

　　28. 선고 97후2750, 2767, 2774 판결[공2000.2.15.(100),393] 등 참조.

138) 대법원 1992. 11. 27. 선고 92후995, 1004 판결[미간행]; 대법원 2000. 10. 27. 선고 98후2825 판결[미간행] 등 참조.

139) 한편 상표등록무효심판에 관하여 대법원 1996. 3. 12. 선고 95후1401 판결[공1996.5.1.(9), 1265]은 "상표등록 취소심판에서의 이해관계와는 달리 무효심판을 청구할 수 있는 이해관계인이라 함은 그 등록상표와 동일 또는 유사한 상표를 사용한 바 있거나 현재 사용하고 있는 자, 또는 등록된 상표가 지정하는 상품과 동종의 상품을 판매하고 있음으로써 피청구인의 상표 소멸에 직접적인 이해관계가 있는 자를 말한다."고 판시하고 있다.

140) 특허법원 지적재산소송실무연구회(주 6), 705 참조.

141) 권택수(주 126), 509 참조.

142) 대법원 1974. 3. 26. 선고 73후16 판결[집22(1)행,40;공1974.5.1.(487) 7797] 참조.

143) 대법원 1979. 8. 14. 선고 79후46 판결[공1979.10.15.(618),12170] 참조.

건 등록상표를 사용하지 않겠다는 의사표시를 한 경우144), 심판청구인의 상호가
등록상표와 유사하다는 사유만 있는 경우145), 법인등기부상 설립목적으로 기재
되어 있다는 사정만 있는 경우146), 등록서비스표의 지정서비스업과 동일 또는
유사한 서비스업이나 상품에 등록서비스표와 동일 또는 유사한 표장을 사용하
고 있다고 볼 자료가 없고, 등록서비스표와 유사한 심판청구인의 상표가 유모차
등에 관하여는 국내에 널리 인식되었다고 볼 여지는 있으나, 그 주지도에 있어
서 반드시 저명상표의 단계에까지 이르렀다고 보기 어렵고, 위 상표의 지정상품
인 유모차 등과 등록서비스표의 지정서비스업인 '레스토랑업, 요식업 등'이 서
로 경업관계 내지 경제적 유연관계가 있다고 할 수도 없는 경우147), 상표권자가
등록무효심결에 대한 취소소송을 제기하였다가 소를 취하함에 따라 인용상표에
대한 등록무효심결이 확정된 경우148), 저명상표의 상표권자로부터 그 저명상표
의 지정상품과 동일·유사하지 아니한 상품에 사용되는 상표에 대한 사용금지의
경고나 등록무효 또는 등록취소의 심판을 청구당한 사실이 있는 경우149)에 이
해관계인에 해당하지 않는다고 판단하였다.

　　대법원 판례는 대체로 등록상표와 동일·유사한 상표를 등록상표의 지정상
품과 동일·유사한 상품에 사용할 의사가 있는 것으로 볼 수 없는 경우에 이해
관계인에 해당하지 않는다고 보고 있다.150)

2. 심판청구서의 제출

　　상표등록의 취소심판청구를 하고자 하는 자는 심판청구서를 특허심판원장
에게 제출하여야 한다.

　　특허심판원장은 심판청구서를 수리한 때에는 심판번호를 부여하고 그 사건
에 대한 합의체를 구성할 심판관을 지정하여야 한다. 특허심판원장은 심판관을
지정하거나 지정된 심판관의 변경이 있을 때에는 그 사실을 당사자에게 통지하
여야 한다(상표법시행규칙 제62조).

---

144) 대법원 1980. 7. 8. 선고 79후38 판결[공1980.9.15.(640),13050] 참조.
145) 대법원 1983. 12. 27. 선고 80후9 판결[집31(6)특,188;공1984.2.15.(722),264] 참조.
146) 대법원 1993. 9. 14. 선고 91후1779 판결[공1993.11.1.(955),2783] 참조.
147) 대법원 1998. 10. 13. 선고 97후1931 판결[공1998.11.15.(70),2692] 참조.
148) 대법원 2000. 5. 30. 선고 98후2955 판결[공2000.7.15.(110),1570] 참조.
149) 대법원 2001. 3. 23. 선고 98후1914 판결[공2001.5.15.(130),1047] 참조.
150) 권택수(주 126), 509 참조.

3. 취소심판청구의 통지

심판장은 취소심판의 청구가 있는 때에는 그 취지를 당해 상표권의 전용사용권자와 그 밖에 상표에 관한 권리를 등록한 자에게 통지하여야 한다(상표법 제119조 제7항).

4. 제척기간

상표권자의 부정사용(제1호), 사용권자의 부정사용(제2호), 유사상표의 이전으로 인한 오인·혼동(제5호), 단체표장의 부당사용(제7호), 지리적 표시 단체표장의 부당사용(제8호), 증명표장의 부당사용(제9호)을 원인으로 한 취소심판은 해당 사실이 없어진 날로부터 3년이 경과한 후에는 이를 청구할 수 없다(상표법 제122조 제2항).

취소사유가 없어진 날로부터 3년이 지나도록 취소심판을 청구하지 않는 경우는 그 청구를 인정하지 않음으로써 법적 안정을 꾀하려는 취지이다.[151]

등록상표의 사용이 부정경쟁행위에 해당하는 경우(제6호)를 원인으로 한 취소심판은 5년의 제척기간을 두고 있다. 상표권의 이전 등 제한 요건 위반(제4호)을 원인으로 한 취소심판은 제척기간이 없으므로 언제든지 취소심판을 청구할 수 있다. 불사용취소심판은 심판청구 당시 불사용 상태에 있음을 요구하므로 제척기간은 적용 여지가 없다.

5. 심리와 심결

상표법 제119조 제1항(같은 항 제4호 및 제6호는 제외한다)에 해당하는 것을 사유로 취소심판을 청구한 후 그 심판청구사유에 해당하는 사실이 없어진 경우에도 취소사유에 영향을 미치지 아니한다(상표법 제119조 제4항).

상표법 제119조 제1항 제1호의 상표등록취소 심판청구는 등록상표의 지정상품 전체에 대하여만 할 수 있고 그 일부에 대한 청구는 허용되지 않으므로, 심판절차에서 등록상표 중 일부 지정상품에 대하여 상표법 제119조 제1항 제3호의 상표등록 취소사유를 주장하였다가 그 후의 심결취소소송 절차에서 상표법 제119조 제1항 제1호의 상표등록 취소사유를 추가로 주장할 수는 없다.[152]

---

151) 송영식 외 6인 공저(주 20), 373 참조.
152) 대법원 2010. 9. 9. 선고 2010후1213 판결[공2010하,1933] 참조.

특허심판원은 심리를 종결한 후 그 심판청구를 받아들여 상표등록을 취소하거나 그 심판청구를 기각하는 심결을 한다. 그 심결에 불복이 있는 때에는 그 심결의 송달을 받은 날로부터 30일 이내에 특허법원에 심결의 취소를 구하는 소를 제기할 수 있다(상표법 제162조).

6. 취소심결의 효력

상표등록을 취소한다는 심결이 확정된 때에는 그 상표권은 그때부터 소멸된다(상표법 제119조 제6항 본문). 상표등록취소심결은 그 심결이 확정되었을 때부터 장래에 향하여서만 효력이 발생한다. 이러한 점은 소급효가 인정되는 상표등록무효심결과 다르다. 상표권이 소멸하면 전용사용권, 통상사용권 또는 질권 등 상표권에 부수하는 권리도 소멸한다.

다만, 상표법 제119조 제1항 제3호에 해당하는 것을 사유로 취소한다는 심결이 확정된 경우에는 그 심판청구일에 소멸하는 것으로 본다(상표법 제119조 제6항 단서). 종전에는 불사용취소심판의 경우에도 심결이 확정되는 때에 상표권이 소멸되도록 하고 있었으나, 2016. 2. 29. 전부개정된 상표법에 위 단서 규정이 추가되어 불사용취소심판의 경우에는 심판청구일로 소급하여 소멸되도록 하였다.

이는 취소심결의 확정되는 때에 상표권이 소멸된다고 볼 경우 불사용 상표에 해당하여 권리로 보호해야 할 실체가 없음에도 불구하고 심결확정시까지 제3자가 사용하면 침해행위 책임을 지게 될 우려가 있어 이러한 폐단을 막기 위해서 도입된 규정이다. 일본도 마찬가지로 규정하고 있다(일본 상표법 제54조 제2항).

상표권자 또는 그 상표권자의 상표를 사용하는 자는 제119조 제1항(제4호를 제외한다)에 해당한다는 이유로 상표등록의 취소심판이 청구되고 그 취소심판에서 상표등록취소심결이 확정된 때에는 그 상표와 동일·유사한 상표에 대해서는 그 취소심결이 확정된 날로부터 3년이 경과하지 아니하면 상표등록을 받을 수 없다(상표법 제34조 제3항).

취소심판의 심결이 확정되면 그 사건에 대하여는 누구든지 동일사실 및 동일증거에 의하여 그 심판을 청구할 수 없다(상표법 제150조).

〈한규현〉

제120조(전용사용권 또는 통상사용권 등록의 취소심판)

① 전용사용권자 또는 통상사용권자가 제119조 제1항 제2호에 해당하는 행위를 한 경우에는 그 전용사용권 또는 통상사용권 등록의 취소심판을 청구할 수 있다.

② 제1항에 따라 전용사용권 또는 통상사용권 등록의 취소심판을 청구한 후 그 심판청구 사유에 해당하는 사실이 없어진 경우에도 취소 사유에 영향이 미치지 아니한다.

③ 제1항에 따른 전용사용권 또는 통상사용권의 취소심판은 누구든지 청구할 수 있다.

④ 전용사용권 또는 통상사용권 등록을 취소한다는 심결이 확정되었을 경우에는 그 전용사용권 또는 통상사용권은 그 때부터 소멸된다.

⑤ 심판장은 제1항의 심판이 청구되었을 경우에는 그 취지를 해당 전용사용권의 통상사용권자와 그 밖에 전용사용권에 관하여 등록을 한 권리자 또는 해당 통상사용권에 관하여 등록을 한 권리자에게 알려야 한다.

〈소 목 차〉

Ⅰ. 입법취지 및 연혁
Ⅱ. 요건
Ⅲ. 심판의 청구
  1. 심판청구인

2. 취소심판청구의 통지
3. 제척기간
4. 심리와 심결
5. 취소심결의 효력

Ⅰ. 입법취지 및 연혁

1986. 12. 31. 법률 제3892호로 일부개정된 상표법에서는 상표권자와 사용권자 간에 요구되어 온 지정상품의 품질의 동일성 보장 조항을 삭제함에 따라 제45조 제2항은 사용권자가 지정상품에 대하여 그 등록상표를 사용함으로써 상품의 품질을 오인하게 하거나 상품의 출처를 혼동하게 할 때에는 심판에 의하여 그 상표등록을 취소하여야 하되, 다만 상표권자가 상당한 주의를 한 경우에는 예외로 한다고 규정하였다.

위 조항의 내용은 1990. 1. 13. 법률 제4210호로 전부개정된 상표법 제74조에 현재와 같은 내용으로 변경되었다. 2016. 2. 29. 법률 제14033호로 전부개정된 상표법 제120조에서도 조문의 위치만 바뀌었을 뿐 내용상 변경된 부분은 없다.

　　상표권자로부터 사용허락을 받은 사용권자는 상표권자의 상품과 품질의 동
일성을 유지하여 수요자가 예측할 수 없는 손해를 받지 아니하도록 하여야 하며,
또한 자기명칭을 표시하여 출처의 혼동이 일어나지 않도록 할 의무가 있다.[1]

　　상표법은 사용권자가 이러한 의무에 위반하여 수요자에게 상품의 품질을
오인하게 하거나 타인의 업무에 관련된 상품과의 혼동을 불러일으키게 한 경우
에 감독의무를 위반한 것으로 보아 상표등록을 취소할 수 있도록 하는 외에, 사
용권자의 의무위반에 대한 재제로서 사용권의 등록을 취소할 수 있는 규정을
마련하고 있다.

II. 요건

　　본 조항이 적용되기 위해서는 ① 전용사용권자나 통상사용권자가 한 행위
일 것, ② 지정상품 또는 이와 유사한 상품에 등록상표 또는 이와 유사한 상표
를 사용하였을 것, ③ 수요자에게 상품의 품질을 오인하게 하거나 타인의 업무
에 관련된 상품과의 혼동을 불러일으키게 할 것 등의 요건이 있어야 한다. 이는
상표법 제119조 제1항 제2호의 설명 부분과 같으므로, 여기에서는 상세한 설명
을 생략하고, 다만 아래와 같은 내용을 추가한다.

　　사용권자가 수인이 있는 경우에 그 중 1인의 오인·혼동행위만 있어도 상표
법 제119조 제1항 제2호의 상표등록 취소사유가 발생하지만, 상표법 제120조에
서는 위반행위자의 사용권에 대해서만 전용사용권 또는 통상사용권 등록취소사
유가 발생한다고 보아야 한다.

　　전용사용권 또는 통상사용권 등록의 취소는 실제로 오인·혼동행위를 한 사
용권자를 제재하기 위한 규정이므로 이러한 사유에 해당함을 이유로 하는 심판
청구를 한 날 후에 그 심판청구사유에 해당하는 사실이 없어진 경우에도 취소
사유에 영향을 미치지 아니한다(상표법 제120조 제2항).

---

1) 송영식 외 6인 공저, 송영식 지적소유권법(하), 육법사(2013), 355(김병일 집필부분) 참조.

Ⅲ. 심판의 청구

1. 심판청구인

이해관계인에 한하지 아니하고 누구든지 취소심판을 청구할 수 있다(상표법 제120조 제3항).

2. 취소심판청구의 통지

심판장은 심판청구가 있는 때에는 그 취지를 해당 전용사용권의 통상사용권자 그 밖에 전용사용권에 관하여 등록을 한 권리자 또는 해당 통상사용권에 관하여 등록을 한 권리자에게 알려야 한다(상표법 제120조 제5항).

3. 제척기간

전용사용권 또는 통상사용권 등록의 취소심판은 취소사유에 해당하는 사실이 없어진 날로부터 3년이 경과한 후에는 이를 청구할 수 없다(상표법 제122조 제2항).

4. 심리와 심결

전용사용권 또는 통상사용권 등록의 취소심판청구에 대한 심판의 심리는 구술심리 또는 서면심리로 한다. 다만, 당사자가 구술심리를 신청한 경우에는 서면심리만으로 결정할 수 있다고 인정되는 경우 외에는 구술심리를 하여야 한다(상표법 제141조 제1항).

심판에서는 당사자 또는 참가인이 신청하지 아니한 이유에 대해서도 심리할 수 있다. 이 경우 기간을 정하여 당사자와 참가인에게 그 이유에 대하여 의견을 진술할 수 있는 기회를 주어야 한다(상표법 제146조 제1항).

심판은 특별한 규정이 있는 경우를 제외하고는 심결로써 종결한다(상표법 제149조 제1항).

5. 취소심결의 효력

전용사용권 또는 통상사용권 등록을 취소한다는 심결이 확정된 때에는 그 전용사용권 또는 통상사용권은 그때부터 소멸된다(상표법 제120조 제4항). 즉, 전

용사용권 또는 통상사용권 등록취소심결은 그 심결이 확정되었을 때부터 장래
에 향하여서만 효력이 발생한다.

〈한규현〉

제121조(권리범위확인심판)

상표권자, 전용사용권자 또는 이해관계인은 등록상표의 권리범위를 확인하기 위하여 상표권의 권리범위확인심판을 청구할 수 있다. 이 경우 등록상표의 지정상품이 둘 이상 있는 경우에는 지정상품마다 청구할 수 있다.

<소 목 차>

I. 권리범위확인심판의 의의와 법적 성질
　1. 의의
　2. 법적 성질
II. 권리범위확인심판의 종류
　1. 실무상의 구분
　2. 적극적 권리범위확인심판
　3. 소극적 권리범위확인심판

III. 권리범위확인심판의 대상과 심리범위
　1. 등록상표의 적격
　2. 확인대상상표
IV. 권리범위확인심결의 효력
　1. 권리범위확인심결의 일반적 효력
　2. 침해소송과의 관계
　3. 그 효력 등에 비추어 본 존치 필요성

I. 권리범위확인심판의 의의와 법적 성질

1. 의의

본조에서는 상표권의 권리범위확인심판에 관하여 정하고 있는데, 권리범위확인심판은 등록된 상표권을 중심으로 어느 특정의 확인대상상표가 등록상표의 보호범위에 속하는지 여부를 확인하는 심판으로, 상표권의 보호범위를 명확히 할 수 있고, 등록상표의 효력이 확인대상상표에 미치는지 여부를 판단하여 저촉관계 또는 침해의 구성 여부를 미리 확인하게 함으로써 분쟁을 예방하고 침해시에 신속한 구제를 도모하기 위한 것이다.[1]

2. 법적 성질

현행 상표법의 권리범위확인심판에 관한 규정은 그 법조문의 자구나 체계가 애매하여 지나치게 추상적이고, 권리범위확인심판에 대하여 법원이 사후적, 간접적으로 그 심결의 당부만을 심사, 판단할 수밖에 없기 때문에 그 법적 성질이 무엇인가를 논하는 것 자체가 어려운 문제이다.[2] 이 제도는 일본의 구 상표

---

[1] 특허법원 지적재산소송실무연구회편, 지적재산소송실무(제3판), 박영사(2014), 709(이헌 집필부분).

[2] 박정희, "권리범위확인심판제도의 폐지 필요성에 대한 고찰", 특허소송연구 제3집, 특허

법에 있던 제도를 그대로 따온 것인데 일본은 이미 이 제도를 폐지하였고, 다른 나라에서도 그 입법례를 거의 찾아보기 힘든 제도이다.3)

　　권리범위확인심판의 법적 성질에 관하여 대법원은 "상표권의 권리범위확인 청구는 단순히 그 상표자체의 보호범위를 확인하는 사실확정을 목적으로 한 것이 아니라 그 보호범위를 기초로 하여 구체적으로 문제가 된 상대방의 확인대상상표와의 관계에서 그 상표에 대하여 상표권의 효력이 미치는지 여부를 확인하는 권리확정을 목적으로 한 것"이라고 하여,4) 보호범위를 확인하는 사실관계의 확정을 목적으로 하는 것이 아니라, 그 보호범위를 기초로 하여 구체적으로 문제된 확인대상상표와의 관계에서 권리의 효력이 미치는지 여부를 확인하는 권리관계의 확정을 목적으로 하는 것이라고 보고 있다.

　　이와 같은 대법원 판례는 권리범위확인심판이 확인대상상표라는 구체적인 대상과의 관계에서 이루어지는 심판이라는 점에서 기본적으로 타당한 견해이기는 하나, 그렇다고는 하더라도 아래에서 보는 확정된 권리범위확인심결이 침해소송에 영향을 미치는지에 관한 대법원 판례에 비추어 보면, 그 바탕에는 사실관계의 확정을 목적으로 하는 심판은 그 확인의 이익이 없다는 일반 법리를 전제로 하여 권리범위확인심판을 일반 법리의 테두리 내에 끌어들이기 위한 의제적인 성격이 깔려있음을 부정할 수 없다. 따라서 권리범위확인심판의 법적 성질을 권리관계의 확정을 목적으로 하는 것이라고 본다고 하더라도 사실관계의 확정을 목적으로 하는 것이라고 보는 견해5)와 큰 차이가 있는 것은 아니다.

II. 권리범위확인심판의 종류

1. 실무상의 구분

　　상표법에서는 단순하게 "권리범위확인심판을 청구할 수 있다"라고만 하고 있으나, 실무에서는 이러한 권리범위확인심판을 상표권자 또는 전용사용권자가 청구의 주체가 되어 상대방인 피심판청구인이 사용하고 있는 확인대상상표가 자신의 등록상표의 보호범위에 속한다는 취지의 확인을 구하는 적극적 권리범

법원(2005), 442.

3) 특허법원 지적재산소송실무연구회편(주 1), 341 참조.

4) 대법원 1987. 8. 25. 선고 84후49 판결[공1987, 1523] 등.

5) 곽태철, "권리범위확인심판에 관한 연구", 지적소유권에 관한 제문제(상), 법원행정처 (1992), 508~511 참조.

위확인심판과, 반대로 이해관계가 있는 제3자가 청구의 주체가 되어 상표권자 또는 전용사용권자를 피심판청구인으로 하여 자신이 사용하거나 사용하려고 하는 확인대상상표가 어느 등록상표의 보호범위에 속하지 아니한다는 취지의 확인을 구하는 소극적 권리범위확인심판으로 나누고 있다.[6]

2. 적극적 권리범위확인심판

적극적 권리범위확인심판은 상표권자 또는 전용사용권자가 청구의 주체가 되는 점에서 침해소송과 직접적으로 대응되는 심판이다. 적극적 권리범위확인심판의 확인대상상표는 현재 상대방이 사용하고 있는 상표이고, 나아가 과거에 사용하였던 상표도 확인대상상표가 될 수 있으나,[7] 권리범위확인심판이 당해 등록상표의 보호범위를 기초로 하여 구체적으로 문제된 확인대상상표와의 관계에서 권리의 효력이 미치는지 여부를 확인하는 권리관계의 확정을 목적으로 하고 있는 이상, 권리범위확인심판은 침해소송의 구체적인 상표분쟁과 관련하여서만 인정하여야 하므로, 과거에 사용하였던 상표 중 침해소송에서의 소의 이익이 부정되는 것을 확인대상상표로 한 권리범위확인심판은 확인의 이익이 없다.

또한 현재는 사용하지 않고 있더라도 사용할 우려가 있는 경우에는 상표법 제107조에 따라 금지청구를 할 수 있으므로, 이를 대상으로 하는 적극적 권리범위확인심판도 가능하다고 할 것이고, 상표법 제108조 제1항, 제2항 각호에 해당하는 상표도 확인대상상표가 될 수 있다.

한편, 상대방의 확인대상상표가 등록상표인 경우에는 설령 그것이 상표권자 또는 전용사용권자의 선등록상표와 동일 또는 유사하더라도 상대방의 등록상표가 자기의 등록상표의 보호범위에 속한다는 적극적 권리범위확인을 구하는 것은 상대방의 등록상표가 상표법 소정의 절차에 따라 무효심결이 확정되기까지는 무효를 주장할 수 없음에도 그에 의하지 아니하고 상대방의 등록상표의 효력을 부인하는 결과가 되므로 부적법하다.[8]

---

6) 특허법원 지적재산소송실무연구회편(주 1), 710 참조.
7) 아래 대법원 1994. 3. 22. 선고 93후1117 판결이 상표등록취소심판의 확정으로 등록이 취소된 상표권에 관한 상표권 존속기간 동안의 권리범위확인심판을 허용하고 있는 것을 유추하면 허용될 것으로 보인다.
8) 대법원 1992. 10. 27. 선고 92후605 판결[공1992, 3302]; 대법원 2014. 3. 27. 선고 2013후2316 판결 등 참조.

3. 소극적 권리범위확인심판

소극적 권리범위확인심판은 이해관계가 있는 제3자가 다양한 방어의 목적으로 제기하는 심판으로, 이에 대하여 직접 대응되는 민사소송을 찾을 수 없는 상표심판에 고유한 제도라고 보는 견해도 있으나,9) 위에서 본 바와 같이 권리범위확인심판의 법적 성질이 권리관계의 확정을 목적으로 하는 것인 점에 비추어 보면, 적극적 권리범위확인심판뿐만 아니라 소극적 권리범위확인심판도 침해소송의 구체적인 상표분쟁과 관련하여서만 인정하여야 하고, 이는 구체적인 분쟁을 떠난 소송제도는 생각할 수 없음에도 현행법이 권리범위확인심판에 대하여 일본의 판정제도와 달리 법원에 불복할 수 있도록 하고 있는 점에 비추어 명백하며,10) 소극적 권리범위확인심판의 확인대상상표에 적극적 권리범위확인심판과 달리 장래 사용하고자 하는 상표가 포함된다고 하여 달리 볼 것은 아니다.

상표권자가 소극적 권리범위확인심판의 상대방인 피심판청구인이 될 수 있음에는 의문의 여지가 없다. 한편, 전용사용권자가 소극적 권리범위확인심판의 피심판청구인이 될 수 있는지와 관련하여서는 논란이 있을 수 있으나, 전용사용권자가 적극적 권리범위확인심판의 심판청구인이 되거나 침해소송의 원고가 될 수 있고, 전용사용권을 설정한 범위 내에서는 사실상 상표권이 양도된 것과 마찬가지의 효과가 있으므로, 전용사용권자를 소극적 권리범위확인심판의 피심판청구인에서 제외할 이유는 없는 것으로 보인다.

적극적 권리범위확인심판과 달리 자신의 등록상표를 확인대상상표로 하는 소극적 권리범위확인심판은 피심판청구인인 상표권자 또는 전용사용권자의 등록상표의 효력을 부인하는 것이 아니므로, 허용된다.

Ⅲ. 권리범위확인심판의 대상과 심리범위

1. 등록상표의 적격

상표권의 권리범위확인심판은 현존하는 상표권의 범위를 확정하려는 데 그 목적이 있으므로, 일단 적법하게 발생한 상표권도 그 상표등록이 무효로 되었다면 그에 대한 권리범위확인심판을 청구할 이익이 없으나,11) 상표등록취소심판

---

9) 특허법원, 특허재판실무편람(2002), 143.
10) 박정희(주 2), 442, 443.
11) 대법원 2010. 7. 22. 선고 2010후982 판결 등.

의 확정으로 등록이 취소된 경우에는 상표등록무효심판의 경우와는 달리 소급
효가 인정되지 않으므로 등록취소심판이 확정되기 이전에 상표권이 존속되는
기간 동안의 권리범위에 대한 확인심판은 이를 청구할 이익이 있다.[12]

2. 확인대상상표

(1) 확인대상상표의 특정

　권리범위확인심판을 청구하는 심판청구인은 심판청구서에 등록상표와 대비
할 수 있는 상표견본 및 그 사용상품목록을 첨부하여야 하고(상표법 제125조 제3
항), 간접침해에 해당하거나, 해당하지 않음을 주장하는 경우에는 상표법 제108
조 제1항, 제2항 각호에 따라 확인대상상표를 특정하여야 한다.

　권리범위확인심판의 심판대상은 이와 같이 심판청구인이 심판청구서에서
특정한 확인대상상표이므로, 심판청구인이나 피심판청구인이 확인대상상표와
다른 실사용상표를 사용하고 있다고 하더라도 이는 아래에서 보는 권리범위확
인심판의 확인의 이익의 문제에 귀결될 뿐 그 판단의 대상은 여전히 심판청구
서에서 특정한 확인대상상표이다.[13]

　소극적 권리범위확인심판에서는 확인대상상표의 동일성에 영향을 미치는
청구의 변경, 예를 들면 도형과 문자의 결합으로 이루어진 확인대상상표의 표장
을 문자 부분으로 변경하는 것은[14] 심판청구서의 요지의 변경이어서 허용되지
아니하나(상표법 제125조 제2항), 적극적 권리범위확인심판에서는 피심판청구인
이 자신의 실사용상표가 확인대상상표와 다르다고 주장하는 경우에 한하여 확
인대상상표의 동일성에 영향을 미쳐서 심판청구서의 요지의 변경이 되더라도
그 확인대상상표를 실사용상표로 변경할 수 있다(상표법 제125조 제2항 단서 제3
호). 이와 달리 동일성에 영향을 미치지 않는 확인대상상표의 변경은 심판청구
서의 요지의 변경이 아니어서 허용된다.

(2) 확인대상상표와 실사용상표의 동일성

　등록상표와 지정상품의 보호범위는 상표등록출원서에 적은 상표 및 기재사
항 또는 상품에 따라 정해지고(상표법 제91조), 권리범위확인심판은 어느 특정

---

12) 대법원 1994. 3. 22. 선고 93후1117 판결[공1994, 1336] 등. 다만, 침해소송을 제기할 소
　　의 이익이 없는 경우에는 권리범위확인심판을 청구할 이익도 없다.
13) 대법원 1995. 5. 12. 선고 94후1930 판결[공1995, 2125] 등 참조.
14) 대법원 1990. 3. 13. 선고 89후1264[공1990, 891] 등.

등록상표의 상표권의 효력이 미치는 객관적 범위를 확정짓는 것이므로, 법률상 분쟁을 즉시 확정할 만한 구체적인 이익이 필요하다. 따라서 확인대상상표는 실제 사용하고 있는 상표 또는 사용하고자 하는 상표와 동일한 것이어야 하고, 유사한 상표인 경우에는 확인의 이익이 없다.[15]

다만, 확인대상상표와 실사용상표가 차이가 있더라도 그 차이가 나는 부분이 확인대상상표와 실사용상표의 표장의 동일성에 영향을 미치지 않는다면 확인의 이익이 있다.[16] 대법원 2010. 9. 9. 선고 2010후1268 판결에서는 확인대상상표와 실사용상표의 표장의 동일성과 관련하여 "차이가 나는 부분이 부기적인 것에 불과하여"라는 표현을 사용하고 있으나,[17] 확인대상상표와 실사용상표의 표장의 동일성의 문제는 양자의 동일성을 확인하는 사실인정의 문제로 보아야 하므로, 실사용상표에 표장의 동일성에 영향을 미치지 않는 부분이 부가되어 있다는 의미로 해석하여야 할 것이다.

(3) 확인대상상표의 상표적 사용과 효력 제한 사유

권리범위확인심판이 위에서 본 바와 같이 구체적으로 문제가 된 확인대상상표와의 관계에서 등록상표의 효력이 미치는지 여부를 확인하는 권리확정을 목적으로 하는 것이고, 확인대상상표가 등록상표의 보호범위에 속한다고 하려면 상표로 사용할 것이 전제되므로, 확인대상상표가 상표의 본질적인 기능이라고 할 수 있는 자타상품의 출처표시를 위하여 사용되어야만 등록상표의 보호범위에 속하며,[18] 상표의 본질적인 기능이라고 할 수 있는 출처표시를 위한 것이 아니라 순전히 디자인적으로만 사용되는 등으로 출처표시기능을 가지지 않아 상표의 사용으로 인식될 수 없는 경우에는 등록상표의 보호범위에 속하지 아니한다.[19]

또한 권리범위확인심판이 확인대상상표와의 관계에서 등록상표의 효력이 미치는지 여부를 확인하는 권리확정을 목적으로 하는 것인 이상, 당사자가 주장하는 경우에는 확인대상상표가 상표법 제90조 제1항, 제2항 각호의 상표권 효

---

15) 특허법원 지적재산소송실무연구회편(주 1), 710.
16) 대법원 2010. 9. 9. 선고 2010후1268 판결(공2010하, 1935).
17) 대법원 2001. 12. 27. 선고 2001후577 판결[공2002, 413] 등을 따른 것으로 보이는데, 상표 유사 여부 판단에는 법률적인 평가가 필요하여 '부기적인 부분'인지에 대한 판단이 필요할지 모르나, 확인대상상표와 실사용상표의 표장의 동일성 문제는 사실인정의 문제이어서 적절한 표현이라고 보기는 어렵다.
18) 대법원 2008. 7. 10. 선고 2006후2295 판결 등.
19) 대법원 2005. 10. 7. 선고 2004후1458 판결[공2005, 1805] 등.

력 제한 사유에 해당하는지 여부도 심리·판단하여야 한다.

　그러나 권리범위확인심판은 심결이 확정되는 경우 각하심결이 아닌 한 심판의 당사자뿐 아니라 제3자에게도 일사부재리의 효력이 미치므로, 소극적 권리범위확인심판의 청구인이 확인대상상표와 피심판청구인의 등록상표가 표장 및 사용(지정)상품이 동일하거나 유사하다는 점은 다투지 않은 채, 다만 자신은 상표법 제99조의 선사용에 따른 상표를 계속 사용할 권리를 가지고 있다거나, 피심판청구인의 상표등록출원 행위가 심판청구인에 대한 관계에서 사회질서에 위반된 것이라는 등의 대인적(對人的)인 상표권 행사의 제한사유를 주장하면서 확인대상상표가 등록상표의 권리범위에 속하지 않는다는 확인을 구하는 것은 상표권의 효력이 미치는 범위에 관한 권리확정과는 무관하므로 확인의 이익이 없어 부적법하다.[20]

Ⅳ. 권리범위확인심결의 효력

1. 권리범위확인심결의 일반적 효력

　상표분쟁과 관련된 다른 심판제도인 등록무효심판에 관한 상표법 제117조 제3항, 상표권의 존속기간연장등록의 무효심판에 관한 상표법 제118조 제3항 및 상품분류전환등록의 무효심판에 관한 상표법 제214조 제3항에서는 그 상표등록, 상표권의 존속기간연장등록 및 상품분류전환등록을 무효로 한다는 심결이 확정된 경우에는 그 상표권, 상표권의 존속기간연장등록 및 상품분류전환등록이 처음부터 없었던 것으로 본다고 정하고 있다. 또한, 등록취소심판에 관한 상표법 제119조 제6항에서는 "상표등록을 취소한다는 심결이 확정되었을 경우에는 그 상표권은 그때부터 소멸된다. 다만, 제1항 제3호에 해당하는 것을 사유로 취소한다는 심결이 확정된 경우에는 그 심판청구일에 소멸하는 것으로 본다."라고 정하고 있다. 그리고 거절결정 등에 대한 불복심판에 관한 상표법 제156조 제1항에서는 "심판관합의체는 제115조에 따른 보정각하결정에 대한 심판 또는 제116조에 따른 거절결정에 대한 심판이 청구된 경우에 그 청구가 이유 있다고 인정하는 경우에는 심결로써 보정각하결정 또는 거절결정을 취소하여야 한다.", 제3항에서는 "제1항 및 제2항에 따른 심결에서 취소의 기본이 된 이유는 그 사건에 대하여 심사관을 기속(羈束)한다."라고 정하고 있다.

---

20) 대법원 2013. 2. 14. 선고 2012후1101 판결[공2013상, 511].

이에 따라 등록무효심판, 상표권의 존속기간연장등록의 무효심판, 상품분류
전환등록의 무효심판, 등록취소심판 및 거절결정 등에 대한 불복심판의 경우에
는 그 심결이 확정됨에 따라 당해 상표권 등이 무효로 되거나 거절결정 등을
취소하여야 하는 효력이 생긴다.[21]

그러나 권리범위확인심판의 경우에는 그 심결의 효력과 관련하여 별도의
규정이 없기 때문에 등록무효심판 등의 심결에서 인정되고 있는 형성적 효력
내지는 심사관에 대한 기속력은 없고, 모든 종류의 심판의 심결(각하심결 제외)
이 가지는 일사부재리의 효력만이 있을 뿐이어서(상표법 제150조), 그 심판절차
내에서나, 심판절차 외에서 법률적 의미의 효력을 가지지는 못한다.[22]

다만, 권리범위확인심판의 심결이 확정되면 확인대상상표가 등록상표의 보
호범위에 속하는지 여부가 공적으로 확인될 뿐이다.[23]

2. 침해소송과의 관계

권리범위확인심판의 법적 성질을 구체적으로 문제된 확인대상상표와의 관
계에서 권리의 효력이 미치는지 여부를 확인하는 권리관계의 확정을 목적으로
하는 것이라고 보더라도, 이러한 권리관계의 확정은 당해 심판절차 내에서의 권
리관계를 확정하는 것에 지나지 않아 별도의 법률적 근거가 없는 이상 권리범
위확인심결이 침해소송에 기속력을 미친다고 보기는 어렵고, 한편 확정된 권리
범위확인심결의 일사부재리의 효력은 동일사실 및 동일증거에 의하여 다시 심
판을 청구할 수 없는 것에 불과하여 이 또한 권리범위확인심결이 침해소송에
기속력을 가질 수 있는 근거로 되지 못한다.[24]

결국 현행 상표법의 해석으로는 권리범위확인심결은 침해소송을 담당하는
법원을 기속할 수 없고, 증거로 제출되는 경우 확인대상상표가 당해 등록상표를
침해하였는가에 관한 전문기관의 판단으로서 하나의 유력한 증거자료가 될 뿐
이다.[25]

대법원도 "상표에 관한 권리범위확인심판의 심결이 확정된 경우 그 심결이

---

21) 박정희(주 2), 443, 444 참조.
22) 박정희(주 2), 444 참조.
23) 문삼섭, 상표법, 세창출판사(2002), 798; 윤선희, 상표법, 법문사(2007), 654; 오세중·이창
     훈, 의장법·상표법(개정판), 한빛지적소유권센터(2002), 984 등도 같은 취지이다.
24) 박정희(주 2), 444.
25) 박정희(주 2), 444 참조.

민사·형사 등 침해소송을 담당하는 법원을 기속하지는 못한다"라고 판시26)하여 같은 입장을 취하고 있다.

3. 그 효력 등에 비추어 본 존치 필요성

현행 상표법에서 권리범위확인심판제도를 두고 있기는 하지만 위에서 본 바와 같이 상표분쟁과 관련된 다른 심판제도와 달리 권리범위확인심결의 효력에 대하여 별도의 규정이 없고, 권리범위확인심판이 상표분쟁에서 가지는 기능과 관련하여 확인대상상표가 당해 등록상표의 보호범위에 속하는가, 아닌가는 그와 관련된 침해소송에서 종국적으로 다루면 되는 문제여서 같은 내용을 판단하기 위하여 별도로 권리범위확인심판제도를 두어야 하는지 의문이며, 확인의 이익이라는 관점에서 권리범위확인심판이 민사소송이나 행정소송에서 요구하는 확인의 이익이 없음은 의문의 여지가 없다.27)

특허법상의 권리범위확인심판은 현재 특허침해소송을 담당하는 법원에 당해 특허발명과 확인대상발명에 대한 기술적 이해를 뒷받침할 수 있는 제도적 장치가 미비 되어 있어서 공적인 기술전문기관인 특허심판원의 견해를 들을 필요가 있다는 점에서 그 존재의의를 쉽게 부인하기 어려운 것이 현실이고, 특허침해소송과의 관계에서도 일정 부분 기여하는 바도 있다.

그러나 상표법상의 권리범위확인심판은 특허법상의 권리범위확인심판과 달리 그 판단에 기술적 이해가 필요하지 않을 뿐만 아니라 확인대상상표가 등록상표의 보호범위에 속하는가라는 법률문제를 법률전문가라고 보기 어려운 특허심판원의 판단을 거치게 하는 것이어서, 이를 존치시켜야 할 현실적인 필요성이나 근거를 찾기가 어렵다. 따라서 상표법상의 권리범위확인심판제도는 이를 조속히 폐지하는 것이 바람직하고, 폐지하기 전이라도 그 심판의 범위를 축소하는 것이 바람직한 것으로 보인다.

〈박정희〉

---

26) 대법원 2011. 2. 24. 선고 2008후4486 판결[공2011상, 762].
27) 박정희(주 2), 441, 445 참조.

제122조(제척기간)

① 제34조제1항제6호부터 제10호까지 및 같은 항 제16호, 제35조, 제118조제1항제1호 및 제214조제1항제3호에 해당하는 것을 사유로 하는 상표등록의 무효심판, 존속기간갱신등록의 무효심판 또는 상품분류전환등록의 무효심판은 상표등록일, 존속기간갱신등록일 또는 상품분류전환등록일부터 5년이 지난 후에는 청구할 수 없다.

② 제119조제1항제1호·제2호·제5호, 같은 항 제7호부터 제9호까지 및 제120조제1항에 해당하는 것을 사유로 하는 상표등록의 취소심판 및 전용사용권 또는 통상사용권 등록의 취소심판은 취소사유에 해당하는 사실이 없어진 날부터 3년이 지난 후에는 청구할 수 없다.

<소 목 차>

Ⅰ. 서론
　1. 의의
　2. 제척기간과 '권리의 행사'
Ⅱ. 연혁·비교법적 고찰
　1. 제정 상표법
　2. 1973년 개정 상표법
　3. 1980년 개정 상표법
　4. 1990년, 1993년 및 제1997년 개정
　　 상표법
　5. 2004년 개정 상표법
　6. 2016. 2. 29. 개정 상표법
Ⅲ. 무효심판청구의 제척기간(5년)
Ⅳ. 취소심판의 제척기간(제2항)

Ⅰ. 서론

1. 의의

이 규정은 과오로 등록된 상표권이나 취소사유를 안고 있는 상표권이라도 일정 기간 무효심판이나 취소심판이 청구되지 않고 평온하게 경과한 후에는 기존의 법률상태를 존중하고 법적 안정성을 확보하는 것이 오히려 바람직하다는 취지에서 제척기간을 둔 것이다.[1] 특히 상표법은 사용에 의하여 축적된 상표사용자의 업무상 신용을 보호하기 위한 것이라는 점에서 무효나 취소에 관한 사익보다 등록상표를 사용하여 형성한 상표권자의 사익을 우선할 필요가 있기 때문에 제척기간을 법률로 규정하여 권리의 불안정성을 조기에 제거할 필요가 있

---

[1] 특허청, 조문별 상표법해설(2007), 392; 中山信弘 외 2인 편, 비교상표판례연구회 역, 상표판례백선, 박영사(2011), 258; 小野昌延 편, 注解 商標法 [신판] 하권, 靑林書院(2005), 1109.

다.2) 제척기간은 모든 무효사유에 관한 무효심판 또는 취소심판에 적용되는 것은 아니고 위 규정에 정해진 경우에만 적용되는데, 제척기간의 적용 여부는 무효사유가 공익적인 견지에서 기존의 법률상태를 뒤집어서까지 무효로 해야 할 것인지 아닌지에 따라 정해진다.3) 나아가 이 규정에 의한 제척기간이 경과한 경우 당해 등록상표에 대하여는 더 이상 등록무효심판을 청구할 수 없게 됨으로써 결과적으로 당해 등록상표가 등록된 상태를 유지하게 되는 것에 불과할 뿐 다른 상표와의 유사 여부가 의제·확정된다거나 나아가 상품출처의 오인·혼동의 우려가 치유된다고 볼 수는 없다.4)

제척기간은 일정기간 권리를 행사하지 않으면 그 권리가 소멸한다는 점에서 소멸시효와 공통점이 있다. 그러나 시효는 영속적인 사실 상태를 존중하여 법률생활의 안정을 도모하려는 데에 목적이 있으며, 따라서 기간의 중단이나 중지제도가 있지만 제척기간은 법률관계의 신속한 확정을 목적으로 하기 때문에 그 기간이 짧고 중단제도가 없다는 점에서 시효와 다르다. 또한 시효는 당사자가 이를 원용하지 않으면 법원은 재판할 수 없으나 제척기간은 당연히 효력이 발생하고, 법원은 이를 기초로 하여 재판하지 않으면 안 된다.5)

무효사유에 관한 제척기간은 상표법뿐만 아니라 특허법, 실용신안법, 의장법에도 존재했었으나, 현재 다른 법에서는 모두 삭제되고 상표법에만 남아있다.6) 무효사유가 있는 특허권 등의 행사는 제3자에게 주는 피해가 큰 데 비해 상표의 경우에는 하자있는 상표권 행사에 의한 폐해보다 오랜 사용에 의해 축적된 신용을 뒤집는 폐해가 오히려 크다고 보고 권리의 안정화를 도모하기 위한 것이다.7)

2. 제척기간과 '권리의 행사'

제척기간은 일정기간 권리를 행사하지 않은 것을 근거로 그 권리가 소멸하

---

2) 특허청(주 1), 392.

3) 일본특허청 편, 工業所有權法逐條解說 제16판(2001), 1206. 中山信弘 외 2인 편(주 1) 258에서 재인용; 小野昌延 편(주 1), 1109 참조.

4) 대법원 2005.5.26. 선고 2004후3447 판결 및 그 원심판결인 특허법원 2004. 11. 5. 선고 2004허2178 판결.

5) 곽윤직 대표편집, 민법주해 제3권 총칙(3), 박영사(2008), 400-406 참조; 고상용, 민법총칙 제3판, 법문사(2005), 661-664 참조; 특허청(주 1), 392-393.

6) 中山信弘 외 2인 편(주 1), 261.

7) 송영식 외 6인 공저, 송영식 지적소유권법(하), 육법사(2008), 359; 網野誠, 商標[제6판], 有斐閣(2002), 958.

도록 하는 것이다. 이때 '권리의 행사'의 의미와 관련하여 몇 가지 검토할 부분이 있다. 첫째로, 어느 등록상표에 대한 무효심판이 청구되고 심판절차의 계속 중에 제척기간이 경과한 경우 그 이후에 제척기간의 정함이 있는 무효사유를 추가로 주장하는 것이 허용될 것인가가 문제된다. 이는 무효심판의 심판의 대상을 어떠한 기준에 의하여 결정할 것인가와 관련된 문제로서, 일반적으로 심판의 대상을 어떻게 정할 것인가는 민사소송에서의 소송물 이론에 따라 견해가 나누어진다.

먼저 소송물이 실체상의 형성권 내지 형성요건을 기준으로 정해져야 한다는 견해에 의하면, 상표법 제117조에 열거된 무효사유마다 심판절차의 대상이 존재하고 따라서 근거로 되는 조문이 다르면 다른 심판절차가 되므로, 어떠한 무효사유에 관하여 제척기간이 정해져 있고 그 제척기간이 경과하였으면 제척기간 경과 후에 새로운 무효심판이 청구되는 것과 마찬가지로 허용될 수 없다는 결론에 도달하게 된다.

한편, 소송물이 형성을 요구할 수 있는 권리관계를 기준으로 정해져야 한다는 견해에 의하면, 같은 상표등록에 대한 것인 이상 상표법 제117조에 열거된 각 무효사유는 당해 심판절차의 공격방법으로 평가되는 것이고, 가사 제척기간이 경과된 후에 제척기간이 정해져 있는 무효사유에 기초하여 주장이 이루어진 경우에도 공격방법의 변경에 불과한 것이므로 허용되어야 한다는 결론에 도달하게 된다.[8]

다수의 견해는 제척기간이 정해져 있는 무효사유를 제척기간이 경과한 후에도 주장할 수 있다고 한다면 제척기간을 정한 취지가 몰각된다는 견지에서 제척기간이 경과된 후에는 제척기간이 정해져 있는 무효사유에 기한 주장을 할 수 없다는 견해를 지지하고 있는 것으로 보이고,[9] 일본 최고재판소도 "무효심판청구의 경우 각 무효사유마다 1개의 청구로 보아야 하고, 무효심판청구 후에 새로운 무효사유를 추가 주장하는 것은 새로운 무효심판청구를 추가하는 것으로 해석하여야 하며, 제척기간 경과 후에는 무효심판절차에서 새로운 무효사유를 추가하는 것은 허용될 수 없다"고 하여 같은 견해를 취한 바 있다.[10]

이와 같은 견해에 대해서는 그 결론에는 동의하면서도 각 무효이유는 대등

---

8) 小野昌延 편(주 1), 1112 참조.
9) 문삼섭, 상표법(제2판), 세창출판사(2004), 935-936; 中山信弘 외 2인 편(주 1), 259 참조.
10) 最高裁 1983. 2. 17. 昭和57년(行ツ) 제99호 제1소법정 판결. 中山信弘 외 2인 편(주 1), 257에서 재인용.

한 것이 아니라 무효이유에 따라서는 다른 무효이유를 포함하기도 하므로, 그와 같은 무효이유가 주장되고 있는 경우에는 거기에 포함된 다른 무효이유도 잠재적으로 주장되고 있고 따라서 제척기간의 효과를 받지 않는다고 주장하는 견해도 있다.[11]

우리나라 대법원은 "상표법 제76조제1항은 제7조제1항제7호 등에 해당하는 것을 사유로 하는 상표등록의 무효심판은 상표등록일부터 5년이 경과한 후에는 이를 청구할 수 없도록 규정하고 있는바, 이는 제척기간이 경과한 후에는 무효심판을 청구할 수 없음은 물론 제척기간의 적용을 받지 않는 무효사유에 의하여 무효심판을 청구한 후 그 심판 및 심결취소소송 절차에서 제척기간의 적용을 받는 무효사유를 새로 주장하는 것은 허용되지 않는다는 취지이다"라고 판시하여[12] 제척기간이 경과한 경우 그 이후에 제척기간의 정함이 있는 무효사유를 추가로 주장하는 것은 허용되지 않는다는 입장을 취하였다.

이와 관련하여 무효사유는 변경 없이 비교대상상표(인용상표)를 A로 하였다가 B를 추가하거나 B로 변경하는 것은 가능한가가 문제될 수 있는데, 상표법 제125조 제2항은 본문에서 심판청구서의 요지를 변경할 수 없다고 하면서도 단서에서 청구의 이유를 보정하는 경우 등에는 그러하지 아니하다고 규정하고 있는바, 비교대상상표의 추가 또는 변경은 청구의 이유의 보정에 해당하여 요지를 변경할 수 없다는 제한을 받지 아니하므로 가능하다는 견해와,[13] 이러한 경우도 요지의 변경에 해당하여 불가능하다는 견해가 있을 수 있다.[14]

둘째로, 위와 같은 사안에서 제척기간 경과 전에 무효사유에 관하여 어느 정도 제시해 두어야만 그것이 '권리의 행사'로 인정되어 제척기간의 적용을 벗

---

11) 山上和則, "商標登録無效審判の除斥期間經過後における無效理由の追加", 村林隆一先生還曆記念 判例商標法[1991], 441. 中山信弘 외 2인 편(주 1), 260에서 재인용.

12) 대법원 2009. 5. 28. 선고 2008후4691 판결. 이 판결은 의장(디자인)에 관한 92후63 판결을 참조하였는데, 동 판결은 "구 의장법(1990.1.13. 법률 제4208호로 전문 개정되기 전의 것) 제51조가 규정하는 바는 제척기간이 경과한 후에는 무효심판을 청구할 수 없음은 물론 일단 제척기간 경과 전에 무효심판청구를 하였지만 제척기간 경과 후에 외국에서만 반포된 간행물을 제출하여 그 외국 반포 간행물을 근거로 하여 새로이 특허무효를 주장하는 것은 허용되지 않고, 제척기간 경과 전에 막연하게 특정되지 아니한 외국문헌공지를 이유로 하여 무효심판을 청구하였으나 그 증거방법이 특정되지 아니한 경우 이를 제척기간 경과 후에 제출할 수는 없으며, 특허를 무효로 할 수 없는 외국문헌을 특정하여 이를 제척기간 내에 제출하였다고 하여도 제척기간 경과 후에 특허를 무효로 할 수 있는 외국문헌을 새롭게 제출할 수 없다는 취지이다"라고 판시하였다. 대법원 1992. 6. 26. 선고 92후63 판결.

13) 小野昌延 편(주 1), 1113-1114 참조.

14) 위 각주 12)에서 언급된 대법원 1992. 6. 26. 선고 92후63 판결 참조.

어날 수 있는가가 문제된다. 일반적으로 제척기간은 권리관계를 조속히 확정하기 위해 법률이 정한 기간이므로 그 기간 내에 권리행사의 의사가 나타나야만 하고 그러한 의사는 특정한 권리행사에 대한 의사이어야 한다.[15] 이와 관련하여 일본의 판례는 "제척기간 내에 행하여져야 하는 권리행사의 의사표시는 법조에 의해 무효사유를 특정하여 주장하여야 하되, 동일 사실 및 동일 증거가 문제로 되는 구체적인 사실관계에 대한 주장이 없더라도 특정한 무효사유에 관련된 '권리행사의 의사'를 나타내고 있는 것"으로 보아, 해당 법조에 관련된 상표등록결정의 위법성을 심리의 대상으로 삼은 바 있다.[16]

II. 연혁·비교법적 고찰

1. 제정 상표법

제정상표법(1949. 11. 28. 법률 제71호)은 제25조 단서에서 "단, 제5조, 제9조 내지 제12조와 제24조 제4호의 경우에는 그 이해관계자만이 4년 이내에 한하여 심판을 청구할 수 있으며"라고 규정하여 제척기간을 4년으로 규정하였다.[17]

2. 1973년 개정 상표법

1973년 개정상표법(1973. 2. 8. 법률 제2506호)은 제44조에 별도의 제척기간 조문을 신설하여 무효심판은 5년, 취소심판은 3년의 제척기간을 규정하였다.

3. 1980년 개정 상표법

1980년 개정상표법(1980. 12. 31. 법률 제3326호)은 제44조에서 상표권의 존속기간갱신등록 무효심판의 제척기간을 추가하였다.

4. 1990년, 1993년 및 제1997년 개정 상표법

1990년 개정상표법(1990. 1. 13. 법률 제4210호)은 제76조에서 제척기간에 관하여 규정하였고, 그 후 1993년 개정 상표법(1993. 12. 10. 법률 제4597호)에서는 갱신등록출원시에 사용실적제출제도가 폐지되어 이와 관련된 제척기간의 규정

---

15) 中山信弘 외 2인 편(주 1), 264.
16) 最高裁 2005. 7. 11. 平成(평성) 15년(行ヒ) 제353호 제2소법정 판결, 中山信弘 외 2인 편(주 1), 267에서 재인용.
17) 이 항의 연혁·비교법적 고찰에 관한 부분은 특허청(주 1), 393-394의 체제를 따른 것이다.

을 삭제하는 등의 개정을 하였으며, 1997년 개정 상표법(1997. 8. 22. 법률 제5355
호)에서는 포도주와 증류주의 산지를 포함하는 상표의 부등록사유가 신설되어
이의 제척기간을 신설하는 등의 개정이 있었다.[18)]

5. 2004년 개정 상표법

2004년 개정상표법(2004. 12. 31. 법률 제7290호)에서는 법 제7조 제1항 제9호
의2규정을 신설하여 타인의 주지 미등록 지리적 표시와 동일 또는 유사한 상표
등록출원을 부등록사유로 하였는바, 그에 따른 무효심판의 제척기간을 추가로
규정하였다.[19)] 또한 법 제73조 제1항 제10호 내지 제12호를 신설하여 타인이
단체표장을 무단으로 사용하는 데 대하여 상당한 조치를 취하지 아니한 경우,
지리적 표시 단체표장 사용 단체가 동업자의 가입을 제한하거나 부적격자를 가
입시킨 경우 및 동음이의어 지리적 표시 단체표장이 있음에도 이를 구분할 식
별표지를 하지 아니한 경우에는 상표등록을 취소할 수 있도록 하였는데, 그에
따른 취소심판 제척기간을 추가로 규정하였다.[20)]

6. 2016. 2. 29. 개정 상표법

2016. 2. 29. 전부개정된 상표법(법률 제14033호, 2016. 9. 1. 시행)에서는 조문
체계를 정비함에 따라 조문을 제122조로 변경하였다.

III. 무효심판청구의 제척기간(5년)

제34조 제1항 제6호(저명한 타인의 성명 등), 제7호(타인의 선등록상표와 동일
또는 유사), 제8호(타인의 등록된 지리적 표시 단체표장과 동일 또는 유사), 제9호(주
지상표와 동일 또는 유사), 제10호(주지 지리적 표시와 동일 또는 유사), 제16호(포도
주와 증류주의 산지표시), 제35조(선출원된 타인의 상표와 동일 또는 유사), 제118조
제1항 제1호(상표권의 갱신등록신청 기간을 벗어난 신청), 제214조 제1항 제3호(제
18조 제1항에 따라 상품분류전환에 관한 절차가 무효로 된 경우)에 해당하는 것을
사유로 하는 상표등록의 무효심판, 상표권의 존속기간갱신등록의 무효심판 및
상품분류전환등록의 무효심판은 상표등록일, 상표권의 존속기간갱신등록일 및

---

18) 특허청(주 1), 394 참조.
19) 특허청(주 1), 394 참조.
20) 특허청(주 1), 394 참조.

상품분류전환등록일로부터 5년이 경과한 후에는 이를 청구할 수 없다.

IV. 취소심판의 제척기간(제2항)

제119조 제1항 제1호(상표권자의 부정사용), 제2호(전용사용권자 또는 통상사용 권자의 부정사용), 제5호(단체표장의 정관에 위배된 사용), 제7호, 제8호 및 제9호(단 체표장, 지리적 표시 단체표장 및 증명표장의 정관에 위배된 사용 등으로 인한 오인·혼동), 제120조 제1항(사용권등록의 취소심판)의 규정에 해당하는 것을 사유로 하는 상표등록의 취소심판 및 전용사용권 또는 통상사용권 등록의 취소심판은 취소사유에 해당하는 사실이 없어진 날부터 3년이 지난 후에는 청구할 수 없다.

〈김기영〉

제123조(심사규정의 상표등록거절결정에 대한 심판에 관한 준용)

① 제54조에 따른 상표등록거절결정에 대한 심판에 관하여는 제41조, 제42조, 제45조, 제55조, 제57조부터 제68조까지, 제87조제2항·제3항 및 제210조제2항·제3항을 준용한다. 이 경우 그 상표등록출원 또는 지정상품추가등록출원에 대하여 이미 출원공고가 있는 경우에는 제57조는 준용하지 아니한다.

② 제1항에 따라 제42조를 준용하는 경우에는 제42조제3항 중 "제115조에 따라 심판을 청구한 경우"는 "제162조제1항에 따라 소를 제기한 경우"로, "그 심판의 심결이 확정될 때까지"는 "그 판결이 확정될 때까지"로 본다.

③ 제1항에 따라 준용되는 제42조제4항·제5항, 제55조, 제87조제2항·제3항 및 제210조제2항·제3항을 적용할 때에는 해당 상표등록거절결정의 이유와 다른 거절이유를 발견한 경우에도 준용한다.

〈소 목 차〉

I. 본조의 의의
II. 본조의 연혁
III. 본조의 내용
  1. 자판을 할 경우 심사규정 준용(제1항)
2. 심판관에 의한 보정각하결정(제2항)
3. 새로운 거절이유 통지(제3항)

I. 본조의 의의

특허심판원 심판부는 상표등록거절결정에 대한 심판사건에서 등록의 가부에 관하여도 스스로 판단(自判)할 수 있다. 본조는 그 경우 적용되는 심사 관계 조문을 규정하고 있다. 이는 심판의 심리범위를 해당 상표등록거절결정의 당부에만 한정하지 않고 심사관이 적시하지 아니한 거절이유까지도 심사하여 심판할 수 있게 하였을 뿐만 아니라, 해당 상표등록출원의 등록 가부까지도 심사, 심판이 가능하도록 한 것이다. 따라서 특허심판원 심판부는 심사관의 상표등록거절결정을 취소하고 해당 상표등록출원을 특허청 심사부로 환송하라는 환송심결을 할 수도 있고, 심판부의 자판으로 등록 심결을 하거나 또는 원결정과 다른 이유로 거절결정을 할 수도 있다.[1]

본조 제1항과 제2항은 상표등록거절결정에 대한 심판에 있어서 준용되는

---

1) 특허청, 조문별 상표법해설(2004), 359.

심사 관련 조문을, 제3항은 원거절이유와 다른 거절이유를 발견한 경우에 준용되는 조문을 규정하고 있다.

Ⅱ. 본조의 연혁

(1) 1949년 제정 상표법(1949. 11. 28. 법률 제71호)에서 "제18조(등록출원 또는 갱신등록출원이 최후 거절되었을 때에는 항고심판을 청구할 수 있다) … 규정의 심판에 관하여는 특허법 제11장 내지 제13장의 심판, 항고심판 …의 규정을 준용한다."고 하여(제26조), 특허출원 거절결정에 대한 항고심판절차에서 심사규정을 준용하던 특허법 규정을 준용하고 있었다.

(2) 1973년 전부개정 상표법(1973. 2. 8. 법률 제2506호)은 제50조에서 "① 제16조제2항 및 제22조제2항의 규정은 거절사정에 대한 항고심판에서 그 거절사정의 이유와 다른 거절이유를 발견한 경우에 이를 준용한다. ② 제17조·제22조제3항·특허법 제84조 내지 제90조의 규정은 사정에 대한 항고심판의 청구가 이유 있다고 인정하는 경우에 이를 준용한다. 다만, 이미 출원공고가 있은 상표등록출원에 대하여는 출원공고를 하지 아니하고 심결하여야 한다."고 규정하여, 심판단계에서 적용하는 심사규정 중 일부에 대하여는 특허법을 준용하지 아니하고 직접 규정하고 있었다.

(3) 1995년 개정 상표법(1995. 1. 5. 법률 제4895호)에서는 종전의 심판소와 항고심판소가 특허심판원으로 통합됨에 따라 거절결정에 대한 심판을 항고심판으로 청구하던 것을 특허심판원 심판으로 청구하게 되어 이를 개정하였다. 아울러 제81조(심사규정의 거절사정에 대한 심판에의 준용)에서 "① 제15조·제17조·제18조·제23조제2항·제24조 내지 제30조·제45조제2항 및 제48조제2항의 규정은 거절사정에 대한 심판에 관하여 이를 준용한다. 이 경우 그 상표등록출원 또는 지정상품의 추가등록원에 대하여 이미 출원공고가 있는 경우에는 제24조의 규정은 이를 준용하지 아니한다. ② 제1항의 규정에 의하여 제17조를 준용하는 경우에는 제17조제3항중 '제70조의3의 규정에 의한 보정각하결정에 대한 심판을 청구한 때'는 '제86조제2항의 규정에 의하여 준용되는 특허법 제186조제1항의 규정에 의하여 소를 제기한 때'로, '그 심판의 심결이 확정될 때까지'는 '그 판결이 확정될 때까지'로 본다. ③ 제1항의 규정에 의하여 준용되는 제17조제4항 내지 제6항·제23조제2항·제45조제2항 및 제48조제2항의 규정을 적용함에

있어서는 사정의 이유와 다른 거절이유를 발견한 경우에 이를 준용한다."고 규
정하였다.

(4) 2001년 개정 상표법(2001. 2. 3. 법률 제6414호)에서 갱신절차와 연계된
상품분류전환등록제도가 신설되어 상품분류전환등록의 거절결정 등에 관한 내
용을 추가하였고, '거절사정'을 '거절결정'으로 용어를 변경하였다.[2]

(5) 그 후 2010년 개정 상표법(2010. 1. 17. 법률 제9987호)에서는 거절결정에
대한 심판에 관하여 제24조의2(손실보상청구권), 제24조의3(직권에 의한 보정)도
준용하도록 추가되었고, 2011년 개정 상표법(2011. 12. 2. 법률 제11113호)에서는
종래 특허법의 관련 조항을 준용하던 것을 해소하고 독자 규정을 두게 됨에 따
라 조문을 정리하였다.

(6) 2013년 개정 상표법(2013. 4. 5. 법률 제11747호)에서는 거절이유 통지방
법(제23조 제3항) 및 거절이유에 대한 의견서 제출기간 미준수에 대한 구제수단
(제24조 제4항, 제46조의4 제3항, 제48조 제3항)이 마련됨에 따라 이들 조항도 거절
결정에 대한 심판에 준용하도록 추가되었다.

(5) 한편, 2016. 2. 29. 법률 제14033호로 전부 개정된 현행 상표법은 조문체
계의 정리에 따라 종전 제81조의 규정을 제123조로 이동하고, 준용되는 조문도
이동됨에 따라 바뀐 조문으로 정리하고, 내용의 변경은 없이 문구만 다듬었다.

Ⅲ. 본조의 내용

1. 자판을 할 경우 심사규정 준용(제1항)

상표등록거절결정에 대한 심판에는 직권탐지주의가 적용된다. 즉 상표권은
대세적 효력이 있어 권리의 대항을 받는 일반 제3자의 이익이 부당하게 침해될
염려가 있으므로 이를 방지하고 사건의 신속한 처리를 위하여 직권탐지주의를
채택하고 있다.[3] 따라서 심판관은 심사단계에서 거론되지 아니한 이유로도 자
판할 수 있는바, 본조 제1항은 이 경우의 심사관련 규정을 준용하고 있다. 출원
공고결정후의 보정(제41조), 보정의 각하(제42조), 출원의 분할(제45조), 거절이유
통지(제55조), 출원공고(제57조), 손실보상청구권(제58조), 직권보정 등(제59조), 이
의신청(제60조), 이의신청 이유 등의 보정(제61조), 이의신청에 대한 심사 등(제62

---

2) 특허청(주 1), 360.
3) 문삼섭, 상표법 제2판, 세창출판사(2004), 926.

조), 이의신청에 대한 심사의 범위(제63조), 이의신청의 병합 또는 분리(64조), 이의신청의 경합(제65조), 이의신청에 대한 결정(제66조), 상표등록출원공고 후의 직권에 의한 상표등록거절결정(제67조), 상표등록결정(제68조), 상품분류전환등록의 거절결정에 있어서 거절이유의 통지 및 의견서 제출(제210조 제2항·제3항), 지정상품의 추가등록거절결정에 있어서 거절이유의 통지와 의견서 제출(제87조 제2항·제3항) 등이 준용된다. 다만, 상표등록출원 또는 지정상품의 추가등록출원에 대하여 출원공고가 있는 경우에는 또다시 출원공고를 할 필요가 없는 것이므로, 이미 출원공고가 있는 경우에는 제57조의 규정은 준용하지 않는다.

심판관은 거절결정에 대한 심판과정에서 새로운 거절이유를 발견한 경우에는 이 항에서 준용하는 제55조에 의하여 거절이유를 통지할 수 있고, 심사와 마찬가지로 일정기간 동안 의견서를 제출할 수 있는 기회를 부여한다. 청구인은 제41조의 규정에 따른 보정을 할 수 있다. 또한 심판관은 심사와 마찬가지로 보정이 출원의 요지를 변경하는 부적법한 것인 때에는 제40조 제2항, 제41조 제1항, 제43조의 규정에 의하여 보정각하결정을 한다.

나아가 이 항에서는 제68조(상표등록결정)의 규정도 준용하고 있으므로, 심판관은 거절이유가 모두 해소되거나 잘못 거절결정된 출원에 대하여 심사부로 환송시키는 대신 스스로 등록결정을 수행할 수도 있다.

2. 심판관에 의한 보정각하결정(제2항)

심판관이 청구인의 보정에 대하여 보정각하결정을 하는 경우 청구인은 보정각하결정에 대하여 특허법원에 불복의 소를 제기할 수 있다(제162조 제1항, 본조 제1항, 제42조 제1항). 이 경우에 특허법원의 판결이 확정될 때까지 그 상표등록출원에 대한 심사를 중지하여야 한다(본조 제2항, 제42조 제3항).

3. 새로운 거절이유 통지(제3항)

심판관이 자판 단계에서 심사관의 거절이유와 다른 거절이유를 발견한 경우에는 그 새로운 거절이유에 대하여도 거절이유를 통지할 수 있도록 하고, 그에 대한 의견서를 기간 내에 제출하지 아니한 경우 바로 거절결정을 아니하고 그 기간의 만료 후 2개월 내에 그 절차의 계속을 신청하여 의견서를 제출할 수 있도록 관련 규정을 준용한 것이다. 심판과정에서 새로운 거절이유를 통지하는 경우에는 심판청구인은 이에 대한 의견을 제출할 수 있고, 보정도 할 수 있음은 앞서 본 바와 같다.

〈설범식〉

제124조(공동심판의 청구 등)

① 같은 상표권에 대하여 다음 각 호의 어느 하나에 해당하는 심판을 청구하는 자가 2인 이상이면 각자 또는 그 모두가 공동으로 심판을 청구할 수 있다.

1. 제117조제1항 또는 제118조제1항에 따른 무효심판
2. 제119조제1항에 따른 취소심판
3. 제120조제1항에 따른 전용사용권 또는 통상사용권 등록의 취소심판
4. 제121조에 따른 권리범위 확인심판
5. 제214조제1항에 따른 상품분류전환등록의 무효심판

② 공유인 상표권의 상표권자에 대하여 심판을 청구할 경우에는 공유자 모두를 피청구인으로 청구하여야 한다.

③ 제1항에도 불구하고 상표권 또는 상표등록을 받을 수 있는 권리의 공유자가 그 공유인 권리에 관하여 심판을 청구할 경우에는 공유자 모두가 공동으로 청구하여야 한다.

④ 제1항 또는 제3항에 따른 청구인이나 제2항에 따른 피청구인 중 1인에게 심판절차의 중단 또는 중지의 원인이 있을 경우에는 모두에 대하여 그 효력이 발생한다.

<소 목 차>

Ⅰ. 공동심판의 의의 및 본 조문의 연혁
  1. 공동심판의 의의
  2. 본 조문의 연혁
Ⅱ. 같은 상표권에 대한 각자 또는 공동의 심판청구(제1항)

Ⅲ. 공유상표권자 전원을 피청구인으로 한 심판청구(제2항)
Ⅳ. 상표권이 공유인 경우의 공동 심판청구(제3항)
Ⅴ. 공동심판에서 심판절차의 중단·중지의 효력(제4항)

Ⅰ. 공동심판의 의의 및 본 조문의 연혁

1. 공동심판의 의의

공동심판이란 하나의 심판사건에 대한 청구인 또는 피청구인이 2명 이상 복수인 심판을 말한다. 공동심판제도를 두고 있는 이유는 동일한 절차의 반복 또는 중복으로 인하여 발생할 수 있는 심판경제적인 측면에서 불합리한 점을 방지하고, 분쟁의 통일적 해결을 도모하고 모순을 제거하기 위해서이다.[1]

---

1) 특허청, 조문별 특허법 해설, 영인정보시스템(2002), 355.

공유인 상표권의 권리자들이 심판을 청구하거나, 공유 상표권에 대하여 심
판을 청구하는 경우는 이른바 '필수적 공동심판' 또는 '고유필수적 공동심판'으
로서, 공유자 전원이 심판의 청구인 또는 피청구인이 되어야 한다(제124조 제2
항, 제3항). 동일한 상표권에 대하여 심판을 청구하는 자가 여러 명일 경우에는
이른바 '유사필수적 공동심판' 또는 '임의적 공동심판'에 해당하는 것으로서, 각
자 개별적으로 심판을 청구할 수도 있고 전원이 공동으로 청구할 수도 있다(제
125조 제1항).[2]

우리 대법원 판례는 "디자인권이 공유인 때에는 그 디자인권에 대한 심판사
건에 있어서 공유자 전원이 심판의 청구인 또는 피청구인이 되어야 한다. 따라
서 공유인 디자인권에 관한 심판절차는 공유자 전원에게 합일적으로 확정되어야
할 경우(소위 필요적 공동소송)라 할 것이므로 이런 때에는 심판의 목적인 법률관
계의 성질상 심판절차는 공동당사자의 전원에 대하여 동일하게 진행되어야 할
것이니 공동당사자 1인의 심판절차에 관한 행위라도 그 전원에게 이익이 되는
것은 그 전원에 대하여 효력이 있다고 할 것이다"라고 판시하고 있다.[3] 또한, 대
법원 판례는 "특허의 공유관계는 민법 제273조에 규정된 합유에 준하는 것이라
할 것이므로 특허권이 공유인 때에는 그 특허권에 관한 심판사건에 있어서는 공
유자 전원이 심판의 청구인 또는 피청구인이 되어야 하고, 그 심판절차는 전원
에게 합일적으로 확정되어야 할 필요에서 이른바 필요적 공동소송관계에 있다"
고 판시했다.[4] 이들 판례는 디자인권과 특허권에 관한 것이긴 하지만 상표권에
도 그대로 적용될 수 있으며, 상표법 제124조와 동일한 취지의 규정이 특허법
제139조, 실용신안법 제33조, 디자인보호법 제125조에도 규정되어 있다.

---

2) '고유필수적 공동심판'이란 공동심판이 법률상 강제되고 또 합일확정의 필요가 있는 공
동심판을 말하는 것으로서, 이에 위반하면 당사자 적격이 없어 부적법 각하된다. '유사필
수적 공동심판'이란 공동심판이 강제되지 않으나 합일확정의 필요가 있는 공동심판을 말
하는 것으로서, 각자 개별적으로 심판을 할 수 있지만 일단 공동심판인으로 된 이상 합일
확정이 요청되어 승패를 일률적으로 해야 하는 공동심판을 말한다[이시윤, 신민사소송법,
제6증보판, 박영사(2012), 689; 윤기승, "공동심판의 심결에 대한 취소소송에서의 당사자
적격", 지식재산연구 제4권 제3호, 한국지식재산연구원(2009. 9.), 8; 노태정·김병진, 디자
인보호법 3정판, 세창출판사(2009), 745-746; 문삼섭, 상표법 제2판, 세창출판사(2004),
908-909].
3) 대법원 1982. 6. 22. 선고 81후43 판결.
4) 대법원 1987. 12. 8. 선고 87후111 판결; 민법상 합유물의 처분·변경권은 물론 그 지분
의 처분권도 합유자 전원에 공동귀속되어 있는 관계이므로(민법 제272조, 제273조) 이에
관한 심판이나 소송수행권도 전원이 공동행사할 것을 요한다[이시윤(주 2), 690].

2. 본 조문의 연혁

2011. 12. 2. 개정 상표법 이전의 상표법은 상표 심판에 관한 사항 중 특허법과 공통으로 적용되는 조문에 대하여 특허법의 관련 규정을 준용하였다. 본 조문과 관련해서도 상표법 제77조에서 특허법 제139조를 준용해 오다가 2011. 12. 2. 법률 제11113호로 개정된 상표법에서 준용 규정을 해소하여 독자적으로 상표법 제77조를 두었다. 그 후 조문의 일부 표현만 바꾼 채 2016. 2. 29. 법률 제14033호 전부개정 상표법에서 제124조로 조문의 위치를 변경하였다. 따라서 상표법 제124조의 내용은 조항의 배열이나 표현에서 일부 차이가 있을 뿐 특허법 제139조, 디자인보호법 제125조의 내용과 실질적으로 동일한 것이다.

1946. 10. 15. 제정된 특허법에는 공동심판에 대한 직접적인 명문규정은 없었고, 특허법 시행규칙 제163조에 "심판을 청구하는 청구권이 공유일 때는 그 공유자 전원을 피청구인으로 하여야 함"이라 규정되어 있었다. 그 후 1961. 12. 31. 개정 특허법 제91조에 "동일특허권에 대하여 무효의 심판을 청구하는 경우, 권리범위 확인심판을 청구하거나 청구 당하는 경우, 공유특허권에 대하여 심판을 청구하거나 청구 당하는 경우에는 수인이 심판의 청구인이나 피청구인이 될 수 있다"라고 규정되었다. 그 후 1973. 2. 8. 개정 특허법 제99조는 현행 특허법 제139조 제1항 내지 제3항과 유사하게 되었으며, 1990 1. 13. 개정 특허법에서 현행과 같이 제139조로 조문이 변경되었다. 한편, 일본 특허법 제132조에는 우리나라 특허법 제139조와 거의 같은 내용이 규정되어 있다.

Ⅱ. 같은 상표권에 대한 각자 또는 공동의 심판청구(제1항)

상표법 제124조 제1항은 "같은 상표권에 대하여 다음 각 호의 어느 하나에 해당하는 심판을 청구하는 자가 2인 이상이면 각자 또는 그 모두가 공동으로 심판을 청구할 수 있다. 1. 제117조제1항 또는 제118조제1항에 따른 무효심판, 2. 제119조제1항에 따른 취소심판, 3. 제120조제1항에 따른 전용사용권 또는 통상사용권 등록의 취소심판, 4. 제121조에 따른 권리범위 확인심판, 5. 제214조제1항에 따른 상품분류전환등록의 무효심판"이라고 규정하고 있다. 상표권자로부터 권리의 대항을 받는 다수인이 당해 상표권에 관하여 무효심판, 취소심판, 권리범위 확인심판 등을 청구하는 경우에 여러 명이 각각 별도의 심판을 청구할 수도 있고, 여러 명이 공동으로 청구할 수도 있음을 규정한 것이다. 후자의 경우는 공동심판이 된다. 이와 같은 공동심판은 심판청구시부터 성립될 수도 있고 심리병합에 의해서 될 수도 있다.5)

공동심판이 성립되려면 다음과 같은 조건을 구비해야 한다. 먼저, 절차적 요건으로서 동일한 절차 내에서 심판이 될 수 있는 청구여야 한다. 예컨대, 동일한 상표권에 대하여 갑은 무효심판을 청구하고, 을은 권리범위 확인심판을 청구하는 경우에는 동일한 절차 내의 심판이 될 수 없으므로 공동심판이 될 수 없다. 다음, 객체적 요건으로서 심판 대상물인 상표권이 동일해야 한다. 동일한 상표권에 관한 청구이면 족하고, 세부적으로 동일사실이나 동일증거까지 요하는 것은 아니다.6)

동일 상표권에 대하여 여러 명이 공동으로 심판을 청구한 공동심판의 성질에 대해서 판례와 학설은 이른바 '유사필수적 공동심판'으로 보고 있다.7) 따라서 공동심판 청구인 각자가 심판청구인 적격을 가져야 하므로 당사자 능력, 법정대리인, 대리권의 존재, 이해관계의 유무 등 심판청구의 적법 요건은 각자별로 판단하며, 심판청구의 취하도 각자 자유이다.8) 우리 판례는 "고유필요적 공동소송에서 공동소송인으로 될 자를 일부 빠뜨림으로써 당자자적격에 흠결이 생긴 경우 추가할 수 있으나, 유사필요적 공동소송 및 통상 공동소송에서는 공동소송인을 일부 빠뜨려도 당사자적격의 흠결의 문제가 생기지 않으므로 입법취지상 이 경우는 추가의 대상이 되지 않는다"라고 판시하고 있다.9) 그리고 공동심판은 심판청구인들 사이에 합일확정되어야 하고, 공동심판에서 심결의 개수는 실질적으로 1개이다.

유사필수적 공동심판에 대하여 불복하는 소의 제기는 전원이 함께 원고가 되어서 할 수도 있고, 일부나 각자도 할 수 있다. 일부가 심결취소소송을 제기하면 당해 심결은 확정되지 아니하고, 심결취소소송을 제기하지 않은 공동심판청구인도 심판청구인으로서의 지위를 유지하게 된다.10) 이와 관련하여 우리 대법원은 특허사건에서 "피고와 소외 주식회사가 당초 공동으로 이 사건 특허발명의

---

5) 특허법원 2000. 10. 12. 선고 99허9571 판결.
6) 정상조·박성수 공편, 특허법주해 Ⅱ, 박영사(2010), 511(한규현 집필부분); 이상경, "공동심판과 심결취소소송의 당사자 적격", 인권과 정의 제277호, 대한변호사협회(1999. 9), 97.
7) 정상조·박성수 공편(주 6), 511; 특허심판원, 심판편람(제10판)(2011), 123.
8) 정상조·박성수 공편(주 6), 511.
9) 대법원 1993. 9. 28. 선고 93다32095 판결.
10) 특허심판원(주 7), 123.

무효심판을 청구한 이상 피고와 소외 주식회사는 유사필수적 공동심판관계에 있
다고 할 것이므로, 비록 위 심판사건에서 패소한 원고가 공동심판청구인 중 피
고만을 상대로 심결취소소송을 제기하였다 하더라도 그 심결은 피고와 소외 주
식회사에 대한 제소기간에 대하여 모두 확정이 차단된다고 할 것이며, 이 경우
소외 주식회사에 대한 제소기간의 도과로 심결 중 소외 주식회사의 심판청구에
대한 부분만이 그대로 분리 확정되었다고 할 수 없다"라고 판시하고 있다.[11]

Ⅲ. 공유상표권자 전원을 피청구인으로 한 심판청구(제2항)

상표법 제124조 제2항은 "공유인 상표권의 상표권자에 대하여 심판을 청구
할 경우에는 공유자 모두를 피청구인으로 청구하여야 한다"라고 규정하고 있다.
이는 상표권이 공유인 경우에는 공유자 모두를 대상으로 심판을 청구해야 한다
는 것으로서 이른바 '고유필수적 공동심판'에 해당된다. 따라서 공유자 전원을
피청구인으로 하지 않고, 일부만을 상대로 심판을 청구할 수 없다. 특히 심판관
은 당사자계 심판사건에서 절차 도중 등록권리의 일부 양도로 인하여 당사자
변경이 발생할 수 있으므로 반드시 심결 전에 등록원부를 확인할 필요가 있
다.[12] 만약 일부만을 상대로 심판청구를 하면 부적법한 청구가 되므로 심결로서
각하될 것이다.

현행법에 명문화되기 이전에도 우리 판례는 누락된 청구인을 심판청구기간
내에 추가하는 보정은 요지변경으로 보지 않고, "아직 심판청구기간이 도과되기
전이라면 나머지 공동출원인을 추가하는 보정을 허용하여 그 하자가 치유될 수
있도록 함이 당사자의 권리구제 및 소송경제면에서 타당하다"라는 입장을 취하
였다.[13] 그러다가, 2011. 12. 2. 개정된 상표법 제79조 제2항 제1호에 "제1항 제
1호에 따른 청구인의 기재를 바로 잡기 위하여 보정(추가하는 것을 포함한다)하는
경우"를 요지변경에서 명시적으로 제외하여 보정을 허용하였으며, 이 내용이 현
행 상표법 제125조에 그대로 이어지고 있다. 따라서 심판청구서를 보정하는 경
우에는 그 요지를 변경할 수는 없으나, 당사자 중 상표권자의 기재를 바로잡거
나, 누락된 상표권자를 추가하는 보정은 요지변경이 아니므로, 심리종결시점까

---

11) 대법원 2009. 5. 28. 선고 2007후1510 판결.
12) 특허심판원, 심판 필수 체크포인트집, 특허심판원(2010), 22.
13) 대법원 2005. 5. 27. 선고 2003후182 판결; 대법원 2007. 4. 26. 선고 2005후2861 판결.

지 보정할 수 있다.[14]

Ⅳ. 상표권이 공유인 경우의 공동 심판청구(제3항)

상표법 제124조 제3항은 "제1항에도 불구하고 상표권 또는 상표등록을 받을 수 있는 권리의 공유자가 그 공유인 권리에 관하여 심판을 청구할 경우에는 공유자 모두가 공동으로 청구하여야 한다"고 규정하고 있다. 이는 상표권이 공동소유인 경우에는 공동으로 심판을 청구하여야 함을 규정한 것으로서 소위 '고유필수적 공동심판'에 해당한다. 따라서 공유자가 심판청구인이 되어 심판을 청구하는 경우에는 공유자 전원이 심판청구를 하여야 하고, 공유자중 일부만이 심판청구를 할 수 없다.

'고유필수적 공동심판'에 위반한 심판청구는 부적법하므로 심결로써 각하한다. 특허법원 판례도 "거절결정에 관하여 특허를 받을 권리의 공유자 중 1인만이 단독으로 불복심판청구를 하였을 경우 그 심판청구는 구 특허법 제139조 제3항을 위반한 것으로 부적법하고, 나머지 공유자가 심판청구기간 내에 불복심판청구를 하지 아니한 이상, 그 심판청구의 적법성의 흠결은 보정할 수 없는 때에 해당하므로 구 특허법 제142조에 의하여 각하될 수밖에 없다"라고 판시하고 있다.[15]

다만, 종래 우리 판례는 "고유필요적 공동소송에서 공동소송인으로 될 자를 일부 빠뜨림으로써 당사자적격에 흠결이 생긴 경우 추가할 수 있다"라고 하면서,[16] 누락된 청구인을 심판청구기간 내에 추가하는 보정은 요지변경으로 보지 않고, "아직 심판청구기간이 도과되기 전이라면 나머지 공동출원인을 추가하는 보정을 허용하여 그 하자가 치유될 수 있도록 함이 당사자의 권리구제 및 소송경제면에서 타당하다"는 입장을 취했다.[17] 그리고 청구인의 편의제고를 위해서 2009. 1. 30. 개정 특허법에서 이러한 판례의 취지와 같은 내용을 반영하였고, 이어서 2009. 6. 9. 개정 디자인보호법에 반영하였으며, 2011. 12. 2. 개정된 상표법 제79조 제2항 제1호에도 당사자 중 상표권자의 기재를 바로잡기 위하여 보정(추가하는 것을 포함한다)하는 경우를 요지변경에서 명시적으로 제외하여 허용하였으며, 이 내용이 현행 상표법 제125조에 그대로 이어지고 있다. 따라서 심판청구서

---

14) 특허심판원(주 7), 125.
15) 특허법원 2011. 9. 11. 선고 2010허8511 판결.
16) 대법원 1993. 9. 28. 선고 93다32095 판결.
17) 대법원 2005. 5. 27. 선고 2003후182 판결; 대법원 2007. 4. 26. 선고 2005후2861 판결.

를 보정하는 경우에는 그 요지를 변경할 수는 없으나, 당사자 중 상표권자의 기재를 바로잡기 위하여 보정하거나 추가하는 것은 요지변경으로 보지 아니므로 심리종결전까지 상표권자를 보정하면 적법한 심판청구로 인정한다.[18]

한편, 상표법·특허법 등에는 심판절차에 관하여는 고유필수적 공동심판의 취지를 규정하고 있으나, 그 심결취소소송절차에 대하여는 아무런 규정을 두고 있지 아니하다. 이에 대하여 우리 법원은 "심결취소소송절차에 있어서도 공유자들 사이에 합일확정의 요청이 필요한 것은 부정할 수 없지만, 이러한 합일확정의 요청은 특허권의 공유자의 1인이 단독으로 심결취소소송을 제기한 경우라도 그 소송에서 승소할 경우에는 그 취소판결의 효력은 행정소송법 제29조 제1항에 의해 다른 공유자에게도 미쳐 특허심판원에서 공유자 전원과의 관계에서 심판절차가 재개됨으로써 충족되고, 그 소송에서 패소하더라도 이미 심판절차에서 패소한 다른 공유자의 권리에 영향을 미치지 아니하므로, 어느 경우에도 합일확정의 요청에 반한다거나 다른 공유자의 권리를 해하지 아니하는 반면, 오히려 그 심결취소소송을 공유자 전원이 제기하여야만 한다면 합일확정의 요청은 이룰 수 있으나, 특허권의 공유자의 1인이라도 소재불명이나 파산 등으로 소의 제기에 협력할 수 없거나 또는 이해관계가 달라 의도적으로 협력하지 않는 경우에는 나머지 공유자들은 출소기간의 만료와 동시에 그 권리행사에 장애를 받거나 그 권리가 소멸되어 버려 그 의사에 기하지 않고 재산권이 침해되는 부당한 결과에 이르게 된다. 따라서 위와 같은 여러 사정을 고려하면, 특허권의 공유자가 그 특허권의 무효에 관한 심판에서 패소한 경우에 제기할 심결취소소송은 공유자 전원이 공동으로 제기하여야만 하는 이른바 고유필수적 공동소송이라고 할 수는 없고, 공유자의 1인이라도 당해 특허권의 소멸을 방지하기 위하여 단독으로 그 심결의 취소를 구할 수 있다고 해석함이 타당하다"고 판시하고 있다.[19]

대법원도 공유 상표권에 대하여 "상표권의 공유자가 그 상표권의 효력에 관한 심판에서 패소한 경우에 제기할 심결취소소송은 공유자 전원이 공동으로 제기하여야만 하는 고유필수적 공동소송이라고 할 수 없고, 공유자의 1인이라도 당해 상표등록을 무효로 하거나 권리행사를 제한·방해하는 심결이 있는 때에는 그 권리의 소멸을 방지하거나 그 권리행사방해배제를 위하여 단독으로 그 심결의 취소를 구할 수 있다"라고 하여, 공유상표권의 심결취소소송은 고유필수적

---

18) 특허심판원(주 7), 125.
19) 특허법원 2012. 11. 15. 선고 2012허4100 판결.

공동소송에 해당하지 아니한다는 입장이다.[20]

상표법 제124조 제3항은 "제1항에도 불구하고 상표권 또는 상표등록을 받을 수 있는 권리의 공유자가 그 공유인 권리에 관하여 심판을 청구할 경우에는 공유자 모두가 공동으로 청구하여야 한다"라고 명시하고 있으므로, 공동 상표권에 대한 심판은 법문상 공동으로 청구하여야 함이 명백하므로 고유필수적 공동심판에 해당한다 할 것이지만, 공유 상표권에 대한 특허심판원의 무효심판이나 권리범위확인심판에 불복하여 특허법원에 제기하는 심결취소소송은 심판이 아니므로 우리 판례와 같이 고유필수적 공동소송으로 보지 않고 공유자 1인이라도 심결취소소송을 제기할 수 있다고 보아도 상표법 규정에 모순되지는 않는다.

V. 공동심판에서 심판절차의 중단·중지의 효력(제4항)

상표법 제124조 제4항은 "제1항 또는 제3항에 따른 청구인이나 제2항에 따른 피청구인 중 1인에게 심판절차의 중단 또는 중지의 원인이 있을 경우에는 모두에 대하여 그 효력이 발생한다"라고 규정하고 있다. 이는 민사소송법 제67조 제3항과 마찬가지의 규정으로서[21] '고유필수적 공동심판'뿐만 아니라 '유사필수적 공동심판'에서도 합일적 확정이 요청되므로 공동심판 청구인 또는 피청구인의 1인에 관하여 발생한 심판절차의 중단 또는 중지의 사유는 전원에 대하여 효력이 미친다는 내용이다. 우리 특허법원은 "동일한 실용신안권에 관하여 무효심판을 청구하는 자가 2인 이상이 있는 때에는 그 전원이 공동으로 심판을 청구할 수 있고(구 실용신안법 제35조, 특허법 제139조 제1항) 위 공동심판청구인 중 1인에 관하여 심판절차의 중단 또는 중지의 원인이 되는 때에는 전원에 관하여 그 효력을 발생하는바(특허법 제139조 제4항), 이와 같은 공동심판은 심판청구시부터 성립될 수도 있지만, 심리를 병합하는 것(특허법 제160조)에 의하여도

---

20) 대법원 2004. 12. 9. 선고 2002후567 판결. 한편, 상표권·특허권·디자인권이 공동 소유인 경우 민법상의 공유에 관한 규정을 적용할 수 있고, 다만 성질상 현물분할은 허용되지 않는다고 한다(대법원 2014. 8. 20. 선고 2013다41578 판결 등).

21) 제67조(필수적 공동소송에 대한 특별규정) ① 소송목적이 공동소송인 모두에게 합일적으로 확정되어야 할 공동소송의 경우에 공동소송인 가운데 한 사람의 소송행위는 모두의 이익을 위하여서만 효력을 가진다.
② 제1항의 공동소송에서 공동소송인 가운데 한 사람에 대한 상대방의 소송행위는 공동소송인 모두에게 효력이 미친다.
③ 제1항의 공동소송에서 공동소송인 가운데 한 사람에게 소송절차를 중단 또는 중지하여야 할 이유가 있는 경우 그 중단 또는 중지는 모두에게 효력이 미친다.

생길 수 있다. 이러한 특허심판절차에서의 공동심판은 민사소송법상의 통상공동소송적 성격을 가진다기보다는 소위 유사필요적 공동소송의 성격을 가진다고 보는 것이 상당하므로 위 공동심판에 있어서는 심결의 개수는 합일확정의 필요에 따라 형식적 및 실질적으로 하나라고 보아야 할 것이다"라고 판시하고 있다.22)

〈손영식〉

---

22) 특허법원 2000. 10. 12. 선고 99허9571 판결.

제125조(상표등록의 무효심판 등에 대한 심판청구방식)

① 제117조부터 제121조까지의 규정에 따른 심판을 청구하려는 자는 다음 각 호의 사항을 적은 심판청구서를 특허심판원장에게 제출하여야 한다.

1. 당사자의 성명 및 주소(법인인 경우에는 그 명칭 및 영업소의 소재지를 말한다)

2. 당사자의 대리인이 있는 경우에는 그 대리인의 성명 및 주소나 영업소의 소재지[대리인이 특허법인·특허법인(유한)인 경우에는 그 명칭, 사무소의 소재지 및 지정된 변리사의 성명을 말한다]

3. 심판사건의 표시

4. 청구의 취지 및 그 이유

② 제1항에 따라 제출된 심판청구서를 보정하는 경우에는 요지를 변경할 수 없다. 다만, 다음 각 호의 어느 하나에 해당하는 경우에는 그러하지 아니하다.

1. 제1항제1호에 따른 당사자 중 상표권자의 기재 사항을 바로 잡기 위하여 보정(추가하는 것을 포함한다)하는 경우

2. 제1항제4호에 따른 청구의 이유를 보정하는 경우

3. 상표권자 또는 전용사용권자가 제121조에 따라 청구한 권리범위 확인심판에서 심판청구서의 확인대상 상표 및 상표가 사용되고 있는 상품(청구인이 주장하는 피청구인의 상표와 그 사용상품을 말한다)에 대하여 피청구인이 자신이 실제로 사용하고 있는 상표 및 그 사용상품과 비교하여 다르다고 주장하는 경우에 청구인이 피청구인의 사용 상표 및 그 상품과 같게 하기 위하여 심판청구서의 확인대상 상표 및 사용상품을 보정하는 경우

③ 제121조에 따른 권리범위 확인심판을 청구할 경우에는 등록상표와 대비할 수 있는 상표견본 및 그 사용상품목록을 첨부하여야 한다.

<소 목 차>

Ⅰ. 본 조문의 개요 및 연혁
Ⅱ. 당사자계 심판청구서의 기재사항(제1항)
　1. 당사자의 성명 및 주소(제1호)
　2. 대리인의 성명, 주소 및 영업소의 소재지(제2호)
　3. 심판사건의 표시(제3호)
　4. 청구의 취지 및 이유(제4호)
Ⅲ. 심판청구서의 보정, 요지변경의 금지 및 예외(제2항)
Ⅳ. 권리범위 확인심판 청구시 대비 상표견본의 첨부(제3항)

Ⅰ. 본 조문의 개요 및 연혁

본 조문은 상표등록의 무효심판, 권리범위 확인심판 등 당사자계 상표 심판 청구서의 필수적 기재사항, 심판청구서의 보정과 요지 변경의 금지 및 그 예외를 규정하고 있다.[1] 본 조문은 특허법 제140조, 실용신안법 제33조, 디자인보호법 제126조에 대응되는 규정으로서 서로 내용이 유사하다. 특허심판원의 방식 담당자가 1차로 본 조문에서 정하는 형식적 기재요건을 심판청구서가 갖추었는지를 살펴보고, 최종적으로는 해당 심판부의 주심 심판관이 조사·판단한다.[2]

2011. 12. 2. 상표법 개정 이전에는 상표 심판에 관한 사항 중 특허법과 공통으로 적용되는 조문은 상표법에서 특허법의 관련 규정을 준용하였다. 본 조문과 관련해서도 상표법 제77조에서 특허법 제140조를 준용해 오다가 2011. 12. 2. 법률 제11113호로 개정된 상표법에서 준용 규정을 해소하여 독자적으로 상표법 제77조의2(심판청구방식)를 두었다가, 조문 체계의 변경에 따라 일부 문구만 정정한 채 2016. 2. 29. 법률 제14033호 전부개정 상표법에서 제125조로 조문의 위치를 변경하였다. 따라서 상표법 제125조의 내용은 조항의 배열이나 표현에서 일부 차이가 있을 뿐 특허법 제140조, 디자인보호법 제126조의 내용과 실질적으로 동일하다. 한편, 일본 특허법 제131조 및 제131조의2에는 우리나라 특허법 제139조와 유사한 내용이 규정되어 있다.

Ⅱ. 당사자계 심판청구서의 기재사항(제1항)

상표등록의 무효심판, 권리범위 확인심판 등 당사자계 심판을 청구하는 자는 상표법 제125조 제1항에 따라 심판청구서에 1. 당사자의 성명 및 주소(법인인 경우에는 그 명칭 및 영업소의 소재지를 말한다), 2. 당사자의 대리인이 있는 경우에는 그 대리인의 성명 및 주소나 영업소의 소재지[대리인이 특허법인·특허법인(유한)인 경우에는 그 명칭, 사무소의 소재지 및 지정된 변리사의 성명을 말한다], 3. 심판사건의 표시, 4. 청구의 취지 및 그 이유를 기재하여야 한다.

---

1) 결정계 심판사건, 즉 상표등록 거절결정, 보정 각하결정 등에 대한 심판청구방식은 제126조에서 별도로 규정하고 있다.
2) 특허심판원, 심판편람(제10판)(2011), 38.

1. 당사자의 성명 및 주소(제1호)

심사관의 거절결정, 보정각하 등에 대한 불복심판인 결정계 사건을 제외한
상표등록 무효심판, 권리범위 확인심판 등 당사자계 사건인 경우는 청구인과 피
청구인의 성명과 주소를 모두 기재하여야 한다. 특히 권리범위 확인심판은 성격
상, 적극적 권리범위 확인심판의 경우는 청구인과 권리자를 일치시키고, 소극적
권리범위 확인심판의 경우는 피청구인과 권리자를 일치시켜야 한다. 법인의 경
우는 그 명칭과 영업소의 소재지를 기재하여야 한다. 2001. 2. 3. 개정 상표법이
당시에 준용하던 특허법에서 당사자가 법인인 경우 대표자 성명의 기재요건을
삭제하였고, 이때 특허법인의 설립이 허용됨에 따라 대리인의 기재요건을 당사
자 기재요건과 별개로 구분하여 법인인 경우에는 그 명칭, 사무소의 소재지 및
지정된 변리사의 성명을 기재하도록 세분하였다.

권리자의 주소 또는 영업소의 소재지는 상표등록원부에 기재되어 있는 사
항에 따라야 한다. 다만, 권리자의 송달받을 주소가 상표등록원부상의 주소와
다른 경우에는 심판청구서 자체에는 송달받을 주소를 기재할 수 없으나, 출원인
코드부여신청서에 송달받을 주소를 기재하면 그곳으로 송달된다. 만일 출원인
코드에 달리 기재되어 있으면 출원인정보변경신청서를 통해 코드정보를 수정하
면 된다. 그러나 청구인이 권리자가 아닌 경우에는 서류송달을 위하여 현실의
주소 또는 영업소의 소재지를 선택적으로 기재해야 한다.[3]

우리 판례는 당사자 표시의 정정과 관련하여 단순한 당사자의 보정은 요지
변경에 해당되지 아니한다고 하면서, "이 경우 당사자표시의 보정은 심판청구서
상의 당사자표시 만에 의하는 것이 아니라 청구의 취지와 그 이유 등 심판청구
서의 전취지를 합리적으로 해석하여 당사자를 확정한 다음 그 확정된 당사자와
동일성이 인정되는 범위 내에서 심판청구서상의 당사자표시를 정정하는 것을
의미한다"라고 판시하고 있다.[4]

청구인, 피청구인의 성명, 주소의 미기재는 불수리 또는 반려의 대상이고,
단순 오기재는 보정 또는 직권정정의 대상이 된다.[5]

---

3) 정상조·박성수 공편, 특허법주해Ⅱ, 박영사(2010), 518(황우택 집필부분).
4) 대법원 1999. 1. 26. 선고 97후3371 판결.
5) 특허심판원(주 2), 41.

2. 대리인의 성명, 주소 및 영업소의 소재지(제2호)

심판당사자의 대리인이 있는 경우에는 대리인의 성명 및 주소나 영업소의 소재지를 기재하여야 한다. 즉 주소나 영업소의 소재지는 그 중 하나만 기재한다. 2001년에 상표법이 준용하던 특허법 개정에서 반영된 것으로서, 법률시장 개방에 대비하여 특허법률사무소의 대형화를 유도하기 위하여 특허법인 설립을 허용함에 따라 대리인의 기재요건을 당사자의 기재요건과 구분하여 세분화한 것이며, 대리인이 특허법인인 경우에는 그 명칭과 더불어 지정된 변리사의 성명을 추가로 기재하도록 한 것이다.6) 대리인이 없는 경우에는 기재할 필요가 없고, 본호의 대리인에는 법정대리인·위임대리인뿐만 아니라 재외자의 상표관리인7)도 포함된다.

3. 심판사건의 표시(제3호)

본 조문은 당사자계 심판사건에 관한 사항을 규정한 것으로서, 사건표시란에 무효심판의 경우는 "상표등록 제○○○호 무효", 권리범위확인심판의 경우는 "상표등록 제○○○호 권리범위확인(적극/소극)" 등과 같이 기재한다.8) 사건의 표시를 기재하지 않으면 불수리 또는 반려 대상이고, 잘못 기재된 경우는 보정 또는 직권정정의 대상이 된다.9)

4. 청구의 취지 및 이유(제4호)

'청구의 취지'란 심결주문에 대응하는 확정적 신청으로서 심결의 결론부분에 해당한다. 청구의 취지에는 심판청구인이 심판을 청구하는 취지를 간결, 명확하게 표시한다. 예컨대, 상표등록무효(취소)심판의 경우는 "상표등록 제○○○호는 그 등록을 무효(취소)로 한다. 심판비용은 피청구인의 부담으로 한다라는

6) 정상조·박성수 공편(주 3), 518.
7) 제6조(재외자의 상표관리인) ① 국내에 주소나 영업소가 없는 자(이하 "재외자"라 한다)는 재외자(법인인 경우에는 그 대표자를 말한다)가 국내에 체류하는 경우를 제외하고는 그 재외자의 상표에 관한 대리인으로서 국내에 주소나 영업소가 있는 자(이하 "상표관리인"이라 한다)에 의해서만 상표에 관한 절차를 밟거나 이 법 또는 이 법에 따른 명령에 따라 행정청이 한 처분에 대하여 소(訴)를 제기할 수 있다.
② 상표관리인은 위임된 권한의 범위에서 상표에 관한 절차 및 이 법 또는 이 법에 따른 명령에 따라 행정청이 한 처분에 관한 소송에서 본인을 대리한다.
8) 특허심판원(주 2), 869-878.
9) 특허심판원(주 2), 41.

심결을 구합니다"라고 기재하고, 적극적 권리범위확인심판의 경우에는 "확인대
상표장은 상표등록 제ㅇㅇㅇ호의 권리범위에 속한다. 심판비용은 피청구인이
부담한다라는 심결을 구합니다"라고 기재하며, 소극적 권리범위확인심판의 경
우에는 "확인대상표장은 상표등록 제ㅇㅇㅇ호의 권리범위에 속하지 아니한다.
심판비용은 피청구인이 부담한다라는 심결을 구합니다"라는 형식으로 기재하면
된다. 우리 판례는 어떠한 청구 취지인가를 인식할 수 있는 정도의 기재이면 된
다고 보고 있다.10)

　　청구의 취지를 기재하지 않으면 반려 대상이 되고, 청구의 취지는 요지로서
변경이 허용되지 않는 것이 원칙이다. 우리 대법원도 청구의 취지를 변경하는
것은 허용할 수 없다고 하면서 "'청구의 취지'라 함은 심판청구인이 특허청에
어떠한 심결을 구하는가를 특정하여 요구하는 것을 말한다 하겠으므로 이를 변
경하게 되면 청구 자체를 변경하는 것이 되어 이는 허용될 수 없는 것이다. 또
한, 청구취지를 예비적으로 추가하는 것은 청구 자체를 변경하는 것이 되어 부
적법하다 할 것이다"라고 판시하고 있다.11) 한편, 청구취지에 부가되는 심판비
용의 부담에 관한 부분은 특허심판원의 직권을 촉구하는 정도에 불과하며, 이는
민사소송의 경우도 동일하다.12)

　　'청구의 이유'란 청구의 취지를 뒷받침하기 위한 법률적 근거 또는 사실관
계의 구체적인 주장을 말한다. 청구이유의 기재는 먼저, 이 사건 등록상표에 대
한 객관적 상황이나 사건의 개요를 적시하고, 그다음 권리범위확인심판의 경우
는 확인대상표장을 적시하며, 이어서 이해관계를 소명하고, 그다음 무효심판은
무효로 되어야 하는 사유를, 적극적 권리범위확인심판은 확인대상표장이 이 사
건 등록상표의 권리범위에 속하는 이유를, 소극적 권리범위확인심판은 속하지
않는 이유를 구체적, 논리적으로 기재한다. 증거가 있는 경우는 해당 주장부분
에 뒷받침하는 증거를 인용하는 것이 좋으며, 맨 마지막 페이지에 전체 증거목
록을 기재하고, 붙임에서 증거를 순서대로 첨부한다.

　　청구이유의 보정은 요지 변경으로 보지 않으므로(제125조 제2항 제2호) 심판
청구시 기재하지 않았더라도 반려 대상이 아니며 나중에 보정할 수 있다. 특허
법원 판례는 "구 상표법 제77조 본문에 의하여 준용되는 특허법 제140조 제1항

---

10) 대법원 1987. 11. 10. 선고 86후72, 73 판결 등.
11) 대법원 1991. 5. 28. 선고 90후854 판결.
12) 정상조·박성수 공편(주 3), 519.

제3호에 따르면, 심판을 청구하고자 하는 자는 청구의 취지 및 그 이유를 기재한 심판청구서를 특허심판원장에게 제출하여야 하고, 같은 법 제141조에 의하면 제140조 제1항의 규정에 위반되는 경우 심판장은 기간을 정하여 그 보정을 명하여야 하며, 보정명령을 받은 자가 지정된 기간 이내에 보정을 하지 아니한 경우에는 결정으로 심판청구서를 각하하여야 한다"고 판시하고 있다.[13]

Ⅲ. 심판청구서의 보정, 요지변경의 금지 및 예외(제2항)

상표법 제125조 제2항은 "제1항에 따라 제출된 심판청구서를 보정하는 경우에는 요지를 변경할 수 없다. 다만, 다음 각 호의 어느 하나에 해당하는 경우에는 그러하지 아니하다. 1. 제1항제1호에 따른 당사자 중 상표권자의 기재 사항을 바로 잡기 위하여 보정(추가하는 것을 포함한다)하는 경우, 2. 제1항제4호에 따른 청구의 이유를 보정하는 경우, 3. 상표권자 또는 전용사용권자가 제121조에 따라 청구한 권리범위 확인심판에서 심판청구서의 확인대상 상표 및 상표가 사용되고 있는 상품(청구인이 주장하는 피청구인의 상표와 그 사용상품을 말한다)에 대하여 피청구인이 자신이 실제로 사용하고 있는 상표 및 그 사용상품과 비교하여 다르다고 주장하는 경우에 청구인이 피청구인의 사용 상표 및 그 상품과 같게 하기 위하여 심판청구서의 확인대상 상표 및 사용상품을 보정하는 경우"라고 규정하고 있다.

심판청구서 중에서 단순한 오기의 정정이나 불분명한 기재의 석명 등은 할 수 있으나, 심판청구서는 그 요지를 변경하지 아니하는 범위 내에서만 변경할 수 있는 것이 원칙이다. 심판청구의 요지를 변경하게 되면 심판절차의 지연을 초래하거나 피청구인의 방어권 행사를 곤란케 하는 등 부작용이 크기 때문이다.[14]

구체적으로 청구인과 피청구인의 변경, 이 사건 등록상표의 번호 변경, 무효심판을 권리범위확인심판으로 변경하는 등 심판종류의 변경 또는 심판물을 결정하는 청구취지의 변경 등은 원칙적으로 요지의 변경으로서 허용되지 않는다. 다만, 이들도 오기의 정정과 같이 동일성을 벗어나지 않는 범위 내에서의 보정은 허용된다. 특허심판원 실무도 개인이 대리인을 통하지 않고 직접 심판청구를 하면서 청구취지를 잘못 기재하는 경우에 청구이유를 보아 청구취지의 기

---

13) 특허법원 2010. 6. 11. 선고 2010허1978 판결.

14) 정상조·박성수 공편(주 3), 519.

재가 잘못임이 명백하면 보정명령을 통해 청구취지의 보정을 허용하고 있다.15)

당사자 중 공유 상표권자의 오기재를 바로 잡거나 추가하는 보정은 요지변경으로 보지 않고(제125조 제2항 제1호), 당사자가 아닌 대리인의 성명 보정이나 대리인의 변경은 요지변경으로 보지 않으며, 당사자가 법인으로서 청구서에 그 대표자명이 없는 것을 보충하거나 표시되어 있는 대표자명을 변경하는 보정은 요지변경으로 보지 않으므로 허용된다.16)

또한, 심판청구의 이유에 기재된 개개의 무효나 권리범위확인 사유는 법률관계나 사실에 입각한 공격방어 방법에 불과하므로, 이러한 심판청구의 이유는 내용이 변경되더라도 요지변경으로 보지 않고 허용된다(제125조 제2항 제2호). 요컨대, 청구의 취지는 변경할 수 없으나, 청구의 이유는 변경할 수 있다. 실제로 심판청구인은 심판을 제기하면서 일단 '무효이다' 또는 '권리범위에 속한다' 등 청구의 취지만을 기재하여 심판을 청구하고 구체적인 이유는 추후에 보정 하는 사례가 흔히 있고, 당사자들은 공방을 진행하면서 상대방의 반박과 제출증거에 대응하여 자기의 주장을 뒷받침하는 이유나 근거를 적절히 보완해 나가는 것이 일반적이다.

상표권자 또는 전용사용권자가 권리범위확인심판에서 피청구인의 확인대상표장이나 그 사용상품에 대하여 피청구인이 자신이 실제로 실시하고 있는 표장이나 사용상품과 비교하여 다르다고 주장하는 경우에 청구인이 피청구인의 실시 표장이나 사용상품과 같게 하기 위하여 심판청구서의 확인대상표장이나 사용상품을 보정하는 것은 허용된다(제125조 제2항 제3호). 본호의 내용은 2007. 1. 3. 법률 제8197호로 개정된 특허법 제140조 제2항 제2호가 신설되면서 명시적으로 인정되게 되었다. 그 이유는 본호가 신설되기 전에는 권리범위확인심판에서 확인대상발명의 보정은 원칙적으로 요지변경으로 보아 인정하지 않았기 때문에, 적극적 권리범위확인심판의 청구권자가 피청구인이 실시하고 있는 확인대상발명을 구체적으로 파악하기 어려워 잘못 특정함으로써 심판청구가 각하되는 경우가 자주 발생했다. 이에 따라 불필요한 권리범위확인심판을 다시 제기해야 하는 불편이 생기고, 분쟁이 장기화되는 등의 부작용이 심각하여 확인대상발명의 보정을 완화한 것이다.17)

---

15) 특허심판원, 심판 필수 체크포인트집, 특허심판원(2010), 18.

16) 특허심판원(주 2), 41.

17) 정상조·박성수 공편(주 3), 521-522; 노태정·김병진, 디자인보호법 3정판, 세창출판사(2009), 789.

다만, 제125조 제2항 제3호는 청구인이 피청구인의 실시 표장과 같게 하기 위하여 확인대상표장을 보정하는 경우를 규정하고 있으므로 내용상 적극적 권리범위확인심판을 말하며, 청구인의 사용 표장을 피청구인의 등록상표와 대비하는 소극적 권리범위확인심판에는 적용되지 않다고 해석된다. 특허법원 판례도 "적극적 권리범위확인심판에서는 확인대상발명을 보정하는 것이 허용된다 하더라도 확인대상발명의 특정 의무자와 실시자가 동일한 소극적 권리범위확인심판에는 허용되지 아니한다"라고 판시하고 있다.[18] 또한, 특허법원의 심결취소소송은 특허심판원 심결의 위법성 여부를 판단하는 것이므로 취소소송에서의 도면보정은 원칙적으로 허용되지 않는다. 우리 판례도 "권리범위확인심결에 대한 취소소송절차에서 특허발명의 권리범위에 속하는지 여부의 판단대상이 되는 확인대상발명에 대한 설명서 및 도면의 보정은 심판절차에서의 심판청구서 보정과 달리 명백한 오기를 정정하는 경우 등에 해당하지 아니하는 한 허용되지 않는다"라고 판시하고 있다.[19]

IV. 권리범위 확인심판 청구시 대비 상표견본의 첨부(제3항)

상표법 제125조 제3항은 "제121조에 따른 권리범위 확인심판을 청구할 경우에는 등록상표와 대비할 수 있는 상표견본 및 그 사용상품목록을 첨부하여야 한다"고 규정하고 있다. 권리범위 확인심판이란 특정 계쟁대상물인 확인대상표장이 등록상표의 권리범위에 속하는가의 여부에 대한 확인을 구하는 심판을 말하므로, 등록상표와 대비하여 판단할 수 있는 확인대상표장을 표현한 상표견본 및 사용상품목록이 필요하다. 즉, 본항은 확인대상표장을 명확하게 하기 위하여 심판청구서에 확인대상 상표견본 및 사용상품목록을 첨부하여 제출하도록 규정하고 있는 것이다.

한편, 상표법에는 특허법, 실용신안법, 디자인보호법에서 존재하는 통상실시권허락심판이 없기 때문에 이들 법에서 제4항으로 규정하고 있는 통상실시권허락심판 청구시의 추가 기재사항을 상표법 제125조에 별도로 규정하지 않고 있다.

〈손영식〉

---

18) 특허법원 2009. 9. 9. 선고 2009허2227 판결.
19) 대법원 2001. 8. 21. 선고 99후2372 판결; 특허법원 2011. 5. 12. 선고 2010허5611 판결.

제126조(보정 각하결정 등에 대한 심판청구방식)

① 제115조에 따른 보정 각하결정에 대한 심판 또는 제116조에 따른 거절결정에 대한 심판을 청구하려는 자는 다음 각 호의 사항을 적은 심판청구서를 특허심판원장에게 제출하여야 한다.

1. 청구인의 성명 및 주소(법인인 경우에는 그 명칭 및 영업소의 소재지를 말한다)

2. 청구인의 대리인이 있는 경우에는 그 대리인의 성명 및 주소나 영업소의 소재지[대리인이 특허법인·특허법인(유한)인 경우에는 그 명칭, 사무소의 소재지 및 지정된 변리사의 성명을 말한다]

3. 출원일 및 출원번호

4. 지정상품 및 그 상품류

5. 심사관의 거절결정일 또는 보정각하결정일

6. 심판사건의 표시

7. 청구의 취지 및 그 이유

② 제1항에 따라 제출된 심판청구서를 보정하는 경우 그 요지를 변경할 수 없다. 다만, 다음 각 호의 어느 하나에 해당하는 경우에는 그러하지 아니하다.

1. 제1항제1호에 따른 청구인의 기재를 바로잡기 위하여 보정(추가하는 것을 포함한다)하는 경우

2. 제1항제7호에 따른 청구의 이유를 보정하는 경우

③ 특허심판원장은 제116조에 따른 거절결정에 대한 심판이 청구된 경우 그 거절결정이 이의신청에 의한 것일 경우에는 그 취지를 이의신청인에게 알려야 한다.

<소 목 차>

Ⅰ. 본 조문의 개요 및 연혁
Ⅱ. 결정계 심판청구서의 기재사항 및 통지(제1항)
  1. 청구인의 성명 및 주소(제1호)
  2. 대리인의 성명 및 주소나 영업소의 소재지(제2호)
  3. 출원일 및 출원번호(제3호)
  4. 지정상품 및 그 상품류(제4호)
  5. 심사관의 거절결정일 또는 보정각하결정일(제5호)
  6. 심판사건의 표시(제6호)
  7. 청구의 취지 및 이유
Ⅲ. 심판청구서의 보정, 요지변경의 금지 및 예외(제2항)
Ⅳ. 이의신청인에게 심판청구 사실의 통지(제3항)

Ⅰ. 본 조문의 개요 및 연혁

본 조문은 상표등록거절결정, 보정각하결정 등 심사관의 결정에 대한 불복심판인 결정계 상표 심판청구서의 필수적 기재사항, 심판청구서의 보정과 요지변경의 금지, 이의신청인에게 심판청구사실의 통지를 규정하고 있다.[1] 본 조문의 내용과 비슷한 사항이 특허법 제140조의2, 실용신안법 제33조, 디자인보호법 제127조에도 규정되어 있다.

특허심판원의 방식담당자가 먼저 본 조문에서 정하는 형식적 기재요건이 심판청구서에 제대로 갖추어져 있는지를 살펴보고, 최종적으로는 주심 심판관이 조사·판단한다.[2]

2011. 12. 2. 상표법 개정 이전에는 상표 심판에 관한 사항 중 특허법과 공통으로 적용되는 조문은 상표법에서 특허법의 관련 규정을 준용하였다. 본 조문과 관련해서도 구 상표법 제77조에서 특허법 제140조의2를 준용해 오다가 2011. 12. 2. 법률 제11113호로 개정된 상표법에서 준용 규정을 해소하였다. 다만, 동 개정 상표법에서는 특허법 제140조의2에 해당하는 별도의 조문을 두지 않다가, 2016. 2. 29. 법률 제14033호 전부개정 상표법에서 별도로 제126조에 규정되었다.

Ⅱ. 결정계 심판청구서의 기재사항 및 통지(제1항)

심사관의 보정 각하결정, 거절결정 등에 대한 불복심판을 청구하는 자는 상표법 제126조 제1항에 따라 심판청구서에 "1. 청구인의 성명 및 주소(법인인 경우에는 그 명칭 및 영업소의 소재지를 말한다), 2. 청구인의 대리인이 있는 경우에는 그 대리인의 성명 및 주소나 영업소의 소재지[대리인이 특허법인·특허법인(유한)인 경우에는 그 명칭, 사무소의 소재지 및 지정된 변리사의 성명을 말한다], 3. 출원일 및 출원번호, 4. 지정상품 및 그 상품류, 5. 심사관의 거절결정일 또는 보정각하결정일, 6. 심판사건의 표시, 7. 청구의 취지 및 그 이유"를 기재하여야 한다.

---

1) 당사자계 심판사건, 즉 무효심판, 권리범위확인심판 등에 대한 심판청구방식은 상표법 제125조에서 별도로 규정하고 있다.
2) 특허심판원, 심판편람(제10판)(2011), 38.

1. 청구인의 성명 및 주소(제1호)

심사관의 거절결정 등에 대한 불복심판을 청구하는 출원인 또는 출원할 권리의 승계인은 심판청구서에 성명과 주소를 기재하여야 한다. 법인은 그 명칭 및 영업소의 소재지를 기재해야 한다. 공동출원의 경우는 심판청구인인 공동출원인 모두의 성명과 주소를 기재해야 한다. 기타 나머지 사항은 앞에서 언급한 당사자계 심판의 기재사항인 제125조 제1항 제1호에 대한 설명과 유사하다.

심판 청구인의 주소 또는 영업소의 소재지는 상표출원서에 기재되어 있는 사항에 따라야 한다. 우리 판례는 청구인 표시의 정정과 관련하여 단순한 청구인의 보정은 요지변경에 해당되지 아니한다고 하면서, "이 경우 당사자표시의 보정은 심판청구서상의 당사자표시 만에 의하는 것이 아니라 청구의 취지와 그 이유 등 심판청구서의 전취지를 합리적으로 해석하여 당사자를 확정한 다음 그 확정된 당사자와 동일성이 인정되는 범위 내에서 심판청구서상의 당사자표시를 정정하는 것을 의미한다"라고 판시하고 있다.3)

청구인의 성명, 주소의 미기재는 불수리 또는 반려 대상이고, 오기재는 보정 또는 직권정정의 대상이 된다.4)

2. 대리인의 성명 및 주소나 영업소의 소재지(제2호)

심판청구인의 대리인이 있는 경우에는 대리인의 성명을 표시하고, 주소나 영업소의 소재지 중 하나를 기재하여야 한다. 대리인이 특허법인인 경우에는 그 명칭, 사무소의 소재지 및 지정된 변리사의 성명을 기재해야 한다. 대리인은 법정대리인과 임의대리인 모두를 포함하고, 상표법 제6조에 의한 재외자의 상표관리인도 대리인에 포함된다.

3. 출원일 및 출원번호(제3호)

출원일은 출원서에 기재되어 있는 출원일을 말하며, 출원번호는 출원시 부여받은 번호를 말한다. 상표의 경우는 '40-출원연도-일련번호' 순으로 되어 있다.

---

3) 대법원 1999. 1. 26. 선고 97후3371 판결.
4) 특허심판원(주 2), 41.

4. 지정상품 및 그 상품류(제4호)

상표 출원시 상표등록출원서에 기재한 상표와 그 지정상품은 이후 상표등록 후 상표권의 보호범위가 된다. 심판 청구 내용을 명확히 특정하기 위하여 해당 상품류 및 지정상품을 심판청구서에 기재하여야 한다.

5. 심사관의 거절결정일 또는 보정각하결정일(제5호)

심판의 대상이 되는 상표를 정확하게 특정하기 위하여 상표등록거절결정에 대한 불복 심판인 경우는 당해 거절 상표의 거절 결정일, 보정각하에 대한 불복 심판인 경우는 당해 보정각하 상표의 보정각하 결정일을 해당 심판청구서에 각각 기재하여야 한다.

6. 심판사건의 표시(제6호)

본 조문은 결정계 심판사건에 관한 사항을 규정한 것이다. 심판사건의 표시는 청구내용에 따라서 거절결정불복 심판의 경우는 "○○○년 상표등록출원 제○○○호의 거절결정불복", 보정각하결정 불복심판은 "○○○년 상표등록출원 제○○○호의 보정각하결정불복" 등과 같이 기재한다.[5] 사건의 표시를 기재하지 않으면 불수리 또는 반려의 대상이고, 잘못 기재된 경우는 보정 또는 직권정정의 대상이 된다.[6]

7. 청구의 취지 및 이유

'청구의 취지'란 심결주문에 대응하는 확정적 신청으로서 심결의 결론부분에 해당한다. 청구의 취지에는 심판청구인이 심판을 청구하는 취지를 간결, 명확하게 표시한다. 예컨대, 상표등록출원 거절결정불복심판의 경우에는 "원결정을 취소하고, 이 사건을 특허청 심사국에 환송한다라는 심결을 구합니다"라고 기재하고, 상표등록출원 보정각하결정 불복심판의 경우에는 "상표등록출원 제○○○호의 보정각하결정을 취소한다. 이 사건을 특허청 심사국에 환송한다라는 심결을 구합니다"라는 형식으로 기재한다. 우리 대법원 판례는 어떠한 청구취지인가를 인식할 수 있는 정도의 기재이면 된다고 보고 있다.[7]

---

5) 특허심판원(주 2), 875-876.
6) 특허심판원(주 2), 41.
7) 대법원 1987. 11. 10. 선고 86후72, 73 판결 등.

청구의 취지를 기재하지 않으면 반려 대상이 되고 청구의 취지는 요지로서 변경이 허용되지 않는 것이 원칙이다. 우리 대법원도 청구의 취지를 변경하는 것은 허용할 수 없다고 하면서 "'청구의 취지'라 함은 심판청구인이 특허청에 어떠한 심결을 구하는가를 특정하여 요구하는 것을 말한다 하겠으므로 이를 변경하게 되면 청구 자체를 변경하는 것이 되어 이는 허용될 수 없는 것이다. 또한 청구취지를 예비적으로 추가하는 것은 청구 자체를 변경하는 것이 되어 부적법하다 할 것이다"라고 판시하고 있다.[8]

'청구의 이유'란 청구의 취지를 뒷받침하기 위한 법률적 근거 또는 사실관계의 구체적인 주장을 말한다. 즉, 결정계에서 청구의 이유는 원결정이 취소되어야 하는 이유를 말한다. 여기서는 상표등록의 취소결정 등본을 받은 사실 등 통상의 사건개요, 원결정의 취소근거 법 조항, 취소 이유의 설명 및 그것에 대응하는 증거방법 등을 구체적, 논리적으로 기재한다. 증거가 있으면 해당 주장 부분에 인용하는 것이 설득력을 높일 수 있으며, 청구이유의 끝 부분에 전체 증거목록을 기재하고, 이어서 증거를 순서대로 첨부한다. 청구이유의 보정은 요지변경으로 보지 않으므로(제126조 제2항 제2호), 보정할 수 있다. 특허법원 판례는 "구상표법 제77조 본문에 의하여 준용되는 특허법 제140조 제1항 제3호에 따르면, 심판을 청구하고자 하는 자는 청구의 취지 및 그 이유를 기재한 심판청구서를 특허심판원장에게 제출하여야 하고, 같은 법 제141조에 의하면 제140조 제1항의 규정에 위반되는 경우 심판장은 기간을 정하여 그 보정을 명하여야 하며, 보정명령을 받은 자가 지정된 기간 이내에 보정을 하지 아니한 경우에는 결정으로 심판청구서를 각하하여야 한다"라고 판시하고 있다.[9]

Ⅲ. 심판청구서의 보정, 요지변경의 금지 및 예외(제2항)

상표법 제126조 제2항은 "제1항에 따라 제출된 심판청구서를 보정하는 경우 그 요지를 변경할 수 없다. 다만, 다음 각 호의 어느 하나에 해당하는 경우에는 그러하지 아니하다. 1. 제1항제1호에 따른 청구인의 기재를 바로잡기 위하여 보정(추가하는 것을 포함한다)하는 경우, 2. 제1항제7호에 따른 청구의 이유를 보정하는 경우"라고 규정하고 있다.

---

8) 대법원 1991. 5. 28. 선고 90후854 판결.
9) 특허법원 2010. 6. 11. 선고 2010허1978 판결.

심판청구서 중에서 단순한 오기의 정정이나 불분명한 기재의 석명 등은 할
수 있으나, 심판청구서는 그 요지를 변경하지 아니하는 범위 내에서만 변경할
수 있는 것이 원칙이다. 심판청구의 요지를 변경하게 되면 심판절차의 지연을
초래하는 등 부작용이 크기 때문이다.[10]

구체적으로 상표등록출원 거절결정불복심판의 경우에 상표등록출원번호의
변경, 거절결정불복심판을 보정각하결정 불복심판으로 변경하는 등 심판종류의
변경 또는 심판물을 변경하는 청구취지의 변경은 원칙적으로 요지의 변경이므
로 허용되지 않는다. 다만, 이들도 오기의 정정 등과 같이 동일성을 벗어나지
않는 범위 내에서의 단순 보정은 허용된다고 본다.

심판청구서의 기재사항 중 출원이 공유인 경우 공동심판 청구인(출원인)의
기재를 바로잡기 위해서 보정하거나 누락된 공유자를 추가하는 것은 요지변경
으로 보지 않는다(제126조 제2항 제1호). 또한, 당사자가 아닌 대리인의 성명 보
정이나 대리인 자체의 변경은 요지변경이 아니며, 당사자가 법인으로서 청구서
에 그 대표자명이 없는 것을 보충하거나 표시되어 있는 대표자명을 변경하는
보정은 요지변경이 아니므로 허용된다.[11] 그리고 심판청구의 이유에 기재된 개
개의 근거나 주장은 공격방어 방법에 불과하므로, 내용을 변경하더라도 요지변
경으로 보지 않고 허용된다(제126조 제2항 제2호). 즉, 청구의 취지는 변경할 수
없으나, 청구의 이유는 적절히 변경할 수 있다. 실제로 심판 청구인은 심판을
청구하면서 일단 "〇〇〇년 상표등록출원 제〇〇〇호에 관한 원결정을 취소한
다. 이 사건을 특허청 심사국에 환송한다라는 심결을 구합니다. 구체적인 청구
이유는 추후 제출하겠습니다" 등과 같이 청구의 취지만을 우선 기재하여 심판
을 청구하고 구체적인 이유는 나중에 보정하는 사례가 흔히 있고, 오히려 심판
이 진행되면서 청구 이유의 내용이 보충·변경되는 것이 일반적 현상이다.

본 조항의 필수적 기재사항을 제대로 기재하지 않은 심판청구서에 대해서
는 소관 심판장이 기간을 정하여 심판청구인에게 보정을 명하고, 지정된 기간
내에 흠결을 보정하지 않으면 결정으로 심판청구서를 각하한다(제127조 제1항 제
1호).

---

10) 정상조·박성수 공편, 특허법주해Ⅱ, 박영사(2010), 519(황우택 집필부분).
11) 특허심판원(주 2), 41.

Ⅳ. 이의신청인에게 심판청구 사실의 통지(제3항)

상표법 제126조 제3항은 "특허심판원장은 제116조에 따른 거절결정에 대한 심판이 청구된 경우 그 거절결정이 이의신청에 의한 것일 경우에는 그 취지를 이의신청인에게 알려야 한다"라고 규정하고 있다.

상표등록출원이 이의신청인의 이의신청에 의하여 거절결정된 경우는 보통 이의신청인은 무효심판의 청구인과 같이 해당 상표의 존부에 직접적인 이해관계를 갖는 경우가 일반적이므로 해당 상표에 대한 거절결정 불복심판이 제기된 경우 특허심판원장은 그 취지를 이의신청인에게 알리도록 규정한 것이다.

상표거절 불복심판에서는 청구인(상표출원인)만 심판 당사자이고, 이의신청인은 당사자가 될 수 없으며, 참가도 허용되지 않는다. 심판 실무적으로도 심판관이 심사과정에서 이의신청인이 제출한 증거자료를 검토하므로 이의신청인이 심판에 참가할 필요성이 적으며,12) 판례도 "심판의 참가는 당사자계 심판이나 재심에 한하고 상표의 등록거절사건에 관하여는 상표법상 참가의 근거규정이 없으므로 참가신청은 부적법하다 할 것이어서 각하될 수밖에 없다"라고 판시하고 있다.13)

하지만, 특허법원의 소송단계인 상표거절결정불복 심결취소소송에서는 이의신청인의 보조참가를 인정하고 있다.14)

〈손영식〉

---

12) 특허심판원 2014. 3. 4. 선고 2013원1921 심결.
13) 대법원 97. 7. 8. 선고 97후75 판결.
14) 특허법원 2014. 11. 21. 선고 2014허2207 판결; 특허법원 2008. 10. 23. 선고 2008허7997 판결 등.

제127조(심판청구서 등의 각하)

① 심판장은 다음 각 호의 어느 하나에 해당하는 경우에는 기간을 정하여 그 보정을 명하여야 한다.

1. 심판청구서가 제125조제1항·제3항 또는 제126조제1항에 위반된 경우

2. 심판에 관한 절차가 다음 각 목의 어느 하나에 해당되는 경우

   가. 제4조제1항 또는 제7조에 위반된 경우

   나. 제78조에 따라 내야 할 수수료를 내지 아니한 경우

   다. 이 법 또는 이 법에 따른 명령으로 정하는 방식에 위반된 경우

② 심판장은 제1항에 따른 보정명령을 받은 자가 지정된 기간 내에 보정을 하지 아니하거나 보정한 사항이 제125조제2항 또는 제126조제2항을 위반한 경우에는 심판청구서 또는 해당 절차와 관련된 청구 등을 결정으로 각하하여야 한다.

③ 제2항에 따른 결정은 서면으로 하여야 하며, 그 이유를 붙여야 한다.

<소 목 차>

I. 본 조문의 개요 및 연혁

II. 흠결 있는 심판청구에 대한 보정명령(제1항)

　1. 심판청구서가 방식에 위배된 경우의 보정명령(제1호)

　2. 심판청구서 외 심판절차에 하자가 있는 경우의 보정명령(제2호)

III. 심판청구서 등의 결정각하(제2항)

　1. 심판청구서의 보정명령 불이행시 결정각하

　2. 심판청구서 외 청구의 보정명령 불이행시 결정각하

IV. 결정각하의 형식(제3항)

I. 본 조문의 개요 및 연혁

본 조문은 심판청구서 또는 심판에 관한 절차가 심판방식에 위반된 경우의 조치를 정한 규정이다. 상표심판의 방식심사라 함은 심판관이 행하는 실체 심판에 앞서서 심판청구서나 심판절차가 상표법령이 정하는 형식적 요건을 충족하는지를 심사하는 것을 말한다. 심판에 대한 방식심사의 행정상 권한은 심판관 합의체가 아닌 특허심판원장이나 심판장에게 있고, 방식심사결과 처분에는 심판청구서류 등의 반려와 무효처분, 각하결정이 있다. 심판서류 등의 반려란 심판청구서를 수리하지 않고 돌려보내는 행정처분을 말하는 것으로서 심판청구 기간[1]이 지

---

1) 예컨대, 상표법 제116조(거절결정에 대한 심판) 제54조에 따른 상표등록거절결정, 지정

난 심판청구와 같이 심판청구에 중대한 흠결이 있는 경우에 행한다. 특허심판원
장의 보정명령에 대하여 청구인이 지정기간 내에 제대로 보정을 하지 않으면 특
허심판원장은 해당 절차를 무효로 할 수 있다. 또한, 심판장의 보정명령에 대하여
청구인이 지정기간 내에 제대로 보정을 하지 않으면 심판장은 결정으로 심판청구
서 또는 하자있는 청구 등을 각하한다. 이를 심판장의 결정각하(決定却下)라 하고
심판관 합의체에서 행하는 심결각하(審決却下)와 개념상 구별할 수 있다.

　　무효처분이 확정된 경우에는 당해 상표심판에 관한 절차는 무효로 되고, 절
차가 무효로 되면 처음부터 그 심판청구가 없었던 것으로 간주된다. 다만, 심판청
구서에 대하여 보정요구를 하고 하자가 치유되지 않은 경우에 하는 무효처분은
심판청구서의 전체가 절차무효가 되는 반면에, 보정서 등 심판중간서류에 하자가
있어 보정요구를 하고 이를 무효 처분한 경우에는 해당 절차만이 무효로 된다.[2]

　　2011. 12. 2. 상표법 개정 이전에는 상표 심판에 관한 사항 중 특허법과 공
통으로 적용되는 조문은 상표법에서 특허법의 관련 규정을 준용하였다. 본 조문
과 관련해서도 과거 상표법 제77조에서 특허법 제141조를 준용해 오다가 2011.
12. 2. 법률 제11113호로 개정된 상표법에서 준용 규정을 해소하여 독자적으로
상표법 제77조의3(심판청구서의 각하)을 두었다가, 2016. 2. 29. 법률 제14033호
전부개정 상표법에서 제127조(심판청구서 등의 각하)로 조문의 위치와 내용 일부
를 변경하였다.

II. 흠결 있는 심판청구에 대한 보정명령(제1항)

　　제127조 제1항은 "심판장은 다음 각 호의 어느 하나에 해당하는 경우에는
기간을 정하여 그 보정을 명하여야 한다. 1. 심판청구서가 제125조제1항·제3항
또는 제126조제1항에 위반된 경우, 2. 심판에 관한 절차가 다음 각 목의 어느
하나에 해당되는 경우, 가. 제4조제1항 또는 제7조에 위반된 경우, 나. 제78조에
따라 내야 할 수수료를 내지 아니한 경우, 다. 이 법 또는 이 법에 따른 명령에
서 정하는 방식에 위반된 경우"라고 규정하고 있다.

상품추가등록 거절결정 또는 상품분류전환등록 거절결정(이하 "거절결정"이라 한다)을 받
은 자가 불복하는 경우에는 그 거절결정의 등본을 송달받은 날부터 30일 이내에 심판을
청구할 수 있다.
2) 상표법 제18조(절차의 무효); 특허심판원, 심판편람, 제12판(2017), 42.

1. 심판청구서가 방식에 위배된 경우의 보정명령(제1호)

상표와 관련한 심판 청구서는 상표등록거절결정 불복심판청구서, 상표등록무효심판청구서, 상표등록 취소심판청구서 등이 있다.

본호에 따라 상표심판청구서에 제125조 제1항의 "당사자의 성명 및 주소, 당사자의 대리인이 있는 경우에는 그 대리인의 성명 및 주소나 영업소의 소재지, 심판사건의 표시, 청구의 취지 및 그 이유"와 동조 제3항의 "권리범위 확인 심판에서 등록상표와 대비할 수 있는 상표견본 및 그 사용상품목록" 또는 제126조 제1항에서 정하는 청구인의 성명, 출원일, 지정상품, 심판사건의 표시, 청구의 취지 등이 제대로 기재되어 있지 않은 경우, 즉 방식에 위반된 경우에 심판장은 기간을 정하여 보정을 명해야 한다. 그리고 심판장의 보정명령에 대하여 지정된 기간 내에 청구인이 보정을 하지 아니하거나, 보정한 사항이 여전히 위법한 경우에 심판장은 결정으로 심판청구서를 각하한다.

2. 심판청구서 외 심판절차에 하자가 있는 경우의 보정명령(제2호)

심판에 관한 절차와 관련 된 서류는 위에서 본 심판청구서가 대표적이고, 그 외 심판진행 중의 중간서류에는 대리인 선임신고서, 지정기간연장신청서, 절차수계신청서, 참가신청서, 우선심판신청서, 구술심리신청서, 현장검증신청서, 심판사건제척 또는 기피신청서 등이 있다.

미성년자·피한정후견인 또는 피성년후견인은 법정대리인에 의하지 아니하면 상표등록에 관한 출원·청구, 심판 등 그 밖의 절차를 밟을 수 없는데도 불구하고 (제4조 제1항) 법정대리인 없이 심판에 관한 절차를 밟는 경우와, 국내에 주소 또는 영업소가 있는 자로부터 상표에 관한 절차를 밟을 것을 위임받은 대리인 또는 상표관리인은 특별히 권한을 위임받지 아니하면 심판에 관한 절차를 밟을 수 없는데도 불구하고 심판 절차를 수행하는 경우(제7조)에는 심판장은 기간을 정하여 법정대리인 선임, 위임장 제출 등의 보정을 명하여야 한다(제127조 제1항 제2호 가목).

그리고 상표심판에 관한 절차를 밟는 자는 관련 수수료를 내야 하는데도 불구하고(제78조), 수수료를 납부하지 않은 경우에는 심판장은 기간을 정하여 그 보정을 명하여야 한다(제127조 제1항 제2호 나목). 예컨대, 상표 심판청구인이 지정기간연장신청서를 제출하면서 소정의 수수료[3])를 내지 않은 경우 심판장은 수

---

3) 현재 지정기간연장신청 수수료는 "1회 2만원, 2회 3만원, 3회 6만원, 4회 12만원, 5회 이

수료 납부의 보정을 명한다.

그 밖에 상표법 또는 상표법에 따른 명령에서 정하는 방식에 위반된 경우에 심판장은 기간을 정하여 그 보정을 명하여야 한다(제127조 제1항 제2호 다목). 예컨대, 보정요구가 있는 경우 보정서 제출에 대한 지정기간연장 신청시 소명서를 제출하지 않으면 심판장은 기간을 정하여 소명서를 제출하도록 보정을 명한다.

Ⅲ. 심판청구서 등의 결정각하(제2항)

제127조 제2항은 "심판장은 제1항에 따른 보정명령을 받은 자가 지정된 기간 내에 보정을 하지 아니하거나 보정한 사항이 제125조제2항 또는 제126조제2항을 위반한 경우에는 심판청구서 또는 해당 절차와 관련된 청구 등을 결정으로 각하하여야 한다"라고 규정하고 있다. 따라서 심판청구서와 관련하여 심판장의 보정명령에 불이행 한 경우의 결정각하와 심판청구서 외의 해당 심판절차와 관련된 청구 등에 대한 결정각하로 나누어 볼 수 있다.

1. 심판청구서의 보정명령 불이행시 결정각하

상표법 제127조 심판청구서에 대한 보정명령과 각하결정은 민사소송법 제254조[4]에서 규정하고 있는 재판장의 소장심사권과 유사한 것으로서 심판장의 권한으로 되어 있다. 심판장 명의로 결정각하를 하는 것은 심리의 내용이 비교적 형식적이고 단순하기 때문이고,[5] 이점에서 상표법 제128조의 심결각하가 심판관 합의체에서 하는 것과 구별된다.

우리 판례는 "특허심판원장이 한 보정명령은 심판장이 특허법 제141조 제2항의 규정에 의하여 각하결정을 할 요건인 보정명령의 근거가 될 수 없기 때문

상은 24만원"을 받고 있다.

4) 민사소송법 제254조(재판장의 소장심사권) ① 소장이 제249조제1항의 규정에 어긋나는 경우에는 재판장은 상당한 기간을 정하고, 그 기간 이내에 흠을 보정하도록 명하여야 한다. 소장에 법률의 규정에 따른 인지를 붙이지 아니한 경우에도 또한 같다.
② 원고가 제1항의 기간 이내에 흠을 보정하지 아니한 때에는 재판장은 명령으로 소장을 각하하여야 한다.
③ 제2항의 명령에 대하여는 즉시항고를 할 수 있다.
④ 재판장은 소장을 심사하면서 필요하다고 인정하는 경우에는 원고에게 청구하는 이유에 대응하는 증거방법을 구체적으로 적어 내도록 명할 수 있으며, 원고가 소장에 인용한 서증(書證)의 등본 또는 사본을 붙이지 아니한 경우에는 이를 제출하도록 명할 수 있다.
5) 정상조·박성수 공편, 특허법주해Ⅱ, 박영사(2010), 541(황우택 집필부분).

에 심판장의 보정명령 없이 심판청구서의 각하결정은 위법하다"라고 하여 심판
청구서 각하결정의 권한이 법에 의하여 심판장에게 있음을 판시하고 있다.[6]

　보정명령에는 시기적인 제한이 없으며, 심리가 개시된 뒤라도 심판청구서
에 흠결이 발견되면 보정을 명할 수 있다.[7] 심판장은 청구인의 보정기간을 특
허심판원의 내규에 따라 보통 4주를 주고 있다. 그리고 보정기간을 지정하지 않
은 보정명령은 적법한 보정명령이라 할 수 없으나,[8] 보정을 위한 지정기간은
불변기간이 아니므로[9] 사안에 따라 기간의 증감이 가능하며, 보정기간이 경과
한 이후 심판청구서가 각하되기 이전에 실제로 보정이 이루어지면 적법한 보정
으로 보아 심리를 진행할 수 있다고 본다.[10] 특허법원 판례도 "심판청구 수수료
등의 보정기간은 불변기간이 아니므로 이와 같이 보정기한이 경과한 이후 심판
청구서가 각하되기 이전인 1999. 4. 14. 실제로 보정이 이루어진 이 건에 있어
서는 심판장은 심판청구서를 각하할 것이 아니라 적법하게 보정이 이루어진 것
으로 보고 심리를 진행하였어야 할 것이다"라고 판시하고 있다.[11] 현재 특허심
판원 실무도 수수료나 심판청구의 이유 등의 보정은 기간 경과 후에 보정이 이
루어졌다 하더라도 적법한 보정으로 인정하고 다음 절차를 진행하고 있다.[12]

　심판청구서 흠결에 따른 심판장의 결정각하에 대해서 불복이 있는 자는 결
정의 등본을 송달받은 날부터 30일 이내에 특허법원에 소를 제기할 수 있다(제
162조).

2. 심판청구서 외 청구의 보정명령 불이행시 결정각하

　2016. 2. 29. 전부개정 상표법 제127조는 조문의 제목을 과거 "심판청구의
각하"에서 "심판청구서 등의 각하"로 변경하고, 제2항의 내용을 과거 "심판장은
제1항에 따른 보정명령을 받은 자가 지정된 기간에 보정을 하지 아니하면 결정
으로 심판청구를 각하하여야 한다"에서 "심판장은 제1항에 따른 보정명령을 받
은 자가 지정된 기간 내에 보정을 하지 아니하거나 보정한 사항이 제125조제2
항 또는 제126조제2항을 위반한 경우에는 심판청구서 또는 해당 절차와 관련된

　6) 특허법원 1999. 11. 11. 선고 99허4538 판결.
　7) 대법원 1969. 12. 26. 선고 67다1744 판결.
　8) 대법원 1980. 6. 12. 선고 80마160 판결.
　9) 대법원 1978. 9. 5.자 78마233 결정.
　10) 정상조 · 박성수 공편(주 5), 543.
　11) 특허법원 1999. 9. 30. 선고 99허4675 판결.
　12) 특허심판원, 심판 필수 체크포인트집, 특허심판원(2010), 20.

청구 등을 결정으로 각하하여야 한다"라고 변경하였다.[13] 종전의 조문은 심판청
구서 자체의 기재사항이 방식에 맞지 않거나 요지변경을 한 경우(제127조 제1항
제1호) 및 심판 청구 시에 행위능력 위반, 대리권 위반, 수수료 불납 등이 있는
경우(제127조 제1항 제2호)뿐만 아니라 심판 청구 자체는 하자 없이 하고 나서
심판 진행 도중에 새로운 관련 절차가 진행되는 경우(예컨대, 특허의 경우 무효심
판 중에 하자 있는 정정청구서가 들어 온 경우)에 법문상 새로운 관련 절차의 하자
로 해당심판 전체를 결정각하 하여야 하는 것으로 해석되는 문제가 있었다. 그
래서 개정법에서는 심판 진행 중에 보정명령을 위반한 경우는 전체 심판청구가
아닌 해당 절차와 관련된 청구만(위 사례의 경우 정정청구서만) 결정각하 할 수
있게 문구를 명확히 한 것이다. 한편, 일본 상표법 제43조의 14에서 준용하고
있는 일본 특허법 제133조의2(부적법한 절차의 각하)도 우리 개정 상표법의 취지
와 유사하게 규정하고 있다.[14]

따라서 현행 상표법 제127조는 해석상 2가지로 나누어 생각해 볼 수 있다.
먼저, 심판장은 '심판청구와 관련하여' 심판청구서의 기재사항에 하자가 있거나
수수료를 내지 않은 경우, 심판청구인의 행위능력 또는 대리인의 대리권에 하자
가 있는 경우 등의 경우에는 먼저 보정을 명하고, 지정된 기간에 보정을 하지 않
거나 심판청구서의 요지를 변경하면 '심판청구서'를 결정각하 한다(제127조 제2
항 전단). 그리고 지정기간연장신청서, 심판참가신청서 등과 같이 '심판청구서와
직접 관련이 없는' 신청과 관련하여 수수료를 내지 않은 경우와, 신청인의 행위
능력 또는 대리인의 대리권에 하자가 있는 경우 등의 경우에 심판장은 먼저 보
정을 명하고, 보정명령에도 불구하고 지정된 기간에 보정을 하지 않으면 '해당
절차와 관련된 청구'(심판청구서가 아님)를 결정각하 한다(제127조 제2항 후단).

---

13) 2016. 2. 29. 전부개정 상표법의 국회 심의단계에서 2017. 3. 1. 시행 특허법 제141조와
    같이 검토를 하면서 특허법의 관련 내용과 문구를 일치시켜 통일성을 기했다. 한편, 디자
    인보호법의 해당 조문은 아직 통일화되지 않고 종래의 내용이 그대로 규정되어 있다 [디
    자인보호법 제128조(심판청구의 각하 등) 제2항 "심판장은 제1하에 따른 보정명령을 받은
    자가 지정된 기간에 보정을 하지 아니하면 결정으로 심판청구를 각하하여야 한다"].
14) 일본 특허법 제133조의2(부적법한 절차의 각하) ① 심판장은 심판사건에 관한 절차(심판
    청구를 제외한다)에 대해 부적법한 절차로서 그 보정을 할 수 없는 경우에는 결정으로 그
    절차를 각하할 수 있다.
    ② 전항의 규정에 의해 각하하고자 하는 때에는 절차를 한 자에 대해 그 이유를 통지하
    고 상당한 기간을 지정하여 변명서를 제출할 기회를 주어야 한다.
    ③ 제1항의 결정은 문서로 하고 이유를 붙여야 한다.

IV. 결정각하의 형식(제3항)

제127조 제3항은 심판청구서 및 심판절차와 관련된 청구의 결정각하는 그 이유를 붙여 서면으로 하여야 함을 규정하고 있다. 심판장은 각하처분을 할 때에 심판장 명의의 결정서로 하며 결정등본을 청구인에게 송달한다. 각하 이유는 통상 "심판장이 심판청구서의 흠결에 대한 보정 또는 불납 수수료의 납부를 기간을 정하여 명하였으나, 지정된 기간이 지난 현재까지 이를 보정하지 않으므로 심판청구서를 각하한다"라는 형식으로 하고 있다.

한편, 상표법 제162조(심결 등에 대한 소)의 규정에 따라 심결에 대한 소와 심판청구서, 재심청구서의 각하결정에 대한 소만 특허법원의 전속 관할로 하고 있으므로 기타 방식심사 관련 행정처분의 불복은 일반적 행정심판 또는 행정소송의 절차를 따른다. 따라서 본 조문과 관련하여 청구인은 심판청구서 결정각하에 대하여는 결정의 등본을 송달받은 날부터 30일 이내에 특허법원에 소를 제기할 수 있고, 기타 심판절차와 관련된 청구의 결정각하에 대하여는 행정심판법 또는 행정소송법에 따라 그 무효처분의 위법사유를 들어 행정심판의 청구나 행정소송의 제기를 통하여 불복할 수 있다(상표법 제226조[15]).

〈손영식〉

---

15) 제226조(불복의 제한) ① 보정각하결정, 상표등록여부결정, 심결, 심판청구나 재심청구의 각하결정에 대해서는 다른 법률에 따른 불복을 할 수 없으며, 이 법에 따라 불복할 수 없도록 규정되어 있는 처분에 대해서는 다른 법률에 따른 불복을 할 수 없다.
② 제1항에 따른 처분 외의 처분에 대한 불복에 대해서는 「행정심판법」 또는 「행정소송법」에 따른다.

> **제128조(보정할 수 없는 심판청구의 심결 각하)**
> 부적법한 심판청구로서 그 흠을 보정할 수 없는 경우에는 제133조제1항에도 불구하고 피청구인에게 답변서 제출의 기회를 주지 아니하고 심결로써 그 청구를 각하할 수 있다.

<소 목 차>

Ⅰ. 본 조문의 개요 및 연혁

Ⅱ. 부적법한 심판청구로서 보정이 불가능한 경우

Ⅲ. 답변서 제출기회의 생략

Ⅳ. 심결각하

Ⅰ. 본 조문의 개요 및 연혁

본 조문은 보정에 의해서도 치유될 수 없는 부적법한 심판청구에 대하여 피청구인에게 답변서의 제출 기회를 주지 아니하고 합의체 심판부가 심결로써 각하할 수 있도록 한 규정이다. 이는 민사소송법 제219조[1] '변론 없이 하는 소의 각하'에 상당하는 규정이다.

심판청구서가 방식에 위반되거나 수수료를 납부하지 아니한 경우 등은 앞서 살펴본 제127조의 규정을 적용하여 심판장이 결정으로 심판청구서를 각하하고(결정각하), 심판청구서가 일정한 형식적 요건을 충족하면 부적법하거나 이유가 없더라도 일단 수리하여 심리한다. 그리고 심판청구의 기본요건 흠결이 중대하고 보정에 의해서도 치유될 수 없는 것일 때에는 본 규정을 적용하여 청구취지에 대한 본안 심리에까지 나아가지 않고 합의부의 심결로써 심판청구를 각하한다(심결각하). 본 조문은 무효심판 등 당사자계 심판뿐만 아니라 거절결정불복심판 등 결정계 사건에도 적용된다.[2]

2011. 12. 2. 개정 상표법 이전에는 상표 심판에 관한 사항 중 특허법과 공통적으로 적용되는 조문은 상표법에서 특허법의 관련 규정을 준용하였다. 본 조문과 관련해서도 상표법 제77조에서 특허법 제142조를 준용해 오다가 2011. 12.

---

[1] 제219조(변론 없이 하는 소의 각하) 부적법한 소로서 그 흠을 보정할 수 없는 경우에는 변론 없이 판결로 소를 각하할 수 있다.

[2] 특허청, 조문별 특허법해설, 영인정보시스템(2002), 364; 정상조·박성수 공편, 특허법주해Ⅱ, 박영사(2010), 546(황우택 집필부분).

2. 법률 제11113호로 개정된 상표법에서 준용 규정을 해소하여 독자적으로 상표법 제77조의4를 두었다가, 조문 체계의 변경에 따라 일부 자구만 수정한 채 2016. 2. 29. 법률 제14033호 전부개정 상표법에서 제128조로 조문 위치를 변경하였다. 따라서 상표법 제128조의 내용은 표현에서 일부 차이가 있을 뿐 특허법 제142조, 디자인보호법 제129조의 내용과 실질적으로 동일한 것이다.

Ⅱ. 부적법한 심판청구로서 보정이 불가능한 경우

피청구인에게 답변서 제출기회를 주지 않고 심결각하를 할 수 있는 보정이 불가능한 부적법한 심판청구의 예는 다음과 같다. ① 당사자능력이 없는 자에 의한 심판청구, ② 재외자가 상표관리인에 의하지 않고 한 심판청구, ③ 상표권자 아닌 자를 피청구인으로 한 무효심판청구, ④ 무효나 권리범위 확인심판의 대상이 된 상표가 존속기간의 만료로 소멸된 경우, ⑤ 일사부재리의 규정에 위반된 심판청구, ⑥ 상표거절결정 불복심판의 청구기간인 거절결정등본을 송달받은 날부터 30일을 도과하여 심판을 청구한 경우 등이다.[3]

대법원 판례는 "서류가 방식에 적합하지 아니한 경우라 함은 서류의 기재사항에 흠결이 있거나 구비서류가 갖추어져 있지 아니하는 경우 등 서류가 법률상 요구되는 형식적인 방식에 적합하지 아니한 경우를 뜻하고, 형식적인 문제를 벗어나서 출원인이나 발명자가 본조에 규정된 권리능력을 가지는지 또는 출원인이 본법 제2조 제1항에 규정된 특허를 받을 수 있는 자인지 여부 등 실질적인 사건에 관한 것을 포함하지 아니하고, 출원서류가 그 같은 실질적인 사항을 포함하는 경우에는 위 시행규칙 제14조 제1항 제11호의 규정에 의하여 불수리처분을 할 것이 아니라 일단 수리하여 심사관으로 하여금 실질적인 심사를 하게 하여야 함이 상당하다"라고 판시하고 있다.[4]

Ⅲ. 답변서 제출기회의 생략

심판장은 심판당사자에게 동등한 주장과 방어기회를 부여하고 심판결과의

---

3) 정상조·박성수 공편(주 2), 547; 노태정·김병진, 디자인보호법 3정판, 세창출판사(2009), 746.
4) 대법원 82. 9. 28. 선고 80누414판결.

오류를 방지하기 위하여, 심판이 청구되면 청구서 부본을 피청구인에게 송달하고 기간을 정하여 답변서를 제출할 수 있는 기회를 주어야 하고, 피청구인의 답변서는 그 부본을 청구인에게 송달하여야 함이 원칙이다(제133조). 하지만, 보정에 의해서도 치유될 수 없는 부적법한 심판청구에 대하여는 피청구인에게 답변서의 제출 기회를 주지 않더라도 피청구인에게 불이익이 돌아가지 않고, 보정을 할 수 없어 그 필요성도 없으므로 답변서의 제출기회를 생략한 것이다.

Ⅳ. 심결각하

위와 같이 심판청구기간의 도과, 당사자 적격의 흠결 등과 같이 심판청구가 부적법하고 그 흠결을 보정할 수 없을 때에는 합의부의 심결로 각하한다. 이를 심결각하(審決却下)라 하며, 심판청구서의 형식적 요건의 흠결을 이유로 심판장 단독명의로 행하는 결정각하(決定却下)와 구별되는 개념이다. 즉, 심판청구에 대하여 심결각하를 할 경우에는 그 심리의 신중을 기하기 위하여 심판관 합의체에서 관장하고 있는데 비하여, 심판청구서의 결정각하는 비교적 경미한 것이어서 심판장의 단독결정으로 처리하고 있다.[5]

결정각하나 심결각하에 대하여 불복하는 심판청구인은 결정 또는 심결의 등본을 송달받은 날부터 30일 이내에 특허법원에 소를 제기할 수 있다(상표법 제162조).

〈손영식〉

---

5) 노태정·김병진(주 3), 747.

> **제129조(심판관)**
> ① 특허심판원장은 심판청구가 있으면 심판관에게 심판하게 한다.
> ② 심판관의 자격은 대통령령으로 정한다.
> ③ 심판관은 직무상 독립하여 심판한다.

〈소 목 차〉

Ⅰ. 본 조문의 개요 및 연혁   Ⅱ. 심판관에 의한 심판(제1항)
  1. 조문의 개요   Ⅲ. 심판관의 자격(제2항)
  2. 조문의 연혁   Ⅳ. 심판관의 직무상 독립(제3항)

Ⅰ. 본 조문의 개요 및 연혁

1. 조문의 개요

본 조문은 상표에 대한 심판은 특허심판원의 심판관이 담당하고, 심판관은 공무원으로서의 일반적인 자격 외에 특정한 자격이 필요하며, 심판은 직무상 독립적으로 수행함을 규정한 것이다. 상표권은 특허권·디자인권 등과 마찬가지로 준사법적인 절차를 거쳐 등록 여부가 결정되고, 심사관의 등록 또는 거절결정처분의 적정성을 심판하고, 당사자 사이의 분쟁을 원활하게 해결하기 위해서는 해당 분야의 전문지식과 경험 등 자격을 갖춘 심판관으로 하여금 공정하고 객관적으로 업무를 수행하게 함이 바람직하기 때문이다.[1]

특허심판원의 심판은 형식적으로는 행정행위의 성질을 가지나, 실질적으로는 민사소송법상의 재판절차를 상당 부분 준용하는 준사법적 행위의 성질을 갖고, 특허심판원은 특허법원의 전심 절차로서 제1심 법원과 같은 역할을 한다. 따라서 법령에서 심판관의 자격을 규정하고 직무상 독립을 보장하는 것은 재판에서 적정·공평을 보장하며 국민의 신뢰를 유지하기 위하여 헌법[2]에서 법관의 자격을 규정하고 재판상 독립성을 보장한 것과 같은 맥락 및 취지라 할 수 있다.

---

[1] 특허청, 조문별 특허법해설, 영인정보시스템(2002), 364-365; 특허심판원, 심판편람, 제10판(2011), 3.

[2] 헌법 제101조 ① 사법권은 법관으로 구성된 법원에 속한다. ② 법원은 최고법원인 대법원과 각급법원으로 조직된다. ③ 법관의 자격은 법률로 정한다.
　　제103조 법관은 헌법과 법률에 의하여 그 양심에 따라 독립하여 심판한다.

2. 조문의 연혁

2011. 12. 2. 개정 상표법 이전에는 상표 심판에 관한 사항 중 특허법과 공통적으로 적용되는 조문은 상표법에서 특허법의 관련 규정을 준용하였다. 본 조문과 관련해서도 상표법 제77조에서 특허법 제143조를 준용해 오다가 2011. 12. 2. 법률 제11113호로 개정된 상표법에서 준용 규정을 해소하여 독자적으로 상표법 제77조의5를 두었다가, 조문 체계의 변경에 따라 일부 자구만 수정한 채 2016. 2. 29. 법률 제14033호 전부개정 상표법에서 제129조로 조문 위치를 변경하였다. 따라서 상표법 제129조의 내용은 표현에서 일부 차이가 있을 뿐 특허법 제143조, 디자인보호법 제130조의 내용과 실질적으로 같은 것이다.

Ⅱ. 심판관에 의한 심판(제1항)

상표심판사건은 전문지식과 자격을 갖춘 심판관이 심판을 해야 한다는 규정이다. 즉, 상표권에 대한 심판은 상표심사관의 상표권 부여나 거절의 적정성을 판단하고, 당사자 사이의 분쟁을 적정하게 해결하여야 하는 전문 분야의 업무이므로 법령의 규정을 충족하는 심판관이 심판을 담당하도록 한 것이다.

한편, 상표등록출원에 대한 심사는 법령상 자격요건을 갖춘 심사관이 담당하며(제51조), 특허심판원의 심결에 대한 불복 소송은 자격을 갖춘 특허법원의 판사가 담당하고 있다(제162조, 법원조직법 제28조의2 내지 제28조의4).

Ⅲ. 심판관의 자격(제2항)

상표 심판관의 자격은 대통령령에서 정하도록 하고 있다. 이에 따라 상표법 시행령 제16조[3])에서 자세히 규정하고 있는데, 상표 심판관이 될 수 있는 사람

---

3) 상표법 시행령 제16조(심판관 등의 자격) ① 법 제129조제2항에 따른 심판관이 될 수 있는 사람은 특허청이나 그 소속기관의 고위공무원단에 속하는 일반직공무원 또는 같은 기관의 4급 이상 일반직 국가공무원 중 다음 각 호의 어느 하나에 해당하는 사람으로서 국제지식재산연수원에서 심판관 연수과정을 수료한 사람으로 한다. 다만, 「국가공무원법」 제28조의4제1항에 따른 개방형 직위로 지정된 심판관으로 임용될 수 있는 사람은 같은 조 제2항에 따라 설정된 직무수행요건을 갖춘 사람으로 하고, 같은 법 제28조의5제1항에 따른 공모 직위로 지정된 심판관으로 임용될 수 있는 사람은 같은 조 제2항에 따라 설정된 직무수행요건을 갖춘 사람으로 한다.

은 특허청의 4급 이상 일반직 국가공무원 중에서 2년 이상 심사관으로 재직한
사람 등으로 규정하고 있다.[4]

상표 심판은 상표등록출원에 대한 심사관의 준사법적인 등록결정 또는 거
절결정 처분의 적법성 여부를 다루고, 상표등록 무효심판·권리범위확인심판 등
당사자 사이의 상표권 분쟁을 객관적으로 공정하게 심판하는 업무이므로 공무
원으로서의 일반적인 자격 요건 외에 별도 법령에서 심판관의 자격요건을 특별
히 규정하고 있는 것이다. 이러한 심판관의 임용자격요건을 결여한 자에 의한
심판은 위법한 것이 된다.[5]

IV. 심판관의 직무상 독립(제3항)

심판관은 공무원으로서 특허심판원의 소속이지만, 심판사건의 처리에 있어
서는 공정성을 확보하기 위하여 외부의 간섭이나 특허청장 또는 특허심판원장
으로부터 지시를 받지 않고 독립하여 심판업무를 수행한다.[6] 다시 말해, 심판관

---

1. 특허청에서 2년 이상 심사관으로 재직한 사람
2. 다음 각 목의 기간을 합한 기간이 2년 이상인 사람
가. 고위공무원단에 속하는 일반직공무원 또는 5급 이상 일반직 국가공무원으로서 특허
심판원에서 심판 업무에 직접 종사한 기간
나. 특허청에서 심사관으로 재직한 기간
② 법 제131조제1항에 따른 심판장이 될 수 있는 사람은 특허청 또는 그 소속기관의 고
위공무원단에 속하는 일반직공무원 또는 같은 기관의 3급 일반직 국가공무원으로서 다음
각 호의 어느 하나에 해당하는 사람으로 한다. 다만, 「국가공무원법」제28조의4제1항에 따
른 개방형 직위로 지정된 심판장으로 임용될 수 있는 사람은 같은 조 제2항에 따라 설정
된 직무수행요건을 갖춘 사람으로 하고, 같은 법 제28조의5제1항에 따른 공모 직위로 지
정된 심판장으로 임용될 수 있는 사람은 같은 조 제2항에 따라 설정된 직무수행요건을 갖
춘 사람으로 한다.
1. 특허심판원에서 2년 이상 심판관으로 재직한 사람
2. 제1항에 따른 심판관 자격을 갖춘 사람으로서 3년 이상 특허청 또는 그 소속기관에
서 심사 또는 심판 사무에 종사한 사람
③ 특허심판원장이 될 수 있는 사람은 심판관 자격이 있는 사람으로 한다.
④ 제1항부터 제3항까지의 규정에 따른 심판관, 심판장 또는 특허심판원장의 자격의 직
급에 해당하는 공무원(고위공무원단에 속하는 일반직공무원을 포함한다)으로서 변리사 자
격이 있는 사람은 제1항부터 제3항까지의 규정에도 불구하고 각각 심판관, 심판장 또는
특허심판원장이 될 수 있다.
⑤ 제1항 본문에 따른 심판관 연수에 필요한 사항은 특허청장이 정한다.
4) 특허법 시행령 제8조 및 디자인보호법 시행령 제8조에도 동일한 취지의 규정이 있다.
5) 정상조·박성수 공편, 특허법주해Ⅱ, 박영사(2010), 555(황우택 집필부분).
6) 특허청(주 1), 366.

은 구체적인 사건에서 어떻게 심판할 것인가에 대하여 합의부를 제외하고는 특허심판원장 등 어느 누구의 지시나 명령을 받지 아니하고, 언론 등 이른바 여론의 눈치나 압력으로부터도 독립하여 자기 자신의 의사에 의하여 심판을 해야 한다. 또한, 심판관은 원칙적으로 그 심판내용을 이유로 형사상 또는 징계상의 책임을 지지 않는다.[7)

한편, 상표법 제216조 제2항은[8) "상표등록출원, 심사, 이의신청, 심판 또는 재심으로 계속 중인 사건의 내용이나 상표등록여부결정, 심결 또는 결정의 내용에 관하여는 감정·증언을 하거나 질의에 응답할 수 없다"라고 규정하고 있다. 이는 심사·심판 내용 등에 관한 감정·증언 또는 질의를 허용할 경우에는 출원에 관한 심사나 심판 등이 유명무실해질 우려가 있고, 심사관이나 심판관 등이 불필요한 분쟁에 휘말려 심사·심판의 적정성·공정성을 해할 우려가 있기 때문 둔 조항으로서 심판관의 직무상 독립을 뒷받침하는 역할을 한다.

〈손영식〉

---

7) 한편, 심판관이 고의 또는 과실로 오판을 하여 당사자에게 손해를 가한 경우에 국가가 국가배상법에 의한 배상책임을 지는가가 문제 될 수 있는데, 법관에 대하여 우리 대법원 및 헌법재판소는 악의에 의한 사실인정 또는 법령해석의 왜곡이 있는 경우에 한하여 적용할 수 있다는 '제한설'을 취하고 있다(대법원 2001. 4. 24. 선고 2000다16114 판결, 헌법재판소 1989. 7. 14. 선고 88헌가5·8 병합 결정). 이러한 판례의 태도는 타당하다고 생각되며, 특허심판원 심판관의 경우도 같이 취급할 수 있다고 생각한다.
8) 특허법 제217조 제2항 및 디자인보호법 제207조 제2항에도 동일한 취지의 규정을 두고 있다.

> 제130조(심판관의 지정)
> ① 특허심판원장은 각 심판사건에 대하여 제132조에 따른 합의체(이하 "심판 관합의체"라 한다)를 구성할 심판관을 지정하여야 한다.
> ② 특허심판원장은 제1항의 심판관 중 심판에 관여하는 데에 지장이 있는 사람이 있으면 다른 심판관에게 심판을 하게 할 수 있다.

〈소 목 차〉

Ⅰ. 본 조문의 개요 및 연혁
 1. 본 조문의 개요
 2. 본 조문의 연혁

Ⅱ. 합의체를 구성할 심판관의 지정(제1항)
Ⅲ. 심판관의 지정변경(제2항)

Ⅰ. 본 조문의 개요 및 연혁

1. 본 조문의 개요

본 조문은 특허심판원의 심판관합의체에서 상표에 대한 심판을 처리하여야 하므로(제132조), 이러한 합의체를 구성할 심판관의 지정 및 변경에 대하여 규정한 것이다. 합의체를 구성할 심판관은 특허심판원장이 지정하고, 심판관 중에서 심판에 관여하는 데 지장이 있는 심판관이 있으면 변경할 수 있다.

2. 본 조문의 연혁

2011. 12. 2. 개정 상표법 이전에는 상표 심판에 관한 사항 중 특허법과 공통적으로 적용되는 조문은 상표법에서 특허법의 관련 규정을 준용했었다. 본 조문과 관련해서도 상표법 제77조(특허법의 준용)에서 특허법 제144조(심판관의 지정)를 준용해 오다가 2011. 12. 2. 법률 제11113호로 개정된 상표법에서 준용 규정을 해소하여 독자적으로 상표법 제77조의6(심판관의 지정)을 두었다가, 조문 체계의 변경에 따라 일부 자구만 수정한 채 2016. 2. 29. 법률 제14033호로 전부 개정된 상표법에서 제130조로 조문 위치를 변경하였다. 따라서 상표법 제130조(심판관의 지정)는 특허법 제144조와 실질적으로 동일한 것이다.

Ⅱ. 합의체를 구성할 심판관의 지정(제1항)

상표의 심판은 3명 또는 5명의 심판관으로 구성된 합의체가 한다. 통상적으로는 3인 합의체에서 심리하며, 합의는 과반수에 의해 결정된다(제132조). 심판관은 특허심판원 소속의 직원이지만 심판사건에 대하여 합의체가 지정되면 그 사건 당사자와의 관계에 있어서 독립기관으로서 사건을 다룬다.[1]

특허심판원의 행정업무를 총괄하는 특허심판원장이 각 심판사건의 처리를 담당하는 합의체를 구성하는 심판관을 지정한다. 특허심판원장이 개별 사건별로 담당 심판관을 지정하는 이유는 심판 사건의 내용에 따라 적합한 심판관을 지정하기 위해서이다.[2] 실무적으로는 특허심판원 심판정책과에서 방식심사를 완료한 후 심판관을 지정함으로써 심판부에 사건을 이관한다. 심판관의 지정은 상표 심판부의 심판관들 중에서 전산으로 무작위로 하며, 지정 후 담당자는 심판장, 주심 및 부심심판관의 성명과 지정연월일을 기재하고 심판원장의 결재를 받는다.[3] 특허심판원장은 심판관을 지정한 후에 그 사실을 당사자에게 통지한다(상표법 시행규칙 제62조).[4]

Ⅲ. 심판관의 지정변경(제2항)

특허심판원장은 심판관 중에서 심판에 관여하는 데 제척, 기피, 인사이동, 장기교육 등의 사유로 지장이 있는 심판관이 있을 때에는 다른 심판관으로 변경할 수 있다. 담당자는 심판관 지정 변경시 심판장, 주심 및 부심심판관의 성명과 지정연월일을 기재하고 심판원장의 결재를 받는다. 특허심판원장은 지정된 심판관이 변경된 경우에는 그 사실을 당사자에게 통지한다. 다만, 우리 판례는 이러한 심판관 변경통지 규정을 훈시규정으로 해석하고 있다. 즉, 심판관의 변경이 있을 때 이를 당사자에게 통지하도록 한 것은 당사자에게 심판관의 자

---

1) 특허심판원, 심판편람(제10판)(2011), 400.
2) 특허청, 조문별 특허법해설, 영인정보시스템(2002), 366.
3) 특허심판원(주 1), 18.
4) 제62조(심판번호의 통지 등) ① 특허심판원장은 심판청구서를 수리한 경우에는 심판번호를 부여하고 그 사건에 대한 합의체를 구성할 심판관을 지정하여야 한다.
   ② 특허심판원장은 제1항에 따라 심판관을 지정하거나 지정된 심판관이 변경된 경우에는 그 사실을 당사자에게 통지하여야 한다.

격에 대한 이의신청이나 제척 또는 기피신청 등을 할 수 있도록 기회를 제공함에 있는 것으로서, 이러한 통지규정은 훈시규정이라 할 것이므로 변경된 심판관의 성명을 출원인에게 통지하지 아니한 채 심결을 한 것은 잘못이지만, 심결의 결과에 영향이 미치는 위법은 아니라고 판시하고 있다.5)

〈손영식〉

---

5) 대법원 1996. 9. 24. 선고 96후856 판결; 특허법원 2001. 9. 7. 선고 2000허6325 판결 등.

제131조(심판장)

① 특허심판원장은 제130조제1항에 따라 지정된 심판관 중에서 1명을 심판장으로 지정하여야 한다.

② 심판장은 그 심판사건에 관한 사무를 총괄한다.

<소 목 차>

Ⅰ. 본조의 의의
Ⅱ. 심판장의 지정 및 권한

1. 심판장의 지정(제1항)
2. 심판장의 권한(제2항)

Ⅰ. 본조의 의의

심판장의 지정과 심판장의 직무에 관한 규정이다. 상표심판은 합의체에 의해 진행되며, 이때 합의체의 장으로서 심판지휘권을 행사하고 합의를 주재할 자가 필요하다.

심판장은 지정된 심판관 중에서 특허심판원장에 의해 지정되며, 상표심판사건에 관한 사무를 총괄한다.

Ⅱ. 심판장의 지정 및 권한

1. 심판장의 지정(제1항)

특허심판원장은 각 심판사건에 대하여 지정된 심판관 중에서 합의체를 효율적으로 운영하기 위하여 1인을 심판장으로 지정한다. 심판장은 그 권한을 행사하는 외에는 다른 심판관들과 평등한 지위에서 심리를 진행한다. 심판장의 자격은 특허청 및 그 소속기관의 3급 일반직 국가공무원 또는 고위공무원단에 속하는 일반직공무원으로서, i) 특허심판원에서 2년 이상 심판관으로 재직한 자, ii) 심판관의 자격을 갖춘 사람으로서 3년 이상 특허청 또는 소속기관에서 심사 또는 심판사무에 종사한 자, iii) 심판장 자격의 직급에 해당하는 공무원(고위공무원단에 속하는 일반직공무원을 포함한다)으로서 변리사 자격이 있는 자 중 어느 하나에 해당하여야 한다.[1]

---

1) 상표법시행령 제16조 및 특허청과 그 소속기관 직제 제22조 제2항. 다만, 국가공무원법

2. 심판장의 권한(제2항)

심판장은 그 심판사건에 관한 사무를 총괄한다. 심판장의 직무범위는 제127조(심판청구서 등의 각하), 제133조(답변서 제출 등), 제141조(심리 등), 제144조(증거조사 및 증거보전), 제145조(심판의 진행) 등에도 규정되어 있지만 합의체의 장으로 합의를 주재하고, 구술심리를 진행하며, 심결문의 검토·보완, 심판관의 심판처리상황 점검·지도, 심판부 배당사건의 송무 총괄 등의 업무를 담당한다.[2]

심판장은 또한 심판청구서가 필수적 기재사항을 구비하고 있는가 또는 수수료가 납부되어 있는가 등 상표법, 상표법시행령 및 상표법시행규칙이 정한 방식에 맞게 제출되었는지를 판단하고 각종 통지, 송달 등의 업무를 수행하며, 심판청구서가 법령이 정한 방식을 위반한 경우에 기간을 정하여 보정명령을 하고, 보정에 의해서도 그 흠결이 해소되지 않은 경우 심판청구서를 각하한다.

다만, 심판청구가 적법하게 심판청구요건을 구비하였는지 또는 청구가 이유 있는 지 여부 등의 실질적 사항에 관한 판단의 권한은 심판관 합의체에 있으므로, 이에 관한 흠결이 해소되지 않은 경우에는 심판관 합의체에 의한 심결로서 각하한다.

심판에서는 신속·원활한 심리진행을 위한 직권진행주의를 허용하고 있으므로(제145조), 당사자, 기타 관계인의 기간준수 또는 출석 여부에 구애받지 않고 심판장은 직권으로 심판을 진행할 수 있다. 구술심리기일 등에 출석하지 아니하더라도 상대방의 주장사실을 자인하는 것으로 간주되는 민사소송법상의 의제자백 효과는 발생되지 아니하나, 불출석에 따르는 불리한 판단의 여지는 있다.

〈홍정표〉

제28조의4 제1항에 따른 개방형 직위로 지정된 심판장은 같은 조 제2항에 따른 자격, 같은 법 제28조의5 제1항에 따른 공모직위에 지정된 심판장으로 임용될 수 있는 사람은 같은 조 제2항에 따른 자격을 갖춘 사람으로 한다.

2) 특허심판원, 심판편람(제11판), 특허심판원(2014), 66.

> **제132조(심판의 합의체)**
> ① 심판은 3명 또는 5명의 심판관으로 구성되는 심판관합의체가 한다.
> ② 제1항에 따른 심판관합의체의 합의는 과반수로 결정한다.
> ③ 심판의 합의는 공개하지 아니한다.

<소 목 차>

Ⅰ. 본조의 의의   2. 합의의 의결(제2항)
Ⅱ. 합의체의 구성과 합의절차   3. 합의의 비공개(제3항)
　 1. 합의체의 구성(제1항)

Ⅰ. 본조의 의의

심판관 합의체의 구성, 합의에 도달하는 방식 및 합의의 비공개 원칙에 대하여 규정한 것이다. 각 심판사건은 특허심판원장이 지정한 3인 또는 5인의 심판관으로 구성된 합의체에 의해 수행된다. 통상은 3인의 합의체가 사건을 심리하게 되지만 후술하는 소정의 경우에는 5인의 심판관 합의체가 구성되며, 이 경우에는 특허심판원장 또는 심판장이 합의체 심판장이 된다.

Ⅱ. 합의체의 구성과 합의절차

1. 합의체의 구성(제1항)

심판관 합의체는 3인 또는 5인의 심판관으로 구성된다. 통상의 경우는 3인의 합의체로 구성되지만, ① 종전의 판례에 따르기에 적합하지 아니하거나 종전의 심결을 변경할 필요가 있는 사건, ② 법률적·기술적 판단에 있어 매우 중요하고 사회적 영향이 큰 사건, ③ 법원에서 취소된 사건으로서 그 사안이 중요한 사건, ④ 여러 심판부에 공통으로 걸려 있는 사건으로서 각 심판부의 의견이 상반되어 전체적인 의견 조정이 필요한 사건, ⑤ 3인 합의체에 의하여 합의가 이루어지지 아니한 사건, ⑥ 상표는 동일하나 지정상품류가 서로 달라 심판사건들의 주심이 서로 다른 사건으로서, 해당 심판사건의 처리방향에 대한 사전 합의가 이루어지지 않은 사건, ⑦ 동일한 산업재산권에 대해 청구된 여러 개의 심판

사건의 주심이 서로 다른 사건으로서, 1인의 심판관으로 지정변경하는 것에 대
한 합의가 이루어지지 않은 사건, ⑧ 사건 쟁점이 복잡하여 장기간 처리가 지연
되는 사건, ⑨ 중소기업 사건, 심판부간 협업이 필요한 기술 융복합 사건, 일괄
심리가 필요한 사건, 공통기술 사건 등 특허심판원장이 필요하다고 인정하는 사
건에 대하여는 5인 합의체가 구성된다.[1]

　　5인으로 구성되는 심판관합의체는 특허심판원장 또는 심판장이 합의체심판
장을 맡고, 특허심판원장이 지정하는 심판장 또는 심판관 4인으로 구성되며, 주
심심판관은 원칙적으로 당해 사건의 주심 심판관으로 지정된 자가 된다. 5인 합
의체의 심리진행 및 합의, 기타 운영에 관한 사항은 3인 합의체의 예에 따른
다.[2]

　　심결은 일정사항을 기재한 문서로 행하여지고, 심결이라는 처분을 행한 주
체는 당해 심판관 합의체로서, 심결문의 말미에는 심결을 한 심판장, 주심, 합의
심판관 등 합의체에 속하는 심판관 전원이 기명날인한다.[3]

　　심판관 합의체는 심판관이 특허심판원에 속하는 직원이므로 특허심판원장
의 지휘 감독을 받는 면을 가지고 있다고 하더라도, 심판관의 자격을 대통령령
으로 정하도록 규정하고 있고(제129조 제2항), 심판관은 직무상 독립하여 심판하
도록 규정하고 있으므로(제129조 제3항), 심판에 있어서 심판관에게 직권행사의
독립성이 보장되어 있다. 또한 심판관에게는 헌법에 보장된 재판관과 같은 신
분보장은 없지만 재판관과 마찬가지로 제척, 기피제도가 있다(제134조 내지 제
138조).

　　심판관 합의체가 순수한 「행정청」으로서의 성질을 구비하고 있는가에 대하
여 의문이 있을 수 있다. 심결은 일정사항을 기재한 문서로 행하지만, 심결이라
는 처분을 행한 주체는 당해 심판관 합의체라 보는 것이 적절하고(제149조 제2
항에는 「제1항의 심결은 다음 각호의 사항을 적은 서면으로 하여야 하며, 심결을 한
심판관은 그 서면에 기명날인하여야 한다」라고 규정되어 있으므로, 심결문서의 작성주
체가 심판관임은 명백하다), 그런 의미에서 당해 합의체는 「행정청」으로서의 성질
을 가지고 있다고 볼 수 있다. 한편 심판관 합의체의 「심결」이라고 하는 처분은
특허심판원장의 「송달」이라고 하는 행위로 인하여 비로소 성립하는 것이므로,

---

1) 특허청 심판사무취급규정(2016.11.11. 특허청 훈령 제860호) 제28조 제1항.
2) 특허청 심판사무취급규정 제28조 제2항 및 제3항.
3) 특허심판원, 심판편람(제11판), 특허심판원(2014), 359.

특허심판원장이라고 하는 행정청과 그 심리관적인 역할을 수행하는 심판관 합의체라고 하는 행정청에 의한 합성적인 행정처분으로도 볼 수도 있다. 여기서 이러한 두 종류의 행정청을 일괄하여 『특허심판원장』이라고 하는 행정청의 처분으로 이해할 수도 있을 것으로 보인다.4)

2. 합의의 의결(제2항)

합의라 함은 심판관 합의체의 구성원이 그 합의체에 부쳐진 심판사건에 대하여 공동으로 심리하는 것을 말한다. 본 조항은 합의체의 합의는 심판관의 과반수에 의해 결정됨을 규정하고 있어서, 3인 합의체의 경우에는 2인, 5인 합의체의 경우에는 3인 이상의 심판관이 찬성한 의견으로 합의체의 판단이 결정된다.

의견이 일치하지 않는 경우에는 바로 다수결에 의하지 아니하고 다음 합의를 예정하여 각자 재검토한 후 다시 의견교환을 한다. 두 번, 세 번의 합의에서도 의견이 일치하지 아니하면 다수결에 의해 결정한다. 다수결로 합의된 결과와 주심 심판관의 의견이 다른 경우 주심은 자기의 의견과 반대되는 심결문을 기초하여야 하는데, 이와 같은 경우 주심의 요구에 의하거나 또는 심판장이 주심 심판관의 반대가 없는 한 다른 심판관과 논의한 후 특허심판원장에게 보고하여, 주심 심판관을 변경할 수 있다.5)

합의체가 이 조문의 규정에 위반되어 구성된 경우에는 그 합의체가 행한 심결은 위법하다. 대법원 판례를 보면 "재판장 판사 A, 판사 B, 판사 C 3인이 합의체를 이루어 변론을 종결하였음에도 불구하고, 원심판결에는 재판장 판사 A, 판사 B, 판사 D 3인이 서명날인을 함으로써 변론종결기일의 심리에 관여하지 않은 판사 D가 그 판결에 관여하였으므로, 판결법원이 적법하게 구성되었다고 할 수 없다"고 하여, "심리종결시 합의체를 이루는 심판관들과 심결문에 서명날인하는 합의체를 이루는 심판관들은 동일하여야 한다"고 판시한 사례가 있다.6)

3. 합의의 비공개(제3항)

합의체의 합의는 외부에 공개하지 아니한다. 합의체의 합의경과와 합의과

---

4) 日本 靑木康 「答弁の機会の不供与という審決の手続上の瑕疵」 三宅喜寿 455. 정상조·박성수 공편, 특허법 주해 II, 박영사(2010), 567(황우택 집필부분)에서 재인용.
5) 특허심판원(주 3), 352.
6) 대법원 2005. 10. 28. 선고 2005후1967 판결. 정상조·박성수 공편(주 4), 568에서 재인용.

정에서 각 심판관들의 의견을 외부에 누설하여서는 아니되며, 심결문 등본의 송달 전까지는 합의의 결론을 외부에 알려서도 안 된다.[7]

〈홍정표〉

---

7) 특허심판원(주 3), 354.

제133조(답변서 제출 등)

① 심판장은 심판이 청구되면 청구서 부본을 피청구인에게 송달하고 기간을 정하여 답변서를 제출할 수 있는 기회를 주어야 한다.

② 심판장은 제1항의 답변서를 수리(受理)하였을 경우에는 그 부본을 청구인에게 송달하여야 한다.

③ 심판장은 심판에 관하여 당사자를 심문할 수 있다.

<소 목 차>

Ⅰ. 본조의 의의
Ⅱ. 심판청구서와 답변서의 제출
　1. 심판청구서의 송달(제1항)

2. 답변서 부본의 송달(제2항)
Ⅲ. 당사자 심문

Ⅰ. 본조의 의의

심판청구가 있는 때에 심판장은 피청구인에게 청구서의 부본을 송달하고 청구이유가 없음 등을 주장하는 답변서를 제출할 수 있는 기회를 부여하도록 하고, 피청구인이 답변서를 제출하면 역시 이를 청구인에게 송달하여 청구인이 피청구인의 주장에 대하여 대응할 수 있도록 규정한 조항이다.

Ⅱ. 심판청구서와 답변서의 제출

1. 심판청구서의 송달(제1항)

심판장은 당사자계 사건에 있어서 심판청구가 있는 때에는 청구서의 부본을 피청구인에게 송달하고, 상당한 기간을 지정하여 답변서를 제출할 기회를 주어야 한다. 이 조문의 취지는 피청구인에게 청구서의 내용을 통지하여 이에 대한 의견진술 및 증거의 제출 등 방어기회를 부여함으로써 심판의 정확·공정을 기하기 위한 것이다. 이 조문 제1항에서의 "심판의 청구가 있는 때"란 심판장이 제127조 제1항에서 규정한 각하 사유가 없거나 해소된 것으로 판단한 후를 말한다.[1]

---

1) 심판청구서가 법 제127조 제1항의 각하 사유에 해당되는 경우, 심판장은 기간을 지정하여 보정명령을 하고, 지정된 기간 내에 보정을 하지 아니하는 경우 결정으로 심판청구서를

　이 조문이 답변서 제출기간을 정한 것은 절차의 신속한 진행을 도모하면서 답변서 제출기간 내에 심리를 종결할 수 없도록 하기 위한 것이므로, 지정기간 경과 후에 답변서가 제출되었더라도 답변서를 반려하지 아니한다. 답변서가 기간을 경과하여 제출되었더라도 심리종결 전이라면 제2항의 규정에 따라 원칙적으로 청구인에게 답변서를 송달하여 절차를 진행하여야 한다. 답변서 제출기간은 1월 이내에서 심판장이 지정한 기간이며, 이 기간에 대해서는 신청에 의한 연장이 가능하다.2)

　한편, 심판장은 상표등록의 무효심판이나 취소심판이 청구되면 그 사실을 상표권의 전용실시권자 기타 등록을 한 권리를 가지는 자에게 통지하여야 한다(제117조 내지 제119조).

　심판장이 착오로 피청구인에게 답변서 제출 기회를 주지 않고 심결을 내린 경우에는 피청구인의 방어권을 부정하고 상기 규정의 취지에 반하는 것이므로 절차를 위배하였다는 이유로 위법하게 된다.3) 반면, 심판부가 제출된 답변서를 착오로 검토하지 않고 심결을 내린 경우에는 그 결론이 두 가지로 나누어진다. 첫째 답변서를 검토하지 않아 심결의 결론에 영향을 미칠 수 있는 중요한 사항에 대한 판단을 누락한 때에는 그 심결은 실질적으로 피청구인의 방어권을 부정한 것으로서 위법하게 된다. 둘째 답변서에 청구인이 제출한 각 서증에 대한 증거가치를 부정하는 취지의 의견만 기재되어 있을 뿐 달리 특단의 주장이 기재되어 있지 않다면, 심판부가 답변서를 간과하였다 하더라도 청구인의 방어권에 실질적인 영향을 미치는 것이라고 할 수 없으므로 절차를 위배하여 위법적인 것이라고 보기 어려울 것이다.4)

　각하한다. 상표법 제127조.

　2) 최초 연장신청(1개월)은 소명이 필요 없으나, 2회 이후의 연장신청은 불가피성을 소명한 경우에 한하여 연장이 승인된다. 특허청 심판사무취급규정(2016.11.11. 특허청 훈령 제860호) 제22조 제2항 및 제3항.

　3) 특허법원 1999. 10. 14. 선고 99허4026 판결은, 이 조문 제1항 및 제2항의 취지는 심판의 양 당사자에게 심판이 청구된 사실을 알리고 자신의 주장과 증거를 제출하며 상대방의 주장에 대하여 반박할 수 있는 기회를 부여하기 위한 것이므로, 이러한 절차규정을 위반한 하자가 있는 심결은 위법하다고 하면서, 구특허법 제189조제2항에서 특허심판원의 심결을 취소하는 특허법원의 판결이 확정된 때에 심판관은 다시 심리하여 심결하여야 한다는 규정의 의미는, 심판이 처음 청구된 경우에 준하여 당사자에게 심리가 다시 진행된다는 사실을 알리고 주장과 증거를 제출할 수 있는 기회를 부여하라는 것인바, 이건 심결은 전 심결의 취소 후 다시 심리를 하면서 새로운 심판번호 및 심판관 지정통지를 하지 아니하여 원고에게 자신의 주장과 증거를 제출하거나 (가)호 설명서를 보정할 기회를 부여하지 아니한 채 심결한 것이어서 위법하다고 판시하였다.

　4) 정상조·박성수 공편, 특허법주해Ⅱ, 박영사(2010), 571(황우택 집필 부분) 참조.

피청구인이 재외자로서 그 재외자에게 상표관리인이 있는 때에는 청구서 부본을 그 상표관리인에게 송달한다. 재외자에게 상표관리인이 없는 때에는 재외자 본인에게 항공우편으로 발송할 수 있으며, 이 경우 발송을 한 날에 송달된 것으로 본다.5)

2. 답변서 부본의 송달(제2항)

이 조문의 제2항은 심판장이 답변서를 수리한 때에는 그 부본을 청구인에게 송달하여 방어의 기회를 주어야 함을 규정하고 있다.

답변서 제출을 위한 심판청구서 부본 송달 외에 의견서 등 기타 중간서류의 부본 송달시에는 달리 기간을 정하지 아니하며, 당사자는 의견서를 제출할 때 심리의 효율성을 위하여 새로운 주장을 하거나 종전 주장을 철회하거나 새로운 증거를 제출하는지 등을 표시하는 '의견요약표'를 작성하여 첨부하여야 한다.6)

심리종결 후 제출되는 의견서에 대해서는 심결에 참작하지 아니하고 그대로 기록에 편철하며 그 서류는 신청이 있는 경우에 한하여 반환한다.7) 그러나 반환 전에 당사자 또는 참가인의 신청에 의하여 또는 심판장의 직권으로 심리를 재개하는 경우에는 그러하지 아니하다.8)

III. 당사자 심문

심판장은 심판에 관하여 당사자를 심문할 수 있다는 규정이다. 심문9)이라 함은 일반적으로 어떤 사항 또는 문제에 관하여 진술하게 하는 것으로 질문과 같은 의미이며, 납득할 수 있도록 상세하게 진술하도록 하는 의미가 포함되어

---

5) 상표법 제220조.
6) 특허심판원은 심판중간서류 부본을 송달하면서 당사자의 편의를 위해 별지 20호 서식 (의견요약표)을 함께 송부하고 있다. 심판사무취급규정 제23조 제2항.
7) 반환신청을 하려는 당사자 또는 참가인은 특허법시행규칙 별지 제8호서식의 서류반환신청서를 특허심판원장 또는 심판장에게 제출하여야 한다. 상표법시행규칙 제70조.
8) 위 규칙 같은 조.
9) 심문(審問)과 신문(訊問): '심문'은 '자세히 따져 묻는다'는 뜻으로 법원이 당사자나 그 밖에 이해관계가 있는 사람에게 서면이나 구두로 개별적으로 진술할 기회를 주는 것을 말하고, '신문'은 '알고 있는 사실을 캐어 묻는다'는 뜻으로 법원 또는 당사자가 증인·반대당사자 등에 말로 물어 조사하는 것을 말하며, 증인신문, 당사자 신문 등이 여기에 해당한다. 특허심판원, 심판편람(제11판), 특허심판원(2014), 275. 주19 참조.

있다. 심판의 심리에 있어 당사자의 신청, 주장, 입증 또는 명세서의 기재 등이
명확하지 않으면, 그 쟁점을 인식하여 정확한 심리를 할 수 없으므로, 이러한
것을 분명하게 하기 위하여 심문이 필요한 경우가 있다.

당사자의 주장을 명확히 하기 위한 당사자 심문은 민소법에 있어서의 석명
권 행사에 상당하는 것이나, 직권탐지주의가 적용되는 심판에 있어서는 변론주
의의 원칙이 지배하는 민사소송에서 행사되는 석명권의 범위에 그치지 않고 더
욱 적극적인 당사자 질문도 허용되는 것으로 해석된다. 심문은 구술심리에서는
민사소송의 구두변론의 석명권 행사와 같이 행할 수 있고, 서면심리에서의 심문
은 심판장 명의로 심문서를 발부하는 것으로 행한다. 심문에 대하여 당사자가
불응하는 경우는 그대로 심리를 진행하고 불응한 것을 유일의 이유로 각하심결
을 하거나 그 당사자에게 불리한 주문을 도출해서는 안 된다.[10]

심문은 직권에 의하여 행하여지지만 심문여부는 단순한 재량사항은 아니고
필요한 때는 이를 행하여야 하며 이와 같은 경우에 심문을 행하지 아니한 때에
는 위법으로 되는 경우가 있다(민사소송법 제136조 제4항)[11].

〈홍정표〉

---

10) 특허심판원(주 9), 275-276.
11) 특허심판원(주 9), 276.

> **제134조(심판관의 제척)**
>
> 심판관은 다음 각 호의 어느 하나에 해당하는 경우에는 그 심판에서 제척된다.
>
> 1. 심판관 또는 그 배우자나 배우자였던 사람이 사건의 당사자, 참가인 또는 이의신청인인 경우
> 2. 심판관이 사건의 당사자, 참가인 또는 이의신청인의 친족이거나 친족이었던 경우
> 3. 심판관이 사건의 당사자, 참가인 또는 이의신청인의 법정대리인이거나 법정대리인이었던 경우
> 4. 심판관이 사건에 대한 증인, 감정인이 된 경우 또는 감정인이었던 경우
> 5. 심판관이 사건의 당사자, 참가인 또는 이의신청인의 대리인이거나 대리인이었던 경우
> 6. 심판관이 사건에 대하여 심사관 또는 심판관으로서 상표등록여부결정이나 이의신청에 대한 결정 또는 심결에 관여한 경우
> 7. 심판관이 사건에 관하여 직접 이해관계를 가진 경우

<소 목 차>

Ⅰ. 본조의 의의
Ⅱ. 제척사유
  1. 심판관 또는 그 배우자나 배우자였던 사람이 사건의 당사자, 참가인 또는 이의신청인인 경우(제1호)
  2. 심판관이 사건의 당사자, 참가인 또는 이의신청인의 친족이거나 친족이었던 경우(제2호)
  3. 심판관이 사건의 당사자, 참가인 또는 이의신청인의 법정대리인 이거나 법정대리인이었던 경우(제3호)
  4. 심판관이 사건에 대한 증인, 감정인이 된 경우 또는 감정인이었던 경우(제4호)
  5. 심판관이 사건의 당사자, 참가인 또는 이의신청인의 대리인이거나 대리인이었던 경우(제5호)
  6. 심판관이 사건에 대하여 심사관 또는 심판관으로서 상표등록여부결정이나 이의신청에 대한 결정 또는 심결에 관여한 경우(제6호)
  7. 심판관이 사건에 관하여 직접 이해관계를 가진 경우(제7호)
Ⅲ. 제척의 효과 및 다른 절차에서의 준용
  1. 제척의 효과
  2. 다른 절차에의 준용

Ⅰ. 본조의 의의

심판의 공정성을 유지하기 위하여 심판관이 구체적인 사건과 인적·물적으로 특수한 관계에 있는 경우에 그 사건의 직무집행에서 당연히 제외되는 것을 말한다. 심판의 공정성을 보장하기 위하여 심판관을 직무집행에서 배제하는 제도로는 제척 외에 기피와 회피가 있다.

제척은 일정한 원인에 의하여 법률상 당연히 직무의 집행에서 제외되는 것인데 대하여, 기피는 당사자 등으로부터 그 직무집행의 배제신청이 있는 경우에 기피결정이 내려지면 직무집행에서 물러나는 것이며, 회피는 심판관이 자진하여 직무집행에서 사퇴하는 것인 점에서 차이가 있다.[1]

제135조에서는 이 조에서 규정하는 제척원인이 있는 때에 당사자 또는 참가인은 제척신청을 할 수 있도록 규정하고 있으나, 제척신청에 관계없이 제척원인이 있는 심판관은 제척되어 당해 사건에 관하여 일체의 직무집행을 할 수 없다.[2] 제척신청을 받아들이는 결정이 있다고 하더라도 그 결정은 제척원인을 확인하는 것에 불과할 뿐, 그 결정에 의해 비로소 제척되는 것은 아니다. 따라서 그 결정 후 심판의 관여만이 위법하게 되는 것이 아니라 심판에 관여한 당초부터의 모든 행위가 위법하게 된다.[3]

심판관이 제척사유에 해당되면 특허심판원장은 그 신청에 관련된 심판관 이외의 다른 심판관을 지정하여 그 사건을 처리하게 한다.

Ⅱ. 제척사유

1. 심판관 또는 그 배우자나 배우자였던 사람이 사건의 당사자, 참가인 또는 이의신청인인 경우(제1호)

'배우자'란 민법 제812조의 요건을 갖춘, 현재나 과거의 법률상 배우자에 한정되므로 사실혼이나 약혼과 같은 관계는 이에 해당하지 않는다.[4] 이런 관계는 뒤에서 설명하는 심판관의 기피나 회피사유에 해당된다.

---

1) 특허심판원, 심판편람(제11판), 특허심판원(2014), 67.
2) 대법원 1970. 9. 17. 선고 68후28 판결[집18(3)행, 001] 참조.
3) 특허청, 조문별 특허법해설, 특허청(2007), 354.
4) 이시윤, 신민사소송법(제8판), 박영사(2014), 78-79.

민사소송법 제41조의 ‘당사자’란 제척제도의 본질상 각종 소송참가인, 선정
당사자, 탈퇴한 당사자, 파산관재인이 당사자인 경우의 파산자 본인 등과 같이
분쟁의 해결에 관하여 실질적 이해관계가 있어 기판력이나 집행력이 미치는 자
를 포함하여 넓은 의미로 해석되나,5) 상표법의 경우 민사소송법과 달리 제척사
유 중에 ‘당사자’와 별도로 ‘참가인’을 정하고 있을 뿐 아니라 참가제도에 관하
여도 독립당사자 참가 제도나 인수승계 제도(민사소송법 제82조 제3항)가 존재하
지 아니한다는 차이가 있다.

‘참가인’은 심판절차에 있어 자기의 이익을 옹호하기 위하여 상표법 제142
조의 규정에 따라 새로 절차에 참가하는 제3자를 가리키는데, 이러한 참가인은
당사자와 동등한 당사자의 지위로 참가하는 경우와 심판결과에 대한 이해관계
를 가진 자가 종전 당사자 중 일방을 보조하기 위하여 참가하는 경우로 나뉜다.

2. 심판관이 사건의 당사자, 참가인 또는 이의신청인의 친족이거나 친족 이었던 경우(제2호)

이 조에서의 ‘친족’의 개념은 민법 제777조의 규정에 따라, 8촌 이내의 혈
족6), 4촌 이내의 인척7)을 말한다.

3. 심판관이 사건의 당사자, 참가인 또는 이의신청인의 법정대리인 이 거나 법정대리인이었던 경우(제3호)

민사소송법 제41조 제4호에서는 제척사유로 “법관이 사건당사자의 대리인
이었거나 대리인이 된 때”라고 정하고 있어서, 임의대리인과 법정대리인이 모두
포함되는 것으로 해석되지만,8) 상표법은 굳이 법정대리인만을 제134조 제3호로
따로 규정하고 있고 임의대리인은 제134조 제5호에서 별도로 정하고 있다.

---

5) 송상현·박익환, 민사소송법(신정 5판), 박영사(2008), 78.
6) 자기의 직계존속과 직계비속을 직계혈족이라 하고 자기의 형제자매와 형제자매의 직계비
속, 직계존속의 형제자매 및 그 형제자매의 직계비속을 방계혈족이라 한다. 민법 제768조.
7) 혈족의 배우자, 배우자의 혈족, 배우자의 혈족의 배우자를 말한다. 민법 제769조.
8) 송상현·박익환(주 5), 78.

4. 심판관이 사건에 대한 증인, 감정인9)이 된 경우 또는 감정인이었던 경우(제4호)

민사소송법 제41조 제3호는 "법관이 사건에 관하여 증언이나 감정을 하였을 때"라고 규정하고 있어서 이 호와 표현에 있어서 차이가 있다. 이 호를 법문의 의미에 완전히 충실하도록 해석하면 실제 증언이나 감정을 하지 않았더라도 증인이나 감정인으로 채택되었다가 후에 철회된 경우를 포함하는 것으로 해석될 여지도 있으나, 이는 불필요하게 제척사유를 넓게 하는 것이다.

이 호는 그 표현상 문제에 불구하고, 증언이나 감정을 실제로 행한 경우를 대상으로 삼고 있다고 보아야 할 것이다.10)

5. 심판관이 사건의 당사자, 참가인 또는 이의신청인의 대리인이거나 대리인이었던 경우(제5호)

앞서 제3호에 대한 설명부분에서 본 대로, 제5호는 임의대리의 경우에만 적용된다.

6. 심판관이 사건에 대하여 심사관 또는 심판관으로서 상표등록여부결정이나 이의신청에 대한 결정 또는 심결에 관여한 경우(제6호)

심판관이 사건에 대하여 심사관 또는 심판관으로서 '상표등록여부결정·상표등록이의신청에 대한 결정 또는 심결'에 관여한 경우에 관한 규정이다. 이 경우를 통상 전심관여(前審關與)라고 하며 실무상 가장 많이 문제가 된다. 본 규정은 민사소송법 제41조 제5호와 같은 취지로서 예단배제의 원칙에 의한 재판의 공정성을 유지하는 한편, 새로운 심판관으로 재심사시키는 심급제도의 취지가 허물어지는 것을 막고자 하는 데 있다.11)

가. '사건'의 의미

이 조에서의 사건이란 현재 특허심판원에 계속 중인 당해 사건을 말한다.12)

---

9) 감정인이란 심판 과정에서 특수한 사실의 판정이 필요할 때, 심판장의 의뢰에 따라 사물의 진위·양부(良否)·가치 등에 대한 판단을 진술할 수 있는 전문가를 말한다. 증인은 사실을 그대로 보고하는 자임에 비하여, 감정인은 사실에 대한 판단을 보고하는 자인 점에서 차이가 있다. 특허청(주 3), 354.

10) 정상조·박성수 공편, 특허법주해Ⅱ, 박영사(2010), 579(박준석 집필 부분) 참조.

11) 이시윤(주 4), 79.

12) 심판관의 제척사유를 규정한 개정 전의 특허법(1990. 1. 13. 법률 제4207호로 개정되기

상표권의 권리범위확인심판과 상표등록의 무효심판은 서로 동일 사건이라고 할
수 없으므로, 권리범위확인심판에 심판관이었던 심판관이 무효심판에 관여하였
다고 하더라도 제척사유에 해당한다고 할 수 없다. 또한 동일한 상표권이라고
하더라도 당해 무효심판 청구 이전에 별개로 행해진 무효심판 청구사건에 심판
관이었던 자가 당해 심판에 다시 관여하였다고 하더라도 사건이 다르므로 제6
호의 제척사유에 해당하지 않는다.

하급심 판례를 보면, 정정심판을 담당했던 주심 심판관이 정정무효심판에
관여하는 것은 이 호의 제척사유에 해당한다고 판시한 사례가 있는데,13) 정정심
판과 정정무효심판이 형식적으로는 별개의 심판이지만 실질적으로 동일 사건에
해당한다고 판단한 것으로 볼 수 있다.

나. '관여'의 의미

민사소송법상 법관의 제척사유에 관한 판례를 보면, 법관의 제척원인이 되
는 전심관여는 최종변론과 판결의 합의에 관여하거나 종국판결과 더불어 상급
심의 판단을 받는 중간적인 재판에 관여함을 말하는 것이고, 최종변론 전의 변
론이나 증거조사 또는 기일지정과 같은 소송지휘상의 재판 등에 관여한 경우는
포함되지 않는다.14)

심판에 있어서도 심판관이 상표등록결정이나 심결에 관한 종국적 판단에
관여한 것이 아니라 단지 그 이전의 절차에 관련된 것에 불과한 때에는 이 호
에 해당하지 않는다.

대법원 판례를 보면, "심판관이 심판관여로부터 제척되는 사정에 관여한 때
라고 함은 심사관으로서 직접 사정을 담당하는 경우를 말하는 것이므로 거절의

전의 것) 제107조 제6호의 소정의 심판관이 사건에 대하여 심사관, 심판관 또는 판사로서
사정, 심결 또는 판결에 관여한 때의 사건이라 함은 현재 계속 중인 당해 사건을 가리킨다
할 것이므로, 원심결의 심판관 ○○○, ○○○이 이 사건 아닌 90항원 786사건의 심결에
관여한 바 있다고 하여도 위 법 소정의 제척사유에 해당한다고 할 수 없고, 위 90항원 786
사건의 항고심판청구인이 이 사건의 심판청구인이고, 그 심결이 이 사건에서 문제가 되고
있는 (가)호 표장의 거절사정을 파기하는 것이었다고 하여도 마찬가지이다. 대법원 1992.
3. 31. 선고 91후1632 판결(원심결 90항당103).

13) 특허법원 2010. 5. 7. 선고 2009허7680 판결. 정정무효심판은 실질적으로 정정을 인정한
정정심판의 심결이 적법한지 여부를 판단하는 것이므로, 정정심판을 담당했던 주심 심판
관이 정정무효심판에 관여하는 것은 실질적으로 자신이 내렸던 정정심결의 적법성 여부를
스스로 판단하도록 하는 결과가 되므로 심판관의 예단을 배제하여 심판의 공정성을 유지
하고자 하는 제척 규정의 취지를 몰각하게 된다.

14) 대법원 1997. 6. 13. 선고 96다56115 판결[공1997.8.1.(39), 2157].

예고통지 등 거절사정 이전의 절차에 관여하였을 뿐이라면 전심의 거절사정에 관여하였다고 볼 수 없다"고 판시하고 있다.[15] 가령 상표출원 심사를 담당하여 거절이유통지를 한 심사관이 거절 또는 등록 여부에 대한 결정을 하기 전에 특허청 내부의 인사이동으로 다른 업무로 이동한 후, 나중에 특허심판원의 심판관이 되어 당해 출원에 대한 심판을 담당하게 된 경우를 가정하면, 기피나 회피사유가 될 수 있을지언정 제척사유가 되지는 않는다.

제척사유에 해당한다고 본 대법원 판례를 보면, 1982. 6. 22. 선고 81후30 판결[집30(2)특116, 공(687), 693]에서 "심사관이 사건에 대하여 심사관, 심판관 또는 판사로서 사정, 심결 또는 판결에 관여한 때에는 심사의 사정에 관여할 수 없다 할 것이니, 파기환송전의 제1차 거절사정에 관여한 심사관이 환송 후의 제2차 거절사정에 다시 관여함은 제척사유 있는 심사관의 관여로서 위법하다"고 하였고, 1970. 9. 17. 선고 68후28 판결[집18(3)행, 001]에서는 "제1차 항고심판관으로 심결에 관여한 심판관은 다시 원심결(환송사건의 심결)에 관여할 수 없다"고 판시하였다.

하급심 판례로는, 실용신안등록출원에 대한 등록결정을 한 심사관이 권리범위확인심판에 심판관으로 관여한 사안에 대하여 제척사유에 해당한다고 판시한 사례가 있고,[16] 이의신청에 의한 특허취소결정불복심판에 관여한 심판관이 무효심판의 심판관으로 관여한 사건에 대하여 이 호의 제척사유에 해당하지 않는다고 판단한 사례가 있으며,[17] 디자인거절결정불복심판에 관여한 심판관이 당해 디자인등록무효심판에 관여한 사건에 대하여 이 호의 제척사유에 해당한다고 판시한 예가 있다.[18]

결국 심판과 관련한 이 호의 제척원인 중 대표적인 경우는 등록 또는 거절결정 처분을 내린 심사관이 거절결정불복심판, 무효심판의 심판관으로 관여하는 경우 및 원심결의 심판관이 원심결의 취소환송 후 재개된 심판에서 심판관으로 관여하는 경우 등을 들 수 있다.

---

15) 대법원 1980. 9. 3. 선고 78후3 판결[집28(3)행041, 공1980.12.1.(645), 13302]; 88. 2. 23. 선고 83후38 판결[공1988.4.15.(822), 595] 참조.
16) 특허법원 1998. 8. 27. 선고 98허3484 판결(확정).
17) 특허법원 2003. 8. 22. 선고 2002허4002 판결.
18) 특허법원 2008. 8. 17. 선고 2000허3463 판결. 거절결정불복심판에서 취소환송한 심결의 성격을 심판관이 해당 출원의 최종 사정(등록결정)에 직접 관여한 것이 아니라 심사관의 최종 사정 이전의 절차에 관여한 것으로 볼 수도 있어서(취소환송되면 심사관은 재심사하며 이때 새로운 거절이유로 다시 거절결정할 수 있음), 다르게 볼 여지가 있다고 보인다.

한편 직접 출원에 대한 등록결정이나 거절결정을 한 심사관이 아니고 단지 그 심사관의 상급 지휘자인 파트장 또는 과장으로서 심사관에 대한 지휘·감독 차원에서 결정서에 서명하였다는 것만으로는, 해당 사건에 대한 심판관으로서의 제척사유에 해당하지 않는다.[19)]

7. 심판관이 사건에 관하여 직접 이해관계를 가진 경우(제7호)

여기에서 이해관계라 함은 법률상의 이해관계를 말하는 것이며 경제상의 이해관계는 포함하지 아니한다. 이 호에 해당하는 법률상의 이해관계의 예로는 "심판관이 사건의 다툼의 대상이 되어 있는 권리의 선취득권자인 경우, 심판관이 사건의 다툼의 대상이 되어 있는 권리의 질권자인 경우, 심판관이 사건의 다툼의 대상이 되어 있는 권리의 실시권자인 경우, 심판관이 사건의 다툼의 대상이 되어 있는 권리의 물상보증인인 경우 등을 들 수 있다.[20)]

Ⅲ. 제척의 효과 및 다른 절차에서의 준용

1. 제척의 효과

직권이든지 신청에 의하든지 제척이유가 있는 심판관은 제척심판의 결정이 있을 때까지 일체의 심판절차에 참여할 수 없다. 다만, "증인을 긴급히 신문하지 아니하면 외국으로 출국한다든지 사망할 우려가 있는 경우, 긴급히 검증을 하지 아니하면 목적물이 변화, 소멸하는 경우" 등 긴급을 요하는 경우에는, 그 뜻을 당사자 등에게 알리고 심판절차를 중지하지 않고 심리를 진행할 수 있다.[21)]

제척심판의 결과, 제척원인이 있는 심판관이 관여한 심리는 절차상 무효로 되어야 하는 것이므로, 심결 전이라면 다시 심리하지 않으면 안 된다. 또 심결이 되고 그 심결에 대하여 특허법원에 소를 제기한 후에는 특허법원에서 원심결을 취소하게 될 것이다. 또 심결이 확정된 때에는 재심의 이유가 된다.[22)]

---

19) 특허법원 2005. 7. 8. 선고 2004허5894 판결 참조.
20) 특허심판원(주 1), 68.
21) 특허심판원(주 1), 69.
22) 상표법 제157조 제2항.

2. 다른 절차에의 준용

심판관의 제척에 관한 규정은 이의신청의 심사(제71조), 심판의 재심(제161조) 등에 관해서도 준용된다.

〈홍정표〉

> **제135조(제척신청)**
> 제134조에 따른 제척의 원인이 있으면 당사자 또는 참가인은 제척신청을 할
> 수 있다.

제척의 원인이 있음에도 불구하고 심판관이 사건에 관여할 때에는 당사자 또는 참가인은 제척신청을 할 수 있다. 제척신청은 구술심리 중에 구술로 인한 신청이 인정되는 외에는 서면으로 신청하여야 한다.

민사소송법은 제척에 관하여 "직권으로 또는 당사자의 신청"에 따른다고 하고 있음에 비하여 제135조는 당사자 등의 신청만을 규정하고 있을 따름이지만, 심판관의 직권에 의하여 제척되는 것도 해석상 당연히 허용된다. 제척사유가 있으면 당해 심판관은 직무집행에서 당연히 배제되는 것이고, 제척신청에 따른 제척 결정은 단지 확인적이고 선언적인 효과에 불과하다.

제척신청은 심결시까지 할 수 있으며,[1] 심결에서 확정까지의 사이에는 심결취소 사유 또는 상고이유로 할 수 있고, 심결 확정 후에는 재심의 사유로 할 수 있다.[2] 제척신청이 있으면 그 심판사건의 절차는 중지되고 제척신청을 처리하기 위하여 특허심판원장이 지정하는 심판관으로 합의체가 구성된다. 이 경우 제척신청을 받은 심판관은 이 합의체에 관여할 수 없다. 다만, 의견은 진술할 수 있다(제138조 제2항 단서).

제척의 원인은 신청한 날로부터 3일 이내에 이를 소명하여야 한다(제137조 제2항).

〈홍정표〉

---

1) 특허심판원, 심판편람(제11판), 특허심판원(2014), 68.
2) 상표법 제157조 및 민사소송법 제451조.

제136조(심판관의 기피)
① 심판관에게 공정한 심판을 기대하기 어려운 사정이 있으면 당사자 또는 참가인은 기피신청을 할 수 있다.
② 당사자 또는 참가인은 사건에 대하여 심판관에게 서면 또는 말로 진술을 한 후에는 기피신청을 할 수 없다. 다만, 기피의 원인이 있는 것을 알지 못한 경우 또는 기피의 원인이 그 후에 발생한 경우에는 그러하지 아니하다.

<소 목 차>

Ⅰ. 본조의 의의
Ⅱ. 공정한 심판을 기대하기 어려운 사   정(제1항)
Ⅲ. 기피신청의 시기(제2항)

Ⅰ. 본조의 의의

심판관의 기피(忌避)란 법률상 정해진 제척사유 이외에 심판의 공정을 기대하기 어려운 사정이 있는 때에 당사자 또는 참가인의 신청 및 이에 대한 결정에 의하여 당해 심판관을 그 직무집행에서 배제하는 것을 말한다. 제척이 법률상 당연히 발생하는 것과는 달리 기피는 신청이 있고 이에 대한 결정이 있을 때 비로소 이루어진다. 따라서 기피의 결정이 있기 전에 그 심판관이 행한 직무는 위법하다고 할 수 없다.[1]

제136조의 기피는 다음 몇 가지 점에서 제134조의 제척(除斥)과 구별된다.[2]

첫째, 기피의 경우 법률 규정만으로는 당연히 효력이 발생되지 않고 별도의 신청과 결정이 반드시 필요하다. 제척에 대한 결정이 확인적 성질을 가진 것과 달리 기피에 대한 결정은 형성적 성질을 가지므로, 기피결정이 있기 전이라면 그 심판관이 행한 직무가 위법하다고 할 수 없다.

둘째, 그 사유가 법률에 구체적·열거적으로 규정되어 있는 제척과 달리 기피의 경우에는 심판의 공정을 기대하기 어려운 사정이 있는 사유이기만 하면 어느 것이나 해당될 수 있다.

셋째, 상표등록의 이의신청에 대한 심사·결정에 제척에 관한 제134조는 적용되지만(제71조), 기피에 관한 제136조는 적용되지 아니한다.

---

1) 특허청, 조문별 특허법해설, 특허청(2007), 357.
2) 정상조·박성수 공편, 특허법주해Ⅱ, 박영사(2010), 586(박준석 집필부분) 참조.

특허심판원이 처리한 실제 제척이나 기피 신청사건의 현황을 보면 제척·기
피 제도의 활용은 미약하다. 실례로 2004년부터 2013년까지 특허심판원에서 처
리한 기피 사건의 수는 총 23건이고 이중 1건만이 인용되었다. 제척 사건의 수
는 총 12건이고 이중 2건이 인용되었다.

II. 공정한 심판을 기대하기 어려운 사정(제1항)

기피사유가 되는 '공정한 심판을 기대하기 어려운 사정'이 구체적으로 무엇
인지에 관하여 상표법은 더 이상 정하고 있지 아니하나, 객관적이고 합리적인
사유가 있어야 할 것이다.

판례를 보면, 민사소송법상의 기피에 관한 규정인 제43조 제1항에서의 '공
정한 재판을 기대하기 어려운 사정'이라는 의미는, 당사자가 불공평한 재판이
될지도 모른다고 추측할 만한 주관적인 사정이 있는 때를 말하는 것이 아니고,
통상인의 판단으로서 법관과 사건과의 관계로 보아 불공정한 재판을 할 것이라
는 의혹을 갖는 것이 합리적이라고 인정될 만한 객관적인 사정이 있음을 요한
다.3)

따라서 소송지휘에 관한 불만만으로는 기피사유가 되지 않는데, 이런 지휘
에 관하여는 따로 민사소송법이 구체절차를 마련해 놓고 있으므로(민사소송법
제138조, 제392조) 실제로 판례가 민사소송법상 기피사유가 된다고 본 예는 거의
없다. 학설은 당사자와의 관계에서 법관이 약혼·사실혼 관계등 애정관계, 친밀
한 우정관계, 친척관계(단, 민법이 정한 친족의 범위에 속하면 제척사유), 정치적·
종교적 대립관계를 비롯한 원한관계, 당사자가 법인인 경우에 법관이 주주 등
그 구성원, 재판 외에서 당사자와 법률상담을 한 때가 이에 해당한다고 한다.
또한 학설은 소송대리인과의 관계에서는 당사자와의 관계만큼 엄격하지는 않더
라도 법관이 소송대리인과 혼인관계, 민법 소정 친족관계, 특별한 친근관계나
불화관계에 있을 때 기피사유가 된다고 풀이하고 있다.4)

특허심판원의 심판편람을 보면, 심판관이 사건의 당사자와 친우이거나 원
한관계에 있는 때, 사건에 대하여 경제적으로 특별한 이해관계를 가지고 있거나
사적인 감정서를 제출한 일이 있을 때, 또는 심판관이 당사자와 내연 또는 약혼

---

3) 대법원 1992. 12. 30.자 92마783 결정[공1993.2.15.(938), 608].
4) 이시윤, 신민사소송법(제8판), 박영사(2014), 81-82.

관계가 있을 때 등을 '심판의 공정을 기대하기 어려운 사정이 있는 경우'로 예시하고 있다.5)

III. 기피신청의 시기(제2항)

기피신청을 하려는 자는 당해 사건에 대하여 심판관에게 서면 또는 구두로 진술을 하기 전에 기피신청을 하여야 하고, 서면 또는 구두로 진술을 한 후에는 심판관을 기피할 수 없다(제136조 제2항 본문). 다만 기피의 원인이 있는 것을 알지 못한 때 또는 기피의 원인이 그 후에 발생한 때에는 서면 또는 구두로 진술을 한 후에도 기피의 신청을 할 수 있다(제136조 제2항 단서).

여기에서 진술이라 함은 구술심리에 의한 경우 당사자 또는 참가인이 구술심리기일의 신청을 한 때에는 아직 그 이유에 대하여 진술을 하지 아니하였어도 진술이 있었던 것이라고 할 수 있다. 서면심리에 의한 경우는 답변서, 의견서 등의 제출이 있었을 때에 진술이 있는 것이라 할 수 있다.6) 참고로 민사소송법은 본안에 관하여 변론하거나 변론준비기일에서 진술하기 이전에 기피신청을 하지 않으면 기피신청권을 상실하도록 정하고 있다(민사소송법 제43조 제2항).

심판에서 기피신청의 시기를 제한하는 이유는 담당 심판관에게 기피의 이유가 있음을 알면서도 진술을 한 것은 그 심판관을 신뢰하고 있었던 것으로 볼수 있고,7) 만일 시기를 제한하지 않는다면 기피신청이 있는 경우 그 신청에 대한 결정이 있을 때까지 절차를 중지하여야 하는 것(제139조)과 관련하여 기피신청이 남용되어 절차의 신속 및 안정이 저해될 우려가 있기 때문이다.

〈홍정표〉

5) 특허심판원, 심판편람(제11판), 특허심판원(2014), 73.
6) 특허심판원(주 5), 74.
7) 특허청(주 1), 358.

> **제137조(제척 또는 기피의 소명)**
> ① 제135조 및 제136조에 따라 제척 또는 기피신청을 하려는 자는 그 원인을 적은 서면을 특허심판원장에게 제출하여야 한다. 다만 구술심리를 할 경우에는 말로 할 수 있다.
> ② 제척 또는 기피의 원인은 신청한 날부터 3일 이내에 소명(疎明)하여야 한다.

<소 목 차>

Ⅰ. 제척 또는 기피의 신청방식

Ⅱ. 제척 또는 기피의 소명방식 및 시기
(제2항)

Ⅰ. 제척 또는 기피의 신청방식

제척 및 기피신청을 하고자 하는 자는 그 원인을 기재한 서면을 특허심판원장에게 제출하여야 하지만 구술심리에 있어서는 말로 할 수 있다. 심판관에 대한 제척신청 또는 기피신청을 하고자 하는 자는 특허법 시행규칙 소정 별지 제33호 서식에 의한 심판사건 신청서를 특허심판원장에게 제출하여야 한다(상표법 시행규칙 제64조). 신청의 방식은 서면에 의하거나 말에 의하거나를 불문하고 심판사건, 제척 또는 기피하고자 하는 심판관 성명 및 제척 또는 기피원인을 명백히 하여야 한다.

기피신청은 기피이유가 있음을 알고 있는 이상 지체없이 하지 않으면 안 된다. 민사소송법에서 기피이유가 있음을 알고서도 당사자가 당해 법관 앞에서 본안에 관하여 변론하거나 변론준비기일에서 진술한 때에는 기피권을 상실한다(민사소송법 제43조 제2항). 이 점은 어느 단계에서나 직권조사를 요하는 제척이유와 다르다.[1]

민사소송법에서 신청방식은 '서면 또는 말'로 할 수 있으나(민사소송법 제161조 제1항), 상표법에서는 원칙적으로 서면에 의할 것을 요구하는 것은 심판이 구술심리와 서면심리를 병행하고 있지만, 실제 심판실무에서는 서면심리가 더 많다는 점을 고려한 것이라 하겠다.

제척신청이나 기피신청이 있는 경우 특허심판원은 민사소송법에 따른 제척

---

1) 이시윤, 신민사소송법(제8판), 박영사(2014), 84.

· 기피신청에 관한 법원의 실무와 마찬가지로 이미 진행 중인 심판사건과는 독립된 별도의 사건번호를 부여하고 해당사건에 심판이력으로 생성시킨다.[2]

Ⅱ. 제척 또는 기피의 소명방식 및 시기(제2항)

제척 또는 기피원인은 신청한 날부터 3일 이내에 소명하여야 한다.[3] 민사소송법에서는 소명방법에 관하여 신청한 날부터 3일 이내에 서면으로만 가능하도록 규정하고 있는데 반하여(민사소송법 제44조 제2항), 상표법은 이런 소명방법에 관하여 특별한 제한을 두지 아니하여 서면이나 구술 모두 가능하다고 해석된다. 소명(疏明)은 통상 입증을 요하는 사실에 대하여 고도의 개연성, 즉 확신에 이를만한 수준을 가리키는 증명(證明)과 달리 낮은 수준의 개연성, 즉 일응 확실할 것이라는 추측을 얻은 상태, 혹은 일응 진실한 것이라고 인정되는 상태를 말한다. 다양한 경우에 소명을 요구하고 있는 민사소송법과 달리,[4] 상표법은 오로지 제137조 제2항에서만 이런 '소명'을 요구하고 있다.[5]

〈홍정표〉

---

2) 예를 들어 사건번호는 0000당(제척)00, 0000당(기피)00과 같이 부여한다. 특허심판원, 심판편람(제11판), 특허심판원(2014), 76.

3) 3일 이내의 소명기간은 깊이 생각하며 준비하는 중간기간이므로 방식위배로 신청이 각하되기 전까지 소명하면 된다. 또한 기피이유가 본안사건의 기록상 명백한 사항일 때에는 (법원에 현저한 사실, 예: 증인신문신청의 각하), 기피이유를 달리 소명할 필요가 없다. 이시윤(주 1), 84.

4) 가령 민사소송법 제62조, 제73조, 제110조 등.

5) 정상조·박성수 공편, 특허법 주해Ⅱ, 박영사(2010), 592(박준석 집필 부분) 참조.

> 제138조(제척 또는 기피신청에 관한 결정)
> ① 제척 또는 기피신청이 있으면 심판으로 결정하여야 한다.
> ② 제척 또는 기피신청의 대상이 된 심판관은 그 제척 또는 기피에 대한 심판에 관여할 수 없다. 다만, 의견을 진술할 수 있다.
> ③ 제1항에 따른 결정은 서면으로 하여야 하며 그 이유를 붙여야 한다.
> ④ 제1항에 따른 결정에는 불복할 수 없다.

<소 목 차>

Ⅰ. 제척 또는 기피신청에 대한 결정의 주체   Ⅱ. 결정의 방식과 불복

Ⅰ. 제척 또는 기피신청에 대한 결정의 주체

제척 또는 기피신청이 있는 때에는 심판에 의하여 이를 결정하여야 한다.

당사자로부터 서면 또는 구술심리 중에 구술에 의해 제척이나 기피의 신청이 있는 때에, 특허심판원장은 그 심판사건의 절차중지를 명하고, 신청의 결정을 위한 심판관 합의체를 구성하며 이를 당사자에게 통지한다.

민사소송법에서는 제척 및 기피재판에 있어 신청의 방식에 어긋나거나 소송의 지연을 목적으로 하는 것이 분명한 경우에는 우선 신청을 받은 법원 또는 법관이 결정으로 이를 각하하도록 하여(민사소송법 제45조 제1항) 이른바 '간이각하' 제도를 두고 있으며, 그렇지 않은 경우라야 신청을 받은 법관이 소속된 법원의 다른 합의부에서 재판하도록 하고 있다(민사소송법 제46조 제1항). 또한 민사소송법에서는 3인만으로 구성된 작은 지원(支院)의 법관이 제척 또는 기피의 신청의 대상이 되어, 당해 신청을 당한 법관의 소속 법원이 합의부를 구성하지 못하는 경우에는 바로 위의 상급법원이 결정하도록 하고 있다(민사소송법 제46조 제3항). 이에 비하여, 상표법에서는 간이각하 제도가 존재하지 아니하며 이런 사유에 해당하는 경우라도 심판관 합의체에 의하여야 한다.[1] 이때 제척 또는 기피의 신청을 당한 심판관은 그 제척 또는 기피에 대한 심판에 관여할 수 없으며, 의견을 진술할 수 있을 뿐이다(제138조 제2항).

---

1) 정상조·박성수 공편, 특허법 주해Ⅱ, 박영사(2010), 593(박준석 집필 부분) 참조.

Ⅱ. 결정의 방식과 불복

새로 구성된 합의체에서의 제척·기피여부 결정은 3일의 소명기간이 경과[2]한 후 즉시 행한다. 소명된 원인으로 보아 그 신청이 신청권의 남용이라고 판단되면 곧 합의에 들어가 신청권의 남용이라는 취지로 각하결정한다. 제척·기피신청에 대한 결정은 그 이유를 붙여 서면으로 하여야 하며, 이 결정에 대해서는 불복할 수 없다(제138조). 신청을 받아들이는 경우 특허심판원장은 당해 심판을 처리할 새로운 심판부를 구성한다.

한편 민사소송법에서는 제척 또는 기피신청에 대한 결정 중 인용결정에 대하여는 불복할 수 없지만, 각하나 기각결정에 대하여는 즉시항고를 할 수 있도록 규정하고 있음에 비하여(민사소송법 제47조 제1항, 제2항), 제138조 제4항은 제척 또는 기피신청에 대한 결정에 불복할 수 없다고 규정하고 있다. 이는 독립하여 불복하지 못한다는 것에 불과할 뿐 제척 또는 기피신청의 대상이 된 심판관이 행한 심결에 관한 불복 절차 중에서 이에 대하여 다툴 수 있다.[3]

〈홍정표〉

---

2) 이 소명기간 제한규정은 훈시규정이라고 보아야 할 것이므로, 소명기간 내에 소명이 없다고 하여 신청을 각하할 것이 아니라 기피신청에 대한 결정이 있기 전까지 소명하는 경우 신청에 대한 심판을 하여 결정한다. 특허심판원, 심판편람(제11판), 특허심판원(2014), 75.
3) 특허청, 조문별 특허법해설, 특허청(2007), 360.

제139조(심판절차의 중지)
제척 또는 기피의 신청이 있으면 그 신청에 대한 결정이 있을 때까지 심판절
차를 중지하여야 한다. 다만, 대통령령으로 정하는 긴급한 사유가 있는 경우
에는 그러하지 아니하다.

<소 목 차>

Ⅰ. 심판절차의 중지   Ⅱ. 긴급을 요하는 때의 예외

Ⅰ. 심판절차의 중지

제척 또는 기피의 신청이 있는 때 당해 심판은 '중지'된다. 구 상표법에서
준용하던 특허법에서 '심판절차의 정지'라고 표현하던 것을 1973. 2. 8. 개정에
의하여 '중지'라고 조문수정하였다.

민사소송법상 소송절차의 '정지'에는 '중단'과 '중지' 두 가지가 있다. '중
단'이라 함은 당사자나 소송수행자에게 소송수행이 불가능한 사유가 생겼을 때
새로운 당사자나 소송수행자가 나타나 소송을 수행할 때까지 법률상 당연히 절
차의 진행이 정지되는 것을 말한다. 당사자에 의한 소송절차의 수계나 법원의
속행명령에 의하여 해소된다. '중지'라 함은 법원이나 당사자에게 소송을 진행
할 수 없는 사유가 생겼거나 진행에 부적당한 사유가 생겼을 때 법률상 당연히
또는 법원의 명령에 의하여 절차의 진행이 정지되는 것을 말한다. 당사자 또는
소송수행자의 교체가 이루어지지 않는 점에서 중단과 다르다.[1]

이 조의 경우는 '중단'과 '중지' 중 어느 하나에 꼭 부합하지는 아니하며
'정지'라고 표현하는 것이 더 타당할 수 있다.[2] 민사소송법에서도 제척·기피신
청에 관하여 '소송절차의 정지'라고 표현하고 있다(민사소송법 제48조).

제척 또는 기피의 신청이 있는 때에는 그 신청에 대한 결정이 있을 때까지
심판절차를 중지하여야 한다. 구술심리 또는 증거조사 중 제척·기피신청이 있는
경우, 심판장은 그러한 신청이 있었다는 사실의 기재를 심판사무관에게 지시하
고, 그 신청에 대한 결정이 있을 때까지 심판절차를 중지한다는 뜻을 선언한다.

---

1) 이시윤, 신민사소송법(제8판), 박영사(2014), 431.
2) 정상조·박성수 공편, 특허법주해 Ⅱ, 박영사(2010), 595(박준석 집필 부분) 참조.

II. 긴급을 요하는 때의 예외

제척 또는 기피의 신청이 있는 때에는 그 신청에 대한 결정이 있을 때까지 심판절차를 중지하여야 한다. 다만, 긴급을 요하는 때에는 그러하지 아니하다. 긴급을 요하는 때란, 증인을 긴급히 신문하지 않을 때에는 외국으로 출국한다든가 사망할 우려가 있는 때, 긴급히 검증을 하지 아니하면 목적물이 변화·소멸하는 때 등을 말한다. 이렇게 긴급을 요하여 심판절차를 계속 진행하는 경우 특허심판원에서는 그 뜻을 당사자 등에게 알리고 있다.

만일 긴급을 요하지 않음에도 심판절차를 계속 진행하였는데 나중에 '기피신청'을 인용하는 결정이 있는 경우 그 절차진행이 무효로 됨에는 아무런 다툼이 없다. 그러나 나중에 기피신청 기각·각하결정이 확정된 경우에 그 위법이 후발적으로 치유되는지에 관하여, 판례는 위법성이 치유된다고 적극적으로 보는 예3)도 있으나, 정지하지 않고 절차를 진행시킨 끝에 쌍방불출석으로 항소취하의 효과를 발생시킨 경우에 절차위반의 흠결은 치유될 수 없다는 판례도 있다.4) 모든 경우가 아니라 당사자의 소송상의 이익이 해하여지지 않는 때에 한하여 위법성이 치유된다고 절충적으로 보아야 할 것이다.5)

한편, 긴급을 요하여 심판절차를 계속 진행하였는데 나중에 제척이나 기피신청을 인용하는 결정이 있을 경우 당해 절차진행의 효력이 어떻게 되는지에 관하여 민사소송법상으로는, 항상 무효로 한다는 설, 항상 유효로 한다는 설, 절충적으로 제척의 경우에는 무효이지만 기피의 경우에는 유효한 것으로 한다는 설이 있다.6)

〈홍정표〉

---

3) 대법원 1978. 10. 31. 선고 78다1242 판결.
4) 대법원 2010. 2. 11. 선고 2009다78467·78474 판결.
5) 이시윤(주 1), 84-85.
6) 각 설들에 대한 상세한 내용은 정상조·박성수 공편(주 2), 596-597을 참고할 것.

제140조(심판관의 회피)
　심판관이 제134조 또는 제136조에 해당하는 경우에는 특허심판원장의 허가
를 받아 해당 사건에 대한 심판을 회피할 수 있다.

　　심판관의 회피라 함은 심판관이 제척 또는 기피의 신청을 사전에 방지하고
또한 심판의 공정을 기하는 취지에서 필요한 경우 자발적으로 직무집행을 피하
는 것을 말한다. 회피에 관한 규정은 2001. 2. 3. 법률 제6411호로 개정된 특허
법에 신설되었다(그 당시 상표법은 특허법의 이 조항을 준용하고 있었다). 회피의 경
우에는 따로 심결을 요하지 않으며, 특허심판원장의 허가를 받으면 된다.
　　심판관의 회피신고가 이유가 있다고 인정되는 경우에 특허심판원장은 심판
관의 지정변경을 한다.[1]
　　민사재판에서도 회피사유가 있는 경우 정식으로 회피절차를 거치기보다는
법원내부의 사건재배당절차를 거쳐 사실상 동일한 목적을 달성하는 경우가 많
다. 또한 회피사유가 있음에도 회피하지 않더라도, 당사자로서는 기피절차를 이
용할 수 있으므로, 실무상 회피제도는 그다지 큰 의미를 가지지 않으며 회피에
대한 판례 역시 찾기 어렵다.

〈홍정표〉

---

1) 특허심판원, 심판편람(제11판), 특허심판원(2014), 77.

제141조(심리 등)

① 심판은 구술심리 또는 서면심리로 한다. 다만, 당사자가 구술심리를 신청한 경우에는 서면심리만으로 결정할 수 있다고 인정되는 경우 외에는 구술심리를 하여야 한다.

② 구술심리는 공개하여야 한다. 다만, 공공의 질서 또는 선량한 풍속을 어지럽힐 우려가 있는 경우에는 그러하지 아니하다.

③ 심판장은 제1항에 따라 구술심리에 의한 심판을 할 경우에는 그 기일 및 장소를 정하고 그 취지를 적은 서면을 당사자 및 참가인에게 송달하여야 한다. 다만, 해당 사건에 출석한 당사자 및 참가인에게 알린 경우에는 그러하지 아니하다.

④ 심판장은 제1항에 따라 구술심리에 의한 심판을 할 경우에는 특허심판원장이 지정한 직원에게 기일마다 심리의 요지와 그 밖에 필요한 사항을 적은 조서를 작성하게 하여야 한다.

⑤ 제4항의 조서에는 심판의 심판장 및 조서를 작성한 직원이 기명날인하여야 한다.

⑥ 제4항의 조서에 관하여는 「민사소송법」 제153조, 제154조 및 제156조부터 제160조까지의 규정을 준용한다.

⑦ 심판에 관하여는 「민사소송법」 제143조, 제259조, 제299조 및 제367조를 준용한다.

⑧ 심판장은 구술심리 중 심판정 내의 질서를 유지한다.

<소 목 차>

I. 구술심리와 서면심리—제1항
  1. 심리방식
  2. 구술심리와 서면심리의 조화
  3. 연혁
II. 구술심리의 공개—제2항
III. 구술심리의 통보—제3항

IV. 조서의 작성 및 기명날인—제4항, 제5항
V. 민사소송법의 준용—제6항, 제7항
VI. 심판장의 심판정 내 질서 유지 권한 —제8항

Ⅰ. 구술심리와 서면심리—제1항

1. 심리방식

심리방식에는 구술에 의하는 경우(구술심리)와 서면에 의하는 경우(서면심리)가 있다. 구술심리는 당사자 및 심판관의 각종 심판행위, 즉 각종 변론 및 증거조사 등이 구술(口述)에 의하여 이루어지는 것을 말하고, 서면심리는 위 심판행위가 당사자가 제출한 서면을 토대로 이루어지는 것을 말한다.

구술심리는 적시에 자연스럽고 신선한 진술에 의하여 당사자의 진의를 알아내기 쉽고, 쟁점의 정리가 촉진되며, 공개주의나 직접주의 원칙과 부합되는 장점이 있는 반면, 심리가 장기화됨에 따라 구술에 의한 진술은 탈루 또는 망실되기 쉬운 단점이 있다.[1]

한편, 서면심리는 진술이 명확하고 언제나 재확인할 수 있도록 자료가 보존되어 있어서 편리한 장점이 있는 반면, 심판서류가 방대하여지고 매번 서면의 작성·교환·열람 등에 시간과 노력이 많이 드는 단점이 있다[2].

2. 구술심리와 서면심리의 조화

상표법 제141조 제1항은 특허법 제154조와 마찬가지로 심판절차는 구술심리 또는 서면심리로 한다고 규정함으로써 심판관이 사건의 내용 및 성질에 따라 두 가지 심리방식 중 어느 하나를 선택할 수 있도록 하되, 다만 당사자가 구술심리를 신청한 경우에는 서면심리만으로 결정할 수 있다고 인정되는 경우 외에는 구술심리를 하여야 한다고 규정함으로써 당사자의 신청이 있는 경우에는 구술심리를 원칙으로 하도록 하고 있다. 이러한 규정은 행정심판법 제40조 제1항의 규정[3]과도 조화를 이루고 있는 규정이다.

종래 실무에서는 구술심리가 거의 이루어지지 않고 대부분 서면심리 방식으로 이루어져 왔던 사정을 감안하여 구술심리를 보다 강화하기 위한 것으로 이해되고 있다. 다만, 구술심리는 당사자나 심판관이 상표심판사건의 심리에 임

---

1) 특허청, 조문별 특허법해설, 특허청(2007), 362.
2) 특허청(주 1), 362.
3) 현행 행정심판법 제40조 제1항은 "행정심판의 심리는 구술심리나 서면심리로 한다. 다만, 당사자가 구술심리를 신청한 경우에는 서면심리만으로 결정할 수 있다고 인정되는 경우 외에는 구술심리를 하여야 한다."고 규정하고 있다.

하여 그에 따른 변론이나 증거조사를 구술로 하는 것을 의미할 뿐이다. 그러므
로 심판의 청구, 심판청구의 취하, 심결 등은 문서로 하여야 한다.

특허심판원의 심판절차는 상표권의 효력을 소급적으로 상실시키는 등 그
심판의 결과가 당사자에게 미치는 영향이 중대하고, 또 대세적 효력으로 인한
파급효과도 막대하므로, 상표심판의 심리는 그 절차 및 방식에 있어서 신중하고
정확을 기할 필요가 있을 뿐만 아니라 또 공정성·신속성이 아울러 요구된다.
상표법은 이러한 심리의 정확성과 공정성·신속성을 조화시키기 위하여 구술심
리와 서면심리를 조화하여 활용할 수 있도록 하고 있다.

특허심판원의 실무에서는, 구술심리는 일반적으로 당사자가 신청한 사건
중 심판장이 필요하다고 인정하는 사건에 대해 이루어지나, 현행 심판사무취급
규정4) 제39조의2는, ㉮ 일방당사자 또는 쌍방당사자가 구술심리를 신청한 사건,
㉯ 쌍방당사자가 대리인이 없는 사건, ㉰ 석명권행사를 위하여 구술심리가 필요
하다고 인정하는 사건에 대해서는 원칙적으로 구술심리를 개최하도록 하되, 다
만 ㉮, ㉯, ㉰의 경우에도 서면심리만으로 결정할 수 있다고 인정되는 때에는
구술심리를 개최하지 아니할 수 있으나, 이러한 경우에는 심판장이 미리 특허심
판원장의 승인을 얻어야 하고, 당사자의 구술심리 신청이 있는 위 ㉮사건에 대
하여 만일 구술심리를 개최하지 아니하고 서면심리만으로 진행하기로 한 경우
에는 구술심리를 신청한 당사자에게 서면심리만으로 결정한다는 사실을 통지하
도록 규정하고 있다.

실무상 일반적으로 구술심리는 특허심판원 소재지의 심판정에서 개최하는
데, 현재 특허심판원 소재지의 심판정은 정부대전청사 2동 1501호(심판정 1, 2,
3) 및 1605호(심판정 4)에 위치하고 있다. 다만, 심판장은 원격 또는 교통이 불편
한 지역에 주소지를 둔 심판의 당사자 쌍방이 특허심판원 소재지 이외의 장소
에서 구술심리를 하고자 하는 경우에는 특허심판원장의 승인을 받아 특허심판
원 소재지 이외의 다른 장소에서도 구술심리를 하게 할 수 있다. 한편, 특허심
판원은 2014. 4.경부터 서울-대전 간 원격 영상구술심리 제도를 시행함으로써,
수도권에 거주하는 출원인, 변리사 등이 특허심판에 참석하기 위해 대전으로 이
동해야 하는 불편을 해소하고 있다. 전체 영상구술심리 사건 중 약 80%가 상표
관련 사건으로서, 상표 관련 특허심판 사건에서 그 활용도가 높은 편이다.

---

4) 2013. 1. 31. 특허청 훈령 제738호로 개정된 것.

3. 연혁

특허권에 대한 심판의 경우, 구 특허법(2001. 2. 3. 법률 제641호로 개정되기 전의 것)에서는 특허의 무효심판, 특허권의 존속기간의 연장등록의 무효심판 및 정정의 무효심판은 구술심리를 원칙으로 하였고, 그 외의 심판은 서면심리를 원칙으로 한다고 규정하고 있었으나, 실제 특허심판원의 실무에서는 시간, 인력 등의 문제를 이유로 거의 대부분의 심판사건이 서면심리만으로 심리가 이루어져 왔는데, 개정 특허법에서는 이러한 실무를 고려하여 사건의 내용 및 성질에 따라 심판관 스스로 구술심리 또는 서면심리 중 바람직한 심리의 방식을 선택할 수 있도록 하되, 다만 당사자가 구술심리를 신청한 때에는 서면심리만으로 결정할 수 있다고 인정되는 경우 외에는 구술심리를 하여야 한다고 규정하고 있다.5)

II. 구술심리의 공개—제2항

제2항은 구술심리에 관하여 원칙적으로 공개주의를 채택하고, 예외적으로 공공의 질서 또는 선량한 풍속을 어지럽힐 우려가 있는 경우에는 공개하지 않을 수 있다고 규정하고 있다. 이는 심판의 공정성을 기하기 위한 것으로서, 심판절차는 특허심판원의 심판관 합의체가 대법원의 최종심을 전제로 특허출원에 대한 거절결정, 특허 등의 처분에 대한 쟁송을 심리 판단하는 준(準)사법적 절차이므로, 헌법 제110조에서 규정하고 있는 "재판의 심리와 판결은 공개한다"라고 하는 재판에 있어서의 공개의 취지에 따른 것이다.

III. 구술심리의 통보—제3항

제3항은 구술심리에 의한 심판을 하고자 하는 경우 그 통지절차에 관한 규정으로서, 심판장은 구술심리에 의한 심판을 할 경우에는 그 기일 및 장소를 정하고 그 취지를 기재한 서면을 당사자 및 참가인에게 송달하여야 하되, 다만 당해 사건에 출석한 당사자 및 참가인에게 알린 경우에는 예외로 한다고 규정하고 있다. 구술심리를 할 경우에는 당사자나 참가인의 출석이 당연히 요구되기

---

5) 특허청(주 1), 364.

때문이다.

위 규정에 따라 현행 심판사무취급규정 제40조는 구술심리를 행하는 경우에는 사건의 구술심리기일, 개정 시간 및 장소를 지정하여야 하고, 구술심리기일은 기일지정통지서를 송달하여 통지한다고 규정하고 있으며, 제41조는 심판장은 필요한 경우 신청 또는 직권으로 구술심리기일, 개정 시간 및 장소를 변경할 수 있다고 규정하고 있다. 또한 심판장은 당사자 등이 기일변경신청을 하고자 하는 때에는 기일변경이 필요한 사유를 밝히고, 그 사유를 소명하는 자료를 제출하도록 하여야 한다.

IV. 조서의 작성 및 기명날인—제4항, 제5항

제4항, 제5항은 구술심리에 의한 심판을 할 경우의 조서 작성에 관한 규정이다. 심판장은 구술심리에 의한 심판을 할 경우에는 특허심판원이 지정한 직원에게 기일마다 심리의 요지와 그 밖에 필요한 사항을 기재한 조서를 작성하게 하여야 하고, 위 조서에는 심판의 심판장 및 조서를 작성한 직원이 기명날인하여야 한다. 구술심리의 내용을 후일 심결에 참조할 수 있도록 하기 위해서는 그 내용을 조서에 남겨놓을 필요가 있기 때문이다. 그리고 조서에는 그 기재내용에 하자가 없도록 그 책임을 명확히 하기 위하여 심판장과 직원이 기명날인할 것을 요구하고 있다.

조서를 작성하는 외에도, 아래와 같이 민사소송법 규정이 준용됨에 따라, 현행 심판사무취급규정 제44조, 제45조는 심판장은 구술심리를 하는 경우 녹음을 하여야 하고 필요한 경우 속기를 하게 할 수 있고, 위 녹음테이프와 속기록은 심판기록과 함께 보관하도록 규정하고 있다.

V. 민사소송법의 준용—제6항, 제7항

심판을 할 경우의 조서 및 심판절차에 관하여는 민사소송법의 제 규정들이 준용된다. 제6항은 민사소송법의 변론조서에 관한 규정인 민사소송법 제153조(형식적 기재사항), 제154조(실질적 기재사항), 제156조(서면 등의 인용·첨부), 제157조(관계인의 조서낭독 등 청구권), 제158조(조서의 증명력), 제159조(변론의 속기와 녹음), 제160조(다른 조서에 준용하는 규정)를 준용하도록 하고, 제7항은 민사소송법의 심판에 관한 규정인 제143조(통역), 제259조(중복된 소제기의 금지), 제299조 (소명의 방법), 제367조(당사자 신문)를 준용하도록 하고 있다.

VI. 심판장의 심판정 내 질서 유지 권한—제8항

심판장은 구술심리를 진행하는 경우 심판정 내에서의 질서를 유지하여야 한다. 이는 특허심판원의 심판에서 구술심리 개최건수가 증가함에 따라 심판정 내에서 카메라 녹화 등 방청객에 의한 방해 사례가 발생하고 있기 때문에, 심판장에게 구술심리 중 심판정 내의 질서를 유지할 수 있는 권한을 부여하기 위한 근거 규정으로서 신설된 것이다. 심판장의 질서유지권한은 일반 법원의 소송절차에 있어서 재판장에게 부여된 질서유지권한과 비슷한 취지로 부여된 것으로서, 심판장은 심판정에서의 질서유지를 위하여 심판정의 존엄과 질서를 해칠 우려가 있는 사람의 입정 금지 또는 퇴정 명령, 심판장의 허가 없는 녹화, 촬영, 중계방송 등 행위의 금지 등을 행사할 수 있다. 특허법 제154조 제9항 및 디자인보호법 제142조 제8항도 이미 이와 동일한 규정을 두고 있다.

〈김철환〉

제142조(참가)

① 제124조제1항에 따라 심판을 청구할 수 있는 자는 심리가 종결될 때까지 그 심판에 참가할 수 있다.

② 제1항에 따른 참가인은 피참가인이 그 심판의 청구를 취하한 후에도 심판 절차를 속행할 수 있다.

③ 심판의 결과에 대하여 이해관계를 가진 자는 심리가 종결될 때까지 당사자의 어느 한쪽을 보조하기 위하여 그 심판에 참가할 수 있다.

④ 제3항에 따른 참가인은 모든 심판절차를 밟을 수 있다.

⑤ 제1항 또는 제3항에 따른 참가인에게 심판절차의 중단 또는 중지의 원인이 있으면 그 중단 또는 중지는 피참가인에 대해서도 그 효력이 발생한다.

<소 목 차>

Ⅰ. 머리말
  1. 참가의 의의
  2. 민사소송법의 참가와의 관계
Ⅱ. 참가의 종류
Ⅲ. 참가의 요건
  1. 공동소송적 당사자참가: 당사자적격
  2. 공동소송적 보조참가: 이해관계
  3. 심판 계속 중 및 심리 종결 전
  4. 대상물의 동일
  5. 권리능력 등
Ⅳ. 참가의 절차
Ⅴ. 참가의 효력
  1. 공동소송적 당사자참가
  2. 공동소송적 보조참가

Ⅰ. 머리말

1. 참가의 의의

심판절차에서 참가라 함은 심판계속 중에 이해관계가 있는 제3자가 자기의 법률상의 이익을 위하여 그 심판 당사자의 한쪽에 가담하여 그 심판절차를 수행하는 것을 말한다. 상표에 대한 심판 중 거절결정에 대한 불복심판 및 보정각하결정에 대한 심판 등과 같이 피청구인이 존재하지 않는 결정계 심판에서는 참가가 허용되지 않고(상표법 제154조), 참가가 허용되는 심판은 당사자계 심판에 한한다. 따라서 그와 같은 참가신청은 상표법상 참가의 근거 규정이 없는 것으로서 부적법하여 각하될 수밖에 없다.[1]

참가를 인정하는 이유는 심판절차에 이해관계가 있는 제3자로 하여금 별도

---

[1] 대법원 1997. 7. 8. 선고 97후75 판결.

의 새로운 심판절차를 밟지 않고 자기의 명의로 자기의 이익을 위하여 주장할
수 있는 기회를 부여하고 심판의 공정을 기하려는 데 그 취지가 있다.[2] 심판 당
사자와 제3자가 어떤 법률적인 관계가 있거나 또는 그 심결의 효력이 그 제3자
에게 미치게 될 경우에는 그 심판을 당사자에게만 맡기고 방관하게 되면 제3자
가 법률상 불측의 손해를 입을 염려가 있고, 또 이미 타인의 심판청구에 의하여
심판이 계속 중임에도 공동으로 심판을 청구할 수 있는 자가 별도의 심판을 다
시 청구하는 것은 소송경제에도 반하는 것이므로, 제3자가 별도의 새로운 심판
절차를 밟지 않고 타인 간에 계속 중인 심판에 개입하여 어느 한쪽 당사자가
승소할 수 있도록 보조하거나 또는 자기 스스로 청구인으로서 일방 당사자에게
참여하여 타방 당사자를 상대로 자기의 청구의 취지를 주장하여 심판절차를 수
행할 수 있도록 한 것이다.[3]

2. 민사소송법의 참가와의 관계

민사소송법에 있어서는 ㉮ 독립당사자참가, ㉯ 공동소송적 당사자참가, ㉰
보조참가, ㉱ 공동소송적 보조참가가 인정되고 있다(민사소송법 제71조, 제78조,
제79조, 제83조). 그런데 상표에 관한 특허심판원의 심판절차에 있어서는 공동소
송적 당사자참가(제142조 제1항, 제124조 제1항)와 보조참가(제142조 제3항)만 인정
되고 있다.

㉮의 독립당사자참가는 참가인이 당사자 쌍방을 피고로 하는 것으로서 삼
면소송의 구조를 갖는 것인데, 심판절차의 참가는 참가의 대상이 되는 심판이
유효 또는 무효의 둘 중의 하나로 판단되고, 민사소송에서와 같이 제3의 판단이
이루어지는 경우는 없기 때문에 독립당사자참가 제도를 인정하지 않더라도 공
동소송적 당사자참가에 의하여 충분히 그 목적을 달성할 수 있으므로, 특허심판
에서는 허용되지 않는다는 것[4]이 일반적인 설명이다.

상표심판에 있어서의 공동소송적 당사자참가는 ㉯의 공동소송적 당사자참
가와 유사하다.

㉰의 보조참가는 당사자의 어느 한쪽을 보조하기 위하여 참가를 하지만 참
가인의 이름으로 판결을 받지도 못하고 참가인에게 중단사유가 생겨도 본 소송

---

2) 윤선희, 특허법(제5판), 법문사(2012), 879.
3) 박희섭·김원오, 특허법원론(제4판), 세창출판사(2009), 574.
4) 특허청, 조문별 특허법해설, 특허청(2007), 365.

절차가 중단되지 않는 등 소송수행권이 제약되지만, ㉱의 공동소송적 보조참가
는 본 소송의 판결의 기판력을 받는다는 점에서 실질적으로는 필요적 공동소송
인에 가까운 지위를 가지고 있고, 피참가인의 행위와 저촉되는 소송행위를 할
수 있으며, 참가인의 상소기간은 피참가인과 독립하여 기산하고, 참가인에게 소
송절차의 중단 또는 중지의 사유가 발생한 때에는 소송절차가 정지되는 점에서
차이가 있다.[5] ㉱의 보조참가는 소송수행권이 제약되는 등의 이유에서 심판에
서 허용할 실익이 없다는 것이 일반적이므로 상표법 제142조 제3항이 규정하는
참가는 위 ㉱의 공동소송적 보조참가에 가깝다.[6]

II. 참가의 종류

상표심판에서의 참가는 특허심판과 마찬가지로 공동소송적 당사자참가와
보조참가가 있다. 공동소송적 당사자참가는 원래 당사자로서 심판을 청구할 수
있는 자가 하는 참가로서 동일한 상표권에 관하여 이해관계인이 2인 이상 있을
경우와 같이 공동심판청구인의 지위를 가진 자가 이해관계인이 중 1인의 심판
청구에 참가하는 경우를 말한다. 보조참가는 당사자의 어느 한쪽을 보조하기 위
한 참가로서 심판의 결과에 대하여 이해관계를 가진 자(예컨대 무효심판의 대상
으로 되어 있는 상표권에 대하여 실시권자 또는 질권 등을 갖는 자) 등을 말한다.[7]

당사자참가의 경우 참가인은 피참가인이 그 심판 청구를 취하한 후에도 심
판절차를 속행할 수 있고(제142조 제2항), 보조참가의 참가인 역시 일체의 심판
절차를 밟을 수 있다(제142조 제4항). 위 각 참가의 경우 모두 참가인에 대하여
심판절차의 중단 또는 중지의 원인이 있는 때에는 그 중단 또는 중지는 피참가
인에 대하여도 그 효력이 발생한다(제142조 제5항). 다만 보조참가는 청구인측이
나 피청구인측 어느 쪽이나 참가할 수 있으나, 당사자참가는 심판청구인측에 공
동청구인으로 참가하는 경우에만 인정될 뿐 피청구인측에는 참가할 수 없다.

---

5) 박희섭·김원오(주 3), 575.
6) 박희섭·김원오(주 3), 575도 특허심판에 관하여 특허법 제155조 제1항에서 규정하는 참
   가는 공동소송적 보조참가에 가까운 것으로 설명하고 있다.
7) 윤선희(주 2), 879.

Ⅲ. 참가의 요건

1. 공동소송적 당사자참가: 당사자적격

공동소송적 당사자참가는 당사자로서 공동으로 심판을 청구할 수 있는 자가 계속 중인 타인간의 심판에 참가하는 것이므로, 참가인은 공동심판의 청구인이 될 수 있는 자, 즉 당사자 적격을 가지는 자이어야 한다. 만일 심판을 청구할 수 있는 자격이 없는 때에는 공동소송적 당사자참가의 참가인이 될 수 없다. 공동소송적 당사자참가의 경우 심판 청구인측에만 참가할 수 있다.

2. 공동소송적 보조참가: 이해관계

공동소송적 보조참가는 당사자적격을 가지지 아니하나, 심판의 결과에 대하여 이해관계를 가진 자가 당사자의 어느 한쪽을 보조하기 위하여 참가하는 것이므로, 참가인은 심판의 결과에 대하여 이해관계를 가지고 있어야 한다. 여기서 '심판의 결과'는 심결의 결론인 주문에 나타난 판단을 말하고, 심결의 이유에만 나타난 사실에 관한 판단에 지나지 않는 것은 포함하지 아니한다. 이해관계를 가지는 경우의 예로는, 상표권에 관하여 무효심판이 청구된 경우 그 상표권의 전용사용권자, 통상사용권자 또는 질권자 등이 여기에 해당한다. 또한 적극적 권리범위확인심판의 경우 피청구인으로부터 상표권의 실시와 관련된 물품을 공급받고 있는 자도 여기에 해당한다. 그러나 상표권에 있어서 재외자의 상표관리인은 이해관계가 없으므로 재외자를 위하여 보조참가를 할 수 없다는 것이 판례의 태도이다.8) 공동소송적 당사자참가의 경우와 달리 심판 청구인뿐만 아니라 피청구인측에도 참가할 수 있다.

3. 심판 계속 중 및 심리 종결 전

심판절차에 대한 참가는 심판이 계속 중임과 동시에 심리가 종결되기 전에만 허용된다. 공동소송적 당사자참가는 새로운 심판절차를 밟는 대신 계속 중인 타인 간의 심판절차에 참가하는 것이므로 심판이 계속 중일 것을 요한다. 그리고 심리종결 후에는 참가의 실익이 없고 만일 심리종결 후 참가를 허용하게 되면 절차가 부당하게 지연되는 문제가 있으므로, 심리 종결 전에만 참가가 가능하다.

---

8) 대법원 1997. 3. 25. 선고 96후313, 320 판결[공1997.5.1.(33), 1231].

4. 대상물의 동일

참가의 대상물이 심판의 대상물과 동일하여야 한다. 이는 심판절차에 대한
참가의 성격상 당연한 것으로서, 예컨대 상표의 일부 지정상품이 무효심판의 대
상이 되어 심판이 진행되고 있는 중 참가인이 심판에 참가하면서 나머지 지정
상품에 대한 무효를 주장하면서 참가를 신청하는 것은 그 대상물이 동일하지
아니하므로 참가가 허용되지 않는다.

5. 권리능력 등

심판절차의 참가인은 심판청구인과 마찬가지로 권리능력 및 절차능력을 구
비하여야 한다.

Ⅳ. 참가의 절차

참가의 절차에 관해서는 상표법 제143조 부분에서 후술한다.

Ⅴ. 참가의 효력

1. 공동소송적 당사자참가

공동소송적 당사자참가의 참가인은 당사자적격이 있는 자이므로, 그 지위,
권한은 심판청구인의 지위, 권한과 동일하고, 모든 심판절차를 밟을 수 있다. 따
라서 참가인은 피참가인의 의사와 관계없이 자신에게 유리한 증거를 독자적으
로 제출할 수 있고 또 단독으로 불복할 수 있다. 또한 참가 후 피참가인이 심판
청구를 취하하더라도 참가인은 당사자로서 심판절차를 계속 수행할 수 있다(제
142조 제2항). 또한 참가인에게 심판절차의 중단 또는 중지의 원인이 있는 때에
는 그 중단 또는 중지는 피참가인에 대해서도 그 효력이 있다(제142조 제5항).

심판의 심결이 있는 때에는 심결의 효력은 참가인에게도 미친다. 참가신청
을 하였으나 그 신청이 거부된 자는 당해 심판의 심결등본을 송달받을 수 있고
(제149조 제6항), 그 등본 송달일로부터 30일 이내에 심결에 대한 불복의 소를
특허법원에 제기할 수 있다(제162조 제3항).

2. 공동소송적 보조참가

공동소송적 보조참가의 참가인은 피참가인이 심판청구를 취하한 경우에는 더 이상 심판절차를 속행할 수 없고, 단독으로 불복할 수도 없다. 이점에서 공동소송적 당사자참가인과 차이가 있다. 그 외의 점에서는 차이가 없으므로, 심판절차를 밟음에 있어서 공동소송적 보조참가의 참가인도 모든 심판절차를 밟을 수 있다(제142조 제4항).

공격 및 방어 방법의 제출에 있어서 보조참가인이 피참가인의 이익에 반하는 것이 허용되는지 여부에 관해서는 긍정설9)과 부정설10)로 견해가 나누어져 있다. 긍정설의 논거는 심결이 확정되면 일사부재리의 효력을 가지는 특허심판의 특성상 심결의 효력은 참가인에게도 미치므로 피참가인의 이익에 반하는 공방도 허용되어야 한다는 것이고, 부정설의 논거는 보조참가인은 피참가인의 승소를 위하여 참가한 자이므로 민사소송법의 규정을 유추하여 특허심판에서도 피참가인의 이익에 반하는 공방은 허용될 수 없다는 것이다.11) 특허심판원의 실무는 긍정설의 입장에 따라, 보조참가의 참가인은 공동소송적 보조참가에 해당하므로 일체의 심판절차를 행할 수 있고, 따라서 피참가인의 행위와 저촉되는 행위도 할 수 있다고 한다.12)

심결이 있는 때에는 심결의 효력은 참가인에게도 미친다. 일사부재리의 효력을 갖는 상표심판의 효력상 이는 당연하다.

〈김철환〉

---

9) 특허청(주 4), 366. 민사소송법상의 보조참가인은 참가적 효력만이 있을 뿐 판결의 효력이 미치지 않고 따라서 보조참가인은 피참가인에게 불이익이 되는 행위 및 피참가인의 행위와 저촉되는 행위를 할 수 없다는 점에서, 참가인에게도 심결의 효력이 미치는 심판절차의 공동소송적 보조참가인과 차이가 있다고 서술하고 있다.
10) 윤선희(주 2), 884; 박희섭·김원오(주 3), 578.
11) 자세한 것은, 박희섭·김원오(주 3), 578.
12) 특허심판원, 심판편람(제10판), 특허심판원(2011), 161.

> **제143조(참가의 신청 및 결정)**
> ① 심판에 참가하려는 자는 참가신청서를 심판장에게 제출하여야 한다.
> ② 심판장은 참가신청을 받은 경우에는 참가신청서 부본을 당사자와 다른 참가인에게 송달하고 기간을 정하여 의견서를 제출할 수 있는 기회를 주어야 한다.
> ③ 참가신청이 있는 경우에는 심판에 의하여 그 참가 여부를 결정하여야 한다.
> ④ 제3항에 따른 결정은 서면으로 하여야 하며, 그 이유를 붙여야 한다.
> ⑤ 제3항에 따른 결정에 대해서는 불복할 수 없다.

<소 목 차>

Ⅰ. 참가신청   Ⅲ. 참가의 종료
Ⅱ. 참가신청에 대한 허부결정

Ⅰ. 참가신청

심판에 참가하고자 하는 자는 참가신청서를 심판장에게 제출하여야 한다(제143조 제1항). 민사소송법에서는 참가의 종류에 따라 참가신청을 서면으로 하여야 하거나 서면 또는 구술로 할 수도 있으나(민사소송법 제72조), 상표심판에 대한 참가에서는 반드시 서면에 의하도록 하고 있다. 그에 따라 상표법 시행규칙 제66조 제1항은 참가신청서는 특허법 시행규칙 별지 제33호 서식의 심판사건신청서에 따른다고 규정하고 있다.

심판장은 참가신청을 받은 경우 참가신청서 부본을 당사자 및 다른 참가인에게 송달하고 기간을 정하여 의견서를 제출할 수 있는 기회를 주어야 한다(제143조 제2항). 이는 당사자 및 다른 참가인이 참가신청에 대하여 이의를 할 수 있기 때문에 그들에게 참가신청서 부본을 송달함으로써 참가에 대한 의견 진술의 기회를 부여할 필요가 있기 때문이다.

심판절차에 대한 참가신청은 앞에서 살펴본 바와 같이 심판이 계속 중임과 동시에 심리가 종결되기 전에만 가능하다.

참가신청은 어느 때나 이를 취하할 수 있다. 참가신청의 취하는 그것에 의하여 피참가인 및 그 상대방의 이익을 해하는 것은 아니고, 심결의 효력은 취하한 참가신청인 또는 참가인에게 미치는 것이기 때문에 어느 당사자의 동의도

필요하지 않다. 다만 당사자 참가의 경우 심판청구인이 심판의 청구를 취하하였기 때문에 참가인만이 절차를 진행하고 있는 경우에는 상표법 제148조 제1항을 유추하여 참가인의 주장에 대하여 피청구인이 답변서를 제출한 후에는 피청구인의 동의를 필요로 한다.[1]

Ⅱ. 참가신청에 대한 허부결정

참가신청서가 방식에 위배되거나 수수료를 납부하지 않은 경우에는 심판장은 기간을 정하여 보정을 명하고, 그 기간을 경과하여도 신청인이 보정하지 아니한 때에는 심판장 명의의 결정으로 신청서를 각하한다. 심판청구인의 적격이나 이해관계가 불분명한 경우에는 심판장은 참가신청인에게 참가이유에 대하여 석명할 수 있다.

참가신청이 있는 경우에는 심판에 의하여 반드시 그 참가여부에 대한 허부의 결정을 하여야 한다(제143조 제3항). 참가의 결정은 서면으로 하여야 하며, 반드시 그 이유를 붙여야 한다(제143조 제4항). 민사소송법에서는 참가여부의 허부결정도 참가의 종류에 따라 반드시 하여야 하거나 그렇지 않은 경우도 있으나, 상표심판에 대한 참가에서는 반드시 심판에 의하여 참가신청에 대한 허부 결정을 하도록 하고 있다.

참가신청에 대한 결정에 대해서는 불복이 허용되지 않는다(제143조 제5항). 참가 여부의 결정 자체에 대하여 다투는 경우 심판절차를 지연시키는 결과를 초래하기 때문이다. 그러나 참가신청을 하였다가 그 신청이 거부된 자는 나중에 심결이 난 경우 그 심결에 대한 취소소송을 제기할 원고 적격을 가지고 있으므로(제162조 제2항), 위 심결취소소송에서 참가 여부의 결정에 대하여 다툴 수 있다.

Ⅲ. 참가의 종료

심판에 대한 참가는 심판장의 참가불허 결정이 있을 때, 심결이 확정된 때, 참가신청이 취하된 때에는 소멸한다. 참가신청의 취하는 심결이 확정될 때까지

---

[1] 윤선희, 특허법(제5판), 법문사(2012), 882에서, 특허심판에 있어서 심판청구인이 심판청구를 취하하였기 때문에 참가인만이 절차를 진행하고 있는 경우에는 특허법 제161조 제1항을 유추하여 참가인의 주장에 대하여 피청구인이 답변서를 제출한 후에는 피청구인의 동의를 필요로 한다고 한다.

가능하고, 그 절차는 심판청구의 절차에 준한다.

　공동소송적 보조참가의 경우에는 피참가인이 심판청구를 취하한 경우에도 참가는 종료된다.

〈김철환〉

제144조(증거조사 및 증거보전)
① 심판에서는 당사자, 참가인 또는 이해관계인의 신청에 의하여 또는 직권으로 증거조사나 증거보전을 할 수 있다.
② 제1항에 따른 증거조사 및 증거보전에 관하여는 「민사소송법」 중 증거조사 및 증거보전에 관한 규정을 준용한다. 다만, 심판관은 과태료를 결정하거나 구인(拘引)을 명하거나 보증금을 공탁하게 하지 못한다.
③ 증거보전 신청은 심판청구 전에는 특허심판원장에게 하고, 심판계속 중에는 그 사건의 심판장에게 하여야 한다.
④ 특허심판원장은 심판청구 전에 제1항에 따른 증거보전 신청이 있으면 그 신청에 관여할 심판관을 지정한다.
⑤ 심판장은 제1항에 따라 직권으로 증거조사나 증거보전을 하였을 경우에는 그 결과를 당사자, 참가인 또는 이해관계인에게 송달하고 기간을 정하여 의견서를 제출할 수 있는 기회를 주어야 한다.

〈소 목 차〉

Ⅰ. 머리말
  1. 증거조사 및 증거보전의 의의
  2. 민사소송법의 준용
Ⅱ. 증거조사
  1. 증거조사의 신청

  2. 직권에 의한 증거조사
  3. 증거조사의 내용
Ⅲ. 증거보전
  1. 요건
  2. 증거보전절차

Ⅰ. 머리말

1. 증거조사 및 증거보전의 의의

상표심판은 법의 해석 및 적용이라는 형식으로 상표권에 관한 분쟁을 해결하는 절차로서, 법규를 해석하거나 적용하기 위하여 사실관계를 먼저 확정할 필요가 있다. 증거는 이러한 사실관계를 확정짓는 구체적 자료로서, 특허심판원은 심판절차에서 이러한 증거를 조사할 것이 요구된다.

상표법은 심판에서도 신청 또는 직권으로 증거조사 및 증거보전을 할 수 있다는 취지를 규정하고 있다(제144조 제1항). 여기서 '증거조사'란 심판관의 심증형성을 위하여 법정의 절차에 따라 인적·물적 증거의 내용을 오관의 작용에 의하여 지각하는 심판원의 소송행위를 말하고, '증거보전'은 심판계속 전 또는 심판계속 중에 특정의 증거를 미리 조사해 두었다가 본 심판에서 사실인정에 쓰기 위한 증거조사방법으로서, 본 심판에서 정상적인 증거조사를 할 때까지 기다리고 있다가는 조사가 불가능하게 되거나 곤란하게 될 염려가 있는 증거를 미리 조사하여 그 결과를 보전하여 두려는 절차이다.

2. 민사소송법의 준용

심판에서의 증거조사 및 증거보전은 민사소송법의 증거조사 및 증거보전에 관한 규정이 준용된다(제144조 제2항). 다만 민사소송법의 규정 중 어느 조문을 준용하는 지에 관하여는 구체적으로 규정되어 있지 않으나, 민사소송법 제2편 제3장 증거에 관한 규정의 대부분이 준용되고, 다만 민사소송법이 당사자주의를 원칙적으로 채택하고 있는 반면, 상표심판은 직권주의를 채택하고 있으므로, 민사소송법의 규정 중 당사자주의에 관련되는 규정은 준용되지 않는다고 보아야 할 것이다.[1] 또한 심판에서는 과태료의 결정, 구인명령 또는 보증금을 공탁하게 하는 것은 할 수 없다(제144조 제2항 단서).

민사소송법에서의 증거조사 및 증거보전에 관한 규정 중 상표심판에 준용될 수 없는 규정은 구체적으로 다음과 같다.[2]

(1) 민사소송법 제288조(불요증사실) 중 재판상 자백, 제349조(당사자가 문서를 제출하지 아니한 때의 효과), 제350조(당사자가 사용을 방해한 때의 효과) 및 제369조(출석·선서·진술의 의무)는 상표법의 심판이 변론주의가 아닌 직권탐지주의를 채택하고 있기 때문에 준용되지 아니한다고 보아야 할 것이다.

(2) 민사소송법 제99조(소명의 방법) 제2항 및 제300조(보증금의 몰취)는 이 항의 단서 규정인 "심판관은 보증금을 공탁하게 하지 못한다"는 규정에 의하여 준용되지 아니한다.

(3) 민사소송법 제301조(거짓진술에 대한 제재), 제311조(증인이 출석하지 아니한 경우의 과태료 등), 제318조(증언거부에 대한 제재), 제326조(선서거부에 대한 제재), 제351조(제3자가 문서를 제출하지 아니한 때의 제재), 제363조(문서성립의 부인에 대한 제재), 제366조(검증의 절차 등) 제2항 및 제370조(거짓 진술에 대한 제재)는 이 항의 단서 규정인 '심판관은 과태료의 결정을 하지 못한다'는 규정에 의하여 준용되지 아니한다.

---

1) 특허청, 조문별 특허법해설, 특허청(2007), 370.
2) 특허청(주 1), 370.

(4) 민사소송법 제312조(출석하지 아니한 증인의 구인)는 이 항의 단서 규정
인 '심판관은 구인을 명하지 못한다'는 규정에 의하여 준용되지 아니한다.

(5) 민사소송법 제376조(증거보전의 관할)는 제3항의 규정에 의하여 준용되
지 아니한다.

II. 증거조사

1. 증거조사의 신청

증거조사는 당사자·참가인 또는 이해관계인의 신청에 의하여 또는 직권으
로 할 수 있으므로(제144조 제1항), 당사자는 특허청에 대하여 증거조사를 신청
할 수 있다. 증거를 신청함에는 증거방법 및 이에 의하여 증명할 사항을 표시하
여야 한다. 심판장은 당사자로부터 증거신청이 있으면 이를 상대방에게 통지하
여 그 신청에 대하여 진술할 기회를 주어야 하고, 심판관은 그에 대한 채택여부
를 결정하여야 한다.

2. 직권에 의한 증거조사

증거조사는 당사자 등의 신청 외에 직권으로 할 수 있다(제144조 제1항). 심
판장은 당사자가 신청한 증거의 조사에 의하더라도 심증을 얻을 수 없거나 기
타 필요하다고 인정할 때에는 직권으로 증거조사를 할 수 있는데, 이것은 진실
발견을 위하여 직권으로 증거조사를 할 권능을 심판장에게 부여한 것이지 의무
는 아니라고 할 것이다.[3] 그러나 그것이 심판의 귀추에 영향을 주는 중요한 증
거라면 이를 조사하지 아니하면 위법하게 된다.[4]

직권으로 증거를 조사하였을 경우, 심판장은 그 결과를 당사자·참가인 또
는 이해관계인에게 송달하고 기간을 정하여 의견서제출의 기회를 주어야 한다
(제144조 제5항). 이는 심판의 적정을 기하여 심판제도의 신용을 유지하기 위하
여 준수하여야 하는 공익상의 요구에 기인한 강행규정이라고 할 것이다.[5]

---

3) 대법원 1989. 1. 17. 선고 86후6, 86후12 판결[공1989.3.1.(843), 301]; 대법원 1992.3.31.
   선고 91후1595 판결[공1992.5.15.(920), 1435]; 대법원 1993. 5. 11. 선고 92후2090 판결[공
   1993.7.15.(948), 1711]; 대법원 1995. 11. 24. 선고 93후114 판결[공1996.1.15.(2), 225]; 대
   법원 1995. 11. 24. 선고 93후107 판결[공1996.1.15.(2), 223] 등 다수.
4) 대법원 1970. 7. 28. 선고 70후26 판결[집18(2)행, 087].
5) 대법원 1979. 11. 13. 선고 79후26[공1980.2.1.(625), 12430]; 대법원 1984. 2. 28. 선고 81
   후10 판결[공1984.5.1.(727), 599]; 대법원 1987. 3. 24. 선고 96후20 판결[공1997.5.15.(800),

이와 관련하여, 특허심판원의 심판부가 등록상표의 사용사실에 관한 주된 증거의 신빙성을 확인하기 위하여 직권으로 참고인과 통화한 후 이를 탄핵증거로 사용하는 데 있어 위 직권증거조사 결과를 등록상표권자에게 송달하고 기간을 정하여 의견서를 제출할 수 있는 기회를 주지 않은 경우, 결론을 내림에 있어서 중요한 증거의 탄핵이 부적법한 직권증거조사절차에 따라 이루어진 것으로서 위법하다고 한 하급심 판례도 있다.6) 위 법문상 이해관계인에게도 증거조사의 결과를 송달하여야 한다고 규정되어 있으나, 당사자 및 참가인 이외의 심판에 관여하지 아니한 이해관계인에게는 송달할 필요가 없을 것이다.7)

3. 증거조사의 내용

증거조사에는 증인신문, 감정, 서증, 검증 및 당사자신문 등이 있다.

증인신문은 심판관이 증인을 신문하여 그 증언으로부터 증거자료를 얻는 증거조사방법이다. 상표심판의 경우 증인신문을 할 때에는 절차상 번잡함을 피하기 위하여 민사소송의 예에 따라 구술심리를 병행하는 것이 상례이고, 이것이 심리에 신중을 기할 뿐만 아니라 절차, 비용, 기일 등을 절약하는 의미에서 바람직하다.8) 당사자, 법정대리인 및 당사자인 법인 등의 대표자 외에는 모두 증인능력을 가진다. 위 사람들은 증인신문이 아니라 당사자신문절차에 의하여야 한다. 증인은 민사소송법의 규정에 따라 출석의무, 진술의무, 선서의무가 있다.

당사자신문이란 당사자 또는 그 법정대리인 등을 증인과 동일한 방법으로 사실을 진술하게 한 후 그 진술로부터 증거자료를 얻는 증거조사방법으로서, 다른 증거조사에 의하여 심증을 얻지 못한 경우에 한하여 허용되는 보충적인 증거조사방법이다.

감정은 특별한 학식과 경험을 가진 자에게 그 전문지식이나 학식, 경험을 이용하여 법규, 내용, 경험칙 등에 관한 자신의 의견을 보고하게 하여 그것으로부터 증거자료를 얻는 증거조사방법이다.

서증은 문자 또는 기타 부호로서 사상을 표시한 문서의 기재 내용을 증거

728]; 대법원 1989. 5. 23. 선고 86후90 판결[공1989.7.15.(852), 1000]; 대법원 1999. 6. 8. 선고 98후1143 판결[공1999.7.15.(86), 1415]; 대법원 1996. 2. 9. 선고 94후241 판결[공1996.4.1.(7), 954] 등 다수.

6) 특허법원 2004. 4. 16. 선고 2003허6975 판결[각공 2004.6.10.(10), 853](확정).
7) 송영식 외 6, 지적소유권법(상)(제2판), 육법사(2013), 849(각주 1557).
8) 특허심판원, 심판편람(제10판), 특허심판원(2011), 254.

로 하는 증거조사방법이다. 문서는 작성명의인의 의사에 기초하여 진정하게 작성된 것이어야 한다는 형식적 증거력과 문서 내용이 요증사실을 증명하기에 적합한 가치를 가져야 한다는 실질적 증거력이 있어야 한다.

검증은 심판관이 직접적으로 자신의 오관의 작용에 의하여 사물의 형상, 현상을 검사하여 그 결과를 증거자료로 하는 증거조사방법이다.

III. 증거보전

1. 요건

증거보전은 심판절차에서의 통상의 증거조사시까지 기다리면 그 조사가 불능 또는 곤란하게 될 염려가 있는 특정의 증거에 대하여 사전에 조사하여 그 결과를 보전하여 두는 절차로서, 증거보전을 하기 위해서는 증거보전의 필요성이 있어야 한다. 따라서 미리 증거조사를 하지 아니하면 증거가 멸실되어 조사가 불가능하거나 시간이 경과함에 따라 조사가 더 곤란하게 되거나 현상이 변경될 염려가 있는 경우라야 한다. 증거보전의 대상이 되는 증거조사방법에는 제한이 없으므로, 증인신문, 당사자 본인 신문, 감정, 서증, 검증 등이 모두 포함된다.

2. 증거보전절차

증거보전 신청은 심판청구 전에는 특허심판원장에게 하여야 하고, 심판계속 중에는 그 사건의 심판장에게 하여야 한다(제144조 제3항). 이 경우 그 증거보전의 사유를 명확히 기재하고 이를 소명하여야 한다. 특허심판원장은 심판청구 전에 제1항에 따른 증거보전 신청이 있으면 그 신청에 관여할 심판관을 지정한다(제144조 제4항).

심판장은 증거보전의 신청이 방식에 맞고 그 요건을 구비하고 있어 증거보전을 하여야 할 것으로 판단한 때에는 증거보전을 개시한다는 결정을 한다. 여기에 대하여는 독립하여 불복할 수 없다(민사소송법 제380조). 그러나 위 증거보전 개시결정은 심판절차에 관한 결정이므로 심결 자체에 대하여 불복하면서 위 증거보전 개시결정의 위법성을 주장할 수 있을 것이다.

증거보전은 당사자 등의 신청 외에 직권으로 할 수 있다(제144조 제1항). 만일 직권으로 증거보전을 하였을 경우, 심판장은 그 결과를 당사자·참가인 또는 이해관계인에게 송달하고 기간을 정하여 의견서제출의 기회를 주어야 한다(제

144조 제5항).

〈김철환〉

> **제145조(심판의 진행)**
> 심판장은 당사자 또는 참가인이 법정기간 또는 지정기간 내에 절차를 밟지
> 아니하거나 제141조제3항에 따른 기일에 출석하지 아니하여도 심판을 진행할
> 수 있다.

<소 목 차>

Ⅰ. 직권진행주의 　　　　　　　　　　 Ⅱ. 직권진행주의의 내용

Ⅰ. 직권진행주의

직권진행주의는 심판절차의 진행을 도모하는 절차를 심판관이 직권으로 행하고, 이것에 관하여 당사자의 신청을 필요로 하지 아니하거나 또는 신청을 허여하지 않는 것을 말한다.

민사소송은 원래 원고 및 피고 등 당사자가 자유로이 처분할 수 있는 개인의 이익에 관한 분쟁의 해결을 목적으로 하는 것인 반면, 심판에서는 그 심결의 효력이 널리 제3자에게 미치는 대세적 효력이 있으므로, 심판청구가 된 후에는 취하가 없는 한 당사자의 의사와는 어느 정도 무관하게 심판관이 직권으로 적극적으로 사건에 개입하여 주도적으로 심리를 진행하여야 할 필요가 있는바, 심판절차에 적용되는 이러한 직권주의의 하나로서 상표법 제145조는 심판절차에 관하여 직권진행주의를 규정하고 있다. 심판의 실체적인 심리에 관하여는 뒤에서 보는 상표법 제146조에서 직권주의를 채택하고 있다.

Ⅱ. 직권진행주의의 내용

심판장은 당사자 또는 참가인이 법정기간 또는 지정기간 내에 절차를 밟지 아니하거나 상표법 제141조 제3항에 규정한 심판기일에 출석하지 아니하여도 심판을 진행할 수 있다(제145조). 민사소송은 당사자 사이의 다툼을 개별적, 상대적으로 해결하는 것으로서 당사자 일방 또는 쌍방의 출석이 없으면 절차를 진행할 수 없으나, 심판의 경우에는 당사자의 이해를 넘어 일반 공중의 이해관계에 밀접한 관계가 있으므로, 당사자 쌍방이 절차를 밟지 않거나 쌍방이 불출

석하더라도 직권으로 심리를 속행하여 심결을 할 수 있도록 하고 있다. 따라서 민사소송에서와 같은 변론기일 불출석으로 인한 자백간주(민사소송법 제150조 제3항), 소취하간주(민사소송법 제268조 제2항)의 불이익은 적용되지 않는다.

직권진행주의가 적용됨에 따라, 심판장은 기일을 지정, 변경하거나 기간의 연장 등을 직권으로 할 수 있고(제17조, 제141조 제3항), 또 심판절차의 중지와 그 절차의 속행, 중단된 절차의 수계신청을 명할 수도 있다(제21조, 제22조, 제24조 제4항, 제25조).

〈김철환〉

> **제146조(직권심리)**
> ① 심판관은 당사자 또는 참가인이 신청하지 아니한 이유에 대해서도 심리할 수 있다. 이 경우 당사자 및 참가인에게 기간을 정하여 그 이유에 대하여 의견을 진술할 수 있는 기회를 주어야 한다.
> ② 심판관은 청구인이 신청하지 아니한 청구의 취지에 대해서는 심리할 수 없다.

<소 목 차>

Ⅰ. 의의 및 방식
Ⅱ. 직권에 의한 심리
Ⅲ. 의견진술 기회의 부여

Ⅳ. 신청하지 아니한 청구취지에 대한 심리

Ⅰ. 의의 및 방식

상표법 제145조는 심판절차의 진행과 관련하여 직권주의를 규정하고 있고, 제146조는 심판절차의 심리에 대한 직권주의를 규정하고 있다. 민사소송법에서는 소송절차의 진행과 관련해서는 직권주의를 많이 채택하고 있지만 소송절차의 심리와 관련해서는 당사자주의를 채택하고 있다. 상표법과 민사소송법의 이러한 차이점은 일반 공중의 이해와 관계가 있는 상표심판에 있어서는 당사자가 주장한 사실만을 참작하는 것으로는 불충분하기 때문이다. 따라서 공익적 견지에서 필요한 경우에는 당사자가 주장하지 아니한 사실이나 이유에 관해서도 심리할 수 있다.

Ⅱ. 직권에 의한 심리

상표법은 심판절차에서 민사소송법의 변론주의가 아닌 직권심리주의를 채택함으로써 심판에서는 당사자 또는 참가인이 신청하지 아니한 이유에 대하여도 심리할 수 있다. 이 규정에 따라, 예컨대 무효심판에서 심판청구인이 주장한 무효사유로는 그 상표등록을 무효로 할 수 없더라도, 심판관이 새로이 발견한 무효사유로 무효가 가능할 때에는 그 상표등록을 무효로 시킬 수 있다.

이는 상표권은 대세적인 효력을 갖는 것으로서 본래 무효 또는 거절되어야할 등록상표가 당사자의 불충분한 주장에 의해 유지되어 제3자의 이익이 침해되는 것을 막기 위해서이다.

그러나 직권심리는 공익적 견지에서 필요한 경우에 당사자 또는 참가인이 주장하지 아니한 이유에 대하여도 이를 심리할 수 있다는 취지이지 심판관이 이를 적극적으로 탐지할 의무까지 있는 것은 아니다.[1] 더욱이 청구인이 신청하지 아니한 청구의 취지에 대해서는 심리할 수 없다(제146조 제2항).

III. 의견진술 기회의 부여

심판에서 당사자 또는 참가인이 신청하지 아니한 이유에 대하여 심리하는 경우에 당사자 및 참가인에게 기간을 정하여 그 이유에 대하여 의견을 진술할 기회를 주어야 한다(제146조 제1항 후단). 이는 당사자·참가인이 자기도 모르는 사이에 불리한 자료가 심판관에게 모아지고, 그에 대한 진술의 기회가 부여되지 않은 상태에서 심판관이 심증을 형성하게 되는 불리함을 구제하기 위한 것으로서, 심판관이 직권에 의하여 증거조사를 한 경우에 당사자·참가인에게 의견진술 기회를 주어야 하는 것과 동일한 취지이다.[2]

판례도 "심판에서 당사자가 신청하지 아니한 이유에 대하여 심리하는 경우 당사자에게 기간을 정하여 그 이유에 대하여 의견을 진술할 기회를 주도록 되어 있는 특허법 제159조 제1항(상표법 제146조 제1항)은 당사자에게 의견진술의 기회를 줌으로써 당사자가 전혀 예상하지 못한 이유로 그 이익을 침해당하는 일이 없도록 함과 동시에 심판의 적정과 공정성을 유지하고자 함에 그 목적이 있다."라 하여 같은 취지로 판시하고 있다.[3]

이 규정은 강행규정으로서, 특허심판원이 직권으로 심리한 심결이유에 대하여 당사자 및 참가인에게 의견진술의 기회를 주지 아니한 심판절차는 위법하다.[4]

---

1) 대법원 1993. 1. 19. 선고 92후599 판결[공1993.3.1.(939), 733] 참조.
2) 특허청, 조문별 특허법해설, 특허청(2007), 373.
3) 대법원 2006. 2. 9. 선고 2003후1994 판결[공2006.3.15.(246), 449].
4) 대법원 1997. 8. 29. 선고 96후2104 판결[공1997.10.1.(43), 2895]; 대법원 1990.11.27. 선고 90후496 판결[공1991.1.15.(888), 231]; 대법원 1989. 5. 23. 선고 86후90 판결[공1989.7.15.(852), 1000]; 대법원 1987. 3. 24. 선고 86후20 판결[공1987.5.15.(800), 728] 등 참조.

그러나, 심판에서 당사자가 신청하지 아니한 이유에 대하여 심리하는 경우에 의견을 진술할 기회를 주어야 하는지의 여부는 청구이유, 제시증거 및 당사자들의 주장내용 등을 종합적으로 검토하여 결정하여야 하며,5) 형식적으로는 의견진술의 기회를 주지 아니하였더라도 실질적으로 의견진술의 기회가 주어졌다고 볼 만한 사정이 있다면 이러한 경우까지 의견서 제출의 기회를 주어야 하는 것은 아니다.

이와 관련한 대법원 판결을 보면, 대법원 1997. 11. 28. 선고 97후341 판결[공1998.1.1.(49), 112]은, "원심이 거절사정에서와는 다른 별개의 새로운 이유로 심결을 한 것이 아니고, 명세서에 기재된 공지된 선행기술을 전제로 하여 거절사정에서의 거절이유와 실질적으로 동일한 사유로 심결을 하였다면, 이러한 경우에까지 출원인에게 의견서 제출기회를 주어야 하는 것은 아니다."라고 판시하고 있다. 그리고 대법원 2006. 6. 27. 선고 2004후387 판결[공2006.8.15.(256), 1442]은, 특허이의결정에 대한 불복심판에서 "심판절차에서 직권으로 명세서 기재불비 여부를 심리하면서 형식적으로는 직권심리이유에 대하여 의견진술의 기회를 주지 아니하였지만, 이의신청절차에서 명세서 기재불비가 이의신청의 이유 중 하나였고, 이에 대하여 답변형식으로 의견이 진술되었으며, 새로이 의견진술의 기회를 부여받았더라도 이의신청절차에서와 같은 취지의 의견을 진술하는 것 이외에 정정청구 등 다른 방어수단이 있는 것도 아니므로, 실질적으로는 의견진술의 기회가 주어진 것으로 볼 수 있다"고 판시한 예가 있다.

한편, 대법원 1996. 2. 9. 선고 94후241 판결[공1996.4.1.(7), 954]은 심판관이 당사자에게 의견서 제출의 기회를 주지 아니하고 직권으로 증거조사나 증거보전을 한 사안에서, "당사자 일방이 관련사건으로 인하여 그 증거의 존재 및 내용을 알고 있었다는 사정만으로는 실질적으로 당사자에게 의견서 제출의 기회가 주어졌다고 볼 수 없다"고 판시하였다.

Ⅳ. 신청하지 아니한 청구취지에 대한 심리

심판에서는 심판청구서에 나타난 청구 취지의 옳고 그름을 심리하는 것에 그쳐야 하고 심판청구인이 신청하지 아니한 청구의 취지에 대하여는 심리할 수 없다. 예를 들어 권리범위확인심판에서 그 상표등록의 무효 여부를 판단할 수

---

5) 대법원 2006. 2. 9. 선고 2003후1994 판결[공2006.3.15.(246), 449].

없는 것이고, 그 반대의 경우도 마찬가지이다.

〈홍정표〉

> **제147조(심리·심결의 병합 또는 분리)**
>
> 심판관합의체는 당사자 양쪽 또는 어느 한 쪽이 같은 둘 이상의 심판에 대하여 심리 또는 심결을 병합하거나 분리할 수 있다.

〈소 목 차〉

Ⅰ. 심리·심결의 병합 및 분리
Ⅱ. 심리의 병합
  1. 심리병합의 요건
  2. 심리병합의 절차
  3. 심리병합의 효과

Ⅲ. 심리의 분리
  1. 심리분리의 요건
  2. 심리분리의 절차
  3. 심리분리의 효과

Ⅰ. 심리·심결의 병합 및 분리

심리의 병합이란 둘 이상의 심판사건을 동일한 심판절차에 의해 심리하는 것을 말하고, 심리의 분리란 둘 이상의 심판사건을 동일한 심판절차에 의해 심리하는 것으로 한 것을 분리하는 것을 말한다. 심결의 병합·분리는 심판의 최종적 판단인 심결을 동일한 절차로 하거나 별개의 절차로 하는 것을 말한다. 상표법은 당사자 양쪽 또는 어느 한 쪽이 같은 둘 이상의 심판에 대하여 심리 또는 심결을 병합하거나 분리할 수 있다고 규정하고 있다(제147조).

심리의 병합은 동일한 쟁점이 있는 수 개의 심판사건을 사건마다 별도로 중복하여 심판하여야 하는 번잡을 피함과 동시에 사건마다 별도로 심판함으로써 야기될 수 있는 심판의 모순 및 저촉을 피하기 위한 것이다. 심리의 분리는 현재 심판사건이 다른 심판사건과 관련성이 없다고 인정되어 동일한 심판절차로 심판할 필요가 없을 뿐만 아니라, 오히려 심리의 복잡화 및 지연의 원인이 되고 있다고 인정되는 경우에는 심리를 분리하여 각각 별개의 절차에 의해 심리하여 절차의 간명과 촉진을 도모하기 위한 것이다.

심리는 심판절차 중 심판의 개시와 종료를 제외한 과정을 말하고, 심결은 심판합의체에 의한 심판의 최종적 판단을 말하는데, 상표법이 심리 또는 심결을 병합하거나 분리할 수 있다고 한 것은 심리는 분리하여 진행하되 심결은 병합하여 하는 경우가 있고, 또 심리는 병합하여 진행하되 심결은 각각 분리하여 하는 경우도 있으므로, 이를 명확히 한 것이다. 또 일단 심리를 병합하였어도 그 후의 심리에서 개별적으로 심리하는 것이 보다 바람직하다고 여겨지는 경우에는 위 규정에 의하여 다시 심리를 분리할 수 있도록 하고 있다.[1]

Ⅱ. 심리의 병합

1. 심리병합의 요건

가. 당사자의 동일성

상표법은 당사자 양쪽 또는 어느 한 쪽이 동일한 둘 이상의 심판에 대하여 심리 또는 심결을 병합하거나 분리할 수 있다고 규정하고 있으므로, 심리 또는 심결의 병합은 심판청구인과 피심판청구인이 다 같이 동일하거나 그 중 어느 한쪽이 동일한 경우여야 한다.

병합할 수 있는 심판의 종류에 관하여는 아무런 규정이 없으나, 실무에서는 둘 이상의 심판이 동일한 종류일 것을 요구하고 있다.[2] 따라서 심결문의 주문이 하나로 통일될 수 있는 경우를 제외하고는 심결의 병합은 행하여지지 않고 있다. 예컨대, 동일한 권리에 대하여 수 개의 무효심판이 계류중인 경우 병합심결은 가능하나 무효심판과 권리범위확인심판은 심판종류가 다르므로 병합하여 심결을 하지 않는다. 다만 이 경우에는 심리의 병행은 심판의 간편을 위하여 바람직할 수 있다.[3]

나. 병합의 필요성

또한 병합의 필요성이 있어야 한다. 즉 심리병합의 목적인 심리절차의 경제성을 도모하거나 동일 또는 유사 사건을 대상으로 한 심결의 모순 저촉을 피하고자 할 필요성이 있어야 한다.[4] 이러한 경우의 예로는, 동일한 증거조사가 필요한 경우, 인용례가 동일한 경우, 동일한 상표에 대한 복수의 무효심판의 경우 등이 있다.[5]

---

1) 특허청, 조문별 특허법해설, 특허청(2007), 374.
2) 특허심판원, 심판편람(제10판), 특허심판원(2011), 187.
3) 특허청(주 1), 375.
4) 박희섭·김원오, 특허법원론(제4판), 세창출판사(2009), 587.
5) 병합할 수 있는 2이상의 심판이라 함은 실용신안등록권자 "갑"에 대한 "을"의 무효심판청구와 "갑"에 대한 "병"의 무효심판청구가 동시에 계속한 때 혹은 2개의 실용신안등록권자 "갑"에 대하여 "을"이 각각의 권리에 대한 무효심판청구를 이시에 제기하여 계속된 경우를 의미하는 것이고 1개의 심결에 대하여 중복된 2개의 항고심판청구가 제기된 경우까

2. 심리병합의 절차

심리병합을 할 것인지 여부는 심판관합의체에 의하여 판단된다. 심리나 심결을 병합할 것인지 여부는 심판관합의체의 재량에 맡겨진 것이고 반드시 병합심리하여야 하는 것은 아니다.6) 심리를 병합하는 경우에는 심판장은 그 취지를 당사자에게 통지하게 된다.

이러한 심리병합은 심리가 종결되기 전에만 가능하다.

병합심리는 복수의 심판에 대하여 답변서 부본 등 문서의 발송 통지, 구술심리, 증거조사, 합의, 기타 심판에 관한 절차 및 심리 등을 모두 동일한 절차에 의해서 하게 된다.

3. 심리병합의 효과

심리를 병합한 심판사건에 관하여서는 동시에 동일한 심결문으로 병합된 수만큼의 사건을 심결하는 것이 가능하다(심결의 병합). 그리고 둘 이상의 심리가 병합된 경우 병합 전에 각각의 심판사건에 대해 제출 또는 제시된 서류 및 물건, 각각의 심판사건의 심리에 의해 얻어진 증거방법 등은 병합된 심판사건에도 이용될 수 있다. 다만, 위 증거방법을 채용하는 경우에는 당사자에게 의견의 신청 또는 답변서를 제출할 기회를 주어야 한다.7) 수개의 사건을 하나의 병합심결로 종결한 경우 그 심결에 대하여 불복하면 병합된 각 사건에 대하여 모두 효력이 있다.8)

Ⅲ. 심리의 분리

1. 심리분리의 요건

심리의 분리가 가능한 경우는 심리를 병합한 경우에 한한다.

또한 병합한 심리를 분리할 필요성이 있어야 한다. 즉 현재 심판사건이 다른 심판사건과 관련성이 없다고 인정되어 더 이상 동일한 절차로 심판할 필요

지 병합심리 또는 병합심결할 수 있다는 취지는 아니다. 대법원 1982. 9. 14. 선고 80후114 판결[공1982.11.15.(692), 949].
6) 대법원 1989. 11. 28. 선고 89후469 판결[공1990.1.15.(864), 148].
7) 특허심판원(주 2), 191.
8) 대법원 1987. 4. 28. 선고 84후21 판결[공1987.6.15.(802), 891].

가 없거나, 심리의 병합이 심리의 복잡화 및 지연의 원인이 되고 있는 경우 등
이 여기에 해당한다.

2. 심리분리의 절차

심리분리를 할 것인지 여부도 심판관합의체의 재량에 속하는 사항으로서,
심판관합의체에 의하여 직권으로 판단된다. 심리를 분리하는 경우에는 심판장
은 그 취지를 당사자에게 통지한다.

3. 심리분리의 효과

심리분리결정에 의해 분리된 심판사건은 별개의 독립된 심리절차로 심리판
단되고, 심결도 별개로 하게 된다.

〈김철환〉

> **제148조(심판청구의 취하)**
> ① 심판청구는 심결이 확정될 때까지 취하할 수 있다. 다만, 제133조제1항에 따른 답변서가 제출된 경우에는 상대방의 동의를 받아야 한다.
> ② 둘 이상의 지정상품에 관하여 제117조제1항, 제118조제1항 또는 제214조 제1항의 무효심판이 청구되었을 경우에는 지정상품마다 심판청구를 취하할 수 있다.
> ③ 제1항 또는 제2항에 따라 심판청구가 취하되었을 경우에는 그 심판청구 또는 그 지정상품에 대한 심판청구는 처음부터 없었던 것으로 본다.

<소 목 차>

Ⅰ. 의의 및 방식
Ⅱ. 심판청구의 취하 시기 및 동의

Ⅲ. 지정상품별 취하
Ⅳ. 심판청구 취하의 효과

Ⅰ. 의의 및 방식

심판청구의 취하란 청구인이 하는 일방적인 심판청구의 철회행위를 말한다. 심판청구를 취하하면 심판청구는 처음부터 그 청구가 없었던 것과 동일한 상태로 돌아가게 되고, 그에 따라 나중에 동일한 청구취지로 동일한 피청구인에 대하여 다시 심판을 청구할 수 있다.

원래 심판은 직권심리를 원칙으로 하고 있으므로 이를 철저히 따른다면 심판청구의 취하도 인정할 수 없게 될 것이지만, 상표법은 심판의 청구 및 취하에 관하여는 당사자의 자유의사에 따르도록 규정하고 있다.[1]

심판청구의 취하는 취하서를 그 사건이 계류 중인 특허심판원에 제출하여야 한다.[2] 그러나 심결 후 사건이 특허법원 또는 대법원에 계류 중에 심판청구

---

[1] 특허청, 조문별 특허법해설, 특허청(2007), 376.
[2] 특허권의 권리범위확인의 심판청구를 제기한 이후에 당사자 사이에 심판을 취하하기로 한다는 내용의 합의가 이루어졌다면 그 취하서를 심판부(또는 기록이 있는 대법원)에 제출하지 아니한 이상 심판청구취하로 인하여 사건이 종결되지는 아니하나, 당사자 사이에 심판을 취하하기로 하는 합의를 함으로써 특별한 사정이 없는 한 심판이나 소송을 계속 유지할 법률상의 이익은 소멸되었다 할 것이어서 당해 청구는 각하되어야 한다. 대법원 1997. 9. 5. 선고 96후1743 판결[공1997.10.15.(44), 3101] 참조. 그 밖에 대법원 1989. 9. 12. 선고 88후1281 판결[공1989.11.1.(859), 1475]; 대법원 1968. 12. 4. 선고 68후64 판결 [미공개]도 같은 취지.

서가 접수되면, 심판원은 이를 처리하고 그 취지를 특허법원에 송부하거나, 또는 특허법원을 경유하여 대법원으로 송부한다.3) 심판청구인에 의하여 적법하게 이루어진 심판청구 취하의 효력은 취하서가 제출되어 접수한 접수시에 발생하는 것이므로 취하는 착오 등을 이유로 취소할 수 없다.4)

II. 심판청구의 취하 시기 및 동의

심판청구는 그 심결이 확정될 때까지 이를 취하할 수 있다(제148조 제1항 본문). 심판청구를 취하할 수 있는 기간에 관한 규정이다. 종래 상표법이 준용하고 있던 구 특허법(1990. 1. 13. 법률 제4207호로 개정되기 전의 것) 제118조 제1항은 심판청구는 그 심리가 종결될 때까지 이를 취하할 수 있다고 규정하고 있었다. 이는 심판의 진행이 심결을 할 수 있을 정도로 성숙하여 심리종결통지를 한 경우에도 심판청구를 취하할 수 있게 하면 그때까지의 심리가 헛수고로 되기 때문에 그 시기적 제한을 둔 것이었다. 그러나 심판 및 소송에서 당사자가 보다 자유롭게 대응할 수 있게 하고, 특허분쟁의 조기 해결 등을 도모하기 위하여 그 시기적 제한을 심결 확정시까지로 개정한 것이다.5)

당사자계 심판에서 답변서의 제출이 있는 경우에는 상대방의 동의를 얻어야 한다(제148조 제1항 단서). 만일 상대방의 동의가 없을 때에는 취하의 효력은 발생하지 아니한다. 이는 민사소송법 제266조 제2항과 같은 취지의 규정으로서, 피심판청구인이 답변서를 제출한 이상 심판청구에 적극적으로 대응할 태도를 보인 것으로 보아야 하고, 그에 따라 피심판청구인에게도 심판을 유지하는 데 이해관계가 있다고 보아 본안심결(즉, 청구기각심결)을 받을 이익이 생겼다고 할 수 있기 때문이다. 즉 심판청구인이 심판청구를 취하한 후 동일한 청구를 다시 제기함으로써 피심판청구인이 입게 되는 피해를 제거할 수 있도록 한 것이다.

III. 지정상품별 취하

둘 이상의 지정상품에 관하여 제117조 제1항, 제118조 제1항 또는 제214조

---

3) 특허심판원, 심판편람(제10판), 특허심판원(2011), 386.
4) 대법원 1970. 6. 30. 선고 70후7 판결[집18(2)행, 027].
5) 특허청(주 1), 376.

제1항의 상표등록의 무효심판, 상표권의 존속기간갱신등록의 무효심판 또는 상
품분류전환등록의 무효심판을 청구한 때에는 지정상품마다 심판청구를 취하할
수 있다(제148조 제2항). 심판청구의 일부 취하를 인정하되, 복수의 지정상품별로
일부를 취하할 수 있도록 하고 있다. 그리고 무효심판에 한하여 지정상품별 일
부 취하가 허용될 뿐 거절결정 또는 취소결정에 대한 심판, 정정심판, 정정의
무효심판 등에 대하여는 허용규정이 없는 이상 심판청구의 일부를 취하할 수는
없다. 권리범위확인심판에 대해서는 논란이 있을 수 있으나, 지정상품별 일부
취하를 허용하는 규정이 없으므로, 지정상품별로 일부를 취하할 수 없다고 할
것이다.

Ⅳ. 심판청구 취하의 효과

심판청구가 취하되었을 경우에는 그 심판청구 또는 그 지정상품에 대한 심
판청구는 처음부터 없었던 것으로 본다(제148조 제3항). 심판청구의 효과에 관한
규정이다. 지정상품별 취하가 있는 경우에도 처음부터 없었던 것으로 본다는 것
을 더욱 명확히 하고 있다. 심판장은 심판청구가 취하된 경우에는 취하 사실을
당사자, 참가인 또는 참가신청을 하였으나 신청이 거부된 자에게 통지하여야 한
다(시행규칙 제69조 제2항).

심판청구의 취하는 다시 취소할 수 없다.[6]

〈김철환〉

---

6) 대법원 1970. 6. 30. 선고 70후7 판결[집18(2)행, 027].

제149조(심결)

① 심판은 특별한 규정이 있는 경우를 제외하고는 심결로써 종결한다.

② 제1항의 심결은 다음 각 호의 사항을 적은 서면으로 하여야 하며, 심결을 한 심판관은 그 서면에 기명날인하여야 한다.

1. 심판의 번호

2. 당사자와 참가인의 성명 및 주소(법인인 경우에는 그 명칭 및 영업소의 소재지를 말한다)

3. 당사자와 참가인의 대리인이 있으면 그 대리인의 성명 및 주소나 영업소의 소재지[대리인이 특허법인·특허법인(유한)인 경우에는 그 명칭, 사무소의 소재지 및 지정된 변리사의 성명을 말한다]

4. 심판사건의 표시

5. 심결의 주문(主文)

6. 심결의 이유(청구의 취지와 그 이유의 요지를 포함한다)

7. 심결 연월일

③ 심판장은 사건이 심결을 할 정도로 성숙하였을 때에는 심리의 종결을 당사자와 참가인에게 알려야 한다.

④ 심판장은 필요하다고 인정하면 제3항에 따라 심리 종결을 통지한 후에도 당사자 또는 참가인의 신청에 의하여 또는 직권으로 심리를 재개할 수 있다.

⑤ 심결은 제3항에 따른 심리 종결 통지를 한 날부터 20일 이내에 한다.

⑥ 심판장은 심결 또는 결정이 있으면 그 등본을 당사자, 참가인 및 심판에 참가신청을 하였으나 그 신청이 거부된 자에게 송달하여야 한다.

<소 목 차>

I. 본조의 취지
II. 심결의 성립 및 기재사항
III. 심결의 효력발생시기
IV. 심결의 경정

V. 심결 전·후의 절차
  1. 심결 전의 절차
  2. 심결 후의 절차

I. 본조의 취지[1]

심판은 심판청구의 취하 등과 같은 특별한 규정이 있는 경우를 제외하고는 심판관 합의체의 심판에 대한 최종적인 판단인 심결로써 종료하게 되는데, 심결

---

1) 정상조·박성수 공편, 특허법주해 II, 박영사(2010), 631-634(박정희 집필부분) 참조.

에서의 판단은 심결취소소송의 소송물이 되고, 확정된 심결은 일사부재리의 효
력을 가지는 등 심결은 심판에 대한 최종적인 판단으로서의 의미뿐만 아니라
이후의 절차의 진행과 효력이 미치는 범위의 결정에서 중요한 의미를 가지므로,
이와 관련된 사항을 법정할 필요가 있다. 본조에서는 이와 같은 심결의 중요성
을 감안하여 심결문의 기재사항, 심결에 수반되어야 하는 절차 등에 관하여 규
정하고 있다.

II. 심결의 성립 및 기재사항

심결은 심판관 합의체가 서면에 심판의 번호, 당사자와 참가인의 성명 및
주소(법인인 경우에는 그 명칭 및 영업소의 소재지), 당사자와 참가인의 대리인이
있는 경우에는 그 대리인의 성명 및 주소나 영업소의 소재지[대리인이 특허법인·
특허법인(유한)인 경우에는 그 명칭, 사무소의 소재지 및 지정된 변리사의 성명], 심
판사건의 표시, 심결의 주문, 심결의 이유(청구의 취지와 그 이유를 포함한다), 심
결 연월일을 기재한 다음 기명날인을 함으로써 성립한다.

심결문에 기재하여야 할 사항 중에서 심결의 이유를 어느 범위까지 기재하
여야 하는가가 문제로 되고, 이에 대하여 일본 최고재판소는 소화 59년(1984년)
3월 13일 선고 소화 54년(행ツ) 제134호 판결에서, "… 심결서에 이유를 기재하
도록 하고 있는 취지는, 심판관의 판단의 신중, 합리성을 담보하고 자의를 억제
하여 심결의 공정을 보장할 것, 당사자가 심결에 대하여 취소소송을 제기할지
어떨지를 고려하는 데에 편의를 줄 것 및 심결의 적부에 관한 법원의 심사 대
상을 명확하게 할 것에 있다고 할 것이고, 따라서 심결서에 기재하여야 하는 이
유로서는, … 위에서 본 바와 같이 심판에서의 최종적인 판단으로서, 그 판단의
근거를 증거에 의하여 인정된 사실에 기초하여 구체적으로 명시하는 것이 요구
된다고 해석하는 것이 타당하다."라고 판시한 바 있다.[2]

심결의 이유가 구체적으로 기재되어 있지 않은 심결은 본조 제2항 위반으
로 위법하여 취소를 면할 수 없을 것이나,[3] 우리 실무상으로는 심결의 위법이
문제가 될 정도로 심결의 이유가 구체적으로 기재되어 있지 않은 경우는 거의

---

2) 西田美昭, "심판서에 있어서 이유 기재의 정도", 비교특허판례연구회 역, 特許判例百選,
   박영사(2005), 301.
3) 西田美昭(주 2), 301-304.

없는 것으로 보인다.

Ⅲ. 심결의 효력발생시기

상표법에서는 판결, 결정·명령이나 재결의 효력발생시기에 관하여 규정하고 있는 민사소송법 제205조, 제221조 제1항이나 행정심판법 제48조 제2항과 달리 심결의 효력발생시기에 관하여 특별한 규정을 두고 있지 않지만, 심결은 상대방이 있는 행정처분의 일종이므로 상대방에게 도달됨으로써 효력이 발생한다고 할 것이다.[4] 당사자계 심결의 경우에는 심판청구인과 피심판청구인 각자에게 도달한 때 효력이 발생하고, 특허권자가 여럿인 필수적 공동심판의 경우에는 합일확정의 필요가 있으므로 최후의 자에게 도달한 때에 효력이 발생할 것이다.

Ⅳ. 심결의 경정

심판절차와 소송절차가 유사한 면이 있어서 상표법의 여러 조문에서 민사소송법을 준용하고 있는 점 등에 비추어, 그 성질에 반하지 않는 한 심판절차에 민사소송법의 규정이 유추적용 될 수 있다고 보아야 할 것인데, 심결문의 기재방식은 판결문의 기재방식과 큰 차이가 없어서[5] 판결의 경정에 관한 민사소송법 제211조의 규정은 심결에 유추적용 할 수 있을 것이다. 따라서 심결에 잘못된 계산이나 기재, 그 밖에 이와 비슷한 잘못이 있음이 분명한 때에는 경정결정을 할 수 있다고 보아야 한다.

Ⅴ. 심결 전·후의 절차

1. 심결 전의 절차

심판장은 사건이 심결을 할 수 있을 정도로 성숙되었다고 판단되면, 당사자와 참가인에게 심리 종결 통지를 하여야 하는데, 이는 당사자에게 자료의 추가 제출이나 심리재개 신청의 기회를 주려는 취지가 아니라 심리 종결을 당사자에

---

4) 대법원 1967. 11. 21. 선고 67누129 판결.
5) 민사소송법 제208조 참조.

게 통지하고 지체 없이 심결을 하도록 하기 위한 훈시적 규정에 불과하므로, 이에 위반하였다고 하여 심결이 위법하다고 볼 수는 없다.[6] 심리 종결 통지를 한 이후에는 이해관계인이라도 심판에 참가할 수 없다(제142조 제1항). 한편, 심판장은 심리 종결 통지를 하였더라도 필요하다고 인정할 때에는 당사자 또는 참가인의 신청에 의하여 또는 직권으로 심리를 재개할 수 있다.

2. 심결 후의 절차

심결은 심리 종결 통지일로부터 20일 이내에 해야 하는데, 이는 심리 종결 통지 후 지체 없이 심결을 하도록 하기 위한 훈시규정에 지나지 않으므로, 이에 위반하였다고 하여 심결이 위법하다고 볼 수는 없다. 한편, 심판장은 심결 또는 결정을 한 후 그 등본을 당사자, 참가인 및 심판에 참가신청을 하였으나 그 신청이 거부된 자에게 송달하여야 하는데, 이들은 심결 등에 대한 취소소송을 제기할 수 있는 원고적격이 있기 때문이다(제162조 제1항, 제2항).

〈김신〉

---

6) 대법원 1995. 2. 24. 선고 93후1841 판결 등.

> **제150조(일사부재리)**
> 이 법에 따른 심판의 심결이 확정되었을 경우에는 그 사건에 대해서는 누구
> 든지 같은 사실 및 같은 증거에 의하여 다시 심판을 청구할 수 없다. 다만,
> 확정된 심결이 각하심결인 경우에는 그러하지 아니하다.

〈소 목 차〉

Ⅰ. 본조의 취지
Ⅱ. 구별되는 개념
　　1. 확정된 형사판결의 일사부재리
　　2. 확정된 민사판결의 기판력
　　3. 확정된 민·형사판결의 효력과의
　　　 차이점
Ⅲ. 일사부재리의 요건

　　1. 동일사실
　　2. 동일증거
　　3. 동일심판
　　4. 심결 이유 중의 사실 및 증거
Ⅳ. 일사부재리의 판단기준시점
Ⅴ. 일사부재리의 효력

Ⅰ. 본조의 취지

본조에서는 심판의 심결이 확정된 경우에는 누구든지 같은 사실(이하 '동일
사실'이라 한다) 및 같은 증거(이하 '동일증거'라 한다)에 의하여 다시 심판을 청구
할 수 없다고 하여 확정된 심결의 일사부재리의 효력에 관하여 규정하고 있다.
일사부재리 규정의 유래를 보면, 오스트리아의 1897년 특허법 제93조를 일본에
서 1909년 특허법 제87조로 수계하여 현행 일본 특허법 제167조에 이른 것을[1]
우리 특허법이 제163조로 다시 수계하고, 이와 동일한 규정을 상표법 본조에 둔
것이다.

확정심결에 일사부재리의 효력을 인정한 근거로는, 서로 모순·저촉되는 심
결이 발생하는 것을 방지함으로써 확정심결의 신뢰성과 권위를 유지하도록 하
고, 남청구의 방지 및 심판절차의 경제성을 도모함으로써 동일심판에 대하여 특
허심판원이 반복하여 다시 심판하거나 피청구인이 다시 심판에 응하여야 하는
번거로움을 면하도록 하는 점이 거론된다.

---

[1] 牧野利秋, "특허법 제167조의 효력이 미치는 범위", 비교특허판례연구회 역, 特許判例百
選, 박영사(2005), 295.

II. 구별되는 개념

1. 확정된 형사판결의 일사부재리

유·무죄의 실체판결이나 면소판결이 확정되면, 원칙적으로 공소가 제기된 피고인에 대하여 사실심 판결선고일 당시를 기준으로 판결의 대상이 된 공소사실은 물론 그 공소사실과 단일하고도 동일한 관계에 있는 사실의 전부에 대하여 그 후에 새로운 증거가 발견된다고 하더라도 다시 심리·판단할 수 없는바, 이를 '확정된 형사판결의 일사부재리'라고 한다.2) 즉 확정된 형사판결의 일사부재리는 원칙적으로 공소가 제기된 피고인에만 미치고, 새로운 증거가 발견된다고 하더라도 적용된다.

2. 확정된 민사판결의 기판력

민사판결이 확정되면 원칙적으로 당사자는 사실심 변론종결일 당시 제출할 수 있었던 공격방어방법을 들어 전소의 판결 주문에서 확정된 권리관계와 다른 판단을 구할 수 없고, 후소 법원은 그와 같은 사유가 제출되어도 이를 배제하여야 하는바, 이를 '확정된 민사판결의 기판력'이라고 한다.3) 즉 확정된 민사판결의 기판력은 원칙적으로 동일 당사자 사이에만 미치고, 사실심 변론종결일 당시 제출할 수 있었던 주장 및 증거라면 설사 그 내용이 전소에서 제출하였던 주장 및 증거와 다르더라도 적용된다.

3. 확정된 민·형사판결의 효력과의 차이점

확정심결의 일사부재리는 위에서 본 확정된 민·형사판결의 효력과 달리 '공소가 제기된 피고인' 또는 '당사자' 외에 '제3자'에 대하여도 대세효를 가지어 그 주관적 범위가 확대되는 점(주관적 범위의 확대), '동일사실'에 의한 심판이라도 '동일증거'에 의하지 아니한 경우에는 적용되지 아니하여 그 객관적 범위가 축소되는 점(객관적 범위의 축소)에서 특징이 있다.

---

2) 이재상, 신형사소송법(제2판), 박영사(2009), 678-683 참조.
3) 이시윤, 신민사소송법(제6증보판), 박영사(2012), 585-623 참조.

Ⅲ. 일사부재리의 요건

확정심결의 일사부재리 효력은 '동일사실' 및 '동일증거'에 의하여 '동일심 판'을 청구하는 경우에만 미친다. 따라서 동일심판이 아닌 경우는 물론, 동일사 실에 관한 심판청구라도 다른 증거에 의하여 하는 것이거나 동일증거에 의한 것이라도 다른 사실에 관하여 심판청구를 하는 것은 일사부재리에 저촉되지 않 는다.

1. 동일사실

'동일사실'이란 동일권리에 대하여 동일한 원인을 이유로 하는 특정한 사실 을 말한다. 따라서 같은 무효 또는 취소의 효과를 발생시키는 사유라도 상표법 에 규정된 각 등록무효 또는 등록취소 사유는 별개의 원인사실을 구성한다. 권 리범위확인심판사건에서는 확인대상상표와 이에 대비되는 등록상표에 의하여 동일사실인지 여부가 판단되므로 그 중 하나라도 상이한 경우에는 동일사실이라 고 볼 수 없다.4) 그러나 앞서 본 바와 같이 확정심결의 일사부재리 효력은 확정 된 형사판결의 일사부재리나 확정된 민사판결의 기판력과 달리 '동일증거에 의 한 제한 내'에서만 인정되는 점에서 동일사실인지에 관한 문제는 확정된 민·형 사판결의 효력에 비해 이를 논할 실익이 크지 않다.

2. 동일증거

이전 확정심결에서의 증거와 새로운 심판청구에서의 증거 사이의 '동일' 범 위를 어디까지로 볼 것인가에 대하여는 여러 견해가 대립하고 있고, 그 중 어느 견해를 채택하느냐에 따라 일사부재리의 적용범위가 달라지는 점에서 중요하다.

가. 학설

일사부재리의 객관적 범위 중 '동일증거'의 의미에 관하여는 다음과 같은 학설이 있는데, 그 중 형식증거설, 쟁점증거설, 증거동일성설은 협의설로 분류되 고, 중요증거설, 동일법규내증거설은 광의설로 분류될 수 있다.

　(1) **형식증거설**: 동일증거의 의미를 문자 그대로 동일사실을 증명하기 위한

---

4) 특허법원 2006. 11. 17. 선고 2006허1513 판결 참조.

증거가 형식상 완전히 동일한 경우를 의미한다고 보는 견해이다.

(2) **쟁점증거설**: 이전 심결에서 이미 인정받은 쟁점에 관한 증거는 새로운 증거라도 동일증거에 해당하여 재심판이 허용되지 않지만, 이전 심결에서 배척된 쟁점에 관한 증거는 그 증거가치의 경중을 묻지 아니하고 동일증거에 해당하지 아니하여 재심판을 허용하여야 한다는 견해이다.

(3) **증거동일성설**: 설사 증거의 출처가 다르더라도 증거내용이 실질적으로 동일하다면 동일증거라고 보는 견해이다.

(4) **중요증거설**: 동일증거의 의미를 전의 확정심결을 뒤집을 수 있을 정도로 중요한 증거가 아닌 것으로 보는 견해로서, 증거의 가치를 중시하여 동일증거의 개념을 넓게 해석한다. 이에 의하면 새로운 심판청구 사건에서 새로운 증거를 부가하거나 전혀 새로운 증거를 제출하더라도 전의 확정심결을 뒤집기 어려운 경우에는 동일증거로 보나, 전의 확정심결과 결론을 달리하게 되는 경우에는 동일증거가 아니라고 보게 된다.

(5) **동일법규내증거설**: 동일사실과 동일증거를 서로 관련시켜서 동일법규의 구성요건사실을 증명하기 위하여 사용되는 증거이면, 증거의 내용이 다르더라도 동일증거에 해당하여 일사부재리의 효력을 받는다고 보는 견해이다.

나. 대법원 판례

대법원은 '일사부재리의 원칙에 있어서 동일증거에는 전에 확정된 심결의 증거와 동일한 증거만이 아니라 그 심결을 번복할 수 있을 정도로 유력하지 아니한 증거가 부가되는 경우도 포함하는 것이다.'라는 취지로 판시[5]하여 '중요증거설'의 입장에 있다.

다. 검토

확정심결의 일사부재리 효력은, 확정된 형사판결의 일사부재리나 확정된 민사판결의 기판력과 달리 '동일증거'에 의한 재심판의 경우에만 적용되어, 동일한 사실에 관한 동일한 심판청구라도 그것이 '동일증거'에 의한 것이 아닌 때에는 이를 허용하고 있다. 이는 심결이 확정되면 확정 민·형사판결과 달리 당

---

5) 대법원 2013. 9. 13. 선고 2012후1057 판결; 대법원 2005. 3. 11. 선고 2004후42 판결; 대법원 2003. 12. 26. 선고 2003후1567 판결; 대법원 2001. 6. 26. 선고 99후2402 판결; 대법원 2000. 10. 27. 선고 2000후1412 판결 등.

사자뿐만 아니라 당해 심판절차에 직접 관여하지 아니한 일반 제3자에 대하여
도 대세적으로 효력이 발생하기 때문에, 당사자가 심판의 수행을 제대로 못하여
필요한 증거를 제출하지 못함으로써 그 상표등록무효심판청구가 배척된 경우에
도 새로운 증거를 갖추어 무효임을 충분히 입증할 수 있는 제3자의 심판청구를
봉쇄하는 것은 제3자의 이익을 해할 뿐만 아니라 상표권이 부여되어서는 아니
될 상표에 상표권이 부여되는 것은 상표 제도의 취지에 반하게 되므로, 한편으
로는 모순·저촉되는 심결의 발생을 방지하고 심판절차의 경제를 꾀하면서 다른
한편으로는 제3자의 심판청구의 이익을 보호하여 본래 상표권을 받아서는 아니
될 상표가 상표권을 받은 경우에는 널리 이를 무효로 할 수 있는 길을 열어주
고 있는 것이다.

확정심결의 일사부재리에서 '동일증거'의 의미에 관한 협의설은 '무효사유
가 있는 상표에 대한 제3자의 심판청구의 이익'을 더 중시하는 견해이고, 광의
설은 '상표권의 안정 내지 모순·저촉되는 심결의 방지 및 심판절차의 경제'라
는 이익을 더 중시하는 견해인데, 위 상반되는 이익 사이에서 조화로운 해석이
요구된다.

먼저 형식증거설은 동일증거의 범위를 너무 좁게 해석함으로써 재심판을
허용하는 범위가 너무 넓어져 남청구를 방지하려는 일사부재리의 존재 의의를
몰각할 수 있어 타당하지 않다. 그리고 쟁점증거설은 일반적으로 일사부재리가
문제되는 경우는 이전 심결에서 배척된 쟁점에 관하여 새로운 증거를 제출하는
경우일 것이고, 배척된 쟁점에의 관련 여부가 증거를 제출하는 자의 진술에 의
하여 판단될 가능성이 크므로, 실제에 있어서 형식증거설과 별다른 차이가 없어
역시 타당하지 않다. 한편, 동일법규내증거설은 상표법 제150조가 일사부재리의
적용요건에 관하여 '동일사실'이라고만 규정하지 아니하고 '동일사실 및 동일증
거'라고 규정한 취지에 반하고, 본래 상표권을 받아서는 아니 될 상표가 상표권
을 받은 경우 이를 무효로 할 수 있는 길을 사실상 봉쇄하는 것이므로 타당하
지 않다.

따라서 위 학설 중 실질적으로 선택 가능한 것은 '증거동일성설'과 '중요증
거설'이라고 할 것인데, 그 중 우리나라 대법원 판례의 입장인 '중요증거설'은
다음과 같은 문제가 있다.6)

---

6) '중요증거설'에 대하여 비판적인 견해에 대하여는 정상조·박성수 공편, 특허법 주해Ⅱ,
박영사(2010), 639-640(박정희 집필 부분); 오충진, "일사부재리의 판단기준", 특허판례연

첫째, 중요증거설은 심판청구의 적법요건 판단과 실체 판단을 혼동하고 있다. 즉 중요증거설은 심판청구의 적법요건인 일사부재리 해당 여부를 판단함에 있어 새로운 심판청구에서 제출된 증거를 이전 확정심결에서 제출된 증거와 비교하는 것이 아니라 등록상표와 대비하여 무효사유가 있는지 등을 판단하는 것으로서, 이에 의하면 각하심결과 인용심결만 있고 기각심결은 없는 결과가 된다.

둘째, 중요증거설에 의하면 일사부재리의 적용 여부를 가리기 위해서 사실상 본안 심리가 거의 종료되어야 하므로 심판절차의 경제성이라는 측면에서 별로 도움이 되지 않는다.

셋째, 중요증거설을 일관되게 적용하면, 전에 확정된 심결의 증거와 전혀 다른 새로운 증거를 제출한 경우에도 그 증거만으로 전의 확정심결을 번복할 수 없는 경우에는 이를 동일증거로 보게 되는데[7], 이는 상표법 제150조의 법문에 반하는 지나친 확장해석이 된다.

넷째, 일사부재리의 대세효 규정은 연혁적으로 오스트리아의 구 특허법을 수계한 일본의 구 특허법에 의해 수계되었는데, 위 규정은 제3자의 재판청구권을 과도하게 제한한다는 이유로 오스트리아에서는 1973년 헌법재판소의 위헌판결로, 일본에서는 평성(平成) 23년(2011년) 특허법 개정으로 각 폐지되었고, 우리나라에서도 일사부재리의 대세효 규정에 대하여 입법적 재검토가 필요하다는 의견이 있다.[8] 이와 같이 일사부재리의 주관적 범위를 확대하는 규정에 대한 비판론이 있는 상황에서 그 객관적 범위와 관련된 '동일증거'마저 확대하여 일사부재리의 적용범위를 넓히는 것은 바람직하지 않다고 생각한다.

다섯째, 새로운 심판청구에서 제출된 증거가 전의 확정심결(1차 심결)의 이유에서 거론된 증거와 실질적으로 동일하지 않으면서 전의 확정심결을 번복할 수 있을 정도로 유력하지 않은 경우, '증거동일성설'에 의하면 새로운 심판청구(2차 심판청구)는 일사부재리에 위반되지 않으므로 특허심판원은 본안 판단을 하

구, 박영사(2012), 909; 권택수, "일사부재리의 원칙", 특허소송연구 1집, 특허법원(1999), 162 등 참조.

7) 특허법원 2006. 9. 28 선고 2006허732 판결(심리불속행 기각)은 '전에 확정된 심결의 증거와 전혀 다른 새로운 증거만을 제출하는 경우에는, 그 새로운 증거가 전에 확정된 심결과 다른 결론을 내릴 수 있을 만한 것인지의 여부에 관계없이 동일증거라고 볼 수 없으므로 일사부재리에 해당하지 않는다.'고 판단하였는바, 이 판결은 "심판의 적법요건에 관한 기준인 일사부재리의 원칙과 특허발명의 실체적 요건에 관한 진보성 판단을 분리한 점에 의의가 있다."고 평가된다.

8) 정상조·박성수 공편(주 6), 641-642; 김종석, "일사부재리 원칙의 판단기준 시점", 사법 20호, 사법발전재단(2012. 6), 240 등.

여 '기각'심결을 할 것이고, '중요증거설'에 의하면 새로운 심판청구는 일사부재리에 위반되어 특허심판원은 '각하'심결을 하게 될 것이다. 위와 같은 2차 심결이 각 확정된 후 다시 심판청구인이 3차, 4차의 새로운 심판을 청구하면서 2차 심결에서의 증거와 실질적으로 동일한 증거를 제출한 경우를 상정할 때, '증거동일성설'에 의하면 2차 심결인 '기각'심결에는 일사부재리의 효력이 발생하므로 특허심판원으로서는 3차, 4차 심판청구에 대하여 본안 판단까지 할 필요가 없고, 상대방도 다시 심판에 응해야 하는 번거로움을 피할 수 있어 심판절차의 경제에 부합하는 반면, '중요증거설'에 의하면 2차 심결인 '각하'심결에는 일사부재리의 효력이 없으므로 특허심판원으로서는 3차, 4차 심판청구에 대하여 다시 본안 판단까지 해야 하고, 상대방도 다시 심판에 응해야 하는 등 심판절차가 증거동일성설에 비해 오히려 비경제적이게 될 수 있다.

그러므로 일사부재리를 규정하고 있는 상표법 제150조의 법문에 충실하고, 본안 판단에 앞서 쉽게 동일증거 여부를 판단할 수 있는 장점이 있으며, 일사부재리가 심판청구의 적법요건이라는 점에도 부합하는 '증거동일성설'이 위와 같은 비판을 받는 '중요증거설'보다 더 타당하다.

3. 동일심판

상표법 제150조는 위와 같은 동일사실 및 동일증거에 의하여 '그 사건에 대해서는 … 다시 심판을 청구할 수 없다.'고 규정하고 있는데, 여기의 심판은 보통 청구취지의 대상이 되어 있는 권리가 동일하고 종류가 동일한 심판인 '동일심판'을 의미하는 것으로 해석된다. 종류가 동일한 심판인지와 관련하여, 거절결정불복심판청구와 등록무효심판청구는 동일한 심판이 아니라고 할 것이나,[9] 권리범위확인심판에서 확정이 요구되는 구체적인 사실은 적극적 권리범위확인심판에서의 그것과 소극적 권리범위확인심판에서의 그것을 달리 볼 것이

---

9) 특허법원 2009. 4. 24. 선고 2009허1729 판결(심리불속행 기각)은, 유사디자인이 기본디자인과 비유사함에도 유사디자인으로 잘못 등록되었다고 주장하면서 등록무효심판을 청구한 사안에서, 비록 전의 확정심결인 거절결정에 대한 불복심판에서 유사디자인이 기본디자인과 유사하므로 등록거절사유에 해당하지 아니한다는 판단이 있었다고 하더라도, 전의 확정심결과 이 사건 등록무효심판의 핵심 쟁점이 동일하다는 이유로 확정심결의 일사부재리 효력이 이 사건 등록무효심판에도 미친다고 해석한다면, 전의 확정심결과 같이 거절결정 불복심판 절차에서 출원인의 심판청구가 받아들여진 경우에는 당해 심결에서 판단된 내용과 관련하여서는 장차 어느 누구도 등록무효심판 자체를 청구할 수 없게 되는 부당한 결론에 이르게 된다는 이유로 일사부재리의 효력이 미치지 않는다고 판시하였다.

아니므로 적극적 권리범위확인심판과 소극적 권리범위확인심판은 동일한 심판
이라고 보아야 한다.10)

4. 심결 이유 중의 사실 및 증거

일사부재리의 객관적 범위를 판단함에 있어 기준이 되는 동일사실 및 동일
증거는 확정심결의 이유에서 거론되었던 것이어야 한다. 심결 이유 중에 다루어
지지 않았던 사실 및 증거와의 관계에서는 심결의 모순·저촉이라고 하는 문제
는 발생하지 않기 때문이다. 대법원도 2013. 9. 13. 선고 2012후1057 판결에서
'전에 확정된 심결의 증거를 그 심결에서 판단하지 않았던 사항에 관한 증거로
들어 판단하는 경우에는 일사부재리 원칙에 반하지 않는다.'고 판시하여 이를
명백히 하였다.

심결의 이유에서 거론되지 않았던 것으로서 심결취소소송에서 비로소 새로
운 주장이나 증거가 제출되어 그것이 판결의 이유에서 거론된 경우 일사부재리
의 객관적 범위를 정함에 있어 참작대상이 되는지 여부가 문제된다. 우리나라
대법원은 결정계 사건에서 의견제출 기회와 관련하여 제한설을 취하는 경우를
제외하고는 원칙적으로 무제한설을 취하고 있는바,11) 판결의 이유 중에 거론된
주장이나 증거를 일사부재리의 객관적 범위에서 제외하는 해석론은 무제한설의
입지를 제한하는 것으로서 찬성하기 어렵다.12) 따라서 상표등록무효심판청구에
서 기각심결이 나고 그에 대한 심결취소소송에서 심판청구인인 원고가 새로운
주장이나 증거를 제출하였으나, 특허법원이 새로운 주장이나 증거를 포함하여
판단한 후 원고의 청구를 기각하는 판결을 선고하여 최종적으로 확정된 경우,
심판절차와 심결취소소송에서 제출되어 심결 및 판결의 이유에서 거론된 모든
주장과 증거는 일사부재리의 효력이 미치는 객관적 범위에 포함되고, 또한 무효
심판청구를 인용한 심결을 취소하는 확정판결에 따라 심판청구를 기각하는 심
결이 확정된 경우, 설사 후속 심결이 확정판결의 이유 중에서 거론되었던 사실
과 증거를 거시하지 않았다 하더라도 그 심결은 심결취소판결의 기속력에 의해
확정판결의 이유를 그대로 원용한 것이므로 판결 이유 중에 거론된 사실과 증
거는 일사부재리의 효력이 미치는 객관적 범위에 포함된다고 할 것이다.

---

10) 대법원 2012. 5. 24. 선고 2012후757 판결; 대법원 2006. 5. 26. 선고 2003후427 판결; 대
　　법원 1976. 6. 8. 선고 75후18 판결 참조.
11) 대법원 2002. 6. 25. 선고 2000후1290 판결; 2009. 5. 28. 선고 2007후4410 판결 등.
12) 권택수(주 6), 156 참조.

IV. 일사부재리의 판단기준시점

상표법 제150조에서의 심결이 확정되었는지 여부를 심판청구시를 기준으로 판단할 것인지, 심결시를 기준으로 판단할 것인지에 대하여는 많은 논란이 있었다. 대법원은 종래 '심결시설'[13]을 채택하였는데, 이에 대한 비판[14]을 수용하여 2012. 1. 19. 선고 2009후2234 전원합의체 판결에서 「구 특허법 제163조에서 정한 일사부재리의 원칙에 해당하는지는 심판의 청구시가 아니라 심결시를 기준으로 판단해야 한다고 해석한 종래의 대법원판례에 따르면, 동일 특허에 대하여 동일사실 및 동일증거에 의한 복수의 심판청구가 각각 있은 경우에 어느 심판의 심결(제1차 심결)에 대한 심결취소소송이 계속하는 동안 다른 심판의 심결이 확정 등록된다면, 법원이 당해 심판에 대한 심결취소의 청구가 이유 있다고 하여 제1차 심결을 취소하더라도 특허심판원이 그 심판청구에 대하여 특허법 제189조 제1항 및 제2항에 의하여 다시 심결을 하는 때에는 일사부재리의 원칙에 의하여 그 심판청구를 각하할 수밖에 없다. 그러나 이는 관련 확정 심결의 등록이라는 우연한 사정에 의하여 심판청구인이 자신의 고유한 이익을 위하여 진행하던 절차가 소급적으로 부적법하게 되는 것으로 헌법상 보장된 국민의 재판청구권을 과도하게 침해할 우려가 있고, 그 심판에 대한 특허심판원 심결을 취소한 법원 판결을 무의미하게 하는 불합리가 발생하게 된다. 나아가 구 특허법 제163조는 일사부재리의 효력이 미치는 인적 범위에 관하여 "누구든지"라고 정하고 있어서 확정 등록된 심결의 당사자나 그 승계인 이외의 사람이라도 동일사실 및 동일증거에 의하여 동일심판을 청구할 수 없으므로, 함부로 그 적용의 범위를 넓히는 것은 위와 같이 국민의 재판청구권의 행사를 제한하는 결과가 될 것이다. 그런데 구 특허법 제163조는 '그 심판을 청구할 수 없다'라고 규정하고 있어서, 위 규정의 문언에 따르면 심판의 심결이 확정 등록된 후에는 앞선 심판청구와 동일사실 및 동일증거에 기초하여 새로운 심판을 청구하는 것이 허용되지 않는다고 해석될 뿐이다. 그러함에도 이를 넘어서 심판청구를 제기하던 당시에 다른 심판의 심결이 확정 등록되지 아니하였는데 그 심판청구에 관한 심결을 할 때에 다른 심판의 심결이 확정 등록된 경우에까지 그 심판청구가 일사부

---

13) 대법원 2000. 6. 23. 선고 97후3661 판결; 대법원 2006. 5. 26. 선고 2003후427 판결.
14) 정상조·박성수 공편(주 6), 641-643; 오충진(주 6), 910-911 등.

재리의 원칙에 의하여 소급적으로 부적법하게 될 수 있다고 하는 것은 합리적
인 해석이라고 할 수 없다. 그렇다면 일사부재리의 원칙에 따라 심판청구가 부
적법하게 되는지 여부를 판단하는 기준시점은 심판청구를 제기하던 당시로 보
아야 할 것이고, 심판청구 후에 비로소 동일사실 및 동일증거에 의한 다른 심판
의 심결이 확정 등록된 경우에는 당해 심판청구를 일사부재리의 원칙에 의하여
부적법하다고 할 수 없다.」라고 판시하여 '심판청구시설'로 견해를 변경하였다.

   이와 같은 '일사부재리 판단의 기준 시점'에 관한 대법원의 판례 변경은,
확정심결의 일사부재리가 '제3자에 대한 대세효'를 갖는 것과 관련하여 그 적용
범위의 확대를 경계하면서 '심결시설'과 '심판청구시설'에 따라 결론이 달라지
는 구체적 사안에서 '상표권의 안정 내지 모순·저촉되는 심결의 방지 및 심판
절차의 경제'라는 이익보다 '무효사유가 있는 상표에 대한 제3자의 심판청구의
이익'을 더 우선시한 것으로 평가할 수 있다.

V. 일사부재리의 효력

   확정심결의 일사부재리는 심결의 당사자나 그 승계인뿐만 아니라 일반 제3
자에 대하여도 대세적으로 효력이 있다. 위 대세효에 대하여는 입법론적 재검토
가 필요하다는 비판이 있다.[15] 한편 일사부재리는 심판의 적법요건이므로 이에
위반하여 제기한 새로운 심판청구는 부적법하여 각하되어야 한다(제128조 참조).
   일사부재리의 효력이 심판청구를 배척한 심결에 대해서만 발생한다는 견
해[16]가 있는데, 등록무효심판에서 심판청구를 인용하는 경우, 즉 상표권을 무효
로 하는 심결이 확정된 경우에는 상표권은 처음부터 존재하지 않는 것이 되어
새로이 무효심판청구를 할 이익이 없기 때문에 일사부재리의 효력이 문제되지
않을 뿐이고, 적극적 권리범위확인심판과 소극적 권리범위확인심판 사이에도
일사부재리의 효력이 인정되는 점 등에 비추어 보면 심판청구를 배척한 심결
또는 권리자에게 유리한 심결에 대해서만 일사부재리의 효력이 인정된다고 볼
수는 없다.

〈김신〉

---

   15) 정상조·박성수 공편(주 6), 641-642; 김종석(주 8), 240 등.
   16) 권택수(주 6), 151.

제151조(소송과의 관계)

① 심판장은 심판에서 필요하면 직권 또는 당사자의 신청에 따라 그 심판사건과 관련되는 다른 심판의 심결이 확정되거나 소송절차가 완결될 때까지 그 절차를 중지할 수 있다.

② 법원은 소송절차에서 필요하면 직권 또는 당사자의 신청에 따라 상표에 관한 심결이 확정될 때까지 그 소송절차를 중지할 수 있다.

③ 법원은 상표권 또는 전용사용권의 침해에 관한 소가 제기된 경우에는 그 취지를 특허심판원장에게 통보하여야 한다. 그 소송절차가 끝난 경우에도 또한 같다.

④ 특허심판원장은 제3항에 따른 상표권 또는 전용사용권의 침해에 관한 소에 대응하여 그 상표권에 관한 무효심판 등이 청구된 경우에는 그 취지를 같은 항에 따른 법원에 통보하여야 한다. 그 심판청구서의 각하결정, 심결 또는 청구의 취하가 있는 경우에도 또한 같다.

<소 목 차>

Ⅰ. 취지
Ⅱ. 연혁
Ⅲ. 내용
　1. 심판절차 및 소송절차의 중지(제1

항, 제2항)
　2. 소 제기 및 심판청구 사실의 통보
　(제3항, 제4항)

Ⅰ. 취지

심사와 심판 또는 소송중인 사건들이 상호 관련성이 있을 때 이들 사건 간에 상호 모순·저촉되는 결과를 예방하고, 나아가 심사·심판 또는 소송절차의 중지제도 및 특허심판원과 법원 간 통보제도를 둔 것이다.

Ⅱ. 연혁

1. 1961. 12. 31. 법률 제950호로 제정된 특허법 제140조(심판계속중의 소송절차의 중지)에서 "① 심판 또는 항고심판에 있어서 민사소송 또는 형사소송의 절차가 완결될 때까지 그 심판절차를 중지할 수 있다. ② 민사소송 또는 형사소송에 있어서는 필요하다고 인정될 때에는 법원은 특허에 관한 심결의 확정이

있을 때까지 그 소송절차를 중지할 수 있다."라고 규정하고 1973. 2. 8. 법률 제
2505호로 개정된 특허법 제148조(심판계속 중의 소송절차의 중지)에서 "① 심판
또는 항고심판에 있어서 필요한 때에는 타심판이나 타항고심판의 심결이 확정
또는 소송절차가 완결될 때까지 그 절차를 중지할 수 있다. ② 소송절차에 있어
서 필요하다고 인정될 때에는 법원은 특허에 관한 심결의 확정이 있을 때까지
그 소송절차를 중지할 수 있다."라고 규정하였다.

　　그 후 1990. 1. 13. 법률 제4207호로 개정된 특허법 제164조(심판 또는 소송
절차의 중지)에서 "① 심판에 있어서 필요한 때에는 타심판의 심결이나 항고심
판의 심결이 확정될 때까지 또는 소송절차가 완결될 때까지 그 절차를 중지할
수 있다. ② 소송절차에 있어서 필요하다고 인정된 때에는 법원은 특허에 관한
심결이 확정될 때까지 그 소송절차를 중지할 수 있다."라고 규정되었다가 1995.
1. 5. 법률 제4892호로 개정된 특허법에서 '타심판의 심결이나 항고심판의 심결'
이 '당해 심판사건과 관련되는 다른 심판의 심결'로 변경되고, 출원공고제도가
폐지되고 특허등록 후 이의신청제도로 바뀜에 따라 1997. 4. 10. 법률 제5329호
로 개정된 특허법에서 제1항이 "심판에 있어서 필요한 때에는 당해 심판사건과
관련되는 특허이의신청에 대한 결정 또는 다른 심판의 심결이 확정되거나 소송
절차가 완결될 때까지 그 절차를 중지할 수 있다."라고 변경되었다.

　　그 후 1995. 1. 5. 법률 제4892호로 개정된 특허법에서 조문이 제164조로
옮겨지고 심판소와 항고심판소가 통합되어 특허심판원이 설립됨에 따라 제1항
의 "타 심판의 심결이나 항고심판의 심결"이 "당해 심판사건과 관련되는 다른
심판의 심결"로 개정되고, 위 특허법 제164조는 1997. 4. 10. 법률 제5329호로
개정되면서 출원공고제도가 폐지되고, 특허등록 후 이의신청제도로 바뀜에 따
라 "당해 심판사건과 관련되는 다른 심판의 심결"이 "당해 심판사건과 관련되
는 특허이의신청에 대한 결정 또는 다른 심판의 심결"로 개정되었으며, 다시
2006. 3. 3. 법률 제7871호로 개정되면서 특허이의신청제도가 폐지됨에 따라 관
련 문언이 삭제되었다.[1]

---

　1) 2014. 6. 11. 법률 제12753호로 개정된 특허법에서 제164조는 "① 심판장은 심판에서 필
　　요하면 그 심판사건과 관련되는 다른 심판의 심결이 확정되거나 소송절차가 완결될 때까
　　지 그 절차를 중지할 수 있다. ② 법원은 소송절차에서 필요하면 특허에 관한 심결이 확정
　　될 때까지 그 소송절차를 중지할 수 있다. ③ 법원은 특허권 또는 전용실시권의 침해에 관
　　한 소가 제기된 경우에는 그 취지를 특허심판원장에게 통보하여야 한다. 그 소송절차가 끝
　　났을 때에도 또한 같다. ④ 특허심판원장은 제3항에 따른 특허권 또는 전용실시권의 침해
　　에 관한 소에 대응하여 그 특허권에 관한 무효심판 등이 청구된 경우에는 그 취지를 제3

2. 상표에 관한 절차의 중지에 대하여 상표법이 당초에는 특별히 규정하지 아니하고 있었다가 1973. 2. 8. 법률 제2506호로 전문개정된 상표법 제51조에서 "특허법 제99조 내지 제121조, 제123조, 제147조 내지 제151조의 규정은 상표에 관한 심판에 대하여 이를 준용한다."라고 규정하여 특허법 제148조를 준용하는 형식을 취하였고, 1990. 1. 13. 법률 제4210호로 전부개정된 상표법 제77조에서 "특허법 제139조 내지 제166조의 규정은 심판에 관하여 이를 준용한다."라고 규정하여 특허법 제164조를 준용하는 형식을 취하였는데 2007. 1. 3. 법률 8190호로 개정된 상표법 제77조에서는 특허법 제164조 제1항 중 "다른 심판"은 "상표등록이의신청에 대한 결정 또는 다른 심판"으로 보는 규정을 신설하였다.[2]

그 후 상표법이 2011. 12. 2. 법률 제11113호로 개정되면서 기존의 특허법 준용규정 형식을 폐지하고 제77조의27(소송과의 관계)를 신설하여 "① 심판장은 심판에 있어서 필요하면 그 심판사건과 관련되는 다른 심판의 심결이 확정되거나 소송절차가 완결될 때까지 그 절차를 중지할 수 있다. ② 법원은 소송절차에 있어서 필요하면 상표에 관한 심결이 확정될 때까지 그 소송절차를 중지할 수 있다. ③ 법원은 상표권 또는 전용사용권의 침해에 관한 소가 제기된 경우에는 그 취지를 특허심판원장에게 통보하여야 한다. 그 소송절차가 종료된 때에도 또한 같다. ④ 특허심판원장은 제3항에 따른 상표권 또는 전용사용권의 침해에 관한 소에 대응하여 그 상표권에 관한 무효심판 등이 청구된 경우에는 그 취지를 제3항에 해당하는 법원에 통보하여야 한다. 그 심판청구서의 각하결정, 심결 또는 청구의 취하가 있는 때에도 또한 같다."라고 규정하였다.

그 후 상표법이 2016. 2. 29. 법률 제14033호로 전부개정되면서 문구 수정을 거쳐 본조와 같이 규정되었다. 구 상표법 제77조의27과 본조의 규정 내용을 비교하면 제1항에서 '심판에 있어서', 제2항의 '소송절차에 있어서', 제3항의 '종료된 때에도', 제4항의 '제3항에 해당하는 법원', '취하가 있는 때에도' 부분이 '심판에서', '소송절차에서', '끝난 경우에도', '같은 항에 따른 법원', '취하가

항에 해당하는 법원에 통보하여야 한다. 그 심판청구서의 각하결정, 심결 또는 청구의 취하가 있는 경우에도 또한 같다."라고 변경되었다.

[2] 2006. 3. 3. 법률 제7871호로 개정된 특허법에서 특허이의신청제도를 폐지함에 따라 특허법 제164조(다른 소송과의 관계) 제1항 중 '특허이의신청에 대한 결정'이 삭제되었으나 상표법상 이의신청제도는 남아 있었으므로 특허법 제164조 제1항 "심판에 있어서 필요한 때에는 그 심판사건과 관련되는 다른 심판사건의 심결이 확정되거나 소송절차가 완결될 때까지 그 절차를 중지할 수 있다"라는 문구 중 '다른 심판'은 '상표등록이의신청에 대한 결정 또는 다른 심판'으로 보도록 규정한 것이다.

있는 경우에도’ 부분으로 각각 변경되었고, 상표법 제151조 제1항, 제2항에서 각각 ‘직권 또는 당사자의 신청에 따라’라는 문구가 추가된 것 외에 나머지 내용은 서로 같다.

Ⅲ. 내용

1. 심판절차 및 소송절차의 중지(제1항, 제2항)

각종 심판절차와 소송절차는 상호 연관되는 경우가 많으므로 제1항 및 제2항은 이들 절차의 합리적인 해결과 조정을 위하여 관련사건의 절차를 중지할 수 있음을 규정한 것이다. 심사에 있어서도 제70조(심사 또는 소송절차의 중지)에 이 조문 내용과 같은 취지의 규정이 있다.

직권 또는 당사자의 신청에 따라 상표에 관한 절차를 중지할 것인지 여부는 심판관 또는 법관의 재량에 의하여 결정된다.[3] 예를 들면, 상표등록을 받을 수 있는 권리를 승계하지 않고 상표권자가 되었다고 하는 이유로서 갑을 피청구인으로 하여 무효심판이 청구되어 있고, 동시에 법원에서는 당해 상표등록을 받을 수 있는 권리의 양도의 유효·무효가 다투어지고 있을 때에는 그 소송에서 갑이 상표등록을 받을 수 있는 권리를 정당하게 승계하였는지 여부가 판단된 후 심리를 진행하는 것이 소송경제에 합치되며 심판관도 편리하다. 이러한 경우에 제1항의 규정에 의하여 심판절차를 중지할 수 있다.

반면에 상표권자 갑이 제3자인 을에 대하여 상표권 침해를 이유로 손해배상을 청구하는 소를 제기한 경우나 특허청에 갑의 상표권에 대한 무효심판이 계속 중에 있을 때에는 무효심판의 심결이 확정된 후 심리를 진행하는 것이 소송경제에 합치되며 법원에서도 편리하다. 이러한 경우에 제2항의 규정에 의하여 소송절차를 중지할 수 있는 것이다.

상표법 제151조 제1항에서 심판에서 필요하면 그 심판사건과 관련되는 다른 심판의 심결이 확정되거나 소송절차가 완결될 때까지 그 절차를 중지할 수

---

3) 대법원 1995. 8. 25. 선고 95후125 판결【서비스표등록무효】 “상표법 제82조에 의하여 준용되는 특허법 제164조의 규정에 의한 심판절차의 중지 여부는 심판장의 자유재량에 속한다.”, 대법원 1992. 1. 15.자 91마612 결정【상표사용금지가처분】 “법원이 특허법 제164조 제2항에 의한 소송절차중지의 결정을 할 것인지 여부는 법원이 합리적인 재량에 의하여 직권으로 정하는 것으로서 그 소송절차를 중지한다는 결정에 대하여는 당사자가 항고(재항고)에 의하여 불복할 수 없다.”

있다고 규정한 것은 임의규정으로서 심판절차를 꼭 중지하여야 하는 것은 아니므로, 관련사건의 심판이 계속 중임에도 심판절차를 중지하지 아니하고 심결에 이른 조치가 위법하다고 할 수 없다.[4)

그리고 상표법 제151조 제2항에 의하여 법원이 소송절차중지의 결정을 할 것인지 여부는 합리적인 재량에 의하여 직권으로 정하는 것으로서 그 소송절차를 중지한다는 결정에 대하여는 당사자가 항고(재항고)에 의하여 불복할 수 없다.[5)

2. 소 제기 및 심판청구 사실의 통보(제3항, 제4항)

제3항 및 제4항은 상표분쟁의 효율적인 해결을 위하여 상표권 또는 전용사용권의 침해에 관한 소가 제기된 경우 법원은 특허심판원장에게 그 사실을 통보하고, 특허심판원장은 그 소에 대응하는 무효심판 등이 청구된 경우에는 법원에 그 사실을 통보하도록 한 규정이다.

〈윤태식〉

---

4) 대법원 1995. 4. 25. 선고 94후2094 판결【상표등록무효】.
5) 대법원 1992. 1. 15.자 91마612 결정【상표사용금지가처분】.

제152조(심판비용)

① 제117조제1항, 제118조제1항, 제119조제1항, 제120조제1항, 제121조 및 제214조제1항에 따른 심판비용의 부담에 관하여는 심판이 심결에 의하여 종결될 경우에는 그 심결로써 정하고, 심판이 심결에 의하지 아니하고 종결될 경우에는 결정으로써 정하여야 한다.

② 제1항에 따른 심판비용에 관하여는 「민사소송법」 제98조부터 제103조까지, 제107조제1항·제2항, 제108조, 제111조, 제112조 및 제116조를 준용한다.

③ 제115조 또는 제116조에 따른 심판비용은 청구인이 부담한다.

④ 제3항에 따라 청구인이 부담하는 비용에 관하여는 「민사소송법」 제102조를 준용한다.

⑤ 심판비용의 금액은 심결 또는 결정이 확정된 후 당사자의 청구에 의하여 특허심판원장이 결정한다.

⑥ 심판비용의 범위·금액·납부 및 심판에서 절차상의 행위를 하기 위하여 필요한 비용의 지급에 관하여는 그 성질에 반하지 아니하는 범위에서 「민사소송비용법」 중 해당 규정의 예에 따른다.

⑦ 심판절차를 대리한 변리사에게 당사자가 지급하였거나 지급할 보수는 특허청장이 정하는 금액의 범위에서 심판비용으로 본다. 이 경우 여러 명의 변리사가 심판절차를 대리하였더라도 1명의 변리사가 심판대리를 한 것으로 본다.

〈소 목 차〉

Ⅰ. 심판비용 개관
 1. 심판비용의 의의
 2. 심판비용의 종류
 3. 심판비용에 관한 결정
 4. 심판비용에 관한 결정의 효력
Ⅱ. 심판비용 부담의 결정(제152조 제1항)
 1. 의의
 2. 결정 주문과 이유의 기재
 3. 심판청구의 취하와 심판비용의 부담
 4. 참가와 심판비용의 부담
 5. 이해관계에 대한 다툼과 심판비용의 부담
 6. 취소판결에 의한 심판사건에서의 심판비용의 부담
Ⅲ. 민사소송법 규정의 준용(제152조 제2항)
 1. 심판비용 부담의 원칙, 예외

 2. 일부패소의 경우(민사소송법 제101조)
 3. 공동심판, 참가의 경우
 4. 제3자의 비용상환, 무권대리인의 비용부담
 5. 상대방에 대한 최고, 부담비용의 상계(민사소송법 제111조, 제112조)
 6. 비용의 예납(민사소송법 제116조)
Ⅳ. 결정계 사건 등의 심판비용의 부담(제152조 제3항, 제4항)
Ⅴ. 심판비용액 확정의 결정(제152조 제5항)
Ⅵ. 민사소송비용법 규정의 준용(제152조 제6항)
Ⅶ. 대리인 보수의 심판비용 산입(제152조 제7항)

I. 심판비용 개관

1. 심판비용의 의의

상표법은 심판비용에 관하여 민사소송법 규정을 준용하도록 하고 있고(제152조 제2항), 심판비용의 범위·금액·납부 등에 관해서는 민사소송비용법의 예에 의하도록 하고 있다(제152조 제6항). 민사소송법은 소송비용의 범위·금액·납부 등에 관하여 민사소송규칙, 민사소송비용법, 민사소송비용규칙, 민사소송 등 인지법, 민사소송 등 인지규칙, 변호사보수의 소송비용산입에 관한 규칙, 집행관 수수료 규칙 등에 의하도록 정하고 있다(민사소송법 제98조 내지 제116조).

무엇이 소송비용이 되는지에 관하여, 민사소송비용법 제1조는 '소송행위에 필요한 한도의 비용'으로 정의하고 있고, 그 산정에 관해서는 민사소송비용법의 규정에 의하되, 규정이 없는 비용은 그 실비액에 의하도록 하고 있다(같은 법 9조).

2. 심판비용의 종류

민사소송비용법에 규정된 심판비용은 협의의 심판비용과 당사자비용으로 구분된다.[1]

가. 심판비용

협의의 심판비용이란 당사자가 심판수행을 위하여 특허심판원에 납부하는 비용으로서 수수료와 체당금으로 나뉜다.

(1) 수수료

수수료(인지대)란 심판의 제기 또는 기타의 신청을 하는 경우, 인지를 첩용하는 방법으로 납입하는 비용을 말한다. 그 법률적 성질은 당사자가 특허심판원에 대하여 일정한 행위를 요구함으로 인하여 공적비용으로서 징수하는 요금이라고 할 수 있다. 이에 관해서는 「민사소송 등 인지법」에 의하도록 되어 있다(민사소송비용법 제2조).

(2) 체당금

체당금(替當金)이란 특정한 심판을 위하여 국고가 채무자로서 현금으로 지출하게 될 비용으로서 종국적으로는 당사자로부터 상환을 받을 수 있는 성질의

---

[1] 이시윤, 신민사소송법(제7판), 박영사(2013), 643.

돈을 말한다. 증인, 감정인에 대한 일당이나 특별요금, 그들에게 지급할 숙박료, 여비, 검증비, 출석요구서 송달료, 신문·관보 등에 의한 광고료 등이 있다(민사소송비용법 제3조 내지 제8조).

나. 당사자비용

당사자가 채무자로서 국고 이외의 자에 대하여 지급하는 비용을 가리킨다. 민사소송비용법이 규정하는 서류의 서기료, 도면 작성료, 번역료(민사소송비용법 제3조, 같은 규칙 제2조, 제3조), 집행관의 수수료체당금(민사소송비용법 제10조), 당사자가 기일에 출석하도록 명령받은 경우의 여비·일당(민사소송비용법 제4조) 등이 있다. 당사자비용은 당해 행위를 구하는 당사자가 그 행위를 한 자에게 그때그때 지급할 수밖에 없고 후에 심판비용의 부담자가 정해지면 그 부담자로부터 상환을 받을 수 있게 된다.

3. 심판비용에 관한 결정

심판비용에 관한 결정이란 서로 대립하는 당사자가 심판 수행에 필요한 한도 내에서 지출한 비용을 상대방 당사자 또는 그 심판에 관여한 제3자로부터 상환 받을 수 있도록 그 부담자와 부담비율 또는 구체적인 부담액을 정하는 결정을 말한다.

심판비용의 부담자와 그 액수를 동시에 정하는 것이 간편할 것이나(민사소송법 제114조 제1항 참조), 본안심판과 동시에 심판비용에 관한 재판을 해야 하므로(제152조 제1항) 그때 바로 구체적인 심판비용액까지 확정하는 것은 기술적으로 어렵다. 따라서 심판비용액 확정결정의 절차를 추가적으로 둘 수밖에 없다(제152조 제5항, 민사소송법 110조 참조).

가. 심판비용 부담의 결정(제152조 제1항)

심판비용의 부담자와 부담비율을 정하는 결정이다. 상표법 제152조 제1항은 "심판이 심결에 의하여 종결할 때에는 그 심결로써, 심판이 심결에 의하지 아니하고 종결할 때에는 결정으로써 하여야 한다"라고 규정하고 있다.

심판이 심결에 의하지 아니하고 종결할 때에는 같은 조 제5항의 심판비용액 확정의 결정만으로도 심판비용의 부담 및 심판비용액의 확정이 가능하므로 같은 조 제1항은 불필요한 규정이라고 볼 여지도 있으나, 제5항은 특허심판원장이 구체적인 심판비용액을 확정하도록 규정하고 있으므로, 심판비용의 부담은 해당 사건의 기록을 검토한 심판부가 심판절차와 내용을 고려하여 합리적으로 결정할 수 있도록 하고 있다는 점에서 제1항의 의의를 찾을 수 있을 것이다.

나. 심판비용액 확정의 결정(제152조 제5항)

심판비용 부담의 결정에서는 심판비용 부담자와 부담비율만이 정해지므로 심판비용의 구체적인 부담액을 확정하는 절차가 별도로 필요하다. 이 확정결정 절차는 심판비용 부담의 결정과는 독립된 사후절차로서, 심판비용액을 확정하는 유일한 절차이므로 이 절차에 의하지 아니하고 심판비용액의 확정을 구하는 독립된 신청은 허용되지 않는 것으로 봄이 타당하다.[2] 따라서 심판비용 부담의 결정에서 정해진 부담비율은 그 확정결정의 전제가 되고 그것을 변경할 수는 없다.

이 절차에서는 당사자가 제출한 개개의 비용항목이 권리를 늘리거나 지키는 데 필요한 비용이었는지의 여부, 심판비용에 속하는 것인지 여부, 그 구체적인 금액 등을 개별적으로 심사하여 비용액을 확정하게 된다.

4. 심판비용에 관한 결정의 효력

심판비용에 관한 결정에 대한 당사자의 신청은 직권발동을 촉구하는 데 불과하므로 당사자의 신청이 없더라도 특허심판원은 반드시 심판비용 부담의 결정을 해야 한다.

심판비용 부담의 결정이 집행권원이 되고, 심판비용액 확정의 결정은 심판비용 부담의 결정에 의하여 확정된 심판비용 상환청구권의 집행을 위해 그 액수만을 정하는 부수적 결정이다.[3]

II. 심판비용 부담의 결정(제152조 제1항)

1. 의의

상표등록의 무효심판(제117조 제1항), 존속기간갱신등록의 무효심판(제118조 제1항), 상표등록의 취소심판(제119조 제1항), 전용사용권 또는 통상사용권 등록의 취소심판(제120조 제1항), 권리범위 확인심판(제121조) 및 상품분류전환등록의

2) 소송비용에 관해서는 대법원 1987. 3. 10. 선고 86다카803 판결 [공1987.5.1.(799), 632] 참조.
3) 대법원 2001. 8. 13.자 2000마7028 결정 [공2001.10.15.(140), 2151] 참조.

무효심판(제214조)에 관한 비용부담은 직권으로 결정하여 심결의 주문 또는 별도의 결정문에 기재해야 한다는 규정이다.[4]

심판비용 부담의 결정은 본조항의 규정 형식이나 적정한 비용부담을 위하여 본안사건의 심판기록을 검토한 심판부가 담당하는 것이 합리적이라는 점을 고려하여 본안사건의 심판부가 심판의 종결 후 즉시 직권으로 처리할 수 있도록 규정한 점에서 의의가 있다고 보인다.[5]

2. 결정 주문과 이유의 기재

심판비용 부담의 결정 주문은 '심판비용은 피청구인이 부담한다', '심판비용 중 70%는 청구인이 부담하고, 30%는 피청구인이 부담한다', '심판비용은 각자 부담한다'라는 식으로 심판비용의 부담자와 부담비율을 정해주면 된다.

심판비용 부담의 결정에도 이유를 명시함이 원칙이나, 일반적으로 심판의 주문과 상표법이 준용하는 민사소송법 규정에 의하여 그 이유를 쉽게 알 수 있으므로 따로 이유를 적지 않거나 단순히 '패소자의 부담으로 한다'라는 정도로 적어도 무방하다. 다만 전부승소자에게 심판비용의 일부를 부담시킨다든지, 일부패소자에게 심판비용을 전액 부담시키는 등 비용부담의 원칙에 대한 예외에 해당하는 경우에는 구체적으로 그 이유를 설시할 필요가 있다.

3. 심판청구의 취하와 심판비용의 부담

가. 심판청구는 심결이 확정될 때까지 이를 취하할 수 있고, 취하가 있는 때에는 그 심판청구는 처음부터 없었던 것으로 보는데(제148조), 이와 같이 심판청구가 심결에 의하지 아니하고 종결할 때에는 본안사건의 심판부가 직권으로 심판비용의 부담자와 부담비율을 결정해야 함은 앞서 설명한 바와 같다.

심판청구의 취하는 심판청구인이 쓸데없는 심판을 청구한 셈이 되므로 패

---

4) 민사소송에서는 소송이 재판에 의하지 아니하고 끝난 경우에는 '당사자의 신청에 의해' 소송비용의 액수를 정해 부담하도록 규정하고 있다(민사소송법 제114조 제1항). 다만 심판 절차의 실무상 심결에 의하지 아니하고 종결할 때에는 본조항의 규정에도 불구하고 심판 비용 부담의 결정을 하지 않는다고 한다[특허심판원, 심판편람 제11판(2014), 757. 이하 '2014년 심판편람'이라고만 한다].

5) 민사소송에서는, 소송이 재판에 의하지 아니하고 끝난 경우(민사소송법 제114조) 소송비용에 관한 재판을 본안사건의 담당법원이 처리하도록 하고 있다[대법원 1992. 11. 30.자 90마1003 결정 [공1993.2.1.(937), 407]; 대법원 1999. 8. 25.자 97마3132 결정 [공 1999.11.1.(93), 2156]; 법원행정처, 법원실무제요 민사소송[Ⅰ](2005), 410 참조].

소자에 준하여 그 심판비용을 부담시켜야 할 것이지만, 심판이 청구된 후 피청구인과의 화해가 성립되었거나 피청구인이 자진하여 상표의 등록을 무효로 한 결과, 심판이 취하된 경우에는 피청구인에게 심판비용 전액을 부담시키거나 쌍방에게 안분 분담시키는 것이 적절할 수도 있다(민사소송법 제99조 참조).

나. 상표의 등록무효 심판에서 심판청구인이 지정상품 중 일부를 취하한 경우에는, 취하되지 않은 지정상품에 관한 심판비용의 부담은 심결로써 하고, 취하된 지정상품에 관한 심판비용의 부담은 심결에 의하지 아니하고 종결된 심판청구에 해당하므로 결정으로써 따로 정함이 원칙이다.6)

다. 공동심판청구인 중 일부 청구인이 심판을 취하한 경우에도, 취하하지 않은 심판청구인에 대해서는 심결로써 심판비용의 부담을 정하고, 취하한 심판청구인에 대해서는 결정으로써 심판비용의 부담을 따로 정해야 한다.

4. 참가와 심판비용의 부담

참가신청에 대하여 당사자가 이의를 진술함으로써 그 이의에 의하여 생긴 심판비용은 이의의 허부를 결정할 때에 함께 결정하고, 참가인과 상대방과의 사이에 참가로 인하여 생긴 심판비용의 부담은 본안의 심판을 할 때에 결정한다. 한편 참가인이 참가의 신청을 취하한 경우와 당사자가 참가에 대한 이의를 취하한 경우 또는 참가인이 참가한 이후에 참가신청을 취하한 경우에, 참가신청이나 이의신청에 의하여 생긴 비용에 대해서는 심판이 심결에 의하지 아니하고 종결된 경우에 해당하므로 따로 심판비용 부담의 결정을 할 수밖에 없을 것이다.7)

5. 이해관계에 대한 다툼과 심판비용의 부담

심판청구의 이해관계에 관하여 당사자간의 다툼이 있어 증거조사에 비용이

---

6) 대법원은, "소의 일부가 취하되거나 또는 청구가 감축된 경우에 있어서 소송비용에 관하여는 민사소송법 제114조의 적용이 있는 것으로 해석함이 타당하므로, 이 경우 당사자가 일부 취하되거나 청구가 감축된 부분에 해당하는 소송비용을 상환받기 위하여는 위 규정에 의하여 일부 취하되거나 감축되어 그 부분만이 종결될 당시의 소송계속 법원에 종국판결과는 별개의 절차로서의 소송비용부담 재판의 신청을 하고 그에 따라 결정된 소송비용의 부담자 및 부담액에 의할 것이며, 당초 소송의 종국판결에서는 직접적으로 판단의 대상이 된 나머지 청구에 관하여만 소송의 승패, 소송수행의 상황 등을 참작하여 소송비용의 부담자 및 부담비율을 정하는 것이다."라고 판시하였다[대법원 1999. 8. 25.자 97마3132 결정 [공1999.11.1.(93), 2156]].

7) 민사소송법 제114조 제1항 참조. 다만 이 조항은 상표법에 의해 준용되지 않는다.

소요된 경우 그 비용의 부담은 다툰 당사자간에 있어 본안심리에서의 승패와는
별도로 이해관계에 관한 다툼의 승패에 따라 정할 수 있다.[8] 이해관계의 여부
는 심판청구의 전제가 되는 것으로서 본안심판의 당부와는 다른 쟁점을 가지므
로 본안심판과 섞어 심판비용 부담의 결정을 하는 것은 적절하지 않다는 고려
에 따른 것으로 보인다. 다만 이해관계의 다툼에 관한 심판비용이 미미하거나
그 부분만을 분리하는 것이 기술적으로 쉽지 않다면 전체 심판비용의 부담만을
결정하되 그러한 사정을 적절히 반영하는 것이 현실적일 것이다.

6. 취소판결에 의한 심판사건에서의 심판비용의 부담

　실무상 취소된 원심판의 심판비용까지 포함하여 심판총비용을 정한다.[9]

III. 민사소송법 규정의 준용(제152조 제2항)

1. 심판비용 부담의 원칙, 예외

가. 심판비용 부담의 원칙: 패소자 부담(민사소송법 제98조)

　심판에서 승소한 당사자는 자신이 지출한 심판비용을 패소한 당사자에게
청구할 수 있다. 양 당사자가 함께 분쟁을 해결하기 위하여 국가의 심판제도를
이용하였으므로 각자 심판비용을 부담하는 것이 원칙이라고 할 수도 있겠으나,
승패의 결과에 따라 패소자에게 일종의 결과적 책임을 부담하게 하는 것이 정
의감에 합치되고 심판제도의 적정하고 합리적인 운영이라는 견지에서도 낫다고
할 수 있다.

　패소한 당사자란 심판청구가 인용되면 피청구인이고, 심판청구가 기각되면
청구인이다. 심판청구가 일부는 인용이 되고 일부가 기각되면 일부패소[10]가 되
는데, 이 경우의 심판비용 부담에 관해서는 민사소송법 제101조에서 규정한다.
심판청구가 각하된 경우도 청구인이 패소한 것이다.

나. 원칙에 대한 예외(1)(민사소송법 제99조)

　패소자의 심판행위라고 해서 모두 무익하고 승소자의 심판행위는 모두 유

---

　8) 2014년 심판편람 760. 이 경우 상표법 제152조 제2항의 기준에 따라 정하면 될 것이다.
　9) 2014년 심판편람 760.
　10) '일부승소·일부패소'라고 표현하는 것이 보다 정확할 수 있으나 민사소송법 제101조에
　　서 '일부패소'라고 표현하고 있으므로 '일부패소'라고 표시하는 것이 법문에 부합한다.

익한 것은 아니므로 패소자 부담의 원칙만을 고수하여 항상 심판비용의 전부를 패소자에게 부담시킨다면 경우에 따라서는 공평하지 못할 수도 있다. 특별한 사정이 있는 경우에는 심판비용의 일부를 승소자에게 부담시킬 수 있도록 본조는 규정하고 있고 이는 심판부의 재량에 맡겨져 있다.

특허심판원은 심판청구가 화해, 권리이전, 실시권설정을 이유로 각하된 경우, 상표 불사용취소심판에 있어 피청구인(권리자)이 권리를 포기하고자 대응을 하지 아니한 때에 청구인(비권리자)이 승소한 경우에는 심판비용은 각자 부담으로 할 수 있고, 소극적 권리범위확인심판에 있어 피청구인(권리자)이 경고 등 권리행사가 없고 방어도 하지 아니한 때에 청구인(비권리자)이 승소한 경우에는 승소자가 비용을 부담하고, 신청에 의한 증인심문 결과 증인·증언이 입증사항과 관계가 없는 자(사항)인 것이 판명된 경우 그 증인신문에 소요된 비용은 신청한 당사자가 승소자인 경우에도 그에게 일부나 전부를 부담시킬 수 있다고 한다.[11] 참고로 대법원은 적극적 권리범위확인 심결에 대한 상고심 계속 중 당해 상표등록의 무효심결이 확정되어 소를 각하하는 경우 소송총비용을 각자의 부담으로 명하고 있다.[12]

다. 원칙에 대한 예외(2)(민사소송법 제100조)

민사소송법 제99조가 권리를 늘리거나 지키는 데 필요하였던 행위로 인한 비용인가 아닌가 하는 심판의 내용적 고찰에 기한 예외를 규정한 것임에 비해, 민사소송법 제100조는 심판의 형태적 고찰에 기하여 심판을 지연시키는 행위 또는 불행위로 인한 비용인가 아닌가에 따라 승소자의 부담으로 할 수 있다는 예외를 규정한 것이다.

마찬가지로 심판부의 재량에 맡겨져 있으나, 개개의 행위가 과연 심판을 지연시킨 것인지 아닌지 불분명한 경우가 많으므로 실무상 거의 적용되지 않는 실정이다.

2. 일부패소의 경우(민사소송법 제101조)

가. 심판청구의 일부에 대하여 패소한 경우, 패소자 부담의 원칙에 의하면 그 당사자는 패소부분에 대한 심판비용을 부담하게 되겠지만 패소부분과 승소부분의 비율이 구체적인 사안에 따라서 다르고 또한 패소부분에 관한 심판비용과 승소부분에 관한 심판비용으로 구별하기 어려운 경우도 많을 것이므로 일부

---

11) 2014년 심판편람, 758.

12) 대법원 2010. 7. 22. 선고 2010후982 판결 [미간행] 등.

패소의 경우에는 심판비용을 분담시키는 방법, 비율 등을 심판부의 재량에 의하여 정할 수 있게 하고 사정에 따라서는 당사자의 일방에게 심판비용의 전부를 부담시킬 수 있도록 예외를 규정한 것이다.

일부패소의 경우에 각 당사자가 부담할 심판비용은 결정권자가 제반사정을 종합하여 재량에 의해 정할 수 있으므로, 반드시 청구액과 인용액의 비율만으로 정할 필요는 없다.13)

나. 일부패소의 경우 심판비용의 부담을 정하는 방법으로는 사정에 따라 다음과 같은 네 가지 방법을 이용할 수 있다.14)

(1) 첫째는 각 당사자에게 자기가 지출한 비용을 부담시키고 서로 상대방에 대하여 상환청구를 할 수 없게 하는 방법이다. 비용상계라고도 한다. [기재례: 심판비용은 각자 부담한다]15)

(2) 둘째는 패소의 비율에 응하여 부담시키는 비율분담의 방법이다. 예컨대 지정서비스업이 20개인 서비스표의 등록무효를 청구한 경우 그 중 15개의 지정서비스표에 대해 인용되고 5개에 대해서는 기각된 경우에는 심판비용 중 30%는 심판청구인에게, 70%는 피심판청구인에게 각각 부담시키는 방법이다. [기재례: 심판비용 중 30%는 청구인이 부담하고, 70%는 피청구인이 부담한다] 다만 지정서비스업들 중 중요한 것과 그렇지 않은 것이 섞여 있을 것이므로 단순히 지정서비스업 중 인용 또는 기각된 개수만을 기준으로 삼는 것은 적절하지 않을 수 있음에 유의해야 한다.

(3) 셋째는 비용 중 일정 부분을 당사자의 일방에게 부담시키고 나머지를 다른 당사자에게 전부 부담시키는 방법이다. [기재례: 심판비용 중 검증비용은 청구인이 부담하고, 나머지는 피청구인이 부담한다] 다만 실무상 흔히 이용되는 방법은 아니다.

(4) 넷째는 사정에 따라 일방의 당사자에게 전액을 부담시키는 방법이다. [기재례: 심판비용은 (피)청구인이 부담한다]

네 가지 방법 중 어떤 방법을 선택할 것인가는 사정에 따라 담당 심판부가

---

13) 대법원 2007. 7. 12. 선고 2005다38324 판결 [공2007.8.15.(280), 1237] 참조.
14) 민일영·김능환 공편, 주석 민사소송법(Ⅱ)(제7판), 한국사법행정학회(2012), 76(이기택 집필부분) 참조.
15) '심판비용은 각자 부담한다'는 주문을 쓰면 보통의 경우는 청구인이 더 많은 심판비용을 지출하므로 청구인이 더 많이 부담하게 된다. 만약 심판비용의 절반을 각 당사자에게 분담시키려고 한다면 주문에서 심판비용을 절반씩 분담한다는 표시를 해야 한다.

판단할 것이다. 승패의 비율이 수치적으로 분명하더라도 권리를 늘리거나 지키는 데 필요한 행위였는지 여부, 공격방어방법의 제출이 적당한 시기를 넘겼는지 여부, 기일이나 기간의 준수를 게을리 함으로써 생긴 비용인지 여부 등의 사정을 고려하여 결정해야 하므로 승패의 비율만으로 안분하는 것이 적당하지 않은 경우도 있다. 따라서 구체적인 사건의 사정에 따라서 부담의 방법과 비율을 합리적으로 정해야 한다.16)

3. 공동심판, 참가의 경우

가. 공동심판의 경우(민사소송법 102조)

(1) 공동심판이란 1개의 심판절차에 여러 사람의 청구인 또는 피청구인이 관여하는 심판형태를 말한다. 이 경우 청구인 또는 피청구인측에 서는 여러 사람을 공동심판(피)청구인이라 한다.17) 공동심판은 처음부터 여러 사람의 청구인이, 또는 여러 사람의 피청구인에 대하여 공동으로 심판을 제기한 경우뿐만 아니라 처음에는 단일심판이었다가 뒤에 공동심판이 되는 경우도 있다.

(2) 심판비용 부담에 관하여 공동심판은, ① 공동심판(피)청구인이 전부 패소한 경우, ② 공동심판(피)청구인이 전부 승소한 경우, ③ 공동심판(피)청구인이 일부패소한 경우, ④ 공동심판(피)청구인 중 일부가 패소한 경우로 구분할 수 있다.

먼저 공동심판(피)청구인이 전부 패소한 경우에는 공동심판(피)청구인이 심판비용을 전부 부담한다. 공동심판(피)청구인들 사이에서 누가 얼마를 부담할지는 관련 법규나 그들 사이의 계약관계에 의해 정해짐이 원칙이고, 그러한 기준이 마련되어 있지 않은 때에는 민사소송법 제102조에 의해 정하면 된다. 이에 관해서는 후술한다.

다음 공동심판(피)청구인이 전부 승소한 경우에는 원칙적으로 패소한 상대방 당사자가 민사소송법 제98조에 의하여 승소한 공동심판(피)청구인들이 각각 지출한 비용을 모두 상환할 의무를 부담하는 것이 원칙이다.18)

그리고 공동심판(피)청구인 전원이 일부패소한 경우에는 민사소송법 제101조와 제102조를 함께 적용하여 심판비용의 부담을 정할 수밖에 없는데, 우선 민사소송법 제101조에 의하여 공동심판청구인과 공동심판피청구인 중 어느 쪽에

---

16) 대법원 2000. 1. 18. 선고 98다18506 판결 [공2000.3.1.(101), 446] 등 참조.

17) 공동소송에 관한 상세한 설명은 이시윤(주 1), 692 이하 참조.

18) 다만 소송비용 중 변호사 보수에 관해서는 예외가 있다. 대법원 2000. 11. 30.자 2000마 5563 전원합의체 결정 [집48(2)민, 229; 공2001.1.15.(122), 153] 참조.

얼마만큼을 부담시킬 것인가를 정하고 나서 제102조에 의하여 공동심판(피)청구인 상호 간의 분담을 정하면 된다. 이러한 이치는 쌍방이 모두 공동심판(피)청구인인 경우에도 같다.

마지막으로 공동심판(피)청구인 중 일부가 패소한 경우에는 승패에 따라 '심판비용 중 청구인과 피청구인 갑 사이에 생긴 부분은 피청구인 갑이 부담하고, 청구인과 피청구인 을 사이에 생긴 부분은 청구인이 부담한다'는 식으로 결정하는 예가 많다. 그러나 이러한 주문은 청구인이 지출한 심판비용 중 피청구인 갑에 대한 부분과 피청구인 을에 대한 부분으로 나누는 작업을 심판비용액 확정결정 절차에서 가려내야 하므로 문제가 있다. 심판비용의 부담에 관해서는 사안을 충분히 파악하고 있는 해당 심판부에 큰 폭의 재량을 부여하고 있으므로 적절히 정하되, 심판비용액 확정결정에는 구체적인 계산 및 항목 확인 이외에 가급적 추가적인 판단의 여지를 남겨 두지 않는 것이 바람직하다.

(3) 민사소송법 제102조는 공동심판(피)청구인이 전부 패소한 경우의 심판비용 부담에 관해 규정하고 있다.

(가) 균등부담의 원칙(민사소송법 제102조 제1항 본문)

민사소송법 제102조 제1항 전문은 "공동소송인은 소송비용을 균등하게 부담한다"라고 규정하고 있는바, 이는 심판부에서 심판비용의 부담을 정할 때 기준으로서 기능한다기보다는 공동심판(피)청구인들 사이의 심판비용 분담에 관해 정해지지 않았을 때 그 분담방법을 정하는 규범으로서 기능한다. 실무에서도 단순히 '심판비용은 공동심판(피)청구인이 부담한다'라고 선언하는 것이 보통인데, 그와 같이 주문에서 부담비율을 정하지 아니하면 위 조항의 적용에 의하여 균등하게 분담하게 된다.[19]

(나) 연대부담의 예외(민사소송법 제102조 제1항 단서)

심판물이 공동심판(피)청구인의 합유 또는 공유에 속하는 소위 필수적 공동심판의 경우에는 원칙적으로 심판비용을 연대부담시키는 것이 적절할 것이다.[20] 이 경우는 심판비용을 분할하여 분담하는 것으로 정하게 되면 상대방 당

---

19) 대법원도 판결주문에서 공동소송인별로 소송비용의 부담비율을 정하거나 연대부담을 명하지 아니하고 단순히 소송비용은 '공동소송인들의 부담으로 한다'고 정하였다면 공동소송인들은 상대방에 대하여 균등하게 소송비용을 부담하고, 공동소송인들 상호 간에 내부적으로 비용분담 문제가 생기더라도 그것은 그들 사이의 합의와 실체법에 의하여 해결되어야 한다고 한다. 대법원 2001. 10. 16.자 2001마1774 결정 [공2001.12.15.(144), 2519].

20) 복수의 출원인이 특허청의 거절결정에 대하여 특허심판원에 취소심판을 공동으로 청구하는 경우가 전형적인 필수적 공동심판에 해당한다[이에 관한 자세한 설명으로는, 특허법

사자로서는 공동심판(피)청구인 개개인으로부터 심판비용을 추심해야 하므로 절차가 번잡할 뿐만 아니라 한 사람이라도 무자력자가 끼어 있는 때에는 그 부담부분 만큼은 상환을 받을 수 없게 되어 불공평하기 때문이다.

(다) 다른 방법(민사소송법 제102조 제2항)

심판비용의 부담을 공동심판(피)청구인의 분할부담으로 하거나 연대부담으로 하는 것이 도리어 불공평하다고 생각될 경우에 심판부는 사정에 따라서 그 이외의 다른 방법으로 부담시킬 수 있다. 예컨대, 공동심판(피)청구인 중 1인만이 다투고 다른 공동심판(피)청구인은 상대방의 주장사실을 전부 인정하고 있어서 그 1인 때문에 심판이 현저히 지연되고 입증을 위하여 상당한 비용이 허비된 경우에 그 비용은 그 행위를 하게 한 자에게 부담시켜야 할 것이고, 연대하여 상환하라고 한다든가, 균등하게 분할상환하라고 하여서는 불공평할 것이다. 또 공동심판의 일부 당사자 사이에서만 이해관계 여부에 관한 다툼이 있어 이를 위해 소요된 비용의 경우에는 그 당사자 사이에서만 부담을 정하는 것이 공평할 것이다.[21]

이와 같은 경우에 실무에서는 주문으로서 '심판비용 중 청구인과 피청구인 갑 사이에 생긴 부분은 피청구인 갑이 부담하고, 청구인과 피청구인 을 사이에 생긴 부분은 피청구인 을이 부담한다'라고 결정하는 예가 있다. 일반론으로는 앞서 언급한 바와 같이 청구인이 지출한 비용을 피청구인 갑에 대한 부분과 피청구인 을에 대한 부분으로 나누기가 어려운 경우가 많고, 또 그것을 나누는 것을 본안심리를 하는 심판부가 아닌 심판비용액 확정결정을 하는 특허심판원장의 판단에 미루는 것이 되므로, 가급적 수액까지 산출하여 부담을 정하든지 그렇지 못하더라도 숫자로 표시하는 비율을 정하여 부담시키는 것이 바람직할 것이다.

나. **참가의 경우**(민사소송법 제103조)

(1) 공동심판을 청구할 수 있는 자는 심리가 종결될 때까지 심판에 참가할 수 있고, 심판의 결과에 대하여 이해관계를 가진 자는 심리가 종결될 때까지 당사자의 어느 한쪽을 보조하기 위하여 심판에 참가할 수 있다(상표법 제142조).

(2) 참가신청은 이유를 붙여 서면으로 해야 하고 특허심판원은 심판으로 그 참가 여부를 결정해야 한다는 점에서(상표법 제143조), 참가신청에 대하여 당사

원 지적재산소송 실무연구회, 지적재산소송실무(제3판), 박영사(2014), 16 참조].
21) 2014년 심판편람, 760 참조.

자가 이의를 신청한 때에만 참가이유를 소명하도록 하여 참가허부를 결정하고, 이의신청이 없는 경우에는 법원이 직권으로 하지 않는 한, 참가인은 참가이유를 소명할 필요가 없는 민사소송법 제72조, 제73조와는 차이가 있다.22)

(3) 참가비용의 부담에 관하여 민사소송법 제98조 내지 제102조를 준용하므로, 본안심판에서 상대방이 패소하게 되면 상대방의 부담이 되고 피참가인이 패소하게 되면 피참가인 부담으로 된다. 본안심판이 일부패소인 경우에는 민사소송법 제101조에 의하여 심판부가 부담비율을 정한다. 상대방이 여러 명이라든지 피참가인과 참가인이 공동하여 심판행위를 한 경우에 심판부는 민사소송법 제102조에 의하여 비용부담의 방법을 정할 수 있다. 그리고 참가인의 심판행위가 권리를 늘리거나 지키는 데 필요한 것이었는지 또는 그것 때문에 심판이 지연되지는 아니하였는지 등을 참작한 후에 민사소송법 제99조, 제100조를 준용하여 그 비용의 부담을 정할 수 있다.

4. 제3자의 비용상환, 무권대리인의 비용부담

가. 제3자의 비용상환(민사소송법 제107조)

(1) 심판에 관여하는 제3자가 고의 또는 중대한 과실로 쓸데없는 비용을 생기게 한 경우 민법상의 불법행위로 인한 손해배상과는 별도로 그 제3자에 대하여 일종의 제재로서 그 비용을 부담시킬 수 있도록 하는 규정이다. 그 목적은 명백히 부적법하거나 또는 이유 없는 신청을 하여 국가기관의 업무를 방해하는 것을 방지하고 또한 불필요한 비용을 지출한 당사자에게 신속간편한 방법으로 상환받을 수 있게 하려는 데 있다. 본조에 의한 심판비용 상환의무는 당사자의 상환의무와 병렬적으로 발생하고 당사자의 심판비용 상환의무가 본조의 의무에 의하여 면제되는 것은 아니다.

대리인이 정당한 이유 없이 기일의 준수를 게을리하고 그 때문에 출석한 상대방 당사자에게 쓸데없는 비용을 들게 한 경우에는 본조에 해당한다. 비록 그와 같은 행위를 법률을 모르는 당사자가 요구한다고 하더라도 대리인은 이에 따라서는 아니 되므로 그 책임을 면할 수 없기 때문이다.

본조에 의하여 상환할 비용은 심판비용에 국한되지 않는다. 심판절차에서

---

22) 민사소송법 제74조에 의하면, 당사자가 이의신청 없이 변론에서 진술하면 이의신청권 자체가 소멸된다. 다만 2014년 심판편람, 759에서는 "참가신청에 대하여 당사자의 이의신청이 있어 이의로 인하여 참가 허부결정이 있는 경우"라고 하여 상표법 제143조에 불구하고 실무에서는 참가 허부결정을 이의신청이 있는 경우에만 하는 것으로 되어 있다.

제3자가 고의 또는 중대한 과실로 불필요한 비용을 발생시키기만 하면 비용상환의무의 대상이 된다.

제3자의 비용상환의무가 발생하면, 당사자의 신청 또는 직권으로 심판부는 쓸데없는 비용을 내게 한 제3자에 대하여 그 비용의 상환을 명하는 결정을 할 수 있다. 이 상환명령은 결정으로 하게 되지만 심판의 제3자에게 의무를 과하는 것이므로 결정을 하기 전에 관계인을 심문하는 것이 바람직하다.[23]

(2) 법정대리인 또는 심판대리인이 심판행위를 한 후 대리권 또는 심판행위를 함에 필요한 수권이 있었다는 것을 증명하지 못한 경우 또는 추인을 얻지 못하여 그 심판행위가 유효로 되지 못한 경우 그 심판행위로 인하여 생긴 심판비용에 대하여 당해 법정대리인 또는 심판대리인에게 상환을 명할 수 있다. 이와 같은 법정대리인, 심판대리인이 한 심판행위가 심판청구의 제기였을 경우에는 민사소송법 제108조가 적용된다.

민사소송법 제107조 제2항에 의한 상환의무의 대상은 제1항의 비용과는 달리 '심판비용'에 국한되는 것으로 해석된다.

나. 무권대리인의 비용부담(민사소송법 제108조)

(1) 청구인의 법정대리인 또는 심판대리인으로서 심판청구를 제기한 자가 그 대리권을 증명할 수 없고 또한 추인을 받지 못한 경우에는 심판청구는 결국 부적법하여 각하될 것이다. 이 경우 심판비용을 무권대리인이 부담하도록 하는 규정이다.

한편 수권 없이 심판을 제기함으로써 상대방 당사자로 하여금 심판대리인을 선임하도록 하여 선임비용이 들도록 한 경우 선임비용 중 심판비용에 해당하는 부분은 당연히 무권대리인이 상환의무를 부담한다고 할 것이지만, 민사소송비용법에 의한 심판비용을 초과하는 선임비용까지 무권대리인이 부담해야 하는지 의문이 있다. 민사소송법 제108조 및 제107조 제2항은 상환 대상을 '소송비용'으로 한정하고 있으므로 '심판비용'만 상환하면 될 것으로 보인다. 다만 불필요한 비용지출이 무권대리인의 고의 또는 중과실에 의한 것임이 입증된다면 민사소송법 제107조 제1항의 요건도 충족할 것이고, 민사소송법 제108조 및 제107조 제2항이 제107조 제1항의 적용을 배제한다고 볼 이유도 없으므로, 민사소송법 제107조 제1항에 의하여 당사자가 선임비용으로 지출한 모든 비용에 대

---

23) 민일영 · 김능환 공편(주 14), 106 참조.

해 상환하도록 하거나 민법상 불법행위에 의한 손해배상으로 별도의 청구가 가
능하다고 생각된다. 다만 그 요건에 대한 입증은 엄격하게 해야 할 것이다.

(2) 청구인의 성명을 모용하여 심판청구를 제기한 경우에는 실제로 심판청
구를 제기한 자는 형식적으로 대리인으로 나타나 있지 않지만 그 심판의 청구
인은 청구서에 청구인이라고 기재된 자라 할 것이므로(표시주의), 현실적으로 심
판청구 제기의 심판행위를 한 자는 대리권 없이 심판행위를 했다는 점에서 본
조를 유추적용하여 심판비용을 부담시킬 수 있을 것이다. 본조는 법인이나 법인
아닌 사단 또는 재단으로서 당사자능력이 인정되는 단체(민사소송법 제52조)의
대표자 또는 관리인에게도 준용된다(민사소송법 제64조).

5. 상대방에 대한 최고, 부담비용의 상계(민사소송법 제111조, 제112조)

가. 민사소송법 제111조, 제112조는 심판비용액을 확정하기 위한 절차이다.
당사자의 심판비용액 확정결정 신청이 있으면, 그 결정을 하기 전에 상대방에게
비용계산서의 등본을 교부하고 이에 대해 상대방이 이의가 있으면 별도의 비용
계산서나 소명자료를 제출하도록 하여 심판비용액 확정결정의 정확성과 공평성
을 확보한다. 물론 당사자들 사이에 부담비율이 정해져 있는 경우에는 양쪽의
비용계산서 및 소명자료를 검토하여 서로 주고받을 금액을 상계함으로써 일거
에 심판비용에 관한 결정을 간편한 방법으로 마무리할 수 있다.

나. 당사자들은 비용계산서 기재의 비용항목, 권리를 늘리거나 지키는 데
있어서의 필요성, 민사소송비용법 소정액의 초과 유무 등에 관하여 의견을 개진
할 수 있으나, 비용상환의무의 존부에 관하여는 이미 심판비용 부담의 결정에서
정해진 것이므로 이의를 제기할 수 없다.

다. 상대방이 제출한 비용계산서는 그것이 상대방의 새로운 신청으로서의
실질을 갖는다고 할 수 있으므로, 이에 대해서는 신청인에게도 의견을 진술할
기회를 주는 것이 공평할 것인바, '소송실무'에서는 이미 상대방이 제출한 비용
계산서의 등본을 다시 신청인에게 송달하여 오고 있다.[24]

라. 반대로, 상대방이 심판부가 정한 기간 내에 비용계산서 및 비용액의 소
명에 필요한 서류를 제출하지 않은 때에는 심판부는 신청인이 계상한 비용만으
로 분담액을 정할 수 있다. 상대방이 전술한 서면을 제출하지 않는다고 해서 심
판비용 부담의 결정이 명하고 있는 분담비율을 무시하고 신청인이 계상한 비용

---

24) 법원행정처(주 5), 419 참조.

액 전부를 상대방의 부담으로 할 수는 없고 그 금액에 대해서만 부담액을 정해
야 한다. 예컨대, 심판비용 부담의 결정에서 청구인이 30%, 피청구인이 70%로
분담비율이 결정되고 심판비용액 확정결정의 신청을 한 청구인이 계상한 총비
용액이 15,000원인 때 상대방인 피청구인이 최고에 대하여 비용계산서를 제출
하지 않으면, 15,000원에 대하여 신청인 4,500원(30%), 상대방 10,500원(70%)의
분담액을 정하면 되는 것이다.

　상대방이 최고기간 내에 필요한 서류를 제출하지 않더라도 자신의 비용상
환청구권은 소멸하지 않으므로 상대방은 나중에 따로 심판비용액의 확정을 구
하는 신청을 할 수 있다.

　마. 당사자 쌍방이 계상한 비용계산서에 기하여 각기 지출한 총비용액을
산출하여 분담비율에 따라 쌍방의 부담액을 정하게 된다. 그리하여 지출액과 부
담액을 상계하고 차액에 대해서는 부담액이 많은 당사자가 부담액이 적은 당사
자에게 지급할 것을 결정하게 된다. 예컨대, 청구인이 30%, 피청구인이 70%를
분담할 때 청구인이 지출한 총비용액이 15,000원, 피청구인이 지출한 것이
9,000원이라고 하면, 청구인은 피청구인에게 10,500원을 청구할 수 있고, 피청구
인은 청구인에게 2,700원을 청구할 수 있게 되므로, 피청구인의 상환청구권
2,700원은 청구인의 상환청구권 10,500원 중 2,700원과 상계된 것으로 간주하고
피청구인이 청구인에게 지급할 비용액을 7,800원으로 결정하게 된다.

6. 비용의 예납(민사소송법 제116조)

　가. 민사소송법 제116조 제1항에서는 비용을 필요로 하는 행위에 관하여
예납명령을 발할 수 있는 근거를, 제2항에서는 예납하지 않는 경우의 제재에 관
하여 규정하고 있다.

　비용을 필요로 하는 심판행위에 관하여 예납제도를 규정한 이유는 심판부
에 대하여 일정한 행위를 요구하는 당사자는 필요한 비용을 미리 지출하여 요
구한 행위를 쉽게 할 수 있게 하는 것이 바람직할 것이고 만일에 심판부가 비
용을 미리 지출하고 당사자로부터 수봉(收捧)하려고 할 때 당사자의 무자력 등
으로 수봉(收捧)이 불가능하거나 곤란하게 될 염려가 있기 때문이다. 심판비용
의 예납제도는 국가의 심판비용 확보를 담보하는 기능을 하는 점에서, 당사자의
상대방에 대한 심판비용 상환을 담보하는 기능을 하는 심판비용의 담보제공 제
도(민사소송법 제117조 이하)와 구별된다. 심판비용의 담보제공이든 심판비용의

예납이든 모두 심판청구 당사자에게 금전적 의무를 부과함으로써 심판청구권을
제한하는 측면이 있으므로, 그 정도와 범위를 적절히 정하여 운용해야 하고, 특
히 소송(심판)구조 제도(민사소송법 제128조 이하)의 합리적인 구비가 전제되어야
할 것이다.

　　나. 예납해야 하는 심판비용은 ① 증인, 감정인, 통역인에 대한 여비, ② 감
정인, 통역인, 번역인에 대한 감정료, 통역료, 번역료 및 감정, 통역, 번역에 필
요한 비용, ③ 감정의 촉탁을 한 경우 그에 필요한 비용, ④ 현장검증 등 행위
를 수행하기 위하여 심판관 및 참여 공무원 등에게 지급되는 여비이다.[25] 심판
장은 심판비용을 필요로 하는 행위에 대하여 당사자에게 그 비용을 미리 납부
하게 할 때에는 예납요구서를 송부한다.[26]

　　심판부가 심판비용의 예납을 명할 수 있는 당사자는 그 심판행위로 이익을
받을 당사자인 것이 원칙인바, 구체적으로는 다음 각호의 기준을 따라야 한다
(민사소송규칙 제19조). 아래 속기 또는 녹음, 증거조사를 양쪽 당사자가 신청한
경우에는 필요한 비용을 균등하게 나누어 미리 내게 하여야 한다. 다만 심판부
는 사정에 따라 미리 낼 금액의 비율을 다르게 할 수 있다.

　　(1) (제1호) 송달료는 청구인
　　(2) (제2호) 심리의 속기 또는 녹음에 드는 비용은 신청인. 다만 직권에
　　　　 의한 속기 또는 녹음의 경우에는 그 속기 또는 녹음으로 이익을 받을
　　　　 당사자가 분명하지 아니한 때에는 청구인
　　(3) (제3호) 증거조사를 위한 증인·감정인·통역인 등에 대한 여비·일당·
　　　　 숙박료 및 감정인·통역인 등에 대한 보수와 심판부 외에서의 증거조
　　　　 사를 위한 심판관, 그 밖의 심판원 공무원의 여비·숙박료는 그 증거
　　　　 조사를 신청한 당사자. 다만 직권에 의한 증거조사의 경우에 그 증거
　　　　 조사로 이익을 받을 당사자가 분명하지 아니한 때에는 청구인

　　다. 당사자가 자진하여 필요한 비용을 예납하지 않는다면 심판부는 예납명
령을 발한다.

　　예납명령에는 비용을 요하는 심판행위의 내용과 기한을 명시하여야 한다.
증거조사비용에 관해서는 증거채택의 결정을 할 때에 같은 조치를 취하게 된다.
예납명령은 민사소송법 제116조 제2항에 의한 제재의 근거가 된다. 예납명령은

---

25) 심판사무취급규정(특허청 훈령 제755호) 제15조 참조.
26) 위 심판사무취급규정 제17조 참조.

성질로 보면 심판의 지휘에 관한 것이므로 심판부는 언제든지 이를 취소할 수 있고 다시 예납명령을 할 수 있다.

라. 심판부가 (신청이든 직권이든) 비용을 필요로 하는 행위를 함에 있어서 예납명령을 할 것인가 아닌가는 "할 수 있다"라고 되어 있는 규정의 형식상 자유재량으로 봄이 타당하다. 예납명령 제도는 당사자에게 비용을 지급하게 하는 담보수단이기 때문에, 심판부가 예납명령을 함에 있어서는 당사자의 자산상태를 참작하여 정해야 한다.[27)

마. 당사자가 필요한 비용을 예납하지 아니한 경우 민사소송법 제116조 제2항의 제재를 가할 수 있다. 민사소송법 제116조 제2항은 "비용을 미리 내지 아니하는 때에는 법원은 그 소송행위를 하지 아니할 수 있다"라고 규정되어 있어 그 제재가 단지 그 행위를 하지 않는다는 소극적 효과에 그치는 것인지, 그 신청 또는 심판청구서를 각하하는 적극적 제재까지 할 수 있는지 문제된다. 규정의 문언 자체가 "소송행위를 하지 아니할 수 있다"라고만 되어 있으므로, 당사자에게 불이익하게 확장하여 해석하기는 어렵다고 보인다.

당사자의 신청에 의하여 심판행위가 허용될 것인 때에는 기간 내에 비용의 예납이 없는 이상 심판부는 그 신청을 배척할 수밖에 없을 것이고, 직권에 의한 심판행위인 경우에 있어서는 심판부가 심판행위를 하지 않기로 하였는지 여부가 분명하지 않으므로 명시적으로 선언할 필요가 있을 것이다.

바. 예납명령에 대해서는 독립한 불복방법은 없다. 따라서 예납명령에 따르지 않아 증거결정이 취소됨으로써 그것 때문에 불이익한 심판을 받게 되면 그것을 이유로 심결취소소송에서 다툴 수밖에 없다.

IV. 결정계 사건 등의 심판비용의 부담(제152조 제3항, 제4항)

1. 거절결정 등에 대한 심판(제116조), 보정각하 결정에 대한 심판(제115조)은 청구인이 비용을 부담하도록 규정하고 있다. 실무상으로는 심결시 주문에 비용부담을 기재하지 않는다고 한다.[28)

2. 상표법 제152조 제3항은 심판의 승패에 관계없이 심판비용을 청구인 또는 이의신청인의 부담으로 정하고 있으므로 청구인이 복수일 경우에는 청구인

27) 민일영·김능환 공편(주 14), 158 참조.
28) 2014년 심판편람, 757 참조.

들 사이의 심판비용 안분의 문제가 생긴다. 청구인들 사이에 특별한 약정이나
관계 법령의 규정이 없으면 공동심판의 경우와 같이 처리하는 것이 타당하므로
민사소송법 제102조를 준용하게 된다. 앞서 살펴본 '공동심판'에 관한 설명 중
공동심판(피)청구인들이 전부패소한 경우와 같다.

V. 심판비용액 확정의 결정(제152조 제5항)

1. 심결 이후에도 심판비용이 생길 수 있고 심판비용액의 확정은 기술적이
고 복잡하여 본안심결을 지연시킬 수 있다는 점을 고려하여, 상표법 제152조 제
1항의 심판비용 부담의 결정에서는 심판비용의 부담자와 부담비율 정도만 정하
고, 구체적인 심판비용액의 확정은 나중에 간편하고 기계적인 절차에 따라 결정
하기 위한 규정이다.[29]

그런데 심판비용 부담의 결정 절차에서는 심판비용액 확정결정 절차에 재
량의 여지를 남기지 않도록 가능한 한 구체적으로 심판비용의 부담을 정하는
것이 바람직함은 앞서 설명한 바와 같은바, 만약 심판비용 부담의 결정에서 심
판비용의 부담자를 정하고 구체적인 심판비용액까지도 쉽게 확정할 수 있어 그
렇게 하였다면, 본항의 절차를 거칠 필요가 없는 것이 아닌지 의문이 있다. 그
러나 상표법 제153조에서 본항에 의한 특허심판원장의 심판비용액 확정결정에
'집행력 있는 집행권원'의 효력을 부여하고 있으므로, 민사소송에서와는 달리
본항의 절차는 생략될 수 없다고 할 것이다.[30]

2. 심판비용액 결정을 청구하는 자는 심판비용액 결정청구서에 필요한 비
용계산서와 증빙서류를 첨부하여야 한다(상표법 시행규칙 제83조). 결정청구서를
접수한 때에는 사건기록과 대조하여 청구서의 기재사항의 흠결 유무를 조사하
고, 피청구인에게 의견서 제출기간을 정하여 최고서를 송달하며, 피청구인이 의
견서 등을 제출하면 다시 그 의견서 등을 청구인에게 송달하여 의견을 묻고, 당

---

29) 한편 소송비용액의 확정결정 절차에 관한 민사소송법 제110조, 제115조의 사무는 법원
조직법 제54조 제2항 1호, 사법보좌관규칙 제2조 제1항 1호의 규정에 의하여 사법보좌관
이 행할 수 있도록 되어 있다.
30) 일본 상표법 제56조가 준용하는 일본 특허법 제169조 제5항도 우리와 같은 문언으로 규
정되어 있는데, 같은 조 제1항의 심결이나 결정에서는 구체적인 비용액을 정하지 아니하
고, 제5항에 따라 당사자의 청구에 의하여 특허청장관이 (구체적인 심판비용액을) 결정한
다고 한다[中山信弘·小泉直樹 공편, 新·註解 特許法(下卷), 靑林書院(2011), 2344(伊原友
己 집필부분) 참조].

사자들로부터 제출받은 결정청구서 또는 의견서 등을 참작하여 심판비용을 계산한 후, 심판비용액 결정서를 작성하여 당사자들에게 송달한다.[31]

심판비용액 확정결정 절차에서는 상환할 심판비용의 수액을 청구범위 내에서 정할 따름이고 그 상환의무 자체의 존부를 심리·판단할 수는 없다.[32]

3. 심판비용액 확정은 결정으로 한다. 상환할 비용액을 명시하고 공동심판(피)청구인에게는 연대채무를 진 것이 아닌 한 각각 그 금액을 명시하여야 한다. 결정액은 청구된 총비용액을 초과할 수 없으나 당사자가 청구한 비용액의 총액을 초과하지 아니하는 범위 내에서는 부당한 비용 및 금액을 삭제 또는 감액하거나 직권으로 새로운 비용항목을 추가 또는 증액할 수 있다.

4. 수인의 공동심판(피)청구인 중 일부만 심판비용액 확정결정을 청구한 경우에는 공동심판(피)청구인 전원이 청구한 경우를 전제로 심판비용액을 계산한 다음 그 중 당해 청구인이 상환받을 수 있는 금액에 대해서만 확정결정을 해야 하고, 수인의 공동심판(피)청구인 중 일부만을 상대로 심판비용액 확정을 청구한 경우에도 공동심판(피)청구인 전원을 상대로 청구한 경우를 전제로 심판비용액을 계산한 다음 그 중 당해 피청구인이 부담해야 할 금액에 대해서만 확정결정을 해야 한다.

VI. 민사소송비용법 규정의 준용(제152조 제6항)

심판비용의 범위와 금액 등에 관해서는 앞서 설명한 바와 같이 민사소송비용법의 규정에 따라 정해진다.

한편 「심판 또는 재심에 관한 비용액결정에 관한 규정(특허청고시 제2013-21호)」제8조, 제9조는 심판비용액의 범위를 심판 또는 재심의 심판행위에 필요한 한도의 비용으로서 다음과 같이 정하고 있는데, 본 조항과 충돌이 있는 경우에는 상위법인 본 조항의 규정에 의해 민사소송비용법, 민사소송비용규칙이 우선적으로 적용되어야 할 것이다.

① 심판 또는 재심의 청구료: '특허료 등의 징수규칙'의 규정에 의하여 특허청에 납부한 금액

---

31) 심판 또는 재심에 관한 비용액결정에 관한 규정(특허청고시 제2013-21호) 제4조, 제5조, 제6조 참조. 심판비용의 구체적인 계산방법에 관해서는 2014년 심판편람 764 참조.

32) 대법원 2002. 9. 23.자 2000마5257 결정[공2002.11.15.(166), 2468]; 대법원 2008. 5. 7.자 2008마482 결정[미간행] 참조.

② 심판의 대리를 한 변리사에게 당사자가 지급한 또는 지급할 보수: 심
판 또는 재심의 청구료 범위 이내에서 보수계약에 의하여 당사자가
지급하는 금액

③ 심판 또는 재심의 청구서, 기타 서류 및 도면의 작성료

④ 출석통지에 의한 당사자, 증인, 감정인, 통역인 등의 일당, 숙박료 또
는 여비

⑤ 신청에 의하여 비용을 예납시키고 실시한 현지 검증에 소요된 일당,
숙박료 또는 여비

Ⅶ. 대리인 보수의 심판비용 산입(제152조 제7항)

1. 실제로 심판이나 소송을 수행하는 데 있어서 당사자가 지출하게 되는
비용 중에서 가장 큰 몫을 차지하는 것은 변호사, 변리사에 대한 보수이다. 상
표법 제166조는 심결취소소송에서의 소송대리인 보수의 소송비용 산입에 관하
여 민사소송법 제109조를 준용하도록 규정하고 있으므로 소송대리인에 대한 실
제 지급액 중 대법원규칙이 정하는 범위 내에서 소송비용으로 인정되어 상대방
으로부터 반환받을 수 있다.[33]

한편 본 조항은 심판비용에 포함되는 변리사 보수의 심판비용 산입에 관하
여 규정하고 있는데, 실제 지급액 중 '특허청장이 정하는 금액의 범위'에서 심
판비용으로 인정된다는 취지다. '특허청장이 정하는 금액의 범위'는 「심판 또는

---

[33] 헌법재판소는 변호사보수를 소송비용에 산입하여 패소한 당사자에게 부담시키도록 정한
본조는 정당한 권리행사로서 소송을 제기하거나 부당한 제소에 응소하려는 당사자를 위하
여 실효적인 권리구제를 보장하고, 함부로 소송을 제기하거나 상소하는 행태를 억제하여
사법제도의 적정하고 합리적인 운영을 도모하려는 데 취지가 있어 그 입법목적이 정당함
은 물론, 권리를 정당하게 실행하기 위하여 소송을 제기하거나 응소한 사람의 경우 이로써
지출한 변호사비용을 상환받을 수 있게 되는 반면, 패소할 경우 비교적 고액인 변호사비용
의 부담으로 인하여 부당한 제소 및 방어와 상소를 자제하게 되는 등 입법 목적의 달성에
실효적인 수단이 된다고 할 것이어서 방법의 적정성도 인정되고, 나아가 비록 변호사보수
를 소송비용에 산입함으로써 특히 경제적인 능력이 부족한 사람들의 법원에의 접근을 일
부 제한하게 되는 점은 부인할 수 없으나, 위 정당한 권리실행을 위하여 소송제도를 이용
하려는 사람들에게 실효적인 권리구제수단을 마련하고 사법제도를 적정하고 합리적으로
운영하기 위한 중대한 공익을 추구하고 있어 피해의 최소성과 법익의 균형성도 갖추고 있
는바, 그렇다면 이 법률조항은 충분히 합리적인 근거가 있다고 할 것이므로 헌법 제11조
의 평등원칙에 위배되지 않는다고 한다[헌법재판소 2002. 4. 25. 선고 2001헌바20 결정[헌
공제68호]; 대법원 2005. 11. 8.자 2005마957 결정[미간행]].

재심에 관한 비용액결정에 관한 규정(특허청고시 제2013-21호)」 제8조 제2호, 제9조 제2호를 말하는데, '심판 또는 재심의 청구료 범위' 이내에서 변리사 보수를 심판비용으로 인정한다는 것이다. '심판 또는 재심의 청구료'는 「특허료 등의 징수규칙(지식경제부령 제253호)」에 따라 특허청에 납부한 금액을 의미하므로, 심판비용으로 인정되는 변리사 보수는 '특허료 등의 징수규칙에 따라 특허청에 납부한 심판 또는 재심 청구료'의 범위이다. 예컨대, 심판청구를 의뢰받은 변리사가 당사자로부터 3,850,000원의 보수를 받았고, 심판 청구료를 333,660원 납부했다면, 심판청구가 전부 인용된 경우 상대방으로부터 상환받을 수 있는 금액은 심판 청구료 333,660원과 심판 청구료 범위 내의 변리사보수 333,660원 합계 667,320원이 된다.[34]

위 규정은 심판비용액에 대한 업계의 현실을 반영하지 못하고 있으므로, 심판비용에 산입되는 대리인의 보수를 적정화함으로써 권리구제 수단으로써의 특허심판의 실효성을 강화해야 한다는 지적이 있다.[35]

2. 민사소송법 제109조 제2항과 마찬가지로 본 조항 후문에 의하여, 여러 명의 변리사가 심판절차를 대리하였더라도 1명의 변리사가 심판대리를 한 것으로 본다.

3. 소송비용에 산입되는 변호사 보수는 상표법 제166조가 준용하는 민사소송법 제109조에 의하여 대법원규칙인 「변호사 보수의 소송비용 산입에 관한 규칙」 제3조 제1항에 따라 정하는데, 심판비용도 위와 같은 기준을 유추적용하여 정할 수 있다는 견해가 있을 수 있으나, 상표법 제152조 제2항은 민사소송법 제109조의 준용을 배제하고 같은 조 제7항에 따라 '특허청장이 정하는 금액의 범위'를 기준으로 채택하고 있음이 분명한 이상, 위 대법원규칙의 기준을 유추적용하기는 어렵다고 생각된다.

〈곽부규〉

---

34) 특허심판원, 정책연구과제 최종보고서(적정 심판비용액 산정을 위한 연구)(2014. 6. 20.), 3 참조.
35) 특허심판원(주 34), 1 참조.

> **제153조(심판비용의 금액에 대한 집행권원)**
> 이 법에 따라 특허심판원장이 정한 심판비용의 금액에 관하여 확정된 결정은 집행력 있는 집행권원(執行權原)과 같은 효력을 가진다. 이 경우 집행력 있는 정본은 특허심판원 소속 공무원이 부여한다.

집행문이란 집행권원에 집행력 있음과 집행당사자를 공증하기 위하여 법원사무관등이 공증기관으로서 집행권원의 끝에 덧붙여 적는 공증문언을 말하며(민사집행법 제29조 제1항, 제2항), 집행문이 있는 집행권원의 정본을 '집행력 있는 정본'이라고 한다(민사집행법 제28조 제1항). 집행문은 강제집행을 실시하기 위하여 신청에 따라 부여되는 것으로서 채권자가 집행기관(집행법원 또는 집행관)에 강제집행을 신청 또는 위임하면서 첨부·제출해야 하는 것이다.

모든 강제집행에 집행문부여가 필요한 것은 아니다. 법률상 '집행력 있는 집행권원(채무명의, 집행명의)' 또는 '집행력 있는 민사판결 정본'과 동일한 효력이 있는 것으로 인정되는 경우에는 집행문부여가 필요하지 않다. 본조에 따른 특허심판원장이 정한 심판비용액에 관하여 확정된 결정도 집행력 있는 집행권원과 동일한 효력을 가진다고 규정되어 있으므로 집행문을 부여받을 필요 없이 집행할 수 있다고 할 것이다.[1]

다만 본조 후문은 특허심판원 소속 공무원이 '집행력 있는 정본'을 부여한다고 규정하고 있고, 「심판 또는 재심에 관한 비용액결정에 관한 규정」 제11조는, 상표법 제153조에 의하여 강제집행문 부여를 신청하는 자는 집행문부여 신청서를 특허심판원장에게 제출해야 하고, 그러한 신청에 대하여 집행문, 심판비용액 결정문 등본 송달증명원 또는 심판비용액 결정 확정증명원을 특허심판원 심판정책과장 명의로 발급할 수 있다고 규정하고 있다. 일본 상표법 제56조가 준용하는 일본 특허법 제170조에는 "심판비용액에 관하여 확정된 결정은 집행력 있는 채무명의와 같은 효력이 있다"라고만 규정되어 있어 우리 상표법 제153조 후문에 해당하는 규정은 없다.

한편, 심판비용을 부담할 자가 상대방에게 심판비용을 지급, 합의, 상계 등을 함으로써 그 지급책임에서 벗어났음에도 상대방으로부터 부당하게 지급요구

---

1) 법원행정처, 법원실무제요 민사집행[Ⅰ](2014), 203-205; 같은 취지로 특허심판원, 심판편람 제11판(2014), 766 참조.

를 받아 자신의 재산에 대하여 강제집행 당할 염려가 있을 경우에는 그 집행권원이 가지는 집행력의 배제를 구하는 '청구이의의 소'를 제기해야 한다(민사집행법 제44조). 그런데 이때 '청구이의의 소'는 어느 법원에 제기해야 할까(관할문제). 민사집행법은 집행권원이 ① '판결과 그 밖의 재판'일 경우에는 제1심 판결법원(제44조 제1항), ② '지급명령'일 경우에는 그 명령을 발한 법원(제58조 제4항), ③ 소송상의 화해조서 등일 경우에는 확정판결에 준하여 소송이 계속된 바 있는 제1심 수소법원이 각각 관할법원이 되도록 규정하고 있는데, 이러한 관할배분은 모두 집행권원이 법원의 권한에서 나온 것이어서 해당 법원에서 '청구이의의 소'도 담당하도록 규정한 것이다. 그러나 심판비용의 금액에 대한 집행권원은 법원의 권한에서 나온 것이 아니기 때문에 문제되는데, 특허심판원의 심결이 특허법원에 소 제기된다는 점을 들어 특허법원이 그 관할이라고 주장하는 견해도 있을 수 있으나 이는 법적 근거가 없을 뿐만 아니라 특허심판원의 행정행위 중 심결의 당부만이 특허법원의 전속관할에 속하고, 기타 절차에 관한 행정행위의 당부는 행정법원의 관할에 속한다는 점에 비추어 타당하지 않다고 생각한다. 민사집행법 제59조 제4항은, 법원의 권한에서 유래되지 않은 집행권원인 '집행증서'에 대한 '청구이의의 소'의 관할을 채무자의 보통재판적이 있는 곳의 법원으로 하고, 그러한 법원이 없을 때에는 민사소송법 제11조의 규정에 따라 채무자에 대하여 소를 제기할 수 있는 법원, 즉 청구의 목적 또는 담보의 목적이나 압류할 수 있는 채무자의 재산이 있는 곳의 법원으로 규정하고 있는데, 심판비용의 금액에 대한 집행권원도 마찬가지로 해석하는 것이 적법할 듯하다. 다만 향후 이에 관하여 당사자의 편의를 위하여 특허법원의 관할로 규정하는 등[2] 관련 법률을 개정하여 명확히 하는 것이 바람직하다고 생각된다.

〈곽부규〉

---

2) 실무에서는 소송이 확정된 이후에 심판비용과 소송비용의 문제가 발생하는 것이므로, 심판비용 단독으로 문제되는 경우는 드물고 대부분 소송비용과 함께 문제되는데, 소송비용에 관한 '청구이의의 소'는 특허법원의 관할에 속하므로, 심판비용도 특허법원의 관할로 규정한다면 당사자들에게 훨씬 편리할 것이다.

제154조(보정각하결정 및 거절결정에 대한 심판의 특칙)
　　제133조제1항·제2항, 제142조 및 제143조는 제115조에 따른 보정각하결정
　　및 제116조에 따른 거절결정에 대한 심판에는 적용하지 아니한다.

<소 목 차>

Ⅰ. 본조의 의의　　　　　　　　　　　　Ⅲ. 취지
Ⅱ. 본조의 연혁

Ⅰ. 본조의 의의

　　본조는 보정각하결정 및 상표등록거절결정, 지정상품추가등록거절결정, 상
품분류전환등록 거절결정에 대한 심판에 있어서 답변서 제출이나 참가에 관한
규정이 적용되지 않는다는 것을 규정하고 있다. 즉 보정각하결정에 대한 심판과
거절결정에 대한 심판은 심사관의 결정에 대한 불복심판이어서 피청구인이 존
재하지 아니하므로 심판에 관한 일반규정 중 적용할 수 없는 조항을 규정한 것
이다.

Ⅱ. 본조의 연혁[1]

　　(1) 1995년 개정 상표법(1995. 1. 5. 법률 제4895호)은 제82조(거절사정 및 보정
각하결정에 대한 심판의 특칙)에서 "① 특허법 제172조 및 제176조의 규정은 거절
사정 및 보정각하결정에 대한 심판에 관하여 이를 준용한다. ② 제77조의 규정
에 의하여 준용되는 특허법 제147조제1항 및 제2항·제155조 및 제156조의 규
정은 제70조의2의 규정에 의한 거절사정에 대한 심판 및 제70조의3의 규정에
의한 보정각하결정에 대한 심판에는 이를 적용하지 아니한다."라고 하여 특허법
의 관련 규정을 준용하고, 거절결정에 대한 심판을 항고심판으로 청구하던 것을
특허심판원 심판으로 청구하게 됨에 따라 이를 정비하였다.
　　(2) 2001년 개정 상표법(2001. 2. 3. 법률 제6414호)에서는 동일자로 개정된
특허법이 보정각하불복심판제도를 폐지함에 따라 제82조(거절결정 및 보정각하결

---

1) 특허청, 조문별 상표법해설(2004), 361.

정에 대한 심판의 특칙)를 "① 특허법 제172조 및 제176조의 규정은 거절결정 및 보정각하결정에 대한 심판에 관하여 이를 준용한다. 이 경우 동법 제176조제1항중 '제132조의3'은 '제70조의2 또는 제70조의3'으로, '특허거절결정, 특허권의 존속기간의 연장등록거절결정 또는 특허취소결정'은 '거절결정 또는 보정각하결정'으로 본다. ② 제77조의 규정에 의하여 준용되는 특허법 제147조제1항 및 제2항·제155조 및 제156조의 규정은 제70조의2의 규정에 의한 거절결정에 대한 심판 및 제70조의3의 규정에 의한 보정각하결정에 대한 심판에는 이를 적용하지 아니한다."로 개정하여 준용관계를 명확히 하였고, 거절사정이라는 용어를 거절결정으로 변경하였다.

　　(3) 2011년 개정 상표법(2011. 12. 2. 법률 제11113호)에서는 종래 특허법의 관련 조항을 준용하던 것을 해소하고 독자적인 규정을 두게 됨에 따라 조문을 정리하였다.

　　(4) 한편, 2016. 2. 29. 법률 제14033호로 전부 개정된 현행 상표법은 조문체계의 정리에 따라 제82조에 규정하였던 본조를 제154조로 이동함과 아울러 준용되는 조문도 이동됨에 따라 바뀐 조문으로 정리하였다.

Ⅲ. 취지

　　보정각하결정 불복심판과 거절결정 불복심판은 심사관의 결정에 대한 불복이어서 피청구인이 존재하지 않는다. 상표법 제133조의 답변서 제출과 제142조, 제143조의 참가에 관한 규정은 대립 당사자 구조의 무효심판 등에 적용되는 규정이다. 따라서 결정계 심판 구조인 보정각하결정에 대한 심판 및 상표등록거절결정, 지정상품추가등록거절결정, 상품분류전환등록거절결정에 대한 심판에 있어서 피청구인의 답변서 제출 등에 관한 제133조와 참가에 관한 제142조, 제143조의 규정을 적용하지 않는 것은 당연하다.

　　그러나 심판에서 심사관의 결정을 지지하여 청구기각의 심결을 하는 경우에는 청구인은 이에 불복하여 특허법원에 소를 제기할 수 있고, 이 경우에는 특허청장이 피고가 되는 당사자 구조를 갖추어 소송을 진행하게 된다. 심결취소소송 단계에서는 상표법상의 참가규정이 적용되지 아니하고 민사소송법상의 참가제도에 관한 규정이 적용되므로 심결에 이해관계를 가지고 있는 자의 참가가

허용된다.[2]

〈설범식〉

---

2) 박종태, INSIGHT 상표법, 한빛지적소유권센터(2015), 637; 대법원 2013. 10. 31. 선고 2012후1033 판결.

> 제155조(심사 또는 이의신청 절차의 효력)
> 심사 또는 이의신청에서 밟은 상표에 관한 절차는 다음 각 호의 어느 하나에
> 해당하는 거절결정에 대한 심판에서도 그 효력이 있다.
> 1. 제55조에 따른 상표등록거절결정
> 2. 존속기간갱신등록신청 거절결정
> 3. 지정상품추가등록출원의 거절결정
> 4. 상품분류전환등록 거절결정

<소 목 차>

Ⅰ. 의의

Ⅱ. 주지(主旨)의 일치와 심사절차의 흠결

Ⅰ. 의의

상표법 제115조는 결정계 심판, 즉 상표등록거절결정 또는 상표권의 존속
기간갱신등록출원, 지정상품추가등록출원, 상품분류전환등록신청의 거절결정에
대한 심판에서는 심사와 심판이 속심의 관계에 있다는 것을 규정한 것이다.[1]

동 조항은 2011. 12. 2. 전문 개정에 의해 신설되었으나, 특허법의 준용규정
을 해소하기 위해 이전 상표법(2011.12.2. 법률 제11113호로 개정되기 전의 법) 제
82조를 개정하여 신설한 것으로, 실체적인 내용은 이전 법과 동일하다.[2]

즉, 출원에서 원결정에 이르는 모든 심사과정(절차)은 심판에서도 유효한 것

---

[1] 특허심판원과 특허법원 간에는 이러한 규정이 없으므로, 속심의 관계에 있지 않다. 즉,
심판원에서 제출된 증거자료는 소송단계에서 새롭게 제출되어야만 판단의 근거로서 활용
될 수 있다. 다만, 상표법 제165조 제3항에서 "제1항에 따른 판결에 있어서 취소의 기본이
된 이유는 그 사건에 대하여 특허심판원을 기속한다."라고 하고 있어, 특허법원의 판결은
심판원에 기속력을 갖는다.

[2] 일부개정 2011.7.21. 법률 제10885호: 제82조(거절결정 및 보정각하결정에 대한 심판의
특칙<개정 2001.2.3>) ① 「특허법」 제172조 및 제176조의 규정은 거절결정 및 보정각하결
정에 대한 심판에 관하여 이를 준용한다. 이 경우 동법 제176조제1항중 "제132조의3"은
"제70조의2 또는 제70조의3"으로, "특허거절결정, 특허권의 존속기간의 연장등록거절결정
또는 특허취소결정"은 "거절결정 또는 보정각하결정"으로 본다.<개정 2001.2.3, 2007.1.3>
② 제77조의 규정에 의하여 준용되는 「특허법」 제147조제1항 및 제2항·제155조 및 제
156조의 규정은 제70조의2의 규정에 의한 거절결정에 대한 심판 및 제70조의3의 규정에
의한 보정각하결정에 대한 심판에는 이를 적용하지 아니한다.<개정 2001.2.3, 2007.1.3>
[전문개정 1995.1.5]

582　　　　　　　　　　　　　제 7 장　심 판

으로 인정되어 심리가 진행되므로, 심사과정에서 제출된 모든 증거자료 및 절차
(의견제출통지 등)는 심판의 판단 근거로 활용될 수 있으며, 추가적으로 심판청구
이후에 청구인이 새롭게 주장한 사실이나 제출한 자료도 활용될 수 있다. 물론
새로운 사유에 대하여서는 의견제출통지 등의 적법한 절차를 진행하여야 한다.

II. 주지(主旨)의 일치와 심사절차의 흠결

이 규정은 심사과정에 관한 것이므로, 심판단계에서도 심사와 마찬가지로
의견제출통지, 등록결정 등을 직접 할 수 있음은 물론이다.

여기에서 고려해야 될 사항은 주지(主旨)의 일치와 심사절차의 흠결이다.
즉, 의견제출통지시의 이유, 거절결정의 이유 및 심결의 이유는 주지(主旨)가 일
치해야 한다. 통상적으로 법조문의 적용을 달리하거나[3][4] 새로운 유력한 증거를
채택하는 경우[5]에는 새로운 거절이유로 보는 것이 일반적이다. 반대로 동일한
법조문에서 구체적인 이유의 변경은 주지(主旨)의 변경으로 보지 아니한다.[6]

---

3) 대법원 1999. 11. 12. 선고 98후317 판결: "원사정의 이유나 원심에서 들고 있는 이유는
모두 본원상표가 '악어와 새끼염소의 가죽'이라는 뜻을 가지고 있어 구 상표법 제7조 제1
항 제11호에 해당한다고 한 점에서 공통되고, 다만 그 품질 오인의 염려가 있는 지정상품
의 범위를, 거절사정에서는 본원상표의 관념과 관련 없는 지정상품이라고 다소 넓게 판단
한 반면에 원심에서는 인조모피라고 한정한 점에 차이가 있을 뿐이므로, 원심에서 든 거절
이유는 그 주된 취지에서는 원사정의 이유와 부합하고 원심에서 다른 거절이유를 발견하
였다고 할 수 없으므로, 원심이 출원인에게 별도의 의견 진술의 기회를 주지 아니하고 심
결을 한 것은 정당하"다(동 취지의 판결로는 대법원 1996. 11. 22. 선고 96후177 판결; 특
허법원 2006. 11. 29. 선고 2006허7573 판결 등 다수).
4) 특허법원, 특허재판실무편람(2002), 394: "출원상표와 대비되는 상표가 다르다든지 상표
법 제7조 제1항 제9호로 거절한 것에 대하여 같은 항 제11호를 이유로 거절결정을 유지하
는 경우와 같이 서로 다른 법조문을 인용하는 경우 등에는 원칙적으로 새로운 거절이유로
서 그 이유를 통지한 후에 이를 이유로 심판청구를 기각할 수 있다고 할 것이다. 다만, 선
원주의에 관한 상표법 제8조 제1항을 적용하여야 할 것을 선등록상표에 관한 상표법 제7
조 제1항 제7호를 적용하여 거절한 것은 인용상표가 동일한 이상은 새로운 거절이유라고
할 수 없으므로, 심판단계에서 새로운 거절이유의 통지없이 상표법 제8조 제1항을 적용하
여 거절결정을 유지하는 것을 위법하지 않은 것으로 취급하는 것이 실무"이다.
5) 대법원 1989. 6. 27. 선고 88후11 판결(새로운 증거) 및 대법원 1984. 6. 26. 선고 83후37
판결(새로운 법조항) 등이 있다.
6) 대법원 2006. 6. 16. 선고 2005후636 판결: "거절이유의 구체적인 내용에 있어서의 위와
같은 정도의 차이가 출원인에게 별도의 의견서를 제출할 수 있는 기회를 주어야 하는 새
로운 거절이유에 해당한다고 볼 수 없다. 따라서 이와 다른 견해에서 상표법 제6조 제1항
제3호 소정의 기술적 서비스표에 해당하는 거절이유의 구체적인 내용을 위와 같이 달리
보는 것이 새로운 거절이유가 된다고 하여 이 사건 출원서비스표가 그 지정서비스업과 관
련하여 '이(치아)를 편하게 해주는 병원' 등의 뜻을 직감시키는지 여부에 대하여만 심리한

주지(主旨)의 일치와 관련하여, 의견제출통지에서는 거론된 이유이지만, 거절결정에서는 거론되지 아니한 이유에 대해서 심판단계에서 별도의 의견제출통지 없이 심결의 근거로 활용할 수 있는 것인지 여부가 문제될 수 있다.

긍정설은 이 제155조의 조항을 근거로 삼는다. 즉 심사단계에서 적법하게 통지된 의견제출통지서는 심판단계에서도 유효하므로, 별도의 의견제출통지 없이 바로 심결로 나아갈 수 있다고 보는 것이다. 하나의 거절결정의 이유만 존재하여도 그 출원은 전체로서 거절결정되는 것이므로, 의견제출통지단계에서 제시된 거절결정의 사유는 심사관이 철회하였다고 명시적으로 밝히는 등 특단의 사정이 없는 한7), 거절결정의 이유에서 거론되지 아니하였다는 이유만으로 무조건 해소되었다고 보지 않는 것이다.

반대로 부정설은 상표법 제146조 제2항8)을 근거로 삼는다. 즉, 심판청구인은 원결정(거절결정)을 취소한다는 취지의 심결을 구하고 있으므로, 거절결정의 근거로 삼지 않은 이유는 청구의 취지를 벗어난 것으로 보는 것이다. 따라서, 의견제출통지서에서 거론되었지만, 거절결정서에서 거론되지 아니한 이유에 대해서 심결의 근거로 삼기 위해서는 별도로 심판단계에서 의견제출통지를 하여야 한다고 본다.

위 두 견해 중에서 긍정설은 절차상의 문제가 있다. 즉, 출원인이 의견제출

다음 그러한 뜻을 직감시키지 않는다고 하여 심결을 취소한 원심에는 상표법 제81조 제3항 소정의 의견서를 제출할 수 있는 기회를 주어야 하는 새로운 거절이유에 대한 법리를 오해하여 판결의 결과에 영향을 미친 잘못이 있다."(동일 사건에 대한 특허법원 2006. 10. 19. 선고 2006허5942 판결 참조)

7) 특허법원 2010. 3. 26. 선고 2009허9686 판결: "특허청은 2007. 8. 30.자 원고의 의견서를 제출받고 이 사건 출원상표가 <u>선등록상표 1, 2와 유사하여 등록을 받을 수 없다고 한 거절이유는 해소되었음을 명백히 하면서</u> 이 사건 출원상표는 선등록상표 3과 유사하여 등록을 받을 수 없다는 이유를 들어 이 사건 거절결정을 하였으나, 이 사건 심결은 이 사건 거절결정에서 거절이유로 삼지 않은 선등록상표 1, 2를 들어 이 사건 출원상표는 상표법 제7조 제1항 제7호에 의하여 그 등록이 거절되어야 한다고 판단한 사실을 알 수 있다. 비록 선등록상표 1, 2를 들어 이 사건 출원상표에 거절이유가 있다는 통지를 하였다 하더라도 위와 같은 이유를 이 사건 거절결정에서 거절이유로 삼지 않았다면, 위와 같은 이유는 거절결정에 대한 심판절차에서는 '거절결정의 이유와 다른 거절이유'에 해당한다고 할 것이므로, 피고로서는 이 사건 거절결정의 거절이유와 다른 거절이유에 해당하는 위와 같은 이유를 들어 이 사건 거절결정을 적법하다고 하기 위해서는 이 사건 심결 전에 미리 출원인인 원고에게 거절이유를 통지하고 기간을 정하여 의견서를 제출할 수 있는 기회를 주었어야 함에도 이러한 절차를 취하지 아니하였다(피고도 심판절차에서 원고에게 의견제출 기회를 주지 않았음을 인정하고 있다). 따라서 이 사건 심결은 절차상의 위법이 있다."

8) 제146조(직권심리) ② 심판에서는 청구인이 신청하지 아니한 청구의 취지에 대해서는 심리할 수 없다.

통지를 받고, 보정서를 제출한 후, 거절결정을 받았을 때 당연히 불복심판을 청구하면서 거절결정서에 거론되지 아니한 이유는 해소되었을 것으로 추정하므로, 이에 대해서는 대응을 하지 않는 것이 일반적이다. 따라서 긍정설에서는 출원인의 보정기회를 한번 박탈하는 효과가 야기되기 때문에,[9] 부정설이 타당하다고 생각된다.[10]

반면 법원 단계에서는 소를 제기하더라도 별도의 보정의 기회가 주어지는 것은 아니고, 주장·입증의 기회가 주어지는 것이므로, 이와 달리 판단된다. 즉, 우리의 판례는 거절결정에서 거론된 2가지 이유 중 하나의 이유만 심결에서 거론하였다고 하더라도, 심결의 적법성을 다투는 법원에서는 2가지 이유 모두를 심리할 수 있다고 하고 있다.[11] 통상적으로 절차위반은 의견제출 기회 부여의

---

9) 이를 유추할 수 있는 판례로는 특허법원 2009. 12. 4. 선고 2009허6106 판결이 있다. 동 판결에서는 "설사 위 보정서와 의견서의 내용이 일치하지 않는다고 하여 그것이 명백한 오기라고 단정할 수 없을 뿐 아니라 그것이 명백한 오기에 해당한다고 할지라도 특허청 심사관이나 특허심판원이 출원인인 원고에게 그 단계에서 원고 주장과 같은 보정의 기회를 추가로 주어야 한다는 법 규정이 없으므로, 특허청 심사관이나 특허심판원이 그와 같은 보정의 기회를 주지 않았다고 하여 위법하다고 할 수 없다고 할 것이어서 원고의 위 주장 역시 받아들이지 않는다[더구나 원고는 이 사건 거절결정에 대한 불복심판청구를 제기하였을 때 그 지정상품이나 지정서비스업을 보정할 기회가 있었음에도 불구하고(상표법 제15조), 그 보정을 하지 않았다]"라고 설시하고 있다. 즉 절차적으로 보정의 기회가 박탈되지 아니하였다면 출원인에게 불측의 피해가 갔다고 볼 수 없다는 취지이다.

10) 동 취지 특허법원 2008. 10. 23. 선고 2008허7997 판결: "심사관은 2006. 6. 26. 출원공고 결정을 함으로써 2006. 1. 13.자 거절이유에 통지된 상표법 제7조 제1항 제7호에 관한 거절이유는 이를 철회한 것으로 봄이 마땅하고, 2007. 7. 2.자 최종 거절결정의 사유도 2007. 2. 8.자 거절이유로 통지된 상표법 제6조 제1항 제3호에 해당한다는 거절이유를 해소하지 못하였다는 것을 그 이유로 한 것이므로 이 사건 출원상표에 대한 거절이유는 상표법 제6조 제1항 제3호에 해당한다는 것을 그 사유로 한 것이다. 그렇다면, 이 사건 출원상표가 상표법 제7조 제1항 제7호에 해당하여 그 등록이 거절되어야 한다는 사유는 특허청 심사관이 2007. 7. 2.자 거절결정에서 그 사유로 삼은 거절결정의 이유와는 다른 새로운 거절이유에 해당한다고 할 것이다. 따라서 특허심판원으로서는 출원인에게 의견서 제출의 기회를 주어야 함에도 불구하고 그 기회를 주지 아니하고 이를 또 하나의 거절이유로 판단한 것이므로 이 부분에 관한 특허심판원의 판단은 위법하다."

11) 대법원 2005. 5. 12. 선고 2003후1192 판결: "거절결정 불복심판 청구를 기각하는 심결의 취소소송에서 특허청장은 거절결정의 이유와 다른 새로운 거절이유에 해당하지 않는 한 심결에서 판단되지 않은 것이라고 하더라도 심결의 결론을 정당하게 하는 사유를 주장·입증할 수 있다고 할 것이고(대법원 2003. 2. 26. 선고 2001후1617 판결 참조), 기록에 의하면, 이 사건 출원서비스표의 등록출원에 관한 심사단계에서 특허청 심사관은 이 사건 출원서비스표가 선등록서비스표들과 유사하다는 거절이유(상표법 제7조 제1항 제7호)뿐만 아니라, 수요자를 기만할 염려가 있다는 거절이유(같은 항 제11호)를 원고에게 통지하고 기간을 정하여 의견서를 제출할 수 있는 기회를 준 다음 이러한 이유들을 들어 이 사건 출원서비스표의 등록출원에 대하여 거절결정을 하였음을 알 수 있으므로, 설령 원고의 거절결정 불복심판청구에 대하여 특허심판원이 이 사건 출원서비스표가 상표법 제7조 제1항

유무가 아닌, 보정의 기회 박탈의 유무를 기준으로 판단된다. 아래의 가상 사례를 보면 더욱 명확해 질 것으로 보인다.

구분	의견제출통지	거절결정	심결	판결
사례1	A+B	A	B	-
사례2	-	A+B	A	B

　　사례1은 심결에서 거절결정에서 거론하지 아니한 B를 이유로 결론을 내렸다. 이 경우 출원인은 거절결정에서 심사관이 A뿐만 아니라 B도 거론을 하였더라면, B에 대응해서도 보정을 했을 것이므로, 심판에서 거절결정에서 거론하지 아니한 B로 심결하는 것은 출원인에게 보정의 기회를 박탈하는 것이다. 반면 사례2는 특허심판원의 심결이 A뿐만 아니라 B도 판단의 근거로 삼았다고 가정하더라도, 출원인은 B에 대응해 별도로 보정할 기회가 주어지는 것은 아니다. 따라서 법원 판결이 B를 근거로 판단을 하더라도 출원인에게는 보정의 기회가 박탈되지 아니한다.[12) 따라서 사례1은 절차위반에 해당되지만, 사례2는 절차위

제11호에 해당하는지 여부를 판단하지 아니하고 원고의 위 심판청구를 기각하는 이 사건 심결을 하였다고 하더라도, 원심으로서는 이 사건 출원서비스표가 상표법 제1항 제11호가 정하는 등록거절사유에 해당하는지에 대하여도 판단하였어야 할 것이다…(중략)…그렇다면, 원심이 위와 같이 피고가 이 사건 출원서비스표에 대하여 상표법 제7조 제1항 제11호에 해당한다는 주장을 할 수 없다고 판단한 것은 위법하다 할 것이나, 위와 같은 위법이 원심판결의 결론에 영향을 미치지는 아니한다 할 것이고, 따라서 결과적으로 원심이 이 사건 출원서비스표가 상표법 제7조 제1항 제11호에 해당한다는 주장을 받아들이지 아니한 것은 정당하"다.

12) 특허에 관한 판례이기는 하지만, 보정각하 여부에 동일한 취지의 기준을 적용한 판례로 특허법원 2007. 7. 11. 선고 2006허9197 판결이 있다. 이 판결에서는 "특허청이 출원인의 명세서 등에 대한 보정을 각하하는 경우에는 거절결정의 경우와 달리 그 결정 이전에 출원인에게 그 이유를 통지하여 의견제출 및 보정의 기회를 주도록 하는 특허법 규정이 없고, 심결취소소송 단계에 이르러 특허청이 보정각하결정이나 심판절차에서 다루지 아니한 다른 사유를 내세워 보정이 부적법함을 주장하더라도 출원인으로서는 이에 대응하여 소송절차에서 그 심리의 방식에 따라 충분히 그 다른 사유와 관련하여 보정의 적법 여부에 관하여 다툴 수 있으므로 출원인의 방어권 또는 절차적 이익이 침해된다고 할 수 없다고 할 것이어서, 특허청은 거절결정에 대한 심결취소소송 단계에서 보정각하결정에 붙이거나 심판절차에서 다루어지지 아니한 다른 이유를 들어 보정의 부적법을 주장할 수 있다고 보아야 할 것이다."라고 판시하고 있다.

반으로 볼 수 없는 것이다.[13]

〈박길채〉

---

[13] 절차위반을 단순히 "보정이나 정정의 기회의 박탈"이 아니라, "정당하게 의견을 개진하여 다툴 기회의 박탈"이라는 관점에서 보면 이러한 판례의 경향은 반론의 여지가 있으나, 현재 특허법원이 위상 및 역할을 확대하기 이해 다양한 노력을 하고 있고, 직권심리주의나 심리무제한설을 고수하고 있는 점을 고려하여 볼 때, 이러한 판례의 경향은 쉽게 변경되지 않을 것으로 사료된다.

> **제156조(상표등록거절결정 등의 취소)**
> ① 심판관은 제115조에 따른 보정각하결정에 대한 심판 또는 제116조에 따른 거절결정에 대한 심판이 청구된 경우에 그 청구가 이유 있다고 인정할 경우에는 심결로써 보정각하결정 또는 거절결정을 취소하여야 한다.
> ② 심판에서 보정각하결정 또는 거절결정을 취소하는 경우에는 심사에 부칠 것이라는 심결을 할 수 있다.
> ③ 제1항 및 제2항에 따른 심결에서 취소의 기본이 된 이유는 그 사건에 대하여 심사관을 기속(羈束)한다.

〈소 목 차〉

Ⅰ. 의의 | Ⅱ. 심사관에 대한 기속

Ⅰ. 의의

상표법 제156조 제1항은 결정계 사건에서 심판을 심결로써 결론짓도록 하는 규정이다. 심판원은 청구상 하자가 없다면 본안판단에 나아가, 심판의 결론을 언어적으로 표현하여 심결로써 심판청구인의 청구취지에 대해 답변하도록 규정하고 있는 것이다. 통상은 주문을 기재하고 이에 대한 심결의 이유를 기재하는데, 심결은 심결의 이유를 포함하여 전체로서 구성된다고 보아야 할 것이다.

제2항은 심판의 청구가 이유 있다고 판단될 경우, 심판원의 처리절차에 관한 것인데, 제1항의 규정에 의하여 원결정을 취소하고, 제155조의 규정에 의거, 직접 등록결정을 하거나, 또는 본조 제2항에 의해 특허청 심사국으로 환송하여 다시 심사에 부칠 수 있다. 이는 심판관의 재량사항이다.[1]

제3항은 심결에 있어서, ① 취소의 기본이 된 이유는 ② 그 사건에 대하여 ③ 심사관을 기속한다고 규정하고 있다.[2][3]

---

[1] 통상적으로 직접 등록결정을 한 경우는 매우 드물고, 대부분 취소환송하는 것이 일반적이다.

[2] 기속력은 기판력보다는 특수효력으로 보는 것이 일반적이다. 성백현, "취소판결의 기속력", 대법원 판례해설 제30호, 427. 특허법원, 특허재판실무편람(2002), 68에서 재인용("기판력은 확정판결이 동일한 처분에 대하여 어떤 효력을 미치는 것인가에 관한 것인데 비하여 기속력은 확정판결이 확정판결 후에 행하여지는 처분에 대하여 어떠한 효력을 미치는가에 관한 것인 점에서 차이가 있다").

[3] 대법원 2012. 10. 25. 선고 2012후2104 판결 등: "기속력은 취소의 이유가 된 심결의 사실적 및 법적 판단이 정당하지 아니하다는 점에 관하여 발생한다. 따라서 그 취소 후의 심

II. 심사관에 대한 기속

먼저 기속력은 첫 번째 요건인 "취소의 기본이 된 이유"에 대해서만 해당
된다. 즉, 새로운 법조항의 적용이나 추가 유력한 증거자료는 다른 이유가 되므
로, 기속력이 없다. 유력한 증거자료는 '일사부재리'의 법리를 유추 적용하여,
기존의 판단(심결)을 번복할만한 추가 증거로 보아야 할 것이다.

다소 논란의 여지가 있기는 하지만, 관련사건으로 특허법원 2000. 12. 14.
선고 2000허976 판결이 있는데, 심판원은 『특허법원의 심결취소판결이 확정된
때에는 심판관은 다시 심리를 하여 심결하여야 하고, 특허법원의 판결에서 취소
의 기본이 된 이유는 그 사건에 대하여 특허심판원을 기속하는 것이나(특허법
제189조 제2항, 제3항), 이 사건에 있어서 논노상사가 제1차 심결 단계에서는 이
사건 등록상표의 사용증거로 을2내지 5호증을 제출하였으나 특허법원의 심결취
소소송단계에서는 이들 자료를 제출하지 아니한 것은 당사자간에 다툼이 없는
사실이고, 변론주의를 취하고 있는 특허법원의 심결취소소송에서는 제출하지
아니한 증거를 재판의 기초로 삼을 수는 없는 것이어서 위 증거자료들은 이 사
건 취소확정판결의 이유 중 "피고나 참가인들의 전거증"에 포함되지 아니한다
고 할 것이므로, 결국 위 증거들은 특허법원의 취소확정판결의 기본이 된 이유
가 되지 아니한다고 보아야 할 것이고, 직권탐지주의를 취하고 있는 특허심판에
서는 이 사건 취소확정판결에 의하여 취소된 사건을 다시 심결함에 있어서 위
증거들을 심결의 기초로 삼아 제1차 심결과 같은 결론에 이른다고 하여 특허법
제189조 제3항의 규정에 위반된다고 보여지지 아니한다』라고 심결하였다.

이에 대해 특허법원은 『심결취소판결의 기속력과 관련하여 상표등록취소심
판절차에 준용되는 특허법은 "심판관은 특허법 제189조 제1항에 의하여 심결
또는 결정의 취소판결이 확정된 때에는 다시 심리를 하여 심결 또는 결정을 하
여야 한다(제189조 제2항). 심결 또는 결정의 취소판결에 있어서 취소의 기본이

리과정에서 새로운 증거가 제출되어 기속적 판단의 기초가 되는 증거관계에 변동이 생기
는 등 특단의 사정이 없는 한, 특허심판원은 위 확정된 취소판결에서 위법이라고 판단된
이유와 동일한 이유로 종전의 심결과 동일한 결론의 심결을 할 수 없다. 이때 '새로운 증
거'라고 함은 적어도 취소된 심결이 행하여진 심판절차 내지는 그 심결의 취소소송에서
채택·조사되지 아니한 것으로서 심결취소판결의 결론을 번복하기에 족한 증명력을 가지
는 증거이어야 한다(대법원 2002. 12. 26. 선고 2001후96 판결 등 참조)."

된 이유는 그 사건에 대하여 특허심판원을 기속한다(같은 조 제3항)"고 규정하고 있고, 이 경우의 기속력은 취소의 이유가 된 심결의 사실상 및 법률상의 판단이 정당하지 않다는 소극적인 점에 있어서만 발생하는 것이므로 심결취소판결 후의 재심리과정에서 새로운 증거가 제출되어 기속적 판단의 기초가 된 증거관계에 변동이 있었다면 그 기속력은 이에 미치지 아니하는 것이므로 취소이유가 된 잘못된 판단을 피하면 새로운 증거에 따라 다른 가능한 견해에 의하여 취소 전의 심결과 같은 결론을 낼 수 있기는 하지만(대법원 1995. 5. 26. 선고 94후1503 판결 참조), 재심리과정에서 제출된 새로운 증거라고 하는 것은 적어도 취소된 심결이 행하여진 심판절차 내지 그 심결의 취소소송에 있어서 전혀 채택, 조사되지 않은 증거로서 심결취소판결의 판단을 번복하기에 족한 증명력을 갖고 있는 증거를 일컫는 것이라고 봄이 상당하다…(중략)…그 심결취소판결이 그대로 확정된 후, 피고가 제1차 심결에서 제출되었던 증거를 특허심판원의 재심리과정에서 제출하는 것은 새로운 증거의 제출이라고 보기 어려울 뿐만 아니라, 특허심판원이 직권탐지주의를 채택하고 있다는 이유만으로 취소 전 심결에서 제출되어 재심리하는 심판기록에 그대로 편철되어 있는 증거를 다시 원용하여 취소 전 심결과 같은 결론에 이르는 것은 위와 같은 법리에 비추어 더욱 더 허용되지 않는다고 할 것이므로 이 사건 심결에서 피고가 새로운 증거를 제출하였고, 직권탐지주의에 의해 제1차 심결에서 제출된 증거를 채용할 수 있다는 전제 아래 심결취소판결과 다른 판단을 한 것은 확정된 심결취소판결의 기속력에 반하는 것으로서 위법하다.』라고 설시하고 있다.[4][5]

두 번째 요건인 "그 사건에 대하여"는 결국 해당 출원건을 규정하는 것이

---

4) 그러나, 이 판례는 특허법원이 변론주의 및 심리무제한설을 채택하고 있는 점과 절차적 정당성 못지않게 실체적 정당성의 측면도 고려하여야 한다는 점을 감안하여 볼 때, 기속력의 객관적 범위를 과도하게 확장 해석하였다는 비판의 여지가 있다.

5) 대법원 2002. 12. 26. 선고 2001후102 판결: "심결을 취소하는 판결이 확정된 경우, 그 취소의 기본이 된 이유는 그 사건에 대하여 특허심판원을 기속하는 것인바, 이 경우의 기속력은 취소의 이유가 된 심결의 사실상 및 법률상 판단이 정당하지 않다는 점에 있어서 발생하는 것이므로, 취소 후의 심리과정에서 새로운 증거가 제출되어 기속적 판단의 기초가 되는 증거관계에 변동이 생기는 등의 특단의 사정이 없는 한, 특허심판원은 위 확정된 취소판결에서 위법이라고 판단된 이유와 동일한 이유로 종전의 심결과 동일한 결론의 심결을 할 수 없고(대법원 2002. 6. 14. 선고 2000후3364 판결 등 참조), 여기에서 새로운 증거라 함은 적어도 취소된 심결이 행하여진 <u>심판절차 내지는</u> 그 심결의 취소소송에서 <u>채택, 조사되지 않은</u> 것으로서 심결취소판결의 결론을 번복하기에 족한 증명력을 가지는 증거라고 보아야 할 것이다."(동일 취지의 판결로는 대법원 2012. 10. 25. 2012후2104 판결 등 다수 존재)

다. 즉, 시리즈 출원이나 분할 출원에 대해서는 기속력이 없다.[6] 상표권과의 관계에서 확정이 요구되는 구체적인 사실이 다르기 때문에 사건이 달라지면 기속력이 미치지 않는 것은 당연하다.

　세 번째 요건인 "심사관을"이라는 의미는 결정을 내리는 대표체(군집명사)로서 심사관이고, 최초 원결정을 내린 '해당' 심사관을 규정하는 것은 아니다. 따라서 지정변경 등을 통해서 심사관이 변경되었다고 하더라도, 해당 취소환송 건을 새로 맡은 심사관도 당연히 심결의 결론에 기속된다고 보아야 한다.[7][8]

〈박길채〉

---

6) 하지만, 심사관 판단의 일관성 유지상 시리즈 출원이나 분할출원은 거의 동일하게 판단되는 것이 일반적이다.

7) 한편 대법원 2011. 2. 24. 선고 2008후4486 판결에서는 권리범위확인심판의 심결이 민·형사 등 침해소송을 담당하는 법원을 기속하지 못함을 명확히 하고 있다.

8) 대부분의 판례가 특허심판원 심결보다는 법원 판결의 기속력에 관한 것이므로, 보다 구체적인 것은 법원 판결의 기속력에 관한 제165조 주해 참조.

제 8 장
재심 및 소송

> 제157조(재심의 청구)
> ① 당사자는 확정된 심결에 대하여 재심을 청구할 수 있다.
> ② 제1항의 재심청구에 관하여는 「민사소송법」 제451조, 제453조 및 제459조 제1항을 준용한다.

〈소 목 차〉

Ⅰ. 재심의 의의
Ⅱ. 재심의 청구요건

1. 제1항(재심청구)
2. 제2항(민사소송법의 재심사유 준용)

Ⅰ. 재심의 의의

재심은 확정된 종국판결에 대해서 특별한 사유가 있는 경우에 그 판결의 취소와 재심리를 구하는 소송법상의 제도이다(민사소송법 제451조, 형사소송법 제420조 참조). 상표법은 특허법, 실용신안법, 디자인보호법과 같이 확정된 심결에 대한 불복신청제도로서 소송법상의 재심제도에 유사한 재심제도를 도입한 것이다(특허법 제178조, 실용신안법 제33조, 디자인보호법 제158조).

특허, 상표, 실용신안과 같은 지식재산권에 대한 무효 등 분쟁은 특별한 심판절차를 거쳐 특별한 심판기관인 특허심판원으로 하여금 먼저 심판하도록 하고 있다. 이러한 심판의 법적 성격은 특허심판원에서의 행정절차이고 그 심결은 행정처분에 해당한다고 할 것이다.[1] 그러나 행정처분에 대한 취소소송인 행정소송법이 제31조에 제3자에 의한 재심청구만 인정하고 있는 것과는 달리 소송

---

[1] 정상조·박성수 공편, 특허법 주해Ⅱ, 박영사(2010), 673-711(오영준 집필부분); 관련 판결로는 대법원 1962. 3. 15.자 4294행항8 결정[집10(1)행, 129], 대법원 2002. 6. 25. 선고 2000후1290판결[공2002.11.15.(166), 2616] 각 참조.

법상의 재심제도를 도입함으로써 이미 종결된 심판에 대하여 다시 심판을 받을 수 있도록 한 것이다. 그 주된 근거는 심판절차에서는 민사소송법의 절차가 준용되고 있고 심판관의 합의체가 채택되고 있으며, 당사자계 심판에서는 당사자 대립구조가 취해지고 있는 등 특허심판원에 의한 심판은 준사법적 절차로서의 성격도 겸유하고 있다는 점에서 구하고 있다.

심결이 일단 확정된 이상 그 심결은 기속력, 형식적 확정력, 일사부재리의 효력(상표법 제150조), 구속력 등이 생기므로 더 이상 다투는 것을 허용하지 않는 것이 원칙이다. 그러나 심결의 효력을 그대로 적용하는 것이 정의와 공평의 관념에 현저히 반하는 결과를 낳게 되는 경우에는 특허법 등과 같이 재심제도를 도입하여 이를 시정할 수 있도록 한 것이다. 그러나 재심은 어디까지나 확정 심결에 대한 비상의 불복신청수단이기 때문에 민사소송법 제451조에 해당하는 사유가 있는 경우 및 제158조의 경우에 한하여 재심사유를 엄격하게 제한하고 청구기간에도 제한을 가함으로써 적정한 조정을 도모하고 있다.[2][3]

---

2) 小野昌延 編, 注解 商標法 [新版]下卷, 靑林書院(2005), 1201-1233(田倉 保 집필부분).
3) 한편, 일본은 2011. 6. 8. 특허법 개정을 통하여 제104조의4(주장의 제한)를 신설하였고, 2011. 6. 24. 개정된 상표법도 제38조의2에서 위 특허법 제104조의4와 같은 취지의 규정을 두고 있는바, 그 내용은 다음과 같다. 상표권 또는 전용사용권의 침해 또는 제13조의2 제1항(제68조 제1항에서 준용하는 경우를 포함한다)에 규정하는 금전지급의 청구에 관련된 소송의 종국판결이 확정된 후에 다음에 정하는 심결이 확정된 때에는 해당 소송의 당사자였던 자는 해당 종국판결에 대한 재심의 소(해당 소송을 본안으로 하는 가압류명령사건의 채권자에 대하여 손해배상의 청구를 목적으로 하는 소 및 해당 소송을 본안으로 하는 가압류명령사건의 채권자에 대한 손해배상 및 부당이득반환의 청구를 목적으로 하는 소를 포함한다)에서는 해당 심결 또는 결정이 확정된 것을 주장할 수 없다.
1. 해당 상표등록을 무효로 하여야 한다는 취지의 심결
2. 해당 상표등록을 취소하여야 한다는 취지의 심결
그리고 상표법 제39조에서 특허법 제104조의3 제1항을 준용하고 있는바, 특허법 제104조의3 제1항은 '특허가 무효심판에 의하여 무효로 될 것이라고 인정되는 경우에는 특허권자는 침해소송의 상대방에 대하여 권리행사를 할 수 없다'는 규정이다. 침해소송과 무효소송의 이중트랙을 갖는 것에서 오는 법적 안정성의 저해를 재심사유를 제한함으로써 조정하고자 한 것이다. 우리나라에의 도입가능성에 대하여는 강헌, "특허권침해소송과 재심청구의 제한—일본에서의 논의를 중심으로—", 경영법률 제24집 제2호, 사단법인 한국경영법률학회(2014), 569-589.

Ⅱ. 재심의 청구요건

1. 제1항(재심청구)

가. 재심청구의 대상

(1) 확정심결

재심청구의 대상은 확정된 심결이다. 본조의 법문은 확정심결을 대상으로 하고 있을 뿐 그것이 각하심결인지 기각심결인지 등을 구별하고 있지 아니하고 있으나 각하심결에 대해서도 이를 대상으로 함이 타당하다는 견해도 있다.[4]

확정된 심결이여야 하므로, 아직 확정되지 아니하고 심결취소소송 등 불복신청수단이 남아있는 심결에 대해서는 재심의 청구를 할 수 없다. 심결확정 전에 제기한 재심의 청구가 부적법하다는 이유로 각하되지 아니하고 있는 동안에, 심결이 확정되었다고 하더라도, 그 재심의 청구가 적법한 것으로 되는 것은 아니다.[5]

다만, 재심의 청구는 종국된 심결의 확정력을 제거함을 목적으로 하는 것으로서 확정된 심결에 대해서만 제기할 수 있는 것이므로 확정심결이라도 형식적으로 확정만 되었지 내용상의 확정력이 없는 무효인 심결(예: 사망자를 상대로 한 심결)은 재심을 제기할 필요가 없으므로 이를 대상으로 한 재심청구는 부적

---

4) 이하 정상조·박성수 공편(주 1) 중 675면에서 인용: 확정심결의 효력에 대하여 규정하고 있는 특허법 제163조는 "심판의 심결이 확정된 때에는 그 사건에 대하여는 누구든지 동일사실 및 동일증거에 의하여 다시 심판을 청구할 수 없다. 다만, 확정된 심결이 각하심결인 경우에는 그러하지 아니하다"라고 규정하여 다른 확정심결에 대해서는 일사부재리의 효력을 주고 있으면서도 각하심결에 대하여 일사부재리의 효력을 배제하고 있기 때문에, 각하심결에 대하여는 다시 새로운 심판을 청구하면 되지 재심을 청구할 필요가 없지 않나 하는 의문이 생길 수 있다. 또한, 재심은 기존의 심판을 속행하는 것이므로 새로운 심판청구와는 절차나 비용의 측면에 있어서 청구인에게 유리하며, 특히 심판의 청구가 일정한 기간 내에 이루어져야 하는 경우에는 기간준수 유무에 있어서 중대한 차이를 가져온다(예: 재심청구는 심결확정 후 재심의 사유를 안 날부터 30일 이내에 또는 심결확정 후 3년 내에 재심을 청구하여야 하는데, 이 재심청구를 각하한 심결을 재심으로 다투지 못한다면, 새로운 재심청구는 불가능하게 된다). 이러한 사정을 종합하여 보면, 각하심결에 대하여도 재심사유가 존재하는 경우에는 재심청구를 인정함이 타당하다. 특허법원 2011. 7. 8. 선고 2010재허43 판결은 재심청구기간을 도과하였다는 것을 사유로 하여 재심청구를 각하한 특허법원 2010. 6. 30. 선고 2009재허30 판결(특허법원 2008. 3. 20. 선고 2007허4694 판결에 대한 재심사건)에 대하여 청구인이 주장하는 재심사유가 민사소송법이 규정하는 재심사유에 해당되지 아니한다는 이유로 각하하였다.

5) 대법원 1980. 7. 8. 선고 80다1132 판결[공1980.9.1.(639). 13011].

법하다고 할 것이다.[6]

(2) 청구의 의의

민사소송법은 재심의 소를 '제기'할 수 있다고 규정하고 있는 반면에, 형사소송법은 '청구'할 수 있다고 달리 구별하여 규정하고 있으나, 여기서 '청구'라 함은 확정심결을 취소하고 확정심결에 의하여 종료된 본안사건을 다시 심판할 것을 구하는 것을 의미한다. 상표법 시행규칙 제74조는 재심의 청구를 하려는 자는 「특허법 시행규칙」 별지 제31호 서식의 심판청구서를 특허심판원장에게 제출하도록 규정하여, '청구'의 의미가 다시 심판을 구한다는 취지임을 명확히 하고 있다.

나. 재심 청구적격자

청구적격자는 확정심결의 '당사자'이다. 즉 결정계심판의 확정심결에 대한 재심청구의 청구인은 당해 심판의 청구인만이 재심당사자가 된다. 한편, 당사자계 심판의 확정심결에 관하여는 당해 심판의 청구인 또는 피청구인이 재심청구인이 되고, 각각의 상대방이 피청구인으로 되어 각각 재심당사자가 된다. 그러나 법 제159조가 규정하는 사해재심청구에 있어서는 그 심결에 의하여 권리 또는 이익을 해하는 제3자가 청구인이 되고 심판의 청구인 및 피청구인이 공동피청구인이 된다.

심판에 참가할 자격을 가진 참가인이 재심의 청구를 할 수 있는지 문제된다. 일본의 경우, 평성(平成) 8년 민사소송법을 개정하면서 소송의 결과에 대하여 이해관계를 가진 제3자가 보조참가를 신청하고, 재심의 소를 제기하는 것을 법문상 명확히 하였고(민사소송법 제42조 내지 제45조), 이에 따라 상표법(제57조)에서도 재심청구인으로의 적격을 가진 자는 당사자 및 참가인임을 명확히 하였다.[7]

참가인이란 당사자 이외의 제3자가 타인의 심판절차의 계속 중 그 심판의 당사자의 일방에 들어가 그 심판절차를 수행하는 자를 말한다. 심판절차상의 참가에는 상표법 제124조 제1항에 의하여 임의적 공동심판을 청구할 수 있는 자

---

6) 대법원 1994. 12. 9. 선고 94다16564 판결[공1995.1.15.(984), 445]: 원래 재심의 소는 종국판결의 확정력을 제거함을 그 목적으로 하는 것으로 확정된 판결에 대하여서만 제기할 수 있는 것이므로 소송수계 또는 당사자표시 정정 등 절차를 밟지 아니하고 사망한 사람을 당사자로 하여 선고된 판결은 당연무효로서 확정력이 없어 이에 대한 재심의 소는 부적법하다.

7) 小野昌延 編(주 2) 1201.

가 심리의 종결까지 청구인으로서 그 심판에 참가하는 민사소송법상의 공동소송참가에 유사한 참가(상표법 제142조 제1항)와 심판의 결과에 대하여 이해관계를 가지는 자가 심리종결시까지 당사자의 일방을 보조하기 위하여 그 심판에 참가하는 공동소송적 보조참가에 유사한 참가(상표법 제142조 제3항)가 있다. 심판의 당사자가 될 수 없는 자라도 심판의 결과에 대하여 법률상 이해관계를 가지는 경우(예: 특허무효심판청구가 제기된 특허권에 관하여 전용실시권, 통상실시권, 질권을 가지는 자 등) 당사자의 일방을 보조하기 위하여 심판에 참가할 수 있는데, 이러한 참가인은 피참가인이 심결취소소송을 제기하지 않는 경우에도 독자적으로 심결취소소송을 제기할 수 있다.

　이러한 점에 비추어 보면, 본조의 법문에 청구를 할 수 있는 자를 '당사자'에 한정하고 있다는 이유로 '사해재심'의 청구가 허용되는 경우 이외에는 '참가인'이 독립하여 재심의 청구를 할 수 없다고 해석하기보다는, '참가인'의 청구적격을 긍정함이 타당하다고 본다. 참가인은 당초 심판에 공동참가를 할 수 있거나 법률상 이해관계를 갖고 있는 자로서 실제로 그 심판에 참가하였던 이상, 이들에 대하여 재심의 청구를 제기할 적격을 부정할 합리적인 이유를 찾아볼 수 없다. 사해재심은 재심 대상 심판에 참가하지 아니한 자에 대하여도 '사해재심사유'라는 독자적인 사유가 있는 경우에 한하여 재심을 청구할 수 있도록 한 것으로서, 이와 같이 재심 대상 심판에 참가하였던 자가 당해 확정심결에 대하여 재심을 청구하는 것과는 서로 그 제도의 취지를 달리하므로 사해재심을 이유로 참가인의 재심청구를 부정하는 것은 타당하지 않다.[8] 이 경우 참가인이 재심을 청구할 경우에는 당해 심판의 청구인 및 피청구인을 공동피청구인으로 삼아야 할 것이다. 입법론적으로는 일본의 경우와 같이 '참가인'을 재심청구인 중의 하나로 명시함이 옳을 것이다.

---

8) 민사소송법상으로는 판결의 효력이 제3자에게 확장되는 경우에 판결의 취소에 대하여 고유의 이익을 갖는 제3자도 재심을 청구할 당사자 적격이 있으며, 이 경우 제3자는 본소 당사자간의 법률관계인 확정판결의 취소를 목적으로 재심의 소를 제기하는 것이므로, 그 법률관계의 주체인 본소 당사자를 공동피고로 하여야 한다고 설명되고 있다. 이시윤, 新民事訴訟法(제3판), 박영사(2007), 811 참조.

2. 제2항(민사소송법의 재심사유 준용)

가. 준용되는 민사소송법의 재심사유

(1) 민사소송법 제451조(재심사유)

본조 제2항에 의하여 준용되는 민사소송법 제451조에서 규정하는 재심사유는 다음과 같다.

① 다음 각호 가운데 어느 하나에 해당하면 확정된 종국판결에 대하여 재심의 소를 제기할 수 있다. 다만, 당사자가 상소에 의하여 그 사유를 주장하였거나, 이를 알고도 주장하지 아니한 때에는 그러하지 아니하다.

1. 법률에 따라 판결법원을 구성하지 아니한 때
2. 법률상 그 재판에 관여할 수 없는 법관이 관여한 때
3. 법정대리권·소송대리권 또는 대리인이 소송행위를 하는 데에 필요한 권한의 수여에 흠이 있는 때. 다만, 제60조 또는 제97조의 규정에 따라 추인한 때에는 그러하지 아니하다.
4. 재판에 관여한 법관이 그 사건에 관하여 직무에 관한 죄를 범한 때
5. 형사상 처벌을 받을 다른 사람의 행위로 말미암아 자백을 하였거나 판결에 영향을 미칠 공격 또는 방어방법의 제출에 방해를 받은 때
6. 판결의 증거가 된 문서, 그 밖의 물건이 위조되거나 변조된 것인 때
7. 증인·감정인·통역인의 거짓 진술 또는 당사자신문에 따른 당사자나 법정대리인의 거짓 진술이 판결의 증거가 된 때
8. 판결의 기초가 된 민사나 형사의 판결, 그 밖의 재판 또는 행정처분이 다른 재판이나 행정처분에 따라 바뀐 때
9. 판결에 영향을 미칠 중요한 사항에 관하여 판단을 누락한 때
10. 재심을 제기할 판결이 전에 선고한 확정판결에 어긋나는 때
11. 당사자가 상대방의 주소 또는 거소를 알고 있었음에도 있는 곳을 잘 모른다고 하거나 주소나 거소를 거짓으로 하여 소를 제기한 때

② 제1항 제4호 내지 제7호의 경우에는 처벌받을 행위에 대하여 유죄의 판결이나 과태료부과의 재판이 확정된 때 또는 증거부족 외의 이유로 유죄의 확정판결이나 과태료부과의 확정재판을 할 수 없을 때에만 재심의 소를 제기할 수 있다.

③ 항소심에서 사건에 대하여 본안판결을 하였을 때에는 제1심 판결에 대

하여 재심의 소를 제기하지 못한다.

　(2) 그 외 준용되는 규정

　본조 제1항의 재심청구에 준용되는 민사소송법 제451조 제3항은 "항소심에서 사건에 대하여 본안판결을 하였을 때에는 제1심 판결에 대하여 재심의 소를 제기하지 못한다"고 규정하고 있다. 본조 제2항은 위 제3항을 포함한 민사소송법 제451조 전체를 준용하고 있다. 이 규정을 준용함으로써, 당해 심결에 대하여 심결취소의 판결이 있었던 경우 그 심결에 대한 재심의 심판청구는 허용되지 않는 것으로 해석된다.

　한편, 본조 제2항은 "판결의 기본이 되는 재판에 제451조에 정한 사유가 있을 때에는 그 재판에 대하여 독립된 불복방법이 있는 경우라도 그 사유를 재심의 이유로 삼을 수 있다"고 규정한 민사소송법 제452조를 명문으로 준용하고 있지 아니하다.

　이는 예컨대, 참가 허부의 결정, 보정각하의 결정 등 중간의 결정, 심결이 이루어지고 이를 전제로 하여 본안에 관한 종국 심결이 확정된 경우, 재심사유가 존재하는 당해 중간의 결정, 심결 자체에 대하여 재심을 청구하지 아니한 채 곧바로 이를 이유로 당해 본안에 관한 종국 심결에 관하여 재심을 청구할 수 있는지의 문제이다. 보정각하의 결정 등으로 인하여 본안에 관한 심결에 영향을 미치는 경우, 보정각하의 결정에 대하여 먼저 재심절차를 거칠 것을 요구하게 되면, 본안에 관한 심결의 재심청구기간이 도과할 위험이 있을 수 있고, 공연히 절차상의 불편과 비용만을 증가하게 할 수 있다. 본조 제2항이 민사소송법 제452조의 준용을 누락한 것은 입법상의 과오로 보이므로, 그 유추적용을 인정하여 이를 긍정적으로 해석함이 타당하다. 참고로 일본 상표법 제57조 제2항은 우리 민사소송법 제452조와 같은 규정인 일본 민사소송법 339조를 그대로 준용하고 있다.9)

　본조 제2항은 민사소송법 제459조 제1항도 준용하고 있는바, 이는 그 심판의 범위에 관한 규정이다. 다만 재심의 소를 제기한 후 재심의 사유를 변경할 수 있도록 한 민사소송법 제459조 제2항은 이를 준용하고 있지 않고 있다. 그러나 민사소송법 제459조 제2항을 준용하지 아니하였다 하여 재심사유의 변경이 허용되지 않는 것으로는 보기 어렵다. 본조가 민사소송법 제459조 제1항을 특별히 명시한 이유는 심판의 직권심리의 원칙에 대한 예외로서 심판의 범위에

---

9) 小野昌延 編(주 2), 1201.

제한이 있다는 점을 분명하기 위하여 이를 특별히 준용할 것을 명시한 것이고, 재심의 청구를 하기 위한 시기를 준수하였고, 재심사유가 존재한다면 그 추가 및 변경은 허용되어야 재심제도를 인정하는 취지에 부합하기 때문이다.10)

  민사소송법 제459조 제1항은, "본안의 변론과 재판은 재심청구이유의 범위 안에서 하여야 한다"고 규정하고 있다. 이 규정은 재심대상판결에 대한 재심청구에 관하여 재심사유의 존부를 심리한 후 그것이 인정되어 본안의 단계로 들어간 경우 심리·판단할 수 있는 범위에 관한 것이므로, 여기서 본안의 변론과 재판이라 함은 재심의 소에 있어서 취소의 대상이 되는 확정판결로써 재판된 사건의 변론과 재판을 말한다. 예컨대, 등록무효심결에 대한 재심사건에 있어서는 등록무효사유의 존부에 대한 변론과 재판이 본안의 변론과 재판이 되는 것이다.

  한편, 민사소송법에 의한 재심의 경우 본안에 대한 심리는 원소송의 변론을 속행하는 형식으로 진행되기 때문에 재심사유를 낳게 한 흠 있는 소송절차는 다시 행하여야 하고, 또한 흠 있는 소송자료를 제외하고 그 나머지 절차와 자료에 당사자 쌍방이 새로 제출한 소송자료를 보태어 결론을 내려야 한다. 위증 등 형사상 처벌을 받을 행위에 관하여 유죄의 확정판결이 있어 재심사유의 존재가 인정되고 본안의 심리에 들어갈 때 재심법원은 그 유죄판결의 내용에 구속을 받지 아니한다. 그리하여 재심법원은 그 유죄판결의 내용과 같은 사실의 존부에 관한 실질적 판단을 자유로이 할 수 있으며, 따라서 재심법원의 자유로운 판단에 의하여 재심대상판결을 정당하다고 인정할 때에는 새로운 증거의 제출이 없더라도 재심청구를 배척할 수 있다.11)12) 이와 같은 법리는 상표법에 의한 재심절차에도 그대로 준용된다.

---

10) 대법원은 2012. 1. 27. 선고 2011후3421호 사건에서 '원고는 이 사건 재심대상판결의 정본을 송달받은 2011. 5. 23. 재심대상판결에 그 주장의 제척기간 준수 여부에 대한 판단을 누락한 재심사유가 있음을 알았다고 봄이 상당하므로, 이러한 재심사유는 원고가 그 존재를 안 이후로서 재심대상판결이 확정된 2011. 7. 18.로부터 30일이 경과한 후임이 역수상 명백한 2011. 10. 12.자의 준비서면에서 비로소 주장된 것임이 분명하므로, 위 재심사유는 재심의 소 제기기간 경과 후에 주장된 것으로서 이 부분에 대한 재심의 소는 부적법하여 각하될 수밖에 없다'고 판시하였다. 재심사유의 주장을 소 제기 후에 추가한 경우에 그 자체로서 부적법한 것으로 판시하지 아니하였다. 행정소송법상으로도 재심에 대하여 소의 변경에 관한 규정의 적용을 배제하지 아니하고 있으므로, 심결에 대한 재심청구의 경우에도 이를 달리 볼 이유는 없지 않을까 생각된다.

11) 김상원외 3인 편, 註釋 新民事訴訟法(Ⅶ) 第1版, 한국사법행정학회(2004), 125-126(이인복 집필부분).

12) 대법원 1975. 2. 25. 선고 73다933 판결[공1975.5.1.(511), 8364]; 대법원 1983. 12. 27. 선고 82다146 판결[집31(6)민,109;공1984.3.1.(723), 312].

민사소송법상 확정판결을 취소할 수 있는 범위는 재심원고가 불복을 주장한 한도에서 할 수 있는바, 이를 준용하는 상표법상 재심절차의 경우에도 재심청구인이 불복을 주장한 한도에서만 재심 대상 심결을 취소할 수 있다.

나. 재심사유의 분류 및 판례

(1) 재심사유의 분류

재심사유는 절차상의 중대한 하자(제1호부터 제3호. 제11호), 심결에 영향을 미친 범죄 및 그 외 위법행위가 있었던 경우(제4호에서 제7호), 그 외 심판의 기초로 된 자료에 중대한 하자가 있었던 경우(제8호, 제9호), 심결의 존재를 제도상 용인하기 어려운 경우(제10호)로 대별할 수 있다.[13]

(2) 판례

확정심결 자체의 재심사유에 관한 판례나 심결례는 드문 실정이고, 대부분 심결취소소송에서 재심사유에 관한 판단이 이루어지고 있다. 그 사례도 상표권에 관련된 부분은 극히 드물고 특허에 대하여 주로 이루어지고 있으나 이를 상표권에 관한 부분의 재심사유에 대하여도 적용할 수 있을 것이다.

먼저 민사소송법 제451조 제1항 단서의 '재심사유를 알고 주장하지 아니한 때'의 의미는 당사자가 재심사유의 존재를 알았음에도 불구하고 상소를 제기하면서 이를 상소심에서 주장하지 아니한 경우뿐만 아니라, 상소를 제기하지 아니하여 판결을 확정시킨 경우도 포함한다고 판시하였다.[14] 즉, 판단누락과 같은 재심사유는 심결이유를 읽어봄으로서 쉽게 알 수 있는 것이므로 당사자는 특별한 사정이 없는 한 심결정본의 송달에 의하여 이를 알은 것이라고 봄이 상당하고 따라서 이를 알고도 상소에 의하여 주장하지 아니한 경우는 그 사유를 이유로 한 재심청구는 할 수 없다 할 것이므로 이를 각하하여야 할 것이라고 보았다.

화학관련 심판사건에 있어서 화학분야를 전공하지 아니한 심판관이 심판에 관여하였다는 재심사유는 구 특허법(1990. 1. 14. 법률 제4207호로 전문 개정되기 전의 것) 제136조 2항에 의하여 준용되는 민사소송법 제422조 제1항 제2호(현 민사소송법 제451조 제1항 제2호)에 해당되지 아니하고 민사소송법 제422조 제1항 각호의 어디에도 해당하지 아니하므로 재심청구를 부적합한 것으로 각하한 원심은 정당하다고 판시하였다.[15] 상표권의 경우에는 특허사건과 달리 심판관의

---

13) 小野昌延 編(주 2), 1206.
14) 대법원 1985. 10. 22. 선고 84후68 판결[공1985.12.15.(766), 1551].
15) 대법원 1997. 6. 27. 선고 97후235 판결[공1997.8.1.(39), 2182].

전공분야와 사건과의 관련성이 사실상 요구될 여지도 전혀 없으나, 법률에 규정
된 심판관의 자격 이외에 다른 사유는 위 제2호의 사유에 해당되지 않는다는
점을 분명히 한 것에 의의가 있다.

　　판례는 실용신안법 제29조, 특허법 제136조에 의하여 준용되는 민사소송법
제422조 제1항 제6호(현 민사소송법 제451조 제1항 제6호)에서 규정하는 판단누락
은 당사자가 적법하게 소송상 제출한 공격방어방법으로 당연히 판결의 결론에
영향이 있는 것에 대하여 판결 이유 중에서 판단을 표시하지 아니한 경우를 말
하는 것이고 판단을 표시한 경우에는 설령 그 판단내용에 잘못이 있다 하더라
도 이를 위 법조에서 말하는 판단누락으로는 볼 수 없다고 하고 있다.16)

　　특허의 무효심판사건이 상고심에 계속 중 당해 특허의 정정심결이 확정된
경우, 그 특허발명은 특허법 제136조 제9항에 의하여 정정 후의 명세서대로 특
허출원 되고 특허권의 설정등록이 된 것이므로, 정정 전의 특허발명을 대상으로
하여 무효 여부를 판단한 원심판결에는 민사소송법 제422조 제1항 제8호(현 민
사소송법 제451조 제1항 제8호) 소정의 재심사유가 있어 판결에 영향을 끼친 법령
위반이 있다고 판시하였다.17)

〈우라옥〉

---

16) 대법원 1987. 7. 21. 선고 87후55 판결[공1987.9.15.(808), 1398]; 대법원 1987. 4. 14. 선
　　고 86사38 판결[공1987.6.1.(801), 784].
17) 대법원 2001. 10. 12. 선고 99후598 판결[공2001.12.1.(143), 2488]; 대법원 2004. 10. 28.
　　선고 2000다69194 판결【손해배상(기)】 [공2004.12.1.(215), 1915]; 대법원 2012. 10. 11. 선
　　고 2012후2166판결[미간행]; 대법원 2012. 11. 29. 선고 2010다99705 판결[미간행].

제158조(사해심결에 대한 불복청구)
① 심판의 당사자가 공모(共謀)하여 속임수를 써서 제3자의 권리 또는 이익에 손해를 입힐 목적으로 심결을 하게 하였을 경우에는 제3자는 그 확정된 심결에 대하여 재심을 청구할 수 있다.
② 제1항에 따른 재심청구의 경우에는 심판의 당사자를 공동피청구인으로 한다.

〈소 목 차〉

Ⅰ. 사해재심의 의의
Ⅱ. 사해재심의 요건
 1. 재심청구의 대상이 되는 심결
 2. 청구인
 3. 피청구인
Ⅲ. 사해재심의 심리절차

Ⅰ. 사해재심의 의의

본조는 심판의 청구인과 피청구인이 공모하여 속임수를 써서 제3자의 권리 또는 이익에 손해를 입힐 목적으로 이루어진 심결(사해심결)에 대하여, 그 심결에 의하여 불이익을 받은 제3자에게 재심청구권을 부여한 것이다.[1]

특허법 제179조, 실용신안법 제33조(특허법 제179조의 준용), 디자인보호법 제159조, 행정소송법 제31조(제3자에 의한 재심청구), 상법 제406조(대표소송과 재심의 소) 등에서도 사해심결 또는 사해판결에 대하여 재심제도를 인정하고 있다. 이는 모두 행정기관의 심결 또는 행정처분이나 법원의 판결의 효력이 제3자에게 확장되는 대세적 효력이 있는 경우[2], 그 대세효로 인하여 자신의 권리 또는 이익에 불리한 영향을 받게 되면서도 당해 행정절차나 소송절차에 참가하지 못한 제3자에게 그 심결 또는 행정처분이나 판결의 효력을 재심에 의하여 소멸시키고 새로운 심결 또는 행정처분이나 판결을 구할 수 있는 기회를 부여한 것이다.[3]

사해재심에 해당하는 구체적인 예로서는 「특허권자 甲이 그 특허권에 관하여 乙을 위하여 질권을 설정하고 그 후 丙이 청구한 무효심판에서 특허권자 甲이 丙과 공모하여 허위의 진술을 함으로써 심판관을 기망하여 특허를 무효로

---

1) 사해재심제도에 대한 비판 및 사해방지 독립당사자참가 제도 등과의 대비에 관한 자세한 논의는, 정상조·박성수 공편, 특허법 주해Ⅱ, 박영사(2010), 682-683(오영준 집필부분) 참조.
2) '심결'이 확정되면 당사자, 참가인뿐만 아니라 제3자 및 법원에도 그 효력이 미친다. 이와 같은 심결의 구속력을 '심결의 대세적 효력'이라고 한다.
3) 법원행정처, 법원실무제요 행정(1997), 297-298.

하는 취지의 심결을 받아 그것이 확정된 경우」를 들 수 있고, 여기서 특허권에 대하여 질권을 설정받은 乙이 사해재심을 청구할 수 있는 '제3자'에 해당한다.[4]

Ⅱ. 사해재심의 요건

1. 재심청구의 대상이 되는 심결

본조에 의하여 재심의 청구가 인정되기 위해서는 「심판의 청구인 및 피청구인이 공모하여, 즉 심판의 당사자가 공모하여, 속임수를 써서, 제3자의 권리 또는 이익에 손해를 입힐 목적으로 심결을 하게 하였을 경우」라는 요건을 갖추어야 한다.

구 상표법(2016. 2. 29. 법률 제14033호로 개정되기 전의 것)에서는 「사해할 목적」으로 되어있었던 것을 위와 같이 문구를 수정한 것이다. 「손해를 입힐 목적」에 관해서는 「이 경우 '손해를 입힐 목적'은 결과적으로 그와 같이 추인할 수 있는 정도면 족하다」고 해석하여야 하고 그렇지 않으면 이 규정은 유명무실해진다고 한다는 견해가 있다.[5] 또한 「해하는 목적은 해함을 당하는 것이 통상 인식될 수 있는 사실관계이면 그것을 추인할 수 있을 것이다. 그러나 해한 사실이 없는 것이 명백한 경우에는 해하는 목적의 존재의 입증이 불충분하다고 할 수 있는 경우가 많을 것이다」라는 견해도 있다.[6]

본조의 사해재심제도와 유사한 구조를 갖는 것으로 논의되고 있는 민사소송법 제79조의 「권리침해를 이유로 한 독립당사자 참가(사해방지참가)」에 대하여 학설은 본소의 당사자들이 당해 소송을 통하여 참가인을 해할 의사 즉 사해의 사를 갖고 있다고 객관적으로 판정할 수 있는 경우에 참가를 허용하자는 '詐害意思說'이 다수설이고,[7] 판례[8]의 입장도 이와 다르지 않다. 따라서 본조에 의한 사해재심사유를 판단함에 있어서도 위와 같은 다수설의 입장 및 판례를 적용하여 청구인 및 피청구인이 당해 심결을 통하여 제3자를 해칠 의사(사해의사)가 있다고 객관적으로 인정되고, 그 심결의 결과 제3자의 권리 또는 법률상 지위가

---

4) 小野昌延 編, 注解 商標法 [新版]下卷, 靑林書院(2005), 1209(田倉 保 집필부분).

5) 小野昌延 編(주 4), 1210.

6) 小野昌延 編(주 4), 1210-1211.

7) 이시윤, 新民事訴訟法(제3판), 박영사(2007), 702-703.

8) 대법원 1990. 7. 13. 선고 89다카20719, 20726 판결[공1990.9.1.(879), 1695]; 대법원 1997. 6. 27. 선고 95다40977, 40984 판결[공1997.8.15.(40), 2302]; 대법원 2005. 10. 17.자 2005마814 결정[공2005.12.15.(240), 1921].

침해될 염려가 있다고 인정되는 경우에는 '손해를 입힐 목적'의 요건을 충족하는 것으로 볼 수 있을 것이다.

개정 상표법(2016. 2. 29. 법률 제14033호로 개정된 것)에서는 「속임수를 써서」라는 요건이 추가되었다. 행정소송법 제31조는 '처분등을 취소한 판결에 의하여 권리 또는 이익의 침해를 받은 제3자가 자기에게 책임 없는 사유로 소송에 참가하지 못함으로써 판결에 영향을 미칠 공격 또는 방어방법을 제출하지 못한 때에는 이를 이유로 확정된 종국판결에 대하여 재심을 청구할 수 있다'라고 규정하여, '처분 등을 취소한 판결'이 어떤 경위로 이루어진 것인지 여부는 묻지 아니하고 단지 제3자가 참가하지 못한 사실이 있고, 새로운 공격 또는 방어방법이 있을 것만을 그 요건으로 하고 있는 것과 대비되고, 상법 제406조에서 '대표소송에서 원고와 피고의 공모로 인하여 소송의 목적인 회사의 권리를 사해할 목적으로 판결을 하게 한 때에는 회사 또는 주주는 확정된 종국판결에 대하여 재심의 소를 제기할 수 있다'고 규정하여 종국판결을 얻게 된 구체적인 행위태양에 대하여는 제한을 하고 있지 않는 것과도 대비된다.

구법하에서는 '거짓진술 또는 거짓자료로써 심판관을 기망하여 특허를 무효로 하는 취지의 심결을 얻어 확정되었을 경우', '민사소송법 제451조 제1항 제11호에서 규정한 재심사유와 같이 당사자가 상대방의 주소 또는 거소를 알고 있었음에도 잘 모른다고 하거나 거짓으로 하여 소를 제기한 때' 등과 같이 위 민사소송법상의 재심사유에 해당하는 것이 위 사해심결의 사유로도 참고할만하다는 의견이 있었다.[9] '속임수를 써서'가 기존의 부작위로 인한 '기망행위'는 포함되지 않고 적극적으로 심판관을 속이는 행위를 요건으로 하는 것이라고 해석된다면 '공모'로 인한 소극적인 권리포기행위는 이에 해당되지 아니한다고 볼 여지가 있게 되어, 지나치게 그 사유를 한정한 것이라는 비판이 가능하다. 따라서 사견으로는 이를 일응의 예시적인 행위로 보고 구체적인 사해심결에의 해당 여부는 사실심리를 통하여 확정하는 것이 타당할 것이다.

한편, 구법에서는 '심결을 하게 한 경우'의 의미에 관하여 이를 문언 그대로 해석하여 '특허심판원으로 하여금 심결을 하도록 한 때'로 한정하여 해석하는 견해와 '심결 후 그 심결에 대한 취소의 소를 취하하거나 그 소송 과정에서 제대로 공격, 방어를 하지 아니함으로써 심결을 그대로 확정시킨 때'까지도 포

---

9) 이규호, "민사소송법 관점에 입각한 특허법의 재조명 및 제언", 산업재산권 23호(2007. 8.), 21-213.

함하는 것으로 넓게 해석하는 견해로 대립되고 있었다.[10] 앞의 견해에 의하면
재심대상심결의 당사자가 '심결 전'에 공모하여 사해심결을 하게 하여야만 재심
사유에 해당하고, 후의 견해에 의하면 재심대상심결의 당사자가 '심결 후'에 공
모하여 부당한 내용의 심결을 그대로 확정시킨 경우까지도 재심사유에 포함된
다. 특허법원은 재심대상심결 후 심결에 대한 취소소송이 계속되던 중 소취하
약정을 하고 소를 취하함으로써 심결을 확정시킨 사안에서 공모한 사실이 인정
되더라도 그와 같은 행위가 '심결 전'에 이루어진 것이 아니므로 본 조의 재심
사유에 해당되지 아니한다고 판시하였다.

　신법에서 '심결을 하게 하였을 경우'로 그 문언을 개정하였는바, 추가된 '공
모하여 속임수를 써서'라는 요건사실이 인정되고, 그로 인하여 제3자의 권리나
이익에 손해를 입힐 목적이 인정되는 경우에는 본 조의 재심사유에 해당하고,
'공모하여 속임수를 쓴' 행위가 '심결 전' 또는 '심결 후'인지는 재심사유에의
해당 여부를 결정짓는 요건은 아니라고 보아 위와 같은 견해의 대립을 입법적
으로 해결하려고 했다면 명백하게 '속임수'가 행하여진 시기를 묻지 아니하는
것으로 한정하였을 것이므로, 단순히 표현을 보다 정확하게 바꾼 것에 불과한
것으로 보인다.

2. 청구인

　심판의 청구인 및 피청구인 이외의 자로서 사해행위의 결과, 권리 또는 이
익을 침해당한 제3자가 본조의 재심의 청구를 할 수 있다.

　제3자의 범위에 관하여는 행정소송법 제31조[11]에서 규정하고 있는 '권리
또는 이익의 침해를 받은 제3자'와 관련하여 논의가 이루어지고 있다. 즉, '권리
또는 이익의 침해를 받은 제3자'를 행정소송법 제16조 제1항[12]의 소송참가를

---

10) 박원규, "특허법 제179조 제1항의 재심사유에 대한 검토—대상판결: 특허법원 2007. 4.
　　5. 선고 2006허3977 판결—", 지적재산권 제19호, 지적재산권법제연구원(2007), 41에서 인
　　용. 당사자가 상고를 제기한 후 취하하여 위 특허법원 판결이 그대로 확정되었다.
11) 행정소송법 제31조는 '처분 등을 취소하는 판결에 의하여 권리 또는 이익의 침해를 받
　　은 제3자'를 재심원고로 규정하고 있고, 아울러 '자기에게 책임 없는 사유로 소송에 참가
　　하지 못함으로써 판결의 결과에 영향을 미칠 공격 또는 방어방법을 제출하지 못한 때'를
　　재심사유로 규정하고 있다.
12) 행정소송법 제16조(제3자의 소송참가)
　　① 법원은 소송의 결과에 따라 권리 또는 이익의 침해를 받을 제3자가 있는 경우에는
　　　당사자 또는 제3자의 신청 또는 직권에 의하여 결정으로써 그 제3자를 소송에 참가
　　　시킬 수 있다.

할 수 있는 '소송의 결과에 따라 권리 또는 이익의 침해를 받을 제3자'와 동일하게 볼 수 있는지에 관한 논의가 그것이다. 제3자의 재심제도와 소송참가제도를 동일한 목적을 위한 두 가지 제도로 파악하여 '취소판결의 결과 그 구속력을 받는 행정청의 행위에 의하여 권리·이익을 침해받은 제3자'도 포함된다고 보는 것이 다수설이고[13], 소수설은 확정된 종국판결의 효력을 좌우하여야 할 범위를 그렇게 넓게 인정하는 것은 법적 안정성의 요청에 모순되므로, '취소판결에 의하여 권리를 침해당하는 제3자'를 취소판결의 형성력을 직접 받는 자에 한정하여야 한다고 한다.[14]

앞에 든 사례에서 질권을 설정받은 乙이 사해재심을 청구할 수 있는 '제3자'에 해당한다고 보고 있는바, 등록무효 등 결과에 따라 상표권이 소멸되면, 그 위에 설정된 질권은 자동적으로 소멸되므로, 이 경우 제3자는 직접적으로 사해심결의 영향을 받는 자이고, 위와 같은 논의 중 다수설의 입장에 서는 경우에 '제3자'에 해당될 수 있다고 보이므로, 다수설의 입장에서 본조의 제3자의 범위를 논하는 것이 타당하다고 본다.

한편, 등록상표와는 별개의 독립된 상표의 권리자는 등록상표를 취소하는 재심대상 심결 후, 재심대상심결이 사해심결임을 주장하며 재심을 청구할 수 있는 제3자에 해당하지 않는다. 즉, 등록상표와 별개의 기본상표가 있고, 등록상표에 관하여 상표불사용을 이유로 그 등록을 취소하는 취지의 재심대상심결이 이

---

② 법원이 제1항의 규정에 의한 결정을 하고자 할 때에는 미리 당사자 및 제3자의 의견을 들어야 한다.

③ 제1항의 규정에 의한 신청을 한 제3자는 그 신청을 각하한 결정에 대하여 즉시항고할 수 있다.

④ 제1항의 규정에 의하여 소송에 참가한 제3자에 대하여는 민사소송법 제67조의 규정을 준용한다.

13) 이하, 정상조·박성수 공편(주 1), 686면에서 인용. 예컨대, 행정청이 甲, 乙 중 甲에 대하여 허가를 하자, 乙이 甲에 대한 허가처분의 취소를 구하는 소를 제기하고 그 취소판결이 확정된 경우, 甲은 취소판결의 효력을 직접적으로 받는 자이므로 여기에 포함된다. 문제는 불허가처분을 받은 乙이 甲에 대한 허가처분의 취소를 구함이 없이 자기에 대한 불허가처분의 취소를 구하는 소를 제기한 경우, 乙의 청구가 인용된다고 하더라도 甲에 대한 허가처분은 취소되지 아니하고 甲은 취소판결의 형성력 자체에 의하여 해를 입게 되는 것은 아니다. 그러나 위 취소판결의 구속력을 받은 행정청이 허가 전의 상태로 돌아가 다시 양 신청인의 우열을 판정하고 그 결과 전의 판단과 다른 결론에 도달할 경우 甲에 대한 허가를 취소하고 을에 대한 허가를 부여할 수 있다. 이 경우 甲은 구속력에 의하여 권리를 해함을 받은 제3자에 해당된다고 할 것이다. 山村恒年, 阿部泰隆 編, 行政事件訴訟法, 三省堂(1984), 355 참조

14) 법원행정처, 법원실무제요 행정(1997), 298.

루어진 경우, 그 재심대상심결 후 기본상표에 관하여 질권을 설정받거나 상표권을 승계취득한 자는 등록상표에 관하여 재심대상심결이 사해심결임을 주장하며 재심을 청구할 수 있는 제3자에 해당한다고 볼 수 없다(대법원 2007. 1. 25. 선고 2004후3508 판결).

3. 피청구인

확정심결의 청구인 및 피청구인의 쌍방을 재심공동피청구인으로 하여야 한다고 규정하고 있다. 즉, 공모하여 사해심결을 한 당해 심판의 청구인 및 피청구인 양자이다. 앞에 든 질권자 을에 의한 재심청구의 예에서는 갑과 병이 피청구인이 된다. 따라서 공동피고로 하여야 하기 때문에, 일방만을 피청구인으로 하여 청구한 재심은 부적법하다.

Ⅲ. 사해재심의 심리절차

사해재심절차에 관하여는 재심청구 단계에서는 제3자가 재심청구인이 되고 종전의 확정심결에 대한 심판청구인 및 피청구인이 공동피청구인이 된다.[15]

재심청구를 심리하는 특허심판원의 재심절차도 일반 행정소송법상의 제3자의 재심청구나 일반 민사소송법상의 재심절차와 크게 다르지 아니할 것이므로, 민사소송법상의 재심절차에 관하여 논의되고 있는 사항을 살펴보면, 본조의 사해재심절차의 이해에 도움이 될 것이다.

첫째, 종래 민사소송법상의 재심의 소에 관하여 재심의 소의 소송물은 확정판결의 취소요구와 재심의 대상이 되는 소송의 소송물 두 가지로 구성된다고 보는 것이 현재의 확립된 견해 및 판례이다. 이와 같은 구조를 본조의 사해재심에 관하여 적용하여 보면, 사해재심절차에서는 ① 제3자의 재심대상심판의 청구인 및 피청구인에 대한 재심대상심결의 취소청구와 ② 위 취소청구가 받아들여질 경우 재심대상심판의 청구인의 피청구인에 대한 재심대상 심판청구 두 가지에 대하여 순차적으로 심판이 행하여지는 것으로 볼 수 있다.

둘째, 재심청구에 있어서 제3자 및 공동피청구인(재심대상심판의 청구인과 피청구인)은 필수적 공동심판관계에 있다고 할 것이다. 제3자의 공동피청구인에

---

15) 제3자 및 공동피청구인 상호간 공동심판, 공동소송관계, 특허심판원의 심판절차와 특허법원의 심결취소소송절차 등에 관한 상세한 논의는, 정상조·박성수 공편(주 1), 689-697.

대한 재심대상심결의 취소 청구와 재심대상심판의 청구인의 피청구인에 대한
심판청구는 제3자 및 공동피청구인 모두에게 합일적으로 확정될 필요가 있기
때문이다.

　　예컨대, 제3자가 공동피청구인 중 재심대상심판의 청구인에 대하여는 이겼
지만, 피청구인에 대하여는 졌다거나, 혹은 그 반대의 상황을 상정하기 어렵다.
또한, 제3자의 사해재심청구가 기각된 경우 제3자가 그 중 재심대상심판의 청구
인만을 상대로 심결취소소송을 제기하거나, 혹은 제3자의 사해재심청구가 받아
들여져 재심대상심결이 취소되고 재심대상심판의 청구가 기각된 경우 그 재심
대상심판의 청구인이 제3자나 재심대상심판의 피청구인 중 1인만을 상대로 심
결취소소송을 제기하는 것 역시 허용하기 어렵다. 이를 허용하게 되면 합일확정
에 반하는 결과를 가져오기 때문이다.[16]

　　결국, 제3자의 재심청구는 제3자 및 공동피청구인 모두에게 합일적으로 확
정되어야 하므로, 이들은 특허심판원의 재심절차에 있어서 필수적 공동심판관
계에 있다고 할 것이다. 나아가, 특허심판원의 재심심결에 불복하여 제기된 심
결취소소송절차에 있어서도 이와 같은 합일확정의 필요성은 동일하므로, 제3자
및 공동피청구인은 필수적 공동소송관계에 있다고 할 것이다.

　　셋째, 특허심판원은 우선 재심요건이 갖추어졌다고 판단하는 경우, 본안 심
리까지 한 후 재심대상심판의 청구인의 피청구인에 대한 청구가 이유 없다고
판단되면 재심청구를 단순히 기각하고, 이와 달리 재심대상심판의 청구인의 피
청구인에 대한 청구가 이유 있다고 판단하면, 재심대상심결을 취소하고, 심판
청구인의 피청구인에 대한 청구를 제3자의 불복 범위 내에서 기각하는 심결을
하게 된다.

〈우라옥〉·

---

16) 이와 달리 제3자의 사해재심청구가 받아들여져 재심대상심결이 취소되고, 재심대상심판
의 청구가 기각되었는데 그 재심대상심판의 청구인이 제3자만을 상대로 심결취소소송을
제기한 경우, 비록 심결취소소송이 제기되지 않은 다른 공동피청구인에 대하여는 이미 그
심결이 확정된 상태에 있다 하더라도, 만일 재심대상심판의 청구인과 제3자 사이의 심결
취소소송을 적법하다고 보아 심결취소판결이 선고·확정될 경우에는 취소판결의 대세효에
의하여 '합일확정'은 보장될 수 있으므로, '합일확정'을 근거로 하는 '필수적 공동소송설'
을 취하는 것은 적절하지 아니하다는 견해도 있을 수 있다. 그러나 이는 심결에서 이긴 다
른 공동피청구인을 제외한 채 소송을 진행한 후 그 심결을 취소시킨 다음 그 취소판결의
효력이 다른 공동피청구인에게 미치는 것을 용인하는 결과가 되므로 그 다른 공동피청구
인의 법적 지위를 불안하게 하고 절차적 기본권을 해치게 된다.

제159조(재심청구의 기간)

① 당사자는 심결 확정 후 재심사유를 안 날부터 30일 이내에 재심을 청구하여야 한다.

② 대리권의 흠을 이유로 하여 재심을 청구하는 경우에 제1항의 기간은 청구인 또는 법정대리인이 심결 등본의 송달에 의하여 심결이 있은 것을 안 날의 다음 날부터 기산한다.

③ 심결 확정 후 3년이 지나면 재심을 청구할 수 없다.

④ 재심사유가 심결 확정 후에 생겼을 경우에는 제3항의 기간은 그 사유가 발생한 날의 다음 날부터 기산한다.

⑤ 제1항 및 제3항은 해당 심결 이전의 확정심결에 저촉된다는 이유로 재심을 청구하는 경우에는 적용하지 아니한다.

<소 목 차>

Ⅰ. 의의
Ⅱ. 내용
　1. 제1항(원칙적 청구기간)
　2. 제2항(대리권 흠결을 이유로 하는
　　경우의 특례)
3. 제3항(재심청구의 객관적 제척기간)
4. 제4항(재심사유가 심결이 확정된
　후에 발생한 경우)
5. 제5항(확정심결 저촉시의 재심청
　구와 청구기간의 무제한)

Ⅰ. 의의

본조는 재심청구기간의 제한에 관한 규정인바, 민사소송법과 대비할 때, 본조 제1항의 기간은 민사소송법 제456조 제1항의 기간과 같으나, 본조 제3항의 기간은 민사소송법 제456조 제3항이 판결확정 후 5년이 지나면 재심의 소를 제기하지 못하도록 규정한 것과 달리 3년으로 그 기간이 단축되어 있다.

Ⅱ. 내용

1. 제1항(원칙적 청구기간)

재심의 청구는 원칙적으로 심결이 각 확정된 후 재심의 사유를 안 날로부터 30일 이내에 하여야 한다. 여기서 30일이라 함은 재심의 사유를 안 날로부터 기산하기 때문에 재심의 사유마다 각각 기산하여야 한다.[1] 재심의 청구를 제기한 후, 재심의 사유가 추가된 경우에는 재심의 사유마다 각각 기산하여야 하므로 준비서면 등으로 주장이 제기된 시점을 기준으로 그 준수 여부를 판단한다.[2]

판례는 '증인의 허위진술이 판결의 증거로 된 때'를 재심사유로 하는 경우에 그 판결의 증거로 된 증인의 증언이 위증이라는 내용의 유죄판결이 확정된 사실을 알았다면 그 재심사유를 알았다고 보아야 할 것이고, 그때부터 재심청구기간이 진행한다고 보고 있고,[3] 또한 판결정본이 송달되면 특별한 사정이 없는 한 그 당사자는 판결정본을 송달받았을 때에 그 판결에 판단누락이 있는지를 알게 됨으로써 재심사유의 존재를 알았다고 할 것이므로, 그 후에 판결이 확정된 경우에는 위 판단누락이 있음을 이유로 하는 재심의 소 제기기간은 재심대상판결이 확정된 때부터 기산하여야 한다고 보고 있다.[4] 재심청구가 재심청구기간을 도과한 경우에는 재심청구기간을 도과하여 부적법하다는 이유로 각하하여야 한다. 그럼에도, 이를 간과하고 재심사유의 존부에 관하여 판단하여 재심청구를 기각한 심결은 그 자체로서 위법하여 취소를 면할 수 없다.[5]

2. 제2항(대리권 흠결을 이유로 하는 경우의 특례)

청구인이 "법률의 규정에 따라서 대리할 수 없었던 점"을 재심사유로 하는 경우에는 청구인 또는 그 법정대리인이 심결등본의 송달에 의하여 심결이 있었던 것을 안 날의 다음날로부터 30일 이내이다.

심결이 대리인에게 송달되었을 때에는 그 대리인은 특별한 사정이 없는 한 그 송달을 받을 당시에 그 심결에 판단누락이 있는지 여부를 알았다고 할 것이고 그 대리인이 판단누락 유무를 안 경우에는 특별한 사정이 없는 한 당사자도 그 판단누락 유무를 알았던 것이라고 보아야 할 것이므로 확정심결에 대하여

1) 대법원 2012. 1. 27. 선고 2011후3421 판결 [미간행].
2) 2012. 1. 27. 선고 2011후3421호 사건에서 대법원은 '원고는 이 사건 재심대상판결의 정본을 송달받은 2011. 5. 23. 재심대상판결에 그 주장의 제척기간 준수 여부에 대한 판단을 누락한 재심사유가 있음을 알았다고 봄이 상당하므로, 이러한 재심사유는 원고가 그 존재를 안 이후로서 재심대상판결이 확정된 2011. 7. 18.로부터 30일이 경과한 후임이 역수상 명백한 2011. 10. 12.자의 준비서면에서 비로소 주장된 것임이 분명하므로, 위 재심사유는 재심의 소 제기기간 경과 후에 주장된 것으로서 이 부분에 대한 재심의 소는 부적법하여 각하될 수밖에 없다'고 판시하였다.
3) 대법원 1996. 5. 31. 선고 95다33993 판결 [공1996.7.15.(14), 2023].
4) 대법원 1993. 9. 28. 선고 92다33930 판결 [공1993.11.15.(956), 2944].
5) 특허법원 1998. 8. 20. 선고 98허4036 판결 [미간행].

판단누락이 있음을 이유로 한 재심청구의 제기기간은 대리인이 심결의 송달을
받은 때에 안 것으로 하여 계산하여야 한다.[6)]

　　이와 관련하여 문제가 되는 것은, 그 대리인 또는 법인의 대표자 앞으로 공
시송달이 이루어진 경우이다. 공시송달 요건을 구비하지 못한 채 이루어진 송달
은 부적법하여 그 효력이 발생할 수 없다. 따라서 공시송달에 의하여 이루어진
확정심결에 대하여 재심청구가 제기된 경우에는 반드시 그 공시송달의 적법 여
부를 먼저 따져서 적법한 송달이 있은 날로부터 다시 기산하는 것이 필요하다.

3. 제3항(재심청구의 객관적 제척기간)

　　본조 제1항, 제2항의 경우라도 심결이 확정된 날로부터 3년을 경과한 후에
는 청구할 수 없다. 재심청구가 이 제척기간을 경과하여 제기된 경우에는 부적
법한 것으로 보아 각하하여야 한다.

　　판례는 재심사유의 발생일이 아니라 재심사유를 안 날로부터 진행하는 민
사소송법 제456조 제1항의 출소기간은 같은 조 제3항 제척기간과는 별개의 재
심제기기간으로서, 그 출소기간이 경과한 이상 재심대상판결의 확정일로부터
진행하는 제척기간이 경과하였는지 여부와는 관계없이 재심의 소를 제기할 수
없다는 입장을 취하고 있다.[7)] 이와 같은 법리는 본조에 의한 재심절차의 경우
에도 동일하게 적용될 수 있다고 본다.

4. 제4항(재심사유가 심결이 확정된 후에 발생한 경우)

　　재심사유가 심결이 확정된 후에 발생한 경우에는 본조 제3항의 3년은 그
이유가 발생한 날의 다음날부터 기산한다. 예컨대, 심결이 확정된 후에 그 심판
에 관여한 심판관에 관하여 수뢰죄의 판결이 확정된 경우에는 그때까지 재심사
유는 존재하지 아니하였기 때문에, 제3항의 기간에 산입하는 것은 부당하다.

　　재심사유는 심결 등의 확정 후에 발생하면 본항의 적용을 받는 이익을 받
을 뿐이고, 그와 별도로 심결 등의 확정 전에 발생한 재심사유에 기초하여 재심
을 청구하는 것은 여전히 가능하고, 그 때는 각 주장하는 재심사유에 따라 기산
일의 적용을 받는 것은 말할 필요도 없다.

---

6) 대법원 1968. 11. 26. 선고 67후37 판결 [미간행]; 대법원 1987. 7. 21. 선고 87후55 판결
　[공1987.9.15.(808), 1398].
7) 대법원 1996. 5. 31. 선고 95다33993 판결 [공1996.7.15.(14), 2023].

5. 제5항(확정심결 저촉시의 재심청구와 청구기간의 무제한)

당해 심결이 전에 이루어진 확정심결에 저촉하는 것을 이유로 하는 경우에 한하여 청구기간의 제한이 없다.

판례는 '당해 심결 이전에 행하여진 확정심결과 저촉한다는 이유'라 함은 동일 당사자 사이의 같은 내용의 사건에 관하여 저촉되는 확정심결이 있는 경우를 뜻한다고 보고 있다.[8]

〈우라옥〉

---

8) 대법원 2001. 10. 12. 선고 99후1737 판결 [미간행].

제160조(재심에 의하여 회복한 상표권의 효력 제한)

다음 각 호의 어느 하나에 해당하는 경우 상표권의 효력은 해당 심결이 확정된 후 그 회복된 상표권의 등록 전에 선의(善意)로 해당 등록상표와 같은 상표를 그 지정상품과 같은 상품에 사용한 행위, 제108조 제1항 각호의 어느 하나 또는 같은 조 제2항 각호의 어느 하나에 해당하는 행위에는 미치지 아니한다.

1. 상표등록 또는 존속기간갱신등록이 무효로 된 후 재심에 의하여 그 효력이 회복된 경우
2. 상표등록이 취소된 후 재심에 의하여 그 효력이 회복된 경우
3. 상표권의 권리범위에 속하지 아니한다는 경우 심결이 확정된 후 재심에 의하여 이와 상반되는 심결이 확정된 경우

<소 목 차>

Ⅰ. 의의
Ⅱ. 효력이 제한되는 경우
  1. 재심의 유형과 내용
2. 보호대상 행위
3. 보호기간
4. 선의로 사용한 행위

Ⅰ. 의의

본조는 상표권이 재심에 의하여 회복된 경우의 효력에 관하여 제한을 가함으로써 선의의 제3자를 보호하려는 규정이다. 심결확정 후 그 회복된 상표권의 등록 전에 상표권의 무효를 신뢰하여 당해 상표를 선의로 사용한 자에게 상표권의 침해에 대한 책임을 묻지 아니하는 경우를 규정함으로써 회복된 상표권의 효력을 제한하고 있는 것이다.[1]

원칙적으로 무효로 된 상표는 처음부터 누구라도 자유로이 사용할 수 있고(상표법 제117조 제3항), 취소된 상표는 특정한 경우를 제외하고 심결 확정된 때부터 소멸하므로 심결확정 후에는 누구라도 자유로이 사용할 수 있다(상표법 제119조 제7항).

그런데 재심에 의하여 상표권이 회복된 경우에는, 재심의 소급효에 의하여 당해 무효 또는 취소심결의 확정시까지 소급하여 당해 상표가 유효하게 존재하

---

[1] 小野昌延 編, 注解 商標法 [新版]下卷, 靑林書院(2005), 1212-1216(田倉 保. 집필부분).

는 것이 되기 때문에, 당해 상표의 금지적 효력에 의하여 당해 상표의 지정상품에 관한 등록상표의 사용 또는 그 유사 범위에 관한 상표의 사용은 권리침해에 해당하게 되고, 그 기간의 상표사용은 위법하게 된다.

　　위와 같이 재심에 의하여 권리회복의 효과가 확정심결 후 회복된 상표권의 등록시까지의 기간 동안 당해 상표를 선의로 사용한 행위에 대하여까지 그 소급효가 미치도록 한다면, 일단 자유로이 사용할 수 있게 된 것을 믿고 행한 행위에 대하여 책임을 추급하는 것이 되어 공평의 원칙에 반하게 된다. 그리하여 위와 같은 선의의 자를 일정 범위에서 보호하기 위하여 본조를 두게 된 것이다.

Ⅱ. 효력이 제한되는 경우

1. 재심의 유형과 내용

본조에 의하여 상표권의 효력이 제한되는 재심의 유형과 내용은 다음과 같다.

제1호 상표등록 또는 상표권의 존속기간갱신등록이 무효로 된 후 재심에 의하여 그 효력이 회복된 경우
제2호 상표등록이 취소된 후 재심에 의하여 그 효력이 회복된 경우
제3호 상표권의 권리범위에 속하지 아니한다는 심결이 확정된 후 재심에 의하여 이와 상반되는 심결이 확정된 경우

　　제1호는 재심대상심결이 상표등록 또는 상표권의 존속기간갱신등록 무효심판청구를 인용하는 심결이었으나, 재심에 대하여 그 심결이 취소되고 무효심판청구가 기각된 경우이고, 제2호는 재심대상심결이 상표등록취소청구를 인용하는 심결이었으나, 재심에 의하여 그 심결이 취소되고 취소심판청구가 기각된 경우로서 각 상표권의 효력이 회복된 경우에 해당함은 그 문언상 의문의 여지가 없다.

　　다만, 제3호는 재심대상심결이 상표권자가 제3자를 상대로 제기한 적극적 권리범위확인심판청구를 기각하는 심결이었으나 재심에 의하여 그 심결이 취소되고 적극적 권리범위확인심판청구가 인용된 경우와 재심대상심결이 제3자가 상표권자를 상대로 제기한 소극적 권리범위확인심판청구를 인용하는 심결이었

으나 재심에 의하여 소극적 권리범위확인심판청구가 기각된 경우이다. 즉, 재심
대상심결에서 각 제3자의 상표사용 등이 상표권의 권리범위에 속하지 않게 되
었다가 재심에 의하여 상표권의 권리범위에 속하게 되어, 제3자의 행위가 상표
권 침해행위 또는 침해로 보는 행위에 해당하게 된 경우이다.

2. 보호대상 행위

가. 본조의 대상이 되는 행위의 내용

(1) 재심청구 전의 상표사용

회복된 당해 상표의 금지적 효력은 우선 재심청구에서 문제되고 있는 등록
상표와 같은 상표를 같은 지정상품에 사용하는 행위에 미치지 아니한다. 여기서
「사용」의 의의에 관하여는 제2조 제1항 제11호와 다르지 않다.

(2) 침해로 보는 행위에 해당하는 행위

회복된 당해 상표의 금지적 효력은 그 밖의 상표법 제108조 제1항 각호의 1
또는 동조 제2항 각호의 1²⁾에 의하여 침해로 보는 행위에는 미치지 아니한다.

원래 상표권의 효력이 미치는 범위가 협소하기 때문에, 상표법 제108조에
의하여 일정한 행위를 침해로 간주하고 있는데, 본조 역시 등록상표와 동일한

---

2) 제108조(침해로 보는 행위)
　① 다음 각 호의 어느 하나에 해당하는 행위는 상표권(지리적 표시 단체표장권을 제외
한다) 또는 전용사용권을 침해한 것으로 본다.
　1. 타인의 등록상표와 동일한 상표를 그 지정상품과 유사한 상품에 사용하거나 타인의
　　등록상표와 유사한 상표를 그 지정상품과 동일·유사한 상품에 사용하는 행위
　2. 타인의 등록상표와 동일·유사한 상표를 그 지정상품과 동일·유사한 상품에 사용하
　　거나 사용하게 할 목적으로 교부·판매·위조·모조 또는 소지하는 행위
　3. 타인의 등록상표를 위조 또는 모조하거나 위조 또는 모조하게 할 목적으로 그 용구
　　를 제작·교부·판매 또는 소지하는 행위
　4. 타인의 등록상표 또는 이와 유사한 상표가 표시된 지정상품과 동일·유사한 상품을
　　양도 또는 인도하기 위하여 소지하는 행위
　② 다음 각 호의 어느 하나에 해당하는 행위는 지리적 표시 단체표장권을 침해한 것으
로 본다.
　1. 타인의 지리적 표시 등록단체표장과 유사한 상표(동음이의어 지리적 표시는 제외한다.
　　이하 이 항에서 같다)를 그 지정상품과 동일하다고 인정되는 상품에 사용하는 행위
　2. 타인의 지리적 표시 등록단체표장과 동일·유사한 상표를 그 지정상품과 동일하다고
　　인정되는 상품에 사용하거나 사용하게 할 목적으로 교부·판매·위조·모조 또는 소
　　지하는 행위
　3. 타인의 지리적 표시 등록단체표장을 위조 또는 모조하거나 위조 또는 모조하게 할
　　목적으로 그 용구를 제작·교부·판매 또는 소지하는 행위
　4. 타인의 지리적 표시 등록단체표장과 동일·유사한 상표가 표시된 지정상품과 동일하
　　다고 인정되는 상품을 양도 또는 인도하기 위하여 소지하는 행위

제160조(재심에 의하여 회복한 상표권의 효력 제한)   615

상표를 그 지정상품과 동일한 상품에 사용한 행위만을 보호하는 것만으로는 그 보호 범위가 협소하기 때문에 선의사용자를 적정하게 보호하기 위하여 보호 대상 행위의 범위를 넓히고 있는 것이다. 결국 (i) 당해 지정상품에 유사상표를 사용한 경우 (ii) 지정상품과 유사한 상품에 등록상표를 사용한 경우 (iii) 지정상품과 유사한 상품에 유사한 상표를 사용한 경우가 보호범위에 포함된다.

나. 특허법 등과의 대비3)

특허법, 디자인보호법의 각 해당 조문(특허법 제181조 제1항 본문, 디자인보호법 제161조 등)은 "…재심청구의 등록 전에 선의로 수입 또는 국내에서 생산하거나 취득한 물건에는 미치지 아니한다."고 규정하고 있다. 특허법 등은 물건 및 방법 모두에 관하여 규정하고 있어 선의에 의한 특허 등의 실시의 보호가 물품 자체에도 미치기 때문에 재심에 의하여 회복된 특허권, 디자인권은 기간 내에 각 발명 또는 디자인권을 실시한 물품에 미치지 아니하고, 따라서 보호기간 경과 후에 당해 물품을 거래하더라도 회복된 특허권 등에 의하여 제약을 받지 아니한다고 보는 것이 논리적인 귀결이고 위 각 해당 조문은 이를 명문화한 것이다.

그런데 2016. 2. 29. 법률 제14033호로 개정된 상표법에는 '재심청구의 등록 전'이 아닌 '회복상표의 등록 전'으로 그 보호기간을 달리 규정하고 있고, 또한 상표법에는 사용하는 행위, 즉 방법('상표')에 관하여만 규정하고 있고, 특허법 등에 대응되는 것과 같은 상표를 사용한 물품, 즉 물('상품')에 관한 규정은 없다. 결국 보호기간에 당해 상표를 사용한 상품이 보호기간 경과 후에 거래된 경우를 보호하는 규정이 없는 것이다. 따라서 보호기간 경과 후 그 상표를 부착한 상품을 거래하는 행위는 회복된 상표권에 대하여 침해행위가 된다. 그러나 물품자체의 폐기를 요하는 것은 아니고, 당해 상표를 물품으로부터 말소하면 족하다. 이는 회복된 상표권이 상표를 실시한 '상품'에 대한 것이 아니라, 사용된 '상표'에 대하여만 금지적 효력을 갖기 때문이다. 이러한 점에 비추어 당해 상표권의 침해의 유무를 판단하는 시기는, 상표가 부착된 시기가 아니라, 당해 상표의 거래시기를 기준으로 볼 수 있다.

그리고 위와 같이 상표를 물품으로부터 말소하여야 한다고 보더라도 이는 부당하다고 볼 수 없다. 그 이유는 첫째, 실제 당해 상표를 말소한 거래도 가능하기 때문에 선의거래자의 이익을 크게 훼손하는 것은 아니고, 둘째, 소송절차

---

3) 이하는 특허, 小野昌延 編(주 1), 1214에서 전재.

적으로도 상표가 사용된 시기의 증명은 곤란하고(만일 사용시기의 증명을 요구한
다면, 증명하기 곤란한 사항의 증명을 요구하는 것이기 때문에, 보호기간 전후의 상표
사용도 허용하는 결과를 초래하게 된다), 권리를 회복한 자에게 과도하게 입증의
부담을 지우는 것을 피할 수 있기 때문이다.

3. 보호기간

가. 효력이 제한되는 기간

본조가 회복된 상표권의 효력을 제한하는 기간은, 등록상표의 무효 또는 취소
심결의 확정시(시기)부터 회복된 상표의 등록이 이루어지까지(종기)의 기간이다.

위 시기는 재심의 효과가 소급하는 최초의 시점이기 때문이고, 종기는 회복
상표의 등록이 이루어짐에 의하여 상표권의 회복이 제3자에 대하여 공시될 수
있어 이때부터는 당해 상표의 사용자의 악의를 의제할 수 있기 때문이다.

나. 심결확정 전의 취급

재심의 결과 상표권의 효력이 회복되는 것은, 본래 올바른 심결이 내려지고
그것이 확정되었어야 할 시점까지이고, 그 이전에는 소급되지 아니한다. 따라서
심결확정 전에 관하여는 본조와 무관하다.

다. 회복된 상표의 등록에 관한 절차

개정 전 상표법(2016. 2. 29. 법률 제14033호로 개정되기 전의 것)은 보호기간
의 종기를 재심청구의 등록 전으로 규정하고 있었고, 이 때의 등록은 특허권 등
의 등록령 제6조 제4항 제3호에 의한 예고등록을 의미하는 것으로 해석되었다.
개정된 상표법(2016. 2. 29. 법률 제14033호로 개정된 것)은 회복된 상표가 등록된
시점을 보호기간의 종기로 하므로, 회복된 상표의 등록은 특별한 사정이 없는
한 말소된 등록의 회복에 관한 절차를 규정한 위 등록령 제27조, 같은 등록령
시행규칙 제22조에 정한 절차에 의하여야 할 것이다.[4]

---

4) 특허권 등의 등록령 시행규칙(산업통상자원부령 제00060호, 시행 2014. 7. 1.) 제22조는
다음과 같이 규정하고 있다. ① 특허권 등의 소멸등록을 한 후 그 특허권등의 회복등록을
할 때에는 소멸 전의 특허권등의 권리란 중 등록사항란에 회복의 원인, 취지 및 연월일을
기록한 후 소멸등록된 해당 번호란의 음영을 제거하고, 소멸등록 시 기록한 등록취지를 음
영으로 말소한다. ② 제1항에서 규정한 경우 외의 회복등록을 할 때에는 그 등록사항란에
회복의 원인, 취지 및 연월일을 기록한 후 해당 부분의 음영을 제거하고, 말소등록시 기록
한 등록취지를 음영으로 말소한다. ③ 제2항에 따라 회복등록을 할 경우에 그 등록원부가
폐쇄되어 있을 때에는 그 등록원부 중 그 등록사항란에 회복등록의 취지 및 연월일을 기

4. 선의로 사용한 행위

가. 선의의 대상

본조는 선의에 한하여 보호하고 있으나, 여기서 '선의'라고 하기 위해서는, (i) 재심사유의 존재를 알지 못할 것 또는 (ii) 재심사유의 존재를 알고 있으나, 상표권의 회복가능성은 없다고 생각한 경우이어야 한다. 그러나 이와 같은 사실을 예견한다고 하는 것은 극히 드물 것이고, 특별한 사정이 없는 한, 거의 대부분 선의의 사용이 되고, 선의로 한 것이 될 것이다.

나. 악의의 의제

회복된 상표권의 등록 후의 사용자는 '악의'로 간주된다.

〈우라옥〉

록하여야 한다.

> **제161조(재심에서의 심판 절차 규정의 준용)**
> 심판에 대한 재심의 절차에 관하여는 그 성질에 반하지 아니하는 범위에서
> 심판의 절차에 관한 규정을 준용한다.

<소 목 차>

Ⅰ. 의의   Ⅱ. 심판의 절차

Ⅰ. 의의

재심사유의 유무에 관한 심리를 행하고, 나아가 재심사유가 있다는 결론에 이르게 되면, 당해 심판에 관하여도 재심리가 행해지게 된다. 본조는 이 경우 그 성질에 반하지 않는 한 심판의 절차에 관한 규정을 준용하도록 하고 있다.

Ⅱ. 심판의 절차

재심사유가 있는 것으로 인정되어 재심리를 하게 되면, 재심 이전의 상태에 들어가 속행되는 것이다. 재심 대상이 된 심판의 청구에 관하여 다시 심리함에 있어서 처음부터 새로 심리하는 것이 아니라 그 청구에 관한 전 심판이 종결되기 전의 상태로 돌아가는 것이다.[1] 그러므로 당사자도 전 심판과 같이 청구인(재심피청구인), 피청구인(재심청구인), 증거자료 등도 종전 심판에 제출된 것 등을 토대로 전 심판에 연속하여 추가 증거자료 등을 제출할 수 있다.

다만, 특허법 제185조에서 직권심리의 원칙에 관한 규정인 특허법 제159조를 준용하지 않고 재심의 심리범위에 관한 민사소송법 제459조 제1항을 준용하고 있고, 상표법에서도 제146조에서는 직권심리의 원칙을 그대로 규정하고 있으면서, 재심에 관해서는 위 특허법 제185조와 같은 규정을 제157조에 규정하고 있다.

즉, 상표법 제146조 제1항은 "심판에서는 당사자 또는 참가인이 신청하지 아니한 이유에 대하여도 심리할 수 있고, 다만 이 경우 당사자 및 참가인에게

---

1) 김상원 외 3인 편, 註釋 新民事訴訟法(Ⅶ) (第1版), 한국사법행정학회(2004), 124(이인복 집필부분).

기간을 정하여 그 이유에 대하여 의견을 진술할 기회를 주어야 한다"고 규정하고 있는바, 이는 제157조의 규정에 반하여 재심의 절차에서는 적용되지 않는 것이다.[2]

〈우라옥〉

---

2) 자세한 부분은 제157조 해설부분 참조.

> **제162조(심결 등에 대한 소)**
>
> ① 심결에 대한 소와 제123조제1항(제161조에서 준용하는 경우를 포함한다)에 따라 준용되는 제42조제1항에 따른 보정각하결정 및 심판청구서나 재심청구서의 각하결정에 대한 소는 특허법원의 전속관할로 한다.

[참고] 본 규정을 비롯한 상표법 제162조 내지 제166조 및 제226조는 구 상표법(2016. 2. 29. 법률 제14033호로 전면 개정되기 전의 것, 이하 '구 상표법'이라고 한다) 제85조의3 내지 7 및 제92조의6과 그 내용은 같고 조문 번호만 변경되었다. 구 상표법 제85조의3 내지 7 및 제92조의6은 2011. 12. 2. 신설(2012. 3. 15.부터 시행)되었다. 그 이전에는 구 상표법 제86조 및 제92조가 특허법의 해당 조항 즉 제186조, 제187조, 제188조, 제189조, 제191조의2, 제224조의2를 준용한다고 규정하고 있었다.

<소 목 차>

Ⅰ. 심결에 대한 불복제도의 연혁 및 특허법원의 설립
Ⅱ. 심결취소소송의 의의와 관할
  1. 특허소송(상표소송) 및 심결취소소송의 의의
  2. 심결취소소송의 종류
  3. 심결취소소송의 관할
Ⅲ. 심결취소소송의 성질
  1. 심결취소소송은 행정소송인가?
  2. 행정소송법, 민사소송법의 준용
Ⅳ. 심결취소소송의 소송물
  1. 소송물 일반론
  2. 심결취소소송의 소송물
  3. 하나의 심판절차에서 수개의 심판물에 대하여 심결을 한 경우 심결취소소송에서의 소송물의 개수
  4. 내용이 실질적으로 동일한 복수 소송물의 처리
  5. 심결취소소송에 있어서 위법 판단의 기준시점
Ⅴ. 심결취소소송의 소의 이익
  1. 의의
  2. 심결취소소송의 소의 이익의 특수성
  3. 소의 이익의 판단시점
  4. 심결취소소송에서 소의 이익이 문제되는 사례
  5. 심판청구의 이익과 소의 이익의 구별
Ⅵ. 심결취소소송의 심리범위
  1. 심결취소소송의 심리범위의 의의
  2. 우리나라에서의 논의
  3. 우리나라 판례
  4. 무제한설의 타당성
Ⅶ. 심결취소소송에서의 주장책임, 입증책임
  1. 序
  2. 처분권주의와 직권심리주의
  3. 주장책임에 관하여
  4. 주장·입증책임의 분배
  5. 피고 불출석의 경우
Ⅷ. 심결취소소송에서의 자백, 자백간주
  1. 민사소송법상 자백 및 자백간주
  2. 심결취소소송에도 자백 및 자백간주가 인정되는지 여부

3. 심결취소소송에서의 자백 및 자백　　　4. 자백 및 자백간주에 의한 심결취
　간주의 대상　　　　　　　　　　　　　소판결의 기속력

Ⅰ. 심결에 대한 불복제도의 연혁 및 특허법원의 설립

특허, 실용신안, 상표, 디자인에 대한 종전의 심판제도는 특허청 내의 심판
소에서 1심에 해당하는 심판을 다루고, 항고심판소에서 2심에 해당하는 항고심
판을 다루며, 최종 3심으로서의 상고심을 대법원이 다루고 있었다. 그러나 사실
에 관한 심리는 특허청 내 심판소의 심판절차 및 항고심판소의 항고심판 절차
에서 법관의 자격을 갖추지 아니한 심판관에 의하여서만 행하여지고 대법원은
법률심으로서만 기능하는 이러한 제도는 국민이 법관에 의하여 재판을 받을 수
있는 헌법상의 권리를 박탈하는 것이어서 위헌의 소지가 있다는 논란이 있었다.
이에 법원조직법을 개정(1994. 7. 27. 법률 제4765호, 1998. 3. 1. 시행)하여 특허법
원을 설치함과 동시에, 특허법을 개정(1995. 1. 5. 법률 제4892호, 1998. 3. 1. 시행)
하여 특허청 내의 심판소와 항고심판소를 통합한 특허심판원을 설치함으로써
행정부 내에서의 2단계 심판을 1단계로 줄이고 특허심판의 독립성과 전문성을
확보하는 한편, 특허심판원의 심결 또는 결정에 대한 불복의 소는 특허법원의
전속관할로 하고 특허법원의 판결에 대해 대법원에 상고할 수 있도록 함으로써,
사실관계 및 법률관계를 법원에서 충분히 심리할 수 있도록 하였다. 형식상은
종래의 항고심판소의 기능을 특허법원이 대체한 것 같지만, 실제로는 종래와 같
은 심판소 및 항고심판소와 대법원 사이의 심급적 연결 관계가 모두 단절되고,
과거의 2심제 행정소송과 같이 고등법원급인 특허법원이 특허심판원의 행정처
분인 심결 또는 결정에 대한 취소소송을 담당하는 구조로 변경되었다.[1]

이러한 제도 개선이 이루어진 후 헌법재판소는 1995. 9. 28. 선고 92헌가11,
92헌가8·9·10 결정으로, 1995. 1. 5. 개정되기 전 특허법 제186조 제1항(그 내
용은 "항고심판의 심결을 받은 자 또는 … 각하결정을 받은 자가 불복이 있는 때에는
그 심결이나 결정이 법령에 위반된 것을 이유로 하는 경우에 한하여 심결 또는 결정
등본을 송달받은 날부터 30일 이내에 대법원에 상고할 수 있다"이고, 구 상표법 제86
조에 의하여 상표에 관한 소송에 준용되고 있었다)이 행정심판임이 분명한 특허청

---

[1] 심준보, '심결취소소송의 실무상 제문제', 2013년도 법관연수 지적재산권소송실무, 사법
　　연수원, 1.

의 항고심판 심결이나 결정에 대한 법원의 사실적 측면과 법률적 측면에 대한 심사를 배제하고 대법원으로 하여금 특허사건의 최종심 및 법률심으로서 단지 법률적 측면의 심사만을 할 수 있도록 하고 재판의 전심절차로서만 기능해야 할 특허청의 항고심판을 사실 확정에 관한한 사실상 최종심으로 기능하게 하고 있는 것은, 일체의 법률적 쟁송에 대한 재판기능을 대법원을 최고법원으로 하는 법원에 속하도록 규정하고 있는 헌법 제101조 제1항 및 제107조 제3항에 위반된다고 하지 않을 수 없다고 하면서, 위 제186조 제1항은 헌법에 합치되지 아니하고, 다만 위 조항은 위 개정된 특허법이 시행되는 1998. 3. 1.의 전일까지 그대로 적용된다고 결정하였다(입법자가 현행 특허쟁송제도에 관한 관련 법 규정들을 헌법에 합치되게 개정하였고, 위헌 선언을 할 경우 여러 가지 충격과 혼란이 우려되므로, 위 제186조 제1항에 대하여 헌법불합치를 선언함에 그쳤다).

Ⅱ. 심결취소소송의 의의와 관할

1. 특허소송(상표소송) 및 심결취소소송의 의의

법률상 용어는 아니지만 실무상 또는 강학상 자주 사용되는 "특허소송"이란 넓은 의미로는 특허권, 실용신안권, 상표권, 디자인권 등과 관련된 분쟁을 해결하기 위한 모든 소송을 말한다. 이를 상표법을 중심으로 유형별로 ① 본조가 규정하고 있는, 특허심판원의 심결에 대한 소와 보정각하 결정 및 심판청구서나 재심청구서 각하결정에 대한 소,˙② 민사소송으로서 소위 특허침해소송이라 불리는 상표법 제107조의 침해금지청구소송(침해금지가처분 포함), 민법 제750조·상표법 제109조의 손해배상청구소송, 상표법 제113조의 신용회복조치청구소송, 민법 제741조의 부당이득반환청구소송, ③ 서류 등의 반려(상표법시행규칙 제25조), 기간연장 불허가(상표법 제17조), 절차의 무효(상표법 제18조 제1항) 등과 같은 특허청이 한 행정상의 처분에 관한 소송(이러한 처분에 대하여는 상표법에 별도의 불복규정이 없고 행정소송법에 따라 일반 행정소송 절차에 의한다), ④ 상표권등록이전청구소송 등과 같은 상표권의 귀속을 둘러싼 민사소송, ⑤ 형사소송 등으로 나누어 볼 수 있다. 이 중 ①이 바로 법원조직법 제28조의4의 규정에 따라 특허법원의 전속관할로 되어 있는 심결취소소송인데2), 협의의 특허소송이라고

---

2) 민사소송 등 인지규칙 제17조의2는 '특허소송'이라는 조문 제목 하에 '특허법원의 전속
    관할에 속하는 소송의 소가는 재산권상의 소로서 그 소가를 산출할 수 없는 것으로 본다'

도 한다.

법원조직법 제28조의4 제3호는 다른 법률에 의하여 특허법원의 권한에 속하는 사건도 특허법원이 심판한다고 규정하고 있는데, 현재 이에 해당하는 다른 법률로는 종자산업법 제105조 제1항의 "품종보호심판위원회의 품종보호에 관한 심결이나 품종보호출원서·심판청구서 또는 재심청구서 보정각하결정에 대한 소는 특허법원의 전속관할로 한다"는 것만이 있다.

2. 심결취소소송의 종류

심결취소소송은 취소의 대상이 된 심결의 종류에 따라, ① 심사관의 상표등록거절결정에 대한 심판(재심)의 심결(상표법 제54조, 제116조, 제161조), 심사관의 지정상품의 추가등록거절결정 및 상품분류전환등록거절결정에 대한 심판(재심)의 심결(상표법 제87조, 제210조, 제116조, 제161조) 등과 같이 특허청장을 심판피청구인으로 하는 심결의 취소소송3)과 ② 상표등록 무효심판(상표법 제117조), 상표권의 존속기간갱신등록 무효심판(상표법 제118조), 상품분류전환등록 무효심판(상표법 제214조), 상표등록 취소심판(상표법 제119조), 전용사용권 또는 통상사용권 등록 취소심판(상표법 제120조), 권리범위확인심판(상표법 제121조) 및 재심(상표법 제157조)의 심결 등과 같이 상표권자 또는 이해관계인을 피고로 하는 심결의 취소소송4)으로 나누어 볼 수 있다.

①의 심판을 결정계 사건이라고 하므로 ①의 심결취소소송을 결정계 심결취소소송이라고 하고, ②의 심판을 당사자계 사건이라고 하므로 ②의 심결취소소송을 당사자계 심결취소소송이라고 한다.

심결취소소송의 관할법원인 특허법원과 특허심판원 사이에는 심급적인 연관이 인정되지 않고, 심결취소소송은 심판에 대한 속심이 아닌 별개의 행정소송이므로, 심결취소소송이 제기되어도 특허심판원의 심판기록은 특허법원으로 송부되지 않으며(확정된 심결취소소송기록이 특허심판원으로 송부되지도 아니한다), 당

라고 규정하여, '특허소송'이라는 용어를 '특허법원의 전속관할에 속하는 소송'으로 사용하고 있다.

3) 그 밖에 이에 속하는 것으로는 위 각 심판(재심)청구서 각하결정(상표법 제127조, 제161조), 위 각 심판(재심)청구 각하의 심결(상표법 제128조, 제161조), 상표등록거절결정에 대한 심판(재심)에서의 심판관의 보정각하결정(상표법 제123조 제1항, 제42조 제1항, 제161조)의 취소소송이 있다.

4) 그 밖에 이에 속하는 것으로는 위 각 심판(재심)청구서 각하결정(상표법 제127조, 제161조), 위 각 심판(재심)청구 각하의 심결(상표법 제128조, 제161조)이 있다.

사자는 심결취소소송절차에서 모든 주장을 새로 하고 모든 증거를 새로 제출하
여야 한다.

3. 심결취소소송의 관할

심결취소소송은 특허법원의 전속관할로 한다.5) 전속관할이란 관할을 법정

---

5) 종래 이와 같이 특허소송의 관할이 침해소송(일반법원 관할)과 심결취소소송으로 이원
화되어, 침해소송과 권리범위확인심결취소소송은 거의 동일한 쟁점에 관하여 심리를 함에
도 불구하고, 전자는 일반법원이, 후자는 특허법원이 관할하였다. 이는 소송경제나 통일된
결론을 위해 바람직하지 못하므로 최소한 2심부터는 침해소송과 심결취소소송이 같은 법
원에서 심리되도록 소송제도가 개선되어야 한다는 주장이 계속하여 제기되었다.
이에 따라 2015. 12. 1. 개정된 민사소송법(제13521호), 법원조직법(제13522호)에 의하여
2016. 1. 1.부터 그 관할이 집중되었다. 즉 '특허권 등 지식재산권에 관한 소'는 제1심의 경
우 5개 고등법원 소재 지방법원의 전속관할로 되었고, 그러한 사건의 항소심은 특허법원
의 전속관할로 되었다. 이와 관련하여 민사소송법 제24조 제2항은 '특허권 등의 지식재산
권에 관한 소'라는 포괄적인 표현을 사용하고 있어서 그 "관한"을 어떻게 해석하느냐에 따
라 제1심의 전속관할은 물론이고, 항소심 관할법원이 일반 고등법원이 될 것인지, 특허법
원이 될 것인지가 정해진다. 구체적으로 살펴보면, 위 "관한"이라는 표현을 어떻게 해석하
느냐에 따라, 특허권 등의 침해를 이유로 한 금지·폐기·신용회복 등 청구나 손해배상청
구 소송은 물론이고, 직무발명(고안/디자인)에 대한 보상금청구 사건, 특허권 등의 전용/통
상 실시권(사용권) 설정계약이나 양도약정 등에 기초한 채무불이행 손해배상청구나 이전/
말소 등록청구 사건, 실시료청구 사건, 특허권(특허를 받을 권리 포함) 등이나 그 전용/통
상 실시권(사용권)의 존부 확인 청구 사건, 특허권자 등의 보상금청구 사건이나 중용권자
(中用權者)/후용권자(後用權者) 등에 대한 대가청구 사건[특허법 제65조 제2항, 제104조
제2항, 제105조 제3항, 제183조 제2항, 실용신안법 제15조, 제26조 제2항, 제27조 제3항,
제33조, 상표법 제58조 제2항, 제98조 제3항, 디자인 보호법 제53조 제2항, 제102조 제3항,
제103조 제4항, 제163조 제2항, 식물신품종 보호법 제65조 제2항, 제66조 등; 특허법 등에
규정된 통상실시권 설정의 재정이나 그 허여 대가에 대한 결정 등에 관한 쟁송(특허법
190조, 실용신안법 33조 등 참조) 중 일부에 대해서는 그것이 행정소송법상의 당사자소송
에 해당하는지, 아니면 일반 민사소송에 해당하는지 다툼이 있는데, 이를 민사소송으로 본
다면 마찬가지로 문제된다], 특허권 등이 공유로 된 공유물분할청구 사건, 특허권 등의 양
도를 대상으로 한 사해행위취소청구 사건, 특허권 등의 증여를 대상으로 한 유류분반환청
구 사건, 특허권 등의 유무에 대한 기망(사기)을 이유로 한 불법행위 손해배상청구 사건
등이 특정 제1심 법원과 특허법원의 전속관할에 속하는지가 정해진다[위 "관한"에는 위와
같은 종류의 사건이 ① 모두 포함된다는 입장, ② 그중 일부만 포함된다는 입장(물론 이
입장 내에도 구체적인 항목 내용에 대해서는 다양한 견해가 가능하다), ③ 침해를 이유로
한 금지·폐기·신용회복 등 청구나 손해배상청구 외에는 모두 다 포함되지 않는다는 입장
이 있을 수 있다].
'침해에 관한 소'에 한한다는 입장을 취하는 경우에는, 그러한 취지가 명문으로 규정되
어 있는 경우가 실정법상 다수 있음에도(특허법 제132조, 제164조 제3항, 제4항, 제224조
의3 제1항, 실용신안법 제30조, 제33조, 제44조, 상표법 제114조, 제151조 제3항, 제4항, 제
227조 제1항, 디자인 보호법 제118조, 제152조 제3항, 제4항, 제217조 제1항 등) 개정 민사
소송법의 위 규정에는 그러한 한정이 없고, 우리 민사소송법 규정이 계수한 것으로 보이는
일본의 민사소송법 6조도 "특허권...에 관한"이라는 표현을 사용하여 전속관할을 정하고

함에 있어 재판의 적정·공정 등 고도의 공익적 요구에 기하여 특정법원만이 배타적으로 관할권을 갖도록 하는 경우이다. 그리고 특허법원의 판결에 불복이 있으면 대법원에 상고할 수 있다.

심결취소소송을 특허법원의 전속관할로 하기 때문에, 심결의 양 당사자의 합의에 의하여 다른 법원에 심결취소소송의 관할권이 생길 수 없고, 또한 일방 당사자가 다른 법원에 심결취소소송을 제기하고 다른 당사자가 이에 응소하더라도 다른 법원에 관할권이 생길 여지가 없다.

Ⅲ. 심결취소소송의 성질

1. 심결취소소송은 행정소송인가?

심결 또는 결정은 행정기관인 특허심판원의 처분에 해당하고, 심결취소소송은 그러한 심결 또는 결정에 대한 불복소송이어서 기본적으로 행정소송의 일종으로 보는 것이 통설적 견해이다.

심결취소소송 중 특허청장을 피고로 하는 결정계 심결취소소송이 행정소송법 제3조 제1호 소정의 항고소송(행정청의 처분 등이나 부작위에 대하여 제기하는 소송)에 해당한다는 데는 다툼이 없으나, 특허권자 또는 이해관계인이 원고가 되고 이해관계인 또는 특허권자를 피고(일반적인 행정소송과 달리 행정청이 피고가 아니다)로 하는 당사자계 심결취소소송에 관하여는 결정계 심결취소소송과 마찬가지로 항고소송이라고 보는 견해와 당사자소송[6]에 속한다고 보는 견해로 나뉘는데, 다수설은 항고소송의 실질을 가지는 형식적 당사자소송[7]이라

있는데, 그 "관한"에 대해서 특허권 등의 침해를 이유로 한 금지청구나 손해배상청구 소송은 물론이고, 직무발명보상금 청구 사건, 특허권 등의 전용/통상 실시권(사용권)에 관한 사건 등도 모두 포함한다고 해석함이 일반적인 견해이자 하급심의 실무례인 것과 서로 맞지 않게 되는 문제가 있다. 이러한 관할문제는 당사자에게 엄청난 혼란과 시간적·경제적 낭비를 초래케 할 수 있으므로 위 "관한"에 대한 해석은 매우 중요하다. 참고로 서울고등법원 2016. 5. 24.자 2016나2016427 결정은, 위 '특허권 등의 지식재산권에 관한 소'에는 특허권 등의 지식재산권 침해를 이유로 한 금지·폐기·신용회복 등 청구나 손해배상청구 소송만이 아니라 특허권 등의 실시계약에 기초한 실시료 지급청구소송, 특허권 등의 이전·말소등록청구소송, 전용·통상실시권 등의 설정 유무, 귀속 등에 관한 소송, 직무발명·고안·디자인에 대한 보상금 청구소송 등도 포함된다고 해석하는 것이 타당하다는 입장이다.

6) 행정소송법 제3조 제2호에 의하면 당사자소송이란, 행정청의 처분 등을 원인으로 하는 법률관계에 관한 소송 그밖에 공법상의 법률관계에 관한 소송으로서 그 법률관계의 한쪽 당사자를 피고로 하는 소송이다.

7) 형식적 당사자소송이란, '행정청의 처분 등에 의해 직접 형성된 법률관계에 관한 다툼으

고 한다.8)

당사자계 심결취소소송은, 외양을 보면 양 당사자가 서로 대립하는 민사소송의 구조와 다를 바가 없으므로 항고소송이라기보다는 당사자소송에 속한다고 보아야 할 것이나,9) 그 실질을 보면 특허청의 행정처분의 위법성을 다투는 것이어서 당사자 대립의 구조는 편의상의 것에 불과하고 직권증거조사 등 심리에 있어서 민사소송과 다른 특수성을 인정할 필요가 있으므로 이를 항고소송으로 보아도 무방하다.10)11) 판례도 등록무효 또는 권리범위확인 사건에서 심판은 특허심판원에서의 행정절차이며 심결은 행정처분에 해당하고 그에 대한 불복의 소송인 심결취소소송은 항고소송에 해당한다고 판시하여, 당사자계 심결취소소송을 항고소송으로 보고 있다.12)

하지만 ① 상표법 제125조 내지 제153에 의하면 특허심판원의 심판은 소송절차에 유사한 절차에 의하여 행하여지며 심결의 형식도 판결에 유사한 형식을 가지고 이유를 붙여야 한다는 점, ② 다른 법률에 행정청의 처분 등에 대한 행정심판의 재결을 거치지 아니하면 취소소송을 제기할 수 없다는 규정이 있지 아니하는 한 행정청의 처분 등에 대한 취소소송은 법령의 규정에 의하여 당해 처분에 대한 행정심판을 제기할 수 있는 경우에도 이를 거치지 아니하고 제기할 수 있음13)에 반하여, 상표법 제162조 제5항에 의하여 심판을 청구할 수 있는

로서 형식적으로(소송형태상) 당사자소송이지만, 그 전제로서 행정청의 처분을 다투는 것을 포함하고 있는 소송(행정청의 처분·재결 등이 원인이 되어 형성된 법률관계에 다툼이 있는 경우 그 원인이 되는 처분·재결 등의 효력을 직접 다루는 것이 아니고, 처분 등의 결과로서 형성된 법률관계에 대하여, 그 법률관계의 한쪽 당사자를 피고로 하여 제기하는 소송)을 말한다[박균성, 행정법론(상), 박영사(2016), 1099].

8) 특허법원 지적재산소송실무연구회, 제3판 지적재산소송실무, 박영사(2014), 4.

9) 노갑식, "심결취소소송에 있어서의 주장·입증책임", 특허소송연구 제4집, 특허법원(2008), 15-16은, 특허심판원이라는 행정청의 처분인 심결을 취소해 달라는 소송은 모두 행정소송의 범주에 속하기는 하나, 당사자계 심결취소소송은 쌍방 당사자 모두 행정청이 아니란 점에서 일반 행정소송과 다르다. 행정소송법은 공익적 요청에 의하여 행정소송에 직권주의를 가미하고 있으나, 당사자계 심결취소소송은 사실상 사인들 간의 분쟁에 관한 소송이므로, 행정소송보다는 오히려 민사소송의 성질을 가진다고 한다.

10) 특허법원 지적재산소송실무연구회(주 8), 4-5.

11) 이상경, "특허심결취소소송에 있어서의 주장·입증책임론", 특허소송연구 제1집, 특허법원(1999), 140-141은, 당사자계 심결취소소송은 실질적으로는 심결이라는 행정처분에 대한 불복의 의미를 가지는 소송을 형식상 권리주체간의 소송형태를 취한 형식적 당사자소송으로서 항고소송의 성질을 가진다고 설명하고 있다.

12) 대법원 2009. 5. 28. 선고 2007후4410 판결; 대법원 2005. 7. 28. 선고 2003후922 판결; 대법원 2003. 10. 24. 선고 2002후1102 판결; 대법원 2002. 6. 25. 선고 2000후1290 판결 등.

13) 행정소송법 제18조.

사항에 관한 소는 심결에 대한 것이 아니면 제기할 수 없으므로 실질적인 심판 전치주의를 취하고 있다는 점, ③ 심결취소소송은 원처분인 당해 등록권의 유·무효에 대하여 실체적 판단을 할 수 없는 점,[14] ④ 특허소송은 특허법원의 전속 관할이고 특허법원은 고등법원급이어서 특허법원의 판결에 대해 불복이 있으면 대법원에 상고하여야 하는데, 이와 같이 특허소송은 3심제로 운영되는 일반 행정소송과는 달리 2심제로 운영되게 되므로 특허심판원의 심판이 사실상 1심의 역할을 하게 될 여지가 있다는 점에서, 특허심결취소소송은 일반 행정처분에 대한 항고소송과 다른 특수성을 갖는다.[15]

2. 행정소송법, 민사소송법의 준용

심결취소소송에는 우선 상표법이 적용되나 상표법에는 심결취소소송 절차에 관한 규정이 충분하지 못하므로(관할, 제소기간, 원·피고 적격, 특허심판원장에 대한 통지, 심결의 취소 등에 대하여 규정하고 있을 뿐이다), 상표법에 규정이 없는 사항에 대하여는 위에서 본 바와 같이 심결취소소송은 기본적으로 행정소송의 일종으로 보므로 행정소송법이 준용되며, 행정소송법에도 특별한 규정이 없는 경우에는 행정소송법 제8조 제2항(행정소송에 관하여 이 법에 특별한 규정이 없는 사항에 대하여는 법원조직법과 민사소송법 및 민사집행법의 규정을 준용한다)에 따라 행정소송의 성질에 반하지 않는 한 민사소송법이 준용된다.

Ⅳ. 심결취소소송의 소송물

1. 소송물 일반론

민사소송에 있어서 소송의 객체를 소송물, 소송상의 청구 또는 심판의 대상이라고 한다. 소송물은 ① 절차의 개시단계에서 토지관할, 사물관할의 기준, 청구의 특정과 그 범위의 결정기준이 되고, ② 절차의 진행과정에서 소의 병합, 소의 변경, 중복소송, 처분권주의 위배를 판단하는 기준이 되며, ③ 절차의 종결 후에도 기판력의 범위, 재소금지의 범위를 정하는 기준이 된다.[16]

---

14) 박정희, "심결취소소송의 심리범위", LAW & TECHNOLOGY(2005. 9.), 147.

15) 황한식, "특허심결취소소송의 심리범위", 법조 제489호(1997. 6.), 42; 유주선, "심결취소소송의 심리범위에 대한 고찰", 경영법률 제17집 1호(하권), 978; 전병서, "특허심결취소소송에 있어서 변론주의", 인권과 정의 235호(1996. 8.), 11.

16) 특허법원 지적재산소송실무연구회(주 8), 45.

우선 민사소송에 있어서 소송물이 무엇인지에 관하여 대법원판례는 일관하여 구 실체법설(구 소송물이론)의 입장에 서서 실체법상의 권리 또는 법률관계의 주장으로 본다.

다음으로 행정소송 중 항고소송에 있어서 소송물이 무엇인지에 관하여 통설과 대법원판례는 당해 행정처분의 위법성 일반(행정처분의 주체, 내용, 절차, 형식의 모든 면에서 위법)이라고 한다. 즉 항고소송은 하나의 행정처분을 전체로서그 위법성을 다투는 불복소송이고 구체적으로 어느 점이 위법한가는 공격방어방법에 지나지 않으므로 전심절차에서 주장하지 아니한 처분의 위법사유도 항고소송에서 새롭게 주장할 수 있다고 한다.[17) 그런데 행정소송법 제19조 단서는 행정심판의 재결에 대한 취소소송의 경우에는 재결 자체에 고유한 위법이 있음을 이유로 하는 경우에 한한다고 규정하고 있는바, 여기에서 말하는 '재결 자체에 고유한 위법'이란 그 재결 자체에 주체, 절차, 형식 또는 내용상의 위법이 있는 경우를 의미한다.[18)

2. 심결취소소송의 소송물

가. 심결취소소송의 소송물

심결취소소송의 소송물은 행정소송 중 항고소송의 경우와 마찬가지로 취소를 구하는 심결의 위법성 일반인데,[19) 이에는 심결의 실질적 판단의 위법인 실체상의 위법뿐만 아니라 심판절차의 위법인 절차상의 위법도 포함된다. 따라서당사자가 주장하는 심결의 개개의 위법사유는 공격방어방법에 불과하다.

나. 심결의 실체상의 위법

심결의 실체상의 위법은 구체적으로 결정계인 거절결정불복심판의 심결에대한 심결취소소송에서는 거절이유를 긍정한 심결의 판단이 위법한가 여부이고,당사자계인 무효심판의 심결에 대한 심결취소소송에서는 심판청구인 또는 심판피청구인이 주장한 사항에 대한 심결의 판단이 위법한가 여부이며, 거절결정의적법 여부나 상표등록의 유·무효 그 자체가 심결취소소송의 심리의 대상이 되

---

17) 대법원 1999. 11. 26. 선고 99두9407 판결; 대법원 1996. 6. 14. 선고 96누754 판결.
18) 대법원 2001. 7. 27. 선고 99두2970 판결.
19) 아래의 'Ⅴ. 심결취소소송의 심리범위'에 관하여 동일사실 및 동일증거설을 취하는 입장에서는, '위법성 일반'의 의미는 심결의 적법 여부만을 판단할 뿐이라는 심결취소소송의 기능에 비추어 심결의 이유에 나타난 주장과 증거에 따른 심결의 위법성 일반으로 한정하는 것이 타당하다고 주장한다(박정희, "심결취소소송의 심리범위", 위의 글, 147).

는 것은 아니고, 이는 심결의 위법 여부 판단을 통하여 간접적으로 심결취소소송에서 판단을 받게 되는 셈이다. 심결의 개개의 위법사유는 공격방어방법에 불과하다.

심결의 실체상의 위법을 유형별로 나누면 크게 ① 식별력에 대한 판단의 잘못, ② 등록상표 및 선등록상표(비교대상상표)의 권리범위 인정의 잘못, ③ 동일·유사 여부에 대한 판단의 잘못 등으로 나누어 볼 수 있다.

다. 심결의 절차상의 위법

심결의 절차상의 위법으로서 심결취소사유가 되기 위해서는 훈시규정이 아닌 효력규정을 위반하여야 하고, 효력규정 위반이라고 하더라도 심판의 적정 및 출원인이나 상표권자 기타 이해관계인의 권리보장의 관점에서 보아 이에 위반한 절차로 이루어진 심결을 유지할 수 없을 정도의 공익적 규정 위반에 해당하거나 또는 그 절차 위반으로 인하여 심결의 결과에 영향을 미칠 가능성이 있어야 한다. 심리미진, 채증법칙 위배, 판단 누락이 있는 경우 심결의 결론에 영향을 미칠 수 있다면 절차위배로서 심결취소사유가 된다.[20]

판례에서 심결에 절차상 위법이 있다고 인정하여 심결을 취소한 사안으로는,
① 특허청이 출원상표가 선등록상표 1, 2와 유사하여 등록을 받을 수 없다고 한 거절이유는 해소되었음을 명백히 하면서 출원상표가 선등록상표 3과 유사하여 등록을 받을 수 없다는 이유를 들어 거절결정을 하고, 이에 대하여 출원인이 불복심판을 청구하자, 특허심판원이 위 거절결정에서 거절이유로 삼지 않은 선등록상표 1, 2를 들어 위 출원상표가 구 상표법 제7조 제1항 제7호에 의하여 그 등록이 거절되어야 한다고 심결한 경우, 비록 선등록상표 1, 2를 들어 출원상표에 거절이유가 있다는 통지를 하였다 하더라도 위와 같은 이유를 거절결정에서 거절이유로 삼지 않았다면, 위와 같은 이유는 거절결정에 대한 심판절차에서는 '거절결정의 이유와 다른 거절이유'에 해당한다고 할 것이므로, 피고로서는 거절결정의 거절이유와 다른 거절이유에 해당하는 위와 같은 이유를 들어 거절결정을 적법하다고 하기 위해서는 심결 전에 미리 출원인인 원고에게 거절이유를 통지하고 기간을 정하여 의견서를 제출할 수 있는 기회를 주었어야 함에도 이러한 절차를 취하지 아니하였으니, 위 심결은 절차상의 위법이 있다고 한 사례가 있고,[21]

20) 이상경, 지적재산권소송법, 육법사(1998), 47-48.
21) 특허법원 2010. 3. 26. 선고 2009허9686 판결(확정).

특허에 관한 것이지만 상표의 경우에도 동일하게 적용될 수 있는 사안으로
서 ② 심판장이 아닌 특허심판원장이 심판청구이유 보정과 보정료 납부의 보정
명령을 하고 지정된 기간 내에 보정이 없자 심판장이 심판청구서를 결정으로
각하한 것은, 심판장이 보정명령을 발하지 아니하고 한 것이어서 위법하다고 한
사례22)23)가 있다.

판례에서 심결에 절차상 위법이 없다고 한 사안으로는, 특허에 관한 것이지
만 상표의 경우에도 동일하게 적용될 수 있는 사안으로서,

① 거절결정에 대한 심판청구를 기각하는 심결 이유가 거절결정의 이유와
주된 취지에서 부합하는 경우(실질적으로 동일한 경우)에는 거절결정의 이유와 다
른 별개의 새로운 이유로 심결을 한 것으로 볼 수 없으므로, 심판절차에서 출원
인에게 새로이 거절이유를 통지하여 의견서 제출의 기회를 주지 않더라도 절차
상 위법이 있다고 할 수 없다고 한 사례24),

② 특허심판원은 거절이유와 다른 이유로 출원인의 심판청구를 기각하는
심결을 하면서 출원인에게 새로운 거절이유에 대해 의견서 제출의 기회를 부여
하지 않았다면 일응 위 심결은 강행규정에 위배된 것이기는 하나, 심결취소소송
단계에서 특허청이 대법원 2003. 2. 26. 선고 2001후1617 판결(Ⅵ. 3. 가.에서 상
세히 설명)에 의하여 거절결정이유와 같은 이유로 심결의 적법성을 주장한다면,
심결의 적법 여부는 거절결정이유가 적법한지 여부에 의하여 좌우되고, 결국 심
결에 절차상 위법이 있다고 할 수 없다고 한 사례25),

③ 특허심판원의 심판절차에서 당사자에게 직권으로 심리한 이유에 대하여

---

22) 특허법원 2000. 4. 20. 선고 99허7988 판결(확정); 특허법원 1999. 11. 11. 선고 99허4538
   판결(확정).
23) 위 99허7988 판결은 그 이유로, 특허법 제141조(구 상표법 제77조의3에 해당)의 심판청
   구서 각하는 심판장의 독립한 심판작용에 속하므로 특허심판원장은 이에 관여할 수 없고,
   또한 특허법 제46조(구 상표법 제13조에 해당)에 따른 특허심판원장의 절차의 보정명령은
   특허에 관한 절차의 효율적인 진행과 명확을 기하기 위하여 마련된 특허법 제16조(구 상
   표법 제5조의15에 해당)에 따른 절차의 무효처분을 하기 위한 전제조건으로서 이 경우의
   보정명령과 불응한 경우의 무효처분은 권한자의 재량에 속하는 반면, 특허법 제141조 제1
   항(구 상표법 제77조의3 제1항에 해당)의 규정에 의한 보정명령은 심판청구서 각하라는
   독립한 심판작용의 일환으로서 그 요건이 충족되는 경우 심판장이 반드시 발하여야 하는
   것으로서 그 제도의 취지와 목적이 구별되는 별개의 제도이므로, 특허심판원장의 보정명
   령의 효력이 심판장에게 승계된다고 볼 수 없다고 판시하였다.
24) 대법원 2008. 4. 24. 선고 2006후329 판결; 대법원 2007. 7. 26. 선고 2006후1766 판결;
   대법원 2003. 12. 26. 선고 2001후2702 판결.
25) 특허법원 2009. 8. 21. 선고 2008허14452 판결.

의견진술의 기회를 주도록 한 특허법 제159조 제1항(구 상표법 제77조의22 제1항에 해당한다)은 강행규정이므로, 특허심판원이 직권으로 심리한 이유에 대하여 당사자에게 의견진술의 기회를 주지 않은 채 이루어진 심결은 원칙적으로 위법하여 유지될 수 없지만, 형식적으로는 이러한 의견진술의 기회가 주어지지 아니하였어도 실질적으로는 이러한 기회가 주어졌다고 볼 수 있을 만한 특별한 사정이 있는 경우에는 심판절차에서의 직권심리에 관한 절차위반의 위법이 없다고 한 사례[26][27],

④ 특허법 제162조 제3항 내지 제5항(구 상표법 제77조의25 제3항 내지 제5항에 해당한다)에 의하면 심판장은 사건이 심결을 할 정도로 성숙한 때에는 심리의 종결을 당사자 및 참가인에게 통지하여야 하고, 심리종결통지를 한 후에도 심판장이 필요하다고 인정할 때에는 신청 또는 직권에 의하여 심리의 재개를 할 수 있으며, 심결은 심리종결통지를 한 날부터 20일 이내에 하여야 하도록 규정하고 있는바, 이러한 심리종결 통지규정은 당사자에게 자료의 추가제출이나 심리재개 신청의 기회를 주려는 취지가 아니고 심결을 할 수도 있는 정도로 사건이 성숙하였다고 인정되는 경우에는 그 심리종결을 당사자에게 통지하고 지체 없이 심결을 하도록 하기 위한 훈시적 규정에 불과하므로, 심리를 종결한 다음 날 심리종결통지서와 심결정본을 동시에 발송하거나, 심리를 종결한 이틀 뒤 날짜로 심리종결통지서와 심결정본을 송달하였다 하더라도, 이를 위법이라 할 수 없다고 한 사례[28]와 위와 같이 심리종결을 통지하는 이유는 특허심판은 서면심리의 경우는 물론이고 구두심리의 경우에도 당사자 또는 참가인의 출석 여부에 상관없이 직권으로 진행할 수 있도록 되어 있어 당사자 또는 참가인으로서는 심판의 진행 상태를 명확히 파악하기 어려운 실정이므로 심결 전에 이들

---

26) 대법원 2006. 6. 27. 선고 2004후387 판결.

27) 일본의 경우도 특허법 제153조 제1항, 제2항이 우리나라 특허법 제159조 제1항과 같이 당사자가 신청하지 않은 이유에 대하여 심리한 경우에는 그 심리의 결과를 당사자에게 통지하고 상당기간을 정하여 의견을 주장할 수 있는 기회를 부여하여야 한다고 규정하고 있는데, 일본 최고재판소 2002. 9. 17. 판결(판례시보 1801호, 108)은, 당사자가 주장하지 않은 이유를 기초로 하는 사실관계가 당사자가 주장한 이유에 관한 것과 주요한 부분에 있어 공통하고, 게다가 직권에 의해 심리된 이유가 당사자가 관여한 심판의 절차에 현출되어 있으며, 이것에 대한 반론의 기회가 실질적으로 부여되어 있다고 평가할 수 있는 등, 직권에 의한 심리가 되어도 당사자에 있어 불의타로 되지 않는다는 사정이 있을 때에는, 의견주장의 기회를 부여하지 않아도 당사자에게 실질적으로 불이익을 생기게 하지 않는다고 할 수 있으므로, 심판에 있어서 위 규정 소정의 절차를 흠결한 하자가 있더라도 위 하자는 심결을 취소해야 하는 위법에는 해당하지 않는다고 하였다.

28) 대법원 1995. 2. 24. 선고 93후1841 판결; 특허법원 2000. 6. 30. 선고 99허1430 판결.

에게 미리 심리의 진행상황을 주지시켜 심결절차의 공정과 촉진을 기하고자 함에 있으므로, 심판장은 심결 전에 반드시 심리종결의 통지를 하여야 하나, 다만 위 심리종결통지에 관한 위 규정은 훈시규정이라 할 것이어서, 이에 위반하여 심결 등본을 먼저 발송하고 그로부터 5일 후에 심리종결통지를 발송하였다고 하여도 이는 훈시규정 위반에 지나지 않을 뿐 심결을 취소할 사유에 해당하는 위법사유는 아니라고 한 사례[29]),

⑤ 특허심판원의 심리종결예정시기통지는 특허법에 규정된 절차가 아니라 심리종결시기에 대한 당사자의 예측가능성을 높여 주기 위하여 특허심판원이 임의적으로 행한 절차에 불과하므로 심리종결예정시기통지에서 지정한 날 이전에 심리종결을 하였다고 하여 심결 자체가 곧바로 위법하게 된다고 볼 수 없다고 한 사례[30]),

⑥ 특허법 제148조 제6호(구 상표법 제77조의10에 해당한다) 소정의 '심판관이 사건에 관하여 심사관으로서 특허여부결정에 관여한 경우'라 함은 심사관으로서 직접 사정을 담당하였을 경우를 말하는 것이고(대법원 1998. 2. 23. 선고 83후38 판결 참조), 단지 심사관의 상급 지휘자인 심사담당관이 심사업무의 원활하고 올바른 진행을 위하여 심사관에 대한 지휘, 감독 차원에서 특허결정서에 결재하는 행위는 포함되지 않는다 할 것이므로, 특허결정서에 심사담당관으로 결재한 사람이 심판장으로 관여하여 심결을 하였다 하더라도 심결이 심판관 제척사유에 해당하는 심판관의 관여에 의해 이루어진 것으로서 위법하다고 할 수 없다고 한 사례[31]) 등이 있다.

심결취소소송의 절차상의 위법에 관한 것이지만 심결의 절차상의 위법 여부 판단에 참고가 될 수 있는 사안으로 특허에 관한 것이지만 상표의 경우에도 동일하게 적용될 수 있는데, 행정소송의 일종인 심결취소소송에서 법원이 필요하다고 인정할 때에는 당사자가 명백하게 주장하지 않는 사실이라 할지라도 기록에 나타난 자료를 기초로 하여 직권으로 심리조사하고 이를 토대로 판단할 수 있으므로,[32]) 무효심판에 관한 심결취소소송에서 심판청구인인 피고가 기록에 나타난 발명을 선행기술 중 하나로 주장하지 아니하였음에도 특허법원이 그

---

29) 대법원 1984. 1. 31. 선고 83후71 판결; 특허법원 2005. 7. 8. 선고 2004허5894 판결(확정).
30) 특허법원 2006. 1. 19. 선고 2004허6507 판결(상고기각 되어 확정되었는데 위 쟁점은 상고이유가 아니었다).
31) 특허법원 2005. 7. 8. 선고 2004허5894 판결(확정).
32) 행정소송법 제26조; 특허법 제159조(구 상표법 제77조의22) 참조.

발명을 기초로 특허발명의 진보성 유무를 판단하였더라도 위법하지 않다고 한 사례[33]가 있다.

3. 하나의 심판절차에서 수개의 심판물에 대하여 심결을 한 경우 심결 취소소송에서의 소송물의 개수

가. 지정상품이 2 이상인 경우의 심판물

상표법 제117조 제1항은 등록상표의 지정상품이 2 이상 있는 경우에는 지정상품마다 무효심판을 청구할 수 있다고, 제148조 제2항은 2 이상의 지정상품에 관하여 무효심판을 청구한 때에는 지정상품마다 취하할 수 있다고 각 규정하고 있으므로, 상표등록무효심판의 경우 지정상품이 2 이상이면 지정상품마다 별개의 심판물로 보아야 한다.

그러나 거절결정불복심판의 경우에는, 위와 같은 규정이 없을 뿐 아니라, 상표등록무효심판의 경우와 같이 일부 청구 또는 일부 취하를 허용하는 별도의 규정이 없으며, 일부 지정상품에 대하여 거절이유가 있는 경우에는 전부에 대하여 거절결정을 하여야 하므로, 지정상품마다 별개의 심판물로 볼 수 없다.

권리범위확인심판의 경우 상표법 제121조 후문이 신설되어 지정상품이 둘 이상 있는 경우 지정상품마다 권리범위확인심판을 청구할 수 있게 되었으나, 상표법 제148조 제2항에서 권리범위확인심판에 관하여 일부 취하를 인정하는 규정이 없을 뿐 아니라 실무상 권리범위확인심판에서 지정상품마다 일부 인용, 일부 기각의 가분적 판단을 하기 어려우므로, 지정상품마다 심판물을 달리한다고 볼 수 없다.[34]

한편 상표등록취소심판의 경우에는, 불사용취소심판(상표법 제73조 제1항 제3호)에서 일부의 지정상품에 관하여 등록취소심판을 청구할 수 있음(상표법 제73조 제3항)을 이유로 등록취소심판에서도 등록무효심판과 마찬가지로 지정상품마다 별개의 심판물로 보아야 한다는 견해[35]와 등록무효심판과 달리 불사용취소심판을 제외한 나머지 등록취소심판청구는 등록상표별로 하나의 심판물을 구성

---

33) 대법원 2008. 5. 15. 선고 2007후2759 판결.

34) 구 상표법에는 특허나 실용신안의 경우와 달리 일부 청구 또는 일부 취하를 허용하는 별도의 규정이 없어(구 상표법 제75조, 제77조의24 제2항은 2016. 2. 29. 법률 제14035호로 개정되기 전의 특허법 제135조 제2항, 제161조 제2항과 같이 권리범위확인심판에 관하여 규정하고 있지 않았다), 당연히 지정상품마다 심판물을 달리한다고 볼 수 없었다. 특허법원 지적재산소송실무연구회(주 8), 48-49.

35) 이두형, "심결취소소송의 소송물과 심리범위", 특허소송연구 제2집, 특허법원(2001), 17.

하고, 불사용취소심판은 동시에 청구된 지정상품 전체가 불가분적으로 결합하여 하나의 심판물을 구성할 뿐 지정상품 별로 별개의 심판물을 구성하지 않는다는 견해36)가 있다.

　살피건대, 심판에서의 심판물은, 일부 청구가 가능한지, 그 청구에 대해 일부 인용, 일부 기각의 가분적 판단이 가능한지, 일부 취하가 허용되는지에 따라 결정하여야 할 것이다. 우선 불사용취소심판을 제외한 상표등록취소심판의 경우 일부 지정상품에 대한 심판청구를 허용하는 규정이 없는 점37), 또한 상표등록무효심판의 경우에는 지정상품마다 일부 취하가 허용되나(상표법 제148조 제2항) 상표등록취소심판에 관하여는 아무런 규정을 두지 않음으로써 무효심판과 달리 취소심판이 청구된 지정상품 중 일부에 대한 심판청구취하가 허용되지 않는 점을 감안하면, 불사용취소심판 이외의 상표등록취소심판은 등록상표별로 1개의 심판물을 구성하는 것으로 보아야 한다. 다음으로 불사용취소심판의 경우, 지정상품 중 일부에 대한 청구가 허용되지만, 등록상표의 지정상품 중 일부에 대한 심판청구가 허용된다고 하더라도 상표법 제119조 제3항의 반대해석상 심판청구 된 일부 지정상품을 다시 나누어 일부 심판청구를 인용하고 나머지 청구를 기각할 수 있는 것은 아니고,38) 사용이 증명된 지정상품만에 대한 심판청구의 일부 취하가 허용되는 것도 아니므로,39) 동시에 청구된 지정상품 전체가 하나의 심판물을 구성하는 것으로 보아야 한다.40)41)

36) 小野昌延 編, 注解 商標法 下卷, 靑林書院(2005), 1124-1125(後藤晴男=有阪正昭 집필부분).
37) 대법원 2000. 9. 8. 선고 98후3057, 3064, 3071, 3088, 3095, 3101, 3118 판결은, 1997. 8. 22. 삭제된 구 상표법 제73조 제1항 제1호의 규정에 의한 취소심판은 등록상표의 지정상품 중 어느 하나에라도 같은 호에 정한 취소사유가 발생한 경우에는 그 상표등록 자체를 취소하여야 하는 것이고, 사용권설정등록 없이 상표의 사용을 허락한 지정상품이나 그와 유사한 상품에 대하여만 상표등록을 취소하여야 하는 것이 아니라고 판시하였다.
38) 대법원 2012. 1. 27. 선고 2011후2916 판결; 대법원 1993. 12. 28. 선고 93후718, 725, 732, 749 판결.
39) 대법원 2013. 2. 15. 선고 2012후3220 판결은, 동시에 수 개의 지정상품에 대하여 구 상표법 제73조 제1항 제3호의 상표등록취소심판청구를 한 경우에는 심판청구의 대상인 지정상품을 불가분 일체로 취급하여 전체를 하나의 청구로 간주하여 지정상품 중의 하나에 대하여 사용이 증명되면 그 심판청구는 전체로서 인용될 수 없을 뿐 사용이 증명된 지정상품에 대한 심판청구만 기각하고 나머지에 관한 청구를 인용할 것은 아니며, 사용이 증명된 지정상품 만에 대한 심판청구의 일부 취하가 허용되는 것도 아니라고 하였다.
40) 특허법원 지적재산소송실무연구회(주 8), 49-50.
41) 위 2012후3220 판결은, 나아가 그렇다면 먼저 청구한 상표등록취소심판이 계속 중이라 하더라도 심판청구인으로서는 등록취소 요건의 일부를 이루는 상표 불사용 기간의 역산 기산점이 되는 심판청구일이나 등록취소를 구하는 지정상품의 범위를 달리하여 다시 상표등록취소심판을 청구할 이익이 있으므로, 이 경우 공통으로 포함된 일부 지정상품에 관하

나. 심판물과 소송물의 관계

하나의 심판절차에서 수개의 심판물에 대하여 심결을 한 경우, 예를 들어 지정상품이 2 이상인 등록상표에 대한 등록무효심판에서 하나의 심결이 있은 경우, 수개의 등록상표에 대한 등록무효심판이나 등록취소심판이 병합되어 하나의 심결이 있은 경우, 심결취소소송의 소송물의 개수에 관하여는, ① 심결이 하나이므로 소송물도 하나라는 견해와, ② 심판물의 수에 따라 수개의 소송물을 인정하는 견해가 있을 수 있다.

각 심판물에 대하여 별도로 심결취소소송이 제기된 경우 어느 견해를 취하느냐에 따라 중복된 소제기 금지 규정(민사소송법 제259조)에 따라 후소를 각하하여야 하는지가 달라진다(① 견해에 의하면 중복된 소제기에 해당한다). 그리고 어느 견해를 취하느냐에 따라, 등록무효심판의 심결이 있고 제소기간 내에 2 이상의 지정상품 중 일부 지정상품에 대해서만 심결취소소송을 제기한 경우 제소기간이 경과한 후에 청구취지를 확장하여 나머지 지정상품에 대한 심결의 취소도 구할 수 있는지 여부, 그 경우 나머지 지정상품에 대한 심결은 확정되는지 여부(① 견해에 의하면 청구취지를 확장할 수 있고, 나머지 지정상품에 대한 심결도 확정되지 아니한다)가 달라질 수 있다.

민사소송법상 항소의 경우에는 항소에 의하여 병합된 수 개의 청구 중 불복의 대상으로 되지 않은 청구도 항소심에 이심되나, 심결취소소송의 제기는 항소가 아니라 신소의 제기이므로 민사소송법상 항소 불가분의 원칙이 적용된다고 할 수 없으므로, ②의 견해에 따라 무효심판과 같이 지정상품마다 심판의 대상을 달리하는 경우에는 적법한 제소기간 내에 불복하지 아니한 지정상품에 대하여는 심결취소소송절차 중에 그 불복범위를 확장할 수 없다고 보아야 할 것이다. 특허법원의 실무도 대체로 ②의 견해에 따라 2 이상의 지정상품 전부에 대하여 무효의 심결이 있고 일부의 지정상품에 대해서만 심결취소소송을 제기한 경우, 나머지 지정상품에 대하여는 심결이 확정되는 것으로 취급하고 있다.42)43) 또한 ②의 견해에 따르면, 2개 이상의 등록상표에 대한 등록무효심결이

여는 상표권자에게 중복하여 그 사용사실에 대한 증명책임을 부담시키는 것이 된다고 하더라도 상표권자 역시 후에 청구된 등록취소심판에서도 지정상품 중의 하나에 대하여 사용을 증명하면 그 심판청구의 대상인 지정상품 전체에 관하여 상표등록의 취소를 면할 수 있는 이상 그러한 정도의 증명책임 부담만으로 후에 청구된 취소심판이 구 상표법 제73조 제4항의 입법 취지에 반하는 것으로서 부적법하다고 할 수 없다고 하였다.

42) 특허법원 지적재산소송실무연구회(주 8), 51.

43) 甲, 乙이 하나의 청구항에 대하여 각자 무효심판청구를 하자 특허심판원이 두 사건을 병

있고 소 제기기간 내에 각 등록상표마다 별개의 심결취소소송이 제기된 경우 중복된 소제기는 아니라고 한다.

하나의 심결에서 2 이상의 지정상품에 대하여 판단한 결과 일부 지정상품에 대하여는 무효로 심결하고, 다른 일부 지정상품에 대하여는 무효심판청구를 기각한 경우, 무효심판청구인만이 무효심판청구기각 부분에 대하여 심결취소소송을 제기하고 상표권자는 무효심결 부분에 대하여 심결취소소송을 제기하지 않았다면 심결취소소송이 제기되지 아니한 지정상품에 대하여는 무효심결이 확정됨은 당연하며, 반대의 경우에도 마찬가지이다. 무효심판청구인과 상표권자가 모두 심결취소소송을 제기한 경우에는 제소기간 등 소송요건은 지정상품 및 당사자별로 판단하여야 하고, 두 개의 심결취소소송이 모두 소송요건을 구비하였다면 나중에 접수된 심결취소소송을 먼저 접수된 심결취소소송에 반소로 병합할 수도 있다.44)

4. 내용이 실질적으로 동일한 복수 소송물의 처리

가. 하나의 심결에 대하여 복수의 심결취소소송이 제기된 경우

하나의 심결에 대하여 복수의 심결취소소송이 제기되었다면 민사소송법 제

합하여 하나의 무효심결을 하였으나 특허권자가 甲만을 피고로 하여 심결취소소송을 제기하고 착오로 乙에 대하여는 심결취소소송을 제기하지 않은 경우(만일 소 제기기간이 경과하여 乙에 대한 심결취소소송을 제기하였다면 이는 부적법하여 각하될 것이므로 제기하지 않은 것과 마찬가지이다) 乙에 대하여 심결취소소송을 제기하지 않음에 따라 乙이 청구한 심판의 무효심결이 확정되어 위 청구항은 무효로 되고, 특허권자가 甲에 대하여 제기한 심결취소소송은 소의 이익이 없다고 보아야 하나? 특허법원 2000. 10. 12. 선고 99허9571 판결(심리불속행 상고기각으로 확정)은, "특허심판절차에서의 공동심판은 민사소송법 소정의 통상공동소송적 성격을 가진다기보다는 소위 유사필수적 공동소송의 성격을 가진다고 보는 것이 상당하므로 위 공동심판에 있어서의 심결의 개수는 합일확정의 필요에 따라 형식적 및 실질적으로 하나라고 보아야 할 것이다. 그렇다면 (중략) 심판피청구인이었던 원고가 공동심판청구인 중 일인인 피고를 상대로 심결의 취소소송을 제기함으로써 그 심결은 확정되지 않는 것으로 되었다 할 것이다. (중략) 乙은 심판청구인으로서의 지위는 유지하는 것이므로 예컨대 심결이 취소되는 경우에는 다시 심리가 속행되는 심판절차에 당사자로서 참여할 수 있다 할 것이고, 만일 심결취소소송에서 원고가 패소하는 것이 확정된 경우 다시 말하면 심결이 취소되지 않게 된 경우에는 그 때 비로소 심결이 확정되게 되는 것이다. 따라서 특허청이 무효심결이 확정된 것으로 보아 심결 확정등록을 한 것은 공동심판의 법적 성격과 심결 확정의 법리를 오해한 위법을 범한 것이고 이러한 위법사유는 중대하고 명백한 하자에 해당한다고 봄이 상당하므로 특허청의 위 무효심결 확정등록은 당연무효라고 할 것이어서 결국 이 사건 등록고안의 무효심결이 확정등록 됨을 전제로 이 사건 소의 제기가 소의 이익이 없다고 하는 피고의 항변은 이유 없음에 돌아간다 할 것이다"라고 하였다.

44) 특허법원의 판결례는 특허법원 지적재산소송실무연구회(주 8), 51-52의 주 17, 주 18 참고.

259조 중복된 소제기의 금지 규정에 의하여 소장부본이 피고에게 송달된 때가 더 뒤인 심결취소소송은 부적법하므로 각하하여야 한다.[45]

나. 동일한 내용의 복수의 심결에 대하여 각각 심결취소소송이 제기된 경우

동일한 등록상표에 대하여 다른 심판청구인이 각각 무효심판을 청구하였고 특허심판원에서 위 각 무효심판사건을 병합하여 심리하지 아니하고 각각 심결을 하자 이에 대하여 각각 심결취소소송이 제기된 경우, 특허법원은 위 각 심결취소소송의 변론을 병합하여 하나의 판결을 선고하거나 또는 사실상 병행심리를 하여 같은 날 각각의 판결을 선고하는 것이 일반적이다.

그러나 하나의 심결취소소송을 먼저 심리하여 판결을 선고할 수도 있는데, 만일 그 판결에 대하여 상고를 하지 않아 하나의 상표등록무효의 심결이 확정된다면 계속 중인 다른 심결취소소송은 소의 이익이 없게 되어 부적법하므로 각하하여야 한다.

한편 상표등록무효심판청구를 기각한 하나의 심결이 확정된 경우에는 다른 심결취소소송에 일사부재리의 효력이 미치는지 여부가 문제된다. 각각의 심판청구인이 다른 무효사유를 주장하거나 다른 증거(비교대상상표)를 제출한 경우에는 일사부재리의 효력이 미치지 아니함은 당연하다. 각각의 심판청구인이 동일한 무효사유를 주장하고 동일한 증거를 제출한 경우에는 일사부재리 원칙에 위배되는지 여부의 판단을 어느 시기를 기준으로 하느냐에 따라 달라지는데, 대법원 2012. 1. 19. 선고 2009후2234 전원합의체 판결은 '일사부재리의 원칙에 따라 심판청구가 부적법하게 되는지 여부를 판단하는 기준시점은 심판청구를 제기하던 당시로 보아야 할 것이고, 심판청구 후에 비로소 동일사실 및 동일증거에 의한 다른 심판의 심결이 확정 등록된 경우에는 당해 심판청구를 일사부재리의 원칙에 의하여 부적법하다고 할 수 없다'고 하여 심판청구시설이 타당하다고 하므로, 위 경우에도 일사부재리의 원칙에 위배되지 아니한다.

다. 동일한 내용의 복수의 심판청구가 병합되어 하나의 심결이 있었으나 이에 대하여 심판청구별로 심결취소소송이 제기된 경우

상표법 제162조 제2항의 I. 2. 나.항에서의 설명과 같다.

---

45) 전소, 후소의 판단기준이 되는 소송계속의 발생 시기는 소장 부본이 피고에게 송달된 때의 선후에 의한다(대법원 1994. 11. 25. 선고 94다12517, 12524 판결 등).

5. 심결취소소송에 있어서 위법 판단의 기준시점

가. 의의

심결취소소송의 심리에 있어서 특허심판원이 행한 심결의 위법성 여부에 대한 판단기준시점을 어느 때로 할 것인지가 문제된다. 심결이 있은 후에 당해 심결의 근거가 된 법령이 개폐되거나 법령이 규정하고 있는 요건을 충족하는 사실상태에 변동이 있는 경우 어느 때를 위법 판단의 기준시점으로 하느냐에 따라 판결의 결론이 달라질 수 있다.

나. 행정소송에서 행정처분의 위법 여부를 판단하는 기준시점

행정소송(취소소송)에서 소송의 대상인 행정처분의 위법 여부를 어느 시점의 법령과 사실 상태를 기준으로 할 것인지에 관하여 종래 처분시설과 변론종결시설이 주장되었으나, 법원이 행정처분 이후의 사정에 근거하여 행정처분의 적법 여부를 판단하는 것은 행정청의 제1차적 판단권을 침해하는 것이 되고 법원이 감독행정청의 역할을 하는 것이 되어 타당하지 않으며[46] 변론종결시설에 의하면 행위시에 위법하였던 행위가 후에 법령의 개정에 의하여 적법한 행위가 될 수도 있어 법치주의의 원리에 반하고, 판결의 지연 등에 따라 결론이 달라지는 등 불합리한 점이 예상된다[47]는 등의 이유로, 통설과 판례[48]는 처분시설을 취하고 있다. 즉 행정소송에서 행정처분의 위법 여부는 행정처분이 있을 때의 법령과 사실상태를 기준으로 하여 판단하여야 하고, 처분 후 법령의 개폐나 사실상태의 변동에 의하여 영향을 받지는 않는다.

그런데 행정처분의 위법 여부를 판단하는 기준 시점에 대하여 변론종결시가 아니라 처분시라고 하는 의미는 위와 같은 뜻이지 처분 당시 존재하였던 자료나 행정청에 제출되었던 자료만으로 위법 여부를 판단한다는 의미는 아니므로 처분 당시의 사실상태 등에 대한 입증은 사실심 변론종결 당시까지 할 수 있고, 법원은 행정처분 당시 행정청이 알고 있었던 자료뿐만 아니라 사실심 변론종결 당시까지 제출된 모든 자료를 종합하여 처분 당시 존재하였던 객관적 사실을 확정하고 그 사실에 기초하여 처분의 위법 여부를 판단할 수 있다.[49]

---

46) 박균성(주 7), 1327.
47) 특허법원 지적재산소송실무연구회(주 8), 96.
48) 대법원 2007. 5. 11. 선고 2007두1811 판결; 대법원 2002. 10. 25. 선고 2002두4464 판결; 대법원 2002. 7. 9. 선고 2001두10684 판결; 대법원 1996. 12. 20. 선고 96누9799 판결 등.
49) 대법원 1995. 11. 10. 선고 95누8461 판결.

다. 심결취소소송에 있어서 위법 판단의 기준시점

심결취소소송에서 있어서도 심결의 위법 판단의 기준시점은 처분시설에 따라 심결시이므로, 심결의 위법 여부는 심결 당시의 법령과 사실상태를 기준으로 판단하여야 하고, 원칙적으로 심결이 있은 이후 비로소 발생한 사실을 고려하여 판단의 근거로 삼을 수는 없다.

그리고 행정소송의 경우와 마찬가지로, 심결의 위법 판단의 기준시점이 심결시라는 의미는 심결이 있을 때의 법령과 사실 상태를 기준으로 하여 위법 여부를 판단하여야 하고 심결 후의 법령의 개폐나 사실상태의 변동에 영향을 받지 않는다는 것일 뿐이고, 심결 당시의 사실상태 등에 대한 입증은 심결취소소송의 변론종결시까지 할 수 있으며, 법원은 심결시까지 제출된 자료뿐만 아니라 변론종결 당시까지 제출된 모든 자료를 종합하여 심결 당시 존재하였던 객관적 사실을 확정하고 그 사실에 기초하여 심결의 위법 여부를 판단할 수 있다.[50] 이는 특허법 제29조 제1항 제1호 소정의 '특허출원 전에 국내에서 공지되었거나 공연히 실시된 발명'에서 '특허출원 전'의 의미는 발명의 공지 또는 공연 실시된 시점이 특허출원 전이라는 의미이지 그 공지 또는 공연 실시된 사실을 인정하기 위한 증거가 특허출원 전에 작성된 것을 의미하는 것은 아니므로, 법원은 특허출원 후에 작성된 문건들에 기초하여 어떤 발명 또는 기술이 특허출원 전에 공지 또는 공연 실시된 것인지 여부를 인정할 수 있는 것[51]과 같은 이치이다.

또한 아래 Ⅵ.에서 보는 바와 같이 심결취소소송에서 심결시까지 제출되지 아니한 주장과 증거의 제출을 허용하는 것과 심결의 위법 여부를 심결당시의 법령과 사실상태를 기준으로 하여 판단한다는 것은 별개의 문제라 할 것이다.[52]

상표법 제117조 제3항은 상표등록을 무효로 한다는 심결이 확정된 때에는 그 상표권은 처음부터 없었던 것으로 본다고 규정하여 그 소급효를 인정하고 있으므로, 심결 당시에는 적법한 판단이었으나 심결 이후의 무효심결확정에 의한 소급효로 인하여 적법하였던 판단이 위법하게 될 수 있는데, 이러한 소급효의 문제와 심결의 위법 판단의 기준시점을 심결시로 보아야 한다는 문제는 별개로 생각하여야 한다. 특허법원 1999. 3. 18. 선고 98허9109 판결(확정)도 구 상표법 제8조를 적용함에 있어, 선등록상표가 후출원상표에 대한 거절결정불복심판의 심결

---

50) 특허법원 1999. 4. 2. 선고 98허9567 판결(확정).

51) 대법원 2007. 4. 27. 선고 2006후2660 판결.

52) 특허법원 98허9567 판결(주 50).

시에 무효로 확정되지 않았다 하더라도 그 후 무효로 확정되면 그 등록은 처음부터 없었던 것으로 보는 것이므로 후출원상표는 적법하게 등록될 수 있다고 하여, 심결의 위법성 판단의 기준시점과 무효의 소급효 문제를 구별하고 있다.

V. 심결취소소송의 소의 이익

1. 의의

상표법 제162조 제2항은 심결취소소송의 원고 적격을 정하고 있으므로, 이러한 원고 적격을 가지는 자는 당연히 심결취소소송에서 소의 이익이 있는가 아니면 별도로 심결의 취소를 구할 법률상 이익을 가져야 하는가? 심결취소소송은 특허심판원의 심판과 심급적인 연관이 없는 점, 심결취소소송 역시 행정소송의 성질을 가지고 있는 점에 비추어 보면, 심결취소소송에서도 행정소송에 있어서와 마찬가지로 원고 적격 외에 별도로 소의 이익을 필요로 한다고 보는 것이 통설, 판례의 입장이다. 따라서 원고적격을 가진 자에 의하여 심결취소소송이 제기되었더라도 심결의 취소를 구할 법률상의 이익이 없는 경우 그 소는 소의 이익이 없어 부적법하게 된다.

일반적으로 원고에게 불리한 심결의 효력이 존속하고 있는 한 그 취소를 구할 소의 이익이 있다. 하지만 결론에 있어 유리한 심결을 받은 당사자가 심판청구취지를 확장하기 위하여 심결취소소송을 제기하는 경우에는 심결의 취소를 구할 법률상 이익이 없어서 심결취소소송은 소의 이익이 없어 부적법하게 된다. 또한 일부 인용, 일부 기각의 심결에 대해 불복하여 심결취소소송을 제기하면서 유리한 판단을 받은 부분까지 포함하여 심결 전체의 취소를 구하는 경우가 있는데, 이런 경우에는 심결취소소송 중 유리한 판단을 받은 심결 부분에 대한 소는 소의 이익이 없어 부적법하게 된다.[53]

원고에게 불리한 심결의 효력이 그대로 존속되고 있기는 하나, 다른 사정에 의하여 심결 자체가 무의미해지거나 또는 심결을 취소하지 않고 내버려 두더라도 더 이상 법률상 불이익이 없게 된 경우, 심결을 취소하더라도 더 이상 유리한 심결을 받을 가능성이 없게 된 경우 등에는 심결취소소송으로 심결의 취소를 구할 법률상의 이익이 없다고 하여야 한다.[54]

---

53) 심준보(주 1), 11.
54) 특허법원 지적재산소송실무연구회(주 8), 52.

2. 심결취소소송의 소의 이익의 특수성

심결취소소송은 그 취소를 구하는 대상이 일반적인 행정처분이 아니라 심결이라고 하는 준사법적 판단이라는 점에서 그 소의 이익이 일반 행정소송의 경우와 다른 면이 있다. 왜냐하면 심결취소소송이 실질적으로는 심결에 대한 항소심의 역할을 한다고도 볼 수 있기 때문에 심결취소소송에 있어서의 소의 이익은 결국 민사소송법상의 일반적인 소의 이익보다는 항소의 이익이라는 측면이 강하기 때문이다.

예컨대, 상표등록무효심판 등의 당사자계 사건에 있어서 심판청구인이 이해관계인인지 여부는 심결취소소송 이전의 심판단계에서의 심판의 이익의 문제로 다루어지게 된다. 따라서 이해관계인인지 여부는 심결시를 기준으로 판단하고, 심결 이후에 이해관계를 상실하더라도 심결이 위법하게 되거나 당연히 심결의 취소를 구할 법률상 이익이 없어진다고 할 수 없다.[55]

3. 소의 이익의 판단시점

소의 이익의 유무는 변론종결시를 기준으로 판단한다.

그런데 대법원 판결은 소송요건은 원칙적으로 사실심 변론종결시를 기준으로 판단하여야 한다[56]고 하면서도, 소송요건 중 소의 이익과 관련하여서는 영업정지처분 등 제재적 행정처분의 기간경과,[57] 공무원면직처분 무효확인소송 중의 정년경과[58] 등 많은 경우에 있어서 사실심 변론종결 이후의 사유를 참작하고 있고, 심결취소소송의 소의 이익에 관하여도 대법원 2001. 5. 8. 선고 98후1921 판결은, 특허를 무효로 한 심결에 대한 심결취소소송에서 원고의 청구가 기각되어 상고심에 계속 중, 제3자가 제기한 특허무효심판에서 특허를 무효로 하는 심결이 확정된 때에는 그 특허권은 처음부터 없었던 것으로 보게 되므로, 결과적으로 존재하지 않는 특허를 대상으로 판단한 심결은 위법하게 되나, 특허가 무효로 확정된 이상 심결취소를 구할 법률상 이익도 없어졌다고 봄이 상당하여 이 사건 소는 부적법하게 되었다는 이유로 원심판결을 파기하고 직접 판결하여 소를 각하함으로써, 사실심 변론종결일 이후에 발생한 사정도 고려하고

---

55) 특허법원 지적재산소송실무연구회(주 8), 52.
56) 대법원 1994. 9. 30. 선고 93다27703 판결.
57) 대법원 1995. 10. 17. 선고 94누14148 전원합의체 판결.
58) 대법원 1993. 1. 15. 선고 91누5747 판결.

있다.

이와 같이 대법원 판례는 소송요건을 원칙적으로 사실심 변론종결시를 기준으로 판단하면서도 그 이후의 시점에 소의 이익이 흠결되는 변화가 생긴 때와 같이 소송요건이 사실심 변론종결 이후에 소멸하는 소극적 변화가 있는 경우에는 이러한 사정도 함께 고려하여 판단하고 있다.

4. 심결취소소송에서 소의 이익이 문제되는 사례

① 거절결정 불복심판의 심결취소소송의 계속 중 그 등록출원이 취하 또는 포기된 경우 소의 이익이 인정되지 아니하므로 소를 각하한다.59)

② 상표권이 등록무효 등으로 소급적으로 소멸한 경우에는 특별한 사정이 없는 한 등록무효심판의 심결에 대한 취소소송은 소의 이익이 없으므로 소를 각하한다.60) 심결이 심판 단계에서 상표권의 소급적 소멸 사실을 간과한 것이든, 심결취소소송 단계에서 상표권이 소급적으로 소멸한 것이든, 그와 같은 심결 자체가 무의미하게 되어 소의 이익이 인정되지 않는다.61)

③ 소송단계에서 상표권이 존속기간 만료, 상표등록 취소심결의 확정, 권리의 포기 등으로 소급효 없이 소멸한 경우에는 상표법 제117조 제2항이 등록무효심판을 청구할 수 있다고 규정하고 있으므로 그 심결에 대한 불복의 취소소송도 소의 이익이 인정된다. 이는 권리가 장래에 향하여 소멸한 경우에도 유효한 권리존속기간 중의 행위로 인한 손해배상책임이나 형사책임의 문제는 여전히 남기 때문이다.

④ 다만, 대법원은 권리범위확인심판의 청구는 현존하는 상표권의 범위를 확정하려는 데 그 목적이 있으므로 일단 적법하게 발생한 상표권이라 할지라도 그 권리가 소멸되는 경우 소급효 유무에 관계없이 권리범위확인의 이익이 없어진다고 하여, 권리범위확인 심결의 취소소송에서는 등록상표권이 소멸하면 그 소멸에 소급효가 있는지 여부에 관계없이 소의 이익이 없다고 한다.62)

---

59) 대법원 2016. 8. 18. 선고 2015후789 판결.
60) 대법원 2001. 5. 8. 선고 98후1921 판결.
61) 상표법 제117조 제2항이 등록무효심판은 상표권이 소멸된 후에도 이를 청구할 수 있다고 규정하고 있지만, 무효를 구하는 상표권이 이미 소급적으로 소멸한 경우에는 또 다시 나아가 등록무효심결을 할 아무런 필요가 없으므로, 위 규정에서의 '상표권 소멸'은 상표권이 소급효 없이 소멸한 경우만을 의미한다.
62) 대법원 2001. 6. 15. 선고 99후1706 판결과 대법원 2000. 9. 29. 선고 2000후75 판결(소극적 권리범위확인심판의 인용 또는 기각 심결에 대한 심결취소소송의 계속 중 의장권 또

⑤ 상표등록취소심판에 관한 심결취소소송 계속 중 상표권이 다른 사유로 소멸한 경우에는 더 이상 등록취소의 대상이 되는 상표등록 자체가 존재하지 않아 심결취소소송을 유지할 법률상의 이익이 없으므로 소의 이익이 인정되지 않는다.63)

⑥ 상표등록을 무효로 하는 심결에 대하여 상표권자가 원고가 되어 심결취소소송을 제기하였는데 소송 계속 중 원고가 무효심판청구인인 피고에게 그 상표권을 양도하였다면, 원고로서는 더 이상 상표권자가 아니어서 심결취소를 구할 법률상 이익이 없으므로 소의 이익이 인정되지 않는다. 다만, 소가 각하되면 상표등록을 무효로 한 심결이 그대로 확정되므로 이러한 경우 피고로서는 반드시 상표등록무효심판 청구를 취하하여야 할 것이다.64)

⑦ 심결취소소송 계속 중 당사자 사이에 분쟁을 종결하는 합의를 하여 이해관계가 소멸한 경우65)에도 소의 이익이 없어 소를 각하하여야 한다. 당사자 사이에 심판을 취하하기로 한다는 내용의 합의가 이루어졌다면 그 취하서를 제출하지 않았다 하더라도 특별한 사정이 없는 한 심판이나 소송을 계속 유지할 법률상의 이익은 소멸되었다고 한다.66) 유의할 점은 합의의 내용에 심판이나 소송의 처리에 관하여 명시적으로 언급되어 있지 않은 경우에는 그 합의의 경위와 내용을 잘 살펴서 이해관계의 소멸 여부를 판단하여야 한다는 것이다.67)

⑧ 상표권 침해 민사판결과 권리범위확인 심결의 취소소송의 소의 이익

대법원 2011. 2. 24. 선고 2008후4486 판결은, 원고가 2007. 3. 21. 피고를 상대로 특허심판원에 소극적 권리범위확인심판을 제기하였으나 특허심판원이 2008. 4. 28. 확인대상표장이 이 사건 등록상표의 권리범위에 속한다는 이유로 청구를 기각하는 심결(이하 '이 사건 심결'이라 한다)을 한 점, 비록 피고가 이 사

는 실용신안권이 등록료미납으로 소멸한 경우); 대법원 2002. 4. 23. 선고 2000후2439 판결과 대법원 2002. 2. 22. 선고 2001후2474 판결 및 대법원 1996. 9. 10. 선고 94후2223 판결(각 상고심 계속 중 특허권이 존속기간 만료로 소멸한 경우); 대법원 2007. 3. 29. 선고 2006후3595 판결(소극적 권리범위확인심판의 기각심결에 대한 심결취소소송 계속 중 실용신안권 포기로 소멸한 경우).
63) 대법원 2000. 11. 10. 선고 98후2696 판결 등.
64) 심준보(주 1), 13.
65) 대법원 2000. 1. 21. 선고 99후2198 판결; 대법원 1990. 10. 23. 선고 89후2151 판결.
66) 대법원 1997. 9. 5. 선고 96후1743 판결; 대법원 2007. 5. 11. 선고 2005후1202 판결(이 사건에서는 소 취하 합의 후 소송과정을 통해 소 취하 합의가 묵시적으로 합의해제 되었다고 보았다).
67) 특허법원 지적재산소송실무연구회(주 8), 54.

건 등록상표의 상표권 침해와 관련된 민사소송을 2006. 7. 11. 제기하여 2008. 7. 25. 원고 승소판결이 선고되었고, 그 과정에서 이 사건 심결이 먼저 내려져 위 민사판결에 고려될 수 있었으며 이 사건 심결취소소송의 상고심 계속 중 위 민사판결이 2010. 5. 13. 그대로 확정되었다고 하더라도 여전히 원고에게 불리한 이 사건 심결이 유효하게 존속하고 있는 점, 확정된 위 민사판결은 이 사건 심결취소소송을 담당하는 법원에 대하여 법적 기속력이 없으므로 원고는 위 민사판결이 확정되었음에도 불구하고 자신에게 불리한 이 사건 심결을 취소할 법률상 이익이 있고, 달리 이 사건 심결 이후 이 사건 등록상표의 상표권이 소멸되었다거나 당사자 사이의 합의로 이해관계가 소멸되었다는 등 이 사건 심결 이후 심결을 취소할 법률상 이익이 소멸되었다는 사정도 보이지 아니하는 점 등에 비추어 원고는 이 사건 심결의 취소를 구할 소의 이익이 있다고 하였다.[68]

5. 심판청구의 이익과 소의 이익의 구별

현행 상표법 하에서는 앞서 본 바와 같이 심결과 심결취소소송 사이에 소송법상 심급의 연결이 없으므로, 심판을 청구할 이익과 심결취소소송을 제기할 이익은 엄밀히 구별되어야 하고, 심판청구의 이익이 흠결된 경우에는 심판청구가 각하되어야 하고, 심결취소소송에서 소의 이익이 흠결된 경우에는 소가 각하되어야 한다. 한편, 판단의 기준시점에 있어서도 심판청구의 이익은 심결시를 기준으로, 소의 이익은 원칙적으로 특허법원의 사실심 변론종결시 및 예외적으로 상고심 종결시를 기준으로 판단된다.[69]

소의 이익은 갖추었으나 심판청구의 이익이 흠결되었다면 특허법원으로서

---

68) 원심인 특허법원 2008. 10. 10. 선고 2008허6406 판결은, 상표권의 권리범위확인심판은 심판청구인이 심판의 대상으로 삼은 구체적인 대비대상상표와의 관계에서 당해 등록상표의 효력이 미치는 범위에 관하여 현실적인 다툼이 계속되고 있고, 동일한 심판 대상에 대하여 가장 유효·적절한 분쟁해결수단인 침해금지청구나 손해배상청구와 같은 민사 본안 소송의 판결이 내려지기 전에 그 권리범위의 속부를 확정할 실익이 있는 경우에 확인의 이익이 있다 할 것이고, 만약 이와 달리 당사자 사이에 현실적인 다툼이 없거나, 그 다툼을 해결하기 위한 가장 유효·적절한 분쟁해결수단인 민사 본안소송이 먼저 제기되어 이미 판결까지 선고되었고, 그 과정에서 전문 국가기관의 공적 판단인 권리범위확인심판의 심결이 먼저 내려져 위 본안판결에 고려될 수 있었던 사정까지 있었다면, 굳이 권리범위의 속부에 관한 심결의 취소소송을 통하여 위 분쟁해결의 중간적 수단에 불과한 심결의 당부를 확정할 실익은 없다고 봄이 상당하다(설령 그 본안판결이 확정되지 않은 제1, 2심 판결이라고 하더라도 새로운 권리범위확인심판 절차보다는 그 본안판결의 당부를 판단하는 상소절차를 통하여 해결하는 것이 유효·적절한 수단에 해당한다)고 하였다.

69) 심준보(주 1), 12.

는 심판의 이익이 없어 심판청구를 각하하여야 함에도 본안판단을 하였다는 절차적 위법을 이유로 심결을 취소하여야 한다. 그리고 심결취소소송 단계에서 소의 이익을 갖추지 못하였으면 심판청구의 이익의 유무에 관계없이 소의 이익이 없다는 이유로 소를 각하하여야 하므로, 어떤 구체적 사정이 심판청구의 이익과 소의 이익에 공통되는 경우에는 소의 이익의 유무를 먼저 판단한다.

상표등록취소심판청구를 기각한 심결에 대한 취소소송에서 심판청구인인 원고가 이해관계인이 아님이 밝혀진 경우 기각심결의 취소를 구할 소의 이익도 없다는 이유로 소 각하한 예가 있다.[70] 반면에, 특허무효심판청구 기각심결에 대해 취소소송을 제기한 원고가 이해관계인이 아님이 심결취소소송 단계에서 밝혀진 경우와 같이 심판청구 기각심결에 대하여 소 각하 판결을 하면 그 기각 심결이 확정되어 부당하게 일사부재리의 효력이 생길 우려가 있는 때에는 본안 판단을 한 위법을 이유로 심결을 취소한 예가 있다.[71] 그리고 적극적 권리범위 확인심판청구 기각심결에 대한 취소소송에서 피고인 피심판청구인이 확인대상 발명을 실시하지 않고 있는 사실이 밝혀진 경우에 소 각하를 하지 않고 심결을 취소한 예도 있다.[72] 결국 이는 사안 및 각하 사유에 따라, 소 각하 판결의 타당성 및 확정심결의 효력 등을 개별적으로 따져보고 결정하여야 할 문제이다.[73]

VI. 심결취소소송의 심리범위

1. 심결취소소송의 심리범위의 의의

앞에서 본 바와 같이 심결취소소송의 소송물은 심결의 절차 또는 내용에 관하여 심결시에 객관적으로 존재하는 모든 위법성이다. 심결취소소송의 심리범위란 법원이 위 소송물에 대하여 어느 범위까지 심리할 수 있느냐, 달리 말하면 심판절차에서 제기되지 아니한 주장이나 제출되지 아니한 증거를 심결취소소송절차에서 심리하는 것이 허용되는지 여부에 관한 문제이다. 그런데 심결의 위법성 일반 중 절차적 위법사유는 대부분 직권심리사유이기 때문에 별 문제가 되지 아니하므로, 결국 심결취소소송의 심리범위는 실체적 위법사유에 관한 공

70) 특허법원 1999. 7. 1. 선고 99허1379 판결(확정); 특허법원 1998. 9. 24. 선고 98허171 판결(확정).
71) 특허법원 2004. 10. 15. 선고 2003허6524 판결(상고기각 되어 확정).
72) 특허법원 2007. 6. 13. 선고 2006허8705 판결(상고각하 되어 확정).
73) 특허법원 지적재산소송실무연구회(주 8), 58.

격·방어방법을 어느 범위까지 허용할 수 있는지의 문제로 논의되어 왔다.

상표법은 심결취소소송의 심리범위에 관하여 아무런 규정을 두지 아니하고 법원의 해석에 맡기고 있다(특허법도 마찬가지이다). 심결취소소송의 소송물이 심결의 위법성 일반인 이상 심결취소소송 법원의 사실심리에 어떠한 제한이 있을 수 없다는 측면이 있는 반면, 심결은 일반 행정처분과는 달리 전문가들로 구성된 특허심판원에서 준사법절차라고 할 수 있을 정도의 엄격한 절차를 거쳐 이유를 붙여 행하여지고, 심결취소소송은 일반 행정처분 취소소송과는 달리 원처분(등록거절결정, 상표권)의 무효·취소 여부를 판단하는 것이 아니라 위와 같은 심결의 적법 여부만을 판단하는 것이므로, 심결취소소송 법원은 심결에서 심리·판단된 사유만을 심리·판단하여야 하는 것 아닌가 하는 측면도 있다.

2. 우리나라에서의 논의

심결취소소송의 심리범위에 관하여 우리나라에서 주장되는 견해는 다음과 같다. 심리범위에 제한이 없다는 무제한설, 심결취소소송에서는 심판절차에서 현실적으로 심리·판단된 주장과 증거에 한하여 심리할 수 있다는 동일사실 및 동일증거설[74], 심판에서 주장되지 아니한 다른 법조에 규정된 거절이유 및 무효사유에 대해서는 심리를 할 수 없지만 동일한 법조의 범위 내라면 새로운 주장이나 새로운 증거 제출이 가능하다는 동일법조설(동일사실 및 동일증거설과 동일법조설을 합하여 제한설이라고 한다), 양 당사자는 청구의 기초에 변경이 없는 한 변론종결시까지 심결절차에서 제출하지 않았던 새로운 주장을 할 수 있고 새로운 증거도 제출할 수 있으나, 새로운 주장은 심판절차에서 주장하지 못한 데에 정당한 이유가 없으면 허용되지 아니하고 새로운 증거도 실기한 공격방어방법에 해당하는 경우에는 제출할 수 없다는 절충적 제한설, 심판의 유형에 따라 달리 정하자는 개별적 고찰설이 주장된다.

[위 각 주장의 상세한 논거와 외국에서의 논의에 대하여는 특허법 주해Ⅱ, 박영사 (2010), 784-792 참조].

---

74) 특허권, 상표권의 부여 여부 및 특허권, 상표권의 등록무효 여부의 종국적 판단은 특허청의 권한이고, 법원은 단지 특허청이 이미 심판을 행한 특허권, 상표권 부여의 당부 및 특허권, 상표권 등록무효 여부의 당부만을 판단하여야 한다는 권한분배의 사상을 기초로 하고 있다.

3. 우리나라 판례

가. 특허법원 판결

아래의 대법원판결이 나오기 전에 특허법원은 당사자계 심결취소소송의 경우에는 무제한설을 취하고 있었고, 결정계 심결취소소송의 경우에는 피고인 특허청장으로서는 종전 심사 및 심판단계에서의 거절 및 심판기각 사유와 동일성이 없는 다른 처분사유를 추가하거나 변경할 수는 없다고 하여 새로운 거절이유를 주장하는 것을 제한하였다(결정계 심결취소소송에서 취한 이러한 입장이 동일사실 및 동일증거설을 취한 것이라고 할 수는 없고,[75] 단지 특허법의 규정에 의하여 결정계 심결취소소송에서 피고인 특허청장이 주장·입증할 수 있는 사유를 제한하고 있을 뿐이라고 보아야 할 것이다[76]).

나. 대법원 판결

(1) 당사자계 사건

특허법원의 무제한설을 지지한 최초의 대법원 판결은 특허등록무효 사건에 관한 2002. 6. 25. 선고 2000후1290 판결이다. 이 사건에서 특허법원은 심판절차에서 제출되지 않았던 증거들을 제출받아 이를 근거로 진보성을 부정하고 심결을 취소하였는데, 위 판결은 행정처분인 특허심판원의 심결에 대한 불복의 소송인 심결취소소송은 항고소송에 해당하여 그 소송물은 심결의 실체적·절차적 위법성 여부라 할 것이므로, 당사자는 심결이 판단하지 아니한 것이라도 그 심결의 결론을 정당하게 하거나 위법하게 하는 사유를 심결취소소송절차에서 새로이 주장·입증할 수 있고, 심결취소소송의 법원은 특별한 사정이 없는 한 제한 없이 이를 심리·판단하여 판결의 기초로 삼을 수 있다고 판시한 다음, 이와 같이 본다고 하여 심급의 이익을 해한다거나 당사자에게 예측하지 못한 불의의 손해를 입히는 것은 아니라는 점을 분명히 하였다.[77]

그러나 무제한설이라고 하더라도 아무런 제한 없이 새로운 주장이나 청구를 할 수 있는 것은 아니고, 당연히 동일한 소송물의 범위 내에서 새로운 공격

---

75) 강기중, "심결취소소송의 심리범위", 대법원판례해설 41호(2002), 488; 박원규, "심결취소소송의 심리범위", 특허판례연구(한국특허법학회 편), 박영사(2009), 695-696.

76) 그러나 다수의 견해는 결정계 심결취소소송에서 피고의 경우에는 제한설을 취하고 있다고 설명한다.

77) 대법원 2003. 8. 19. 선고 2001후1655 판결; 대법원 2003. 10. 24. 선고 2002후1102 판결; 대법원 2009. 5. 28. 선고 2007후4410 판결 등도 같은 취지이다.

방어방법만을 추가할 수 있을 뿐이며, 그 범위를 넘어 예를 들어 상표등록무효심판단계에서 주장하지 않았던 다른 지정상품에 대한 등록무효를 주장하는 것 등은 허용될 수 없다[78].

(2) 결정계 사건

대법원 2003. 2. 26. 선고 2001후1617 판결은 거절결정불복심판의 심결취소소송에 있어서도 위 2000후1290 판결을 들면서 "특허청은 심결에서 판단되지 않은 것이라고 하더라도 거절결정의 이유와 다른 새로운 거절이유에 해당하지 않는 한 심결의 결론을 정당하게 하는 사유를 주장, 입증할 수 있고, 심결취소소송의 법원은 달리 볼 만한 특별한 사정이 없는 한, 제한 없이 이를 심리 판단하여 판결의 기초로 삼을 수 있다"고 하여,[79][80] 거절결정불복심판의 심결취소소송에서도 기본적으로는 무제한설을 취하면서, 다만 피고인 특허청장이 심결에서 판단되지 않은 것으로서 거절결정의 이유와 다른 새로운 거절이유를 심결취소소송에서 주장, 입증하는 것은 허용되지 않는다는 제한을 두고 있다. 그 이유는 심사관은 거절결정을 하고자 할 때에는 출원인에게 거절이유를 통지하고 기간을 정하여 의견서를 제출할 수 있는 기회를 주어야 하고(특허법 제63조, 상표법 제55조 제1항), 거절결정에 대한 심판에서 심판관은 그 거절결정의 이유와 다른 거절이유를 발견한 경우에도 위와 같이 하여야 하며(특허법 제170조 제2항, 상표법 제123조 제1항), 출원인은 출원 과정이나 심판절차에서 통지받은 거절이유에 대하여 의견서 및/또는 보정서를 제출하여 당해 특허출원이 거절됨을 저지할 수 있으나, 이는 심결취소소송에 준용되지 아니하므로, 거절결정불복심판의 심결에 대한 취소소송절차에서 특허청장이 거절이유통지에 기재되어 있지 아니한 새로운 거절이유를 들면서 이에 의하면 거절결정 및 심결이 정당하다고 주장할 수 있다면, 출원인은 위 새로운 거절이유에 대하여 의견서 및/또는 보정서를 제출할 수 있는 기회를 박탈당하는 결과가 되어 부당하기 때문이다.[81]

결국 대법원 판결은 그 심리범위에 제한을 두지 아니하면 출원인의 의견제

---

78) 특허법원 지적재산소송실무연구회(주 8), 96.

79) 이 사건에서 특허청장이 심결취소소송에서 주장한 사유(1차 보정된 출원발명이 명세서 기재불비라는 것)는 심결에서는 판단되지 아니하였지만(심결은 거절결정과는 달리 1차 보정이 요지 변경이라는 이유로 최초의 출원발명을 대상으로 명세서 기재불비 여부를 판단하였을 뿐이다) 원래 거절결정의 이유가 되었던 것으로 이에 대하여 출원인이 거절결정불복심판을 청구하면서 그에 대한 의견서를 제출한 바도 있었다.

80) 특허법원 2004. 9. 24. 선고 2004허226 판결(확정)도 같은 취지이다.

81) 특허법원 1999. 4. 1. 선고 98허10239 판결(확정).

출 또는 보정의 기회가 박탈되는 등 출원인의 방어권이나 절차적 이익이 보호
되지 아니하는 경우에만 즉 거절결정불복심판의 심결취소소송에서 피고인 특허
청장의 경우에만 주장, 입증에 제한을 두고 있을 뿐이다.[82]

　　새로운 거절이유란 기존의 거절이유와 주된 취지에서 부합하지 않는 것을
말하는데, 상표법 제33조 제1항 각호, 제34조 제1항 각호 중 다른 것을 주장하
는 것은 새로운 거절이유에 해당하고, 거절이유에 기재되어 있지 아니한 새로운
선등록상표(비교대상상표)를 드는 것도 새로운 거절이유에 해당한다.

　　한편 비록 심결에서의 판단에 나타나 있지 않은 거절사유라도 그것이 심사
단계에서 거절이유로 통지된 이상 새로운 거절이유가 되는 것은 아니므로, 특허
청장은 심결취소소송에서 이를 심결의 결론을 정당하게 하는 사유로 주장, 입증
할 수 있고, 법원은 제한 없이 이를 심리 판단하여 판결의 기초로 삼을 수 있다.
이러한 입장을 취하는 상표에 관한 사안을 하나 살펴보면, 대법원 2004. 7. 22.
선고 2004후356 판결은, "이 사건 출원서비스표의 등록출원에 관한 심사단계에
서 특허청 심사관은 이 사건 출원서비스표가 구 상표법 제6조 제1항 제3호, 제7
호, 제7조 제1항 제6호에 해당한다는 3가지 거절이유를 원고에게 통지하고 기
간을 정하여 의견서를 제출할 수 있는 기회를 준 다음, 이러한 이유들을 들어
이 사건 출원서비스표의 등록출원에 대하여 거절결정을 하였고, 원고의 거절결
정 불복심판청구에 대하여 특허심판원은 이 사건 출원서비스표가 구 상표법 제
7조 제1항 제6호에 해당하므로 상표법 제6조 제1항 제3호 및 제7호에 해당하는
지 여부를 살필 필요 없이 서비스표 등록을 받을 수 없다는 이유로 원고의 위
청구를 기각하는 이 사건 심결을 하였음을 알 수 있다. 그렇다면 피고는 원심절
차에서 이 사건 심결의 결론을 정당하게 하는 사유로서 이 사건 출원서비스표
가 구 상표법 제6조 제1항 제3호 및 제7호에 해당한다는 점을 주장할 수 있고,
기록에 의하면, 피고는 원심의 변론기일에서 진술된 답변서를 통하여 이 사건
출원서비스표에는 구 상표법 제6조 제1항 제3호 및 제7호에 정한 등록거절이유
가 있다는 주장을 하였음을 알 수 있는바, 그럼에도 불구하고, 원심은, 구 상표

---

82) 많은 견해가 이를 가리켜 대법원이 위 경우에는 제한설을 취하고 있다고 설명하나, 심리
　　범위를 제한하였다기보다는, 심리범위와는 관계없는 특허법, 상표법 등의 규정들에 의한
　　당연한 제한으로 이해하여야 한다고 생각한다. 즉 특허법, 상표법 등의 규정에 의하여 결
　　정계 심결취소소송에서 피고인 특허청장이 주장·입증할 수 있는 사유가 제한되는 것일
　　뿐이라고 보아야 할 것이다. 그러므로 심리범위에 관하여 제한설을 취하고 있다고 표현하
　　는 것은 적절하지 않다고 생각한다.

법 제6조 제1항 제3호 및 제7호의 위반 여부는 이 사건 심결이 판단하지 아니
한 사항이라는 이유만으로 이에 관하여 판단하지 아니하였으니, 원심판결에는
심결취소소송의 심리범위에 관한 법리를 오해하여 피고의 주장에 대한 판단을
누락함으로써 판결에 영향을 미친 위법이 있다"고 하였다.

4. 무제한설의 타당성

이에 관하여는 특허법 주해Ⅱ, 박영사(2010), 803-808 참조.

Ⅶ. 심결취소소송에서의 주장책임, 입증책임

1. 序

변론주의를 바탕으로 하는 소송절차에서는 당사자가 변론에서 재판에 필요
한 사실은 당사자의 주장을 통하여 도입되지 않으면 안 되므로 법원은 변론에
나타나지 않은 사실에 관하여는 판단을 할 수 없는데, 이처럼 주요사실을 변론
에서 주장하지 아니하면 없는 것으로 취급되어 유리한 법률효과의 발생이 인정
되지 않을 당사자의 위험 또는 불이익을 주장책임이라고 한다.[83]

입증책임이란 변론종결시에 이르러서도 판결의 기초가 되는 사실이 존재하
는지 여부가 불분명한 경우에 그 사실이 존재하지 않은 것으로 취급되어 판단
을 받게 될 당사자 일방의 위험 또는 불이익을 말한다.[84]

2. 처분권주의와 직권심리주의

가. 행정소송법 제26조의 의미

행정소송에 있어서도 민사소송에서와 같이 원칙적으로 처분권주의가 적용
되지만, 행정소송은 공익과 관련이 있으므로 경우에 따라 법원이 개입하여 실체
적 진실을 밝혀내어 적정한 재판이 되도록 하는 것이 필요하기 때문에, 행정소
송법 제26조는 "법원은 필요하다고 인정할 때에는 직권으로 증거조사를 할 수
있고, 당사자가 주장하지 아니한 사실에 대하여도 판단할 수 있다"라고 규정하
여 직권심리주의를 인정하고 있다.

행정소송법 제26조는 직권증거조사만을 인정한 것인지 아니면 직권증거조

---

83) 송상현·박익환, 新訂5版 민사소송법, 박영사(2008), 543.
84) 송상현·박익환(주 83), 541.

사와 함께 일정한 한도 내에서 직권탐지[85)까지 인정한 것인지에 관하여, 행정소송법 제26조가 '당사자가 주장하지 아니한 사실에 대하여도 판단할 수 있다'라고 규정하여, 당사자가 주장한 사실에 대하여 법원이 보충적으로 증거를 조사할 수 있을 뿐 아니라, 더 나아가 당사자가 주장하지 않은 사실에 대하여도 직권으로 증거를 조사하여 이를 판단의 자료로 삼는 직권탐지주의까지를 인정하고 있는 것으로 보되, 변론주의가 원칙이고 직권탐지주의는 보충적인 것으로 보는 것이 다수의 견해이다.[86)

　하지만 대법원 판례는 위 규정의 직권심리주의를 "이는 행정소송의 특수성에 연유하는 당사자주의, 변론주의에 대한 일부 예외규정일 뿐 법원이 아무런 제한 없이 당사자가 주장하지 아니한 사실을 판단할 수 있는 것은 아니고, 일건 기록에 현출되어 있는 사항에 관하여서만 직권으로 증거조사를 하고 이를 기초로 하여 판단할 수 있을 따름이고, 그것도 법원이 필요하다고 인정할 때에 한하여 청구의 범위 내에서 증거조사를 하고 판단할 수 있을 뿐이다"라고 하여[87) 직권심리의 범위를 한정적으로 인정함으로써[88) 직권탐지주의를 채택한 것은 아니고 직권 증거조사도 보충적으로만 인정하고 있는 것이라는 취지로 판시하고 있다. 그렇다 하더라도 소송기록에 증거가 나타나 있는 이상은 당사자가 주장하지 않은 사실이라도 증거조사를 하여 판단의 기초로 삼을 수 있음에는 변함이 없다.[89)

---

85) 직권탐지주의란 공익성을 갖는 특정사항에 관하여 당사자의 변론에 구속되지 아니하고 소송자료의 수집책임과 증거조사를 법원에 일임하는 입장으로서, 법원은 당사자가 주장하지 아니한 사실도 직권으로 수집하여 판결의 기초로 채용할 수 있다. 이에 대해 직권조사(직권증거조사)란 공익상 당사자의 이의나 신청이 없는 경우에도 법원이 당사자의 진술에 얽매임이 없이 반드시 직권으로 조사하여 판단하여야 하는 것을 말하는데, 직권증거조사는 변론주의와 직권탐지주의의 중간에 위치한다고 할 수 있다[송상현·박익환(주 83), 366-367].

86) 박균성(주 7), 1282.

87) 대법원 1995. 2. 24. 선고 94누9146 판결; 1994. 10. 11. 선고 94누4820 판결; 대법원 1994. 4. 26. 선고 92누17401 판결; 대법원 1985. 2. 13. 선고 84누467 판결 등.

88) 대법원 1982. 7. 27. 선고 81누394 판결도, 당사자가 명백히 주장하지 않은 사실은 기록에 나타난 사실에 관해서만 직권으로 조사하고 그를 기초로 하여 판단할 수 있을 뿐이라고 판시하였다.

89) 서울고등법원 재판실무개선위원회, 제2판 행정소송실무편람(2003), 228은, 기록상 나타나 있거나 합리적 의심이 있음에도 소송수행능력 등이 부족한 당사자가 변론에서 이를 명백히 하지 않거나 주장하지 않음으로써 현저히 정의에 반하는 결론이 될 우려가 있을 때, 법원이 이러한 사실을 직권으로 조사하여 사실관계를 보다 명백히 하고, 석명권을 적절히 행사하는 등의 방법으로 주장을 명확히 하도록 하여 구체적 타당성 있는 판결을 내릴 수 있을 뿐이며, (중략) 행정소송에서와 민사소송에서의 직권 관여의 정도는 상대적 차이에

직권판단의 범위에 관한 대법원 판결들을 살펴보면,[90] 당사자가 주장하지도 아니하였고 기록상 그러한 자료가 나타나 있지 아니한 사실에 대하여 심리·판단할 의무가 없다고 한 사례들[91] 및 기록상 자료가 나타나 있으면 당사자가 주장하지 아니하였더라도 판단할 수 있다고 한 사례들[92]이 있다.

그리고 위 규정은 '… 할 수 있고, … 할 수 있다'라고 하므로 직권탐지는 원칙상 법원의 재량에 속하지만 적정한 재판을 위하여 직권탐지가 크게 요청되는 경우에는 직권탐지의무가 있다고 보아야 할 것이다. 따라서 기록상 자료가 나타나 있음에도 불구하고 당사자가 주장하지 아니하였다는 이유로 판단하지 아니한 것은 사안에 따라서는 석명하여 입증을 촉구하여야 함에도 석명권을 행사하지 아니한 위법 또는 직권으로 조사를 하지 아니한 심리미진의 위법을 범한 것이 될 수 있다.[93]

나. 행정소송법 제26조의 심결취소소송에의 준용

심결취소소송은 행정소송의 일종으로 보고 상표법에 규정이 없는 사항에 대하여는 행정소송법이 준용되므로, 심결취소소송에도 위에서의 설명이 기본적으로는 그대로 적용된다.

상표법 제146조는 심판에서는 당사자가 신청하지 아니한 이유에 대하여도 이를 심리할 수 있다고 규정하여, 심판에서는 민사소송의 원칙인 변론주의에 의하지 아니하고 직권탐지주의를 취하고 있으며, 상표법 제144조 제1항은 직권으로 증거조사를 할 수 있다고 규정하고 있는데, 위 규정들은 심판에만 적용될 뿐이고 심결취소소송에는 적용되지 아니한다. 한편 앞서 본 바와 같이 심결취소소송은 일반 행정처분에 대한 항고소송과 다른 특수성을 갖기 때문에 이로 인해 차이가 있기도 하다. 그리고 상표법이 국가의 산업발전 및 수요자의 이익 보호라는 공익도 목표로 하는 점을 고려할 때 법원의 석명권 행사[94]는 민사소송보다 더 강조된다.[95]

불과하다고 한다.

90) 서울고등법원 재판실무개선위원회(주 89), 228-232를 참조하였다.

91) 대법원 1995. 2. 24. 선고 94누9146 판결 등 다수.

92) 대법원 2001. 1. 19. 선고 99두9674 판결 등 다수.

93) 대법원 2000. 9. 26. 선고 99두646 판결; 대법원 1992. 2. 28. 선고 91누6597 판결; 대법원 1983. 11. 8. 선고 82누196 판결.

94) 심결취소소송에도 행정소송법 제8조에 의하여 민사소송법 제136조 제1항을 준용한다.

95) 입증촉구에 관한 법원의 석명권은 소송의 정도로 보아 당사자가 부주의 또는 오해로 인하여 입증하지 아니하는 것이 명백한 경우에 한하여 인정되는 것이고 다툼이 있는 사실에

3. 주장책임에 관하여

가. 주장책임 부담에 관한 일반론

우선 당사자 능력·적격, 소송대리권의 흠결 여부, 제소기간, 심결의 존재 등 소송요건은 공익적 성질을 가지는 것으로서 민사소송의 경우처럼 변론주의가 적용되지 않고 직권조사사항에 속하므로 당사자가 주장하지 않아도 무방하다.

이러한 직권조사사항을 제외하고 살펴보면, 일반 행정소송에 있어서 위에서 본 바와 같이 직권주의가 가미되어 있다 하여도 여전히 당사자주의, 변론주의를 기본구조로 하는 이상 행정처분의 위법을 들어 그 취소를 청구함에 있어서는 그 취소를 구하는 원고가 행정처분의 위법사유에 해당하는 구체적 사실을 먼저 주장하여야 한다.96) 심결취소소송에 있어서 특허심판원의 심판기록이 특허법원으로 송부되지 않는 점까지 고려할 때 심결의 취소를 구하는 원고는 그 심결을 취소하여야 하는 위법사유를 구체적으로 주장하여야 한다.

대법원 2011. 3. 24. 선고 2010후3509 판결은, 행정소송의 일종인 심결취소소송에 직권주의가 가미되어 있다고 하더라도 여전히 변론주의를 기본 구조로 하는 이상, 심결의 위법을 들어 그 취소를 청구할 때에는 직권조사사항을 제외하고는 그 취소를 구하는 자가 위법사유에 해당하는 구체적 사실을 먼저 주장하여야 하고, 따라서 법원이 당사자가 주장하지도 않은 법률요건에 관하여 판단하는 것은 변론주의 원칙에 위배되는 것이라고 하면서, 디자인등록 무효심결에 대한 심결취소소송에서, 당사자가 심결의 위법사유로서 등록디자인이 비교대상

관하여 입증이 없는 모든 경우에 법원이 심증을 얻을 때까지 입증을 촉구하여야 하는 것은 아니지만(대법원 2003. 4. 11. 선고 2002다67321 판결, 2004. 6. 25. 선고 2003후847 판결 등), 대법원 2005. 7. 28. 선고 2003후922 판결은, 등록의장이 선행의장들과 유사하여 그 등록이 무효라고 한 심결의 취소소송에서 선행의장들이 등록의장과 대비가 가능할 정도로 파악·특정되지 않았다는 이유로 등록의장이 선행의장들과 유사하다는 피고(무효심판청구인)의 주장을 배척하려면 피고에 대하여 선행의장들의 모양이 전체적으로 파악 가능하도록 보충할 기회를 주어야 하고, 더구나 등록의장이 선행의장들과 유사하다는 이유로 무효심결을 받은 피고로서는 선행의장들이 등록의장과 대비가 불가능할 정도로 특정되지 않았다는 점을 전혀 예측하지 못할 상황이었을 것이므로, 변론기일에 이러한 점에 대하여 질문 내지 석명을 하여야 함에도 제출된 증거들만으로는 선행의장들이 제대로 파악되지 않아 특정할 수 없다는 이유로 그 유사 여부 판단에 나아가지 아니하고 피고의 주장을 배척한 것은 석명권 불행사로 인한 심리미진의 위법이 있다고 하였다.

96) 대법원 2001. 10. 23. 선고 99두3423 판결; 대법원 2001. 1. 16. 선고 99두8107 판결; 대법원 2000. 5. 30. 선고 98두20162 판결; 대법원 2000. 3. 23. 선고 98두2768 판결; 대법원 1995. 7. 28. 선고 94누12807 판결 등.

디자인 등으로부터 용이하게 창작할 수 있는 디자인에 해당하지 않으므로 디자인보호법 제5조 제2항에서 정한 등록무효사유가 존재하지 않는다는 주장만을 하였음에도, 그에 관하여 아무런 판단도 하지 않은 채 당사자가 주장하지도 않은 사유에 기초하여 등록디자인이 비교대상디자인과 유사한 디자인에 해당하므로 디자인보호법 제5조 제1항 제3호에서 정한 등록무효사유가 있다고 본 원심판결에 변론주의 원칙을 위반한 위법이 있다고 하였다.

어느 당사자든지 변론에서 주장하였으면 되고 반드시 주장책임을 지는 당사자가 주장하여야 하는 것은 아니고, 기록상 자료가 나타나 있음에도 당사자가 주장하지 아니하였다는 이유로 판단하지 아니한 것은 위법하다.

나. 주장책임의 정도

심결취소소송의 소송물은 심결의 위법성 일반이고 개개의 구체적 위법사유는 공격방어방법에 지나지 않으므로 심결의 취소를 구하는 원고는 심결이 위법하다고 주장하면 충분하고 개개의 구체적인 위법사유를 주장할 필요가 없다는 견해가 있기도 하나,[97] 다수의 견해는 심결의 취소를 구하는 원고는 심결이 단순히 위법하다고 주장하는 것만으로는 부족하고 개개의 구체적인 위법사유를 주장하여야 한다고 한다.[98] 이 견해에 의하면, 단순히 심결이 위법하다고만 주장하는 것은 주장이 없거나 특정되지 아니하여 소 각하 또는 청구기각의 사유가 된다고 하고, 원고가 심결취소사유에 대하여 예를 들면 심결에서 선등록상표와 대비하여 유사하다고 판단한 것은 잘못되었다는 등의 주장을 하여 심리진행의 편의를 도모할 필요가 있다고 한다.[99][100]

심결은 심판관으로 구성되는 합의체에 의하여(상표법 제132조 제1항) 소송절차에 준하는 절차를 거쳐 주문, 이유 등을 반드시 기재하여 서면으로 하여야 하므로(상표법 제149조 제2항), 심결은 일반 행정처분과는 다른 특수성이 있으며, 심결취소소송에서는 심결과 결론이 다르더라도 심결을 취소할 수 있을 뿐이고

---

97) 瀧川叡一, 特許訴訟手續論考, 信山社(1991), 173-176; 그 근거로 민사소송법 제249조가 규정하는 소장기재사항 중 하나인 청구원인은 소송물을 특정하는 사실을 기재하면 족하고 심결취소소송의 소송물을 심결의 위법성 일반으로 보는 이상 원고는 심결이 위법하다는 주장만 하면 족하다고 설명한다.

98) 이상경(주 11), 137-139; 이명규, "심결취소소송에 있어서 자백과 의제자백", 특허소송연구 제2집, 특허법원(2001), 108-111 등.

99) 이상경(주 11), 136-137.

100) 일본에서는 원고의 이러한 책임을 지적(指摘)책임이라고 부르는데, 이에 대한 상세한 설명은 특허소송실무, 법원행정처(1998), 233-236 및 이명규(주 98), 109의 주 20 참조.

거절결정을 취소하거나 심판청구를 기각한다는 자판을 할 수 없으며, 특허심판원의 심판절차와 심결취소소송 사이에 심급적인 연결이 없다는 등의 심결의 특수성을 고려하고, 이에 만일 원고는 심결에 위법이 있으므로 그 취소를 구한다는 주장만 하면 충분하다고 한다면 특허법원으로서는 심결의 어느 부분이 위법한지를 전혀 알 수 없어 효율적인 심리를 진행할 수 없다는 사정까지 더하여 보면, 심결의 취소를 구하는 원고는 그 심결을 취소하여야 하는 사유에 관하여 개개의 구체적인 위법사유를 주장하여야 한다. 그러기 위해서는 우선 취소대상인 심결을 구체적으로 특정하여야 하는데, 보다 상세히 설명하면 소장이나 준비서면에 심결의 사건번호 및 심결일자, 심결이 있기까지의 특허청 및 특허심판원에서의 절차 진행 경과, 해당 상표 및 이와 대비되는 비교대상상표 등에 관한 사실관계, 심결에서 결론에 이르게 된 이유 등도 기재하지 않으면 안 된다.

4. 주장·입증책임의 분배

가. 법률요건분류설

행정소송에서의 입증책임에 관하여는 민사소송에서의 입증책임 분배원칙 즉 법률요건분류설에 의하여야 한다는 견해와 행정소송의 특수성을 고려하여 독자적으로 정하여야 한다는 견해로 나뉘고, 후자의 견해는 다시 적법성담보설(피고부담설, 피고적법사유책임설), 개별검토설(개별구체설, 구체적사실설), 소송유형별분배설 등으로 나뉜다.

이에 대하여 대법원은, "민사소송법의 규정이 준용되는 행정소송에 있어서 입증책임은 원칙적으로 민사소송의 일반원칙에 따라 당사자 간에 분배되고, 항고소송의 성질에 따라 당해 처분의 적법을 주장하는 피고에게 그 적법사유에 대한 입증책임이 있다"라고 판시하여[101] 법률요건분류설(규범설)의 입장을 취하고 있다. 법률요건분류설은 객관적인 법규의 구조 즉 조문의 형식이나 관계조문의 상호관계 속에서 입증책임 분배의 기준을 찾으려는 견해로서,[102] 각 당사자는 자기에게 유리한 법규의 요건사실의 존부에 대해 증명책임을 지는 것으로 분배시키고 있다.[103] 이에 따르면 실체법규를 일정한 권리발생을 규정한 권리근거규정과 그 권리의 발생을 방해하는 사유를 규정한 권리장애규정 및 권리의

---

101) 대법원 1984. 7. 24. 선고 84누124 판결.
102) 송상현·박익환(주 83), 545.
103) 이시윤, 신민사소송법, 박영사(2002), 448.

소멸사유를 규정한 권리소멸규정으로 나누어, 권리의 존재를 주장하는 자는 권리근거규정의 요건사실을, 그 부존재를 주장하는 자는 권리장애규정과 권리소멸규정의 요건사실을 입증하여야 한다. 심결취소소송에도 같은 원칙이 적용되고, 심결의 위법을 주장하는 원고가 심결의 위법사유 전부에 대한 주장·입증책임을 져야 하는 것이 아님은 물론이다.

또한 항고소송에서 당해 처분의 적법성에 대한 증명책임은 원칙적으로 처분의 적법을 주장하는 피고(처분청)에게 있지만, 피고가 주장하는 당해 처분의 적법성에 관하여 합리적으로 수긍할 수 있는 정도로 증명한 경우 그 처분은 정당하고, 이와 상반되는 예외적인 사정에 대한 주장과 증명은 상대방에게 책임이 돌아간다고 보는 것이 타당하다.[104]

나. 행정소송의 주장·입증책임 일반원칙

행정법규 중 "어떠한 때에는 어떠한 처분을 한다"라는 형식으로 행정청의 권한행사를 정하고 있는 경우에는 그 규정의 적용을 구하는 피고 행정청이 행정처분의 요건사실(적법사유)에 대하여 주장·입증책임을 지고, "어떤 때에는 어떠한 처분을 하지 아니한다"라는 형식으로 행정청의 권한행사를 정하고 있는 경우에는 그 행정처분의 취소를 구하는 원고가 그 전제요건인 사실이 존재하고 있다는 점에 대하여 주장·입증책임을 진다.[105]

다. 심결취소소송의 유형별 주장·입증책임 분배
(1) 상표등록의 적극적 요건 및 소극적 요건

심결취소소송의 경우에도 그 유형에 따라 입증책임을 부담하는 자가 다른데, 먼저 상표법에 규정된 상표등록의 적극적 요건(권리발생사실)과 소극적 요건(권리장애사실)을 살펴보면 다음과 같다.

≪ 적극적 요건(권리발생사실) ≫
　　① 표지가 기호, 문자, 도형, 소리, 냄새, 입체적 형상, 홀로그램·동작 또는 색채 등으로서 그 구성이나 표현방식에 상관없이 상품의 출처를 나타내기 위하여 사용하는 표시에 해당하는 사실(상표법 제2조 제1항 제2호)

---

104) 대법원 2012. 6. 18. 선고 2010두27639, 27646 전원합의체 판결.
105) 특허법원 지적재산소송실무연구회(주 8), 105.

② 사용의사가 있는 사실(상표법 제3조)

③ 사용에 의하여 식별력을 취득한 사실(상표법 제33조 제2항)

④ 상품류구분상 1류구분 이상의 상품을 지정하여 상표마다 출원한 사실
   (1상표 1출원, 상표법 제38조 제1항)

⑤ 국내에 주소 또는 영업소를 가지지 아니한 자(재외자)인 때에는 상표법
   제6조에 따른 상표관리인이 선임되어 있다는 사실 및 재외자 중 외국
   인은 상표법 제27조 각호의 1에 해당하여 권리능력이 있다는 사실

≪ 소극적 요건(권리장애사실) ≫

⑥ 상표법 제33조 제1항 제1호 내지 제7호에 해당하거나 그 밖에 식별력
   이 없는 사실

⑦ 상표법 제34조 제1항 제1호 내지 제21호에 해당하는 사실

⑧ 선출원상표와 동일 또는 유사한 상품에 사용할 동일 또는 유사한 상
   표인 사실(상표법 제35조)

⑨ 조약의 규정에 위반된 특허출원이라는 사실(상표법 제54조 제2호)

(2) 결정계 심결취소소송에서의 주장·입증책임

결정계 심결취소소송에서 주장책임은 입증책임의 분배 원칙에 따라 각 당
사자에게 분배된다. 거절결정불복심판의 심결취소소송에서 심결의 거절이유가
상표등록 적극적 요건인 ① 내지 ⑤ 사유가 없음을 이유로 하는 경우에는 원고
가 이러한 사유가 있음에 대하여 주장·입증책임을 부담하고, 심결의 거절이유
가 상표등록 소극적 요건인 ⑥ 내지 ⑨ 사유가 있음을 이유로 하는 경우에는
피고인 특허청장이 이러한 사유가 있음에 대하여 주장·입증책임을 부담한다.

심판관이 상표등록거절결정의 이유와 다른 거절이유를 발견하였음에도 그
거절이유의 통지(상표법 제123조 제3항, 제55조 제1항)를 결여하는 등 심결에 절차
상 위법이 있는지 여부가 문제될 때 위 통지를 비롯하여 절차를 적법하게 이행
하였음의 주장·입증책임은 심결이 적법하다고 주장하는 피고인 특허청장이 부
담한다.

(3) 당사자계 심결취소소송에서의 주장·입증책임

당사자계 심결취소소송은 형식적 당사자소송이므로 민사소송에서의 주장·
입증책임 분배의 원칙이 그대로 적용된다.

(가) 등록무효심판 심결의 취소소송

심결취소소송에서 취소를 구하는 심결이 무효심판청구 인용심결인 경우와

무효심판청구 기각심결로 나누어 살펴본다.

먼저, 인용심결의 취소를 구하는 경우에는 ⑥ 내지 ⑨의 상표등록 소극적
요건은 권리장애사실이므로 특허청에 대신하여 무효심판청구인(피고)이 주장·
입증책임을 부담하고, ①, ②, ③, ⑤의 상표등록 적극적 요건[106]은 권리발생사
실이므로 무효심판의 피청구인(원고, 상표권자)이 주장·입증책임을 부담한다. 심
판관이 직권으로 심리한 사항의 통지(상표법 제146조 제1항)를 결여하는 등 심결
에 절차상 위법이 있는지 여부가 문제될 때 위 통지를 비롯하여 절차를 적법하
게 이행하였음의 주장·입증책임은 심결이 적법하다고 주장하는 피고인 무효심
판피청구인이 부담한다.

다음으로, 기각 심결의 취소를 구하는 경우에는 ⑥ 내지 ⑨의 상표등록 소
극적 요건은 권리장애사실이므로 특허청을 대신하여 무효심판청구인(원고)이 주
장·입증책임을 부담하고, ①, ②, ③, ⑤의 상표등록 적극적 요건은 권리발생사
실이므로 무효심판의 피청구인(피고, 상표권자)이 주장·입증책임을 부담한다.

무효심판청구에서 심판청구인이 주장한 여러 가지의 무효사유 중 일부에
대하여 특허심판원이 판단을 유탈하여 무효심판청구를 기각하는 심결을 한 경
우 등과 같이 심결 자체에 나타나 있지 아니한 판단누락, 심리미진 등의 위법을
심결취소사유로 주장하는 경우에는 원고가 주장책임을 부담하고, 피고가 입증
책임을 부담한다고 보아야 할 것이다.

(나) 권리범위확인심판 심결의 취소소송

적극적 권리범위확인심판의 심결취소소송에서는 심판청구인이 확인대상표
장이 등록상표의 상표권의 권리범위에 속하는 사유에 관하여 주장·입증책임을
부담하고, 소극적 권리범위확인심판의 심결취소소송에서는 심판청구인이 확인
대상표장이 등록상표의 상표권의 권리범위에 속하지 아니하는 사유(확인대상표
장이 상표법 제90조에 해당하여 상표권의 효력이 미치지 않는다는 사유도 이에 해당한
다)에 관하여 주장·입증책임을 부담한다.

5. 피고 불출석의 경우

이에 관하여는 특허법 주해Ⅱ, 박영사(2010), 818-824 참조.

---

106) 상표법 제38조 제1항은, 상표법 제54조 제3호가 상표등록거절결정의 사유로 규정하고
    있지만, 상표법 제117조 제1항이 무효심판을 청구할 수 있는 사유로 규정하고 있지 않다.

Ⅷ. 심결취소소송에서의 자백, 자백간주

1. 민사소송법상 자백 및 자백간주

재판상 자백이라 함은 소송의 변론이나 변론준비절차에서 소송당사자가 상대방이 주장하는 사실과 일치하는, 자기에게 불리한 주요사실을 인정하는 진술을 말한다. 그리고 소송당사자가 상대방이 주장하는 사실을 자진하여 인정하지 않더라도, 변론에서 상대방이 주장하는 사실을 명백히 다투지 아니하거나, 공시송달에 의하지 아니한 기일통지를 받고도 변론기일에 출석하지 아니하는 경우에는 그 사실을 자백한 것으로 보는데, 이를 자백간주라고 한다(민사소송법 제150조).

소송당사자가 자백한 사실은 증명을 필요로 하지 아니하므로(민사소송법 제288조), 법원은 자백한 사실 또는 자백간주된 사실이 진실인가의 여부에 관하여 판단할 필요가 없고, 증거조사의 결과 반대의 심증을 얻었다 하여도 이에 반하는 사실을 인정할 수 없다. 한편 자백을 한 당사자도 자백에 반하는 주장을 하거나 자백을 마음대로 철회할 수 없고, 다만 자백이 진실에 어긋나고 착오로 말미암은 것임을 증명한 때에만 이를 취소할 수 있을 뿐이다(민사소송법 제288조 단서). 이와 같이 법원과 당사자는 자백 또는 자백간주에 구속된다.[107]

2. 심결취소소송에도 자백 및 자백간주가 인정되는지 여부

심결취소소송은 행정소송의 일종이므로 특허법 등 다른 법률에 특별한 규정이 있는 경우를 제외하고는 행정소송법이 준용되고, 행정소송법에도 특별한 규정이 없는 경우에는 행정소송법 제8조에 따라 행정소송의 성질에 반하지 않는 한 민사소송법이 준용되는데, 특허법 등이나 행정소송법은 자백 또는 자백간주에 대하여 아무런 규정을 두고 있지 않으므로, 심결취소소송에 민사소송법의 자백 또는 자백간주의 규정이 준용되는지 여부가 문제된다.

일반 행정소송에 민사소송법의 자백 또는 자백간주에 관한 규정이 적용되는지 여부에 관하여, 행정소송은 민사소송과 달리 대부분 강행법규인 행정법규

---

107) 법원이 자백에 구속되는 이유는 사적 자치의 원칙이 증거법에 투영된 결과일 것이고, 당사자 간에 다툼이 없는 사실은 진실한 것으로 볼 수 있는 일반적 개연성이 있기 때문이다 [송상현·박익환(주 83), 536].

를 적용하여 국민의 권익을 보호하고 행정의 적정을 보장함을 목적으로 하고
있고, 행정소송법 제26조가 당사자가 주장하지 아니한 사실에 대하여도 판단할
수 있다고 규정하고 있는 점 등을 들어 자백의 구속력이 인정되지 않는다는 소
수의 견해도 있지만, 통설은 자백의 구속력을 인정하고 있다.108)109)

　　대법원 1991. 5. 28. 선고 90누1854 판결이 "행정소송법 제8조 제2항에 의
하면 민사소송법 제261조(현재 민사소송법 제288조)의 자백에 관한 법칙도 공공
의 복지를 유지하기 위하여 필요한 직권조사사항 등 외에는 행정소송에도 적용
되어 당사자의 소송상의 자백을 배제하지 못한다"고 한 이래, 대법원 1992. 8.
14. 선고 91누13229 판결은 "행정소송에서도 원칙적으로 변론주의가 적용되고,
행정소송법 제8조 제2항에 의하여 민사소송법 제261조가 규정하는 자백에 관한
법칙이 적용된다고 함은 당원의 확립된 판례"라고 하여, 행정소송에서 직권조사
사항(예를 들어 처분의 존재사실, 심판전치주의가 적용되는 경우 그 요건이 갖추어졌
는지 여부, 소송대리권의 흠결 여부와 같은 소송요건 등의 공익적 사항)을 제외하고
는 민사소송법의 자백에 관한 규정이 적용됨을 분명히 하였다.

　　그리고 심결취소소송에도 민사소송법의 자백 또는 자백간주의 규정이 원칙
적으로 적용된다고 보는 것이 통설이다.110) 다만 일본에는, 자백의 법리는 처분
권주의와 달리 소송자료를 수집하는 면에서의 기술적 원칙인데, 심결취소소송
에는 직권탐지주의를 채택하지 않고 있고 직권증거조사도 보충적으로만 인정되
는 이상 자백의 구속력은 인정되어야 하고, 다만 소송절차 자체에 내재한 적정
한 재판이라는 이념을 위해서뿐만 아니라 특허법이 국가의 산업 발달이라는 공
익을 목표로 하는 점 등을 고려할 때 진실의무 및 석명권의 존재는 민사소송의
경우보다 강조되어야 한다고 주장하는 견해가 있다.111)

---

108) 특허법원 지적재산소송실무연구회(주 8), 107-108.
109) 구욱서, "행정소송과 자백법칙", 저스티스 29권 1호(1996. 6.), 50은, 행정소송에서도 민
　　사소송법 제261조의 자백법칙을 원칙적으로 준용하되, 다만 자백의 취소 요건을 완화하여
　　그 자백이 진실에 반한다는 명시적 또는 묵시적 주장과 증명이 있으면 그것이 착오에 의
　　한 것이라는 점까지 증명하지 않더라도 자백 취소의 효과는 발생한다고 보는 것이 타당하
　　다고 주장한다.
110) 우리나라에서는 그 적용을 부정하는 견해를 찾아볼 수 없고, 小室直人, "特許訴訟と自
　　白", 特許判例百選[第2版], 有斐閣(1985), 129에서는, 小室直人이 주장하는 그 적용을 부
　　정하는 견해를 소개하면서 그 근거로 "공업소유권은 제3자의 자유를 제한하는 배타적 독
　　점적인 권리로서 일반공익성이 높은 권리이고, 또한 취소판결에는 대세적 효력 또는 관계
　　행정청에 대한 구속력이 있으며, 제약이 없는 처분의 자유는 독점금지법위반 또는 권리남
　　용의 가능성이 있다"는 것을 들고 있다.
111) 本間 崇, 特許訴訟讀本[第2版], 信山社(1998), 52, 81-82, 이명규(주 98), 93 주 4에서 재

대법원 2000. 12. 22. 선고 2000후1542 판결이 심결취소소송에서도 원칙적으로 변론주의가 적용되고 따라서 자백 또는 자백간주도 인정된다고 하였고, 대법원 2006. 6. 2. 선고 2005후1882 판결 및 대법원 2006. 8. 24. 선고 2004후905 판결도 심결취소소송에서도 원칙적으로 변론주의가 적용되므로 주요사실에 대한 당사자의 불리한 진술인 자백이 성립할 수 있다고 하였다. 특허법원의 실무도 이와 같다.

3. 심결취소소송에서의 자백 및 자백간주의 대상

자백의 대상은 민사소송법에서처럼 사실에 한하고 사실에 대한 법적 판단 내지 평가는 자백의 대상이 되지 아니한다.[112]

심결취소소송에서 심결의 위법을 주장하며 그 취소를 구하는 원고는 소장 등에서 심결을 특정하여야 하고, 일반적으로 심결을 특정하는 과정에서 심결을 한 일자 및 심결번호뿐만 아니라 심결이 성립하게 되기까지 특허청에서의 절차, 심결에서 결론에 이르게 된 구체적인 이유 등의 '사실'을 기재하는데, 이러한 사실은 자백 또는 자백간주의 대상이 된다고 하는 것이 일반적이다.[113][114]

그러나 아주 드물겠지만 원고가 심결의 취소로 이끌기 위하여 '심결에서 결론에 이르게 된 구체적인 이유'를 심결에 기재되어 있는 것과는 다르게 임의로 변경하여 주장할 가능성도 있는데, 이러한 경우에까지 자백 또는 자백간주가 인정된다고 하면 심결취소소송에서 심결의 실제 이유와는 다른 이유에 대하여 판단하는 셈이 되는데 이를 허용할 수는 없지 않을까? 심결취소판결의 기속력까지 고려한다면 문제가 아닐 수 없다. 원고가 심결취소소송의 소장에 증거서류로 심결을 첨부하여 제출하는 것이 대부분이고 설사 그렇게 하지 않는 경우에는 법원이 원고로 하여금 취소를 구하는 대상인 심결을 반드시 제출하도록 하여야 할 것이므로, '심결에서 결론에 이르게 된 구체적인 이유'는 비록 사실이기는 하지만 자백 또는 자백간주의 대상이 되는지에 대하여 다시 한 번 생각해 볼 필요가 있다.

원고가 위 사실을 토대로 하여 주장하는 심결의 구체적인 위법사유는 보통

인용.
112) 대법원 2006. 6. 2. 선고 2005후1882 판결; 대법원 2000. 12. 22. 선고 2000후1542 판결.
113) 특허법원 지적재산소송실무연구회(주 8), 108; 이명규(주 98), 93; 심준보(주 1), 23.
114) 특허법원 1999. 3. 5. 선고 98허4883 판결은 특허청에서의 절차의 경우, 등록고안의 요지, 확인대상고안의 요지, 심결이유의 요지는 자백간주의 대상이라고 하였다.

원고의 '법적 판단 내지 평가'이므로 피고가 이를 인정하거나 명백히 다투지 않는다고 하더라도 그 사항에 대하여는 자백 또는 자백간주가 성립하지 아니한다. 구체적으로 보면, 심결취소소송의 소송요건의 구비 여부(이것은 직권조사사항이다), 상표에 식별력이 인정되는지 여부(상표법 제33조 제1항 제1호 내지 제7호에 해당하는지 여부115)), 상표의 유사 여부116), 상표법 제34조 제1항 제1호 내지 제21호에 해당하는지 여부117)118), 사용에 의한 식별력을 취득하였는지 여부, 이해관계인에 해당하는지 여부119) 등은 사실 확정을 한 다음 법적 평가에 의한 판단을 거쳐 나오는 결론이므로 자백의 대상이 되지 아니한다.120)

어느 것이 사실이고 어느 것이 법적 판단 내지 평가인지를 구별해 내는 것은 쉽지 아니하다.

대부분 심결취소소송에서 심결의 적법 여부 판단의 관건은 자백의 대상이 되는 사실 자체의 존부가 아니라 확정된 사실에 대한 법적 판단 내지 평가에 달려 있기 때문에, 심결취소소송에서는 자백간주가 되더라도 원고의 청구가 기각된 예가 적지 않다.

대법원 2000. 12. 22. 선고 2000후1542 판결은, 원심은 행정소송법 제8조 제2항, 민사소송법 제139조 제1항에 따라 이 사건 등록서비스표의 구성, 그 지정서비스업 및 출원등록에 대하여 자백간주에 의한 사실인정을 한 다음, 이 사건 등록서비스표가 상표법에서 규정하는 서비스업의 품질오인을 일으키게 할 염려가 있는지 여부에 대하여는 자백간주로 처리하지 아니하고 지정서비스업 별로 품질오인의 염려가 있는지 여부를 검토하여 이에 해당하는 '음식조리대행

---

115) 특허법원 1998. 12. 24. 선고 98허7998 판결(확정); 특허법원 2000. 8. 18. 선고 2000허532 판결(확정).

116) 특허법원 1999. 6. 11. 선고 99허2228 판결(확정); 특허법원 2000. 5. 12. 선고 99허9540 판결(확정); 특허법원 2001. 5. 17. 선고 2001허898 판결(확정).

117) 대법원 2000. 12. 22. 선고 2000후1542 판결; 특허법원 1998. 10. 16. 선고 98허6056 판결(확정); 특허법원 1998. 12. 18. 선고 98허6247 판결(확정); 특허법원 1999. 9. 2. 선고 99허4446 판결(확정); 특허법원 1999. 10. 14. 선고 99허4989 판결(확정); 특허법원 2000. 11. 24. 선고 2000허2323 판결(확정).

118) 다만, 특허법원 1998. 10. 22. 선고 98허6964 판결(확정)은, 등록서비스표가 구 상표법 제7조 제1항 제10호의 저명상표에 해당하는지 여부를 판단함에 있어 선등록서비스표가 특정 시점에 국내외에서 일반 소비 대중에게 널리 알려져 있었다는 것 자체는 자백의 대상으로 보았다.

119) 특허법원 2000. 7. 6. 선고 99허7278 판결(확정)은 상표등록 취소심판을 청구할 이해관계가 있는지 여부는 자백간주의 대상이 아니라는 취지로 판시하였다.

120) 특허법원 지적재산소송실무연구회(주 8), 108-109 참고.

업' 및 '음식조리지도업'에 대한 등록만이 무효라고 본 조치는 정당하고, 거기에 자백간주에 관한 법리오해 등의 위법이 있다고 볼 수 없다고 하였다.

특허법원 2000. 7. 20. 선고 99허8813 판결(확정), 특허법원 1999. 2. 11. 선고 98허4838 판결(확정)은 불사용취소를 인용한 심결에 대한 취소소송에서 상표의 사용사실, 사용태양 등을 자백간주에 의하여 인정하고 심결을 취소하였다.

4. 자백 및 자백간주에 의한 심결취소판결의 기속력

제165조 해설 Ⅲ. 4. 참조

〈최성준〉

> 제162조(심결 등에 대한 소)
> [1항은 앞에서 해설]
> ② 제1항에 따른 소는 당사자, 참가인 또는 해당 심판이나 재심에 참가신청을 하였으나 그 신청이 거부된 자만 제기할 수 있다.

<소 목 차>

Ⅰ. 심결취소소송의 원고 적격　　　　　　　　나 그 신청이 거부된 자
　1. 원고적격의 제한　　　　　　　Ⅱ. 심결취소소송에서의 참가
　2. 원고가 될 수 있는 '당사자'　　　　1. 공동소송적 보조참가
　3. 원고가 될 수 있는 '참가인'　　　　2. 보조참가
　4. 심판(재심)에 참가신청을 하였으　　　3. 공동소송참가

Ⅰ. 심결취소소송의 원고 적격[1])

1. 원고적격의 제한

심결취소소송에 있어서 원고적격을 가지는 자는 심판(재심)사건의 당사자, 참가인 또는 당해 심판(재심)에 참가신청을 하였으나 그 신청이 거부된 자로 한정되어 있다.

일반적으로 행정소송에서는 처분 등의 취소를 구할 법률상의 이익이 있는 자가 원고적격을 가지므로 행정처분의 직접의 상대방 이외의 제3자라도 당해 행정처분에 의하여 법률상의 이익이 침해되는 때에는 그 처분의 취소를 청구할 수 있지만, 심결취소소송에서는 심결에 의하여 자기의 법률상의 이익이 침해되는 자라도 그 모두에게 원고적격이 인정되는 것이 아니고, 위에서 본 바와 같이 원고적격을 가지는 자의 범위를 제한하고 있다.

상표권은 대세효가 있기 때문에 이해관계가 있는 제3자의 범위가 매우 넓어서 이들 모두에게 원고적격을 인정하면 소송이 지연될 우려가 있는 반면에, 당사자에게만 원고적격을 인정하고 심결에 의하여 권리를 침해당하였음에도 당사자 이외에는 권리 구제를 받을 수 없도록 하는 것은 "모든 국민은 헌법과 법률이 정한 법관에 의하여 법률에 의한 재판을 받을 권리를 가진다"고 규정한 헌법

---

1) 이 항은 특허법원 지적재산소송실무연구회, 지적재산소송실무, 박영사(2006) 중 필자가 집필한 '심결취소소송의 당사자적격' 부분을 일부 수정한 것이다.

제27조 제1항에 저촉될 소지가 있으므로, 상표법은 그 절충안을 채택하였다.

2. 원고가 될 수 있는 '당사자'

본항에서 규정한 심결취소소송의 원고가 될 수 있는 당사자란 심판절차에서의 당사자로 심결의 명의인으로 된 자이다. 결정계 심판(거절결정불복의 심판 등)에서는 심판청구를 한 자, 당사자계 심판(상표등록무효의 심판, 상표등록취소 심판 등)에서는 심판청구인 또는 피심판청구인 즉 심판청구를 기각한다고 한 심결의 취소를 구하는 심결취소소송의 원고는 불이익한 심결을 받은 심판청구인이고, 상표등록을 무효로 한 심결의 취소를 구하는 심결취소소송의 원고는 역시 불이익한 심결을 받은 피심판청구인(상표권자)이다.

가. 권리가 공유인 경우
(1) 공유자 중의 1인이 단독으로 심결취소소송을 제기할 수 있는지 여부
(가) 의의

상표법 제124조 제3항은 상표권 또는 상표등록을 받을 수 있는 권리의 공유자가 그 공유인 권리에 관하여 심판을 청구하는 때에는 공유자 전원이 공동으로 청구하여야 한다고 규정[2][3]하고 있을 뿐이고, 그 심결취소소송의 제기에 대하여는 아무런 규정을 두고 있지 않아서 심결의 당사자로 되어 있는 공유자는 심결취소소송도 공동으로 제기하여야 하는지 아니면 단독으로 심결취소소송을 제기할 수 있는지에 관하여는 해석에 맡겨져 있다.

(나) 상표권 또는 상표등록을 받을 수 있는 권리의 공동소유[4]의 성질

이에 관하여는, 우선 상표권 또는 상표등록을 받을 수 있는 권리(이하 상표

---

2) 고유필수적 공동심판이라고 보아야 한다.
3) 상표등록을 받을 수 있는 권리가 공유인 경우 거절결정에 대한 불복심판 역시 공유자 전원이 공동으로 청구하여야 하는데, 공동출원인 중 일부만이 그 심판을 청구한 경우 그 심판의 계속 중 나머지 공동출원인을 심판청구인으로 추가하는 보정은 심판청구서의 요지의 변경으로서 허용할 수 없음이 원칙이나[상표법 제125조 제2항 단서, 제1호는 심판청구서의 당사자 중 상표권자의 기재를 바로 잡기 위하여 보정(추가하는 것을 포함한다)하는 경우에는 요지의 변경에 관계없이 심판청구서를 보정할 수 있다고 규정하고 있다], 아직 심판청구기간(거절결정등본을 송달받은 날부터 30일)이 도과하기 전이라면 당사자의 권리구제 및 소송경제면에서 나머지 공동출원인 또는 공유자를 추가하는 보정을 허용할 수 있다(대법원 2005. 5. 27. 선고 2003후182 판결; 대법원 2007. 4. 26. 선고 2005후2861 판결 참고).
4) 상표법 제48조, 제93조, 제124조 등에서는 '공유'라고 표현하고 있으나 민법상의 공유와의 혼동을 피하기 위해 이 항에서는 이를 '공동소유'라고 표현하기로 한다.

권 등이라고 한다)의 공동소유의 성질을 민법상의 공유로 볼 것인지 아니면 민법상의 합유 내지 합유적 성질로 볼 것인지가 문제된다.

후자는, 상표법은 상표권 등의 공유자들 중 1인이 지분을 양도하거나 질권·사용권을 설정하려면 다른 공유자의 동의를 얻어야 하고(상표법 제48조 제4항, 제93조 제2항, 제3항), 공유인 상표권에 관한 심판을 고유필수적 공동심판이라고 규정하고 있으므로 민법상의 공유와 다르고 합유와 근사한 성질을 갖는다는 입장이고, 전자는, 상표권 등의 공유자들 중 1인이 지분을 양도하거나 질권·사용권을 설정함에 있어서의 위와 같은 제한은 공유자들 사이에 공동 목적이 있거나 단체적 제약이 있기 때문이 아니고 오로지 무체재산권의 특수성[5]에서 유래하는 것이어서 민법상의 공유와 차이가 없다는 입장이다.

대법원은 특허권, 의장권의 공동소유관계는 위와 같은 제한을 이유로 합유에 준하는 성질을 가진다(합유에 준하는 이른바 준공유관계라는 표현을 사용하기도 한다)고 판시하여 오다가,[6] 대법원 2004. 12. 9. 선고 2002후567 판결로 "상표권이 공유인 경우 각 공유자는 (중략) 일정한 제약을 받아 그 범위에서 합유와 유사한 성질을 가지지만, 이러한 제약은 상표권이 무체재산권인 특수성에서 유래한 것으로 보일 뿐이고, 상표권의 공유자들이 반드시 공동목적이나 동업관계를 기초로 조합체를 형성하여 상표권을 소유한다고 볼 수 없을 뿐 아니라 상표법에 상표권의 공유를 합유관계로 본다는 명문의 규정도 없는 이상, 상표권의 공유에도 상표법의 다른 규정이나 그 본질에 반하지 아니하는 범위 내에서는 민법상의 공유의 규정이 적용될 수 있다고 할 것이다"라고 판시하여, 그 때까지의 대법원의 입장과는 달리 상표권 등의 공동소유는 원칙상 민법상의 공유로서 상표권 등의 본질에 반하지 아니하는 한 민법상의 공유에 관한 규정을 적용할 수 있다는 입장으로 변화하였다고 볼 수 있다.

(다) 심결의 당사자로 되어 있는 공유자는 심결취소소송도 공동으로 제기하여야 하는지 여부

다음으로 상표권 등이 공유인 경우 심결의 당사자로 되어 있는 공유자는

---

5) 상표권의 공유자는 각자의 지분의 다과에 불구하고 성질상 다른 공유자의 동의 없이 전면적으로 사용할 수 있다는 것이 다수설이어서(사법연수원, 2012 상표법, 183) 다른 공유자가 경쟁상대가 되고, 그 때문에 다른 공유자가 누구인가라는 점에 대해 중대한 이해관계를 가지게 된다.

6) 대법원 1999. 3. 26. 선고 97다41295 판결; 1987. 12. 8. 선고 87후111 판결; 1982. 6. 22. 선고 81후43 판결.

심결취소소송도 공동으로 제기하여야 하는지 아니면 단독으로 심결취소소송을 제기할 수 있는지에 관하여 보면, 일본에서는 해석상 3개의 설이 대립하고 있다.7)

① 고유필수적 공동소송설은, 심결에서 패소한 상표권 등의 공유자가 제기하는 심결취소소송은 고유필수적 공동소송이며 공유자 중 1인이 제기한 소는 각하된다고 해석하는 견해로서, 그 근거로는 상표권 등이 2인 이상의 공유에 속하는 경우에도 그것의 유·무효 여부는 항상 공유자 전원에게 획일적으로 확정되어야 한다는 것을 들고 있다.

② 유사필수적 공동소송설(보존행위설)은, 위 심결취소소송은 유사필수적 공동소송이며 공유자 중 1인이 단독으로 소송을 제기하는 것은 일종의 방해배제청구소송이므로 공유지분권에 기한 보존행위로서 허용된다는 견해로서, 그 근거로는 상표권 등의 공유는 본질적으로 민법상 공유이고, 공유자 중 1인의 단독제소를 허용하더라도 다른 공유자에게 부당한 결과를 가져오지 않고 합일확정의 결론에도 반하지 아니하며, ①설을 취할 경우 다른 공유자의 협력을 얻을 수 없는 경우 자신의 권리가 소멸해 버리는 부당한 결과를 가져온다는 것을 들고 있다.8)

③ 민사소송법 제67조 제1항 유추적용설은, 위 심결취소소송은 고유필수적 공동소송이긴 하지만 심판과 소송의 실질적인 연속성을 인정하여 일본 민사소송법 제62조(우리의 민사소송법 제67조와 동일)를 유추적용해서 한 사람의 소송행위는 전원의 이익으로 되면 효력이 있으므로 한 사람이 한 제소는 적법하다고 해석하는 견해이다.

그런데 ③설에 대하여는, 위 설은 심판과 심결취소소송의 관계를 제1심과 항소심의 관계에 유사한 전심과 속심의 관계를 인정하는 것을 전제로 하는 것인데, 현행 상표법상 심판과 소송은 양자 간에 심급으로 연결되지 않고 별도의 독립된 절차로 보아야 하므로 현행법상의 해석론으로는 무리이고, ①설에 대하

---

7) 中山信弘 著, 韓日知財權硏究會 譯, 工業所有權法(上), 법문사(2001), 309는, 심결에서 패소한 특허권 등의 공유자가 제기한 심결취소소송이 고유필수적 공동소송인가 아닌가는 공동소유 형태의 성질론으로부터 연혁적으로 도출되는 것은 아니고, 이것을 고유필수적 공동소송으로 할 필요성이 있느냐 없느냐의 점에 의해 결정되어야 한다고 주장한다.

8) 공유자 1인에 의한 심결취소소송의 제기는 출소기간의 경과에 의해 심결 전체가 확정되는 것을 방지한다는 의미를 가질 뿐이고, 다른 공유자의 이익을 해하는 것이 없기 때문에 보존행위라고 하여도 무방하다고 주장하기도 한다[조용식, '산업재산권의 공유자 중 일부에 의한 심결취소소송의 적법성', 판례연구 제16집(상), 서울지방변호사회(2002), 59].

여는, 심결취소소송의 제기에 관하여 다른 공유자의 협력을 얻지 못하거나 다른 공유자가 행방불명이 된 경우 등에는 소송을 제기하지 못하고 출소기간의 만료와 동시에 심결이 확정되어 권리가 소멸하게 되는 불이익을 초래하게 되므로, 공유자 1인의 재판청구권 내지 재산권을 침해함은 물론 권리자로서 자신의 권리도 행사하지 못한다는 인식을 주게 되어 법 감정에 맞지 않는 결과를 초래한다는 비판이 있다.9)

　　대법원 2004. 12. 9. 선고 2002후567 판결은 앞에서 본 바와 같이 특허권 등의 공동소유에 관한 입장에 변화를 보이면서, "상표권의 공유자가 그 상표권의 효력에 관한 심판에서 패소한 경우에 제기할 심결취소소송은 공유자 전원이 공동으로 제기하여야만 하는 고유필수적 공동소송이라고 할 수 없고, 공유자의 1인이라도 당해 상표등록을 무효로 하거나 권리행사를 제한·방해하는 심결이 있는 때에는 그 권리의 소멸을 방지하거나 그 권리행사방해배제10)를 위하여 단독으로 그 심결의 취소를 구할 수 있다"고 하여11) ② 유사필수적 공동소송설(보

---

9) 조용식(주 8), 49.

10) 상표권의 공유자가 손해배상청구와 부당이득반환청구를 지분에 따라 단독으로 할 수 있음은 당연하고, 방해배제청구(대표적인 것이 침해금지청구이다)도 단독으로 할 수 있다는 것이 대다수의 견해이다. 방해배제청구를 보존행위로 할 수 있다는 견해와 이 경우 원고 승소 시에는 문제가 없지만 패소 시에는 공유자에게 판결의 효력이 미쳐 부당한 결과로 되므로 보존행위로서가 아니고 각 공유자는 공유물 전체에 미치는 지분권에 기해서 방해배제청구를 할 수 있고 그렇게 해석해야 판결의 효력이 소를 제기한 그 지분권자에게만 미치고 다른 공유자는 별도의 소를 제기할 수 있게 되어 합당하다(피고 측에서 하나의 소송으로 분쟁을 해결하고자 하는 경우에는 소송고지 제도를 이용하면 된다)는 견해로 나뉘어져 있는데, 보존행위설이 다수설이다[송영식 외 6인, 송영식 지적소유권법(상), 육법사(2008), 442; 조용식(주 8), 56].

11) 위 판결은 그 이유로, 심결취소소송절차에 있어서도 공유자들 사이에 합일확정의 요청은 필요하다고 할 것인데, 이러한 합일확정의 요청은 상표권의 공유자의 1인이 단독으로 심결취소소송을 제기한 경우라도 그 소송에서 승소할 경우에는 그 취소판결의 효력은 행정소송법 제29조 제1항에 의해 다른 공유자에게도 미쳐 특허심판원에서 공유자 전원과의 관계에서 심판절차가 재개됨으로써 충족되고, 그 소송에서 패소하더라도 이미 심판절차에서 패소한 다른 공유자의 권리에 영향을 미치지 아니하므로, 어느 경우에도 합일확정의 요청에 반한다거나 다른 공유자의 권리를 해하지 아니하는 반면, 오히려 그 심결취소소송을 공유자 전원이 제기하여야만 한다면 합일확정의 요청은 이룰지언정, 상표권의 공유자의 1인이라도 소재불명이나 파산 등으로 소의 제기에 협력할 수 없거나 또는 이해관계가 달라 의도적으로 협력하지 않는 경우에는 나머지 공유자들은 출소기간의 만료와 동시에 그 권리행사에 장애를 받거나 그 권리가 소멸되어 버려 그 의사에 기하지 않고 재산권이 침해되는 부당한 결과에 이르게 된다고 설명하고 있다. 이에 대하여는 합일 확정의 요청에 대하여 장황할 정도로 설시함으로써 여전히 필수적 공동소송으로서의 요건 여부를 판단하고 있다는 점에서 아쉬움이 남고, 심결취소소송의 제기 행위를 공유자의 권리를 해하는 것이 아니라는 보존행위성을 인정함으로써 충분하였을 것이라는 견해[윤선희, "일부 상표권 공

존행위설)을 취함을 명백히 하였다.[12]

　심결에서 패소한 상표권 등의 공유자가 제기하는 심결취소소송을 유사필수적 공동소송이라고 하면, 공유자 중 1인만이 심결취소소송을 제기하고 다른 공유자는 제소기간을 도과한 경우, 다른 공유자는 스스로 심결취소소송을 제기할 수 없음은 물론 원고로 추가될 수도 없고[13])(심결취소소송을 제기하지 않은 공유자에 대하여 심결이 확정되지는 않는다[14])), 그 소송에서 심결을 취소하는 청구인용의 판결이 확정되어 다시 심판이 계속되면 행정소송법 제29조 제1항[15])에 의하여 위 판결의 효력이 공유자 전원에게 미쳐 심결취소소송을 제기하지 아니한 다른 공유자도 심판청구인의 지위를 유지하게 되며, 만일 그 소송에서 청구기각의 판결이 확정되면 심결취소소송을 제기하지 아니한 다른 공유자는 제소기간의 만료에 의하여 심결이 확정되게 된다. 따라서 어떠한 경우에도 합일확정의 요청에 반하는 상황은 발생하지 아니한다.[16]) 한편 제소기간 등 소송요건은 심결취소소송을 제기한 상표권 등의 공유자 각자를 기준으로 판단하여야 한다.[17]

　일본 최고재판소는 결정계의 심결취소소송의 경우에는 고유필수적 공동소송설을 취하나, 당사자계의 심결취소소송의 경우에는 보존행위설을 취하는 것

───

　유자가 제기한 심결취소소송의 허부", 정보법판례백선(1), 박영사(2006), 722]가 있다.
12) 특허법원 2007. 11. 23. 선고 2007허4816 판결(확정)은 특허권에 관한 권리범위확인 사건에서, 특허법원 2008. 11. 13. 선고 2008허7690, 11866 판결(상고기각 되어 확정)은 특허권에 관한 특허무효 사건에서 같은 내용으로 판시하였다.
13) 제소기간이 경과하지 않았다면 심결취소소송을 제기하지 않은 공유자는 공동소송참가를 할 수 있을 것이다.
14) 아래의 "나. 상표법 제124조 제1항의 공동심판의 심결에 대한 심결취소소송 제기"에 관한 설명 참조.
15) 처분 및 행정심판에 대한 재결을 취소하는 확정판결은 제3자에 대하여도 효력이 있다고 규정하고 있다.
16) 심결취소소송에서는 심결의 위법성에 대하여 심리·판단이 이루어져 청구가 이유 있다고 인정되는 경우 심결이 취소되지만, 그것은 결코 상표권을 부여한다든가 무효로 하는 실체상의 법률관계에 대하여 재판을 하는 것이 아니기 때문에 심판절차에서와는 달리 반드시 심결취소소송 절차에서 합일확정이 이루어질 필요는 없는 것이다. 즉 상표권의 공유자 한 사람에 의한 심결취소소송의 제기를 인정하더라도 행정처분의 합일 확정의 요청에는 반하는 일은 생기지 않는다[조용식(주 8), 57도 같은 취지이다]. 심판만 필요적 공동심판으로 해 두면 합일 확정의 요청에 따르는 것은 가능하다.
17) 특허법원 2008. 11. 13. 선고 2008허7690, 11866 판결(상고기각 되어 확정) ; 위 판결은 공유자 A가 자신이 심결 등본을 송달받은 날부터 30일이 지나서 다른 공유자 B가 심결 등본을 송달받은 날부터 30일 내에 심결취소소송을 제기하였고, 공유자 B는 자신이 심결 등본을 송달받은 날부터 30일이 지나서 공동소송참가를 한 사안에서, 그 소 및 공동소송참가신청은 모두 제소기간을 도과하여 부적법하다고 하였다.

같다.18)19) 그 근거는 출원에서 심판절차에 이르기까지 법이 일관하여 공유자 전원이 공동하여 청구할 것을 요구하는 것은 권리의 취득에 대하여 출원자의 의사의 합치를 요구하기 때문이므로, 결정계의 경우에는 특허등록, 상표등록을 받을 권리에 대하여는 공유자간의 견제가 강하고 특허청에 있어서의 절차도 전원이 할 것이 법률상 요구되지만,20) 일단 권리가 부여된 후에는 특허권, 상표권의 공유자는 지분의 양도 등의 장면에서 다른 공유자의 동의를 필요로 하나, 각 공유자가 자유로 또한 배타적으로 특허발명을 실시(상표를 사용)할 수 있고 따라서 특허권, 상표권의 공유자는 무효심결을 방치하면 그 배타적 사용권이 소멸되어 버리고 말기 때문에 당사자계의 무효심결취소소송의 제기는 이미 권리로서 설정등록 된 특허권, 상표권을 소멸시키지 않도록 보존하는 행위라고 할 수 있다는 것이다.21) 이러한 일본 최고재판소의 입장에 대하여는, 결정계의 심결취소소송의 경우도 당사자계의 심결취소소송의 경우와 달리 해석할 이유가 없다는 주장이 강력하게 제기되고 있다.22)

　　우리나라 대법원이 결정계 심결취소소송에 대하여 어떤 입장을 취하는지는 분명하지 아니하다. 이에 대하여는, 결정계의 심결취소소송에서도 당사자계의

---

18) 일본 최고재판소 판결의 상세한 내용은 박정화, "특허권의 공유자 1인의 심결취소소송에서의 원고적격", 특허소송연구 제3집(2005), 188-195.

19) 특허이의신청에 기한 특허취소결정의 취소소송은 일반적으로 결정계로 분류되지만, 앞서 본 일본 최고재판소 2002(평성14년). 3. 25. 판결은 위 취소소송에 관하여도 보존행위설을 취하고 있는데, 그 이유는 일단 특허권이 발생한 후의 절차라는 점을 강조하여 공유자 중 1인의 심결취소소송 제기 허용 여부에 있어서는 당사자계로 본 것 같다. 이러한 분류에 의할 경우 특허권의 존속기간 연장등록 거절결정에 대한 불복심판, 정정심판, 상표권의 존속기간 갱신등록 거절결정에 대한 불복심판에 대한 심결취소소송도 공유자 중 1인의 심결취소소송 제기 허용 여부에 있어서는 당사자계로 보아야 할 것이다.

20) 일본 동경고등재판소 2005(평성17년). 10. 11. 판결은 여전히, 거절결정에 대한 불복심판에 대한 심결취소소송은 고유필수적 공동소송으로 해석함이 상당하므로 공동출원인 중 1인이 단독으로 제기한 심결취소소송은 부적법하지만, 다른 공동출원인의 공동소송참가신청(제소기간 경과 후이어도 무방하다)에 의하여 위 하자는 치유되고 심결취소소송은 적법하게 된다고 하였다.

21) 정차호, '공동발명자 결정방법 및 관련 권리의 연구', 특허소송연구 제3집(2005), 162-163에 의하면, 미국 CAFC 판례 등은 고유필수적 공동소송 원리를 적용하여 공동발명자 중 1인이 공동원고로 참가하기를 거부함으로써 다른 공동발명자가 당사자적격을 가지지 못하도록 함에 의하여 침해자에게 사실상의 면죄부를 주는 것이 가능하다는 취지로 판시하였다고 한다.

22) 君嶋祐子(김철환 譯), '공유자의 1인이 제기한 무효심결취소소송의 허부', 特許判例百選[제3판](中山信弘 編, 비교특허판례연구회 譯, 박영사(2005), 343-344; 조용식(주 8), 60; 조용식, '산업재산권의 공유자 1인에 의한 심결취소소송', 법률신문 3144호(2003. 2. 6.자), 14.

심결취소소송에서처럼 공유자 중 1인이 소를 제기하더라도 합일확정의 요청에 반하지 아니하고, 다른 공유자의 협력을 얻을 수 없다면 특허를 받을 수 있는 권리가 일방적으로 소멸하여 버리는 것은 특허권과 마찬가지이므로, 결정계의 심결취소소송의 경우에도 공유자 중 1인에게 원고적격을 인정하여야 한다는 견해[23]와 당사자계 심결취소소송과 달리 결정계 심결취소소송은 고유필수적 공동소송으로 보존행위이론을 적용할 수 없다는 견해[24]가 있다.

무효심결의 취소소송 뿐 아니라 권리범위확인심결의 취소소송도 공유자 중 1인이 단독으로 제기할 수 있을까? 권리자는 그 결과 여하에 따라 권리의 침해를 받는 상태를 수인해야 하거나 침해를 제거할 수 없게 되므로, 공유자 중 1인은 단독으로 심결취소소송을 제기할 수 있다는 견해가 있다.[25]

(2) 공유자 중 1인의 단독심판청구 각하심결에 대한 심결취소소송의 원고 적격

특허에 관한 것이지만, 공동발명으로 특허를 받을 권리를 공유하는 경우에는 거절결정에 대한 심판청구도 공유자 전원이 청구하여야 하므로 그 공동출원인(공유자) 중 1인만이 심판청구를 하여도 부적법하여 각하된다. 이 경우에 각하심결에 대한 심결취소소송의 원고는 심결을 받은 공유자 중 1인에 한정되는가, 그렇지 않으면 기간 내에 심판청구를 하지 않았던 다른 공유자도 심결의 당사자와 공동으로 원고로 될 수 있는가에 관하여는 견해의 대립이 있다.

특허법원 1999. 7. 15. 선고 99허4705 판결(확정)은 거절결정에 대한 심판청구를 하지 않은 공유자 중 1인은 심결취소소송을 제기할 수 있는 자를 한정하고 있는 특허법 제186조 제2항 소정의 "당사자, 참가인, 참가의 신청이 거부된 자"에 해당하지 않으므로 원고적격이 인정되지 않는다(당사자에 준하여 원고적격을 가진다고 해석할 수 없다)고 판시하였다.[26]

일본의 판례는 그 심판절차에서 공동심판청구인으로의 지위를 가진다고 주장하면서 심결의 당사자와 공동으로 심결취소소송을 제기하는 때에는 특허법

---

23) 박정화(주 18), 197-198.
24) 최영덕, "특허권의 공동소유에 관한 법률관계", 비교사법 14권3호(상), 한국비교사법학회 (2007. 9.), 659-660
25) 박정화(주 18), 201.
26) 박길채, "특허 관련 심판과 소송에서의 대상물 및 당사자 적격에 관한 소고", 지식재산 21 87호(2004. 11.), 127-128은, 참가인 또는 참가가 거부된 자와 같이 실질적이고 직접적인 이해관계가 있는 제3자에게도 심결취소소송의 당사자로서의 지위를 부여하고 있는 점을 감안할 때 공동으로 제기하는 것을 허용함이 현실적으로 보다 합리적이라고 주장한다.

제186조 제2항에서 말하는 당사자에 준하여 원고적격을 가지는 것으로 적극적으로 해석하는 것 같다.[27]

나. 상표법 제124조 제1항의 공동심판의 심결에 대한 심결취소소송 제기

상표법 제124조 제1항은 같은 상표권에 관하여 상표등록 무효심판, 상표등록 취소심판, 전용사용권 또는 통상사용권 등록취소심판, 권리범위확인심판을 청구하는 자가 2명 이상이면 각자 또는 그 전원이 공동으로 심판을 청구할 수 있다고 규정하고 있다. 이와 같은 공동심판은 심판청구시부터 성립될 수도 있지만, 심리를 병합하는 것(상표법 제147조)[28]에 의하여도 생길 수 있는데, 당연히 하나의 심결이 있게 된다.

위 규정에 의한 공동심판에 의하여 이루어진 하나의 심결에 대한 심결취소소송이 고유필수적 공동소송이 아니라는 점에 관하여 이론이 없으므로, 공동심판인 중 1인이 제기한 소나 1인에 대하여 제기한 소 자체가 부적법한 것은 아니다.[29][30] 다만 공동심판에 의한 심결의 취소소송을 유사필수적 공동소송으로 볼 것인지 아니면 통상 공동소송으로 볼 것인지에 따라,[31] 공동심판청구인의 청구를 기각하는 심결이 있은 경우 심결취소소송을 제기하지 않은 공동심판청구인에 대한 관계에서 심결이 확정되어 계속 중인 심결취소소송이 일사부재리에 저촉되는 것은 아닌지, 또는 공동심판청구인의 청구를 인용하는 심결이 있은 경우 심결취소소송이 제기되지 않은 공동심판인에 대한 관계에서 무효심결이 확정되어 계속 중인 심결취소소송의 소의 이익이 없게 되는 것은 아닌지가 문제된다.[32]

---

27) 동경고등재판소 1977(소화52). 6. 8. 판결(無体財産權關係民事・行政裁判例集 9券 1号, 514) ; 동경고등재판소 1977(소화52). 7. 27. 판결(判例タイムズ 359号, 295); 동경고등재판소 1978(소화53). 10. 25. 판결(無体財産權關係民事・行政裁判例集 10券 2号, 471); 동경고등재판소 1979(소화54). 11. 20. 판결(無体財産權關係民事・行政裁判例集 11券 2号, 608) 등.

28) 심리를 병합하지 아니하고 별개의 심결을 하는 경우에 관하여는 제162조 제1항의 Ⅳ. 4. 나.항 참조.

29) 공동심판청구인 중 일부가 비협조할 경우 일부만으로는 심결취소소송을 제기할 수 없다면 법관에 의한 재판을 받을 권리에 대한 중대한 침해가 될 수 있다는 점을 감안할 때, 공동심판청구인 중 일부에 의하여 제기된 심결취소소송을 허용하여야 할 것이다[특허법원 지적재산소송실무연구회, 제3판 지적재산소송실무, 박영사(2014), 23 주 31].

30) 후자는 원고 적격이 아니라 피고 적격의 문제이지만 편의상 이곳에서 함께 살펴보기로 한다.

31) 유사필수적 공동소송설이 통설이고, 다만 김태현, "공동심판청구인의 상호관계와 심결의 분리확정 여부", 특허소송연구 제4집, 특허법원(2008), 484-490은 통상 공동소송설을 취한다.

32) 특허법원 지적재산소송실무연구회(주 29), 21.

(1) 공동심판청구인의 청구를 기각하는 심결이 있고 공동심판청구인 중 1
인이 심결취소소송을 제기한 경우

상표법 제124조 제1항에 의한 공동심판은 유사필수적 공동심판의 성격을
가진다고 보아야 할 것이며, 심결이 있은 후 공동심판청구인 전원에 대하여 출
소기간이 경과하여야 심결이 확정되므로 1인이라도 심결취소소송을 제기하면
심결은 확정되지 않고, 출소기간을 경과한 공동심판청구인은 스스로 심결취소
소송을 제기할 수는 없지만(공동소송참가에 의한 신소의 제기도 할 수 없고 다만 보
조참가를 할 수 있을 뿐이다) 심결이 확정되지는 않았으므로 심결을 취소하는 판
결이 확정됨에 의하여 다시 심판이 계속되면 그 심판에서 심결취소소송을 제기
하지 않은 공동심판청구인도 심판청구인으로서의 지위를 유지하게 된다는 견해
가 유력하였다.[33]

그러던 중 대법원 2009. 5. 28. 선고 2007후1510 판결은, "특허를 무효로 한
다는 심결이 확정된 때에는 당해 특허는 제3자와의 관계에서도 무효로 되므로,
동일한 특허권에 관하여 2인 이상의 자가 공동으로 특허의 무효심판을 청구하
는 경우 그 심판은 심판청구인들 사이에 합일확정을 필요로 하는 이른바 유사
필수적 공동심판에 해당한다"고 하여 위 견해에 따르면서, 심결의 확정 여부에
관하여 아래의 (2)에서 보는 것과 같이 판시하였다. 아래의 (2)에서 드는 특허법
원 2000. 10. 12. 선고 99허9571 판결(확정)도 같은 취지이다.

위 통상 공동소송설에 의하면, 심결취소소송을 제기하지 않은 공동심판청
구인에 대한 관계에서는 심결이 분리 확정되게 되지만, 일사부재리의 판단기준
시점에 관하여 대법원 2012. 1. 19. 선고 2010다95390 전원합의체 판결은 심결
시가 아닌 심판청구시로 보아야 한다고 하므로, 공동심판청구인 중 1인이 제기
한 심결취소소송은 분리 확정된 심결의 일사부재리에 저촉되는 것은 아니다.

일본의 경우 최고재판소 2000(평성12). 1. 27. 판결은, 병합에 의하여 공동심
판이 된 무효심판에서 무효불성립 심결(청구기각 심결)이 있었고 이에 공동심판
청구인 중 1인만이 심결취소소송을 제기한 사건에서, 다른 공동심판청구인에 대
하여는 무효불성립 심결이 확정되었음을 전제로 위 심결취소소송이 일사부재리
에 반하는 것이 아닌가가 쟁점이 되자, 무효불성립 심결이 확정되고 그 취지의
등록이 된 경우에는 그 등록 후에 위 무효심판청구와 동일사실 및 동일증거에
기초한 무효심판청구를 새로이 다시 하는 것은 허락되지 않는다는 것이고, 그것

---

33) 이상경, "공동심판과 심결취소소송의 당사자적격", 인권과 정의, 277호(1999. 9.), 102-104.

을 넘어서 그 시점에 있어서 이미 계속되고 있는 무효심판청구가 부적법한 것
으로 된다고 해석하여야 하는 것은 아니므로(일사부재리의 판단기준시점이 심판청
구시라는 의미이다), 위 심결취소소송은 부적법하지 아니하다고 판시하여, 공동심
판청구인 중 1인의 소 제기도 적법하다고 하였으며, 또한 최고재판소 2000. 2.
18. 판결은 심판청구시부터 공동심판이 청구된 사건에 관하여 동일하게 판시하
였다.34)

(2) 공동심판청구인의 청구를 인용하는 심결이 있고 심판피청구인이 공동 심판청구인 중 1인을 피고로 하여 심결취소소송을 제기한 경우

특허법원 2000. 10. 12. 선고 99허9571 판결(확정)은, "특허심판절차에서의
공동심판은 민사소송법 소정의 통상 공동소송적 성격을 가진다기보다는 소위
유사필수적 공동소송의 성격을 가진다고 보는 것이 상당하므로 위 공동심판에
있어서의 심결의 개수는 합일확정의 필요에 따라 형식적 및 실질적으로 하나라
고 보아야 할 것이며, 심판피청구인이었던 원고가 공동심판청구인 중 1인인 피
고를 상대로 심결의 취소소송을 제기함으로써 그 심결은 확정되지 않는 것으로
되었다 할 것이다.35) 유사필수적 공동소송의 경우에는 고유필수적 공동소송과
는 달리 소송을 공동으로 할 것이 강제되지 않아 공동소송인의 1인이 탈루되더
라도 제소기간이 도과하면 탈루된 공동소송인의 추가 등의 방법으로도 이를 보
정할 수 없다 할 것인데, 원고가 나머지 공동심판청구인이었던 소외 A, B에 대
하여는 심결취소소송의 피고에서 탈루시키고, 적법한 제소기간 내에 따로 심결
취소소송을 제기하지도 아니함으로써 소외 A, B는 심결취소소송의 당사자로 될
수는 없다 할 것이나, 심판청구인으로서의 지위는 유지하는 것이므로 예컨대 심
결이 취소되는 경우에는 다시 심리가 속행되는 심판절차에 당사자로서 참여할
수 있다 할 것이고, 만일 심결취소소송에서 원고가 패소하는 것이 확정된 경우
다시 말하면 심결이 취소되지 않게 된 경우에는 그 때 비로소 심결이 확정되게
되는 것이다"라고 판시하였다.36)

---

34) 永井紀昭(김기영 譯), "공동무효심판청구인의 일부의 자가 제기한 심결취소소송의 허
　　부", 特許判例百選[제3판](中山信弘 編, 비교특허판례연구회 譯), 박영사(2005), 351-356.
35) 이러한 유사필수적 공동소송설에 대하여는, 심판피청구인이 공동심판청구인 중 우호적
　　인 자만을 피고로 하여 심결취소소송을 제기할 수 있고 그 결과 다른 공동심판청구인은
　　제소사실을 알지 못하여 소송에 참가할 수 있는 기회를 잃게 될 우려가 있으므로 고유필
　　수적 공동소송으로 보아야 한다는 비판이 있다.
36) 위 사안에서 특허청은 무효심결에 대하여 심판피청구인이 공동심판청구인 중 1인에 대
　　하여만 심결취소소송을 제기하자 다른 공동심판청구인에 대한 무효심결은 제소기간 도과

그러나 특허법원 2007. 3. 14. 선고 2006허5294 판결(확정) 및 같은 날 선고 2006허5287 판결(상고, 그 상고심이 아래의 대법원 판결이다)은 원고가 공동심판청구인 중 1인을 누락하였으니 이를 추가하여 달라고 당사자 추가신청을 한 사건에서, "동일한 특허권에 관하여 2인 이상이 공동으로 무효심판을 청구함으로써 이루어진 1개의 심결에 대한 심결취소소송은 공동소송인 간의 소송의 공동까지 강제되는 고유필수적 공동소송이 아니므로 당사자 추가신청은 부적법하다" 하여 위 99허9571 판결과 같은 내용으로 판시하였으나, "공동심판청구인 중 1인에 대하여는 제소기간 내에 심결의 취소를 구하는 소가 제기되지 아니하였으므로 이 사건 심결 중 위 1인에 대한 부분은 이미 확정되었고, 이 사건 특허발명은 그 무효심결이 확정된 상태에 이르렀으며 그 특허권은 처음부터 없었던 것으로 보게 되므로, 결과적으로 존재하지 아니하는 특허를 대상으로 판단한 이 사건 심결은 위법하게 되지만, 그 특허가 무효로 확정된 이상 이에 대한 취소소송을 제기한 원고로서는 이 사건 심결의 취소를 구할 법률상 이익도 없어졌다고 봄이 상당하여 이 사건 심결취소의 소는 소의 이익이 없어 부적법하다"는 취지로 판시하여, 즉 심결이 공동심판청구인 사이에 별개로 분리 확정될 수 있다고 판시하여(위 통상 공동소송설을 취한 것으로 보인다) 위 99허9571 판결과는 전혀 다르게 판단하였다.[37][38]

이와 같이 하급심 판결이 엇갈리던 중 위 특허법원 2006허5287 판결의 상

로 확정된 것으로 보아 심결 확정등록을 하였는데, 위 판결은 특허청의 위 무효심결 확정등록은 위법사유가 중대하고 명백한 하자에 해당하여 당연무효라고 덧붙였다.

[37] 위 특허법원 판결은, "공동무효심판청구인 중 1인에 대한 심결취소소송의 제기만으로 나머지 공동심판청구인에 대한 심결도 확정되지 않는다고 해석하는 경우에는, 그 나머지 공동심판청구인에 대한 관계에서는 제소기간은 도과되었으나 그 심결이 미확정 상태에 있다고 하는 결과가 되며(일반적으로 확정이란 불복기간의 도과를 의미한다), 본래 1개의 특허에 대한 무효심판은 공동으로 청구하는 것이 강제되지 않아 심판절차가 병합되지 않는 이상(병합과 분리 모두 임의적이다) 별개로 진행되고 별도의 심결이 내려져 각각 확정될 것인데 공동으로 심판청구 되거나 병합되었다는 우연한 사정으로 인하여 그 결과가 달라져야 하는 근거를 설명할 수 없고(1인에 대한 심결불복은 특허법 제139조 제4항 소정의 심판절차의 중단이나 중지 사유에 해당하지 않는다), 심결에서 패소한 심판피청구인이 심결취소소송을 제기할 때 승소가능성이 높은 자만을 상대로 제소하는 등 임의적 피고 선택이 가능한 반면, 피고로 선택되지 아니한 자는 제소 사실을 알지 못하여 심결취소소송 절차에 참여하지도 못한 채 자신이 승소한 심결이 취소당하는 불이익을 입을 수가 있게 되며, 스스로 제소기간을 준수하지 아니한 심결불복 당사자를 보호할 이유도 없는 것이므로, 위와 같은 해석은 부당하다"는 설명을 덧붙였다.

[38] 오충진, '일사부재리의 판단기준', 특허판례연구(한국특허법학회 편), 박영사(2009), 730-731은 위 2006허5287 판결 및 2006허5294 판결이 타당하다고 주장한다.

고심인 위 대법원 2009. 5. 28. 선고 2007후1510 판결이 "청구인들이 공동으로 특허발명의 무효심판을 청구한 이상 청구인들은 유사필수적 공동심판관계에 있으므로 비록 위 심판사건에서 패소한 특허권자가 공동심판청구인 중 일부만을 상대로 심결취소소송을 제기하였다 하더라도 그 심결은 청구인 전부에 대하여 모두 확정이 차단되어, 이 경우 심결취소소송이 제기되지 않은 나머지 청구인에 대한 제소기간의 도과로 심결 중 그 나머지 청구인의 심판청구에 대한 부분만이 그대로 분리·확정되었다고 할 수 없다", "동일한 특허권에 관하여 2인 이상의 자가 공동으로 특허의 무효심판을 청구하여 승소한 경우에 그 특허권자가 제기할 심결취소소송은 고유필수적 공동소송이라고 할 수 없고, 고유필수적 공동소송이 아닌 사건에서 소송 도중에 당사자를 추가하는 것은 허용될 수 없으므로, 이 경우 당사자의 변경을 가져오는 당사자 추가신청은 명목이 어떻든 간에 부적법하여 허용될 수 없다"고 판시하여 위 특허법원 99허9571 판결의 입장이 타당함을 분명히 하였다.

동경고등재판소 1976(소화51). 7. 21. 判決[39]도 특허를 무효로 한 심결에 대한 소에 있어서 복수의 심판청구인이 있는 경우 합일확정의 필요가 있으므로 그 소송은 유사필수적 공동소송에 해당한다고 판시하였다.

다. 공유자나 공동심판청구인 중 1인이 소를 제기한 후 다른 공유자나 공동심판청구인이 별도로 소를 제기한 경우

공유의 상표권에 관한 심결 및 공동심판에 의한 심결에 대하여 일단 공유자나 공동심판청구인 중 1인만이 심결취소소송을 제기하였는데 그 후 다른 공유자나 공동심판청구인도 심결취소소송을 제기하려는 경우 제소기간 내라면, 민사소송법 제83조 소정의 공동소송참가를 하면 되고, 이렇게 하지 아니하고 별도로 소를 제기하면 특허법원은 변론을 병합하여 유사필수적 공동소송으로 심리하여야 한다. 그러나 제소기간이 경과된 경우에는 다른 공유자나 공동심판청구인은 공동소송참가도 할 수 없고 보조참가를 할 수 있을 뿐이다.[40]

39) 審決取消訴訟判決集 昭和51年, 53.
40) 이상경(주 33), 103-104.

라. 권리의 승계와 원고적격

(1) 특정승계[41]

상표등록을 받을 수 있는 권리 또는 상표권에 대하여 상속 기타 일반승계가 있은 경우에는 그 사유의 발생에 의하여 당연히 승계의 효력이 생기고 승계인은 지체 없이 그 취지를 특허청장에게 신고할 의무를 부담하게 되지만(상표법 제48조 제1항, 제3항, 제96조 제1항 제1호, 제2항), 상표등록을 받을 수 있는 권리의 양도 또는 상표권의 이전 등 특정승계의 경우에는 출원인변경신고 또는 이전등록이 효력발생요건이므로 상표등록 출원인이 특허청장에게 출원인변경신고를 하지 아니하거나 상표권의 이전등록이 없으면 의사표시만으로는 그 효력이 발생하지 아니한다(상표법 제48조 제1항, 제96조 제1항 제1호).[42]

상표법은 상표등록을 받을 수 있는 권리 또는 상표권에 관한 심판이 계속되고 있는 중에 그 권리의 이전이 있어서 상표등록을 받을 수 있는 권리에 대하여 출원인변경신고가 있거나 상표권의 이전등록이 있는 경우 심판장이 권리의 승계인에 대하여 그 절차를 속행하게 할 수 있다(상표법 제21조)고 규정하고 있는데, 이것이 심판장의 재량에 속하는지 의무에 속하는지에 대하여는 견해가 나뉘나, 위 규정은 권리관계의 변동에 따라 같은 절차를 거듭 반복하게 하는 번잡을 피하기 위한 것이며 원권리자에 대하여 절차의 속행을 금하려는 취지는 아니므로 전자의 입장에 따라 원권리자 또는 승계인 어느 누구에 대하여도 절차를 속행하게 할 수 있다는 것이 다수의 견해이다.[43] 구 특허법상 판례이기는 하나 대법원 1967. 6. 27. 선고 67후1 판결은 "등록무효심판 계속 중 피심판청구인이 등록권리를 제3자에게 이전하였다 하더라도 당사자로서의 지위에는 영향을 받지 아니한다"고 판시한 바 있다.[44]

---

41) 瀧川叡一, 特許訴訟手續論考, 信山社(1991), 18 이하 참조.

42) 특허법원 2007. 7. 11. 선고 2007허852 판결(확정) 및 일본 동경고등재판소 1983(소화 58). 11. 17. 판결은, 거절결정에 대한 심판절차가 계속 중에 특허를 받을 수 있는 권리를 양수받은 자가 특허법 규정에 따른 출원인변경신고를 아니한 채 거절결정에 대한 심결의 취소소송을 제기한 경우, 이는 심결의 당사자가 아닌 자 및 심결의 당사자로부터 특허를 받을 수 있는 권리를 양수한 자라고 주장할 수 없는 자, 즉 원고적격이 없는 자가 제기한 부적법한 소이고, 그 흠결은 위 소송의 제소기간 경과 후에는 보정될 수 없는 것이라고 판시하였다.

43) 송영식 외 6인, 송영식 지적소유권법(상), 육법사(2008), 634; 윤선희, 특허법(제5판), 법문사(2012), 359 등.

44) 일본의 통설, 판례는 특정승계가 있는 경우 승계인에 대하여 절차를 속행하여도 되고 또는 원권리자에 대하여 속행하여도 지장이 없다는 취지로 해석하고 있다(特許廳編, 工業所

그런데 심판절차 중에 특정승계가 이루어졌지만(출원인변경신고 또는 이전등록이 마쳐졌지만) 양수인에 대하여 속행명령이 내려지지 않은 채 여전히 구 권리자를 당사자로 하여 심결이 된 경우에 원고적격을 가지는 자는 권리의 승계인인가 아니면 구 권리자인가 하는 권리승계의 경우에 있어서의 원고 적격이 문제가 된다.

① 하나의 견해는, 권리승계인에 대한 속행명령은 심판장의 자유재량에 속하는 것으로 보고, 심판장이 권리승계인에 대하여 절차를 속행하지 않은 한 소를 제기할 수 있는 자는 심결의 당사자인 구 권리자뿐이므로 구 권리자만이 원고적격을 가지고 심판절차 중 및 심결 후의 승계인은 원고 적격을 가지지 아니하므로, 승계인은 구 권리자가 소를 제기한 후 승계참가 신청에 의하여 소송의 당사자로 될 수 있다고 한다. 이러한 해석론은 심결의 당사자와 소송의 당사자가 일치한다는 점에서 법률관계가 명확해진다는 장점이 있다. 일본의 대심원 시대의 일반적인 견해이다.

② 다른 견해는, 권리승계인에게 속행명령을 하는 것이 심판장의 의무에 속하는 것이므로, 승계인은 스스로 참가신청을 하지 않아도 심판장이 직권으로 승계인에 대하여 절차를 속행할 것을 결정하고 당사자에게 그 취지를 통지함으로써 당사자의 지위를 취득하게 되고, 따라서 심판절차 중의 권리승계인은 스스로 적극적으로 참여하지 않아도 심판장이 직권으로 속행명령을 할 것이라는 기대를 가질 수 있는 지위에 있다고 할 수 있으므로 심결취소소송의 원고적격을 인정할 수 있다고 한다. 즉 구 권리자 명의로 심결이 내려져도[45] 심판절차 중의 권리승계인은 상표법 제162조 제2항의 '당사자'에 포함된다고 한다. 다만, 권리승계인은 심결이 있었던 사실을 알 수 없을 것이므로 제소기간을 준수할 수 없게 될 것이지만 이 제소기간은 불변기간이므로(특허법 제186조 제4항) 승계인은 종전의 권리자에게 심결이 송달되어 심결취소소송의 제소기간이 진행되는 것을 안 날로부터 2주일 이내에 스스로 앞서 본 바와 같이 원고가 되어 소를 제기함으로써 자기의 권리를 보전할 수 있게 된다고 한다[행정소송법 제8조 제2항(민사

有權法逐條解說[第14版](1998), 69; 吉藤辛朔 著, 熊谷健一 補訂, YOU ME 特許法律事務所 譯, 特許法槪說[第13版](2005), 416 등).

45) 심판장이 위 의무에 위반하여 구 권리자를 당사자로 하여 심결을 하더라도 당사자 항정주의가 적용되므로 그것만으로 심결이 위법하게 되는 것은 아니다. 특허법원 2003. 8. 21. 선고 2002허7346 판결(상고기각 되어 확정)도, 심결 전에 특정승계가 이루어졌다 하더라도 심판장이 속행명령을 발하지 않은 이상 원권리자를 심판피청구인으로 표시하더라도 취소사유가 되지 않는다고 하였다.

소송법의 규정 준용), 민사소송법 제173조(소송행위의 추후보완)]. 한편, 심결의 당사자로 표시된 구 권리자도 원고적격을 갖지만 승계인이 직접 소를 제기하거나 승계참가를 신청한 때에는 권리의 이전이 유효한 이상 구 권리자는 원고 적격을 상실한다고 한다. 그리고 심결 후 심결취소소송이 제기되기 전에 권리의 승계가 이루어진 경우에도 같이 본다. 이 설이 현재의 일본의 통설이다.

위 ①의 견해는 속행명령이 없는 이상 원권리자에게만 당사자적격이 있어 양수인은 직접 심결취소의 소를 제기할 수 없고, 원권리자가 심결취소의 소를 제기한 경우에 승계참가신청을 해야 한다는 것인데, 원권리자가 양도 후에 상표권 등에 관심을 갖지 않아 취소소송을 제기하지 않은 경우, 양수인은 심결에 대해 불복을 신청할 수단이 없어 가혹하게 되므로, 비록 속행명령을 발할 것인지 여부는 심판장의 재량에 속한다 하더라도 특정승계인도 원고로서 단독으로 심결취소소송을 제기할 수 있다고 보는 ②의 견해가 타당하고, 특허법원의 실무도 ②의 견해를 채택하여 심판절차 진행 중의 특정승계인이 당사자로서 단독으로 심결취소의 소를 제기한 경우 이를 적법한 것으로 인정하고 있다.[46]

심결취소소송 제기 후에 특정승계가 이루어진 때에는 양수인의 승계참가 또는 양도인 또는 상대방에 의한 소송인수 신청에 의해 승계가 되고, 양도인은 상대방의 승낙을 얻어 소송에서 탈퇴할 수 있다.[47]

한편 상표등록을 무효로 한 심결의 취소소송이 진행 중에 원고가 상표권을 피고에게 양도해 버리면 원고는 원고 적격을 상실하기 때문에 심결취소소송은 각하되어야 하지만, 이렇게 되면 무효심결이 확정되어 상표권이 소멸해 버리는 불합리한 결과가 발생하므로 특허법원으로서는 피고로 하여금 심판청구를 취하하도록 권유하여야 하고 심결취소소송을 각하해서는 안 된다.[48]

(2) 일반승계

심판절차 중 상속 또는 회사의 합병에 의하여 일반승계가 이루어진 경우에는 심판절차는 중단되고 상속인 또는 합병에 의하여 설립된 회사 내지는 합병 후 존속하는 회사가 절차를 수계하게 되므로(상표법 제22조 내지 제24조), 이러한 경우에는 당연히 수계한 당사자가 심결취소소송의 원고가 될 것이고 피상속인, 합병 후 소멸한 회사는 더 이상 존재하지 않으므로 원고로 될 수 없다. 또한 심

판결차 중 종전 권리자가 사망함으로써 당사자로서의 자격을 상실한 때에는 그
때부터 그 당사자의 지위를 당연히 승계하는 상속인과 사이에 심판절차가 존속
하는 것이고, 다만 상속인이 심판수계절차를 밟을 때까지 심판절차가 중단되는
것이므로, 심판관이 이와 같은 중단사유를 알지 못하고 구 권리자를 당사자로
하여 심결한 경우에는 그 심결은 심판절차에 관여할 수 있는 적법한 수계인의
권한을 배제한 결과가 되는 절차상의 위법은 있지만 그 심결이 당연무효라고
할 수는 없으므로, 상속인이 수계신청을 하여 심결등본을 송달받고 심결취소소
송을 제기할 수 있을 뿐 아니라, 상속인이 사실상 심결등본을 송달받고 심결취
소소송을 제기한 다음에 그 소송절차에서 수계절차를 밟은 경우에도 그 수계와
소 제기는 적법한 것이라고 보아야 할 것이다.[49]

　　무효심판청구인이나 소극적 권리범위확인심판청구인이 원고가 된 심결취소
소송에 있어서 소송 중에 위 당사자가 사망한 경우에 대하여는, 그 상속인에게
이해관계가 인정되지 아니한다면 소를 각하하여야 한다는 견해[50]와 위와 같은
당사자의 지위에 관하여는 승계가 있다고 할 수 없으므로 소송종료선언을 하는
것으로 충분하다는 견해[51]가 있다.

3. 원고가 될 수 있는 '참가인'

　　심결취소소송을 제기할 수 있는 참가인이란 심판절차상의 참가인을 말하는
데, 심판절차상의 참가인이란 당사자 이외의 제3자가 타인의 심판절차의 계속
중 그 심판의 당사자의 일방에 들어가 그 심판절차를 수행하는 자이다. 심판절
차상의 참가에는, 상표법 제124조 제1항에 의하여 당사자로서 공동심판을 청구
할 수 있는 자가 이해관계인 중 한 사람이 이미 청구한 심판에 그 심리의 종결
시까지 참가하여 공동심판청구인과 같은 입장에서 심판절차를 진행하는 공동소
송참가(민사소송법 제83조)에 유사한 참가(상표법 제142조 제1항)와 심판의 결과에
대하여 이해관계를 가지는 자가 심리의 종결시까지 당사자의 일방을 보조하기
위하여 그 심판에 참가하는 공동소송적 보조참가(민사소송법 제78조)에 유사한
참가(상표법 제142조 제3항)가 있다.

　　같은 상표권에 관하여 상표등록 무효심판, 상표등록 취소심판, 전용사용권

---

49) 대법원 1995. 5. 23. 선고 94다28444 전원합의체판결 참조.
50) 특허소송실무, 법원행정처(1998), 51.
51) 대법원 1994. 10. 28. 선고 94므246, 253 판결 등 참조; 李相京(주 48), 61.

또는 통상사용권 등록취소심판, 권리범위확인심판을 청구하는 자가 2명 이상이면 각자 또는 그 전원이 공동으로 심판을 청구할 수 있지만(상표법 제124조 제1항), 공동으로 심판청구를 하지 아니하고 타인의 청구에 의하여 계속 중인 심판절차에 참가할 수도 있는데, 이것이 상표법 제142조 제1항의 참가이다. 이러한 자는 물론 타인의 심판절차에 참가하지 아니하고 그 심판절차와 관계없이 별도로 심판청구를 할 수도 있다. 공동으로 심판을 청구한 경우와 단독으로 심판을 청구한 경우에는 당사자로서 심결취소소송의 원고적격을 가지지만, 타인의 심판절차에 참가한 경우에는 참가인으로서 심결취소소송의 원고적격을 가지게 된다.

심판의 당사자가 될 수 없는 자라도 심판의 결과에 대하여 법률상 이해관계를 가지는 자, 예를 들어 등록무효심판이 청구된 상표권에 관한 전용사용권자, 통상사용권자 또는 질권자 등은 당사자의 일방을 보조하기 위하여 심판에 참가할 수 있는데, 이것이 상표법 제142조 제3항의 참가이다. 이러한 참가인은 피참가인이 심결취소소송을 제기하지 않는 경우에도 독자적으로 심결취소소송을 제기할 수 있다.

위와 같은 참가가 인정되는 것은 상표등록의 무효심판 등 당사자계 심판과 이들 심판의 확정심결에 대한 재심에 한하고, 결정계 심판에서는 참가가 허용되지 아니한다.[52]

4. 심판(재심)에 참가신청을 하였으나 그 신청이 거부된 자

위 Ⅰ. 1.항에서 본 것과 같이 상표법은 절충안으로 제162조 제2항에서 당사자 이외에 심판 또는 재심에 참가신청을 하였으나 그 신청이 거부된 자도 심결취소소송을 제기할 수 있도록 하였다. 상표법 제143조 제5항은 참가신청에 대한 참가 여부의 결정에 대하여 불복을 할 수 없도록 규정하고 있는데, 참가신청이 거부된 자가 심결에 대하여 불만이 있을 경우 상표법 제162조 제2항의 규정에 의하여 심결취소소송을 제기할 수 있도록 함으로써 이해관계가 있음을 인정받는 경우에는 본안에 대해서까지 다툴 수 있게 하여 결과적으로 참가신청의 거부에 대하여 불복을 할 수 있도록 하고 있다. 따라서 전용사용권자, 통상사용권자 또는 질권자는 참가신청을 하여 참가가 허락되었다면 참가인으로서 심결취소소송을 제기할 수 있고, 참가신청이 거부되었더라도 위 규정에 의하여 심결

---

52) 상표법 제154조는 거절결정에 대한 심판에는 참가에 관한 규정인 상표법 제142조 및 제143조의 적용을 배제하고 있다.

취소소송을 제기할 수 있다.

Ⅱ. 심결취소소송에서의 참가

1. 공동소송적 보조참가

상표법은 심결취소소송상의 참가에 관하여는 명문의 규정을 두고 있지 아니하나, 심결취소소송은 기본적으로 행정소송적인 성질을 가지므로 우선 행정소송법이 준용된다. 그런데 행정소송법 제44조 제1항, 제16조 제1항은 항고소송 및 당사자소송에 관하여 "법원은 소송의 결과에 따라 권리 또는 이익의 침해를 받을 제3자가 있는 경우에는 …… 그 제3자를 소송에 참가시킬 수 있다"고 규정하고 있고, 제16조 제4항에 의하면 그 참가인에 대하여는 민사소송법 제67조(필수적 공동소송에 관한 특별규정)가 준용되어 그 참가인은 민사소송법상의 필수적 공동소송에 있어서의 공동소송인과 같은 입장에 놓이지만 독자적인 청구를 하고 있는 것은 아니어서, 결국 심결취소소송에서는 민사소송법 제78조의 공동소송적 보조참가가 허용된다. 예를 들어 보면 상표권의 전용사용권자는 상표등록 무효심결의 취소소송에서 원고측에 공동소송적 보조참가를 할 수 있을 것이다.

2. 보조참가

행정소송법 제8조는 행정소송에 관하여 이 법에 특별한 규정이 없는 사항에 대하여는 민사소송법의 규정을 준용한다고 규정하고 있으므로, 심결취소소송에도 위 규정에 의하여 민사소송법 제71조의 보조참가가 허용된다고 보아야 할 것이다.

1998년 개정(1998. 3. 1.부터 특허법원이 심결취소소송을 관할하는 것으로 개정) 전의 상표법 하에서의 판결이기는 하나 대법원 1997. 3. 25. 선고 96후313, 320 판결은 대법원에서의 상표등록무효심결에 대한 상고사건에서 보조참가가 허용됨을 전제로 상표관리인이 보조참가의 요건을 갖추지 못하였다고 판단하였다. 반면에 역시 1998년 개정 전의 상표법 하에서 대법원 1995. 4. 25. 선고 93후1834 전원합의체 판결은 명문의 근거규정이 없다는 이유로 대법원에서의 상표등록거절결정에 대한 상고사건에서 보조참가신청이 부적법하다고 판시하였고, 대법원 1997. 7. 8. 선고 97후75 판결도 같은 상고사건에서 같은 내용으로 판시하였다. 이 판결들에 대하여는 찬성하는 견해와 반대하는 견해가 나뉜다. 다만 특허법원이 개원한 이후에 상표등록 거절결정에 대한 심결취소소송에서는 특허법원이 특허청장에 대한 보조참가를 허용하고 있고(특허법원 2002. 1. 24 선고 2001허4746 판결 및 같은 날 선고 2001허4753 판결) 이에 대한 상고심인 대법원 2003. 8. 19. 선고 2002후321 판결 및 같은 날 선고 2002후338 판결도 위 보조참가를 그대로 용인하고 있다.

　　보조참가의 요건인 "소송결과에 대하여 이해관계를 가질 것"이란 소송의 결과에 따라 권리 또는 이익의 침해를 받을 제3자보다는 넓지만, 소송의 결과 즉 당해 소송의 본안판결인 주문에 표시된 소송물의 존부를 전제로 보조참가인의 법률상의 지위가 직접 또는 간접으로 결정되는 관계를 말하는 것이고, 단지 판결이유 중의 법률상 및 사실상의 판단에 대하여 이해관계가 있는 것만으로는 부족하다고 할 것이다. 이러한 법률상 이해관계가 있는 자에는 전용사용권자, 통상사용권자뿐만 아니라 적극적 권리범위확인심판에서 패소하고도 심결취소소송을 제기하지 않은 피심판청구인(원고측)[53], 거절결정불복 심결취소소송에서 특허결정이 될 경우 무효심판을 제기할 수 있는 이해관계인(피고측)[54]이 해당하고, 특허권자로부터 침해소송을 제기 받을 개연성이 있는 자로서 별도로 특허무효심판을 청구한 사람에게 선행 무효심판사건에 대한 심결취소소송에서 보조참가의 이익을 인정한 예도 있다.[55]

3. 공동소송참가

　　원고 적격이 인정되고 제소기간 이내라면 행정소송법 제8조에 의하여 심결취소소송에도 민사소송법 제83조의 공동소송참가가 허용된다.

〈최성준〉

---

53) 특허법원 2008. 8. 22. 선고 2007허4649 판결(심리불속행 상고기각 되어 확정).
54) 일본 동경고등재판소 1962. 2. 13.자 결정.
55) 특허법원 2009. 7. 16. 선고 2008허13022 판결(상고심 계속 중 소 취하를 하였다).

> **제162조(심결 등에 대한 소)**
> [제1항~제2항은 앞에서 해설]
> ③ 제1항에 따른 소는 심결 또는 결정의 등본을 송달받은 날부터 30일 이내에 제기하여야 한다.
> ④ 제3항의 기간은 불변기간으로 한다. 다만, 심판장은 도서·벽지 등 교통이 불편한 지역에 있는 자를 위하여 산업통상자원부령으로 정하는 바에 따라 직권으로 불변기간에 대하여 부가기간을 정할 수 있다.

〈소 목 차〉

Ⅰ. 심결취소소송의 소 제기기간   Ⅲ. 심결취소소송의 소송목적의 값
Ⅱ. 부가기간

Ⅰ. 심결취소소송의 소 제기기간

　　행정소송법 제20조는 "취소소송은 처분 등이 있음을 안 날부터 90일 이내에 제기하여야 한다"고 규정하여 행정소송에서는 민사소송의 경우와는 달리 제소기간을 제한하고 있다. 이는 행정법관계는 공익과 밀접하게 관련되어 있으므로 오랫동안 불확정상태에 둘 수 없고 행정작용과 그로 인한 권리관계를 조속히 안정시킬 필요가 있기 때문이다. 그리고 상당수의 행정 관련법에서는 행정처분의 효과를 신속히 확정시키기 위하여 제소기간을 특별히 단축하여 규정하고 있다.

　　같은 취지에서 심결 등 취소소송은 심결 또는 결정의 등본을 송달받은 날부터 30일 이내에 제기하여야 한다(본조 제3항). 심결 등 취소소송의 제소기간은 행정소송의 제소기간 90일보다 짧고, 행정소송에서는 개개의 사건에 있어서 당사자가 처분 등이 있음을 안 날을 개별적·구체적으로 따져 보아 제소기간 준수 여부를 파악함에 비하여, 심결 등 취소소송에서는 제소기간을 당사자가 심결 또는 결정의 등본을 송달받은 날을 기준으로 따지므로 일률적인 기준에 의하여 제소기간을 산정할 수 있어서, 행정소송의 경우보다 훨씬 간명하다.

　　심결 등 취소소송의 제소기간은 불변기간이다(본조 제4항). 민사소송법상 불변기간이란 법정기간 중 법률이 특히 불변기간이라고 규정하고 있는 기간을 말하는데, 법원이 불변기간을 늘이거나 줄일 수 없으나(민사소송법 제172조 제1항)

부가기간을 정할 수 있고(민사소송법 제172조 제2항), 당사자가 책임질 수 없는 사유로 말미암아 그 기간을 지킬 수 없었던 때에는 추후보완(민사소송법 제173조)이 허용되며, 불변기간의 준수 여부는 직권조사사항에 속하는 소송요건이다.1) 심결 등 취소소송에서의 불변기간도 같은 개념이다. 따라서 특허심판원이나 특허법원이 제소기간을 늘이거나 줄일 수 없고, 다음 항에서 보는 바와 같이 특허심판원의 심판장은 부가기간을 정할 수 있으며, 당사자가 책임을 질 수 없는 사유2)로 말미암아 제소기간을 경과하여 심결 등 취소소송을 제기하였더라도 추후보완 규정에 의하여 위 소 제기는 적법하게 된다.

제소기간을 계산함에 있어 심결 또는 결정의 등본을 송달받은 날은 산입하지 아니하고 그 다음날부터 기산한다(상표법 제16조 제1호).

심결 등 취소소송의 소장은 특허법원에 제출하여야 한다. 민사소송의 경우에는 상소할 때 원심법원에 상소장을 제출하지만, 특허심판원을 원심법원이라고 할 수 없기 때문에 특허심판원에 심결 등 취소소송의 소장을 제출하는 것은 인정되지 않는다. 제소기간 내에 심결 등 취소소송의 소장이 특허법원에 도달(접수)되어야 하므로 제소기간 내에 소장을 우편으로 특허법원으로 발송하였다 하더라도 제소기간 이후에 특허법원에 도달(접수)되었다면 심결 등 취소소송은 제소기간이 도과한 후에 제기된 것이다. 제소기간이 도과된 후 제기된 심결 등 취소소송은 부적법하므로 변론 없이 판결로써 각하한다.

특허법 제14조 제4호{2011. 12. 2. 법률 제11113호로 구 상표법 제5조의13(현행 상표법 제16조에 해당)이 신설되기 전에는 구 상표법 제5조에 의하여 특허법 제14조 제4호가 상표에 관하여 준용되고 있었다}는 2001. 2. 3. 법률 제6411호로 개정된 이래 2006. 3. 3. 개정되기 전까지, "특허에 관한 절차에 있어서 기간의 말일이 공휴일(근로자의 날 제정에 관한 법률에 의한 근로자의 날을 포함한다)에 해당하는 때에는 기간은 그 다음날로 만료한다"고 규정하고 있다가, 2006. 3. 3. 법률 제7871호로 개정되면서 위 '공휴일'에 근로자의 날뿐만 아니라 '토요일'도 포함되게 되었고, 구 상표법 제5조의13 제4호도 그와 같은 내용으로 신설되었으며, 법률 제7871호로 개정된 특허법 부칙 제1조는 "이 법은 공포한 날부터 시행한다"

---

1) 윤태식, "특허심판원의 심결에 대한 소의 제기기간 경과 전에 부가기간지정신청을 하였지만, 부가기간 지정이 제소기간 경과 후에 이루어진 경우 그 부가기간지정의 효력", 대법원판례해설 제78호(2008년 하반기), 428.
2) 당사자가 당해 소송행위를 하기 위한 일반적 주의를 다 하였어도 그 기간을 준수할 수 없는 사유를 말한다.

고, 제6조는 "이 법 시행 당시 종전의 규정에 의하여 제출된 특허출원에 대한
심사·특허등록·특허권·심판·재심 및 소송은 종전의 규정에 의한다"고 규정하
고 있고, 법률 제11113호로 개정된 상표법 부칙도 비슷한 규정을 두고 있다. 한
편 민사소송법 제170조는 기간의 계산은 민법에 따른다고 규정하고 있고, 2007.
12. 21. 개정되기 전의 민법 제161조는 "기간의 말일이 공휴일에 해당하는 때에
는 기간은 그 익일로 만료한다"고 규정하고 있다가,3) 2007. 12. 21. 법률 제8720
호로 개정되면서 "기간의 말일이 토요일 또는 공휴일에 해당하는 때에는 기간
은 그 익일로 만료한다"로 변경되었으며, 그 부칙 제1조는 위 개정규정은 공포
후 3개월이 경과한 날부터 시행한다고, 제3조 제1항은 이 법 시행 당시 법원에
계속 중인 사건에 관하여는 이 법을 적용하지 아니한다고 규정하고 있다.

그런데 심결취소소송의 제소기간의 계산에는 특허법 제14조 제4호, 상표법
제16조 제4호(구 상표법 제5조의13 제4호)가 적용되는지 아니면 민사소송법 제170
조 및 민법 제161조가 적용되는지가 문제된다. 특허법 제14조 제4호에서의 "특
허에 관한 절차", 상표법 제16조 제4호(구 상표법 제5조의13 제4호)에서의 "상표에
관한 절차"에 심결 등 취소소송 제기가 포함된다면 특별법인 특허법 제14조 제4
호, 상표법 제16조 제4호가 적용될 것이고, 포함되지 않는다면 일반법인 민사소
송법 제170조 및 민법 제161조가 적용될 것이다.

특허법 제3조(상표법 제4조)가 "특허(상표)에 관한 출원·청구 기타의 절차"
를 이하에서 "특허(상표)에 관한 절차"라 한다고 규정하고 있고, 특허법 제5조
(상표법 제6조)가 "특허(상표)에 관한 절차"와 "소송"을 별도로 병기하고 있으며,
특허법 제15 내지 제19조(상표법 제17조 내지 제21조)는 모두 "특허(상표)에 관한
절차"의 주체로 특허청장, 특허심판원장, 심판장, 심사관만(법원은 아니다)을 예
정하고 있는 점 등을 종합적으로 고려하면, 특허법 제3조(상표법 제4조) 이하에
서 약칭으로 사용하는 "특허(상표)에 관한 절차"란 특허(상표등록)출원 및 그 심
사, 심판 등에 관한 일련의 절차를 말하되, 특허법원에 대한 심결취소소송의 제
기는 포함되지 아니하는 것으로 해석하여야 할 것이다.4)5) 따라서 심결취소소송의

---

3) 대법원 2008. 6. 12.자 2006마851 결정, 대법원 2008. 5. 27.자 2008마480 결정, 대법원
   2004. 3. 29.자 2003마1765 결정은, 휴무토요일은 2007. 12. 21. 개정 전 민법 제161조에서
   규정하는 공휴일에는 포함되지 않는다고 하였다.
4) 예지희, "토요일을 공휴일에 포함시키는 개정 특허법 제14조 제4호 규정의 적용범위",
   대법원판례해설 제74호(2007년 하), 169-173; 中山信弘 編著, 註解 特許法[第3版](上券),
   55(靑木 康 집필).
5) 설범식, '2006년 개정 특허법과 실용신안법의 주요내용 및 소송절차상 유의사항', 지적

제소기간의 계산에는 특허법 제14조 제4호, 상표법 제16조가 아니라 민사소송
법 제170조 및 민법 제161조가 적용된다고 보아야 한다.6)7)

　　다만 대법원 2007. 11. 16. 선고 2007후2049 판결은, 특허법 제14조 제4호는
특허에 관한 절차에서 토요일을 공휴일에 포함시키고 있지만, 특허법 부칙 제1
조는 "이 법은 공포한 날부터 시행한다."라고 규정하면서 부칙 제6조에서는 "이
법 시행 당시 종전의 규정에 의하여 제출된 특허출원에 대한 심사·특허등록·특
허권·심판·재심 및 소송은 종전의 규정에 의한다."라고 규정하고 있으므로,
2006. 3. 3. 이전에 출원된 특허에 관한 소송에 관하여는 종전의 규정이 적용될
뿐 개정된 특허법 제14조 제4호의 규정이 적용되는 것으로 볼 것은 아니라고 하
면서, 심결취소소송의 제소기간의 말일인 토요일을 도과하여 그 다음 주 월요일
에 제기된 소는 부적법하다고 판시함으로써, 마치 심결취소소송의 제소기간에도
특허법 제14조 제4호가 적용될 수 있음을 전제로 판단하고 있는데, 특허법 제14
조 제4호의 적용을 배제한 결론은 맞지만 위 전제는 타당하다고 할 수 없다.

　　민법 제161조가 개정된 현 상황에서는 심결취소소송의 제소기간의 계산에,
특허법 제14조 제4호, 상표법 제16조가 적용된다고 하면 위 대법원 판결의 취
지에 따라 2006. 3. 3. 이전에 출원된 특허에 관한 심결취소소송인 경우 개정 전
의 특허법 제14조 제4호, 상표법 제16조가 적용되어 심결 또는 결정의 등본을
송달받은 날부터 30일의 마지막 날이 토요일이면 제소기간은 그 날 만료하고
다음 월요일에 만료하는 것이 아니지만, 민법 제161조가 적용된다고 하면 언제
출원된 특허에 관한 심결취소소송인지와 상관없이 항상 심결 또는 결정의 등본
을 송달받은 날부터 30일의 마지막 날이 토요일이면 제소기간은 다음 주 월요
일에 만료한다. 그러므로 심결취소소송의 제소기간 계산에는 특허법 제14조 제4
호, 상표법 제16조 제4호가 적용되는 것보다 민법 제161조가 적용되는 것이 당

<hr>

　　재산권(2006. 7.), 15는, 특허법 제14조 제4호의 '특허에 관한 절차에 있어서' 부분을 포괄
　　적으로 해석하여 심판에 대한 불복절차까지 포함하는 것으로 보는 경우와 제한적으로 해
　　석하여 심판에 대한 불복절차를 포함하지 않는 것으로 보는 경우를 모두 설명하고 있으며,
　　다만 어느 경우에나 심결취소소송의 판결에 대한 상고제기기간에는 특허법 제14조 제4호
　　가 적용되지 않고 민사소송법 및 민법의 규정에 따른다고 한다.
　6) 대법원 2014. 2. 13. 선고 2013후1573 판결, 특허법원 2007. 10. 19. 선고 2006허9425 판
　　결(확정)도 같은 취지이다.
　7) 대법원 2008. 11. 13.자 2008후3155 명령[미간행]은, 심결취소소송의 성질이 일종의 행정
　　소송인 이상 행정소송법 제8조에 의하여 준용되는 민사소송법이 적용되며, 한편 민사소송
　　법 제170조는 기간의 계산을 민법에 따르도록 규정하고 있으므로, 심결취소소송의 판결의
　　상고제기기간의 계산에 관하여는 민법 제161조가 적용된다고 하였다.

사자에게 유리한 결과가 된다.

다만 민법 제161조의 공휴일에는 근로자의 날이 포함된다고 할 수 없으므로 주의하여야 한다.

Ⅱ. 부가기간

1998. 9. 23. 법률 제5576호로 개정되기 전의 특허법 제186조[2011. 12. 2. 법률 제11113호로 구 상표법 제85조의3(현행 상표법 제162조에 해당)이 신설되기 전에는 구 상표법 제86조에 의하여 특허법 제186조가 상표에 관하여 준용되고 있었다]는 부가기간에 관하여 규정하고 있지 않았다. 이에 심결 등 취소소송의 제소기간에 부가기간을 정할 수 있는지, 정할 수 있다면 누가 부가기간을 정할 수 있는지에 관하여 다양한 논의가 있었다. 당시 다수의 견해는 특허심판원의 심판장이 부가기간을 정할 수 있다는 것이었고, 그 근거로 특허법 총칙편의 규정인 제15조 제2항(특허청장·특허심판원장·심판장 또는 심사관은 이 법에 따라 특허에 관한 절차를 밟을 기간을 정한 때에는 청구에 따라 그 기간을 단축 또는 연장하거나 직권으로 그 기간을 연장할 수 있다)이 적용된다는 견해, 민사소송법 제172조 제2항(법원은 불변기간에 대하여 주소 또는 거소가 멀리 떨어진 곳에 있는 사람을 위하여 부가기간을 정할 수 있다)이 유추 적용된다는 견해가 주장되었다. 민사소송법 제173조(소송행위의 추후보완) 규정으로 충분하다는 견해도 주장되었다.

위와 같은 논의를 입법적으로 해결하여 1998. 9. 23. 법률 제5576호로 개정된 특허법은 본조 제5항을 신설하여[구 상표법 제85조의3 제5항(현행 상표법 제162조 제4항)에 의하여] 심결을 한 특허심판원의 심판장은 원격 또는 교통이 불편한 지역에 있는 자를 위하여 직권으로 심결 등 취소소송의 제소기간에 대하여 부가기간을 정할 수 있다고 규정하였다.

위 부가기간은 심판장이 구체적 사정을 고려하여 재량으로 정하는 직권사항이므로, 당사자는 이에 대한 신청권이 없고 신청을 하여도 직권발동을 촉구하는 데 그치므로 그에 관한 심판장의 결정에 대하여 불복을 신청할 수도 없다. 심판장은 한 번 부가기간을 정한 다음에는 다시 부가기간을 정할 수 없다.[8]

그리고 심결 등 취소소송의 제소기간은 불변기간으로 한다고 규정하고 있는 점에 비추어, 제소기간의 연장을 위한 부가기간의 지정은 제소기간 내에 이

---

8) 윤태식(주 1), 428.

루어져야만 효력이 있으며, 단순히 부가기간지정신청이 제소기간 내에 있었다는 점만으로는 제소기간이 당연히 연장되는 것이라고 할 수 없고, 제소기간이 경과하기 전에 부가기간 지정이 적법하게 이루어져야 제소기간이 연장된다.9) 따라서 부가기간지정신청서 접수일부터 부가기간 지정까지 최소한 수일이 소요된다는 점을 감안하면 부가기간 지정을 받고자 하는 당사자는 제소기간이 만료되기 10일 이상 전에 부가기간지정신청을 하여야 안전할 것이다.

Ⅲ. 심결취소소송의 소송목적의 값

민사소송 등 인지법 제2조 제4항은 재산권에 관한 소로서 그 소송목적의 값을 계산할 수 없는 것을 목적으로 하는 소송의 소송목적의 값은 대법원규칙으로 정한다고 규정하고 있고, 민사소송 등 인지규칙 제17조의2는 특허법원의 전속관할에 속하는 소송의 소가는 재산권상의 소로서 그 소가를 산출할 수 없는 것으로 본다고, 같은 규칙 제18조의2 후문은 제17조의2에 정한 소송의 소가는 1억 원으로 한다고 각 규정하고 있다. 따라서 심결취소소송의 소송목적의 값은 1억 원이다.

〈최성준〉

---

9) 대법원 2008. 9. 11. 선고 2007후4649 판결(같은 결론을 취한 원심이 특허법원 2007. 10. 11. 선고 2007허7020 판결이다); 특허법원 2007. 4. 25. 선고 2006허11572 판결(상고이유서 부제출로 상고기각 되어 확정).

> 제162조(심결 등에 대한 소)
> [제1항~제4항은 앞에서 해설]
> ⑤ 심판을 청구할 수 있는 사항에 관한 소는 심결에 대한 것이 아니면 제기할 수 없다.
> ⑥ 제152조제1항에 따른 심판비용의 심결 또는 결정에 대해서는 독립하여 제1항에 따른 소를 제기할 수 없다.
> ⑦ 제1항에 따른 특허법원의 판결에 대해서는 대법원에 상고할 수 있다.

<소 목 차>

Ⅰ. 심판전치   Ⅲ. 상고
Ⅱ. 심판비용만을 다투는 소 제기의 제한

Ⅰ. 심판전치

　　행정소송법 제18조 제1항에 의하면 일반적인 행정처분에 대한 취소소송은 법령의 규정에 의하여 행정처분에 대한 행정심판을 제기할 수 있는 경우에도 이를 거치지 아니하고 제기할 수 있음에 반하여, 본조 제5항은 심판을 청구할 수 있는 사항에 관한 소는 반드시 심판절차를 거치도록 규정하여 심판전치주의를 채택하고 있다.[1] 예를 들어 상표등록의 무효 등을 구하고자 하는 자는 우선 심판청구를 하고 나서 그 청구를 기각하는 심결이 있는 경우에 비로소 특허법원에 소를 제기할 수 있다. 따라서 심판을 거치지 않고 곧바로 특허법원에 소를 제기하는 경우 위 규정에 위배되어 부적법하므로 각하된다.[2]

---

1) 행정소송법 제18조 제1항 단서는, 다른 법률에 당해 처분에 대한 행정심판의 재결을 거치지 아니하면 취소소송을 제기할 수 없다는 규정이 있는 때에는 그러하지 아니하다고 규정하고 있다.

2) 이와 관련하여, 입법론으로 특허권, 실용신안권, 디자인권, 상표권 등에 관한 무효심판도 다수의 다른 행정심판과 마찬가지로 국민의 법관에 의한 신속한 재판을 받을 권리를 보장하는 관점에서 필수적 전치를 임의적 전치로 전환해야 한다는 논의가 진행되고 있다. 논의 내용을 구체적으로 살펴보면, ① 특허무효심판제도는 우리나라와 일본을 제외하고는 매우 이례적인 제도인 점[미국의 경우 특허무효심판 및 특허무효소송이 병존하고 당사자에게 선택권이 부여되어 있으며 특허무효확인소송을 법원에 제기하면 특허심판(IPR 등)을 제기할 수 없고, 독일의 경우 특허무효심판은 허용되지 않으며(독일에서는 위헌 논란을 거쳐 특허심판원이 없어짐) 특허법원에 무효소송을 곧바로 제기해야 하고, 유럽통합법원 및 프랑스, 이탈리아, 스위스, 덴마크, 네델란드, 벨기에, 포르투갈, 스페인, 그리스 등 다수 유럽

II. 심판비용만을 다투는 소 제기의 제한

상표등록의 무효심판(상표법 제117조 제1항), 상표권의 존속기간갱신등록 무효심판(상표법 제118조 제1항), 상품분류전환등록의 무효심판(상표법 제214조 제1항), 상표등록의 취소심판(상표법 제119조 제1항), 전용사용권 또는 통상사용권 등록의 취소심판(상표법 제120조), 권리범위확인심판(상표법 제121조)의 심판비용의 부담은 심판이 심결에 의하여 종결할 때에는 그 심결로써, 심판이 심결에 의하지 아니하고 종결할 때에는 결정으로써 정하여야 하는데, 그 심결 또는 결정 중 심판비용의 부담 부분만의 취소를 구하는 소송을 독립하여 제기할 수 없다. 위 심결 또는 결정 중 심판비용의 부담 부분에 대하여 불복이 있는 경우에는 그 심결 또는 결정의 취소를 구하는 소송 중에서 심판비용의 부담을 다툴 수 있을 뿐이다.

III. 상고

특허법원의 판결에 대하여는 판결 정본이 송달된 날부터 2주 이내에 상고할 수 있다(본조 제7항, 민사소송법 제425조, 제396조 본문). 상고절차에 관하여는 특허법 등에 별도의 규정이 없으므로 일반 민사소송의 상고절차가 심결취소소송에도 준용된다. 상고제기기간의 계산에 관하여는 민사소송법 제170조에 의하여 민법 제161조가 적용된다.[3]

따라서 특허법원이 판결을 선고한 이상 그 판결 정본이 당사자에게 송달되

국가에는 특허무효심판제도가 없다], ② 특허심판원의 독립성과 공정성이 결여되어 있는 점[특허심판원은 특허심판원의 조직과 운영에 관한 기본적인 사항을 법률에 규정하지 아니하고 특허법 시행령, 특허청과 그 소속기관 직제(대통령령)에 위임하고 있으며, 특허심판관의 인사권을 특허청장이 행사하며, 심판관의 임기보장이 안되고, 특허심판원에 일정 비율의 외부전문가가 포함되지 않는 점을 든다], ③ 일반 행정심판이 임의적 전치로 운영되고 필수적 전치의 경우에도 국민이 신속하게 재판받을 권리를 보장하기 위하여 행정소송법상 예외규정(심판청구일로부터 60일이 지나도록 재결이 없는 경우 바로 행정소송 제기 가능)을 두고 있는 것과 비교할 때, 특허무효심판에서 필수적 전치는 국민의 신속한 재판을 받을 권리를 지나치게 제약하는 점(2015년 기준 특허심판원의 무효심판 평균처리기간은 295.5일이다) 등을 그 이유로 들고 있다. 특허 기술적 판단과 무관한 상표권, 디자인권에 관한 무효심판에서 우선적으로 필수적 전치를 폐지하고 임의적 전치로 전환해야 한다고 강조한다(4차 산업혁명에 대비하기 위한 특허경쟁력 향상 방안, 산업통상자원위원회 2016 국정감사 정책자료집, 유동수 국회의원실 참조).
3) 대법원 2008. 11. 13.자 2008후3155 명령.

기 전에도 상고할 수 있고(민사소송법 제425조, 제396조 단서), 상고장에는 당사자
와 법정대리인, 특허법원 판결의 표시와 그 판결에 대한 상고의 취지를 기재하
여 특허법원에 제출하여야 한다(민사소송법 제425조, 제397조). 상고장에는 심결취
소소송의 소장에 첨부할 인지액의 2배에 해당하는 인지를 붙여야 한다(민사소송
등 인지법 제3조). 상고장에 상고이유를 적지 아니한 때에는 상고인은 대법원 법
원사무관 등으로부터 소송기록 접수의 통지(민사소송법 제426조)를 받은 날부터
20일 이내에 상고이유서를 제출하여야 한다.

상고에 의하여 특허법원의 판결에 대한 불복을 주장할 수 있는 경우는 특
허법원의 판결에 영향을 미친 헌법·법률·명령 또는 규칙의 위반이 있음을 이
유로 하는 경우에 한정되고(민사소송법 제423조), 특허법원의 판결이 적법하게 확
정한 사실은 상고심을 기속하여 상고심은 그 당부에 관하여 판단할 수 없다(민
사소송법 제432조). 이러한 의미에서 상고심은 법률심이라 불리며 상고제도는 법
령의 해석·적용에 통일을 기하고자 하는 데에 그 목적이 있다.

심결취소소송의 상고에도 상고심절차에 관한 특례법이 적용되므로(위 법 제
2조), 대법원은 상고이유에 관한 주장이 위 법 제4조 제1항 각호의 사유를 포함
하지 아니한다고 인정되는 때에는 더 나아가 심리를 하지 아니하고 판결로 상
고를 기각한다(위 법 제4조 제1항).

〈최성준〉

> **제163조(피고적격)**
>
> 제162조제1항에 따른 소는 특허청장을 피고로 하여야 한다. 다만, 제117조제1항, 제118조제1항, 제119조제1항·제2항, 제120조제1항, 제121조 및 제214조제1항에 따른 심판 또는 그 재심의 심결에 대한 소는 그 청구인 또는 피청구인을 피고로 하여 제기하여야 한다.

〈소 목 차〉

Ⅰ. 심결취소소송의 피고적격의 법정   Ⅱ. 공유자의 피고적격
   1. 특허청장   Ⅲ. 피고의 경정
   2. 심판(재심)의 청구인 내지 피청구인   Ⅳ. 특정승계와 피고적격

Ⅰ. 심결취소소송의 피고적격의 법정[1]

1. 특허청장

상대방이 없는 결정계 사건에서는 특허청장이 피고적격을 갖지만, 상대방이 있는 당사자계 사건에서는 그 심판 또는 재심의 청구인이나 피청구인이 피고적격을 가진다(상표법 제163조).

거절결정불복심판 등 이른바 결정계 심판의 심결과 보정각하결정 및 심판청구서 또는 재심청구서의 각하결정에 대한 취소를 구하는 심결취소소송의 피고는 특허청장이다(본조 본문).

심결의 취소를 구하는 소송은 특허심판원의 심판관 합의체가 행한 심결이라는 행정처분의 취소를 구하는 것이고, 보정각하결정 및 심판청구서 또는 재심청구서의 각하결정의 취소를 구하는 소송은 심판장이 행한 각하결정이라는 행정처분의 취소를 구하는 것이므로 모두 행정소송사건에 속한다. 그런데 행정소송법 제13조는 취소소송은 처분 또는 재결을 한 행정청을 피고로 한다고 규정하고 있고, 심결취소소송에서 취소의 대상인 심결은 특허심판원의 심판관 합의체에 의하여 된 것이며, 심판관은 독립된 기관으로 해석되기 때문에, 행정소송법의 일반원칙에 따르면 심결취소소송의 피고는 심판관 합의체가 되어야 한다. 그러나 결정계 심판의 심결의 취소를 구하는 소송 및 보정이나 청구서 각하결

---

1) 이 항은 특허법원 지적재산소송실무연구회, 지적재산소송실무, 박영사(2006) 중 필자가 집필한 '심결취소소송의 당사자적격' 부분을 일부 수정한 것이다.

정의 취소를 구하는 소송에서는 심결을 한 심판관 합의체나 결정을 한 심판장
을 피고로 하지 않고 특허청장에게 피고적격을 인정하고 있다. 그 이유는 행정
청 내부의 사정을 고려할 때 각각의 소송에서 심판관 합의체나 심판장을 피고
로 표시하는 것은 너무 번잡하고 특허청장을 피고로 하는 것이 편리하므로 심
결취소소송을 적정하고 능률적으로 운영하기 위한 합목적적인 고려에서 특허청
이라는 관서의 대표자인 특허청장을 피고로 하기로 한 것이다.

2. 심판(재심)의 청구인 내지 피청구인

당사자계 심판(상표등록 무효심판, 상표등록 취소심판, 권리범위확인심판 등)의
심결 또는 그 재심 심판의 심결에 대한 심결취소소송의 피고는 심판 또는 재심
의 청구인 또는 피청구인이다(본조 단서). 즉 당사자계 심판에서는 불이익한 심
결을 받은 측이 원고가 되고, 그 상대방이 피고가 된다는 취지를 정한 것으로,
심판청구를 인용한 심결에 대한 심결취소소송의 피고는 심판청구인이고, 반대
로 심판청구를 기각한 심결에 대한 심결취소소송의 피고는 피심판청구인이다.
예를 들어, 등록무효 심판청구가 받아들여진 경우의 심결취소소송의 피고는 심
판청구인이고, 심판청구를 기각한 경우의 심결취소소송의 피고는 상표권자인
피심판청구인이다.

이와 같이 당사자계 심판의 심결의 취소를 구하는 소송의 피고를 심판관
합의체가 아니라 심판의 청구인 또는 피청구인으로 한 이유는, 이해상반하는 당
사자 사이의 문제로서 다투게 하는 것이 실정에 부합하고, 또한 입증활동의 적
정하고 효율적인 운영을 기대할 수 있을 뿐 아니라 심결의 결과가 직접 관계당
사자의 이해와 관계되어 있는 점 등을 종합적으로 고려한 입법정책에 따른 것이
다. 다만 이에 대하여는, 심결을 행한 자도 아닌 청구인이나 피청구인에게 심
결의 적법성을 방어하도록 하는 것이 오히려 입증활동의 적정과 효율적인 운영
을 저해하는 면이 있고 실정에 부합하는 것이라고도 생각하기 어렵다는 비판,
소송 도중 당사자 사이의 담합에 의하여 객관적인 사실에 반하는 자백을 함으
로써 손쉽게 심결의 결론을 뒤집을 수 있게 되는 불합리한 결과가 생길 수 있
다는 비판 등이 있다.

부적법한 심판청구로서 그 흠결을 보정할 수 없어서 피청구인에게 답변서 제
출의 기회를 주지 아니하고 심판청구인의 심판청구를 심결로 각하한 경우(상표법
제128조)에는 권리자의 의견을 듣지 않고 심결이 내려지게 되지만 이러한 경우에

도 피고는 특허청장이 아니고 심판의 상대방인 권리자인 것에는 변함이 없다.[2]

Ⅱ. 공유자의 피고적격

심판청구의 경우에 상표권이 수인의 공유인 경우에는 공유자 전원을 피청구인으로 하여야 하는바(상표법 제124조 제2항), 상표권자를 피고로 하여야 하는 심결취소소송도 공유자 전원을 피고로 하여야 하는 고유필수적 공동소송이라고 해석하는 것에 별 이론이 없는 듯하다.[3] 이렇게 해석하더라도 공유자가 원고로 되는 경우와 달리 특별히 부당한 결과가 발생하는 것이 아니기 때문이다.[4] 만일 원고가 공유자 중 일부를 피고에서 누락한 경우 민사소송법 제68조에 의하여 피고를 추가할 수 있다.

Ⅲ. 피고의 경정

원고가 피고적격이 없는 자를 피고로 표시하여 심결취소소송을 제기하였다가 뒤늦게 피고를 잘못 지정한 것을 알게 되더라도 이미 제소기간이 지나서 피고적격이 있는 정당한 피고를 상대로 다시 심결취소소송을 제기할 수는 없다. 이러한 불이익을 구제하기 위하여 행정소송법 제14조는 피고 경정에 관한 규정을 두고 있는데, 이 규정은 심결취소소송에도 준용된다.

피고 경정신청은 심결취소소송이 계속 중에 사실심 변론종결시까지 하여야 한다. 그리고 피고를 잘못 지정한 것이 명백한 경우이어야 한다.[5] 신청이 없는 경우 직권으로 피고를 경정할 수는 없으나, 피고의 지정이 잘못된 경우 법원으

---

2) 일본 동경고등재판소 1978(소화53). 9. 21. 판결(審決取消訴訟判決集 昭和53年, 1081).
3) 특허법원 지적재산소송실무연구회, 제3판 지적재산소송실무, 박영사(2014), 27은, 심결취소소송에 있어 특허권의 공유자가 원고인 경우 고유필수적 공동소송이 아니라 유사필수적 공동소송으로 공유자 중 1인이 제기한 심결취소소송도 적법하다는 대법원 2004. 12. 9. 선고 2002후567 판결의 입장을 공유자가 피고인 경우에도 그대로 유지하는 것이 이론적 일관성이 있을 수도 있겠으나, 한편 공유자가 피고인 경우, 상대방인 원고로서는 공유자의 비협조로 인해 특허권을 보존하지 못하게 되는 불합리가 없고 공유자 전원을 상대로 심결취소소송을 제기함에 아무런 장애가 없기 때문에 공유자가 원고인 경우와 달리 고유필수적 공동소송으로 취급하더라도 무방하다는 견해[竹田稔·永井紀昭 편, 특허심결취소소송의 실무와 법리, 발명협회(2003), 22, 113 참조]도 가능하다고 한다.
4) 상표법 제162조 제2항 Ⅰ. 2. 가.항 참조.
5) 당사자계 사건에서 피고를 특허청장으로 하였다가 심판피청구인으로 경정한 예가 있다(특허법원 2009. 4. 14.자 2009허2531 결정).

로서는 석명권을 행사하여 피고를 경정하게 한 다음 소송을 진행하여야 한다.[6] 이와 같이 석명권을 행사하여 원고로 하여금 피고를 경정하게 하지 아니한 채 피고의 지정이 잘못되었다는 이유로 소를 각하한 것은 위법하다.[7]

　　단순히 피고의 표시를 잘못한 것에 지나지 않는 경우에는 피고의 표시를 정정하면 되고, 피고를 경정할 것은 아니다.

　　피고 경정신청이 있는 경우 법원은 피고 경정 요건의 유무를 조사하여 반드시 결정으로 그 허부를 결정하여야 한다. 피고 경정신청을 각하하는 결정에 대하여는 즉시항고를 할 수 있다(행정소송법 제14조 제3항). 피고 경정을 허가하는 결정은 새로운 피고에 대한 관계에서는 중간적 재판의 성질을 가지므로 특별항고의 대상이 되는 불복을 신청할 수 없는 결정에 해당하지 아니하나,[8] 종전 피고에 대하여는 불복을 신청할 수 없는 결정에 해당하므로 종전 피고는 특별항고를 할 수 있다.[9]

　　피고 경정을 허가하는 결정이 있는 경우 새로운 피고에 대하여 당초에 소를 제기한 때에 소가 제기된 것으로 본다(행정소송법 제14조 제4항). 따라서 피고 경정 허가결정시에 제소기간이 이미 지나간 것과는 상관없이 제소기간을 준수한 것으로 된다. 피고 경정을 허가하는 결정이 있으면 종전 피고에 대한 소송은 취하된 것으로 간주된다(행정소송법 제14조 제5항). 원래 피고가 본안에 관하여 준비서면을 제출하거나 변론준비기일에서 진술하거나 변론을 한 뒤에는 피고의 동의가 없으면 원고는 일방적으로 소를 취하할 수 없지만(민사소송법 제266조 제2항), 피고 경정의 경우에는 피고의 동의 여부와 관계없이 종전 피고에 대한 소는 취하의 효과가 생긴다.

IV. 특정승계와 피고적격

　　권리승계인의 원고적격을 인정하는 앞에서 본 견해는 피고적격의 경우에는 심결 후에 권리가 양도된 경우와 심판 중에 권리가 양도된 경우를 다르게 보고 있다. 즉 심결 후 심결취소소송이 제기되기 전에 타인에게 권리가 양도된 경우에는 원고의 경우와 같이 피청구인의 지위의 승계를 인정하여 승계인을 피고로

6) 대법원 2004. 7. 8. 선고 2002두7852 판결; 대법원 1997. 2. 28.선고 96누1757 판결.
7) 대법원 2004. 7. 8. 선고 2002두7852 판결.
8) 대법원 1994. 6. 29.자 93프3 결정.
9) 대법원 1994. 6. 29.자 93두48 결정.

하여 소를 제기하여야 하고, 심결취소소송 제기 후에 승계가 이루어진 경우에는 민사소송법상 승계참가와 인수참가의 규정에 의하여 승계인이 피고의 지위를 승계하여야 한다고 한다. 그리고 심결 후 심결취소소송이 제기되기 전에 권리가 양도된 경우 구 권리자를 피고로 하여 제기한 심결취소소송은 부적법하지만, 출소기간의 정함이 있으므로 원고에게 고의 또는 중대한 과실이 없는 한 행정소송법 제14조에 의한 피고의 경정을 허용하여야 한다고 한다. 한편 심판 중에 권리가 양도되었음에도 구 권리자를 피청구인으로 하여 심결이 이루어진 경우에는 그 심결의 취소소송은 구 권리자를 피고로 하여야 하므로 피고를 잘못 지정하였다고 할 수 없어 승계인으로의 경정은 허용되지 않고 승계참가나 인수참가를 통하여 승계인에게 피고의 지위의 승계를 허용하여야 한다고 한다. 반대로 승계인을 피고로 하는 소는 피고가 될 자를 잘못 지정한 것이므로 구 권리자로의 피고의 경정을 허용한 후 민사소송법상의 승계참가나 인수참가의 규정에 의하여 승계인에게 피고의 지위의 승계를 인정하여야 한다고 한다.10)11)

〈최성준〉

---

10) 瀧川叡一, 特許訴訟手續論考, 信山社(1991), 37 이하 참조.
11) 이상경, 지적재산권소송법, 육법사(1998), 68-69은, 마지막 경우 위와 같이 피고 경정 및 참가와 같은 절차를 반복하는 것은 소송경제에 반하고 결과에 차이가 없으므로, 이와 같은 절차가 당사자 및 법원 사이에 묵시적으로 승인된 것으로 보아 승계인에게 피고적격을 인정해도 무방하다고 주장한다.

> **제164조(소제기통지·재판서 정본 송부)**
> ① 법원은 제162조제1항에 따른 소 제기 또는 같은 조 제7항에 따른 상고가
> 있는 경우에는 지체 없이 그 취지를 특허심판원장에게 통지하여야 한다.
> ② 법원은 제163조 단서에 따른 소에 관하여 소송절차가 완결되었을 경우에
> 는 지체 없이 그 사건에 대한 각 심급의 재판서 정본을 특허심판원장에게 송
> 부하여야 한다.

　　본조 제1항은 심결취소소송의 제기 및 상고 사실의 통지에 관한 규정이다.
심결이 확정되면 특허청장은 확정 심결을 등록하고, 또 심결의 내용에 따라 말
소, 변경 등의 등록을 하는데, 심결취소소송이 제기되면 심결의 확정이 차단된
다. 따라서 특허법원에서는 심결취소소송이 제기되었거나 그 판결에 대한 상고
가 있는 경우 특허청에서 확정 심결의 등록절차가 행하여지는 것을 중지시키기
위하여 그 취지를 특허심판원장에게 통지함으로써 특허청으로 하여금 아직 심
결이 확정되지 않았다는 것을 알게 한다.

　　본조 제2항은 재판서 정본의 송부에 관한 규정으로 제1항의 심결취소소송
제기 및 상고 사실의 통지에 대응하여, 특허법원이 판결을 선고한 후 상고가 없
거나 상고를 하였지만 상고기각이 되어 심결취소소송이 완결되었을 경우 지체
없이 그 사건에 대한 각 심급의 재판서 정본을 특허심판원장에게 송부함으로써
특허청에 심결취소소송의 완결 사실을 알려, 특허청으로 하여금 심결이 확정된
경우에는 확정 심결 등록 등의 절차를 밟고, 심결의 취소가 확정된 경우에는 다
시 심리를 시작하도록 하고 있다.

〈최성준〉

> **제165조(심결 또는 결정의 취소)**
> ① 법원은 제162조제1항에 따라 소가 제기된 경우에 그 청구가 이유 있다고 인정할 경우에는 판결로써 해당 심결 또는 결정을 취소하여야 한다.
> ② 심판관은 제1항에 따라 심결 또는 결정의 취소판결이 확정되었을 경우에는 다시 심리를 하여 심결 또는 결정을 하여야 한다.
> ③ 제1항에 따른 판결에서 취소의 기본이 된 이유는 그 사건에 대하여 특허심판원을 기속한다.

<소 목 차>

Ⅰ. 심결취소소송의 판결
Ⅱ. 확정된 심결취소소송 판결의 효력
  1. 기판력
  2. 형성력
  3. 심결취소판결의 기속력
Ⅲ. 확정된 심결취소판결의 기속력

1. 기속력의 성질
2. 기속력의 내용
3. 기속력의 범위
4. 자백 또는 자백간주에 의한 심결 취소판결의 기속력
5. 기속력에 위반된 심결의 효력

Ⅰ. 심결취소소송의 판결

심결취소소송의 판결에는 소송요건을 구비하지 못하였음(제소기간이 지나 소를 제기하였거나, 소의 이익이 없는 경우)을 이유로 하는 소송판결[1]과 원고의 청구의 당부에 관하여 판단한 본안판결이 있다.

소송판결은 소를 각하하는 판결인데, 주문은 "이 사건 소를 각하한다"(원고가 여러 명인 경우는 "원고들의 소를 모두 각하한다")이다.

본안판결에서는 원고의 청구가 이유 있으면 즉 원고가 주장하는 심결의 위법사유가 인정되거나 소송기록에 나타나 있는 것을 토대로 직권으로 살펴보니 심결이 위법하다고 인정되면 "특허심판원이 ○○○○. ○○. ○○. □□□□호 사건에 관하여 한 심결을 취소한다"는 판결을 선고하고(본조 제1항), 반면에 원고의 청구가 이유 없으면 즉 원고가 주장하는 심결의 위법사유가 인정되지 아

---

1) 심결취소소송의 소장에 필요적 기재사항이 누락된 경우나 인지를 붙이지 않은 경우 또는 피고에게 소장부본을 송달할 수 없는 경우, 재판장은 원고에게 상당한 기간을 정하여 보정을 명하고, 원고로부터 그 기간 내에 보정이 없으면 소장을 각하한다. 원고는 소장각하명령에 대하여 즉시항고를 할 수 있다(민사소송법 제254조, 제255조).

니하고 그 밖에 소송기록에 나타나 있는 것을 토대로 직권으로 살펴보아도 심결이 위법하다고 인정되지 아니하면 "원고의 청구를 기각한다"는 판결을 선고한다.

특허법원으로서는 심결의 절차적, 실체적 적법여부를 심리, 판단하여 부적법한 경우 즉 원고의 청구가 이유 있으면 그 심결을 취소하는 형성판결을 할 수 있을 뿐이지 나아가 자판을 하거나 구체적인 행정처분을 하는 것은 허용되지 아니한다. 예를 들어, 상표등록무효심판 청구기각의 심결을 취소할 수 있을 뿐이지 상표의 등록무효를 선언할 수 없고, 거절결정을 유지한 심결을 취소할 수 있을 뿐이지 상표등록결정을 할 수는 없다. 그리고 특허법원은 심결이 위법하다고 판단되더라도 이행판결을 할 수 없으므로 특허심판원이나 특허청에 대하여 이행을 명하는 것(예를 들어, 특허심판원은 △△△△에 대한 상표등록거절결정을 취소한다, 특허청은 등록번호 제△△△△△△호 상표등록을 무효로 한다 등)도 허용되지 아니한다.2)

심결취소소송의 객체인 심결 또는 결정이 형식상으로는 하나이지만 실제로는 가분적인 수개의 심판청구가 병합되어 하나의 심결 또는 결정이 있는 경우에는 심결의 일부취소도 가능하다. 예를 들어, 지정상품이 복수인 경우 지정상품마다 상표등록 무효심판을 청구할 수 있으므로, 복수의 지정상품에 대한 무효심판에서 하나의 심결을 하고 이에 대하여 전부 불복하여 심결취소소송을 제기한 경우, 일부 지정상품에 관하여만 원고의 청구가 이유 있다면 일부 지정상품에 대하여는 심결을 취소하고 나머지 지정상품에 대하여는 원고의 청구를 기각하는 일부취소판결을 하는데, 그 주문은 "특허심판원이 ○○○○. ○○. ○○. □□□□호 사건에 관하여 한 심결 중 등록번호 제△△△△△△호 등록상표의 지정상품 중 ××××에 대한 등록을 무효로 한 부분을 취소한다. 원고의 나머지 청구를 기각한다."라는 형태가 된다.

또한 원고가 복수이고 그 중 1인이 당사자능력이 없음에도 심판절차에서

2) 대법원 1999. 7. 23. 선고 98후2689 판결은, 의장등록의 무효를 구하는 자는 특허심판원에 의장등록무효심판을 청구한 후 그 심결에 대하여만 특허법원에 소송을 제기할 수 있을 뿐 직접 의장등록무효를 구하는 소를 특허법원에 제기할 수는 없고, 의장등록의 무효심판 청구에 대한 특허심판원의 심결에 대한 소가 제기된 경우에도 특허법원으로서는 그 심결의 절차적, 실체적 적법 여부를 심리·판단하여 부적법한 경우에 그 심결을 취소하는 형성판결을 할 수 있을 뿐이고, 행정청인 특허심판원을 대신하여 그 의장등록을 무효로 하는 판결이나 특허심판원으로 하여금 의장등록을 무효로 할 것을 명하는 이행판결을 할 수는 없다고 하였다.

이를 간과하고 본안심결을 한 경우 당사자능력이 없는 자 이외의 원고의 청구가 이유 없으면 원고의 청구를 기각하고 당사자능력이 없는 자에 대한 심결 부분은 직권으로 취소하는 일부취소판결을 한다. 그 주문은 "특허심판원이 ○○○○. ○○. ○○. □□□□호 사건에 관하여 한 심결 중 원고 △△△에 대한 부분을 취소한다. 나머지 원고들의 청구를 모두 기각한다."라는 형태가 된다.

II. 확정된 심결취소소송 판결의 효력

1. 기판력

　　기판력이라 함은 확정판결의 주문에 포함된 법률적 판단의 내용은 이후 그 소송당사자의 관계를 규율하는 새로운 기준이 되는 것이므로 동일한 사항이 소송상 문제가 되었을 때 당사자는 이에 저촉되는 주장을 할 수 없고 법원도 이에 저촉되는 판단을 할 수 없는 기속력을 의미하는 것이다. 이 경우 적극당사자(원고)가 되어 주장하는 경우는 물론이고 소극당사자(피고)로서 항변하는 경우에도 그 기판력에 저촉되는 주장은 할 수 없다.3) 심결취소소송에도 행정소송법 제8조 제2항에 의하여 민사소송법이 준용되므로 심결취소소송 판결에도 기판력이 있다.

　　기판력은 주관적으로는 당사자 및 변론을 종결한 뒤의 승계인에게 미치고, 객관적으로는 민사소송에서처럼 주문에 포함된 것4) 즉 심결취소소송의 소송물인 심결 또는 결정의 위법성에 관한 판단의 결론(심결이 적법 또는 위법하다는 것)에 미친다. 그러나 심결을 취소하는 판결이 확정된 경우에는 다음에서 보는 기속력이 있고, 심결취소청구를 기각하는 판결이 확정된 경우에는 어차피 제소기간 때문에 다시 심결취소청구를 할 수 없으므로, 심결취소소송 판결에서 기판력은 별 의미가 없다.

2. 형성력

　　판결의 형성력이란 판결의 취지에 따라 기존의 법률관계 또는 법률상태를 변동시키는 힘을 말한다. 심결 또는 결정을 취소하는 취지의 판결이 확정되면

---

3) 대법원 1987. 6. 9. 선고 86다카2756 판결.
4) 대법원 2006. 7. 13. 선고 2004다36130 판결; 대법원 1970. 9. 29. 선고 70다1759 판결 등은 판결의 기판력은 주문에 포함된 소송물인 법률관계의 존부에 관한 판단의 결론에 대하여서만이 발생한다고 하였다.

취소된 심결이나 결정은 특허심판원의 별도의 행위를 기다릴 것 없이 그 효력을 잃는다.

3. 심결취소판결의 기속력

심결 또는 결정을 취소하는 판결이 확정된 때에는 앞에서 본 형성력에 의하여 기존의 심결 또는 결정은 효력을 잃으므로 심판관은 다시 심리를 하여 심결 또는 결정을 하여야 하고(본조 제2항), 위 판결에 있어서 취소의 기본이 된 이유는 그 사건에 대하여 특허심판원을 기속하므로(본조 제3항), 특허심판원은 확정된 심결취소판결에 따라 다시 심결 또는 결정을 함에 있어 위 판결의 취소의 기본이 된 이유와 저촉되는 심결 또는 결정을 할 수 없다. 이를 확정된 심결취소판결의 기속력이라고 한다. 본조 제2항, 제3항은 일반 행정소송에 있어서 취소판결의 기속력을 규정하고 있는 행정소송법 제30조5)에 대한 특별규정이다.6) 상표법 제150조가 규정하는 일사부재리의 원칙은 심결이 확정된 경우에 적용되는 것인 반면, 위 기속력은 심결을 취소하는 판결이 확정되었을 뿐 아직 심결은 확정되지 않은 경우에 적용되는 것으로서 그 적용시점과 대상이 다르다. 위 기속력에 대하여는 항을 바꾸어 자세히 살펴보기로 한다.

Ⅲ. 확정된 심결취소판결의 기속력

1. 기속력의 성질

행정소송에서의 취소판결의 기속력(앞에서 본 행정소송법 제30조)에 관하여 기판력설과 특수효력설이 있다.

기판력설은, 취소판결의 기판력이 행정청 측에 미치는 것은 당연한 것이고, 다만 기속력이 별도로 법정되어 있는 것은 행정권의 행사가 국민에 대하여 일체로서 고려되어야 하기 때문에 형식상으로는 특정의 행정관청을 당사자로 하는 판결이 있더라도 실질상으로는 판결의 직접 당사자 이외에 그 사항을 처리

---

5) 제1항은, 처분 등을 취소하는 확정판결은 그 사건에 관하여 당사자인 행정청과 그 밖의 관계행정청을 기속한다고, 제2항은, 판결에 의하여 취소되는 처분이 당사자의 신청을 거부하는 것을 내용으로 하는 경우에는 그 처분을 행한 행정청은 판결의 취지에 따라 다시 이전의 신청에 대한 처분을 하여야 한다고, 제3항은, 제2항의 규정은 신청에 따른 처분이 절차의 위법을 이유로 취소되는 경우에 준용한다고 규정하고 있다.

6) 일본의 경우는 특허법 등에 기속력에 관한 규정을 별도로 두고 있지 않고 행정사건소송법의 같은 취지의 규정이 확정된 심결취소판결에도 당연히 적용되는 것으로 해석하고 있다.

하는 관계행정청에도 판결의 효력이 미친다는 것을 명확히 하기 위한 것이라는 견해이다.[7]

특수효력설은, 행정청 측에 대하여 취소판결의 취지에 좇아 행동하여야 할 실체법상의 작위의무를 생기게 하는 것으로서 기판력과 다른 특수한 효력을 특별히 법정한 것이라는 것이다.[8] 즉 기판력은 확정판결이 동일한 처분에 대하여 어떤 효력을 미치는 것인가에 관한 것인 데 비하여, 기속력은 확정판결이 확정판결 후에 행하여지는 처분에 대하여 어떠한 효력을 미치는가에 관한 것인 점에서 차이가 있다는 것이다.[9]

대법원 판례를 보면, 기판력과 기속력이라는 용어를 엄격하게 구분하지 않고 사용한 것도 더러 있었으나(대법원 1997. 2. 11. 선고 96누13057 판결 등), 그렇다고 하여 대법원이 기판력설을 채택하고 있었던 것은 아니라고 보는 견해가 일반적이고,[10] 2000년 이후의 판례는 기속력이라는 용어로 통일하여 사용하고 있다(대법원 2002. 1. 11. 선고 99후2860 판결, 2002. 11. 26. 선고 2000후2590 판결, 2002. 12. 26. 선고 2001후96 판결 등).

2. 기속력의 내용

가. 반복금지효

심결취소소송에서 심결 또는 결정을 취소하는 판결이 확정되면 특허심판원은 동일 사실관계 아래에서 동일 당사자에 대하여 동일한 내용의 심결 또는 결정을 반복하여서는 안 된다.[11] 다만 취소판결의 사유가 심판절차의 위법이나 형식상의 흠인 경우에는 그 확정판결의 기속력이 취소사유로 된 절차나 위법에만 미친다고 할 것이므로 심판이 적법한 절차나 형식을 갖추어 다시 동일 내용의 심결을 하는 것은 가능하다.[12]

나. 취소에 따른 재심리의무

심결 또는 결정의 취소판결이 확정된 경우에는 그 심결 또는 결정을 행한

---

7) 강기중, "확정된 심결취소판결의 기속력", 특허소송연구 제2집, 특허법원(2001), 48에 이와 같이 소개되어 있는데, 우리나라에는 기판력설을 주장하는 사람은 없는 것 같다.
8) 성백현, "취소판결의 기속력", 대법원판례해설 제30호(1998년 상반기), 427.
9) 강기중(주 7), 49.
10) 제3판 지적재산소송실무, 박영사(2014), 134.
11) 특허소송실무, 법원행정처(1998), 338.
12) 대법원 2005. 1. 14. 선고 2003두13045 판결; 대법원 1992. 5. 26. 선고 91누5242 판결; 대법원 1987. 2. 10. 선고 86누91 판결 참조.

심판관은 심판청구인의 새로운 신청을 기다리지 않고 취소판결의 취지에 따라 다시 심리하여야 한다(본조 제2항). 심결이나 결정이 절차나 형식의 위배, 권한의 남용 등을 이유로 하여 취소된 경우에는 심판관은 지적된 잘못을 피하고 적정한 방법으로 심결 또는 결정을 하여야 한다. 적정한 절차를 다시 진행한 결과 동일한 결론으로 되는 경우에 취소 전 심결 또는 결정과 동일한 내용의 심결이나 결정을 할 수 있음은 물론이고, 취소사유가 된 절차상 위법이 없는 이상 종전의 절차는 그대로 효력을 유지한다.13)

3. 기속력의 범위

가. 주관적 범위

확정된 심결취소판결은 특허심판원과 심판관을 기속한다.

나. 객관적 범위

(1) 취소의 기본이 된 이유

상표법은 앞에서 본 바와 같이 "취소의 기본이 된 이유는 그 사건에 대하여 특허심판원을 기속한다"라고 규정하고 있는바, 여기에서 "취소의 기본이 된 이유"가 무엇을 의미하는가에 따라서 확정된 심결취소판결의 기속력의 객관적 범위가 달라질 수 있고, 실제로 이 부분이 취소판결의 기속력에 관하여 제일 중요하다.

일반적으로 행정소송법상의 기속력은 취소판결 등의 실효성을 도모하기 위하여 인정된 효력이므로 "판결 주문 및 그 전제로 된 요건사실의 인정과 효력의 판단"에만 미치고 판결의 결론과 직접 관계없는 방론이나 간접사실의 판단에는 미치지 아니한다고 하는데,14) 여기에서 "판결 주문 및 그 전제로 된 요건사실의 인정과 효력의 판단"을 상표법의 "취소의 기본이 된 이유"와 같은 것으로 보는 것이 일반적이다.15) 따라서 확정된 심결취소판결이 있는 경우 특허심판원은 그 판결의 "주문 및 그 전제로 된 요건사실의 인정과 효력의 판단"에 저촉되는 심결을 할 수 없다. 예를 들어 출원상표가 선출원한 타인의 등록상표와 유사하여 상표법 제34조 제1항 제7호에 해당한다는 이유로 심결의 인정 판단에

---

13) 강기중(주 7), 49.

14) 천병태, 행정법2, 형설출판사, 327. 홍광식, "항고소송의 판결", 재판자료 제67집, 법원행정처(1995), 505에서 재인용.

15) 특허법원 지적재산소송실무연구회(주 10), 136; 강기중(주 7), 50.

잘못이 있다고 하여 심결을 취소한 판결이 확정된 경우, 특허심판원이 취소된 심결과는 다른 설명을 하면서 출원상표가 동일한 선출원 등록상표와 유사하지 않아 상표법 제34조 제1항 제7호에 해당하지 않는다고 판단하는 것은 허용되지 않는다.[16]

그러나 기속력은 심결의 위법성 일반에 대해서가 아니라, 심결 또는 결정의 개개의 위법원인 즉 취소의 이유가 된 심결의 사실상 및 법률상 판단이 정당하지 않다는 점에 대하여 생기는 것이므로, 판결에 표시한 위법한 사유와 다른 사유에 의하여 동일한 결론의 심결 또는 결정을 하는 것도 무방하다. 취소된 종전 심결의 기본이 된 거절·무효사유와 다른 새로운 거절·무효사유에 의하여 거절이유통지, 의견서 제출기회 부여 등 소정의 절차를 거친 이상, 다시 거절결정을 유지하는 심결이나 상표등록을 무효로 하는 심결을 할 수 있다[예를 들어 선출원한 타인의 등록상표와 유사하다(상표법 제34조 제1항 제7호에 해당한다)고 하여 심사관의 거절결정을 유지한 1차 심결이 취소된 후 수요자를 기만할 염려가 있는 상표(상표법 제34조 제1항 제12호)에 해당한다고 하여 다시 거절결정을 유지하는 2차 심결을 하는 것, 1차 심결에서는 효능을 보통으로 사용하는 방법으로 표시한 표장만으로 된 상표(상표법 제33조 제1항 제3호)에 해당한다는 이유로 무효심결을 하였다가 그 심결이 취소된 후 2차 심결

---

16) 일본의 경우 심결취소소송의 심리범위를 제한적으로 해석하여서인지 우리나라와는 달리, 심결에 특허발명과 비교대상발명의 일치점의 인정에 잘못 즉 상이점의 간과가 있는 경우 심결취소소송에서 더 나아가 위 비교대상발명과의 관계에서 특허발명이 진보성이 있는지 여부에 관하여 판단하지 아니하고 위 상이점의 간과만을 이유로 심결을 취소하는 판결도 있다. 이에 관한 해설을 보면, "심결취소판결의 기속력은 심결취소판결의 결론을 도출한 사실에 관한 판단부분에 미치고 그 이외의 사항에는 미치지 않는다고 즉 결론에 이르는 주요사실에 관하여 기속력이 미치고 간접사실에 관하여는 기속력이 미치지 않는다고도 설명된다. 그렇다고는 하여도 개개의 사안에 이를 적용시키기는 쉽지 않다. 왜냐하면 진보성 판단에서 비교대상발명과 특허발명 사이의 상이점 인정의 간과 등이 주요사실에 해당하는가 아니면 간접사실에 해당하는가에 관하여 조차 확립된 견해가 없기 때문이다. 하지만 일치점, 상이점의 인정은 법률요건사실이 아니고 실무가 만들어 낸 진보성 판단의 수법에 지나지 않으므로 일치점, 상이점이 주요사실은 아니다. 그러나 심결취소판결이 상이점을 간과한 것만을 들어 심결을 취소하였다면, 위 상이점 간과의 점만이 심결취소판결의 결론을 도출한 주요사실이라고 평가해야 하고 이에 기속력이 인정된다"고 한다{塩月秀平(박정희 譯), '심결취소판결의 구속력이 미치는 범위(1)', 特許判例百選[제3판](中山信弘 編, 비교특허판례연구회 譯), 박영사(2005), 359-360}. 그리고 취소된 심결에서 주요사실을 인정하는 데에 이용한 간접사실이나 간과되었거나 실수한 사실에 대해서까지 기속력의 존부를 문제로 삼아 기속력이 미치는 범위를 가급적 넓게 해석하는 것이야말로 현대적 이념인 분쟁해결 일회성 원칙의 실현에 이바지하는 것은 확실하다는 견해도 있다{本間崇(박화규 역), '심결취소판결의 구속력이 미치는 범위(2)', 特許判例百選[제3판](中山信弘 編, 비교특허판례연구회 譯), 박영사(2005), 367}.

에서 간단하고 흔히 있는 표장만으로 된 상표(상표법 제33조 제1항 제6호)에 해당한다는 이유로 무효심결을 하는 것, 상표법 제34조 제1항 제7호에 해당한다고 한 것은 같지만 1차 심결에서 대비하였던 것과 다른, 선출원한 타인의 등록상표와의 대비로 유사하다고 하여 등록이 무효라는 2차 심결을 하는 것은 기속력에 반하지 아니한다].

특허심판원은 심결취소판결의 사실심 변론종결 이후에 발생한 새로운 사유를 내세워 다시 종전과 같은 심결을 하여도 무방하다.[17)18)] 심결취소판결의 기본이 된 이유가 새로운 거절이유에 대하여 의견서 제출 기회를 주지 않았다는 절차상 위법인 경우, 특허심판원은 심결취소판결의 확정 후 이루어진 재심리 과정에서 위의 새로운 거절이유를 통지하고 기간을 정하여 의견서를 제출할 수 있는 기회를 준 다음 종전과 같은 결론의 심결을 할 수 있다.[19)]

(2) 새로운 사실에 관한 주장 또는 새로운 증거

(가) 일반론

대법원 판결은, 심결을 취소하는 판결이 확정된 경우, 그 취소의 기본이 된 이유는 그 사건에 대하여 특허심판원을 기속하는 것인바, 이 경우의 기속력은 취소의 이유가 된 심결의 사실상 및 법률상 판단이 정당하지 않다는 점에 있어서 발생하는 것이므로, 취소 후의 심리과정에서 새로운 증거가 제출되어 기속적 판단의 기초가 되는 증거관계에 변동이 생기는 등의 특단의 사정이 없는 한, 특허심판원은 위 확정된 취소판결에서 위법이라고 판단된 이유와 동일한 이유로 종전의 심결과 동일한 결론의 심결을 할 수 없고(취소 후의 심리과정에서 새로운 증거가 제출되어 기속적 판단의 기초가 되는 증거관계에 변동이 생겼다면 특허심판원은 이에 의하여 종전의 심결과 동일한 결론의 심결을 다시 할 수 있다는 뜻이기도 하다),[20)] 여기에서 새로운 증거라 함은 적어도 취소된 심결이 행하여진 심판절차 내지는 그 심결의 취소소송에서 전혀 채택, 조사되지 않은 증거로서 심결취소판결의 결론을 번복하기에 충분한 증명력을 가지는 증거라고 보아야 한다고 한다.[21)]

특허법원 판결도, 특허심판원은 종전의 심결을 취소하는 판결이 확정된 경

---

17) 특허소송실무(주 11), 339-340.
18) 대법원 2004. 1. 15. 자 2002무30 결정; 대법원 1999. 12. 28. 선고 98두1895 판결 등 참조.
19) 대법원 2005. 1. 14. 선고 2003두13045 판결 등 참조.
20) 대법원 2008. 6. 12. 선고 2006후3007 판결(아래에서 보는 특허법원 2006. 9. 14. 선고 2006허1223 판결의 상고심이다); 대법원 2002. 12. 26. 선고 2001후96 판결; 대법원 2002. 11. 26. 선고 2000후2590 판결; 대법원 2002. 6. 14. 선고 2000후3364 판결; 대법원 2002. 1. 11. 선고 99후2860 판결.
21) 대법원 2008. 6. 12. 선고 2006후3007 판결; 대법원 2002. 12. 26. 선고 2001후96 판결.

우 취소판결의 취지에 따라 재심리를 하여 다시 심결을 하여야 할 의무가 있고
이 경우 취소판결에 있어서 취소의 기본이 된 이유에 기속되므로, 취소판결에서
위법이라고 판단된 심결의 이유와 동일한 이유로 취소된 종전의 심결과 동일한
결론의 재심결을 할 수 없으나, 다만 취소의 기본이 된 이유와 다른, 재심리과
정에서 새로이 제출된 사실과 증거에 의하여 새로이 발견된 이유에 의해서는
취소된 종전의 심결과 동일한 결론의 재심결을 할 수 있다고 하거나,[22] 심결취
소 판결 확정 후의 심판절차에서 새로운 사실에 관한 주장이 있거나, 새로운 증
거가 제출되는 등의 특단의 사정이 없는 한 특허심판원이 확정판결에 기속되어
한 심결은 적법하며, 여기서 특단의 사정에 해당하는 새로운 사실이라 함은 심
결취소의 기본이 된 이유와 다른 사실을 가리키고, 새로운 증거라 함은 취소된
심결의 심판절차 및 그 심결의 취소소송에서 채택, 조사되지 않은 것으로서, 심
결을 취소한 확정판결의 결론을 번복하기에 충분한 증명력을 가지는 증거를 가
리킨다고 하였다.

(나) 구체적 사례

대법원 2002. 11. 26. 선고 2000후2590 판결은, 등록상표 "PLENITUDE
HYDRAMATT"의 요부를 'PLENITUDE'와 'HYDRAMATT'로 인정하고 그 중
'HYDRAMATT'가 인용상표 "MATT"와 동일·유사하다고 할 수 없다는 이유로
종전의 등록무효심결을 취소하는 판결이 확정된 후, 다시 진행된 심판절차에서
등록상표의 요부가 'MATT'라는 주장과 그에 관한 증거제출은 위 확정된 심결
취소판결에서 인정한 사실을 번복하기에 족한 정도의 새로운 주장이나 증거제
출이라고 할 수 없다고 하였다. 그리고 특허법원 2008. 6. 19. 선고 2007허14097
판결(확정), 특허법원 2006. 9. 14. 선고 2006허1223 판결(상고기각으로 확정), 위
특허법원 99허9366 판결은, 진보성이 없어 특허발명(등록고안)이 무효라는 이유
로 종전의 심결을 취소하는 판결이 확정된 후, 다시 진행된 심판절차에서 상업
적으로 성공하였다는 주장 및 증거들, 외국의 대응특허에 관한 주장 및 외국에
서 특허등록 되었다는 내용의 특허증, 등록고안 및 비교대상고안들에 관한 사진
등은 위 심결취소판결 이후에 비로소 제출된 것이라고 하더라도, 위와 같은 주
장 및 증거 제출은 특허발명(등록고안)이 비교대상발명(비교대상고안)에 비하여
진보성이 있다는 주장을 보충하는 내용에 불과하므로, 이를 들어 새로운 사실의

---

22) 특허법원 2005. 7. 21. 선고 2005허2724 판결(확정); 특허법원 2000. 10. 13. 선고 99허
9366 판결(상고기각으로 확정); 특허법원 2000. 6. 23. 선고 99허6527 판결.

주장 내지 확정된 취소판결에서 인정한 사실을 번복하기에 족한 정도의 새로운
증거의 제출이라고 할 수 없다고 하였다. 또한 특허법원 2000. 6. 23. 선고 99허
6527 판결은, 등록상표가 선등록상표와 유사하여 구 상표법 제7조 제1항 제7호
에 해당한다는 이유로 종전의 심결을 취소하는 판결이 확정된 후, 다시 진행된
심판절차에서 이 사건 등록상표는 그 출원 당시 일반수요자들에게 원고의 상품
을 표시하는 것으로 널리 인식되어 있어 비교대상상표와는 구체적, 개별적으로
상품출처의 오인·혼동의 우려가 없으므로 이 사건 등록상표는 구 상표법 제7조
제1항 제7호에 해당하지 아니한다고 주장하면서 이 사건 등록상표가 출원 당시
널리 인식된 상표라는 점에 관한 증거를 추가로 제출하였으나, 이는 새로운 사
실의 주장 내지 확정된 취소판결에서 인정한 사실을 번복하기에 족한 정도의
새로운 증거의 제출이라고 할 수 없다고 하였다.

 (다) 1차 심결에서 제출하였으나 심결취소소송에서 제출하지 않은 증거를 2차
     심결에서 제출한 경우

특허법원 2000. 12. 14. 선고 2000허976 판결(상표 불사용 취소 사건)[23]은, 당
사자가 심결취소판결의 대상이 된 심결의 심리과정에서 제출되었던 증거를 심
결취소소송에서는 법원에 제출하지 않고, 법원에서도 취소 전 심결에서 그와 같
은 증거가 제출되었음을 간과하여 그 증거의 제출을 촉구하지도 않은 채 변론
이 종결되어 심결 이유의 토대가 되었던 증거가 소송에서 제출된 바 없다는 이
유로 심결을 취소하는 판결이 선고되고, 그 판결이 그대로 확정된 경우에 특허
심판원에서의 재심리과정에서 다시 피심판청구인이 취소된 심결의 심리절차에
서 제출하였던 증거를 제출한 사안에서, 특허심판원이 위 증거에 의하여 제1차
심결과 동일한 결론을 내는 것이 기속력에 위배되는 것인지 여부의 쟁점에 관
하여, "피고가 제1차 심결에서 제출하였던 증거를 심결취소소송에서 제출하지
않은 탓에 ㅇㅇㅇㅇ의 사용사실을 인정할 만한 증거가 없다는 이유로 그 심결
이 취소되기에 이르렀음은 앞서 본 바와 같으므로, 그 심결취소판결이 그대로
확정된 후, 피고가 제1차 심결에서 제출되었던 증거를 특허심판원의 재심리과정
에서 제출하는 것은 새로운 증거의 제출이라고 보기 어려울 뿐만 아니라, 특허
심판원이 직권탐지주의를 채택하고 있다는 이유만으로 취소 전 심결이 행하여
진 심판절차에서 제출되어 재심리하는 심판기록에 그대로 편철되어 있는 증거

---

23) 상고기각으로 확정되었고, 상고심은 위에서 본 대법원 2002. 12. 26. 선고 2001후96 판
   결이다.

를 다시 원용하여 취소 전 심결과 같은 결론에 이르는 것은 위와 같은 법리에 비추어 더욱 더 허용되지 않는다고 할 것이므로 이 사건 심결에서 피고가 새로운 증거를 제출하였고, 직권탐지주의에 의해 제1차 심결에서 제출된 증거를 채용할 수 있다는 전제 아래 심결취소판결과 다른 판단을 한 것은 확정된 심결취소판결의 기속력에 반하는 것으로서 위법하다"고 하였다.24) 이에 대한 상고심인 대법원 2002. 12. 26. 선고 2001후96 판결은, 위 '(가) 일반론'에서 본 것과 같이 판시하면서 특허법원의 위 판단이 옳다고 하였다.

　(라) 기타

　어떤 증거가 거절결정이나 취소결정 또는 각 그에 대한 불복심판의 심결에 단순히 기재되어 있다는 점만을 들어서 그 증거를 취소된 심결이 행하여진 심판절차에서 채택·조사된 것으로 볼 수 없다.

　실용신안에 관한 사건이지만 특허법원 2007. 7. 20. 선고 2006허10548 판결(심리불속행 상고기각으로 확정)은, "취소된 심결이 행하여진 심판절차에서 채택·조사된 증거는 해당 법률의 규정이 정하는 바에 따라서 거절 또는 취소이유를 통지하고 이에 대한 의견서를 제출할 기회를 부여하고서 적법하게 채택, 조사한 증거를 뜻하는 것으로 보아야 한다. 그렇지 않고 이와 달리 어떤 증거가 거절결정이나 취소결정 또는 각 그에 대한 불복심판의 심결에 단순히 기재되어 있다는 점만을 들어서 그 증거를 취소된 심결이 행하여진 심판절차에서 채택, 조사된 것으로 본다면, 그러한 증거는 심결취소소송절차에서 제출할 수 없음은 물론이고, 나중에 심결을 취소하는 판결이 확정된 경우에 특허심판원의 재심리 절차에서조차 이를 전혀 사용할 수 없게 되는 결과가 된다. 그런데 이러한 해석은 어떤 증거가 실제로는 독립된 증명력을 가지는 새로운 공지의 증거임에도 불구하고, 심판절차에서 이를 단순히 주지관용기술에 해당하거나 선행기술의 기재

---

24) 권택수, "심결취소판결의 특허심판원에 대한 기속력과 새로운 증거의 의의", 대법원판례해설 제43호(2002년 하반기), 605는 이 판결에 관한 해설에서, 심결취소소송에서 당사자에게 충분한 주장·입증의 기회가 주어져 있음에도 불구하고 그 전의 심판단계에서 제출한 증거를 제출하지 아니하여 심결이 취소된 경우, 사건을 다시 심리하게 되는 특허심판원의 심판절차에서 종전 심판단계에서 제출된 증거를 다시 새로운 증거로 보아 이에 의한 입증을 허용하여 위 취소판결의 판단을 뒤집을 수 있다고 해석한다면, 사건이 특허심판원과 특허법원 사이를 반복하여 왔다 갔다 하는 경우가 생길 가능성이 커서 분쟁의 장기화를 초래할 뿐만 아니라 이는 소송경제 상으로도 바람직하지 못하다고 한다. 또한 유영일, "심결취소판결의 특허심판원에 대한 기속력 및 심결취소 후 제출된 새로운 증거의 의미", 정보법판례백선(Ⅰ), 한국정보법학회(2006), 705는, 이 판결은 심결취소판결의 기속력을 실질적이고 폭넓게 해석한 것으로 정리된다고 한다.

를 보충하는 정도의 증명력을 가지는 증거에 불과한 것으로 오인하고서 거절결
정이나 취소결정 또는 심결시에 사전에 의견서 제출 기회 등을 부여하지 아니
한 절차상의 잘못을 저질렀다는 사정만으로, 실용신안등록요건 등의 실체 판단
에 결정적인 자료를 전혀 사용할 수 없게 배제함으로써, 결국 심판 및 소송의
적정을 해치는 해석이 되어 부당하므로 받아들일 수 없다. 따라서 등록실용신안
의 취소결정이 이루어진 기술평가결정서에 주지관용기술의 예시자료로 기재된
증거이더라도 기술평가절차 및 그에 대한 불복심판 절차에서 그에 대한 의견제
출 기회가 부여된 바가 없어서 증거로 채택, 조사된 것으로 볼 수 없으므로, 이
소송에서는 새로운 취소이유가 되는 공지의 증거로 사용할 수는 없지만, 심결취
소판결 후에 개시되는 특허심판원의 재심리절차에서는 취소된 심결이 행하여진
심판절차 내지 그 심결의 취소소송에서 채택, 조사되지 않은 증거에 해당하므
로, 그것이 취소판결의 결론을 번복하기에 족한 증명력을 가지는 증거에 해당한
다면, 이를 취소이유로 통지하고 그에 대한 의견서 제출의 기회를 부여하는 절
차를 밟은 다음 종전의 심결을 유지하는 새로운 공지의 증거로 사용할 수 있
다"고 하였다.

4. 자백 또는 자백간주에 의한 심결취소판결의 기속력

자백 또는 자백간주에 의한 인정사실을 기초로 심결을 취소하는 판결이 확
정된 경우 위 자백 또는 자백간주의 내용이 1차 심결 당시 이미 제출된 증거에
의해 인정되는 사실과 다른 경우에도 심결취소판결의 기속력이 인정될 수 있을
까? 다시 말하면 특허심판원이 자백 또는 자백간주 된 사실을 토대로 1차 심결
과 다르게 심결을 하여야 하는지, 아니면 1차 심결 당시 이미 제출된 증거를 새
로운 증거로 보아 1차 심결과 동일한 결론을 낼 수 있는지가 문제된다. 예를 들
어, 등록상표에 대해 선출원의 타인의 등록상표와 유사하여 상표법 제34조 제1
항 제7호에 해당한다는 이유로 한 무효심결이 있은 후 상표권자인 원고가 제기
한 심결취소소송에서 무효심판청구인인 피고가 답변서나 증거를 제출하지 않고
불출석하는 등 응소를 하지 않자[25] 심결에 위법이 있다는 원고의 주장에 관하

---

25) 이 경우 등록무효사유의 주장·입증책임 분배의 원칙을 철저히 관철하여 결국 피고가 등
   록무효사유를 주장·입증하지 않았다는 이유로 등록무효 심결을 취소하는 실무례[특허법
   원 2006. 5. 18. 선고 2005허446 판결(확정), 특허법원 2006. 7. 19. 선고 2005허10565 판결
   (확정) 등]가 있는 반면, 심판피청구인인 원고로 하여금 심결에서 든 증거들을 제출하도록
   하여 등록상표에 심판절차에서 심판청구인인 피고가 주장한 무효사유가 있는지를 판단한

여 피고의 자백간주가 있은 것으로 보아 심결을 취소한 경우, 또는 특정 문헌을 특허발명 출원 전에 공지된 것으로 사실인정하고 등록을 무효로 하는 심결이 있은 후 그 심결의 취소소송에서 그 문헌이 특허발명의 출원 후에 공지되었다는 것에 관하여 다툼 없는 사실로 되어 특허법원이 이러한 다툼 없는 사실을 전제로 1차 심결에 사실인정의 잘못이 있다고 하면서 심결을 취소한 경우, 그 심결취소판결의 기속력이 인정될 수 있을까?

이에 관하여는 우리나라에는 두 가지 견해가 있다.

① 한 견해는 자백간주의 경우에는, "심결취소판결에 따라 특허심판원이 재심리하여 한 심결 즉 2차 심결이 이미 1차 심결 단계에서 제출되었던 증거서류들을 다시 사실인정의 근거로 삼아 1차 심결과 동일한 결론을 내린다고 하더라도 그 증거들이 확정된 심결취소소송절차에 현출된 바 없다면, 이는 특허권이 갖는 대세적 효력과 직권탐지에 의한 실체적 진실의 발견이라는 심판절차의 공익적 성격에 비추어 기속력에 위배된 것이 아니다. 물론 이렇게 되면, 2차 심결에 대한 심결취소소송에서 피고가 다시 불출석하는 경우에는 동일한 내용의 판결과 심결이 반복되는 문제가 발생할 수 있지만, 이는 심결취소소송단계에서 재판부가 심판절차에서 제출되었던 증거를 원고로부터 다시 제출받음으로써[26] 방지할 수 있을 것이다"라고 하고, 반면에 자백의 경우에는, 1차 심결을 취소하는 소송에서 자백한 당사자가 새로 진행되는 심판절차에서 자백한 사실을 뒤집기 위해 새로 증거를 제출하는 것은 금반언의 법리에 반하여 그 증거에 의하여 심결취소판결과 다른 판단을 하는 것은 허용되지 않는다고, 즉 기속력이 인정된다고 한다(자백간주는 당사자에 대한 구속력이 없으므로 자백간주가 있었더라도 당사자는 사실심에서 그 사실을 다툼으로써 자백간주의 효과를 번복할 수 있다는 점에서 자백과 차이가 있으므로 위와 같이 자백간주와 자백의 경우를 나누어 보더라도 모순이 아니라고 한다).[27]

② 다른 한 견해는, 1차 심결 때 직권심리에 의하여 수집한 자료에 있는 사실 자체는 심결취소소송의 변론종결 이후에 발생한 새로운 사유로 볼 수 없고, 자백 또는 자백간주에 의해 인정된 사실이라도 그것이 심결취소소송의 판단의

다음 그 결과에 따라 재판하는 실무례[특허법원 2000. 6. 15. 선고 2000허952 판결(심리불속행 상고기각으로 확정)]도 있다. 상세한 내용은 노갑식, '심결취소소송에 있어서의 주장·입증책임(소송유형별 검토)', 특허소송연구 제4집, 특허법원(2008), 9 이하 참조.

26) 이렇게 되면 제출된 증거에 의하여 원고청구기각의 판결이 선고될 수도 있다.

27) 강기중(주 7), 82.

전제가 된 경우에는 취소의 기본이 된 이유에 해당하므로, 특허심판원으로서는
1차 심결 때의 판단 자료에 기하여 종전과 같은 심결을 하는 것은 기속력에 반
하는 위법한 것이라고 한다.[28]

　　일본의 경우에는, 직권탐지가 가능한 범위 내에 있는 경우라면 새로이 이루
어지는 심판절차에서 증거조사를 하여 반대의 사실을 확정할 수도 있기 때문에
특허소송에 있어서 어느 범위까지 자백의 효력을 인정하여야 하는 것인가가 문
제가 된다면서, 변론주의가 지배하는 민사소송에 있어서의 자백의 원칙을 그대
로 적용하고, 그것을 확정사실로서 심판절차에 대하여 기속력을 인정하는 것에
대하여 의문을 제시하는 견해가 있다.[29]

　　실무상 당사자가 자백한 사실과 증거에 의하여 인정되는 사실이 상충하는
경우는 거의 없으리라 예상되는데, 이론적으로는 심결취소소송에서도 사실에
대하여 자백 및 자백간주를 인정하고 있는 점과 심결취소판결의 기속력을 인정
하고 있는 취지를 고려하면 ②의 견해가 타당하다고 생각한다. 위 3. 나. (2)
(다)에서 본 대법원 판결은 정확히 이에 해당하는 사안에 대한 것은 아니지만
그 전체 취지로 보면 ②의 견해에 가깝다고 할 수 있다.

5. 기속력에 위반된 심결의 효력

　　2차 심결이 심결취소판결의 기속력에 반하는 판단을 한 경우에는 그 자체
로 2차 심결은 위법하게 되고 심결취소사유로 된다.[30] 그리고 1차 심결을 취소
한 판결의 확정 후의 심판절차에 있어서 새로운 주장, 입증이 없이 그대로 판결

---

28) 이명규, '심결취소소송에 있어서 자백과 의제자백', 특허소송연구 제2집, 특허법원(2001),
　　112.
29) 中山信弘 編著, 註解 特許法[第3版](下券), 1734(田倉整, 仁木弘明 집필).
30) 기속력에 위반한 2차 심결에 대하여 행정소송법 제35조 소정의 무효확인소송을 제기할
　　수 있을지에 관하여, 일본에서는 적극설, 소극설, 제한적 적극설 등 견해가 나뉜다. 우리나
　　라에서는 대법원 1990. 12. 11. 선고 90누3560 판결, 대법원 1989. 9. 12. 선고 89누985 판
　　결, 대법원 1982. 5. 11. 선고 80누104 판결 등이 확정판결의 당사자인 처분행정청이 그 행
　　정소송의 사실심 변론종결 이전의 사유를 내세워 다시 확정판결과 저촉되는 행정처분을
　　하는 것은 허용되지 않는 것으로서 이러한 행정처분은 그 하자가 중대하고도 명백한 것이
　　어서 당연무효라 할 것이라고 판시한 것에 근거하여 심결의 무효확인소송을 행정소송으로
　　제기할 수도 있는 것처럼 주장하는 견해가 있으나[강기중(주 7), 52-54, 84], 특허법 제224
　　조의2가 심결에 대하여는 다른 법률에 의하여 불복을 할 수 없다고 규정하고 있고, 심결의
　　하자가 무효사유에 해당한다고 평가할 수 있는 경우에도 심결취소소송에서 다툴 수 있으
　　므로, 심결취소소송 이외에 별도의 심결무효확인소송을 인정할 수도 없고 인정할 필요도
　　없다.

의 기속력을 쫓은 판단을 한 2차 심결은 적법하고 그에 불복하는 당사자는 원칙적으로 그 기속력에 따른 인정판단이 잘못되었다는 것을 2차 심결의 취소사유로 주장해서는 안 되고 그와 같은 주장은 그 자체로 이유가 없다.

　2차 심결이 있은 경우 불리한 심결을 받은 당사자가 이에 불복하여 다시 심결취소소송을 제기할 수 있음은 물론이다. 그러나 특허심판원의 재심리과정에서 새로운 주장, 입증이 없어 심결취소판결에 있어서의 취소의 기본이 된 이유에 따라 한 심결은 위와 같은 기속력에 따른 것으로 원칙적으로 적법한데, 그 심결에 대한 심결취소소송에서 심결의 위법성을 뒷받침하는, 실질적으로 새로운 증거를 제출하고 그에 기하여 심결의 위법성을 주장하는 것은 가능할까?

　특허법원 판결은, 이 경우 불리한 2차 심결을 받은 당사자라도 새로운 사실을 주장하거나 또는 심결취소판결에서 인정한 사실을 번복하기에 족한 정도의 새로운 증거를 제출하는 등으로 심결취소판결에서 판단한 것과 다른 새로운 위법사유를 주장하지 않는 한 이를 다툴 수 없다고 하여,[31) 기속력에 따른 심결이라도 예외적으로 그 위법을 다시 심결취소소송에서 다툴 수 있다고 하였다.

〈최성준〉

---

31) 특허법원 2005. 7. 21. 선고 2005허2724 판결(확정); 특허법원 2000. 10. 13. 선고 99허9366 판결(상고기각으로 확정); 특허법원 2000. 6. 23. 선고 99허6527 판결(상고기각으로 확정).

> **제166조(변리사의 보수와 소송비용)**
>
> 소송을 대리한 변리사의 보수에 관하여는 「민사소송법」 제109조를 준용한다.
> 이 경우 "변호사"는 "변리사"로 본다.

〈소 목 차〉

Ⅰ. 소송비용 부담의 재판
  1. 소송비용 부담의 원칙
  2. 소송비용액의 확정결정
3. 소송비용 담보제공 신청
Ⅱ. 변리사 보수의 소송비용 산입

Ⅰ. 소송비용 부담의 재판

1. 소송비용 부담의 원칙

법원이 사건을 완결하는 재판을 할 때에는 반드시 직권으로 그 심급의 소송비용 전부의 부담에 관한 재판을 하여야 하므로(민사소송법 제104조), 심결취소소송의 경우에도 주문에서 심결취소소송의 비용을 부담할 자를 정하여야 한다.

그런데 소송비용은 패소자가 부담하는 것이 원칙이다(민사소송법 제98조). 따라서 소를 각하하거나 원고의 청구를 기각하는 경우에는 "소송비용은 원고가 부담한다"고 표시하고, 원고의 청구를 받아들여 심결을 취소하는 경우에는 "소송비용은 피고가 부담한다"로 표시한다.

일부패소의 경우 그 소송비용은 각 당사자가 분담하는 것이 원칙이고 법원이 청구액에 대한 인용액의 비율을 비롯하여 소송의 전 과정을 통한 당사자의 소송활동을 참작하여 당사자들이 부담할 소송비용의 비율을 적절하게 정한다(민사소송법 제101조 본문). 다만 일부패소의 경우에도 한 쪽 당사자에게 소송비용의 전부를 부담시킬 수 있는데(민사소송법 제101조 단서), 예를 들어, 한 쪽의 패소부분이 극히 근소한 경우가 이에 해당한다. 복수의 지정상품에 대한 등록무효심판에서 하나의 심결을 하고 이에 대하여 전부 불복하여 심결취소소송을 제기하였는데, 일부 지정상품에 대하여는 심결을 취소하고 나머지 지정상품에 대하여는 원고의 청구를 기각하는 일부취소판결을 하는 경우에는, 지정상품의 중요도, 개수를 참작하여 "소송비용 중 1/3은 원고가, 나머지 2/3는 피고가 각 부담한다" 또는 "소송비용 중 ○○%는 원고가, ○○%는 피고가 각 부담한다"로 표시한다.

2. 소송비용액의 확정결정

사건을 완결하는 재판과 함께 하는 소송비용 부담의 재판에서는 소송비용을 부담할 자 및 소송비용 부담의 비율만을 정하고, 액수의 확정에 관하여는 나중에 별도의 신청에 의하여 소송비용액의 확정결정(민사소송법 제110조)을 하는 것이 일반적이다. 판결 선고 후에도 새로운 소송비용(예를 들어, 판결서 송달비용)이 생기는 등 판결 선고시 소송비용의 구체적인 범위를 확정하는 것이 기술적으로 곤란하기 때문이다. 이 경우 소송비용 부담의 재판이 집행권원이 되고, 소송비용액의 확정결정은 소송비용 부담의 재판에 의하여 확정된 소송비용상환청구권의 집행을 위하여 그 액수만을 정하는 부수적 재판이다.[1] 다만 집행문을 부여함에 있어서는 소송비용액의 확정결정이 단독으로 집행권원이 되는 것으로 보고 사무처리 한다.[2]

3. 소송비용 담보제공 신청

심결취소소송은 행정소송에 해당하고, 행정소송법 제8조 제2항에 의하여 준용되는 민사소송법 제117조 제1항은 '원고가 대한민국에 주소·사무소와 영업소를 두지 아니한 때 또는 소장·준비서면, 그 밖의 소송기록에 의하여 청구가 이유 없음이 명백한 때 등 소송비용에 대한 담보제공이 필요하다고 판단되는 경우에 피고의 신청이 있으면 법원은 원고에게 소송비용에 대한 담보를 제공하도록 명하여야 한다'고 규정하고 있다. 따라서 특허법원의 심결취소소송에서도 소송비용 담보제공 신청권은 피고에게 있을 뿐 원고가 위와 같은 담보제공 신청을 할 수는 없고, 이 점은 심결취소소송의 피고가 당해 심결취소소송의 불복대상이 된 특허심판원 심결이 내려진 상표등록무효심판절차의 청구인이라고 하더라도 마찬가지이다[3].

---

1) 대법원 2001. 8. 13.자 2000마7028 결정 참조.
2) 법원실무제요, 민사소송[Ⅰ], 법원행정처(2005), 407.
3) 대법원 2012. 9. 13.자 2012카허15 결정.

II. 변리사 보수의 소송비용 산입

소송을 대리한 변호사에게 당사자가 지급하였거나 지급할 보수는 대법원규칙이 정하는 금액의 범위 안에서 소송비용으로 인정된다(민사소송법 제109조 제1항). 그리고 본조가 민사소송법의 위 규정을 준용함으로써 변리사가 특허법원이나 대법원에서 심리되는 심결취소소송을 대리한 경우 그 변리사 보수도 소송비용에 산입된다.

2006. 3. 3. 개정되기 전의 특허법 및 2007. 1. 3. 개정되기 전의 상표법 하에서는 변리사가 특허법원이나 대법원에서 심리되는 심결취소소송을 대리한 경우 변리사 보수는 소송비용에 산입되지 않는다고 한 대법원 판결[4])에 따라 소송비용액 확정결정시 변리사 보수를 소송비용액에 포함시키지 않았었다.[5]) 그러나 같은 소송대리인이면서 변호사가 아닌 변리사라는 이유로 그 보수를 소송비용액에 포함시키지 않는 것은 형평의 원칙에 위배된다는 비판이 있어서, 2006. 3. 3. 특허법을 개정하면서 소송을 대리한 변리사의 보수에 관하여는 변호사 보수의 소송비용 인정에 관한 민사소송법 제109조를 준용한다는 제191조의2를 신설하였고, 2007. 1. 3. 개정된 상표법 제86조가 위 제191조의2를 준용하고 있었다가, 2011. 12. 2. 개정된 상표법에서 제85조의7로 본조와 같은 내용이 신설되었다.

위와 같이 2006. 3. 3. 개정된 특허법 부칙 제1조, 제5조는, 위 조항은 이 법 시행 후(2006. 3. 3. 이후) 변리사가 소송 대리한 것부터 적용한다고 규정하고 있는데, 여기서 "이 법 시행 후 소송 대리한 것"이란 어느 경우를 의미하는지에 관하여 논의가 있었다. 다수의 견해는 변리사가 이 법 시행 전에 소송대리인으로 선임되었는지 이 법 시행 후에 소송대리인으로 선임되었는지에 관계없이 이 법 시행 후에 실질적인 소송대리 행위를 한 것을 의미한다고 해석한다.[6]) 보다 구체적인 기준으로는 특허법원의 변론종결일 또는 대법원의 상고이유서 제출기

---

4) 대법원 1995. 6. 23.자 95쿠3 결정.

5) 다만 특허법원 실무는 2002년 이전에는 변리사 보수를 소송비용액에 포함시켰다가, 2002년부터 포함시키지 않아 왔다.

6) 특허법원 2007. 8. 21.자 2007카허275 결정은, 2006. 3. 3. 이전에 선임된 소송대리인인 변리사가 2006. 3. 3. 이후인 2006. 5. 16.부터 2006. 6. 2.까지 특허법원 준비절차기일 출석, 준비서면 제출, 변론기일 출석 등과 같은 실질적인 소송대리행위를 한 사안에서 변리사 보수를 소송비용에 산입하여 소송비용액의 확정결정을 하였고, 대법원 2007. 11. 8.자 2007흐1 결정은 심리불속행으로 위 결정에 대한 재항고를 기각하였다.

간 만료일이 2006. 3. 3. 이후인 사건에서는 소송대리인인 변리사의 보수를 소송비용에 산입하되,[7] 이로 인한 산정결과가 현저히 부당하다고 인정되는 경우 법원이 상당한 정도까지 감액 산정할 수 있는 것으로 봄[8]이 타당하다.

　그런데 소송비용에 산입되는 변호사의 보수는 당사자가 보수계약에 의하여 지급한 또는 지급할 보수액 전액이 아니고 그 보수액의 범위 내에서 대법원 규칙인 "변호사 보수의 소송비용 산입에 관한 규칙"이 각 심급단위로 소송목적의 값을 기준으로 하여 정한 금액이다. 이 경우 소송목적의 값은 민사소송 등 인지법 제2조에 의하므로(위 규칙 제2조), 심결취소소송의 소송목적의 값은 민사소송 등 인지규칙 제17조의2, 제18조의2에 의하여 1억 원이다.

　아직 변리사 보수의 소송비용 산입에 관한 규칙은 제정되어 있지 않지만, 본조의 준용 형식에 비추어 볼 때 민사소송법 제109조의 위임에 따라 제정된 대법원 규칙인 "변호사 보수의 소송비용 산입에 관한 규칙"까지 준용한다고 할 것이다. 위 대법원규칙 제3조에 의하면 특허법원에서의 소송비용에 산입될 변리사의 보수는, 당사자가 보수계약에 의하여 지급한 또는 지급할 보수액과 위 대법원규칙에 따라 산정한 보수액 중 적은 금액이다.

〈최성준〉

---

7) 설범식, '2006년 개정 특허법과 실용신안법의 주요내용 및 소송절차상 유의사항', 지적재산권(2006. 7.), 16; 다만 이 법 시행 전에 이미 변론이 종결된 사건에서 시행일 이후에 소송대리인인 변리사가 참고서면 만을 제출한 경우나 판결등본을 송달받아 상고를 제기한 경우는 '소송대리 한 것'에 포함되지 않는다고 함이 타당하다고 한다.
8) 변호사 보수의 소송비용 산입에 관한 규칙 제6조.

제 9 장
「표장의 국제등록에 관한 마드리드 협정에 대한 의정서」에 따른 국제출원

〈소 목 차〉

Ⅰ. 서론
　1. 본장의 개요
　2. 마드리드 국제상표제도의 개요
Ⅱ. 마드리드 의정서에 따른 국제상표출
　원 관련 적용 법규

Ⅲ. 마드리드 의정서의 특징 및 주요용어
　1. 마드리드 의정서의 성립 및 특징
　2. 마드리드 국제상표제도 관련 주요
　　용어의 해설
　3. 마드리드 의정서에 따른 국제상표
　　출원 현황

Ⅰ. 서론

1. 본장의 개요

「표장의 국제등록에 관한 마드리드 협정에 대한 의정서(Protocol Relating to the Madrid Agreement Concerning the International Registration of Marks)」(이하 'Madrid Protocol' 또는 '마드리드 의정서'라 한다[1]))에 의한 상표의 국제출원에 관한 사항을 이 장에서 규정하고 있다.

상표법 제9장은 3개의 절로 구성되어 있다. 제1절은 대한민국의 국민 또는 대한민국 내에 주소나 영업소를 가진 자가 대한민국 특허청을 통하여 상표를 국제 출원하는 경우의 절차, 즉 본국관청으로서 우리나라 특허청의 절차 및 관련 내용을 규정하고 있다. 제2절은 외국인 또는 외국에 주소를 가지고 있는 자가 자기가 속해 있는 외국의 특허청과 세계지식재산기구(World Intellectual Property Organization, 이하

---

1) 2016년 전면 개정 상표법 이전에는 "표장의 국제등록에 관한 마드리드 협정에 대한 의정서"의 약칭을 '의정서'로 하였으나, '의정서'라고 하면 온실가스 감축 관련 '교토 의정서', 오존층 파괴물질 규제를 위한 '몬트리얼 의정서' 등과 같이 '의정서'라는 명칭을 사용하는 국제조약이 다수 있어 조약의 특정에 문제가 있었는데, 전면 개정 상표법에서 '마드리드 의정서'라 약칭한 것은 바람직하다고 생각한다. 일본과 미국의 상표법도 '마드리드 의정서(Madrid Protocol)'라 약칭하고 있다.

"WIPO"라 한다[2]) 국제사무국을 경유하여 대한민국에 상표를 출원하는 경우, 즉 지정국 관청으로서 대한민국 특허청의 절차 및 관련 사항을 규정하고 있다. 제3절은 국제등록의 소멸 또는 마드리드 의정서의 폐기로 인하여 국제등록을 통상의 국내 출원으로 전환하는 경우의 절차 및 내용을 규정하고 있다.

2. 마드리드 국제상표제도의 개요

외국에서 자기의 상표를 보호받기 위해서 상표를 출원·등록받을 수 있는 경로는 2가지가 있다. 하나는 출원인이 등록받고자 하는 국가에 직접 각각의 상표출원서를 제출하여 등록받는 방법이고, 다른 하나는 자기 나라 특허청을 경유하여 WIPO 국제사무국에 하나의 상표출원서로 등록받고자 하는 나라들을 지정하여 출원·등록받는 방법이다.[3]

상표 국제출원의 유형

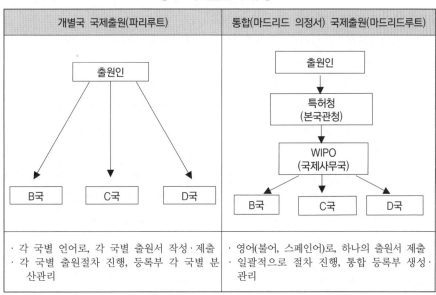

개별국 국제출원(파리루트)	통합(마드리드 의정서) 국제출원(마드리드루트)
출원인 → B국, C국, D국	출원인 → 특허청(본국관청) → WIPO(국제사무국) → B국, C국, D국
· 각 국별 언어로, 각 국별 출원서 작성·제출 · 각 국별 출원절차 진행, 등록부 각 국별 분산관리	· 영어(불어, 스페인어)로, 하나의 출원서 제출 · 일괄적으로 절차 진행, 통합 등록부 생성·관리

---

2) WIPO는 1974년에 UN 산하 지재권 전문기구로 되었으며, 회원국은 184개국에 이르고 있다. WIPO 국제사무국은 스위스 제네바에 소재하고 있으며, 1883년 체결된 '산업재산권 보호를 위한 파리협약'과 1886년 체결된 '문학 및 예술작품 보호를 위한 베른협약'에 근거하여 1893년 설치된 국제사무국(International Bureau)이 1970년 WIPO 국제사무국으로 변경된 것이다.
3) 특허청, 마드리드 국제출원가이드(2011), 6.

전자(前者)와 같이 개별국에 직접 상표를 출원하는 방법을 과거에 주로 이용하던 방식이었다는 의미에서 '통상의 국제상표출원' 또는 파리협약4)에 근거한 국제출원이라는 의미에서 '파리루트(Route)를 통한 상표출원'이라고 한다. 마드리드 국제상표제도가 우리나라에서 시행된 지 10년이 넘었지만 아직까지도 우리나라 상표 출원인들이 외국에 상표를 출원할 때 많이 이용하고 있는 방법이다. 이렇게 외국에 직접 상표를 출원하는 방법은 소수의 몇 개국에 출원할 때에는 간명하게 출원할 수 있는 장점이 있지만, 여러 국에 출원할 때에는 여러 가지로 불편하고 비용이 많이 들어가는 단점이 있다. 예컨대, 등록받고자 하는 국가별로 일일이 출원서를 작성해야 하고 대리인도 각 국별로 선임해야 하고, 해당국의 언어로 출원서를 작성하여야 하며, 상표등록 후에는 상표권을 등록국별로 분산 관리해야 한다.

과거의 위와 같은 국제상표출원 문제점과 불편을 개선하여 출원의 간소화와 비용 절감을 목적으로 창안된 것이 '마드리드 국제상표제도'라 할 수 있으며, 특허에서 특허협력조약(PCT)5)을 이용한 국제출원과 비슷한 상표분야의 국제출원 방법이다.6) 마드리드 루트를 통한 국제상표출원의 장점은 다음과 같다.7) 먼저, 출원인이 속한 국가의 특허청을 경유하여 WIPO 국제사무국에 하나의 상표출원서만 제출하여도 여러 나라에 각각 출원한 것과 같은 효과를 얻을 수 있다. 둘째, 해외출원비용을 절감할 수 있는데, 중국·일본·이탈리아 등 비영어권 국가에 출원할 때에도 현지어 대신 영어로 출원할 수 있어 번역비용을 줄일 수 있고, 나중에 지정국 심사에서 문제가 없으면 현지 대리인을 별도로 선임하지 않아도 되므로 국제출원비용의 상당한 부분을 차지하는 현지 변리사 선임비용도 상당히 절약할 수 있다. 셋째, 마드리드 의정서 규정에 의하여 지정국들은 늦어도 1년 6개월 이내에 상표등록 여부를 출원인에게 통지하여야 하므로 비교

---

4) 1883년 프랑스 파리에서 체결된 "산업재산권 보호를 위한 파리협약(Paris Convention for the Protection of Industrial Property)"을 말한다. 171개국이 가맹되어 있으며, 우리나라는 1980.5.4. 가입했다. 이 협약은 저작권을 제외한 특허, 실용신안, 디자인, 상표, 서비스표, 상호, 원산지표시, 부정경쟁방지 등을 대상으로 하고 있으며, 내외국인 평등의 원칙, 우선권제도, 특허독립의 원칙을 3대 기본이념으로 하고 있다.

5) PCT는 'Patent Cooperation Treaty'의 약자이다. PCT는 파리조약 제19조에 근거하여 1970년 6월 워싱턴에서 조인되었으며, 1978년 1월 24일에 발효되었다. 동일한 발명에 대하여 다수 국에서 특허를 취득하고자 하는 경우 출원비용 및 절차의 부담경감, 각국 특허청의 중복심사의 노력경감 등을 목적으로 제정되었다.

6) 손영식, "편리하고 저렴한 마드리드 국제상표제도"(2008.3.19), 국정브리핑 정책컬럼.

7) 특허청, 마드리드 의정서에 따른 국제상표 전자출원 매뉴얼(2014), 5-6.

적 빠르고 예측 가능한 기간 내에 출원 상표의 등록 여부를 알 수 있다.[8]

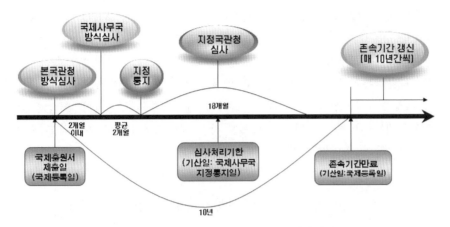

마드리드 국제상표 출원 및 심사 처리기간

중국 등 상표 심사처리기간이 장기간 소요되는 국가에서 특히 유용하다. 넷째, 상표등록 후에도 등록 국가별로 상표 관리인을 두고서 분산 관리할 필요 없이 하나의 국제등록부로 통합 관리할 수 있다. 즉, WIPO 국제사무국에서 통합적으로 관리하는 국제등록부를 통하여 권리자의 명의나 주소변경, 존속기간 갱신 등의 방법으로 다수의 지정 국가에서의 명의변경, 존속기간 갱신 등을 대신할 수 있다. 다섯째, 마드리드 의정서에 새로 가입한 국가 또는 기존의 마드리드 의정서 가입 국가들 중에서 추가적으로 상표를 보호받고자 하는 경우에는 지정국을 추가하여 상표의 보호 영역을 쉽게 확장할 수 있다.

그러나 마드리드 국제상표출원은 5년간 기초출원/등록에 종속되고, 본국관청과 WIPO 국제사무국을 경유해야 하며, 사용 언어가 영어, 불어, 스페인어로 한정되어 있기 때문에 이들 언어 이외 국가의 출원인에게는 국제출원서 작성시 불편이 있는 단점이 있다. 따라서 모든 국제상표 출원에 있어서 파리루트보다 마드리드루트가 유리하다고는 할 수 없고, 통상 4개국 이상의 나라를 지정하여 출원하는 경우에 유리한 것으로 보인다.[9]

우리나라에서 마드리드 의정서에 따른 국제상표출원을 하는 방법 및 절차를 간략히 설명하면 다음과 같다. ① 국제출원인은 우리나라에 출원 중이거나

8) 마드리드 국제출원가이드(주 3), 12.
9) 특허청-WIPO, 2011 마드리드 국제상표출원 세미나 자료(2011.6), 72.

등록된 상표를 기초로 하여 상표를 보호받고자 하는 국가들을 지정한 영문 국
제출원서를 우리나라 특허청에 제출한다. ② 우리나라 특허청은 기초출원/등록
이 국제출원과 합치되는지 여부를 심사한 후 국제출원서를 WIPO 국제사무국에
송부한다. ③ 국제사무국은 본국관청에서 송부된 국제출원서의 형식요건을 심
사한 후 국제등록부에 등록을 하고, 국제공보를 통하여 공고함과 아울러 각 지
정국 관청에 통지한다. ④ 각 지정국 관청은 자국에 통지된 국제출원서의 실체
적인 사항을 자국 상표법에 따라 심사하여 거절여부를 결정한다. 이렇게 하여
WIPO 국제등록부에 등록된 국제상표는 각 지정국에서 10년간 유효하고 존속기
간 갱신을 하면 10년씩 연장된다.

Ⅱ. 마드리드 의정서에 따른 국제상표출원 관련 적용 법규

마드리드 의정서에 따른 국제상표의 출원·등록 및 업무처리를 할 때 적용
되는 법규는 다음과 같다. 가장 주된 법원(法源)은 우리나라 상표법과 국제조약
인 마드리드 의정서이다. 그다음, 상위 상표법의 하위법규인 상표법 시행령 및
시행규칙과 마드리드 의정서의 하위규정인 「표장의 국제등록에 관한 마드리드
협정 및 그 협정에 대한 의정서의 공통규칙(Common Regulations Under The
Madrid Agreement Concerning The International Registration of Marks and The Protocol
Relating to That Agreement)」(이하 'Madrid Common Regulations' 또는 '마드리드 의정
서 공통규칙'이라 한다) 및 「표장의 국제등록에 관한 마드리드 협정 및 그 협정에
대한 의정서의 적용을 위한 시행세칙(Administrative Instructions For The Application
of The Madrid Agreement Concerning The International Registration of Marks and The
Protocol Relating Thereto)」(이하 'Madrid Administrative Instructions' 또는 '마드리드 의
정서 시행세칙'이라 한다)이 제2차적 법원이 된다. 그리고 특허청 내부 훈령인
'국제상표등록출원 심사사무취급규정' 및 '상표심사기준'은 행정규칙으로서 국
제상표 심사관을 규율하는 규범이 된다.

한편, 국제조약의 효력과 관련하여 우리나라 헌법 제6조 제1항은 "헌법에
의하여 체결·공포된 조약과 일반적으로 승인된 국제법규는 국내법과 같은 효력
을 가진다"라고 규정하여 국제법과 국내법의 효력관계에 있어서 동위설(同位說)
을 취하고 있다.10) 그러나 2011년 12월 2일 특허법 개정 이전에는 당시 상표법

---

10) 성낙인, 헌법학, 법문사(2011), 303; 김철수, 헌법학개론, 박영사(2000), 223.

제5조가 준용하고 있는 구 특허법 제26조(조약의 효력)에 "특허에 관하여 조약에
이 법에서 규정한 것과 다른 규정이 있는 경우에는 그 규정에 따른다"[11]라고
하여 지재권과 관련해서는 명시적으로 국제법 우위설을 취하고 있었다. 그래서
상표 출원·등록과 관련하여 우리나라가 가입한 조약과 상표법이 다른 경우에는
일반적으로 적용되는 신법우선의 원칙 등이 적용되지 않고, 입법 의도에 따라
조약의 규정이 우선 적용된다고 해석되었다. 그러나 2011년 특허법 개정으로
특허법 제26조가 삭제되고, 이후 상표법에도 별도로 조약의 효력에 관한 규정을
두고 있지 않으므로 이제는 국회의 동의를 얻은 상표 관련 조약과 국내 상표법
의 효력이 동일한 것으로 해석되고, 양자가 상충할 경우에는 신법우선의 원칙,
특별법 우선의 원칙 등 법 적용의 일반원칙에 의하여 해결된다.[12] 한편, 상표법
제54조(상표등록거절결정) 제2호에는 심사관은 상표등록출원이 조약에 위반된 경
우에는 상표등록거절결정을 하여야 함을 규정하고 있다.

III. 마드리드 의정서의 특징 및 주요 용어

1. 마드리드 의정서의 성립 및 특징

마드리드 의정서는 국제상표출원과 관련하여 1891년부터 시행되어 오던 마
드리드 협정이 가지고 있는 제도적 문제점을 극복하고 보다 일반적이며 탄력적
인 국제상표등록제도를 창설할 목적으로 1989년 6월 27일 채택되고, 1996년 4
월 1일부터 시행된 국제조약이다.[13] 마드리드 의정서의 전신인 마드리드 협정
의 공식명칭은 '표장의 국제등록에 관한 마드리드 협정(Madrid Agreement
Concerning the International Registration of Marks)'이며, '산업재산권 보호를 위한
파리협약' 제19조[14])에 근거한 특별협정으로 1891년 마드리드에서 채택된 다자
간 국제조약이다.

마드리드 협정과 마드리드 의정서에 의한 국제상표제도는 공통언어로 작성
한 국제출원서를 본국관청에 제출하면서 표장의 보호를 원하는 국가를 지정하

---

11) 2011.12.2. 특허법 개정(법률 제11117호)에서 제26조가 삭제되었다.
12) 조약 가입이나 개정 전에 국민의 권리·의무와 관련된 중요사항은 사전에 관련 법령에
   반영하고 나서 조약에 가입하거나 개정에 동의하므로, 우리나라가 가입한 조약과 국내법
   이 저촉되는 경우는 거의 발생하지 않는다고 할 수 있다.
13) 국제지식재산연수원, 국제상표등록출원 과정(2006), 326.
14) 파리협약 제19조(특별 협정) 동맹국은 본 협약의 규정에 배치되지 아니하는 한 별도로
   상호간에 공업소유권의 보호에 관한 특별한 협정을 체결할 권리를 보유한다.

면, 복수의 국가별로 직접 출원한 것과 동일한 효과를 부여하는 기본 원리는 동일하다.

다만, 마드리드 협정이 성립된 지 100년이 지나도록 프랑스를 비롯한 유럽 및 아프리카의 무심사주의 국가 또는 이에 가까운 심사 관행을 가지고 있는 국가만 참여함으로써 범세계적인 국제등록제도가 되지 못한 점을 고려하여 마드리드 의정서에는 마드리드 협정에 비하여 다음과 같은 차이점을 두었다. ① 불어 외에 영어, 스페인어15)도 공식언어로 채택하여 영어권, 스페인어권 국가도 배려했다. ② 국내의 상표등록뿐만 아니라 상표출원을 기초로 하여서도 국제출원을 가능토록 하여 무(無)심사주의 국가와 심사주의 국가 간의 불균형을 시정했다. ③ 거절이유 통지기한도 최대 1년 6월까지로 연장 가능토록 했다. ④ 집중공격으로 인하여 국제등록의 효력이 소멸한 경우에도 각국에서 출원인이 국내의 상표출원 또는 지역의 상표출원으로 전환할 수 있도록 하여, 출원인이 가지게 되는 위험부담을 상당 부분 제거했다. ⑤ 국내 상표등록출원에 대한 수수료보다 높지 않은 범위 내에서 개별수수료를 징수할 수 있도록 하여, 심사주의 국가들이 낮은 수수료로 심사를 수행하여야만 했던 가입부담을 완화했다.

마드리드 협정(Agreement)과 마드리드 의정서(Protocol)의 차이점

구 분	마드리드 협정	마드리드 의정서
가입대상	국가	국가 또는 정부간기구
사용언어	불어	영어, 불어 또는 스페인어
수수료	개별수수료 징수 불가	개별수수료 징수 가능
국제출원의 기초	상표등록	상표등록 또는 상표출원
거절통지 기한	지정통지일부터 1년	지정통지일부터 1년 6월 (선언필요)
국제등록의 존속기간	국제등록일부터 20년	국제등록일부터 10년
집중공격에 따른 소멸 시 재출원	불가능	가능

이와 같이 마드리드 의정서는 기존 마드리드 협정의 문제점을 상당 부분 해소함으로써, 영국·미국·일본 등 심사주의 국가의 참여를 유도할 수 있게 되었다. 또한, 마드리드 의정서는 유럽공동체(EU) 또는 아프리카지식재산기구(OAPI)

15) 제35차 마드리드동맹 총회에서 스페인어를 2004.4.1.부터 공식 언어의 하나로 채택했다.

와 같은 지역상표등록제도와의 연계도 강화했다. 마드리드 의정서 가입자격을
파리조약 가맹국 외에 EU 등 정부간 기구(Inter-governmental Organization)에도 개
방함으로써 유럽 공동체상표(Community Trade Mark, CTM)를 기초로 국제출원하
는 것이 가능해졌다. 구체적으로 마드리드 의정서에 가입하기 위해서 국가의 경
우에는 그 국가가 '산업재산권 보호를 위한 파리협약'의 당사국이어야 하고, 유
럽연합과 같은 정부간 기구의 경우에는 정부간 기구 회원국 중 최소 1개국이 파
리협약의 당사국이어야 하며, 정부간 기구 영역 내에서 유효한 표장을 등록하기
위한 지역관청을 가지고 있어야 한다.[16]

마드리드 의정서는 1989년 6월 27일 스페인 마드리드에서 채택되어 1996년
4월 1일부터 시행되고 있고, 2017년 9월 기준으로 99개국이 가입하고 있다.[17]
우리나라는 2001년 2월 3일 상표법을 미리 개정하여 마드리드 의정서 가입 전
에 관련 규정들을 정비하였고,[18] 2003년 1월 10일 WIPO에 가입서를 기탁했으
며,[19] 조약의 효력은 3개월 유예기간을 거치고 2003년 4월 10일부터 발생하도
록 하였다.[20]

2. 마드리드 국제상표제도 관련 주요 용어의 해설

마드리드 의정서에 따른 국제상표 출원 및 등록과 관련해서는 국내 일반상
표출원에서 사용하지 않는 특수한 용어가 있는데, 주요 내용을 정리하면 다음과
같다.[21]

① 국제상표출원: 좁은 의미로는 체약 지정국에서 상표를 보호받기 위하여
    자기 나라 특허청(본국관청)을 경유하여 WIPO에 제출하는 상표출원을

---

16) 마드리드 의정서 제14조 제1항 제1호 및 제2호.
17) 2017. 9. 기준이며, 마드리드 의정서 체약국 현황은 WIPO 국제사무국의 홈페이지
    (http://www.wipo.int/madrid/en/members/)에서 확인할 수 있다.
18) 2001. 2. 3. 법률 제6414호.
19) 2003. 3. 19. 다자조약 제1625호.
20) 우리나라는 마드리드 의정서 가입 시 "① 거절통지기한을 국제등록일로부터 1년 대신
    18개월로 한다(time limit for refusal of 18 months, Article 5(2)(b) of the Protocol). ② 이의
    신청에 기초한 가거절은 국제등록일로부터 18개월 이후에도 통지할 수 있다(refusal based
    on an opposition may be notified after the expiry of the 18-month time limit, Article 5(2)
    (c)). ③ 보충수수료와 추가수수료 대신에 개별수수료를 징수한다(individual fees, Article 8
    (7) of the Protocol). ④ 국제등록부에 등록된 사용권은 국내에서 효력이 없다(the recording
    of the licenses in the International Register has no effect in a State, Rule 20bis(6)(b) of the
    Common Regulations)."라는 4가지 사항을 선언했었다.
21) 마드리드 의정서에 따른 국제상표 전자출원매뉴얼(주 7), 7.

말한다(Outgoing). 상표법 제9장 제1절은 본국관청이 대한민국인 국제상
표출원에 대한 내용을 규정하고 있다. 넓은 의미로는 좁은 의미의 본국
관청 국제상표출원과 대한민국을 지정국 관청으로 하는 국제상표등록출
원을 모두 일컬어 국제상표출원이라고 한다.

② 국제상표등록출원: 외국인이 우리나라에서 상표를 보호받기 위해서 우
리나라를 지정국으로 하여 출원한 국제출원을 말한다(Incoming). 즉, 보
통 지정국 관청이 대한민국인 국제상표출원을 뜻하며, 상표법 제9장 제
2절에서 관련 내용을 규정하고 있다.

③ 국제등록(International Registration): WIPO 국제사무국의 국제등록부에 등
록된 국제상표출원을 말한다. 국제등록이라 표현하고 있으나 그 실질은
국제 '출원'이라고 할 수 있다. 즉, WIPO 국제사무국은 출원을 일단 등
재한 후 각 지정국에 지정출원사실을 통보하고 각 지정국은 통보 내용
에 대하여 실체 심사를 시작하므로 '등록'이라는 용어를 쓰지만, 심사
후 각 지정국에서 등록되는 일반적인 국내등록과는 개념상 구별된다.

④ 지정국 관청(Office of Designated Contracting Parties): 국제사무국으로부터
송부된 국제상표등록출원을 해당 지정국에서 보호해 줄 것인지 여부를
심사하는 관청을 말한다. 우리나라는 '특허청 국제상표출원심사팀'이 국
제상표등록출원을 심사하는 지정국 관청의 역할을 하고 있다.

⑤ 기초출원(Basic Application) 또는 기초등록(Basic Registration): 마드리드 의
정서 제도를 이용해서 국제상표출원을 하기 위해서는 본국관청에 출원
중인 상표이거나 본국관청에 이미 등록된 상표가 있어야 가능하다. 즉,
자기 나라에 먼저 출원 또는 이미 등록된 상표를 기초로 하여 마드리드
국제상표 출원을 할 수 있는데, 이때 자기 나라에 먼저 출원 중인 상표
출원을 '기초출원'이라 하고, 이미 등록되어 있는 국내 상표를 '기초등
록'이라 한다.

⑥ 본국관청(Office of Origin)[22]: 기초출원/등록이 계속 중인 국가의 특허청

---

22) 마드리드 국제상표제도에서는 기초 출원/등록이 있는 나라의 특허청을 반드시 경유하게
되므로 국제상표출원을 접수하는 관청을 '본국관청(Office of Origin)'이라 표현하고, PCT 국
제특허제도에서는 기초출원이나 등록과 상관없이 출원하므로 국제특허출원을 접수하는 관
청을 '수리관청(Receiving Office)'이라 표현하고 있다. 한편, 마드리드 의정서에서는 각 지정
국 관청에서 심사시 별도의 번역문 제출이나 추가 수수료를 납부할 필요가 없고 WIPO 국제
사무국에 별도의 '국제등록부'가 있으나, PCT에서는 각 지정국 진입시 해당 선택국에 번역
문 및 수수료를 납부해야 하며 국제등록부가 따로 존재하지 않는다.

을 말한다. 기초요건을 심사하고, 국제사무국에 상표출원서를 송부하는 업무를 담당한다. 즉, 본국관청은 국제상표출원이 기초출원/등록에서의 표장 및 지정상품과 합치되는지를 심사하고, 국제등록일로부터 5년 이 내에 기초출원/등록의 소멸이 있는 경우 그 효력소멸 사항을 국제사무 국에 통보하는 업무를 담당한다. 우리나라는 '특허청 국제출원과'가 본 국관청의 업무를 수행하고 있다.

⑦ 집중공격(Central Attack): 기초출원/등록의 효력을 소멸시키는 공격방법을 말하며, 본국관청에 출원 중이거나 등록된 기초상표를 5년 이내에 소멸시 키면, 국제등록부상의 국제등록도 연쇄적으로 소멸하게 되고 각 지정국에 서 심사 중인 국제상표등록출원과 이미 등록된 상표권도 한꺼번에 소멸 케 하는 마드리드 의정서의 독특한 제도이다. 좁은 의미의 집중공격은 제 3자가 기초출원/등록을 공격하여 국제등록을 소멸시키는 것을 말하고, 넓 은 의미는 출원인 자신의 지정상품 감축보정 등 자의에 의한 기초출원/등 록의 감축이나 소멸까지 포함한다. 집중공격은 국제등록일로부터 5년 이 전에 기초출원/등록과 관련하여 상품의 전부 또는 일부와 관련하여 취하, 존속기간만료, 소멸, 포기, 거절, 취소 또는 무효로 확정된 경우에 적용됨 이 원칙이다. 다만, 5년이 경과되기 전에 ① 기초출원에 대한 거절결정불 복 심판청구, ② 기초등록에 대한 취소·무효심판 청구 또는, ③ 기초출원 에 대한 이의신청이 진행되고 5년 경과 이후에 기초출원/등록에 대한 취 하, 거절, 취소 혹은 무효가 확정되는 경우에도 확장하여 적용된다.

3. 마드리드 의정서에 따른 국제상표출원 현황

2016년 한 해 동안 국내·외에서 우리나라에 상표출원한 건수는 총 18만 1,606건이었다. 이 중에서 우리 국민이 출원한 건수는 15만 7,112건이었고, 외국 인이 출원한 건수는 2만 4,494건이었다.

마드리드 의정서에 따른 국제출원 건수를 보면, 국내 출원인이 외국을 지정 하여 우리나라 특허청을 경유하여(Outgoing) 출원한 건은 942건이었고, 외국인이 해외에서 우리나라를 지정하여(Incoming) 출원한 건은 1만 1,259건이었다. 한편, 2016년 세계 전체적으로 마드리드 국제출원 건수는 5만 2,884건을 기록하여 2016년 이후 지속적인 증가세를 보였다.[23]

---

23) 특허청, 2016 지식재산백서(2017.5.), 517.

우리나라의 상표출원 현황[24]

단위: 건(서류철 기준)

구분	연도	2012	2013	2014	2015	2016
일반 상표출원	내국인 출원	120,341	135,231	138,045	160,033	157,112
	외국인 출원	12,181	12,436	12,181	25,410	24,494
	합　계	132,522	147,667	150,226	185,443	181,606
마드리드 국제상표출원	본국 관청 출원 (Outgoing)	551	616	706	990	942
	지정국 관청 출원 (Incoming)	9,654	11,550	10,437	12,931	11,259
	합　계	10,205	12,166	11,143	13,921	12,201

주: 일반 상표출원은 2015년부터 마드리드 국제출원 건수를 포함하여 통계를 작성함.

〈손영식〉

---

24) 특허청, 2016 지식재산통계연보(2017.6.), 2, 19, 71.

제 1 절 국제출원 등

제167조(국제출원)

「표장의 국제등록에 관한 마드리드 협정에 대한 의정서」(이하 "마드리드 의정서"라 한다) 제2조(1)에 따른 국제등록(이하 "국제등록"이라 한다)을 받으려는 자는 다음 각 호의 어느 하나에 해당하는 상표등록출원 또는 상표등록을 기초로 하여 특허청장에게 국제출원을 하여야 한다.
1. 본인의 상표등록출원
2. 본인의 상표등록
3. 본인의 상표등록출원 및 본인의 상표등록

〈소 목 차〉

Ⅰ. 본 조문의 개요
Ⅱ. 마드리드 의정서의 관련 규정
Ⅲ. 마드리드 국제상표의 기초상표 의존성
　　1. 본국관청의 기초출원/등록의 전제

2. 기초출원/등록 상표와 국제출원상표의 동일성
3. 기초상표 소멸에 따른 연쇄소멸 (Central Attack) 위험 대비

Ⅰ. 본 조문의 개요

마드리드 의정서에 따른 상표의 국제출원이란 출원인이 상표등록을 받고자 하는 국가를 지정한 국제상표출원서를 본국관청을 통하여 국제사무국에 제출함으로써 지정 국가에 직접 출원한 것과 같은 효과를 얻을 수 있는 상표출원을 말한다. 마드리드 의정서에 따른 표장의 국제등록제도는 특정 체약 당사자에 출원 또는 등록된 상표의 존재를 전제로 하여 그 보호영역을 국제출원서에 지정한 국가로 확대하는 시스템이다.[1] 국제출원을 하기 위해서는 본국관청에 동일인 명의에 의한 상표등록출원이나 상표등록이 존재해야 하며, 본국관청의 상표출원 또는 등록은 국제등록의 모태가 되는 중요한 의미를 지닌다.

본 조문은 대한민국 국민 또는 대한민국 내에 주소나 영업소를 가지고 있

---

[1] 마드리드 의정서(Madrid Protocol) 제2조.

는 자가 마드리드 의정서에 따른 국제상표출원을 하고자 할 때에는 특허청에
출원 중인 본인의 출원상표 또는 이미 등록된 상표를 기초로 하여 국제상표출
원서를 특허청에 제출해야 한다는 규정이다.

우리나라 사람이 우리나라 특허청을 본국관청으로 하여 마드리드 의정서에
따른 국제상표출원하는 절차를 도시하면 다음과 같다.[2]

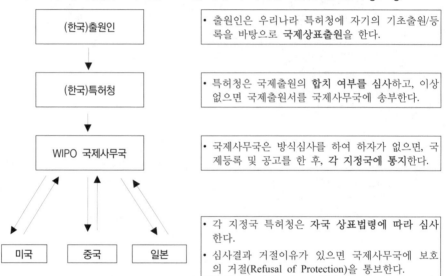

한국 특허청을 본국관청으로 할 경우의 국제상표출원 절차(Outgoing)

(한국)출원인	• 출원인은 우리나라 특허청에 자기의 기초출원/등록을 바탕으로 **국제상표출원**을 한다.
(한국)특허청	• 특허청은 국제출원의 **합치 여부를 심사**하고, 이상 없으면 국제출원서를 국제사무국에 송부한다.
WIPO 국제사무국	• 국제사무국은 방식심사를 하여 하자가 없으면, 국제등록 및 공고를 한 후, **각 지정국에 통지**한다.
미국 중국 일본	• 각 지정국 특허청은 **자국 상표법령에 따라 심사**한다. • 심사결과 거절이유가 있으면 국제사무국에 보호의 거절(Refusal of Protection)을 통보한다.

II. 마드리드 의정서의 관련 규정

상표법 제167조는 마드리드 의정서 제2조(1) 본문 및 제2조(2)에 상응하는
규정이다. 즉, 마드리드 의정서 제2조(1) 본문은 "체약 당사자의 관청에 표장의
등록을 위한 출원이 제출된 경우 또는 체약 당사자 관청의 등록원부에 표장이
등록된 경우, 그 출원인 또는 등록명의인은 의정서의 규정에 의하여 세계지식재
산권기구 국제사무국의 등록원부에 그 표장의 등록을 취득함으로써 체약 당사
자의 영역에서 그의 표장에 대한 보호를 확보할 수 있다"라고 규정하고 있으
며,[3] 제2조(2)는 "국제출원은 기초출원이 제출되거나 기초등록을 한 관청을 경

---

2) 문삼섭, 상표법(제2판), 세창출판사(2004), 786.

3) Madrid Protocol, Article 2 Securing Protection through International Registration,

유하여 국제사무국에 제출되어야 한다"라고 규정하고 있다.[4]

여기서 '체약국'이란 의정서에 가입한 국가를 말하고, '체약기구'는 의정서에 가입한 기구를 말하며, '체약 당사자'는 '체약국' 및 '체약기구'를 통칭하는 개념이다.[5]

III. 마드리드 국제상표의 기초상표 의존성

1. 본국관청의 기초출원/등록의 전제

마드리드 의정서에 따른 국제상표출원을 하려면 본국관청에 기초출원 또는 등록상표가 존재해야 한다. 본국관청이란 국제출원이 기초로 하는 상표등록출원의 출원인 또는 상표등록의 권리자가 ① 당해 국가에 주소를 두거나, ② 당해 국가에 영업소를 둔 경우 그 국가의 관청(특허청)을 말한다. 즉, 본국관청은 국제상표출원의 기초출원 또는 기초등록이 존재하는 관청을 뜻한다.[6]

본 조문에서 '기초로 한다'라는 것은 마드리드 의정서에 의한 국제출원을 하기 위해서는 국제출원을 하는 특허청에 상표등록출원 또는 상표등록이 존재해야 한다는 것을 의미한다.

본인의 상표등록출원 및 본인의 상표등록은 특허청에 계속 중인 것을 전제로 하며, 상표등록출원이 취하, 무효 또는 거절결정된 경우나 상표등록이 포기, 존속기간의 만료 또는 무효심결 등에 의하여 소멸된 경우에는 이를 기초로 하

(i) where the basic application has been filed with the Office of a Contracting State or where the basic registration has been made by such an Office, the person in whose name that application or registration stands is a national of that Contracting State, or is domiciled, or has a real and effective industrial or commercial establishment, in the said Contracting State.

(ii) where the basic application has been filed with the Office of a Contracting Organization or where the basic registration has been made by such an Office, the person in whose name that application or registration stands is a national of a State member of that Contracting Organization, or is domiciled, or has a real and effective industrial or commercial establishment, in the territory of the said Contracting Organization.

4) Madrid Protocol, Article 2 Securing Protection through International Registration,

(2) The application for international registration (hereinafter referred to as "the international application") shall be filed with the International Bureau through the intermediary of the Office with which the basic application was filed or by which the basic registration was made (hereinafter referred to as "the Office of origin"), as the case may be.

5) 마드리드 의정서 제1조.

6) 마드리드 의정서 제2조(1).

여 국제출원을 할 수 없다. 본인의 상표등록출원 또는 본인의 상표등록을 기초로 하여 국제출원을 할 수 있기 때문에 상표등록출원의 승계 또는 상표권의 이전으로 인하여 출원인 또는 상표권자가 변경된 경우에는 새로운 출원인 또는 상표권자만이 국제출원을 할 수 있고 종전의 출원인 또는 상표권자는 국제출원을 할 수 없다.[7]

본 조문 제1호 및 제2호의 규정에 불구하고 제3호를 별도로 규정하고 있는 것은 국제출원의 출원인은 하나 또는 복수의 상표등록출원이나 상표등록을 기초로 하여 국제출원을 할 수 있을 뿐만 아니라, 출원 중인 상표나 등록된 상표 모두를 기초로 하여서도 국제출원을 할 수 있기 때문이다.[8]

2. 기초출원/등록 상표와 국제출원상표의 동일성

국제출원의 표장은 상표등록출원 또는 상표등록상의 표장과 동일해야 하고, 유사한 것만으로는 되지 않는다.[9] 그리고 국제출원의 지정상품 또는 지정서비스업은 상표등록출원 또는 상표등록상의 지정상품 또는 지정서비스업의 범위에 포함되어야 하며, 각각의 명의인도 같아야 한다. 이와 관련하여, 국제출원은 하나의 출원/등록뿐만 아니라 다수의 출원/등록을 기초로 하여 국제출원을 할 수 있다. 복수의 상표출원 또는 등록을 기초로 하여 국제출원을 하는 경우에는 국제출원의 표장과 각각의 상표출원 또는 등록상표의 표장이 같아야 하며, 국제출원서상의 지정상품이 기초출원 또는 기초등록의 지정상품 중에 포함되어 있어

---

7) 특허청, 조문별 상표법해설(2007), 418.
8) 조문별 상표법해설(주 31), 418.
9) 특허청, 손에 잡히는 국제출원 핸드북(2015), 78.

표장의 불일치로 WIPO사무국으로부터 대체 요구를 받은 사례

야 한다.[10] 다만, 복수의 기초출원/등록상표 전체의 지정상품보다 국제상표출원
의 범위가 같거나 작으면 되고, 개별 기초출원/등록상의 지정상품보다 국제상표
출원의 지정상품이 범위가 같거나 작아야 하는 것은 아니다.[11]

제167조 본문 말미에 '하여야 한다'라고 강행규정형식으로 기재하고 있으
므로 마드리드 의정서에 따른 국제상표출원은 반드시 본국관청으로서의 특허청
을 경유하여야 하고, WIPO 국제사무국에 직접 출원할 수 없다. 국제사무국에
직접 국제출원한 경우에는 국제출원으로 인정되지 않고 반려된다.[12]

3. 기초상표 소멸에 따른 연쇄소멸(Central Attack) 위험 대비

우리나라 특허청에 출원 중인 상표를 기초로 하여 국제출원할 경우에는 동
상표가 한국 내에서 등록될 것이 확실한 것이 좋다.[13] 국제출원 이후 5년 이내
에 동 기초출원이 국내 심사관의 거절결정 또는 이의신청인의 이의신청 등에
의하여 등록되지 못할 경우에, 당해 국제출원/등록도 효력을 상실하게 되고 이
에 따라 출원인이 지정한 모든 나라에서도 동 국제등록의 효력이 상실된다. 또
한, 국내에 이미 등록된 상표라도 등록에 무효·취소 사유가 없어야 한다. 국제
등록 후 5년 이내에 출원국의 기초등록이 무효 또는 취소되는 경우에는 그 사
실이 각 지정국에 통지되어 지정국에서 심사 중이거나 WIPO 국제등록부에 등
록된 출원인의 해당 표장이 모두 효력을 상실하게 된다.[14]

이렇게 본국관청의 기초상표가 5년 이내에 소멸하게 되면, 국제상표도 연쇄
적으로 소멸하게 되는 것을 마드리드 국제상표제도의 특징 중의 하나인 집중공
격(Central Attack)이라 하며, 연쇄소멸이 있는 경우 출원인은 국제상표 소멸이라
는 불이익을 받고, 지정 국가가 많을수록 피해가 커진다.

마드리드 의정서에 따른 국제상표 출원인은 국내에 출원 중인 상표가 등록될
가능성이 있는지 여부를 미리 철저히 검색·점검한 이후에 국제상표출원을 하는
것이 바람직하며, 기타 기초출원/등록 상표와 관련하여 유의할 사항이 있다.

첫째, 기초출원 상표를 변경하지 않아야 한다. 기초출원 상표와 국제출원

---

10) 특허청, 앞의 상표법해설, 417.

11) 문삼섭, 앞의 상표법, 786.

12) 특허청, 앞의 상표법해설, 417.

13) 특허청, 마드리드 국제출원 베스트 프랙티스 20(2005), 27.

14) 마드리드 의정서 제6조(3); 다만, 국제등록일로부터 5년이 지나면 기초출원/등록의 영향
    을 받지 않고 독립적으로 존속한다(마드리드 의정서, 제6조(2)).

상표는 완전히 일치해야 하기 때문이다. 이미 국제출원서를 WIPO 국제사무국에 제출한 이후에 국내 심사관으로부터 기초출원에 대한 거절이유를 통지받은 경우에, 동 기초출원을 등록받기 위하여 이른바 부기적 부분을 삭제하는 등 기초출원의 상표 변경(보정)을 할 수 있는데,[15] 기초출원된 상표와 상이한 국제출원은 집중공격의 대상이 되므로, 국제출원을 이미 WIPO 국제사무국에 제출한 후에는 기초출원 상표를 변경하지 않아야 한다.

둘째, 국제상표 등록명의인이 국제등록의 기초 출원/등록을 타인에게 양도할 경우에 양도된 기초 출원/등록을 국제등록 후 적어도 5년간은 관리할 필요가 있다. 예컨대, 국제등록 후 국제등록 명의인이 기초출원을 타인에게 양도하였으나 양수인이 국제등록 후 5년 이내에, 국내에서 등록결정된 기초출원에 대하여 등록을 포기하거나 거절결정된 기초출원에 대하여 거절결정불복심판을 청구하지 않게 되면, 국제등록 명의인의 국제등록은 집중공격이 적용된다. 즉, 기초 출원의 효력이 상실되면, 각 지정국에 통지되어 있거나 이미 등록된 국제등록 명의인의 상표 역시 모두 효력을 상실하게 된다.

셋째, 재출원(Transformation)을 유용하게 활용할 필요가 있다. 국제상표등록출원이 집중공격 등에 의하여 각 지정국에서 효력이 소멸한 후에, 국제등록 명의인은 효력이 소멸된 국제등록을 당해 지정국에 국제출원이 아닌 통상의 출원으로 재출원할 수 있다. 재출원의 장점은 출원일이 집중공격에 의하여 효력이 상실된 국제등록일(또는 사후지정일)로 소급하여 인정된다는 점이다. 다만, 본국 관청의 신청에 의하여 국제상표등록출원의 효력이 상실된 경우에 지정국 국내 출원으로 재출원할 수 있고, 국제등록자 스스로 상표를 감축, 취소 또는 포기한 때에는 재출원 특례가 적용되지 않는다.[16]

〈손영식〉

---

15) 상표의 부기적인 부분의 삭제는 기초출원에 있어서는 요지변경이 아니나 국제상표출원에서는 요지변경이 된다(상표법 제41조 제2항 제4호 및 제185조 제2항).
16) 마드리드 의정서 제6조(4), 제9조의5.

제168조(국제출원인의 자격)
① 특허청장에게 국제출원을 할 수 있는 자는 다음 각 호의 어느 하나에 해당하는 자로 한다.
1. 대한민국 국민
2. 대한민국에 주소(법인인 경우에는 영업소의 소재지를 말한다)를 가진 자
② 2인 이상이 공동으로 국제출원을 하려는 경우 출원인은 다음 각 호의 요건을 모두 충족하여야 한다.
1. 공동으로 국제출원을 하려는 자가 각각 제1항 각 호의 어느 하나에 해당할 것
2. 제169조제2항제4호에 따른 기초출원을 공동으로 하였거나 기초등록에 관한 상표권을 공유하고 있을 것

〈소 목 차〉

Ⅰ. 조문 개요
Ⅱ. 마드리드 의정서의 관련 규정
Ⅲ. 국제상표 출원인의 자격

1. 일반적인 상표 출원인의 자격
2. 국제상표 출원인의 자격

Ⅰ. 조문 개요

상표법 제168조는 우리나라 특허청에 국제상표를 출원할 수 있는 출원인 자격에 관한 규정으로서, 우리나라에서 국제상표를 출원할 수 있는 자는 상표출원에 관한 일반적인 출원인 적격에 더하여 대한민국 국민이거나 우리나라에 주소를 가진 자이어야 한다는 것이다.

2001. 2. 3. 마드리드 국제상표제도 도입을 위한 상표법 개정 때 제정된 규정이며, 제2항 복수 출원인의 적격 사항은 종전에는 상표법 시행규칙인 '산업통상자원부령'의 위임 사항이었으나, 2016. 2. 29. 전면개정 상표법에서 시행규칙의 내용을 상표법에 직접 규정하였다.

Ⅱ. 마드리드 의정서의 관련 규정

우리 상표법 제168조 제1항은 마드리드 의정서 제2조(1)(i)에 상응하는 규정이고, 제2항은 마드리드 의정서 공통규칙(Common Regulations) 제8조(2)에 상

응하는 규정이다. 즉, 마드리드 의정서 제2조(1)(i)은 "체약국의 관청에 기초출원
이 제출된 경우 또는 당해 관청에 의하여 기초등록이 된 경우에는, 그 출원 또
는 등록의 명의인인 자가 그 체약국의 국민이거나 그 체약국 내에 주소가 있거
나 진정하고 실효적인 산업상 또는 상업상의 영업소를 가지고 있어야 한다"라
고 규정하고 있다. 공통규칙 제8조(2)는, "기초출원을 공동으로 제출하였거나 또
는 기초등록을 공동으로 소유하고, 본국관청이 속하는 체약당사자와 관련하여
각자가 의정서 제2조 제1항에 따라 국제출원을 할 수 있는 적격을 갖추고 있는
경우에는, 2인 이상의 출원인은 의정서만이 적용되는 국제출원을 공동으로 제출
할 수 있다"라고 규정하고 있다.

Ⅲ. 국제상표 출원인의 자격

1. 일반적인 상표 출원인의 자격

상표출원에 있어서 출원인 자격은 상표를 출원할 수 있는 출원 적격을 갖
춘 자를 말한다. 일반적으로 상표법상 출원인 자격을 갖추기 위해서는 ① 권리
능력이 있어야 하고, ② 상표등록을 받을 수 있는 권리자이며, ③ 출원절차를
밟을 수 있는 행위능력이 있거나 대리권이 있어야 한다.[1] 이러한 출원인 자격
을 갖추지 못한 자의 출원은 불수리처리, 보정명령 및 거절결정의 대상이 된
다.[2] 한편, 재외자인 외국인은 상표법 제27조에서 규정하는 일정한 경우를 제외
하고는 상표권 또는 상표에 관한 권리를 누릴 수 없다. 즉, 외국인은 일정한 경
우에 한하여 권리능력이 인정된다.[3] 또한, 상표법 제3조 제1항에 따라 특허청
직원과 특허심판원 직원은 상속 또는 유증의 경우를 제외하고는 재직 중에 상

---

1) 윤선희, 상표법, 법문사(2007), 383.
2) 상표법 제40조, 제55조.
3) 상표법 제27조(외국인의 권리능력) 재외자인 외국인은 다음 각 호의 어느 하나에 해당하
는 경우를 제외하고는 상표권 또는 상표에 관한 권리를 누릴 수 없다.
  1. 그 외국인이 속하는 국가에서 대한민국 국민에 대하여 그 국민과 같은 조건으로 상
    표권 또는 상표에 관한 권리를 인정하는 경우
  2. 대한민국이 그 외국인에 대하여 상표권 또는 상표에 관한 권리를 인정하는 경우에는
    그 외국인이 속하는 국가에서 대한민국 국민에 대하여 그 국민과 같은 조건으로 상
    표권 또는 상표에 관한 권리를 인정하는 경우
  3. 조약 및 이에 준하는 것(이하 "조약"이라 한다)에 따라 상표권 또는 상표에 관한 권
    리를 인정하는 경우

표를 등록받을 수 없다.[4]

2. 국제상표 출원인의 자격

가. 우리나라 국민 또는 대한민국에 주소를 가진 자(제1항)

우리나라에서 마드리드 의정서에 따른 국제상표출원을 하기 위해서는 우리나라 상표법 및 마드리드 의정서 규정에 따라 국제출원인은 위의 일반적인 상표 출원인 자격과 더불어 별도의 국제상표 출원인 적격이 있어야 한다. 즉, 특허청장에게 국제출원을 할 수 있는 자는 대한민국 국민이거나 대한민국에 주소를 가진 자이어야 한다. 대한민국 국민은 외국에 거주해도 우리나라 특허청을 본국관청으로 하여 국제상표출원을 할 수 있으며, 출원인이 법인인 경우에 주소는 영업소의 소재지를 말한다. 영업소는 주된 영업소일 필요는 없으나, 진정하고 실효적인 영업소를 뜻하며 가공의 영업소나 단순한 창고는 해당하지 아니한다.[5]

대한민국 국민 또는 대한민국에 주소(법인인 경우에는 영업소)를 가진 자에 해당하는지 여부는 국내법에 따라 결정한다.[6]

나. 복수 국제상표 출원인의 적격(제2항)

2인 이상이 공동으로 국제상표출원을 하려는 경우 공동 출원인들은 모두 대한민국 국민이거나 대한민국에 주소를 가진 자이어야 하고, 기초출원/등록 상표도 공동으로 소유하고 있어야 한다. 다만, 공동 출원인이 동일한 종류의 관계, 즉 동일한 국적이나 주소를 가질 필요는 없고, 개별적으로 각각 국제상표 출원인의 자격을 갖추고 있으면 된다.[7]

〈손영식〉

---

4) 상표법 제3조(상표등록을 받을 수 있는 자) ① 국내에서 상표를 사용하는 자 또는 사용하려는 자는 자기의 상표를 등록받을 수 있다. 다만, 특허청 직원과 특허심판원 직원은 상속 또는 유증(遺贈)의 경우를 제외하고는 재직 중에 상표를 등록받을 수 없다.

5) 문삼섭, 상표법(제2판), 세창출판사(2004), 787; 마드리드 의정서 제2조(1)(i).

6) 특허청, 조문별 상표법해설(2007), 419.

7) 문삼섭(주 5), 787-788.

제169조(국제출원의 절차)

① 국제출원을 하려는 자는 산업통상자원부령으로 정하는 언어로 작성한 국제출원서(이하 "국제출원서"라 한다) 및 국제출원에 필요한 서류를 특허청장에게 제출하여야 한다.

② 국제출원서에는 다음 각 호의 사항을 적어야 한다.

1. 출원인의 성명 및 주소(법인인 경우에는 그 명칭 및 영업소의 소재지를 말한다)
2. 제168조에 따른 국제출원인 자격에 관한 사항
3. 상표를 보호받으려는 국가(정부 간 기구를 포함하며, 이하 "지정국"이라 한다)
4. 마드리드 의정서 제2조(1)에 따른 기초출원(이하 "기초출원"이라 한다)의 출원일 및 출원번호 또는 마드리드 의정서 제2조(1)에 따른 기초등록(이하 "기초등록"이라 한다)의 등록일 및 등록번호
5. 국제등록을 받으려는 상표
6. 국제등록을 받으려는 상품과 그 상품류
7. 그 밖에 산업통상자원부령으로 정하는 사항

<소 목 차>

Ⅰ. 본 조문의 개요
Ⅱ. 국제상표출원서의 작성언어 및 제출   서류(제1항)
Ⅲ. 국제상표출원서의 기재사항(제2항)

Ⅰ. 본 조문의 개요

본 조문은 우리나라 특허청을 본국관청으로 하여 국제상표출원을 하는 경우 특허청장에게 국제상표출원서를 제출해야 한다는 것과 이 국제상표출원서에 기재해야 할 사항을 규정하고 있다.

국제상표출원서는 국제상표출원의 주체 및 절차를 밟는 자를 명확히 하고 상표를 등록받고자 하는 취지의 의사표시를 기재한 서면을 말하며, 우리나라에서 마드리드 의정서에 따른 국제상표출원을 하고자 하는 자는 영어로 성명, 주소, 지정국, 기초출원번호 또는 기초등록번호 등을 기재한 국제출원서를 특허청장에게 제출해야 한다.

마드리드 의정서에는 직접 본국관청에 대한 국제출원인의 출원서 제출절차

나 내용을 규정하지 않고, WIPO 국제사무국이 발간한 '마드리드 협정 및 의정서 가이드'에서 관련 사항을 규정하고 있다.[1]

Ⅱ. 국제상표출원서의 작성언어 및 제출서류(제1항)

국제상표출원을 하려는 자는 산업통상자원부령으로 정하는 언어로 작성한 국제출원서 및 국제출원에 필요한 서류를 특허청장에게 제출하여야 한다.

산업통상자원부령이 정하는 언어는 현재 상표법 시행규칙 제76조에서 영어로 한정하고 있다.[2] 마드리드 공통규칙 제6조(1)은 "국제출원은 본국관청이 규정하는 바에 따라 영어, 불어 또는 스페인어로 작성되어야 한다. 본국관청은 출원인이 영어, 불어 및 스페인어 중에서 선택하도록 허용할 수 있다"라고 규정하고 있으며, 이에 근거하여 우리나라는 국제출원서 작성 언어로 영어를 선택한 것이다.

국제출원서의 작성은 영어로 하지만, 상표로 등록받으려는 표장이 문자상표인 경우에 영어로 된 표장을 출원하여야 하는 것은 물론 아니다. 예컨대, 기초출원/등록상의 표장이 국어로 된 표장인 경우 국제출원서상의 표장도 기초출원/등록상의 표장과 동일한 국어 표장을 그대로 기재하여야 하며, 그 번역 또는 음역을 표장으로 기재해서는 안된다.[3]

상표법 시행규칙 제77조 제1항은 "상표법 제169조제1항에 따른 국제출원서는 별지 제34호서식의 국제출원서에 따른다"라고 규정하고 있고, 별지 제34호서식은 영어로 된 서식을 규정하고 있으며, WIPO가 정한 공식 국제상표출원서의 명칭인 'MM2'와 같은 것이다.[4]

상표법 시행규칙 제77조 제2항은 "상표법 제169조제1항에 따른 국제출원에 필요한 서류는 별지 제35호서식의 국제출원서 등 제출서에 따른다"라고 규정하고 있는데, 별지 제35호 서식은 한글로 된 '국제출원서 등 제출서'의 양식을 규정하고 있다.

---

1) 특허청, 조문별 상표법해설(2007), 420-421.
2) 상표법 시행규칙 제76조(국제출원언어) 법 제169조 제1항에서 "산업통상자원부령으로 정하는 언어"란 영어를 말한다.
3) 특허청(주 1), 422.
4) 상표법 시행규칙 별지 제34호서식(MM2)은 영어로 되어 있으며, A4용지 9매 분량이어서 기재를 생략한다. 마드리드 국제상표출원 관련 서식을 정리하면 다음 표와 같다[특허청, 마드리드 국제출원가이드(2011), 25].

국제출원에 필요한 서류는 이외에도 지정국가에서 요구하는 특별한 서류도
포함된다고 해석되는데,[5] 주요국에서 별도로 요구하는 서류를 살펴보면 다음과
같다.

미국을 지정하여 국제상표출원을 할 경우는 미국이 원칙적으로 "상표사용
주의"를 채택하고 있으므로, 국제상표출원서(MM2) 또는 사후지정신청서(MM4)
에 반드시 '상표사용의사선언서(MM18)'를 첨부하여 본국관청(우리나라 특허청)에
제출하여야 한다.[6] 상표사용의사선언서는 출원인이 지정한 상품에 대하여 출원
상표를 진정한 의사를 가지고 사용하겠다는 내용을 표시한 서류를 말한다. 사용

마드리드 국제상표출원 관련 서식 개요				
서식번호	서 식 명	제 출 처		비 고
		한국 특허청 (본국관청)	국제사무국	
MM 2	국제출원서	○	×	본국관청에만 제출가능
MM 17	선순위권주장신청서	○	×	
MM 18	사용의사선언서	○	×	
MM 4	사후지정신청서	○	○	출원인이 선택 ※ 국제등록 명의변경 시 양수인이 제출하는 경우에는 반드시 본국관청에만 제출
MM 17	선순위권주장신청서	○	○	
MM 18	사용의사선언서	○	○	
MM 5	국제등록명의변경신청서	○	△	
MM 11	국제등록존속기간갱신신청서	○	○	
MM 6	감축신청서	×	○	국제사무국에만 제출 가능
MM 7	포기신청서	×	○	
MM 8	취소신청서	×	○	
MM 9	명의인의 성명 또는 주소 변경신청서	×	○	
MM 10	대리인의 성명 또는 주소 변경신청서	×	○	
MM 12	대리인선임신청서	×	○	
MM 13	사용권등록신청서	×	○	
MM 14	사용권등록 수정신청서	×	○	
MM 15	사용권등록 취소신청서	×	○	
MM 19	명의인의 처분권 제한등록신청서	×	○	
MM 16	전환으로 인한 사후지정신청서	×	×	EUIPO에만 제출 가능

5) 특허청(주 1), 421.
6) 마드리드 공통규칙(Common Regulations) Rule 9(5)(f).

의사선언서는 WIPO 국제사무국에 제출하는 다른 서식과 마찬가지로 국제사무
국 홈페이지7) 또는 우리나라 특허청 마드리드 국제상표출원 홈페이지8)에서 내
려 받을 수 있다. 고의로 허위의 선언을 한 경우에는 미국에 대한 국제출원이
무효로 될 수 있으므로 미국에 상표를 출원할 경우는 실제로 사용할 지정상품
만을 기재하여 출원하는 것이 바람직하다.

　　유럽연합(EU)을 지정하여 국제출원 또는 사후지정하는 경우에는 국제출원
서 또는 사후지정신청서에 지정 국제출원 언어 이외에 제2언어를 표시하여야
한다.9) 우리나라는 국제출원 언어로 영어를 채택하였으므로, 제2언어는 프랑스
어, 독일어, 이탈리아어, 스페인어가 되며 이 중 하나의 언어를 반드시 추가 표
시해야 한다. 한편, 출원인은 이미 유럽연합에 등록되어 있는 상표를 근거로 하
여 선순위를 주장할 수 있는데, 이 경우에는 국제상표출원서에 선순위 주장 신
청 서식(MM17)을 첨부해서 제출해야 한다.10)

Ⅲ. 국제상표출원서의 기재사항(제2항)

　　국제상표출원서에는 출원인의 성명 및 주소(법인인 경우에는 그 명칭 및 영업
소의 소재지), 제168조에 따른 국제출원인 자격에 관한 사항, 상표를 보호받으려
는 국가(정부 간 기구를 포함), 기초출원의 출원일 및 출원번호 또는 기초등록의
등록일 및 등록번호, 국제등록을 받으려는 상표, 국제등록을 받으려는 상품과
그 상품류, 그 밖에 산업통상자원부령으로 정하는 사항을 기재하여야 한다.

　　상표법 시행규칙 별지 제34호의 '국제출원서' 서식 및 별지 제35호의 '국제
출원서 등 제출서' 서식에는 이들 사항을 기재할 부분이 표시되어 있으므로 항
목별로 빠짐없이 기재하면 된다.

〈손영식〉

---

7) http://wipo.int/madrid/en/forms/
8) http://www.madrid.go.kr/
9) 마드리드 공통규칙 Rule 9(5)(g)(ii).
10) 마드리드 공통규칙 Rule 9(5)(g)(i).

> **제170조(국제출원서 등 서류제출의 효력발생 시기)**
> 국제출원서와 그 출원에 필요한 서류는 특허청장에게 도달한 날부터 그 효력이 발생한다. 우편으로 제출된 경우에도 또한 같다.

<소 목 차>

Ⅰ. 본 조문의 개요
Ⅱ. 일반상표출원 도달주의 원칙 및 예외

Ⅲ. 국제상표출원 도달주의 원칙

Ⅰ. 본 조문의 개요

본 조문은 국제상표출원 관련 서류의 효력발생 시기를 명확히 규정한 것으로서, 국제상표출원 관련 서류는 특허청에 도달한 날에 효력이 발생함을 규정하고 있다. 일반 상표출원서 등 보통의 경우는 도달주의를 원칙으로 하면서도 일부 발송주의 예외를 인정하는 것과 달리, 국제상표출원의 관련 서류는 예외 없이 도달주의가 적용됨을 명확히 한 규정이다.

구 상표법에서는 제5조의25 제2항 단서에서 본 조문의 내용이 규정되어 있었으나, 2016. 2. 29. 전부개정 상표법에서는 마드리드 의정서 관련 내용을 일괄적으로 규정하는 차원에서 제170조로 분리하여 독립적으로 규정하였다.

Ⅱ. 일반상표출원 도달주의 원칙 및 예외[1]

일반 민사거래에 있어서 의사표시의 효력발생 시기나 통상의 행정절차에서도 도달주의 원칙이 적용된다.[2] 상표법 또는 상표법에 따른 명령에 따라 특허청장 또는 특허심판원장에게 제출하는 출원서·청구서, 그 밖의 서류도 특허청장 또는 특허심판원장에게 도달한 날부터 효력이 발생한다.[3] 상표권 및 상표에 관한 권리의 등록신청서류를 우편으로 제출하는 경우에도 그 서류가 특허청장

---

1) 자세한 내용은 상표법 제28조(서류 제출의 효력 발생 시기) 주해 부분을 참조하기 바란다.
2) 민법 제111조(의사표시의 효력발생시기) ① 상대방이 있는 의사표시는 상대방에게 도달한 때에 그 효력이 생긴다. ② 의사표시자가 그 통지를 발송한 후 사망하거나 제한능력자가 되어도 의사표시의 효력에 영향을 미치지 아니한다.
3) 상표법 제28조 제1항.

또는 특허심판원장에게 도달한 날부터 효력이 발생한다.[4]

하지만, 상표법에 따른 일반 서류의 도달주의 원칙에 대하여 일부 예외적으로 발송주의를 적용하는 경우가 있다. 상표 관련 일반 서류를 우편으로 특허청장 또는 특허심판원장에게 제출하는 경우에, 우편물의 통신날짜도장에서 표시된 날이 분명한 경우는 표시된 날에, 우편물의 통신날짜도장에서 표시된 날이 분명하지 아니한 경우는 우체국에 제출한 날(우편물 수령증에 의하여 증명된 날을 말한다)에 특허청장 또는 특허심판원장에게' 도달한 것으로 본다.[5]

III. 국제상표출원 도달주의 원칙

상표법 제170조에 의하여 상표의 국제출원서와 그 출원에 필요한 서류는 특허청장에게 도달한 날부터 그 효력이 발생한다. 일반 상표출원 서류는 우편으로 제출된 경우에는 상표법 제28조 제2항에 따라 발송주의가 일부 적용되는 데 비하여, 국제상표출원서와 그 출원에 필요한 서류는 본 조문에 따라 특허청장에게 도달한 날부터 그 효력이 발생한다.

우리나라가 마드리드 의정서에 가입함에 따라 조약내용을 반영하여, 국제상표출원에 관한 서류는 우편으로 제출하는 경우에도 도달주의가 적용되도록 규정한 것이다.[6]

---

4) 상표법 제28조 제2항 단서.

5) 상표법 제28조 제2항 본문.

6) 마드리드 의정서 제3조 (4) The International Bureau shall register immediately the marks filed in accordance with Article 2. <u>The international registration shall bear the date on which the international application was received in the Office of origin,</u> provided that the international application has been received by the International Bureau within a period of two months from that date. If the international application has not been received within that period, the international registration shall bear the date on which the said international application was received by the International Bureau. The International Bureau shall notify the international registration without delay to the Offices concerned. Marks registered in the International Register shall be published in a periodical gazette issued by the International Bureau, on the basis of the particulars contained in the international application. (국제사무국은 제2조에 의하여 출원된 표장을 즉시 등록한다. 본국관청의 국제출원 수령일이 국제등록에 기재된다. 다만, 국제사무국이 그날부터 2월의 기간이내에 국제출원을 수령하여야 한다. 그 기간 이내에 국제출원을 수령하지 아니한 경우에는, 국제등록에는 국제사무국이 상기 국제출원을 수령한 일자가 기재된다. 국제사무국은 지체 없이 그 국제등록을 해당관청에 통지하여야 한다. 국제등록부에 등록된 표장은 국제출원에 포함된 기재사항을 기초로 하여 국제사무국이 발행하는 정기공보에 공고된다.)

상표법 제170조는 '국제출원서와 그 출원에 필요한 서류'는 우편으로 제출
된 경우에도 도달주의가 적용됨을 규정하고 있어, 국제출원일 부여와 관계없는
서류의 경우에는 어떻게 해석할 것인가의 문제가 발생할 수 있다. 생각건대, 국
제상표출원에 관한 상표법 제170조는 상표법 제28조 일반규정의 예외 규정으로
서 제한적으로 엄격히 해석해야 할 것이므로, 국제상표등록일 부여 이후에 국내
법령에 따라 제출되는 일반 서류는 상표법 제28조의 일반원칙인 도달주의 원칙
및 예외에 따라 처리해야 할 것이다. 특허에서 특허협력조약(PCT)에 의한 국제
출원의 경우도 이와 같이 해석하고 있다.[7]

한편, 특허청장은 국제출원서가 특허청에 도달하면, 도달한 날을 국제출원
서에 적어야 하고, 국제사무국에 국제출원서를 보내야 한다.[8]

〈손영식〉

---

7) 특허청, 조문별 특허법해설(2007), 66; 정상조·박성수 공편, 특허법주해 I (2010), 263(심
준보 집필부분).
8) 상표법 제171조(기재사항의 심사 등).

> **제171조(기재사항의 심사 등)**
> ① 특허청장은 국제출원서의 기재사항이 기초출원 또는 기초등록의 기재사항과 합치하는 경우에는 그 사실을 인정한다는 뜻과 국제출원서가 특허청에 도달한 날을 국제출원서에 적어야 한다.
> ② 특허청장은 제1항에 따라 도달일 등을 적은 후에는 즉시 국제출원서 및 국제출원에 필요한 서류를 마드리드 의정서 제2조(1)에 따른 국제사무국(이하 "국제사무국"이라 한다)에 보내고, 그 국제출원서의 사본을 해당 출원인에게 보내야 한다.

〈소 목 차〉

Ⅰ. 본 조문의 개요
Ⅱ. 마드리드 의정서의 관련 규정
Ⅲ. 국제상표출원과 기초출원/등록의 합치심사(제1항)
Ⅳ. 국제상표출원서의 WIPO 국제사무국 송부(제2항)
Ⅴ. 국제등록일(국제출원일)

Ⅰ. 본 조문의 개요

본 조문은 국제상표 출원인이 한국에서 국제상표출원서를 본국관청인 우리나라 특허청에 제출한 경우에 우리 특허청이 해야 할 처리절차를 규정하고 있다. 특허청장은 국제출원서의 기재사항이 기초출원/등록의 기재사항과 합치하는 경우에는 그 사실을 인정한다는 뜻과 국제출원서가 특허청에 도달한 날을 국제출원서에 적어야 하고, 이후 즉시 국제출원서 및 국제출원에 필요한 서류를 WIPO 국제사무국에 보내고, 그 국제출원서의 사본을 해당 출원인에게 보낸다.

Ⅱ. 마드리드 의정서의 관련 규정

마드리드 의정서 제2조(2)에서는 국제출원은 본국관청을 경유하여 WIPO 국제사무국에 제출되어야 함을 규정하고 있다.[1]

---

1) Madrid Protocol, Article 2, Securing Protection through International Registration
(2) The application for international registration (hereinafter referred to as "the international application") shall be filed with the International Bureau through the intermediary of the Office with which the basic application was filed or by which the basic registration was

국제상표출원의 기초출원/등록 합치심사와 국제출원일 기재사항에 대해서
는 마드리드 의정서 제3조(1)에서 규정하고 있다. 즉 마드리드 의정서 제3조(1)
에서는 "본국관청은 그 국제출원의 기재사항이 기초출원 또는 기초등록의 기재
사항과 합치한다는 것을 인증하여야 하고, 기초출원의 경우에는 출원일 및 출원
번호, 기초등록의 경우에는 등록일 및 등록번호와 그 기초등록의 근거가 되는
출원의 출원일 및 출원번호를 표시하여야 하며, 국제출원일도 표시하여야 한다"
라고 규정하고 있다.[2]

Ⅲ. 국제상표출원과 기초출원/등록의 합치심사(제1항)

특허청장은 출원인이 우리나라 특허청을 본국관청으로 하여 국제출원서를
제출한 경우에 국제출원서가 기초출원/등록과 합치하는지를 심사하여야 한다.[3]
즉 합치심사는 국제상표출원서의 기재사항이 기초출원/등록의 권리보호범위에
속하는지 여부에 대하여 하는 심사를 말하는 것으로서, 구체적으로 특허청 국제
출원과 방식심사관이 국제상표출원서의 기재사항이 기초출원/등록의 기재사항
과 합치하는지 심사하고, 심사 결과 합치되는 경우에는 그 사실을 인정한다는
뜻(합치선언)과 국제출원서의 특허청 도달일(합치일자)을 국제출원서에 기재한다.

일반 상표출원 서류는 우편으로 제출된 경우에는 상표법 제28조 제2항에
따라 발송주의가 일부 적용되는데 비하여, 국제상표출원서와 그 출원에 필요한
서류는 제170조에 따라 우편제출의 경우에도 특허청장에 도달한 날부터 그 효
력이 발생한다. 또한, 특허청 도달일은 실제로 특허청에 도달한 날을 의미하므

---

made (hereinafter referred to as "the Office of origin"), as the case may be.

2) Madrid Protocol, Article 3, International Application

(1) Every international application under this Protocol shall be presented on the form pre-
scribed by the Regulations. The Office of origin shall certify that the particulars appearing
in the international application correspond to the particulars appearing, at the time of the
certification, in the basic application or basic registration, as the case may be. Furthermore,
the said Office shall indicate,

(i) in the case of a basic application, the date and number of that application,

(ii) in the case of a basic registration, the date and number of that registration as well as
the date and number of the application from which the basic registration resulted.

The Office of origin shall also indicate the date of the international application.

3) 마드리드 국제상표출원은 여러 건의 기초출원/등록을 기반으로 하여 하나의 국제상표출
원을 할 수 있고, 반대로 한 건의 기초출원/등록을 기반으로 하여 다수의 국제상표출원을
할 수도 있다.

로, 출원인이 국제출원서 제출일을 기재하였다고 하여도 실제로 특허청에 도달한 날이 그 이후인 경우에는 실제 도달한 날을 적어야 한다.4)

본 조문에서 '국제출원서의 기재사항이 기초출원 또는 기초등록의 기재사항과 합치' 한다는 의미는 국제상표출원서의 기재사항에 따라 일부 차이가 있을 수 있다. 즉, 국제출원서상의 출원인의 성명·주소는 기초출원/등록상의 출원인 또는 상표권자의 성명·주소와 같아야 하고, 국제상표로 등록받으려는 국제출원서상의 표장도 기초출원/등록상의 표장과 엄격하게 동일해야 하고 유사한 것은 합치된다고 볼 수 없다.5) 그러나 국제출원서상의 지정상품은 기초출원/등록상의 지정상품의 범위와 반드시 같을 필요는 없고, 같거나 좁으면 된다.6) 또한, 국제상표출원서는 '영어'로 작성되어야 하므로, '합치'라는 것이 기초출원/등록상의 언어인 국어로 작성되어야 한다는 의미는 아니다. 하지만, 기초출원/등록상의 표장을 그대로 국제출원서상의 표장으로 하여야 하므로 기초출원/등록상의 표장이 '국어표장'이면 국제출원서상의 표장도 똑같은 '국어표장'이어야 한다.7)

Ⅳ. 국제상표출원서의 WIPO 국제사무국 송부(제2항)

특허청 국제출원과 방식심사관은 국제출원서의 기재사항을 심사한 결과 하자가 없으면 합치선언을 하고, 사본송부서를 작성한다. 합치선언된 국제출원서는 WIPO 국제사무국으로 전송하고, 사본송부서는 출원인에게 보낸다. 즉 국제출원서의 기재사항이 기초출원/등록상의 기재사항과 합치하는지를 보고, 합치하면 그 취지와 국제출원서의 특허청 도달일 등을 기재하고 국제출원서를 국제사무국에 송부한다. 반대로 합치심사 결과 합치되지 아니하여 도달일 등을 기재하지 않은 경우에는 국제출원서를 국제사무국에 송부할 필요가 없다.

도달일 등을 기재한 후에는 국제출원서 및 국제출원에 필요한 서류를 "즉시" 국제사무국에 보내야 한다. 법문에서 즉시 보내야 한다고 명시하고 있으나, 여기서 즉시는 물리적으로 또는 시·분·초를 재면서까지 곧 바로가 아니라 '지

---

4) 특허청, 조문별 상표법해설(2007), 424.
5) 마드리드국제출원 및 국제상표등록출원사무취급규정[특허청 훈령 제732호(2012.8.22.)] 제10조.
6) 마드리드국제출원 및 국제상표등록출원사무취급규정 제11조; 문삼섭, 상표법(제2판), 세창출판사(2004), 790.
7) 특허청(주 4), 424.

체 없이’ 또는 합리적 이유 없이 송부를 지연하지 않아야 한다는 정도로 보면
될 것이다. 여기서 ‘국제출원에 필요한 서류’라 함은 미국을 지정한 경우의 사
용의사선언서와 같이 국제사무국에 송부가 필요한 서류를 말한다.

본 항에 따라 특허청장은 국제사무국에 국제출원서 등을 송부한 경우에 그
국제출원서의 사본을 출원인에게도 송부해야 한다. 국제출원서가 정상적으로 본
국관청(우리나라 특허청)을 거쳐 WIPO 국제사무국에 접수되었다는 사실을 출원인
에게 알리고, 출원인으로 하여금 방식심사 완료된 국제출원서를 확인하도록 하여
오류가 있을 경우 국제사무국의 심사 전에 정정하고자 함이다.[8] 따라서 출원인에
게 국제출원서의 사본(사본송부서)만 송부하면 되고, 국제출원에 필요한 서류까지
송부할 필요는 없다. 국제사무국에 송부하는 방법은 별도로 특정하지 않고 있으
므로 우편에 한하지 않고, 팩스나 이메일 등 기타 전자적 방법에 의한 송부도 할
수 있다.[9] 한편, 마드리드 의정서 상표출원 가이드(B.I.02.01)는 “출원인 또는 권리
자와 국제사무국 간의 통보는 서면으로 이루어져야 하며, 국제사무국이 정한 시
기에 지정된 방법 및 형식에 맞춰 전자매체로 대체할 수 있다. 관청 및 국제사무
국 간의 통보는 서면 또는 관청에서 요청 시 국제사무국과 관련 관청 사이에 합
의된 방법에 따라 전자매체를 통해 이루어질 수 있다”라고 규정하고 있다.

V. 국제등록일(국제출원일)

우리나라 특허청에 국제상표출원서가 도달한 날이 본국관청의 수리일이 되
고, 원칙적으로 국제출원서의 수리일이 국제출원일인 동시에 국제등록일이 된
다. 국내 상표출원의 경우 상표출원일은 상표를 특허청에 출원한 날이고, 상표
등록일은 심사관이 심사한 후 상표권을 상표등록원부에 설정 등록한 날인 것과
차이가 나는 개념이다. 국제상표의 국제등록일은 지정국에서는 국제출원의 출
원일자로 간주되며 국제출원의 등록 후 존속기간의 시작 시점에 해당하는 날이
다. 국제등록일은 원칙적으로 본국관청이 국제출원서를 접수한 날이 되지만, 본
국관청이 국제출원서를 접수한 날부터 2월 이후에 국제출원서가 국제사무국에
도달하는 경우에는 ‘국제사무국이 실제로 접수한 날’이 국제등록일이 된다.[10]

---

8) 특허청, 마드리드 국제상표 방식심사 매뉴얼(2010), 74.

9) 특허청(주 4), 424-425.

10) Madrid Protocol, Article 3, International Application

  (4) The International Bureau shall register immediately the marks filed in accordance with

국제등록일은 중요한 요소가 누락되어 있는 경우에는 영향을 받는다. 즉, ① 출원인의 신분을 특정할 수 있는 표시 및 출원인 또는 그 대리인에게 연락하기에 충분한 표시, ② 지정체약당사자의 기재, ③ 표장의 견본, ④ 표장의 등록을 받고자 하는 상품 및 서비스업의 기재 등이 누락되어 있는 경우에는 누락된 사항 중 마지막 사항의 보완서가 상기 2월 이내에 국제사무국에 도달하여야 본국관청이 국제출원서를 접수한 날이 국제등록일이 되고, 보완서가 2개월 기간의 만료일 이후에 국제사무국에 도달한 경우에는, 국제등록일은 그 보완서가 국제사무국에 도달한 날이 된다.[11] 위의 사항에 관한 하자의 보완책임은 본국관청에 있으나, 출원인도 하자를 통지 받고 출원인은 그 하자를 가능한 한 신속하게 수정하기 위하여 본국관청과 연락할 수 있다. 만약 본국관청이 하자를 통지받은지 3개월 이내에 상기 하자를 보완하지 않으면, 그 출원은 포기된 것으로 간주된다.[12] 따라서 본국관청이 접수한 날이 국제등록일이 되도록 하기 위하여 상기 2월 이내에 하자를 보완하여야 하고, 아무리 늦어도 하자통지를 받은 날부터 3월 이내에는 보완하여야 한다.[13]

국제사무국은 국제출원이 마드리드 의정서에서 정한 요건에 합치된다고 인정한 경우에는 표장을 국제등록부에 등록하고, 국제등록에 관하여 지정국 관청에 대하여 통보함과 동시에 본국관청에도 통지하며, 출원인에게 국제상표등록증명서를 송부한다.[14]

〈손영식〉

Article 2. The international registration shall bear the date on which the international application was received in the Office of origin, provided that the international application has been received by the International Bureau within a period of two months from that date. If the international application has not been received within that period, the international registration shall bear the date on which the said international application was received by the International Bureau. The International Bureau shall notify the international registration without delay to the Offices concerned. Marks registered in the International Register shall be published in a periodical gazette issued by the International Bureau, on the basis of the particulars contained in the international application.

11) 마드리드 공통규칙(Common Regulations) Rule 15(1).

12) 마드리드 공통규칙 Rule 11(4).

13) 특허청, 마드리드 국제상표등록출원 실체심사지침서(2009), 18-19.

14) 마드리드 공통규칙 Rule 11(1).

> **제172조(사후지정)**
>
> ① 국제등록의 명의인(이하 "국제등록명의인"이라 한다)은 국제등록된 지정국을 추가로 지정(이하 "사후지정"이라 한다)하려는 경우에는 산업통상자원부령으로 정하는 바에 따라 특허청장에게 사후지정을 신청할 수 있다.
>
> ② 제1항을 적용하는 경우 국제등록명의인은 국제등록된 지정상품의 전부 또는 일부에 대하여 사후지정을 할 수 있다.

〈소 목 차〉

Ⅰ. 본 조문의 개요
Ⅱ. 사후지정의 유용성
Ⅲ. 사후지정의 신청요건 및 절차(제1항)
Ⅳ. 사후지정의 신청범위(제2항)
Ⅴ. 사후지정의 효과

Ⅰ. 본 조문의 개요

국제등록명의인은 국제등록 후에 본국관청을 통하여 지정상품의 전부 또는 일부에 대하여 지정국을 추가로 신청할 수 있다는 규정이다.

마드리드 의정서 제3조의3 (2)는 "영역확장신청은 국제등록 후에도 할 수 있다. 당해 신청은 공통규칙에서 규정하는 서식으로 제출되어야 한다. 이는 즉시 국제사무국에 의하여 등재되어야 하고, 국제사무국은 당해 등재를 지체없이 해당 관청에 통지하여야 한다. 당해 등재는 국제사무국의 정기공보에 공고된다. 영역확장은 국제등록부에 영역확장이 등재된 날부터 효력이 발생한다. 영역확장은 관련 국제등록의 만료시에 효력을 상실한다"라고 규정하고 있다.[1] 사후지정에 관한 구체적인 사항은 마드리드 공통규칙 제24조에서 규정하고 있다.

---

1) Madrid Protocol, Article 3ter Request for "Territorial Extension"

(2) A request for territorial extension may also be made subsequently to the international registration. Any such request shall be presented on the form prescribed by the Regulations. It shall be immediately recorded by the International Bureau, which shall notify such recordal without delay to the Office or Offices concerned. Such recordal shall be published in the periodical gazette of the International Bureau. Such territorial extension shall be effective from the date on which it has been recorded in the International Register; it shall cease to be valid on the expiry of the international registration to which it relates.

Ⅱ. 사후지정의 유용성

사후지정은 국제상표출원 시 지정하지 못한 지정국을 출원이 국제등록된 후에 추가 지정하거나 지정상품을 추가할 수 있는 제도로서, 국제상표등록의 보호영역을 확장하는 데 유용하다. 사후지정 신청을 본국관청 또는 WIPO 사무국에 제출하면 사후지정일에 각 지정국에 표장을 기탁한 것과 같은 보호를 부여한다.

사후지정은 국제등록부에 등록된 상품의 일부에 대해서도 할 수 있다. 예컨대, 상품 목록의 감축, 일부 보호거절 또는 일부무효 후에 특정 체약국에서 일부 상품의 보호를 받는 경우에 나머지 상품의 전체 또는 일부에 대하여 사후지정을 할 수 있다.2) 지정상품을 추가할 때에는 사후지정의 기초가 된 국제등록의 국제등록부에 등재된 지정상품 범위 내에서 추가할 수 있으며 그 범위를 넘는 새로운 지정상품에 대해서는 추가할 수 없다.3)

사후지정은 ① 국제출원 시 해당 체약국에서의 보호를 신청하지 않았거나, ② 거절, 무효 또는 포기에 따라 표장이 그 체약국에서 보호받지 못하였다가 그러한 거절, 무효 또는 포기의 이유가 더 이상 존재하지 아니하는 경우, ③ 국제출원 제출 시에 해당 체약국이 협정 또는 의정서의 당사자가 아니었거나, 국제등록명의인의 체약국으로서 동일한 조약에 기속되지 않았다가, 변경된 국제등록명의인의 체약국으로서 동일한 조약에 기속되는 체약국이 된 경우 등에 유용하다.4)

보통, 본국관청이나 국제사무국은 사후지정에 대해서는 신규 출원보다 빠른 방식심사를 하고, 각 지정국에 신속한 지정통지를 하며, 사후지정 수수료가 신규 국제출원료보다 저렴한 장점이 있다.5)

---

2) 특허청, 마드리드 국제상표 방식심사매뉴얼(2010), 77.
3) 특허청, 마드리드 국제출원가이드(2011), 13.
4) 특허청, 마드리드 국제상표등록출원 실체심사지침서(2014), 28; 마드리드 국제상표 방식심사매뉴얼(주 2), 77.
5) 특허청-WIPO, 마드리드 국제상표출원 세미나 자료(2011), 66.

Ⅲ. 사후지정의 신청요건 및 절차(제1항)

사후지정을 신청하기 위해서는 사후지정의 대상국이 마드리드 의정서 가입
국이어야 한다. 국제등록권리자의 명의변경이 있는 경우에는 이전의 명의인은
사후지정 신청을 할 수 없고, 새로운 명의인은 국제등록명의인으로서의 적격(국
적, 주소, 영업소)을 충족하는 경우에 사후지정을 할 수 있다.6)

사후지정은 국제사무국에 직접 할 수도 있고 본국관청을 통하여 할 수도
있다.7) 이 조문에서 "특허청장에게 사후지정을 신청할 수 있다"고 규정하고 있
는 것은 반드시 본국관청인 우리나라 특허청을 통하여 신청하여야 하는 것은
아니고, 국제사무국에 직접 신청할 수도 있음을 표현한 것이다. 물론 본국관청
에 사후지정을 신청하였다고 하여 사후지정의 효력이 바로 생기는 것은 아니고,
국제사무국의 국제등록부에 사후지정이 등록되어야만 효력이 발생된다.

사후지정 언어는 영어, 불어 또는 스페인어 중에서 국제등록명의인이 자유
롭게 선택할 수 있으며, 당해 국제출원의 언어와 무관하게 제출할 수 있으나,
사후지정신청서를 본국관청을 경유하여 제출하는 경우에는 해당 본국관청이 인
정하는 언어를 사용하여야 한다. 따라서 우리나라 특허청을 본국관청으로 하여
사후지정을 하는 경우에는 영어로 작성하여 제출하여야 한다.

사후지정은 국제사무국에서 정한 공식서식(MM4)에 의하거나 이와 동일한
내용과 형식을 가진 서식에 의하여야 하며, 하나의 서식으로 다수의 체약국을
지정할 수도 있다. 우리나라 특허청을 통한 사후지정 신청을 하는 경우에는 산
업통상자원부령으로 정하는바,8) 즉 상표법 시행규칙에서 정하는 사후지정신청
서로 해야 한다.9)

---

6) 마드리드 공통규칙(Common Regulations) Rule 24(1); 마드리드 국제상표 방식심사매뉴얼
   (주 2), 77.
7) 마드리드 공통규칙 Rule 24(2).
8) WIPO 국제사무국에서 정한 사후지정에 관한 공식서식(MM4)과 동일한 서식을 우리 상
   표법시행규칙에서 사후지정신청서로 규정하고 있다.
9) 상표법 시행규칙 제78조(사후지정의 신청) 법 제172조제1항에 따라 국제등록된 지정국
   을 추가로 지정(이하 "사후지정"이라 한다)하려는 국제등록의 명의인(이하 "국제등록명의
   인"이라 한다)은 별지 제36호서식의 사후지정신청서에 별지 제35호서식의 국제출원서 등
   제출서를 첨부하여 특허청장에게 제출하여야 한다.

IV. 사후지정의 신청범위(제2항)

사후지정의 신청범위에 관한 규정으로서, 국제등록명의인은 국제등록된 지정상품의 전부뿐만 아니라 일부에 대하여도 사후지정을 할 수 있다. 즉, 사후지정은 국제등록된 지정상품 중 일부만 할 수도 있고, 상품을 적절히 분할하여 특정 체약당사자를 대상으로 하여 여러 건의 사후지정도 가능하다. 상품목록의 감축, 일부 보호거절 또는 일부 무효에 따라 특정 체약국에서는 국제등록된 상품 중 일부에 대해서만 보호되는 경우에 그러한 감축, 거절 또는 일부 무효로 영향을 받는 상품의 전체 또는 일부에 대한 사후지정도 가능하다. 하지만, 국제등록되지 아니한 지정상품에 대하여 사후지정을 신청할 수는 없다. 이 경우에는 별도의 국제출원을 하여야 한다.[10)]

V. 사후지정의 효과

사후지정일은 국제등록명의인이 국제사무국에 사후지정신청서를 직접 제출한 경우에는 국제사무국이 그 사후지정신청서를 수령한 날이 되고, 본국관청을 경유하여 사후지정신청서를 제출한 경우에는 그 본국관청이 사후지정신청서를 수령한 날이 사후지정일로 된다. 다만, 사후지정신청서는 우리나라 특허청이 사후지정신청서를 수령한 날부터 2월 이내에 국제사무국이 수령하여야 한다. 국제사무국이 본국관청에서 보낸 사후지정신청서를 2월보다 늦게 수령하는 경우에는 국제사무국이 수령한 날이 사후지정일이 된다.[11)] 국제등록번호, 지정 체약국 표시, 상품 목록 표시, 사용의사선언에 관한 하자가 있는 경우에는 사후지정일은 그 하자가 치유된 날이 기재된다. 다만, 본국관청을 통해 제출된 경우에는 이러한 하자가 관청의 수령일부터 2월 이내에 보정되면 관청이 수령한 날로 기재된다.[12)]

국제사무국은 사후지정신청서에 하자가 있으면 권리자에게 통지하고, 관청을 경유하여 사후지정신청서가 제출된 경우에는 그 관청에게도 통지한다. 국제

---

10) 특허청, 조문별 상표법 해설(2007), 426.
11) 마드리드 공통규칙 Rule 24(6); 마드리드 국제상표 방식심사매뉴얼(주 2), 78.
12) 마드리드 공통규칙 Rule 24(6)(c)(i); 마드리드 국제상표 방식심사매뉴얼(주 2), 83.

사무국에 의한 하자 통지일부터 3월 이내에 하자가 치유되지 않으면 사후지정
을 포기한 것으로 간주한다.[13)

사후지정이 모든 요건을 충족하면 국제사무국은 국제등록부에 이를 등록하
고, 공보에 게재하여 공고한다. 또한, 사후지정에서 지정하는 체약당사국의 관청
에 사후지정을 통지하고, 권리자에게도 이를 통지한다. 사후지정이 관청을 경유
하여 제출되었을 경우에는 그 관청에게도 통보한다.[14)

사후지정이 유효한 경우, 각 지정국에서는 사후지정일에 그 지정국에 직접
출원한 것과 같은 효과가 발생한다. 사후지정에 의해 추가된 지정국 또는 지정
상품의 유효기간은 사후지정의 기초가 된 국제출원의 국제등록일로부터 10년이
다. 즉, 사후지정일로부터 새로이 기산되는 것이 아니고, 사후지정에 의하여 지
정된 체약국에서의 당해 표장에 대한 보호기간은 다른 체약국에서의 보호기간
과 동일한 날 만료하며, 사후지정에서 지정된 체약당사국은 국제등록의 지정국
과 동일한 권리와 의무를 가진다.[15)

〈손영식〉

---

13) 마드리드 공통규칙 Rule 24(5)(b); 마드리드 국제상표등록출원 실체심사지침서(주 4), 30.
14) 마드리드 공통규칙 Rule 24(8).
15) 마드리드 국제상표 방식심사매뉴얼(주 2), 78.

제173조(존속기간의 갱신)
① 국제등록명의인은 국제등록의 존속기간을 10년씩 갱신할 수 있다.
② 제1항에 따라 국제등록의 존속기간을 갱신하려는 자는 산업통상자원부령으로 정하는 바에 따라 특허청장에게 국제등록 존속기간의 갱신을 신청할 수 있다.

<소 목 차>

Ⅰ. 본 조문의 개요
Ⅱ. 국제상표등록의 존속기간 갱신 범위
   (제1항)
Ⅲ. 국제상표 존속기간 갱신신청 절차
   (제2항)

Ⅰ. 본 조문의 개요

국제등록명의인은 특허청장에게 국제등록 존속기간의 갱신을 신청하여 국제등록의 존속기간을 10년씩 갱신할 수 있음을 규정한 조문이다.

본 조문은 국제상표등록은 수수료를 납부함으로써 종전의 존속기간 만료시부터 10년의 기간에 대하여 국제등록을 갱신할 수 있다고 규정하고 있는 마드리드 의정서 제7조에 상응하는 규정이다.[1] 마드리드 국제등록상표는 국제사무국에 1회의 갱신 신청으로 각 지정국 모두에 대하여 갱신을 한 것과 같은 효과를 볼 수 있다.

상표권의 존속기간은 원칙적으로 설정등록일부터 10년간이지만, 상표권은 다른 산업재산권과 달리 상표권의 존속기간 만료 전에 존속기간 갱신등록출원을 하면 존속기간을 10년씩 갱신을 할 수 있다.[2] 상표는 사용할수록 업무상의

---

1) Madrid Protocol, Article 7, Renewal of International Registration.
(1) Any international registration may be renewed for a period of ten years from the expiry of the preceding period, by the mere payment of the basic fee and, subject to Article 8(7), of the supplementary and complementary fees provided for in Article 8(2).
(2) Renewal may not bring about any change in the international registration in its latest form.
(3) Six months before the expiry of the term of protection, the International Bureau shall, by sending an unofficial notice, remind the holder of the international registration and his representative, if any, of the exact date of expiry.
(4) Subject to the payment of a surcharge fixed by the Regulations, a period of grace of six months shall be allowed for renewal of the international registration.
2) 산업재산권 중에는 상표권만 갱신제도가 있다. 특허권과 디자인권의 존속기간은 설정등

신용이 축적되므로 이를 계속 유지시키는 것이 상표권자와 일반수요자의 이익
보호라는 상표제도의 목적에 부합하기 때문에 상표권을 반영구적으로 향유할
수 있도록 하고 있는 것이다.3)

II. 국제상표등록의 존속기간 갱신 범위(제1항)

국제상표등록명의인은 국제등록상표의 존속기간을 10년씩 갱신할 수 있다.
국제상표는 지정국의 실체심사 전인 WIPO 국제사무국의 국제등록일로부터, 일
반 국내상표는 심사관의 실체심사 후 등록결정을 받고 소정의 등록절차를 받은
후인 설정등록일로부터 일단 10년간 유효하고, 존속기간만료로 인한 소멸 전에
각각 갱신을 신청하면 10년간씩 존속기간을 연장할 수 있다.

존속기간의 갱신은 10년 단위로만 할 수 있고, 한번에 10년 이상 존속할 수
있도록 갱신할 수는 없다. 국제등록의 갱신도 사후지정과 마찬가지로 국제등록
명의인만 할 수 있고, 국제등록명의인이었으나 현재는 국제등록명의인이 아닌
자는 할 수 없다.

III. 국제상표 존속기간 갱신신청 절차(제2항)

국제상표의 존속기간 갱신도 사후지정의 경우와 마찬가지로 국제사무국에
직접 할 수도 있고 본국관청을 통하여 할 수도 있다. 본항에서 "특허청장에게
국제등록존속기간의 갱신을 신청할 수 있다"고 규정하고 있는 것은 반드시 본
국관청을 통하여 신청하여야 하는 것은 아니고 국제사무국에 직접 할 수도 있
음을 표현한 것으로 해석된다.4)

우리나라 특허청을 통한 국제등록존속기간의 갱신신청은 산업통상자원부령
으로 정하는바, 즉 상표법 시행규칙 제79조에 의한 서식으로 특허청장에게 신청
하여야 한다.5)

록일로부터 출원일 후 20년이고(특허법 제88조, 디자인보호법 제91조), 실용신안권은 설정
등록일로부터 출원일 후 10년이다(실용신안법 제22조).
3) 문삼섭, 상표법(제2판), 세창출판사(2004), 728.
4) 특허청, 조문별 상표법 해설(2007), 427.
5) 상표법 시행규칙 제79조(국제등록 존속기간의 갱신신청) 법 제173조 제2항에 따라 국제
등록 존속기간의 갱신을 신청하려는 국제등록명의인은 별지 제37호서식의 국제등록 존속
기간 갱신신청서에 별지 제35호서식의 국제출원서 등 제출서를 첨부하여 특허청장에게 제

WIPO 국제사무국을 통한 존속기간 갱신 절차를 정리하면 다음과 같다. 국제사무국은 보호기간 만료 6개월 전에 비공식적인 통지를 통하여 국제등록명의인 및 대리인에게 만료일을 통지한다.[6] 이 통지서에는 국제등록원부에 전체적인 거절 또는 무효가 등재되지 않거나 포기되지 않은 모든 지정국이 나열된다. 국제등록을 갱신할 때에 획일적인 서식은 없지만 국제등록명의인은 국제사무국이 송부하는 비공식 만료통지서에 첨부되어 있는 국제사무국이 정한 비공식서식(MM11)을 사용하는 것이 무난하다.

국제등록의 갱신은 국제사무국에 갱신수수료의 납부만으로 가능하고, 새로운 국제출원이 아니므로 각 지정국에서 별도의 재심사는 하지 않는다.[7] 갱신은 부가수수료를 납부하면 6월의 유예기간이 허용된다.[8] 국제등록의 명의인이 국제등록을 갱신하면, 국제사무국은 국제등록부에 갱신 등록을 한다. 이 경우 명의인이 갱신수수료를 유예기간에 납부한 경우에도 본래 갱신예정일에 갱신된 것으로 등록한다. 국제사무국은 각 지정국에는 갱신 사실을, 갱신에서 제외된 지정국에는 제외되었다는 사실을 통지하고, 권리자에게는 갱신 등록증을 송부하며, 갱신 내용을 공보에 공고한다.[9]

〈손영식〉

출하여야 한다.
　＊ WIPO 국제사무국에서 정한 존속기간갱신에 관한 서식(MM11)과 동일한 서식을 우리 상표법시행규칙에서 사후지정신청서 서식으로 규정하고 있다.
6) 마드리드 의정서(Protocol) Article 7(3); 마드리드 공통규칙(Common Regulations) Rule 29.
7) 마드리드 공통규칙 Rule 30.
8) 마드리드 의정서 Article 7(4).
9) 마드리드 공통규칙 Rule 31.

> **제174조(국제등록의 명의변경)**
> ① 국제등록명의인이나 그 승계인은 지정상품 또는 지정국의 전부 또는 일부에 대하여 국제등록의 명의를 변경할 수 있다.
> ② 제1항에 따라 국제등록의 명의를 변경하려는 자는 산업통상자원부령으로 정하는 바에 따라 특허청장에게 국제등록 명의변경등록을 신청할 수 있다.

<소 목 차>

Ⅰ. 본 조문의 개요
Ⅱ. 국제등록 명의변경의 주체 및 범위 (제1항)
Ⅲ. 국제등록 명의변경 절차 및 효력(제2항)

Ⅰ. 본 조문의 개요

국제등록명의인 또는 그 승계인은 특허청을 통하여 국제등록 명의변경등록을 신청할 수 있다는 규정이다. 계약, 상속, 판결 등 명의변경의 원인은 불문한다.[1]

본 조문은 마드리드 의정서 제9조의 규정에 상응하는 규정이며, 마드리드 의정서 제9조는 "국제등록명의인의 신청 또는 이해관계 있는 관청의 신청에 의하여, 국제사무국은 그 국제등록의 효력이 미치는 체약당사자의 전부 또는 일부 및 그 국제등록에 열거된 상품 및 서비스의 전부 또는 일부에 관한 그 등록의 명의변경을 국제등록부에 등재하여야 한다. 다만, 새로운 권리자는 제2조제1항에 의하여 국제출원을 할 수 있는 자격이 있는 자이어야 한다"고 규정하고 있다.[2] 국제등록의 명의변경 절차에 관한 자세한 사항은 마드리드 공통규칙(Common Regulations) 제25조에서 규정하고 있다.

---

1) 특허청, 마드리드 국제출원가이드(2011), 68.

2) Madrid Protocol, Article 9, Recordal of Change in the Ownership of an International Registration

At the request of the person in whose name the international registration stands, or at the request of an interested Office made ex officio or at the request of an interested person, the International Bureau shall record in the International Register any change in the ownership of that registration, in respect of all or some of the Contracting Parties in whose territories the said registration has effect and in respect of all or some of the goods and services listed in the registration, provided that the new holder is a person who, under Article 2(1), is entitled to file international applications.

II. 국제등록 명의변경의 주체 및 범위(제1항)

국제등록 명의변경은 사후지정이나 존속기간 갱신과 달리 국제등록명의인 외에 그 승계인도 명의를 변경할 수 있다. 다만, 마드리드 의정서 제9조 단서의 규정에 의하여 승계인은 국제출원의 출원인 적격을 가진 자이어야 한다. 즉 양수인은 국제출원을 할 수 있는 자격을 가진 자여야 한다. 양수인이 복수인 경우에도 각 양수인마다 이 요건을 충족하여야 한다.3)

국제등록의 명의변경은 '국제등록된' 지정상품의 전부 또는 일부와 지정국의 전부 또는 일부에 대하여 할 수 있다. 비록 '국제등록된'이라는 문구가 제1항에 명시되어 있지 않지만 마드리드 의정서 제9조에는 '국제등록된 지정 상품'을 규정하고 있으므로 규정의 취지상 국제등록된 지정상품으로 한정하여 해석하여야 한다.4)

III. 국제등록 명의변경 절차 및 효력(제2항)

국제등록명의인 또는 그 승계인은 국제사무국에 직접 명의변경을 신청할 수도 있고, 국제등록명의인 또는 그 승계인의 체약국 관청(특허청)을 통하여 명의변경을 신청할 수도 있다.5) "특허청장에게 국제등록 명의변경등록을 신청할 수 있다"고 규정한 것은 그러한 취지를 명시한 것으로 해석된다.6) 우리나라 특허청을 통한 국제등록 명의변경 신청은 산업통상자원부령으로 정하는바, 즉 상표법 시행규칙 제80조에 의한 서식으로 특허청장에게 신청하여야 한다.7) 상표법 시행규칙 제80조에 의한 별지 제38호 서식, 국제등록명의변경신청서는 WIPO 국제사무국에서 정한 국제등록 명의변경 신청에 관한 서식(MM5)과 동일한 서식이다. 한편, 대리인의 성명 또는 주소의 변경등록 신청은 반드시 공식서식을 이용할 필요는

3) 특허청, 마드리드 국제상표 방식심사매뉴얼(2010), 85.
4) 특허청, 조문별 상표법 해설(2007), 429.
5) 마드리드 의정서(Protocol), Article 9; 마드리드 공통규칙(Common Regulations), Rule 25(1)(b).
6) 특허청(주 4), 429.
7) 상표법 시행규칙 제80조(국제등록 명의변경등록의 신청) 법 제174조제2항에 따라 국제등록 명의변경등록을 신청하려는 자는 별지 제38호서식의 국제등록 명의변경등록 신청서에 별지 제35호서식의 국제출원서 등 제출서를 첨부하여 특허청장에게 제출하여야 한다.

없으며, 간단한 서신이나 비공식 서식(MM10)을 이용할 수도 있다. 다만, 이 서식
은 새로 선임된 대리인의 등록을 신청하기 위하여 사용할 수 없다.[8]

　　국제사무국은 국제등록부에 명의변경을 등록하고, 국제등록이 이전된 지정
체약국 관청 및 제출 관청에 통지한다. 아울러, 신·구(新·舊) 국제등록명의인에
게도 알린다.[9] 국제등록 명의변경의 효력은 개별 체약국의 국내법에 따른다. 즉
일부 상품에 대한 소유권 변경의 경우에 양도 대상 상품과 잔존하는 상품이 유
사한 경우 지정국은 당해 국가의 영역 내에서의 소유권 변경의 효력을 부인할
권리를 가지고 있다.[10]

〈손영식〉

---

8) 특허청, 마드리드 국제상표등록출원 실체심사지침서(2014), 30.
9) 마드리드 국제상표 방식심사매뉴얼(주 3), 86.
10) 문삼섭, 상표법(제2판), 세창출판사(2004), 819.

> **제175조(수수료의 납부)**
> ① 다음 각 호의 어느 하나에 해당하는 자는 수수료를 특허청장에게 내야 한다.
> 1. 국제출원을 하려는 자
> 2. 사후지정을 신청하려는 자
> 3. 제173조에 따라 국제등록 존속기간의 갱신을 신청하려는 자
> 4. 제174조에 따라 국제등록 명의변경등록을 신청하려는 자
> ② 제1항에 따른 수수료, 그 납부방법 및 납부기간 등에 관하여 필요한 사항은 산업통상자원부령으로 정한다.

〈소 목 차〉

Ⅰ. 본 조문의 개요
Ⅱ. 국제상표출원 관련 국내수수료의 납부(제175조)
　1. 국내수수료의 납부대상(제1항)
　2. 국내수수료 금액 및 납부방법(제2항)
Ⅲ. 국제상표출원 관련 국제수수료의 납부(마드리드 공통규칙)
　1. 국제수수료의 종류 및 내용
　2. 국제수수료의 납부방법 및 절차
　3. 국제상표등록 갱신시 국제수수료의 납부기한
　4. 국제수수료의 환불

Ⅰ. 본 조문의 개요

우리나라 특허청을 통하여 국제상표출원을 하거나 기타 국제상표와 관련된 절차를 밟으려면 특허청장에게 수수료를 내야 한다는 규정이다. 즉, 본 조문은 국제출원 등과 관련하여 한국 특허청에 납부해야 하는 수수료에 관한 규정으로서 마드리드 의정서 제8조(1)의 규정에 상응하는 규정이다. 마드리드 의정서 제8조(1)은 "본국관청은 국제출원 또는 국제등록갱신출원과 관련하여, 국제등록출원인 또는 국제등록명의인에게 요구할 수 있는 수수료를 재량에 의하여 정하고 자체수입으로 징수할 수 있다"고 규정하고 있다.[1]

국제상표출원에 소요되는 수수료는 크게 우리나라 특허청에 납부하는 국내수수료와 WIPO 국제사무국에 납부하는 국제수수료로 나눌 수 있는데, 먼저 본

---

1) Madrid Protocol, Article 8, Fees for International Application and Registration
　(1) The Office of origin may fix, at its own discretion, and collect, for its own benefit, a fee which it may require from the applicant for international registration or from the holder of the international registration in connection with the filing of the international application or the renewal of the international registration.

조문에서 규정하고 있는 국내수수료 관련 사항을 살펴보고, 이어서 국제수수료
에 대해서도 정리한다.

Ⅱ. 국제상표출원 관련 국내수수료의 납부(제175조)

1. 국내수수료의 납부대상(제1항)

국제상표출원을 하려는 자, 국제상표의 사후지정을 신청하려는 자, 국제상
표등록 존속기간의 갱신을 신청하려는 자 및 국제등록 명의변경등록을 신청하
려는 자는 수수료를 특허청장에게 내야 한다. 여기서 '수수료'는 특허청에 대하
여 납부해야 하는 수수료를 의미하고, 국제사무국에 직접 납부하여야 하는 국제
수수료는 이에 포함되지 않는다.

우리나라 특허청에 납부하는 수수료는 특허청 국제출원과 담당자가 기초출
원/등록과 국제상표출원 간의 일치여부를 방식 심사하는 데 소요되는 비용, 국제
출원서 등을 국제사무국에 송부하는 비용, 기타 전산화 등 간접비용을 반영한 것
이다. 납부방법은 접수번호를 부여받아 이를 납부자번호로 하여 납부하면 된다.

2. 국내수수료 금액 및 납부방법(제2항)

수수료 금액 및 납부방법 등 구체적인 사항에 관하여는 산업통상자원부령
에 위임하고 있으며, 여기서 말하는 산업통상자원부령이란 상표법 시행령이 아
니고 산업재산권 수수료에 관한 통합 부령인 '특허료 등의 징수규칙'을 말한
다.[2] 본국관청인 우리나라에 국제출원서 또는 사후지정신청서를 전자문서로 제

---

[2] 특허료 등의 징수규칙 제11조(마드리드 의정서에 따른 국제출원수수료) ①「상표법」제
175조제2항의 규정에 따른 수수료는 다음 각호와 같다. <개정 2005.3.31., 2016.9.1.>
  1. 국제출원 또는 사후지정신청: 다음 각목의 금액
   가. 국제출원서 또는 사후지정신청서를 전자문서로 제출하는 경우: 매건 5천원
   나. 국제출원서 또는 사후지정신청서를 서면으로 제출하는 경우: 매건 1만5천원
  2. 국제등록존속기간갱신신청 또는 국제등록명의변경등록신청: 다음 각목의 금액
   가. 신청서를 전자문서로 제출하는 경우: 매건 3천원
   나. 신청서를 서면으로 제출하는 경우: 매건 1만3천원
 ②「상표법」제194조제2항의 규정에 따른 개별 수수료는 다음 각호와 같다. <개정
  2005.3.31., 2016.9.1.>
  1. 국제상표등록출원: 1상표류구분마다 28만원
  2. 국제등록존속기간갱신: 1상품류구분마다 32만원
 ③ 국제상표등록출원에 대하여 지정상품을 보정하는 경우의 보정료: 매건 1만원
 ④ 제1항에 따른 수수료의 납부에 관하여는 제8조 제1항 본문 및 제2항, 제12항부터 제15

출하는 경우에는 매건당 5천원, 서면으로 제출하는 경우에는 매건당 1만 5천원을 납부하도록 하고 있다.[3]

'특허료 등의 징수규칙' 제11조 제4항에 따른 납부방법은 다음과 같다. 수수료는 접수번호를 부여받아 이를 납부자번호로 하여 접수번호를 부여받은 날의 다음 날까지 납부하여야 한다. 수수료의 납부일이 공휴일(토요휴무일을 포함한다)에 해당하는 경우에는 그날 이후의 첫 번째 근무일까지 납부하여야 한다. 수수료를 납부하는 자는 인터넷지로 등 정보통신망을 이용한 전자적 수단으로 납부하거나 현금으로 납부하여야 한다. 우편으로 수수료를 납부하여야 하는 서류를 제출하는 경우에는 통상환을 동봉하여 제출하여야 한다. 접수번호를 부여받은 날의 다음 날이 경과하여 납부한 수수료는 이를 반환한다.

III. 국제상표출원 관련 국제수수료의 납부(마드리드 공통규칙)

1. 국제수수료의 종류 및 내용

마드리드 의정서상 국제수수료는 국제사무국에 직접 납부할 수도 있고, 체약당사자의 관청이 허용하는 경우에는 그 관청을 통하여 납부할 수도 있지만, 우리나라는 특허청을 통한 납부를 허용하고 있지 않으므로, 국제출원인은 국제수수료를 국제사무국의 금융계좌에 직접 납부하여야 한다.[4]

WIPO 국제사무국에 납부하는 국제수수료는 국제사무국의 운영, 국제공고,

항까지의 규정을 준용한다.<개정 2017. 2. 28.>

3) 한국 특허청의 각 제출 서류별 수수료 [특허청, 마드리드 국제출원 가이드(2011), 26; 특허청, 마드리드 의정서에 따른 국제상표 전자출원 매뉴얼(2014), 77].

신청서류 종류		금액(원)
국제출원 신청 수수료	전자문서	5,000
	서 면	15,000
사후지정 신청 수수료	전자문서	5,000
	서 면	15,000
국제등록존속기간갱신 신청 수수료	전자문서	3,000
	서 면	13,000
국제등록명의변경 신청 수수료	전자문서	3,000
	서 면	13,000
절차보정료 (위임관계로 인한 절차보정시에만 부과)	전자문서	4,000
	서 면	14,000

4) 마드리드 국제상표출원과 관련하여 국제사무국에 납부하는 수수료는 우리나라 특허청을 경유하지 않고 국제사무국에 직접 납부하도록 하고 있다(마드리드 의정서 제8조 제2항).

개별수수료 선언국 재송금 등의 용도로 사용된다.

　　마드리드 공통규칙상 수수료의 종류는 어떤 경우에도 반드시 납부해야 하
는 기본수수료(Basic Fee)와 개별수수료를 지정한 국가에 납부하는 개별수수료
및 개별수수료를 지정하지 아니한 국가에 납부하는 추가수수료(Supplementary
Fee), 보충수수료(Complementary Fee)가 있다.[5] 국제출원 수수료는 출원료 뿐 아
니라 10년간의 등록료까지 포함된 금액이며, 당해 국제출원이 개별수수료 징수
국을 지정하는 경우에는 추가수수료와 보충수수료를 대신한 개별수수료를 포함
시켜 납부하여야 한다.[6]

　　마드리드 의정서 제8조(2)(ii)에 의거 개별수수료(Individual Fee)의 징수를 선
언한 국가[7]를 지정하는 경우에는 마드리드 공통규칙상의 기본수수료와 개별수
수료를 합산하여 납부하여야 한다. 개별수수료는 당해 국가의 국내수수료보다
높을 수 없다.

　　한편, 마드리드 의정서를 통한 국제출원 시 수수료에는 최초 10년분 등록료

---

5) 마드리드 공통규칙상 수수료(단위: 스위스 프랑, CHF)[마드리드 의정서에 따른 국제상표
전자출원 매뉴얼(주 3), 77].

구 분	상표	비 고
기본수수료 (Basic Fee)	653 (색채상표 903)	개별수수료 선언과 상관없이 반드시 납부해야 하며, WIPO의 수입이 됨
추가수수료 (Supplementary Fee)	73	3개류 초과 매 1류당
보충수수료 (Complementary Fee)	73	매 지정국당

　* 개별수수료를 선언한 국가는 상기 '추가수수료 및 보충수수료' 대신 별도의 개별수수
료를 징수한다.
6) WIPO 국제사무국 홈페이지(http://www.wipo.int/madrid/feecalc/FirstStep)에 있는 수수료
자동계산 프로그램을 이용하면 쉽게 계산할 수 있다.
　- 예시: 한국출원인이 색채표장으로 지정상품은 4개류를 기재하여 독일, 러시아, 미국을
지정하여 국제출원한 경우의 국제수수료 총액은? 2,551CHF
　　* 독일, 러시아는 개별수수료 징수 선언국이 아니며 미국은 개별수수료 징수 선언
국으로 국제출원시 1개류당 337CHF을 징수함

기본수수료 (색채)	개별수수료 (337×4개류)	비개별수수료 = 보충(2국×100) + 추가(1류×100)	국제 수수료 총액
903	1,348	300	2,551

7) 2017. 9. 기준, 마드리드 의정서 가입 국가는 99개국이고, 이 중 개별수수료 징수를 선언한 국
가는 55개국이다. 국제사무국의 홈페이지(http://www.wipo.int/madrid/en/madridgazette/remarks/
declarations.html)에서 확인할 수 있다.

를 포함하고, 권리자는 개별 지정국에서 갱신을 위해 등록결정일자에 상관없이
국제등록일부터 10년 후 갱신료를 납부하여야 하는 것이 국내 일반상표 수수료
체계의 경우와 차이가 있는 점이다.

2. 국제수수료의 납부방법 및 절차

국제사무국에 납부하는 모든 수수료는 스위스 통화로 납부하여야 한다.[8]
출원인 또는 국제등록명의인은 국제사무국에 직접 납부하거나, 본국관청 또는
국제등록명의인의 관청이 수수료 징수 및 송금을 인정하는 경우에는 그 관청을
통하여 국제사무국에 납부할 수도 있다. 우리나라 특허청은 수수료 납부에 대하
여 관여하지 아니하고, 출원인 또는 국제등록명의인이 국제사무국에 미리[9] 직
접 납부하도록 하고 있다.

납부하는 방법은 4가지로서 국제사무국에 개설된 당좌계좌에서 인출하는
방법, 스위스 우편환계좌 또는 국제사무국의 특정 은행계좌를 이용하는 방법,
은행수표로 납부하는 방법, 국제사무국에 현금으로 납부하는 방법이 있다.[10] 수
수료 납부 시 표시할 사항은, 국제등록번호가 있으면 국제등록명의인의 성명 및
그 국제등록번호, 국제등록번호가 부여되기 전에는 기초출원/등록번호, 출원인
의 성명, 표장 및 납부금액이다. 특히 국제사무국에 온라인으로 수수료를 납부
할 때에는, 국제출원 수수료와 우리나라 은행이 수취하는 송금수수료뿐만 아니
라, 특히 WIPO에 송금하는 외국은행이 수취하는 수수료도 납부하여야 한다. 당
해 외국은행이 수취하는 수수료를 납부하지 아니하면, 위 은행은 국제출원 수수
료에서 자기 은행이 수취하는 송금수수료를 공제하고 나머지 금액만을 국제사
무국에 송금하게 된다. 이와 같이 되면, WIPO 국제사무국이 수령하는 국제출원
수수료가 부족하게 되어 결과적으로 당해 출원은 포기된 것으로 간주되므로 주
의하여야 한다. 더구나, 국제사무국으로부터 수수료 미납에 관한 사실을 통보받
고 그 수수료 부족분을 납부할 때 위와 같은 경우가 발생하게 되면, 이를 알지
못하는 출원인에게는 부족한 수수료를 재차 납부할 기회도 없이 당해 출원이
포기로 간주되는 사태가 발생하게 된다.

---

8) Madrid 공통규칙(Common Regulations) Rule 35(1).
9) 원칙적으로 국제출원서 제출일 이전에 납부하고, 그 납부일자를 국제출원서에 기재하여
   야 한다. 다만, 국제출원서에 기재한 일자에 납부하지 못한 경우 특허청으로부터 국제출원
   서 사본을 송부 받은 후 1주일 이내에 납부할 수 있다(마드리드 의정서 제8조 제2항 참조).
10) Madrid 행정지침(Administrative Instructions) Section 19.

3. 국제상표등록 갱신 시 국제수수료의 납부기한

국제상표등록의 갱신 시 수수료는 늦어도 국제등록의 존속기간 만료일(국제
등록일로부터 10년)까지 납부하여야 하며, 국제등록의 존속기간 만료일까지 납부
하지 아니한 경우에는 추가수수료(기본수수료의 50%)를 지불하고 유예기간(존속
기간 만료후 6월) 내에 납부할 수 있다.

권리자가 납부한 수수료가 부족한 경우에는 국제사무국은 권리자에게 부족
액을 명시하여 통지하며, 이때 권리자는 부족액을 납부하는 대신 그 금액만큼
지정국을 삭제할 수도 있다. 유예기간 이내에도 부족액을 납부하지 않을 경우에
는 갱신이 되지 않는다. 다만, 유예기간 만료 전 3개월 기간 중에 부족액이 통
지되고 유예기간(6월) 내에 정상 수수료의 70% 이상 납부를 한 때에는 갱신절
차를 일단 진행시키고, 통지일부터 3월 이내에 전체 금액이 납부되지 않으면 갱
신이 취소되는 형태로 처리한다.[11]

4. 국제수수료의 환불

가. 과오납으로 인한 국제수수료의 환불

수수료를 잘못 납부한 경우나 금액을 필요 이상으로 납부한 경우에는 잘못
납부한 금액이나 정해진 요금을 초과한 부분에 대하여는 납부자가 국제사무국
에 청구하면 환불된다. 환불청구는 영어로 작성한 편지를 직접 국제사무국에 제
출하여야 하고, 환불하는 데에 소요되는 비용은 수취인이 부담하여야 한다.[12]

나. 국제출원수수료의 환불

국제출원이 국제등록 전에 포기된 것으로 간주된 경우에 한하여 국제사무
국은 납부된 기본수수료의 반액 및 보충수수료, 추가수수료 및 개별수수료를 납
부자에게 환불한다.

다. 사후지정수수료의 환불

국제사무국은 납부된 기본수수료의 반액과 보충수수료 및 개별수수료를 ①
사후지정이 국제등록부에 기록되기 전에 포기된 것으로 간주된 경우 ② 사후지
정에 있어 모든 지정체약국이 의정서에 기속되지 않는 경우(협정에만 가입한 체

---

11) 특허청, 마드리드 국제상표등록출원 실체심사지침서(2014), 33.
12) 마드리드 국제출원 가이드(주 3), 84.

약국만 지정한 경우)에 한하여 납부자에게 환불한다.

사후지정에 있어 지정체약국이 의정서에 기속되지 않는 체약국 중의 일부를 지정한 경우에 한하여 국제사무국은 납부된 보충수수료 및 개별수수료를 납부자에게 환불한다.

라. 갱신신청수수료의 환불

갱신수수료의 정액이 납부되지 않아 갱신을 말소한 경우에 한하여 국제사무국은 납부된 기본수수료, 보충수수료, 추가수수료 및 개별수수료를 환불한다.

마. 국제등록 명의변경 등록신청료의 환불

국제사무국은 납부된 국제등록 명의변경 등록신청료의 반액을 국제등록 명의변경 등록신청이 포기된 것으로 간주된 경우에 한하여 납부자에게 환불한다.

바. 국제등록상품 감축신청료의 환불

국제사무국은 국제등록의 상품 및 서비스의 감축신청료의 반액을 국제등록의 상품 및 서비스의 감축신청이 포기된 것으로 간주된 경우에 한하여 납부자에게 환불한다.

사. 권리자의 성명·주소변경 신청료의 환불

국제사무국은 납부된 권리자의 성명 또는 주소변경 신청료의 반액을 권리자의 성명 또는 주소변경 신청이 포기된 것으로 간주된 경우에 한하여 납부자에게 환불한다.

〈손영식〉

> **제176조(수수료 미납에 대한 보정)**
> 특허청장은 제175조제1항 각 호의 어느 하나에 해당하는 자가 수수료를 내지
> 아니하는 경우에는 산업통상자원부령으로 정하는 바에 따라 기간을 정하여
> 보정을 명할 수 있다.

<소 목 차>

Ⅰ. 본 조문의 개요 및 취지   Ⅲ. 국내수수료 보정의 효과
Ⅱ. 국내수수료 보정명령의 대상

Ⅰ. 본 조문의 개요 및 취지

우리나라 특허청을 통하여 국제상표출원을 하거나 기타 국제상표와 관련된
절차를 밟으려는 자가 국내수수료를 내지 아니하는 경우에 특허청장은 기간을
정하여 보정을 명할 수 있다는 규정이다.

수수료를 내지 않은 경우 수수료의 납부를 촉구하는 보정을 명할 수 있음
을 명시한 것과 동시에 '명할 수 있다'라는 임의적 문구로 규정되어 있으나, 수
수료를 내지 않은 경우에 보정촉구도 없이 바로 무효로 할 것이 아니라 보정의
기회를 부여해야 한다는 의미도 내포하고 있다고 할 수 있다. 통상의 상표등록
출원절차에 관한 상표법 제39조[1])에 상응하는 규정이다.

Ⅱ. 국내수수료 보정명령의 대상

상표법 제175조 제1항 각 호의 어느 하나에 해당하는 자, 즉 ① 국제상표출
원을 하려는 자, ② 국제상표의 사후지정을 신청하려는 자, ③ 국제상표등록 존
속기간의 갱신을 신청하려는 자, ④ 국제등록 명의변경등록을 신청하려는 자가
우리나라 특허청에 납부하여야 하는 국내수수료를 납부하지 아니하는 경우에

---

1) 상표법 제39조(절차의 보정) 특허청장 또는 특허심판원장은 상표에 관한 절차가 다음 각
   호의 어느 하나에 해당하는 경우에는 산업통상자원부령으로 정하는 바에 따라 기간을 정
   하여 상표에 관한 절차를 밟는 자에게 보정을 명하여야 한다.
   1. 제4조제1항 또는 제7조에 위반된 경우
   2. 제78조에 따라 내야 할 수수료를 내지 아니한 경우
   3. 이 법 또는 이 법에 따른 명령으로 정한 방식에 위반된 경우

특허청장은 보정을 명할 수 있다.

특허청에 납부하여야 하는 수수료를 납부하지 않은 경우는 국제상표출원인 등이 수수료납부 절차 등에 대한 이해부족, 착오 등으로 발생될 수 있으며 추후 납부에 의하여 치유될 수 있는 하자에 해당하므로, 보정명령의 대상으로 규정한 것이다.[2]

한편, 국제상표출원서 방식상의 하자가 있는 경우 등은 본 조문에 해당하지 않고, 별도로 상표법 시행규칙 제83조[3])에 의하여 보정서류를 제출하여야 한다.

III. 국내수수료 보정의 효과

본조에서 규정하고 있는 수수료 하자는 실체심사의 내용이 아니므로 상표 심사관 명의로 보정을 명하지 않고 특허청 국제출원과 방식담당자가 특허청장 명의로 보정을 통지한다.

수수료 납부의 보정명령을 받은 자가 지정된 기간 내에 수수료를 납부하면 하자가 치유되고, 보정명령에도 불구하고 지정기간 내에 수수료를 납부하지 않으면 당해 국제상표 출원절차 등은 무효로 될 수 있다.

〈손영식〉

---

2) 특허청, 조문별 상표법해설(2007), 431.
3) 상표법 시행규칙 제83조(국제출원의 보정) ① 법 제39조제1호 또는 제3호에 따라 국제
   출원에 대하여 보정을 하려는 자는 별지 제35호서식의 국제출원서등 제출서에 다음 각 호
   의 서류를 첨부하여 특허청장이나 특허심판원장에게 제출하여야 한다.
   1. 보정내용을 증명하는 서류 1부
   2. 시각적 표현에 합치하는 소리파일 1개(영 제2조제3호에 해당하는 소리 표장을 포함
      한 국제상표등록출원만 해당한다)
   3. 시각적 표현에 합치하는 다음 각 목의 어느 하나에 해당하는 냄새견본(영 제2조제3
      호에 해당하는 냄새 표장을 포함한 국제상표등록출원만 해당한다)
      가. 밀폐용기 1통
      나. 향 패치 10장
   4. 대리인에 의하여 절차를 밟는 경우에는 그 대리권을 증명하는 서류 1부
   ② 법 제39조제2호에 따라 수수료를 보정하려는 자는 「특허료 등의 징수규칙」 별지 제1
   호의2서식의 납부서를 제출하여야 한다.

> **제177조(절차의 무효)**
>
> 특허청장은 제176조에 따라 보정명령을 받은 자가 지정된 기간 내에 그 수수료를 내지 아니하는 경우에는 해당 절차를 무효로 할 수 있다.

<소 목 차>

Ⅰ. 본 조문의 개요
Ⅱ. 국내수수료 미납으로 인한 무효처분
    의 대상
Ⅲ. 국내수수료 미납으로 인한 무효처분
    의 절차 및 효과

Ⅰ. 본 조문의 개요

우리나라 특허청을 통하여 국제상표출원을 하거나 기타 국제상표와 관련된 절차를 밟으려는 자가 국내수수료를 내지 않거나 부족하게 납부한 경우에 특허청장은 기간을 정하여 보정을 명하고, 보정명령을 받은 자가 지정된 기간 내에 수수료를 다 내지 아니하는 경우에는 해당 절차를 무효로 할 수 있다는 규정이다.

한편, 일반 상표출원 절차에서 수수료 미납에 따른 무효에 대해서는 상표법 제18조에서 별도로 규정하고 있다.[1]

---

1) **상표법 제18조(절차의 무효)** ① 특허청장 또는 특허심판원장은 제39조(제212조에서 준용하는 경우를 포함한다)에 따른 보정명령을 받은 자가 지정된 기간 내에 그 보정을 하지 아니하면 상표에 관한 절차를 무효로 할 수 있다.
   ② 특허청장 또는 특허심판원장은 제1항에 따라 상표에 관한 절차를 무효로 하였더라도 지정된 기간을 지키지 못한 것이 보정명령을 받은 자가 책임질 수 없는 사유에 의한 것으로 인정되는 경우에는 그 사유가 소멸한 날부터 2개월 이내에 보정명령을 받은 자의 청구에 의하여 그 무효처분을 취소할 수 있다. 다만, 지정된 기간의 만료일부터 1년이 지났을 경우에는 그러하지 아니하다.
   ③ 특허청장 또는 특허심판원장은 제1항에 따른 무효처분 또는 제2항 본문에 따른 무효처분의 취소처분을 할 경우에는 그 보정명령을 받은 자에게 처분통지서를 송달하여야 한다.
   제39조(절차의 보정) 특허청장 또는 특허심판원장은 상표에 관한 절차가 다음 각 호의 어느 하나에 해당하는 경우에는 산업통상자원부령으로 정하는 바에 따라 기간을 정하여 상표에 관한 절차를 밟는 자에게 보정을 명하여야 한다.
   1. 제4조제1항 또는 제7조에 위반된 경우
   2. 제78조에 따라 내야 할 수수료를 내지 아니한 경우
   3. 이 법 또는 이 법에 따른 명령으로 정한 방식에 위반된 경우
   제78조(수수료) ① 상표에 관한 절차를 밟는 자는 수수료를 내야 한다. 다만, 제117조제1항 및 제118조제1항에 따라 심사관이 무효심판을 청구하는 경우에는 수수료를 면제한다.
   ② 제1항에 따른 수수료, 그 납부방법, 납부기간 등에 관하여 필요한 사항은 산업통상자

II. 국내수수료 미납으로 인한 무효처분의 대상

상표법 제176조에 따라 보정명령을 받은 자, 즉 ① 국제상표출원을 하려는 자, ② 국제상표의 사후지정을 신청하려는 자, ③ 국제상표등록 존속기간의 갱신을 신청하려는 자, ④ 국제등록 명의변경등록을 신청하려는 자가 지정된 기간 이내에 그 수수료를 납부하지 아니하는 경우에는 특허청장은 해당 절차, 즉 국제상표출원 절차, 국제상표의 사후지정 절차, 국제상표등록 존속기간의 갱신 절차, 국제등록 명의변경등록 절차 중 해당하는 절차를 무효로 할 수 있다. '해당 절차'를 무효로 한다는 것은 수수료를 미납한 해당 절차만 무효로 한다는 의미이다. 예컨대, 사후지정신청 수수료에 관한 보정명령에 응하지 않았다고 하여 국제출원 절차를 무효로 할 수는 없다. 보정서 등 중간서류에 대하여 보정명령을 하고 그 하자가 치유되지 않은 경우에도 해당절차만이 무효로 된다.

한편, 국제출원서 등의 방식상의 하자 등으로 인하여 대체서류 제출을 명령받은 자가 지정된 기간 이내에 대체서류를 제출하지 않은 경우는 본 조문의 무효처분 대상에 해당하지 않는다.

III. 국내수수료 미납으로 인한 무효처분의 절차 및 효과

국제출원 절차에서 수수료 미납으로 인한 무효는 보정 기간 내에 수수료의 하자를 치유하지 못한 경우에 하게 된다. 특허청장은 무효 처분 시에 그 이유를 명시하여 서류의 제출인에게 통지하며, 통지서에는 불복 시 행정심판 및 행정소송의 제기가 가능하다는 예고문을 부기하고 있다.[2]

본 조문에서 '무효로 할 수 있다'라고 규정되어 있으므로, 보정명령에 응하지 않았다고 하여 반드시 무효처분을 하여야 하는 것은 아닌 것으로 해석할 수도 있으나, 충분한 보정기간과 기회를 부여했음에도 불구하고 끝내 보정을 하지 않으면 결국 무효로 할 수 밖에 없을 것이다. 보정을 하지 아니하였음에도 불구하여 담당자가 재량권을 행사하여 무효처분을 하지 않은 경우에 재량권의 일탈ㆍ

원부령으로 정한다.

　③ 제84조제2항 단서에 따른 기간에 존속기간갱신등록신청을 하려는 자는 제2항에 따른 수수료에 산업통상자원부령으로 정하는 금액을 더하여 내야 한다.

2) 특허청, 마드리드 국제상표 방식심사매뉴얼(2010), 43.

남용 등에 해당하여 위법행위가 될 수도 있다.3)

무효처분은 하자 있는 절차를 일정한 사유에 의하여 소급적으로 효력을 상실시키는 행정처분이므로, 무효처분이 있는 경우에는 당해 절차는 처음부터 없었던 것으로 된다.

〈손영식〉

---

3) 특허청, 조문별 상표법 해설(2007), 433.

제178조(국제등록 사항의 변경등록 등)
  국제등록 사항의 변경등록 신청과 그 밖에 국제출원에 관하여 필요한 사항은
산업통상자원부령으로 정한다.

〈소 목 차〉

Ⅰ. 본 조문의 개요
Ⅱ. 상표법 시행규칙이 정하고 있는 기
   타 필요한 사항

Ⅲ. 국제상표등록 지정상품의 변경
   1. 지정상품의 감축
   2. 지정상품의 포기 및 취소

Ⅰ. 본 조문의 개요

국제출원인 등이 국제상표출원에 관하여 우리나라 특허청을 본국관청으로
할 경우 기타 필요한 사항을 산업통상자원부령, 즉 상표법 시행규칙으로 정할
수 있음을 규정한 것이다.

Ⅱ. 상표법 시행규칙이 정하고 있는 기타 필요한 사항

국제등록 사항의 변경등록 신청과 그 밖에 국제출원에 관하여 필요한 사항
이라고 하는 것은 본국관청으로서의 우리나라 특허청에 대한 국제상표출원 절
차와 관련하여 필요한 사항을 의미하며, 본 조문에 근거한 산업통상자원부령인
상표법 시행규칙은 제14조이다.[1] 구 상표법 시행규칙에서는 별도의 조문[2]을 두

---

[1] 상표법 시행규칙 제14조(서류의 작성 및 제출) ① 상표에 관한 절차를 밟기 위하여 특허
청 또는 특허심판원에 제출하는 서류는 법령에 특별한 규정이 있는 경우를 제외하고는 1
건마다 작성하여야 한다.
  ② 제1항에 따른 서류에는 다음 각 호의 사항을 모두 적고 서명 또는 날인(법 제30조제1
항에 따라 전자문서로 제출하는 경우에는 전자서명을 말한다. 이하 같다)하여야 한다.
  1. 제출인의 성명(법인의 경우에는 그 명칭)
  2. 법 제29조에 따른 고유번호(이하 "특허고객번호"라 한다). 다만, 특허고객번호가 없는
    경우에는 제출인의 주소(법인의 경우에는 영업소의 소재지)를 적어야 한다.
  ③ 특허청이나 특허심판원에 제출하는 모든 서류는 법령에 특별한 규정이 있는 경우를
제외하고는 특허청장이나 특허심판원장을 수신인으로 하여야 한다.
[2] 구 상표법 시행규칙 제95조(국제출원에 필요한 서류의 제출) 제91조제1항에 따른 국제
출원서, 제92조에 따른 사후지정신청서, 제93조에 따른 국제등록존속기간갱신신청서 또는
제94조에 따른 국제등록명의변경등록신청서는 별지 제27호서식의 국제출원서등 제출서에

고 있었으나, 상표법 전면개정 후속으로 시행규칙을 정비할 때 상표 관련 일반
서류의 제출을 규정한 제14조에 병합하게 되어 별도의 조문은 삭제되었다.

국제출원인 등은 사후지정신청서, 국제등록존속기간갱신신청서, 국제등록명
의변경등록신청서 등을 본국관청인 우리나라 특허청에 제출할 수도 있고, WIPO
국제사무국에 직접 신청할 수도 있다.

우리나라 특허청을 통하여 지정상품 또는 지정국의 전부 또는 일부에 대하
여 국제등록의 명의를 변경하고자 하는 자는 상표법 시행규칙 별지 제35호서식
인 '국제출원서 등 제출서'를 직접 또는 우편으로 제출할 수도 있고, 인터넷 '특
허로'에서 온라인으로 제출할 수도 있다.[3]

국제등록명의변경등록신청서가 우리나라 특허청에 접수되면 국제출원과 방
식심사 담당자는 국제등록 명의변경의 새로운 권리자가 마드리드 의정서 제2조
에 따른 국제등록의 권리자가 될 수 있는지를 심사하고, 권리이전 사실을 증명
할 수 있는 서류를 확인한다.[4]

III. 국제상표등록 지정상품의 변경

1. 지정상품의 감축

국제등록의 감축(Limitation)이란 지정체약국 전부 또는 일부에 대하여 지정
상품의 전부 또는 일부를 삭제하거나 축소하는 것을 말한다.[5] 이 경우 국제등
록부에 등록된 국제등록에서 해당 지정상품을 삭제하지는 않고, 다만 감축이 신
청된 체약국에서 해당 지정상품이 더 이상 보호되지 않을 뿐이다. 따라서 모든
지정국에 대하여 감축된 상품이라 할지라도 사후지정의 대상이 될 수 있으며,
갱신 시 수수료 산정에 있어서도 고려된다. 감축의 경우에는 아래의 포기 및 취
소와 달리 국제사무국의 감축통지에 대하여 각 지정국 관청이 '감축은 효력이
없다'는 취지의 선언을 할 수 있다.

이를 첨부하여 특허청장에게 제출하여야 한다.
3) '특허로'의 인터넷 주소(URL)는 www.patent.go.kr이다.
4) 마드리드 국제출원 및 국제상표등록출원 사무취급규정(2016.9.1. 특허청 훈령 제850호)
   제20조.
5) 상표심사기준(특허청 예규 제90호, 2016.9.1. 시행), 447; 국제지식재산연수원, 국제상표
   등록출원과정 교재(2006), 137.

2. 지정상품의 포기 및 취소

국제등록의 포기(Renunciation)란 지정체약국 일부에 대하여 지정상품의 전부에 대하여 보호를 포기하는 것을 말한다.[6] 포기의 경우 포기된 체약당사국이라 하더라도 언제든지 다시 지정할 수 있다.

국제등록의 취소(Cancellation)란 지정체약국 전부에 대하여 상품의 일부 또는 전부에 대하여 국제등록을 취소하는 것을 말한다.[7] 국제등록의 취소는 감축이나 포기와 달리 상품이 국제등록부에서 영구적으로 삭제된다. 따라서 상품 전부 취소의 경우에는 국제등록이 존재하지 않아서 사후지정을 할 수 없으며, 상품 일부 취소의 경우에도 권리자는 국제등록이 취소된 상품에 대하여 사후지정을 신청할 수 없다.[8]

마드리드 의정서 제9조의5[9] 규정에 의한 국제등록의 국내 또는 지역출원으로의 전환은 본국관청의 요청에 의하여 국제등록이 취소된 경우에 가능한 것이므로, 권리자의 신청에 의하여 이루어지는 감축, 포기 및 취소의 경우는 동 규정에 의한 국내출원 또는 지역출원으로 전환할 수 없다.

감축, 포기 또는 취소등록신청은 국제사무국의 공식서식(각각 MM6, MM7, MM8) 또는 이와 동일한 내용 및 형식의 서식으로 국제사무국에 직접 제출하여야 한다. 감축의 경우에는 수수료를 납부해야 하지만, 포기·취소의 경우에는 수수료를 납부할 필요가 없다.

국제상표등록의 감축, 포기 및 취소의 관계를 비교 정리하면 다음 표와 같다.[10]

---

6) 국제지식재산연수원(주 5), 142.
7) 상표심사기준(주 5), 450; 국제지식재산연수원(주 5), 147.
8) 상표심사기준(주 5), 450
9) 마드리드 의정서 제9조의5(국제등록의 국내 또는 지역출원으로의 전환) 제6조제4항의 규정에 의한 본국관청의 신청에 의하여 국제등록에 열거된 상품 및 서비스의 전부 또는 일부에 관하여 국제등록이 취소되고, 그 국제등록의 권리자이었던 자가 그 국제등록이 효력을 미쳤던 체약당사자의 관청에 동일한 표장의 등록을 위하여 출원을 한 경우에는, 그 출원은 제3조 제4항에 의한 국제등록일 또는 제3조의3 제2항에 의한 영역확장의 등록일에 출원된 것으로 취급되어야 하고, 국제등록이 우선권을 향유하고 있었던 경우에는, 동일한 우선권을 향유하여야 한다. 다만,
　(i) 국제등록이 취소된 날부터 3월 이내에 그러한 출원이 있고,
　(ii) 출원서에 열거된 상품 및 서비스가 당해 체약당사자에 관한 국제등록상의 상품 및 서비스 목록 내에 실제로 포함되어야 하며,
　(iii) 그러한 출원은 수수료에 관한 요건을 포함한 해당법의 모든 요건을 충족하여야 한다.
10) 국제지식재산연수원(주 5), 154.

〈감축, 포기, 취소의 비교〉				
구분	지정국	지정상품	사후지정 가능여부	신청서식, 수수료
감축 (Limitation)	전부/일부	전부/일부	가능	MM6, 177 스위스 프랑
포기 (Renunciation)	일부	전부	가능	MM7, 없음
취소 (Cancellation)	전부	전부/일부	불가능	MM8, 없음

〈손영식〉

> **제179조(업무표장에 대한 적용 제외)**
> 업무표장에 관하여는 제167조부터 제178조까지의 규정을 적용하지 아니한다.

<소 목 차>

I. 본 조문의 개요   II. 업무표장에 관하여는 국제상표출원
                                        규정의 적용 제외

I. 본 조문의 개요

본 조문은 상표법 제9장 제1절 제167조부터 제178조까지의 규정 즉, '마드리드 의정서'에 따른 국제상표출원 등에 관계되는 규정은 업무표장에 관하여는 적용하지 아니한다는 내용이다.

상표법상 업무표장(Business Emblem)이라 함은 영리를 목적으로 하지 아니하는 업무를 하는 자가 그 업무를 나타내기 위하여 사용하는 표장을 말한다.[1] 즉 공공기관, 적십자사, YMCA 등과 같이 영리를 목적으로 하지 아니하는 업무를 영위하는 자가 타인의 업무와 식별하기 위하여 사용하는 표장을 말한다.

II. 업무표장에 관하여는 국제상표출원 규정의 적용 제외

본 조문은 '제167조부터 제178조까지의 규정'이라고 적용 제외 규정을 명시하고 있으며, 이는 본국관청으로서 우리나라 특허청에 대한 국제상표출원 절차에 해당하는 규정 전부가 업무표장에 대하여 적용되지 않는다는 것을 의미한다. 따라서 우리나라에 등록되어 있거나 출원된 업무표장을 기초로 하여 마드리드 의정서에 따른 국제상표출원을 하는 것이 불가능하다.

마드리드 의정서에 따른 국제상표출원 제도 하에서는 우리나라 상표법상 규정하고 있는 업무표장제도를 별도로 인정하지 않으므로, 이에 대하여 국제상표출원절차 등에 대한 규정의 적용을 배제하고 있는 것이다. 즉 업무표장은 마드리드 의정서에서 보호하는 표장의 유형에 속하지 않으므로 국제출원서상 이를 표시할 수 없다. 업무표장제도는 우리나라의 독특한 제도로서 이를 채택하는

---

[1] 상표법 제2조 제1항 제9호.

외국의 입법례도 발견하기 어려우며, 국내에서 비영리업무를 영위하는 자가 그 업무표지를 해외에까지 보호받을 필요성도 많지 않으며 굳이 보호가 필요하다 면 통상의 해외출원절차에 따라 개별국별로 출원할 수 있는 길이 열려 있으므 로 업무표장에 대해서는 국제출원 등의 절차규정을 배제하고 있는 것이다.[2]

아울러, 업무표장제도를 인정하지 않는 나라가 많으므로 업무표장제도를 인정하지 않는 외국에서 출원되거나 등록된 업무표장을 기초로 하여 우리나라 에 국제상표등록출원을 하는 것도 불가능하다. 우리나라 상표법은 지정국 관청 으로서의 우리나라 특허청에 대한 절차 등에 관한 규정이 업무표장에 대하여 적용되지 않는다는 내용은 별도로 제181조에 규정하고 있다.[3]

따라서 상표법상 업무표장에 관한 규정은 마드리드 국제상표와 관련해서는 본국관청 업무와 지정국 관청 업무 모두에 적용되지 아니한다.

〈손영식〉

---

2) 문삼섭, 상표법(제2판), 세창출판사(2004), 169.
3) 제181조(업무표장의 특례) 국제상표등록출원에 대해서는 업무표장에 관한 규정을 적용 하지 아니한다.

제 2 절 국제상표등록출원에 관한 특례

> ### 제180조(국제상표등록출원)
>
> ① 마드리드 의정서에 따라 국제등록된 국제출원으로서 대한민국을 지정국으로 지정(사후지정을 포함한다)한 국제출원은 이 법에 따른 상표등록출원으로 본다.
>
> ② 제1항을 적용하는 경우 마드리드 의정서 제3조(4)에 따른 국제등록일(이하 "국제등록일"이라 한다)은 이 법에 따른 상표등록출원일로 본다. 다만, 대한민국을 사후지정한 국제출원의 경우에는 그 사후지정이 국제등록부[마드리드 의정서 제2조(1)에 따른 국제등록부를 말하며, 이하 "국제상표등록부"라 한다]에 등록된 날(이하 "사후지정일"이라 한다)을 이 법에 따른 상표등록출원일로 본다.
>
> ③ 제1항에 따라 이 법에 따른 상표등록출원으로 보는 국제출원(이하 "국제상표등록출원"이라 한다)에 대해서는 국제상표등록부에 등록된 국제등록명의인의 성명 및 주소(법인인 경우에는 그 명칭 및 영업소의 소재지를 말한다), 상표, 지정상품 및 그 상품류는 이 법에 따른 출원인의 성명 및 주소(법인인 경우에는 그 명칭 및 영업소의 소재지를 말한다), 상표, 지정상품 및 그 상품류로 본다.

〈소 목 차〉

Ⅰ. 국제상표등록출원의 개념
Ⅱ. 마드리드 의정서의 관련 규정
Ⅲ. '국제상표등록출원'의 국내 상표법 적용(제1항)

Ⅳ. WIPO '국제등록일'의 국내 '상표출원일' 간주(제2항)
Ⅴ. 국제등록명의인의 국내 출원인 간주 등(제3항)

Ⅰ. 국제상표등록출원의 개념

앞의 상표법 제9장 제1절 '국제출원 등'에서는 우리나라에서 우리나라 특허청을 통하여 국제상표출원을 하는 경우(outgoing)인 '본국관청' 업무에 대해서 살펴보았다. 이에 비하여 본절은 외국에서 우리나라를 지정국으로 하여 자국의 특

허청을 통해서 출원하고 WIPO 국제사무국을 경유하여 우리나라에 출원된 경우
(incoming)인 '지정국 관청' 업무에 대해서 규정하고 있다. 마드리드 의정서에 따
라 대한민국을 지정한 국제출원 또는 사후지정은 대한민국에 직접 출원한 것과
동일한 효력이 있다.1)

국제상표 출원절차 및 사무국절차를 개관하면 다음과 같다. 국제상표출원
인은 자기 나라 특허청을 본국관청으로 하여 국제상표출원을 하고, 본국관청은
기초출원/등록 내용과 국제출원 내용이 합치하는지 여부를 심사하고 이상이 없
으면 국제출원서를 WIPO 국제사무국에 송부한다. 국제사무국은 방식심사결과
하자가 없으면 국제등록부에 등록하고, 출원인이 보호받고자 지정한 나라들에
통지한다. 국제등록은 마드리드 의정서 공통 언어인 영어, 불어 및 스페인어 3
개 언어로 등록되고 공보에도 공고되며, 표장은 번역하지 않고 국제출원서상의
표장을 있는 그대로 스캐닝하여 게재한다.

외국인이 한국을 지정국으로 하여 상표 출원한 것(incoming)은 우리 상표법
제180조에서 규정하고 있는 '국제상표등록출원'이라고 표기하고 있으며, 우리나
라에서 외국으로 상표를 출원하는 경우(outgoing)는 상표법 제167조에서 '국제출
원'이라는 용어를 사용하여 양자를 표기상 구분하고 있다.

우리나라를 지정국으로 한 '국제상표등록출원', 예컨대 일본인이 우리나라,
중국, 영국을 지정국으로 하여 국제상표등록출원을 할 경우의 절차를 흐름도로
표시하면 다음과 같다.2)

---

1) 마드리드 의정서 제4조(1)(a) "제3조 및 제3조의3의 규정에 의하여 유효한 등록일 또는
등재일부터, 각각의 해당 체약당사자의 영역에서의 표장의 보호는 그 체약당사자의 관청
에 그 표장이 직접 기탁된 것과 동일하다. 제5조 제1항 및 제2항에 의하여 국제사무국에
거절이 통지되지 아니한 경우 또는 동 규정에 의하여 통지된 거절이 사후에 철회된 경우
에는, 상기의 날부터 해당 체약당사자의 영역에서의 표장의 보호는 그 표장이 그 체약당사
자의 관청에 의하여 등록된 것과 동일하다."
2) 문삼섭, 상표법(제2판), 세창출판사(2004), 825.

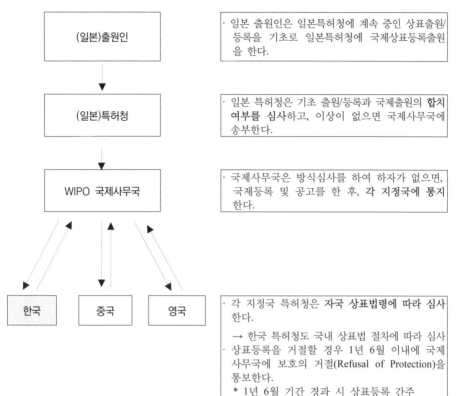

국제상표등록출원 절차(사례: 일본인이 한국 등을 지정국으로 한 경우)

| (일본)출원인 | · 일본 출원인은 일본특허청에 계속 중인 상표출원/등록을 기초로 일본특허청에 국제상표등록출원을 한다. |

| (일본)특허청 | · 일본 특허청은 기초 출원/등록과 국제출원의 **합치여부를 심사**하고, 이상이 없으면 국제사무국에 송부한다. |

| WIPO 국제사무국 | · 국제사무국은 방식심사를 하여 하자가 없으면, 국제등록 및 공고를 한 후, **각 지정국에 통지**한다. |

| 한국 | 중국 | 영국 | · 각 지정국 특허청은 **자국 상표법령에 따라 심사**한다.
 → 한국 특허청도 국내 상표법 절차에 따라 심사
· 상표등록을 거절할 경우 1년 6월 이내에 국제사무국에 보호의 거절(Refusal of Protection)을 통보한다.
* 1년 6월 기간 경과 시 상표등록 간주 |

한편, 마드리드 의정서에 따른 국제상표등록출원에 대해서는 출원의 분할·변경이 되지 않고, 존속기간의 갱신을 국제사무국에 신청하여야 하는 등 통상의 국내 상표출원등록과는 차이가 나는 부분이 존재한다. 따라서 국내 상표법의 규정을 국제상표등록출원에 그대로 적용할 수 없는 부분에 대해서는 국내 상표법의 적용을 배제하는 특례를 본 절에서 규정한 것이다.

II. 마드리드 의정서의 관련 규정

상표법 제180조의 국제상표등록출원 규정과 관련된 마드리드 의정서의 규정은 제3조(4), 제3조의3 및 제4조(1)(a) 제1문이다. 즉, 마드리드 의정서 제3조

(4)는 "국제사무국은 제2조에 의하여 출원된 표장을 즉시 등록한다. 본국관청의
국제출원 수령일이 국제등록에 기재된다. 다만, 국제사무국이 그날부터 2월의
기간 이내에 국제출원을 수령하여야 한다. 그 기간 이내에 국제출원을 수령하지
아니한 경우에는, 국제등록에는 국제사무국이 상기 국제출원을 수령한 일자가
기재된다. 국제사무국은 지체 없이 그 국제등록을 해당 관청에 통지하여야 한
다. 국제등록부에 등록된 표장은 국제출원에 포함된 기재사항을 기초로 하여 국
제사무국이 발행하는 정기공보에 공고된다"라고 규정하고 있다.[3]

마드리드 의정서 제3조의3은 "국제등록으로 인한 보호의 체약당사자에 대
한 확장신청은 국제출원에 특별히 언급되어야 한다. 영역확장신청은 국제등록
후에도 할 수 있다. 당해 신청은 마드리드 공통규칙에서 규정하는 서식으로 제
출되어야 한다. 이는 즉시 국제사무국에 의하여 등재되어야 하고, 국제사무국은
당해 등재를 지체 없이 해당 관청에 통지하여야 한다. 당해 등재는 국제사무국
의 정기공보에 공고된다. 영역확장은 국제등록부에 영역 확장이 등재된 날부터
효력이 발생한다. 영역확장은 관련 국제등록의 만료 시에 효력을 상실한다"고
규정하고 있다.[4]

마드리드 의정서 제4조(1)(a) 제1문은 "제3조 및 제3조의3의 규정에 의하여

---

3) Madrid Protocol, Article 3, International Application
(4) The International Bureau shall register immediately the marks filed in accordance with
Article 2. The international registration shall bear the date on which the international appli-
cation was received in the Office of origin, provided that the international application has
been received by the International Bureau within a period of two months from that date. If
the international application has not been received within that period, the international regis-
tration shall bear the date on which the said international application was received by the
International Bureau. The International Bureau shall notify the international registration with-
out delay to the Offices concerned. Marks registered in the International Register shall be
published in a periodical gazette issued by the International Bureau, on the basis of the par-
ticulars contained in the international application.
4) Madrid Protocol, Article 3ter Request for "Territorial Extension"
(1) Any request for extension of the protection resulting from the international registration
to any Contracting Party shall be specially mentioned in the international application.
(2) A request for territorial extension may also be made subsequently to the international
registration. Any such request shall be presented on the form prescribed by the Regulations.
It shall be immediately recorded by the International Bureau, which shall notify such record-
al without delay to the Office or Offices concerned. Such recordal shall be published in the
periodical gazette of the International Bureau. Such territorial extension shall be effective
from the date on which it has been recorded in the International Register; it shall cease to
be valid on the expiry of the international registration to which it relates.

유효한 등록일 또는 등재일부터 각각의 해당 체약당사자 영역에서의 표장의 보호는 그 체약당사자의 관청에 그 표장이 직접 기탁(출원)된 것과 동일하다"라고 규정하고 있다.[5]

III. '국제상표등록출원'의 국내 상표법 적용(제1항)

상표법 제180조 제1항은 "마드리드 의정서에 따라 국제등록된 국제출원으로서 대한민국을 지정국으로 지정(사후지정을 포함한다)한 국제출원은 이 법에 따른 상표등록출원으로 본다"라고 규정하고 있다.

이에 따라 마드리드 의정서에 따른 지정국 관청으로서의 국제상표등록출원이나, 사후지정에 의하여 대한민국을 지정국으로 추가적으로 지정한 경우의 국제상표출원은 우리나라 상표법에 의한 통상의 상표등록출원과 같은 것으로 본다. 즉, WIPO의 국제등록상표가 대한민국을 지정국으로 하여 정당하게 지정되어 통지되면 국내 상표법상 통상의 상표등록출원으로 간주하며, 별도의 특례 규정이 존재하지 않는 한 국내 상표법에 따라 등록 여부에 대한 실체심사가 진행된다.[6] 마드리드 의정서에서 사후지정은 별도의 국제출원으로 간주되므로 사후지정은 최초의 국제출원과 동일하게 취급된다. 따라서 통상의 상표등록출원에 관한 상표법 규정은 별도의 특례 규정이 없는 한 대한민국을 지정한 국제출원 및 사후지정에 그대로 적용된다.[7]

IV. WIPO '국제등록일'의 국내 '상표출원일' 간주(제2항)

상표법 제180조 제2항은 마드리드 의정서에 따른 국제상표등록출원을 통상

---

5) Madrid Protocol, Article 4, Effects of International Registration

   (1) (a) From the date of the registration or recordal effected in accordance with the provisions of Articles 3 and 3ter, the protection of the mark in each of the Contracting Parties concerned shall be the same as if the mark had been deposited direct with the Office of that Contracting Party. If no refusal has been notified to the International Bureau in accordance with Article 5(1) and (2) or if a refusal notified in accordance with the said Article has been withdrawn subsequently, the protection of the mark in the Contracting Party concerned shall, as from the said date, be the same as if the mark had been registered by the Office of that Contracting Party.

6) 특허청, 마드리드 국제상표 방식심사매뉴얼(2010), 143-144.

7) 특허청, 조문별 상표법해설(2007), 437.

의 국내 상표등록출원으로 볼 경우의 구체적인 적용방법을 규정하고 있다. 즉, 본항은 "제1항을 적용하는 경우 마드리드 의정서 제3조(4)에 따른 국제등록일은 이 법에 따른 상표등록출원일로 본다. 다만, 대한민국을 사후지정한 국제출원의 경우에는 그 사후지정이 국제등록부에 등록된 날을 이 법에 따른 상표등록출원일로 본다"라고 규정하고 있다.

국제등록일과 사후지정일은 본국관청이나 국제사무국의 수리일이 국제등록부에 기재되는 경우가 원칙이고, 국제등록부에 물리적으로 기재되는 날짜와는 기간 차이가 있을 수 있다.[8] 본항의 국제등록일 및 사후지정일은 국제등록이나 사후지정이 국제등록부에 실제로 기재된 날을 의미하는 것이 아니라, 국제등록부에 등록되어 있는 국제출원서 또는 사후지정서의 수령 날짜를 의미하는 것으로 해석한다.[9]

왜냐하면, 마드리드 의정서 제4조(1)(a) 제1문에서 국제등록의 효력은 "제3조 및 제3조의3의 규정에 의하여 유효한 등록일 또는 등재일부터"라고 규정하고 있고, 마드리드 의정서 제3조(4)는 "국제등록일은 본국관청이 국제출원을 수령한 날이다"라고 구체적으로 유효한 등록일을 규정하고 있기 때문이다. 사후지정에 대하여는 마드리드 의정서에 구체적인 유효한 등재일에 관하여 규정하고 있지 않고 마드리드 의정서 하위조약인 마드리드 공통규칙 제24조(6)에서 "국제등록명의인이 국제사무국에 직접 제출하는 경우의 사후지정일은 원칙적으로 국제사무국이 그 사후지정신청서를 수령한 날이고, 관청이 국제사무국에 제출하는 경우의 사후지정일은 원칙적으로 그 관청이 사후지정신청서를 수령한 날이다"라고 규정하고 있기 때문이다.

V. 국제등록명의인의 국내 출원인 간주 등(제3항)

상표법 제180조 제3항도 마드리드 의정서에 따른 국제상표등록출원을 통상의 국내 상표등록출원으로 볼 경우의 구체적 적용방법을 규정하고 있다. 즉, 본

---

8) 마드리드 의정서 제3조(4) "국제사무국은 제2조에 의하여 출원된 표장을 즉시 등록한다. 본국관청의 국제출원 수령일이 국제등록에 기재된다. 다만, 국제사무국이 그날부터 2월의 기간 이내에 국제출원을 수령하여야 한다. 그 기간 이내에 국제출원을 수령하지 아니한 경우에는, 국제등록에는 국제사무국이 상기 국제출원을 수령한 일자가 기재된다. 국제사무국은 지체없이 그 국제등록을 해당 관청에 통지하여야 한다. 국제등록부에 등록된 표장은 국제출원에 포함된 기재사항을 기초로 하여 국제사무국이 발행하는 정기공보에 공고된다."
9) 특허청(주 7), 436-437.

항은 "제1항에 따라 이 법에 따른 상표등록출원으로 보는 국제출원에 대해서는 국제상표등록부에 등록된 국제등록명의인의 성명 및 주소, 상표, 지정상품 및 그 상품류는 이 법에 따른 출원인의 성명 및 주소, 상표, 지정상품 및 그 상품류로 본다"라고 규정하고 있다.

〈손영식〉

> ### 제181조(업무표장의 특례)
> 국제상표등록출원에 대해서는 업무표장에 관한 규정을 적용하지 아니한다.

<소 목 차>

Ⅰ. 본 조문의 개요
Ⅱ. '국제상표등록출원'에 업무표장 관련

규정의 적용 배제

Ⅰ. 본 조문의 개요

본 조문은 국제상표등록출원, 즉 우리나라를 지정국으로 하여 출원한 국제상표등록출원에 대해서는 상표법상 업무표장에 관한 규정을 적용하지 아니한다는 것이다.

상표법상 업무표장(Business Emblem)이라 함은 영리를 목적으로 하지 아니하는 업무를 하는 자가 그 업무를 나타내기 위하여 사용하는 표장을 말한다.[1] 즉 공공기관, 적십자사, YMCA 등과 같이 영리를 목적으로 하지 아니하는 업무를 영위하는 자가 타인의 업무와 식별하기 위하여 사용하는 표장을 말한다.[2]

Ⅱ. '국제상표등록출원'에 업무표장 관련 규정의 적용 배제

본 규정은 마드리드 의정서에 따른 국제상표 출원등록제도에서는 업무표장의 개념을 별도로 인정하지 않으므로, 국제상표등록출원에 대하여 상표법상 업무표장에 관한 규정의 적용을 배제한다는 특례를 규정한 것이다.[3] 업무표장에 관하여 상표법 제179조는 '본국관청'으로서의 특허청에 대한 절차를 규정한 상표법의 조문이 적용되지 아니한다는 것이고, 본 조문은 '지정국 관청'으로서의 특허청 절차를 규정한 상표법의 적용을 배제한 것이다. 따라서 마드리드 국제상표등록출원과 관련해서는 본국관청 · 지정국 관청 업무 모두에 우리나라 상표법상 업무표장에 관한 규정이 적용되지 아니한다.

---

1) 상표법 제2조 제1항 제9호.
2) 제179조 해설 부문 참조.
3) 특허청, 조문별 상표법해설(2007), 437.

상표법 제2조 제3항은 "단체표장·증명표장 또는 업무표장에 관하여는 이 법에서 특별히 규정한 것을 제외하고는 상표에 관한 규정을 적용한다"라고 규정하고 있으며, 상표법 제36조(상표등록출원) 제6항[4], 제48조(출원의 승계 및 분할이전 등) 제6항[5] 등에서 업무표장에 관하여 규정하고 있는데, 이들 업무표장에 관한 규정은 마드리드 국제상표 등록출원에 대해서는 적용되지 아니한다.

〈손영식〉

---

4) 상표법 제36조 ⑥ 업무표장등록을 받으려는 자는 제1항 각 호의 사항 외에 그 업무의 경영 사실을 증명하는 서류를 업무표장등록출원서에 첨부하여야 한다.
5) 상표법 제48조 ⑥ 다음 각 호의 어느 하나에 해당하는 등록출원은 양도할 수 없다. 다만, 해당 호의 업무와 함께 양도하는 경우에는 양도할 수 있다.
  1. 제3조제6항에 따른 업무표장등록출원
  2. 제34조제1항제1호다목 단서, 같은 호 라목 단서 및 같은 항 제3호 단서에 따른 상표등록출원

제182조(국제상표등록출원의 특례)

① 국제상표등록출원에 대하여 이 법을 적용할 경우에는 국제상표등록부에 등록된 우선권 주장의 취지, 최초로 출원한 국가명 및 출원 연월일은 상표등록출원서에 적힌 우선권 주장의 취지, 최초로 출원한 국가명 및 출원의 연월일로 본다.

② 국제상표등록출원에 대하여 이 법을 적용할 경우에는 국제등록부에 등록된 상표의 취지는 상표등록출원서에 기재된 해당 상표의 취지로 본다.

③ 단체표장등록을 받으려는 자는 제36조제1항·제3항에 따른 서류 및 정관을, 증명표장의 등록을 받으려는 자는 같은 조 제1항·제4항에 따른 서류를 산업통상자원부령으로 정하는 기간 내에 특허청장에게 제출하여야 한다. 이 경우 지리적 표시 단체표장을 등록받으려는 자는 그 취지를 적은 서류와 제2조제1항제4호에 따른 지리적 표시의 정의에 합치함을 입증할 수 있는 대통령령으로 정하는 서류를 함께 제출하여야 한다.

〈소 목 차〉

Ⅰ. 본 조문의 개요 및 연혁
Ⅱ. '국제상표등록부' 우선권 주장 취지의 국내출원서 기재 간주(제1항)
Ⅲ. '국제상표등록부' 상표 취지의 국내

출원서 기재 간주(제2항)
Ⅳ. 단체표장, 증명표장 등록 관련 서류의 제출(제3항)

Ⅰ. 본 조문의 개요 및 연혁

국제상표등록출원에 대하여 우리나라 상표법을 적용할 때 국제상표등록부에 기재된 상표의 취지 등은 국내 상표등록출원서에 기재된 상표의 취지 등으로 보고, 단체표장이나 증명표장을 등록받고자 할 경우에는 우리나라 법령에서 정하는 서류를 별도로 제출해야 한다는 규정이다.

본 조문의 기본적 내용은 마드리드 국제상표제도 도입을 위한 2001년 상표법 개정(법률 제6414호, 2001. 2. 3.) 시부터 있던 것이지만, 제2항은 2007년 홀로그램·동작 상표의 도입(법률 제8190호, 2007. 1. 3.), 2012년 소리·냄새 상표 등 비전형 상표의 도입(법률 제11113호, 2011. 12. 2.)에 따라 자구가 수정되었고, 제3항은 2004년 지리적 표시 단체표장제도의 도입(법률 제7290호, 2004. 12. 31.), 2012년 증명표장제도의 도입(법률 제11113호, 2011. 11. 2.)에 따라 내용이 추가되었다.[1] 그리고 2008년, 2013년 정부조직 개편에 따라 본 조문의 '산업자원부령'이 '지식경제부령'으로, 또다시 '지식경제부령'이 '산업통상자원부령'으로 변경되었다.

Ⅱ. '국제상표등록부' 우선권 주장 취지의 국내출원서 기재 간주(제1항)

국제상표등록출원을 심사할 때 국제상표등록부에 기재된 우선권 주장의 취지 등을 국내 상표등록출원서에 기재된 것으로 보고 심사한다. 즉, 국제상표등록출원에 대하여 상표법을 적용할 때 국제상표등록부에 등록된 우선권 주장의 취지, 최초로 출원한 국가명 및 출원 연월일은 국내 일반 상표등록출원서에 적힌 우선권 주장의 취지, 최초로 출원한 국가명 및 출원의 연월일로 본다.

통상의 국내 상표출원의 경우에는 소정의 상표등록출원서를 특허청에 제출해야 하지만(제36조), 마드리드 국제상표제도에 의한 국제상표등록출원의 경우에는 외국 특허청(본국관청)을 경유하여 WIPO 국제사무국에 국제상표등록출원서를 제출하면 되고, 별도의 상표등록출원서를 한국 특허청(지정국 관청)에 제출하지 않으므로 국제등록부에 기재된 우선권 주장 사항 등을 통상의 국내 상표출원서에 기재한 것과 같이 보아 심사를 진행하게 된다.

Ⅲ. '국제상표등록부' 상표 취지의 국내출원서 기재 간주(제2항)

국제상표등록출원에 대하여 국내 상표법을 적용할 때 국제등록부에 등록된 상표의 취지를 국내 상표출원서에 기재한 것과 같이 보고 심사한다는 규정이다. 예컨대, 국내에서 상표등록을 받고자 하는 상표가 홀로그램·입체적 형상 등 비전형적인 상표인 경우에 그 취지를 상표출원서에 기재하여야 하나(제36조), 마드리드 의정서에 따른 국제상표출원의 경우에는 외국 특허청(본국관청)을 경유하여 WIPO 국제사무국에 국제상표등록출원서를 제출하면 되고 별도의 상표출원서를 국내 특허청(지정국 관청)에 제출할 필요가 없으므로, WIPO 국제등록부에 기재된 홀로그램·입체적 형상 등의 취지를 국내에 출원하면서도 똑같이 기재한 것으로 간주하고 심사를 한다.

---

1) 특허청, 상표법 조문별 개정 연혁 해설집(2010), 315.

Ⅳ. 단체표장, 증명표장 등록 관련 서류의 제출(제3항)

마드리드 의정서에 따른 국제상표등록출원제도를 이용하여 우리나라에 단
체표장등록을 받으려는 자는 상표법 제36조2) 제1항·제3항에 따른 서류 및 정
관을, 증명표장의 등록을 받으려는 자는 제36조 제1항·제4항에 따른 서류를 산
업통상자원부령으로 정하는 기간 내에 우리나라 특허청에 제출해야 한다. 이 경
우 지리적 표시 단체표장을 등록받으려는 자는 그 취지를 적은 서류와 상표법
제2조 제1항 제4호3)에 따른 지리적 표시의 정의에 합치함을 입증할 수 있는 대
통령령으로 정하는 서류를 함께 제출하여야 한다.

마드리드 의정서에 따른 국제상표등록출원을 할 때 단체표장, 증명표장의
경우도 본국관청(외국 특허청)을 통하여 WIPO 국제사무국에 일반 상표출원의

---

2) 제36조(상표등록출원) ① 상표등록을 받으려는 자는 다음 각 호의 사항을 적은 상표등록
출원서를 특허청장에게 제출하여야 한다.
　1. 출원인의 성명 및 주소(법인인 경우에는 그 명칭 및 영업소의 소재지를 말한다)
　2. 출원인의 대리인이 있는 경우에는 그 대리인의 성명 및 주소나 영업소의 소재지[대
리인이 특허법인·특허법인(유한)인 경우에는 그 명칭, 사무소의 소재지 및 지정된
변리사의 성명을 말한다]
　3. 상표
　4. 지정상품 및 산업통상자원부령으로 정하는 상품류(이하 "상품류"라 한다)
　5. 제46조제3항에 따른 사항(우선권을 주장하는 경우만 해당한다)
　6. 그 밖에 산업통상자원부령으로 정하는 사항
　② 상표등록을 받으려는 자는 제1항 각 호의 사항 외에 산업통상자원부령으로 정하는
바에 따라 그 표장에 관한 설명을 상표등록출원서에 적어야 한다.
　③ 단체표장등록을 받으려는 자는 제1항 각 호의 사항 외에 대통령령으로 정하는 단체
표장의 사용에 관한 사항을 정한 정관을 단체표장등록출원서에 첨부하여야 한다.
　④ 증명표장등록을 받으려는 자는 제1항 각 호의 사항 외에 대통령령으로 정하는 증명
표장의 사용에 관한 사항을 정한 서류(법인인 경우에는 정관을 말하고, 법인이 아닌 경우
에는 규약을 말하며, 이하 "정관 또는 규약"이라 한다)와 증명하려는 상품의 품질, 원산지,
생산방법이나 그 밖의 특성을 증명하고 관리할 수 있음을 증명하는 서류를 증명표장등록
출원서에 첨부하여야 한다.
　⑤ 지리적 표시 단체표장등록이나 지리적 표시 증명표장등록을 받으려는 자는 제3항
또는 제4항의 서류 외에 대통령령으로 정하는 바에 따라 지리적 표시의 정의에 일치함을
증명할 수 있는 서류를 지리적 표시 단체표장등록출원서 또는 지리적 표시 증명표장등록
출원서에 첨부하여야 한다.
　⑥ 업무표장등록을 받으려는 자는 제1항 각 호의 사항 외에 그 업무의 경영 사실을 증
명하는 서류를 업무표장등록출원서에 첨부하여야 한다.
3) 4. "지리적 표시"란 상품의 특정 품질·명성 또는 그 밖의 특성이 본질적으로 특정지역에
서 비롯된 경우에 그 지역에서 생산·제조 또는 가공된 상품임을 나타내는 표시를 말한다.

경우와 같은 방법으로 국제상표출원을 한다. 즉 단체표장등록출원서, 증명표장등록출원서 등과 같은 별도의 출원서가 없고, 국제출원서와 동시에 정관, 규약 등을 제출하는 절차도 존재하지 않는다.4) 이에 따라 WIPO 국제사무국의 국제상표등록부에는 단체표장, 증명표장에 대해서 우리나라 특허청이 요구하는 내용이 첨부되어 있지 않다. 그러므로 우리나라 특허청에서 별도로 단체표장, 증명표장 등록 관련 서류의 제출을 요구하고 있는 것이다.

　여기서 단체표장 또는 증명표장을 받으려는 자라 함은 국제상표출원서에 단체표장 또는 증명표장 등록의 취지를 기재한 자를 의미하며, 산업통상자원부령이 정하는 기간 이내라 함은 상표법 시행규칙 제86조에 의하여 국제등록일(사후지정일) 또는 상표법 제39조5)의 규정에 의한 보정통지를 받은 날부터 3월 이내를 말한다.6)

　단체표장 또는 증명표장으로 등록받으려는 국제상표등록출원인이 상표법 제182조 및 상표법 시행규칙 제86조에 따라 정관(규약) 및 정관(규약)의 요약서를 제출하지 아니하였거나, 정관(규약) 및 정관(규약)의 요약서를 제출하였으나 단체표장 또는 증명표장의 사용에 관한 사항의 전부 또는 일부의 기재가 없는 경우, 심사관은 표장의 정의에 합치하지 않는 것으로 보고 상표법 제2조 제1항에 따라 거절결정한다.7)

〈손영식〉

---

4) 특허청, 조문별 상표법해설(2007), 440.
5) 제39조(절차의 보정) 특허청장 또는 특허심판원장은 상표에 관한 절차가 다음 각 호의 어느 하나에 해당하는 경우에는 산업통상자원부령으로 정하는 바에 따라 기간을 정하여 상표에 관한 절차를 밟는 자에게 보정을 명하여야 한다.
　1. 제4조제1항 또는 제7조에 위반된 경우
　2. 제78조에 따라 내야 할 수수료를 내지 아니한 경우
　3. 이 법 또는 이 법에 따른 명령으로 정한 방식에 위반된 경우
6) 상표법 시행규칙 제86조(단체표장 또는 증명표장에 관한 정관 또는 규약의 제출기간) 법 제182조제3항 전단에서 "산업통상자원부령으로 정하는 기간"이란 다음 각 호의 어느 하나에 해당하는 기간을 말한다.
　1. 법 제39조에 따른 보정통지를 받은 날부터 3개월
　2. 법 제180조제2항 본문에 따른 국제등록일(대한민국을 사후지정한 경우에는 같은 항 단서에 따른 사후지정일)부터 3개월
7) 특허청, 상표심사기준(특허청 예규 제90호, 2016.9.1. 시행), 436.

제183조(국내등록상표가 있는 경우의 국제상표등록출원의 효과)

① 대한민국에 설정등록된 상표(국제상표등록출원에 따른 등록상표는 제외하며, 이하 이 조에서 "국내등록상표"라 한다)의 상표권자가 국제상표등록출원을 하는 경우에 다음 각 호의 요건을 모두 갖추었을 때에는 그 국제상표등록출원은 지정상품이 중복되는 범위에서 해당 국내등록상표에 관한 상표등록출원의 출원일에 출원된 것으로 본다.

1. 국제상표등록출원에 따라 국제상표등록부에 등록된 상표(이하 이 항에서 "국제등록상표"라 한다)와 국내등록상표가 동일할 것
2. 국제등록상표에 관한 국제등록명의인과 국내등록상표의 상표권자가 동일할 것
3. 국내등록상표의 지정상품이 국제등록상표의 지정상품에 모두 포함되어 있을 것
4. 마드리드 의정서 제3조의3에 따른 영역 확장의 효력이 국내등록상표의 상표등록일 후에 발생할 것

② 제1항에 따른 국내등록상표에 관한 상표등록출원에 대하여 조약에 따른 우선권이 인정되는 경우에는 그 우선권이 같은 항에 따른 국제상표등록출원에도 인정된다.

③ 국내등록상표의 상표권이 다음 각 호의 어느 하나에 해당하는 사유로 취소되거나 소멸되는 경우에는 그 취소되거나 소멸된 상표권의 지정상품과 동일한 범위에서 제1항 및 제2항에 따른 해당 국제상표등록출원에 대한 효과는 인정되지 아니한다.

1. 제119조제1항 각 호(제4호는 제외한다)에 해당한다는 사유로 상표등록을 취소한다는 심결이 확정된 경우
2. 제119조제1항 각 호(제4호는 제외한다)에 해당한다는 사유로 상표등록의 취소심판이 청구되고, 그 청구일 이후에 존속기간의 만료로 상표권이 소멸하거나 상표권 또는 지정상품의 일부를 포기한 경우

④ 마드리드 의정서 제4조의2(2)에 따른 신청을 하려는 자는 다음 각 호의 사항을 적은 신청서를 특허청장에게 제출하여야 한다.

1. 국제등록명의인의 성명 및 주소(법인인 경우에는 그 명칭 및 영업소의 소재지를 말한다)
2. 국제등록번호
3. 관련 국내등록상표 번호
4. 중복되는 지정상품
5. 그 밖에 산업통상자원부령으로 정하는 사항

⑤ 심사관은 제4항에 따른 신청이 있는 경우에는 해당 국제상표등록출원에 대하여 제1항부터 제3항까지의 규정에 따른 효과의 인정 여부를 신청인에게 알려야 한다.

〈소 목 차〉

Ⅰ. 본 조문의 개요
Ⅱ. 국내등록상표가 있는 경우 국제출원
　　의 출원일 소급(제1항)
Ⅲ. 국내등록상표 우선권을 국제출원에
　　그대로 적용(제2항)

Ⅳ. 국내등록상표가 소멸되는 경우 국제
　　출원의 소급 불인정(제3항)
Ⅴ. 국제출원의 출원일 소급신청(제4항)
Ⅵ. 출원일 소급 인정(대체) 여부 통지
　　(제5항)

Ⅰ. 본 조문의 개요

본 조문은 우리나라 국내등록상표의 상표권자가 국제상표등록출원을 하는 경우에 일정한 요건을 갖추었을 때에는 그 국제상표등록출원은 지정상품이 중복되는 범위에서 해당 국내등록상표의 출원일에 출원한 것으로 출원일을 소급 인정해 주는 규정이다.

본 조문은 마드리드 의정서에서 인정하는 국제등록에 의한 국내등록의 대체(Replacement, 代替)를 규정한 것으로서, 일정한 조건하에서 국내등록되어 있는 상표가 동일인에 의한 동일한 지정상품으로 국제등록의 대상이 되는 경우 당해 국내등록은 이미 획득한 권리를 저해함이 없이 국제등록으로 대체되는 것을 말한다.[1] 유의할 것은 마드리드 의정서에서 대체라는 용어를 사용하고 있지만, 국제등록이 국내등록을 대신하고 국내등록이 소멸한다는 의미는 아니며, 국제등록에 의한 상표권과 국내등록에 의한 상표권이 병존하지만, 국제등록에 관한 출원일이 국내등록의 출원일로 간주된다는 의미이다.[2]

대체와 관련하여 마드리드 의정서 제4조의2 (1)항은 "체약당사자의 관청에서 국내 또는 지역등록의 대상인 표장이 국제등록의 대상이기도 하고 양 등록이 동일인의 명의로 되어있는 경우에는, 그 국제등록은 국내 또는 지역등록에 의하여 취득한 권리에 영향을 미치지 아니하고 국내 또는 지역등록을 대체하는 것으로 본다. 다만, (i) 국제등록으로 인한 보호는 제3조의3 제1항 또는 제2항에 의하여 상기 체약 당사자에게 확장되어야 하고, (ii) 국내 또는 지역등록에 열거된 상품 및 서비스 전부가 상기 체약당사자에 관하여 국제등록에서도 열거되어 있어야 하며, (iii) 그러한 확장은 국내 또는 지역등록일 이후에 효력이 발생한

---

1) 특허청, 상표심사기준(특허청 예규 제90호, 2016.9.1. 시행), 439.
2) 특허청, 조문별 상표법해설(2007), 442.

다"라고 규정하고 있고,[3] 동조 (2)항은 "제1항에서 언급된 관청은 신청이 있을 때 국제등록에 관한 그 관청의 등록원부에 이를 기록하여야 한다"라고 규정하고 있다.[4]

본 조문의 기본적 내용은 2001년 2월 3일 마드리드 국제상표제도 도입을 위한 상표법 개정(법률 제6414호, 2001. 2. 3.) 때 들어간 것이고, 제3항은 2004년 12월 31일 지리적 표시 단체표장제도의 도입(법률 제7290호, 2004. 12. 31.)에 따라 제1호, 제2호에 단체표장 관련 취소심판규정이 추가되었고, 2011년 12월 2일 증명표장제도의 신설(법률 제11113호, 2011. 12. 2.)에 따라 증명표장 관련 취소심판도 포함됨에 따라 추가되었다. 그리고 2007년 1월 3일 대체의 등재신청 및 통지에 관한 조항(법률 제8190호, 2007. 1. 3.)으로 제4항 및 제5항이 신설되었다.[5]

Ⅱ. 국내등록상표가 있는 경우 국제출원의 출원일 소급(제1항)

본항에 따라 대한민국에 설정등록된 상표의 상표권자가 국제상표등록출원을 하는 경우에 일정한 요건을 갖추었을 때에는 그 국제상표등록출원은 지정상품이 중복되는 범위에서 해당 국내등록상표에 관한 상표등록출원의 출원일에 출원된 것으로 본다.

본항은 우리나라에 등록된 상표와 동일한 상표를 상표권자가 또다시 출원하면 원칙적으로 상표법 제38조[6] '1상표 1출원 주의'에 저촉되어 마드리드 의

---

3) Madrid Protocol, Article 4bis, Replacement of a National or Regional Registration by an International Registration

(1) Where a mark that is the subject of a national or regional registration in the Office of a Contracting Party is also the subject of an international registration and both registrations stand in the name of the same person, the international registration is deemed to replace the national or regional registration, without prejudice to any rights acquired by virtue of the latter, provided that

(i) the protection resulting from the international registration extends to the said Contracting Party under Article 3ter(1) or 3ter(2),

(ii) all the goods and services listed in the national or regional registration are also listed in the international registration in respect of the said Contracting Party,

(iii) such extension takes effect after the date of the national or regional registration.

4) (2) The Office referred to in paragraph (1) shall, upon request, be required to take note in its register of the international registration.

5) 특허청, 상표법 조문별 개정 연혁 해설집(2010), 323.

6) 제38조(1상표 1출원) ① 상표등록출원을 하려는 자는 상품류의 구분에 따라 1류 이상의 상품을 지정하여 1상표마다 1출원을 하여야 한다.

정서에 따른 국제상표출원으로는 상표등록받을 수 없는 문제를 해결하기 위해서 둔 것이다.[7]

　　대체의 요건은 제1항 제1호 내지 제4호에서와 같이 국제등록상표와 국내등록상표가 동일하고, 국제등록상표 명의인과 국내등록상표의 상표권자가 동일하며, 국내등록상표의 지정상품이 국제등록상표의 지정상품에 모두 포함되어 있어야 하고, 국제등록상표의 효력일(국제등록일)이 국내등록상표의 등록일 후이어야 한다. 이들을 좀 더 자세히 살펴본다.

　　① 대한민국에 이미 '설정등록'된 동일한 상표가 존재해야 한다. 국제상표등록출원에 의하여 등록된 상표는 국내등록에서 제외된다. 대한민국에 국내출원에 따라 이미 등록된 상표가 없는 경우에는 국제상표등록출원의 출원일이 소급되지 않는다. 또한, 국내 상표가 등록상표가 아닌 출원 중인 상태에 있는 경우는 '1상표 1출원' 원칙에 따라 등록이 거절된다.

　　② 국제등록부에 등록된 상표와 국내등록 '상표가 동일'해야 한다. 국제등록부에 등록된 상표와 동일하지 않거나 유사한 정도의 국내등록상표가 존재하는 경우에는 국제상표등록출원의 출원일이 소급되지 않는다. 표장의 동일성은 실질적 동일성이 아니라 물리적 동일성을 의미하는 것으로 엄격하게 동일하여야 한다.[8]

　　③ 국제등록상표에 관한 국제등록명의인과 국내등록상표의 '상표권자가 동일'해야 한다. 국제등록의 명의변경 또는 국내등록상표의 상표권 이전으로 인하여 양자가 동일하지 않는 경우에는 출원일이 소급되지 않는다. 다만 국제등록명의인의 성명 및 주소는 영문으로 표기되므로 영문 음역이 동일하면 동일인으로 간주한다.[9]

　　④ 국내등록상표의 지정상품이 '국제등록상표의 지정상품에 모두 포함'되어 있어야 한다. 즉, 국제등록상표의 지정상품이 국내등록상표의 지정상품보다 넓거나 같아야 한다. 국내등록상표의 지정상품이 국제등록상표의 지정상품보다 넓거나 포괄적인 경우에는 출원일이 소급되지 않는다. 지정상품이 중복되는 범위 안에서 출원일이 소급되므로, 국제등록상표의 지정상품이 'a+b+c'이고, 국내

　　② 제1항에 따른 상품류에 속하는 구체적인 상품은 특허청장이 정하여 고시한다.
　　③ 제1항에 따른 상품류의 구분은 상품의 유사범위를 정하는 것은 아니다.
　7) 특허청(주 2), 442.
　8) 상표심사기준(주 1), 439.
　9) 상표심사기준(주 1), 439.

등록상표의 지정상품이 'a+b'인 경우에는 'a+b'에 대하여만 출원일이 소급되고, 'c'에 대하여는 출원일이 소급되지 않는다.[10]

한편, 우리나라 상표법은 위와 같이 국내등록상표의 지정상품이 국제등록상표의 지정상품에 전부 포함되어 있는 경우에만 대체를 인정하지만, 일본 상표법은 국제등록상표의 지정상품과 국내등록상표의 지정상품이 일부만 중복하고 있는 경우에도 대체를 인정하고 있다.[11] 예컨대, 국내등록상표의 지정상품이 'a+b+c'이고, 국제등록상표의 지정상품이 'a+b'인 경우, 한국 상표법은 대체를 인정하고 있지 않지만(출원일 불소급), 일본 상표법은 중복되는 지정상품 'a+b'는 대체를 인정하여 그 국제등록상표출원은 당해 국내등록상표의 출원일에 출원한 것으로 본다.

⑤ 마드리드 의정서 제3조의3 규정[12]에 의한 '영역확장의 효력이 국내등록상표의 상표등록일후에 발생'되어야 한다. 영역확장은 국제출원 시의 지정과 사후지정을 모두 포함하는 개념이다. 국제출원 시 지정의 효력은 국제등록일부터 발생하며, 사후지정의 효력은 사후지정일부터 발생하므로, 국내등록상표의 설정등록일이 국제등록일(국제출원시 지정 경우) 또는 사후지정일(사후지정 경우)보다 선행하여야 한다.

대체요건의 판단은 대체여부 결정 시(등록여부 결정 시)를 기준으로 하며, 등록여부 결정 시에 위의 요건을 모두 충족하는 경우에는 그 국제상표등록출원은 지정상품이 중복되는 범위 안에서 당해 국내등록상표에 관한 상표등록출원의 출원일에 출원된 것으로 본다. 따라서 상표등록출원이 대체요건에 충족하는 경우에는 '1상표 1출원 원칙' 즉, 중복출원의 금지원칙에 해당하지 않는다. 국제상표 심사관은 선등록 상표를 검색할 때, 대체요건을 충족하는 국내 등록상표를 발견한 경우에도 중복출원을 이유로 직권가거절통지를 해서는 안된다.[13]

---

10) 특허청(주 2), 444.
11) 김기홍, "한·일 상표등록제도의 비교 연구", 특허청, 지식재산21(2010.7), 17.
12) 제3조의3 "영역확장"신청
    (1) 국제등록으로 인한 보호의 체약당사자에 대한 확장신청은 국제출원에 특별히 언급되어야 한다.
    (2) 영역확장신청은 국제등록 후에도 할 수 있다. 당해 신청은 공통규칙에서 규정하는 서식으로 제출되어야 한다. 이는 즉시 국제사무국에 의하여 등재되어야 하고, 국제사무국은 당해 등재를 지체 없이 해당관청에 통지하여야 한다. 당해 등재는 국제사무국의 정기공보에 공고된다. 영역확장은 국제등록부에 영역확장이 등재된 날부터 효력이 발생한다. 영역확장은 관련 국제등록의 만료 시에 효력을 상실한다.
13) 상표심사기준(주 1), 440.

Ⅲ. 국내등록상표 우선권을 국제출원에 그대로 적용(제2항)

본조 제1항에 따른 국내등록상표에 관한 상표등록출원에 대하여 조약에 따른 우선권이 인정되는 경우에는 그 우선권이 같은 항에 따른 국제상표등록출원에도 인정된다. 즉, 국내등록상표가 조약에 의한 우선권이 인정되었으면 본 조에 따른 국제상표등록출원도 조약 우선권이 인정되어 해당 국내등록상표에서 소급된 출원일에 출원한 것으로 본다. 이 경우 국내 선등록상표에 조약우선권이 인정되면 그 우선권의 효과도 국제상표등록출원에 그대로 인정되며, 대체하는 국제상표등록출원 상표와 대체되는 본인의 국내 선등록상표는 병존하게 된다.[14]

Ⅳ. 국내등록상표가 소멸되는 경우 국제출원의 소급 불인정(제3항)

국내등록상표의 상표권이 상표등록 취소심판의 대상이 되어 취소되거나 소멸되는 경우에는 그 취소되거나 소멸된 상표권의 지정상품과 동일한 범위에서 제1항 및 제2항에 따른 해당 국제상표등록출원에 대한 소급 효과는 인정되지 아니한다. 즉, 상표법 제119조 제1항[15] 각 호(제4호[16]는 제외한다)에 해당한다는

---

14) 상표심사기준(주 1), 439.
15) 제119조(상표등록의 취소심판) ① 등록상표가 다음 각 호의 어느 하나에 해당하는 경우에는 그 상표등록의 취소심판을 청구할 수 있다.
   1. 상표권자가 고의로 지정상품에 등록상표와 유사한 상표를 사용하거나 지정상품과 유사한 상품에 등록상표 또는 이와 유사한 상표를 사용함으로써 수요자에게 상품의 품질을 오인하게 하거나 타인의 업무와 관련된 상품과 혼동을 불러일으키게 한 경우
   2. 전용사용권자 또는 통상사용권자가 지정상품 또는 이와 유사한 상품에 등록상표 또는 이와 유사한 상표를 사용함으로써 수요자에게 상품의 품질을 오인하게 하거나 타인의 업무와 관련된 상품과의 혼동을 불러일으키게 한 경우. 다만, 상표권자가 상당한 주의를 한 경우는 제외한다.
   3. 상표권자·전용사용권자 또는 통상사용권자 중 어느 누구도 정당한 이유 없이 등록상표를 그 지정상품에 대하여 취소심판청구일 전 계속하여 3년 이상 국내에서 사용하고 있지 아니한 경우
   4. 제93조제1항 후단, 같은 조 제2항 및 같은 조 제4항부터 제7항까지의 규정에 위반된 경우
   5. 상표권의 이전으로 유사한 등록상표가 각각 다른 상표권자에게 속하게 되고 그 중 1인이 자기의 등록상표의 지정상품과 동일·유사한 상품에 부정경쟁을 목적으로 자기의 등록상표를 사용함으로써 수요자에게 상품의 품질을 오인하게 하거나 타인의 업무와 관련된 상품과 혼동을 불러일으키게 한 경우
   6. 제92조제2항에 해당하는 상표가 등록된 경우에 그 상표에 관한 권리를 가진 자가 해

당 상표등록일부터 5년 이내에 취소심판을 청구한 경우
7. 단체표장과 관련하여 다음 각 목의 어느 하나에 해당하는 경우
가. 소속 단체원이 그 단체의 정관을 위반하여 단체표장을 타인에게 사용하게 한 경우
나. 소속 단체원이 그 단체의 정관을 위반하여 단체표장을 사용함으로써 수요자에게
상품의 품질 또는 지리적 출처를 오인하게 하거나 타인의 업무와 관련된 상품과 혼
동을 불러일으키게 한 경우. 다만, 단체표장권자가 소속단체원의 감독에 상당한 주
의를 한 경우는 제외한다.
나. 단체표장의 설정등록 후 제37조제3항에 따른 정관을 변경함으로써 수요자에게 상품
의 품질을 오인하게 하거나 타인의 업무와 관련된 상품과 혼동을 불러일으키게 할
염려가 있는 경우
다. 제3자가 단체표장을 사용하여 수요자에게 상품의 품질이나 지리적 출처를 오인하게
하거나 타인의 업무와 관련된 상품과 혼동을 불러일으키게 하였음에도 단체표장권
자가 고의로 적절한 조치를 하지 아니한 경우
8. 지리적 표시 단체표장과 관련하여 다음 각 목의 어느 하나에 해당하는 경우
가. 지리적 표시 단체표장등록출원의 경우에 그 소속 단체원의 가입에 관하여 정관에
의하여 단체의 가입을 금지하거나 정관에 충족하기 어려운 가입조건을 규정하는 등
단체의 가입을 실질적으로 허용하지 아니하거나 그 지리적 표시를 사용할 수 없는
자에게 단체의 가입을 허용한 경우
나. 지리적 표시 단체표장권자나 그 소속 단체원이 제224조를 위반하여 단체표장을 사
용함으로써 수요자에게 상품의 품질을 오인하게 하거나 지리적 출처에 대한 혼동을
불러일으키게 한 경우
9. 증명표장과 관련하여 다음 각 목의 어느 하나에 해당하는 경우
가. 증명표장권자가 제37조제4항에 따라 제출된 정관 또는 규약을 위반하여 증명표장의
사용을 허락한 경우
나. 증명표장권자가 제3조제3항 단서를 위반하여 증명표장을 자기의 상품에 대하여 사
용하는 경우
다. 증명표장의 사용허락을 받은 자가 정관 또는 규약을 위반하여 타인에게 사용하게
한 경우 또는 사용을 허락받은 자가 정관 또는 규약을 위반하여 증명표장을 사용함
으로써 수요자에게 상품의 품질, 원산지, 생산방법이나 그 밖의 특성에 관하여 혼동
을 불러일으키게 한 경우. 다만, 증명표장권자가 사용을 허락받은 자에 대한 감독에
상당한 주의를 한 경우는 제외한다.
라. 증명표장권자가 증명표장의 사용허락을 받지 아니한 제3자가 증명표장을 사용하여
수요자에게 상품의 품질, 원산지, 생산방법이나 그 밖의 상품의 특성에 관한 혼동을
불러일으키게 하였음을 알면서도 적절한 조치를 하지 아니한 경우
마. 증명표장권자가 그 증명표장을 사용할 수 있는 자에 대하여 정당한 사유 없이 정관
또는 규약으로 사용을 허락하지 아니하거나 정관 또는 규약에 충족하기 어려운 사
용조건을 규정하는 등 실질적으로 사용을 허락하지 아니한 경우
16) 제93조(상표권 등의 이전 및 공유) ① 상표권은 그 지정상품마다 분할하여 이전할 수 있
다. 이 경우 유사한 지정상품은 함께 이전하여야 한다.
② 상표권이 공유인 경우에는 각 공유자는 다른 공유자 모두의 동의를 받지 아니하면
그 지분을 양도하거나 그 지분을 목적으로 하는 질권을 설정할 수 없다.
③ 상표권이 공유인 경우에는 각 공유자는 다른 공유자 모두의 동의를 받지 아니하면
그 상표권에 대하여 전용사용권 또는 통상사용권을 설정할 수 없다.
④ 업무표장권은 양도할 수 없다. 다만, 그 업무와 함께 양도하는 경우에는 그러하지 아
니하다.

사유로 상표등록을 취소한다는 심결이 확정된 경우나, 제119조 제1항 각 호(제4
호는 제외한다)에 해당한다는 사유로 상표등록의 취소심판이 청구되고, 그 청구
일 이후에 존속기간의 만료로 상표권이 소멸하거나 상표권 또는 지정상품의 일
부를 포기한 경우에는 국제상표등록출원의 대체 효과를 인정하지 않는다.

대체요건의 판단 및 대체의 인정 시기는 국제상표등록출원 시가 아니라 국
제상표등록출원에 대한 대체여부 결정 시 및 등록여부 결정 시를 기준으로 한
다.[17] 제1항의 규정에 의하여 출원일을 소급받기 위해서는 심사관의 국제상표
등록여부 결정 시에 국내등록상표가 존재해야 하므로 제3항에서 규정하고 있는
경우 외에도 국내등록상표가 무효 등으로 인하여 소멸한 경우에는 출원일이 소
급되지 않는다.[18]

V. 국제출원의 출원일 소급신청(제4항)

마드리드 의정서 제4조의2(2)에 따른 출원일 소급(대체) 신청을 하려는 자는
1. 국제등록명의인의 성명 및 주소(법인인 경우에는 그 명칭 및 영업소의 소재지를
말한다), 2. 국제등록번호, 3. 관련 국내등록상표 번호, 4. 중복되는 지정상품, 5.
그 밖에 산업통상자원부령으로 정하는 사항을 적은 신청서를 특허청장에게 제
출하여야 한다. 상표법 시행규칙 제87조(국제등록에 의한 국내등록의 대체신청)는
"법 제183조제4항에 따라 국제등록에 의한 국내등록의 대체신청을 하려는 자는
별지 제40호서식의 국내등록의 대체신청서를 특허청장에게 제출하여야 한다"라
고 규정하고 있다.[19]

한편, 국제등록명의인의 대체신청 필요성에 관하여 우리나라 상표법은 본

---

⑤ 제34조제1항제1호다목 단서, 같은 호 라목 단서 또는 같은 항 제3호 단서에 따라 등
록된 상표권은 이전할 수 없다. 다만, 제34조제1항제1호다목?라목 또는 같은 항 제3호의
명칭, 약칭 또는 표장과 관련된 업무와 함께 양도하는 경우에는 그러하지 아니하다.

⑥ 단체표장권은 이전할 수 없다. 다만, 법인의 합병의 경우에는 특허청장의 허가를 받
아 이전할 수 있다.

⑦ 증명표장권은 이전할 수 없다. 다만, 해당 증명표장에 대하여 제3조제3항에 따라 등
록받을 수 있는 자에게 그 업무와 함께 이전할 경우에는 특허청장의 허가를 받아 이전할
수 있다.

⑧ 업무표장권, 제34조제1항제1호다목 단서, 같은 호 라목 단서 또는 같은 항 제3호 단
서에 따른 상표권, 단체표장권 또는 증명표장권을 목적으로 하는 질권은 설정할 수 없다.

17) 상표심사기준(주 1), 440.

18) 특허청(주 2), 444.

19) 대체신청서는 인터넷 '특허로(www.patent.go.kr)'에서 온라인으로 제출할 수 있다.

항에서와 같이 신청이 필요한 것으로 되어 있지만, 일본 상표법은 신청을 필요로 하지 않는다.[20] 하지만, 우리나라의 심사 실무는 일본과 같이 대체신청이 없는 경우에도 심사관이 직권으로 대체여부를 결정하고 있다. 즉 국제상표등록출원이 대체요건(상표법 제183조 제1항 각호)에 해당하는 경우에는 심사관은 국제상표등록출원이 국내등록상표를 대체하도록 심사(대체선언)하여야 한다.[21]

VI. 출원일 소급 인정(대체) 여부 통지(제5항)

상표법 제183조 제4항에 따른 국내등록상표의 대체신청이 있는 때에는 당해 국제상표등록출원에 대한 대체의 인정여부를 판단하고, 그 결과를 신청인에게 통보하여야 한다.

〈손영식〉

---

20) 김기홍(주 11), 17.
21) 상표심사기준(주 1), 439.

제184조(출원의 승계 및 분할이전 등의 특례)

① 국제상표등록출원에 대하여 제48조제1항을 적용할 경우 "상속이나 그 밖의 일반승계의 경우를 제외하고는 출원인 변경신고를"은 "출원인이 국제사무국에 명의변경 신고를"로 본다.

② 국제등록 명의의 변경에 따라 국제등록 지정상품의 전부 또는 일부가 분할되어 이전된 경우에는 국제상표등록출원은 변경된 국제등록명의인에 의하여 각각 출원된 것으로 본다.

③ 국제상표등록출원에 대해서는 제48조제3항을 적용하지 아니한다.

〈소 목 차〉

I. 상표권 이전의 의의 및 본 조문의 개요
II. 국제상표출원 승계의 경우 국제사무국에 명의변경 신고(제1항)
III. 국제출원이 이전된 경우 변경된 명의인 출원 간주(제2항)
IV. 국제상표등록출원 일반승계의 신고 불필요(제3항)

I. 상표권 이전의 의의 및 본 조문의 개요

상표권 이전이란 상표권의 동일성을 유지하면서 종전의 권리자로부터 새로운 권리자로 옮기는 것을 말한다. 상표권의 이전은 발생 원인에 따라 특정승계와 일반승계로, 이전의 범위에 따라 전부승계와 일부승계로 구분할 수 있다. 상표권도 일반 재산권과 마찬가지로 상표권자의 자유의사에 의한 특정승계에 의하거나 상속 기타 일반승계에 의해서 이전할 수 있다. 여기서 특정승계란 상표권자와 양수인 간의 양도계약, 증여, 강제집행 등에 의하여 이전되는 것을 말하고, 일반승계란 상속·포괄유증·회사합병 등과 같이 피승계인의 재산에 속하는 모든 일체의 권리의무에 수반하여 이전되는 것을 말하며 등록하지 않아도 효력이 발생한다.[1] 지정상품의 전부승계란 상표권이 지정하고 있는 상품 전부를 일괄적으로 양도하는 것을 말하고, 일부승계란 지정상품의 일부 또는 상표권의 지분 일부만 이전하는 것을 말한다.

통상의 국내 상표등록출원의 승계는 출원인 변경신고를 해야 효력이 발생하고, 상속 기타 일반승계의 경우에는 출원인 변경신고를 하지 않아도 그 승계

---

[1] 윤선희, 상표법, 법문사(2007), 504.

의 효력이 발생하지만, 승계인이 지체 없이 상속 기타 일반승계의 취지를 특허
청장에게 신고하여야 한다.2)

본 조문은 국제상표등록출원의 승계는 특정승계뿐만 아니라 상속 기타 일
반승계의 경우에도 출원인이 국제사무국에 명의변경 신고를 하여야 효력이 발
생하고, 국제등록 명의변경에 따라 지정상품이 분할 이전된 경우에는 국제상표
등록출원은 변경된 명의인에 의하여 각각 출원된 것으로 보며, 국제상표등록출
원은 상속 기타 일반승계를 특허청장에게 신고할 필요가 없다는 규정이다.

Ⅱ. 국제상표출원 승계의 경우 국제사무국에 명의변경 신고(제1항)

국제상표등록출원에 대하여 제48조 제1항 "상표등록출원의 승계는 상속이
나 그 밖의 일반승계의 경우를 제외하고는 출원인 변경신고를 하지 아니하면
그 효력이 발생하지 아니한다"를 적용할 경우 "상속이나 그 밖의 일반승계의
경우를 제외하고는 출원인 변경신고를"은 "출원인이 국제사무국에 명의변경 신
고를"로 본다는 규정이다. 일반 국내 상표등록출원의 승계는 상표법 제48조 제1
항 및 제3항에 따라 상속이나 그 밖의 일반승계의 경우를 제외하고는 출원인
변경신고를 하지 아니하면 그 효력이 발생하지 아니하고, 상속이나 그 밖의 일
반승계의 경우는 출원인 변경신고를 하지 않아도 일단 효력이 발생하고 승계인
이 지체없이 특허청장에게 신고하여야 한다. 하지만, 국제상표등록출원의 승계
는 특정승계뿐만 아니라 상속 기타 일반승계의 경우도 출원인이 국제사무국에
명의변경 신고를 하여야 효력이 발생한다.

여기서 명의변경 신고를 하여야 하는 출원인은 국제등록명의인을 의미하지
만, 마드리드 의정서에서는 명의변경 신청을 승계인도 할 수 있고, 명의변경 신
고는 국제사무국에 직접 할 수도 있고, 관청을 경유하여 할 수도 있다.3)

---

2) 상표법 제48조(출원의 승계 및 분할이전 등) ① 상표등록출원의 승계는 상속이나 그 밖의 일
반승계의 경우를 제외하고는 출원인 변경신고를 하지 아니하면 그 효력이 발생하지 아니한다.
② 상표등록출원은 그 지정상품마다 분할하여 이전할 수 있다. 이 경우 유사한 지정상
품은 함께 이전하여야 한다.
③ 상표등록출원의 상속이나 그 밖의 일반승계가 있는 경우에는 승계인은 지체 없이 그
취지를 특허청장에게 신고하여야 한다.
④-⑧ <생략>
3) 특허청, 조문별 상표법해설(2007), 446; 문삼섭, 상표법(제2판), 세창출판사(2004), 829.

Ⅲ. 국제출원이 이전된 경우 변경된 명의인 출원 간주(제2항)

국제등록 명의의 변경에 따라 국제등록 지정상품의 전부 또는 일부가 이전
된 경우에는 국제상표등록출원은 변경된 국제등록명의인에 의하여 각각 출원된
것으로 간주된다. 지정상품 일부가 분할 이전된 경우는 남아 있는 지정상품과
관련된 국제상표출원의 출원일과 이전된 지정상품과 관련된 국제상표출원의 출
원일은 모두 분할되기 전의 국제상표등록출원의 출원일과 동일하게 인정된다.[4]

Ⅳ. 국제상표등록출원 일반승계의 신고 불필요(제3항)

국제상표등록출원에 대해서는 제48조 제3항 "상표등록출원의 상속이나 그
밖의 일반승계가 있는 경우에는 승계인은 지체 없이 그 취지를 특허청장에게
신고하여야 한다"는 조항을 적용하지 아니한다.

앞의 제1항 부분에서 살펴본 바와 같이, 국제상표등록출원의 승계는 특정승
계뿐만 아니라 상속 기타 일반승계의 경우도 출원인이 국제사무국에 명의변경
신고를 하여야 효력이 발생한다. 일반 국내 상표등록출원의 승계는 상표법 제48
조 제1항 및 제3항에 따라 상속이나 그 밖의 일반승계의 경우를 제외하고는 출
원인 변경신고를 하지 아니하면 그 효력이 발생하지 아니하고, 상속이나 그 밖
의 일반승계의 경우는 출원인 변경신고를 하지 않아도 일단 효력이 발생하고
승계인이 지체없이 특허청장에게 신고하여야 한다. 하지만, 국제상표등록출원을
이전한 경우에는 이미 국제사무국에 명의변경 신고를 하였을 것이기 때문에 일
반 국내 상표등록출원의 승계에서 필요한 특허청장에게 신고하는 절차는 불필
요하다. 그러므로 특허청장에 대한 일반 승계인의 신고의무를 규정한 제48조 제
3항의 적용을 배제한 것이다.

〈손영식〉

---

4) 특허청(주 3), 446.

> **제185조(보정의 특례)**
> ① 국제상표등록출원에 대하여 제40조제1항 각 호 외의 부분을 적용할 경우 "상표등록출원서의 기재사항, 상표등록출원에 관한 지정상품 및 상표를"은 "제55조제1항에 따른 거절이유의 통지를 받은 경우에 한정하여 그 상표등록출원에 관한 지정상품을"로 본다.
> ② 국제상표등록출원에 대해서는 제40조제2항제4호를 적용하지 아니한다.
> ③ 국제상표등록출원에 대하여 제40조제3항을 적용할 경우 "제1항에 따른 보정이 제2항 각 호"는 "지정상품의 보정이 제2항 각 호(같은 항 제4호는 제외한다)"로 보고, 제41조제3항을 적용할 경우 "제1항에 따른 보정이 제40조제2항 각 호"는 "지정상품의 보정이 제40조제2항 각 호(같은 항 제4호는 제외한다)"로 본다.
> ④ 국제상표등록출원에 대하여 제41조제1항을 적용할 경우 "지정상품 및 상표를"은 "지정상품을"로 본다.

〈소 목 차〉

Ⅰ. 상표출원 보정의 의의 및 본 조문의 취지
Ⅱ. 국제상표출원서의 기재사항 및 상표의 보정 금지(제1항)
Ⅲ. 국제상표출원에서 상표의 부기적 부
분 삭제보정 금지(제2항)
Ⅳ. 국제상표 출원공고 전 보정 시 상표보정 불인정(제3항)
Ⅴ. 국제상표 출원공고 후 보정 시 상표보정 불인정(제4항)

Ⅰ. 상표출원 보정의 의의 및 본 조문의 취지

상표출원의 보정이란 상표출원에 사소한 흠결이 있을 경우 일정한 기간 내에 특허청장의 명령에 의하여 또는 출원인 스스로 흠결을 바로잡는 것을 말한다. 보정제도는 '출원일의 인정'과 관련하여 실익이 있는데 정상적으로 보정하면 보정된 내용대로 최초 출원일에 출원된 것으로 인정된다. 이렇게 보정은 최초 출원일을 인정하는 점에서 보완 서류를 다시 제출한 날을 출원일로 인정하는 '보완'과 차이가 있다.[1]

본 조문은 통상의 국내 상표등록출원은 출원의 요지를 변경하지 아니하는 범위에서 지정상품과 상표를 보정할 수 있지만, 마드리드 의정서에 따른 국제상

---

1) 문삼섭, 상표법(제2판), 세창출판사(2004), 747.

표등록 출원은 일정한 경우 '지정상품'만 보정할 수 있고, '상표'의 보정은 인정하지 아니한다는 것을 명시한 것이다. 국제상표등록 출원 과정에서 상표의 부기적 부분 삭제와 같은 변경을 하기 위해서는 출원일을 인정받는 보정으로는 할 수 없고, 보완을 하거나 별도의 출원을 다시 할 수밖에 없다.

Ⅱ. 국제상표출원서의 기재사항 및 상표의 보정 금지(제1항)

국제상표등록출원에 대하여 상표법 제40조[2] 제1항 각 호 외의 부분, "출원인은 다음 각 호의 구분에 따른 때까지는 최초의 상표등록출원의 요지를 변경하지 아니하는 범위에서 상표등록출원서의 기재사항, 상표등록출원에 관한 지정상품 및 상표를 보정할 수 있다"를 적용할 경우 "상표등록출원서의 기재사항, 상표등록출원에 관한 지정상품 및 상표를"은 "상표법 제55조[3] 제1항에 따른 거

---

[2] 제40조(출원공고결정 전의 보정) ① 출원인은 다음 각 호의 구분에 따른 때까지는 최초의 상표등록출원의 요지를 변경하지 아니하는 범위에서 상표등록출원서의 기재사항, 상표등록출원에 관한 지정상품 및 상표를 보정할 수 있다.
　1. 제57조에 따른 출원공고의 결정이 있는 경우: 출원공고의 때까지
　2. 제57조에 따른 출원공고의 결정이 없는 경우: 제54조에 따른 상표등록거절결정의 때까지
　3. 제116조에 따른 거절결정에 대한 심판을 청구하는 경우: 그 청구일부터 30일 이내
　4. 제123조에 따라 거절결정에 대한 심판에서 심사규정이 준용되는 경우: 제55조제1항·제3항 또는 제87조제2항·제3항에 따른 의견서 제출기간
② 제1항에 따른 보정이 다음 각 호의 어느 하나에 해당하는 경우에는 상표등록출원의 요지를 변경하지 아니하는 것으로 본다.
　1. 지정상품의 범위의 감축(減縮)
　2. 오기(誤記)의 정정
　3. 불명료한 기재의 석명(釋明)
　4. 상표의 부기적(附記的)인 부분의 삭제
　5. 그 밖에 제36조제2항에 따른 표장에 관한 설명 등 산업통상자원부령으로 정하는 사항
③ 상표권 설정등록이 있은 후에 제1항에 따른 보정이 제2항 각 호의 어느 하나에 해당하지 아니하는 것으로 인정된 경우에는 그 상표등록출원은 그 보정서를 제출한 때에 상표등록출원을 한 것으로 본다.
[3] 제55조(거절이유통지) ① 심사관은 제54조에 따라 상표등록거절결정을 하려는 경우에는 출원인에게 미리 거절이유(같은 조 각 호의 어느 하나에 해당하는 이유를 말하며, 이하 "거절이유"라 한다)를 통지하여야 한다. 이 경우 출원인은 산업통상자원부령으로 정하는 기간 내에 거절이유에 대한 의견서를 제출할 수 있다.
② 심사관은 제1항에 따라 거절이유를 통지하는 경우에 지정상품별로 거절이유와 근거를 구체적으로 적어야 한다.
③ 제1항 후단에 따른 기간 내에 의견서를 제출하지 못한 출원인은 그 기간의 만료일부터 2개월 내에 상표에 관한 절차를 계속 진행할 것을 신청하고, 거절이유에 대한 의견서를 제출할 수 있다.

절이유의 통지를 받은 경우에 한정하여 그 상표등록출원에 관한 지정상품을"로
본다.

마드리드 의정서에 따른 국제상표등록출원의 경우는 일반 국내 상표출원의
경우와 달리 상표등록출원서의 기재사항과 상표는 보정할 수 없고, 지정국 관청
(우리나라 특허청)의 심사과정에서 심사관의 거절이유 통지를 받은 경우에 한하
여 지정상품만 보정할 수 있다는 내용이다. 한편, 실무상으로 출원인의 편의 제
고와 심사처리기간 단축을 위해서 심사관은 상품의 영문철자나 구두점 등에 명
백한 오기가 있는 경우에는 직권으로 보정할 수 있으며, 이 경우 직권보정한 내
용을 심사점검표에 기록하여 관리하고 있다.[4]

마드리드 국제출원제도는 1개의 출원서로 여러 국가를 지정하는 국제출원
제도이므로 한 지정국(우리나라)만을 대상으로 표장을 보정할 수 없다.[5] 국제상
표 출원인(등록명의인)이 상표등록출원서의 기재사항과 상표에 대하여 보정을 신
청한 경우에는 심사관은 당해 보정을 각하 처리하며, 이들을 변경하기 위해서는
별도의 국제상표출원을 할 수밖에 없다.[6]

일반상표 출원의 경우는 출원공고결정 전의 보정은 요지를 변경하지 아니
하는 범위에서는 원칙적으로 상표등록여부 결정 전에 언제든지 할 수 있다.[7]
그러나 국제상표출원의 경우는 가거절통지없이 바로 등록결정을 하게 되면 심
사 단계의 보정내용을 국제사무국에 통지할 수 있는 방법이 현행 마드리드 의
정서 제도에는 없으므로 거절이유통지를 받은 경우에 한하여 보정을 할 수 있
도록 규정한 것이다. 국제상표 출원인(등록명의인)은 WIPO 국제사무국을 통하여
출원공고결정 전에 국제등록부상의 지정상품을 감축하는 방법으로 보정을 할
수 있기 때문에 국내 심사단계에서 보정 시기를 제한한다고 해서 국제상표등록
출원을 부당 차별하는 것은 아니다.[8]

III. 국제상표출원에서 상표의 부기적 부분 삭제보정 금지(제2항)

국제상표등록출원에 대해서는 제40조 제2항 제4호, 상표의 부기적(附記的)

---

4) 특허청, 상표심사기준(특허청 예규 제90호, 2016.9.1. 시행), 431.
5) 상표심사기준(주 4), 431.
6) 특허청, 마드리드 국제상표등록출원 실체심사지침서(2014), 145.
7) 상표법 제40조.
8) 특허청, 조문별 상표법해설(2007), 448.

인 부분의 삭제를 상표등록출원의 요지 변경으로 보지 않는다는 내용을 적용하지 아니한다. 다시 말해, 국제상표등록출원에 대해서는 상표의 부기적 부분을 변경하면 요지 변경으로 본다는 것으로서, 국제상표등록출원의 경우는 상표의 부기적 부분이라도 변경할 수 없다는 것이다. 따라서 국제상표 출원인이 출원 상표의 부기적 부분을 변경하려면 보정을 통해서는 할 수 없고, 별도의 출원을 하여야 한다.[9)]

Ⅳ. 국제상표 출원공고 전 보정 시 상표보정 불인정(제3항)

국제상표등록출원에 대하여 제40조 제3항, "상표권 설정등록이 있은 후에 제1항에 따른 보정이 제2항 각 호의 어느 하나에 해당하지 아니하는 것으로 인정된 경우에는 그 상표등록출원은 그 보정서를 제출한 때에 상표등록출원을 한 것으로 본다"를 적용할 경우 "제1항에 따른 보정이 제2항 각 호"는 "지정상품의 보정이 제2항 각 호(같은 항 제4호는 제외한다)"로 본다. 다시 말해, 일반 상표 출원의 경우 출원공고결정 전에 한 보정이 상표권 설정등록 후에 요지변경에 해당하는 보정을 한 것으로 인정된 경우, 즉 제40조 제2항 각 호 '지정상품 범위의 감축, 오기의 정정, 불명료한 기재의 석명 등'에 해당하지 아니하는 것으로 인정된 경우에는 보정의 소급효를 인정하지 않고 보정서를 제출한 때 상표등록출원을 한 것으로 보는데, 국제상표등록출원의 경우는 제40조 제2항 제4호, '상표의 부기적(附記的)인 부분의 삭제' 보정을 아예 할 수 없으므로 보정서를 제출한 때 국제상표등록출원을 한 것으로도 보지 않는다. 따라서 국제상표 출원인이 출원 상표의 부기적 부분을 변경하려면 보정을 통해서는 할 수 없고, 별도로 출원을 하여야 한다.

그리고 제41조[10)] 제3항, "상표권 설정등록이 있은 후에 제1항에 따른 보정

---

9) 특허청(주 8), 448.

10) 제41조(출원공고결정 후의 보정) ① 출원인은 제57조제2항에 따른 출원공고결정 등본의 송달 후에 다음 각 호의 어느 하나에 해당하게 된 경우에는 해당 호에서 정하는 기간 내에 최초의 상표등록출원의 요지를 변경하지 아니하는 범위에서 지정상품 및 상표를 보정할 수 있다.
  1. 제54조에 따른 상표등록거절결정 또는 제87조제1항에 따른 지정상품의 추가등록거절결정의 거절이유에 나타난 사항에 대하여 제116조에 따른 심판을 청구한 경우: 심판청구일부터 30일
  2. 제55조제1항 및 제87조제2항에 따른 거절이유의 통지를 받고 그 거절이유에 나타난 사항에 대하여 보정하려는 경우: 해당 거절이유에 대한 의견서 제출기간

이 제40조제2항 각 호의 어느 하나에 해당하지 아니하는 것으로 인정된 경우에는 그 상표등록출원은 그 보정을 하지 아니하였던 상표등록출원에 관하여 상표권이 설정등록된 것으로 본다"를 적용할 경우 "제1항에 따른 보정이 제40조제2항 각 호"는 "지정상품의 보정이 제40조제2항 각 호(같은 항 제4호는 제외한다)"로 본다. 다시 말해, 일반 상표출원의 경우는 출원공고결정 후의 보정이 상표권 설정등록 후에 요지변경에 해당하는 보정을 한 것으로 인정된 경우에는 그 상표등록출원은 그 보정을 하지 아니하였던 상표등록출원에 관하여 상표권이 설정등록된 것으로 보는데, 국제상표등록출원의 경우는 제40조 제2항 제1호 내지 제3호, '지정상품 범위의 감축, 오기의 정정, 불명료한 기재의 석명'에 해당하지 아니하는 것으로 인정된 경우에는 그 국제상표등록출원은 그 보정을 하지 아니하였던 상표등록출원에 관하여 상표권이 설정등록된 것으로 보지만, 제40조 제2항 제4호, '상표의 부기적(附記的)인 부분의 삭제' 보정은 아예 할 수 없으므로 국제상표등록출원의 상표보정의 경우는 그 보정을 하지 아니하였던 상표등록출원에 관하여 상표권이 설정등록된 것으로도 보지 않는다.

Ⅴ. 국제상표 출원공고 후 보정 시 상표보정 불인정(제4항)

국제상표등록출원에 대하여 제41조 제1항, "출원인은 제57조제2항에 따른 출원공고결정 등본의 송달 후에 다음 각 호의 어느 하나에 해당하게 된 경우에는 해당 호에서 정하는 기간 내에 최초의 상표등록출원의 요지를 변경하지 아니하는 범위에서 지정상품 및 상표를 보정할 수 있다.

> 1. 제54조에 따른 상표등록거절결정 또는 제87조제1항에 따른 지정상품의 추가등록거절결정의 거절이유에 나타난 사항에 대하여 제116조에 따른 심판을 청구한 경우: 심판청구일부터 30일
> 2. 제55조제1항 및 제87조제2항에 따른 거절이유의 통지를 받고 그 거

---

3. 이의신청이 있는 경우에 그 이의신청의 이유에 나타난 사항에 대하여 보정하려는 경우: 제66조제1항에 따른 답변서 제출기간

② 제1항에 따른 보정이 제40조제2항 각 호의 어느 하나에 해당하는 경우에는 상표등록출원의 요지를 변경하지 아니하는 것으로 본다.

③ 상표권 설정등록이 있은 후에 제1항에 따른 보정이 제40조제2항 각 호의 어느 하나에 해당하지 아니하는 것으로 인정된 경우에는 그 상표등록출원은 그 보정을 하지 아니하였던 상표등록출원에 관하여 상표권이 설정등록된 것으로 본다.

　　　절이유에 나타난 사항에 대하여 보정하려는 경우: 해당 거절이유에
　　　대한 의견서 제출기간

　3. 이의신청이 있는 경우에 그 이의신청의 이유에 나타난 사항에 대하
　　　여 보정하려는 경우: 제66조제1항에 따른 답변서 제출기간"을 적용할
　　　경우 '지정상품 및 상표를'은 '지정상품을'로 본다.

　　이 항은 국제상표등록출원에 대하여 출원공고결정 후의 보정을 할 경우 지
정상품에 대해서는 보정을 할 수 있지만, 상표(표장)에 대해서는 보정을 할 수
없다는 것을 명확히 규정한 것이다.

〈손영식〉

> **제186조(출원 변경의 특례)**
>
> 국제상표등록출원에 대해서는 제44조제1항부터 제4항까지의 규정을 적용하지 아니한다.

〈소 목 차〉

Ⅰ. 상표출원 변경의 의의 　　　　　　변경 규정의 적용배제
Ⅱ. 국제상표등록출원에 상표법상 출원

Ⅰ. 상표출원 변경의 의의

상표출원의 변경이란 상표출원의 주체나 내용의 동일성을 유지하면서 상표법 내에서 출원의 형식만 변경하는 것을 의미한다. 예컨대, 출원인이 상표등록출원의 형식을 단체표장등록출원 형식으로 변경하거나, 단체표장등록출원 형식을 증명표장등록출원 형식으로 변경하는 것 등을 말한다. 우리 상표법은 제44조에서 출원변경 사항을 규정하고 있다.[1]

상표출원인이 상표법의 지식부족 또는 착오 등으로 상표출원의 형식을 잘못 기재한 경우에 이를 쉽게 바로잡게 함으로써 출원인이 선출원의 이익을 계속 향유할 수 있도록 하고, 재출원으로 인한 절차의 중복과 비용 부담을 줄이기 위해서 인정하고 있는 것이다.[2]

---

1) 제44조(출원의 변경) ① 다음 각 호의 어느 하나에 해당하는 출원을 한 출원인은 그 출원을 다음 각 호의 어느 하나에 해당하는 다른 출원으로 변경할 수 있다.
  1. 상표등록출원
  2. 단체표장등록출원(지리적 표시 단체표장등록출원은 제외한다)
  3. 증명표장등록출원(지리적 표시 증명표장등록출원은 제외한다)
② 지정상품추가등록출원을 한 출원인은 상표등록출원으로 변경할 수 있다. 다만, 지정상품추가등록출원의 기초가 된 등록상표에 대하여 무효심판 또는 취소심판이 청구되거나 그 등록상표가 무효심판 또는 취소심판 등으로 소멸된 경우에는 그러하지 아니하다.
③ 제1항 및 제2항에 따라 변경된 출원(이하 "변경출원"이라 한다)은 최초의 출원을 한 때에 출원한 것으로 본다. 다만, 제46조제1항에 따른 우선권 주장이 있거나 제47조제1항에 따른 출원 시의 특례를 적용하는 경우에는 그러하지 아니하다.
④ 제1항 및 제2항에 따른 출원의 변경은 최초의 출원에 대한 등록여부결정 또는 심결이 확정된 후에는 할 수 없다.
⑤ 변경출원의 경우 최초의 출원은 취하된 것으로 본다.
2) 문삼섭, 상표법(제2판), 세창출판사(2004), 763.

Ⅱ. 국제상표등록출원에 상표법상 출원변경 규정의 적용배제

국제상표등록출원에 대해서는 상표법 제44조 제1항부터 제4항까지의 규정, 즉 상표등록출원을 단체표장등록출원으로 변경하거나, 지정상품추가등록출원을 상표등록출원으로 변경하는 등 상표출원의 변경에 대해서 규정한 상표법의 내용을 적용하지 아니한다.

마드리드 의정서 제도에서는 상표를 단체표장으로 변경하거나 단체표장을 증명표장으로 변경하는 등의 상표출원 변경을 인정하지 않으므로 국제상표등록출원에 대하여는 일반상표 출원의 변경에 관한 상표법의 적용을 배제한 것이다.[3] 따라서 국제상표등록출원에서는 상표출원의 형식을 바꿀 수 없다.

한편, 상표법 제44조 제5항 "변경출원의 경우 최초의 출원은 취하된 것으로 본다"의 내용은 변경출원을 전제로 한 규정이므로 별도의 배제 문구가 없어도 변경출원을 인정하지 않는 국제상표등록출원에서는 적용될 여지가 없으므로 본 조문에 포함시키지 않은 것이다.

〈손영식〉

---

3) 특허청, 조문별 상표법해설(2007), 449.

〈소 목 차〉

Ⅰ. 상표출원 분할의 의의　　　　　　　분할 규정의 적용배제
Ⅱ. 국제상표등록출원에 상표법상 출원

Ⅰ. 상표출원 분할의 의의

상표출원의 분할에 대해서는 우리 상표법 제45조에서 규정하고 있는데,[1] 복수의 상품을 지정상품으로 하여 상표출원한 경우 상표법 제40조 제1항[2]이나 제41조 제1항[3]의 규정에 의한 보정기간 이내에 2이상의 상표등록 출원으로 분

---

[1] 제45조(출원의 분할) ① 출원인은 둘 이상의 상품을 지정상품으로 하여 상표등록출원을 한 경우에는 제40조제1항 각 호 및 제41조제1항 각 호에서 정한 기간 내에 둘 이상의 상표등록출원으로 분할할 수 있다.
　② 제1항에 따라 분할하는 상표등록출원(이하 "분할출원"이라 한다)이 있는 경우 그 분할출원은 최초에 상표등록출원을 한 때에 출원한 것으로 본다. 다만, 제46조제1항에 따른 우선권 주장이 있거나 제47조제1항에 따른 출원 시의 특례를 적용하는 경우에는 그러하지 아니하다.
[2] 제40조(출원공고결정 전의 보정) ① 출원인은 다음 각 호의 구분에 따른 때까지는 최초의 상표등록출원의 요지를 변경하지 아니하는 범위에서 상표등록출원서의 기재사항, 상표등록출원에 관한 지정상품 및 상표를 보정할 수 있다.
　1. 제57조에 따른 출원공고의 결정이 있는 경우: 출원공고의 때까지
　2. 제57조에 따른 출원공고의 결정이 없는 경우: 제54조에 따른 상표등록거절결정의 때까지
　3. 제116조에 따른 거절결정에 대한 심판을 청구하는 경우: 그 청구일부터 30일 이내
　4. 제123조에 따라 거절결정에 대한 심판에서 심사규정이 준용되는 경우: 제55조제1항·제3항 또는 제87조제2항·제3항에 따른 의견서 제출기간
[3] 제41조(출원공고결정 후의 보정) ① 출원인은 제57조제2항에 따른 출원공고결정 등본의 송달 후에 다음 각 호의 어느 하나에 해당하게 된 경우에는 해당 호에서 정하는 기간 내에 최초의 상표등록출원의 요지를 변경하지 아니하는 범위에서 지정상품 및 상표를 보정할 수 있다.
　1. 제54조에 따른 상표등록거절결정 또는 제87조제1항에 따른 지정상품의 추가등록거절결정의 거절이유에 나타난 사항에 대하여 제116조에 따른 심판을 청구한 경우: 심판청구일부터 30일
　2. 제55조제1항 및 제87조제2항에 따른 거절이유의 통지를 받고 그 거절이유에 나타난 사항에 대하여 보정하려는 경우: 해당 거절이유에 대한 의견서 제출기간
　3. 이의신청이 있는 경우에 그 이의신청의 이유에 나타난 사항에 대하여 보정하려는 경

할하는 것을 말한다.

　상표등록 출원의 심사과정에서 심사관으로부터 지정상품 일부에 대해서 거절이유를 통지받았으나 출원인은 삭제보정을 원하지 않을 경우 거절이유가 있는 지정상품을 분할하여 별도로 출원할 수 있다. 이렇게 하면 거절이유가 없는 나머지 지정상품은 상표등록을 받을 수 있고, 분할된 출원은 출원일이 최초 출원일로 소급되기 때문에 선출원의 이익을 유지한 채 계속 심사를 받을 수 있다.4)

Ⅱ. 국제상표등록출원에 상표법상 출원분할 규정의 적용배제

　국제상표등록출원에 대해서는 상표법 제45조의 규정, 즉 복수의 상품을 지정하여 상표출원한 출원인은 보정기간 내에 둘 이상의 상표출원으로 분할할 수 있고, 분할된 출원은 최초에 상표 출원한 때에 출원한 것으로 본다는 내용 등을 적용하지 아니한다.

　마드리드 의정서 제도에서는 이전이 수반되지 아니하는 동일한 국제등록명의인이 지정상품에 따라 국제등록을 분할할 수 없으므로, 출원의 분할에 관한 상표법 규정의 적용을 배제한 것이다. 따라서 국제상표등록 출원은 심사과정에서 분할 출원할 수 없다. 다만, 보정에 의하여 지정상품을 감축할 수 있고, 별도의 사후지정을 할 수 있는데, 이 경우 출원일은 최초의 국제상표등록 출원의 출원일로 소급되지 않고 새로운 사후지정일이 된다.5)

〈손영식〉

　우: 제66조제1항에 따른 답변서 제출기간
　4) 문삼섭, 상표법(제2판), 세창출판사(2004), 755.
　5) 특허청, 조문별 상표법해설(2007), 449.

> **제188조(파리협약에 따른 우선권 주장의 특례)**
> 국제상표등록출원을 하려는 자가 파리협약에 따른 우선권 주장을 하는 경우
> 에는 제46조제4항 및 제5항을 적용하지 아니한다.

<소 목 차>

Ⅰ. 파리협약에 따른 우선권의 의의
Ⅱ. 국제상표등록출원에 우선권 주장 서
류 별도제출 불필요

Ⅰ. 파리협약에 따른 우선권의 의의

파리협약에 따른 우선권(Right of Priority)이란 산업재산권의 보호를 위한 파리협약 체약국 국민이 본국에서 최초의 상표등록출원을 한 후 6월 이내에 다른 동맹국에 상표등록출원을 하면 그 상표등록출원은 마치 최초의 본국출원일에 출원한 것과 동등하게 취급하는 것을 말한다.[1] 이러한 우선권제도는 파리동맹 국민에게 주어진 특별한 이익으로서 국외 출원 시 시간적·언어적 제약을 극복하고 내국민 대우의 원칙을 절차적 측면에서 실현시키기 위하여 보장된 권리라 할 수 있다.[2] 우선권 주장은 지정상품 전부에 대해서 동일한 날짜로 주장하는 경우가 대부분이나, 지정상품마다 서로 다른 날짜를 주장할 수도 있다.

Ⅱ. 국제상표등록출원에 우선권 주장 서류 별도제출 불필요

국제상표등록출원을 하려는 자가 파리협약에 따른 우선권 주장을 하는 경우에는 제46조[3] 제4항 및 제5항, "④ 제3항에 따라 우선권을 주장한 자는 최초

---

1) 파리협약 제4조 A(1)항: 어떠한 동맹국에서 정식으로 특허출원을 하거나 실용신안, 의장 또는 상표의 등록출원을 한 자 또는 그 승계인은 타 동맹국에서 출원의 목적상 이하에 정하는 기간 중 우선권을 가진다.

2) 문삼섭, 상표법(제2판), 세창출판사(2004), 1050.

3) 제46조(조약에 따른 우선권 주장) ① 조약에 따라 대한민국 국민에게 상표등록출원에 대한 우선권을 인정하는 당사국의 국민이 그 당사국 또는 다른 당사국에 상표등록출원을 한 후 같은 상표를 대한민국에 상표등록출원하여 우선권을 주장하는 경우에는 제35조를 적용할 때 그 당사국에 출원한 날을 대한민국에 상표등록출원한 날로 본다. 대한민국 국민이 조약에 따라 대한민국 국민에게 상표등록출원에 대한 우선권을 인정하는 당사국에 상표등록출원한 후 같은 상표를 대한민국에 상표등록출원한 경우에도 또한 같다.

로 출원한 국가의 정부가 인정하는 상표등록출원의 연월일을 적은 서면, 상표
및 지정상품의 등본을 상표등록출원일부터 3개월 이내에 특허청장에게 제출하
여야 한다. ⑤ 제3항에 따라 우선권을 주장한 자가 제4항의 기간 내에 같은 항
에 따른 서류를 제출하지 아니한 경우에는 그 우선권 주장은 효력을 상실한다”
의 규정을 적용하지 아니한다.

　　그리고 마드리드 의정서 제4조(2)는 “모든 국제등록은 산업소유권의 보호를
위한 파리협약 제4조에서 규정하는 우선권을 향유하며, 제4조D[4])에서 규정하는
형식을 충족할 것을 필요로 하지 아니한다”라고 규정하고 있다.[5])

　　국제상표등록출원의 경우는 국제상표 출원 시에 우선권 주장을 하면 우선
권 주장 요건을 충족하는 한 최초로 출원한 국가의 정부가 인정하는 상표등록

---

　② 제1항에 따라 우선권을 주장하려는 자는 우선권 주장의 기초가 되는 최초의 출원일부
터 6개월 이내에 출원하지 아니하면 우선권을 주장할 수 없다.
　③ 제1항에 따라 우선권을 주장하려는 자는 상표등록출원 시 상표등록출원서에 그 취지,
최초로 출원한 국가명 및 출원 연월일을 적어야 한다.
　④ 제3항에 따라 우선권을 주장한 자는 최초로 출원한 국가의 정부가 인정하는 상표등록
출원의 연월일을 적은 서면, 상표 및 지정상품의 등본을 상표등록출원일부터 3개월 이내
에 특허청장에게 제출하여야 한다.
　⑤ 제3항에 따라 우선권을 주장한 자가 제4항의 기간 내에 같은 항에 따른 서류를 제출하
지 아니한 경우에는 그 우선권 주장은 효력을 상실한다.
　4) 파리협약 제4조D
　　1. 전출원의 우선권을 이용하려는 자는 그 출원의 일부 및 그 출원을 한 동맹국의 국명
을 명시한 선언을 할 것이 요구된다. 각 동맹국은 그러한 선언을 하여야 할 최종일을
결정한다.
　　2. 일부 및 국명은 권한있는 당국이 발행하는 간행물 특히, 특허 및 명세서에 관한 간행
물에 게재한다.
　　3. 동맹국은 우선권을 신청하는 자에 대하여 최초의 출원에 관한 출원 서류(명세서, 도면
등을 포함)의 등본의 제출을 요구할 수 있다. 그러한 출원을 접수한 당국에 의하여 인
증된 등본은 여하한 공증도 필요로 하지 않으며 여하한 경우에도 그 후출원일로부터
3개월의 기간내에 언제든지 무료로 제출될 수 있다. 동맹국은 그 등본에 같은 당국이
교부하는 출원의 일부를 표시하는 증명서 및 역문을 첨부하도록 요구할 수 있다.
　　4. 출원을 할 때에는 우선권의 선언에 대하여 여타의 형식적 요건을 요구할 수 없다. 각
동맹국은 이 조항에 정하는 형식적 요건을 따르지 않았을 경우의 효과에 대하여 정한
다. 다만, 그 효과는 우선권의 상실을 초과하지 아니한다.
　　5. 그 이후에는 다른 증거 서류가 요구될 수 있다. 전출원의 우선권을 이용하는 자는 그
출원의 번호를 명시하도록 요구될 수 있으며 그 번호는 위 2항에 정하는 방법으로 공
표된다.
　5) Madrid Protocol Article 4, Effects of International Registration
　(2) Every international registration shall enjoy the right of priority provided for by Article 4
of the Paris Convention for the Protection of Industrial Property, without it being necessary
to comply with the formalities prescribed in Section D of that Article.

출원 연월일을 기재한 서면이나 상표 및 지정상품의 등본을 제출하지 않아도
우선권이 인정된다. 이는 파리협약의 동맹국이거나 세계무역기구의 회원국에서
이루어진 최초의 출원 이후 6개월 이내에 등록된 모든 국제등록은 '산업소유권
의 보호를 위한 파리협약' 제4조에서 규정하는 우선권을 당연히 향유하기 때문
에 지정국 심사단계에서 별도로 관련서류를 제출할 필요가 없기 때문이다.6)

〈손영식〉

---

6) 특허청, 마드리드 국제상표등록출원 실체심사지침서(2014), 61.

제189조(출원 시 및 우선심사의 특례)

　① 국제상표등록출원에 대하여 제47조제2항을 적용할 경우 "그 취지를 적은 상표등록출원서를 특허청장에게 제출하고, 이를 증명할 수 있는 서류를 상표등록출원일부터 30일 이내에"는 "그 취지를 적은 서면 및 이를 증명할 수 있는 서류를 산업통상자원부령으로 정하는 기간 내에"로 한다.

　② 국제상표등록출원에 대해서는 제53조제2항을 적용하지 아니한다.

<소 목 차>

Ⅰ. 상표 우선심사제도의 의의
Ⅱ. 국제상표등록출원의 '출원 시 특례' 적용의 특례(제1항)
Ⅲ. 국제상표등록출원의 우선심사 제외 (제2항)

Ⅰ. 상표 우선심사제도의 의의

　상표등록출원에 대한 심사는 출원의 순위에 따르는 것이 원칙이지만,[1] 모든 출원에 대하여 예외없이 이러한 원칙을 적용하다 보면 공공의 이익이나 출원인의 이익을 적절히 보호할 수 없는 경우가 있다. 그래서 상표등록출원 후 출원인이 아닌 자가 상표등록출원된 상표와 동일·유사한 상표를 동일·유사한 지정상품에 정당한 사유 없이 업으로서 사용하고 있다고 인정되는 경우나, 출원인이 상표등록출원한 상표를 지정상품의 전부에 사용하고 있는 등 대통령령[2]으로

---

[1] 제53조(심사의 순위 및 우선심사) ① 상표등록출원에 대한 심사의 순위는 출원의 순위에 따른다.

　② 특허청장은 다음 각 호의 어느 하나에 해당하는 상표등록출원에 대해서는 제1항에도 불구하고 심사관으로 하여금 다른 상표등록출원보다 우선하여 심사하게 할 수 있다.

　1. 상표등록출원 후 출원인이 아닌 자가 상표등록출원된 상표와 동일·유사한 상표를 동일·유사한 지정상품에 정당한 사유 없이 업으로서 사용하고 있다고 인정되는 경우

　2. 출원인이 상표등록출원한 상표를 지정상품의 전부에 사용하고 있는 등 대통령령으로 정하는 상표등록출원으로서 긴급한 처리가 필요하다고 인정되는 경우

[2] 상표법 시행령 제12조(우선심사의 대상) 법 제53조제2항제2호에서 "출원인이 상표등록출원한 상표를 지정상품의 전부에 사용하고 있는 등 대통령령으로 정하는 상표등록출원으로서 긴급한 처리가 필요하다고 인정되는 경우"란 다음 각 호의 어느 하나에 해당하는 경우를 말한다.

　1. 상표등록출원인이 상표등록출원한 상표를 지정상품 전부에 대하여 사용하고 있거나 사용할 준비를 하고 있음이 명백한 경우

　2. 상표등록출원인이 그 상표등록출원과 관련하여 다른 상표등록출원인으로부터 법 제58조제1항에 따른 서면 경고를 받은 경우

정하는 상표등록출원으로서 긴급한 처리가 필요하다고 인정되는 경우에 심사관
이 다른 상표등록출원에 우선하여 심사할 수 있도록 하는 제도가 상표 우선심
사제도이다.

　　상표 우선심사제도는 출원인이 조기에 심사받을 수 있으므로 상표를 토대
로 신속히 사업을 진행하는 데 도움을 줄 수 있고, 출원된 상표가 분쟁 중인 경
우에 조속히 권리관계를 명확하게 하여 분쟁의 조기해결과 소송비용 절감 등의
장점이 있다. 상표심사관은 우선심사신청서를 이송받은 날부터 10일 이내에 우
선심사여부를 결정하고, 우선심사를 하기로 결정한 출원에 대한 심사는 우선심
사 인정통지서 발송일부터 45일 이내에 착수함이 원칙이다.3)

<hr />

3. 상표등록출원인이 그 상표등록출원과 관련하여 법 제58조제1항에 따른 서면 경고를
한 경우
4. 법 제167조에 따른 마드리드 의정서(이하 "마드리드 의정서"라 한다)에 따른 국제출원
의 기초가 되는 상표등록출원을 한 경우로서 마드리드 의정서에 따른 국제등록일 또
는 사후지정일이 국제등록부에 등록된 경우
5. 「조달사업에 관한 법률」 제9조의2제1항제2호에 따른 중소기업자가 공동으로 설립한
법인이 출원한 단체표장인 경우
6. 조약에 따른 우선권 주장의 기초가 되는 상표등록출원을 한 경우로서 외국 특허기관
에서 우선권 주장을 수반한 출원에 관한 절차가 진행 중인 경우
7. 존속기간 만료로 소멸한 등록상표의 상표권자가 상표등록출원을 한 경우로서 그 표장과
지정상품이 존속기간 만료로 소멸한 등록상표의 표장 및 지정상품과 전부 동일한 경우
3) 특허청훈령 제851호(2016.9.1.시행) 상표디자인 심사사무 취급규정 제43조(우선심사여부
결정의 기한) ① 심사관은 제21조부터 제26조까지의 규정에 따른 도형상표분류일, 상품분
류일 또는 우선심사신청서를 이송받은 날 중 늦은 날부터 10일 이내에 우선심사여부를 결
정함을 원칙으로 한다.
② 제1항에도 불구하고 다음 각 호의 어느 하나에 해당하는 서류가 제출되거나 송부된 경
우에는 보정기간 등의 만료일, 상품분류일 또는 해당 서류가 심사관에게 이송된 날 중 늦
은 날부터 다시 15일을 기산한다.<개정 2015.12.18.>
1. 제14조에 따른 보정명령에 따라 제출되는 보정서
2. 제44조에 따른 보완지시에 따라 제출되는 보완서 또는 보정서
3. 제45조에 따른 의견문의에 따라 제출되는 의견서
4. 제47조에 따른 우선심사심의협의회로부터 통보되는 결정서
③ 상표법 제17조에 따라 출원인이 기간단축신청서를 제출한 경우(보정서 제출 시에 기간
단축의 취지를 기재한 경우를 포함한다)에는 상품분류일 또는 제2항의 보정서 또는 보완
서를 이송받은 날 중 늦은 날부터 15일 이내에 해당 출원을 처리함을 원칙으로 한다.<신
설 2015.12.18.>
제50조(우선심사결정 후 심사처리기한) ① 우선심사를 결정한 출원에 대한 심사는 우선심
사결정서를 발송한 날부터 45일 이내에 착수함을 원칙으로 한다.
② 심사관이 거절이유를 통지한 후 의견제출기간 내에 의견서 제출이 있는 경우 그 중간
서류는 이송받은 날부터 45일 이내에 처리함을 원칙으로 한다. 다만, 중간서류를 심사한
결과 거절결정해야 할 경우로서 45일 이내에 처리할 경우 아직 의견서제출기간이 남아 있
을 때에는 의견서제출기간이 지난 후 1개월 이내에 처리하여야 한다.

한편, 우선심사제도로 인하여 일반심사의 처리기간이 지연될 수 있으므로 대상을 위의 경우와 같이 한정하고, 일반 출원료에 더하여 별도로 우선심사 신청료를 징수하고 있다.[4]

II. 국제상표등록출원의 '출원 시 특례' 적용의 특례(제1항)

국제상표등록출원에 대하여 상표법 제47조[5] 제2항, "제1항을 적용받으려는 자는 그 취지를 적은 상표등록출원서를 특허청장에게 제출하고, 이를 증명할 수 있는 서류를 상표등록출원일부터 30일 이내에 특허청장에게 제출하여야 한다"를 적용할 경우 "그 취지를 적은 상표등록출원서를 특허청장에게 제출하고, 이를 증명할 수 있는 서류를 상표등록출원일부터 30일 이내"는 "그 취지를 적은

---

③ 심사관이 거절이유를 통지한 후 의견제출기간 내에 의견서 제출이 없는 경우 절차계속 신청기간 2개월이 지난 후 1개월 이내에 처리함을 원칙으로 한다. 다만, 의견서 없이 보정 서만 제출되고 그 보정서에 의해 거절이유가 해소된 경우에는 제2항 전단을 적용한다.

④ 의견제출기간이 지난 후 절차계속신청기간 내에 적법하게 절차계속신청서와 의견서가 제출된 경우 그 중간서류는 이송받은 날부터 45일 이내에 처리함을 원칙으로 한다. 다만, 중 간서류를 심사한 결과 거절결정해야 할 경우로서 45일 이내에 처리할 경우 아직 절차계속신 청기간이 남아 있을 때에는 절차계속신청기간이 지난 후 1개월 이내에 처리하여야 한다.

⑤ 상표법 제17조에 따라 출원인이 기간단축신청서를 제출한 경우(보정서 제출 시에 기간 단축의 취지를 기재한 경우를 포함한다) 그 중간서류는 이송받은 날부터 1개월 이내에 처 리함을 원칙으로 한다.

⑥ 제30조에 따라 심사보류 또는 연기된 출원은 그 사유가 해소된 날부터 45일 이내에 처 리함을 원칙으로 한다.

⑦ 제30조에 해당하는 출원에는 제1항부터 제5항까지는 적용하지 아니한다.

4) 특허료 등의 징수규칙(산업통상자원부령) 제5조 제1항5의2. 상표등록출원의 우선심사신청 료: 1상품류구분마다 16만원. 다만, 해당 출원이 「상표법」 제53조제2항에 따른 우선심사의 대상이 아니라고 결정되거나 그 결정이 있기 전에 우선심사신청을 포기·취하한 경우에는 1상품류구분마다 3만2천원으로 한다.

5) 제47조(출원 시의 특례) ① 상표등록을 받을 수 있는 자가 다음 각 호의 어느 하나에 해 당하는 박람회에 출품한 상품에 사용한 상표를 그 출품일부터 6개월 이내에 그 상품을 지 정상품으로 하여 상표등록출원을 한 경우에는 그 상표등록출원은 그 출품을 한 때에 출원 한 것으로 본다.

1. 정부 또는 지방자치단체가 개최하는 박람회

2. 정부 또는 지방자치단체의 승인을 받은 자가 개최하는 박람회

3. 정부의 승인을 받아 국외에서 개최하는 박람회

4. 조약당사국의 영역(領域)에서 그 정부나 그 정부로부터 승인을 받은 자가 개최하는 국 제박람회

② 제1항을 적용받으려는 자는 그 취지를 적은 상표등록출원서를 특허청장에게 제출하고, 이를 증명할 수 있는 서류를 상표등록출원일부터 30일 이내에 특허청장에게 제출하여야 한다.

서면 및 이를 증명할 수 있는 서류를 산업통상자원부령으로 정하는 기간 내에"
로 한다.

그리고 산업통상자원부령인 상표법 시행규칙 제89조(출원 시의 특례 적용대
상 증명서류의 제출)는 "법 제189조에 따라 법 제47조제2항에 따른 특례를 적용
받기 위한 증명서류를 제출하려는 경우에는 「특허법 시행규칙」 별지 제13호서
식의 서류제출서를 특허청장에게 제출하여야 한다. 다만, 상표등록출원(국제상표
등록출원은 제외한다)과 동시에 그 증명서류를 제출할 때에는 출원서에 증명서류
를 제출한다는 취지를 적음으로써 서류제출서를 갈음할 수 있다"고 규정하고
있으며, 상표법 시행규칙 제90조(출원 시의 특례에 관한 서류의 제출기간)는 상표
법 제189조 제1항에서 '산업통상자원부령으로 정하는 기간'이란 법 제180조 제
2항 본문에 따른 국제등록일(대한민국을 사후지정한 경우에는 같은 항 단서에 따른
사후지정일)부터 3개월로 정하고 있다.

통상의 국내 상표등록출원에 있어서는 상표법 제47조의 규정에 의한 출원
시의 특례, 즉 정부 또는 지방자치단체가 개최하는 박람회 등에 출품한 상품에
사용한 상표를 그 출품일부터 6개월 이내에 그 상품을 지정상품으로 하여 상표
등록출원을 한 경우에는 그 취지를 적은 상표등록출원서를 특허청장에게 제출
하고, 이를 증명할 수 있는 서류를 상표등록출원일부터 30일 이내에 특허청장에
게 제출하면, 그 상표등록출원은 그 출품을 한 때에 출원한 것으로 본다. 그러
나 마드리드 의정서 제도에서는 국제출원서에 출원 시의 특례를 주장할 수 있
는 항목이 존재하지 않으므로 그 취지를 기재한 서면과 증명서류를 3개월 이내
에 특허청장에게 제출하도록 특례를 규정한 것이다.[6]

통상의 국내상표 출원의 경우는 출원일소급 증명서류를 30일 이내에 제출
하여야 하지만, 국제상표 등록출원은 거리상 또는 절차상 소요기간이 더 필요한
경우가 많으므로 제출기간을 3개월로 더 부여한 것이다.

III. 국제상표등록출원의 우선심사 제외(제2항)

국제상표등록출원에 대해서는 상표법상 우선심사 규정을 적용하지 않는다.
즉 국제상표등록출원은 상표법 제53조 제2항 "특허청장은 다음 각 호의 어느
하나에 해당하는 상표등록출원에 대해서는 제1항에도 불구하고 심사관으로 하

---

6) 특허청, 조문별 상표법해설(2007), 451.

여금 다른 상표등록출원보다 우선하여 심사하게 할 수 있다.

    1. 상표등록출원 후 출원인이 아닌 자가 상표등록출원된 상표와 동일·유사한 상표를 동일·유사한 지정상품에 정당한 사유 없이 업으로서 사용하고 있다고 인정되는 경우

    2. 출원인이 상표등록출원한 상표를 지정상품의 전부에 사용하고 있는 등 대통령령으로 정하는 상표등록출원으로서 긴급한 처리가 필요하다고 인정되는 경우"를 적용하지 아니한다.

상표 우선심사제도는 비교적 최근에 도입된 우리나라의 특유한 제도로서 마드리드 의정서 제도에서는 별도의 근거 규정이 없으므로 국제상표등록출원에 관하여는 일반상표의 우선심사에 관한 상표법 규정을 적용하지 아니한다.

특허청 고시 '상표등록출원의 우선심사신청에 관한 고시' 제3조에서 국제상표등록출원의 경우에는 우선심사를 신청할 수 없음을 명백히 규정하고 있고,[7] 제4조 우선심사의 신청대상에도 제외되어 있다. 따라서 국제상표등록출원에 대한 모든 심사 건은 원칙적으로 국제사무국의 지정 통지일 순서에 따라 심사한다.[8]

〈손영식〉

---

[7] 특허청 고시 2016-15호(2016.9.1.시행) 상표등록출원의 우선심사 신청에 관한 고시 제3조 (우선심사의 신청인) 출원인 또는 이해관계인은 출원 상표에 대하여 우선심사를 신청할 수 있다. 다만, 다음 각 호의 어느 하나에 해당하는 경우에는 그러하지 아니하다.<개정 2011.6.30, 2016.8.29.>
    1. 「상표법」제180조에 따른 국제상표등록출원인 경우
    2. 「상표법」제86조에 따른 지정상품추가등록출원 중 원출원에 대한 우선심사신청이 없는 경우

[8] 특허청 훈령 제856호(2016.9.1.시행) 국제상표등록출원 심사사무 취급규정
    제7조(심사의 순위) ① 국제상표등록출원에 대한 심사는 국제사무국의 지정(사후지정을 포함한다. 이하 같다) 통지일의 순위에 따른다. 다만, 적법하게 분할이전출원된 국제상표등록출원에 대한 심사순위는 원국제상표등록출원의 심사순위에 따른다.
    ② 국제상표등록 이의신청에 대한 심사는 이의신청 순위에 따른다. 다만, 거절결정된 국제상표등록출원에 대하여 특허심판원에서 취소환송하여, 그 후에 이의신청이 제기된 경우에는 이의신청 순위에 불구하고 우선처리 할 수 있다.

> **제190조(거절이유 통지의 특례)**
> ① 국제상표등록출원에 대하여 제55조제1항 전단을 적용할 경우 "출원인에게"는 "국제사무국을 통하여 출원인에게"로 본다.
> ② 국제상표등록출원에 대해서는 제55조제3항을 적용하지 아니한다.

<소 목 차>

Ⅰ. 의의
Ⅱ. 국제상표등록출원에 대한 거절절차
  1. 거절이유
2. 거절통지의 기한
3. 가거절통지
4. 가거절의 확정

Ⅰ. 의의

마드리드 의정서에 의하여 국제등록된 국제출원으로서 우리나라를 지정한 국제출원은 상표법 제180조 제1항[1]에 따라 우리나라에 출원된 통상의 상표등록출원과 같이 취급되고, 특허청은 지정국관청의 지위에서 우리 상표법의 규정에 따라 해당 국제상표등록출원에 대한 보호 여부를 심사하게 된다.

그런데 국제상표등록출원에 대한 특허청의 심사결과 거절이유가 발견된 경우, 마드리드 의정서 제5조(2)(a)[2]는 그 거절이유를 국제사무국에 통지하도록 규정하고 있는 한편[3] 상표법 제55조 제1항[4]은 직접 그 출원인에게 거절이유를 통지하도록 규정하고 있다.

그러나 특허청 심사관이 마드리드 의정서와 우리 상표법의 각각의 규정에

---

1) 상표법 제180조(국제상표등록출원) ① 마드리드 의정서에 따라 국제등록된 국제출원으로서 대한민국을 지정국으로 지정(사후지정을 포함한다)한 국제출원은 이 법에 따른 상표등록출원으로 본다.

2) 마드리드 의정서 제5조(특정 체약당사자에 의한 국제등록 효력의 거절 및 무효) (2)(a) 그러한 권리행사를 희망하는 관청은 그 관청에 적용되는 법에서 규정하는 기간 이내로서 늦어도, 제2호 및 제3호를 조건으로, 제1항에서 언급된 확장통지가 국제사무국에 의하여 그 관청에 송부된 날부터 1년 기간의 만료일 이전에, 모든 근거에 대한 기술과 함께 국제사무국에 거절통지를 하여야 한다.

3) 마드리드 의정서 제5조(3)은 지정국관청이 국제사무국에 거절이유를 통지하면 국제사무국은 지체 없이 그 사본을 출원인에게 송부하도록 규정하고 있다.

4) 상표법 제55조(거절이유통지) ① 심사관은 제54조에 따라 상표등록거절결정을 하려는 경우에는 출원인에게 미리 거절이유(같은 조 각 호의 어느 하나에 해당하는 이유를 말하며, 이하 "거절이유"라 한다)를 통지하여야 한다. 이 경우 출원인은 산업통상자원부령으로 정하는 기간 내에 거절이유에 대한 의견서를 제출할 수 있다.

따라 국제사무국과 출원인에게 동시에 거절이유를 통지하게 되면, 출원인은 동일한 거절이유를 특허청과 국제사무국으로부터 이중으로 통지를 받는 문제가 발생하게 된다.

본조 제1항은 거절이유의 이중통지로 인한 출원인의 혼란을 막고 불필요한 행정절차를 간소화할 뿐 아니라 거절이유의 통지절차를 마드리드 의정서의 규정에 부합시키기 위해, 심사관이 국제상표등록출원에 대한 거절이유를 통지할 때는 직접 그 출원인에게 통지할 것이 아니라 국제사무국을 통하여서만 하도록 특례를 둔 것이다.

우리나라는 국제상표등록출원에 대한 심사를 시작한 2003년 4월 이후, 동일한 거절이유를 출원인과 국제사무국에 동시에 통지해 왔는데, 이는 결과적으로 출원인에게 이중통지로 인한 혼란을 줄 뿐 아니라 행정의 낭비라는 지적이 있었으며, 국제사무국도 체약국들에게 국제사무국을 통하여서만 거절이유를 통지해 줄 것을 요청함에 따라 2007. 1. 3.자 상표법 개정시 본조 제1항이 신설되었다.[5] 구 상표법(2013. 4. 5. 개정 이전 상표법)은 제23조 제2항에서 현행 상표법 제55조 제1항 전단의 내용을 규정하고 있었는데,[6] 2013. 4. 5.자 상표법 개정시 그 중 "그 출원인에게"를 "출원인에게"로 문구를 정비하였고, 전부개정된 현행 상표법은 구 상표법 제23조 제1항에 규정되어 있던 구체적인 거절이유에 관하여는 제54조에서 규정하고 거절이유의 통지절차에 관하여는 제55조에서 규정함으로써 실체법적 내용과 절차법적 내용을 알기 쉽게 구분하여 규정하였다.

한편 2013. 4. 5. 개정된 상표법은, 상표법에 관한 싱가포르 조약(Singapore Treaty on the Law of Trademark)[7]의 가입에 대비하여 제23조 제4항을 신설하여 절차계속 제도를 도입하였다.[8] 상표법에 관한 싱가포르 조약 제14조는 각 회원

---

5) 특허청, 조문별 해설 상표법(2007), 452.
6) 구 상표법(2013. 4. 5. 개정 이전 상표법) 제23조(상표등록거절결정 및 거절이유통지) ① 심사관은 상표등록출원이 다음 각 호의 어느 하나에 해당하는 경우에는 그 상표등록출원에 대하여 상표등록거절결정을 하여야 한다. <중략>
   ② 심사관은 제1항의 규정에 의하여 상표등록거절결정을 하고자 할 때에는 그 출원인에게 거절이유를 통지하고 기간을 정하여 의견서를 제출할 수 있는 기회를 주어야 한다. 이 경우 2 이상의 지정상품의 일부 또는 전부에 거절이유가 있는 때에는 심사관은 그 해당 지정상품별로 거절이유와 근거를 구체적으로 밝혀야 한다.
7) 각국의 상표 출원 및 등록에 관한 절차를 조화시킬 목적으로 2006. 3. 27. 싱가포르에서 개최된 외교회의에서 채택된 조약으로 2009. 3. 16. 발효되었으며 현재 42개국이 가입되어 있다. 우리나라와 일본, 중국 등은 아직 이 조약에 가입하지 않고 있다.
8) 구 상표법(2013. 4. 5.자 개정 상표법) 제23조(상표등록거절결정 및 거절이유통지) ④ 제2항 후단에 따른 기간 내에 의견서를 제출하지 아니한 출원인은 그 기간의 만료일부터 2

국이 상표의 출원·등록과정에서 출원인이 기한을 준수하지 못한 경우에도 구제
를 받을 수 있도록 하는 기간미준수시의 구제절차를 도입할 것을 규정하고 있
는데,9) 같은 조 제2항에서 회원국은 그러한 구제수단으로서 기간의 연장, 절차
의 계속, 그리고 권리회복10) 중 하나 이상을 제공하도록 규정하였으며, 우리 상
표법은 그중 심사절차가 지연되는 것을 최소화할 수 있는 절차계속제도를 규정
하였다.

그러나 마드리드 의정서는 출원인의 기간 미준수의 구제수단에 대하여 규
정하는 바가 없고, 국제상표등록출원에 대하여 거절이유가 있는 경우에는 국제

개월 이내에 상표에 관한 절차를 계속 진행할 것을 신청하고, 그 기간 내에 거절이유에 대
한 의견서를 제출할 수 있다.

9) 상표법에 관한 싱가포르 조약 제14조(Relief Measures in Case of Failure to Comply with
Time Limits)

(1) [Relief Measure Before the Expiry of a Time Limit]   A Contracting Party may provide
for the extension of a time limit for an action in a procedure before the Office in respect of
an application or a registration, if a request to that effect is filed with the Office prior to
the expiry of the time limit.

(2) [Relief Measures After the Expiry of a Time Limit]   Where an applicant, holder or other
interested person has failed to comply with a time limit ("the time limit concerned") for an
action in a procedure before the Office of a Contracting Party in respect of an application
or a registration, the Contracting Party shall provide for one or more of the following relief
measures, in accordance with the requirements prescribed in the Regulations, if a request to
that effect is filed with the Office:

(i) extension of the time limit concerned for the period prescribed in the Regulations;

(ii) continued processing with respect to the application or registration;

(iii) reinstatement of the rights of the applicant, holder or other interested person with re-
spect to the application or registration if the Office finds that the failure to comply with the
time limit concerned occurred in spite of due care required by the circumstances having
been taken or, at the option of the Contracting Party, that the failure was unintentional.

(3) [Exceptions] No Contracting Party shall be required to provide for any of the relief
measures referred to in paragraph (2) with respect to the exceptions prescribed in the
Regulations.

(4) [Fees] Any Contracting Party may require that a fee be paid in respect of any of the re-
lief measures referred to in paragraphs (1) and (2).

(5) [Prohibition of Other Requirements]   No Contracting Party may demand that require-
ments other than those referred to in this Article and in Article 8 be complied with in re-
spect of any of the relief measures referred to in paragraph (2).

10) 기한연장은 기한 만료일로부터 적어도 2개월 이상 부여된 기간내에 신청하는 경우 신청
일로부터 일정한 기간을 추가로 부여하는 것을 말하고, 절차계속은 기한 만료일로부터 적
어도 2개월 이상 부여된 기간내 신청하는 경우 출원 또는 등록에 관한 절차를 계속해서
진행하는 것을 말하며(단, 미비된 행위는 해당기간내 또는 신청과 동시에 완료되어야 한
다), 권리회복은 기한 미준수 사유가 소멸한 날로부터 일정한 기간내 신청하는 경우 출원
인의 권리를 회복시키는 것을 말한다.

사무국이 국제등록을 통지한 날로부터 18개월 이내에 이를 모두 통지하여야 하는 기간상의 제약이 있기 때문에(의정서 제5조(2)(a)),[11] 상표법은 2013. 4. 5. 상표법 개정시 제23조 제4항과 함께 본조 제2항을 신설하여 국제상표등록출원에 대하여는 통상의 심사절차에서 인정되는 절차계속을 인정하지 않도록 하였다.

Ⅱ. 국제상표등록출원에 대한 거절절차

1. 거절이유

마드리드 의정서의 체약당사자는 마드리드 의정서 제5조(1) 제1문[12]에 따라 그 영역 내에서 국제등록의 보호를 거절할 권리를 갖는다. 그러나 같은 조 제2문은 "그러한 거절은, 직접 기탁된 표장을 관청이 공업소유권의 보호를 위한 파리협약에 의하여 거절통지 할 경우에 적용되는 근거에만 기초할 수 있다"고 규정하고 있으므로 파리협약에 직접 규정된 사유 또는 파리협약에 위반되지 아니하는 사유[13]에 의해서만 국제등록의 보호를 거절할 수 있다.[14]

파리협약에 규정된 거절이유들로는, 동맹국에서 적법하게 등록된 상표의 보호를 위한 제6조의5(B)[15]의 규정을 비롯하여 저명상표의 보호를 위한 제6조

---

11) 우리나라는 마드리드 의정서 가입서 기탁시 거절이유 통지기한 1년을 18월로 대체할 것을 선언하였다.

12) 마드리드 의정서 제5조(특정 체약당사자에 의한 국제등록 효력의 거절 및 무효) (1) 해당법령이 권한을 부여하는 경우에는, 제3조의3제1항 및 제2항에 의하여 그 체약당사자로 국제등록으로 인한 보호가 확장되었음을 국제사무국으로부터 통지받은 체약당사자의 관청은, 그러한 확장의 대상인 표장에 대하여 상기 체약당사자의 영역에서의 보호를 부여할 수 없다는 선언을 거절통지에 의하여 할 수 있는 권리를 갖는다.

13) WIPO, Guide to the International Registration of Marks(2009), B.II.37, 17.01.

14) 무역관련 지식재산권협정(WTO/TRIPS) 제15조 제2항은 "제1항의 규정은 회원국이 다른 이유로 상표의 등록을 거절하는 것을 금지하는 것으로 이해되지 아니한다. 다만, 파리협약(1967년)의 규정에 위반하지 아니하여야 한다"고 규정하여 각 회원국은 파리협약의 규정에 위반하지 않는 한 다른 사유로도 거절할 수 있도록 하고 있는데, 마드리드 의정서 제5조(1) 후단의 "파리협약에 의하여 거절통지 할 경우에 적용되는 근거"의 범위도 결국 그와 차이는 없어 보인다.

15) 파리협약 제6조의5(상표 : 일방 동맹국에 등록된 상표의 타방 동맹국내에서의 보호) (B) 본조에 규정하는 상표는 다음의 경우를 제외하고는 그 등록을 거절 또는 무효로 할 수는 없다.
  1. 당해 상표의 보호가 주장되는 국가에 있어서 제3자의 기득권을 침해하게 되는 경우
  2. 당해 상표가 두드러진 특징을 가지지 못할 경우 또는 상품의 종류, 품질, 수량, 용도, 가격, 원산지 또는 생산의 시기를 표시하기 위하여 거래상 사용되거나 또는 보호가 주장되는 국가의 거래상의 통용어 또는 그 국가의 선의의 확립된 상관행에 있어서 상용되고 있는 기호 또는 표시만으로 구성되어 있는 경우

의2, 국가의 기장, 공공인장과 정부간기구의 기장의 보호를 위한 제6조의3, 권리자의 허가를 받지 않은 대리인 또는 대표자 명의의 상표등록 방지를 위한 제6조의7 등이 있다.[16]

여기서, 국제등록이 본국의 등록에 기초한 경우뿐만 아니라 출원에 기초한 경우에도 파리협약 제6조의5(B)가 적용되는지가 문제될 수 있다.[17] 그러나 파리협약 제6조의5의 취지가 표장이 본국에서 등록되었을 때에만 적용되도록 한 것은 그 국가에서 보호를 받을 자격이 없는 표장이 그 규정의 혜택을 누리는 것을 방지하기 위한 것이라고 보면, 마드리드 의정서 제6조(3)[18]이 본국에서 기초출원이 거절되는 경우 등에는 해당 국제등록도 취소되도록 하고 있으므로 결국은 국제등록이 본국에의 출원에 기초한 것이라고 하더라도 파리협약 제6조의5(B)가 규정하고 있는 바와 차이가 없게 된다.[19]

우리 상표법 제54조는 상표등록출원을 거절할 수 있는 사유를 명시적으로 열거하고 있는바, 여기에 파리협약에 위반되는 사항은 없다. 구체적인 거절이유

---

3. 당해 상표가 도덕 또는 공중질서에 반하거나 특히 공중을 기만하기 쉬운 경우. 다만, 상표에 관한 법령의 규정(공공질서에 관한 것은 제외)에 적합하지 아니하다는 이유만으로 당해 상표를 공공의 질서에 반하는 것이라고 인정하여서는 아니된다. 다만, 제10조의2의 규정의 적용을 받는다.

16) 특허청, 산업재산권 보호에 관한 파리협약 해설(2008), 149.

17) 파리협약 제6조의5(D)는 "보호를 주장하고 있는 상표가 본국에서 등록되어 있지 아니한 경우에는 누구도 본조의 규정에 의한 이익을 받을 수 없다"고 규정하고 있어 제6조의5(B)는 원칙적으로 해당 표장이 본국에 등록된 경우에만 적용되는 것으로 이해될 수 있다.

18) 마드리드 의정서 제6조(3)은 본국관청의 기초출원 또는 기초등록의 효력이 소멸되면 그에 기초한 국제등록의 효력도 상실되도록 하고 있으며, 그 사유는 다음과 같다.
① 국제등록일로부터 5년이 경과하기 전에 기초출원이나 이에 따른 등록 또는 기초등록 중 하나가 국제등록에 열거된 상품 및 서비스의 전부 또는 일부와 관련하여 취하, 소멸 또는 포기되거나 거절, 철회, 취소 또는 무효의 대상인 것으로 최종 결정된 경우
② 다음의 1의 절차가 국제등록일로부터 5년의 기간이 경과하기 이전에 개시되고 상기 5년의 기간이 경과한 이후에 기초출원이나 그로 인한 등록 또는 기초등록 중 하나를 거절, 취소 또는 무효로 하는 최종결정이 이루어진 경우
i) 기초출원의 거절결정에 대한 불복심판청구
ii) 기초출원으로 인한 등록 또는 기초등록의 취소심판청구, 무효심판청구
iii) 기초출원에 대한 이의신청
③ 다음의 1의 절차가 국제등록일로부터 5년이 경과되기 이전에 개시되고 상기 5년의 기간이 경과한 이후 기초출원이 취하되거나, 기초출원에 따른 등록 또는 기초등록이 포기된 경우
i) 기초출원의 거절결정에 대한 불복심판청구
ii) 기초출원으로 인한 등록 또는 기초등록의 취소심판청구, 무효심판청구
iii) 기초출원에 대한 이의신청

19) WIPO(주 13), B.II.37-38, 17.02.

로는, 권리객체에 관한 것으로서 상표, 단체표장, 지리적 표시, 지리적 표시 단체표장, 증명표장, 지리적 표시 증명표장 또는 업무표장의 정의에 맞지 아니하는 경우(법 제2조 제1항), 상표가 자타상품의 식별력을 갖추지 못한 경우(법 제33조), 부등록사유에 해당하는 경우(법 제34조), 선출원이 존재하는 경우(법 제35조) 등이 있고, 권리주체에 관한 것으로는 상표등록출원인이 권리능력 없는 외국인인 경우(법 제27조), 특허청 및 특허심판원 직원이 상표출원을 한 경우나 출원인이 단체표장, 증명표장 및 업무표장의 등록을 받을 수 있는 자에 해당하지 아니한 경우(법 제3조) 등이 있으며, 기타 방식·절차 등에 관한 것으로는 1상표 1출원 규정에 위배되는 경우(법 제38조 제1항), 상표등록출원의 승계 및 분할이전 등의 요건을 위반한 경우(법 제48조), 조약에 위반된 경우(법 제54조 제2호), 지리적 표시 단체표장등록출원에 있어서 단체에의 가입을 실질적으로 허용하지 아니한 경우(법 제54조 제5호), 지리적 표시 단체표장등록출원의 경우에 그 소속 단체원의 가입에 관하여 정관에 의하여 단체의 가입을 금지하거나 정관에 충족하기 어려운 가입조건을 규정하는 등 단체의 가입을 실질적으로 허용하지 아니한 경우(법 제54조 제5호), 단체표장등록을 받으려는 자가 정관에 대통령령으로 정하는 단체표장의 사용에 관한 사항의 전부 또는 일부를 적지 아니하였거나 증명표장등록을 받으려는 자가 정관 또는 규약에 대통령령으로 정하는 증명표장의 사용에 관한 사항의 전부 또는 일부를 적지 아니한 경우(법 제54조 제6호), 증명표장등록출원의 경우에 그 증명표장을 사용할 수 있는 자에 대하여 정당한 사유 없이 정관 또는 규약으로 사용을 허락하지 아니하거나 정관 또는 규약에 충족하기 어려운 사용조건을 규정하는 등 실질적으로 사용을 허락하지 아니한 경우(법 제54조 제7호) 등이 있다.

한편, 마드리드 의정서 제5조(1) 제3문은 "해당 법령이 한정된 수의 류구분 또는 한정된 수의 상품 또는 서비스에만 등록을 허용한다는 이유만으로는 보호를 부분적으로도 거절할 수 없다"고 규정하여, 지정체약당사자의 국내법이 1류 1출원주의를 채택하고 있다는 이유로는 국제등록의 보호를 거절할 수 없음을 명확히 하고 있다.

2. 거절통지의 기한

마드리드 의정서에 따른 거절절차는, 거절이유를 통지하는 '가거절(provisional refusal)'과 가거절을 최종적인 거절로 확정하는 '가거절의 확정(confirmation of provisional refusal)' 절차로 나뉘는데, 가거절은 통상의 상표등록출원 심사절차에서의 의견제출통지에 해당하고 가거절의 확정은 최종 거절결정에 해당한다. 그리고 가거절은 지정국관청의 직권심사에 따른 '직권가거절(ex officio provisional refusal)'과 이의신청이 제출된 경우의 '이의신청에 기초한 가거절(provisional refusal based on an opposition)'이 있다.

통상의 상표등록출원에 대한 거절절차에서는 거절통지에 기한의 제약이 없으므로 상표가 등록되기 전까지는 거절이유가 발견되면 언제라도 이를 출원인에게 통지할 수 있다. 그러나 국제상표등록출원에 대하여는 일정기한 내에 통지되지 아니한 이유를 근거로 해서는 거절결정을 할 수 없다.

마드리드 의정서는, 지정체약당사자의 관청은 해당 표장에 대하여 그 영역에서 보호를 부여할 수 없다는 선언을 거절통지에 의해 할 수 있도록 하면서(의정서 제5조(1)제1문), 그러한 거절통지는 원칙적으로 국제사무국이 해당 지정국관청에 국제등록을 통지한 날로부터 1년 이내에 하여야 한다고 규정하여 거절통지를 할 수 있는 기한을 정하고 있다(의정서 제5조(2)(a)[20]). 다만, 체약당사자는 위의 1년의 거절통지 기한을 18월로 대체한다고 선언할 수 있도록 하고 있으며 (의정서 제5조(2)(b)),[21] 그 선언에는 그러한 거절이 이의신청에 기인하는 경우에는 18월의 기간의 만료 후에도 거절통지를 할 수 있음을 명시할 수 있도록 하고 있다(의정서 제5조(2)(c)). 후자의 경우에는 개별 국제등록에 대하여 이의신청이 제기될 수 있음을 18개월 이내에 미리 국제사무국에 통보해야 하고, 이의신청기간 만료시부터 1월 이내에 이의신청에 근거한 거절통지를 하되, 늦어도 이의신청 개시일로부터 7월 이내에는 거절통지를 해야 한다.

우리나라는 마드리드 의정서 가입서 기탁시 거절통지 기한을 1년 대신 18월로 대체함을 선언하였다. 따라서 우리나라를 지정한 국제등록에 대한 거절통지는 국제사무국의 통지일로부터 18월 이내에만 가능하며, 18월이 만료한 후의 거절통지에 대하여는 국제사무국이 하자통지를 하게 된다. 또한, 우리나라는 이의신청에 기초한 거절통지는 18월 이후에도 가능함을 선언하였다.

---

20) 마드리드 의정서 제5조(특정 체약당사자에 의한 국제등록 효력의 거절 및 무효) (2)(a) 그러한 권리행사를 희망하는 관청은 그 관청에 적용되는 법에서 규정하는 기간 이내로서 늦어도, 제2호 및 제3호를 조건으로, 제1항에서 언급된 확장통지가 국제사무국에 의하여 그 관청에 송부된 날부터 1년 기간의 만료일 이전에, 모든 근거에 대한 기술과 함께 국제사무국에 거절통지를 하여야 한다.

21) 그러한 선언은 마드리드 의정서 가입서 기탁시에 할 수도 있고, 그 이후에도 가능하다.

가거절통지가 우편으로 송부된 경우의 발송일은 우편소인에 의해 정해지며, 우편소인이 판독할 수 없거나 누락된 경우에는 국제사무국은 그러한 통지를 국제사무국이 수령한 날 20일 전에 그 통지가 발송된 것으로 취급한다(마드리드 시행세칙 제14조).

한편, 18월의 기한 내에는 거절통지의 횟수에 제한이 없으므로 이 기간 내에는 수차례의 추가적인 거절통지가 가능하다. 그러나 거절결정을 위한 모든 거절이유는 18월 이내에 통지되어야 한다는 것이므로 최종 거절결정이 이 기간 내에 이루어져야 한다는 것을 의미하는 것은 아니다. 최종 거절결정에는 기한이 없다.

3. 가거절통지

가. 가거절통지서의 내용

마드리드 협정 및 의정서의 공통규칙 제17조(2)는 가거절통지에 포함되어야 할 사항으로 ① 통지관청, ② 국제등록번호, ③ 가거절의 근거가 되는 이유 및 해당 법규정, ④ 선행표장과의 충돌을 이유로 거절하는 경우에는 그 표장의 출원일 및 출원번호, 우선일, 등록일 및 등록번호, 권리자의 성명 및 주소, 견본, 모든 또는 관련된 지정상품 및 서비스 목록, ⑤ 거절이유에 의해 영향을 받는 상품 및 서비스의 범위,[22] ⑥ 해당 거절이 재심사 또는 불복의 대상이 되는지의 여부(대상이 된다면 재심사 또는 불복청구기한, 담당기관, 재심사 또는 불복을 거절한 지정국에 주소를 둔 대리인을 통해서만 청구할 수 있는 경우 그러한 사실)를 규정하고 있다. 그리고 가거절통지가 이의신청에 기초한 경우에는 위의 사항 이외에 추가적 요건으로 ① 이의신청인의 성명 및 주소, ② 이의신청이 기초하는 표장의 상품 및 서비스 전체 목록을 기재하여야 한다(공통규칙 제17조(3)).

그리고 상표법 제55조 제2항은 지정상품별로 다른 거절이유가 있는 때에는 해당 지정상품별로 거절이유와 근거를 기재하여 통지서에 기재하도록 하고 있으므로 국제상표등록출원에 대한 거절이유를 통지하기 위해서는 지정상품별로 상표법의 근거조문과 함께 구체적인 이유를 통지서에 기재하여야 한다.

한편, 마드리드 의정서 제5조(3)제2문은 "거절통지를 받은 권리자는 거절을

---

22) 우리나라는 상표등록출원에 대하여 일부 지정상품 또는 서비스업에 거절이유가 있는 경우 그 거절이유를 모두 해소하지 아니하면 해당 상표등록출원 전체가 거절됨을 통지서에 명시하고 있다.

통지한 관청에 직접 그 표장을 기탁한 것과 동일한 구제수단을 가진다"고 규정
하고 있는바, 출원인은 상표법 제55조 제1항 후단에 따라 2개월의 기간 내에 거
절이유에 대한 의견서를 제출할 수 있다.[23] 이때 국내에 주소 또는 영업소를 가
지지 아니하는 재외자는 국내에 체재하는 경우를 제외하고는 국내에 주소 또는
영업소를 가지는 자를 대리인으로 선임하여 의견서를 제출하여야 한다(법 제6조
제1항).

다만 본조 제2항은 국제상표등록출원에 대하여는 제55조 제3항을 적용하지
않도록 하고 있으므로 통상의 심사절차에서 인정되는 절차계속은 인정되지 않
는다. 따라서 심사관은 가거절통지에 대한 의견서 제출기한 내에 의견서가 제출
되지 않은 경우 곧바로 다음의 심사절차를 진행할 수 있다.

나. 가거절통지서의 언어

국제사무국에 통지되는 가거절은 통지하는 관청의 선택에 따라 영어, 불어
또는 스페인어로 작성하여야 하며(공통규칙 제6조(2)),[24] 통지된 거절은 이 세 가
지 언어 모두로 국제상표등록부에 등록되고 공고된다.[25] 다만, 거절이유가 선행
표장과의 충돌에 기인하는 경우 선행표장의 지정상품 및 서비스 목록은 그 출
원 또는 등록상의 언어로 작성될 수 있다(공통규칙 제17조(2)(v) 단서).

다. 국제사무국에서의 절차

거거절통지는 출원인에게 하되 거절이유통지의 특례를 정한 본조 제1항에
따라 국제사무국을 통하여 이를 하여야 함은 앞에서 본 바와 같다.

국제사무국은 지정국관청으로부터 가거절통지서를 송부받을 경우 그 통지
의 내용을 발송된 일자와 함께 이를 국제상표등록부에 등록하고, 마드리드 의정
서 제5조(3)제1문 및 공통규칙 제17조(4)에 따라 지체없이 가거절통지서 사본 1
부를 국제등록의 권리자에게 송부하여야 한다.[26] 이때 사본의 언어는 지정국관
청에서 가거절통지서를 작성할 때의 언어일 것이지만, 그 사본을 송부한다는 국
제사무국의 통지는 영어, 불어, 스페인어 중 국제출원이 제출된 언어 또는 국제

---

23) 특허청 훈령 「국제상표등록출원 심사사무취급규정」 제24조 제1항은 출원인의 의견서 제
출기간을 2월 이내로 하도록 하고, 같은 조 제2항은 지정기간을 매회 1월씩 2회까지 연장
할 수 있음을 원칙으로 하고 있다.

24) 우리나라는 영어로 가거절통지서를 작성한다.

25) WIPO(주 13), B.II.44, 20.03.

26) 본국관청이 그 사본을 송부받기를 희망한다고 알린 경우에는 본국관청에도 동시에 송부
한다.

등록 명의인이 희망하였던 언어로 작성된다.

그리고 지정국관청이 18개월의 거절통지 기한 만료 후 이의신청 제기의 가능성이 있음을 통지한 경우에는 국제사무국은 그와 관련된 모든 정보와 이의신청 기간의 개시일 및 만료일에 대한 정보를 국제등록 명의인에게 송부하여야 한다(의정서 제5조(3)제3문).

한편, 국제사무국은 거절이유의 정당성에 관한 의견을 표시하거나 지정국관청의 거절에 관련한 실체적인 문제들에는 어떠한 사항도 개입하지 아니한다.[27]

라. 하자있는 가거절통지

마드리드 협정 및 의정서의 공통규칙 제18조는 가거절통지에 하자가 있는 경우 치유가 불가능하여 가거절통지로 간주되지 않는 것과 치유가 가능한 것을 규정하고 있다.

치유가 불가능한 경우로는 ① 국제등록번호가 누락된 경우, ② 거절이유가 누락된 경우, ③ 가거절통지의 기한이 만료한 이후에 통지된 경우가 있으며, 이 경우에는 가거절통지가 없었던 것으로 간주한다.[28]

치유가 가능한 경우로는 ① 거절에 의해 영향을 받거나 영향을 받지 않는 상품 및 서비스의 표시가 누락된 경우, ② 충돌하는 선행 표장의 견본 및 그 권리자의 성명·주소 등이 누락된 경우, ③ 불복에 관한 사항이 누락된 경우가 있는데, ①과 ②에 해당하는 경우에는 국제사무국은 하자 있는 가거절통지가 송부된 날에 송부된 것으로 간주하여 이를 국제상표등록부에 등록하고 2월 이내에 보정하도록 가거절통지를 한 관청에 통지한다.[29] 그러나 ③의 경우에는 이를 바로 국제상표등록부에 등록하지 아니하고 2월 이내의 보정기간 내에 수정된 통지가 송부된 경우에 한하여 하자 있는 가거절통지가 송부된 날을 송부일로 보고 국제상표등록부에 등록하며, 2월 이내에 수정된 거절통지가 송부되지 않을 경우에는 가거절통지가 없었던 것으로 간주한다.

---

27) WIPO(주 13), B.II.47, 22.03.
28) 국제사무국은 이 경우에도 가거절통지를 거절통지로 간주하지 아니한다는 취지와 함께 그 사본을 국제등록 명의인에게 송부한다.
29) 이때에도 국제등록의 명의인에게 하자 있는 가거절통지와 지정국관청에 송부한 보정통지의 사본을 송부한다.

4. 가거절의 확정

마드리드 협정 및 의정서의 공통규칙 제18조(3)은 "국제사무국에 전부 가거
절통지를 송부한 관청은, 표장의 보호에 관한 그 관청에서의 모든 절차가 종료
하고 상품과 서비스 전부에 관하여 그 체약당사자에서 표장의 보호 거절의 확
정을 결정한 경우, 그러한 취지의 기술서를 국제사무국에 송부하여야 한다"고
규정하고 있다. 이에 따라 가거절통지 이후에 국내 심사절차가 모두 종료하고
최종 거절결정을 할 때에는 '가거절확정통지서(Confirmation of Total Provisional
Refusal)'를 국제사무국에 송부하며, 국제사무국은 이를 국제상표등록부에 등록
하고 공고함으로써 거절절차가 모두 종료된다.

한편, 가거절확정통지서의 기재사항에 대하여는 마드리드 의정서 등에 특
별한 규정이 없다. 우리나라에서 송부하는 가거절확정통지서에는 국제등록번호,
명의인의 성명, 주소 등 기본적 사항 이외에 해당 국제등록에 포함되는 상품 및
서비스가 전체 거절된다는 취지, 거절결정에 대한 불복기한 및 기관 등을 표시
하여 송부한다.

그리고 상표법 제69조 제2항은 "특허청장은 상표등록여부결정이 있는 경우
에는 그 결정의 등본을 출원인에게 송달하여야 한다"라고 규정하고 있으므로
국제상표등록출원에 대한 최종 거절결정을 하는 경우에는 국제사무국에 가거절
확정통지서를 송부하는 것과 별도로 출원인에게 국영문으로 병기된 거절결정서
의 등본을 송달한다. 재외자에 대한 송달은 국내에 상표관리인이 있는 경우에는
이를 그 상표관리인에게 하고(법 제220조 제1항), 상표관리인이 없는 경우에는
항공등기우편으로 그 재외자에게 거절결정서의 등본을 발송할 수 있다(법 제220
조 제2항).[30]

〈차형렬〉

---

30) 거절결정서등본을 항공등기우편으로 발송한 때에는 그 발송을 한 날에 송달된 것으로
본다(법 제220조 제3항).

> **제191조(출원공고의 특례)**
>
> 국제상표등록출원에 대하여 제57조제1항 각 호 외의 부분 본문을 적용할 경우 "거절이유를 발견할 수 없는 경우에는"은 "산업통상자원부령으로 정하는 기간 내에 거절이유를 발견할 수 없는 경우에는"으로 본다.

〈소 목 차〉

Ⅰ. 의의
Ⅱ. 국제상표등록출원의 출원공고 절차
  1. 출원공고의 대상
  2. 출원공고결정기간

3. 출원공고결정 등본송달 및 공고
4. 출원공고의 법적 효과
Ⅲ. 출원공고결정기간 위반의 효과

Ⅰ. 의의

상표법 제57조 제1항 본문은 "심사관은 상표등록출원에 대하여 거절이유를 발견할 수 없는 경우에는 출원공고결정을 하여야 한다"라고 규정하고 있는바, 심사관은 상표등록출원에 대하여 거절이유를 발견할 수 없거나 거절이유가 있었다 하더라도 출원인이 보정 등을 통해 거절이유를 해소하였다고 판단되는 경우에는 출원공고결정을 하여야 한다.

그러나 제67조 제1항은 "심사관은 출원공고 후 거절이유를 발견한 경우에는 직권으로 제54조에 따른 상표등록거절결정을 할 수 있다"라고 규정하고 있으므로 출원공고가 있었다 하더라도 심사관이 새로운 거절이유가 있다고 판단한 경우에는 거절이유통지를 다시 할 수 있으며,[1] 이러한 거절이유통지에 법령이 정하는 기한이 있는 것은 아니다.

한편, 국제상표등록출원에 대하여 거절이유가 있는 경우에는 국제사무국이 국제등록을 통지한 날(이하 '지정통지일'이라 한다)로부터 1년 이내에 이를 통지하여야 하나(마드리드 의정서 제5조(2)(a)),[2] 우리나라는 마드리드 의정서 가입서

---

[1] 이를 직권심사라고 하며, 심사관에 의한 직권심사는 ① 출원공고 후 이의신청 전에 새로운 거절이유를 발견하여 직권으로 의견제출 통지를 하는 경우, ② 이의신청이 부적법하여 무효처분 또는 각하결정되거나 이의신청인의 의사에 따라 이의신청이 취하되었으나 이의신청인이 제출한 이유 또는 증거 중에 거절이유가 있어서 심사관이 직권으로 그 거절이유를 통지하는 경우, ③ 이의심사관이 이의신청 관련 서류를 검토한 결과 이의신청인이 주장하지 않은 새로운 거절이유를 발견하여 직권으로 의견제출 통지를 하는 경우 모두 가능하다.

[2] 이 기간 내에 국제사무국에 거절이 통지되지 아니한 경우에는 그 표장이 그 체약당사자

기탁시 거절이유 통지기한 1년을 18월로 대체할 것을 선언하였으므로, 거절결
정에 필요한 거절이유를 지정통지일로부터 18월 이내에 모두 통지하여야 하는
제약이 있다. 그런데 출원공고 후 직권심사 과정에서 새로운 거절이유가 발견될
수도 있으므로 이를 국제사무국에 통지하는 데에 필요한 시간을 고려하여 출원
공고의 시한을 미리 설정할 필요가 있게 된 것이다.[3]

본조는 이를 반영하여 국제상표등록출원에 대한 출원공고 후 발견될 수 있
는 거절이유도 마드리드 의정서가 정한 거절이유 통지 기한인 18월 이내에 모
두 통지할 수 있도록 하기 위해 그전 일정한 기간 이내에는 출원공고결정을 하
도록 특례를 정한 것이다.

Ⅱ. 국제상표등록출원의 출원공고 절차

1. 출원공고의 대상

상표법에 의한 통상의 심사절차에서는 상표등록출원뿐만 아니라 지정상품
의 추가등록출원도 출원공고의 대상이 된다(법 제88조 제2항). 그러나 마드리드
의정서는 지정상품의 추가등록을 인정하지 않고 있으며, 이에 따라 상표법도 국
제상표등록출원에 대하여는 지정상품의 추가등록출원과 관련한 상표법 규정의
적용을 모두 배제하고 있다(법 제199조).

한편 상표법은 ① 제57조 제2항에 따른 출원공고결정의 등본이 출원인에게
송달된 후 그 출원인이 출원공고된 상표등록출원을 제45조에 따라 둘 이상의
상표등록출원으로 분할한 경우로서 그 분할출원에 대하여 거절이유를 발견할
수 없는 경우, ② 제54조에 따른 상표등록거절결정에 대하여 취소의 심결이 있
는 경우로서 해당 상표등록출원에 대하여 이미 출원공고된 사실이 있고 다른
거절이유를 발견할 수 없는 경우에는 출원공고결정을 생략할 수 있도록 하고

의 관청에 의하여 등록된 것과 동일하게 보호된다(마드리드 의정서 제4조(1)(a)).
3) 국제상표등록출원에 대한 직권심사와 관련하여 특허청 훈령 「국제상표등록출원 심사사
무취급규정」은 다음과 같이 규정하고 있다.
국제상표등록출원 심사사무취급규정 제40조(직권심사) ① 심사관합의체는 이의신청에 관
한 심사에 있어서는 이의신청인이 신청하지 아니한 이유에 관하여도 심사할 수 있다. 다
만, 국제사무국의 지정통지가 있은 날부터 18월이 경과한 후에는 그러하지 아니하다.
② 심사관합의체는 제1항에 의한 직권심사를 하여 거절이유를 발견한 경우에는 국제상표
등록출원인에게 그 이유를 통지하고 기간을 정하여 의견을 진술할 수 있는 기회를 주어야
한다.

있으나(법 제57조 제1항 단서), 마드리드 의정서와 상표법4)은 국제상표등록출원
에 대하여는 출원의 분할을 인정하지 않으므로 국제상표등록출원에 대하여 출
원공고를 생략할 수 있는 경우는 ②의 경우만 해당되며, 이 경우에는 별도의 출
원공고결정이나 출원공고 절차 없이 바로 등록결정을 하여야 한다.

2. 출원공고결정기간

통상의 심사절차에서 심사관은 상표등록출원에 대하여 거절할 이유를 발견
할 수 없을 때에는 출원공고 할 것을 결정하여야 한다.5) 그러나 국제상표등록
출원에 대하여는 본조의 규정에 따라 산업통상자원부령이 정하는 기간 이내에
거절이유를 발견할 수 없는 경우에는 출원공고 결정을 하여야 한다.

상표법 시행규칙 제91조 제1항은 "산업통상자원부령이 정하는 기간 이내"
를 "국제사무국이 의정서 제3조의3에 따른 영역확장의 통지를 한 날[국제사무
국이 영역확장의 통지를 한 후 공통규칙 제28조(2)에 따라 국제등록부 등록사항
에 대한 경정통지를 한 경우 그 사항에 관하여는 해당 경정통지를 한 날]부터
14개월 이내를 말한다."라고 규정하고 있는바, 심사관이 국제사무국의 지정통지
일 또는 경정통지일로부터 14월 이내에 거절이유를 발견할 수 없는 때에는 출
원공고 결정을 하여야 한다. 이때 마드리드 의정서 제3조의3에 따른 영역확장에
는 국제등록시의 영역확장은 물론 국제등록후의 영역확장 즉, 사후지정을 포함
한다.

상표법 시행규칙 제91조 제1항이 국제상표등록출원에 대한 출원공고 결정
기간을 지정통지일 또는 경정통지일로부터 14월 이내로 정한 것은, 마드리드 의
정서에 의한 거절이유통지 기한 18월에서 현행 출원공고 후 2월의 이의신청기
간과 심사관이 이의신청서류를 검토하는 데 필요한 기간인 약 2월을 역산하여
공제한 기간을 설정한 것으로 보인다.

다만, 본조는 14월 이내에 거절이유를 발견할 수 없는 경우에는 출원공고
결정을 하도록 하고 있으므로, 심사관이 이 시한 이내에 거절이유를 전혀 발견

---

4) 상표법 제187조(출원 분할의 특례) 국제상표등록출원에 대해서는 제45조를 적용하지 아
니한다.

5) 다만, 출원공고결정전에 제42조 제1항에 의한 보정각하결정을 한 경우에는 해당 결정등
본을 송달한 날부터 30일이 지나기 전까지는 출원공고결정을 하여서는 아니된다. 물론 출
원인이 즉시 자진보정하여 각하결정을 한 사유가 해소된 경우에는 출원공고결정을 할 수
있다.

하지 아니한 경우나 거절이유가 있어 가거절통지를 하였으나 출원인의 의견서
또는 상품보정 등에 의하여 거절이유가 해소되었다고 14월 이내에 판단하는 경
우에만 적용되고, 가거절통지를 하였으나 거절이유가 해소되지 아니한 경우 또
는 새로운 이유로 재차 가거절통지를 하는 경우 등은 해당하지 아니한다.[6]

3. 출원공고결정 등본송달 및 공고

국제상표등록출원에 대한 출원공고 결정이 있을 경우, 특허청장은 그 결정
의 등본을 출원인에게 송달하고 그 국제상표등록출원에 관하여 상표공보에 게
재하여 이를 공고하여야 하며(법 제57조 제2항)[7], 출원공고를 한 날부터 2개월간
상표등록출원서류 및 그 부속서류를 특허청에서 일반인이 열람할 수 있도록 하
여야 한다(법 제57조 제3항).

출원공고결정서 등본의 송달과 관련하여 한 가지 유의할 점은 출원공고결
정등본은 가거절통지서와 같이 국제사무국을 통하여 출원인에게 송부하는 것이
아니고 직접 출원인에게 송부해야 한다는 것이다. 출원공고절차는 우리나라를
포함한 대부분의 국가들에서 채택되어 있으나,[8] 마드리드 의정서의 국제등록
보호절차에는 이를 상정하지 않고 있으므로 국제사무국에는 송부하지 아니하고
직접 출원인에게 송달을 한다.

상표공보에 게재할 사항은 통상의 상표등록출원의 출원공고에서 게재되는
사항과 같다. 다만 국제상표등록출원의 경우에는 출원번호와 출원연월일 대신 국
제등록번호와 국제등록일(또는 사후지정일)을 게재한다(상표법 시행령 제19조 제2항).
그리고 출원공고와 관련한 서류의 열람 또는 복사를 필요로 하는 자는 특허청장
에게 그 허가를 신청할 수 있음은 통상의 상표등록출원에서와 같다(법 제215조).

---

6) 다만, 특허청 훈령 「국제상표등록출원 심사사무취급규정」 제22조는 "① 담당심사관은
거절이유를 발견하지 못한 경우에는 국제사무국의 지정통지일부터 9월 내에 출원공고하는
것을 원칙으로 한다. ② 담당심사관은 거절이유를 발견하여 가거절통지를 하였으나 보정
서 또는 의견서에 의하여 거절이유가 해소된 경우에는 국제사무국의 지정통지일부터 14월
내에 출원공고하는 것을 원칙으로 한다"라고 규정하고 있으나 이는 직권심사기간을 최대
한 확보하기 위한 행정청 내부의 사무처리준칙이라 할 것이고, 본조의 해석준칙은 아니라
할 것이다.
7) 상표공보에 게재하는 출원공고일은 상표등록출원이 상표공보에 게재된 날로 한다(상표
법 시행규칙 제100조 제1항).
8) 일본, 독일, 스위스, 스웨덴, 덴마크, 노르웨이, 핀란드 등에서는 상표가 등록된 이후 일
정한 기간을 두어 공고를 하는 등록공고제도를 채택하고 있다.

4. 출원공고의 법적 효과

국제상표등록출원에 대한 출원공고의 효과는 통상의 상표등록출원에 있어서와 같다. 출원공고결정의 등본의 송달 후에는 보정기간에 대한 제한을 받게 되고(법 제41조), 출원공고결정 후의 보정에 대한 각하결정에 대해서는 제116조의 규정에 의한 거절결정에 대한 심판을 청구하는 경우가 아니면 별도로 불복 심판을 청구할 수 없으며(법 제42조 제5항), 국제상표등록출원에 대한 상표권의 설정등록이 있은 후에 출원공고결정의 등본 송달 후의 지정상품 보정이 상표등록출원의 요지변경에 해당하는 경우에는 그 국제상표등록출원은 보정을 하지 아니하였던 국제상표등록출원에 관하여 상표권이 설정등록된 것으로 본다(법 제41조 제3항).[9]

또한, 출원공고가 있게 되면 누구든지 출원공고일로부터 2개월 내에 해당 국제상표등록출원이 제54조에 따른 상표등록거절결정에 해당한다는 것을 이유로 이의신청을 할 수 있다(법 제60조 제1항). 그리고 출원인은 출원공고 후 해당 국제상표등록출원에 관한 지정상품과 동일·유사한 상품에 대하여 해당 국제상표등록출원의 상표와 동일·유사한 상표를 사용하는 자에게 서면으로 경고할 수 있으며(법 제58조 제1항), 해당 국제상표등록출원에 대한 상표권의 설정등록이 있은 후에는 경고 후 상표권을 설정등록할 때까지의 기간에 발생한 해당 상표의 사용에 관한 업무상 손실에 상당하는 보상금의 지급을 청구할 수 있다(법 제58조 제2항 및 제3항).

Ⅲ. 출원공고결정기간 위반의 효과

국제사무국의 지정통지일 또는 경정통지일로부터 14월 이내에 가거절통지 또는 출원공고결정이 이루어지지 아니한 경우 해당 국제상표등록출원에 대하여 바로 출원공고결정이 있은 것으로 보거나 출원인이 본조를 근거로 특허청에 대하여 출원공고를 할 것을 청구할 수 있는 것인지가 문제이다.

생각건대, 비록 상표법이 상표의 출원 및 등록에 관한 엄격한 절차를 규정

---

[9] 출원공고결정후의 보정 제한은 통상의 상표등록출원에서와 다를 바 없으나, 상표법 제185조 제4항은 국제상표등록출원에 대한 보정은 표장에 대하여는 할 수 없고 지정상품에 한해서만 가능하도록 하고 있다.

하고 있는 법률이고 제57조 제1항의 규정형식이 "~하여야 한다"고 되어 있기는
하나, 본조를 위반한 국제상표등록출원의 취급에 대하여 상표법이 아무런 규정
을 두지 있지 아니한 점, 본조의 취지가 국제사무국의 통지일로부터 18월 이내
에 모든 거절이유를 통지하기 위하여 직권심사기간을 최대한 확보하고자 하는
데에 있는 점, 상표법 제67조 제1항은 출원공고 후에도 심사관이 거절이유를 발
견한 경우에는 직권으로 가거절통지를 할 수 있도록 하고 있는 점10) 등을 고려
해 볼 때, 본조는 14월 이내에 출원공고결정이 이루어지지 아니하였다고 하여
바로 출원공고결정이 있은 것으로 보거나 출원인에게 출원공고청구권을 인정하
고자 하는 취지의 규정이라고 하기 보다는 국제상표심사절차에서의 거절이유
통지기한 준수를 위한 주의적 규정이라고 해야 할 것이므로, 심사관은 14월이
경과하더라도 거절이유가 있는 경우에는 유효한 거절통지 또는 출원공고결정을
할 수 있다고 하여야 할 것이다.

〈차형렬〉

---

10) 출원인에게 출원공고청구권을 인정하여 심사관으로 하여금 강제적으로 출원공고를 하도
록 하더라도 거절이유가 있으면 심사관은 바로 이를 통지할 수 있는 것이므로, 이는 아무
런 실익이 없고 오히려 출원인에게 혼란을 초래할 수 있는 것이므로 바람직하지 않다고
하겠다.

> **제192조(손실보상청구권의 특례)**
> 국제상표등록출원에 대하여 제58조제1항 단서를 적용할 경우 "해당 상표등록
> 출원의 사본"은 "해당 국제출원의 사본"으로 본다.

<소 목 차>

Ⅰ. 의의
Ⅱ. 국제상표등록출원에 의한 손실보상
　　청구권

1. 성립요건
2. 손실보상청구권의 행사
3. 손실보상청구권의 소멸

Ⅰ. 의의

　　본조는 국제상표등록출원인에 대하여도 통상의 상표등록출원인에게 인정되는 손실보상청구권을 인정하면서, 출원공고 전 경고를 할 때에는 통상의 상표등록출원의 사본 대신 국제출원의 사본을 제시하여 경고를 할 수 있도록 한 규정이다.

　　상표법 제58조는, 상표권이 설정등록되기 전이라도 출원인이 그의 출원상표와 동일 또는 유사한 상표를 그 지정상품과 동일 또는 유사한 상품에 사용하는 자에게 서면으로 경고를 한 경우에는 경고 후 상표권을 설정등록할 때까지의 기간에 발생한 업무상 손실에 상당하는 보상금의 지급을 청구할 수 있는 손실보상청구권을 규정하고 있다. 이때 서면에 의한 경고는 원칙적으로 출원공고 후에 할 수 있으나 상표법 제58조 제1항 단서는 상표등록출원의 사본을 제시하는 경우에는 출원공고전이라도 경고를 할 수 있도록 하고 있다.

　　본조는 상표법 제58조와 함께 2001. 2. 3.자 개정법에서 신설되었는데 그 배경이 마드리드 의정서 제4조(1)(a) 제2문이다. 동 규정에 의하면 국제사무국으로부터 국제등록의 지정통지를 받은 지정국관청이 국제사무국에 거절통지를 하지 아니하거나 거절통지를 사후에 철회한 경우 해당 국제등록에 관한 상표는 국제등록일(사후지정일)로부터 소급하여 그 상표가 해당 지정국관청에 등록된 것과 동일한 보호를 받도록 함에 따라 국제상표등록출원에 대하여 출원단계에서부터 일정한 보호를 부여하기 위하여 손실보상청구권을 규정하게 되었으며,[1]

---

[1] 상표권의 설정등록후에 금지청구권을 소급하여 발생시키는 것은 사실상 의미가 없을 뿐만 아니라 실체심사를 받지 않은 출원에 대하여 금지청구권을 인정하는 것도 문제가 있으므로 손실보상청구권에 관한 규정을 신설한 것이다[문삼섭, 상표법(제2판), 세창출판사

국제상표등록출원과 통상의 상표등록출원과의 형평을 기하기 위해 모든 상표등
록출원에 대하여 손실보상청구권을 인정하게 된 것이다.[2]

일본의 경우도 마드리드 의정서 가입을 위한 1999년 상표법 개정시 제13조
의2[3]를 신설하여 우리 상표법의 손실보상청구권과 유사한 「설정등록전 금전적
청구권」을 도입하였다.[4] 같은 조 제1항은 "상표등록출원인은 상표등록출원을
한 후에 해당 출원에 관련한 내용을 기재한 서면을 제시해서 경고를 한 경우에
는 그 경고후 상표권설정의 등록전에 해당 출원에 관련한 지정상품 및 지정서
비스업에 대해 해당 출원에 관련한 상표의 사용을 한 자에 대해 그 사용에 의
하여 발생한 업무상의 손실에 상당하는 액의 금전의 지불을 청구할 수 있다"고
하여 우리 상표법 제58조 제1항과 제2항의 내용을 통합하여 규정하고 있으나,
경고의 시기와 방법에 대하여 출원공고 후와 출원공고 전을 구분하지 않고 있
고 국제상표등록출원에 대하여 우리 상표법과 같은 특례조항 또한 별도로 두고
있지 아니하다.

생각건대, 우리 상표법은 출원공고전에도 상표등록출원의 사본 또는 국제

(2004), 861].

2) 윤선희, 산업재산권법원론, 법문사(2002), 359.

3) 1 日本 商標法 第十三条の二(設定の登録前の金銭的請求権等) 商標登録出願人は、商標
登録出願をした後に当該出願に係る内容を記載した書面を提示して警告をしたときは、そ
の警告後商標権の設定の登録前に当該出願に係る指定商品又は指定役務について当該出願
に係る商標の使用をした者に対し、当該使用により生じた業務上の損失に相当する額の金
銭の支払を請求することができる。

2 前項の規定による請求権は、商標権の設定の登録があつた後でなければ、行使すること
ができない。

3 第一項の規定による請求権の行使は、商標権の行使を妨げない。

4 商標登録出願が放棄され、取り下げられ、若しくは却下されたとき、商標登録出願につ
いて拒絶をすべき旨の査定若しくは審決が確定したとき、第四十三条の三第二項の取消決
定が確定したとき、又は第四十六条の二第一項ただし書の場合を除き商標登録を無効にす
べき旨の審決が確定したときは、第一項の請求権は、初めから生じなかつたものとみな
す。

5 第二十七条、第三十七条、第三十九条において準用する特許法第百四条の三から第百五
条の二まで、第百五条の四から第百五条の六まで及び第百六条、第五十六条第一項におい
て準用する特許法第百六十八条第三項から第六項まで並びに民法第七百十九条及び第七百
二十四条（不法行為）の規定は、第一項の規定による請求権を行使する場合に準用する。
この場合において、当該請求権を有する者が商標権の設定の登録前に当該商標登録出願に
係る商標の使用の事実及びその使用をした者を知つたときは、同条中「被害者又はその法定
代理人が損害及び加害者を知った時」とあるのは、「商標権の設定の登録の日」と読み替える
ものとする。

4) 小野昌延 編, 注解 商標法 上券, 靑林書院(2005), 578-581(大島 厚 집필부분).

출원의 사본을 제시하여 경고할 수 있음을 구체적으로 규정함으로써 손실보상
청구권의 행사절차를 보다 명확히 한 점에 의의가 있다고 하겠다.

Ⅱ. 국제상표등록출원에 의한 손실보상청구권

1. 성립요건

가. 제3자의 상표 사용

정당한 권원이 없는 제3자가 해당 상표등록출원에 관한 지정상품과 동일하
거나 이와 유사한 상품에 대하여 해당 상표등록출원에 관한 상표와 동일하거나
이와 유사한 상표를 사용하여야 한다.

나. 서면에 의한 경고

원칙적으로 출원인이 보상금의 지급을 청구하기 위해서는 출원공고 후에
상표를 사용한 제3자에게 서면으로 경고를 하여야 한다. 그러나 출원공고 전이
라도 국제출원의 사본을 제시하는 경우에는 경고가 가능하다.

이때의 국제출원에는 국제사무국에 의해 국제등록된 국제출원뿐만 아니라
국제등록이 되기 전의 국제출원도 포함된다고 할 것이므로 국제출원이 본국관
청에 제출된 상태에서도 그 사본을 제시하여 경고를 할 수 있다고 할 것이며,[5]
상표법 제180조 제1항은 사후지정도 국제상표등록출원에 포함하고 있으므로 사
후지정의 경우에도 그 사본을 제시하여 경고를 할 수 있다고 할 것이다. 다만,
그러한 국제출원은 대한민국을 지정하고 있어야 한다.

한편, 서면에 의한 경고는 청구권 발생의 필수적인 요건이므로 설령 상대방
이 악의로 사용하고 있어도 서면에 의한 경고를 하지 않으면 손실보상청구권을
행사할 수 없다.

다. 업무상 손실 발생

국제상표등록출원인은 서면경고 후 상표권이 설정등록될 때까지의 업무상
손실에 대해서 보상금의 지급을 청구할 수 있다. 손실보상청구권은 출원상표에
화체된 업무상의 신용을 보호하기 위한 것이므로 단순히 출원한 사실만으로 족

---

5) 마드리드 의정서 제2조(2)는 국제등록을 위한 출원 즉, 국제출원은 본국관청을 경유하여
   국제사무국에 제출하도록 하고 있으므로 국제출원이 본국관청에 제출되는 시점과 국제사
   무국에 제출되어 등록되는 시점이 달라질 수 있다.

한 것이 아니라 출원인이 해당 지정상품에 관하여 출원상표를 이미 사용하여 일정한 신용이 구축되어 있을 것이 요구된다.[6][7] 나아가 제3자에 의한 상표의 사용으로 인하여 출원인에게 업무상의 손실이 발생하여야 하므로 상대방이 악의로 사용되고 있어도 손실이 발생하고 있지 않으면 손실보상청구권은 인정되지 않고, 반대로 그 사용이 선의였다고 해도 경고가 있었던 뒤에 계속적인 사용으로 출원인에게 업무상의 손실을 주었을 때는 청구권이 발생한다고 할 것이다.

다만, 손실보상액과 관련하여서는 상표법 제110조의 손해액의 추정 등에 관한 규정이 준용되지 않으므로 출원인이 이를 적극적으로 입증하여야 한다.

2. 손실보상청구권의 행사

손실보상청구권은 상표권의 설정등록이 있은 후에 행사할 수 있다. 국제상표등록출원은 상표등록결정이 있는 경우에 설정등록이 되므로(법 제197조), 국제상표등록출원에 대한 손실보상청구권은 경고 후부터 상표등록결정 전까지의 사용에 대해서 인정되며, 추후 상표권의 행사에 영향을 미치지 아니한다.

손실보상청구권의 행사에 대해서는 상표법 제91조(등록상표 등의 보호범위), 제108조(침해로 보는 행위)가 준용되므로 금지권에 상당하는 유사범위에의 사용도 그 대상이 되며, 제113조(상표권자 등의 신용회복)의 규정에 따른 신용회복을 청구할 수 있고, 제114조(서류의 제출)에 따라 손실의 계산에 필요한 서류의 제출을 요구할 수 있으며, 민법 제760조(공동불법행위자의 책임)의 규정에 따라 수인이 공동으로 출원상표를 사용한 경우에는 연대책임을 물을 수 있다(상표법 제58조 제5항).

3. 손실보상청구권의 소멸

손실보상청구권과 관련하여서는 손해배상청구권의 소멸에 관한 민법 제766조의 규정이 준용되나, 소멸시효의 기산일은 해당 상표권의 설정등록일로 조정되어 적용되므로 손실보상청구권은 해당 상표권의 설정등록일로부터 3년간 행사하지 아니하거나 제3자가 정당한 권원 없이 출원등록상표를 사용한 날, 즉 불법행위를 한 날로부터 10년을 경과한 때에는 시효로 인하여 소멸한다(법 제58조

6) 이인실, 석사학위논문, 국제상표등록에 관한 MADRID 의정서의 법적 연구(2001), 57.
7) 일본 상표법의 금전적청구권도 출원상표에 화체된 업무상의 신용을 보호하기 위한 것으로 보고 있다(일본 특허청 홈페이지(www.jpo.go.jp), 공업소유권법(산업재산권법) 축조해설, 1261 참조).

제5항).

　손실보상청구권은 상표권의 설정등록이 있어야 행사할 수 있는 '정지조건부의 권리'이므로 해당 상표등록출원이 포기, 취하 또는 무효가 된 경우, 상표등록거절결정이 확정되거나 상표권이 설정등록된 후 상표법 제117조(상표등록의 무효심판)의 규정에 의하여 상표등록을 무효로 한다는 심결(같은 조 제1항 제5호 내지 제7호의 규정에 의한 후발적 무효사유에 의한 경우는 제외한다)이 확정된 경우에는 청구권은 처음부터 발생하지 아니한 것으로 본다(법 제58조 제6항).

　한편, 상표법 제202조 제1항은 "국제상표등록출원의 기초가 되는 국제등록의 전부 또는 일부가 소멸된 경우에는 그 소멸된 범위에서 해당 국제상표등록출원은 지정상품의 전부 또는 일부에 대하여 취하된 것으로 본다"고 규정하고 있고, 같은 조 제3항은 "취하의 효과는 국제상표등록부상 해당 국제등록이 소멸된 날부터 발생한다"라고 규정하고 있으므로, 국제상표등록출원의 기초가 되는 국제등록의 전부 또는 일부가 소멸된 경우에는 그 범위 내에서 손실보상청구권은 처음부터 발생하지 아니한다. 따라서 국제출원인의 신청에 의하여 지정상품이 취소(cancellation)[8]된 경우나 국제등록일로부터 5년 이내에 기초출원(기초등록)이 소멸되는 경우[9]에는 청구권은 처음부터 발생하지 아니한다. 또한, 대한민국에 대한 지정이 포기(renunciation)[10]된 경우나 지정상품의 일부가 포기에 해당하는 감축(limitation)[11]이 있는 경우 등에도 대한민국에 대한 출원이 취하된 것과 마찬가지가 되므로 해당 범위 내에서 손실보상청구권은 처음부터 발생하지 않는다.

〈차형렬〉

---

8) 취소란 일부 또는 전체 상품 및 서비스와 관련하여 모든 지정체약당사자에 대한 국제등록을 취소하는 것을 말한다.
9) 국제등록일로부터 5년 이내에 지정상품 및 서비스의 전부 또는 일부와 관련하여 기초출원이나 그로 인한 등록 또는 기초등록이 취하·존속기간의 만료로 소멸·포기되거나 거절·철회·취소 또는 무효로 된 경우나 또는 기초출원의 효력을 거절하는 결정에 대한 불복청구, 기초출원의 취하를 청구하는 소송 또는 기초출원으로 인한 등록 또는 기초등록의 철회·취소·무효를 청구하는 소송, 또는 기초출원에 대한 이의신청으로 국제등록일부터 5년 기간의 만료 후에 기초출원이나 기초출원으로 인한 등록 또는 기초등록의 거절·철회·취소·무효 또는 취하를 명하는 최종결정이 있는 경우 등이 이에 해당한다(의정서 제6조(3)).
10) 포기란 일부 지정체약자에 대하여 지정상품 및 서비스 전부에 대하여 보호를 포기하는 것을 말한다.
11) 감축이란 지정체약자의 전부 또는 일부에 대하여 지정상품 및 서비스의 전부 또는 일부를 축소하는 것을 말한다.

> **제193조(상표등록결정 및 직권에 의한 보정의 특례)**
> ① 국제상표등록출원에 대하여 제68조를 적용할 경우 "거절이유를 발견할 수 없는 경우에는"은 "산업통상자원부령으로 정하는 기간 내에 거절이유를 발견할 수 없는 경우에는"으로 본다.
> ② 국제상표등록출원에 대해서는 제59조를 적용하지 아니한다.

〈소 목 차〉

Ⅰ. 의의
Ⅱ. 국제상표등록출원에 대한 등록결정
　　(제1항)

1. 등록결정기간
2. 보호부여기술서의 송부
Ⅲ. 직권보정규정의 적용배제(제2항)

Ⅰ. 의의

상표법 제68조는 "심사관은 상표등록출원에 대하여 거절이유를 발견할 수 없는 경우에는 상표등록결정을 하여야 한다"라고 규정하고 있는바, 통상의 상표등록출원에 대하여는 출원공고 후 그에 대한 이의신청이 없고 새로운 거절이유를 발견할 수 없을 때에는 상표등록결정을 하여야 하며, 상표등록결정기간에 대하여 법령상의 제약은 없다.[1]

그러나 마드리드 의정서에 의하면, 국제등록에 대하여 거절이유가 있는 경우에는 국제사무국이 국제등록을 통지한 날(이하 '지정통지일'이라 한다)로부터 일정기간 이내에 이를 통지할 수 있고(의정서 제5조(2)), 이 기간 내에 국제사무국에 거절이유가 통지되지 아니한 경우에는 우리나라에서 등록된 것과 같이 보호하여야 한다(의정서 제4조(1)(a)).

또한, 마드리드 협정 및 의정서의 공통규칙은 일정기간 이내에 가거절통지가 통보되지 아니한 경우에는 그 기간만료 전에 해당 체약당사자의 영역에서 해당 표장에 대하여 보호가 부여되었다는 취지의 보호부여기술서를 국제사무국에 송부하도록 규정함으로써(공통규칙 제18조의3(1)), 지정체약당사자로 하여금 그 영역 내에서의 상표의 보호 여부를 명확히 하도록 하였다.[2][3]

---

[1] 다만, 권리관계의 조속한 확정을 위하여 특허청 훈령 「상표디자인심사사무취급규정」 제37조 제5항은 불가피한 사유가 있는 경우를 제외하고는 출원공고된 상표출원에 대하여 이의신청기간 경과 후 1월 이내에 등록결정을 하도록 하고 있다.

　본조 제1항은 국제사무국의 지정통지일로부터 18월 이내에 모든 거절이유를 통지하도록 하고, 그 기한 내에 거절이유를 발견할 수 없는 때에는 등록결정을 하도록 함으로써 부실권리의 발생을 방지함과 아울러 국내 심사절차가 국제규범과 조화를 이루도록 하기 위해 특례를 정한 것이다.[4]

　한편, 상표법 제59조는 심사관이 출원공고결정을 할 때에 상표등록출원서에 적힌 사항이 명백히 잘못된 경우에는 직권으로 보정(이하 이 조에서 "직권보정"이라 한다)을 할 수 있도록 하고 있는데, 이는 특허법 제66조의2[5]와 같이 상표등록출원에 대한 심사절차에서도 출원서에 기재된 지정상품의 명칭 등에 명백한 오기로 판단되는 사항이 있는 경우 등에는 심사관이 이를 직권으로 보정할 수 있는 근거규정으로서 2010. 1. 27.자 법개정에서 신설되었다.

　그러나 국제상표등록출원에 대하여 거절통지 없이 보호부여기술서를 국제사무국에 송부하는 경우에는 보호되는 상품과 서비스의 목록을 별도로 기재하지 아니하므로 지정국관청에서 지정상품의 명칭에 오류가 있다고 하여 심사관이 직권보정을 하게 되면 지정국관청에 등록되는 상품 및 서비스와 국제사무국의 국제상표등록부에 등록되는 상품 및 서비스의 목록이 달라지는 문제가 발생할 수 있게 된다.

　또한, 국제상표등록출원의 류구분과 관련하여서는 마드리드 의정서 제3조(2)[6]가 출원인이 국제출원시 류구분을 표시하지 아니하거나 출원인의 류구분의

---

2) 동 규정은 2008. 9. 30.자로 개정되었고, 경과규정을 두어 2011. 1. 1.부터 적용되고 있다.

3) 다만, 마드리드 의정서 제4조(1)(a)가 18월 이내에 거절통지가 없는 경우에는 그 상표가 해당 체약국에서 등록된 것과 같이 보호가 된다고 규정하고 있으므로 보호의 실체적 효과는 이 조항에 따라 이미 발생하는 것이고, 공통규칙 제18조의3(1)에 따라 상표의 최종적 지위가 부여되는 것은 아니라 할 것이다(WIPO, 앞의 Guide, B.II.49, 26.06 참조).

4) 우리나라는 본조 신설시부터 18월 이내에 거절이유를 발견하지 못하는 때에는 등록결정을 하고 동시에 국제사무국에 보호부여기술통지서를 송부하도록 규정하고 있었다.

5) 특허법 제66조의2(직권보정 등) ① 심사관은 제66조에 따른 특허결정을 할 때에 특허출원서에 첨부된 명세서, 도면 또는 요약서에 적힌 사항이 명백히 잘못된 경우에는 직권으로 보정(이하 "직권보정"이라 한다)할 수 있다.

② 제1항에 따라 심사관이 직권보정을 하려면 제67조 제2항에 따른 특허결정의 등본 송달과 함께 그 직권보정 사항을 특허출원인에게 알려야 한다.

③ 특허출원인은 직권보정 사항의 전부 또는 일부를 받아들일 수 없으면 제79조 제1항에 따라 특허료를 낼 때까지 그 직권보정 사항에 대한 의견서를 특허청장에게 제출하여야 한다.

④ 특허출원인이 제3항에 따라 의견서를 제출한 경우 해당 직권보정 사항의 전부 또는 일부는 처음부터 없었던 것으로 본다. 이 경우 그 특허결정도 함께 취소된 것으로 본다. 다만, 특허출원서에 첨부된 요약서에 관한 직권보정 사항의 전부 또는 일부만 처음부터 없었던 것으로 보는 경우에는 그러하지 아니하다.

6) Madrid Protocol Article 3(International Application)

기재가 적절하지 아니한 경우 국제사무국이 본국관청과 협의하여 이를 조정할
수 있으며, 본국관청과 의견이 다를 경우에는 국제사무국의 의견이 우선하도록
하고 있는바, 지정국관청이 류구분의 오류를 이유로 거절을 할 수 있는지는 별
론으로 하더라도 지정국관청의 심사관이 직권으로 이를 보정할 수는 없다.

　본조 제2항은 이를 반영하여 국제상표등록출원에 관하여는 지정상품의 명
칭이나 류구분에 명백한 오류가 있다 하더라도 심사관이 이를 직권으로 보정할
수 없도록 제59조의 적용을 배제한 것이다.

Ⅱ. 국제상표등록출원에 대한 등록결정(제1항)

1. 등록결정기간

　본 조항의 "산업통상자원부령으로 정하는 기간 내"란 국제사무국이 영역확
장의 통지를 한 날로부터 18개월 이내를 말하고, 국제사무국이 영역확장의 통지
를 한 후 마드리드 협정 및 의정서의 공통규칙 제28조(2)에 따라 국제상표등록
부 등록사항에 대한 경정통지를 한 경우에는 그 사항에 관하여는 해당 경정통
지를 한 날로부터 18월 이내를 말한다(상표법 시행규칙 제91조 제2항).

　다만, 본 조항은 18월 이내에 거절이유를 발견할 수 없는 경우에는 등록결
정을 하도록 하고 있으므로 심사관이 이 기간 이내에 거절이유를 전혀 발견하지
아니한 경우나 거절이유가 있어 가거절통지를 하였으나 출원인의 보정 등을 통
해 거절이유가 모두 해소되었다고 판단하는 경우에 적용된다고 할 것이다. 따라
서 18월 이내에 거절이유를 통지하였으나 그 거절이유가 18월의 기간 내에 모두
해소되지 아니한 경우 등은 본 조항의 적용을 받지 아니한다고 할 것이다.[7]

---

(2) The applicant must indicate the goods and services in respect of which protection of the
mark is claimed and also, if possible, the corresponding class or classes according to the
classification established by the Nice Agreement Concerning the International Classification
of Goods and Services for the Purposes of the Registration of Marks. If the applicant does
not give such indication, the International Bureau shall classify the goods and services in the
appropriate classes of the said classification. The indication of classes given by the applicant
shall be subject to control by the International Bureau, which shall exercise the said control
in association with the Office of origin. In the event of disagreement between the said
Office and the International Bureau, the opinion of the latter shall prevail.

7) 특허청 훈령 「국제상표등록출원 심사사무취급규정」은 등록결정기간에 관하여 다음과 같
　이 규정하고 있다.
제32조(등록결정) ① 담당심사관은 출원공고된 국제상표등록출원에 대하여 이의신청이 제
　기되지 아니한 경우에는 이의신청기간 경과 후 1월 이내에 등록결정을 하여야 한다. 다만,

2. 보호부여기술서의 송부

마드리드 협정 및 의정서의 공통규칙 제18조의3은 지정국관청이 표장의 보호와 관련된 모든 절차를 완료하는 경우 보호부여기술서를 국제사무국에 송부할 것을 규정하고 있는데, 다음의 세 가지 유형을 상정하고 있다.

첫째, 마드리드 의정서 제5조 제2항의 거절기한 내에 가거절통지가 통보되지 아니한 경우로서, 그 기한 내에 지정국관청에서의 모든 절차가 종료되는 때에는 그 기한 만료 전에 즉시 국제사무국에 해당 표장에 대한 보호가 부여되었다는 취지의 기술서를 송부하여야 한다(공통규칙 제18조3(1)).

우리나라의 경우 18월 이내에 거절이유를 발견하지 못한 때에는 해당 국제상표등록출원에 대한 등록결정을 하고, 국제사무국에 '보호부여기술서(Statement of Grant of Protection)'를 송부한다. 이때의 보호부여기술서는 국제등록의 상품 및 서비스가 전부가 보호된다는 의미의 통지이므로 별도로 상품 및 서비스의 목록을 별도로 기재하지 아니한다.

둘째, 가거절통지가 통보되었으나 상품보정 등을 통해 거절이유가 해소된 경우에는, 가거절이 철회되었고 해당 표장의 상품과 서비스 전부에 관하여 보호가 부여되었다는 취지의 기술서 또는 보호되는 표장의 상품과 서비스를 표시하는 기술서를 송부하여야 한다(공통규칙 제18조3(2)). 우리나라는 이 경우 국제사무국에 가거절을 철회하고 해당 표장을 보호한다는 취지의 '가거절에 따른 보호부여기술서(Statement of Grant of Protection Following a Provisional Refusal)'를 송부하며, 이때는 국내 등록원부에 등록되는 상품 및 서비스를 구체적으로 기재하여 통지한다.

셋째, 가거절이 통지되었으나 출원인이 거절이유를 해소하여 보호부여기술

불가피한 사유가 있는 경우에는 예외로 한다.
② 담당심사관은 다음 각호의 경우 등록결정하여야 한다.
1. 국제사무국의 지정통지일부터 18월 내에 거절이유를 발견하지 못한 경우
2. 거절이유가 해소된 경우
제44조(취소환송된 국제상표등록출원의 심사) ① 담당심사관 또는 이의결정담당심사관은 거절결정불복심판에 의하여 취소환송된 국제상표등록출원에 대하여는 심판에 관한 사항이 담당심사관에 이송된 후 2월 이내에 재심사에 착수하는 것을 원칙으로 한다.
② 담당심사관 또는 이의결정담당심사관은 제1항에 의한 재심사 결과 국제사무국의 지정통지가 있은 날부터 18월내에 당초 거절이유와 다른 거절이유를 발견할 수 없는 경우 또는 국제사무국의 지정통지가 있은 날부터 18월이 경과한 경우에는 출원공고 또는 등록결정을 한다.

서가 송부되었거나 거절이유가 해소되지 아니하여 가거절확정통지서가 송부된 후에, 표장의 보호에 영향을 미치는 추가결정(further decision)이 있는 경우(예컨대, 법원의 결정 등이 있는 경우), 지정국관청은 그 결정에 대하여 알고 있는 범위 내에서 표장이 보호되는 상품과 서비스를 표시한 추가적인 기술서를 국제사무국에 송부하여야 한다(공통규칙 제18조3(4)). 우리의 경우 거절결정이 특허심판원의 거절결정불복심판에 의해 취소환송되어 등록결정을 하는 경우에 '추가결정통지서(Notice of Further Decision)'를 국제사무국에 송부하고, 추가결정통지서에는 상표등록원부에 등록되는 상품 및 서비스를 구체적으로 기재한다.

국제사무국은 위의 각각의 경우의 기술서를 국제상표등록부에 등록하고 공고한 후 국제등록의 명의인에게 통지한다. 이때 마드리드 협정 및 의정서의 공통규칙 제18조3(1)에 의한 경우에는 지정국에 통지된 상품과 서비스 전체를 그대로 등록하고, 제18조3(2)에 의한 경우에는 전부 또는 변경된 상품과 서비스가 등록된다.

어느 경우에나 등록결정이 있는 경우에는 국제상표등록출원인에 대하여는 상표법 제69조 제2항에 따라 등록결정의 등본을 별도로 송달하여야 한다.

Ⅲ. 직권보정규정의 적용배제(제2항)

본조 제2항에 따라 국제상표등록출원에 관하여는 지정상품의 명칭이나 류구분에 명백한 오류가 있다 하더라도 심사관이 직권보정을 할 수 없다.

이때 국제상표등록출원의 지정상품 명칭이나 그 류구분에 명백한 오류가 있는 경우 이를 이유로 거절통지를 할 수 있는지가 문제이다.

우선 지정상품 명칭에 오류가 있는 경우에는 그 지정상품은 불명확 상품에 해당할 수 있으므로 이를 이유로 가거절통지를 하는 것이 가능하다.

그러나 지정상품의 명칭이 명확하나 그 류구분에 오류가 있는 경우에는, 마드리드 의정서 제3조(2)가 국제출원의 류구분에 관하여는 국제사무국의 의견이 우선하도록 하고 있고, 현실적으로도 출원인과 국제사무국의 조정의 결과를 지정국관청이 거절이유로 삼아 재분류를 하도록 하는 것은 바람직하지 않으므로 심사관은 지정상품의 류구분의 오류를 이유로는 거절통지를 할 수 없다고 해야 할 것이다.

특허청 실무에서도 지정상품의 류구분에 오류가 있다고 판단하는 경우 심사관은 이를 이유로는 가거절통지를 할 수 없도록 하고 있으며, 국제상표등록출원에 대하여 국내에서만 류구분을 변경하는 것은 국내등록원부와 국제상표등록부가 달라지는 결과를 초래하므로 국제사무국을 통하지 아니한 보정 등에 의한 류구분의 변경도 허용되지 않도록 하고 있다.8)

〈차형렬〉

---

8) 국내 대리인이 제출한 보정서에 류구분이 변경된 사항이 포함된 경우 심사관은 해당 보정서를 요지변경으로 간주하고 각하한다.

제194조(상표등록료 등의 특례)

　① 국제상표등록출원을 하려는 자 또는 제197조에 따라 설정등록을 받은 상
표권(이하 "국제등록기초상표권"이라 한다)의 존속기간을 갱신하려는 자는
마드리드 의정서 제8조(7)(a)에 따른 개별수수료를 국제사무국에 내야 한다.
　② 제1항에 따른 개별수수료에 관하여 필요한 사항은 산업통상자원부령으로
정한다.
　③ 국제상표등록출원 또는 국제등록기초상표권에 대해서는 제72조부터 제77
조까지의 규정을 적용하지 아니한다.

<소 목 차>

Ⅰ. 의의
Ⅱ. 개별수수료의 납부(제1항 및 제2항)
　1. 개별수수료
　2. 개별수수료 납부대상자
3. 개별수수료의 납부
Ⅲ. 상표등록료 등에 관한 규정 적용배제(제3항)

Ⅰ. 의의

　　통상의 상표권 설정등록 또는 상표권의 존속기간갱신등록을 받으려는 자는
상표등록료를 내야 하고(법 제72조), 상표에 관한 출원·청구 등의 절차를 밟는
자는 그에 해당하는 수수료[1]를 내야 한다(법 제78조). 이때의 상표등록료와 수수
료는 모두 우리나라 특허청에 내야 한다.

　　한편, 마드리드 의정서는 국제등록을 위한 수수료로 크게 기본수수료(basic
fee)[2], 추가수수료(supplementary fee)[3], 보충수수료(complementary fee)[4]를 규정하고
있으며(의정서 제8조(2)), 각 체약국은 추가수수료 및 보충수수료 대신 이를 대체

---

1) 상표등록출원과 관련한 수수료로는 출원료, 보정료, 이의신청료, 심판청구료 등이 있다.
2) 기본수수료는 마드리드 의정서에 의한 국제출원시 기본적으로 부과되는 수수료로 흑백
　표장일 경우에는 653스위스프랑이고, 컬러표장일 경우에는 903스위스프랑이며, 추가수수
　료 및 보충수수료를 제외한 다양한 연간 수수료 수입과 함께 의정서의 시행에 필요한 경
　비 및 과세금을 공제한 후에 체약당사자에게 균등하게 배분된다.
3) 추가수수료는 표장이 적용되는 상품 또는 서비스가 속하는 류구분이 3개류를 초과하는
　경우 초과하는 류구분당 100스위스프랑이 추가되며, 추가수수료의 총액은 그 연도 동안
　체약당사자 각각에 보호가 신청된 표장의 수에 비례하여 매 연도말에 이해관계 있는 체약
　당사자에게 분배된다.
4) 보충수수료는 국제등록의 보호확장신청에 대한 수수료로 1개 지정국당 100스위스프랑이
　징수되며, 그 총액의 분배방법은 추가수수료의 총액에 대한 분배에서와 같다.

하는 개별수수료(individual fee)를 징수할 것을 선언할 수 있도록 하고 있다(의정서 제8조(7)).[5] 그리고 마드리드 협정 및 의정서의 공통규칙 제34조(2)는 국제출원에 관한 수수료는 국제출원시에 국제사무국에 납부하도록 규정하고 있다.

　우리나라는 마드리드 의정서 가입서 기탁시 개별수수료를 징수할 것을 선언하였으므로 상표법은 본조에 특례를 규정하여 우리나라에 국제상표등록출원을 하거나 국제등록기초상표권의 존속기간을 갱신하고자 하는 자는 우리나라가 정한 개별수수료를 국제사무국에 납부하도록 하고(제1항), 구체적인 개별수수료 금액 등은 산업통상자원부령에 위임하고 있다(제2항). 그리고 통상의 상표등록료에 해당하는 금액은 개별수수료에 포함되어 국제출원시에 국제사무국에 미리 납부되기 때문에 통상의 상표등록료 납부 등에 관련한 국내 상표법 규정의 적용을 배제하고 있다(제3항).

II. 개별수수료의 납부(제1항 및 제2항)

1. 개별수수료

　개별수수료란 마드리드 의정서 제3조의3에 의하여 국제등록을 하거나 그러한 국제등록의 갱신과 관련하여, 추가수수료 및 보충수수료로 산출된 수입의 할당 대신에 그 체약당사자가 수령하고자 하는 금액으로서 그 체약당사자의 관청이 출원인으로부터 그 관청의 등록원부에 표장을 등록하는 대가로 또는 등록의 권리자로부터 그 등록에 대한 갱신의 대가로 수령할 수 있는 금액을 초과할 수 없는 수수료를 말한다(의정서 제8조(7)(a)). 개별수수료는 통상 국내수수료에서 방식심사나 상품 및 서비스의 분류 등의 절차를 생략함으로 인하여 절감되는 비용을 공제한 금액으로 정하고 있다.[6]

　일반적으로 개별수수료는 우리나라를 비롯해 미국, 일본, 영국, 중국 등 심사주의 국가들에서 채택되고 있으며, 그중 일본, 가나, 쿠바는 2부분으로 구성된 개별 수수료를 납부토록 하고 있다.[7]

---

5) 이 선언에는 금액이 표시되어야 하며 추후 선언으로 그 금액을 변경할 수 있다. 이 선언의 효력은 WIPO 사무총장이 이를 수령한 날부터 3월 경과시 또는 선언에 표시된 그 이후 일자에 효력이 발생한다.

6) WIPO, Guide to the International Registration of Marks(2009), A.11, 04.06.

7) 2부분으로 구성된 개별 수수료의 첫 번째 부분은 출원료에 해당하는 것으로 국제출원(사후지정)시에 납부하고, 두 번째 부분은 등록료에 해당하는 것으로 등록결정후 납부하도록 하는 것이 일반적이다.

본조 제2항은 개별수수료에 관하여 필요한 사항을 산업통상자원부령에 위임하고 있는바, 「특허료 등의 징수규칙」 제11조 제2항이 국제상표등록출원 및 국제등록존속기간갱신시에 납부할 개별수수료를 정하고 있다. 개별수수료는 통상의 상표등록출원료와 상표권의 설정등록료 및 그에 따른 등록세 등을 포함하고 있으며, 국제사무국은 이 금액을 스위스 통화로 환산한 금액을 징수한다.[8]

2. 개별수수료 납부대상자

개별수수료 납부 대상자는 국제상표등록출원을 하려는 자 또는 국제등록기초상표권의 존속기간을 갱신하고자 하는 자이다. 국제상표등록출원을 하고자 하는 자는 마드리드 의정서 제3조의3에 의하여 국제등록시 표장의 보호신청 체약국으로 대한민국을 지정한 자이며, 사후지정으로 대한민국을 지정한 자도 포함된다. 국제등록기초상표권의 존속기간을 갱신하고자 하는 자는 상표법 제198조의 규정에 의하여 설정등록을 받은 국제등록기초상표권의 존속기간을 갱신하고자 하는 자이다.[9]

그러나 국제상표등록출원에 대한 지정상품의 보정이나 이의신청, 심판청구 등의 절차는 통상의 상표법에 의한 절차이므로 지정상품을 보정하거나 이의신청을 하고자 하는 자, 또는 심판절차를 밟는 자 등은 개별수수료 납부대상자가 아니다. 따라서 그에 관련한 수수료를 모두 「특허료 등의 징수규칙」이 정하는 바에 따라 특허청에 내야 한다.

3. 개별수수료의 납부

개별수수료를 포함한 국제수수료는 출원인이 국제사무국에 직접 납부할 수 있으며, 본국관청이 수수료의 징수와 국제사무국으로의 송금을 허용하는 경우에는 본국관청을 통하여 납부할 수 있다(공통규칙 제34조(2)(a)).

국제등록을 위한 국제출원은 반드시 본국관청을 통하여 국제사무국에 제출하

---

8) 「특허료 등의 징수규칙」 제11조 제2항은 국제상표등록출원에 대하여는 1상품류마다 28만원, 국제등록존속기간갱신에 해하여 1상품류마다 32만원을 개별수수료로 정하고 있으며, 국제사무국은 국제상표등록출원에 대하여는 1상품류당 233스위스프랑, 국제등록존속기간갱신에 대하여 1상품류당 266스위스프랑을 각각 징수하고 있다.
9) 상표법 제199에 의하여 국제상표등록출원에 대하여는 지정상품의 추가등록출원에 관련한 규정은 적용되지 아니한다.

여야 하나[10) 이때에도 수수료는 출원인이 직접 국제사무국에 납부할 수 있다.[11)

  국제사무국에의 모든 수수료의 납부는 스위스 통화로 이루어져야 한다. 본
국관청이 수수료를 징수하여 송금하는 경우 출원인으로부터 다른 통화로 수수
료를 징수하더라도 국제사무국에 송금할 때에는 반드시 스위스 통화로 납부하
여야 한다(공통규칙 제35조(1)).

  수수료 납부는 국제사무국에 개설된 당좌계좌에서 인출토록 하거나 스위스
우편환계좌 또는 명시된 국제사무국의 은행계좌 중 1의 계좌로 납부할 수 있으
며, 신용카드에 의한 온라인 납부도 가능하다.[12)

  한편, 국제사무국에 납부된 개별 수수료는, 수수료가 납부된 그 국제등록,
사후지정 또는 갱신의 등록이 효력을 발생하는 월의 다음 월, 또는 개별수수료
가 2부분으로 구성된 경우는 두 번째 부분의 납입이 등록되는 월의 다음 월 안
에 국제사무국에 있는 그 체약당사자의 계좌로 입금된다(공통규칙 제38조).

Ⅲ. 상표등록료 등에 관한 규정 적용배제(제3항)

  국제상표등록출원을 하고자 하거나 국제등록기초상표권의 존속기간을 갱신
하고자 하는 자는 개별수수료를 국제사무국에 미리 납부하기 때문에 통상의 상
표등록료 등에 관한 상표법 제72조(상표등록료), 제73조(상표등록료를 납부할 때의
일부 지정상품의 포기), 제74조(상표등록료의 납부기간 연장), 제75조(상표등록료 미
납으로 인한 출원 또는 신청의 포기), 제76조(상표등록료의 보전 등), 제77조(상표등
록료 납부 또는 보전에 의한 상표등록출원의 회복 등)의 규정은 국제상표등록출원
에 대하여는 적용되지 아니한다.

                                                    〈차형렬〉

---

10) 마드리드 의정서 제2조(2)는 국제출원은 기초출원이 제출되거나 기초등록을 한 관청 즉,
   본국관청을 중개로 하여 국제사무국에 제출하도록 규정하고 있다.
11) 우리나라의 경우에는 국제출원시 국제출원인으로 하여금 수수료를 직접 국제사무국에
   납부하도록 하고 있는데, 이는 특허청이 수수료를 징수하여 송금하는 기간에 발생할 수 있
   는 환율변동의 위험을 방지하기 위함이다.
12) 수수료가 국제사무국에 개설된 당좌계좌에서 인출되도록 하는 경우 납부일은 다음과 같다.
   - 국제출원 또는 사후지정의 경우, 국제사무국이 출원 또는 지정을 접수한 날
   - 변경등록신청의 경우에는 국제사무국이 신청을 접수한 날
   - 국제등록의 갱신의 경우에는 국제사무국이 갱신하라는 지시를 접수한 날
    수수료가 다른 방법으로 납부된 경우 또는 당좌계좌의 잔액이 불충분한 경우에는 국제
   사무국이 필요한 금액을 받은 날에 납부된 것으로 간주한다.

> **제195조(상표등록료 등의 반환의 특례)**
>
> 국제상표등록출원에 대하여 제79조제1항 각 호 외의 부분을 적용할 경우 "납부된 상표등록료와 수수료"는 "이미 낸 수수료"로, "상표등록표 및 수수료"를 "수수료"로 보고, 같은 항 제1호 및 같은 조 제2항·제3항을 적용할 경우 "상표등록료 및 수수료"는 각각 "수수료"로 본다.

<소 목 차>

Ⅰ. 의의
Ⅱ. 잘못 납부된 수수료의 반환

1. 반환할 수수료
2. 수수료의 반환 절차

Ⅰ. 의의

상표법 제79조는 통상의 상표등록료 및 수수료의 반환에 관하여 규정하고 있는데, 상표권자 등이 납부한 상표등록료 및 수수료는 이를 반환하지 않는 것이 원칙이나 잘못 납부된 상표등록료 및 수수료는 납부한 자의 청구에 의하여 반환하도록 하고 있다.

그러나 국제상표등록출원과 관련하여 우리나라는 마드리드 의정서 제8조(7)에 의하여 개별수수료를 징수할 것을 선언하였고, 상표법 제194조 제1항은 국제상표등록출원을 하려는 자 또는 국제등록기초상표권의 존속기간을 갱신하고자 하는 자는 마드리드 의정서 제8조(7)(a)의 규정에 의한 개별수수료를 국제사무국에 납부하도록 규정하고 있다.

따라서 우리나라를 지정한 국제등록에 대한 개별수수료는 국제사무국에 납부하여야 하며, 그 개별수수료에는 통상의 상표등록출원료와 상표권의 설정등록료 및 그에 따른 등록세에 해당하는 금액이 포함되어 있다. 그리고 개별수수료가 오납된 경우의 처리는 국제사무국이 하게 된다.[1]

결국, 국제상표등록출원을 하고자 하는 자 또는 국제등록기초상표권의 존속기간을 갱신하고자 하는 자는 상표등록료를 특허청에 별도로 납부하지 아니

---

[1] 국제출원수수료를 잘못 납부한 경우나 금액을 필요 이상으로 납부한 경우, 잘못 납부한 금액이나 정해진 요금을 초과한 부분에 대하여는 납부자가 국제사무국에 청구하면 환불된다. 이때 환불을 청구하는 편지를 직접 국제사무국에 제출하여야 하고, 환불하는 데에 소요되는 비용은 수취인이 부담하여야 한다.

하므로 그에 대한 반환의 문제도 발생하지 아니한다.2)

따라서 본조는, 이를 반영하여 국제상표등록출원에 대하여는 잘못 납부된 수수료에 대하여만 이를 반환할 수 있도록 특례를 규정한 것이다.

II. 잘못 납부된 수수료의 반환

1. 반환할 수수료

가. 등록관련 수수료

본조는 국제상표등록출원에 대하여는 특허청에 내야 하는 수수료에 대하여만 잘못 납부된 경우에 이를 반환하도록 대상으로 규정하고 있다. 따라서 국제사무국에 납부되는 개별수수료에 포함되어 있는 상표권의 설정등록료, 상표권의 존속기간갱신등록료는 본조의 반환대상이 아니다.

그리고 국제등록기초상표권 이전(명의변경) 및 그에 따른 분할은 국제사무국에 신청하여야 하며, 지정상품 추가등록 등은 국제상표등록출원에 대하여 인정되지 아니하므로 이러한 절차에 따른 수수료에 대하여도 본조가 적용되지 아니한다.

그러나 상표법 제96조 제1항 제1호 및 제2호의 규정에 의한 상표권의 처분의 제한등록 및 상표권을 목적으로 하는 질권의 설정·이전·변경·소멸 또는 처분의 제한, 그리고 제100조 제1항 제1호 및 제2호의 규정에 의한 전용사용권 또는 통상사용권의 설정·보존·이전·변경·소멸 또는 처분의 제한, 전용사용권 또는 통상사용권을 목적으로 하는 질권의 설정·이전·변경·소멸 또는 처분의 제한 등의 상표원부에의 등록은 국제등록기초상표권에 대하여도 적용되는 절차이며3) 그에 따른 수수료는 특허청에 납부하여야 하므로 그 수수료가 잘못 납부된 경우에는 이를 납부자에게 반환하여야 할 것이다.

---

2) 상표법 제194조 제3항은 국제상표등록출원 또는 국제등록기초상표권에 대하여는 통상의 상표등록료의 납부에 관한 규정들(제72조 내지 제77조)은 적용하지 아니하도록 하고 있다.

3) 상표법 제196조 제1항은 "① 국제등록기초상표권에 대하여 제80조 제1항 제1호를 적용할 경우 "상표권의 설정·이전·변경·소멸·회복, 존속기간의 갱신, 상품분류전환, 지정상품의 추가 또는 처분의 제한"은 "상표권의 설정 또는 처분의 제한"으로 본다"고 규정하여 제80조 제1항의 등록사항 중 상표권의 이전·변경·소멸·회복·존속기간의 갱신·상품분류전환·지정상품의 추가 또는 처분의 제한을 제외한 등록은 국제등록기초상표권에 대하여서도 인정하고 있다. 다만, 상표권의 설정등록은 국내 상표원부에도 등록은 하지만 그 등록료는 국제사무국에 납부되는 개별수수료에 포함되어 있으므로 본조의 적용대상이 아니다.

나. 출원 등 관련 수수료

상표법 제78조 제1항은 "상표에 관한 절차를 밟는 자는 수수료를 내야 한다."라고 규정하고 있고, 수수료의 내용에 대하여는 「특허료 등의 징수규칙」에서 자세히 규정하고 있다.

통상의 출원관련 수수료로는 ① 상표등록출원료 및 지정상품의 추가등록출원료, ② 분할출원료, ③ 변경출원료, ④ 우선권주장 신청료, ⑤ 우선심사신청료, ⑥ 상품류구분 또는 지정상품 보정료 및 그 외 보정료, ⑦ 절차보완료, ⑧ 출원인 변경신고료, ⑨ 기간연장신청 또는 기일변경신청료, ⑩ 기간경과 구제 신청료, ⑪ 이의신청료 등이 있다.

그러나, 이상의 수수료 중 상표등록출원료는 국제사무국에 납부되는 개별 수수료에 이미 포함되어 있는 것이므로 상표등록료와 마찬가지로 특허청장이 반환해야 하는 수수료에 해당하지 않으며, 국제상표등록출원에 대하여는 지정상품 추가등록출원, 분할출원, 변경출원 및 우선심사신청이 인정되지 않고 국제출원시의 절차보완, 우선권주장 및 출원인명의변경은 국제사무국에 대하여 신청하여야 하므로 이러한 절차에 따른 수수료도 본조의 적용대상이 아니다.

다. 심판청구 관련 수수료

심판청구 관련 수수료는 ① 거절결정불복심판 청구료, ② 보정각하결정불복심판 청구료, ③ 무효심판, 권리범위확인심판, 상표권의 존속기간갱신등록의 무효심판, 상표등록의 취소심판, 사용권등록의 취소심판, 상품분류전환등록의 무효심판 청구료, ④ 재심청구료, ⑤ 보정료, ⑥ 심판 또는 재심청구의 참가신청료, ⑦ 심판관의 제척·기피신청료, ⑧ 비용액결정의 청구료, ⑨ 집행문 정본의 청구료, ⑩ 기간연장신청 또는 기일변경신청료, ⑪ 지정기간 연장신청료, ⑫ 기간경과 구제 신청료 등이 있다.

그러나 국제상표등록출원에 대하여는 거절결정불복심판 중 상표권의 존속기간갱신등록신청 거절결정불복심판, 지정상품추가등록거절결정 불복심판 및 상품분류전환등록거절결정 불복심판과 무효심판 중 지정상품 추가등록의 무효심판, 상표권의 존속기간갱신등록의 무효심판 및 상품분류전환등록의 무효심판은 인정되지 아니하므로 그 청구에 따른 수수료는 본조의 적용대상이 아니다.

라. 그 밖의 수수료

그 밖의 수수료로 상표등록증 재교부신청료, 휴대용 상표등록증 교부신청료 등 각종 증서의 교부신청 또는 각종 서류의 사본 교부신청에 따른 수수료 등이 있으며, 이러한 수수료가 잘못 납부된 때에도 이를 반환하여야 한다.

2. 수수료의 반환 절차

특허청장 또는 특허심판원장은 납부된 수수료가 잘못 납부된 경우에는 이를 납부한 자에게 통지하여야 한다(법 제79조 제2항). 그리고 잘못 납부된 사실을 통지받은 자는 그 통지를 받은 날로부터 3년 이내에 특허청에 대하여 수수료의 반환을 청구할 수 있다(법 제79조 제3항).

특허청 고시 「특허료·등록료와 수수료 및 등록세 반환요령」은 잘못 납부된 수수료 반환은 납부자가 그 사실을 통지받은 날부터 3년 이내에 반환하도록 하고 있다.4)

한편, 잘못 납부된 수수료의 반환을 청구할 수 있는 자는 납부일로부터 1년 이내에 수수료 납부사항의 정정을 신청할 수 있다(특허료 등의 징수규칙 제9조 제1항).

〈차형렬〉

---

4) 이외 관련사항에 대하여 특허청 고시 「특허료·등록료와 수수료 및 등록세 반환요령」은 수수료 반환절차에 관련하여 다음과 같이 규정하고 있다.
제4조(반환기간) 잘못 납부된 수수료 등의 반환은 납부자가 그 사실을 통지받은 날부터 3년 이내로 한다.
제6조(반환절차) ① 각 주무과에서는 제2조에 의한 반환금이 발생하였을 경우 그 사실을 당사자에게 통보하고, 재무관이 그 사실의 확인을 요청하는 때에는 과오납, 불수리, 취소결정·무효심결확정 등의 사실을 통보하여야 한다.
② 제2조에 의한 반환을 받고자 하는 자는 별지 제2호서식의 특허료·등록료와 수수료의 반환신청서에 다음 각 호의 서류를 첨부하여 특허청장에게 제출하여야 한다. 다만, 「전자정부법」제7조에 의거 온라인으로 반환신청을 하는 경우 소정의 인증절차를 거친 자는 반환신청서를 제출하지 않고 반환의 의사표시(반환대상선택과 계좌정보 입력)만으로도 반환신청을 한 것으로 본다.
1. 납부자용 영수증 또는 납부사실을 확인할 수 있는 서류(중복납부 및 기간경과납부 등으로 과오납통지서 등의 반환대상통지서 없이 반환신청을 하는 경우에만 제출)
2. 반환신청인의 예금계좌사본(최초 신청시 또는 변경시에만 제출)
3. 별지 제1호 서식의 위임장 및 신청인의 신분을 확인할 수 있는 증명서(주민등록증 또는 사업자등록증) 사본 각 1통(제5조에 의한 위임을 받은 자가 신청하는 경우에만 제출)

제196조(상표원부에의 등록의 특례)
　① 국제등록기초상표권에 대하여 제80조제1항제1호를 적용할 경우 "상표권의 설정·이전·변경·소멸·회복, 존속기간의 갱신, 상품분류전환, 지정상품의 추가 또는 처분의 제한"은 "상표권의 설정 또는 처분의 제한"으로 본다.
　② 국제등록기초상표권의 이전, 변경, 소멸 또는 존속기간의 갱신은 국제상표등록부에 등록된 바에 따른다.

〈소 목 차〉

Ⅰ. 의의
Ⅱ. 국내 상표원부에의 등록사항(제1항)
　1. 국제등록기초상표권의 설정등록

2. 그 밖의 등록사항
Ⅲ. 국제상표등록부의 등록에 의하는 사항(제2항)

Ⅰ. 의의

　　본조는 국제등록기초상표권에 관하여 국내 상표원부에 등록할 사항들을 규정한 조문이다.

　　상표법 제80조[1]는 상표원부[2]의 비치 및 상표원부에 등록할 사항에 대하여 규정하고 있는데,[3] 이에 따라 상표원부에 등록할 사항은 상표권에 관련된 권리관계로서 일반 공중에 대한 공시가 필요한 사항들이다. 상표권의 설정은 물론

---

1) 상표법 제80조(상표원부) ① 특허청장은 특허청에 상표원부를 갖추어 두고 다음 각 호의 사항을 등록한다.
　　1. 상표권의 설정·이전·변경·소멸·회복, 존속기간의 갱신, 제209조에 따른 상품분류전환(이하 "상품분류전환"이라 한다), 지정상품의 추가 또는 처분의 제한
　　2. 전용사용권 또는 통상사용권의 설정·보존·이전·변경·소멸 또는 처분의 제한
　　3. 상표권·전용사용권 또는 통상사용권을 목적으로 하는 질권(質權)의 설정·이전·변경·소멸 또는 처분의 제한
　② 제1항에 따른 상표원부는 그 전부 또는 일부를 전자적 기록매체 등으로 작성할 수 있다.
　③ 제1항 및 제2항에서 규정한 사항 외에 등록사항 및 등록절차 등에 관하여 필요한 사항은 대통령령으로 정한다.
2) 상표원부란 상표에 관한 권리의 설정·변경·소멸 기타 상표권에 관련된 권리관계를 등록하는 공부(公簿)를 말한다.
3) 이와 같이 상표원부에 등록할 사항을 규정하고 있는 것은, 상표등록권자는 지정상품에 관하여 그 등록상표를 독점적으로 사용할 권리를 갖게 되는바, 상표권의 설정등록은 물론 이전, 변경, 소멸, 존속기간의 갱신 기타 권리의 변동사항 등을 일정한 양식을 구비한 등록원부에 등록함으로써 일반 공중에 공시하여 거래의 안전을 도모하고 선의의 제3자를 보호하기 위함이다.

상표권의 이전·변경·소멸·회복, 존속기간의 갱신, 상품분류전환, 지정상품의 추가 또는 처분의 제한 등이 이에 포함된다.

그러나 국제등록기초상표권의 이전·변경·소멸 및 존속기간의 갱신은 그것이 국내법절차에 의하여 이루어지는 것이 아니라 국제사무국의 국제상표등록부에 의해 관리되는 것이며,[4] 국제상표등록출원에 대하여는 상품분류전환 및 지정상품의 추가등록출원이 인정되지 아니한다.

본조는 이를 반영하여 제1항에서 제80조 제1항 제1호의 등록사항을 국제등록기초상표권의 설정 또는 처분의 제한으로 한정하고, 제2항에서는 국제등록기초상표권의 이전·변경·소멸 또는 존속기간의 갱신에 대하여는 국제상표등록부에 등록된 바에 따르도록 하였다.

II. 국내 상표원부에의 등록사항(제1항)

1. 국제등록기초상표권의 설정등록

마드리드 의정서에 의한 국제등록이 대한민국 영역에서 상표권으로서 보호되기 위해서는 국제등록기초상표권의 설정등록이 있어야 한다(법 제82조제1항). 그리고 국제상표등록출원에 대하여는 별도의 설정등록료 납부절차가 필요하지 않으므로 심사관의 상표등록결정이 있는 경우 특허청장은 국제등록기초상표권의 설정등록을 하여야 한다(법 제197조).[5] 사후지정에 의한 국제상표등록출원의 경우에도 같다.

국제등록기초상표권의 설정등록을 할 때에는 「특허권 등의 등록령 시행규칙」 별지 제12호서식의 상표등록원부에 다음 각 호의 사항을 적거나 부착한다.

"국제등록번호란"에는 국제사무국이 부여한 국제등록번호를 기재한다.

---

4) 상표법 제201조 제1항은 "국제등록기초상표권의 이전·변경·포기에 의한 소멸 또는 존속기간의 갱신은 국제상표등록부에 등록하지 아니하면 그 효력이 발생하지 아니한다"고 규정하고 있다.

5) 상표법 제194조 제1항에 따라 국제등록시 국제사무국에 납부하는 개별수수료에는 상표권의 설정등록료 및 등록세가 포함되어 있으므로 국제등록기초상표권의 설정등록시에는 별도의 등록료 및 지방세(등록세)를 납부할 필요가 없다.

"권리란"중 "등록사항란"에는 ① 국제등록일6), ② 사후지정일7), ③ 우선권
주장이 있는 경우에는 상품류 구분, 주장일자, 주장 수 및 주장국가, 원출원연월
일 및 원출원번호, ④ 출원공고의 연월일 및 공고번호, ⑤ 상표등록결정 또는 심
결의 연월일, ⑥ 중복국제등록기초상표권에 관한 사항8), ⑦ 상품류 구분, 상품류
의 구분수, 지정상품 또는 지정서비스업, ⑧ 입체적 형상·색채·홀로그램·동작·
그 밖에 시각적으로 인식할 수 있는 것으로 된 상표 및 지리적 표시 단체표장(지
리적 표시, 지리적 표시의 대상지역을 포함한다) 또는 이들을 결합한 상표를 설정등
록하는 경우에는 그 상표권의 취지, ⑨ 비시각적 상표의 시각적 표현, ⑩상표권
설정등록의 연월일 등을 기재한다.9) 그리고 "상표첨부란"에는 상표를 부착한다.

"상표권자란"의 "등록사항란"에는 상표권자의 성명 및 주소를 기재하되, 법
인인 경우에는 그 명칭 및 영업소의 소재지를 기재한다.10)

2. 그 밖의 등록사항

국제등록기초상표권에 대하여 국내법절차에 따라 발생하는 권리관계에 관
한 사항은 통상의 상표권에 관한 권리관계에 관한 사항과 같이 국내 상표원부
에 이를 등록하여야 한다.

마드리드 협정 및 의정서의 공통규칙 제20조의2는 국제등록의 사용권 등록
에 관하여 규정하고 있으나, 우리나라는 마드리드 의정서 가입서 기탁시에 같은

---

6) 상표법 제180조 제2항에 규정된 국제등록일로서 마드리드 의정서 제3조(4)의 국제등록
일을 말한다. 마드리드 의정서 제3조(4)는 본국관청의 국제출원 수령일로부터 2월의 기간
이내에 국제사무국이 국제출원을 수령한 경우에는 본국관청의 국제출원 수령일을 국제등
록일로 기재하고, 그 기간 이내에 국제출원을 수령하지 아니한 경우에는 국제사무국이 그
국제출원을 실제로 수령한 날을 국제등록일로 기재하도록 하고 있다.
7) 대한민국을 사후지정한 경우를 말하며, 사후지정의 경우에는 국제등록일 및 사후지정일
을 모두 기재한다.
8) 대한민국에 설정등록된 상표(국내등록상표)의 상표권자가 국제상표등록출원을 하는 경
우로서 상표법 제183조에 의하여 해당 국내 등록상표에 관한 상표등록출원의 출원일에 출
원된 것으로 보는 국제상표등록출원에 의하여 등록된 상표권을 말하며[이를 '대체
(replacement)'라 한다], 상표등록원부에 국제등록기초상표권이 중복국제등록기초상표권이
라는 취지 및 해당 중복국제등록기초상표권과 중복되는 국내상표권에 관한 등록번호를 기
록한다. 이때, 해당 국내상표권의 상표등록원부에도 해당 상표권이 중복국내상표권이라는
취지 및 중복국제등록기초상표권의 국제등록번호를 기재한다.
9) 이외에도 해당 표장에 대한 설명이 있는 경우에는 그 취지를 기재하고, 상표법 제33조
제2항에 따라 사용에 의한 식별력을 인정받아 설정등록된 경우에는 그 표시도 기재한다.
10) 상표권자는 상표권자의 성명 및 주소(법인인 경우에는 그 명칭 및 영업소의 소재지)를
기재하되, 국제상표등록부에 기재된 문자와 동일문자로 성명(명칭)·주소(영업소의 소재지)
의 순으로 기재한다.

조 제6항[11])에 따라 국제상표등록부에 사용권이 등록되어 있다 하더라도 대한민국 영역 내에서는 그 효력이 없음을 선언하였다. 따라서 국제등록기초상표권에 관한 전용사용권과 통상사용권의 설정·보존·이전·변경·말소 또는 처분의 제한 그리고 상표권·전용사용권 또는 통상사용권을 목적으로 하는 질권의 설정·이전·변경·소멸 또는 처분의 제한은 국내법절차에 따른 경우에만 인정되며, 그에 대하여는 국내 상표원부에 등록하여야 한다.

그리고 마드리드 협정 및 의정서의 공통규칙 제20조[12])는 국제등록의 처분권이 제한된 경우 국제등록의 권리자나 권리자의 체약당사자의 관청 또는 지정 체약당사자의 관청으로 하여금 국제사무국에 이를 통보할 수 있도록 하고 있으나 이는 강제규정이 아니다. 따라서 국내법절차에 따른 처분의 제한 및 그 해제에 관한 사항은 국내 상표원부에 등록하여 관리한다.

한편, 상표법 제80조 제3항은 기타 등록사항은 대통령령으로 정하도록 하고 있는데, 이에 따라 「특허권 등의 등록령」 제3조 제4항이 규정하고 있는 등록사항 중 국제등록기초상표권에 대하여 적용되는 사항은 다음과 같다. 즉, 상표등록의 무효심판(법 제117조 제1항), 상표등록의 취소심판(법 제119조 제1항), 전용사용권 또는 통상사용권 등록의 취소심판(법 제120조 제1항) 및 권리범위 확인심판(법 제121조)에 따른 확정심결이 있거나[13]), 제157조 제1항에 따른 재심의 확정

---

11) Madrid Common Regulations Rule 20bis(Licenses)

(6) [Declaration That the Recording of Licenses in the International Register Has No Effect in a Contracting Party]

(a) The Office of a Contracting Party the law of which does not provide for the recording of trademark licenses may notify the Director General that the recording of licenses in the International Register has no effect in that Contracting Party.

(b) The Office of a Contracting Party the law of which provides for the recording of trademark licenses may, before the date on which this Rule comes into force or the date on which the said Contracting Party becomes bound by the Agreement or the Protocol, notify the Director General that the recording of licenses in the International Register has no effect in that Contracting Party. Such notification may be withdrawn at any time.

12) Madrid Common Regulations Rule 20(Restriction of the Holder's Right of Disposal)

(1) [Communication of Information]

(a) The holder of an international registration or the Office of the Contracting Party of the holder may inform the International Bureau that the holder's right to dispose of the international registration has been restricted and, if appropriate, indicate the Contracting Parties concerned.

(b) The Office of any designated Contracting Party may inform the International Bureau that the holder's right of disposal has been restricted in respect of the international registration in the territory of that Contracting Party.

13) 상표권의 존속기간갱신등록의 무효심판 및 상품분류전환등록의 무효심판은 상표법 제204조의 규정에 의하여 국제등록기초상표권에 대하여 인정되지 않는다.

심결이 있는 경우, 제165조에 따른 심결 등에 대한 소에 대한 특허법원이나 대
법원의 판결이 있는 경우 등에는 이를 상표원부에 등록하여야 한다.

Ⅲ. 국제상표등록부의 등록에 의하는 사항(제2항)

본조 제2항에 따라 국제등록기초상표권의 이전·변경·소멸 또는 존속기간
의 갱신에 대하여는 국제상표등록부에 등록된 바에 의하므로 국제등록기초상표
권의 이전·변경·소멸 또는 존속기간의 갱신은 국내 상표원부에 반드시 등록하
여야 할 사항은 아니다.

마드리드 협정 및 의정서의 공통규칙 제25조 내지 제27조는 마드리드 의정
서 제9조에 의한 국제등록의 명의변경등록 및 제9조의2에 의한 국제등록의 명
의인의 성명 또는 주소의 변경, 일부 체약당사자에 대한 지정의 포기, 상품 및
서비스의 전부 또는 일부의 취소, 상품 및 서비스의 감축의 등록에 관하여 규정
하고 있으며, 공통규칙 제29조 내지 제31조는 마드리드 의정서 제7조에 의한
국제등록의 존속기간갱신등록에 대하여 규정하고 있다.

따라서 국제등록기초상표권의 이전·변경·소멸 또는 존속기간의 갱신에 관
련한 위의 사항들은 국제사무국에 등록신청을 하여 국제상표등록부에 등록하여
야 한다.

그러나 「특허권 등의 등록령」 제3조 제4항 제5호는 국제상표등록부의 등록
사항을 확인하기 위해 그때마다 국제상표등록부를 열람하여야 하는 불편을 줄
이기 위하여 국제사무국으로부터 통지[14]된 국제등록의 이전·변경·소멸 또는
존속기간의 갱신에 관한 사항을 국내 상표원부에 등록하도록 하고 있다.[15]

국제상표등록부와 상표등록원부의 기재내용이 다를 경우에는 본조항의 규
정에 의하여 국제상표등록부의 기재내용이 우선함은 물론이다.

〈차형렬〉

---

14) 국제사무국은 국제등록의 명의변경, 포기, 감축, 취소 또는 존속기간의 갱신 등이 있는
경우 관련 체약당사자 관청에 이를 통보한다.

15) 이때 상표원부에의 등록을 하기 위해서는 해당 국제등록이 우리나라에 설정등록되어 있
어야 가능하며, 거절결정 등으로 상표등록원부가 생성되지 아니한 경우에는 이를 등록할
수 없다.

> **제197조(상표권 설정등록의 특례)**
> 국제상표등록출원에 대하여 제82조제2항 각 호 외의 부분을 적용할 경우 "다음 각 호의 어느 하나에 해당하는 경우에는"은 "상표등록결정이 있는 경우"로 본다.

<소 목 차>

Ⅰ. 의의   Ⅲ. 일본의 경우
Ⅱ. 국제등록기초상표권의 설정등록

Ⅰ. 의의

상표법은, 상표권은 설정등록에 의하여 발생한다는 등록주의를 규정하고 있다(법 제82조 제1항). 따라서 상표권은 심사관의 상표등록결정이 있다고 하여 곧바로 발생하는 것이 아니라 상표권의 설정등록이 있는 때 비로소 발생하게 되며, 상표권 설정등록은 제72조 제3항 또는 제74조에 따라 상표등록료를 냈을 경우, 제76조 제2항에 따라 상표등록료를 보전하였을 경우 또는 제77조 제1항에 따라 상표등록료를 내거나 보전하였을 경우 이를 하여야 한다(법 제82조 제2항).

상표법 제82조 제1항은 국제상표등록출원에 관하여서도 적용되므로 국제등록기초상표권 또한 설정등록이 있어야 발생함은 통상의 상표권과 같다.

그러나 마드리드 의정서는 원칙적으로 국제출원시 수수료를 납부하도록 하고 있고(의정서 제8조), 상표법 제194조 제1항은 우리나라를 지정하여 국제상표등록출원을 하고자 하는 자는 마드리드 의정서 제8조(7)(a)의 규정에 의한 개별수수료를 국제사무국에 납부하도록 하고 있다.[1] 그리고 우리나라가 정한 개별수수료는 통상의 상표등록출원료와 상표권의 설정등록료 및 등록세를 포함하고 있다.

본조는 이를 반영하여 국제상표등록출원에 대하여 제193조 제1항에 따른 상표등록결정이 있은 때에는 별도의 설정등록료 납부절차 없이 바로 국제등록상표권의 설정등록을 하도록 특례를 정한 것이다.

---

1) 우리나라는 마드리드 의정서 가입서 기탁시 개별수수료를 징수할 것을 선언하였다.

II. 국제등록기초상표권의 설정등록

대한민국을 지정하여 국제상표등록출원을 한 자는 국제출원시에 상표법 제
194조 제1항에 의하여 설정등록료를 포함한 개별수수료를 국제사무국에 이미
납부하였으므로 국제등록기초상표권의 설정등록을 위한 등록료를 별도로 납부
할 필요가 없으며, 당연히 통상의 상표권 설정등록시에 인정되는 상표법 제72조
제1항의 상표등록료의 분할 납부, 제74조의 상표등록료의 납부기간 연장, 제76
조 및 제77조 제1항의 상표등록료의 보전 및 회복 등에 관한 규정은 적용되지
않는다.

따라서 특허청장은 심사관의 상표등록결정이 있은 때에는 직권에 의하여
국제등록상표권의 설정등록을 하여야 한다. 국제등록기초상표권의 설정등록을
한 때에는 상표권자에 대하여 상표등록증을 발급하여야 한다(법 제81조 제1항).

III. 일본의 경우

마드리드 협정 및 의정서의 공통규칙 제34조(3)은 마드리드 의정서 제8조
(7)의 규정에 의하여 개별 수수료의 징수를 선언한 체약당사자는 그 개별 수수
료를 2부분으로, 즉 국제출원시 또는 그 체약당사자의 사후지정 제출시에 납부
되는 첫 번째 부분과 그 체약당사자의 법령에 의하여 정하여진 기간에 납부되
는 두 번째 부분으로 구성할 수 있도록 하고 있다.

일본 상표법은 국제등록에 기초한 상표권의 설정등록을 받고자 하는 자는
의정서 제8조(7)(a)에 의한 개별수수료를 2가지로 구분하여 국제사무국에 납부
토록 하고(제68조의30 제1항), 첫 번째 부분의 개별수수료는 출원료에 상응하는
금액으로서 국제등록전에, 두 번째 부분의 개별수수료는 등록료에 상응하는 금
액으로서 경제산업성령으로 정하는 기간내에 납부토록 하고 있다(제68조의30 제
2항).[2]

---

2) 일본 상표법 第六十八条の三十 (国際登録に基づく商標権の個別手数料) 国際登録に基
づく商標権の設定の登録を受けようとする者は、議定書第八条 (7)(a) に規定する個別の
手数料 (以下「個別手数料」という。) として、一件ごとに、次に掲げる額を国際事務局に納
付しなければならない。
一 四千八百円に一の区分につき一万五千円を加えた額に相当する額

　　그리고 동법 제68조의19[3])는 상표권 설정등록의 특례를 규정하여 동법 제68
조의30 제1항 제2호의 개별수수료가 납부되어 국제상표등록부에 기록되었다는
취지의 통보가 국제사무국으로부터 있는 때에 상표권의 설정등록을 하도록 하
고 있다.

　　1999년 일본 상표법에 마드리드 의정서에 근거한 특례가 신설될 당시에는
우리나라의 경우와 같이 일원적인 개별수수료 납부를 규정하고 있었으나, 2001
년 1월 시행된 개정 공통규칙에 제34조(3)[4])이 신설되어 2부분의 개별수수료 납
부가 가능하게 됨에 따라 2002년 상표법 개정을 통하여 지금과 같은 규정을 두
게 되었다.

　　이와 같이 2부분의 개별수수료를 선언한 국가는 일본 외에도 가나와 쿠바
가 있으나, 개별수수료를 징수하는 대부분의 국가들은 우리나라와 같이 국제등
록시 또는 국제등록존속기간갱신 신청시에 수수료 전부를 한 번에 납부하도록
하고 있다.

　　2부분의 개별수수료를 징수하는 경우에는 등록료에 해당하는 금액을 지정
체약당사자가 국제등록에 대한 보호를 부여하는 때에만 납부하게 되므로 정당
한 수수료 부과원칙에 부합한다는 장점이 있으나, 수수료 납부절차가 복잡하고
상표권 등록이 지연되는 단점이 있을 수 있다.

〈차형렬〉

二　六万六千円に区分の数を乗じて得た額に相当する額
2　　前項第一号に掲げる額の個別手数料は国際登録前に、第二号に掲げる額の個別手数料
は経済産業省令で定める期間内に、納付しなければならない。
3) 일본 상표법 第六十八条の十九 (商標権の設定の登録の特例) 国際商標登録出願につい
　ての第十八条第二項の規定の適用については、同項中「第四十条第一項の規定による登録
　料又は第四十一条の二第一項の規定により商標登録をすべき旨の査定若しくは審決の謄本
　の送達があつた日から三十日以内に納付すべき登録料の納付があつたときは」とあるのは、
　「第六十八条の三十第一項第二号に掲げる額の個別手数料の納付があつたことを国際登録
　簿に記録した旨の通報が国際事務局からあつたときは」とする。
4) Madrid Common Regulations Rule 34(Amounts and Payment of Fees) (3) [Individual Fee
　Payable in Two Parts] (a) A Contracting Party that makes or has made a declaration under
　Article 8(7) of the Protocol may notify the Director General that the individual fee to be
　paid in respect of a designation of that Contracting Party comprises two parts, the first part
　to be paid at the time of filing the international application or the subsequent designation of
　that Contracting Party and the second part to be paid at a later date which is determined in
　accordance with the law of that Contracting Party.

제198조(상표권 존속기간 등의 특례)

① 국제등록기초상표권의 존속기간은 제197조에 따른 상표권의 설정등록이 있은 날부터 국제등록일 후 10년이 되는 날까지로 한다.

② 국제등록기초상표권의 존속기간은 국제등록의 존속기간의 갱신에 의하여 10년씩 갱신할 수 있다.

③ 제2항에 따라 국제등록기초상표권의 존속기간이 갱신된 경우에는 그 국제등록기초상표권의 존속기간은 그 존속기간의 만료 시에 갱신된 것으로 본다.

④ 국제등록기초상표권에 대해서는 제83조부터 제85조까지, 제88조제1항 및 제209조부터 제213조까지의 규정을 적용하지 아니한다.

<소 목 차>

Ⅰ. 의의
Ⅱ. 국제등록기초상표권의 존속기간과 갱신
  1. 국제등록기초상표권의 존속기간 (제1항)
2. 국제등록기초상표권의 존속기간 갱신절차(제2항)
3. 존속기간갱신의 효과(제3항)
4. 상표권의 존속기간갱신등록 등에 관한 규정 적용배제(제4항)

Ⅰ. 의의

통상의 상표권 존속기간은 상표권의 설정등록이 있는 날로부터 10년이다.

그러나 마드리드 의정서 제4조(1)(a)는 "제3조(국제출원) 및 제3조의3(영역확장신청)의 규정에 의하여 유효한 등록일 또는 등재일[1]부터, 각각의 해당 체약당사자의 영역에서의 표장의 보호는 그 체약당사자의 관청에 그 표장이 직접 기탁된 것과 동일하다. 제5조 제1항 및 제2항에 의하여 국제사무국에 거절이 통지되지 아니한 경우 또는 동 규정에 의하여 통지된 거절이 사후에 철회된 경우에는, 상기의 날부터 해당 체약당사자의 영역에서의 표장의 보호는 그 표장이 그 체약당사자의 관청에 의하여 등록된 것과 동일하다"고 규정하고 있으며, 제6조(1)은 "국제사무국에서의 표장의 등록은 10년간 유효하다"라고 규정하고 있다.

따라서 대한민국을 지정한 국제등록에 대하여 18월 이내에 거절이 통지되

---

[1] 마드리드 의정서는 국제등록에 대하여는 '등록(registration)'이라는 표현을 사용하고, 사후지정을 포함한 그 외의 경우에는 모두 '등재(recordal 또는 recording)'라는 표현을 사용하고 있으나, 상표법은 사후지정 등에 대하여도 모두 '등록'이라는 표현을 사용하고 있다 (법 제180조 제2항 등).

지 아니하거나 통지된 거절이유가 해소되어 상표권이 설정등록된 경우 그 표장에 대하여는 국제등록일 또는 사후지정의 등재일로부터 10년간 통상의 상표권과 같이 보호하여야 한다.

　　그러나 우리 상표법은 상표의 등록에 대하여 심사주의를 채택하고 있으며(법 제50조),[2] 국제등록기초상표권은 설정등록에 의하여 발생하도록 함으로써(법 제197조), 국제상표등록출원에 대하여도 상표등록에 관한 형식적·실체적 요건에 대한 심사를 거쳐 설정등록이 된 경우에 한하여 상표권으로서의 독점적 사용권과 금지청구권을 부여하도록 하였다.

　　이에 따라 상표법은 제192조에서 국제등록일로부터 국제등록기초상표권이 설정등록되기 이전까지는 손실보상청구권을 인정함과 아울러 본조에서는 국제등록기초상표권의 존속기간을 국제등록기초상표권의 설정등록이 있는 날부터 기산하여 국제등록일 또는 사후지정의 등재일로부터 10년이 되는 날까지로 하도록 특례를 규정함으로써 마드리드 의정서와 우리 상표법의 규정을 조화시키기고 있다(제1항).

　　한편, 상표법 제201조 제1항에 따라 국제등록기초상표권의 존속기간을 갱신하기 위해서는 반드시 국제등록을 갱신하여야 한다. 이와 관련하여 마드리드 의정서 제7조(1)은 국제등록은 수수료의 납부를 요건으로 이전 존속기간의 만료시부터 10년씩 그 존속기간을 갱신할 수 있도록 하고 있는바, 본조 제2항 및 제3항은 이를 반영한 것이며, 제4항은 국제등록기초상표권에 대하여 통상의 상표권의 존속기간갱신신청에 관한 규정들의 적용을 배제함과 아울러 국제상표등록출원에 대하여는 상품분류전환신청이 인정되지 아니하므로 그에 관한 규정들의 적용도 배제하고 있다.

---

2) 심사주의란 상표등록을 받기 위한 형식적 요건은 물론 실질적 요건에 대해서도 심사를 거쳐 상표등록 여부를 결정하는 주의로 우리나라를 포함한 미국, 영국, 일본, 중국 등 대부분의 국가에서 채택하고 있다.

II. 국제등록기초상표권의 존속기간과 갱신

1. 국제등록기초상표권의 존속기간(제1항)

가. 국제등록기초상표권의 존속기간

통상의 상표권의 존속기간은 상표권의 설정등록이 있는 날부터 10년이나
(법 제83조 제1항), 국제등록기초상표권의 존속기간은 제197조의 규정에 따른 상
표권의 설정등록이 있는 날로부터 국제등록일 후 10년이 되는 날까지이다.

국제등록기초상표권의 존속기간의 기산일은 국제등록기초상표권의 설정등
록일이며 그 만료일은 국제등록일 후 10년이 되는 날이 되므로 국제등록기초상
표권의 존속기간이 통상의 상표권에 비하여 짧다.

한편, 국제등록의 존속기간의 기산일이 되는 국제등록일은 일반적으로 본
국관청이 국제출원을 수령한 날이지만, 본국관청이 국제출원을 수령한 날로부
터 2개월 이내에 국제사무국이 이를 수령하지 아니한 경우에는 국제사무국이
출원을 실제로 수령한 날이 국제등록일이 된다(의정서 제3조(4)).[3]

나. 사후지정에 의한 국제등록기초상표권의 경우

사후지정에 의한 국제등록의 보호기간과 관련하여 마드리드 협정 및 의정
서의 공통규칙 제31조(2)는 "갱신의 효력발생일은, 각 지정이 국제상표등록부에
등재되었던 일자와 관계없이, 국제등록에 포함된 모든 지정에 대하여 동일하다"
라고 규정함으로써 사후지정에 의한 경우에도 그 보호기간이 국제등록과 동일
한 날에 만료하도록 하고 있다.

이는 향후의 국제등록의 갱신일이 각 지정이 등록된 날짜와 관계없이 모두
동일하게 되도록 함으로써 국제등록의 관리를 쉽게 하도록 하기 위함이다.[4]

이와 같이 사후지정에 의한 국제등록의 존속기간이 국제등록의 존속기간과
같은 날에 만료하게 되므로 사후지정에 의한 국제등록기초상표권의 존속기간도

---

3) 하자 있는 국제출원의 국제등록일은 ① 출원인의 신분을 특정할 수 있는 표시 및 출원
인 또는 그 대리인과 연락하기에 충분한 표시, ② 지정체약당사자, ③ 표장의 견본, ④ 표
장의 등록을 받고자 하는 상품 및 서비스의 표시가 누락된 경우 그 마지막 누락사항이 국
제사무국에 도달하는 날을 국제등록에 기재한다. 다만, 본국관청이 국제출원을 수령한 날
로부터 2개월 이내에 국제사무국에 도달하는 경우에는, 본국관청이 그 하자 있는 국제출
원을 수령한 날 또는 국제출원을 수령한 것으로 간주되는 날이다.
4) WIPO, Guide to the International Registration of Marks(2009), B.II. 61, 41.01.

그 설정등록이 있는 날로부터 국제등록일후 10년이 되는 날까지가 된다.

　　일반적으로 상표등록에 대한 심사주의를 채택하고 있는 국가들에서의 국제
등록에 기초한 상표권은, 10년의 국제등록의 존속기간에서 국제등록일로부터
국제사무국의 지정체약당사자 관청에 대한 지정통지까지의 기간과 지정체약당
사자 관청에서의 심사에 소요되는 기간을 제외한 나머지 기간 동안 존속하게
되며, 사후지정에 의한 경우에는 그 존속기간이 더 짧게 된다.

　　한편, 마드리드 의정서 제4조의 사후지정의 "등재일"은 국제등록명의인이
국제사무국에 직접 제출하는 경우에는 국제사무국이 이를 수령한 날이다. 그리
고 관청이 국제사무국에 제출하는 사후지정의 경우에는 그 관청이 이를 수령한
날이다. 다만, 그 날부터 2개월 이내에 국제사무국이 그 지정을 수령하여야 하
며, 국제사무국이 그 기간 이내에 사후지정을 수령하지 아니한 경우에는 국제사
무국이 이를 수령한 날이 된다(공통규칙 제24조(6)).

2. 국제등록기초상표권의 존속기간 갱신절차(제2항)

　　통상의 상표권의 존속기간은 상표권의 존속기간갱신등록신청에 따라 10년
씩 갱신할 수 있으며(법 제83조 제2항), 존속기간갱신등록을 받으려는 자는 상표권
의 존속기간갱신등록신청서를 특허청장에게 제출하여야 한다(법 제84조 제1항).5)
그리고 상표권의 존속기간갱신등록신청서는 상표권의 존속기간 만료 전 1년 이
내에 제출하여야 하며, 다만 이 기간에 상표권의 존속기간갱신등록신청을 하지
아니한 자는 수수료의 추가납부를 조건으로 상표권의 존속기간이 끝난 후 6개월
이내에 상표권의 존속기간갱신등록신청을 할 수 있다(법 제84조 제2항).

　　그러나 국제등록기초상표권의 존속기간의 갱신은 국제상표등록부에 등록하
지 아니하면 그 효력이 발생하지 아니하므로 국제등록기초상표권의 존속기간을
갱신하기 위해서는 반드시 국제등록을 갱신하여야 한다.6) 본조 제2항은 이를

---

5) 2010. 1. 27.자 법개정 이전의 상표법 제43조 제1항은 "상표권의 존속기간갱신등록을 받
　 고자 하는 자는 존속기간갱신등록출원서를 특허청장에게 제출하여야 한다"고 규정하여 상
　 표권의 존속기간갱신에 대한 출원주의를 규정하고 있었다. 그러나 2010. 1. 27. 개정된 상
　 표법 제43조 제1항은 "상표권의 존속기간갱신등록을 받으려는 자는 상표권의 존속기간갱
　 신등록신청서를 특허청장에게 제출하여야 한다"라고 하여 상표권의 존속기간갱신에 대하
　 여 신청주의로 전환하였다.

6) 상표법 제173조 제1항은 국제등록명의인은 국제등록의 존속기간을 10년간씩 갱신할 수
　 있도록 하고 있고, 같은 조 제2항은 국제등록의 존속기간을 갱신하려는 자는 산업통상자
　 원부령으로 정하는 수수료를 납부하고 특허청장에게 국제등록존속기간의 갱신을 신청할
　 수 있도록 하고 있는데, 이 조항은 국내에 있는 기초출원 또는 기초등록을 기초로 국제등

반영하여 국제등록기초상표권의 존속기간은 국제등록의 존속기간의 갱신에 의하되 10년간씩 갱신할 수 있도록 하고 있는 것이다.[7]

국제등록의 갱신에 대하여는 마드리드 의정서 제7조가 이를 규정하고 있는데, 같은 조(1)은 "국제등록은 수수료의 납부만으로 이전 존속기간의 만료시부터 10년의 기간에 대하여 갱신될 수 있다"고 규정하여 수수료를 납부하게 되면 별도의 심사절차 없이 추가로 10년간의 기간에 대하여 국제등록이 갱신되도록 하고 있다.

따라서 대한민국의 영역 내에서 상표법 제197조의 규정에 의하여 설정등록된 국제등록기초상표권의 존속기간을 갱신하려는 자는 제194조 제2항에서 정하는 개별수수료를 국제사무국에 납부하여 국제등록을 갱신하여야 한다.

국제등록의 갱신과 관련하여서는 공식적인 서식이 정해져 있지 아니하므로 국제사무국에 해당 국제등록번호 및 납부목적 등 갱신에 필요한 정보를 제공하고 수수료를 납부하면 된다.[8] 수수료는 국제사무국에 늦어도 만료일까지 납부하여야 하나 공통규칙에서 정하는 부가수수료[9]의 납부를 조건으로, 국제등록의 갱신을 위한 6월의 유예기간이 허용되며(의정서 제7조(4)), 이 경우 갱신은 애초의 갱신예정일부로 국제상표등록부에 등록된다(공통규칙 제31조(1)).

한편, 국제등록의 갱신은 최신형식의 국제등록에 어떠한 변경도 초래할 수 없다(의정서 제7조(2)). 국제등록의 갱신은 필요한 수수료를 납부하는 대신에 국제등록의 보호기간을 단순히 연장하는 것이며, 따라서 갱신절차를 통하여 국제등록 명의인의 성명 또는 주소를 변경하거나 또는 상품 및 서비스 목록을 변경할 수 없다.

록을 한 경우 그 존속기간을 갱신하는 경우에 적용되는 조항이며, 본조는 대한민국이 아닌 체약당사자의 관청에 있는 기초출원 또는 기초등록을 기초로 하여 대한민국을 지정한 국제등록을 갱신하는 경우에 적용되는 경우로서 그 차이가 있지만, 국제사무국에의 갱신신청과 갱신절차에 있어서는 다를 바가 없다.

7) 국제사무국은 국제등록의 각 10년의 보호기간 만료 6월 전에 그 국제등록의 권리자에게 비공식통지를 송부하여 정확한 만료일을 상기시켜야 한다(의정서 제7조(3)). 그러나 비공식적 통지를 수령하지 아니하였다는 사실은, 기간해태면제 사유가 되지 아니한다(공통규칙 제29조).

8) 다만, 국제사무국이 국제등록의 존속기간 만료에 대한 비공식통지와 함께 국제등록의 권리자 또는 대리인에게 송부하는 임의서식(optional form)인 MM11을 사용하는 것이 편리하다.

9) 갱신에 대한 기본수수료의 50%에 해당하는 금액이다.

3. 존속기간갱신의 효과(제3항)

통상의 상표권의 존속기간갱신의 효력발생시점과 관련하여서는 상표법 제85조 제1항이 "상표권의 존속기간갱신등록신청을 하면 상표권의 존속기간이 갱신된 것으로 본다"라고 규정하고 있으며, 같은 조 제2항은 "존속기간갱신등록은 원등록의 효력이 끝나는 날의 다음 날부터 효력이 발생한다"고 규정하고 있다. 따라서 상표권 존속기간갱신등록신청을 하면 실체심사 없이 존속기간이 갱신된 것으로 간주되고, 그 효력은 원등록의 만료일의 다음날부터 발생한다.

국제등록갱신의 효력발생시점에 관하여는 마드리드 의정서 제7조(1)이 "이전 존속기간의 만료시부터" 갱신되도록 규정하고 있으며,[10] 본조 제3항은 이를 반영하여 국제등록의 존속기간의 갱신에 의하여 국제등록기초상표권의 존속기간이 갱신된 경우 해당 국제등록기초상표권의 존속기간은 "그 존속기간의 만료시에" 갱신된 것으로 간주하도록 규정함으로써 존속기간갱신의 효력발생시점을 마드리드 의정서 제7조(1)의 규정과 일치시키고 있다.

결국, 통상의 상표권 존속기간갱신과 국제등록기초상표권의 존속기간갱신은 수수료의 납부기간 및 납부방법, 신청의 상대방 등 그 절차의 차이는 있으나, 갱신의 효력이 실체심사 없이 발생하며 갱신의 효력 발생시점은 "원등록의 효력이 끝나는 다음 날부터" 또는 "이전 존속기간의 만료시부터"로 실질적 차이가 없고, 갱신의 효력기간도 각각 10년으로 같다.

4. 상표권의 존속기간갱신등록 등에 관한 규정 적용배제(제4항)

국제등록기초상표권의 존속기간은 상표법 제197조의 규정에 의한 설정등록이 있는 날부터 국제등록일후 10년이 되는 날까지이고, 그 갱신은 국제등록의 존속기간의 갱신을 통하여 하여야 하며, 마드리드 의정서의 국제등록의 존속기간갱신절차에서는 수수료의 2회 분할납부제도가 적용되지 아니한다. 따라서 국제등록기초상표권에 관하여는 상표권의 존속기간과 그 갱신과 관련한 제83조(상표권의 존속기간), 제84조(존속기간갱신등록신청) 및 존속기간갱신등록신청 절차의 보정에 관하여 규정하고 있는 제88조 제1항은 그 적용이 배제된다. 그리고 국제등록기초상표권의 존속기간갱신의 효력에 관하여는 본조 제3항이 정하고

---

10) 마드리드 협정 및 의정서의 공통규칙 제31조(1)은 수수료가 6개월의 유예기간 이내에 납부된 경우에도 갱신예정일부로 국제상표등록부에 등록하도록 하고 있다.

있으므로 제85조(존속기간갱신등록신청 등의 효력)의 적용도 배제된다.

한편, 국제등록기초상표권에 관하여는 상품분류전환신청이 인정되지 아니하므로 그와 관련한 제209조(상품분류전환등록의 신청), 제210조(상품분류전환등록의 거절결정 및 거절이유의 통지), 제211조(상품분류전환등록), 제213조(상품분류전환등록이 없는 경우 등의 상표권의 소멸)의 적용이 배제되며, 상품분류전환등록신청에 관하여 상표법 등의 각 규정을 준용하도록 하고 있는 제212조의 규정도 국제등록기초상표권에 관하여는 적용되지 아니한다.

〈차형렬〉

제199조(지정상품추가등록출원의 특례)

국제상표등록출원 또는 국제등록기초상표권에 대해서는 제86조, 제87조 및 제88조제2항을 적용하지 아니한다.

〈소 목 차〉

I. 의의   정의 적용배제
II. 지정상품의 추가등록출원에 관한 규

I. 의의

상표법 제86조 제1항은 "상표권자 또는 출원인은 등록상표 또는 상표등록출원의 지정상품을 추가하여 상표등록을 받을 수 있다"고 규정하여 통상의 상표출원에 대하여는 지정상품의 추가등록출원을 허용하고 있다. 따라서 상표등록출원중인 출원인과 이미 등록된 상표의 권리자는 지정상품을 추가하여 등록받을 수 있다.

지정상품추가등록출원은 상표등록출원 후 지정상품을 추가할 필요가 생겼거나 상표등록 후에 사업 확장 등의 사정 변화에 따라 지정상품의 범위를 확대하고자 할 경우 별도의 상표등록출원 절차에 의하지 아니하고 지정상품의 추가등록을 가능하게 함으로써 출원인의 절차적 부담을 덜어주고 상표권의 권리범위를 보다 유연하게 확장할 수 있도록 하기 위한 것이다.

그러나 마드리드 의정서에 의하여 국제상표등록부에 등록된 표장에 대하여는 지정상품을 추가로 등록하는 것이 인정되지 아니하며, 이는 기초등록이나 기초출원에 포함되어 있었다 하더라도 국제등록에 포함되지 아니한 경우에도 마찬가지이다.[1]

따라서 국제상표등록출원 또는 국제등록기초상표권에 대하여 지정상품을 추가하는 것은 불가능하고, 지정상품을 추가하고자 하는 경우에는 대한민국을 지정하여 별도의 국제등록을 하여야 한다.

---

[1] 마드리드 의정서에 의한 국제출원은 하나의 기초등록 또는 기초출원을 기초로 할 수 있고, 다수의 기초등록이나 기초출원 또는 그 조합을 기초로 할 수 있다. 어느 경우이든 국제출원의 상품 및 서비스는 기초등록 또는 기초출원에 포함되어야 하므로 국제출원의 상품 및 서비스 목록의 범위는 기초등록 또는 국제출원의 목록의 범위보다 더 좁을 수 있다.

본조는 이를 반영하여 국제상표등록출원 또는 국제등록기초상표권에 대하여는 지정상품 추가등록출원에 관한 상표법 규정들의 적용을 배제하도록 특례를 규정한 것이다.2)

II. 지정상품의 추가등록출원에 관한 규정의 적용배제

마드리드 의정서에 의한 국제등록에 대하여는 지정상품 추가등록출원이 인정되지 아니하므로 국제상표등록출원 또는 국제등록기초상표권에 대하여는 지정상품 추가등록출원에 관한 상표법 규정들은 그 적용이 배제된다.

따라서 상표법 제86조(지정상품추가등록출원) 및 제87조(지정상품의 추가등록거절결정 및 거절이유통지)와 지정상품추가등록출원에 관하여 상표법 및 민사소송법의 제규정을 준용하도록 한 제88조 제2항은 국제상표등록출원 또는 국제등록기초상표권에 대하여는 적용되지 아니한다.

〈차형렬〉

---

2) 마드리드 의정서 제3조의(2)에 의하여 인정되는 사후지정(subsequent designation)은 국제등록의 효력이 특정 체약당사자에 미치지 아니하는 경우, 예를 들어 국제등록시에 그 체약당사자에서의 보호를 신청하지 아니한 경우, 지정체약당사자에 대한 지정을 포기하였거나 지정상품 및 서비스 목록을 감축한 경우, 지정체약당사자에서의 거절 또는 무효로 됨에 따라 표장이 보호되지 않게 되었으나 그 거절 또는 무효의 이유가 해소된 경우에 그 신청이 가능하며, 어느 경우이든 사후지정은 국제등록의 상품 및 서비스 범위 내에서 가능하므로 우리 상표법상의 지정상품의 추가등록출원제도와는 다른 제도이다.

> **제200조(상표권 분할의 특례)**
> 국제등록기초상표권에 대해서는 제94조를 적용하지 아니한다.

<소 목 차>

Ⅰ. 의의   Ⅱ. 상표권의 분할에 관한 규정의 적용
                                배제

Ⅰ. 의의

상표법 제94조 제1항은 상표권의 지정상품이 둘 이상인 경우에는 지정상품별로 이를 분할할 수 있도록 하고 있고, 같은 조 제2항은 제117조 제1항의 규정에 의한 상표권의 무효심판이 청구된 경우에도 심결이 확정되기까지는 상표권이 소멸된 후라도 상표권을 분할할 수 있도록 허용하고 있다.

상표권의 분할은 상표를 분할하여 소유하는 것이 권리의 이용이나 관리에 편리할 수 있음을 감안하여 다류1출원등록제도의 실시와 더불어 도입된 제도인데, 지정상품이 둘 이상이면 분할이 가능하며, 분할의 대상이 되는 지정상품은 반드시 서로 다른 류구분에 속할 필요는 없으므로 동일한 류구분 내의 상품이라도 분할이 가능하다. 또한 무효심판이 청구되었을 경우 무효사유가 없는 지정상품에 대하여는 상표권을 분할하여 나머지 지정상품에 대해서는 계속해서 무효 여부를 다툴 수 있음은 물론이고, 상표권이 소멸된 후에도 심결이 확정되기까지는 무효사유가 없는 지정상품을 분할할 수 있게 함으로써 무효사유가 없는 지정상품에 대한 상표권자의 보호를 두텁게 하도록 한 것이다.[1]

그러나 마드리드 의정서는 국제등록명의인이 지정상품에 따라 국제등록을 분할하는 것을 인정하지 아니하므로 국제등록기초상표권의 분할 또한 허용되지 않는다. 상표법 제187조가 국제상표등록출원에 대하여서는 출원의 분할에 관한 제45조의 규정을 적용하지 아니하도록 한 것과 이유가 같다.

본조는 이를 반영하여 국제등록기초상표권에 대하여는 이를 분할할 수 없도록 특례를 규정한 것이다.

---

[1] 특허청, 조문별 상표법해설(2007), 294.

II. 상표권의 분할에 관한 규정의 적용배제

상표권의 분할에 관한 제94조의 규정이 적용되지 않으므로 국제등록기초상
표권에 대하여는 분할이 인정되지 않는다. 무효심판이 청구된 경우에도 마찬가
지이다.

다만, 명문의 규정은 없지만, 국제등록의 명의변경(change in the ownership)이
수반되는 경우에는 국제등록기초상표권도 분할이 가능하다. 국제등록의 일부가
명의변경에 의하여 분할된 경우 국제상표등록출원이 분할이전되는 것과 마찬가
지로,2) 국제등록기초상표권도 분할이전된다. 국제사무국이 마드리드 의정서 제9
조3)에 의한 국제등록의 일부 상품 및 서비스에 대한 명의변경을 우리나라에 통
지하면 특허청은 일부이전된 국제등록기초상표권의 상표원부를 생성하여 이를
등록한다.

〈차형렬〉

---

2) 상표법 제184조 제2항은 "국제등록 명의의 변경에 따라 국제등록 지정상품의 전부 또는
일부가 분할되어 이전된 경우에는 국제상표등록출원은 변경된 국제등록명의인에 의하여
각각 출원된 것으로 본다"라고 규정하고 있으므로 국제등록의 일부명의변경에 의하여 국
제등록이 분할이전된 경우에는 국제상표등록출원도 분할이전된다.
3) 마드리드 의정서 제9조(국제등록의 명의변경등재) 국제등록의 명의인인 자의 신청, 또는
직권이나 이해관계인의 신청에 의한 이해관계 있는 관청의 신청에 의하여, 국제사무국은
그 국제등록의 효력이 미치는 체약상대자의 전부 또는 일부 및 그 국제등록에 열거된 상
품 및 서비스의 전부 또는 일부에 관한 그 등록의 명의변경을 국제등록원부에 등록하여야
한다. 다만, 새로운 권리자는 제2조 제1항에 의하여 국제출원을 할 수 있는 자격이 있는
자이어야 한다.

제201조(상표권등록 효력의 특례)

　① 국제등록기초상표권의 이전·변경·포기에 의한 소멸 또는 존속기간의 갱신은 국제상표등록부에 등록하지 아니하면 그 효력이 발생하지 아니한다.

　② 국제등록기초상표권에 대해서는 제96조제1항제1호(처분의 제한에 관한 부분은 제외한다)를 적용하지 아니한다.

　③ 국제등록기초상표권에 대하여 제96조제2항을 적용할 경우 "상표권 및 질권"은 "질권"으로 본다.

<소 목 차>

Ⅰ. 의의
Ⅱ. 효력발생요건으로서 등록이 필요한
　사항
　1. 국제상표등록부에 등록하여야 하

　는 사항(제1항)
　2. 국내 상표원부에 등록하여야 하는
　　사항(제2항)
Ⅲ. 상속 기타 일반승계시 신고사항(제3항)

Ⅰ. 의의

　　본조는, 상표권의 이전 등은 등록을 그 효력의 발생요건으로 한다는 상표법 제96조[1])에 대한 특례규정이다. 상표법 제96조는 공시에 의하여 권리자 및 권리관계의 변동을 명확히 하고 제3자를 보호하여 거래의 안전을 도모하기 위하여 상표권의 이전 등에 대하여는 그 등록을 효력발생요건으로 하고 있다.

　　그러나 국제등록기초상표권의 이전·변경·포기에 의한 소멸 및 존속기간의 갱신은 그 절차가 국내법에 따라 이루어지는 것이 아니라 마드리드 의정서에 의해 국제상표등록부에 의해 관리되는 절차이므로 국제등록의 명의변경, 포기, 감축, 취소 및 존속기간의 갱신 등을 국제상표등록부에 등록하여야 한다. 그리고 그와 같은 국제상표등록부의 등록사항을 재차 국내 상표원부에 등록하도록

---

　1) 상표법 제96조(상표권 등의 등록의 효력) ① 다음 각 호에 해당하는 사항은 등록하지 아니하면 그 효력이 발생하지 아니한다.
　1. 상표권의 이전(상속이나 그 밖의 일반승계에 의한 경우는 제외한다)·변경·포기에 의한 소멸, 존속기간의 갱신, 상품분류전환, 지정상품의 추가 또는 처분의 제한
　2. 상표권을 목적으로 하는 질권의 설정·이전(상속이나 그 밖의 일반승계에 의한 경우는 제외한다)·변경·소멸(권리의 혼동에 의한 경우는 제외한다) 또는 처분의 제한
　② 제1항 각 호에 따른 상표권 및 질권의 상속이나 그 밖의 일반승계의 경우에는 지체 없이 그 취지를 특허청장에게 신고하여야 한다.

하는 것은 권리자에게 불편을 줄 뿐만 아니라 그 효력에 관한 혼란을 초래할
수 있다.

본조는 이를 반영하여 제96조 제1항 제1호의 사항 중 상표권의 처분의 제
한에 관한 사항을 제외한 상표권의 이전·변경·포기에 의한 소멸 및 존속기간
의 갱신은 국제상표등록부에 등록하여야 그 효력이 발생하도록 하고(제1항),[2]
국제상표등록출원에 대하여는 상품분류전환 및 지정상품의 추가등록출원은 인
정되지 아니하므로 그에 관한 사항은 등록대상에서 제외하도록 하였다(제2항).

한편, 상표법 제96조 제1항은 상표권 및 질권의 상속 기타 일반승계[3]의 경
우에는 상속 등의 사실이 발생한 시점에서 이전등록이 될 때까지의 권리관계의
공백을 막기 위하여 등록을 하지 아니하여도 상표권의 이전의 효력이 발생하도
록 하되, 같은 조 제2항에서 그 취지를 특허청장에게 지체 없이 신고하도록 하
고 있다.

그러나 본조 제1항이 국제등록기초상표권의 이전은 국제상표등록부에 등록
하여야 그 효력이 발생하도록 하고 있고, 마드리드 의정서 제9조는 국제등록의
명의변경은 그 원인에 관계없이 국제상표등록부에 등록하도록 하고 있으므로,
일반승계에 의한 경우이든 특정승계에 의한 경우이든 국제등록기초상표권의 승
계인은 국제사무국에 명의변경등록신청을 하여 국제상표등록부에 이를 등록하
여야 한다.

이에 따라 본조 제3항은 제96조 제2항의 신고사항 중 국제등록기초상표권
의 이전의 경우는 제외하고 질권의 상속 기타 일반승계의 경우에만 지체 없이
그 취지를 특허청장에게 신고하도록 특례를 정한 것이다.

Ⅱ. 효력발생요건으로서 등록이 필요한 사항

1. 국제상표등록부에 등록하여야 하는 사항(제1항)

본조 제1항에 따라 국제등록기초상표권의 이전·변경·포기에 의한 소멸 또
는 존속기간의 갱신은 국제상표등록부에 등록하여야 그 효력이 발생한다.

이와 관련하여 마드리드 의정서 제9조는 국제등록의 명의변경을 규정하고

---

2) 상표법은 국제등록기초상표권의 이전·변경·소멸 또는 존속기간의 갱신에 대한 등록 또
한 국제상표등록부에 등록된 바에 따르도록 하였다(제196조 제2항).
3) 일반승계란 특정승계에 상대되는 개념으로, 하나의 원인에 의하여 전주(前主)의 모든 권
리·의무를 일괄적으로 승계하는 것이며, 이에는 상속·포괄유증·회사합병 등이 있다.

있으며, 제9조의2는 국제등록의 명의인의 성명 또는 주소의 변경, 일부 체약당사자에 대한 지정의 포기(renunciation)[4], 상품 및 서비스의 전부 또는 일부의 취소(cancellation)[5], 상품 및 서비스의 감축(limitation)[6]의 등록 등을 규정하고 있고, 그 세부절차는 마드리드 협정 및 의정서의 공통규칙 제25조 내지 제27조에서 규정하고 있다. 국제등록의 존속기간갱신과 그 절차에 관하여는 의정서 제7조와 공통규칙 제29조 내지 제31조에서 자세히 규정하고 있다.

첫째, 국제등록기초상표권의 이전을 위해서는 국제상표등록부에 명의변경을 등록하여야 한다. 국제사무국은 국제등록의 명의인의 신청이나 직권 또는 이해관계인의 신청에 의한 이해관계 있는 관청의 신청에 의하여 국제상표등록부에 이를 등록하여야 한다. 명의변경은 체약당사자의 전부 또는 일부 그리고 상품 및 서비스의 전부 또는 일부에 대하여 가능하다.[7] 이때 마드리드 의정서 제9조는 국제등록의 명의변경은 그 원인에 관계없이 국제상표등록부에 등록하도록 하고 있으므로 상속 기타 일반승계에 의한 경우에도 국제사무국에 명의변경등록신청을 하여 국제상표등록부에 이를 등록하여야 한다.

둘째, 국제등록기초상표권의 명의인의 성명 또는 주소를 변경하고자 하는 경우에도 국제상표등록부에 국제등록의 명의인의 성명 또는 주소의 변경을 등록하여야 한다.[8]

셋째, 대한민국에 등록된 상품 및 서비스를 포기하기 위해서는 포기에 의한 소멸을 국제상표등록부에 등록하여야 한다.

---

4) 국제등록의 포기가 있는 경우 국제상표등록부에 등록된 상품 및 서비스는 삭제되지 아니하고 그대로 유지된다. 포기등록신청을 할 때에는 공식서식(MM7) 또는 이와 동일한 내용 및 형식을 가진 서식을 직접 또는 본국관청을 통하여 국제사무국에 제출하여야 한다. 포기의 등록신청에는 수수료가 면제된다.

5) 국제등록을 취소하게 되면 취소된 상품 및 서비스는 국제상표등록부에서 영구적으로 삭제된다. 취소의 등록신청을 할 때에는 공식서식(MM8) 또는 이와 동일한 내용 및 형식을 가진 서식을 직접 또는 본국관청을 통하여 국제사무국에 제출하여야 한다. 취소의 등록신청에는 수수료가 면제된다.

6) 국제등록을 감축하는 경우 국제상표등록부에 등록된 상품 및 서비스는 삭제되지 아니하고 그대로 유지된다. 감축등록신청을 하는 경우에는 공식서식(MM6) 또는 이와 동일한 내용 및 형식을 가진 서식을 직접 또는 본국관청을 통하여 국제사무국에 제출하여야 한다. 감축등록신청은 수수료 납부대상이다.

7) 명의변경등록을 신청하는 경우 국제사무국이 정한 공식서식(MM5) 또는 이와 동일한 내용과 형식을 갖춘 서식을 직접 또는 본국관청을 통하여 국제사무국에 제출하여야 한다.

8) 국제등록의 권리자의 성명 또는 주소변경등록을 신청하기 위해서는 공식서식(MM9) 또는 이와 동일한 내용과 형식을 갖춘 서식을 직접 또는 본국관청을 통하여 국제사무국에 제출하여야 한다.

여기서 국제등록기초상표권의 포기가 국제등록의 포기(renunciation)와 같은 것인지가 문제이다.

생각건대, 통상의 상표권의 포기는 권리자의 의사에 따라 장래를 향하여 해당 상표권을 소멸시키는 것이라 할 것이고 이는 지정상품별로 할 수 있는 것이므로, 국제등록기초상표권의 포기에 의한 소멸에는 대한민국을 지정한 국제등록의 지정상품 및 서비스를 포기하는 경우뿐만 아니라 국제등록기초상표권 설정등록 후에 지정상품 및 서비스에 대하여 보호대상에서 제외한다는 의미의 감축을 하거나 지정상품 및 서비스의 전부 또는 일부를 취소하는 경우도 포함된다고 해야 할 것이다.

따라서 이러한 감축이나 취소의 경우에도 이를 국제상표등록부에 등록하여야 그 효력이 발생한다고 할 것이다.9)10)

마지막으로 국제등록기초상표권의 존속기간갱신 또한 이를 국제상표등록부에 등록하지 아니하면 그 효력이 발생하지 아니한다. 제198조 제2항이 국제등록기초상표권의 존속기간은 국제등록의 존속기간의 갱신에 의하여 10년간씩 갱신할 수 있다고 하고 있으며, 본조 제1항은 국제상표등록부에의 등록이 국제등록기초상표권의 존속기간갱신의 효력요건임을 다시 확인하고 있다.

마드리드 의정서 제7조와 공통규칙 제29조 내지 제31조가 국제등록의 갱신에 관하여 규정하고 있는데, 의정서 제7조(1)은 "국제등록은 수수료의 납부만으로 이전 존속기간의 만료시부터 10년의 기간에 대하여 갱신될 수 있다"고 규정하고 있으므로 국제등록기초상표권의 존속기간을 갱신하고자 하는 자는 제194조제2항이 정하는 개별수수료를 국제사무국에 납부하여 국제등록의 갱신을 등

---

9) 국제등록기초상표권이 설정된 후 국제사무국이 지정상품을 보호대상에서 제외한다는 감축을 통지할 경우, 특허청은 국내 상표원부에서 감축된 상품을 삭제(주말)한다. 그리고 국제사무국이 권리자의 신청에 의한 취소를 통지하면 특허청은 그 취소가 상품 및 서비스의 일부에 대한 것일 경우에는 해당 상품 및 서비스를 상표원부에서 삭제하고, 상품 및 서비스의 전부에 대한 것일 경우에는 해당 국제등록기초상표권의 등록을 말소시키고 그 원부를 폐쇄한다.

10) 참고로, 통상의 상표권의 소멸원인으로는 상표권의 포기(법 제101조)와 함께 존속기간의 만료(법 제83조 제1항), 상속인 등의 상표권이전등록 불이행(법 제106조 제1항), 상품분류전환등록 불이행(법 제213조 제1항), 상표등록의 취소심판의 심결이 확정된 경우(법 제119조 제6항) 등이 있다. 그런데 포기에 의한 소멸 이외의 경우에는 존속기간의 만료나 의무의 불이행 또는 심판절차 등에 의해 법령이 정하는 때에 소멸하는 것이므로 권리자의 등록이 그 효력발생요건이 아니다. 포기에 의한 상표권의 소멸은 권리자의 포기의사에 따른 것이므로 상표권말소등록신청을 하여 이를 등록하도록 하고, 상표권말소등록이 되었을 때 비로소 상표권이 소멸하도록 한 것이다(법 제96조 제1항 제1호 및 제103조).

록하여야 한다.

　　한편, 전용사용권 또는 통상사용권의 설정, 이전(상속이나 그 밖의 일반승계에 의한 경우는 제외한다), 변경, 포기에 의한 소멸 또는 처분의 제한, 그리고 전용사용권 또는 통상사용권을 목적으로 하는 질권의 설정, 이전(상속이나 그 밖의 일반승계에 의한 경우는 제외한다), 변경, 포기에 의한 소멸 또는 처분의 제한은 국내 상표원부나 국제상표등록부에 이를 등록하지 않아도 그 효력이 발생하나 제3자에게 대항하기 위해서는 국내 상표원부에 등록하여야 한다(법 제100조 제1항).

2. 국내 상표원부에 등록하여야 하는 사항(제2항)

　　국제등록기초상표권의 이전·변경·포기에 의한 소멸·존속기간의 갱신에 관하여는 본조 제1항에서 국제상표등록부에 등록하여야 효력이 발생한다고 따로 규정하였고 국제상표등록출원에 대하여는 상품분류전환 및 지정상품의 추가등록이 인정되지 아니하므로, 제96조 제1항 제1호의 사항 중 국내 상표원부에 등록하여야 그 효력이 발생하는 것은 상표권의 처분의 제한에 관한 것에 한한다.

　　그리고 제96조 제1항 제2호는 국제등록기초상표권에 대하여 그 적용을 배제하는 규정이 없으므로, 국제등록기초상표권을 목적으로 하는 질권의 설정·이전·변경·소멸 또는 처분의 제한에 대하여도 이를 국내 상표원부에 등록하여야 그 효력이 발생한다.

　　처분권의 제한과 관련하여, 마드리드 협정 및 의정서의 공통규칙 제20조는 국제등록의 처분권이 제한된 경우 국제등록의 권리자나 권리자의 체약당사자의 관청 또는 지정체약당사자의 관청은 이를 국제사무국에 통보할 수 있도록 하고 있으나 이는 강제규정이 아니므로 국내법절차에 따른 국제등록기초상표권 및 질권의 처분의 제한과 그 해제에 관한 사항은 국내 상표원부에 등록하여야 그 효력이 발생하도록 한 것이다.

　　한편, 마드리드 협정 및 의정서의 공통규칙 제20조의2는 국제등록의 사용권 등록에 관하여 규정하고 있으나, 우리나라는 의정서 가입서 기탁시에 같은 조 제6항에 따라 국제상표등록부에 사용권이 등록되어 있다 하더라도 대한민국 영역 내에서는 그 효력이 없음을 선언하였다. 따라서 국제등록기초상표권에 관한 사용권이 국제등록부에 등록되어 있다고 하더라도 통상사용권은 국내 상표원부나 국제상표등록부에의 등록을 그 효력요건으로 하지 않는다.

Ⅲ. 상속 기타 일반승계시 신고사항(제3항)

국제등록기초상표권의 이전은 특정승계에 의한 경우이든 일반승계에 의한
경우이든 국제상표등록부에 명의변경을 등록하지 아니하면 그 효력이 발생하지
아니하므로 상속 기타 일반승계에 의한 경우에도 국제상표등록부에 명의변경등
록신청을 하여 이를 등록하여야 하고, 그 취지를 특허청장에게 신고할 필요는
없다.

한편, 국제등록기초상표권에 대한 질권의 상속 기타 일반승계의 경우에는
이를 등록하지 아니하여도 그 효력은 발생하지만, 상표법 제96조 제2항의 규정
이 배제되지 아니하므로 지체 없이 그 취지를 특허청장에게 신고하여야 한다.

〈차형렬〉

제202조(국제등록 소멸의 효과)

① 국제상표등록출원의 기초가 되는 국제등록의 전부 또는 일부가 소멸된 경우에는 그 소멸된 범위에서 해당 국제상표등록출원은 지정상품의 전부 또는 일부에 대하여 취하된 것으로 본다.

② 국제등록기초상표권의 기초가 되는 국제등록의 전부 또는 일부가 소멸된 경우에는 그 소멸된 범위에서 해당 상표권은 지정상품의 전부 또는 일부에 대하여 소멸된 것으로 본다.

③ 제1항 및 제2항에 따른 취하 또는 소멸의 효과는 국제상표등록부상 해당 국제등록이 소멸된 날부터 발생한다.

<소 목 차>

Ⅰ. 의의
Ⅱ. 국제등록의 소멸의 효과
　1. 국제등록의 소멸

2. 국제상표등록출원의 취하 간주
3. 국제등록기초상표권의 소멸 간주
4. 취하 또는 소멸효과의 발생시점

Ⅰ. 의의

마드리드 의정서 제4조(1)(a) 제1문은 "제3조 및 제3조의3의 규정에 의하여 유효한 등록일 또는 등재일부터, 각각의 해당 체약당사자의 영역에서의 표장의 보호는 그 체약당사자의 관청에 그 표장이 직접 기탁된 것과 동일하다"고 규정하고 있고, 상표법 제180조 제1항은 "마드리드 의정서에 따라 국제등록된 국제출원으로서 대한민국을 지정국으로 지정(사후지정을 포함한다)한 국제출원은 이 법에 의한 상표등록출원으로 본다"고 규정하고 있는바, 국제등록이 소멸한 경우에는 이를 기초로 하여 국내에 절차가 계속중인 국제상표등록출원이나 설정등록된 국제등록기초상표권은 더 이상 그 효력을 지속할 수 없게 된다.

그러나 마드리드 의정서는 국제등록이 소멸한 경우의 지정체약국에서의 효과에 관하여 규정하고 있지 아니하며, 따라서 국제등록이 소멸한 경우 그 효과 및 그 효과의 발생시점을 언제로 할 것인지는 각 체약당사자에 맡겨져 있다.

우리 상표법은 본조를 두어 일본상표법[1]과 거의 동일하게 국제등록 소멸에

---

1) 일본 상표법 第六十八条の二十(国際登録の消滅による効果)　国際商標登録出願は、その基礎とした国際登録が全部又は一部について消滅したときは、その消滅した範囲で指定商品又は指定役務の全部又は一部について取り下げられたものとみなす。

따른 효과에 관하여 규정하고 있다. 국제등록의 전부 또는 일부가 소멸한 경우 국제상표등록출원이 출원중인 경우에는 이를 취하된 것으로 간주하고(제1항), 설정등록된 경우에는 해당 국제등록기초상표권이 소멸된 것으로 간주하도록 하였다(제2항). 그리고 국제등록의 소멸에 따른 국제상표등록출원의 취하 또는 국제등록기초상표권의 소멸의 효과는 국제상표등록부상 해당 국제등록이 소멸된 날부터 발생하도록 함으로써 국제등록의 소멸과 국제상표등록출원의 취하 또는 국제등록기초상표권의 소멸까지의 사이에 공백이 생기지 않도록 하였다(제3항).

II. 국제등록의 소멸의 효과

1. 국제등록의 소멸

통상적으로 상표권의 소멸이란 일단 유효하게 발생한 상표권이 일정한 사실의 발생으로 인하여 그 후 효력을 상실하는 것을 말한다.

그러나 국제등록의 소멸의 개념에 관하여는 마드리드 의정서나 상표법이 특별히 규정하고 있지 않다.

생각건대, 마드리드 의정서 제3조의3(1)이 표장의 국제등록을 위해서는 국제출원시 보호를 요청하는 체약당사자를 반드시 표시하도록 하고 있으며, 제4조(1)(a) 제1문은 각각의 해당 체약당사자는 국제등록된 표장을 유효한 등록일부터 그 체약당사자의 관청에 그 표장이 직접 기탁된 것과 동일하게 보호하도록 하고 있는바, 국제등록은 표장의 보호를 요청하는 지정체약당사자의 존재를 전제로 하여 그 지정체약자의 영역 내에서의 표장의 보호를 요청하는 것이 그 본질이라고 할 수 있다.

따라서 본조의 국제등록의 소멸이라 함은, 그 원인에 상관없이 지정체약자와 관련하여 마드리드 의정서에 의한 이익을 더 이상 향유할 수 없게 된 상태를 말한다고 함이 합당하다.[2]

이렇게 볼 때, 국제등록이 소멸하는 경우로는 ① 국제등록의 존속기간이 만

---

2 前条第一項の規定により読み替えて適用する第十八条第二項の規定により設定の登録を受けた商標権（以下 「国際登録に基づく商標権」という。）は、その基礎とした国際登録が全部又は一部について消滅したときは、その消滅した範囲で指定商品又は指定役務の全部又は一部について消滅したものとみなす。

3 前二項の効果は、国際登録簿から当該国際登録が消滅した日から生ずる。

2) 일본 특허청 홈페이지(www.jpo.go.jp), 공업소유권법(산업재산권법) 축조해설, 1465.

료 또는 미갱신된 경우, ② 권리자가 자신의 의사에 따라 상품 및 서비스에 대한 국제등록을 취소한 경우, ③ 기초출원 및 기초등록의 효력이 소멸하여 마드리드 의정서 제6조(4)에 따라 국제등록이 취소되는 경우, ④ 대한민국을 지정하는 국제등록의 명의인이 마드리드 의정서의 폐기에 따라 출원인 자격을 상실하게 됨으로써 국제등록의 효력이 소멸하는 경우 등이 있다.

첫째, 마드리드 의정서 제6조(1)은 국제등록의 유효기간을 10년으로 정하고 있으며, 제7조는 그 갱신에 대하여 규정하고 있는바, 국제등록의 권리자가 갱신수수료를 납부하지 아니하였거나 납부된 수수료가 부족하여 국제등록이 갱신되지 아니한 경우 해당 국제등록의 효력은 이전 보호기간의 만료시부터 소멸된다.[3]

둘째, 마드리드 의정서 제9조의2와 마드리드 협정 및 의정서의 공통규칙 제25조 내지 제27조에 따라 권리자가 상품 및 서비스를 국제상표등록부에서 삭제하는 취소를 등록한 경우에는 해당 범위에서 국제등록은 소멸한다. 이러한 취소는 국제사무국이 해당요건을 충족하는 신청을 수령한 일부로 국제상표등록부에 등록되며, 다만 취소의 등록신청시에 해당 국제등록에 관한 다른 취소의 등재나 사후지정의 등재 전 또는 후에, 또는 그 국제등록의 갱신 이후에, 그 취소를 등록해줄 것을 요청한 경우에는 그 이후의 일자로 등록될 수 있다(공통규칙 제27조 (1)(b)).

한편 국제등록의 권리자가 대한민국에 대하여 그 보호를 포기하거나 상품 및 서비스의 전부 또는 일부를 보호대상에서 제외하는 감축이 등록된 경우 국제상표등록부에 등록된 상품 및 서비스는 삭제되지 않고 그대로 유지되므로 엄밀한 의미에서는 이와 같은 포기나 감축에 의하여 국제등록이 소멸되는 것은 아니다. 그러나 이와 같은 포기나 감축을 하는 경우, 사후지정에 의하지 않고는 더 이상 대한민국 영역에서는 그 보호를 받을 수 없게 되는 것이므로, 해당 국제상표등록출원 또는 국제등록기초상표권에 관하여서는 해당되는 상품 또는 서비스에 대한 국제등록이 소멸된 경우와 같이 취급되어야 할 것이다. 이러한 포기 또는 감축의 등록 절차는 상품 및 서비스의 취소를 등록하는 경우에서와 같다.

셋째, 국제등록은 마드리드 의정서 제6조(2)에 의하여 등록일로부터 5년 동

---

[3] 국제등록이 갱신되지 아니한 경우 국제사무국은 그 취지를 지정체약당사자의 관청에 통지하고 공보에 공고한다. 국제사무국의 그러한 통지와 공고는 국제등록의 갱신예정일로부터 6개월의 유예기간이 만료한 후에야 할 수 있다.

안 기초출원이나 그로 인한 등록 또는 기초등록에 종속된다. 이에 따라 국제등
록일로부터 5년 기간의 만료 전에, 기초출원 또는 기초등록의 효력이 소멸되면
해당되는 범위 내에서 국제등록의 효력도 소멸한다.[4] 이 경우 본국관청은, 마드
리드 의정서 제6조(4)의 규정에 따라 기초출원 또는 기초등록에 영향을 미치는
사실 및 결정을 그 사실 및 결정의 효력발생일과 함께 국제사무국에 통지하여
야 하며(공통규칙 제22조(1)), 본국관청의 통지에서 국제등록의 취소를 신청하고
그 통지가 요건을 충족하고 있는 경우 국제사무국은 국제상표등록부에서 그 국
제등록을 해당되는 범위까지 취소하여야 한다(공통규칙 제22조(2)).[5]

넷째, 체약당사자는 마드리드 의정서 제15조(2)[6]에 의하여 마드리드 의정서
를 폐기할 수 있다. 이때 마드리드 의정서를 폐기하는 체약당사자의 관청에 기
초출원(기초등록)을 둔 국제등록의 명의인은 마드리드 의정서 제2조(1)[7]의 규정
에 의한 출원인 자격을 상실하게 됨으로써 국제등록의 효력도 소멸하게 된다.

---

4) 마드리드 의정서 제6조(3)은 기초출원 또는 기초등록의 효력소멸로 인하여 국제등록의
   효력이 상실되는 경우를 다음과 같이 규정하고 있다.
   ① 국제등록일로부터 5년이 경과하기 전에 기초출원이나 이에 따른 등록 또는 기초등록
   중 하나가 국제등록에 열거된 상품 및 서비스의 전부 또는 일부와 관련하여 취하, 소멸 또
   는 포기되거나 거절, 철회, 취소 또는 무효의 대상인 것으로 최종 결정된 경우
   ② 다음의 1의 절차가 국제등록일로부터 5년의 기간이 경과하기 이전에 개시되고 상기 5
   년의 기간이 경과한 이후에 기초출원이나 그로 인한 등록 또는 기초등록 중 하나를 거절,
   취소 또는 무효로 하는 최종결정이 이루어진 경우
   i) 기초출원의 거절결정에 대한 불복심판청구
   ii) 기초출원으로 인한 등록 또는 기초등록의 취소심판청구, 무효심판청구
   iii) 기초출원에 대한 이의신청
   ③ 다음의 1의 절차가 국제등록일로부터 5년이 경과되기 이전에 개시되고 상기 5년의 기
   간이 경과한 이후 기초출원이 취하되거나, 기초출원에 따른 등록 또는 기초등록이 포기된
   경우
   i) 기초출원의 거절결정에 대한 불복심판청구
   ii) 기초출원으로 인한 등록 또는 기초등록의 취소심판청구, 무효심판청구
   iii) 기초출원에 대한 이의신청
5) 마드리드 협정 및 의정서의 공통규칙 제22조(2)의 취소를 포함한 모든 경우의 취소는 그
   취소일의 표시와 함께 등록되고 공고된다(공통규칙 제32조(1)(a)(viii)).
6) 마드리드 의정서 제15조(2)는 "체약당사자는 사무총장에게 통지함으로써 의정서를 폐기
   할 수 있다"고 하고, 제15조(3)은 "폐기는 사무총장의 통지 수령일부터 1년이 경과한 때에
   효력이 발생한다"고 정하고 있다.
7) 마드리드 의정서 제2조(1)은 의정서에 의하여 표장을 국제등록하고 체약당사자의 영역
   에서 그 표장을 보호 받기 위해서는 "체약국(또는 체약기구)의 관청에 기초출원이 제출된
   경우 또는 해당 관청에 의하여 기초등록이 된 경우에는, 그 출원 또는 등록의 명의인인 자
   가 그 체약국(또는 체약기구의 회원국)의 국민이거나 그 체약국(또는 체약기구) 내에 주소
   가 있거나 진정하고 실효적인 산업상 또는 상업상의 영업소를 가지고 있어야 한다"고 규
   정하고 있다.

이때 마드리드 의정서 폐기의 효력은 WIPO 사무총장의 통지 수령일부터 1년이 경과한 때에 발생한다(의정서 제15조(3)).

2. 국제상표등록출원의 취하 간주

국제상표등록출원에 대하여 상표권 설정등록이 되기 전에 국제등록의 전부 또는 일부가 소멸한 경우에는 그 소멸한 범위에서 지정상품(서비스)의 전부 또는 일부에 대하여 취하된 것으로 간주된다.

따라서 해당 국제상표등록출원에 대하여는 출원계속이 출원시에 소급하여 소멸되고, 선원의 지위는 인정되지 아니하며, 손실보상청구권 또한 처음부터 발생하지 아니한 것으로 본다.

그러나 국제등록일로부터 5년의 기간 안에 본국에서의 기초출원 또는 기초등록의 효력이 소멸하여 국제등록이 소멸한 경우와 마드리드 의정서 폐기로 인하여 출원인 자격을 상실함으로써 국제등록이 소멸한 경우에는 해당 국제등록의 명의인은 소정의 요건을 갖추어 해당 상품의 전부 또는 일부에 관하여 특허청장에게 상표등록출원을 할 수 있으며, 이때의 상표등록출원은 국제등록일(사후지정의 경우에는 사후지정일)에 출원된 것으로 본다(법 제205조 및 제206조).

3. 국제등록기초상표권의 소멸 간주

국제등록기초상표권의 기초가 되는 국제등록의 전부 또는 일부가 소멸한 경우에는 그 소멸한 범위에서 해당 상표권은 지정상품(서비스)의 전부 또는 일부에 대하여 소멸된 것으로 간주된다. 국제등록이 지정상품(서비스)의 전부에 대하여 소멸한 경우에는 국제등록기초상표권은 말소되고 해당 국내 상표원부는 폐쇄되며, 국제등록이 지정상품(서비스)의 일부에 대하여 소멸한 경우에는 해당 지정상품(서비스)을 상표원부에서 주말(삭제)한다.

그리고 국제등록일로부터 5년의 기간 안에 본국에서의 기초출원 또는 기초등록의 효력이 소멸하거나 마드리드 의정서 폐기로 인하여 출원인 자격을 상실함으로써 국제등록이 소멸한 경우에는 소정의 요건을 갖추어 특허청장에게 상표등록출원을 할 수 있고, 이때 그 출원일이 국제등록일로 소급되는 것은 국제상표등록출원이 취하된 것으로 보는 경우와 같다.

4. 취하 또는 소멸효과의 발생시점

본조 제3항의 규정에 의하여 국제등록의 소멸로 인한 국제상표등록출원의
취하 또는 국제등록기초상표권의 소멸의 효과는 국제상표등록부상 해당 국제등
록이 소멸된 날부터 발생한다.

따라서 존속기간 만료로 국제등록이 소멸한 경우의 국제상표등록출원의 취
하 또는 국제등록기초상표권의 소멸 효과는 이전 국제등록의 존속기간의 만료
시에 발생한다.

그리고 마드리드 의정서 제9조의2에 따라 권리자가 일부 체약당사자에 대
한 지정을 포기하거나 상품 및 서비스에 대하여 포기에 해당하는 감축을 신청
한 경우, 그리고 상품 및 서비스에 대한 취소를 신청한 경우에는 국제사무국은
해당요건을 충족하는 유효한 신청을 수령한 날로 이를 국제상표등록부에 등록
하며, 국제상표등록출원의 취하 또는 국제등록기초상표권의 소멸효과는 국제상
표등록부에 그 포기 및 감축, 취소가 등록된 날부터 발생한다.[8]

마드리드 의정서 제6조(4)의 규정에 따라 국제등록이 취소된 경우에는 국제
상표등록부에 등록된 취소일[9]에, 제15조(2)의 규정에 따라 국제등록이 소멸한
경우에는 WIPO 사무총장이 마드리드 의정서의 폐기 통지를 수령한 날로부터 1
년이 경과한 날에 국제상표등록출원의 취하 또는 국제등록기초상표권의 소멸의
효과가 발생한다.

〈차형렬〉

---

8) 이때의 포기, 감축 또는 취소의 등록신청시에 해당 국제등록에 관한 다른 변경 또는 취
소나 사후지정의 등재 전 또는 후에, 또는 그 국제등록의 갱신 이후에, 그 포기, 감축 또는
취소를 등록해 줄 것을 요청한 경우에는 그 이후의 일자로 취하 또는 소멸의 효과가 발생
한다.
9) 공보에는 '취소일'로 등재되며, 국제상표등록부에는 '효력일'로 표시되는데, 대체로 본국
관청의 통지를 국제사무국이 수령한 날이다. 국제등록의 취소일이 본국관청에서의 취소결
정의 효력일과 다른 것은 취소일을 명확히 하여 법률관계의 안정성을 기하기 위한 것으로
보인다.

제203조(상표권 포기의 특례)
　① 국제등록기초상표권에 대해서는 제102조제1항을 적용하지 아니한다.
　② 국제등록기초상표권에 대하여 제103조를 적용할 경우 "상표권·전용사용권"은 "전용사용권"으로 본다.

〈소 목 차〉

Ⅰ. 의의
Ⅱ. 상표권 등의 포기의 제한규정 적용 배제(제1항)
Ⅲ. 국제등록기초상표권 등의 포기의 효과(제2항)

Ⅰ. 의의

　상표권의 포기는 상표권자가 자신의 의사에 따라 장래를 향하여 해당 상표권을 소멸시키는 행위이며, 상표권도 재산권이므로 원칙적으로 상표권자는 그의 일방적인 의사로 이를 포기할 수 있다.[1]

　그러나 상표권이 소멸하게 되면 전용사용권·통상사용권 또는 질권 등 상표권에 부수된 권리도 함께 소멸하게 되므로 상표법 제102조 제1항은 법률상 이해관계 있는 제3자의 이익을 보호하기 위하여 전용사용권자·통상사용권자 또는 질권자의 동의를 받지 아니하면 상표권을 포기할 수 없도록 하였다. 마찬가지로 전용사용권자는 제95조 제6항에 따른 질권자 또는 통상사용권자의 동의를 받아야 전용사용권을 포기할 수 있고(같은 조 제2항), 통상사용권자는 제97조 제4항에 따른 질권자의 동의를 얻어야 한다(같은 조 제3항).

　국제등록기초상표권에 관하여서도 상표권의 포기에 관한 상표법 제101조가 그대로 적용되므로 국제등록기초상표권자는 지정상품별로 상표권을 포기할 수 있음은 통상의 상표권의 경우와 같다.

　그러나 국제등록기초상표권을 포기하기 위해서는 국제상표등록부에 이를 등록하여야 하며(법 제201조 제1항),[2] 대한민국에 대한 국제등록의 지정을 포기하거

---

[1] 포기는 권리자의 의사에 따른 것이므로 상표권말소등록신청을 하여 이를 등록하여야 그 효력이 발생하도록 하고(법 제96조 제1항 제1호), 상표권말소등록이 되었을 때 비로소 상표권이 소멸하도록 하고 있다(법 제103조).

[2] 포기는 권리자의 의사에 따라 장래를 향하여 해당 상표권을 소멸시키는 것이고 이는 지

나 국제등록기초상표권의 설정등록 후 지정상품 및 서비스를 포기하는 감축을 하
거나 또는 지정상품 및 서비스의 전부 또는 일부를 취소함으로써 국제등록기초상
표권을 포기할 수 있다.[3] 그런데 마드리드 의정서는 국제등록의 권리자가 이와
같은 포기, 감축 또는 취소의 등록신청을 할 경우 그 국제등록에 관한 각 지정체
약국의 사용권자 등의 동의를 얻는 것을 그 조건으로 하지 아니하고 있다.

본조 제1항은 이를 반영하여 국제등록기초상표권에 대하여는 상표권자로
하여금 전용사용권자·통상사용권자 또는 질권자의 동의를 얻지 아니하면 상표
권을 포기할 수 없도록 한 제102조 제1항의 규정을 적용하지 아니하도록 특례
를 규정한 것이다.

한편, 상표법 제103조는 "상표권·전용사용권·통상사용권 및 질권을 포기
하였을 경우에는 상표권·전용사용권·통상사용권 및 질권은 그때부터 소멸된
다"고 규정하고 있으므로 통상의 상표권은 포기에 의한 소멸등록이 이루어졌을
때 비로소 그 때부터 장래를 향하여 소멸한다.

그러나 국제등록기초상표권은 국제상표등록부에 국제등록의 포기, 감축 또
는 취소가 등록된 경우 그 범위에서 소멸된 것으로 간주되며(법 제202조 제2항),
그 소멸의 효과는 국제상표등록부상 해당 국제등록이 소멸된 날부터 발생한다
(법 제202조 제3항).

본조 제2항은 이와 같이 국제등록기초상표권의 포기와 그 효과의 발생시기
는 국제상표등록부에 의해 관리되므로 국제등록기초상표권에 대하여는 제103조
의 규정을 적용하지 않도록 한 것이다.

II. 상표권 등의 포기의 제한규정 적용배제(제1항)

본조 제1항에 따라 국제등록기초상표권자는 전용사용권자·통상사용권자

정상품별로 할 수 있는 것이므로 국제등록기초상표권의 포기는 대한민국에 대한 국제등록
의 보호를 포기(renunciation)하는 경우뿐만 아니라 국제등록기초상표권 설정등록 후에 지
정상품 및 서비스를 포기하는 감축(limitation)을 하거나 지정상품 및 서비스의 전부 또는
일부를 취소(cancellation)하는 경우도 포함된다고 해야 할 것이다.
3) 특허청은 국제등록기초상표권이 설정된 후 국제사무국이 대한민국에 대한 지정포기를
통지하는 경우 해당 국제등록기초상표권의 등록을 소멸시키고 그 원부를 폐쇄하며, 국제
사무국이 포기에 해당하는 감축을 통지할 경우에는 국내 상표원부에서 감축된 상품을 주
말(삭제)한다. 그리고 국제사무국이 권리자의 신청에 의한 취소를 통지하면 특허청은 그
취소가 상품 및 서비스의 일부에 대한 것일 경우에는 해당 상품 및 서비스를 상표원부에
서 삭제하고, 상품 및 서비스의 전부에 대한 것일 경우에는 해당 국제등록기초상표권의 상
표등록원부를 폐쇄한다.

또는 질권자의 동의를 얻지 아니하더라도 국제사무국에 대한민국에 대한 지정 포기 또는 상품 및 서비스를 포기하는 감축을 등록하거나 권리자가 그의 의사에 따라 상품 및 서비스를 국제상표등록부에서 삭제하는 취소를 등록함으로써 상표권을 포기할 수 있다.

　　다만, 상표법 제102조 제2항 및 제3항은 국제등록기초상표권에 대하여도 적용되므로 전용사용권자는 제95조 제6항에 따른 질권자 또는 통상사용권자의 동의를 받아야 전용사용권을 포기할 수 있고, 마찬가지로 통상사용권자는 제97조 제4항에 따른 질권자의 동의를 얻어야 전용사용권을 포기할 수 있다.

Ⅲ. 국제등록기초상표권 등의 포기의 효과(제2항)

　　국제등록기초상표권의 포기에 의한 소멸의 효과는 국제상표등록부상 해당 국제등록이 소멸된 날부터 발생하므로(법 제202조 제3항) 국제등록기초상표권의 포기에 대하여는 제103조의 규정의 적용이 배제된다. 국제등록이 소멸된 날은 국제사무국이 해당요건을 충족하는 신청을 수령한 날이다.[4]

　　그러나 국제등록기초상표권의 전용사용권·통상사용권 및 질권의 포기에 대하여는 제103조가 그대로 적용된다. 따라서 국제등록기초상표권을 목적으로 하는 질권을 포기하는 경우에는 그 포기가 있는 때, 즉 포기를 원인으로 하는 질권의 말소등록이 된 때부터 소멸된다.[5] 다만, 국제등록기초상표권의 전용사용권과 통상사용권의 포기는 그 등록이 효력발생요건이 아니고 제3자에 대한 대항요건이므로(법 제100조 제1항), 전용사용권과 통상사용권의 포기는 민법상 의사표시에 관한 일반원칙에 따라 그 질권자 또는 통상사용권자에게 포기의 의사가 도달한 때에 그 효력이 발생한다고 해야 할 것이다.

〈차형렬〉

---

[4] 다만, 포기, 감축 또는 취소의 등록신청시에 해당 국제등록에 관한 다른 변경 또는 취소나 사후지정의 등재 전 또는 후에, 또는 그 국제등록의 갱신 이후에, 그 포기, 감축 또는 취소를 등록해 줄 것을 요청한 경우에는 그 이후의 일자로 등록될 수 있다.

[5] 상표권을 목적으로 하는 질권의 설정·이전(상속이나 그 밖의 일반승계에 의한 경우는 제외한다)·변경·소멸(권리의 혼동에 의한 경우는 제외한다) 또는 처분의 제한은 등록을 그 효력발생요건으로 한다(법 제96조제1항제2호).

> **제204조(존속기간갱신등록의 무효심판 등의 특례)**
> 국제등록기초상표권에 대해서는 제118조 또는 제214조를 적용하지 아니한다.

〈소 목 차〉

Ⅰ. 의의   관한 규정 적용배제
Ⅱ. 존속기간갱신등록의 무효심판 등에

Ⅰ. 의의

본조는 국제등록기초상표권에 대하여는 존속기간갱신등록의 무효심판 및 상품분류전환등록의 무효심판을 인정하지 아니하는 조항이다.

통상의 존속기간갱신등록신청이 상표권의 존속기간 만료 전 1년 이내에 또는 존속기간이 끝난 후 6개월 이내에 제출된 것이 아니거나 해당 상표권자가 아닌 자가 존속기간갱신등록신청을 한 경우에는 이해관계인 또는 심사관은 존속기간갱신등록의 무효심판을 청구할 수 있다(법 제118조 제1항).[1] 그리고 이해관계인 또는 심사관은 상품분류전환등록이 해당 등록상표의 지정상품이 아닌 상품으로 되거나 지정상품의 범위가 실질적으로 확장된 경우, 상품분류전환등록이 해당 등록상표의 상표권자가 아닌 자의 신청에 의하여 이루어진 경우, 또는 상품분류전환등록신청이 존속기간이 만료되기 1년 전부터 존속기간이 만료된 후 6개월 이내에 제출된 것이 아닌 경우에는 상품분류전환등록의 무효심판을 청구할 수 있다(법 제214조 제1항).

그러나 상표법 제198조 제2항은 국제등록기초상표권의 존속기간은 국제등록의 존속기간의 갱신에 의하여 10년간씩 갱신할 수 있도록 하고 있으므로[2] 국제등록기초상표권의 존속기간을 갱신하기 위해서는 국제사무국에 갱신등록신청을 하여 국제등록을 갱신하여야 하고, 하자가 있는 국제등록의 갱신에 대하여는 국제사무국이 처리하게 되므로 국제등록기초상표권의 존속기간갱신등록에 대한

---

[1] 이때 갱신등록된 등록상표의 지정상품이 둘 이상 있는 경우에는 지정상품마다 청구할 수 있고, 상표권이 소멸된 후에도 이를 청구할 수 있다. 존속기간갱신등록을 무효로 한다는 심결이 확정된 때에는 존속기간갱신등록이 처음부터 없었던 것으로 본다.

[2] 상표법 제201조 제1항은 국제등록기초상표권의 존속기간의 갱신은 국제상표등록부에 등록하지 아니하면 그 효력이 발생하지 아니한다고 규정하고 있다.

국내 무효심판절차는 인정되지 아니한다.[3]

그리고 국제상표등록출원에 관하여는 상품분류전환등록절차가 필요하지 아니하므로, 제198조 제4항이 상품분류전환신청에 관련한 규정을 적용하지 않도록 한 것과 마찬가지로 국제등록기초상표권에 대한 상품분류전환등록의 무효심판도 인정되지 아니한다.

본조는 이를 반영하여 국제등록기초상표권에 대해서는 존속기간갱신등록의 무효심판에 관한 제118조와 상품분류전환등록의 무효심판에 관한 제214조를 적용하지 아니하도록 특례를 정한 것이다.

Ⅱ. 존속기간갱신등록의 무효심판 등에 관한 규정 적용배제

본조의 규정에 의하여 상표법 제118조 및 제214조의 규정은 국제등록기초상표권에 대하여는 그 적용이 배제되므로 특허청에 국제등록기초상표권의 존속기간갱신등록에 대한 무효심판을 청구하거나 상품분류전환등록의 무효심판을 청구하는 것은 인정되지 않는다.

〈차형렬〉

---

3) 하자 있는 국제등록의 갱신의 처리에 대하여 마드리드 의정서나 마드리드 협정 및 의정서의 공통규칙이 특별히 규정하고 있는 것은 없고, 국제등록에 오류가 있는 경우 공통규칙 제28조(경정)에 의하여 국제사무국은 직권 또는 권리자나 관청의 신청에 의하여 국제상표등록부를 적절히 수정하고 권리자 및 관련된 지정체약당사자의 관청에 이를 통지한다.

제 3 절 상표등록출원의 특례

제205조(국제등록 소멸 후의 상표등록출원의 특례)
① 대한민국을 지정국으로 지정(사후지정을 포함한다)한 국제등록의 대상인 상표가 지정상품의 전부 또는 일부에 관하여 마드리드 의정서 제6조(4)에 따라 그 국제등록이 소멸된 경우에는 그 국제등록의 명의인은 그 상품의 전부 또는 일부에 관하여 특허청장에게 상표등록출원을 할 수 있다.
② 제1항에 따른 상표등록출원이 다음 각 호의 요건을 모두 갖춘 경우에는 국제등록일(사후지정의 경우에는 사후지정일을 말한다)에 출원된 것으로 본다.
1. 제1항에 따른 상표등록출원이 같은 항에 따른 국제등록 소멸일부터 3개월 이내에 출원될 것
2. 제1항에 따른 상표등록출원의 지정상품이 같은 항에 따른 국제등록의 지정상품에 모두 포함될 것
3. 상표등록을 받으려는 상표가 소멸된 국제등록의 대상인 상표와 동일할 것
③ 제1항에 따른 국제등록에 관한 국제상표등록출원에 대하여 조약에 따른 우선권이 인정되는 경우에는 그 우선권이 같은 항에 따른 상표등록출원에도 인정된다.

〈소 목 차〉

Ⅰ. 의의
Ⅱ. 국제등록 소멸후의 상표등록출원
  1. 국제등록 소멸후의 상표등록출원

  의 요건(제1항)
  2. 출원일의 소급(제2항)
  3. 우선권 인정(제3항)

Ⅰ. 의의

본조는 국제등록의 종속성에 따라 기초등록 또는 기초출원의 효력이 소멸하여 국제등록이 취소되는 경우, 그 국제등록이 대한민국을 지정하고 있었던 때에는 소멸된 국제등록을 통상의 상표등록출원으로 전환하여 우리나라에 출원할 수 있도록 허용하는 규정이다.

　　마드리드 의정서에 의한 국제등록은 본국관청의 상표출원 또는 등록을 기초로 하고 있으므로 그 기초가 된 출원 또는 등록의 효력이 소멸하면 모든 지정체약국에서 해당 국제등록에 의한 보호는 더 이상 인정될 수 없다. 이와 같이 국제등록의 효력은 본국관청의 기초등록 또는 기초출원의 효력에 종속(dependence)되는데, 이를 국제등록의 종속성이라 하고 종속기간은 국제등록일로부터 5년이다.[1][2][3]

　　따라서 이해관계인은 국제등록일부터 5년의 기간이 만료되기 전까지는 본국의 기초등록이나 기초출원을 집중적으로 공격(central attack)하여 이를 거절 또는 무효, 취소시킴으로써 국제등록을 소멸시킬 수 있으므로 국제등록의 효력이 불안정한 상태에 놓이게 된다. 그리고 이와 같은 국제등록의 종속성은 '서로 다른 국가에서의 동일한 상표보호의 독립원칙'을 규정한 파리협약 제6조[4]와도 배

---

[1] 마드리드 의정서 제6조(3)은 기초출원 또는 기초등록의 효력소멸로 인하여 국제등록의 효력이 상실되는 경우를 다음과 같이 규정하고 있다.
① 국제등록일로부터 5년이 경과하기 전에 기초출원이나 이에 따른 등록 또는 기초등록 중 하나가 국제등록에 열거된 상품 및 서비스의 전부 또는 일부와 관련하여 취하, 소멸 또는 포기되거나 거절, 철회, 취소 또는 무효의 대상인 것으로 최종 결정된 경우
② 다음의 1의 절차가 국제등록일로부터 5년의 기간이 경과하기 이전에 개시되고 상기 5년의 기간이 경과한 이후에 기초출원이나 그로 인한 등록 또는 기초등록 중 하나를 거절, 취소 또는 무효로 하는 최종결정이 이루어진 경우
i) 기초출원의 거절결정에 대한 불복심판청구
ii) 기초출원으로 인한 등록 또는 기초등록의 취소심판청구, 무효심판청구
iii) 기초출원에 대한 이의신청
③ 다음의 1의 절차가 국제등록일로부터 5년이 경과되기 이전에 개시되고 상기 5년의 기간이 경과한 이후 기초출원이 취하되거나, 기초출원에 따른 등록 또는 기초등록이 포기된 경우
i) 기초출원의 거절결정에 대한 불복심판청구
ii) 기초출원으로 인한 등록 또는 기초등록의 취소심판청구, 무효심판청구
iii) 기초출원에 대한 이의신청
[2] 마드리드 의정서 제6조(4)는 "본국관청은, 공통규칙에서 규정하는 바에 따라, 제3항에 관한 사실 및 결정을 국제사무국에 통지하여야 하고, 국제사무국은 공통규칙에서 규정하는 바에 따라, 이를 이해관계인에게 통지하고 공고를 적절히 시행하여야 한다. 본국관청은, 해당되는 경우, 해당되는 범위까지 그 국제등록을 취소할 것을 국제사무국에 신청하여야 하고, 국제사무국은 절차를 적절히 밟아야 한다"고 규정하고 있다.
[3] 상표법 제202조는 우리나라를 지정한 국제등록이 소멸한 경우, 해당하는 지정상품의 전부 또는 일부에 대하여 심사 중인 경우에는 이를 취하된 것으로 간주하고(제1항), 등록된 경우에는 해당 상표권이 소멸된 것으로 간주하도록 하고 있다(제2항).
[4] 파리협약 제6조(상표 : 등록조건, 상이한 국가에서의 동일한 상표 보호의 독립)
1. 상표의 출원과 등록의 조건은 각 동맹국에서 그 국내법에 따라 정해진다.
2. 그러나, 동맹국의 국민이 어느 동맹국에서 행한 상표출원은 본국에서 그 출원, 등록 또는 갱신이 이루어지지 아니하였음을 이유로 등록이 거절되거나, 또한 그 등록이 무효로 되

치된다.

마드리드 의정서는 이러한 불합리한 결과를 구제하기 위하여 소정의 요건
을 충족시킨 경우에는 소멸된 해당 국제등록에 관하여 해당 지정체약자의 관청
에 통상의 상표등록출원으로 전환(transformation)을 할 수 있도록 하였다.

마드리드 의정서 제9조의5는 "의정서 제6조(4)의 규정에 의한 본국관청의
신청에 의하여 국제등록에 열거된 상품 및 서비스의 전부 또는 일부에 관하여
국제등록이 취소되고, 그 국제등록의 권리자이었던 자가 그 국제등록이 효력을
미쳤던 체약당사자의 관청에 동일한 표장의 등록을 위하여 출원을 한 경우에는,
그 출원은 의정서 제3조(4)에 의한 국제등록일 또는 의정서 제3조의3(2)에 의한
영역확장의 등록일에 출원된 것으로 취급되어야 하고, 국제등록이 우선권을 향
유하고 있었던 경우에는, 동일한 우선권을 향유하여야 한다. 다만, 국제등록이
취소된 날부터 3월 이내에 그러한 출원이 있고, 출원서에 열거된 상품 및 서비
스가 해당 체약당사자에 관한 국제등록상의 상품 및 서비스 목록 내에 실제로
포함되어야 하며, 그러한 출원은 수수료에 관한 요건을 포함한 해당법의 모든
요건을 충족하여야 한다"고 규정함으로써 마드리드 의정서 제6조(4)에 따라 취
소된 국제등록에 대하여, 일정한 요건을 갖춘 경우, 국내 또는 지역출원으로의
전환을 허용하고, 이때 회원국은 이를 국제등록일 또는 사후지정일에 출원된 것
으로 취급하도록 하였으며, 그 국제등록이 우선권이 주장된 경우에는 동일한 우
선권 주장의 혜택까지 주어야 함을 명시하고 있다.

본조는 이를 반영하여 대한민국을 지정한 국제등록의 상표가 마드리드 의
정서 제6조(4)의 규정에 따라 그 국제등록이 소멸된 경우 그 국제등록의 명의인
은 이를 통상의 상표등록출원으로 우리나라 특허청에 다시 출원할 수 있도록
하고(제1항), 소정의 요건을 충족한 경우에는 그 출원일을 국제등록일(사후지정
일)로 소급하도록 하고 있으며(제2항), 소멸된 국제등록이 조약에 의한 우선권을
인정받고 있었던 경우에는 그 우선권도 인정하도록 하였다(제3항).[5][6]

지 아니한다.

3. 어느 한 동맹국에 적법하게 등록된 상표는 본국을 포함하는 타 동맹국에서 등록된 상
표와 독립적인 것으로 간주된다.

5) 이러한 상표등록출원을 제206조의 마드리드 의정서 폐기 후의 상표등록출원과 함께 '재
출원'이라 한다(법 제207조). 재출원출원시에는 상표법 시행규칙 별지 제3호서식(상표등록
출원서)의 '출원 구분'란의 '재출원출원'란에 체크표시를 한다.

6) 본조는 전환의 요건을 직접 상세하게 규정한 마드리드 의정서 제9조의5의 규정을 그대
로 반영한 것으로, 일본상표법도 우리 상표법과 거의 동일하게 규정하고 있다[일본상표법

Ⅱ. 국제등록 소멸후의 상표등록출원

1. 국제등록 소멸후의 상표등록출원의 요건(제1항)

소멸된 국제등록에 관하여 본조 제1항에 의한 상표등록출원을 하기 위해서는 ① 대한민국을 지정(사후지정을 포함한다)한 국제등록의 대상인 상표가, ② 지정상품의 전부 또는 일부에 관하여 마드리드 의정서 제6조(4)의 규정에 따라 그 국제등록이 소멸된 경우이어야 하며, ③ 상표등록출원인은 해당 국제등록의 명의인이어야 하고, ④ 상표등록출원의 지정상품이 국제등록이 소멸된 해당 상품의 전부 또는 일부에 관한 것이어야 한다.

첫째, 소멸된 국제등록의 상표가 대한민국을 지정(사후지정을 포함한다)하고 있어야 하므로 국제출원시 대한민국을 지정하지 않았거나 대한민국을 사후지정하지 않은 경우 또는 대한민국에서의 보호를 포기(renunciation)한 경우에는 본조에 의한 상표등록출원의 대상이 아니다.

둘째, 마드리드 의정서 제6조(4)의 규정에 의한 본국관청의 신청에 의하여 국제등록의 상품 및 서비스의 전부 또는 일부에 관하여 국제등록이 취소된 경우이어야 한다. 따라서 마드리드 의정서 제9조의2와 마드리드 협정 및 의정서의 공통규칙 제25조에 의하여 국제등록명의인의 신청에 따라 국제등록이 취소된 경우나 감축된 경우에는 본조의 상표등록출원 대상이 아니다. 그리고 국제등록이 소멸되기 전이거나 우리나라에서 이미 거절결정 또는 무효가 된 국제등록에 대해서도 본조에 의한 상표등록출원을 할 수 없다.

셋째, 상표등록출원인은 해당 국제등록의 명의인이어야 한다.

여기서 국제등록의 명의가 이전되어 기초출원 또는 기초등록의 명의인과 국제등록 소멸 당시의 명의인이 다를 경우, 누가 본조의 국제등록의 명의인인지가 문제이다.

생각건대, 본조 제1항은 "마드리드 의정서 제6조(4)의 규정에 따라 그 국제등록이 소멸된 경우에는 그 국제등록의 명의인"이라고 규정하고 있고, 마드리드 의정서 제9조의5 또한 "의정서 제6조(4)에 따라 국제등록이 취소되고, 그 국제등록의 권리자이었던 자"라고 규정하여 취소 당시의 국제등록의 명의인일 것을 명확히 하고 있다. 뿐만 아니라 마드리드 의정서 제9조의5의 취지도 이미 국제

제68조의32(국제등록 소멸 후의 상표등록출원의 특례) 참조].

등록을 양도하여 그에 관한 권리를 모두 이전한 기초출원 또는 기초등록의 명의인이 아니라 이를 양수하여 각 지정체약당사자에 대하여 보호를 요청하고 있는 자가 전환의 혜택을 누리도록 하는 데에 있다고 해야 할 것이다.

따라서 본조의 국제등록의 명의인은 기초출원 또는 기초등록의 명의인이 아니라 그로부터 명의이전을 받은 소멸(취소) 당시의 국제등록의 명의인이라고 해야 할 것이다. 국제등록에 대하여 국제등록기초상표권이 설정등록된 후에 명의가 이전되고 국제등록이 소멸된 경우에도 마찬가지이다.[7]

넷째, 상표등록출원의 지정상품이 소멸된 국제등록의 상품의 전부 또는 일부에 관한 것이어야 하므로 소멸 당시 국제상표등록부상에 등록되어 있지 않았던 상품에 대하여서는 본조에 의한 상표등록출원을 할 수 없다.

한편, 본조 제1항의 요건을 충족하지 아니한 상표등록출원의 경우에도 통상의 상표등록출원의 방식요건을 충족시키고 있는 한, 그 출원 자체를 인정하지 아니할 이유는 없다 할 것이므로 이를 반려할 것이 아니라 통상의 상표등록출원으로 취급하여 처리하여야 할 것이다. 특허청 실무도 이와 같이 처리하고 있다.[8]

2. 출원일의 소급(제2항)

본조 제1항의 규정에 의한 상표등록출원이 ① 국제등록소멸일부터 3월 이내에 출원되고, ② 그 지정상품이 국제등록의 지정상품에 모두 포함되어 있으며, ③ 상표등록을 받고자 하는 상표가 소멸된 국제등록의 대상인 상표와 동일한 경우에는 국제등록일(사후지정의 경우에는 사후지정일)에 출원된 것으로 간주한다.

첫째, 본조 제1항의 규정에 의한 국제등록 소멸일부터 3월 이내에 출원되어

---

7) 국제상표등록출원에 대하여 국제등록기초상표권이 설정등록되기 전이든 설정등록된 후이든 국내에서의 상태에 따라 국제등록의 상태가 변하는 것이 아니다. 즉, 국제등록의 명의인은 국제등록이 지정국내에서 심사 중인지 또는 등록되었지 여부와는 아무런 상관이 없다. 한편, 국제등록이 소멸한 후에는 해당 범위 내에서는 더 이상 명의변경이 인정되지 아니한다.

8) 부적법한 재출원과 관련하여 특허청 훈령 「상표디자인심사사무취급규정」 제41조는 다음과 같이 규정하고 있다.
제41조(부적법한 재출원에 대한 처리) ① 심사관은 제40조에 따른 심사결과 재출원 요건에 맞지 않을 때에는 그 이유를 기재하여 출원인에게 재출원불인정예고통지를 하고 기간을 정하여 의견제출기회를 주어야 하며, 제출된 의견서에 의해서도 인정할 수 없는 경우에는 재출원불인정통지를 하여야 한다.
② 심사관은 제1항에 따른 재출원불인정통지 후 해당 재출원을 일반적인 상표등록출원으로 보고 일반심사절차에 따라 심사한다.

야 한다. 여기서 제1항의 규정에 의한 국제등록 소멸일이란 국제상표등록부에 국제등록의 취소가 등록된 날이다. 국제등록 소멸일부터 3월 이내에 출원되어야 하므로 상표법 제37조 제1항에 의하여 인정된 출원일이 국제등록 소멸일부터 3월 이내에 있어야 한다.

둘째, 본조 제1항의 규정에 따른 상표등록출원의 지정상품이 마드리드 의정서 제6조(4)에 따라 소멸된 국제등록의 지정상품에 모두 포함되어야 한다. 따라서 국제등록이 소멸된 상품과 그렇지 않은 상품을 포함하고 있는 경우에는 일부 상품에 대하여만 출원일이 소급되는 것이 아니라 상품 전부에 대하여 출원일이 소급되지 아니한다.

셋째, 상표등록을 받으려는 상표가 소멸된 국제등록의 대상인 상표와 동일하여야 하므로, 상표가 동일하지 아니한 경우에는 출원일이 소급되지 아니한다.

본조 제2항의 요건을 충족하는 경우에는 마드리드 의정서 제9조의5에 따라 국제등록일(사후지정의 경우에는 사후지정일)에 출원된 것으로 간주되므로, 출원에 대한 심사시 국제등록일 또는 사후지정일을 기준으로 심사하여야 한다. 위 요건을 충족하지 않는 경우에는 출원 자체가 반려되거나 거절되는 것이 아니라 출원일만 소급되지 않을 뿐 통상의 상표등록출원으로 취급된다.

3. 우선권 인정(제3항)

본조 제3항은, 마드리드 의정서 제9조의5의 규정을 반영하여 "제1항에 따른 국제등록에 관한 국제상표등록출원에 대하여 조약에 따른 우선권이 인정되는 경우에는 그 우선권이 같은 항에 따른 상표등록출원에도 인정된다"고 명시하고 있다.

따라서 마드리드 의정서 제6조(4)에 따라 소멸된 국제등록에 관한 국제상표등록출원에 대하여 조약에 따른 우선권이 인정된 경우에는 본조 제1에 따른 상표등록출원에도 동일한 우선권 주장의 혜택이 주어진다. 국제등록시 우선권이 인정되고 그 우선일로부터 6개월 이내에 대한민국을 사후지정한 경우에도 마찬가지다.[9]

한편, 이와 같은 우선권 주장의 혜택은, 명시적 규정은 없으나, 본조 제1항 및 제2항의 규정에 따른 요건을 모두 충족시키는 경우에 한하여 인정된다고 하

---

9) 사후지정일이 국제등록시 인정된 우선일로부터 6개월 이내인 경우에는 그 우선일은 사후지정에 포함되는 지정체약당사자에서도 인정된다.

여야 할 것이다.

〈차형렬〉

제206조(마드리드 의정서 폐기 후의 상표등록출원의 특례)
① 대한민국을 지정국으로 지정(사후지정을 포함한다)한 국제등록의 명의인
이 마드리드 의정서 제15조(5)(b)에 따라 출원인 자격을 잃게 되었을 경우에
는 해당 국제등록의 명의인은 국제등록된 지정상품의 전부 또는 일부에 관하
여 특허청장에게 상표등록출원을 할 수 있다.
② 제1항에 따른 상표등록출원에 관하여는 제205조제2항 및 제3항을 준용한
다. 이 경우 제205조제2항제1호 중 "같은 항에 따른 국제등록 소멸일부터 3
개월 이내"는 "마드리드 의정서 제15조(3)에 따라 폐기의 효력이 발생한 날부
터 2년 이내"로 본다.

<소 목 차>

Ⅰ. 의의
Ⅱ. 마드리드 의정서 폐기후의 상표등록
   출원

1. 마드리드 의정서 폐기후의 상표등
   록출원의 요건(제1항)
2. 출원일 소급 및 우선권 인정(제2항)

Ⅰ. 의의

본조는 마드리드 의정서의 체약당사자가 마드리드 의정서를 폐기
(denunciation)[1]함으로써 그 체약당사자의 국민 등이 출원인 자격을 상실하여 마
드리드 의정서의 이익을 누릴 수 없게 된 경우, 해당 국제등록과 동일의 내용에
대해서 우리나라에 상표등록출원을 하는 것을 허용하는 규정이다.

마드리드 의정서의 체약당사자는 그 체약당사자에 관하여 마드리드 의정서
의 효력이 발생한 날로부터 5년이 만료되기 전에는 마드리드 의정서의 폐기권
을 행사할 수 없다(의정서 제15조(4)). 그러나 마드리드 의정서 효력발생일로부터
5년이 경과된 후에는 WIPO 사무총장에게 통지를 함으로써 마드리드 의정서를
폐기할 수 있으며, 그 효력은 사무총장이 폐기통지를 수령한 날부터 1년이 경과
한 때에 발생한다(의정서 제15조(2) 및 (3)).

문제는 어느 체약당사자가 마드리드 의정서를 폐기하게 되면, 마드리드 의
정서를 폐기하는 체약당사자를 지정하고 있었던 국제등록의 상표는 더 이상 마

---

1) 조약의 폐기란 일방 당사자의 통고에 의하여 조약의 효력을 상실하게 하는 조약 당사자
   의 일방적 행위를 말한다.

드리드 의정서에 의한 보호를 받을 수 없게 될 뿐만 아니라, 마드리드 의정서를
폐기하는 체약당사자의 관청에 기초출원(기초등록)을 둔 국제등록의 명의인도
마드리드 의정서 제2조(1)[2]의 규정에 의한 출원인 자격을 상실하게 됨으로써
다른 체약당사자내에서 더 이상 상표의 보호를 받을 수 없게 된다는 것이다.[3][4]

이에 마드리드 의정서 제15조(5)(a)[5]는 체약당사자가 마드리드 의정서를 폐
기하게 됨으로써 그 체약당사자내에서 상표를 보호받을 수 없게 되는 경우에는,
해당 국제등록의 상표에 관하여 그 체약당사자의 관청에 통상의 상표등록출원
을 할 수 있도록 하고, 일정한 요건을 충족하는 경우 출원일을 국제등록일(사후
지정일)로 소급함과 함께 해당 국제등록의 우선권일도 인정하도록 하여 국제등
록인에게 불이익이 없도록 하였다.

그리고 마드리드 의정서 제15조(5)(b)에서는 "(a)의 규정은, 폐기가 효력을
발생하고 그 표장의 권리자가 폐기에 의하여 제2조(1)에 의한 국제출원을 할 수
있는 자격을 더 이상 가지지 아니하는 날에, 의정서를 폐기하는 국가 또는 정부
간 기구가 아닌 체약당사자내에서 유효한 국제등록의 대상인 표장에 대하여도

---

2) 마드리드 의정서 제2조(1)은 마드리드 의정서에 의하여 표장을 국제등록하고 체약당사
자의 영역에서 그 표장을 보호 받기 위해서는 "체약국(또는 체약기구)의 관청에 기초출원
이 제출된 경우 또는 해당 관청에 의하여 기초등록이 된 경우에는, 그 출원 또는 등록의
명의인인 자가 그 체약국(또는 체약기구의 회원국)의 국민이거나 그 체약국(또는 체약기
구) 내에 주소가 있거나 진정하고 실효적인 산업상 또는 상업상의 영업소를 가지고 있어
야 한다"고 규정하고 있다.

3) 예를 들어, 우리나라가 마드리드 의정서를 폐기하게 되면 마드리드 의정서의 폐기시에
우리나라를 지정하고 있었던 국제등록상표는 더 이상 마드리드 의정서에 의한 보호를 받
지 못하게 될 뿐만 아니라 대한민국 특허청의 상표출원(등록)을 기초로 국제등록을 받은
자도 마드리드 의정서 제2조(1)의 규정에 의한 출원인 자격을 상실하여 다른 체약당사자
내에서 마드리드 의정서에 의한 상표의 보호를 주장할 수 없게 된다.

4) 이 경우 국제등록의 효력은 소멸하게 되므로 출원중(심사중)에 있는 경우의 해당 국제상
표등록출원은 그 소멸된 범위에서 취하된 것으로 간주되고(법 제202조제1항), 국제등록기
초상표권이 설정되었던 경우의 해당 상표권은 해당 범위에서 소멸된 것으로 간주된다(법
제202조제2항).

5) 마드리드 의정서 제15조(5)(a)는 "표장이 폐기의 효력발생일에 이를 폐기하는 국가 또는
정부간 기구내에서 유효한 국제등록의 대상인 경우에는, 그러한 등록의 권리자는 그 국가
또는 정부간 기구의 관청에 동일한 표장의 등록을 위한 출원을 할 수 있다. 그 출원은 제3
조제4항에 의한 국제등록일 또는 제3조의3제2항에 의한 영역확장의 등록일에 출원된 것으
로 취급되며, 그 국제등록이 우선권을 향유한 경우에는 동일한 우선권을 향유한다. 다만,
폐기의 효력발생일부터 2년 이내에 출원되고, 그 출원에 열거된 상품 및 서비스가 폐기하
는 국가 또는 정부간 기구에 관한 국제등록상의 상품 및 서비스 목록에 실제로 포함되어
있으며, 그러한 출원은 수수료를 포함하는 해당법의 모든 요건을 충족하여야 한다"라고 규
정하고 있다.

적용된다"고 하여 마드리드 의정서 폐기로 인하여 국제출원의 출원인적격을 상실하게 된 경우에도 제15조(5)(a)를 적용하도록 하였다.

상표법은, 마드리드 의정서 제15조(5)(a)에 해당하는 사항은 우리나라가 마드리드 의정서를 폐기할 경우의 상표법 개정사항이므로, 일본상표법[6]과 같이 마드리드 의정서 제15조(1)(b)에 해당하는 사항에 대하여만 본조에 규정하고 있다.

본조는, 우리나라가 아닌 다른 체약당사자가 마드리드 의정서를 폐기함에 따라 그 체약당사자의 관청에 기초출원 또는 기초등록을 둔 국제등록의 권리자가 마드리드 의정서 제2조(1)의 규정에 의한 출원인 자격을 잃게 되는 경우에는 국제등록된 지정상품의 전부 또는 일부에 관하여 특허청장에게 통상의 상표등록출원을 할 수 있도록 하고, 일정 요건을 갖춘 때에는 국제등록일(사후지정일)에 출원된 것으로 간주하도록 하였다.[7]

Ⅱ. 마드리드 의정서 폐기후의 상표등록출원

1. 마드리드 의정서 폐기후의 상표등록출원의 요건(제1항)

본조 제1항에 의한 상표등록출원을 하기 위해서는 ① 대한민국을 지정(사후지정을 포함한다)하는 국제등록이어야 하고, ② 국제등록의 명의인이 마드리드 의정서 제15조(5)(b)의 규정에 따라 출원인 자격을 잃게 된 때이어야 하며,[8] ③ 해당 국제등록의 명의인이 상표등록출원을 하여야 하고, ④ 상표등록출원의 지정상품이 국제등록된 지정상품의 전부 또는 일부에 관한 것이어야 한다.

첫째, 마드리드 의정서 폐기시 국제등록이 대한민국을 지정(사후지정을 포함한다)하고 있어야 하므로[9] 국제출원시 대한민국을 지정하지 않았거나 사후지정도 하지 않은 경우 또는 대한민국에서의 보호를 포기(renunciation)한 경우에는 본조에 의한 상표등록출원을 할 수 없다. 마드리드 의정서 폐기의 효력이 발생

---

6) 일본상표법은 다른 체약당사자가 마드리드 의정서를 폐기한 후의 상표등록출원에 대하여 우리 상표법과 거의 동일한 내용의 특례규정을 두고 있다[일본 상표법 제68조의33(의정서 폐기후의 상표등록출원의 특례) 참조].

7) 이러한 상표등록출원을 상표법 제205조의 국제등록 소멸 후의 상표등록출원과 함께 '재출원'이라 한다(법 제207조).

8) 마드리드 의정서의 폐기는 그 성격상 지정상품의 일부에만 관한 경우는 없다.

9) 본조 제1항의 "대한민국을 지정(사후지정을 포함한다)하는 국제등록"이라 함은 마드리드 의정서 제15조(1)(b)의 "폐기가 효력을 발생하는 날에 대한민국내에서 유효한 국제등록"에 대응하는 것이다.

하기 이전이거나 우리나라에서 이미 거절결정 또는 무효가 된 경우에도 마찬가지이다.

둘째, 국제등록의 명의인이 마드리드 의정서 제15조(5)(b)의 규정에 따라 출원인자격을 잃게 된 때이어야 한다. 따라서 마드리드 의정서 폐기가 아닌 다른 이유로 출원인 자격을 상실하게 된 경우에는 본조에 의한 상표등록출원을 할 수 없다.

셋째, 상표등록출원인은 마드리드 의정서 폐기로 출원인 자격을 잃게 된 해당 국제등록의 명의인이어야 하며, 국제등록 후 명의이전이 된 경우에도 폐기의 효력이 발생할 당시의 국제등록의 명의인이 본조의 국제등록의 명의인이다.

넷째, 상표등록출원의 지정상품이 국제등록된 해당 상품의 전부 또는 일부에 관한 것이어야 하므로 반드시 국제등록된 지정상품 전부에 관하여 출원하여야 하는 것은 아니나 마드리드 의정서 폐기 당시 국제상표등록부상에 등록되어 있지 않았던 상품에 대하여서는 상표등록출원을 할 수 없다.

본조 제1항의 요건을 충족하지 아니한 상표등록출원의 경우에는, 상표법 제205조(국제등록 소멸 후의 상표등록출원의 특례) 제1항에 의한 상표등록출원이 부적법한 경우에서와 같이, 통상의 상표등록출원으로 취급하여 처리하여야 할 것이다.

2. 출원일 소급 및 우선권 인정(제2항)

본조 제2항은 제1항의 규정에 의한 상표등록출원에 관하여 제205조 제2항 및 제3항의 규정을 준용하도록 하고, 이때 제205조 제2항 제1호 중 "같은 항에 따른 국제등록소멸일부터 3월 이내"는 "마드리드 의정서 제15조(3)에 따라 폐기의 효력이 발생한 날부터 2년 이내"로 수정되어 적용하도록 하였다.

따라서 본조 제1항의 규정에 의한 상표등록출원이 ① 마드리드 의정서 제15조(3)에 따라 폐기의 효력이 발생한 날부터 2년 이내에 출원되고, ② 지정상품이 소멸된 국제등록의 지정상품에 모두 포함되어 있으며, ③ 상표등록을 받으려고 하는 상표가 소멸된 국제등록의 대상인 상표와 동일한 경우에는 국제등록일(사후지정의 경우에는 사후지정일)에 출원된 것으로 간주된다.

여기서 마드리드 의정서 제15조(3)의 규정에 의하여 폐기의 효력이 발생한 날은, 체약당사자가 WIPO 사무총장에게 마드리드 의정서 폐기를 통지하고 사무총장이 그 통지를 수령한 날로부터 1년이 경과한 날을 말한다.

　본조 제2항이 준용하는 제205조 제2항의 요건을 충족하지 아니하는 경우에도 출원 자체가 반려되거나 상표등록이 거절되는 것이 아니라 출원일만 소급되지 않을 뿐 통상의 상표등록출원으로 취급된다.

　본조 제2항은 제1항의 출원에 대하여 제205조 제3항의 규정도 준용하도록 하고 있으므로 마드리드 의정서 폐기시의 국제등록에 관한 국제상표등록출원에 대하여 조약에 따른 우선권이 인정된 경우에는 그 우선일도 인정된다.

〈차형렬〉

제207조(심사의 특례)

다음 각 호의 어느 하나에 해당하는 상표등록출원(이하 "재출원"이라 한다)이 제197조에 따라 설정등록되었던 등록상표에 관한 것인 경우 해당 본인의 상표등록출원에 대해서는 제54조, 제55조, 제57조 및 제60조부터 제67조까지의 규정을 적용하지 아니한다. 다만, 제54조제2호에 해당하는 경우에는 그러하지 아니하다.

1. 제205조제2항 각 호의 요건을 모두 갖추어 같은 조 제1항에 따라 하는 상표등록출원
2. 제206조제2항에 따라 준용되는 제205조제2항 각 호의 요건을 모두 갖추어 제206조제1항에 따라 하는 상표등록출원

<소 목 차>

Ⅰ. 의의

Ⅱ. 본인의 등록상표에 관한 재출원의 심사시 특례

Ⅰ. 의의

본조는 국제등록의 종속성 또는 마드리드 의정서 폐기로 인한 출원인 자격 상실로 국제등록이 소멸한 경우의 재출원이 이미 상표법에 따라 설정등록되었던 본인의 등록상표에 관한 것인 경우에는 실체심사과정을 다시 거칠 필요 없이 상표등록결정을 받을 수 있도록 한 규정이다.

마드리드 의정서 제6조(4)의 규정에 따라 그 국제등록이 소멸된 경우 또는 마드리드 의정서 폐기로 인하여 제15조(5)(b)의 규정에 따라 출원인 자격을 잃어 국제등록이 소멸된 경우에는 해당 국제등록의 명의인은 국제등록된 상품의 전부 또는 일부에 관하여 특허청장에게 상표등록출원을 할 수 있으며, 소정의 요건을 충족한 경우에는 국제등록일 또는 사후지정일에 출원된 것으로 간주된다(법 제205조 및 제206조).

본조는 위의 상표등록출원을 "재출원"이라 명명하고 있으며, 이러한 재출원은 통상의 상표등록출원과 같은 새로운 출원으로 취급되므로 그에 관한 심사절차에는 통상의 상표등록출원에 적용되는 상표법의 규정들이 그대로 적용된다. 따라서 원칙적으로 국제등록이 소멸되기 이전의 국제상표등록출원에 대하여 심

사가 진행되었다 하더라도 통상의 상표등록출원에 관한 모든 심사절차가 다시 적용되고, 국제등록이 소멸되기 전에 이미 거절이유를 통지(가거절통지)하였거나 출원공고를 한 경우에도 다시 의견제출통지를 하거나 출원공고를 하여야 한다.

그러나 재출원이 이미 상표법 제197조의 규정에 따라 설정등록되었던 본인의 등록상표에 관한 것인 경우에도 재차 심사절차를 거치도록 하는 것은 출원인에게 과도한 불편을 초래할 뿐만 아니라 행정력을 낭비하는 결과가 되므로, 본조는 재출원이 이미 설정등록되었던 본인의 등록상표에 관한 것인 경우에는 실체심사 없이 상표등록결정을 하도록 특례를 규정하였다.

Ⅱ. 본인의 등록상표에 관한 재출원의 심사시 특례

본조 제1호의 상표등록출원은 국제등록의 종속성으로 인하여 국제등록이 소멸한 경우의 소정의 요건[1]을 갖춘 재출원을 말하며, 제2호의 상표등록출원은 마드리드 의정서의 폐기로 인하여 출원인 자격을 상실한 경우의 소정의 요건을 갖춘 재출원을 의미한다.

본조는 재출원이 상표법 제197조의 규정에 따라 설정등록되었던 본인의 등록상표에 관한 경우에 한하므로, 국제상표등록출원이 설정등록되기 이전의 심사단계에 있었던 경우에는 제205조 및 제206조의 규정에 따라 출원일이 소급되나 통상의 심사절차를 다시 거쳐야 한다. 특허청의 심사실무에서도 재출원이 적법하고 제197조에 따라 이미 설정등록되었던 본인의 등록상표에 관한 경우에는 실체심사 없이 등록결정을 하고, 재출원이 적법하나 제197조에 따라 설정등록되기 전의 본인의 출원상표에 관한 경우에는 출원일만 소급하여 통상의 심사절차에 따라 심사하도록 하고 있다.[2]

여기서 국제등록기초상표권 설정등록 당시의 권리자와 국제등록기초상표권

---

1) 상표법 제205조 제2항의 출원일 소급 요건으로 ① 제1항의 규정에 따른 상표등록출원이 마드리드 의정서 제6조(4)에 따른 국제등록의 소멸일부터 3월 이내에 출원될 것 ② 그 지정상품이 소멸된 국제등록의 지정상품에 모두 포함될 것 ③ 상표등록을 받으려는 상표가 소멸된 국제등록의 대상인 상표와 동일할 것을 규정하고 있다.

2) 특허청 훈령 「상표디자인심사사무취급규정」 제42조(적법한 재출원에 대한 처리) ① 심사관은 해당 재출원이 제40조에 따른 심사결과 재출원 요건에 맞고 상표법 제197조에 따라 설정등록되었던 본인의 등록상표인 경우에는 실체심사 없이 등록결정을 한다.
② 심사관은 해당 재출원이 제40조에 따른 심사결과 재출원 요건에 맞지만 상표법 제197조에 따라 설정등록되기 이전인 본인의 출원상표인 경우에는 출원일만 소급하여 일반심사절차에 따라 심사한다.

소멸 당시의 권리자가 다를 경우, 즉 국제상표기초상표권이 설정된 후에 명의가
이전된 경우 누가 본조의 "본인"에 해당하는지가 문제이다.

생각건대, 마드리드 의정서 제9조의5가 소멸 당시의 국제등록의 명의자에
게 전환의 혜택을 부여하고 있고, 제15조(5)(b)도 의정서 폐기의 효력이 발생할
당시의 국제등록의 명의인에게 재출원의 기회를 주도록 규정하고 있으며, 상표
법 제205조 제1항 및 제206조 제1항에 의한 상표등록출원을 할 수 있는 자 즉,
"해당 국제등록의 명의인"을 명의이전에 상관없이 소멸 당시의 국제등록의 명
의인이라고 해야 할 것이므로 본조의 "본인"은 국제등록기초상표권 설정등록
당시의 국제등록명의인 또는 상표권자가 아니라 국제등록기초상표권 소멸시의
국제등록명의인 또는 상표권자를 의미한다고 해야 할 것이다.

본조의 재출원에 대하여는 상표등록거절결정 및 거절이유통지에 관한 상표
법 제54조 및 제55조, 출원공고에 관한 제57조 그리고 이의신청절차에 관한 규정
들인 제60조 내지 제67조의 규정은 그 적용이 배제된다. 제54조의 적용이 배제되
므로 새로운 거절이유가 있다 하더라도 심사관은 의견제출통지를 할 수 없고 상
표등록결정을 하여야 한다.[3] 다만 이 경우에도 제54조 제2호는 적용이 배제되지
않으므로 재출원이 조약에 위반되는 경우에는 상표등록을 거절할 수 있다.

한편, 재출원에 대하여는 통상의 상표법 규정이 적용되므로 그에 의한 상표
권의 설정등록을 위해서는 상표등록결정 후 제82조 제2항에 따른 상표등록료를
내야 한다.

〈차형렬〉

---

3) 재출원에 대하여 상표등록의 무효사유가 있는 경우에는 상표법 제117조에 따른 무효심
   판을 청구하여야 한다.

> **제208조(제척기간의 특례)**
>
> 재출원에 따라 해당 상표가 설정등록된 경우로서 종전의 국제등록기초상표권에 대한 제122조제1항의 제척기간이 지났을 경우에는 재출원에 따라 설정등록된 상표에 대하여 무효심판을 청구할 수 없다.

<소 목 차>

Ⅰ. 의의   Ⅱ. 상표등록무효심판의 제척기간의 특례

Ⅰ. 의의

본조는 재출원에 따라 설정등록된 상표가 이미 무효심판의 제척기간이 경과된 국제등록기초상표권에 관한 것인 경우에는 더 이상 무효심판을 청구할 수 없도록 한 규정이다.

상표법은 국제등록의 종속성으로 인하여 마드리드 의정서 제6조(4)의 규정에 따라 그 국제등록이 소멸된 경우 그리고 마드리드 의정서의 폐기로 인하여 의정서 제15조(5)(b)의 규정에 따라 출원인 자격을 잃게 된 때에는 소정의 요건을 갖추어 특허청장에게 상표등록출원을 할 수 있도록 허용하고 있다(법 제205조 및 제206조).[1]

이러한 재출원의 심사와 설정등록 그리고 그 이후의 절차에 관하여는 통상의 상표법 규정들이 적용되므로[2] 재출원에 따라 등록된 상표에 대한 무효심판 또는 취소심판의 청구에 대하여도 원칙적으로 상표법 제122조의 제척기간[3]이 적용된다.

그런데 국제등록이 소멸하기 전에 설정등록되었던 국제등록기초상표권에

---

1) 이러한 상표등록출원을 재출원이라 하며(법 제207조), 이 경우에는 출원일이 국제등록일 또는 사후지정일로 소급된다.

2) 다만, 재출원이 제197조의 규정에 따라 설정등록되었던 본인의 등록상표에 관한 경우에는 제54조, 제55조, 제57조 및 제60조부터 제67조까지의 규정은 그 적용이 배제된다(법 제207조).

3) 제척기간이란 법률에서 정하는 일정한 권리의 행사기간을 말하는데, 상표법 제122조는 상표권이 과오로 등록되었거나 취소사유를 안고 있다 하더라도 그 상표의 사용관계가 거래사회에서 평온하게 유지되는 경우에는 기존의 법률관계를 인정하여 법적 안정성을 도모하기 위하여 제척기간이 경과한 후에는 무효심판 또는 취소심판을 청구할 수 없도록 하고 있다.

대한 무효심판의 제척기간이 이미 경과한 경우에도 해당 상표권이 재출원에 의하여 다시 설정등록되었다고 하여 무효심판의 제척기간을 다시 적용하는 것은 권리자에게 과도한 부담을 줄 뿐만 아니라 법적 안정성의 도모라는 제122조의 취지에도 부합하지 아니한다.

본조는 이를 반영하여 재출원에 따라 해당 상표가 설정등록된 경우로서 종전의 국제등록기초상표권에 대한 무효심판의 제척기간이 지났을 경우에는 재출원에 따라 설정등록된 상표에 대하여 다시 무효심판을 청구할 수 없도록 특례를 두었다.

다만, 상표권자의 부정한 상표사용 등 후발적 사유에 대하여 사후감독의 차원에서 상표권을 소멸시키는 취소심판은 그 성격상 종전의 국제등록기초상표권에 대한 취소심판의 제척기간 경과 여부와 상관없이 재출원에 따라 설정등록된 상표가 취소사유에 해당할 경우에는 이를 청구할 수 있다고 해야 할 것이므로 취소심판의 제척기간에 관하여는 특례를 두지 아니하였다.

II. 상표등록무효심판의 제척기간의 특례

종전의 국제등록기초상표권에 대한 제122조 제1항의 제척기간이 지났을 경우에는 재출원에 따라 설정등록된 상표에 대하여 무효심판을 청구할 수 없다.

종전의 국제등록기초상표권은, 국제등록의 종속성 또는 마드리드 의정서의 폐기로 인하여 국제등록이 소멸됨에 따라 제202조 제2항[4]의 규정에 의거하여 소멸간주된 국제등록기초상표권을 말한다.

그리고 국제등록상표출원에 대하여는 상표권의 존속기간갱신등록무효심판 및 상품분류전환등록무효심판이 인정되지 아니하므로, 본조의 제122조 제1항의 제척기간은 상표등록의 무효심판의 제척기간만을 의미하며, 상표등록 무효심판의 제척기간은 상표등록일로부터 5년이다.

---

4) 상표법 제202조(국제등록 소멸의 효과) ① 국제상표등록출원의 기초가 되는 국제등록의 전부 또는 일부가 소멸된 경우에는 그 소멸된 범위에서 해당 국제상표등록출원은 지정상품의 전부 또는 일부에 대하여 취하된 것으로 본다.
② 국제등록기초상표권의 기초가 되는 국제등록의 전부 또는 일부가 소멸된 경우에는 그 소멸된 범위에서 해당 상표권은 지정상품의 전부 또는 일부에 대하여 소멸된 것으로 본다.
③ 제1항 및 제2항에 따른 취하 또는 소멸의 효과는 국제상표등록부상 해당 국제등록이 소멸된 날부터 발생한다.

　　따라서 종전의 국제등록기초상표권이 설정등록된 날부터 5년이 경과하게
되면, 재출원에 따라 설정등록된 상표에 대하여는 무효심판을 청구할 수 없게
된다.

　　본조의 규정에 위반하여 제기된 상표등록의 무효심판청구는 부적법한 심판
청구로서 보정이 불가능한 것이므로 상표법 제128조[5]의 규정에 따라 각하된다.

〈차형렬〉

---

5) 상표법 제128조(보정할 수 없는 심판청구의 심결 각하) 부적법한 심판청구로서 그 흠을
　보정할 수 없는 경우에는 제133조제1항에도 불구하고 피청구인에게 답변서 제출의 기회를
　주지 아니하고 심결로써 그 청구를 각하할 수 있다.

제 10 장
상품분류전환의 등록

제209조(상품분류전환등록의 신청)

① 종전의 법(법률 제5355호 상표법중개정법률로 개정되기 전의 것을 말한다) 제10조제1항에 따른 통상산업부령으로 정하는 상품류의 구분에 따라 상품을 지정하여 상표권의 설정등록, 지정상품의 추가등록 또는 존속기간갱신등록을 받은 상표권자는 해당 지정상품을 상품류의 구분에 따라 전환하여 등록을 받아야 한다. 다만, 법률 제5355호 상표법중개정법률 제10조제1항에 따른 통상산업부령으로 정하는 상품류의 구분에 따라 상품을 지정하여 존속기간갱신등록을 받은 자는 그러하지 아니하다.

② 제1항에 따른 상품분류전환등록을 받으려는 자는 다음 각 호의 사항을 적은 상품분류전환등록신청서를 특허청장에게 제출하여야 한다.

1. 신청인의 성명 및 주소(법인인 경우에는 그 명칭 및 영업소의 소재지를 말한다)
2. 신청인의 대리인이 있는 경우에는 그 대리인의 성명 및 주소나 영업소의 소재지[대리인이 특허법인·특허법인(유한)인 경우에는 그 명칭, 사무소의 소재지 및 지정된 변리사의 성명을 말한다]
3. 등록상표의 등록번호
4. 전환하여 등록받으려는 지정상품 및 그 상품류

③ 상품분류전환등록신청은 상표권의 존속기간이 만료되기 1년 전부터 존속기간이 만료된 후 6개월 이내의 기간에 하여야 한다.

④ 상표권이 공유인 경우에는 공유자 전원이 공동으로 상품분류전환등록을 신청하여야 한다.

<소 목 차>

Ⅰ. 본조의 취지
Ⅱ. 본조의 내용
  1. 상품분류전환등록신청
  2. 상품분류전환등록신청서

3. 상품분류전환등록신청기간
4. 공유인 상표권의 상품분류전환등록신청

Ⅰ. 본조의 취지

상표법 제38조 제1항에서는 상표등록출원을 하려는 자로 하여금 특허청장이 정하여 고시한 바에 따른 상품류 구분에 따라 지정상품을 지정하도록 하고 있고, 이때 따라야 하는 상품류 구분에 관하여는 상표법 시행규칙 제38조 제1항의 별표 1에서 정하고 있다. 이와 같은 상품류 구분에 관하여는 1997. 8. 22. 법률 제5355호로 개정된 상표법에 따른 상품류 구분에 관하여 정하게 된 1998. 2. 23. 개정 상표법 시행규칙(통상산업부령 83호, 1998. 3. 1. 시행)에서 큰 변화가 일어났다.[1]

종래 우리나라는 상품류 구분을 국제상품분류(Nice협정에 따른 분류)에 따라 나누지 않고, 한국상품분류에 따라 나누고 있었는데, 1998. 2. 23. 개정된 상표법 시행규칙에서부터는 이를 국제상품분류에 따라 나누게 되었다. 이에 따라 기존의 한국상품분류에 따라 등록된 상표의 지정상품이 현재의 상품류 구분과 일치하지 않게 되는 문제점이 발생하게 되었는데, 이를 개선하기 위하여 기존의 한국상품분류에 따라 등록된 상표의 지정상품을 현재의 상품류 구분으로 바꾸어 일치시킬 수 있도록 한 것이 본조이다.[2]

Ⅱ. 본조의 내용

1. 상품분류전환등록신청

1998. 2. 23. 개정된 상표법 시행규칙 이전의 구 상표법 시행규칙 제6조 제1항의 별표 1(상품류 구분), 제2항의 별표 2(서비스업류 구분)의 상품류 구분에 따라 상품을 지정하여 상표권의 설정등록·지정상품의 추가등록 또는 상표권의 존속기간갱신등록을 받은 상표권자는 당해 지정상품을 현행 상품류 구분에 따라 상품분류전환등록을 받아야 한다. 이와 같이 상품분류전환등록신청은 상품류 구분에 따라 상품을 지정하여 상표권의 등록을 받은 상표를 대상으로 하는 것이어서, 상품류 구분에 따른 상품을 기재하여 상표등록을 받지 않는 업무표장의

---

1) 구 상표법 시행규칙 제6조 제1항, 제2항의 별표 1, 2가 개정된 것이어서, 엄밀히 말하면 상표법 개정에 따른 변화가 아니라 상표법 시행규칙의 개정에 따른 변화이다.
2) 특허청, 조문별 상표법해설(2007년), 특허청, 255.

경우에는 상품분류전환등록이 필요하지 않다.

2. 상품분류전환등록신청서

상품분류전환등록신청서에는, 신청인의 성명 및 주소(법인인 경우 그 명칭 및 영업소의 소재지), 신청인의 대리인이 있는 경우 그 대리인의 성명 및 주소나 영업소의 소재지[대리인이 특허법인·특허법인(유한)인 경우에는 그 명칭, 사무소의 소재지 및 지정된 변리사의 성명], 등록상표의 등록번호, 전환하여 등록받으려는 지정상품 및 그 상품류를 기재하여야 한다.

상품분류전환등록신청서에도 존속기간갱신등록신청서와 마찬가지로 상품분류전환등록을 받고자 하는 상표를 기재하지 않는데, 이는 상품분류전환등록신청도 그 등록에 의하여 새로운 상표권이 발생하는 것이 아니라 당해 상표권이 상표권자와 지정상품의 동일성을 유지하면서 상품분류만 현행 상품류 구분으로 전환하는 것이기 때문이다.

3. 상품분류전환등록신청기간

상품분류전환등록신청은 상표권의 존속기간 만료일 1년 전부터 존속기간 만료 후 6개월 이내의 기간에 하여야 한다. 상품분류전환등록신청기간은 상표권의 존속기간갱신등록신청기간과 같은데, 이는 2001. 2. 3. 법률 제6414호로 개정되기 전의 구 상표법에서 지금과 같은 별도의 상품분류전환등록 제도를 두지 않고, 존속기간갱신등록신청이 현재의 상품류 구분과 일치하지 않는 경우를 존속기간갱신등록신청의 거절이유로 들어 존속기간갱신등록절차에서 상품분류전환등록이 이루어지도록 하고 있던 것을 법률 제6414호로 개정된 상표법에서 존속기간갱신등록신청이 현재의 상품류 구분과 일치하지 않는 경우를 거절이유에서 빼고 상품분류전환등록 제도를 신설하면서 존속기간갱신등록신청기간을 그대로 상품분류전환등록신청기간으로 정한 것에서 기인한 것으로 보인다.

기존의 한국상품분류에 따라 등록된 상표의 지정상품을 현재의 상품류 구분과 일치시킨다는 상품분류전환등록 제도의 취지나 현행 상표법상 상품분류전환등록 제도가 상표권의 존속기간갱신등록 제도와 별개의 제도인 점 등에 비추어 보면 상품분류전환등록신청기간에 제한을 둔 것이나, 존속기간 만료 후에도 상품분류전환등록신청이 가능하게 한 것은 입법론적으로 재고가 필요한 것으로 보인다.

4. 공유인 상표권의 상품분류전환등록신청

상표권이 공유인 경우에는 공유자 전원이 공동으로 상품분류전환등록을 신청하여야 한다. 이 규정은 상표권이 공유인 경우의 상품분류전환등록신청권자에 관하여 정한 것인데, 상표권의 공유의 법률적 성질을 반영하여 상품분류전환등록신청에 일정한 제한을 가한 것으로 보인다.

지분포기의 등록이 되지 않은 상표권자를 제외한 나머지 공유자들만이 한 상품분류전환등록신청이나, 상품분류전환등록신청 포기의 의사를 표시한 공유자를 제외한 나머지 공유자들만이 한 상품분류전환등록신청이 상품분류전환등록의 무효사유를 가짐은 존속기간갱신등록신청과 마찬가지이다.

〈박정희〉

제210조(상품분류전환등록의 거절결정 및 거절이유의 통지)

① 심사관은 상품분류전환등록신청이 다음 각 호의 어느 하나에 해당하는 경우에는 그 신청에 대하여 상품분류전환등록거절결정을 하여야 한다.

1. 상품분류전환등록신청의 지정상품을 해당 등록상표의 지정상품이 아닌 상품으로 하거나 지정상품의 범위를 실질적으로 확장한 경우
2. 상품분류전환등록신청의 지정상품이 상품류 구분과 일치하지 아니하는 경우
3. 상품분류전환등록을 신청한 자가 해당 등록상표의 상표권자가 아닌 경우
4. 제209조에 따른 상품분류전환등록신청의 요건을 갖추지 못한 경우
5. 상표권이 소멸하거나 존속기간갱신등록신청을 포기·취하하거나 존속기간갱신등록신청이 무효로 된 경우

② 심사관은 제1항에 따라 상품분류전환등록거절결정을 하려는 경우에는 신청인에게 거절이유를 통지하여야 한다. 이 경우 신청인은 산업통상자원부령으로 정하는 기간 내에 거절이유에 대한 의견서를 제출할 수 있다.

③ 제2항 후단에 따른 기간 내에 의견서를 제출하지 아니한 신청인은 그 기간이 만료된 후 2개월 이내에 상품분류전환등록에 관한 절차를 계속 진행할 것을 신청하고, 그 기간 내에 거절이유에 대한 의견서를 제출할 수 있다.

<소 목 차>

Ⅰ. 본조의 취지
Ⅱ. 본조의 내용

1. 상품분류전환등록의 거절이유
2. 상품분류전환등록 거절이유의 통지

Ⅰ. 본조의 취지

본조는 상품분류전환등록신청의 거절이유와 거절결정시의 거절이유통지 등에 관하여 정하고 있다. 상표법 제212조에서는 상품분류전환등록신청의 신청 및 심사절차에 그 성질에 반하지 않는 범위 내에서 상표등록출원의 출원 및 심사절차를 준용하고 있는데, 본조에서는 그 중 상표등록출원과 다를 수밖에 없는 상품분류전환등록의 거절이유 등에 관하여 정하고 있는 것이다.

II. 본조의 내용

1. 상품분류전환등록의 거절이유

　　상품분류전환등록의 거절이유로는, 상품분류전환등록신청의 지정상품을 당해 등록상표의 지정상품이 아닌 상품으로 하거나 지정상품의 범위를 실질적으로 확장한 경우, 상품분류전환등록신청의 지정상품이 상품류 구분과 일치하지 아니하는 경우, 상품분류전환등록을 신청한 자가 해당 등록상표의 상표권자가 아닌 경우, 제209조에 따른 상품분류전환등록신청 요건을 갖추지 못한 경우, 상표권이 소멸하거나 존속기간갱신등록신청을 포기·취하하거나 존속기간갱신등록신청이 무효로 된 경우를 들고 있다.

　　상품분류전환등록의 거절이유는 대부분 그에 해당하는지 여부를 쉽게 판단할 수 있으나, 그 거절이유 중 지정상품의 범위를 실질적으로 확장하였는지 여부는 그 판단이 쉽지만은 않다. 결국 당해 지정상품의 거래실정을 고려하여 결정할 수밖에 없는데, 앞에서 본 바와 같이 상품분류전환등록은 등록상표의 상표권자와 지정상품의 동일성을 유지하면서 상품분류만 전환하는 것이므로, 엄격한 해석이 필요한 것으로 보인다. 지정상품의 범위를 실질적으로 확장하지 않는 대표적인 경우로는 종래의 지정상품에 포함되어 있던 상품을 세분화하는 경우를 들 수 있을 것이다.

2. 상품분류전환등록 거절이유의 통지

　　심사관은 상품분류전환등록신청에 전항의 거절이유가 있더라도 바로 거절결정을 하여서는 아니 되고, 신청인에게 거절이유를 통지하여야 하는데, 신청인은 산업통상자원부령에 따라 2개월 이내에서 심사관이 정한 기간 내에 거절이유에 대한 의견서를 제출할 수 있다(상표법 시행규칙 제94조 제1항). 또한 신청인은 이와 같이 심사관이 정한 기간 내에 거절이유에 대한 의견서를 제출하지 아니하였다고 하더라도 심사관이 정한 기간의 만료일부터 2개월 이내에 상품분류전환등록에 관한 절차를 계속 진행할 것을 신청하면서 그 기간 내에 거절이유에 대한 의견서를 제출할 수 있다.

　　상품분류전환등록신청에서의 거절이유의 통지는 그 법률적 성격이나 그 절차를 이행하지 아니한 경우에의 효과에서 상표등록출원에서의 거절이유의 통지와 차이가 없다.

〈박정희〉

> **제211조 (상품분류전환등록)**
> 특허청장은 제212조에 따라 준용되는 제68조에 따른 상표등록결정이 있는 경우에는 지정상품의 분류를 전환하여 등록하여야 한다.

상품분류전환등록의 거절이유가 없으면 심사관이 상품분류전환등록결정을 하게 되는데, 이와 같은 상품분류전환등록결정이 있으면 특허청장은 등록원부상의 지정상품의 분류를 전환하여 등록하여야 한다. 이와 같은 상품분류전환등록이 있더라도 당해 상표권의 존속기간 등에는 아무런 변화가 없고, 다만 이후부터는 지정상품의 보호범위가 상표법 제91조 제2항에 따라 상품분류전환등록신청서에 기재된 상품에 의하여 정하여진다.

〈박정희〉

> **제212조 (상품분류전환등록신청에 관한 준용)**
>
> 상품분류전환등록신청에 관하여는 제38조제1항, 제39조, 제40조, 제41조제3
> 항, 제42조, 제50조, 제68조부터 제70조까지, 제134조제1호부터 제5호까지 및
> 제7호를 준용한다.

상품분류전환등록신청에는 1상표 1출원을 정한 상표법 제38조 제1항, 절차
의 보정, 출원공고결정 전의 보정을 정한 상표법 제39조, 제40조, 출원공고결정
후의 보정이 제40조 제2항 각 호의 어느 하나에 해당하지 않는 경우의 효과를
정한 상표법 제41조 제3항, 보정의 각하를 정한 상표법 제42조, 심사관에 의한
심사를 정한 상표법 제50조, 상표등록결정, 상표등록여부결정의 방식, 심사 또
는 소송절차의 중지를 정한 상표법 제68조 내지 제70조, 심판관의 제척을 정한
상표법 제134조 제1호 내지 제5호 및 제7호의 규정이 준용된다.

〈박정희〉

> **제213조(상품분류전환등록이 없는 경우 등의 상표권의 소멸)**
> ① 다음 각 호의 어느 하나에 해당하는 경우에는 상품분류전환등록의 대상이 되는 지정상품에 관한 상표권은 제209조제3항에 따른 상품분류전환등록신청기간의 만료일이 속하는 존속기간의 만료일 다음 날에 소멸한다.
> 1. 상품분류전환등록을 받아야 하는 자가 제209조제3항에 따른 기간내에 상품분류전환등록을 신청하지 아니하는 경우
> 2. 상품분류전환등록신청이 취하된 경우
> 3. 제18조제1항에 따라 상품분류전환에 관한 절차가 무효로 된 경우
> 4. 상품분류전환등록거절결정이 확정된 경우
> 5. 제214조에 따라 상품분류전환등록을 무효로 한다는 심결이 확정된 경우
> ② 상품분류전환등록의 대상이 되는 지정상품으로서 제209조제2항에 따른 상품분류전환등록신청서에 적지 아니한 지정상품에 관한 상표권은 상품분류전환등록신청서에 적은 지정상품이 제211조에 따라 전환등록되는 날에 소멸한다. 다만, 상품분류전환등록이 상표권의 존속기간만료일 이전에 이루어지는 경우에는 상표권의 존속기간만료일의 다음 날에 소멸한다.

〈소 목 차〉

Ⅰ. 개설
  1. 의의
  2. 연혁(개정경과)
Ⅱ. 제1항(상품분류전환등록 등이 없는
경우)
Ⅲ. 제2항(상품분류전환등록신청시 일부
지정상품이 신청되지 않은 경우)

Ⅰ. 개설

1. 의의

상표등록시 상표를 사용할 상품을 지정하여야 한다. 상표법상 상표권은 등록된 상표를 지정된 상품에 사용하는 독점적인 권리이다. 상표법은 상표가 사용될 상품(지정상품)을 상품류구분 내에서 지정하여 출원하도록 한다. 상품분류를 신 상품분류인 니스 분류로 통일함에 따라, 상품분류의 통일을 도모하기 위하여 종전 '구 한국상품분류'로 등록된 상표의 지정상품을 현행 상품류구분인 '국제상품분류'(니스분류)로 전환하도록 하는 절차가 상품분류전환등록제도이다. 상품분류전환등록제도는 상품분류를 모두 국제상품분류로 일치시킴으로써 심사의

일관성과 검색의 편의성을 제고하고, 출원인의 불편과 혼란을 줄이고자 하는 제도이다.[1] 구법에서는 상표권의 존속기간갱신등록출원에 의하여 상품분류를 전환하였지만, 2001년 개정법에서는 갱신절차와 독립된 "상품분류전환등록"절차를 신설하였다. 상표권의 갱신등록출원시 종전법에 따라 당시 통상산업부령이 정하는 상품분류에 일치시키도록 하는 요건을 폐지하고 구 상품분류로 등록된 상표는 구 상품분류 그대로 갱신등록출원하여 등록하도록 하되, 갱신등록출원 절차와 독립된 상품분류전환등록제도를 신설하여 갱신등록출원기간 이내에 구 상품분류로 등록된 상표의 지정상품을 국제상품분류로 전환등록하게 함으로써 상품분류를 신 상품분류인 니스분류로 전환하도록 규정하게 되었다.[2]

상품분류전환제도의 실효성을 확보하기 위하여 상품분류전환등록신청을 하지 않거나 거절된 경우 등 상품분류전환등록이 없는 경우에 상표권은 소멸한다. 이러한 의미에서 상품분류전환등록을 해야 하는 것은 상표권자의 의무이다.[3] 상표권의 존속기간갱신등록출원만 하고 법정기간 내에 상품분류전환등록을 하지 않은 경우 또는 상품분류전환등록신청을 취하한 경우, 상품분류전환등록에 관한 절차가 무효가 된 경우, 상품분류전환등록거절결정이 확정된 경우 또는 상품분류전환등록을 무효로 한다는 심결이 확정된 경우에 상품분류전환등록신청 기간의 종료일에 속하는 존속기간의 만료일 다음날에 상품분류전환등록의 대상이 되는 지정상품에 관한 상표권이 소멸한다(제213조 제1항). 또한 상품분류전환등록신청이 있었으나 일부의 지정상품에 관하여 신청을 하지 않은 경우 그 지정상품에 관한 상표권은 신청서에 기재된 지정상품이 전환등록되는 날에 소멸한다(제213조 제2항).

2. 연혁(개정경과)

우리나라는 1998년 3월 1일 국제상품분류(니스분류)를 도입한 바 있다. 이후 상표권의 존속기간갱신등록시 구 한국상품분류로 등록된 상표의 지정상품을 새로운 국제상품분류로 전환하도록 하여 왔다. 그런데 상표법 조약(Treaty on the Law of Trademark[4]: TLT) 제13조 제4항에서는 조약에서 규정된 사항 이외의 것

---

[1] 특허청, 조문별 상표법 해설(2007), 325.
[2] 윤선희, 상표법, 법문사(2007), 419.
[3] 문삼섭, 상표법(제2판), 세창출판사(2004), 538.
[4] 상표법상 절차적 측면에서의 국제적인 조화와 표준화를 위한 목적으로 한 국제조약으로 1996년 8월 1일 발표되었으며 우리나라는 2003년 2월 25일 가입한 바 있다.

을 갱신절차와 관련하여 요구할 수 없도록 되어 있으며, 같은 조 제6항에서는 갱신절차와 관련하여 어떠한 실체심사도 할 수 없도록 규정하고 있어 갱신출원 시 상품분류를 국제분류로 전환하도록 유지하는 것은 상표법조약을 위반하게 되므로 2001년 개정상표법에서는 상품분류전환등록제도를 도입하고, 그 시행일 인 같은 해 7월 1일부터는 상표권의 존속기간갱신등록절차가 아닌 새로운 절차 인 상품분류전환등록절차에 의해 전환토록 하게 되었다.

　　2001년 7월 1일 이전에 상표권의 존속기간갱신등록절차에 의하여 지정상품 의 분류를 국제상품분류로 전환한 경우 등 적용배제사유에 해당되지 않는 한, 1998년 3월 1일 이전에 구 한국상품분류에 따라 상품을 지정하여 등록된 상표 권자는 국제상품분류인 니스분류에 따라 상품분류를 전환해야 하며, 미전환시 그 지정상품과 관련된 상표권이 소멸되는 제도는 2001년 상표법개정[5]으로 도입 되어 같은 해 7월 1일부터 시행되고 있다. 이후 2007년 상표법개정[6]에서는 자 구를 수정하여 상품분류전환등록이 없는 등의 상표권의 소멸시기를 "존속기간 의 만료일"에서 "존속기간의 만료일 다음 날"로 분명히 정하며, 일부 지정상품 에 관하여 상품분류전환등록신청이 되지 않는 경우에 상품분류전환등록이 존속 기간만료일 이전에 이루어지는 때의 상표권 소멸시기를 신설하게 되었다(상표법 제213조제2항단서).[7]

Ⅱ. 제1항(상품분류전환등록 등이 없는 경우)

　　다음의 각 호에 정하는 어느 사유에 해당되는 경우에 상품분류전환등록의 대상이 되는 지정상품에 관한 상표권은 상품분류전환등록신청기간의 종료일이 속하는 존속기간의 만료일 다음 날에 소멸한다. 상품분류전환등록 신청기간은 상표권의 존속기간갱신등록출원 신청기간과 동일하다. 즉, 상표권의 존속기간만 료일 1년 전부터 존속기간 만료일 6월 이내에 하여야 한다(상표법 제209조제3항). 상표권이 소멸되는 시기는 상품분류전환등록신청기간의 종료일이 속하는 존속 기간의 만료일 다음 날이므로, 국제상품분류(니스분류)의 도입 이전인 1998년 3월 1일 이전에 구 한국상품분류를 기초로 상표권을 등록한 자는 당해 상표권의 존

---

5) 2001. 2. 3. 법률 제6414호.
6) 2007. 1. 3. 법률 제8190호.
7) 2007년 개정 상표법의 시행일은 동년 1월 3일이지만, 이 조항의 시행일은 동년 7월 1일
　이다.

속기간 만료일 1년 전부터 만료 후 6개월 이내에 현행 상품분류기준에 따라 상품분류전환등록을 하여야 하고, 동 기간내에 상품분류전환등록을 하지 아니한 때에는 당해 상표권의 존속기간 만료일로부터 10년이 경과한 날에 상표권이 소멸된다.

(1) 제1호: 상품분류전환등록을 신청하지 않은 경우

상품분류전환등록을 받아야 하는 자는 상표법 제209조 제3항에 따른 기간 내에 상품분류전환등록을 신청하여야 한다. 1997년 개정상표법(1997. 8. 22. 법률 제5535호) 시행전에 구 상품분류에 따라 상품을 지정하여 상표권의 설정등록, 지정상품의 추가등록 또는 존속기간갱신등록을 받은 상표권자는 그 등록상표의 지정상품을 당시 통상산업부장관령이 정하는 상품류 구분(니스 분류)에 따라 등록을 받아야 한다. 다만 위 니스분류에 의한 상품류 구분에 따라 상품을 지정하여 상표권의 존속기간갱신등록을 받은 자는 구 상품분류에 의해 상표가 등록된 것이 아니므로 상품분류전환등록을 받을 필요가 없다.[8]

(2) 제2호: 상품분류전환등록신청이 취하된 경우

상품분류전환등록신청의 취하는 그 신청절차를 소급적으로 종료시키는 신청인의 자발적인 의사표시이다. 상품분류전환등록신청을 하여 그 절차가 계속 중에 있다면 신청인은 동 신청을 취하할 수 있다. 상품분류전환등록신청을 취하하면, 그 절차는 처음부터 없었던 것으로 보게 된다.

(3) 제3호: 상품분류전환에 관한 절차가 무효로 된 경우

상표법 제18조제1항에 따라 상품분류전환에 관한 절차가 무효가 되었다면 그 상품분류전환의 대상인 상표권은 소멸한다. 특허청장 또는 특허심판원장은 미성년자등의 행위능력에 관한 규정에 위배되거나(상표법 제4조제1항), 대리권의 범위에 관한 규정에 위배되거나(상표법 제7조), 관련 법령에 따른 방식에 위배되거나 납부되어야 할 수수료가 납부되지 않은 경우, 기간을 정하여 각 보정을 명하여야 한다(상표법 제40조). 특허청장등은 위 제40조의 규정에 의한 보정명령을

---

8) 니스분류가 우리나라에 도입되었지만 상품분류전환등록제도의 시행일인 2001년 7월 1일 전에는, 상표권존속기간갱신등록출원시 상품분류를 니스분류로 전환하여야 갱신등록을 받을 수 있었다.

받은 자가 지정된 기간내에 그 보정을 하지 않은 경우에 상표에 관한 절차를 무효로 할 수 있다(상표법 제18조제1항). 상품분류전환절차에 관하여도 위 상표법상 조항들이 준용되는 가운데, 미성년자의 행위능력에 관한, 대리권의 범위에 관한, 방식이나 수수료에 관한, 특허청장 등의 보정명령에 따르지 않는 경우 당해 상품분류전환에 관한 절차가 무효화될 수 있다,

(4) 제4호: 상품분류전환등록거절결정이 확정된 경우

상품분류전환등록신청에 대한 등록을 위하여 상표법 제210조가 정하는 거절사유에 해당되지 않아야 한다. 상품분류전환등록신청의 지정상품을 당해 등록상표의 지정상품이 아닌 상품으로 하거나 지정상품의 범위를 실질적으로 확장한 경우에 해당되는 등 심사결과 거절이유가 발견되면 거절이유를 신청인에게 통지하여 거절이유에 대한 의견서 제출의 기회를 부여한 후 최종적으로 등록여부를 결정하게 된다. 심사관의 거절결정에 관하여는 등본 송달일로부터 30일 이내에 특허심판원에 그 결정의 취소를 구하는 불복심판을 신청할 수 있다. 불복심판의 결과 특허심판원이 내린 심결에 관하여는 심결등본을 송달받은 날로부터 30일 이내에 특허법원에 소를 제기하여 그 당부를 다툴 수 있다. 특허법원의 판결에 관하여는 판결문을 송달받은 날로부터 14일 이내에 불복하여 대법원에서의 상고절차가 진행될 수 있다. 대법원판결에 이르기까지의 위와 같은 불복절차의 각 단계에서 상품분류전환등록거절결정은 확정될 수 있다.

(5) 제5호: 상품분류전환등록을 무효로 한다는 심결이 확정된 경우

이해관계인 또는 심사관은 ① 상품분류전환등록이 당해 등록상표의 지정상품이 아닌 상품으로 되거나 지정상품의 범위가 실질적으로 확장된 경우, ② 상품분류전환등록이 당해 등록상표의 상표권자가 아닌 자의 신청에 의하여 행하여진 경우, ③ 상품분류전환등록이 신청할 수 있는 기간이 아닌 때에 신청된 경우에는 무효심판을 청구할 수 있다.[9] 대법원판결에 이르기까지의 특허심판원, 특허법원으로의 불복이 허용되는 각 단계에서 위 상품분류전환등록을 무효로 한다는 심판이 확정되는 경우 당해 상품분류전환등록은 처음부터 없었던 것으로 보게 된다.

상품분류전환등록신청이 취하되거나 그 절차가 무효로 된 경우 또는 상품

---

9) 상표법 제214조 참조.

분류전환등록거절결정이 확정되거나 상품분류전환등록을 무효로 한다는 심결이 확정된 경우에서 아직 상품분류전환등록신청기간이 남아 있는 경우 상표권자는 상품분류전환등록신청을 다시 할 수 있는지 논란이 있을 수 있다. 상품분류전환 등록신청을 하지 않아 그 신청기간을 넘긴 경우에는 이러한 논란의 여지는 없다. 이 제도는 상표권의 본질에 관한 것이 아니고 지정상품의 상품류구분에 관한 형식적 문제인 점, 특허청의 제도변경에 따른 부담을 상표권자에게 부담시키면서 이를 엄격하게 해석하여 상표권자에게 상표권의 소멸이라는 불측의 손해를 입히는 것은 적절하지 않다는 점, 그 신청기간이 남아있음에도 재신청을 인정하지 않을 아무런 실익이 없다는 점 등을 고려하여 재신청할 수 있다는 견해가 유력하다.[10]

Ⅲ. 제2항(상품분류전환등록신청시 일부 지정상품이 신청되지 않은 경우)

상품분류전환등록을 신청하였으나 그 전환등록의 대상이지만 상품분류전환 등록신청서에 기재하지 않은 지정상품에 관한 상표권은 소멸한다. 소멸시기는 상품분류전환등록신청에 기재된 지정상품에 관한 심사관의 상품분류전환등록결정으로 특허청장에 의해 지정상품이 분류전환되어 등록된 날이다. 다만, 상품분류전환등록이 상표권의 존속기간만료일 이전에 이루어지는 경우에는 상표권의 존속기간만료일의 다음 날에 소멸한다.

〈박익환〉

---

10) 문삼섭(주 3), 745.

제214조(상품분류전환등록의 무효심판)

① 이해관계인 또는 심사관은 상품분류전환등록이 다음 각 호의 어느 하나에 해당하는 경우에는 무효심판을 청구할 수 있다. 이 경우 상품분류전환등록에 관한 지정상품이 둘 이상 있는 경우에는 지정상품마다 청구할 수 있다.

1. 상품분류전환등록이 해당 등록상표의 지정상품이 아닌 상품으로 되거나 지정상품의 범위가 실질적으로 확장된 경우

2. 상품분류전환등록이 해당 등록상표의 상표권자가 아닌 자의 신청에 의하여 이루어진 경우

3. 상품분류전환등록이 제209조제3항에 위반되는 경우

② 상품분류전환등록의 무효심판에 관하여는 제117조제2항 및 제5항을 준용한다.

③ 상품분류전환등록을 무효로 한다는 심결이 확정된 경우에는 해당 상품분류전환등록은 처음부터 없었던 것으로 본다.

<소 목 차>

Ⅰ. 본조의 취지
Ⅱ. 본조의 내용

1. 상품분류전환등록의 무효사유 등
2. 상품분류전환등록무효심결의 효력

Ⅰ. 본조의 취지

상품분류전환등록신청에 대한 심사관의 심사과정에서 그 상품분류전환등록신청이 요건을 갖추지 못하였음에도 불구하고 이를 간과한 채 상품분류전환등록결정이 이루어지고 그에 따라 상품분류전환등록이 이루질 수 있다. 이와 같은 경우 하자 있는 상품분류전환등록을 바로잡을 필요가 있는데, 이와 같은 하자 있는 상품분류전환등록을 심판을 거쳐 무효로 할 수 있도록 한 것이 본조이다.

Ⅱ. 본조의 내용

1. 상품분류전환등록의 무효사유 등

상품분류전환등록의 무효심판의 청구권자, 상대방, 상표권 소멸 후의 청구, 지정상품이 2 이상인 경우 지정상품 마다의 청구, 심판청구사실의 상표권자를

제외한 등록권리자에게의 통지 등은 앞의 상표권의 존속기간갱신등록의 무효심
판에서 본 바와 같다.

　　상품분류전환등록의 무효심판은, 상품분류전환등록이 해당 등록상표의 지
정상품이 아닌 상품으로 되거나 지정상품의 범위가 실질적으로 확장된 경우, 상
품분류전환등록이 해당 등록상표의 상표권자가 아닌 자의 신청에 의하여 이루
어진 경우, 상품분류전환등록이 그 신청기간 내에 이루어지지 않은 경우에 청구
할 수 있는데, 상품분류전환등록의 거절이유 중 상품분류전환등록신청의 지정
상품이 상품류 구분과 일치하지 아니하는 경우와 상표권이 소멸하거나 존속기
간갱신등록신청을 포기·취하하거나 존속기간갱신등록신청이 무효로 된 경우는
무효사유에서 제외되어 있다.[1]

　　한편 상품분류전환등록의 무효심판 중 상품분류전환등록신청이 그 신청기
간 내에 이루어지지 않았음을 원인으로 하는 상품분류전환등록의 무효심판은
그 상품분류전환등록일로부터 5년 내에 청구하여야 하는 제척기간의 제한이 있
다(상표법 제122조 제1항).

2. 상품분류전환등록무효심결의 효력

　　상품분류전환등록을 무효로 하는 심결도 확정되어야 효력이 발생하고, 그
효과로서 상품분류전환등록이 처음부터 없었던 것으로 보게 되므로, 그 지정상
품의 보호범위는 상품분류전환등록신청서가 아닌 상표등록출원서에 기재된 상
품에 의하여 정하여진다.

〈박정희〉

---

[1] 상표권이 소멸하거나 존속기간갱신등록신청을 포기·취하하거나 존속기간갱신등록신청
이 무효로 된 경우는 별도로 상품분류전환등록의 무효심판을 청구할 실익이 없어서 이를
무효사유에서 제외한 것으로 보인다.

제11장
보 칙

제215조(서류의 열람등)
  상표등록출원 및 심판에 관한 증명, 서류의 등본 또는 초본의 발급, 상표원부
및 서류의 열람 또는 복사를 원하는 자는 특허청장 또는 특허심판원장에게
서류의 열람 등의 허가를 신청할 수 있다.

<소 목 차>

Ⅰ. 취지   Ⅱ. 증명 등의 신청

Ⅰ. 취지

　상표권자·이해관계인 및 기타 일반인 등 누구라도 정해진 수수료를 납부하
면 상표에 관한 증명·복사·열람 등을 신청할 수 있다.

　서류의 증명·복사·열람 등의 대상은 출원서, 보정서, 출원인명의변경신고
서, 정보제공서, 의견제출통지서, 의견서, 이의신청관련서류, 심판관련 서류, 상
표원부 등 거의 모든 서류가 될 수 있다.

Ⅱ. 증명 등의 신청

　'증명'이란 사건에 대하여 당사자가 제출한 서류, 특허청이 작성한 공문서,
상표원부에 기재·기록된 사항에 대하여 사실을 인식할 수 있는 사항에 대하여
특허청장 또는 특허심판원장이 인증하는 것을 말한다. 그리고 '등본'이란 서류
의 원본 그대로를 사기(寫記)한 것을 말하며, '초본'은 원본 중 관계 부분을 사
기(寫記)한 것을 말한다. 또한 '원본'이라 함은 일정한 사실관계 또는 법률관계
를 기술한 원문서(原文書)를 말한다.

　상표등록출원에 관한 증명(상표원부기록사항 발급신청)의 신청은 「특허법 시

행규칙」별지 제29호서식에 따르고, 심판청구 사실증명, 심결확정 사실증명, 심
결문 송달증명 및 결정문 송달증명의 신청은「특허법 시행규칙」별지 제19호서
식에 따른다(상표법 시행규칙 제95조 제1항). 다만, 신청인이 전보, 구술 또는 전화
로 서류의 등본 또는 초본의 발급이나 복사의 신청을 한 경우에는 그 발급 전
까지 신청서를 제출하여야 한다(상표법 시행규칙 제95조 제2항).

〈강경태〉

제216조(상표등록출원·심사·심판 등에 관한 서류의 반출과 공개 금지)
  ① 상표등록출원, 심사, 이의신청, 심판 또는 재심에 관한 서류나 상표원부는 다음 각 호의 어느 하나에 해당하는 경우를 제외하고는 외부로 반출할 수 없다.
  1. 제51조제1항부터 제3항까지의 규정에 따른 상표검색 등을 위하여 상표등록출원, 지리적 표시 단체표장등록출원, 심사 또는 이의신청에 관한 서류를 반출하는 경우
  2. 제217조제2항에 따른 상표문서 전자화업무의 위탁을 위하여 상표등록출원, 심사, 이의신청, 심판 또는 재심에 관한 서류나 상표원부를 반출하는 경우
  3. 「전자정부법」 제32조제3항에 따른 온라인 원격근무를 위하여 상표등록출원, 심사, 이의신청, 심판 또는 재심에 관한 서류나 상표원부를 반출하는 경우
  ② 상표등록출원, 심사, 이의신청, 심판 또는 재심으로 계속 중인 사건의 내용이나 상표등록여부결정, 심결 또는 결정의 내용에 관하여는 감정·증언을 하거나 질의에 응답할 수 없다.

〈소 목 차〉

Ⅰ. 개설
Ⅱ. 내용
  1. 상표등록출원서류 등의 외부반출

금지(제1항)
  2. 심사내용 등에 대한 응답 금지(제2항)

Ⅰ. 개설

  상표등록출원·심사·이의신청·심판 또는 재심에 관한 서류나 상표원부는 출원상표에 대한 심사와 상표권 관련 분쟁에 대한 판단 등에 관한 공적 기록이 수록되어 있는 중요한 문서로, 이들 원본문서가 외부에 반출될 경우 분실·멸실·훼손·변조 등의 우려가 있으므로 전문조사기관에 상표검색을 의뢰하는 등 불가피한 경우를 제외하고는 이를 외부에 반출할 수 없도록 규정한 것이다.

  또한, 상표에 관한 심사·심판은 상표권의 부여 및 부여된 권리의 적법 여부 등에 관한 판단행위로서 일반 행정행위와 달리 준사법적 성격을 지닌 것이므로 이에 대한 공정을 기하기 위해서는 직무상 독립성이 요구된다. 제2항은 상표에 관한 심사·심판에 대해 특허청 내·외부로부터의 직접적·간접적 영향을

배제하여 심사·심판업무의 공정성을 확보하기 위해 마련한 규정이다.

Ⅱ. 내용

1. 상표등록출원서류 등의 외부반출 금지(제1항)

상표등록출원·심사·이의신청·심판 또는 재심에 관한 서류나 상표원부 등이 외부에 반출될 경우 관리의 소홀로 인해 분실이나 훼손될 수 있을 뿐만 아니라, 열람이나 복사 신청이 있는 경우 이에 즉시 응할 수 없게 되므로 이들 원본문서는 외부에 반출할 수 없도록 하고 있다.

다만, 상표등록출원의 심사에 관하여 필요하여 상표검색이나 의견 문의를 할 경우, 상표문서전자화업무를 위해 위탁할 경우 및 온라인 원격근무자의 업무 수행을 위해 필요한 경우에는 위 원본문서들을 외부에 반출할 수 있다.

2. 심사내용 등에 대한 응답 금지(제2항)

제2항은 상표등록출원·심사·이의신청·심판이나 재심으로 계속 중에 있는 사건의 내용 또는 등록여부결정·심결이나 결정의 내용에 관하여는 감정·증언을 하거나 질의에 응답할 수 없음을 규정한 것이다. 특허청의 심사·심판은 준사법적 성격의 행정행위로 심사관 및 심판관의 직무상 독립성이 요구되므로 이를 허용할 경우 출원에 대한 심사나 분쟁 관련 심판 등에 영향을 미쳐 적정성과 공정성을 해할 우려가 있고 또한 심사관이나 심판관이 불필요한 분쟁에 휘말려 본연의 업무에 전념할 수 없기 때문에 특별히 규정한 것이다.

〈강경태〉

제217조(상표문서 전자화업무의 대행)

① 특허청장은 상표에 관한 절차를 효율적으로 처리하기 위하여 상표등록출원, 심사, 심판, 재심에 관한 서류 또는 상표원부를 전산정보처리조직과 전산정보처리조직의 이용기술을 활용하여 전자화하는 업무 또는 이와 유사한 업무(이하 "상표문서 전자화업무"라 한다)를 할 수 있다.

② 특허청장은 상표문서 전자화업무를 산업통상자원부령으로 정하는 시설 및 인력을 갖춘 법인에 위탁하여 수행하게 할 수 있다.

③ 특허청장은 제30조제1항에 따른 전자문서로 제출되지 아니한 상표등록출원서, 그 밖에 산업통상자원부령으로 정하는 서류를 이 조 제1항에 따라 전자화하고 특허청 또는 특허심판원에서 사용하는 전산정보처리조직의 파일에 수록할 수 있다.

④ 제3항에 따라 파일에 수록된 내용은 해당 서류에 적힌 내용과 같은 것으로 본다.

⑤ 상표문서 전자화업무의 수행방법과 그 밖에 상표문서 전자화업무의 수행을 위하여 필요한 사항은 산업통상자원부령으로 정한다.

⑥ 특허청장은 제2항에 따라 상표문서 전자화업무를 위탁받은 자(이하 이 항에서 "상표문서 전자화기관"이라 한다)가 같은 항에 따른 산업통상자원부령으로 정하는 시설 및 인력기준에 미치지 못하는 경우에는 시정을 명할 수 있으며, 상표문서 전자화기관이 시정명령에 따르지 아니하면 상표문서 전자화업무의 위탁을 취소할 수 있다.

<소 목 차>

Ⅰ. 취지
Ⅱ. 해설
  1. 상표문서 전자화 업무의 수행(제1항)
  2. 상표문서 전자화 업무의 위탁 수행(제2항)
  3. 전자화된 상표문서의 전산정보처리조직의 파일에 수록(제3항)
  4. 전자화문서의 효력(제4항)
  5. 전자화업무의 수행방법 등(제5항)
  6. 특허문서전자화업무의 위탁취소등(제6항)

I. 취지

상표법 제30조의 규정에 의하여 상표에 관한 절차를 정보통신망을 이용하여 수행할 수 있게 됨에 따른 규정으로서 서면으로 제출된 상표출원·심사·심판·재심에 관한 서류나 상표원부 등(이하 '상표문서'라 한다)[1]의 전자화업무의 대행과 관련된 사항에 대한 규정이다.

Ⅱ. 해설

1. 상표문서 전자화 업무의 수행(제1항)

상표법 제30조의 규정에 의하여 상표에 관한 절차를 밟는 자는 이 법에 따라 특허청장 또는 특허심판원장에게 제출하는 상표문서를 상표법 시행규칙에서 정하는 방식[2]에 따라 전자화하고, 정보통신망을 이용하여 제출하거나 이동식 저장매체 등 전자적 기록매체에 수록하여 제출할 수 있다. 이 호는 위와 같이 전자화하여 제출될 수 있는 상표문서들이 서면으로 제출되었을 때 특허청이 이를 전자화할 수 있음을 규정한 것이다.

2. 상표문서 전자화 업무의 위탁 수행(제2항)

특허청장은 상표문서를 전산정보처리조직과 전산정보처리조직의 이용기술을 활용하여 전자화하는 업무 또는 이와 유사한 업무를 산업통상자원부령으로 정하는 시설 및 인력을 갖춘 법인에 위탁하여 수행하게 할 수 있다.

위 산업통상자원부령으로 정하는 시설 및 인력을 갖춘 법인이란 ① 상표등록출원 중인 상표에 관한 비밀유지에 적합한 시설을 갖추고, ② 데이터 입력장치, 데이터 저장장치 등 상표문서전자화업무를 효율적으로 수행하는 데 적합한 장비를 갖출 것, ③ 5년 이상 전산정보처리분야에서 업무를 수행한 경험이 있는 사람을 1명 이상 보유하며, ④ 임직원 중 변리사 업무를 수행하는 다른 기관의 임직원을 겸하는 사람이나 「변리사법」 제5조에 따라 등록한 변리사가 없어야

---

1) 전자문서로 제출할 수 없는 서류는 거의 없으며, 상표법시행규칙 제19조에서 규정한 전자문서로 제출할 수 없는 서류는 아래와 같다.
  1. 「특허법 시행규칙」 별지 제7호 서식에 따른 전자문서첨부서류(온라인 제출시 첨부하지 못한 서류로서 온라인 제출 접수번호를 확인한 날부터 3일 이내에 제출하는 서류), 전자적 기록매체, 견본·증거물건 등의 제출서
  2. 「특허법 시행규칙」 별지 제29호 서식에 따른 정정발급신청서
  3. 「특허법 시행규칙」 별지 제59호 서식에 따른 전자화내용 정정신청서(서류를 서면으로 제출하고 나중에 해당 서류의 전자화된 내용을 통지받은 출원인이 서면내용과 전자화된 내용이 다른 경우에 전자화된 내용의 정정을 신청하기 위한 서류).
2) 특허청에서 제공하는 소프트웨어를 이용하여 작성하고 전자서명이 있어야 하는 등을 말한다.

한다는 요건을 갖춘 법인을 말한다.3)

특허청장은 상표문서전자화 업무를 효율적으로 수행하기 위하여 필요하다고 인정하는 경우에는 둘 이상의 기관에 문서전자화 업무를 위탁할 수 있다.4)

3. 전자화된 상표문서의 전산정보처리조직의 파일에 수록(제3항)

특허청장은 전자문서로 제출되지 아니한 상표문서를 전자화하고 특허청 또는 특허심판원에서 사용하는 전산정보처리조직의 파일에 수록할 수 있다.

이 항에서 말하는 상표문서는 다음 각 호의 것을 제외한 모든 서류를 말한다.5)

1. 「특허법 시행규칙」 별지 제7호 서식의 전자문서첨부서류등 물건제출서(전자적 기록매체를 제출하는 경우에 한정한다)
2. 「특허법 시행규칙」 별지 제59호 서식에 따른 전자화내용 정정신청서
3. 서류 등본·초본 발급신청서
4. 증명신청서(심판청구사실증명, 심결확정사실증명, 심결문등본송달증명, 결정문등본송달증명)

특허청장이나 특허심판원장은 상표등록출원서나 보정서 등 상표문서 중 전자화된 내용의 확인이 필요하다고 인정되는 서류를 전자화한 경우에는 그 전자화된 내용을 출원인에게 통지하여야 하며, 통지를 받은 출원인 등은 전자화된 내용이 서면으로 제출된 내용과 다른 경우에는 그 통지를 받은 날부터 30일 이내에 「특허법 시행규칙」 별지 제59호 서식의 전자화내용 정정신청서를 특허청장 또는 특허심판원장에게 제출하여야 한다.6)

4. 전자화문서의 효력(제4항)

제3항의 규정에 의하여 특허청 또는 특허심판원의 전산정보처리조직의 파일에 수록된 내용은 당해 서류에 기재된 내용과 동일한 것으로 간주한다. 이에 따라 심사관 등은 전산정보처리조직의 파일에 수록된 내용을 정본으로 간주하여 심사할 수 있다.

---

3) 상표법 시행규칙 제96조 제1항.
4) 상표법 시행규칙 제96조 제4항.
5) 상표법 시행규칙 제97조(전자화대상 서류).
6) 상표법 시행규칙 제98조(전자화된 내용의 통지 및 정정신청).

5. 전자화업무의 수행방법 등(제5항)

상표문서전자화업무의 수행방법 및 기타 상표문서전자화업무의 수행을 위하여 필요한 사항은 산업통상자원부령에 위임되어 있다. 이에 근거하여 상표법 시행규칙 제99조는 상표문서전자화기관은 상표문서전자화업무에 관한 업무규정을 정하거나 이를 변경하려면 특허청장의 승인을 받도록 규정하고 있는데, 업무규정에는 ① 상표문서전자화업무의 수행방법 및 처리절차, ② 상표문서전자화업무에 관한 대장·서류 및 자료의 보존, ③ 상표문서전자화업무와 관련하여 알게 된 사항의 비밀유지, ④ 기타 상표문서전자화업무에 관하여 필요한 사항이 포함되어야 한다.

6. 특허문서전자화업무의 위탁취소등(제6항)

특허청장은 상표등록출원에 관한 비밀유지 및 상표문서 전자화업무의 효율적 수행을 위하여 필요한 경우에는 상표문서전자화기관에 시정을 요구할 수 있으며, 상표문서 전자화기관이 시정명령에 따르지 아니하거나, 제2항에 정해진 시설 및 인력기준[7]에 미치지 못하는 경우에는 상표문서전자화 업무의 위탁을 취소할 수 있다.[8]

〈홍정표〉

---

7) 상표법 시행규칙 제96조 제1항.
8) 상표법 시행규칙 제96조 제5항 및 제6항.

제218조(서류의 송달)

이 법에 규정된 서류의 송달절차 등에 관하여 필요한 사항은 대통령령으로 정한다.

〈소 목 차〉

Ⅰ. 의의 및 취지
Ⅱ. 송달할 서류
  1. 송달의 방법으로 교부하여야 하는 서류
  2. 교부할 서류
Ⅲ. 송달의 방법, 송달받을 사람, 송달

장소
  1. 상표법 시행령에의 위임
  2. 송달의 방법
  3. 송달받을 사람
  4. 송달 장소

Ⅰ. 의의 및 취지

상표법 제218조의 서류의 송달이라 함은 상표에 관한 절차상의 처분을 비롯하여 출원인 등 관계인에 대하여 영향을 미칠 수 있는 행위에 관한 서류를 일정한 방식에 의하여 관계인에게 교부하여 그 내용을 알리거나 알 수 있는 기회를 부여하고, 이를 공증하는 행위를 말한다.[1]

본조의 송달은 행정청의 공증적(公證的) 통지행위인데, 이러한 공증적 행위의 측면은 송달된 서류의 동일성을 보장하고 송달에 관한 증거를 보존하여 뒷날의 분쟁을 방지하기 위하여 송달실시기관이 수령증 등의 증명을 남겨야 한다는 점에서 알 수 있다.[2]

송달은 공권적 행위이므로 적법하게 송달이 행하여진 이상 송달받을 사람이 현실적으로 서류의 내용을 알았는지 여부와 상관없이 법에서 정한 효과가 발생한다.[3] 이러한 점에서 송달은 서류나 의사가 사실상 상대방에게 도달하기만 하면 충분하고 특별히 법정의 방식이 요구되지 않는 통지(상표법 제55조 등)나 송부(상표법 제164조 등) 등과 구별되고, 불특정다수인에 대한 공고(상표법 제57조 등)와도 구별된다.

---

1) 민일영·김능환 편집대표, 주석 민사소송법(Ⅲ) 7판, 한국사법행정학회, 76(이진만 집필부분); 정상조·박성수 공편, 특허법주해Ⅱ, 박영사(2010), 1113(한규현 집필부분).
2) 민일영·김능환 편집대표(주 1), 76; 정상조·박성수 공편(주 1) 1113.
3) 민일영·김능환 편집대표(주 1), 76; 정상조·박성수 공편(주 1) 1113.

II. 송달할 서류

1. 송달의 방법으로 교부하여야 하는 서류

상표법에서 송달의 방법으로 교부하여야 하는 서류로 규정하고 있는 것은 다음과 같다.

출원절차에서 송달해야 하는 서류로는 출원인에게 송달되는 보정각하결정 등본(제42조 제2항[4]), 출원인에게 송달되는 출원공고결정 등본(제57조 제2항[5]), 출원인에게 송달되는 이의신청서 부본(제66조 제1항[6]), 출원인 및 이의신청인에게 송달되는 이의신청에 대한 결정 등본(제66조 제5항[7]), 이의신청인에게 송달되는 상표등록여부결정 등본(제67조 제3항[8]), 출원인에게 송달되는 상표등록여부결정 등본(제69조 제2항[9]) 등이 있다.

심판절차에서 송달해야 하는 서류로는 피청구인에게 송달되는 심판청구서 부본 및 청구인에게 송달되는 답변서 부본(제133조 제1항 및 제2항[10]), 당사자 및 참가인에게 송달되는 구술심리 기일·장소 서면(제141조 제3항[11]), 당사자 및 다

---

4) 제42조(보정의 각하) ② 심사관은 제1항에 따른 각하결정을 한 경우에는 그 결정 등본을 출원인에게 송달한 날부터 30일이 지나기 전까지는 그 상표등록출원에 대한 상표등록여부결정을 해서는 아니 되며, 출원공고할 것을 결정하기 전에 제1항에 따른 각하결정을 한 경우에는 출원공고 결정도 해서는 아니 된다.

5) 제57조(출원공고) ② 특허청장은 제1항 각 호 외의 부분 본문에 따른 결정이 있을 경우에는 그 결정의 등본을 출원인에게 송달하고 그 상표등록출원에 관하여 상표공보에 게재하여 출원공고를 하여야 한다.

6) 제66조(이의신청에 대한 결정) ① 심사장은 이의신청이 있는 경우에는 이의신청서 부본(副本)을 출원인에게 송달하고 기간을 정하여 답변서 제출의 기회를 주어야 한다.

7) 제66조(이의신청에 대한 결정) ⑤ 특허청장은 제2항에 따른 결정이 있는 경우에는 그 결정의 등본을 출원인 및 이의신청인에게 송달하여야 한다.

8) 제67조(상표등록 출원공고 후의 직권에 의한 상표등록거절결정) ③ 특허청장은 제1항에 따라 심사관이 상표등록거절결정을 한 경우에는 이의신청인에게 상표등록거절결정 등본을 송달하여야 한다.

9) 제69조(상표등록여부결정의 방식) ② 특허청장은 상표등록여부결정이 있는 경우에는 그 결정의 등본을 출원인에게 송달하여야 한다.

10) 제133조(답변서 제출 등) ① 심판장은 심판이 청구되면 청구서 부본을 피청구인에게 송달하고 기간을 정하여 답변서를 제출할 수 있는 기회를 주어야 한다.
  ② 심판장은 제1항의 답변서를 수리(受理)하였을 경우에는 그 부본을 청구인에게 송달하여야 한다.

11) 제141조(심리 등) ③ 심판장은 제1항에 따라 구술심리에 의한 심판을 할 경우에는 그 기일 및 장소를 정하고 그 취지를 적은 서면을 당사자와 참가인에게 송달하여야 한다. 다만, 해당 사건에 출석한 당사자 및 참가인에게 알린 경우에는 그러하지 아니하다.

른 참가인에게 송달되는 참가신청서 부본(제143조 제2항[12]), 당사자, 참가인 또는 이해관계인에게 송달되는 증거조사나 증거보전의 결과(제144조 제5항[13]), 당사자, 참가인 및 심판에 참가신청을 하였으나 그 신청이 거부된 자에게 송달되는 심결 또는 결정 등본(제149조 제6항[14]) 등이 있다.

　한편, 본조의 위임을 받은 상표법 시행령 제18조 제9항에서는 "법에 따라 송달할 서류 외의 서류의 송달에 필요한 사항은 특허청장이 정한다."고 규정하고 있다.

2. 교부할 서류

　본조의 위임을 받은 상표법 시행령 제18조 제4항에서는 송달의 방법으로 교부하여야 하는 서류의 경우 서류의 원본이나 정본을 교부하여야 하는지 등본이나 초본 등을 교부하면 되는지에 관하여 "송달을 하는 경우에는 법이나 이 영에 특별한 규정이 없으면 송달을 받는 자에게 그 서류의 등본을 보내야 하며, 송달할 서류의 제출을 갈음하여 조서를 작성하였을 때에는 그 조서의 등본이나 초본을 보내야 한다."고 규정하고 있다.

III. 송달의 방법, 송달받을 사람, 송달 장소

1. 상표법 시행령에의 위임

　본조에서는 이 법에 규정된 서류의 송달 절차 등에 관하여 필요한 사항을 대통령령에 위임하고 있다.

　아래에서는 송달의 방법, 송달받을 사람, 송달 장소에 관하여 본조의 위임을 받은 상표법 시행령 제18조가 규정하고 있는 내용을 중심으로 서술하기로 한다.

---

12) 제143조(참가의 신청 및 결정) ① 심판에 참가하려는 자는 참가신청서를 심판장에게 제출하여야 한다.
　② 심판장은 참가신청을 받은 경우에는 참가신청서 부본을 당사자와 다른 참가인에게 송달하고 기간을 정하여 의견서를 제출할 수 있는 기회를 주어야 한다.
13) 제144조(증거조사 및 증거보전) ⑤ 심판장은 제1항에 따라 직권으로 증거조사나 증거보전을 하였을 경우에는 그 결과를 당사자, 참가인 또는 이해관계인에게 송달하고 기간을 정하여 의견서를 제출할 수 있는 기회를 주어야 한다.
14) 제149조(심결) ⑥ 심판장은 심결 또는 결정이 있으면 그 등본을 당사자, 참가인 및 심판에 참가신청을 하였으나 그 신청이 거부된 자에게 송달하여야 한다.

2. 송달의 방법

상표법 시행령에 규정된 송달의 방법으로는 직접 송달, 정보통신망을 이용
한 송달, 등기우편에 의한 송달, 우편법령에 의한 특별송달, 발송송달 등이 있다.

가. 교부송달

상표법 시행령 제18조 제4항에서는 "송달을 하는 경우에는 법이나 이 영에
특별한 규정이 없으면 송달을 받는 자에게 서류의 등본을 보내야 하며, 송달할
서류의 제출을 갈음하여 조서를 작성하였을 때에는 그 조서의 등본이나 초본을
보내야 한다."고 규정함으로써, 송달은 송달할 서류의 등본 등을 '송달받을 사
람에게 교부'하여 실시함을 원칙으로 한다는 의미를 갖는 '교부송달(交付送達)의
원칙'을 명시하고 있다. 이는 교부송달의 원칙을 밝히고 있는 민사소송법 제178
조에 대응되는 규정이다.

그런데 상표법 시행령에서는 제18조 제8항의 발송송달을 제외하고는 교부
송달의 예외로서 민사소송법이 인정하고 있는 보충송달(민사소송법 제186조 제1
항, 제2항[15]), 유치송달(민사소송법 제186조 제3항[16]) 등에 대응하는 규정을 두고
있지 않고, 상표법이나 상표법 시행령에서는 민사소송법을 준용하고 있지도 않
은데, 향후 입법적인 검토가 필요할 것으로 보인다.

나. 직접 송달

상표법 시행령 제18조 제1항 제1호에서는 '당사자나 그 대리인이 특허청
또는 특허심판원에서 직접 수령하는 방법'을 이 법 제218조에 따른 서류의 송
달방법의 하나로 규정하고 있다. 또한, 같은 조 제2항 제1호에서는 "특허청장이
나 특허심판원장은 위 제1항 제1호의 방법으로 송달한 경우 수령일 및 수령자
의 성명이 적힌 수령증을 보관하여야 한다."고 규정함으로써, 직접 송달에 관한

---

15) 제186조(보충송달·유치송달)
　　① 근무장소 외의 송달할 장소에서 송달받을 사람을 만나지 못한 때에는 그 사무원, 피
용자 또는 동거인으로서 사리를 분별할 지능이 있는 사람에게 서류를 교부할 수 있다.
　　② 근무장소에서 송달받을 사람을 만나지 못한 때에는 제183조 제2항의 다른 사람 또
는 그 법정대리인이나 피용자 그 밖의 종업원으로서 사리를 분별할 지능이 있는 사람이
서류의 수령을 거부하지 아니하면 그에게 서류를 교부할 수 있다.
16) 제186조(보충송달·유치송달)
　　③ 서류를 송달받을 사람 또는 제1항의 규정에 의하여 서류를 넘겨받을 사람이 정당한
사유 없이 송달받기를 거부하는 때에는 송달할 장소에 서류를 놓아둘 수 있다.

증거방법을 명시하고 있다.

한편, 민사소송법 제177조에서 법원사무관 등에 의한 직접 송달을 규정하고 있다.

다. 정보통신망을 이용한 송달

상표법 시행령 제18조 제1항 제2호에서는 '당사자나 그 대리인이 정보통신망을 이용하여 수령하는 방법'을 이 법 제218조에 따른 서류의 송달방법의 하나로 규정하고 있다. 또한, 같은 조 제2항 제2호에서는 "특허청장 또는 특허심판원장은 위 제1항 제2호의 방법으로 송달한 경우 특허청이나 특허심판원이 운영하는 발송용 전산정보처리조직의 파일에 기록된 내용을 보관하여야 한다."고 규정함으로써, 정보통신망을 이용한 송달에 관한 증거방법을 명시하고 있다.

한편, 상표법에서는 정보통신망을 이용한 송달과 관련하여, "특허청장, 특허심판원장, 심판장, 심판관, 제62조 제3항에 따라 지정된 심사장 또는 심사관은 제31조 제1항에 따라 전자문서 이용신고를 한 자에게 서류의 통지 및 송달을 하려는 경우에는 정보통신망을 이용하여 할 수 있고, 이러한 서류의 통지 및 송달은 서면으로 한 것과 동일한 효력을 갖는다."고 규정하고 있다(제32조 제1항, 제2항).

라. 등기우편에 의한 송달
(1) 관련 규정

상표법 시행령 제18조 제1항 제3호에서는 '등기우편으로 발송하는 방법'을 이 법 제218조에 따른 서류의 송달방법의 하나로 규정하고 있다.

위와 같이 등기우편으로 발송하는 경우에는 특허청장이나 특허심판원장은 등기우편물 수령증을 보관하여야 한다(상표법 시행령 제18조 제2항 제3호)고 규정함으로써, 등기우편에 의한 송달에 관한 증거방법을 명시하고 있다. 한편, 민사소송법에서는 우편집배원, 집행관 등을 원칙적인 송달실시기관(송달기관)으로 규정하고 있고(제176조 제1항, 제2항),[17) 우편집배원이 송달을 실시한 경우 송달절차를 명확히 하기 위하여 송달에 관한 사유를 대법원규칙이 정하는 방법으로 법원에 알려야 하는 것으로 규정하고 있으며(제193조), 배달우체국에서는 우편법 시행규칙 제25조 제1항 제6호에 따라 배달결과를 법원에 통지하고 있다.

---

17) 법원사무관 등이 예외적으로 송달실시기관(송달기관)이 되는 경우도 있다(민사소송법 제177조 제1항, 제188조 제2항, 민사소송규칙 제46조).

(2) 특별송달

상표등록 이의신청, 심판, 재심에 관한 심결 또는 결정의 등본을 송달하는 경우에는 「우편법」 제15조 제3항에 따른 선택적 우편역무 중 산업통상자원부령으로 정하는 종류로 송달하여야 한다(상표법 시행령 제18조 제3항 본문). 위와 같은 송달은 "등기취급을 전제로 민사소송법 제176조[18])의 규정에 의한 방법으로 송달하는 우편물로서 배달우체국에서 배달결과를 발송인에게 통지하는 특수취급제도인 특별송달"(우편법 제15조 제3항[19]), 우편법 시행규칙 제25조 제1항 제6호[20])을 의미하는 것으로 보인다.[21] 위와 같이 특별송달의 방법에 의하도록 한 것은 위와 같은 송달서류들의 경우 관계인의 이해관계에 미치는 영향이 크기 때문에 송달사실을 보다 분명히 하기 위해서이다.

다만, 상표법 제31조 제1항에 따른 전자문서 이용신고를 한 자에게 송달하는 경우(위 다.항 참조)에는 정보통신망을 이용하여 할 수 있다(상표법 시행령 제18조 제3항 단서).

마. 발송송달

상표법 시행령 제18조 제8항에서는 "송달을 받을 자가 정당한 사유 없이 송달받기를 거부하여 송달할 수 없게 되었을 때에는 발송한 날에 송달된 것으로 본다."고 규정하고 있다.

이는 민사소송법 제187조[22])의 우편송달(발송송달)과 유사한 송달방법이라

---

18) 제176조(송달기관)
　　① 송달은 우편 또는 집행관에 의하거나, 그 밖에 대법원규칙이 정하는 방법에 따라서 하여야 한다.
　　② 우편에 의한 송달은 우편집배원이 한다.
19) 제15조(선택적 우편역무의 제공)
　　③ 선택적 우편역무의 종류와 그 이용조건은 미래창조과학부령으로 정한다.
20) 제25조(선택적 우편역무의 종류 및 이용조건 등)
　　① 법 제15조 제3항에 따른 선택적 우편역무의 종류는 다음 각 호와 같이 구분한다.
　　6. 특별송달
　　　등기취급을 전제로 「민사소송법」 제176조의 규정에 의한 방법으로 송달하는 우편물로서 배달우체국에서 배달결과를 발송인에게 통지하는 특수취급제도
21) 상표법 시행령 개정 전인 2016. 4. 5. 입법예고된 '상표법 시행령 전부개정령안' 제15조 제3항에서는 "상표등록 이의신청, 심판, 재심에 관한 심결 또는 결정의 등본을 송달하는 경우에는 「우편법」제15조 제3항에 따른 선택적 우편역무 중 특별송달의 방법으로 하여야 한다."고 규정하고 있었다.
22) 제187조(우편송달)
　　제186조의 규정에 따라 송달할 수 없는 때에는 법원사무관등은 서류를 등기우편 등 대법원규칙이 정하는 방법으로 발송할 수 있다.

할 것인데, 구체적인 요건에서 차이가 있다.

바. 공시송달

송달을 받을 자의 주소나 영업소가 불분명하여 송달할 수 없을 경우에는 공시송달을 하여야 한다(상표법 제219조). 상세한 내용은 제219조 주해 부분 참조.

3. 송달받을 사람

가. 본인 송달의 원칙

송달받을 사람은 관계인 본인이 되는 것이 원칙이다.

나. 미성년자 등에 대한 송달의 경우

미성년자, 피한정후견인(상표권 또는 상표에 관한 권리와 관련된 법정대리인이 있는 경우로 한정한다) 또는 피성년후견인에게 송달할 서류는 그 법정대리인에게 송달한다(상표법 시행령 제18조 제5항 제1호).

교도소·구치소 등 교정시설에 구속된 사람에게 송달할 서류는 교정시설의 장에게 송달한다(상표법 시행령 제18조 제5항 제2호).

당사자나 그의 대리인이 2인 이상인 경우에 서류를 송달받기 위한 대표자 1인을 선정하여 특허청장이나 특허심판원장에게 신고한 경우에는 그 대표자에게 송달한다(상표법 시행령 제18조 제5항 제3호).

2인 이상이 공동으로 대리권을 행사하는 경우에는 그 중 1인에게 송달한다(상표법 시행령 제18조 제5항 제4호).

재외자에 대한 송달에 대하여는 상표법 제220조에서 특별히 규정하고 있다. 상세한 내용은 제220조 주해 부분 참조.

4. 송달 장소

가. 송달 장소의 결정 기준 및 사전 신고

송달 장소는 송달을 받을 자의 주소나 영업소로 한다. 다만, 송달을 받으려는 자가 국내의 송달 장소를 특허청장이나 특허심판원장에게 미리 신고한 경우에는 그 장소로 한다(상표법 시행령 제18조 제6항).

나. 송달 장소의 변경

송달을 받을 자가 송달 장소를 변경하였을 때에는 지체 없이 그 사실을 특허청장에게 신고하여야 한다(상표법 시행령 제18조 제7항).

　　다만, 송달을 받을 자가 지체 없이 신고하지 아니하는 경우, 종전에 송달받던 장소에 발송할 수 있다고 규정하고 있는 민사소송법 제185조[23])와는 달리, 상표법 시행령에서는 특별한 규정을 두고 있지 않다.

〈윤주탁〉

---

23) 제185조(송달장소변경의 신고의무)
　　① 당사자·법정대리인 또는 소송대리인이 송달받을 장소를 바꿀 때에는 바로 그 취지를 법원에 신고하여야 한다.
　　② 제1항의 신고를 하지 아니한 사람에게 송달할 서류는 달리 송달할 장소를 알 수 없는 경우 종전에 송달받던 장소에 대법원규칙이 정하는 방법으로 발송할 수 있다.

> **제219조(공시송달)**
> ① 송달을 받을 자의 주소나 영업소가 불분명하여 송달할 수 없을 경우에는 공시송달을 하여야 한다.
> ② 공시송달은 서류를 송달받을 자에게 어느 때라도 교부한다는 뜻을 상표공보에 게재함으로써 한다.
> ③ 최초의 공시송달은 상표공보에 게재한 날부터 2주일이 지나면 그 효력이 발생한다. 다만, 그 이후의 같은 당사자에 대한 공시송달은 상표공보에 게재한 날의 다음 날부터 그 효력이 발생한다.

〈소 목 차〉

Ⅰ. 의의 및 취지
Ⅱ. 공시송달의 요건
  1. '주소나 영업소가 불분명하여 송달할 수 없는 경우'의 의미
  2. '주소나 영업소가 불분명하여 송달할 수 없는 경우'의 구체적 판단

  3. 공동출원의 경우
Ⅲ. 공시송달의 절차 및 효력
  1. 공시송달의 절차
  2. 공시송달의 효력
Ⅳ. 요건위배의 공시송달과 그 효력

Ⅰ. 의의 및 취지

공시송달이라 함은 서류의 송달을 받을 자의 주소나 영업소가 불분명하여 그 서류를 통상적인 송달방법에 의해서는 송달할 수 없는 경우에 실시하는 특수한 송달방법을 말한다.

공시송달은 통상의 방법으로는 송달을 할 수 없는 경우에 절차의 진행과 당사자의 권리보호를 위하여 두고 있는 제도이다.[1] 즉, 공시송달은 서류를 송달받을 자에게 어느 때라도 교부한다는 뜻을 상표공보에 게재하는 방법으로 공시함으로써 어느 때라도 송달받을 사람이 출석하면 이를 교부할 수 있게 하는 송달방법으로서, 공시 후 일정기간이 경과하면 송달의 효력이 발생한다.

---

1) 민일영·김능환 편집대표, 주석 민사소송법(Ⅲ) 7판, 한국사법행정학회(2012), 154(이진만 집필부분); 정상조·박성수 공편, 특허법주해Ⅱ, 박영사(2010), 1117(한규현 집필부분).

Ⅱ. 공시송달의 요건

1. '주소나 영업소가 불분명하여 송달할 수 없는 경우'의 의미

공시송달을 하기 위해서는 송달을 받을 자의 주소나 영업소가 불분명하여 송달을 할 수 없는 경우이어야 한다(본조 제1항).

어떠한 경우가 '주소나 영업소가 불분명하여 송달을 할 수 없는 경우'에 해당하는지 여부에 대하여는 상표법에서 특별히 규정하고 있지 않으나, 송달을 시행하는 특허청장 등[2]이 선량한 관리자의 주의를 다하여 송달을 받아야 할 자의 주소 또는 영업소를 조사하였으나 그 주소 또는 영업소를 알 수 없는 경우라고 해석함이 타당하다.

대법원도 "특허법 제219조 제1항[3])에서 공시송달 사유로 들고 있는 '주소나 영업소가 불분명하여 송달할 수 없는 때'라 함은 송달을 할 자가 선량한 관리자의 주의를 다하여 송달을 받아야 할 자의 주소나 영업소를 조사하였으나 그 주소나 영업소를 알 수 없는 경우를 뜻하는 것"이라고 판시하였다(대법원 2007. 1. 25. 선고 2004후3508 판결 등 참조).

2. '주소나 영업소가 불분명하여 송달할 수 없는 경우'의 구체적 판단

주소나 영업소가 불분명한 경우이어야 하므로, 단순히 폐문부재이거나 장기 출타로 인한 수취인부재로 송달되지 못하는 경우에는 송달받을 사람의 주소나 영업소가 불분명한 경우가 아니어서 공시송달할 수 있는 경우에 해당하지 않는다. 다만, 송달받을 사람이 주소나 영업소를 떠나 그 주소나 영업소가 더 이상 송달장소로 인정되지 않게 된 경우에는 '주소나 영업소가 불분명한 경우'에 해당한다고 할 것이다.[4]

법인의 경우 대표자의 주소나 법인의 영업소, 사무소가 송달장소가 될 것인데, 법인이 사실상 해산된 상태에 있거나 기타의 이유로 영업소, 사무소가 폐쇄되거나 이전해 버렸을 뿐만 아니라 그 대표자의 주소 등 어느 것도 불분명한

---

2) 특허청장, 특허심판원장, 심판장, 심판관, 상표법 제62조 제3항에 따라 지정된 심사장 또는 심사관(상표법 제32조 제1항, 제2항 등 참조).
3) 제219조(공시송달) ① 서류를 송달받을 자의 주소나 영업소가 분명하지 아니하여 송달할 수 없는 경우에는 공시송달을 하여야 한다.
4) 민일영·김능환 편집대표(주 1), 156.

때에는 공시송달의 요건이 충족된다.[5] 그러나 법인의 대표자가 사망하고 달리 법인을 대표할 자도 정하여지지 아니하였기 때문에 법인에 대하여 송달을 할 수 없는 때에는 공시송달도 할 여지가 없다.[6] 이러한 경우에는 이해관계인 등의 청구에 의하여 민법 제63조, 상법 제386조 제2항에 따라 임시이사가 법원에서 선임되면, 선임된 임시이사를 대표자로 하여 송달을 실시하여야 할 것이다.[7]

한편, 대법원 1991. 10. 8. 선고 91후59 판결은 "상표등록취소심판사건에 있어서 피심판청구인에 대하여 청구서 부본을 등록원부상의 주소에 1회 송달하여 본 후 반송되자 바로 내부결제를 받아 그 이후의 서류송달을 공시송달의 방법에 의하고 있으나, 상표등록원부에 피심판청구인의 주민등록번호가 기재되어 있어 관련 행정기관에 조회하는 등의 방법으로 직권조사하여 보는 등 피심판청구인의 실제주소를 알 수 있는 방법이 없는 것이 아님에도 불구하고 그러한 노력도 없이 바로 공시송달결정을 한 것은 적정한 절차의 진행이라고 볼 수 없다."는 취지로 판시하였는데, 이는 선량한 관리자의 주의를 다하기 위한 구체적인 방법을 제시해 준 판결이라 할 것이다.

또한, 대법원은 대법원 2007. 1. 25. 선고 2004후3508 판결에서 "특허심판원의 심판절차에서 제출된 원고 회사의 법인등기부등본에는 원고 회사의 본점 소재지뿐만 아니라 원고 회사의 대표이사의 주소가 기재되어 있고, 특허심판원이 이 사건 심결의 증거로 채택한 고소장에도 원고 회사의 대표이사의 주소가 기재되어 있으므로, 특허심판원으로서는 원고 회사의 본점 소재지로 이 사건 심결 등본의 송달을 실시한 후 송달이 불능되었으면, 원고 회사의 법인등기부등본이나 고소장에 기재되어 있는 원고 회사의 대표이사의 주소를 조사·확인하여 그 주소로 송달을 실시하는 절차를 거쳐야 함에도 불구하고 이를 하지 아니한 채 바로 공시송달을 하였는바, 이는 선량한 관리자의 주의를 다하여 송달을 받아야 할 자의 주소 또는 영업소를 조사하였으나 그 주소 또는 영업소를 알 수 없는 경우에 해당한다고 할 수 없다."는 취지로 판시하였는데, 이는 법인의 경우 법인의 본점 소재지뿐만 아니라 법인 대표자의 주소지 등에 대하여도 이를 확인하여 송달을 실시하여야 하고, 이러한 절차를 거치지 않은 공시송달은 위법함을 확인한 판결이라 할 것이다.

---

5) 민일영·김능환 편집대표(주 1), 156.
6) 대법원 1991. 10. 22. 선고 91다9985 판결 참조.
7) 김관재, "법인의 대표자가 사망한 경우 법인에 대한 송달방법", 대법원판례해설(16), 법원도서관(1992), 195.

특허청의 '특허·실용신안 심사지침서'에는 주소나 영업소가 불분명하여 송
달할 수 없는 때란 주민등록공동이용시스템을 이용하여도 송달받을 자의 주소
를 확인할 수 없는 경우를 말한다고 규정하고 있다.[8]

3. 공동출원의 경우

공동출원인 중 1인에게 실시한 송달이 불능된 경우에는 다른 공동출원인에
게 송달을 실시해 보아야 하고, 송달을 실시한 결과 공동출원인 모두에 대하여
송달이 불능된 경우에 한하여 공시송달을 실시할 수 있다.[9]

대법원도 2005. 5. 27. 선고 2003후182 판결에서 "공동출원인에 대하여 특
허법 제219조 제1항에 의한 공시송달을 실시하기 위해서는 '공동출원인 전원의
주소 또는 영업소가 불분명하여 송달받을 수 없는 때'에 해당하여야 하고, 이러
한 공시송달 요건이 구비되지 않은 상태에서 공동출원인 중 1인에 대하여 이루
어진 공시송달은 부적법하고 그 효력이 발생하지 않는다."고 하여, 같은 취지로
판시하고 있다.

Ⅲ. 공시송달의 절차 및 효력

1. 공시송달의 절차

공시송달은 서류를 송달받을 자에게 어느 때라도 교부한다는 뜻을 상표공
보에 게재함으로써 실시한다(본조 제2항). 공시송달은 특허청장이 지정하는 자가
송달기관으로서 송달할 서류를 보관하고, 동시에 송달서류, 송달받을 자, 송달사
유 등을 상표공보에 게재함으로써 행하고, 송달받을 자가 출석하면 어느 때라도
그 서류를 교부받을 수 있게 하여야 한다.[10]

2. 공시송달의 효력

최초의 공시송달은 상표공보에 게재한 날부터 2주일이 지나면 그 효력이
발생한다. 다만, 같은 당사자에 대한 이후의 공시송달은 상표공보에 게재한 날
의 다음 날부터 그 효력이 발생한다(본조 제3항).

---

8) 특허청, 특허·실용신안 심사기준(2016. 2. 11.), 1608.
9) 정상조·박성수 공편(주 1), 1119; 특허청(주 8), 1608.
10) 정상조·박성수 공편(주 1), 1119-1120.

Ⅳ. 요건위배의 공시송달과 그 효력

민사소송절차에서는 공시송달이 요건에 위배된다고 하더라도 재판장이 공시송달을 명하여 민사소송법 제195조 이하의 공시송달절차가 취하여진 이상 그 공시송달은 유효하다고 함이 확립된 대법원 판례[11])의 태도이다. 이로 인하여 당사자가 입는 불이익에 대하여는 소송행위의 추후보완(민사소송법 제173조)에 의하여 구제받을 수 있다. 다만, 공시송달의 명령 없이 한 공시송달은 무효이다.[12])

그런데 상표법 제219조의 공시송달이 그 요건에 위배된 경우의 효력에 관하여 상표법은 아무런 규정을 두고 있지 않다.

이에 대하여 대법원은 특허법 제219조의 공시송달이 그 요건에 위배된 경우의 효력에 관하여, "특허법 제219조 제1항에서 공시송달 사유로 들고 있는 '주소나 영업소가 불분명하여 송달할 수 없는 때'라 함은 송달을 할 자가 선량한 관리자의 주의를 다하여 송달을 받아야 할 자의 주소나 영업소를 조사하였으나 그 주소나 영업소를 알 수 없는 경우를 뜻하는 것으로서, 이러한 공시송달 요건이 구비되지 않은 상태에서 이루어진 공시송달은 부적법하여 그 효력이 발생하지 않는다 할 것이다(대법원 1991. 10. 8. 선고 91후59 판결, 2005. 5. 27. 선고 2003후182 판결 등 참조)."고 판시하고 있다.[13])

상표법 제219조의 공시송달이 그 요건에 위배된 경우의 효력에 관하여 절차의 안정성·경제성을 위하여 공시송달은 유효하고, 이로 인하여 당사자가 입을 불이익은 '절차의 추후 보완'(상표법 제19조[14]))에 의하여 구제받으면 된다는 견해가 있을 수 있다.

그러나 상표법 제19조의 '절차의 추후 보완'의 대상이 되는 절차는 3가지 경우로 제한되어 있어 그 3가지 절차를 제외한 나머지 절차들에 대한 구체책으

---

11) 대법원 1994. 10. 21. 선고 94다27922 판결 등 참조.
12) 민일영·김능환 편집대표(주 1), 162.
13) 대법원 2007. 1. 25. 선고 2004후3508 판결.
14) 제19조(절차의 추후 보완) 상표에 관한 절차를 밟는 자가 책임질 수 없는 사유로 다음 각 호의 어느 하나에 해당하는 기간을 지키지 못한 경우에는 그 사유가 소멸한 날부터 14일 이내에 지키지 못한 절차를 추후 보완할 수 있다. 다만, 그 기간의 만료일부터 1년이 지났을 경우에는 그러하지 아니하다.
  1. 제115조에 따른 보정각하결정에 대한 심판의 청구기간
  2. 제116조에 따른 거절결정에 대한 심판의 청구기간
  3. 제159조제1항에 따른 재심의 청구기간

로는 불충분한 점, 위 상표법 제19조의 추후 보완의 대상이 되는 절차에 대하여
도 기간의 만료일부터 1년이 경과한 경우에는 추후 보완이 불가능한 점, 민사소
송법에 의한 공시송달은 재판장의 명령에 기하여 이루어지는 점 등을 고려하면,
상표법 제219조의 공시송달이 그 요건에 위배된 경우에는 민사소송법에서와는
달리 무효라고 봄이 타당하다.[15]

〈윤주탁〉

---

15) 특허법 제219조의 공시송달이 그 요건에 위배된 경우의 효력에 관하여 같은 견해로는
  정상조·박성수 공편(주 1), 1119-1120 참조.

> **제220조(재외자에 대한 송달)**
> ① 재외자로서 상표관리인이 있으면 그 재외자에게 송달할 서류는 상표관리인에게 송달하여야 한다. 다만, 심사관이 제190조에 따라 국제사무국을 통하여 국제상표등록출원인에게 거절이유를 통지하는 경우에는 그러하지 아니하다.
> ② 재외자로서 상표관리인이 없으면 그 재외자에게 송달할 서류는 항공등기우편으로 발송할 수 있다.
> ③ 제2항에 따라 서류를 항공등기우편으로 발송하였을 경우에는 발송을 한 날에 송달된 것으로 본다.

〈소 목 차〉

Ⅰ. 의의 및 취지
Ⅱ. 송달의 방법 및 효력발생시기

1. 상표관리인이 있는 경우
2. 상표관리인이 없는 경우

Ⅰ. 의의 및 취지

재외자(在外者)라 함은 국내에 주소 또는 영업소를 가지지 않는 자를 말하는데(상표법 제6조), 외국인에 한하지 않고 내국인도 국내에 주소 또는 영업소가 없는 경우 재외자가 될 수 있다.

상표법은 재외자의 경우, 국내에 체류하는 경우를 제외하고는, 재외자의 상표에 관한 대리인으로서 국내에 주소나 영업소가 있는 자인 '상표관리인'에 의해서만 상표에 관한 절차를 밟거나 이 법 또는 이 법에 따른 명령에 따라 행정청이 한 처분에 대하여 소(訴)를 제기할 수 있도록 규정하고 있다(제6조).

본조는 국내에 주소 또는 영업소를 가지지 아니하는 재외자에 대한 송달방법을 상표관리인이 있는 경우(제1항)와 그렇지 않은 경우(제2항, 제3항)로 나누어 규정하고 있다.

Ⅱ. 송달의 방법 및 효력발생시기

1. 상표관리인이 있는 경우

재외자로서 상표관리인이 있으면 그 재외자에게 송달할 서류는 상표관리인에게 송달하여야 한다. 다만, 심사관이 제190조에 따라 국제사무국을 통하여 국제상표등록출원인에게 거절이유를 통지하는 경우에는 그러하지 아니하다(본조 제1항).

이는 상표에 관한 절차를 수행하는 자가 재외자인 경우 상표관리인이 선임되어 있을 때에는 상표관리인에게 송달하여야 함을 의미한다.

2. 상표관리인이 없는 경우

재외자로서 상표관리인이 없으면 그 재외자에게 송달할 서류는 항공등기우편으로 발송할 수 있다(본조 제2항). 재외자는 국내에 체류하는 경우를 제외하고는 상표관리인에 의하지 아니하면 상표에 관한 절차를 밟을 수 없지만(상표법 제6조), 재외자로서 상표관리인을 선임하지 않거나 일단 선임된 상표관리인을 해임하는 등의 이유로 상표관리인이 없는 상태에서 절차가 진행되는 경우에는 그 재외자에게 송달할 서류를 항공등기우편으로 송달할 수 있다.[1] 이러한 경우 항공등기우편으로 발송한 날에 송달된 것으로 본다(본조 제3항). 재외자로서 상표관리인이 없는 경우 발송송달을 송달의 방법으로 규정한 것인데, 이는 절차의 지연을 방지하고 원활한 절차 진행을 도모하기 위한 것으로 보인다.

다만, 송달 사실을 알지 못한 당사자는 절차의 추후보완에 관한 상표법 제19조, 소송행위의 추후보완에 관한 민사소송법 제173조 등에 의하여 구제받을 수 있다. 재외자가 발송송달로 인하여 심결취소소송의 제기기간을 준수하지 못한 경우의 구제수단과 관련하여, 특허법원 판결 중에는 "등록상표의 등록을 취소하는 심결에 대한 심판청구서부본 등을 송달받지 못하여 심판청구가 계속된 사실을 처음부터 알지 못한 채 당해 심결이 있었고, 심결의 정본을 재외자인 원고에게 상표법 제92조에 의하여 준용되는 특허법 제220조 제2항[2]에 의하여 항공등기우편으로 발송한 후 반송되었으나 같은 조 제3항[3]에 의하여 발송한 날에

---

1) 정상조·박성수 공편, 특허법주해Ⅱ, 박영사(2010), 1123면(한규현 집필부분).
2) 본조 제2항과 같은 취지의 규정이다.
3) 본조 제3항과 같은 취지의 규정이다.

송달된 것으로 간주되어 30일이 경과한 날에 위 심결이 확정되어 이후 비로소 원고가 그러한 사실을 알게 되었다면, 특별한 사정이 없는 한 원고가 심결취소소송의 제소기간인 불변기간을 지키지 못한 것은 원고가 책임질 수 없는 사유로 말미암은 것이므로 원고의 위 심결취소의 소는 추완요건을 갖춘 것으로서 적법하다.”고 판단함으로써, 민사소송법 제173조의 ‘소송행위의 추후보완’에 의하여 심결취소소송의 제기를 적법하다고 본 판결4)이 있다.

〈윤주탁〉

---

4) 특허법원 2007. 12. 13. 선고 2007허3257 판결(확정).

> **제221조(상표공보)**
> ① 특허청장은 상표공보를 발행하여야 한다.
> ② 상표공보는 산업통상자원부령으로 정하는 바에 따라 전자적 매체로 발행할 수 있다.
> ③ 특허청장은 전자적 매체로 상표공보를 발행하는 경우에는 정보통신망을 활용하여 상표공보의 발행 사실, 주요 목록 및 공시송달에 관한 사항을 알려야 한다.
> ④ 상표공보에 게재할 사항은 대통령령으로 정한다.

〈소 목 차〉

Ⅰ. 연혁 및 입법취지
Ⅱ. 내용
　1. 상표공보의 발행
2. 전자적 매체로의 상표공보 발행
3. 정보통신망을 활용한 공고
4. 상표공보 게재사항

Ⅰ. 연혁 및 입법취지

심사관은 상표등록출원에 대하여 거절이유를 발견할 수 없는 때에는 출원 공고결정을 하여야 한다. 특허청장은 그 상표등록출원에 관하여 상표공보에 게재하여 출원공고를 하여야 한다(상표법 제57조 제1항, 제2항). 출원공고가 있는 때에는 누구든지 2개월 이내에 특허청장에게 상표등록이의신청을 할 수 있다(상표법 제60조).

상표공보의 발행은 제3자에게 일정한 기간 내에 이의신청의 기회를 부여하여 공중심사를 함으로써 심사의 적정성을 기하고자 하는 데에 그 의의가 있다.[1]

1973. 2. 8. 법률 제2506호로 전부개정된 상표법은 제58조에서 "특허국은 상표공보와 상표연보를 발행하여야 하며, 이에 게기할 사항은 대통령령으로 정한다."라고 규정하였다.

1990. 1. 13. 법률 제4210호로 전부개정된 상표법은 제89조에서 "① 특허청은 상표공보를 발행하여야 한다. ② 상표공보에 게재할 사항은 대통령령으로 정한다."라고 규정하고 있었다.

1997. 4. 10. 법률 제05329호로 일부개정된 상표법 제89조는 "상표공보는

---

[1] 특허청, 조문별 상표법해설(2007), 439 참조.

통상산업부령이 정하는 바에 의하여 전자적 매체로 발행할 수 있고, 특허청장은 전자적 매체로 상표공보를 발행하는 경우에는 전산망을 활용하여 상표공보의 발행사실·주요목록 및 공시송달에 관한 사항을 알려야 한다."라는 규정을 신설하였다.

2001. 2. 3. 법률 제06414호로 일부개정된 상표법 89조는 제2항에서 "통상산업부령"을 "산업자원부령"으로 변경하고, 제3항에서 "전산망"을 "정보통신망"으로 그 자구를 변경하였다.

2008. 2. 29. 법률 제08852호로 일부개정된 상표법 제89조는 제2항에서 "산업자원부령"을 "지식경제부령"으로 변경하였다.

2013. 3. 23. 법률 제11690호로 일부개정된 상표법 제89조는 제2항에서 "지식경제부령"을 "산업통상자원부령"으로 변경하였다.

2016. 2. 29. 법률 제14033호로 전부개정된 상표법 제221조에서는 제1항의 '특허청'을 '특허청장'으로 바꾼 것 외에 내용상 변경은 이루어지지 않았다.

II. 내용

1. 상표공보의 발행

제1항에서는 특허청장의 상표공보 발행의무를 규정하고 있다. 이는 공업소유권의 보호를 위한 파리협약 제12조의 정기적인 공보발행의무 규정에 대한 국내 입법규정으로 이해된다.[2] 특허청장은 상표법 제57조 제2항에 따른 출원공고 사항, 상표법 제82조 제3항에 따른 등록공고 사항을 게재한 상표공보를 발행하여야 한다(상표법 시행령 제19조 제1항).

2. 전자적 매체로의 상표공보 발행

종전에는 상표공보를 종이 문서 형태로 발행하였으나, 정보화 사회로의 환경변화에 따른 전자적 매체로 발행하는 세계적 추세에 따라 1997년 개정 상표법에 따라 전자적 매체로의 상표공보를 발행할 수 있게 되었다(상표법 제221조 제2항). 전자적 매체는 읽기전용광디스크 또는 정보통신망으로 한다.

---

2) 특허청(주 1), 439 참조.

3. 정보통신망을 활용한 공고

특허청장은 전자적 매체로 상표공보를 발행하는 경우에는 정보통신망을 활용하여 상표공보의 발행사실·주요목록 및 공시송달에 관한 사항을 알려야 한다(상표법 제221조 제3항). 현재 특허청은 인터넷 홈페이지에 그 사항을 게재하고 있다.

4. 상표공보 게재사항

상표공보에 게재할 사항은 대통령령에 위임하고 있다(상표법 제221조 제4항). 상표법 제82조 제3항에 따른 상표공보에 게재할 사항은 상표법 시행령 제14조 제1, 2항에서, 상표법 제57조 제2항에 따른 상표공보에 게재할 사항은 상표법시행령 제19조 제2항에서 상세히 규정하고 있다.

자연인인 상표권자 또는 출원인의 주소를 게재하는 경우에 그 상표권자 또는 상표등록출원인의 신청이 있으면 그 주소의 일부만을 게재할 수 있다(상표법 시행령 제14조 제1항 제1호 단서, 제19조 제2항 제1호 단서). 이러한 경우 신청의 방법·절차와 주소의 게재 범위는 특허청장이 정하여 고시한다(상표법 시행령 제14조 제2항, 제19조 제3항).

〈한규현〉

제222조(등록상표의 표시)

상표권자·전용사용권자 또는 통상사용권자는 등록상표를 사용할 때에 해당 상표가 등록상표임을 표시할 수 있다.

〈소 목 차〉

Ⅰ. 입법취지와 법적성격
Ⅱ. 상표등록표시를 할 수 있는 자
Ⅲ. 상표등록표시를 할 수 있는 대상

Ⅳ. 상표등록표시의 방법
Ⅴ. 상표등록표시의 효과

Ⅰ. 입법취지와 법적성격

본조는 등록상표를 사용할 권리를 가진 자가 그 등록상표에 관한 지정상품이나 그 포장 등에 등록된 상표임을 표시할 수 있음을 규정하고 있다. 이는 그 상표가 상표권자 등의 권리임을 명시하여 상표권에 대한 침해를 사전에 예방하고, 등록상표가 표시된 상품이 상표권자 등에 의하여 생산·판매되는 상품임을 공중에게 알림으로써 일반 수요자를 보호하려는 데 그 입법취지가 있다.[1]

본조는 '등록상표임을 표시할 수 있다'는 임의규정 형식으로 되어 있을 뿐 아니라, 그 표시를 하지 않는 경우에 대한 제재규정을 두지 않음으로써, 그 표시를 할 것인지 여부를 상표권자 등의 재량에 맡기고 있다. 일본 商標法 제73조는 "상표권자 등은 … 그 상표가 등록상표인 취지의 표시를 붙이도록 노력하여야 한다."고 규정하고 있는데, 일본의 통설은 이를 훈시규정으로 보고 있다.[2] 파리조약 제5조 D항이 "권리의 존재를 인식시키기 위하여 특허의 기호 내지 표시 … 를 물품에 붙일 것을 요하지 아니한다."고 정하고 있으므로, 상표등록의 표시를 의무사항으로 규정하거나 강행규정으로 해석하기는 어려울 것이다.

---

[1] 특허청, 조문별 상표법해설(2007), 483; 정상조·박성수 공편, 특허법 주해Ⅱ, 박영사 (2010), 1129(박원규 집필부분).

[2] 小野昌延 編, 注解 商標法, 靑林書院(2005), 1429(江口俊夫·東尾正博 집필부분).

II. 상표등록표시를 할 수 있는 자

본조에 의하여 상표등록표시를 할 수 있는 자는 상표권자·전용사용권자 또는 통상사용권자로서 모두 등록상표를 사용할 권리를 가진 자들이다. 이들 외의 자는 원칙적으로 상표등록표시를 할 수 없다고 해석해야 할 것이다.[3] 그러나 위와 같이 상표등록표시를 할 수 있는 자가 아닌 자가 한 상표등록표시가 '거짓 표시'[4]에 해당하는지 여부에 관하여는, 그와 같은 상표등록표시는 대상물건이 진정한 지정상품인지 여부에 관계없이 항상 거짓 표시로 보아야 한다는 견해와 대상물건이 진정한 지정상품인 이상 상표등록표시 자체가 거짓 표시에 해당하지는 않는다는 견해가 대립하고 있다.[5] 생각건대, 상표법 제224조(거짓 표시의 금지)가 거짓 여부의 판단기준을 '표시한 사람이 권리자인지 여부'가 아니라 '표시된 내용이 거짓인지 여부'에 따라 판단하도록 정하고 있는 점, 상표등록표시 제도는 반드시 상표권자 등만을 보호하기 위한 것이 아니라 침해가능성이 있는 자나 일반 수요자를 보호하기 위한 측면도 있는 점 등에 비추어, 후자의 견해가 타당하다고 할 것이다.

III. 상표등록표시를 할 수 있는 대상

본조에 의한 상표등록표시를 할 수 있는 대상은 등록상표에 관한 지정상품 또는 그 상품의 포장, 광고, 간판, 표찰 또는 그 밖의 영업용 거래 서류 등이다. 본조를 재량규정으로 보는 이상 본조에서 그 대상의 범위가 특별히 문제되지는 않으나, 상표법 제233조(거짓 표시의 죄)는 제224조(거짓 표시의 금지)를 위반한 자를 처벌하도록 규정하고 있으므로, 위 규정들과의 관계에서 그 대상의 범위가 문제될 수 있다.[6] 형사처벌과 관계되는 제224조 제1항 제2호에선 '영업용 광고, 간판, 표찰, 상품의 포장 또는 그 밖의 영업용 거래 서류 등'이라고 규정하여 나

3) 정상조·박성수 공편(주 1), 1129.
4) 상표법 제224조는 '거짓 표시'를 금지하고 있고, 제233조는 이를 위반한 자에 대하여 3년 이하의 징역 또는 2천만 원 이하의 벌금에 처하도록 하고 있다.
5) 정상조·박성수 공편(주 1), 1130.
6) 寒河江孝允·峯 唯夫·金井 重彦 編, 意匠法コンメンタール(第2版), レクシスネクシス·ジャパン株式會社(2012), 740(峯 唯夫 집필부분).

름대로 그 범위를 한정하고 있다.

IV. 상표등록표시의 방법

특허나 디자인등록표시를 하는 방법에 관하여는, 특허법 시행규칙 제121조
가 "특허표시는 물건의 특허발명에 있어서는 그 물건에 '특허'라는 문자와 그
특허번호를, 물건을 생산하는 방법의 특허발명에 있어서는 그 방법에 의하여 생
산된 물건에 '방법특허'라는 문자와 그 특허번호를 표시한다."고 규정하고 있고,
디자인보호법 시행규칙 제101조가 "디자인등록표시는 물품 또는 그 물품의 용
기나 포장 등에 등록디자인이라는 문자와 그 등록번호를 표시한다."고 규정하고
있다.

상표등록표시도 같은 방법으로 할 수 있는데, 일반적으로 「등록상표 제○○○
○호」의 형태로 표시한다.7) 단순히 '등록상표', '®'8)(Registered의 약자), Registered
Trademark 등으로 표시하는 것만으로는 상표등록표시가 되었다고 할 수 있을지에
관하여는, 이를 부정하는 견해9)와 긍정하는 견해10)가 있다. 우리나라 상표법령에
는 일본 상표법령('등록상표'라는 문자와 그 등록번호로 표시하도록 하고 있다)과 달리
상표등록표시의 구체적인 방법을 규정하지 않고 있으므로, 이를 긍정하는 후자의
견해를 지지한다. 다만, '등록'의 의미가 포함되어 있지 아니한 'TM'(Trademark의
약자)이나 'Trademark'만으로는 등록상표임을 표시하였다고 할 수 없을 것이다.

V. 상표등록표시의 효과

위와 같은 상표등록표시가 되어 있는 경우 그 침해자의 고의가 추정된다.
즉, 상표법 제112조(고의의 추정)는 "제222조에 따라 등록상표임을 표시한 타인
의 상표권 또는 전용사용권을 침해한 자는 그 침해행위에 대하여 그 상표가 이
미 등록된 사실을 알았던 것으로 추정한다."고 규정하고 있다. 따라서 상표등록

---

7) 특허청(주 1), 495; 문삼섭, 상표법(제2판), 세창출판사(2004), 534.
    특허청은 상표등록번호를 제40-0001234-0000호와 같은 형식으로 표시하는데, 상표는
  40, 서비스표는 41, 업무표장은 42, 단체표장은 43, 상표서비스표는 45로 시작한다.
8) 미국 연방상표법 제29에서 유래하는 기호로서 등록된 상표임을 나타낸다.
9) 小野昌延 編(주 2), 1430.
10) 특허청(주 1), 496; 문삼섭(주 7), 534.

표시가 되어 있는 상표권에 대한 침해행위가 있는 경우 고의가 추정되어 민사상의 손해배상책임 등이 발생하게 되고,[11] 형사상으로도 상표권 또는 전용사용권 침해죄(상표법 제230조)에 대한 객관적 구성요건의 입증이 용이하게 된다. 한편, 상표법 제110조 제5항은 "제4항에도 불구하고 손해액이 같은 항에 규정된 금액을 초과하는 경우에는 그 초과액에 대해서도 손해배상을 청구할 수 있다. 이 경우 상표권 또는 전용사용권을 침해한 자에게 고의 또는 중대한 과실이 없을 경우에는 법원은 손해배상액을 산정할 때 그 사실을 고려할 수 있다."고 규정하고 있는데, 상표등록표시를 한 상표권 또는 전용사용권을 침해한 자는 고의 또는 중대한 과실이 없었음을 들어 손해배상액의 감액을 주장하기는 어려울 것이다. 또한, 상표등록표시를 한 등록상표를 침해한 경우에는 고의 추정에 따라 그 손해배상액을 정함에 있어서도 이를 참작할 수 있을 것이다.

〈김태현〉

---

11) 상표법 제109조(손해배상의 청구)는 "상표권자 또는 전용사용권자는 자기의 상표권 또는 전용사용권을 고의 또는 과실로 침해한 자에 대하여 그 침해에 의하여 자기가 받은 손해의 배상을 청구할 수 있다."고 규정하고 있다.

> **제223조(동음이의어 지리적 표시 등록단체표장의 표시)**
> 둘 이상의 지리적 표시 등록단체표장이 서로 동음이의어 지리적 표시에 해당
> 하는 경우 각 단체표장권자와 그 소속 단체원은 지리적 출처에 대하여 수요자
> 가 혼동하지 아니하도록 하는 표시를 등록단체표장과 함께 사용하여야 한다.

　본조는 지리적 표시 등록단체표장의 도입으로 신설한 것[1])으로서 2004년 상표법 개정시에 반영된 것이다.[2] 보다 자세히 설명하면 지리적 표시 단체표장제도를 도입하면서 2 이상의 동음이의어 지리적 표시 단체표장이 등록될 수 있어 지리적 표시 등록단체표장의 출처에 대한 혼동의 여지가 없도록 하기 위하여 본조를 신설하였다.[3]

　지리적 표시 단체표장은 상품의 품질·명성 또는 그 밖의 특성이 본질적으로 특정지역에서 비롯된 경우에 그 지역에서 생산·제조 또는 가공된 상품임을 나타내는 표장으로서 동일상품에 대해 발음은 동일하나 서로 다른 지역이 다 같이 지리적 표시에 해당될 수 있어 2 이상의 동음이의어 지리적 표시 단체표장이 등록될 가능성이 상존한다. 그러한 경우에는 일반 수요자는 이들 표장의 출처에 대해 혼동을 일으킬 수 있으므로 각 지리적 표시 등록단체표장권자 및 그 소속단체원이 지리적 표시 등록단체표장을 사용할 때, 다른 지리적 표시 단체표장권자나 그 소속단체원의 것과 구별될 수 있는 표시를 하도록 의무화한 것이다.[4] 지리적 표시 단체표장에 있어서 단체표장권자 또는 그 소속단체원이 본조의 규정을 위반하여 단체표장을 사용함으로써 수요자로 하여금 상품의 품질에 대한 오인 또는 지리적 출처에 대한 혼동을 초래하게 한 경우에는 상표등록의 취소심판을 청구할 수 있다(법 제119조 제1항 제8호 나목). 그러나 실질적으로 선등록자의 경우에는 후등록자의 존재여부를 알기 어려워 등록취소심판에 의하여 자신의 권리를 부당하게 상실할 가능성이 존재하므로 후등록자가 등록 후 선등록자에게 통지하는 절차를 둘 필요성은 있어 보인다.[5]

〈이규호〉

---

1) 특허청, 상표법 조문별 개정 연혁 해설집(2010), 361.
2) 상표법 [2004. 12. 31. 일부 개정, 법률 제7290호, 2005. 7. 1. 시행].
3) 특허청, 조문별 상표법해설(2007), 484.
4) 특허청(주 3), 484.
5) 국회 산업자원위원회, "상표법 중 개정법률안 심사보고서"(2004. 12.), 15.

제224조(거짓 표시의 금지)
① 누구든지 다음 각 호의 어느 하나에 해당하는 행위를 해서는 아니 된다.
1. 등록을 하지 아니한 상표 또는 상표등록출원을 하지 아니한 상표를 등록상표 또는 등록출원상표인 것같이 상품에 표시하는 행위
2. 등록을 하지 아니한 상표 또는 상표등록출원을 하지 아니한 상표를 등록상표 또는 등록출원상표인 것같이 영업용 광고, 간판, 표찰, 상품의 포장 또는 그 밖의 영업용 거래 서류 등에 표시하는 행위
3. 지정상품 외의 상품에 대하여 등록상표를 사용하는 경우에 그 상표에 상표등록 표시 또는 이와 혼동하기 쉬운 표시를 하는 행위
② 제1항제1호 및 제2호에 따른 상표를 표시하는 행위에는 상품, 상품의 포장, 광고, 간판 또는 표찰을 표장의 형상으로 하는 것을 포함한다.

<소 목 차>

Ⅰ. 의의
Ⅱ. 거짓 표시행위
　1. 등록을 하지 아니한 상표 또는 상표등록출원을 하지 아니한 상표를 등록상표 또는 등록출원상표인 것같이 상품에 표시하는 행위
　2. 등록을 하지 아니한 상표 또는 상표등록출원을 하지 아니한 상표를 등록상표 또는 등록출원상표인 것같이 영업용 광고·간판·표찰·상품의 포장 또는 기타 영업용 거래서류 등에 표시하는 행위
　3. 지정상품외의 상품에 대하여 등록상표를 사용하는 경우에 그 상표에 상표등록 표시 또는 이와 혼동하기 쉬운 표시를 하는 행위
　4. 제1항 제1호 및 제2호의 규정에 의한 상표를 표시하는 행위에는 상품, 상품의 포장, 광고, 간판 또는 표찰을 표장의 형상으로 하는 것을 포함한다.

Ⅰ. 의의

거짓 표시행위는 상품의 유통과정에서 일반수요자로 하여금 상품의 선택에 있어 공중을 오도케 함으로써 건전한 상거래질서를 해칠 우려가 있으므로 이를 방지하기 위하여 구체적인 거짓 표시행위를 열거하고 이를 금지하고 있다.

II. 거짓 표시행위

1. 등록을 하지 아니한 상표 또는 상표등록출원을 하지 아니한 상표를 등록상표 또는 등록출원상표인 것같이 상품에 표시하는 행위

등록 또는 상표등록출원이란 국내에서의 등록 또는 상표등록출원을 의미하므로 외국에서 등록 또는 출원한 상표라도 국내에서 등록 또는 출원하지 않았다면 이에 해당한다. 다만 외국에서 등록 또는 출원한 상표를 당해 국가명과 함께 표시한 경우에는 문제되지 않는다.[1]

등록상표인 것같이 표시하는 행위에는 반드시 '등록상표 제○호'의 표시뿐만 아니라 '등록상표', 'Ⓡ', 'Registered Trademark' 등을 포함한다.[2] 다만 단순히 Trademark라고 표시하는 행위는 이에 해당하지 아니하고, 등록상표와 유사한 상표로서 색채를 등록상표와 동일하게 하면 등록상표와 동일한 상표라고 인정되는 상표에 등록표시를 하는 것은 거짓 표시에 해당하지 아니한다.[3]

2. 등록을 하지 아니한 상표 또는 상표등록출원을 하지 아니한 상표를 등록상표 또는 등록출원상표인 것같이 영업용 광고·간판·표찰·상품의 포장 또는 기타 영업용 거래서류 등에 표시하는 행위

3. 지정상품외의 상품에 대하여 등록상표를 사용하는 경우에 그 상표에 상표등록 표시 또는 이와 혼동하기 쉬운 표시를 하는 행위

지정상품이 아닌 상품에 대하여 등록상표의 표시나 이와 혼동하기 쉬운 표시를 할 경우 일반수요자를 오인·기만시킬 수 있을 뿐만 아니라 공정한 상거래질서를 문란케 할 위험성이 매우 높으므로 이를 방지하기 위한 규정이다.

이 규정에 의할 경우 상표권자라도 전용권의 범위를 벗어난 상품에 대하여 등록상표를 단순히 사용하는 것은 타인의 상표권을 침해하는 것이 아니라면 상표법상 문제가 없으나, 그 상품에 상표를 사용하면서 '등록상표', 'Ⓡ', '등록번호 제○호', 'Reg. No. ○' 등의 표시를 하게 되면 거짓 표시에 해당한다.[4]

---

1) 문삼섭, 상표법(제2판), 세창출판사(2004), 1040.
2) 문삼섭(주 1), 1040.
3) 상표법 제225조 제1항 참조.
4) 문삼섭(주 1), 1040-1041.

4. 제1항 제1호 및 제2호의 규정에 의한 상표를 표시하는 행위에는 상
   품, 상품의 포장, 광고, 간판 또는 표찰을 표장의 형상으로 하는 것
   을 포함한다.

1997. 8. 22. 법률 제5355호로 상표법이 개정될 때 입체상표제도를 도입하
면서 제1호, 제2호의 거짓 표시행위에 상품, 상품의 포장, 광고, 간판 또는 표찰
을 표장의 형상으로 사용하는 것까지 확대하였다.

〈염호준〉

> **제225조(등록상표와 유사한 상표 등에 대한 특칙)**
>
> ① 제89조, 제92조, 제95조제3항, 제97조제2항, 제104조, 제110조제4항, 제119
> 조제1항제3호 및 제3항, 제160조, 제222조 및 제224조에 따른 "등록상표"에
> 는 그 등록상표와 유사한 상표로서 색채를 등록상표와 동일하게 하면 등록상
> 표와 같은 상표라고 인정되는 상표가 포함되는 것으로 한다.
> ② 제108조제1항제1호 및 제119조제1항제1호에 따른 "등록상표와 유사한 상
> 표"에는 그 등록상표와 유사한 상표로서 색채를 등록상표와 동일하게 하면
> 등록상표와 같은 상표라고 인정되는 상표가 포함되지 아니하는 것으로 한다.
> ③ 제108조제2항제1호에 따른 "타인의 지리적 표시 등록단체표장과 유사한
> 상표"에는 그 등록단체표장과 유사한 상표로서 색채를 등록단체표장과 동일
> 하게 하면 등록단체표장과 같은 상표라고 인정되는 상표가 포함되지 아니하
> 는 것으로 한다.
> ④ 제1항부터 제3항까지의 규정은 색채나 색채의 조합만으로 된 등록상표의
> 경우에는 적용하지 아니한다.

<소 목 차>

Ⅰ. 서론
  1. 의의
  2. 연혁
Ⅱ. 색채만 다른 상표의 동일성 취급(제1항)
Ⅲ. 색채만 다른 상표는 '등록상표와 유사한 상표'가 아니다(제2항)
Ⅳ. 지리적 표시 등록단체표장과 관련하여 색채만 다른 상표는 '등록상표와 유사한 상표'가 아니다(제3항)
Ⅴ. 색채나 색채의 조합만으로된 등록상표에의 비적용(제4항)

Ⅰ. 서론

1. 의의

이 규정은 상품거래시장에서 색채가 상품의 식별표지 구성요소로써 사용되고 있고, 선진 외국의 주요 국가들도 오래전부터 색채상표제도를 채택하고 있어 상표선택의 기회 확대와 국제적인 추세에 따라 1995년 개정 상표법(1995. 12. 29. 법률 제5083호)에서 색채상표제도를 도입하면서 기존 제도와의 조화를 위하여 신설한 것이다.[1]

---

1) 특허청, 조문별 상표법해설(2004), 443.

2. 연혁2)

가. 1995년 개정 상표법에서 신설

1995년 개정 상표법(1995. 12. 29. 법률 제5083호)은 무역관련지적재산권협정 (UR/TRIPs) 등 국제협약에서 인정하고 있는 색채상표제도를 도입함으로써 상표 제도의 세계화에 부응하고, 산업계의 상표선택범위를 확대하기 위하여 색채상 표제도를 도입하였다. 구체적으로는 종전에 상표의 구성요소가 될 수 없었던 색 채를 상표의 구성요소의 하나로 명시하고(제2조 제1항 제1호), 색채상표를 등록한 상표권자가 등록상표와 색채만을 다르게 사용하고자 하는 경우, 등록상표의 불 사용 또는 부정사용을 이유로 등록상표가 취소될 가능성이 있어, 상표권자가 사 용하고자 하는 모든 색채상표에 대하여 상표등록을 받아두어야 하는 등의 문제 점이 발생할 우려가 있으므로 이를 해소하기 위하여 등록상표와 색채만 다를 뿐 유사하다고 인정되는 것을 사용하는 경우에는 등록상표의 사용으로 인정하 는 등의 특칙규정을 신설하여 색채상표의 효력범위를 명확하게 하였다(제91조의2 제1항, 제2항).3)

나. 1997년 이후 개정

1997년 개정 상표법(1997. 8. 22. 법률 제5355호)에서는 제45조 제1항 제5호 (상표권의 존속기간갱신등록출원의 상표가 당해 등록상표와 동일하지 아니한 경우)를 삭제하면서 제91조의2 제1항에서 "제45조제1항제5호"를 삭제하였다.

2002년 개정 상표법(2002. 12. 11. 법률 제6765호)에서는 제67조(손해액의 추정 등) 제2항이 제3항으로 이동함에 따라 제91조의2 제1항에서 "제67조제2항"을 "제67조제3항"으로 변경하였다.

2004년 개정 상표법(2004. 12. 31. 법률 제7290호)에서는 지리적 표시 단체표 장제도의 도입에 따라 제91조의2 제2항 중 "제66조제1호"를 "제66조제1항제1

---

2) 이 부분의 내용은 주로 국회의안정보시스템의 상표법중개정법률안에 대한 의안원문 및 심사보고서 참조.
3) 당시 신설된 제91조의2는 아래와 같다.
  "① 제45조제1항제5호, 제50조, 제53조, 제55조제3항, 제57조제2항, 제62조, 제67조제2항, 제73조제1항제3호 및 제4항, 제85조, 제90조 및 제91조에 규정된 "등록상표"에는 그 등록 상표와 유사한 상표로서 색채를 등록상표와 동일하게 하면 등록상표와 동일한 상표라고 인정되는 상표를 포함하는 것으로 한다. ② 제66조제1호 및 제73조제1항제2호에 규정된 "등록상표와 유사한 상표"에는 그 등록상표와 유사한 상표로서 색채를 등록상표와 동일하 게 하면 등록상표와 동일한 상표라고 인정되는 상표를 포함하지 아니하는 것으로 한다."

호"로 하고, 동조에 제3항을 신설하였다.

2007년 개정 상표법(2007. 1. 3. 법률 제8190호)에서는 다른 것과 결합하지 아니한 색채 또는 색채의 조합도 상표로 보호받을 수 있도록 함에 따라 제91조의2에 제4항을 신설하였다.

2016. 2. 29. 전부개정된 상표법(법률 제14033호, 2016. 9. 1. 시행)에서는 조문체계를 정비함에 따라 제91조의2 전체가 제225조로 이동하였다.

II. 색채만 다른 상표의 동일성 취급(제1항)

일반적인 상표에 있어서 색채는 단지 부수적인 구성요소이므로 색채만 다르고 다른 구성요소가 동일한 상표는 유사상표라고 할 수 있다. 그러나 상품거래시장에서는 등록상표의 색채를 다양하게 변화하여 사용하는 경우가 많다. 제1항은 이러한 현실 거래를 감안하여 상표법상 일부 규정의 '등록상표' 개념에 그 등록상표와 색채만 다른 유사상표를 포함하는 것으로 규정하여 상표사용의 폭을 확대함으로써 상표권자의 보호를 강화하였다.4) 제1항이 적용되는 규정은 제89조(상표권의 효력), 제92조(타인의 디자인권 등과의 관계), 제95조 제3항(전용사용권자의 권리), 제97조 제2항(통상사용권자의 권리), 제104조(질권), 제110조 제4항(통상사용료 상당 손해배상액의 산정), 제119조 제1항 제3호 및 제3항(상표등록 취소심판에서의 상표의 사용), 제160조(재심에 의하여 회복한 상표권의 효력의 제한), 제222조(등록상표의 표시) 및 제224조(거짓 표시의 금지)이다.

다만, 색채간의 채도차가 큰 경우에도 동일성을 인정하는 것은 상표의 동일성 범주를 지나치게 확대하는 것이라는 견해가 있다.5)

III. 색채만 다른 상표는 '등록상표와 유사한 상표'가 아니다(제2항)

제2항은 제1항과 통일을 기하기 위하여 상표법상의 규정 중 침해로 보는 행위에 관한 제108조 제1항 제1호(타인의 등록상표와 동일한 상표를 그 지정상품과 유사한 상품에 사용하거나 타인의 등록상표와 유사한 상표를 그 지정상품과 동일·유

---

4) 특허청(주 1), 444; 문삼섭, 상표법(제2판), 세창출판사(2004), 963 참조.
5) 김연환, "상표불사용취소심판제도 개선방안에 관한 소고," 지식재산21 통권 제71호(2002), 80-81 참조. 문삼섭(주 4), 963에서 재인용.

사한 상품에 사용하는 행위) 및 상표등록의 취소심판에 관한 제119조 제1항 제1
호(상표권자가 고의로 지정상품에 등록상표와 유사한 상표를 사용하거나 지정상품과
유사한 상품에 등록상표 또는 이와 유사한 상표를 사용함으로써 수요자에게 상품의 품
질 오인이나 타인의 업무와 관련된 상품과 혼동을 불러일으키게 한 경우)에 규정된
'등록상표와 유사한 상표'의 개념에 그 등록상표와 색채만을 달리한 상표는 포
함되지 않는다고 규정한 것이다.6)

IV. 지리적 표시 등록단체표장과 관련하여 색채만 다른 상표는 '등 록상표와 유사한 상표'가 아니다(제3항)

제3항 역시 제1항과 통일을 기하기 위하여 둔 규정인데, 다만 침해로 보는
행위에 관한 제108조 제2항에서 지리적 표시 등록단체표장에 관하여 별도로 규
정하고 있는 것과 같은 맥락에서 제108조 제2항 제1호[타인의 지리적 표시 등록
단체표장과 유사한 상표(동음이의어 지리적 표시를 제외한다. 이하 이 항에서 같다)를
그 지정상품과 동일하다고 인정되는 상품에 사용하는 행위]에 규정된 '타인의 지리
적 표시 등록단체표장과 유사한 상표'의 개념에 그 등록단체표장과 색채만을
달리한 상표는 포함되지 않는다고 규정한 것이다.7)

V. 색채나 색채의 조합만으로 된 등록상표에의 비적용(제4항)

종전에는 기호·문자·도형 또는 입체적 형상이나 이에 색채를 결합한 것만
을 상표로 규정하였으나, 2007년 개정 상표법(2007. 1. 3. 법률 제8190호)에 의하
여 색채상표·홀로그램상표·동작(動作)상표 그 밖에 시각적으로 인식할 수 있는
모든 유형을 상표로 보호받을 수 있도록 하였고(제2조 제1항 제1호), 2016. 2. 29.
전부개정된 상표법 제2조 제1항에서는 상표의 범위를 더욱 더 확대하여, "1.
'상표'란 자기의 상품(지리적 표시가 사용되는 상품의 경우를 제외하고는 서비스 또
는 서비스의 제공에 관련된 물건을 포함한다. 이하 같다)과 타인의 상품을 식별하기
위하여 사용하는 표장(標章)을 말한다. 2. '표장'이란 기호, 문자, 도형, 소리, 냄
새, 입체적 형상, 홀로그램·동작 또는 색채 등으로서 그 구성이나 표현방식에

---

6) 특허청(주 1), 444 참조.
7) 특허청(주 1), 444 참조.

상관없이 상품의 출처(出處)를 나타내기 위하여 사용하는 모든 표시를 말한다."
고 규정하고 있다.

위 제1항 내지 3항은 색채가 부수적인 구성요소에 불과한 일반적인 상표(이
점에서는 지리적 표시 등록단체표장도 마찬가지이다)에 관한 규정이라 할 것인바,
제4항은 이러한 규정이 색채가 주요 구성요소인 '색채나 색채의 조합만으로된
등록상표'에 적용되지 아니한다는 것을 밝힌 것이다.

〈김기영〉

> **제226조(불복의 제한)**
> ① 보정각하결정, 상표등록여부결정, 심결, 심판청구나 재심청구의 각하결정에 대하여는 다른 법률에 따른 불복을 할 수 없으며, 이 법에 따라 불복할 수 없도록 규정되어 있는 처분에 대하여는 다른 법률에 따른 불복을 할 수 없다.
> ② 제1항에 따른 처분 외의 처분의 불복에 대하여는 「행정심판법」 또는 「행정소송법」에 따른다.

〈소 목 차〉

Ⅰ. 다른 법률에 의한 불복의 제한   Ⅱ. 제226조 제1항에 규정되지 않은 처분에 대한 불복

Ⅰ. 다른 법률에 의한 불복의 제한

본조 제1항은 심사관의 보정각하결정(상표법 제42조), 특허등록여부결정(상표법 제54조, 제68조), 심결(상표법 제149조), 심판청구서나 재심청구서의 각하결정(상표법 제127조, 제161조)에 대하여는 행정심판법은 물론 행정소송법 등 다른 법률에 의한 불복을 할 수 없도록 규정하고 있다. 상표등록거절결정, 심결, 심판청구나 재심청구의 각하결정에 대하여는 상표법에 규정된 절차에 따라서만 불복할 수 있고, 즉 상표등록거절결정에 대하여는 상표법 제116조에 따라 심판을 청구할 수 있고, 심결 및 심판청구서나 재심청구서의 각하결정에 대하여는 상표법 제162조에 따라 심결취소소송을 제기할 수 있을 뿐이다. 심사관의 보정각하결정에 대하여는 불복할 수 없고(상표법 제42조 제5항 본문), 상표등록거절결정에 대한 심판(상표법 제116조)을 청구하는 경우에 그 심판절차에서 보정각하에 대한 당부 즉 보정의 적법 여부를 다툴 수 있을 뿐이며(상표법 제42조 제5항 단서), 상표등록결정에 대하여는 불복절차가 없고 제3자가 무효심판(상표법 제117조)이나 취소심판(상표법 제119조) 절차에 따라 당해 상표권을 소급적으로(무효심판은 등록일부터, 취소심판은 청구일로부터) 또는 장래에 향하여 소멸시킬 수 있을 뿐이다. 또한 본조 제1항은 그 밖에 상표법의 규정에 의하여 불복할 수 없도록 규정되어 있는 처분에 대하여는 행정심판법이나 행정소송법 등 다른 법률의 규정에

의한 불복도 할 수 없음을 규정하고 있다.[1]

그 이유는, 행정심판절차보다는 신속·공정·독립된 절차의 요청에 적합한 구제수단으로 상표심판절차를 제도화하였고, 상표에 관한 절차를 신속하게 처리하기 위하여 상표법에 의하여 각 처분에 대한 불복을 인정하지 아니한 것에 대하여는 다른 법률에 의하여도 불복을 인정하지 아니하는 것이 소송경제에 비추어 합리적이라고 판단하여 이를 명확히 한 것이다.

상표법에 의하여 불복할 수 없도록 규정되어 있는 처분으로는 위에서 본 보정각하결정, 상표등록결정 이외에 상표법 제138조의 심판관 제척 또는 기피신청에 대한 결정(같은 조 제4항), 제143조의 참가신청에 대한 결정(같은 조 제5항) 등이 있는데, 이러한 처분에 대하여는 행정심판법이나 행정소송법 등 다른 법률의 규정에 의한 불복도 할 수 없다. 이러한 처분에 대하여 독자적인 불복을 허용하는 것은 상표에 관한 절차의 신속한 처리를 방해할 수 있을 뿐만 아니라 이러한 처분에 대하여는 심판이나 심결취소소송 절차에서 구제를 받을 수 있는 길이 별도로 열려 있기 때문이다.

특허에 관한 것이지만, 대법원 2006. 10. 26. 선고 2004두14274 판결은, 구 특허법(2001. 2. 3. 법률 제6411호로 개정되기 전의 것) 제224조의2(현행 특허법 제224조의2 제1항)는 특허요건 등에 관한 판단에 고도의 전문지식이 필요하다는 점에서 그 불복을 행정심판법이 아닌 특허법이 정하는 바에 따라 전문기관인 특허심판원 및 특허법원에서 처리하기 위하여 마련한 규정이고, 한편 구 특허법은 제132조의3에서 "거절결정을 받은 자가 불복이 있는 때에는 심판을 청구할 수 있다"고 규정하고 있으나 특허결정을 받은 자에게는 별도의 불복절차를 두지 않고 있는바, 이는 특허결정이 그 출원인에게 불이익이 없기 때문이다. 이러한 구 특허법의 태도에 비추어 보면, 특허청에 제출된 특허출원과 같은 내용으로 특허결정을 받은 특허출원인은 특별한 사정이 없는 한 그 특허결정의 취소를 구할 법률상 이익이 없다고 하였다.[2]

---

[1] 구 특허법 하에서의 대법원 1996. 3. 12. 선고 95누18826 판결은, 항고심판에서의 하자가 행정법의 법리상 취소할 수 있는 사유에 해당되거나 당연무효의 사유에 해당되는가의 여부에 불구하고 특허법 제186조 제1항의 규정에 따르지 아니하고 바로 행정소송으로 고등법원에 그 취소나 무효확인을 구할 수는 없어서 이러한 항고심판을 대상으로 한 행정소송은 부적법하다고 하였다.

[2] 출원인이 원출원의 일부를 2개의 특허출원(분할출원 1, 분할출원 2)으로 분할하는 과정에서 출원인의 착오로 2개의 출원이 동일한 출원이 되었으나, 출원인의 보정 등에 의하여 결국 원출원과 보정된 분할출원 1, 그리고 분할출원 2에 대하여 각각 특허결정이 이루어

Ⅱ. 제226조 제1항에 규정되지 않은 처분에 대한 불복

본조 제1항의 규정에 의한 처분, 즉 보정각하결정, 상표등록여부결정, 심결, 심판청구서나 재심청구서의 각하결정, 상표법에 의하여 불복할 수 없도록 규정되어 있는 처분 이외의 처분에 대하여는 행정심판법이나 행정소송법에 의하여 불복할 수 있다. 상표법에 불복을 할 수 없다고 규정되어 있거나 불복에 관한 별도의 절차가 마련되어 있는 처분에 대하여는 본조 제1항의 규정에 의하지만, 그 밖의 특허청장 또는 특허심판원장의 무효처분(상표법 제18조), 특허청장 또는 특허심판원장의 심판 청구기간 연장 불허가 처분 및 특허청장·특허심판원장·심판장·심사관의 특허에 관한 절차 기간 단축 또는 연장 불허가 처분(상표법 제17조) 등은 그 성질상 일반 행정처분과 별다른 차이가 없으므로 일반 행정처분과 마찬가지로 행정심판법 또는 행정소송법의 절차에 따라 불복할 수 있음은 당연하다.

행정소송법 제18조 제1항은, 취소소송은 법령의 규정에 의하여 당해 처분에 대한 행정심판을 제기할 수 있는 경우에도 이를 거치지 아니하고 제기할 수 있고, 다만 다른 법률에 당해 처분에 대한 행정심판의 재결을 거치지 아니하면 취소소송을 제기할 수 없다는 규정이 있는 때에는 그러하지 아니하다고 규정하고 있는데, 상표법에는 위 제18조 제1항 단서와 같은 규정을 두고 있는 경우가 없으므로, 상표법 소정의 위 처분들에 대하여는 행정심판을 거치지 않고 바로 취소소송을 제기할 수 있다.

〈최성준〉

졌다면, 출원인은 분할출원 2에 대한 특허결정의 취소를 구할 법률상 이익이 없다고 한 사례이다.

제227조(비밀유지명령)

① 법원은 상표권 또는 전용사용권의 침해에 관한 소송에서 어느 한쪽 당사자가 보유한 영업비밀(「부정경쟁방지 및 영업비밀보호에 관한 법률」 제2조제2호에 따른 영업비밀을 말하며, 이하 같다)에 대하여 다음 각 호의 사유를 모두 소명한 경우에는 그 당사자의 신청에 의하여 결정으로 다른 당사자(법인인 경우에는 그 대표자를 말한다), 당사자를 위하여 소송을 대리하는 자, 그 밖에 그 소송으로 인하여 영업비밀을 알게 된 자에게 그 영업비밀을 그 소송의 계속적인 수행 외의 목적으로 사용하거나 그 영업비밀에 관계된 이 항에 따른 명령을 받은 자 외의 자에게 공개하지 아니할 것을 명할 수 있다. 다만, 그 신청 시점까지 다른 당사자(법인인 경우에는 그 대표자를 말한다), 당사자를 위하여 소송을 대리하는 자, 그 밖에 그 소송으로 인하여 영업비밀을 알게 된 자가 제1호에 따른 준비서면의 열람이나 증거조사 외의 방법으로 그 영업비밀을 이미 취득하고 있는 경우에는 그러하지 아니하다.

1. 이미 제출하였거나 제출하여야 할 준비서면 또는 이미 조사하였거나 조사하여야 할 증거에 영업비밀이 포함되어 있다는 것

2. 제1호에 따른 영업비밀이 해당 소송 수행 외의 목적으로 사용되거나 공개되면 당사자의 영업에 지장을 줄 우려가 있어 이를 방지하기 위하여 영업비밀의 사용 또는 공개를 제한할 필요가 있다는 것

② 제1항에 따른 명령(이하 "비밀유지명령"이라 한다)의 신청은 다음 각 호의 사항을 적은 서면으로 하여야 한다.

1. 비밀유지명령을 받을 자

2. 비밀유지명령의 대상이 될 영업비밀을 특정하기에 충분한 사실

3. 제1항 각 호의 사유에 해당하는 사실

③ 법원은 비밀유지명령이 결정된 경우에는 그 결정서를 비밀유지명령을 받은 자에게 송달하여야 한다.

④ 비밀유지명령은 제3항에 따른 결정서가 비밀유지명령을 받은 자에게 송달된 때부터 효력이 발생한다.

⑤ 비밀유지명령의 신청을 기각하거나 각하한 재판에 대해서는 즉시항고를 할 수 있다.

제228조(비밀유지명령의 취소)

① 비밀유지명령을 신청한 자 또는 비밀유지명령을 받은 자는 제227조제1항에 따른 요건을 갖추지 못하였거나 갖추지 못하게 된 경우 소송기록을 보관하고 있는 법원(소송기록을 보관하고 있는 법원이 없는 경우에는 비밀유지명령을 내린 법원을 말한다)에 비밀유지명령의 취소를 신청할 수 있다.

② 법원은 비밀유지명령의 취소 신청에 대한 재판이 있는 경우에는 그 결정서를 그 신청을 한 자 및 상대방에게 송달하여야 한다.

③ 비밀유지명령의 취소 신청에 대한 재판에 대해서는 즉시항고를 할 수 있다.

④ 비밀유지명령을 취소하는 재판은 확정되어야 그 효력이 발생한다.

⑤ 비밀유지명령을 취소하는 재판을 한 법원은 비밀유지명령의 취소 신청을 한 자 또는 상대방 외에 해당 영업비밀에 관한 비밀유지명령을 받은 자가 있는 경우에는 그 자에게 즉시 비밀유지명령의 취소 재판을 한 사실을 알려야 한다.

제229조(소송기록 열람 등의 청구 통지 등)

① 비밀유지명령이 내려진 소송(모든 비밀유지명령이 취소된 소송은 제외한다)에 관한 소송기록에 대하여 「민사소송법」 제163조제1항에 따른 열람 등의 제한 결정이 있는 경우로서, 그 소송에서 비밀유지명령을 받지 아니한 자가 열람 등이 가능한 당사자를 위하여 그 비밀 기재 부분의 열람 등의 청구절차를 밟은 경우에는 법원서기관, 법원사무관, 법원주사 또는 법원주사보(이하 이 조에서 "법원사무관등"이라 한다)는 「민사소송법」 제163조제1항에 따라 열람 등의 제한 신청을 한 당사자(그 열람 등의 청구를 한 자는 제외하며, 이하 제3항에서 같다)에게 그 청구 직후에 그 열람 등의 청구가 있었다는 사실을 알려야 한다.

② 제1항의 경우에 법원사무관등은 제1항에 따른 청구가 있었던 날부터 2주일이 지날 때까지 그 청구절차를 밟은 자에게 같은 항에 따른 비밀 기재 부분의 열람 등을 하게 해서는 아니 된다. 이 경우 그 청구절차를 밟은 자에 대한 비밀유지명령 신청이 그 기간 내에 이루어진 경우에는 그 신청에 대한 재판이 확정되는 시점까지 그 청구절차를 밟은 자에게 제1항에 따른 비밀 기재 부분의 열람 등을 하게 해서는 아니 된다.

③ 제2항은 제1항에 따라 열람 등의 청구를 한 자에게 제1항에 따른 비밀 기재 부분의 열람 등을 하게 하는 것에 대하여 「민사소송법」 제163조제1항에 따라 열람 등의 제한 신청을 한 당사자 모두의 동의가 있는 경우에는 적용되지 아니한다.

〈소 목 차〉

Ⅰ. 비밀유지명령
Ⅱ. 내용(법 제227조)
Ⅲ. 비밀유지명령의 취소(법 제228조)

Ⅳ. 소송기록 열람 등의 청구 통지 등
　(법 제229조)
Ⅴ. 비밀유지명령 위반죄(법 제231조)

Ⅰ. 비밀유지명령

'비밀유지명령'이란 소송절차에서 생성되거나 교환된 영업비밀을 보호하기 위해 소송당사자, 대리인 등에게 소송 중 알게 된 비밀을 소송 수행외의 목적으로 사용하지 못하게 하거나 공개하지 못하게 하는 법원의 명령을 뜻한다.[1] 2011년 개정 상표법[2]에 따르면, 상표권 또는 전용사용권의 침해에 관한 소송에서 당사자가 제출한 준비서면 등에 영업비밀이 포함되어 있고 그 영업비밀이 공개되면 당사자의 영업에 지장을 줄 우려가 있는 경우 등에는 당사자의 신청에 따라 결정으로 해당 영업비밀을 알게 된 자에게 소송 수행 외의 목적으로 영업비밀을 사용하거나 그 영업비밀을 제3자에게 공개하지 아니할 것을 명할 수 있도록 하였고, 이를 위반하면 형사벌을 부과할 수 있도록 하는 근거 규정을 신설하고 있다. 이는 한미 자유무역협정(Free Trade Agreement; 이하 'FTA') 제18.10조 제11항[3]을 국내법에 반영하기 위한 조문이다. 동 제도와 관련하여, TRIPs(무역관련지식재산권협정)와 한-EU FTA 규정은 민사사법절차에서 사법당국의 서류 제출 명령 권한을 중점적으로 규정하고 있다. 한-EU FTA 이행입법과 관련하여 법원의 서류제출 명령 권한에 관하여는 민사소송법 제292조, 제344조, 제347조, 제367조 등을 통해서 이행할 수 있었으므로 별도 입법이 필요 없었다. 하지만 한미 FTA는 제18.10조 제10항에서 서류제출 명령 권한을 규정하고, 이

---

1) 문병철, "특허법 일부개정법률안 검토보고서"(2011년 10월), 24. 이 검토보고서는 상표법, 실용신안법, 디자인보호법, 저작권법에도 같이 적용된다.
2) [시행 2012.3.15.] [법률 제11113호, 2011.12.2., 일부개정].
3) 한미 FTA 제18.10조에 따르면, "11. 각 당사국은 사법 당국이 다음의 권한을 가지도록 규정한다.
　가. 적절한 경우, 사법 당국이 내린 유효한 명령을 지키지 못한 민사 사법절차의 당사자에게 벌금·구류 또는 구금을 명령할 수 있는 권한, 그리고
　나. 소송절차에서 생성되거나 교환된 비밀정보의 보호에 관한 사법명령의 위반에 대하여, 민사 사법절차의 당사자, 변호인, 전문가 또는 법원의 관할권이 미치는 그 밖의 인에게 제재를 부과할 수 있는 권한"

와 별도로 제11항에서는 사법당국의 비밀유지명령의 위반에 대한 제재 권한을 규정하고 있다. 그러므로 TRIPs와 한-EU FTA와는 달리, 한미 FTA의 충실한 이행을 위해서는 비밀유지명령제도 및 이를 위반 시의 처벌규정을 도입할 필요가 있어서 2011년 개정 상표법⁴⁾에서는 제92조의7 내지 제92조의9, 제96조의2(현행 상표법 제227조 내지 제229조, 제231조)를 신설하여 규율하고 있다. 이 제도는 소송절차에서 알려지게 된 영업비밀이 보호됨에 따라 기업의 경영활동 위축을 막을 수 있고, 서류제출 거부를 남용하는 사례가 대폭 감소하여, 손해 입증이 용이해지고, 심리의 충실을 도모할 수 있을 것이다.

Ⅱ. 내용(법 제227조)

상표법 제227조는 준비서면 또는 증거 등에 영업비밀이 포함되는 경우, 법원의 명령에 의해 해당 영업비밀의 사용 및 공개를 금지하는 비밀유지명령제도를 규정하고 있다. 이에 의하면, 법원은 상표권 또는 전용사용권의 침해에 관한 소송에서 그 당사자가 보유한 영업비밀(「부정경쟁방지 및 영업비밀보호에 관한 법률」 제2조제2호에 따른 영업비밀을 말한다. 이하 같다)에 대하여 (i) 이미 제출하였거나 제출하여야 할 준비서면 또는 이미 조사하였거나 조사하여야 할 증거에 영업비밀이 포함되어 있다는 것 및 (ii) 그 영업비밀이 해당 소송 수행 외의 목적으로 사용되거나 공개되면 당사자의 영업에 지장을 줄 우려가 있어 이를 방지하기 위하여 영업비밀의 사용 또는 공개를 제한할 필요가 있다는 것을 모두 소명한 경우에는 그 당사자의 신청에 따라 결정으로 (i) 다른 당사자(법인인 경우에는 그 대표자), 당사자를 위하여 소송을 대리하는 자, 그 밖에 그 소송으로 인하여 영업비밀을 알게 된 자에게 그 영업비밀을 그 소송의 계속적인 수행 외의 목적으로 사용하거나 (ii) 그 영업비밀에 관계된 비밀유지명령을 받은 자(즉, 다른 당사자(법인인 경우에는 그 대표자), 당사자를 위하여 소송을 대리하는 자, 그 밖에 그 소송으로 인하여 영업비밀을 알게 된 자) 외의 자에게 공개하지 아니할 것을 명할 수 있다. 다만, 그 신청 시점까지 다른 당사자(법인인 경우에는 그 대표자), 당사자를 위하여 소송을 대리하는 자, 그 밖에 그 소송으로 인하여 영업비밀을 알게 된 자가 그 준비서면의 열람이나 증거조사 외의 방법으로 그 영업비밀을 이미 취득하고 있는 경우에는 그러하지 아니하다(법 제227조 제1항).

---

4) [시행 2012.3.15.] [법률 제11113호, 2011.12.2., 일부개정].

해당 소송 수행 목적으로의 해당 영업비밀의 사용에 대해서는, 비밀 유지 명령의 대상에서는 제외되어 있다. 이는 소송 당사자의 방어권을 확보하기 위해서 이와 같은 사용을 인정할 필요가 있는 점에 기인한 것이다.[5] 한편, 소송 수행 목적으로의 해당 영업비밀의 공개는 금지되며, 비밀유지명령의 대상이다(단, 비밀유지명령을 받은 자에게는 공개 가능하다). 이것은 소송 수행 목적이라 하더라도 해당 영업비밀이 공개되었다면, 영업비밀의 요건 중 하나인 비공지성이 결여되어 그 가치가 두드러지게 손상되기 때문이다.[6]

비밀유지명령의 신청은 (i) 비밀유지명령을 받을 자, (ii) 비밀유지명령의 대상이 될 영업비밀을 특정하기에 충분한 사실, (iii) 이미 제출하였거나 제출하여야 할 준비서면 또는 이미 조사하였거나 조사하여야 할 증거에 영업비밀이 포함되어 있다는 사실 및 그 영업비밀이 해당 소송 수행 외의 목적으로 사용되거나 공개되면 당사자의 영업에 지장을 줄 우려가 있어 이를 방지하기 위하여 영업비밀의 사용 또는 공개를 제한할 필요가 있다는 사실을 적은 서면으로 하여야 한다(법 제227조 제2항).

비밀유지명령은 비밀유지를 명하는 결정서가 비밀유지명령을 받은 자에게 송달하여야 하고(법 제227조 제3항), 비밀유지를 명하는 결정서가 비밀유지명령을 받은 자에게 송달된 때부터 효력이 발생한다(법 제227조 제4항).

이러한 비밀유지명령의 신청을 기각하거나 각하한 재판에 대해서는 즉시항고를 할 수 있다(특허법 제227조 제5항).

III. 비밀유지명령의 취소(법 제228조)

상표법 제228조는 법원이 발령한 비밀유지명령에 대하여 상표법 제227조 제1항에 따른 요건을 충족시키지 못하거나 사후적으로 결여된 경우의 취소 절차를 규정하고 있다. 또한 상표법은 비밀유지명령의 취소 신청에 관한 재판이 있는 경우에 그 결정서를 신청을 한 자 및 상대방에게 송달해야 할 뿐만 아니라(법 제228조 제2항), 비밀유지명령이 여러 명에게 발령된 후 일부의 수신인에 대한 비밀유지명령이 취소된 경우 법원은 그 비밀유지명령을 취소하는 재판이 있었음을 즉시 해당자 이외의 비밀유지명령을 받은 자에게도 통지해야 한다고

5) 문병철(주 1), 28.
6) 문병철(주 1), 28.

규정하고 있다(법 제228조 제5항). 이는 비밀유지명령을 취소 받지 않은 다른 수신인으로서는 비밀유지명령을 받은 자에 대한 공개 행위는 적법한 반면, 취소받은 자에 대한 공개 행위는 위법행위인 동시에, 비밀유지명령을 취소 받은 자에 대한 공개에 의해 그 자로부터 영업비밀이 누설될 우려가 발생하기 때문이다.[7]

Ⅳ. 소송기록 열람 등의 청구 통지 등(법 제229조)

상표법 제229조에 따르면, 비밀유지명령이 내려진 소송에 관한 소송기록에 대하여 열람 신청자를 당사자로 한정하는 열람제한 결정이 있었던 경우, 당사자가 소송기록 중 영업비밀 부분의 열람 등을 청구하였으나 그 청구절차를 비밀유지명령을 받지 않은 자가 밟는 경우 법원 담당공무원은 당사자에게 소송기록 열람 청구가 있었음을 통지해야 한다고 규정하고 있다. 소송기록으로부터의 영업비밀의 누설 방지에 관해서는 민사소송법 제163조[8]의 규정에 의한 제3자의 열람 등의 제한이 있는데, 동조에서 당사자에 의한 열람 등은 가능하다. 이 때문에, 예를 들어 법인이 당사자 등인 경우, 비밀유지명령을 받지 않은 종업원 등이 법인으로부터 위임을 받아 소송기록의 열람 등의 청구 절차를 통해 영업비밀을 사실상 자유롭게 알 수 있게 될 우려가 있다. 따라서 상표법 제229조는 비밀유지명령이 발령된 소송에 관한 소송기록에 대해서 민사소송법 제163조 제1항의 결정이 있는 경우에 (i) 당사자로부터 민사소송법 제163조 제1항의 비밀

---

7) 문병철(주 1), 30.
8) 민사소송법 제163조(비밀보호를 위한 열람 등의 제한) ① 다음 각호 가운데 어느 하나에 해당한다는 소명이 있는 경우에는 법원은 당사자의 신청에 따라 결정으로 소송기록중 비밀이 적혀 있는 부분의 열람·복사, 재판서·조서중 비밀이 적혀 있는 부분의 정본·등본·초본의 교부(이하 "비밀 기재부분의 열람 등"이라 한다)를 신청할 수 있는 자를 당사자로 한정할 수 있다.
  1. 소송기록중에 당사자의 사생활에 관한 중대한 비밀이 적혀 있고, 제3자에게 비밀 기재부분의 열람 등을 허용하면 당사자의 사회생활에 지장이 클 우려가 있는 때
  2. 소송기록중에 당사자가 가지는 영업비밀(부정경쟁방지및영업비밀보호에관한법률 제2조제2호에 규정된 영업비밀을 말한다)이 적혀 있는 때
② 제1항의 신청이 있는 경우에는 그 신청에 관한 재판이 확정될 때까지 제3자는 비밀 기재부분의 열람 등을 신청할 수 없다.
③ 소송기록을 보관하고 있는 법원은 이해관계를 소명한 제3자의 신청에 따라 제1항 각호의 사유가 존재하지 아니하거나 소멸되었음을 이유로 제1항의 결정을 취소할 수 있다.
④ 제1항의 신청을 기각한 결정 또는 제3항의 신청에 관한 결정에 대하여는 즉시항고를 할 수 있다.
⑤ 제3항의 취소결정은 확정되어야 효력을 가진다.

기재 부분의 열람 등의 청구를 받고, (ii) 그 청구 절차를 수행한 자가 비밀유지 명령을 받은 자가 아닌 경우에 법원 담당공무원은 민사소송법 제163조 제1항의 신청을 한 당사자에게 그 청구 직후에 그 청구가 있었음을 통지해야 한다고 규정하고 있다. 이로써 통지를 받은 당사자는 청구 절차를 수행한 자에 대한 비밀유지 명령의 신청을 할 수 있게 되며, 비밀유지명령의 발령을 얻는 데 필요한 기간(열람 등의 청구가 있었던 날로부터 2주일, 그 기간 내에 그 자에 대한 비밀유지 명령의 신청이 있었을 때는 그 신청에 관한 재판 확정까지) 동안은 그 절차를 수행한 자의 열람 등은 제한된다. 단, 영업비밀의 보유자인 신청을 한 당사자 모두의 동의가 있을 때는 이들 규정이 적용되지 않고도 열람할 수 있다. 따라서 제229조는 비밀유지명령을 받지 아니한 자의 소송기록 열람 등의 청구에 따른 영업비밀 누출의 위험으로부터 효율적으로 영업비밀을 보호하기 위한 것이다.[9]

V. 비밀유지명령 위반죄(법 제231조)

상표법 제231조는 비밀유지명령의 대상이 되어 있는 영업비밀을 해당 소송 수행의 목적 이외로 사용하거나 해당 비밀유지명령을 받은 자 이외의 자에게 공개하는 행위는 형사처벌의 대상으로 하고 있다. 이는 민사소송 절차에서 생산되거나 교환된 비밀정보의 보호에 관한 사법명령의 위반에 대하여 사법당국이 제재를 부과할 수 있는 권한을 규정한 한미 FTA 제18.10조 제11항을 반영하기 위한 것으로서 2011년 상표법 개정[10]을 통해 도입된 제도다. 현행 상표법 제231조(구 상표법 제96조의2)에서는 비밀유지명령 위반에 대한 형량을 5년 이하의 징역 또는 5천만원 이하의 벌금으로 규정하고 있는데, 비밀유지명령 위반은 법규 위반이 아닌 법원의 명령에 대한 위반이며, 심리 중에 알게 된 비밀을 소극적으로 유지하지 못한 것이라는 점에서 일정한 목적을 가지고 누설한 목적범과 그 형량에 차이를 두는 것이 합리적이라는 점을 감안한 입법이다.[11]

이 형량은 또한 직무상 알게 된 비밀 누설에 관한 유사 사례[12] 및 일본 부

---

9) 문병철(주 1), 30-32.
10) [시행 2012.3.15.] [법률 제11113호, 2011.12.2., 일부개정].
11) 문병철(주 1), 35.
12) <산업기술의 유출방지 및 보호에 관한 법률>
　　제34조(비밀유지의무) 다음 각 호의 어느 하나에 해당하거나 해당하였던 자는 그 직무상 알게 된 비밀을 누설하거나 도용하여서는 아니 된다. <개정 2008.2.29., 2011.7.25., 2013.3.23., 2015.1.28.>

정경쟁방지법의 사례13)에 비추어 볼 때, 적절한 것으로 평가된다.14)

한편, 상표법 제231조 제2항은 비밀유지명령 위반죄를 피해자 또는 그 밖

---

1. 대상기관의 임·직원(교수·연구원·학생을 포함한다)
2. 제9조의 규정에 따라 국가핵심기술의 지정·변경 및 해제 업무를 수행하는 자 또는 제16조에 따라 국가핵심기술의 보호·관리 등에 관한 지원 업무를 수행하는 자
3. 제11조 및 제11조의2에 따라 국가핵심기술의 수출 및 해외인수·합병등에 관한 사항을 검토하거나 사전검토, 조사업무를 수행하는 자
4. 제15조의 규정에 따라 침해행위의 접수 및 방지 등의 업무를 수행하는 자
5. 제16조제4항제3호의 규정에 따라 상담업무 또는 실태조사에 종사하는 자
6. 제17조제1항의 규정에 따라 산업기술의 보호 및 관리 현황에 대한 실태조사업무를 수행하는 자
7. 제20조제2항의 규정에 따라 산업보안기술 개발사업자에게 고용되어 산업보안기술 연구개발업무를 수행하는 자
8. 제23조의 규정에 따라 산업기술 분쟁조정업무를 수행하는 자
9. 제33조의 규정에 따라 산업통상자원부장관의 권한의 일부를 위임·위탁받아 업무를 수행하는 자

제36조(벌칙) ① 산업기술을 외국에서 사용하거나 사용되게 할 목적으로 제14조 각 호(제4호를 제외한다)의 어느 하나에 해당하는 행위를 한 자는 15년 이하의 징역 또는 15억원 이하의 벌금에 처한다. <개정 2008.3.14., 2016.3.29.>
② 제14조 각 호(제4호 및 제6호는 제외한다)의 어느 하나에 해당하는 행위를 한 자는 7년 이하의 징역 또는 7억원 이하의 벌금에 처한다. <개정 2011.7.25., 2016.3.29.>
③ 제14조제4호에 해당하는 행위를 한 자는 3년 이하의 징역 또는 3억원 이하의 벌금에 처한다.
④ 제1항 내지 제3항의 죄를 범한 자가 그 범죄행위로 인하여 얻은 재산은 이를 몰수한다. 다만, 그 전부 또는 일부를 몰수할 수 없는 때에는 그 가액을 추징한다.
⑤ 제34조의 규정을 위반하여 비밀을 누설하거나 도용한 자는 5년 이하의 징역이나 10년 이하의 자격정지 또는 5천만원 이하의 벌금에 처한다. <개정 2016.3.29.>
⑥ 제1항 및 제2항의 미수범은 처벌한다.
⑦ 제1항 내지 제3항의 징역형과 벌금형은 이를 병과할 수 있다.
[단순위헌, 2011헌바39, 2013.7.25. 구 산업기술의 유출방지 및 보호에 관한 법률(2006. 10. 27. 법률 제8062호로 제정되고, 2011. 7. 25. 법률 제10962호로 개정되기 전의 것) 제36조 제2항 중 제14조 제1호 가운데 '부정한 방법에 의한 산업기술 취득행위'에 관한 부분은 헌법에 위반된다.]
<불공정무역행위 조사 및 산업피해구제에 관한 법률>
제38조(비밀 엄수의 의무) 이 법에 따른 직무에 종사하거나 종사하였던 위원·공무원 또는 조사업무를 수행하거나 수행하였던 자는 그 직무상 알게 된 비밀을 누설하거나 이 법을 시행하기 위한 조사·판정 등의 목적 외에 그 비밀을 이용하여서는 아니 된다.
제40조(벌칙) ① 다음 각 호의 어느 하나에 해당하는 자는 3년 이하의 징역 또는 3천만원 이하의 벌금에 처한다.
1. 내지 3. [중략]
4. 제38조에 따른 비밀 엄수의 의무를 위반한 자
13) <일본 부정경쟁방지법>
　　제21조 (벌칙) ② 다음 각 호의 어느 하나에 해당하는 자는 5년 이하의 징역 혹은 500만엔 이하의 벌금에 처하거나 이를 병과한다. 5. 비밀유지명령에 위반한 자
14) 문병철(주 1), 35-36.

의 법률에 정한 자의 고소를 필요조건으로 하는 친고죄로 규정하고 있다. 이렇게 친고죄로 규정한 이유는 비친고죄로 구성하는 경우, 피해자가 형사재판을 원하지 않아도 검사가 기소하면 공판 절차가 개시되므로 형사처벌을 통해 보호를 도모하고자 하는 영업비밀이 형사소송 과정에서 다시 공개되어 버릴 가능성이 있기 때문이다.[15)]

〈이규호〉

---

15) 문병철(주 1), 36.

제12장
벌 칙

제230조(침해죄)
상표권 및 전용사용권의 침해행위를 한 자는 7년 이하의 징역 또는 1억원 이하의 벌금에 처한다.

<소 목 차>

Ⅰ. 서론
1. 의의
2. 연혁적 고찰
Ⅱ. 상표권침해의 성립요건
1. 성립요건 일반
2. 상표의 동일·유사
3. 상품의 동일·유사
4. 상표적 사용
Ⅲ. 상표법상의 항변
1. 의의
2. 상표권 소멸의 항변
3. 상표법 제90조에 의한 상표권 효력의 제한
4. 사용권에 의한 제한
5. 다른 권리와의 저촉으로 인한 제한
Ⅳ. 형법총칙 규정 적용의 문제
1. 일반론
2. 구체적 문제
Ⅴ. 특별형법범으로서의 특수한 문제
1. 의의
2. 행위자의 특정
3. 침해된 상표권의 특정
4. 죄수 판단
5. 상표권이전과 피해자 지위의 승계 여부
6. 간접침해로 인한 상표권침해죄 인정 여부

Ⅰ. 서론

1. 의의

상표권은 설정등록에 의하여 지정상품에 대하여 독점적으로 사용할 수 있는 권리이므로, 타인이 등록상표와 동일한 상표를 그 지정상품과 동일 또는 유사한 상품에 사용하거나, 등록상표와 유사한 상표를 그 지정상품과 동일 또는 유사한 상품에 사용하는 행위를 하는 경우에 그 행위는 침해행위가 되어 일정한 제재를 받게 된다. 즉 상표권자 이외의 제3자는 정당한 권원없이 상표권의 효력범위에 속하는 행위를 해서는 안 되며, 이를 위반하는 행위를 상표권침해라 한다.[1]

상표법은 상표등록 제도를 마련하고 상표를 등록한 자에게 독점적·배타적 사용권을 부여함으로써 등록 권리자를 보호하는 법률로서, 상표권침해에 대하여 침해금지청구, 손해배상청구, 신용회복청구(상표법 제107조, 제109조, 제113조) 등의 민사적인 구제방법 외에도 침해자를 형사처벌하는 벌칙규정(상표법 제230조)을 마련하고 있다.

지적재산권에 관한 범죄는 연혁적으로 민사적 색채를 지니고 있고, 법정범(法定犯)적인 요소가 많으므로 이를 친고죄로 규정하고 있는 입법례가 많으며, 우리의 법제도 특허권, 실용신안권, 디자인권, 저작권에 대한 침해에 관하여 이를 친고죄로 하여 이에 따르고 있다(특허법 제225조 제2항, 실용신안법 제45조 제2항, 디자인보호법 제220조 제2항, 저작권법 제140조).[2] 그러나 상표권침해죄는 권리자에게 피해를 준다는 측면 외에도 상품의 출처의 혼동·품질의 오인 내지는 서비스의 혼동·품질의 오인 등을 발생하게 함으로써 거래사회의 경업질서를 혼란시켜 공중의 이익을 해하는 경우가 일반적이기 때문에 다른 지적재산권의 침해죄와는 달리 비친고죄로 규정되어 있다.[3] 부정경쟁방지 및 영업비밀보호에 관한 법률(이하 '부정경쟁방지법'이라 한다)이 부정경쟁행위에 대하여 비친고죄로 하고 있는 것도 같은 맥락이다.[4][5]

---

1) 윤선희, 상표법(제3판), 법문사(2015), 547.
2) 민형기, "지적소유권의 형사상 보호", 재판자료(제57집), 법원도서관(1992), 242-243.
3) 사법연수원, 상표법(2010), 220.
4) 강동세, 지적재산의 형사적 이해, 세창출판사(2003), 48.
5) 상표권침해와 부정경쟁행위에 대한 규율은 모두 상품 및 서비스(영업)의 출처표시에 대한 침해행위를 규제하는 것으로서, 공정한 경업질서를 유지·형성하는 역할을 담당한다는 점에서 공통된 측면이 있다. 한편 주지하다시피 위 법은 부정경쟁행위 외에 영업비밀침해행위도 규율하고 있는데, 영업비밀침해행위에 대하여는 친고죄로 규정해오다가 2004. 1. 20. 법률 7095호 개정법에서 영업비밀을 침해한 자에 대한 형사처벌을 강화[종전에는 영업비밀침해행위의 처벌대상을 해당 기업의 전·현직 임직원으로 하고 보호대상 영업비밀을 기술상의 영업비밀로 한정하였으나, 처벌대상을 모든 위반자로 확대하고 보호대상 영업비밀에 경영상 영업비밀을 추가하도록 하며, 영업비밀침해행위에 대하여 1억원 이하 또는 5천만원 이하의 벌금에 처하던 것을 재산상 이득액의 2배 이상 10배 이하의 벌금으로 상향조정(부정경쟁방지 및 영업비밀보호에 관한 법률 제18조 제1항 및 제2항), 기업의 영업비밀 침해죄와 관련된 친고죄 규정을 삭제하고, 미수범과 예비·음모자를 처벌하도록 함(종전 제18조 제5항 삭제, 법 제18조의2 및 제18조의3 신설), 종전에는 부정경쟁행위 및 국기·국장 등의 사용금지의무위반에 대하여만 양벌규정의 적용을 받도록 하였으나, 기업의 영업비밀침해행위에 대하여도 양벌규정의 적용을 받도록 하여 기업의 영업비밀을 침해한 행위자외에 법인 등도 처벌할 수 있도록 함(법 제19조).]하면서 친고죄 규정을 삭제하

　상표권침해로 인하여 형사처벌을 하려면 일반적인 형사범죄와 마찬가지로 구성요건해당성, 위법성 및 책임의 요건이 필요하다. 구성요건해당성의 측면에서는 상표법의 입법목적을 고려하여 제반 규정을 해석하고 적용함으로써 권리자의 보호와 사회 공공의 이익의 조화를 도모할 필요가 있고, 또한 상표법이 상표등록 제도를 마련하면서 한편으로 등록상표권의 효력을 제한하고 있는 특별규정을 두고 있으므로 이러한 규정을 살펴보아야 하며, 주관적 요소로서 범의와 법률의 착오 문제를 별도로 검토할 필요성이 있다. 그 외에도 행위자의 특정, 침해된 상표권의 특정, 죄수 판단, 상표권이전과 피해자 지위의 승계 여부, 간접침해에 대한 평가 등 특별형법범으로서의 특수한 문제에 관하여 살펴볼 필요가 있다.6)

2. 연혁적 고찰

가. 개정 내역

① 1949. 11. 28. 법률 제71호로 제정된 상표법(1949. 11. 28. 시행)

제32조

　좌의 각호의 1에 해당하는 자는 5년 이하의 징역이나 2천원 이상 50만원 이하의 벌금에 처한다.

　1. 선서한 증인, 감정인 또는 통역, 특허국7)에 대하여 허위의 진술을 한 자

　2. 허위의 수단으로 상표의 등록을 받거나 받으려고 한 자

　3. 제29조 각호에 해당한 행위를 한 자

　4. 등록을 하지 아니한 상표를 등록상표인 것 같이 상품에 사용하였거나 영업용광고, 간판, 표찰 및 기타 상업용거래서류등에 사용한 자

제29조

　좌의 각호의 1에 해당한 행위는 등록상표권리인의 권리에 대한 침해이다.

　1. 타인의 등록상표와 동일 또는 유사한 상표를 동종의 상품에 사용한 행위

　2. 전호의 상품을 교부, 판매하거나 교부, 판매의 목적으로 수입 또는 소

였다.

6) 이러한 고찰방식은 박태일, "상표권침해 및 상품주체오인혼동행위 형사사건에 관한 연구", 법조(제641호), 법조협회(2010), 307-346에 따른 것이고, 이 글의 일정 부분은 위 논문에 기초하여 그 논의를 더욱 발전시킨 것이므로, 이하 이 글에서 위 논문의 인용부분은 일일이 언급하지 않는다.

7) 1976. 12. 31. 법률 제2957호로 개정된 정부조직법에 의하여 상공부 '특허국'이 외청인 '특허청'으로 승격되었던바, 위 정부조직법 개정 전의 상표법 등에서는, 현재의 특허청에 해당하는 기관이 특허국으로 되어 있다.

지한 행위

3. 타인의 등록상표와 동일 또는 유사한 상표를 동종의 상품에 사용케 할 목적으로 교부, 판매하거나 교부, 판매의 목적으로 소지한 행위

4. 타인의 등록상표와 동일 또는 유사한 상표를 동종의 상품에 사용할 목적이나 사용케 할 목적으로 수입한 행위

5. 타인의 등록상표를 동종의 상품에 사용할 목적이나 사용케 할 목적으로 위조 또는 모조한 행위

6. 타인의 등록상표를 위조 또는 모조할 목적이나 위조 또는 모조케 할 목적으로 그 용구를 제작, 교부, 판매 또는 소지한 행위

7. 동종의 상품에 관하여 타인의 등록상표와 동일 또는 유사한 것을 영업용광고, 간판, 표찰 또는 거래서류등에 사용한 행위

② 1963. 3. 5. 법률 제1295호로 개정된 상표법(1963. 3. 5. 시행)

제32조

① 좌의 각호의 1에 해당하는 자는 5년 이하의 징역이나 만원 이상 50만원 이하의 벌금에 처한다.

1 내지 4호 (각 개정 사항 없음)

② 전항의 경우에는 정상에 의하여 징역과 벌금형을 병과할 수 있다.

제29조(개정사항 없음)

③ 1973. 2. 8. 법률 제2506호로 전부개정된 상표법(1974. 1. 1. 시행)

제60조(침해의 죄)

제36조에서 규정하는 상표권의 침해행위를 한 자는 5년 이하의 징역 또는 50만원 이하의 벌금에 처한다.

제36조(침해로 보는 행위)

다음 각호의 1에 해당하는 경우에는 상표권을 침해한 것으로 본다.

1. 타인의 등록상표와 동일 또는 유사한 상표를 그 지정 상품과 동일 또는 유사한 상품에 사용한 행위

2. 타인의 등록상표와 동일 또는 유사한 상표를 그 지정 상품과 동일 또는 유사한 상품에 사용할 목적 또는 사용하게 할 목적으로 교부 또는 판매하거나 위조·모조 또는 소지한 행위

3. 타인의 등록상표를 위조 또는 모조할 목적이나 위조 또는 모조케 할

목적으로 그 용구를 제작·교부·판매 또는 소지한 행위

④ 1980. 12. 31. 법률 제3326호로 개정된 상표법(1981. 9. 1. 시행)

제60조 (침해죄)

　제36조에서 규정하는 상표권의 침해행위를 한 자는 5년 이하의 징역 또는 1,000만원 이하의 벌금에 처한다.

제36조(개정사항 없음)

⑤ 1986. 12. 31. 법률 제3892호로 개정된 상표법(1986. 12. 31. 시행)

제60조 (침해죄)

　제36조에서 규정하는 상표권의 침해행위를 한 자는 5년 이하의 징역 또는 2,000만원 이하의 벌금에 처한다.

제36조 (개정사항 없음)

⑥ 1990. 1. 13. 법률 제4210호 전부개정 상표법(1990. 9. 1. 시행)

제93조 (침해죄)

　상표권 및 전용사용권의 침해행위를 한 자는 5년 이하의 징역 또는 2천만원 이하의 벌금에 처한다.

⑦ 1997. 8. 22. 법률 제5355호로 개정된 상표법(1998. 3. 1. 시행)

제93조 (침해죄)

　상표권 및 전용사용권의 침해행위를 한 자는 5년 이하의 징역 또는 5천만원 이하의 벌금에 처한다.

⑧ 2001. 2. 3. 법률 제6414호로 개정된 상표법(2001. 7. 1. 시행)

제93조 (침해죄)

　상표권 및 전용사용권의 침해행위를 한 자는 7년 이하의 징역 또는 1억원 이하의 벌금에 처한다.

⑨ 2016. 2. 29. 법률 제14033호 전부개정(2016. 9. 1. 시행)

제230조 (침해죄)

　상표권 또는 전용사용권의 침해행위를 한 자는 7년 이하의 징역 또는 1억원 이하의 벌금에 처한다.

나. 개정 내용 검토

상표권침해죄 근거 규정의 개정 내역을 살펴보면, 징역형과 벌금형이 선택형으로 규정되고, 징역형의 법정형은 2001. 2. 3. 법률 제6414호 개정 전까지는 변경이 없는 데 비하여, 벌금형의 법정형은 지속적으로 상향조정되어온 점을 알 수 있다. 이는 상표권침해죄의 처단형으로 주로 선택되는 벌금형의 벌금액 한도를 증액함으로써 상표권 보호 강화와 실효성 확보를 도모해온 결과로 보인다.

한편, 1963. 3. 5. 법률 제1295호 개정법은, 정상에 따라 징역과 벌금형을 병과할 수 있도록 임의적 병과형 규정을 두었다는 점에서 큰 특징이 있고, 1973. 2. 8. 법률 제2506호 전부개정 전까지는 벌금형에 하한도 규정되어 있었다가 위 전부개정으로 하한이 폐지되었음을 확인할 수 있다.

또한, 1949. 11. 28. 법률 제71호로 제정된 구 상표법 제32조 제3호, 제29조는 벌칙규정 적용에 관하여 구체적인 행위 유형을 특정하여 규정하면서, 그 행위 유형 가운데 간접침해행위에 해당하는 것도 모두 처벌하도록 명시적으로 규정하고 있는 점이 특색이었는데, 이러한 입법태도는 1973. 2. 8. 법률 제2506호로 전부개정된 구 상표법에서도 유지되었다. 그러다가 1990. 1. 13. 법률 제4210호 전부개정 상표법에서는 이러한 규정 형식이 변경되어 처벌 대상이 되는 행위를 '상표권 및 전용사용권의 침해행위'로만 특정함으로써, 간접침해행위를 처벌하는지 여부에 관한 명시적 규정은 사라지게 되었다.

현행법인 2016. 2. 29. 법률 제14033호 전부개정법에서는 제230조로 조문을 이동하면서 용어를 순화하는 등의 개정이 있었다.

Ⅱ. 상표권침해의 성립요건

1. 성립요건 일반

상표권은 적극적으로는 지정상품에 대하여 그 등록상표를 독점적으로 사용하는 권리이고(이른바 사용권 또는 전용권), 소극적으로는 제3자가 동일·유사 상표를 동일·유사 상품에 사용하는 것을 배제할 수 있는 권리이다(이른바 금지권). 따라서 상표권침해죄가 성립하기 위해서는 상표권이 유효하게 존재하고 있어야 한다는 전제요건과 함께 상표권의 효력(상표법 제89조)에 저촉되거나 침해로 간주되는 행위(상표법 제108조)가 있어야 한다.[8] 결국 상표권침해죄는 타인의 등록상표와 동일·유사한 상표를 그 등록상표의 지정상품과 동일·유사한 상품에 사용함으로써 성립된다.9) 이하 이들 각 요건을 대법원 형사판결의 판단기준을 중심으로 살펴본다.

2. 상표의 동일·유사

가. 상표의 동일

상표가 동일하다는 것은 대비되는 두 상표의 구성요소인 외관, 호칭, 관념이 물리적으로 동일한 경우뿐만 아니라 사회통념상 동일한 경우를 말하는 것으로, 사회통념상 동일한 상표의 예로는 물리적으로 완전히 일치하지는 않지만 동일 문자상표 간에 있어서의 종서와 횡서의 차이, 문자의 대소의 차이, 도형, 기호상표에 있어서의 크기의 대소, 표현의 미세한 차이 등을 들 수 있다.10)11)

---

8) 상표권침해로 보는 행위를 규정하고 있는 상표법 제108조 제1항의 각 행위 가운데 제1호를 제외한 제2호, 제3호, 제4호에 관하여는 아래에서 간접침해로 인한 상표권침해죄 인정 여부의 문제로 별도로 살펴본다.

9) 상표권침해죄의 성립요건에 관하여, 비록 우리 상표법이 모든 상표권의 침해행위에 대하여 침해죄가 적용될 수 있는 것으로 해석될 수 있도록 규정되어 있으나, 이는 인권 보호차원에서 결코 용납될 수 없는 것이라고 하면서, ① 침해행위가 위조 또는 모조(counterfeit)행위, 즉 일반소비자가 상표권자의 상품과 침해자의 상품을 거의 식별할 수 없을 정도로 상표를 사용함으로써 일반소비자로 하여금 상품출처에 대한 오인이나 혼동을 야기시킬 수 있는 정도의 행위에 대해서만 침해죄를 인정해야 하고, ② 상표권침해죄의 대상인 위조행위를 판단함에 있어 침해혐의자가 등록상표의 등록여부를 인지하고 있는지의 여부는 불문해야 하며, ③ 상표권자가 그의 등록상표를 실제로 사용하고 있는 경우에만 침해죄의 적용이 이루어져야 한다는 견해가 있다[최덕규, 상표법(전정판), 세창출판사(1999), 466-470].

10) 이두형, "지적재산권침해소송의 논리적 판단구조 및 실무상 주요쟁점", 경기법조(제15호), 수원지방변호사회(2008), 411.

11) 상표 동일이라는 개념의 정의는 학설에 따라 다르다. 통상 상표의 동일이란 두 상표의 구성요소가 '본질에 있어서 상호일치'하거나 '문자 그대로 동일'한 경우를 말한다고 설명되고 있으며, 상표의 동일과 유사의 중간 개념으로서 '동일성'이라는 개념이 사용되기도 한다. 동일성 있는 상표란 거래사회 통념상 등록상표의 사용으로 볼 수 있는 것 또는 제3자로 하여금 상품출처의 오인, 혼동을 일으킬 정도로 아주 근사하고 거래실제에 있어서 동일의 상표로 사용되는 정도에 이른 것을 의미하여 예컨대 상표의 부기적 부분을 제외한 요부가 동일한 상표, 동일문자의 종서와 횡서의 차이, 문자의 대소, 묘사의 상이에 의한 상사형은 동일성이 있다고 한다[전효숙, "상표와 상품의 동일·유사", 특허소송연구(제1집), 특허법원(2000), 288-289].
　　상표의 동일 개념은 상표의 동일성 개념을 인정할 것인지 여부와 유사 범위를 어느 정도로 볼 것인지에 따라 결정되어야 하는 상대적 개념이고, 일률적으로 해석하기보다는 상표의 동일에 관한 각 규정의 입법취지를 고려하여 합목적적으로 판단하여야 할 것인바, 상표권침해의 요건에서와 같이 유사의 개념에 의하여 뒷받침되는 경우에는 엄격하게 해석함이 타당할 것이다[윤선희(주 1), 341]. 상표권침해의 요건 외에도 유사의 개념에 의하여 뒷받침되는 경우로는 상표법 제34조 제1항 제7호를 들 수 있다. 또한, 권리의 발생과 관련된

나. 상표의 유사

(1) 의의

상표의 유사란 대비된 2개의 상표가 동일한 것은 아니지만 외관, 호칭, 관념의 어느 면에서 비슷하여 이를 동일·유사 상품에 사용할 경우 거래통념상 상품 출처의 혼동을 일으킬 염려가 있는 것을 의미한다.[12] 상표의 유사여부는 상표의 외형만을 기준으로 한 사실적 판단이 아니라 상품의 식별표지라고 하는 상표의 본질적인 기능을 고려한 법률적인 평가라 할 것이어서 상표의 유사여부는 상표법의 목적에 비추어 합목적적·가치론적으로 판단할 필요가 있으며 그 기준은 상표보호의 목적인 상품의 식별표지로서의 출처혼동이 되는 것이다.[13]

(2) 판단기준

(가) 전체관찰의 원칙

상표의 유사여부 판단은 상표의 구성요소인 외관, 호칭, 관념을 객관적,[14] 전체적, 이격적으로[15] 관찰하여 그 각 지정상품의 거래에서 일반 수요자가 두개의 상표에 대하여 느끼는 직관적 인식을 기준으로 그 지정상품의 출처에 대한 인식, 혼동을 일으킬 우려가 있는지에 의하여 판단하여야 한다(대법원 1989. 9. 29. 선고 88후1410 판결 등). 상표의 유사 여부는 상표의 외관·호칭·관념을 일반 수요자나 거래자의 입장에서 전체적, 객관적, 이격적으로 관찰하여 상품의 출처에 관하여 오인·혼동을 일으킬 우려가 있는지 여부에 의하여 판단하여야 하는 것이므로, 외관·호칭·관념 중에서 어느 하나가 유사하다 하더라도 전체로서의

경우(상표법 제33조 제2항)에도 동일범위를 엄격하게 보아야 할 것이나, 권리의 유지를 위한 경우(상표법 제119조 제1항 제3호)에는 동일범위를 다소 탄력적으로 해석하여 권리의 안정을 꾀함이 타당할 것이다.

12) 윤선희(주 1), 342.

13) 이상경, 지적재산권소송법, 육법사(1998), 423.

14) 상표의 유사 여부는 그 상표가 사용될 지정상품의 주된 수요계층과 기타 그 상품의 거래실정을 고려하여 평균 수요자의 주의력을 기준으로 하여 판단하며, 그 일반 수요자란 최종 소비자는 물론이고 중간 수요자 또는 그 상품판매를 위한 도·소매상을 포함하는 것이다(대법원 1995. 12. 26. 선고 95후1098 판결).

15) 이격적으로 관찰한다고 함은 두개의 상표를 놓고 대비하여 관찰하는 것이 아니라 별도의 기회에 별개의 장소에서 상표를 대하였을 때 다른 상표에 대한 유사감을 불러일으킬 수 있는지의 여부를 관찰함을 뜻한다(대법원 1989. 12. 12. 선고 88후1335 판결).
　위 관찰방법의 본질은 장소가 이격되어 있다는 점이라기보다 수요자들의 심리속에 자리잡았던 등록상표의 선명하였던 인상이 '시간'에 따라 희미해지는 점을 감안하여야 한다는 것이므로 이를 '시차적 관찰'이라고 명명하는 것이 바람직하다는 지적이 있다[박준석, "판례상 상표의 동일·유사성 판단기준", 사법논집(제39집), 법원도서관(2004), 518].

상표가 일반 수요자나 거래자가 상표에 대하여 느끼는 직관적 인식을 기준으로
하여 명확히 출처의 오인·혼동을 피할 수 있는 경우에는 유사한 것이라고 할
수 없으나, 반대로 서로 다른 부분이 있어도 그 호칭이나 관념이 유사하여 일반
수요자나 거래자가 오인·혼동하기 쉬운 경우에는 유사상표라고 보아야 한다(대
법원 2002. 11. 26. 선고 2001후3415 판결, 2000. 12. 26. 선고 98도2743 판결 등).[16]

   (나) 요부관찰에 의한 보충

   이와 같이 상표는 자타 상품을 식별시켜 상품출처의 오인, 혼동을 방지하기
위해 사용하는 것으로서 그 기능은 통상 상표를 구성하는 전체가 일체로 되어
발휘하게 되는 것이므로 상표를 전체로서 관찰하여 그 외관, 칭호, 관념을 비교
검토함으로써 판단하여야 함이 원칙이나, 다만 상표를 전체적으로 관찰하는 경
우에도 그중에서 일정한 부분이 특히 수요자의 주의를 끌고 그런 부분이 존재
함으로써 비로소 그 상표의 식별기능이 인정되는 경우에는 전체적 관찰과 병행
하여 상표를 기능적으로 관찰하고 그 중심적 식별력을 가진 요부를 추출하여
두 개의 상표를 대비함으로써 유사 여부를 판단하는 것은 적절한 전체관찰의
결론을 유도하기 위한 수단으로서 필요하다(대법원 1994. 5. 24. 선고 94후265 판
결, 2006. 11. 9. 선고 2006후1964 판결 등).

   (다) 예외적 분리관찰의 허용

   상표는 구성부분 전체에 의하여 타인의 상표와 식별하게끔 고안된 것이므
로 상표 구성부분의 일부를 추출하여 그 부분만을 타인의 상표와 비교함으로써
상표 자체의 유사 여부를 가리는 것은 허용될 수 없으나, 상표의 각 구성부분이
이를 분리하여 관찰하는 것이 부자연스럽다고 느껴질 정도로 불가분적으로 결
합되어 있지 않는 한 상표를 구성부분 전체의 명칭과 형상에 의하여 호칭하거
나 인식하지 아니하고 그중 주의를 끌기 쉬운 특정부분만으로 간략하게 호칭하
거나 인식하고 그로 인하여 한 개의 상표로부터 여러 가지의 호칭, 관념이 생겨
나게 되는 경우에는 특정부분에 의한 호칭, 관념이 타상표의 호칭, 관념과 동일
내지 유사하면 다른 부분이 전혀 다르더라도 양 상표는 유사한 것으로 봄이 상

---

16) 대법원 2000. 12. 26. 선고 98도2743 판결은 특히 도형상표들에 있어서는 그 외관이 지
   배적인 인상을 남긴다 할 것이므로 외관이 동일·유사하여 양 상표를 다 같이 동종상품에
   사용하는 경우 일반 수요자로 하여금 상품의 출처에 관하여 오인·혼동을 일으킬 염려가
   있다면 양 상표는 유사하다고 보아야 한다고 판시하면서, 원심이 이 사건 등록상표(등록번
   호 제341355호)는 도형으로만 구성된 도형상표라고 보고 이 사건 등록상표와 피고인의 사
   용 상표가 전체적으로 유사하다고 판단한 것은 위 법리에 따른 것으로서 정당하다고 보았
   다. 이 사건에서는 침해된 상표가 3개의 선으로 구성된 아디다스 상표였다.

당하다(대법원 1987. 2. 24. 선고 86후136 판결, 2003. 4. 25. 선고 2000다64359 판결
등). 그러나 상표의 유사 여부를 판단함에 있어 문자와 문자 또는 문자와 도형
이 결합된 상표의 경우에도 원칙적으로 상표의 구성 전체를 외관, 호칭, 관념
등의 점에서 전체적, 객관적, 이격적으로 관찰하여 거래상 일반 수요자나 거래
자가 그 상품의 출처에 대하여 오인·혼동할 우려가 있는지의 여부에 의하여 판
별되어야 하고, 그 구성 부분 중 일부만에 의하여 간략하게 호칭·관념될 수 있
다고 보기 어렵거나 당해 상표가 실제 거래사회에서 전체로서만 사용되고 인식
되어져 있어 일부분만으로 상표의 동일성을 인식하기 어려운 경우에는 분리관
찰이 적당하지 않다(대법원 2005. 5. 27. 선고 2004다60584 판결 등).

3. 상품의 동일·유사

가. 상품의 동일

상품이 동일하다는 것은 두 개의 상품을 대비할 경우 상품의 내용이 서로 일
치하는 것을 말하나, 크기, 무게, 형태, 색체 등 물리적으로 완전히 동일한 것만을
의미하는 것은 아니고 사회통념상 거래실정에 비추어 동일한 것을 의미한다.[17][18]

나. 상품의 유사

(1) 의의

상품의 유사란 양 상품이 동일한 정도에는 이르지 못하지만 거래사회에서
일반 수요자(소비자)가 오인, 혼동을 일으킬 정도로 상품의 품질, 형상이 일치하
거나 원료·생산자가 일치하는 경우를 말한다.[19] 일반적으로 상표권의 배타적
효력의 범위를 동일상품에 한정할 것인지 유사 상품에까지 확대할 것인지는 입
법정책의 문제로 이해되고 있다. 상표도용으로 인한 출처오인 혼동의 염려는 원
래 경쟁품관계에 있는 동일상품에서 가장 절실하게 문제되지만, 현실적으로는
유사상품에 동일·유사한 상표를 사용한 때에도 출처혼동이 생길 염려가 있기

---

17) 이두형(주 10), 412.
18) 사회통념상 상품이 본질적인 동일성을 잃지 아니하면 그 내용이 반드시 일치하지는 않
　　더라도 동일성이 있다고 할 것이다. 예컨대, 칼라텔레비전과 흑백텔레비전, 손목시계와 탁
　　상시계는 완전히 동일하지는 아니하나 동일성이 있는 상품이라고 할 수 있다. 동일성 있는
　　상품을 동일상품의 범주에 포함시킬 것인지, 유사상품의 범주에 포함시킬 것인지는 상표
　　의 경우와 마찬가지로 각 상표법 규정의 취지에 비추어 판단해야 할 것이다. 상표 불사용
　　취소심판의 경우에는 동일성 있는 상품도 동일상품에 포함시켜 탄력적으로 해석할 필요가
　　있다[전효숙(주 11), 313].
19) 윤선희(주 1), 375-376.

때문에,20) 우리 상표법은 상품의 출처혼동방지라는 실제적 필요에 의해 상표권의 보호범위를 지정상품의 유사 상품에까지 확장하였다.21)

(2) 판단기준

상품의 유사 여부는 대비되는 상품에 동일 또는 유사한 상표를 사용할 경우에 동일 업체에 의하여 제조 또는 판매되는 상품으로 오인될 우려가 있는지 여부를 기준으로 하여 판단하되, 상품 자체의 속성인 품질, 형상, 용도와 생산부문, 판매부문, 수요자의 범위 등 거래의 실정 등을 종합적으로 고려하여 일반 거래사회의 통념에 따라 판단하여야 하고, 상표법시행규칙 제6조 제1항에 의한 상품류 구분은 상표등록사무의 편의를 위하여 구분한 것으로서 상품의 유사 범위를 정한 것은 아니다(대법원 2002. 10. 25. 선고 2001후1037 판결 등).22) 따라서 상품구분표의 같은 유별에 속하고 있다고 하여 곧바로 동일 또는 유사한 상품이라고 단정할 수는 없으며, 지정상품의 동일·유사 여부는 상품의 속성인 품질, 형상, 용도와 생산 부문, 판매 부문, 수요자의 범위 등 거래의 실정 등을 고려하여 일반 거래의 통념에 따라 판단하여야 할 것이다(대법원 2003. 10. 10. 선고 2001후1495 판결, 2003. 9. 26. 선고 2003도2386 판결 등).23)24) 또한 지정서비스업의

---

20) 송영식·이상정·황종환·이대희·김병일·박영규·신재호, 송영식 지적소유권법(제2판)(하), 육법사(2013), 257-258.

21) 배상철, "상품의 유사성 판단기준에 관한 연구", 산업재산권(제19호), 한국산업재산권법학회(2006), 241.

22) 제38조(1상표 1출원)
   ① 상표등록출원을 하려는 자는 상품류의 구분에 따라 1류 이상의 상품을 지정하여 1상표마다 1출원을 하여야 한다.
   ② 제1항에 따른 상품류에 속하는 구체적인 상품은 특허청장이 정하여 고시한다.
   ③ 제1항에 따른 상품류의 구분은 상품의 유사범위를 정하는 것은 아니다.

23) 대법원 2003. 9. 26. 선고 2003도2386 판결은 등록상표의 지정상품은 '프린터' 등이고, 피고인이 사용한 제품은 '잉크 카트리지'인바, 잉크 카트리지는 프린터에 필수적으로 필요한 것으로서 잉크 카트리지는 완성된 프린터의 하나의 부품인 점, 두 상품 모두 컴퓨터에 연결되어 인쇄하는 데 사용되고 있는 점, 컴퓨터 프린터의 기종에 따라 잉크 카트리지의 규격 등이 달라 프린터를 제조하는 업체에서 잉크 카트리지도 제조하고 있는 것이 보통인 점, 판매자도 반드시 프린터는 컴퓨터 등의 제조업자의 판매대리점에서, 잉크 카트리지는 사무용품 전문판매점에서만 판매하고 있는 것이 아니고 프린터 판매점에서 잉크 카트리지도 판매하고 있는 등 유통경로도 비슷한 점, 수요자도 컴퓨터를 사용하는 일반 소비자로서 동일한 점, 실제로 등록상표의 지정상품인 프린터를 제조하는 삼성전자 주식회사가 잉크 카트리지를 제조, 판매하고 있는 점에서 프린터와 잉크 카트리지에 '삼성'이라고 사용할 경우에 동일한 삼성전자 주식회사에 의하여 제조 또는 판매되는 상품으로 오인될 우려가 있는 점 등을 종합적으로 고려하여 보면, 등록상표의 지정상품인 프린터와 피고인이 사용한 잉크 카트리지는 거래의 통념에 비추어 볼 때 유사한 상품이라고 본 원심의 판단을 유지하였다.

24) 한편 '향수, 향유'는 주로 인체에 사용되는 화장품인 반면 '자동차용 방향제'는 자동차

유사 여부 역시 제공되는 서비스의 성질이나 내용, 제공 수단, 제공 장소, 서비스업의 제공자 및 수요자의 범위 등 거래의 실정 등을 고려하여 일반거래의 통념에 따라 판단하여야 할 것이다(대법원 2002. 7. 26. 선고 2002후673 판결).25)

4. 상표적 사용

가. 의의

상표권침해는 상표의 사용에 의하여 발생한다. 상표법상 상표의 사용이란, 상품 또는 상품의 포장에 상표를 표시하는 행위, 상품 또는 상품의 포장에 상표

___

실내에 사용되는 자동차용품이라는 점에서 그 용도에 중첩되는 부분이 없고, 일반적으로는 향수, 향유는 화장품 등을 생산하는 기업에서 생산되고 백화점이나 화장품 전문 대리점 등에서 판매가 이루어지며, 자동차용 방향제는 주로 자동차 용품을 생산·판매하는 기업에서 생산·판매가 이루어지는 것으로 보이므로 양 상품의 생산 부문과 판매 부문은 서로 구분된다고 보아야 하고, 또한 수요자의 범위에 있어서도 가정용 또는 개인용 승용차가 널리 보급됨에 따라 자동차용 방향제의 수요자의 범주에 일반소비자들이 포함된 사정을 감안하더라도 향수, 향유의 수요자는 주로 고급스런 이미지를 선호하는 소비자들로서 여성이 상대적으로 많은 반면에 자동차용 방향제의 수요자는 남녀를 불문하나 주로 승용차, 택시 등 자동차의 운전자들이라는 점에서 양 상품의 수요자의 범위 또한 차이가 있다고 보아야 할 것이어서, 결국 향수, 향유와 자동차용 방향제는 그 용도와 생산 및 판매 부분, 수요자의 범위 등을 종합적으로 고려해 볼 때 거래통념상 동일·유사한 상표를 위 상품들에 사용하더라도 그 출처의 오인·혼동을 일으킬 염려가 없는 상품이라고 봄이 상당하다고 한 대법원 2006. 6. 16. 선고 2004후3225 판결을 근거로 피고인에 대한 무죄 판결을 유지한 부산지방법원 2007. 11. 16. 선고 2007노3698 판결(상고 없이 확정)도 있다(원심판결은 이와 달리 '향수, 향유'와 '자동차용 방향제'가 유사한 상품이라고 판단한 후 피고인에게 상표권침해의 범의가 있었음을 인정할 증거가 없다는 이유로 무죄로 판단하였으나 이로써 판결의 결과에 영향을 미친 것은 아니므로 검사의 항소가 기각되었다).

25) 이 사건에서 원심인 특허법원 2002. 4. 4. 선고 2001허7165 판결이 "이 사건 등록서비스표의 지정서비스업인 인터넷 사이버 쇼핑몰 관리 및 임대업, 인터넷을 이용한 각종 물품의 판매대행, 알선업 등 이른바 '전자상거래'를 주된 서비스로 하는 서비스업과 인용서비스표의 지정서비스업 중 '컴퓨터를 이용한 인터넷통신업'의 유사 여부를 대비하면서, 이 사건 등록서비스표의 지정서비스업 내용이 주로 이미 제공되어 있는 인터넷망을 이용하여 온라인상에서 재화나 용역의 거래를 중개, 알선하거나 판매를 대행하는 것임에 반하여, 인용서비스표의 지정서비스업은 사용자들이 인터넷을 이용하여 통신을 할 수 있도록 통신설비와 회선, 접속을 보장하는 한편 정보를 교환할 수 있는 인터넷망 또는 검색망을 제공하거나 게시판을 운영하는 일을 핵심으로 하는 서비스로서 양 지정서비스업은 그 서비스의 종류, 내용, 설비, 제공의 형태와 주체를 달리하며, 수요자도 인터넷을 이용하여 통신을 하려는 사람과 구체적으로 그와 같이 구비된 인터넷 통신환경을 이용하여 재화나 용역의 거래를 하려는 사람으로 개념상 구분될 수 있으므로, 결국 이 사건 등록서비스표의 지정서비스업과 인용서비스표의 지정서비스업은 서로 유사하다고 할 수 없어 이 사건 등록서비스표는 그 지정서비스업에 관하여 무효로 될 수 없다."는 취지로 판단한 데 대하여, 대법원도 최근에 많은 종류의 서비스업이 인터넷 통신을 이용하여 인터넷상에서 광고가 이루어지고 거래가 성사되는 등 인터넷 통신을 도구로 활용한다고 하여 인터넷 통신업 자체와 이들 서비스업을 서로 유사하다고 볼 수는 없다고 판시하여 원심 판단을 유지하였다.

를 표시한 것을 양도 또는 인도하거나 양도 또는 인도할 목적으로 전시·수출 또
는 수입하는 행위, 상품에 관한 광고·정가표·거래서류, 그 밖의 수단에 상표를
표시하고 전시하거나 널리 알리는 행위를 말한다(상표법 제2조 제1항 제11호).26) 그
런데 상표법 제89조, 제108조 제1항 제1호의 규정에 의하여 배제하고자 하는
상표권침해행위는 타인의 등록상표를 사용함으로써 상품의 식별 및 출처의 오
인·혼동이 발생할 가능성을 막기 위한 것이므로 이러한 목적의 본질상 상표 사
용행위가 상품의 출처를 표시하는 기능을 수행하는 경우만을 대상으로 하는 것
이다. 종래 강학상 상품의 출처를 표시하는 기능을 수행하는 상표의 사용을 상
표적 사용(Trademark use)27)이라고 하여 상표적 사용에 해당하지 않는 상표의 사
용은 상표권침해에 해당하지 않는다고 해석하여 왔다.28)

나. 판단기준

(1) 일반론

타인의 등록상표를 그 지정상품과 동일 또는 유사한 상품에 사용하면 타인
의 상표권을 침해하는 행위가 된다고 할 것이나, 타인의 등록상표를 이용한 경
우라고 하더라도 그것이 상표의 본질적인 기능이라고 할 수 있는 출처표시를
위한 것이 아니어서 상표의 사용으로 인식될 수 없는 경우에는 등록상표의 상
표권을 침해한 행위로 볼 수 없다고 할 것이고, 그것이 상표로서 사용되고 있는
지의 여부를 판단하기 위하여는, 상품과의 관계, 당해 표장의 사용 태양(즉, 상품
등에 표시된 위치, 크기 등), 등록상표의 주지저명성 그리고 사용자의 의도와 사용
경위 등을 종합하여 실제 거래계에서 그 표시된 표장이 상품의 식별표지로서
사용되고 있는지 여부를 종합하여 판단하여야 한다(대법원 2003. 4. 11. 선고 2002
도3445 판결).

(2) 문제되는 유형

(가) 디자인적 기능에 의한 사용

타인의 등록상표와 유사한 표장을 그 지정상품과 동일 또는 유사한 상품에

---

26) 위 규정에 따른 상표를 표시하는 행위에는 표장의 형상이나 소리 또는 냄새로 상표를
   표시하는 행위, 전기통신회선을 통하여 제공되는 정보에 전자적 방법으로 표시하는 행위
   가 포함된다(상표법 제2조 제2항).

27) 일본식 표현이므로 '상표로서의 사용'이라는 표현이 보다 적절하다고 본다는 지적이 있
   다[권택수, "상표적 사용의 의의 및 의장적 사용과의 구별판단기준", 대법원판례해설(제35
   호), 법원도서관(2001), 931].

28) 강동세(주 4), 149-150.

사용하면 타인의 상표권을 침해하는 행위가 된다고 할 것이나, 타인의 등록상표와 유사한 표장을 이용한 경우라고 하더라도 그것이 상표의 본질적인 기능이라고 할 수 있는 출처표시를 위한 것이 아니라 순전히 디자인적으로만 사용되는 등으로 상표의 사용으로 인식될 수 없는 경우에는 등록상표의 상표권을 침해한 행위로 볼 수 없는바, 등록상표와 유사한 동물의 머리 모습을 한 봉제완구의 제작, 판매가 등록상표의 상표권을 침해하는 것은 아니다(대법원 1997. 2. 14. 선고 96도1424 판결).

이 사건 금반지는 대량생산제품이 아닌 1회적 가공품으로서 보석류의 장신구라는 그 특성상 개인의 취향을 보다 많이 반영하여 제작되며 수요자들 또한 다른 무엇보다 반지에 사용된 디자인을 주로 고려하여 그 구매여부를 결정할 것이라는 점, 이 사건 금반지에 표시된 퓨마 문양은 금반지의 중앙부분에 양각으로 새겨져 있고 그 모습은 등록상표의 그것과는 달리 천천히 걸어가는 모습이며 그 크기 또한 'Puma' 문자보다 상대적으로 크게 조각되어 있는 반면 'Puma' 문자는 반지의 하단 부분에 음각으로 새겨져 있고 역시 등록상표와는[29] 달리 'P'자를 제외하고는 모두 소문자로 새겨져 있어, 일견하여 볼 때 이 사건 금반지는 퓨마라는 동물의 문양을 디자인하여 이를 강조함으로써 그 시각적, 심미적 효과를 통해 소비자의 구매 욕구를 자극하고 있음을 알 수 있는 점, 'PUMA' 상표는 주로 스포츠웨어 및 그 유사상품에 사용되고 있는 상표이고 또 그러한 상표로서 널리 인식되어져 있으며 실제 거래계에서도 위 상표가 반지의 출처식별표지로서 사용되고 있지는 않는 점, 이 사건 등록상표를 출처식별표지로서 사용하였는가의 여부가 문제되는 반지는 이 사건 금반지 한 개 외에는 없는 점 등을 모두 고려하여 보면, 이 사건 금반지에 새겨진 문자 및 문양은 디자인적인 측면에서 개인의 취향을 발현하기 위하여 사용된 것으로서 상품의 출처를 표시하기 위하여 사용된 것이라고 볼 수 없다(대법원 2004. 10. 15. 선고 2004도5034 판결).

그러나 디자인과 상표는 배타적, 선택적인 관계에 있는 것이 아니므로 디자인이 될 수 있는 형상이나 모양이라고 하더라도 그것이 상표의 본질적인 기능이라고 할 수 있는 자타상품의 출처표시를 위하여 사용되는 것으로 볼 수 있는 경우에는 위 사용은 상표로서의 사용이라고 보아야 할 것인바, 피고인이

---

29) 등록상표는 'PUMA' 문자의 'A'자 모서리에 보통명사로 통용되는 동물 '퓨마'가 몸을 쭉 펴고 꼬리를 세운 상태로 도약하는 자세를 취하고 있는 것이다.

이 사건 등록상표30)와 유사한 표장을 슬리퍼의 갑피31) 부분에 부착하여 사용한 태양, 등록상표의 주지성 및 피고인의 사용의도 등을 종합하여 보면, 피고인이 그와 같이 사용한 표장은 실제 거래계에서 자타상품의 출처를 표시하기 위하여 사용된 것으로 보여지고, 그 사이에 피고인이 위 표장인 도형에 관하여 1996. 8. 9. 디자인등록출원을 하여 1997. 9. 11. 디자인등록을 받았다고 하더라도, 그러한 사정만으로 피고인의 위 표장 사용을 디자인적으로만 사용된 것으로 볼 수는 없다고 할 것이므로, 원심이 그 판시와 같은 이유로 피고인의 표장 사용을 상표로서의 사용이라고 판단하고 이 사건 범죄사실을 유죄로 인정하여 처벌한 제1심판결을 그대로 유지한 것은 정당하다(대법원 2000. 12. 26. 선고 98도2743 판결).

(나) 상품의 용도를 표시하기 위한 사용

피고인이 1999년 1월 초순경부터 자동차부품인 에어 클리너(일명 에어필터)를 제조하여 오면서, 자신이 제조한 에어 클리너의 포장상자에 에어 클리너가 사용되는 적용차종을 밝히기 위하여 '소나타Ⅱ', '라노스', '크레도스' 등의 표시를 하였는데, 그 중 현대자동차 주식회사의 '마이티'와 '엑셀'용 포장상자에는 '적용차종', 대우자동차 주식회사의 '티코'용 포장상자에는 '차종'이라고 명기하였고, 또 품질경영촉진법에 따라 에어 클리너의 포장상자에 차종 및 에어 클리너의 제조원이 '신일 E. N. G.'임을 표시함과 아울러 '신일'의 영문자를 도형화한 표장을 표시한 사실, 한편 현대자동차, 대우자동차, 기아자동차 주식회사에서 공급하는 자동차용 에어 클리너 및 그 포장상자에는 'HMC', 'DAEWOO' 등의 상표와 위 각 회사를 상징하는 도형상표를 부착하고 '순정품' 등의 표기를 하여 정품임을 나타내고 있는 사실 등 제반 사정에 비추어 그 출처표시가 명백하고 부품 등의 용도설명 등을 위하여 사용한 것에 불과하므로 그 등록상표를 사용한 것으로 볼 수 없고, 그 에어 클리너는 자동차 제작회사에서 공급하는 정품과는 쉽게 구분되는 것이어서 타인의 상품과 혼동을 일으키게 하는 행위라고도 볼 수 없다(대법원 2001. 7. 13. 선고 2001도1355 판결).32)

30) 3개의 선으로 구성된 아디다스 상표이다.
31) 구두에 아직 창을 대지 아니한 울(uppers of shoes)을 말한다[권택수(주 27), 927. 각주 1].
32) 통상 부품 등의 공급업자가 그들 상품의 용도·효능 등과 관련하여 완성품 등의 상표를 인용한 경우, 부품생산자의 출처표시가 명백하고 부품 등의 용도설명, 효능표시 등을 위하여 그러한 상표인용이 필요한 경우에는 상표권 침해로 되지 아니하나, 출처의 혼동, 후원관계의 오인을 불러일으킬 암시적인 표현이면 위법이라고 보아야 한다고 설명되고 있다[송영식·이상정·황종환·이대희·김병일·박영규·신재호(주 20), 376]. 이 사건에서는, 피

타인의 등록상표와 유사한 표장을 이용한 경우라고 하더라도 그것이 상표의 본질적인 기능이라고 할 수 있는 출처표시를 위한 것이 아니라 상품의 기능을 설명하거나 상품의 기능이 적용되는 기종을 밝히기 위한 것으로서 상표의 사용으로 인식될 수 없는 경우에는 등록상표의 상표권을 침해한 것이라고 할 수 없는바, 피고인이 판매한 원격조정기(리모콘)의 표면에 '만능eZ 소니전용'이라는 표장을 표기한 것은 '여러 가지 기기에 손쉽게 사용될 수 있는 원격조정기로서 소니에서 나온 기기에 사용하기에 적합한 것'이라는 정도의 의미로 받아들여질 수 있어 위 원격조정기의 용도를 표시하는 것으로 보일 수 있을 뿐, 등록상표 'SONY'와 동일한 상표를 사용한 것으로 볼 수는 없다(대법원 2005. 6. 10. 선고 2005도1637 판결).[33][34]

고인이 제조·판매한 상품은 자동차용 에어 클리너로서 그 형상, 용도의 면에서 수송용 기계기구 자체인 피해자들의 등록상표의 지정상품인 자동차와 쉽게 구별되고, 생산자(자동차용 부품 제조업자: 자동차 등 제조업자), 판매자(자동차 부품 전문판매점: 자동차 등의 제조업자의 판매대리점), 수요자(카센터나 서비스센터, 자동차공업사: 운송회사나 일반 소비자 등) 등에 있어서도 확실히 구분된다는 측면도 있으나(상품의 유사성 결여), 위에서 본 바와 같이 상표적 사용에 해당하지 않는 다는 측면도 있어 에어 클리너와 자동차가 유사상품인지 여부에 관계없이 상표권침해에 해당하지 아니하는 것이다. 또한, 이러한 판단에는 이 사건 에어 클리너의 수요자가 전문가로서 일반 소비자가 아니라는 점이 고려된 것이다[권택수, "피고인이 제조한 에어 클리너의 포장상자에 피해자의 등록상표를 사용한 것이 상표법상 '상표로서 사용'되었는지 여부에 관한 판단", 대법원판례해설(제39호), 법원도서관(2001), 262].

33) 한편 위 판결의 사안에서 피고인은 원격조정기(리모콘)의 표면에 '만능eZ 소니전용'이라는 표장을 표기한 것 외에도 원격조정기(리모콘)의 내부회로기판 위에 'SONY' 표장을 표기하고 있는데, 이 점에 관하여 위 판결은 상표는 특정한 영업주체의 상품을 표창하는 것으로서 그 출처의 동일성을 식별하게 함으로써 그 상품의 품위 및 성질을 보증하는 작용을 하며, 상표법은 이와 같은 상표의 출처 식별 및 품질 보증의 기능을 보호함으로써 당해 상표의 사용에 의하여 축조된 상표권자의 기업신뢰이익을 보호하고 유통질서를 유지하며 수요자의 이익도 보호하는 것이므로, 공산품인 상품의 내부에 조립되어 기능하는 부품에 표시된 표장으로서 그 상품의 유통이나 통상적인 사용 혹은 유지행위에 있어서는 그 존재조차 알 수 없고, 오로지 그 상품을 분해하여만 거래자나 일반 수요자들이 인식할 수 있는 표장은 그 상품에 있어서 상표로서의 기능을 다할 수 없을 것이므로 이를 가리켜 상표법에서 말하는 상표라고 할 수 없는바, 피고인이 판매한 원격조정기(리모콘)의 내부회로기판 위에 표기된 SONY 표장을 상표로서 사용된 상표라고 할 수 없다고 판시하였다.
위 사건에서 제1심법원은 벌금 50만 원의 유죄판결을 선고하였고, 이에 대하여 피고인이 자신이 사용한 표장은 상표적으로 사용된 것이 아님을 주장하며 항소를 제기하자, 검사는 부정경쟁방지법위반에 관한 공소사실을 예비적 공소사실로 추가하는 공소장 변경허가신청을 하였는바, 원심은 공소장 변경을 허가한 후 주위적 공소사실을 유죄로 인정하여 예비적 공소사실에 대하여서는 판단하지 않고 피고인의 항소를 기각하였다. 항소심에서 추가된 부정경쟁방지법 위반 예비적 공소사실의 주요내용은 검사의 의견서에 의하면 이 사건 리모콘은 제조회사 표시가 없고, 쉽게 열리는 제품이며 그 내부에는 '소니' 및 'SONY'라고 표기되어 있다는 것인바, 리모콘 내부의 인쇄회로기판에 표시한 상표가 출처표시로

(다) 규격 표시로서의 사용

피고 회사가 1972년경 일본 주식회사 시게마쓰 제작소와 기술도입계약을 체결하면서 각종 방독마스크류에 관한 제조기술을 도입하여 관련 제품들을 생산하여 오고 있는데, 위 시게마쓰 제작소는 방독마스크의 부품에 해당하는 정화통 표면에 정화통의 영문단어에 해당하는 'CANISTER'를 'CA'라는 약어로 표시하고 그 옆에 농도별 등급 표시에 해당하는 숫자를 병기하여 'CA-104'와 같은 형식으로 제품의 종류와 규격 및 등급 표시를 하여 온 사실, 피고 회사 역시 위 기술도입계약 체결 이래 피고 회사가 제조, 판매하는 정화통에 피고 회사의 영문명칭 'SAM GONG'의 첫 알파벳인 'S'와 정화통을 의미하는 'CANISTER'의 약어인 'CA'를 합하여 'SCA'라는 표시를 기재하고 그 옆에 농도별 등급 표시에 해당하는 숫자를 병기하여 'SCA-501', 'SCA-408', 'SCA-104' 등의 형식으로 그 제품의 종류와 규격 및 등급을 표시하여 온 사실, 피고 회사는 정화통 이외의 다른 제품에 대하여서도 위와 같은 방식으로 제품의 종류나 규격 및 등급 표시를 하여 왔는데, 방독면의 경우에는 그 영문단어 'GAS MASK'를 약칭한 'GM', 방진마스크의 경우에는 그 영문단어 'DUST RESPIRATOR'를 약칭한 'DR' 등의 문자를 사용하면서 그 옆에 규격이나 모델을 나타내는 숫자를 병기하여 사용하여 온 사실을 각 인정할 수 있는바, 이러한 사정에 비추어 보면, 피

인정되기 힘듦은 위에서 본 바와 같으므로 이러한 표시만으로는 설령 소니 및 SONY가 우리나라에서 주지·저명한 상표라고 하더라도 출처표시의 오인·혼동이라는 부정경쟁방지법 위반으로 인정할 수는 없다고 할 것이다[박성수, "상표의 요건과 상표적 사용", 대법원 판례해설(제56호), 법원도서관(2005), 56-57].

34) 위 2005도1637 판결로 환송받은 서울서부지방법원 2005. 8. 4. 선고 2005노581 판결은 상표법위반의 점에 관하여는 위 대법원 판결의 취지에 따라 무죄로 판단하고 이어서 부정경쟁방지및영업비밀보호에관한법률위반의 점에 관하여는 "원심이 적법하게 채택, 조사한 증거들을 종합하면, 피고인이 판매하였거나 판매 목적으로 전시, 보관한 이 사건 원격조정기는 '만능eZ 소니전용'이라는 문구가 그 전면 하단에 표시되어 있고, 그 내부 기판에 영문으로 'SONY', 한글로 '소니'라고 표시되어 있는 사실, 이 사건 'SONY'라는 상품표지가 국내에 널리 인식된 상품표지인 점은 인정되나, 이 사건 원격조정기의 전면 하단에 표시된 '만능eZ 소니전용'이라는 문구는 원격조정기의 용도를 표시하는 것으로 보일 수 있을 뿐 이를 가리켜 소니사의 원격조정기와 혼동을 초래하게 하는 표지라고 볼 수는 없고, 그밖에도 이 사건 원격조정기는 버튼이 한글로 쓰여져 있는 점, 제조자가 표시되어 있지 않은 점, 사용설명서가 첨부되어 있지 않은 점, 디자인이 매우 조악하고 단조로우며, 비닐로 포장되어 있는 점, 가격이 개당 10,000원으로 비교적 저렴한 점 등 이 사건 기록에 나타난 제반 사정들을 종합하여 보면 이 사건 원격조정기의 판매행위가 상품주체의 혼동을 일으키는 부정경쟁행위라고 보기 어렵고, 달리 이를 인정할 만한 증거가 없다."고 판시하면서 피고인에 대하여 주위적 공소사실 및 예비적 공소사실 모두 무죄를 선고하였고, 위 판결은 상고 없이 확정되었다.

고 회사의 위 표장은 방독마스크 정화통의 종류나 규격 내지 등급 표시로 사용한 것일 뿐 자타 상품의 식별표지로서 기능하는 상표로서 사용한 것이라고 볼 수 없으므로, 피고들이 사용한 표장이 상표로 사용된 것임을 전제로 한 원고들의 피고들에 대한 상표권 침해를 원인으로 하는 손해배상 및 사죄광고게재 청구는 이유 없다(대법원 2003. 6. 13. 선고 2001다79068 판결).[35]

피고인이 판매하거나 판매목적으로 소지한 이 사건 자동차용 혼에 표시된 상표는 어디까지나 상표권자의 상표가 아닌 다른 회사의 상표이고, 몸체에 음각된 'TIPO CTE'라는 문구나 포장상자의 한 면에 인쇄되어 있는 'SUPER, CTE 50C'라는 문자는 이 사건 상품의 제품규격 또는 모델명칭으로 사용된 것에 지나지 않는 것이지 피암사 상표를 배제하고 별도의 상표로서 사용된 것으로 보기 어려우므로, 피고인이 위 'CTE'라는 문구를 이 사건 상품의 상표로서 사용하였음을 전제로 하는 이 사건 공소사실은 범죄의 증명이 없는 경우에 해당한다(대법원 2002. 2. 22. 선고 2001도4882 판결).[36]

(라) 기술(記述)적 사용

타인의 등록상표와 유사한 표장을 그 지정상품과 동일 또는 유사한 상품에 사용하면 타인의 상표권을 침해하는 행위가 된다고 할 것이나, 타인의 등록상표와 유사한 표장을 이용한 경우라고 하더라도 그것이 상표의 본질적인 기능이라고 할 수 있는 출처표시를 위한 것이 아니라 서적의 내용 등을 안내·설명하기 위하여 사용되는 등으로 상표의 사용으로 인식될 수 없는 경우에는 등록상표의 상표권을 침해한 행위로 볼 수 없다(대법원 2003. 10. 10. 선고 2002다63640 판결).[37]

---

35) 침해로 주장된 등록상표가 'SCA'라는 문구로 이루어진 상표이다.

36) 침해로 공소제기된 등록상표가 'CTE'라는 문구로 이루어진 상표이다.

37) 타인의 등록상표인 'Windows'를 제품의 사용설명서, 고객등록카드, 참고서 등에 표시한 경우, 이는 컴퓨터 소프트웨어 프로그램의 명칭을 표시한 것으로 그 사용설명서, 고객등록카드, 참고서에 기술되어 있는 내용을 안내·설명하기 위한 것일 뿐 상품의 출처표시로 사용된 것이라고 볼 수 없다고 본 사례이다.

　이 판결에 대해서는, 혼동가능성의 야기에 의한 상표의 침해나 상표의 희석이 되는 경우 등을 제외하고는 표현의 자유를 위하여 타인의 상표를 사용하는 것이 보장될 필요성이 있고, 예컨대 어떠한 제품의 품질 등을 평가하여 소비자들에게 그 정보를 제공하는 경우, 정보를 제공하기 위하여서는 특정 제품을 언급하거나 표시할 수밖에 없게 되고, 따라서 상표를 이용하게 되는바, 이러한 상표의 사용은 상표를 상품의 출처표시로서 사용한 것이 아니라 어떠한 아이디어를 표현하기 위하여 사용한 것이므로 이러한 경우 상표를 사용하는 것이 허용된다는 것을 의미하는 판결로서, 상표의 정당한 사용(fair use)과 표현의 자유(freedom of speech)를 위하여 허용되는 상표의 사용을 인정한 것이라고 의의를 부여하는 설명도 있다[이대희, "타인의 등록상표를 서적의 내용 등을 안내·설명하기 위하여 사용하는 경우 상표권침해에 해당하는지 여부", 정보법 판례백선(I), 박영사(2006), 294].

(마) 재활용품 제조로 인한 사용

일본국 후지사진필름 주식회사는 우리나라 특허청에 필름, 렌즈, 프로세서 카메라 등을 지정상품으로 하여 'FUJIFILM'이라는 상표를 등록한 사실, 후지필름은 1988년경 필름업계 최초로 1회용 카메라 '퀵스냅'을 개발하였고, 1989년 4월경 이를 국내에 도입하여 판매하였으며, 이후 대대적인 광고를 통하여 퀵스냅이 1회용 카메라의 고유명사가 될 정도로 소비자 인지도가 높은 상황이었고, 1990년부터는 타사 상품이 나오기는 하였으나 1993년까지 1회용 카메라 시장의 70%이상을 점유한 사실, 후지필름에서 'Quick Snap Super' 또는 'Quick Snap Superia'라는 명칭으로 생산된 1회용 카메라의 몸체에는 렌즈의 좌측에 가로 20mm, 세로 3mm 정도의 비교적 큰 글씨로 1번, 렌즈의 둘레에 가로 8mm, 세로 1mm 정도의 작은 글씨로 3번, 플래쉬 부분에 가로 10mm, 세로 2mm 정도의 작은 글씨로 1번, 잔여 필름 표시 부분에 작은 글씨로 1번 각 'FUJUFILM'이라는 상표가 새겨져 있고, 그 외에 상품명을 표시하는 QuickSnap Super, QuickSnap SUPERIA의 표시가 종이상자에 여러 군데 기재되어 있는 사실, 피고인은 후지필름에서 생산되었다가 사용 후 회수된 1회용 카메라 몸체의 렌즈 둘레와 플래쉬 부분에 위와 같이 'FUJIFILM'이라는 상표가 새겨져 있음을 알면서도 이를 제거하거나 가리지 아니한 상태에서(일부 제품에는 렌즈 좌측부분의 상표만을 가림) 그 몸체 부분을 'Miracle'이라는 상표가 기재된 포장지로 감싼 후 새로운 1회용 카메라를 생산하여 이를 판매한 사실, 'miracle'이라는 의미는 '기적, 불가사의한(놀랄 만한) 사물(사람)'을 나타내는 말로 그 자체로 상품의 출처를 나타내는 기능은 없고, 그것이 주지 저명한 것도 아니어서 피고인의 상품임을 나타낸다고 볼 수도 없는 사실을 인정할 수 있는바, 사정이 이와 같다면, 비록 Miracle이라는 상표를 별도로 표시하였다거나 FUJIFILM이라는 상표가 Miracle이라는 상표보다 작거나 색상면에서 식별이 용이하지 아니하다고 할지라도 피고인은 그가 제작·판매하는 이 사건 1회용 카메라에 후지필름의 이 사건 등록상표를 상표로서 사용하였다고 보아야 할 것이다(위 2002도3445 판결).38)39)

---

38) 한편, 비록 명문의 규정은 없으나, 지적재산권자 등으로부터 일단 적법하게 당해 특허에 관한 제품 또는 상표부착 상품을 양도받은 후에, 이를 양도하는 등의 행위는 특허권이나 상표권의 침해를 구성하지 않는다는 것은 이의 없이 받아들여지고 있다(권리소진의 원칙) [서태환, "상표의 사용과 상표권의 소진", 대법원판례해설(제45호), 법원도서관(2004), 578]. 이 사건에서는 권리소진도 문제로 되는데, 위 판결은 이 점에 관하여는, 특별한 사정이 없는 한 상표권자 등이 국내에서 등록상표가 표시된 상품을 양도한 경우에는 당해 상품에 대한 상표권은 그 목적을 달성한 것으로서 소진되고, 그로써 상표권의 효력은 당해 상품을

컴퓨터 프린터의 기종에 따라 카트리지의 규격 등이 달라지므로 소비자의 오인을 막기 위해서는 그 프린터의 해당 기종 표시가 불가피하다고 하더라도 이를 제품의 겉포장 등에 표시하는 것은 별론으로 하고, 잉크 카트리지 자체에 각인되어 있는 등록상표를 그대로 사용하는 것까지 용인하는 것은 아닐 뿐만 아니라 피고인이 회사 자체의 상표로서 'JETRON'을 제품 자체에 붙여진 표지에 두드러지게 표시하였다고 하더라도 수요자들이 이 사건 제품을 사용하기 위하여는 반드시 포장상자를 개봉하여야 하고, 개봉하게 되는 경우 잉크 카트리지 자체에 각인되어 있는 등록상표인 'SAMSUNG'이 쉽게 인식될 수 있는 위치에 표시되어 있어서 곧 이를 인식할 수밖에 없고, 피고인이 잉크 카트리지 자체에 표시된 등록상표를 삭제하거나 보이지 않도록 별도의 조치를 취하면서도 잉크 카트리지의 용도(해당 기종)를 표시할 수 있다는 점에 비추어 보면, 재생 잉크 카트리지 자체는 등록상표권자인 삼성전자 주식회사가 피고인이 제품을 생산할

사용, 양도 또는 대여한 행위 등에는 미치지 않는다고 할 것이나, 원래의 상품과의 동일성을 해할 정도의 가공이나 수선을 하는 경우에는 실질적으로 생산행위를 하는 것과 마찬가지이므로 이러한 경우에는 상표권자의 권리를 침해하는 것으로 보아야 할 것이고 동일성을 해할 정도의 가공이나 수선으로서 생산행위에 해당하는가의 여부는 당해 상품의 객관적인 성질, 이용형태 및 상표법의 규정취지와 상표의 기능 등을 종합하여 판단하여야 할 것이라고 판시함으로써, 권리소진을 원칙적으로 인정하면서도 1회용 용품의 재판매 행위에 대한 상표권의 소진은 제한될 수 있음을 밝히고 있어, 상표권의 국내소진과 관련하여 상표권의 소진이론과 그 적용범위를 최초로 판시한 점에도 그 의의가 있다.

39) 통상 중고품을 수리하여 판매하면서 그대로 원상표를 부착하여 판매하는 경우에는 경우는 2가지 경우로 나누어서 ① 중고품을 수리하여 전혀 원형을 찾아볼 수 없거나 기본적 부품을 변경한 경우라면 아무리 수선 또는 중고품이란 표시를 하더라도 원상표를 부착하는 것은 상표권침해에 해당하고, ② 원형이 그대로 보존되고 중고품을 중고품으로 판매하는 한 원상표를 그대로 사용하더라도 그 제품이 원래는 그 상표권자의 제조품임을 표시하는 데 불과하다는 이유로 상표권 침해가 아니라고 설명되고 있다[송영식·이상정·황종환·이대희·김병일·박영규·신재호(주 20), 375-376]. 이 사건의 경우에는 피고인이 이미 수명이 다하여 더 이상 상품으로서 아무런 가치가 남아 있지 아니한 카메라 몸체를 이용하여 1회용 카메라의 성능이나 품질면에서 중요하고도 본질적인 부분인 새로운 필름(후지필름이 아닌 타회사 제품) 등을 갈아 끼우고 새로운 포장을 한 행위는 단순한 가공이나 수리의 범위를 넘어 상품의 동일성을 해할 정도로 본래의 품질이나 형상에 변경을 가한 경우에 해당되고 이는 실질적으로 새로운 생산행위에 해당한다고 할 것이어서 원 상표의 품질보증기능을 해하고 소비자로서도 피해의 우려가 있다고 할 것이다. 다만, 판시의 이유에서 "피고인의 miracle상표는 그 의미가 기적, 불가사의한(놀랄 만한) 사물(사람)을 나타내는 말로 그 자체로 상품의 출처를 나타내는 기능은 없고, 주지 저명한 것도 아니어서(사용에 의한 식별력 취득 부정으로 파악된다)피고인의 상품임을 나타낸다고 볼 수도 없다"고 단정적으로 판단한 것은 다소 의문이고, 피고인의 상표사용태양이 사회상규(형법 제20조)에 반하지 아니하여 위법성이 조각될 수 있는지 여부에 대한 주장과 판단이 결여되어 있어 아쉽다는 지적이 있다[김원오, "제3자의 포장용기 재활용과 상표권 침해의 위법성조각의 항변", 창작과 권리(제41호), 세창출판사(2005), 48-50].

수 있도록 승인했거나 적어도 삼성전자 주식회사가 생산한 프린터에는 피고인이 생산한 제품을 사용하더라도 이상이 없다고 확인해 주는 것으로 일반 소비자들은 오인할 여지가 있는 점에서 이 사건에서 피고인이 등록상표가 폐 잉크카트리지에 남아있는 상품을 그대로 판매한 것은 상표의 사용이라고 할 것이다 (대법원 2003. 9. 26. 선고 2003도2386 판결).

  (바) 서비스표적 사용

  서비스업 중에서 상품과 관계있는 서비스업에 대해서는 어느 상품에 사용되는 표장과 동일 또는 유사한 표장을 그 상품과 밀접한 관련 있는 서비스업에 그 서비스표로 사용할 경우 일반수요자가 그 서비스업의 제공자를 상품의 제조판매자와 동일인인 것처럼 서비스표의 출처에 대하여 혼동을 일으킬 우려가 있고, 특히 거래사회의 실정으로 보아 서비스업의 제공과 상품의 제조 판매가 동일한 업자에 의하여 이루어지는 때가 많고, 일반인들 또한 그렇게 생각하는 경향이 있는 경우에는 그와 같은 혼동의 우려는 더욱 많아진다 할 것인바, 전기·전자용품의 제조 판매업자가 그 대리점 등을 통하여 유통업이나 판매전략업, 고장수리업 등 관련 서비스업에도 다양하게 진출하고 있는 거래사회의 실정 등에 비추어 보면, 피고인이 '삼성수원도매센타'라는 서비스표로 전기·전자용품의 판매 등 관계 서비스업을 영위하는 경우 일반수요자에게 등록상표권자인 삼성전자 주식회사의 대리점으로 오인케 하여 그 서비스업의 출처나 신용 및 품질 등에 관하여 오인, 혼동을 초래할 가능성이 있다고 보아야 할 것이므로, 위와 같은 경우에는 상표의 서비스표적인 사용도 등록상표의 권리범위에 속한다고 할 것이다(대법원 1996. 6. 11. 선고 95도1770 판결).[40]

  (사) 기타

  피고인이 판매한 상품은 알미늄샷시인데 단지 그 알미늄샷시를 일시 감아주는 비닐포장지에 소외회사의 등록된 상표와 유사한 상표가 인쇄되어 있다 하

---

40) 위 판결에 대하여는, 상표권침해죄라는 형사적 문제가 되면 죄형법정주의와 관련이 있으므로 법해석을 엄격히 해야 할 것이고, 상표보호의 한계는 사용에 의하여 정해지는데 상표를 상표로서 사용하지 아니하고 상호, 영업표, 서비스표, 업무표장 등으로 사용하는 것은 상표적 사용이 아니므로 상표침해를 구성할 여지가 없으며, 다만, 혼동초래행위의 금지를 궁극의 목적으로 하는 부정경쟁방지법상으로는 상표나 상호 등 표지의 사용태양은 문제로 하지 아니하므로 이와 같은 경우에는 일정한 요건하에 부정경쟁방지법에 의한 보호가 주어지는 경우가 있을 뿐이라는 지적이 있다[신성기, "등록상표를 서비스표로 사용하는 것은 상표법위반죄가 성립되는지 여부", 대법원판례해설(제25호), 법원도서관(1996), 609, 613-614].

더라도 거래과정에서 소비자들도 그와 같은 사정을 잘 알고 그 비닐포장지를 건축공사시 문틀공사과정에 시멘트가 묻지 않도록 일시 감아 씌우는 데 사용할 목적으로 구입해 간 것이라면 피고인의 위 행위를 상표법 소정의 상표를 그 지정상품과 동일한 상품에 사용하게 할 목적으로 사용하거나 판매한 것으로 볼 수 없다(대법원 1986. 7. 22. 선고 86도1218 판결).

Ⅲ. 상표법상의 항변

1. 의의

위에서 본 상표권침해의 성립요건이 구비된 것으로 판단되는 경우라 하더라도 상표법상 상표권이 효력을 잃게 되거나 그 효력이 제한되는 일정한 사유가 있는 때에는 상표권침해로 되지 않게 되는바, 이러한 사유는 아래와 같다.

2. 상표권 소멸의 항변

상표법이 정한 상표권 소멸 사유로, 상표권의 무효(제117조 제1항 각호)·취소(제119조 제1항 각호)·포기(제101조) 및 상속인의 이전등록불이행(제106조)이 있다.

상표등록을 무효로 한다는 심결이 확정된 때에는 그 상표권은 처음부터 없었던 것으로 본다(상표법 제117조 제3항 본문). 따라서 타인의 등록상표권을 침해하였다는 행위가 그 등록을 무효로 한다는 심결이 확정되기 이전에 이루어졌다고 하더라도, 그 후 상표등록을 무효로 한다는 심결이 확정되었다면 침해되었다는 상표권은 처음부터 존재하지 아니하였던 것이 되므로, 그와 같은 행위를 상표법 제230조 소정의 상표권침해행위에 해당한다고 볼 수 없다(대법원 1996. 5. 16. 선고 93도839 전원합의체 판결,[41] 2006. 2. 23. 선고 2005도476 판결).

한편, 상표등록을 취소한다는 심결이 확정된 때에는 원칙적으로 그 상표권은 그때부터 소멸된다(상표법 제119조 제6항 본문).[42] 따라서 등록된 상표인 이상 비록 구 상표법(1990. 1. 13. 법률 제4210호로 개정되기 전의 것) 제45조 제1항 제3

---

41) 위 전원합의체판결은 종전에 이와 견해를 달리하여 상표등록을 무효로 한다는 심결이 확정된 경우에도 상표등록 이후 등록무효심결이 확정되기까지 사이에 이루어진 행위는 상표권침해행위에 해당된다는 취지로 판시한 대법원 1991. 1. 29. 선고 90도2636 판결을 폐기한 것이다.
42) 다만, 2016. 2. 29. 상표법 전부개정으로, 불사용으로 인하여 상표등록을 취소한다는 심결이 확정된 경우에는 그 심판청구일에 소멸하는 것으로 간주하게 되었다(상표법 제119조 제6항 단서).

호 본문에 정한 등록취소의 사유가 있다 하더라도 심판에 의하여 취소가 확정되기까지는 등록상표로서의 권리를 보유하고 있는 것이므로 상표권자의 동의 없이 그 상표와 동일유사한 상표를 그 지정상품과 동일유사한 상품에 사용하는 행위는 구 상표법 제36조 제1호에 해당되어 같은 법 제60조에 의하여 처벌된다(대법원 1990. 9. 25. 선고 90도1534 판결). 상표법 제73조 제1항 제3호에서 정한 등록취소 사유가 있다 하더라도 심판에 의하여 취소가 확정되기까지는 등록상표로서의 권리를 보유하는 것이고, 상표등록무효심결이 확정된 때와는 달리 상표등록을 취소한다는 심결이 확정된 때에는 그 상표권은 확정된 때로부터 장래를 향하여서만 소멸하는 것이므로, 등록상표에 관하여 등록취소의 심결이 확정되었다고 하더라도 그 심결 확정 이전에 이루어진 침해행위에 관한 상표권침해죄의 성립 여부에는 영향을 미치지 못한다(대법원 2005. 10. 14. 선고 2005도5358 판결).

3. 상표법 제90조에 의한 상표권 효력의 제한

또한, 상표법은 제90조에서 공익적인 견지 및 상표법의 상표보호의 목적에 비추어 특정인에게 상표권으로 독점시키기에 적합하지 아니한 상표 기타 상표권의 범위 밖에 두는 것이 적당한 상표를 열거하여, 상표권의 효력이 미치는 범위를 제한하고 있다. 다만, 위 제한은 상표권의 금지적 효력을 제한하는 것에 불과하고 상표권의 전용권 자체를 배제하는 것은 아니므로 등록상표권의 금지적 효력을 받지 않고 자유로이 사용할 수 있는 유사상표의 요건에 관한 규정이라고 할 수 있다.43)

그리고 상표법 제90조 제3항에서44) 말하는 부정경쟁의 목적이란 등록된 상표권자 또는 서비스표권자의 신용을 이용하여 부당한 이익을 얻을 목적을 말하고 단지 등록된 상표 또는 서비스표라는 것을 알고 있었다는 사실만으로 그와 같은 목적이 있다고 보기에는 부족하며, 상표권 등 침해자 측의 상표 등 선정의 동기, 피침해상표 등을 알고 있었는지 여부 등 주관적 사정과 상표의 유사성과 피침해상표의 신용상태, 영업목적의 유사성 및 영업활동의 지역적 인접성, 상표권 침해자 측의 현실의 사용상태 등의 객관적 사정을 고려하여 판단하여야 한다(대법원 1999. 12. 7. 선고 99도3997 판결 등). 위 판결을 비롯하여 대법원은 특히

---

43) 사법연수원(주 3), 197.
44) 2016. 2. 29. 전부개정 전의 조문으로는 제51조 제1호이다.

상표법 제90조 제3항의 해석에 있어 상호 등이 상표권(또는 서비스표권) 설정등
록 전부터 사용되었는지 여부를 하나의 중요한 요소로 보고 있는데 이는 우리
상표법이 사용주의가 아닌 등록주의를 원칙으로 하여 상표 등의 선사용사실과
무관하게 최선출원인에게 등록을 허여하고 있음과 관련하여 그 폐해를 줄이려
는 노력의 일환으로 볼 수도 있다.[45)]

4. 사용권에 의한 제한

상표권자는 그 상표권에 관하여 타인에게 전용사용권을 설정할 수 있고, 전
용사용권의 설정을 받은 전용사용권자는 그 설정행위로 정한 범위 내에서 지정
상품에 관하여 등록상표를 사용할 권리를 독점하므로(상표법 제95조 제1항, 제3
항), 그 범위 내에서 상표권자는 상표권의 전용권을 상실한다. 다만, 전용사용권
을 침해한 자는 상표법 제230조에 의하여 상표권침해의 경우와 같이 처벌받게
된다. 한편, 상표권자는 그 상표권에 관하여 타인에게 통상사용권을 설정할 수
있고, 통상사용권자는 그 설정행위로 정한 범위 내에서 지정상품에 관하여 등록
상표를 사용할 권리를 가지므로(상표법 97조 제1항, 제2항), 상표권자는 당연히 통
상사용권자에 대하여 침해를 주장할 수 없게 된다.

5. 다른 권리와의 저촉으로 인한 제한

상표권자·전용사용권자 또는 통상사용권자는 그 등록상표를 사용할 경우
에 그 사용상태에 따라 그 상표등록출원일 전에 출원된 타인의 특허권·실용신
안권·디자인권 또는 그 상표등록출원일 전에 발생한 타인의 저작권과 저촉되는
경우에는 지정상품 중 저촉되는 지정상품에 대한 상표의 사용은 특허권자·실용
신안권자·디자인권자 또는 저작권자의 동의를 받지 아니하고는 그 등록상표를
사용할 수 없다(상표법 제92조 제1항). 또한 상표권자·전용사용권자 또는 통상사
용권자는 그 등록상표의 사용이 부정경쟁방지법 제2조 제1호 차목에 따른 부정
경쟁행위에 해당하는 경우에는 같은 목에 따른 타인의 동의를 받지 아니하고는
그 등록상표를 사용할 수 없다(상표법 제92조 제2항).

다만, 상표법 제92조 제1항에서[46)] 등록상표가 그 등록출원 전에 발생한 저

---

45) 박병태, "상표법위반죄(상표법 제51조 제1호의 해석을 중심으로)", 재판과 판례(제10집),
   대구판례연구회(2001), 465-466.
46) 2016. 2. 29. 전부개정 전의 조문으로는 제53조이다.

작권과 저촉되는 경우에 저작권자의 동의 없이 그 등록상표를 사용할 수 없다고 한 것은 저작권자에 대한 관계에서 등록상표의 사용이 제한됨을 의미하는 것이므로, 저작권자와 관계없는 제3자가 등록상표를 무단으로 사용하는 경우에는 상표권자는 그 사용금지를 청구할 수 있는 것이어서(대법원 2006. 9. 11.자 2006마232 결정), 위 규정에 의하여 저작권자 및 그로부터 저작물 이용허락을 받은 자를 제외한 나머지 사람의 침해행위가 범죄로 되지 않는다고 해석할 수는 없다.

Ⅳ. 형법총칙 규정 적용의 문제

1. 일반론

상표권침해와 같은 지적재산권침해 형사사건에서도 위에서 본 상표법 규정의 적용을 살펴보는 외에, 형법각칙 규정을 적용하는 일반 형사사건에서와 마찬가지로 형법총칙 규정의 적용 역시 문제로 된다.

지적재산권 침해에 대한 사회적 비난의 정도는 시대와 장소에 따라 다를 수밖에 없지만, 오늘날에는 대체로 절도죄가 자연범에 속하듯이 타인의 지적재산권에 대한 침해죄 역시 자연범 내지 그와 유사한 성질을 갖는다고 본다.[47] 상표권침해죄 등 지적재산권침해죄에 관한 각 개별 법률의 규정은 일반 형법에 대한 특별 형벌법규에 해당하는 것으로서, 형법 제8조의 규정에 의하여 각 개별 법률에 특별한 규정이 없는 한 형법총칙상의 여러 규정이 그대로 적용된다. 그리고 지적재산권침해죄가 성립하기 위해서는 일반 범죄의 성립조건과 마찬가지로 구성요건에 해당하는 위법하고 책임 있는 행위일 것, 즉 구성요건해당성과 위법성 및 책임성이라는 세 가지 요소를 필요로 한다. 상표권침해 형사사건에서 객관적 구성요건해당성은 위에서 살펴본 성립요건의 문제가 될 것이나, 범의(형법 제13조), 법률의 착오(형법 제16조), 법령에 의한 행위(정당행위, 형법 제20조)로서의 위법성 조각 등 형법총칙 규정의 적용 역시 검토되어야 한다.

이와 관련하여, 상표권침해죄 등 지적재산권침해죄에서 정당방위(형법 제21조), 긴급피난(형법 제22조), 자구행위(형법 제23조)로 인한 위법성 조각을 상정하기는 어렵고, 피해자의 승낙(형법 제24조)에 관하여 보더라도, 생명 또는 신체에

---

47) 송영식·이상정·황종환·이대희·김병일·박영규·신재호, 송영식 지적소유권법(제2판)(상), 육법사(2013), 712(박영규 집필부분).

관한 침해죄와 달리 절도죄 등 타인의 재물에 관한 침해죄와 유사한 지적재산
권침해죄에서는 구성요건상 침해행위가 피해자인 타인의 의사에 반하여 행하여
질 것을 요한다고 보아야 할 것이어서 피해자인 권리자의 승낙이 있는 경우에
는 이를 침해행위로 볼 수 없으므로 구성요건해당성 자체를 조각한다고 봄이
타당하여, 피해자의 승낙 역시 위법성 조각사유로 문제되지는 않는다.48)

　　한편 법령에 의한 행위 외에 기타 사회상규에 반하지 않는 행위에 관한 사
례로, 대법원 1995. 9. 26. 선고 94도2196 판결을 들 수 있다. 위 판결은, 피고인
이 수입한 약품은 정당하게 제조되어 상표가 적법하게 부착된 것이고 피고인은
한국의약품수출입협회의 수입추천을 받는 등 적법한 절차를 거쳐 수입하였으므
로, 그 방법에 있어서 사회적 상당성이 있다고 보여 위 약품의 수입 판매 행위
는 상표의 출처식별 및 품질보증의 각 기능을 보호함으로써 당해 상표의 사용
에 의하여 축조된 상표권자의 영업상의 신용유지와 수요자의 이익을 보호하고
자 하는 상표법의 근본취지나 목적에 위반되지 아니한 것으로 볼 여지가 있어
피고인의 행위는 사회통념상 용인될 상당성이 있는 행위 내지 사회통념상 비난
의 대상이 될 정도가 아닌 행위로 인정될 여지가 있으며, 또한 고소인은 위 약
품을 수입 판매한다고 선전하면서도 이를 수입하거나 제조하여 판매한 실적이
거의 없어 보호받을 만한 기업신뢰를 형성하여 오지 못하였다고 보이고, 위 약
품의 생산자인 甲 회사와는 국내대리점이나 독점판매권 등의 어떠한 견련관계
도 엿보이지 아니하므로, 상표등록을 한 것 자체가 부정한 경쟁을 목적으로 한
것이라고 볼 여지도 있는바, 원심으로서는 이러한 점들을 더 심리하여 피고인의
행위가 형법 제20조에서 말하는 사회상규에 위반되지 아니하는 행위라고 볼 수
있는지 여부를 살펴보아야 한다고 설시하였다. 이러한 대법원판결에 대하여, 외
견상의 권리자의 권리의 행사가 권리의 남용이라고 인정되는 경우에는 그러한
권리자의 상대방, 즉 그 권리의 외견상의 침해자의 입장에서 본다면 그러한 침
해자의 행위는 사회통념상 용인될 상당성이 있는 행위라고 보아야 한다는 취지
를 밝힌 것으로서, 민사상 상표권침해 여부 판단에서도 그대로 타당한 판시이
고, 이처럼 권리남용의 이론을 적용함으로써, 모방상표의 등록을 무조건적으로
금지하지 않으면서도, 모방상표에 기한 상표권의 부당한 행사는 적절하게 제한
할 수 있어 균형적인 법 해석이 가능하게 된다는 평가가 있다.49)50)

---

48) 이성호, "지적재산권에 대한 침해와 침해자의 고의·과실", 사법논집(제28집), 법원도서
　　관(1997), 466-467.

이 외에 법령에 의한 행위는 대체로 위에서 본 상표법상 항변의 문제로 다루어질 수 있으므로 아래에서는 구체적 문제로서 범의와 법률의 착오에 관하여 살펴본다.

2. 구체적 문제

가. 범의(고의)

형법 제13조는 '범의'라는 제목 아래 "죄의 성립요소인 사실을 인식하지 못한 행위는 벌하지 아니한다. 단, 법률에 특별한 규정이 있는 경우에는 예외로 한다."고 규정하고 있다. 따라서 과실범은 처벌 규정이 있는 경우에만 예외적으로 처벌되는 것인데 상표권침해죄 등 지적재산권침해죄는 과실범 처벌 규정을 두고 있지 않아 고의범만을 대상으로 하게 된다. 위 규정에서 사실을 인식하지 못한 경우에는 범의, 즉 고의가 없으므로 원칙적으로 벌하지 않는다고 하여 고의의 성립요소로서 사실의 인식만을 언급하고 있으나 위 규정은 고의에 필요한 최소한의 요건으로서 사실의 인식만을 규정한 것이지 그 이외에 고의의 성립에 어떤 요소가 필요한가는 언급하고 있지 않다. 고의의 본질론은 형법학계에서 미

---

49) 도두형, "모방상표의 등록 및 그 효력", 판례월보(제323호), 판례월보사(1996), 47-49.

50) 위 판결의 사실관계는 아래와 같다. ① 중화인민공화국 광주시 소재 甲회사는 이 사건 등록상표와 동일한 상표(이하 '비교대상상표'라 함)를 고안하여 1984. 12. 12.경 중화인민공화국 국내에서 등록받은 후 비교대상상표를 사용한 바퀴벌레퇴치약인 신기약필, 신기패 등(이하 '이 사건 약품'이라 함)을 제조하여 우리나라에 수출하여 왔으며, 위 상품들은 피고인을 비롯한 여러 수입업자나 개인을 통하여 국내에 수입되어 1980년도 후반경부터 널리 국내에 유통되었다. ② 그런데 소외 정○○은 1989. 3. 8. 비교대상상표와 동일한 표장에 대하여 상표등록출원을 하여 1990. 6. 26. 제194761호로 이 사건 상표등록을 받았고, 고소인은 위 정○○으로부터 이 사건 등록상표에 관한 권리를 양도받아 1991. 7. 27. 이전등록을 마쳤다. ③ 위 정○○은 물론 고소인은 위 신기패 등을 직접 수입하여 판매한 사실은 전혀 없고, 다만 고소인은 소외 乙이 한국의 약품수출입협회의 추천 없이 수입한 소량의 신기약필이라는 살충제를 구입하여 판매함으로써 이 사건 등록상표를 사용하였다. ④ 이에 피고인은 이 사건 등록상표는 중화인민공화국의 등록상표로서 국내에서도 주지저명한 표장인 비교대상상표와 동일하여 구 상표법(1990. 1. 13. 법률 제4210호로 전문 개정되기 전의 것) 제9조 제1항 제11호(현행 제7조 제1항 제11호에 해당-수요자기만상표) 등에 해당하므로 무효라고 주장하여 무효심판청구를 하였다. ⑤ 한편 고소인은 피고인이 이 사건 등록상표를 침해하였다는 이유로 형사고소하였다.

　이에 대해, 제1심(대구지방법원 1994. 2. 15. 선고 93고단381 판결)은 이 사건 상표등록이 원래의 상표에 관한 권리자등의 청구에 의하여 무효화되어야 할 처지에 있는 것이어서 실질적으로 보호받아야 할 상표권이라 할 수 없다는 취지로 무죄판결을 하였고, 검사가 항소하였으나, 원심(대구지방법원 1994. 6. 30. 선고 94노431 판결)은 고소인이 이 상표를 이전등록받기 전에 피고인이 상표권침해행위를 하였으므로 고소인의 상표권을 침해한 것이 아니라는 이유로 항소기각판결을 하였다.

필적 고의와 인식 있는 과실을 어떻게 구별할 것인가를 중심으로 인식설, 의사설, 인용설의 견해가 전개되었는데, 우리나라의 통설·판례는 인용설에 따라 고의가 성립하기 위해서는 구성요건 사실 및 결과를 인식할 것이 필요하지만 결과 발생을 의욕할 필요까지는 없고 다만, 결과 발생을 인용 내지 감수하면 족하다고 본다.[51] 또한, 고의의 체계적 지위에 관하여는 책임요소설, 구성요건요소설, 이중적 지위설의 다툼이 있으나,[52] 어느 견해에 의하든 침해자에게 고의가 인정되지 않는 경우에는 구성요건해당성의 흠결 또는 책임요건의 흠결로 인하여 형사범죄로는 성립하지 않게 된다.

상표권침해의 고의는 행위자가 타인의 등록상표라는 점을 인식하고 이를 그 지정상품 또는 지정서비스와 동일 또는 유사한 상품이나 서비스에 사용한다는 의사만 있으면 족하고, 나아가 상품 또는 서비스의 신용을 훼손하고 그 출처의 혼동을 야기할 의사나, 상대방을 기망하여 부정한 이익을 취득할 목적 그밖에 권리침해의 의사를 요하는 것은 아니다. 또한, 상표의 유사의 의미에 관하여 정확한 이해를 결하고 있더라도 상표권의 존재를 알고 있는 한 범의를 조각하는 것은 아니다.[53]

한편, 상표권이 상표등록원부에 등록되는 등으로 공시되어 있다거나 물품에 그 권리사항이 표시되어 있다 하더라도 그것만으로 고의가 당연히 인정되는 것은 아니고, 고의의 법률상 추정이 인정될 수도 없다. 법률상 추정된 사실이란 전제사실이 증명되면 다른 사실을 인정하도록 법률에 규정되어 있는 것을 말하는데 형사소송에서 이러한 법률상의 추정을 인정하는 것은 실체진실주의와 자유심증주의에 반할 뿐만 아니라 무죄추정의 법리에도 어긋난다.[54] 상표법 제112조의 고의 추정 규정이 마련되어 있지만, 위 추정 규정은 어디까지나 상표권침해를 원인으로 한 민사상 침해금지청구사건이나 손해배상청구사건에서 권리자의 입증의 편의를 위해 마련된 규정이라고 할 것이므로 이를 형사 사건에서 적용할 수는 없다고 본다. 형사재판에서 공소가 제기된 범죄사실은 검사가 입증하여야 하고, 법관은 합리적인 의심을 할 여지가 없을 정도로 공소사실이 진실한 것이라는 확신을 가지게 하는 증명력을 가진 증거를 가지고 유죄로 인정하여야 하므로, 그와 같은 증거가 없다면 설령 피고인에게 유죄의 의심이 간다고

---

51) 상세한 내용은 오영근, 형법총론(제3판), 박영사(2014), 113-116 참조.
52) 상세한 내용은 오영근(주 51), 118-119 참조.
53) 문삼섭, 상표법(제2판), 세창출판사(2004), 646.
54) 이재상, 신형사소송법(제2판), 박영사(2008), 507.

하더라도 피고인의 이익으로 판단할 수밖에 없다(대법원 2003. 9. 2. 선고 2003도 3455 판결 등). 실무상 상표권침해에 대하여는 등록상표권의 존재를 알지 못하였다는 주장과 같이 고의가 없었다고 다투는 경우가 자주 있고, 고의가 부정되어 무죄가 선고된 사례도 있다.55)

55) 최근의 몇가지 사례를 살펴보면 다음과 같다.
　[수원지방법원 2007. 10. 25. 선고 2007노2254 판결(상고없이 확정)]
　　피고인 주식회사 甲홈쇼핑은 공급업체로부터 제품 광고를 의뢰받으면 카탈로그를 통하여 광고를 한 뒤, 고객이 제품 주문을 하면 공급업체에 통보를 하고, 업체가 고객에게 직접 제품을 배송하여 판매하면 그 판매수익에서 34% 정도의 수수료를 받는 위탁판매 형태로 운영되는 점, 피고인 乙은 통신판매를 함에 있어 항공점퍼만을 전문으로 취급하지는 아니하였던 관계로 이 사건 당시 항공점퍼의 종류나 상표, 그 진정 여부에 대한 지식이 부족하였던 점, 피고인 甲홈쇼핑에는 이 사건 당시 상표의 등록 여부나 진정상품 여부를 확인하기 위한 방법이나 절차 등을 규정한 내규 같은 것이 정하여지지 아니하였던 점, 피고인 乙은 2001. 9.경부터 2004. 1.경까지 이탈리아 밀라노의 패션 스쿨에서 여성의류 관련 공부를 하다가 2004. 6. 1.경 피고인 甲홈쇼핑에 입사하여 의류 담당 MD인 A를 도와 샘플 정리나 기술서 작성 등의 단순 업무를 하여 왔던 점, 그런데 A가 퇴사하자 이 사건 발생 직전인 2005. 8.경부터 피고인 乙 혼자서 카탈로그 의류 담당 MD업무를 맡아 하게 된 점, 위탁판매회사의 직원에 불과한 피고인 乙로서는 이 사건 항공점퍼가 위조품이라는 것을 알면서도 굳이 위험을 감수하고 이를 판매하여야 할 만한 사정도 없었고, 위탁판매회사에 불과하고 연간 매출액이 800억원 내지 1,000억원에 이르는 피고인 甲홈쇼핑으로서는, 자신들이 판매하는 제품에 대한 대중의 신뢰관계 때문에 함부로 위조 상표가 부착된 물건을 팔 입장이 아니었던 점, 이 사건 항공점퍼는 대형 백화점에는 입점이 되어 있지 아니하고, 인터넷이나 밀리터리 시장, 소규모 대리점을 통하여만 구입할 수 있으며, 항공점퍼를 즐겨 찾는 특수층의 매니아가 아닌 일반인이나 의류업 종사자들에게 널리 알려져 있는 상표로는 보이지 아니하는 점, 이 사건 항공점퍼의 정품 시가는 178,000원 상당이지만, 피고인들은 위 점퍼를 29,800원에 판매하였고, 피고인 乙이 제작한 카탈로그에도 "남성 항공점퍼, 원단에 테프론 가공처리되어 있어 방수되어 따뜻, 색상: 은회색, 소재: 폴리에스테르 100%, 사이즈: 95, 100, 105, 세탁: 손세탁, 제조원: 제이드(중국 OEM)"이라고만 기재되어 있고 "알파항공점퍼"라는 문구가 기재되어 있지 아니한 점 등을 종합하여 보면, 비록 피고인들이 통신판매업에 종사하는 자들이라 할지라도 이 사건 범행 당시 이 사건 상표가 특허청에 등록된 상표인 사실을 모르고 있었던 것이 아닌가 하는 강한 의심이 들 따름이고, 피고인들에게 상표권 침해에 대한 확정적 또는 미필적 고의가 있었다고 단정하기는 어렵다.
　[서울동부지방법원 2006. 5. 18. 선고 2006노73 판결(상고없이 확정)]
　　① 피해자의 등록상표로 널리 알려져 있는 상표는 "이엑스알(EXR)"이고, 피해자는 각종 의류를 제작함에 있어 이 사건 등록상표와 함께 반드시 위 "이엑스알(EXR)" 상표를 병기하여 사용하였다. ② 반면 피고인이 제작한 의류에는 이 사건 등록상표와 함께 피고인의 고유상표인 "SPORT MILKY", "SPORT MILKY JUNIOR"나 그 약자인 "SM", "SMJ"를 병기하여 사용하였고, "이엑스알(EXR)" 상표를 병기하여 사용하지는 않았으며, 피고인의 위 상표가 기재된 라벨을 의류에 부착하여 판매하였다. ③ 피고인은 2004. 7. 말경 피고인 회사의 직영매장이 입주하여 있는 한국카르푸 주식회사 목동점 측으로부터 피해자 측에서 이 사건 상표가 등록상표라는 지적과 함께 매장에서의 제품 철수 요청을 하였다는 연락을 받고서 위 매장으로부터 위 의류를 모두 회수하였다.
　　위 인정사실을 종합하면, 피고인은 당초 이 사건 상표가 널리 피해자의 등록상표로 알려져 있는 "이엑스알(EXR)"이라는 상표와 별도로 피해자가 등록하거나 적법하게 양도 받상표권침해죄의 고의 요건과 관련하여, 고의 또는 범의의 내용이 무엇인지에 대하여 대법원이 별로 관심을 보이지 않고 있는 것 같다고 하면서, 상표권침해의 죄를 판단함에 있어서는 구성요건적 사실에 관한 인식이 있었는지 여부, 또는 최소한 타인의 상표권의 존재사실과 상표권침해의 높은 개연성을 알았는지 여부 등을 판단하여야 한다고 강조하는 설명이 있다.56) 위 견해는 특히, 후출원등록상표에 의한 선출원등록상표의 침해가 성립될 수 있는지가 문제된 사건에서 대법원이, 후출원등록상표에 의한 선출원등록상표의 침해는 후출원등록상표가 적법한 절차에 따라 등록무효의 심결이 확정되었음에도 불구하고 그 후 후출원등록상표권자가 선출원등록상표와 동일 또는 유사한 상표를 그 지정상표와 동일 또는 유사한 상품에 사용한 때 성립하는 것이라고 판시함으로써, 등록된 상표권의 행사의 경우에는 상표등록의 무효심결이 확정되기 이전에는 침해죄가 성립될 수 없다고 해석하고 있으나(대법원 1986. 7. 8. 선고 86도277 판결), 무효심결 유무에 관계없이 자신의 유효한 권리의 행사로 인해서도 타인의 권리를 침해하는 경우가 있을 수 있음을 전제로 규정한 상표법 제92조의 취지에 비추어 보면, 후출원등록상표권자는 자신의 유효한 상표권의 행사로 선출원등록상표에 관한 상표권을 침해할 수도 있는 것이므로, 타인의 상표권을 침해하는

은 등록상표인지 알지 못한 채 단순히 위 "이엑스알(EXR)"에 병기하여 사용하는 디자인적 요소에 불과한 것으로 생각하고 이를 제작, 판매하여 오다가 2004. 7. 말경 한국카르푸 주식회사 목동점으로부터 연락을 받고서야 위 영문자가 피해자의 등록상표라는 사정을 알게 되었다고 보인다.
[서울중앙지방법원 2005. 6. 29. 선고 2005고정1395 판결(항소없이 확정)]
A는 미국의 폴프랭크사의 "JULIUS" 및 원숭이 도형이 부착된 의류를 수입하여 판매하는 회사인데, 피고인은 2004. 7. 1. A와 A가 수입하는 폴프랭크사의 의류 등을 판매하는 내용의 대리점계약을 체결하고, A로부터 "JULIUS" 상표 및 원숭이 도형이 부착된 의류를 공급받아 판매한 사실, 피고인은 2004. 9. 말경 A의 관계자로부터 "JULIUS" 상표가 부착된 티셔츠를 판매하지 말 것을 연락받고 A로부터 공급받은 티셔츠 9점 중 그때까지 판매된 5점을 제외한 나머지 4점을 A에 반품할 것을 종업원에게 지시하고 이를 보관하고 있었던 사실을 인정할 수 있고, 거기에다가 이 사건 "JULIUS" 상표는 2002. 8. 19. 제527934호로 등록되기는 하였으나 국내에서 널리 알려진 상표라고는 볼 수 없는 점, B가 A에는 상표권침해중지경고장을 발송하였으나 피고인에게는 위와 같은 경고문을 발송한 적이 없는 점, 피고인은 A의 관계자로부터 이 사건 의류의 판매중지연락을 받고 바로 판매를 중지한 점, 이 사건 의류에 부착된 상표는 미국의 폴프랭크사에 의하여 부착된 것으로서 A가 이를 수입한 후 대리점을 경영하는 피고인에게 공급함에 따라 피고인이 이를 판매하거나 보관하게 된 점, 그 외 피고인이 이 사건 의류를 판매하게 된 경위 등의 사정에 비추어 피고인에게는 이 사건 상표권침해의 고의가 없었다고 보이고 달리 이를 인정할 뚜렷한 증거도 없다.
56) 정상조, 지적재산권법, 홍문사(2004), 587-588.

것이 자신의 유효한 권리보유에 의해 정당화될 수는 없다고 비판한다. 그러면서, 이 경우 쟁점은 상표권침해의 범의(고의)가 있었는지 여부인데, 자신의 행위에 대한 인식뿐만 아니라 타인의 권리를 침해한다는 구성요건적 사실에 대한 인식까지도 있었는지 여부가 문제된다고 지적한다.[57)

나. 법률의 착오

형법 제16조는 '법률의 착오'라는 제목 아래 "자기의 행위가 법령에 의하여 죄가 되지 아니하는 것으로 오인한 행위는 그 오인에 정당한 이유가 있는 때에 한하여 벌하지 아니한다."고 규정하고 있다. 위 규정의 '행위'란 구성요건에 해당하고 위법한 행위를 말하는 것으로서, 법률의 착오는 위법한 행위를 하는 사람이 자기 행위가 위법하다는 인식 없이 그 행위를 하는 경우를 의미하는 것이다. 따라서 위 규정을 해석하기 위해서는 위법성 인식에 관한 검토가 필요하다.[58) 위법성 인식의 개념에 관하여 대법원은, 범죄의 성립에 있어서 위법의 인식은 그 범죄사실이 사회정의와 조리에 어긋난다는 것을 인식하는 것으로서 족하다(대법원 1961. 2. 24. 선고 4293형상937 판결, 1987. 3. 24. 선고 86도2673 판결)는 입장을 취하여 위법성 인식의 범위를 대단히 넓게 파악하고 있고, 이러한 입장을 바탕으로 형벌법규의 부지는 범죄의 성립에 영향을 미치는 것이 아니라고 보고 있다(대법원 1984. 2. 14. 선고 83도3206 판결, 1994. 12. 9. 선고 93도3223 판결). 또한, 위법성 인식의 체계적 지위에 관하여는 고의의 한 구성요소로 보는 고의설과 고의와는 무관한 독자적 책임요소로 보는 책임설의 견해 대립이 있으나,[59) 대법원은 법률의 착오로 말미암아 위법성에 대한 인식을 결한 경우 범의(고의)를 조각한다는 입장을 취하고 있다(대법원 1970. 9. 22. 선고 70도1206 판결, 1974. 11. 12. 선고 74도2676 판결, 1988. 12. 13. 선고 88도184 판결, 1994. 5. 27. 선고 93도3377 판결).

상표권침해죄에서 '법률의 착오=범의의 조각 사유'라는 취지를 명시적으로 밝힌 판결로서, 대법원 1997. 10. 10. 선고 96도2191 판결이 "피고인이 이 사건 수입물품을 진정상품으로 오인하였고, 더 나아가 이 사건과 같은 경우에도 병행수입이 허용된다고 믿어 자신의 행위가 죄가 되지 아니하는 것으로 오인하였다고 하더라도, 기록에 의하면 피고인은 이 사건 수입행위가 국내 전용사용권을

---

57) 정상조(주 56), 588-589.
58) 오영근(주 51), 285-286.
59) 오영근(주 51), 287-291 참조.

침해하는 것인지 여부에 관하여 전문가의 자문을 구하는 등의 아무런 조처도 없이 임의로 그와 같이 믿은 것에 지나지 아니함을 알 수 있으므로, 거기에 정당한 이유가 있다고 보기는 어려우니, 그 주장과 같은 사정만으로 피고인의 행위가 상표권 침해행위에 해당하지 않는다거나 침해의 범의가 조각된다고 할 수 없다."라고 판시한 바 있다.[60]

---

60) 이 판결은 상표권침해죄에서 법률의 착오에 의하여 범의가 조각되기가 얼마나 어려운지를 보여주는 대표적인 사례이기도 하다. 이 판결의 사실관계는 아래와 같다. ① 국내법인인 피해자는 미합중국 뉴욕주에 본사를 둔 상표권자로부터 그의 폴로(POLO)상표에 관한 우리 국내의 전용사용권을 설정받아 1992. 3. 27. 그 등록을 마쳤다. ② 피고인은 아동복 수입판매업 등을 목적으로 설립된 국내법인의 대표이사로서, 1995. 2. 21.경 미합중국 캘리포니아주 로스앤젤레스시 소재 한국교포 장○○으로부터 가짜 폴로 상표가 부착된 티셔츠 2,050점(이하 '이 사건 의류'라고 한다)을 수입하여 그 중 2,000점을 국내백화점의 할인매장에 판매하였다. ③ 검사는 피고인이 위조상표가 부착된 의류임을 알고도 이 사건 의류를 수입·판매함으로써 피해자 일경물산의 국내 전용사용권 등을 침해하였다 하여 피고인의 소위를 상표권침해죄로 의율, 기소하였다. ④ 이에 대해 피고인은 우선 자신이 수입한 의류가 상표권자에 의해 제조된 진정상품이라고 주장하고, 그렇지 않다 하더라도 피고인은 위조상품임을 모르고 수입하였던 것이며, 위와 같이 이 사건 의류가 진정상품이거나 적어도 위조상품인 점에 대한 피고인의 인식이 결여되었던 이상 피고인의 이 사건 의류수입행위는 이른바 진정상품의 병행수입에 해당하여 상표권침해죄를 구성하지 아니하거나 적어도 진정상품의 병행수입에 해당한다고 믿은 피고인에게 정당한 이유가 있어 피고인을 벌할 수 없다고 보아야 한다는 취지로 변소하였다.
  이에 대해, 제1심(수원지방법원 1995. 12. 27. 95고단2093 판결)은 피고인이 가짜 상표가 부착된 의류를 수입·판매한 사실을 인정하고 피고인의 행위가 상표권침해죄에 해당한다고 보았으나, 제반 정상을 참작하여 피고인에 대한 형(벌금 300만원)의 선고를 유예하였다. 또한 원심(수원지방법원 1996. 8. 8. 선고 96노126 판결)은 이 사건 의류가 진정상품이거나 적어도 피고인이 위조상품인 점을 모르고서 수입하였으므로 피고인에게 상표권침해죄의 범의가 없었다고 보아야 한다는 피고인의 항소이유에 대하여, 증거에 의하면 피고인이 이 사건 상표가 등록상표인 사실을 알고 있었음에도 불구하고 이 사건 상표에 대한 권리자의 승낙 없이 이 사건 상표들과 동일 또는 유사한 상표가 부착되어 있는 이 사건 의류를 수입한 사실이 인정되므로, 피고인에게는 이 사건 상표침해죄의 고의가 있었다 할 것이고, 피고인이 이 사건 의류를 진정상품으로 믿었거나 그에 부착된 상표 역시 진정한 것으로 믿고 그 수입에 이르렀다 하더라도 피고인의 고의를 인정함에 방해가 되지 않는다 하여 위 항소이유를 모두 배척하고, 양형부당을 주장한 검사의 항소이유 역시 배척하여 제1심판결을 그대로 유지하였다.
  상고심인 위 96도2191 판결은, ① 국내 전용사용권자가 그 등록을 마친 후 폴로 상표가 부착된 의류를 국내에서 제조·판매하면서 많은 비용을 들여 그 제품에 대한 선전·광고 등의 활동을 하여 왔고, 국외에서 판매되는 같은 상표가 부착된 의류 중에는 미합중국 외에 인건비가 낮은 제3국에서 주문자 상표 부착 방식으로 제조되어 판매되는 상품들도 적지 않으며, 국내 전용사용권자와 국외 상표권자와의 사이에는 국내 전용사용권 설정에 따른 계약관계 이외에 달리 동일인이라거나 같은 계열사라는 등의 특별한 관계는 없는 경우, 국외에서 제조·판매되는 상품과 국내 전용사용권자가 제조·판매하는 상품 사이에 품질상 아무런 차이가 없다거나 그 제조·판매의 출처가 동일한 것이라고 할 수 없고, 또한 국외 상표권자와 국내 전용사용권자가 공동의 지배통제 관계에서 상표권을 남용하여 부당하게 독점적인 이익을 꾀할 우려도 적다고 할 것이므로, 이러한 경우에는 이른바 진정상품의 병

법률의 착오와 관련하여서는 결국 어떤 경우에 정당한 이유가 있다고 인정할 것인지가 관건이다. 지적재산권침해죄를 중심으로 하여 이점에 관한 대법원 판례를 살펴보면, 침해행위에 대하여 검사의 무혐의 결정이 있었던 경우,[61] 변

행수입이라고 하더라도 국내 전용사용권을 침해하는 것으로서 허용되지 않는다고 판시하여 이른바 진정상품 병행수입의 허용요건(상표권침해가 되지 않는 요건)을 밝히면서(이러한 판시는 진정상품의 병행수입의 허용요건에 관한 대법원의 입장을 최초로 밝힌 것임), ② 이 사건에서 피고인이 수입물품을 진정상품으로 오인하였고, 더 나아가 병행수입이 허용된다고 믿어 자신의 행위가 죄가 되지 아니하는 것으로 오인하였다고 하더라도, 피고인은 수입행위가 국내 전용사용권을 침해하는 것인지 여부에 관하여 전문가의 자문을 구하는 등의 아무런 조처도 없이 임의로 그와 같이 믿은 것에 지나지 아니하므로, 거기에 정당한 이유가 있다고 보기는 어렵고, 따라서 피고인의 행위가 상표권 침해행위에 해당하지 않는다거나 침해의 범의가 조각된다고 할 수 없다고 판시하였다.

　이 사건에 관하여는, 피고인이 그 주장대로 자신이 수입한 위조상품을 진정상품으로 오인하였고(사실의 착오), 더 나아가 그 수입행위가 진정상품의 병행수입으로서의 허용요건을 갖추었다고 믿었으며, 그와 같이 믿은 데에 정당한 이유가 있었다면(법률의 착오), 피고인에게 상표권침해죄의 범의가 조각된다고 볼 여지가 있는 사안, 즉 피고인이 주장하는 사실의 착오와 법률의 착오라는 두 가지의 가정적 전제사항이 모두 충족되어야만 비로소 상표권침해죄의 죄책을 면할 수 있게 되는 사안인데, ① 이 사건 기록에 나타난 증거관계에 의하면, ㉮ 피고인은 피해자가 국내전용상표권자임을 잘 알고도 피해자나 국외 상표권자 몰래 이 사건 의류를 수입·판매하였으며(피고인도 그들이 알게 되면 수입행위를 허락할 리가 없어 미리 그들의 의사를 물어보지도 않았다고 자인하고 있으므로 적어도 그들의 의사에 반하는 행위라는 인식은 있었다고 보아야 한다), ㉯ 국외 상표권자와 직접 거래관계가 없는 회사로부터 여러 중간단계를 거쳐서 이 사건 위조상품을 수입하였고(피고인은 자신이 미국에 가서 진정상품인 폴로 의류를 구입하여 육안으로 이 사건 수입의류와 비교하여 보니 별다른 차이가 없어서 이 사건 수입의류를 진정상품으로 믿었다고 주장하나, 그와 같은 사정만으로 상인으로서의 정당한 조사절차를 거친 것이라고 할 수 없다), ㉰ 피고인이 국내에서 광고 전단을 통해 이 사건 물품을 판매한 과정 등을 살펴보면 피고인에게 이 사건 물품이 위조상품일지도 모른다는 점에 대한 인식이 없었다고 할 것인지조차 의문이 들고, 또 ② 피고인이 이 사건 수입의류가 위조상품인 줄을 몰랐다고 본다 하더라도(사실의 착오), 피고인 스스로 수사기관에서 "국내의 독점 제조·판매업체인 피해자가 외국에서 진품을 수입하여 판매하는 것에 대하여도 배타적인 권리를 가질 수 있는가에 대하여는 잘 알지 못하겠다"는 취지로 진술하였던 점에 비추어 보면, 피고인이 자신의 수입행위가 이른바 진정상품의 병행수입으로서 적법한 것이라고 믿고서 위와 같은 행위를 한 것이라고 보기도 어려우며, ③ 더 나아가 ㉮ 피고인에게 위조상품인지 여부에 관한 사실의 착오가 있었고, ㉯ 이 사건과 같이 국외 상표권자와 독립된 국내 전용상표권자가 직접 국내에서 상품을 제조·판매하는 경우에도 진정상품이기만 하면 제한 없이 병행수입이 허용된다고 믿었다고 가정하더라도, 이러한 사정은 병행수입의 허용기준에 관한 단순한 법령의 부지에 불과하다고 보아야 할 것이어서, 피고인이 상표권침해 여부에 관하여 정당한 조사절차를 거치거나 법률 전문가의 조언을 진지하게 구하는 등의 아무런 조처도 없이 일방적으로 그와 같이 믿은 것만으로는 그와 같이 믿은 데에 정당한 이유가 있다고 보기 어려우므로, 피고인에게 상표권침해의 범의가 조각된다고 볼 수 없다는 설명이 있다[이성호, "병행수입의 허용한계와 상표권침해죄의 범의", 판례실무연구(II), 비교법실무연구회(1997), 323-324].

61) 대법원 1995. 6. 16. 선고 94도1793 판결은 "검사가 1992. 8. 17.자로 이 사건 피고인들의 소위에 대하여 범죄혐의 없다고 무혐의 처리하였다가 고소인 C의 항고를 받아들여 재

호사나 변리사로부터 침해에 해당하지 않는다는 취지의 자문이나 감정결과를
받은 경우,[62] 상표권자의 이의제기가 없었던 경우[63] 등 대부분의 사례에서 정
당한 이유가 있음을 부정하였다.[64] 한편 드물게 정당한 이유가 있다고 인정한

기수사명령에 의한 재수사 결과 이 사건 기소에 이른 점은 소론과 같으나 피고인들의 이
사건 상표법위반행위는 위 불기소처분 이전인 1991. 8. 25.경부터 저질러진 것임에 비추어
피고인들의 위와 같은 위반행위가 위 무혐의 처분결정을 믿고 이에 근거하여 이루어진 것
이 아님이 명백하고, 가사 이 사건 상표법 위반행위 중 무혐의 처분일 이후에 이루어진 행
위에 대하여도 위 무혐의 처분에 대하여는 곧바로 고소인의 항고가 받아들여져 재기수사
명령에 따라 재수사되어 이 사건 기소에 이르게 된 이상 피고인들이 자신들의 행위가 죄
가 되지 않는다고 그릇 인식하는 데 정당한 이유가 있었다고는 할 수 없다 할 것이다."라
고 판시하였다. 대법원 1992. 8. 18. 선고 92도1140 판결, 대법원 1994. 2. 8. 선고 93도369
판결 등도 같은 취지이다.

62) 대법원 1995. 7. 28. 선고 95도702 판결은 "피고인이 변리사로부터 타인의 등록상표가
상품의 품질이나 원재료를 보통으로 표시하는 방법으로 사용하는 상표로서 효력이 없다는
자문과 감정을 받아 자신이 제작한 물통의 디자인등록을 하고 그 등록상표와 유사한 상표
를 사용한 경우, 설사 피고인이 위와 같은 경위로 자기의 행위가 죄가 되지 않는다고 믿었
다 하더라도 이러한 경우에는 누구에게도 그 위법의 인식을 기대할 수 없다고 단정할 수
없으므로 피고인은 상표법 위반의 죄책을 면할 수 없다."라고 하였고, 대법원 1998. 10.
13. 선고 97도3337 판결 역시 "피고인들이 변리사로부터 그들의 행위가 고소인의 상표권
을 침해하지 않는다는 취지의 회답과 감정결과를 통보받았고, 피고인들의 행위에 대하여
3회에 걸쳐서 검사의 무혐의처분이 내려졌다가 최종적으로 고소인의 재항고를 받아들인
대검찰청의 재기수사명령에 따라 이 사건 공소가 제기되었으며, 피고인들로서는 이 사건
과 유사한 대법원의 판례들을 잘못 이해함으로써 자신들의 행위는 죄가 되지 않는다고 확
신을 하였고, 특허청도 피고인들의 상표출원을 받아들여서 이를 등록하여 주기까지 하였
다는 등 피고인들이 주장하는 사유들만으로는 위와 같은 기준에서 볼 때 피고인이 자신의
행위가 고소인의 상표권을 침해하는 것이 아니라고 믿은 데에 정당한 이유가 있다고 볼
수 없다."라고 판시하였다. 대법원 2002. 5. 28. 선고 2000도1629 판결, 대법원 2008. 7. 10.
선고 2007도2912 판결 등도 같은 취지이다.

63) 대법원 2001. 6. 12. 선고 2001도1483 판결은 "피고인의 주장과 같이 피고인이 제조한
제품에 제조업체의 주소지 등을 기재한 품질보증서를 붙였고, 'GAP' 상표를 등록한 피해
자는 국내에 매장을 개설하거나 국내에서 자사 제품을 판매하지 않을 뿐 아니라, 피고인의
그와 같은 상표사용행위에 대하여 이의를 제기하거나 사용중지를 요구한 바가 없었다고
하더라도 그러한 사정만으로 피고인이 자신의 행위가 피해자의 상표권을 침해하는 것이
아니라고 믿은 데에 정당한 이유가 있다고 볼 수 없다."라고 판시하였다.

64) 대법원 2006. 9. 8. 선고 2004도6815 판결은 "H는 1994. 4. 18. 피고인 P를 상대로, 위
'SCABAL' 표장이 이 사건 등록상표의 권리범위에 속한다는 확인을 구하는 권리범위확인
심판을 제기하여 1995. 7. 20. 특허청 심판소에서 청구인용 심결을 받았고, 이에 피고인 P
가 항고하였으나 1997. 8. 29. 특허청 항고심판소에서 기각심결이 내려졌으며, 이에 다시
피고인 P가 상고하였으나 2000. 1. 18. 대법원에서 상고기각판결이 선고된 사실을 알 수
있는바, 그렇다면 이 사건 범죄사실은 위 'SCABAL' 상표가 이 사건 등록상표의 권리범위
에 속한다는 심결이 있은 후인 1996. 5. 18.경부터 2001. 3. 8.경까지 사이에 피고인들이 수
입한 'SCABAL' 양복지를 대상으로 하는 것으로서 그 범행당시 피고인들에게 상표법위반
에 대한 범의나 위법성의 인식이 없었다고 볼 수 없고, 상고이유로 주장하는 바와 같이 위
와 같은 심결이 있기 이전에 위 H가 위 'SCABAL Socit Anonyme'을 상대로 제기한 권리

사례로서, 대법원 1982. 1. 19. 선고 81도646 판결은 "피고인은 소아용 의류 및
양말 등을 제조 판매하는 공소외 주식회사의 대표이사로서 1974. 말경 외국상
사들로부터 발가락 삽입부가 5개로 형성된 양말을 주문받아 1975. 1.부터 이를
생산하던 중 이 사건 피해자인 K로부터 1975. 2. 24.경 발가락 삽입부가 5개로
형성된 양말은 동인의 디자인권(디자인등록 제13319호)을 침해한다 하여 그 제조
의 중지요청을 받고 그 즉시 변리사 J에게 문의하였던바, 양자의 디자인이 색채
와 모양에 있어 큰 차이가 있으므로 동일 유사하다고 할 수 없다는 회답을 받
고, 또 같은 해 3. 11.에는 위 J에게 감정을 의뢰하여 위 양자의 디자인은 발가
락 삽입부 5개가 형성되어 있는 외에는 형상, 색채 혹은 그 조합이 각기 다르고
위 발가락 5개의 양말은 위 디자인등록이 된 후에도 공소외 S 명의로 디자인등
록(제17597호)된 바 있으니 발가락 삽입부가 위 K의 등록디자인의 지배적 요소
라고 할 수 없으므로 양자는 결국 동일 또는 유사하다고 할 수 없다는 전문적
인 감정을 받았고, 이에 따라 같은 해 3. 12. 피고인 스스로 자신이 제조하는 양
말에 대하여 디자인등록출원을 한 결과 같은 해 12. 22. 특허국으로부터 등록사
정까지 받게 되었으며, 한편 위 S가 위 K를 상대로 본건 등록디자인의 권리범
위 확인심판청구(특허국 74년 심판 제333호)를 한 결과, 그 1심과 항소심에서 이
사건 등록디자인과 위 등록 제17597호 디자인은 피차 양말의 선단부에 발가락
이 삽입되는 5개의 삽입부를 형성하는 점이 닮았으나, 이 같은 종류 물품에 삽
입부를 형성한다는 것은 보통으로 이루어지는 형상에 속하는 것이어서 별로 사
람들의 주의를 끌거나 미감을 일으킬 만한 디자인적 특징이 될 수 없고 양자를
전체적으로 비교할 때 빛깔의 배합, 무늬, 모양 등에 있어서 현저한 차이가 있
어 서로 오인, 혼동될 염려가 없다는 이유로 청구인 승소의 심결이 있었다가 상
고심(대법원 77후9)에서 비로소 이 사건 등록디자인의 지배적 요소는 발가락 삽
입부가 5개로 형성된 점이라는 이유로 1977. 5. 10. 원심결을 파기환송하는 판
결이 있었다는 것이다. 사실이 이와 같다면 특허나 디자인권 관계의 법률에 관
하여는 전혀 문외한인 피고인으로서는 위 대법원판결이 있을 때까지는 자신이
제조하는 양말이 위 K의 디자인권을 침해하는 것이 아니라고 믿을 수밖에 없었

범위확인심판청구가 기각된 일이 있고, 그로 인해 피고인 P가 검찰의 '혐의없음' 처분을
받은 적이 있으며, 변리사로부터 이 사건 수입행위가 상표권을 침해하지 않는다는 취지의
의견을 받아본 적이 있다고 하더라도 이러한 사정만으로는 피고인들의 행위가 상표법위반
에 해당하지 않는다고 믿었고, 또 그와 같이 믿었던 데 정당한 이유가 있었다고 볼 수 없
다"라고 판시한 바도 있다.

다고 할 것이니, 위 양말을 제조 판매하는 행위가 법령에 의하여 죄가 되지 않는다고 오인함에 있어서 정당한 이유가 있는 경우에 해당하여 처벌할 수 없는 것이라고 할 것"이라고 판시하였다.

이러한 대법원의 엄격한 태도는[65] 지적재산권침해 여부에 관하여 법원의 판결 이전에 부정확한 법리와 제한된 사실조사에 근거하여 얼마든지 잘못된 판단이 내려질 수 있다는 점과 경우에 따라서는 그러한 잘못된 판단이 침해행위자의 유도에 의하여 이루어질 수도 있다는 점 등을 고려한 데에 기인하는 것이 아닌가 생각된다. 위와 같은 판례의 태도에 비추어 보면, 지적재산권 관련 범죄나 불법행위 사안에서 정당한 이유 있는 위법성 인식의 착오를 인정하기는 대단히 어렵다고 할 것이다.

V. 특별형법범으로서의 특수한 문제

1. 의의

위에서 검토한 내용 외에 특별형법범으로서 상표권침해 형사사건에서 살펴볼 수 있는 특수한 문제로는 아래와 같은 사항이 있다.

---

65) 종전부터 일반적으로도 대법원은 이전에 검찰의 무혐의 결정이 있었다는 점이나 변호사, 건축사 등 전문가의 조언이나 자문을 받고 한 행위, 관계 공무원에 대한 질의응답 내용을 행위자 나름대로 확대해석한 결과 혹은 관계 국가기관 발간의 법령해설책자나 인터넷 홈페이지 질의응답의 내용을 불완전하게 해석한 결과 자신의 행위가 위법이 아니라고 오인하였다는 점 등의 사유만으로 법률의 착오에 정당한 이유를 인정하지는 않는 입장이라고 할 수 있다(대법원 1990. 10. 16. 선고 90도1604 판결, 대법원 1991. 6. 14. 선고 91도514 판결, 대법원 1992. 5. 26. 선고 91도894 판결, 대법원 1992. 8. 18. 선고 92도1140 판결, 대법원 2004. 2. 12. 선고 2003도6282 판결, 대법원 2006. 3. 24. 선고 2005도3717 판결, 대법원 2006. 5. 11. 선고 2006도631 판결 등). 지적재산권침해죄에 관한 위 각 판결은 이러한 일반적인 대법원의 입장을 보다 전문적인 판단이 필요한 지적재산권 영역에서도 같은 취지로 적용하고 있는 태도라고 이해된다.

2. 행위자의 특정

상표권 등 지적재산권침해행위에 대하여 민사상으로는 권리의 실시에 따른 법률적, 경제적 효과가 귀속되는 자가 권리침해자가 되므로 이러한 권리침해자를 피고(내지 피신청인)로 삼아 침해금지청구 혹은 손해배상청구를 제기하게 된다. 이에 비하여 형사상으로는 구체적인 행위자를 권리침해자로 보고, 구체적인 행위자를 피고인으로 하여 공소가 제기된다. 물론 공동정범, 교사범, 방조범의 공범 규정이 당연히 적용되므로 그 효과가 귀속되지 아니하더라도 구체적인 행위자와 공동 가동하거나 이를 교사, 방조한 경우 공범으로 처벌할 수 있게 된다. 상표법위반의 공범 인정에 관하여 대법원 1997. 3. 14 선고 96도1639 판결은 백화점에서 바이어를 보조하여 특정매장에 관한 상품관리 및 고객들의 불만사항 확인 등의 업무를 담당하는 직원은 자신이 관리하는 특정매장의 점포에 가짜 상표가 새겨진 상품이 진열·판매되고 있는 사실을 발견하였다면 고객들이 이를 구매하도록 방치하여서는 아니되고 점주나 그 종업원에게 즉시 그 시정을 요구하고 바이어 등 상급자에게 보고하여 이를 시정하도록 할 근로계약상·조리상의 의무가 있다고 할 것임에도 불구하고 이러한 사실을 알고서도 점주 등에게 시정조치를 요구하거나 상급자에게 이를 보고하지 아니함으로써 점주로 하여금 가짜 상표가 새겨진 상품들을 고객들에게 계속 판매하도록 방치한 것은 작위에 의하여 점주의 상표법위반 및 부정경쟁방지법위반 행위의 실행을 용이하게 하는 경우와 동등한 형법적 가치가 있는 것으로 볼 수 있으므로, 백화점 직원인 피고인은 부작위에 의하여 공동피고인인 점주의 상표법위반 및 부정경쟁방지법위반 행위를 방조하였다고 인정할 수 있다고 판시한 바 있다.[66]

---

66) 이 판결의 사실관계를 살펴보면, 피고인은 ○○○백화점 잡화부소속 직원으로 잡화매장 관리 업무를 담당하면서 수시로 매장에 나가 고객들의 불만이 있는지를 조사하고, 계약된 물품이 매장에 있는지를 확인하는 업무를 수행하여 왔는데, 사건 당시 피고인은 담당매장을 하루에도 10여 차례씩 순회하여 공동피고인인 X가 운영하는 잡화매장에서 가짜 켈빈클라인(CALVIN KLEIN)·세린느(CELINE)·디케이앤와이(DKNY)·게스(GUESS)상표가 새겨진 혁대를 판매하는 것을 알면서도 이를 제지하거나 상급자에게 보고하여 판매를 금지하도록 조치를 취하지 아니하였고, 그 결과 공동피고인 X가 위 가짜상표가 새겨진 혁대 등을 계속하여 판매할 수 있었다는 것이다.
     제1심 법원[서울지방법원 동부지원 1995. 7. 31. 선고, 94고단3373, 95고단384(병합) 판결]은 피고인을 공동피고인 X와 상표법위반과 부정경쟁방지법위반의 공모공동정범으로 인정하였으나, 제2심 법원(서울지방법원 1995. 6. 14. 선고, 95노5598 판결)은 피고인이 공동피고인 X가 운영하는 잡화매장에서 가짜상표가 새겨진 혁대를 판매하는 것을 알면서도 이를 제지하거나 상급자에게 보고하여 판매를 금지하도록 조치를 취하지 아니한 것만으로

그런데 실제로는 침해행위가 기업 등 조직의 행위로 이루어지는 경우가 많아 다수의 사람이 관여하게 되므로 정범의 범위를 확정하는 것이 문제로 된다. 일반적으로 기업 등의 조직 내에서 상명하복의 관계가 있는 점에 비추어 보면, 침해행위의 실시를 결정한 자는 자신이 실제로 상표권 등의 사용행위를 하지 않았다고 하더라도 공모공동정범으로 처벌받아야 함이 상당하고, 오히려 실제로 사용행위를 한 자들 중 관리자의 지시에 따라 단순노무에 종사할 뿐 침해행위로 인한 이익의 귀속과는 전혀 무관한 자들에 대하여는 정범성을 부정하여 방조범으로 처벌함이 타당하다고 할 것이다.[67]

3. 침해된 상표권의 특정

등록상표·서비스표·디자인이나 주지표지와 동일 내지 유사한 표지나 디자인을 사용하였는지 여부가 문제인 상표법 위반, 디자인보호법 위반 및 부정경쟁방지 및 영업비밀보호에 관한 법률 위반 사건에서 다른 사실과 식별이 가능하도록 범죄 구성요건에 해당하는 구체적 사실을 기재하였다고 하기 위해서는, 침

는 피고인이 공동피고인인 X의 행위를 이용하여 자신의 상표법위반 부정경쟁방지법위반의 범의를 실행에 옮긴 것이라고 보기에는 부족하고, 달리 이를 인정할 만한 증거가 없다고 하여 공모공동정범의 부분에 관하여는 유죄를 인정하지 않았으며, 그 대신 매장의 영업전반을 관리하고 있는 ○○○백화점의 직원인 피고인에게는 자신이 상품관리를 담당한 매장에서 가짜상표의 제품이 발견될 경우 즉시 공동피고인 X나 그의 직원들에게 이의를 제기하거나 상급자에게 보고하여 위 가짜상품들을 팔지 못하도록 하는 제반조치를 취하여야 할 직무상의 의무가 있다고 인정되고, 따라서 피고인은 이를 이행하지 아니함으로써 부작위에 의해 공동피고인 X의 상표법위반·부정경쟁방지법위반 행위를 방조한 것으로 판단하였다. 이에 대해 대법원은 위 본문에서 본 바와 같이 판시하여, 제2심 판결과 동일한 취지로 피고인에게 상표법위반과 부정경쟁방지법위반 행위의 방조를 인정하였다.

  이러한 대법원판결에 대하여, 결론에서는 수긍할 수 있으나, 위 판결이 부작위에 의한 종범 성립의 근거로 설시한 "작위에 의하여 점주의 상표법위반 및 부정경쟁방지법위반 행위의 실행을 용이하게 하는 경우와 동등한 형법적 가치가 있는 것으로 볼 수 있으므로"라는 부분은 피고인의 부작위가 작위범의 범죄실행 자체와 동가치한 것으로 볼 수 없는 이유(즉, 종범이 아니라 정범이 된다고 보지 않는 이유)를 설명하지 못하는 제약이 있다고 지적하면서, 이 사건에서는 피고인이 결과발생방지 의무를 위반하였으므로 부작위범의 성립에는 의문이 없고, 문제는 피고인이 부작위에 의한 공범이 될 수 있는가인데, 상표법 및 부정경쟁방지법위반은 상표관련업무에 종사하는 사람만이 정범이 될 수 있는 일신전속적 범죄에 해당한다고 볼 수 있으므로, 피고인과 같이 단순히 매장관리업무를 담당하는 사람은 이러한 범죄의 정범적격이 없기 때문에 정범이 될 수 없고, 상표법침해를 방치한 경우 방조범만 성립할 것이라고 보는 것이 타당하다는 주장이 제시되어 있다[전지연, "부작위범에서 정범과 공범의 구별", 형사판례연구(제13권), 박영사(2005), 135-136].

67) 이재환, "지적재산권형사소송", 제11회 사단법인 기술과법연구소(KITAL) Academy 지재권 강좌 지적재산권소송·분쟁과 그 예방 자료집, 사단법인 기술과법연구소(2005), 78.

해의 대상과 관련하여서는 등록번호 등을 기재하거나 침해의 대상이 된 등록상
표·서비스표나 주지표지의 구성과 지정 내지 사용상품이나 서비스업, 디자인의
형태와 디자인의 대상인 물품 등을 기재하는 방법 내지는 그 외 공소사실의 다
른 사항의 기재 등에 의하여 침해의 대상이 된 등록상표·서비스표·디자인이나
주지표지를 특정할 수 있어야 하고, 침해의 태양과 관련하여서는 적어도 침해의
대상이 된 등록상표·서비스표·디자인이나 주지표지별로 피고인이 사용한 표지
나 디자인 등이 이를 침해하였는지 여부를 알 수 있을 정도로는 기재하여야 한
다(대법원 2007. 8. 23. 선고 2005도5847 판결). 또한, 상표권침해를 내용으로 하는
상표법위반사건의 경우 상표권 등록원부에 의하여 특정되는 상표권 1개마다 1
개의 죄가 성립하므로 공소사실에서 상표권을 명확하게 특정해야 할 필요가 있
다. 그런데 검찰에서 명품 가짜 상품(일명 짝퉁)을 만드는 등의 상표권침해범을
대대적으로 단속하여 몇천점의 짝퉁을 압수하고 이를 상표법위반죄로 공소제기
하면서, 상표권의 추상적인 이름(예컨대, 나이키, 프라다, 아디다스, 헤르메스, 알마
니, 샤넬 등)으로만 특정한 사건이 상당수 있다. 이러한 경우에는 검사에게 상표
권을 특정하는 공소장변경을 권유하거나 공소장변경요구를 하여야 하는데, 상
표권을 특정하기 위하여는 적어도 상표등록원부에 기재된 등록번호나 상표의
모양 중 1가지를 기재하여야 한다.[68]

4. 죄수 판단

지적재산권침해행위는 1회에 그치는 경우도 있지만 대부분은 계속적으로
반복하여 행하여진다. 이는 상표권침해행위의 경우에도 마찬가지이다. 대법원은
일찍이 동일한 범인이 동일한 목적으로 동일한 장소에서 동일한 방법으로 동일
한 범행을 반복 계속한 경우에는 그 기간의 장단 여하를 불구하고 포괄일죄로
봄이 상당하므로 4개월 간에 걸쳐 같은 인쇄소에서 같은 등록상표 24,000매를
위조한 행위에 대하여 상표위조 일죄가 성립된다고 판시한 바 있고(대법원 1960.
10. 26. 선고 4293형상326 판결),[69][70] 이러한 법리는 일반 형법 분야에서도 확립된

---

68) 임종헌, "항소심에서 본 형사단독재판", 2008년 초임단독판사연수II 자료집, 사법연수원
   (2008), 40.
69) 이 판결의 사실관계와 판단을 좀 더 살펴보면, "원심은 피고인 甲이 상피고인 乙의 부탁
   을 받고 乙이 이를 동종 상품에 사용할 목적으로 위조하려는 정을 알면서 본 건 타인의
   등록상표 24,000장을 위조하여 이를 乙에게 교부한 사실을 인정하고 이를 상표위조 및 위
   조상표교부 양죄로 경합범 가중을 하여 처단하였으나 상표를 위조한 실행 정범이 그 위조
   상표를 다른 공범에게 교부하였다 하더라도 이는 구 상표법(1973. 2. 8. 법률 제2506호로

판례의 태도라고 할 수 있다.[71)]

　　이와 관련하여 침해행위의 유형은 "상품 또는 상품의 포장에 상표를 표시하는 행위, 상품 또는 상품의 포장에 상표를 표시한 것을 양도 또는 인도하거나 그 목적으로 전시·수출 또는 수입하는 행위, 상품에 관한 광고·정가표·거래서류·간판 또는 표찰에 상표를 표시하고 전시 또는 반포하는 행위" 등으로 다양한데, 침해자가 동일한 유형의 행위를 반복함은 물론이고 여러 유형의 행위를 하더라도, 전체로서 일죄가 성립된다고 보아야 할 것이다.[72)] 또한, 수개의 상표권이나 상품표지를 침해하여 공소제기되는 경우도 자주 발생하는데 이러한 경우에는 범의의 단일성을 인정하기가 어려우므로 침해된 상표권이나 상품표지 1개마다 1개의 죄가 성립한다고 본다. 최근 대법원은, "수 개의 등록상표에 대하여 상표법 제93조 소정의 상표권침해행위가 계속하여 행하여진 경우에는 각 등록상표 1개마다 포괄하여 1개의 범죄가 성립하므로, 특별한 사정이 없는 한 상표권자 및 표장이 동일하다는 이유로 등록상표를 달리하는 수 개의 상표권침해행위를 포괄하여 하나의 죄가 성립하는 것으로 볼 수 없다."고 판시한 바 있다 (대법원 2011. 7. 14. 선고 2009도10759 판결).[73)] 이러한 법리와 달리 등록상표를

　　전부개정되기 전의 것) 제29조 제3호 소정의 상표교부행위에는 해당치 않는다고 할 것이니 이를 위조상표교부죄로 처단한 원심판결은 죄가 되지 않는 사실을 죄가 된다고 오인한 위법이 있다."고 하여 위조 후 교부행위에 대하여는 불가벌적 사후행위로 보았고. 한편 "동일한 범인이 동일한 목적으로 동일한 장소에서 동일한 방법으로 동일한 범행을 반복 계속한 경우에는 그 기간의 장단 여하를 불구하고 포괄일죄로 봄이 상당하다 할 것이니 원심이 본 건 피고인 甲이 소론과 같이 4개월간에 걸쳐 乙의 부탁을 받고 그 인쇄소에서 본 건 등록상표 24,000장을 위조한 행위에 대해서 상표위조 단순일죄로 처단한 것은 정당하다."고 하여 포괄일죄를 인정한 것이다.

70) 이 판결 당시 적용된 법률은 구 상표법(1949. 11. 28. 법률 제71호로 제정된 것)이어서, 간접침해행위에 해당하는 "타인의 등록상표를 동종의 상품에 사용할 목적이나 사용케 할 목적으로 위조 또는 모조한 행위"(제29조 제5호), "타인의 등록상표와 동일 또는 유사한 상표를 동종의 상품에 사용케 할 목적으로 교부, 판매하거나 교부, 판매의 목적으로 소지한 행위"(제29조 제3호) 등이 상표권 직접침해행위와 마찬가지로 상표권침해죄로 처벌되도록 명시적으로 규정되어 있었다. 위 Ⅰ의 2항 연혁적 고찰에서 본 바와 같이, 구 상표법의 이러한 입법태도는 1973. 2. 8. 법률 제2506호로 전부개정된 법에서도 유지되다가 1990. 1. 13. 법률 제4210호로 전부개정된 법률에서 변경되어 간접침해행위를 처벌하는지 여부에 관한 명시적 규정이 사라지게 되었다. 참고로 특허법의 경우는 제정 당시부터 현행 법까지 간접침해행위를 명시적으로 특허권침해죄로 처벌하도록 하는 규정을 둔 바가 없다.

71) 예를 들면 대법원 1996. 4. 23. 선고 96도417 판결; 2001. 8. 21. 선고 2001도3312 판결; 2005. 9. 28. 선고 2005도3929 판결 등 참조.

72) 강동세(주 4), 46.

73) 이 판결의 사실관계를 살펴보면, ① 甲이 '핸드백' 등 가방류를 지정상품으로 하여

달리하는 수개의 상표권침해 행위에 대하여 원심이 포괄일죄의 관계로 잘못 판
단하고 그중 일부 등록상표에 대한 상표권침해 행위에 대하여 이유무죄로 판결
하였는데 피고인만 상고한 경우 상고심의 심판대상이 어디까지 미치는지에 관
하여 명확하게 설시한 대법원 2013. 7. 25. 선고 2011도12482 판결도 있다. 위
판결은 A, B, C, D 네 가지 등록상표에 대한 상표권침해 행위(A, B, C 등록상표
에 대한 상표권침해 행위는 일정 기간 계속적으로 행하여진 복수의 행위, D 등록상표
에 대한 상표권침해 행위는 일회의 행위)에 대하여 원심이 모두 포괄일죄의 관계로
잘못 판단하고 그 중 B 등록상표에 대한 상표권침해 행위 중 일부 및 C 등록상
표에 대한 상표권침해 행위 전부에 대하여 이유무죄로 판결하였는데 피고인만
상고한 경우, 원심이 이유무죄로 판단한 부분 가운데 B 등록상표에 대한 상표
권침해 행위 중 일부 부분은 그와 포괄일죄의 관계에 있는 B 등록상표에 대한
상표권침해 행위 중 나머지 부분에 대한 피고인의 상고에 따라 상소불가분의

"**SALVATORE FERRAGAMO**¹" 상표등록(등록번호 제133828호)을, '샌들화' 등 신발류를 지
정상품으로 하여 "**SALVATORE FERRAGAMO**" 상표등록(등록번호 제137670호)을, '넥타이
핀' 등과 같은 장신구를 지정상품으로 하여 "*Salvatore Ferragamo*" 상표·서비스표등록(등록
번호 제3673호)을 각 받았고, ② 피고인은 정당한 상표사용권한 없이, 乙과 공모하여
2008. 3. 15. 피고인의 집에서, 이름을 알 수 없는 자로부터 구입한 이탈리아 살바토레 페
라가모 'SALVATORE FERRAGAMO' 상표가 부착된 가짜 숄더백 1개를 인터넷 쇼핑몰을
통하여 판매한 것을 비롯하여 같은 해 8. 14.까지 사이에 같은 장소에서, 위 상표등록번호
133828호, 3673호, 137670호 상표 등이 각각 임의로 부착된 가짜 가방, 지갑, 신발, 헤어악
세사리 등을 대금을 받고 이름을 알 수 없는 자들에게 판매함으로써 상표권자의 상표권을
침해하였다는 혐의로 공소제기되었으며, ③ 한편, 피고인은 별건 상표법위반죄 유죄판결을
받아 확정된 사실이 있는데, 그 범죄사실은 피고인이 2008. 2. 18.부터 2008. 4. 28.까지 인
터넷 쇼핑몰을 통하여 위조상표가 부착된 페라가모(FERRAGAMO) 핸드백, 여성용 헤어밴
드 등을 판매함으로써 페라가모 상표권을 침해하였다는 것이고, 위 확정판결의 범죄사실
에는 그 침해품으로 '샌들화' 등과 같은 신발류는 전혀 나타나 있지 않았다는 것이다.
   원심은, 위 상표등록번호 133828호, 137670호 각 상표권 등록된 상표 문양이 동일하지
아니한 사실, 위 판결이 확정된 범죄사실에는 페라가모 상표권 침해행위 중 신발 제품에
대한 판매 행위는 포함되어 있지 아니한 사실을 인정할 수 있으나, 더 나아가 상표권자 및
상표의 명칭이 동일한 이상 지정상품이 다르다고 하여도 위 판결이 확정된 범죄사실의 상
표권 침해 행위와 이 사건 페라가모 신발류에 대한 상표권 침해 행위는 단일한 범의 하에
이루어진 포괄일죄의 관계에 있다고 판단하였다.
   이에 대하여 대법원은, 이 사건 공소사실 중 피고인이 페라가모 '샌들 및 여성용 신발'
을 판매함으로써 '샌들화' 등을 지정상품으로 하는 "**SALVATORE FERRAGAMO**"(등록
번호 제137670호) 상표권을 침해하였다는 부분과 위 판결이 확정된 범죄사실은 그 침해의
대상이 되는 등록상표를 달리하여 각 별개의 상표권침해죄를 구성한다고 할 것이므로, 비
록 그 상표권자 및 표장이 같다고 하더라도 위 공소사실과 위 확정판결의 범죄사실을 포
괄하여 하나의 죄가 성립하는 것으로 볼 수 없다고 판결한 것이다.

원칙에 의하여 상고심에 이심되었으나,[74] C 등록상표에 대한 상표권침해 행위 부분은 분리, 확정되어 상고심의 심판대상이 아니라고 판단하였다.[75]

나아가 주지등록상표를 침해한 경우에는 상표법위반죄와 부정경쟁방지법위 반죄가 동시에 성립할 수 있으므로 이러한 경우 양죄는 상상적 경합관계에 있 는 경우가 많다.[76] 최근 대법원 2013. 3. 14. 선고 2010도15512 판결은 이 점을 명시적으로 판시한 바 있다.[77]

또한 상표권에 관하여 전용사용권이 설정된 경우 이로 인하여 상표권자의 상표의 사용권이 제한받게 되지만 제3자가 그 상표를 정당한 법적 권한 없이 사용하는 경우에는 그 상표에 대한 전용사용권을 침해하는 상표법위반죄가 성 립함은 물론 상표권자의 상표권을 침해하는 상표법위반죄도 함께 성립하게 된 다(대법원 2006. 9. 8. 선고 2006도1580 판결).

5. 상표권이전과 피해자 지위의 승계 여부

상표권은 무형의 지적재산권이라는 특성상 그 침해행위가 있는 도중에 권 리 주체의 변경이 얼마든지 일어날 수 있고, 또한 상표권양수인이 상표권이전등 록을 받기 전에 상표권침해행위가 있었지만, 그 침해행위로 인한 실질적인 피해 는 현재의 상표권자인 상표권양수인이 입게 되어, 상표권양수인이 과거의 침해 행위에 대하여 권리행사를 할 필요성이 있는 경우를 생각할 수 있다. 이에 대법 원은, 상표권을 이전등록받은 승계인은 그 이전등록 이전에 발생한 침해에 대하

---

74) 다만, 이미 당사자 간의 공격·방어의 대상으로부터 벗어나 사실상 심판대상에서부터도 이탈하게 되므로, 상고심으로서도 그 부분에까지 나아가 판단할 수는 없다(대법원 2010. 1. 14. 선고 2009도12934 판결 등 참조).

75) 위 판결에 대한 상세한 평석은 박태일, "상표권침해죄의 죄수판단과 상고심의 심판범 위", 대법원판례해설(제98호), 법원도서관(2014), 266-290 참조.

76) 송영식·이상정·황종환·이대희·김병일·박영규·신재호(주 20), 378(김병일 집필부분).

77) 또한 위 판결은 여러 가지 도형들이 규칙적·반복적으로 구성되어 있는 루이비통 상표에 대해 상표의 유사 판단, 디자인과 상표(상품표지)의 비배타성에 관한 법리를 재확인하고, 디자인권과 상표권 저촉 규정에 의하여 양 권리 사이의 우선순위를 정함과 아울러 새로이 디자인권 남용의 법리를 설시함으로써 디자인권과 부정경쟁행위 사이의 충돌 문제도 해결 하였다. 나아가 전체 표장을 구성하는 개별 도형들에 대한 상표권은 전체 표장의 사용으로 인한 상표권침해 및 부정경쟁행위 성립에 아무런 영향이 없다는 점을 명시적으로 설시하 였다. 특히 전체 표장에 대한 디자인권 및 이를 구성하는 개별 도형들에 대한 상표권과 전 체 표장의 사용으로 인한 상표권침해 및 부정경쟁행위 사이의 충돌을 해결하는 법리를 제 시한 최초 판결로서 그 의의가 있다[박태일, "전체 표장에 대한 디자인권 및 이를 구성하 는 개별 도형들에 대한 상표권과 전체 표장의 사용으로 인한 상표권침해 및 부정경쟁행위 사이의 충돌에 관한 연구", IT와법연구(제8집), IT와법센터(2014), 76].

여도 상표권의 성질상 그 권리의 주체로서 피해자인 지위를 승계한다고 보아, 상표권양수인이 과거의 침해행위에 대하여 권리행사를 할 수 있음을 밝히고 있다(대법원 1995. 9. 26. 선고 94도2196 판결).[78]

6. 간접침해로 인한 상표권침해죄 인정 여부

상표권침해로 보는 행위를 규정하고 있는 상표법 제108조 제1항의 각 행위 가운데 제1호를 제외한 제2호(타인의 등록상표와 동일·유사한 상표를 그 지정상품과 동일·유사한 상품에 사용하거나 사용하게 할 목적으로 교부·판매·위조·모조 또는 소지하는 행위), 제3호(타인의 등록상표를 위조 또는 모조하거나 위조 또는 모조하게 할 목적으로 그 용구를 제작·교부·판매 또는 소지하는 행위), 제4호(타인의 등록상표 또는 이와 유사한 상표가 표시된 지정상품과 동일·유사한 상품을 양도 또는 인도하기 위하여 소지하는 행위) 소정의 각 행위는 본래적 침해의 예비행위에 해당하는 성격을 갖고 있다. 이러한 행위에 대하여도 상표권침해죄의 성립을 인정할 것인지가 문제되는데, 상표법이 미수범 처벌 규정조차 두고 있지 않은 점 등을 고려하면 미수범보다 이전 단계의 행위에 대하여 기수범의 죄책을 지우는 것은 죄형법정주의에 반하는 확장해석이라고 할 것이므로 상표법 제108조 제1항 제2, 3, 4호 소정의 각 행위만으로 상표법 제230조의 상표권침해죄를 곧바로 인정하기는 어렵다고 본다. 대법원도 특허법위반 사례에서 구 특허법(1990. 1. 13. 법률 제4207호로 전부개정되기 전의 것) 제64조 소정의 "침해로 보는 행위"(강학상의 간접침해행위)에[79] 대하여 특허권 침해의 민사책임을 부과하는 외에 같은 법 제158조 제1항 제1호에 의한 형사처벌까지 가능한가가 문제될 수 있는데, 확장해석을 금하는 죄형법정주의의 원칙이나, 특허권침해의 미수범에 대한 처벌규정

78) 이 판결의 원심(앞서 각주 50에서도 언급한 원심판결이다)은, 상표권을 양도받은 자는 그 이전등록을 한 때로부터 그 권리를 가지는데, 이 사건 공소사실은 고소인이 이 사건 상표에 대한 이전등록을 하기 이전의 행위인바, 그 당시로서는 고소인은 이 사건 상표의 권리자가 아니므로 피고인은 고소인의 상표권을 침해한 것이 아니라는 취지에서 피고인에 대하여 무죄를 선고하였다. 이에 대하여 대법원은, 원심이 상표권 승계인의 지위에 관한 법리를 오해한 위법이 있다는 취지로 원심을 파기한 것이다.
79) 위 구 특허법 제64조 (침해로 보는 행위)
   다음 각호의 행위는 당해 특허권 또는 전용실시권을 침해한 것으로 본다.
   1. 특허가 물건의 발명에 대한 것일 때에는 그 물건의 생산에만 사용하는 물건을 업으로 생산·판매·사용·수입 또는 확포하는 행위
   2. 특허가 방법의 발명에 관한 것일 때에는 그 방법의 실시에만 사용하는 물건을 업으로 생산·판매·수입 또는 확포하는 행위

이 없어 특허권 직접침해의 미수범은 처벌되지 아니함에도 특허권 직접침해의
예비단계행위에 불과한 간접침해행위를 특허권 직접침해의 기수범과 같은 벌칙
에 의하여 처벌할 때 초래되는 형벌의 불균형성 등에 비추어 볼 때, 제64조의
규정은 특허권자 등을 보호하기 위하여 특허권의 간접침해자에게도 민사책임을
부과시키는 정책적 규정일 뿐 이를 특허권 침해행위를 처벌하는 형벌법규의 구
성요건으로서까지 규정한 취지는 아니라고 판시한 바 있다(대법원 1993. 2. 23.
선고 92도3350 판결). 그러나 이 판결에 대하여는 그 논리전개가 형식논리에 치
우친 것이 아닌가 하는 생각이 든다고 하면서 특허권침해행위를 형사범죄로 처
벌하는 제도를 유지하는 이상, 그리고 간접침해를 법이 침해행위로 규정하고 있
는 이상 민사상의 침해와 형사상의 침해를 구별하는 것에는 근본적인 문제가
있으므로 간접침해행위도 특허권등침해죄의 구성요건에 해당된다고 보는 것이
타당하다는 반론이 있다.[80] 또한, 하급심 실무상 2016. 2. 29. 전부개정법 제108
조 제1항 제2, 3, 4호에 해당하는 구 상표법 제66조 제1항 제2, 3, 4호 소정의
각 행위에 대하여 상표권침해죄로 공소가 제기되고 유죄판결되는 사례가 다수
발견된다. 이 가운데에는 상고되었다가 대법원의 상고기각판결로 확정된 것도
종종 있다(대법원 1999. 4. 13. 선고 99도148 판결, 2008. 3. 27. 선고 2008도966 판결,
2008. 11. 27. 선고 2008도7940 판결 등). 다만, 위와 같이 상고기각판결이 내려진
사건에서 간접침해행위에 대하여 상표권침해죄의 성립을 인정하는 것은 죄형법
정주의에 반한다는 취지의 주장이 제기되어 판단된 것은 아니므로, 상고기각으
로 유죄확정된 사례만을 근거로 대법원이 상표권침해죄에 대하여는 특허권침해
죄와는 달리 간접침해행위도 처벌하는 입장이라고 단정하기는 어렵다고 생각된
다.[81][82]

---

80) 도두형, "특허권의 간접침해행위의 가벌성", 판례월보(제291호), 판례월보사(1994), 21.
81) 한편, 저작권법 제136조 제2항 제4호는 제124조 제1항의 규정에 따른 침해행위로 보는 행
   위(간접침해행위)를 한 경우를 직접침해행위를 한 경우(같은 조 제1항: 5년 이하의 징역 또
   는 5천만 원 이하의 벌금에 처하거나 이를 병과)에 비하여 가벼운 법정형(3년 이하의 징역
   또는 3천만 원 이하의 벌금에 처하거나 이를 병과)으로 처벌하는 명문의 규정을 두고 있다.
     저작권법 제124조 제1항은 '침해로 보는 행위'로, 수입 시에 대한민국 내에서 만들어졌더
   라면 저작권 그 밖에 이 법에 따라 보호되는 권리의 침해로 될 물건을 대한민국 내에서 배
   포할 목적으로 수입하는 행위(제1호), 저작권 그 밖에 이 법에 따라 보호되는 권리를 침해하
   는 행위에 의하여 만들어진 물건(제1호의 수입물건을 포함한다)을 그 사실을 알고 배포할
   목적으로 소지하는 행위(제2호), 프로그램의 저작권을 침해하여 만들어진 프로그램의 복제
   물(제1호에 따른 수입 물건을 포함한다)을 그 사실을 알면서 취득한 자가 이를 업무상 이용
   하는 행위(제3호)를 규정하고 있다.
82) 한편, 일본에서도 2006년(平成 18년) 개정 전까지 우리와 마찬가지로 상표법상 간접침해

　이와 관련하여, 특허권 간접침해행위와 상표권 간접침해행위 중 상표위조행위(구 상표법 제66조 제1항 제2호에 포함)는 모두 형사처벌되는 각각의 침해행위인 특허권 직접침해와 상표권 직접침해에 이르게 될 고도의 개연성이 인정되는 행위라는 점에서는 동일하다고 볼 수 있지만, 특허법상 간접침해를 규정한 예비행위인 '특허를 받은 물건의 생산 또는 방법의 실시에만 사용하는 물건을 생산 및 양도하는 등의 행위'에 관하여 규제를 강화할 경우, 경업을 부당하게 제한하거나 제3자에게 불측의 손해를 야기함으로써 오히려 기술발전을 저해하게 되는 부작용이 야기될 수 있으므로, 이러한 침해행위의 전 단계 행위를 직접침해와 동일하게 취급함에 있어 그 해석이나 운용은 최소한에 그쳐야 할 필요가 있는 반면, 상표법상 간접침해인 상표위조행위를 통한 '위조상표'는 상표법의 보호대상인 '상표'가 갖는 식별기능, 품질보증기능 및 재산적 기능 등을 훼손하므로 이는 잠재적으로 상표에 화체된 상표권자의 경제적 이익으로서의 재산권을 침해할 수 있게 되고, 또한 불법하게 제작된 '위조상표'는 대체로 조악한 품질의 상품에 사용되기 때문에 위조상품의 유통행위를 조장하는 데에 기여하는 점도 간과할 수 없으며, 이를 통해 장차 유통된 위조상품을 구매한 일반 수요자가 입게 될 피해도 야기하므로, 건전한 상거래질서의 보호를 위하여 상표권자를 포함한 진정상품의 권리자를 위한 손해배상인 민사적 보호를 넘어 상표위조행위자에 대한 강화된 규제가 요청된다고 하면서, 상표위조행위에 대한 형사처벌을 위해 '죄형법정주의의 명확성원칙'에 부합하도록 처벌요건을 구체적으로 명시하여 현행 규정에서 분리하여 별도의 처벌규정을 마련하여야 한다는 견해도 제시되

행위에 관하여 별도의 벌칙 규정은 없이 상표권침해죄(제78조) 규정에 간접침해행위도 포함되는지가 문제되고 있었다. 당시 간접침해행위에 관하여 상표권침해죄의 성립을 인정하는 것이 재판례의 태도이고, 입법론상 개선을 주장하는 견해는 있으나 대체로 해석론으로는 이러한 재판례에 동조하는 학설이 다수의 입장이었다고 한다[小野昌延 編, 注解 商標法(新版, 下卷), 靑林書院(2005), 915(古城春實 집필부분), 1467(石川惣太郞·忠海弘一 집필부분); 網野誠, 商標(第6版), 有斐閣(2002), 867]. 뿐만 아니라 마찬가지 상황이었던 특허법 해석론으로도 특허권 간접침해행위에 관하여 특허권침해죄의 성립을 인정하는 학설이 다수의 입장이었다고 한다[中山信弘 編, 注解 特許法(第3版, 上卷), 靑林書院(2001), 971(松本重敏·安田有三 집필부분); 中山信弘 編, 注解 特許法(第3版, 下卷), 靑林書院(2004), 2013-2014(靑木康 집필부분)]. 그러나 2006년 상표법과 특허법 개정으로 간접침해행위에 대해서는 별도의 벌칙 규정이 마련되고 상표권침해죄와 특허권침해죄의 적용대상으로부터는 명시적으로 배제되는 입법이 이루어졌다. 참고로 상표권침해죄(일본 상표법 제78조)와 특허권침해죄(일본 특허법 제196조)는 10년 이하의 징역 또는 1000만엔 이하의 벌금 또는 이를 병과하는 법정형으로 규정되어 있으나, 간접침해행위에 대하여는 5년 이하의 징역 또는 500만엔 이하의 벌금 또는 이를 병과하는 법정형이 마련되어 있다(일본 상표법 제78조의2, 일본 특허법 제196조의2).

고 있다.[83]

한편, 간접침해에 해당하는 행위를 한 자에 대하여 형법총칙상의 공범규정에 해당하는 경우 공범으로 처벌하는 것에는 문제가 없다.

반면, 유사상표의 사용은 등록상표와 사이에 곧바로 혼동을 초래하여 상표권을 침해하는 행위이므로 이를 침해 간주규정에 굳이 포함시킬 필요가 없는데도 상표법 제108조 제1항 제1호가 단지 확인적인 의미에서 이를 규정하고 있는 것이라고 보아야 할 것이다. 이러한 의미에서 위 제1호는 제2호, 제3호, 제4호의 순수한 간접침해행위 규정과는 성격이 다르고, 직접침해행위로 취급해야 한다고 볼 수 있다. 따라서 위 제1호에 해당하는 행위는 상표권침해죄에 해당한다고 해석하는 것이 타당하다. 입법론적으로는 상표법 제230조에서 유사상표에 의한 침해행위를 포함하여 상표권침해죄의 구성요건을 보다 구체적으로 규정함으로써 이 점을 명확히 해두는 것이 바람직하다.[84]

〈박태일〉

83) 홍민지, "상표위조행위 처벌에 관한 형사법적문제점과 개선방안", 산업재산권(제31호), 한국산업재산권법학회(2010), 364-366.
84) 이성호(주 48), 479-481.

> **제231조(비밀유지명령 위반죄)**
> ① 국내외에서 정당한 사유 없이 비밀유지명령을 위반한 자는 5년 이하의 징역 또는 5천만 원 이하의 벌금에 처한다.
> ② 제1항의 죄에 대해서는 비밀유지명령을 신청한 자의 고소가 있어야 공소를 제기할 수 있다.

<소 목 차>

I. 의의
II. 요건
  1. 비밀유지명령 위반

2. 친고죄
III. 처벌

I. 의의

소송절차에서 당사자가 주장하는 사실 또는 제출하는 증거 가운데 영업비밀이 포함되어 있는 경우, 그 영업비밀을 소송수행목적 이외에 사용하거나 비밀유지명령을 받은 자 이외의 자에 대하여 공개하는 것을 금하는 비밀유지명령을 발령할 수 있다. 형사벌의 담보 아래 영업비밀이 포함된 자료를 소송절차에 쉽게 현출시키도록 하고, 영업비밀의 보호 및 침해행위의 입증을 용이하게 하며, 아울러 심리의 충실을 도모할 수 있도록 하기 위하여,[1] 제231조에서 비밀유지명령을 위반하는 경우 비밀유지명령 위반죄로 처벌함을 규정하고 있다.

II. 요건

1. 비밀유지명령 위반

제227조 설명 참조

2. 친고죄

비밀유지명령 위반죄는 비밀유지명령을 신청한 자의 고소가 없으면 공소를 제기할 수 없는 친고죄이다(제2항). 형사재판절차에서 비밀유지명령 위반죄를 공

---

[1] 전효숙, "지식재산소송절차와 비밀유지명령 제도", 법학논집 제17권 제2호, 이화여자대학교(2012), 34.

개심리할 때 비밀유지명령에 의하여 보호되어야 할 영업비밀이 침해될 위험이 있으므로 그 소추를 영업비밀의 보유자의 의사에 맡기기로 한 것이다.[2]

Ⅲ. 처벌

법정형은 5년 이하의 징역 또는 5천만 원 이하의 벌금으로서, 징역형과 벌금형을 선택하여 부과할 수 있다. 상표법상의 다른 벌칙규정과 달리 양벌규정은 적용되지 않는다(상표법 제235조 참조).

〈염호준〉

---

2) 전효숙(주 1), 52.

> **제232조(위증죄)**
> ① 이 법에 따라 선서한 증인, 감정인 또는 통역인이 특허심판원에 대하여 거짓의 진술·감정 또는 통역을 하였을 경우에는 5년 이하의 징역 또는 5천만원 이하의 벌금에 처한다.
> ② 제1항에 따른 죄를 범한 자가 그 사건의 상표등록여부결정 또는 심결의 확정 전에 자수하였을 경우에는 그 형을 감경하거나 면제할 수 있다.

〈소 목 차〉

Ⅰ. 의의 및 취지
Ⅱ. 연혁적 고찰
  1. 개정 내역
  2. 개정 내용 검토
Ⅲ. 성립요건
  1. 주체
  2. 행위
Ⅳ. 자수의 특례

Ⅰ. 의의 및 취지

형법상 위증죄는 법률에 의하여 선서한 증인·감정인 또는 통역인 등이 허위의 진술·감정 또는 통역 등을 하는 행위를 처벌하는 것으로서, 국가의 사법기능을 보호법익으로 한다.[1][2] 이와 유사하게, 상표법 등 산업재산권법의 규정에 의하여 선서한 증인·감정인 또는 통역인이 특허심판원에 대하여 허위의 진술·감정 또는 통역을 한 경우에는 5년 이하의 징역 또는 5천만원 이하의 벌금에 처하고(특허법 제227조, 실용신안법 제47조, 디자인보호법 제221조, 상표법 제232조), 위 허위의 진술·감정 또는 통역을 한 자가 '일정한 시기 전에'[3] 자수한 때

---

[1] 오영근, 형법각론(제2판), 박영사(2009), 1000-1001.
[2] 형법 제152조 (위증, 모해위증)
  ① 법률에 의하여 선서한 증인이 허위의 진술을 한 때에는 5년 이하의 징역 또는 1천만원 이하의 벌금에 처한다.
  ② 형사사건 또는 징계사건에 관하여 피고인, 피의자 또는 징계혐의자를 모해할 목적으로 전항의 죄를 범한 때에는 10년 이하의 징역에 처한다.
  제153조 (자백, 자수)
  전조의 죄를 범한 자가 그 공술한 사건의 재판 또는 징계처분이 확정되기 전에 자백 또는 자수한 때에는 그 형을 감경 또는 면제한다.
  제154조 (허위의 감정, 통역, 번역)
  법률에 의하여 선서한 감정인, 통역인 또는 번역인이 허위의 감정, 통역 또는 번역을 한 때에는 전2조의 예에 의한다.
[3] 특허·실용신안의 경우에는 그 사건의 특허(실용신안등록)취소신청에 대한 결정 또는 심

에는 그 형을 감경 또는 면제할 수 있도록 정하고 있다.[4] 위와 같은 산업재산권
법상의 위증죄는 국가의 산업재산권 심사 및 심판기능을 보호하기 위하여 규정
된 것이다.[5]

　　또한 형법상 위증죄의 보호법익이 보호받는 정도는 추상적 위험범이므로,
허위의 진술에 의하여 국가의 사법기능이 침해될 추상적 위험만 있으면 완성되
고, 증언이 판결에 영향을 미쳤는가 여부는 물론, 그것이 판결에 중요한 의미를
갖는 사항에 관한 것이어서 사법기능에 대한 구체적 위험이 있을 것도 요하지
않는다.[6] 마찬가지로, 상표법 등 산업재산권법상의 위증죄 역시 추상적 위험범
이고, 허위의 진술이 심사·심판절차에 어떠한 영향을 끼쳤는지 여부는 범죄 성
립을 좌우하는 요소가 되지 않는다.[7]

　　이에 상표법 등 산업재산권법상의 위증죄와 형법상의 위증죄를 비교하여,
양죄는 모두 국가의 심판작용을 보호법익으로 한다는 점에서 공통되고, 형법상
의 위증죄의 구성요건에 산업재산권법상의 위증죄도 포함될 수 있어, 산업재산
권법에 특별한 규정을 둘 필요 없이 허위진술한 증인·통역인·감정인 등은 형
법의 규정에 의하여 처벌할 수 있으나, 다만 형법상의 위증죄에서 자수로 인한
형의 감면은 필요적인 반면에, 산업재산권법상의 위증죄에서 자수로 인한 형의
감면은 임의적이라는 차이가 있으므로(여기에 아래 연혁적 고찰에서 보는 바와 같
이, 상표법 등 산업재산권법상의 위증죄의 법정형은 2001. 2. 3. 상표법 등의 개정 전까
지는 형법상의 위증죄의 법정형보다 낮았으므로), 동질의 것인데도 법정형 및 자수
로 인한 감면제도상에 차이가 있는 등 불균등하게 규정되어 있어 타당치 못하
다는 지적이 있어왔다.[8]

　　결의 확정 전에, 디자인의 경우에는 그 사건의 디자인등록여부결정·디자인무심사등록이의
　　결정 또는 심결의 확정 전에, 상표의 경우에는 그 사건의 상표등록여부결정 또는 심결의
　　확정 전이다.
4) 전지연, "지적재산권의 형법적 보호문제 연구", 형사법연구(제21권 제4호), 한국형사법학
　　회(2009), 72.
5) 윤선희, 지적재산권법(제15정판), 세창출판사(2015), 369.
6) 이재상, 형법각론(제6판), 박영사(2009), 785.
7) 송영식·이상정·황종환·이대희·김병일·박영규·신재호, 송영식 지적소유권법(제2판)(하),
　　육법사(2013), 378-379(김병일 집필부분).
8) 김인섭, "공업소유권소송", 변호사실무대계(하권), 대한변호사협회(1989), 349, 354; 박달
　　현, "위증죄 해석론의 비교법적 접근—보호법익의 시각에서 본 '진술의 허위성 및 기수시
　　기에 대한 체계적 이해'를 중심으로—", 비교형사법연구(제9권 제1호), 한국비교형사법학
　　회(2007), 210-211.

Ⅱ. 연혁적 고찰

1. 개정 내역

○ 1949. 11. 28. 법률 제71호로 제정된 상표법(1949. 11. 28. 시행)
제32조
좌의 각호의 1에 해당하는 자는 5년 이하의 징역이나 2천원 이상 50만원
이하의 벌금에 처한다.
  1. 선서한 증인, 감정인 또는 통역, 특허국9)에 대하여 허위의 진술을 한 자
  2 내지 4호 (각 생략)

○ 1963. 3. 5. 법률 제1295호로 개정된 상표법(1963. 3. 5. 시행)
제32조
① 좌의 각호의 1에 해당하는 자는 5년 이하의 징역이나 만원 이상 50만원
  이하의 벌금에 처한다.
  1 내지 4호 (각 개정 사항 없음)
② 전항의 경우에는 정상에 의하여 징역과 벌금형을 병과할 수 있다.

○ 1973. 2. 8. 법률 제2506호로 전부개정된 상표법(1974. 1. 1. 시행)
제63조 (위증죄)
① 이 법의 규정에 의하여 선서한 증인·감정인 또는 통역인이 특허국 또는
  그 촉탁을 받은 법원이나 관서에 대하여 허위의 진술을 한 때에는 6월
  이상 5년 이하의 징역에 처한다.
② 전항의 죄를 범한 자가 그 사건의 사정 또는 심결이 확정되기 전에 자
  수한 때에는 그 형을 감경 또는 면제할 수 있다.

○ 1976. 12. 31. 법률 제2957호로 개정된 정부조직법에 의하여 개정된
  상표법(1976. 12. 31. 시행)
제63조 (위증죄)
① 이 법의 규정에 의하여 선서한 증인·감정인 또는 통역인이 특허청 또는

---

9) 1976. 12. 31. 법률 제2957호로 개정된 정부조직법에 의하여 상공부 '특허국'이 외청인
  '특허청'으로 승격되었는바, 위 정부조직법 개정 전의 상표법 등에서는, 현재의 특허청에
  해당하는 기관이 특허국으로 되어 있다.

그 촉탁을 받은 법원이나 관서에 대하여 허위의 진술을 한 때에는 6월 이상 5년 이하의 징역에 처한다.

② 전항의 죄를 범한 자가 그 사건의 사정 또는 심결이 확정되기 전에 자수한 때에는 그 형을 감경 또는 면제할 수 있다.

○ 1980. 12. 31. 법률 제3326호로 개정된 상표법(1981. 9. 1. 시행)

제61조 (위증죄)

① 이 법의 규정에 의하여 선서한 증인·감정인 또는 통역인이 특허청 또는 그 촉탁을 받은 법원이나 관서에 대하여 허위의 진술을 한 때에는 5년 이하의 징역 또는 200만원 이하의 벌금에 처한다.

② 제1항의 죄를 범한 자가 그 사건의 사정 또는 심결이 확정되기 전에 자수한 때에는 그 형을 감경 또는 면제할 수 있다.

○ 1990. 1. 13. 법률 제4210호 전부개정 상표법(1990. 9. 1. 시행)

제94조 (위증죄)

① 이 법의 규정에 의하여 선서한 증인·감정인 또는 통역인이 특허청 또는 그 촉탁을 받은 법원에 대하여 허위의 진술·감정 또는 통역을 한 때에는 5년 이하의 징역 또는 500만원 이하의 벌금에 처한다.

② 제1항의 규정에 의한 죄를 범한 자가 그 사건의 사정 또는 심결의 확정 전에 자수한 때에는 그 형을 감경 또는 면제할 수 있다.

○ 1995. 1. 5. 법률 제4895호로 개정된 상표법(1998. 3. 1. 시행)

제94조 (위증죄)

① 이 법의 규정에 의하여 선서한 증인·감정인 또는 통역인이 특허심판원에 대하여 허위의 진술·감정 또는 통역을 한 때에는 5년 이하의 징역 또는 500만원 이하의 벌금에 처한다.

② 제1항의 규정에 의한 죄를 범한 자가 그 사건의 사정 또는 심결의 확정 전에 자수한 때에는 그 형을 감경 또는 면제할 수 있다.

○ 2001. 2. 3. 법률 제6414호로 개정된 상표법(2001. 7. 1. 시행)

제94조 (위증죄)

① 이 법의 규정에 의하여 선서한 증인·감정인 또는 통역인이 특허심판원에 대하여 허위의 진술·감정 또는 통역을 한 때에는 5년 이하의 징역

또는 1천만원 이하의 벌금에 처한다.

② 제1항의 규정에 의한 죄를 범한 자가 그 사건의 상표등록여부결정 또는 심결의 확정 전에 자수한 때에는 그 형을 감경 또는 면제할 수 있다.

○ 2016. 2. 29. 법률 제14033호 전부개정(2016. 9. 1. 시행)

제232조 (위증죄)

① 이 법에 따라 선서한 증인, 감정인 또는 통역인이 특허심판원에 대하여 거짓의 진술·감정 또는 통역을 하였을 경우에는 5년 이하의 징역 또는 1천만원 이하의 벌금에 처한다.

② 제1항에 따른 죄를 범한 자가 그 사건의 상표등록여부결정 또는 심결의 확정 전에 자수하였을 경우에는 그 형을 감경하거나 면제할 수 있다.

○ 2017. 3. 21. 법률 제14689호 일부개정(2017. 9. 22. 시행)

제232조 (위증죄)

① 이 법에 따라 선서한 증인, 감정인 또는 통역인이 특허심판원에 대하여 거짓의 진술·감정 또는 통역을 하였을 경우에는 5년 이하의 징역 또는 5천만원 이하의 벌금에 처한다.

② 제1항에 따른 죄를 범한 자가 그 사건의 상표등록여부결정 또는 심결의 확정 전에 자수하였을 경우에는 그 형을 감경하거나 면제할 수 있다.

2. 개정 내용 검토

상표법상 위증죄 근거 규정의 개정 내역을 살펴보면, 1949. 11. 28. 법률 제71호 제정법에서는 징역형과 벌금형이 선택형으로 규정되고, 벌금형에는 상한뿐만 아니라 하한도 있었으며, 자수 감경에 대한 특별규정은 없었다.[10] 그러다가 1963. 3. 5. 법률 제1295호 개정으로 벌금형의 하한이 상향조정되었고, 정상에 따라 징역과 벌금형을 병과할 수 있도록 하는 임의적 병과형 규정이 마련되었다.

이후 1973. 2. 8. 법률 제2506호 전부개정으로 벌금형이 폐지되고, 하한 및 상한으로 정해진 징역형만이 법정형으로 되었으며, '일정한 시기 전에' 자수한 때에는 그 형을 감경 또는 면제할 수 있도록 하는 자수 감경 특별규정이 신설

---

10) 다만, 형법총칙의 일반원칙(형법 제8조 본문: 본법 총칙은 타법령에 정한 죄에 적용한다.)에 따라 자수로 인한 형의 임의적 감경, 면제 규정(형법 제52조 제1항: 죄를 범한 후 수사책임이 있는 관서에 자수한 때에는 그 형을 감경 또는 면제할 수 있다.)의 적용은 받았을 것이다.

되었다. 그리고 1976. 12. 31. 법률 제2957호로 개정된 정부조직법에 의하여 상공부 '특허국'이 외청인 '특허청'으로 승격됨으로써, 상표법에서도 특허국이 특허청으로 변경되었으며, 1980. 12. 31. 법률 제3326호 개정으로 법정형에 다시 벌금형이 규정되었고, 징역형과 벌금형 모두 하한 규정은 없이 상한에 대한 규정만이 있게 되었다. 또 1980. 12. 31. 법률 제3326호 개정법에서는 위증죄의 근거조항이 종전의 제63조에서 제61조로 이동하였다.

또한 1990. 1. 13. 법률 제4210호 전부개정법에서는 벌금형의 상한이 상향조정되었고, 1995. 1. 5. 법률 제4895호 개정으로 기존의 특허청 심판소 및 항고심판소로 이어지는 2단계 특별행정심판체계가 폐지되어 두 심판소가 특허심판원으로 통합됨으로써,11) 위증의 대상이 기존의 '특허청 또는 그 촉탁을 받은 법원'에서 '특허심판원'으로 변경되었다. '그 촉탁을 받은 법원' 부분이 삭제된 것은 1995. 1. 5. 법률 제4895호 개정으로 위 개정 전의 구 특허법 제157조 제2항이 삭제된 데 따른 결과이다. 즉, 위 구 특허법 제157조는 '증거조사 및 증거보전'이라는 제목 아래 제1항에서 "심판에서는 당사자·참가인 또는 이해관계인의 신청에 의하여 또는 직권으로 증거조사나 증거보전을 할 수 있다."고 규정하고, 제2항에서 "제1항의 규정에 의한 증거조사나 증거보전은 민사소송법 제347조12)의 규정에 의한 관할법원 기타의 법원에 이를 촉탁할 수 있다."고 규정하여, 특허심판에서의 증거조사나 증거보전을 법원에 촉탁하여 할 수 있도록 하였으나, 위 개정으로 이러한 촉탁 증거조사·증거보전 규정이 삭제되었으므로, 위증의 대상으로 '특허심판원' 외에 '촉탁을 받은 법원'이라는 규정을 둘 필요가 없어진 것이다.13)

---

11) 또한 특허법원이 창설되어 비로소 특허의 등록 여부, 유무효 판단에 관한 특허소송에서 법원에 의한 사실심리가 행해지게 되었다.

12) 구 민사소송법(2002. 1. 26. 법률 제6626호로 전부개정되기 전의 것)
  제347조 (증거보전의 관할)
   ① 증거보전의 신청은 소제기후에는 그 증거를 사용할 심급의 법원에, 제기전에는 신문을 받을 자나 문서소지자의 거소 또는 검증목적물의 소재지를 관할하는 지방법원에 하여야 한다.
   ② 급박한 경우에는 소제기후에도 제1항 후단의 지방법원에 증거보전의 신청을 할 수 있다.

13) 위와 같이 특허심판에서의 증거조사나 증거보전을 법원에 촉탁하여 할 수 있도록 한 구 특허법(1995. 1. 5. 법률 제4892호로 개정되기 전의 것) 제157조 제2항의 규정에 대하여는, 법원은 본시 모든 행정처분의 적법성을 가리는 사법권을 가지는데 그러한 법원이 행정청인 특허청이 하는 행정처분의 형성을 돕도록 한다는 것은 이상하고, 또 촉탁을 받은 일반법원이 과연 공업소유권(산업재산권)에 정통하여 소기의 만족스러운 조사를 할 수 있는지도 의문이며, 증인이 소환에 응하지 아니하는 경우, 특허심판은 그 본질이 행정절차인 까닭에 '과태료의 결정을 하거나 구인을 명하거나 보증금을 공탁하게 하지 못하는' 노릇인데(위 구 특허법 제157조 제3항: 민사소송법중 증거조사 및 증거보전에 관한 규정은 제1항 및 제2항

나아가 2001. 2. 3. 법률 제6414호 개정으로 벌금의 상한액이 상향조정되어, 상표법상 위증죄의 법정형이 형법상 위증죄의 그것과 같아지게 되었다. 또 위 개정법에서는 '사정'이라는 일본식 용어를 '결정'으로 바꿈에 따라 "그 사건의 사정"을 "그 사건의 상표등록여부결정"으로 변경하는 개정도 이루어졌다.

2016. 2. 29. 법률 제14033호 전부개정법에서는 제232조로 조문을 이동하면서 용어를 순화하는 등의 개정이 있었고, 현행법인 2017. 3. 21. 법률 제14689호 일부개정법에서는 벌금형의 상한을 '1천만원'에서 '5천만원'으로 올리는 개정이 있었다.14)

Ⅲ. 성립요건

1. 주체

본죄의 주체는 상표법의 규정에 의하여 선서한 증인·감정인 또는 통역인이다. 따라서 위증죄는 행위자가 이러한 일정의 신분을 가질 것을 요건으로 하는 신분범이고, 또한 이러한 신분을 가진 자가 스스로 허위의 증언 등을 할 때에만 성립하는 자수범(自手犯)이다. 따라서 본죄의 정범은 스스로 허위의 증언 등을 하는 자일 것을 요하고, 간접정범이나 증언을 하지 않는 공동정범의 형태에 의하여 본죄를 범할 수는 없으나, 다만 신분 없는 자도 교사 또는 방조범은 될 수 있다.15)

여기서 선서란 특허 등 심판에 관한 절차를 수행함에 있어 증인·감정인이 진술을 하고 통역인이 통역을 할 때 각자의 양심에 따라 진실을 말하고 성실하게 감정·통역을 할 것이라는 맹세를 하는 것을 이르고, '증인'은 자기의 경험에 의하여 알게 된 구체적인 사실에 대하여 심문에 응하여 진술하도록 명을 받은 제3자이며, '감정인'은 특수하고 전문적인 분야에 있어서 심판관의 판단능력을 보조하기 위하여 사실판단을 보고하도록 하는 경우 그에 관한 특별한 학식과

의 규정에 의한 증거조사 및 증거보전에 관하여 이를 준용한다. 다만, 심판관은 과태료의 결정을 하거나 구인을 명하거나 보증금을 공탁하게 하지 못한다.) 사법부인 법원의 소환에 응하지 아니하는 사태를 그저 방관하게 되는 결과를 용인하는 것도 부당하다고 지적하면서, 형식과 내용의 모든 면에서 증거조사나 보전을 일반법원에 촉탁할 수 있게 하고 있는 위 규정은 잘못된 것임이 분명하여 삭제되어야 한다는 비판이 제기되어 있었다[장수길, "특허관련심판제도에 관한 몇 가지 검토", 인권과정의(제176호), 대한변호사협회(1991), 79-80].

14) 개정이유는 벌금액을 국민권익위원회의 권고안 및 국회사무처 법제예규의 기준인 징역 1년당 1천만원의 비율로 개정함으로써 벌금형을 현실화하려는 것이다.

15) 형법상 위증죄에 관한 일반적인 설명에 따른 것이다[이재상(주 6), 785].

경험을 가진 자를 말한다.[16] 또한 '통역인'은 특허심판에서 사용언어가 국어이기 때문에 외국인 등의 진술을 용이하게 하기 위하여 두는 제3자를 말하는데, 다만, 민사소송법은 "변론에 참여하는 사람이 우리말을 하지 못하거나, 듣거나 말하는 데 장애가 있으면 통역인에게 통역하게 하여야 한다."고 규정하고 있어서(민사소송법 제143조 제1항), 통역인이 반드시 외국인의 경우에만 활용되는 것으로 한정되지는 않는다.[17]

    상표법 제144조 제2항은 심판에서의 증거조사 및 증거보전에 관하여 민사소송법 중 증거조사 및 증거보전에 관한 규정을 준용하고 있으므로[다만, 심판관은 과태료의 결정을 하거나 구인을 명하거나 보증금을 공탁하게 하지는 못한다(같은 항 단서)], 결국 심판에서의 '선서'에 관한 구체적인 내용은 민사소송법 규정에 따르게 된다. 즉, 심판장은 증인에게 신문에 앞서 선서를 하게 하여야 하고 다만, 특별한 사유가 있는 때에는 신문한 뒤에 선서를 하게 할 수 있으며(민사소송법 제319조 준용), 선서에 앞서 증인에게 선서의 취지를 밝히고, 위증의 벌에 대하여 경고하여야 하며(민사소송법 제320조 준용), 선서는 선서서에 따라서 하여야 하는데, 선서서에는 "양심에 따라 숨기거나 보태지 아니하고 사실 그대로 말하며, 만일 거짓말을 하면 위증의 벌을 받기로 맹세합니다."라고 적어야 하고, 심판장은 증인으로 하여금 선서서를 소리내어 읽고 기명날인 또는 서명하게 하며, 증인이 선서서를 읽지 못하거나 기명날인 또는 서명하지 못하는 경우에는 참여한 특허청 공무원 등으로 하여금 이를 대신하게 하고, 또 증인은 일어서서 엄숙하게 선서하여야 한다(민사소송법 제321조 준용).[18][19]

    한편, 민사소송법은 증언거부권 제도를 두면서도(제314조 내지 제316조)[20]

---

16) 특허청, 조문별 상표법해설(2007), 494.
17) 특허청, 우리나라 특허법제에 대한 연혁적 고찰-조문별 특허법 해설(2007), 1198.
18) 특허심판원, 심판편람(제11판, 2014), 219에도 같은 취지로 설명되어 있다.
19) 민사소송법상 위 증인신문규정은 감정인에 대하여도 원칙적으로 준용되고[민사소송법 제333조, 다만 감정인의 선서서에는 "양심에 따라 성실히 감정하고, 만일 거짓이 있으면 거짓감정의 벌을 받기로 맹세합니다."라고 적어야 한다(민사소송법 제338조)], 또 통역인에게는 감정인에 관한 규정이 준용되므로(민사소송법 제143조 제2항), 결국 통역인에 대하여도 위 증인신문규정은 원칙적으로 준용된다.
20) 민사소송법
  제314조(증언거부권)
  증인은 그 증언이 자기나 다음 각호 가운데 어느 하나에 해당하는 사람이 공소제기되거나 유죄판결을 받을 염려가 있는 사항 또는 자기나 그들에게 치욕이 될 사항에 관한 것인 때에는 이를 거부할 수 있다.
  1. 증인의 친족 또는 이러한 관계에 있었던 사람

증언거부권 고지에 관한 규정을 따로 두고 있지 않고, 선서거부권제도(제324조),[21] 선서면제제도(제323조)[22] 등 증인으로 하여금 위증죄의 위험으로부터 벗어날 수 있도록 하는 이중의 장치를 마련하고 있어 증언거부권 고지 규정을 두지 아니한 것이 입법의 불비라거나 증언거부권 있는 증인의 침묵할 수 있는 권리를 부당하게 침해하는 입법이라고 볼 수도 없으므로, 민사소송절차에서 재판장이 증인에게 증언거부권을 고지하지 아니하였다 하여 절차위반의 위법이 있다고 할 수 없고, 따라서 적법한 선서절차를 마쳤음에도 허위진술을 한 증인에 대해서는 달리 특별한 사정이 없는 한 위증죄가 성립한다고 보아야 할 것이다(대법원 2011. 7. 28. 선고 2009도14928 판결). 이러한 판례의 취지는 심판절차에서 민사소송법의 위 규정들을 준용하고 있는, 상표법 등 산업재산권법상의 위증죄에 대하여도 마찬가지로 적용된다고 봄이 타당하다.

2. 행위

본죄의 행위는 허위의 진술을 하는 것이다. 허위의 진술이란 증인 등이 자기의 기억·지식·경험 등에 반하여 하는 진술이며, 그 내용이 객관적 진실에 부합되는지 여부는 문제되지 않는다.[23] 형법상 위증죄에서 '허위'의 의미에 관하여 통설·판례가 취하고 있는 이른바 주관설의 입장에 따른 것이다.[24]

미수는 벌하지 않으므로 기수시기가 특히 문제되는데, 진술 전체가 끝남으

---

2. 증인의 후견인 또는 증인의 후견을 받는 사람
제315조(증언거부권)
① 증인은 다음 각호 가운데 어느 하나에 해당하면 증언을 거부할 수 있다.
 1. 변호사·변리사·공증인·공인회계사·세무사·의료인·약사, 그 밖에 법령에 따라 비밀을 지킬 의무가 있는 직책 또는 종교의 직책에 있거나 이러한 직책에 있었던 사람이 직무상 비밀에 속하는 사항에 대하여 신문을 받을 때
 2. 기술 또는 직업의 비밀에 속하는 사항에 대하여 신문을 받을 때
② 증인이 비밀을 지킬 의무가 면제된 경우에는 제1항의 규정을 적용하지 아니한다.
제316조(거부이유의 소명)
증언을 거부하는 이유는 소명하여야 한다.
21) 제324조(선서거부권)
 증인이 자기 또는 제314조 각호에 규정된 어느 한 사람과 현저한 이해관계가 있는 사항에 관하여 신문을 받을 때에는 선서를 거부할 수 있다.
22) 제323조(선서의 면제)
 제314조에 해당하는 증인으로서 증언을 거부하지 아니한 사람을 신문할 때에는 선서를 시키지 아니할 수 있다.
23) 송영식·이상정·황종환·이대희·김병일·박영규·신재호(주 7), 378(김병일 집필부분).
24) 허위의 의미에 관한 객관설과 주관설의 상세한 내용은 오영근(주 1), 1005-1007 참조.

로써 다시는 그 진술을 철회할 수 없는 단계에 이른 때에 기수가 된다고 보는 것이 타당하다.25) 형법상 위증죄에서 기수시기에 관하여 신문절차가 종료한 때 (진술 후에 선서를 명하는 경우에는 선서를 종료한 때)로 보고, 선서한 증인이 허위의 진술을 하였더라도 그 신문이 끝나기 전에 그 진술을 취소·시정한 경우에는 위증이 되지 않는다고 보는 통설·판례의 입장에 따른 것이다.26)

Ⅳ. 자수의 특례

본죄를 범한 자는 5년 이하의 징역 또는 5천만원 이하의 벌금에 처하나, 그 사건의 등록여부결정 또는 심결이 확정되기 전에 자수한 때에는 그 형을 경감 또는 면제할 수 있다. 이러한 감면규정을 둔 취지는 위증 등에 의한 심판작용의 과오가 현실로 발생하는 것을 가급적 회피할 수 있도록, 위증 등을 범한 자의 자수를 유도하기 위함이다.27) 다만, 필요적 감면사유가 아니라 임의적 감면사유에 불과하여 형법상의 위증죄와 다르다는 점은 위에서 본 바와 같다.28)

자수란 범인이 자발적으로 자신의 범죄사실을 수사기관에 신고하여 그 소추를 구하는 의사표시를 함으로써 성립하는 것이다(대법원 1999. 7. 9. 선고 99도1695 판결 등). 자수의 대상이 되는 위증 등의 사실은 정범에 국한되지 않고, 교사·방조범이라도 자수한 경우에는 형 감면의 효과를 받을 수 있으나, 자수의 특례는 자수한 본인에게만 적용되고 그 공범에게는 적용되지 않는다.29)

〈박태일〉

---

25) 송영식·이상적·황종환·이대희·김병일·박영규·신재호(주 7), 379(김병일 집필부분).
26) 형법상 위증죄의 기수 시기에 관한 학설의 대립과 판례의 상세한 내용은 이재상(주 6), 792-793 참조.
27) 특허청(주 16), 494.
28) 이에 대하여, 상표법 등 산업재산권법상의 위증죄가 형법상의 위증죄와의 관계에서 특별형법범에 해당하기는 하지만, 형법상 일반범에게 적용되는 필요적 자수 감면 규정 대신 특별법상의 임의적 자수 감면 규정을 적용하는 것은 피고인에게 형벌적용을 불리하게 적용하는 결과를 초래하여 부당하고, 입법자가 특별법 제정 당시 이러한 결과를 의도한 것도 아닐 것으로 짐작되므로, 피고인에게 유리한 방향으로 해석하는 것이 죄형법정주의의 원칙상 타당하니, 자수와 관련하여서는 특허법, 실용신안법, 디자인보호법 및 상표법의 각 임의적 감면규정이 아니라 형법상의 위증죄에 관한 자수특례를 정한 형법 제153조가 적용되어 필요적 감면이 된다고 봄이 타당하다는 견해가 있다[김혜경, "뇌물죄 자진신고자에 대한 특례", 법학연구(제15권 제4호), 연세대학교 법학연구소(2005), 156-157].
29) 오영근(주 1), 1011-1012; 이재상(주 6), 794-795 등 형법상 위증죄에 관하여 일반적으로 설명되고 있는 내용이다.

> **제233조(거짓 표시의 죄)**
> 제224조를 위반한 자는 3년 이하의 징역 또는 3천만원 이하의 벌금에 처한다.

<소 목 차>

Ⅰ. 의의
Ⅱ. 요건
　　1. 거짓 표시행위
　　2. 비친고죄
Ⅲ. 처벌
　　1. 법정형
　　2. 양벌규정
Ⅳ. 관련문제

1. 상표권 소멸 후 또는 출원종료 후의 '등록상표' 또는 '출원상표'의 표시행위
2. 등록된 상표와 유사한 상표에 등록상표의 표시를 하거나 출원중인 상표와 유사한 상표에 출원상표의 표시를 하는 경우
3. 침해죄와의 관계

Ⅰ. 의의

거짓 표시죄란 상표등록이나 상표등록출원을 하지 아니한 상표를 등록상표 또는 상표등록을 위해 출원한 상표인 것같이 상품에 표시하거나 영업용 광고, 간판 및 거래서류 등에 표시하는 죄를 말하고, 상품의 유통과정에서 일반수요자로 하여금 상품의 선택에 있어 공중을 오도케 함으로써 건전한 상거래질서를 해칠 우려가 있는 경우 이를 처벌함을 규정한 것이다.[1]

Ⅱ. 요건

1. 거짓 표시행위

제224조 설명 참조

2. 비친고죄

거짓 표시죄는 보호법익이 개인의 이익보호라기보다는 사회의 거래안전보호에 있다고 볼 수 있기 때문에 처벌요건으로서 고소를 요구하지 않는 비친고죄로 규정하고 있다.

---

[1] 문삼섭, 상표법(제2판), 세창출판사(2004), 1039.

Ⅲ. 처벌

1. 법정형

제224조의 규정에 위반하여 거짓 표시행위를 한 자는 3년 이하의 징역 또는 3천만 원 이하의 벌금[2])에 처한다.

2. 양벌규정

거짓 표시죄에 대하여는 양벌규정이 적용된다. 즉 법인의 대표자나 법인 또는 개인의 대리인, 사용인, 그 밖의 종업원이 그 법인 또는 개인의 업무에 관하여 거짓 표시죄를 범한 경우 그 행위자를 벌하는 외에 그 법인에게는 6천만 원 이하의 벌금형을, 그 개인에게는 3천만 원 이하의 벌금형을 과한다. 다만 법인 또는 개인이 그 위반행위를 방지하기 위하여 해당 업무에 관하여 상당한 주의와 감독을 게을리하지 아니한 경우에는 그러하지 아니하다.[3])

Ⅳ. 관련문제

1. 상표권 소멸 후 또는 출원종료 후의 '등록상표' 또는 '출원상표'의 표시행위

상표권자가 상표권이 소멸된 이후 계속하여 '등록상표'의 표시를 하거나 거절결정이 확정되었거나 출원의 취하 또는 포기 등으로 인하여 출원의 절차가 계속되지 아니하고 종료된 후에도 '출원상표'의 표시를 하는 경우에 그 표시행위가 거짓 표시에 해당되는지 여부가 문제된다.

거짓 표시죄의 경우 표시행위시를 기준으로 하여 등록상표 또는 출원상표인지 여부를 판단하여야 하므로 상표권이 소멸된 후 또는 출원종료 후에 '등록상표' 또는 '출원상표'를 표시하는 경우에는 거짓 표시죄에 해당된다.

---

2) 2017. 3. 21. 공포된 개정 상표법(법률 제14689호, 2017. 9. 22. 시행)은 벌금형의 상한을 종전의 '2천만원'에서 '3천만원'으로 상향 개정하였다. 개정이유는 벌금액을 국민권익위원회의 권고안 및 국회사무처 법제예규의 기준인 징역 1년당 1천만원의 비율로 개정함으로써 벌금형을 현실화하려는 것이다.

3) 상표법 제235조.

2. 등록된 상표와 유사한 상표에 등록상표의 표시를 하거나 출원중인 상표와 유사한 상표에 출원상표의 표시를 하는 경우

등록된 상표나 출원중인 상표를 변형하여 등록상표의 표시를 하거나 출원 상표의 표시를 하는 경우에는 문리해석상 등록 또는 출원된 상표가 아니므로 일응 거짓 표시죄에 해당한다고 볼 수 있으나, 그 변형의 정도가 사회통념상 동 일하다고 볼 수 있는 정도의 변형사용이거나 당해 기업의 상호를 결합하여 사 용하는 경우까지 거짓 표시죄로 처벌할 수는 없다. 따라서 변형사용의 경우 거 짓 표시행위에 해당되는지 여부를 판단할 때에는 결국 그 변형이나 결합의 동 기나 배경 등을 충분히 고려하여 판단하여야 할 것이다.

3. 침해죄와의 관계

미등록상표에 '등록상표'의 표시를 하게 되면 거짓 표시죄를 구성할 뿐만 아니라 그 상표가 타인의 등록상표와 동일 또는 유사한 상표일 경우에는 그 상 표의 사용행위는 상표권의 침해죄에도 해당하게 된다.

〈염호준〉

> **제234조(거짓 행위의 죄)**
>
> 거짓이나 그 밖의 부정한 행위를 하여 상표등록, 지정상품의 추가등록, 존속
> 기간갱신등록, 상품분류전환등록 또는 심결을 받은 자는 3년 이하의 징역 또
> 는 3천만원 이하의 벌금에 처한다.

〈소 목 차〉

Ⅰ. 의의   Ⅲ. 처벌
Ⅱ. 요건   1. 법정형
   1. 거짓 행위   2. 양벌규정
   2. 비친고죄

Ⅰ. 의의

거짓 행위죄는 심사 또는 심판과정에서 허위의 자료나 위조된 자료 등을
제출하여 심사관이나 심판부를 착오에 빠뜨려 상표등록을 받거나 자기에게 유
리한 심결을 받은 행위를 처벌하는 것으로서, 개인적인 법익보호를 위한 규정이
아니라 국가의 권위 또는 관리기능을 해치는 것을 방지하기 위한 국가적인 법
익보호를 위한 규정이다.[1]

Ⅱ. 요건

1. 거짓 행위

거짓 기타 부정한 행위로써 상표등록·지정상품의 추가등록·상표권의 존속
기간갱신등록·상품분류전환등록 또는 심결을 받는 것이다. 거짓 행위란 심사관
등을 기망하여 착오에 빠지게 하는 일체의 행위를 말한다. 예컨대 심사관에게
거짓 자료를 제출하여 등록요건이 불비한 상표에 대하여 상표등록을 받은 경우
를 들 수 있다.

부작위에 의한 거짓 행위의 성립을 인정하는 견해도 있으나, 직권심사주의
가 적용되는 상표법에서는 이를 부정함이 타당하다.[2]

---

1) 문삼섭, 상표법(제2판), 세창출판사(2004), 1042.
2) 송영식 외 6인, 지적소유권법(하), 육법사(2008), 394.

거짓 행위죄는 상표등록·지정상품의 추가등록·상표권의 존속기간갱신등록·상품분류전환등록 또는 심결을 받은 때에 기수가 된다. 일단 상표등록 등이 되면 그 이후에 무효심판 등에 의하여 무효가 되더라도 본죄의 성립에 영향을 미치지 않는다.[3]

거짓 행위에 의해 등록을 받았더라도 무효심결 등이 없는 한 당연무효인 것은 아니다.

2. 비친고죄

거짓 행위죄는 보호법익이 개인의 이익보호라기보다는 국가적인 법익보호에 있다고 볼 수 있기 때문에 처벌요건으로서 고소를 요구하지 않는 비친고죄로 규정하고 있다.

Ⅲ. 처벌

1. 법정형

거짓 행위죄를 범한 자는 3년 이하의 징역 또는 3천만 원 이하의 벌금[4]에 처한다.

2. 양벌규정

거짓 행위죄에 대하여는 양벌규정이 적용된다. 즉 법인의 대표자나 법인 또는 개인의 대리인, 사용인, 그 밖의 종업원이 그 법인 또는 개인의 업무에 관하여 거짓 행위죄를 범한 경우 그 행위자를 벌하는 외에 그 법인에게는 6천만 원 이하의 벌금형을, 그 개인에게는 3천만 원 이하의 벌금형을 과한다. 다만 법인 또는 개인이 그 위반행위를 방지하기 위하여 해당 업무에 관하여 상당한 주의와 감독을 게을리 하지 아니한 경우에는 그러하지 아니하다.[5]

〈염호준〉

---

3) 송영식 외 6인(주 2), 394.
4) 2017. 3. 21. 공포된 개정 상표법(법률 제14689호, 2017. 9. 22. 시행)은 벌금형의 상한을 종전의 '2천만원'에서 '3천만원'으로 상향 개정하였다. 개정이유는 벌금액을 국민권익위원회의 권고안 및 국회사무처 법제예규의 기준인 징역 1년당 1천만원의 비율로 개정함으로써 벌금형을 현실화하려는 것이다.
5) 상표법 제235조.

> **제235조(양벌규정)**
>
> 법인의 대표자나 법인 또는 개인의 대리인, 사용인, 그 밖의 종업원이 그 법인 또는 개인의 업무에 관하여 제230조, 제233조 또는 제234조의 위반행위를 하면 그 행위자를 벌하는 외에 그 법인에는 다음 각 호의 구분에 따른 벌금형을 과(科)하고, 그 개인에게는 해당 조문의 벌금형을 과한다. 다만, 법인 또는 개인이 그 위반행위를 방지하기 위하여 해당 업무에 관하여 상당한 주의와 감독을 게을리하지 아니한 경우에는 그러하지 아니하다.
> 1. 제230조를 위반한 경우: 3억원 이하의 벌금
> 2. 제233조 또는 제234조를 위반한 경우: 6천만원 이하의 벌금

<소 목 차>

Ⅰ. 의의
Ⅱ. 처벌
1. 법인
2. 개인

Ⅰ. 의의

본조는 법인의 대표자나 법인 또는 개인의 대리인, 사용인, 그 밖의 종업원이 그 법인 또는 개인의 업무에 관하여 제230조의 상표권 침해의 죄, 제233조의 거짓 표시의 죄, 제234조의 거짓 행위의 죄를 범한 경우 그 행위자를 벌하는 외에 그 법인과 개인에 대하여도 형벌을 과한다는 양벌규정을 정하고 있다. 이는 범죄행위를 방지하고 규제 목적을 달성하기 위하여 사용자의 지위에 있는 법인 또는 개인에 대하여 감독책임을 묻는 것이다.[1]

그러나 이 경우에도 형사법상의 책임주의 원칙은 여전히 적용되기 때문에, 법인 또는 개인이 그 위반행위를 방지하기 위하여 해당 업무에 관하여 상당한 주의와 감독을 게을리 하지 아니한 경우에는 죄책을 물을 수 없다. 구체적인 사안에서 법인 또는 개인이 상당한 주의 또는 관리감독 의무를 게을리 하였는지 여부는 당해 위반행위와 관련된 모든 사정 즉, 당해 법률의 입법 취지, 처벌조항 위반으로 예상되는 법익 침해의 정도, 그 위반행위에 관하여 양벌규정을 마련한 취지 등은 물론 위반행위의 구체적인 모습과 그로 인하여 실제 야기된 피해 또는 결과의 정도, 법인 또는 개인의 영업 규모 및 행위자에 대한 감독가능

---

[1] 헌법재판소 2000. 6. 1. 선고 99헌바73 결정 등 참조.

성 또는 구체적인 지휘감독 관계, 법인 또는 개인이 위반행위 방지를 위하여 실제 행한 조치 등을 전체적으로 종합하여 판단한다.[2]

다만, 법인은 기관을 통하여 행위를 하므로 법인이 대표자를 선임한 이상 그의 행위로 인한 법률효과는 법인에게 귀속되어야 하고, 법인 대표자의 범죄행위에 대하여는 법인 자신이 책임을 져야 하는바, 법인 대표자의 법규위반행위에 대한 법인의 책임은 법인 자신의 법규위반행위로 평가될 수 있는 행위에 대한 법인의 직접책임으로서, 대표자의 고의에 의한 위반행위에 대하여는 법인 자신의 고의에 의한 책임을, 대표자의 과실에 의한 위반행위에 대하여는 법인 자신의 과실에 의한 책임을 각각 지는 것이다.[3]

II. 처벌

1. 법인

법인의 대표자, 대리인, 사용인, 그 밖의 종업원인 행위자가 제230조의 상표권 침해의 죄를 범한 경우 법인에 대하여 3억 원 이하의 벌금형을, 행위자가 제233조의 거짓 표시의 죄, 제234조의 거짓 행위의 죄를 범한 경우 법인에 대하여 각 6천만 원 이하의 벌금형을 각 과한다.

2. 개인

개인의 대리인, 사용인, 그 밖의 종업원인 행위자가 제230조, 제233조, 제234조의 죄를 범한 경우 개인에게는 해당 조문의 벌금형을 과한다.

따라서 행위자가 제230조의 상표권 침해의 죄를 범한 경우에는 개인에 대하여 1억 원 이하의 벌금형을 과하고, 행위자가 제233조의 거짓 표시의 죄, 제234조의 거짓 행위의 죄를 범한 경우에는 개인에 대하여 각 3천만 원 이하의 벌금형을 과한다.

〈윤주탁〉

---

2) 대법원 2010. 9. 9. 선고 2008도7834 판결[공2010하, 1943].
3) 대법원 2010. 9. 30. 선고 2009도3876 판결[미간행].

> **제236조(몰수)**
> ① 제230조에 따른 상표권 또는 전용사용권의 침해행위에 제공되거나 그 침해행위로 인하여 생긴 상표·포장 또는 상품(이하 이 항에서 "침해물"이라 한다)과 그 침해물 제작에 주로 사용하기 위하여 제공된 제작 용구 또는 재료는 몰수한다.
> ② 제1항에도 불구하고 상품이 그 기능 및 외관을 해치지 아니하고 상표 또는 포장과 쉽게 분리될 수 있는 경우에는 그 상품은 몰수하지 아니할 수 있다.

〈소 목 차〉

Ⅰ. 의의
Ⅱ. 몰수의 대상

Ⅲ. 필요적 몰수

Ⅰ. 의의

본조는 상표권 또는 전용사용권 침해행위에 의한 이득을 방지하기 위하여 형법 제41조 제9호, 제48조의 몰수 규정에 대한 특별 규정을 마련한 것이다.

Ⅱ. 몰수의 대상

본조는 몰수의 대상을 침해물과 그 침해물 제작에 주로 사용하기 위하여 제공된 제작 용구 또는 재료로 규정하고 있다.

침해물에는 상표권 또는 전용사용권의 침해행위에 제공되거나 그 침해행위로 인하여 생긴 상표·포장 또는 상품이 해당한다. 위 침해물의 제작 용구 또는 재료와 관련하여, 2011. 6. 30. 법률 제10811호로 개정되기 전의 상표법 제97조의2 제1항은 "상표 또는 포장의 제작용구"를 몰수 대상으로 규정하고 있었다. 그러나 「대한민국과 유럽연합 및 그 회원국 간의 자유무역협정」의 합의사항을 반영하기 위하여 법률 제10811호로 개정된 상표법은 몰수의 대상과 관련하여 제작 용구 외에 '재료'를 추가하고, 제작 용구 또는 재료가 '상표 또는 포장'의 제작에 사용되는 경우 외에 '상품'의 제작에 사용되는 경우를 추가함으로써 몰수의 대상을 확대하는 한편, 제작 용구 또는 재료가 침해물 제작에 '주로' 사용하기 위하여 제공된 것으로 한정함으로써 몰수의 요건을 강화하였다.

다만, 상품과 상표·포장은 엄연히 별개이고 양자가 분리가능함에도 상품을 몰수하는 것은 과잉처벌이 됨으로써 위헌의 소지가 있는데, 본조 제2항은 "상품이 기능 및 외관을 해치지 아니하고 상표 또는 포장과 쉽게 분리될 수 있는 경우에는 그 상품은 이를 몰수하지 아니할 수 있다."고 규정하여 이 문제를 해결하고 있다. 상표가 상품 자체에 직접 인쇄되거나 조각된 경우에는 상품의 기능 및 외관을 해치지 않고 상품과 상표가 쉽게 분리되기는 어렵다고 볼 여지가 크고, 상표나 포장이 상품 자체와 별개로 제작되어 상품으로부터 쉽게 제거할 수 있는 경우에는 상품의 기능 및 외관을 해치지 않고도 쉽게 분리할 수 있다고 볼 여지가 크다.

이와 같이 상품이 몰수의 대상이 되지 않는 경우에는, '상품'의 제작에 주로 사용되는 제작 용구 또는 재료를 몰수할 수 있는지 문제되나, 상품이 몰수의 대상에 포함되지 않는다면 그 제작 용구나 재료 역시 몰수의 대상에 포함되지 않는다고 보는 것이 본조 제2항의 입법 취지나 목적에 부합하는 해석이라고 할 것이다.

본조 제1항에 의한 몰수 대상인 침해물, 제작 용구 또는 재료는 범인 이외의 자의 소유에 속하지 아니하거나 범죄 후 범인 이외의 자가 정을 알면서 취득한 물건이어야 한다(형법 제48조).

Ⅲ. 필요적 몰수

형법 제48조는 "몰수할 수 있다."고 규정하여 이른바 임의적 몰수를 규정하고 있지만, 본조 제1항은 "몰수한다."고 규정하여 필요적 몰수를 규정하고 있다.

본조에서 규정하는 몰수 대상물을 몰수할 수 없는 경우에는 필요적으로 추징하여야 하는지 문제되나, 본조가 필요적 추징 규정을 두고 있지 않으므로 죄형법정주의의 원칙상 부정적으로 해석하여야 할 것이다.[1]

---

1) 부산지방법원 2009. 6. 11. 선고 2009노552 판결(확정)[각공 2009하, 1508]에서는 ① 상표법은 필요적 몰수만을 명시하고 있을 뿐이어서 이를 몰수할 수 없을 경우 그 추징 여부에 관하여는 원칙으로 돌아가 임의적 추징으로 해석함이 상당한 점, ② 더욱이 범죄수익은닉의 규제 및 처벌 등에 관한 법률은 특정 범죄와 관련된 몰수와 추징에 관한 특례를 규정하

〈윤주탁〉

면서 그 몰수와 추징의 성격을 모두 임의적인 것으로 규정하고 있는데(같은 법 제8조, 제9
조, 제10조), 같은 법 제2조 제1호 및 중대범죄에 관한 [별표 제9호]에서 상표법위반 범죄를
특정 범죄로 분류하고 있어 상표법상의 추징에 대해서도 임의적 추징으로 해석할 여지가
많은 점, ③ 여기에 추징은 형벌인 몰수(형법 제41조, 제49조) 제도의 취지를 관철하기 위
하여 인정된 제도로서 부가형으로서의 성질을 가지는 것이므로, 추징에 관한 규정을 해석
함에 있어서도 죄형법정주의의 원칙상 이를 엄격하게 해석해야 할 필요가 있는 점 등을 종
합하여, 상표권 침해로 인한 범죄 수익에 관한 추징은 임의적인 것으로 판단하였다.

제237조(과태료)

① 다음 각 호의 어느 하나에 해당하는 자에게는 50만원 이하의 과태료를 부과한다.

1. 제141조 제7항에 따라 준용되는「민사소송법」제299조 제2항 또는 제367조에 따라 선서를 한 사람으로서 특허심판원에 대하여 거짓 진술을 한 사람

2. 특허심판원으로부터 증거조사 또는 증거보전에 관하여 서류나 그 밖의 물건의 제출 또는 제시 명령을 받은 자로서 정당한 이유 없이 그 명령에 따르지 아니한 자

3. 특허심판원으로부터 증인, 감정인 또는 통역인으로 출석이 요구된 사람으로서 정당한 이유 없이 출석요구에 응하지 아니하거나 선서·진술·증언·감정 또는 통역을 거부한 사람

② 제1항에 따른 과태료는 대통령령으로 정하는 바에 따라 특허청장이 부과·징수한다.

<소 목 차>

Ⅰ. 의의
Ⅱ. 과태료의 부과
　1. 부과 기준
　2. 부과 절차
Ⅲ. 과태료 처분에 대한 불복절차
　1. 이의제기와 재판절차의 개시
　2. 재판절차
Ⅳ. 과태료재판의 집행

Ⅰ. 의의

　본조는 증거조사와 관련된 특허심판원의 심판절차가 원활하게 진행될 수 있도록 하기 위하여, 민사소송법의 규정에 의한 선서를 한 자가 특허심판원에 대하여 허위의 진술을 하는 경우, 특허심판원으로부터 증거조사 또는 증거보전에 관하여 서류 기타 물건의 제출 또는 제시의 명령을 받은 자가 정당한 이유 없이 그 명령에 응하지 아니한 경우, 특허심판원으로부터 증인·감정인 또는 통역인으로 소환된 자가 정당한 이유 없이 소환에 응하지 아니하거나 선서·진술·증언·감정 또는 통역을 거부한 경우에 과태료를 부과하도록 규정하고 있다.

　과태료는 금전벌의 일종으로서 형벌인 벌금·과료와 구별된다. 본조가 규정한 과태료는 질서위반행위규제법 제2조 제1호[1] 소정의 질서위반행위에 해당한다.

---

1) 제2조(정의) 이 법에서 사용하는 용어의 뜻은 다음과 같다.

Ⅱ. 과태료의 부과

1. 부과 기준

본조는 과태료의 부과 및 징수에 관하여 대통령령에 위임하고 있다. 본조의 위임을 받은 상표법 시행령 제21조에서는 "법 제237조 제1항에 따른 과태료의 부과기준은 별표와 같다."고 규정하고 있다.

상표법 시행령의 별표에서 정하고 있는 과태료의 부과기준은 다음과 같다.

위반행위	근거 조문	과태료 금액 (단위: 만원)		
		1회 위반	2회 위반	3회 이상 위반
가. 「민사소송법」 제299조 제2항 또는 제367조에 따라 선서를 한 사람이 특허심판원에 대하여 거짓 진술을 한 경우	법 제237조 제1항 제1호	12.5	25	50
나. 특허심판원으로부터 증거조사 또는 증거보전에 관하여 서류나 그 밖의 물건의 제출 또는 제시 명령을 받은 자가 정당한 이유 없이 그 명령에 따르지 않은 경우	법 제237조 제1항 제2호	12.5	25	50
다. 특허심판원으로부터 증인, 감정인 또는 통역인으로 출석이 요구된 사람이 정당한 이유 없이 출석요구에 응하지 않거나 선서·진술·증언·감정 또는 통역을 거부한 경우	법 제237조 제1항 제3호	5	10	20

2. 부과 절차

본조의 위임을 받은 상표법 시행령 제21조에서는 과태료의 부과기준만을

---

1. "질서위반행위"란 법률(지방자치단체의 조례를 포함한다. 이하 같다)상의 의무를 위반하여 과태료를 부과하는 행위를 말한다. 다만, 다음 각 목의 어느 하나에 해당하는 행위를 제외한다.
   가. 대통령령으로 정하는 사법(私法)상·소송법상 의무를 위반하여 과태료를 부과하는 행위
   나. 대통령령으로 정하는 법률에 따른 징계사유에 해당하여 과태료를 부과하는 행위

정하고 있을 뿐 과태료의 부과·징수 절차에 관하여는 특별한 규정을 두고 있지
않다. 이는 과태료의 부과·징수 및 재판 등에 관한 사항을 규정하는 것을 목적
으로 제정되어 다른 법률보다 우선적으로 적용되는 질서위반행위규제법이 이를
규율하고 있기 때문이다(질서위반행위규제법 제1조, 제5조).

　　특허청장은 질서위반행위에 대하여 과태료를 부과하고자 하는 때에는 미리
당사자(고용주 등을 포함한다)에게 사전통지하고 10일 이상의 기간을 정하여 의
견을 제출할 기회를 주어야 하고, 당사자는 의견 제출 기한 이내에 특허청장에
의견을 진술하거나 필요한 자료를 제출할 수 있다. 특허청장은 당사자가 제출한
의견에 상당한 이유가 있는 경우에는 과태료를 부과하지 아니하거나 통지한 내
용을 변경할 수 있다(질서위반행위규제법 제16조). 특허청장은 위 의견 제출 절차
를 마친 후에 서면(당사자가 동의하는 경우에는 전자문서를 포함한다)으로 과태료
를 부과하여야 한다(질서위반행위규제법 제17조). 특허청장은 당사자가 위 의견
제출 기한 이내에 과태료를 자진하여 납부하고자 하는 경우에는 과태료를 감경
할 수 있다(질서위반행위규제법 제18조).

　　특허청장은 질서위반행위가 종료된 날부터 5년이 경과한 경우에는 해당 질
서위반행위에 대하여 과태료를 부과할 수 없다(질서위반행위규제법 제19조).

Ⅲ. 과태료 처분에 대한 불복절차

1. 이의제기와 재판절차의 개시

　　본조에 의한 과태료 부과처분에 불복하는 절차에 관하여도 질서위반행위규
제법이 규율하고 있다.

　　특허청장의 과태료 부과처분에 불복하는 당사자는 과태료 부과 통지를 받은
날부터 60일 이내에 특허청장에게 서면으로 이의제기를 할 수 있다. 위 이의제
기가 있는 경우에는 과태료 부과처분은 그 효력을 상실한다(질서위반행위규제법
제20조 제1항, 제2항). 특허청장은 이의제기를 받은 날부터 14일 이내에 이에 대
한 의견 및 증빙서류를 첨부하여 관할 법원에 통보하여야 하는데(질서위반행위규
제법 제21조), 이로써 과태료 재판절차가 개시된다. 여기서 관할 법원이라 함은
당사자의 주소지의 지방법원 또는 그 지원을 말한다(질서위반행위규제법 제25조).

2. 재판절차

가. 약식재판

법원은 상당하다고 인정하는 경우 심문 없이 과태료 재판을 할 수 있는데, 이를 약식재판이라 한다.

당사자 또는 검사가 약식재판의 고지를 받은 후 7일 이내에 적법한 이의신청을 한 경우에는 정식재판으로 이행된다. 정식재판으로 이행된 경우에는 반드시 심문기일을 열어 당사자의 진술을 들어야 한다(질서위반행위규제법 제44조, 제45조, 제50조).

한편, 약식재판의 고지를 받은 후 7일 이내에 이의신청이 없거나 이의신청이 취하되거나 이의신청에 대한 각하결정이 확정되면 약식재판은 확정된다(질서위반행위규제법 제49조).

나. 정식재판

법원이 심문기일을 열어 당사자의 진술을 듣고, 검사로부터 의견을 구하는 절차를 거치는 경우를 정식재판이라 하는데(질서위반행위규제법 제31조), 법원이 처음부터 위와 같은 절차에 따라 재판을 하는 경우도 있고, 위 가.항에서 본 바와 같이 약식재판에 대한 이의신청으로 인해 개시되는 경우도 있다.

법원은 심문기일을 정하고 당사자에게 기일을 통지하는데, 기일을 통지한 이상 당사자가 출석하지 않거나 서면만을 제출한 경우에도 당사자 출석 없이 재판할 수 있다(질서위반행위규제법 제31조 제1항). 법원은 검사의 의견을 구하여야 하고, 검사는 심문에 참여하여 의견을 진술하거나 서면으로 의견을 제출하여야 한다(질서위반행위규제법 제31조 제2항). 법원은 특허청장에게 출석요구를 할 수 있다(질서위반행위규제법 제32조).

법원은 위반사실이 증명되면 위반자를 처벌하는 결정을 하고, 위반사실이 인정되지 않거나 고의 또는 과실이 인정되지 않는 경우 등에는 불처벌 결정을 한다. 위 결정은 이유를 기재해야 한다(질서위반행위규제법 제36조). 위 결정은 당사자와 검사에게 고지함으로써 효력이 생긴다(질서위반행위규제법 제37조).

당사자와 검사는 과태료 재판에 대하여 즉시항고를 할 수 있다. 이 경우 항고는 집행정지의 효력이 있다(질서위반행위규제법 제38조). 항고법원의 결정에 대하여는 대법원에 재항고를 할 수 있다(질서위반행위규제법 제40조, 민사소송법 제

442조).

Ⅳ. 과태료재판의 집행

과태료 재판은 검사의 명령으로써 집행한다. 이 경우 그 명령은 집행력 있는 집행권원과 동일한 효력이 있다. 과태료 재판의 집행절차는 「민사집행법」에 따르거나 국세 또는 지방세 체납처분의 예에 따른다. 다만, 「민사집행법」에 따를 경우에는 집행을 하기 전에 과태료 재판의 송달을 하지 아니한다. 검사는 위와 같은 절차에 따라 과태료 재판을 집행한 경우 그 결과를 특허청장에 통보하여야 한다(질서위반행위규제법 제42조).

다만, 검사는 과태료를 최초 부과한 특허청장에 대하여 과태료 재판의 집행을 위탁할 수 있고, 위탁을 받은 특허청장은 국세 또는 지방세 체납처분의 예에 따라 집행한다(질서위반행위규제법 제43조).

〈윤주탁〉

사 항 색 인

[A]

Anheuser-Busch, Inc. v. Balducci
    Publications 65

[F]

Fair Use 102

[H]

Hanover Star Milling Co. v. Metcalf 29

[I]

intend to use registration 28

[T]

tacking doctrine 113

TRIPs 975

[ㄱ]

가거절 827
가거절통지 829
간접침해 1024, 1025, 1027
개별수수료 851, 863
거절결정 불복심판 579
거절결정 불복심판의 심결 318
거절결정에 대한 심판 306
결정각하의 형식 461
결정계 심결취소소송 623, 625
결정계 심판청구서 449
경과규정 184

경제질서조항 51, 53
계약관계의 승계 150
계약당사자의 변동 150, 167
고유필수적 공동심판 432
고의 1008, 1010, 1011, 1012
공개 금지 931
공개주의 504
공동소송적 당사자참가 508
공동소송적 보조참가 508, 682
공동소송참가 683
공동심판 669
공동심판의 청구 431
공범 1018
공시송달 943, 945
공유 131, 148, 695
공유자의 원고적격 665
공유자의 피고적격 695
관용상표 103
구성요건해당성 984, 1006
구술심리 502
구체적인 이익 415
국제등록 726
국제등록 사항의 변경등록 773
국제등록기초상표권 858, 859, 864
국제등록에 의한 국내등록의 대체 793
국제등록의 명의변경 758
국제등록의 소멸 884
국제등록의 종속성 895
국제등록일 748

국제상표등록부 862, 878
국제상표등록출원 779
국제상표등록출원의 특례 788
국제상표출원 관련 국제수수료의 납부 763
국제상표출원서 739
국제출원 729
국제출원서 등 서류제출의 효력발생 시기 742
국제출원의 절차 738
국제출원인의 자격 735
권리남용 79, 210
권리범위확인심판 410, 411, 412, 413, 414, 416, 417, 418
권리불요구제도 106
권리의 승계 677
권리의 저촉 117
권리의 집합 46
권리의 행사 420, 421, 422
균등부담 564
금지권 36, 987
금지청구권 146
금지청구권의 대위 행사 162
기속 587
기속력 589, 702
기술적 표장 98
기재사항의 심사 745
기초출원 726
기판력 701

[ㄷ]
당사자 665
당사자계 심결취소소송 623, 625, 626
당사자계 심판 694
당사자계 심판청구서 441

당사자적격 510
대리인 보수 574
독점권 36
독점권 이전(Assignment) 82
독점적 통상사용권 158, 163
동음이의어 지리적 표시 단체표장 961
등록 153, 168
등록공고 5
등록상표와 유사한 상표 965, 967, 968
등록주의 2, 3
등록협력의무 149
디자인권 118

[ㅁ]
마드리드 국제상표제도 718
마드리드 의정서 718
마드리드 협정 724
몰수 1047
무역관련지식재산권협정 975
무효사유 324, 325, 331, 332, 333
무효심결 336, 337, 339
무효심판 322, 323
무효심판 등에 대한 심판청구방식 440
물권법정주의 44

[ㅂ]
배타적 사용권(exclusive license) 82
범의 1008, 1011, 1012, 1013
법률의 착오 1008, 1012, 1014
법적 성격 144, 160
법정사용권의 내용 173
변리사 보수 716
병합의 필요성 529
병행수입 85
보정 각하결정 등에 대한 심판청구방식

448

보정각하결정 불복심판　579

보정각하결정 불복심판의 심결　304

보정각하결정에 대한 심판　296

보정기회　584

보정명령　457

보정의 특례　804

보조참가　508, 682

보통명칭　98

보호부여기술서　847

본국관청　726

부가기간　688

부정경쟁　177

부정경쟁의 목적　97, 177

부정경쟁행위　122

분할　136

분할납부　12

불변기간　684

불복의 제한　970

비독점적 통상사용권　158, 162

비밀유지명령　973, 975, 976, 978, 979

비밀유지명령 위반죄　980

비밀유지명령의 신청　977

비밀유지명령의 취소　974, 977

비배타적 사용권(non-exclusive license)
　82

[ㅅ]

사용권　142, 987, 1005

사용권 이전의 제한　174

사용권제도　140

사용료 지급의무　149

사용의 계속성　180

사용주의　2, 3, 27

사해재심　601

사해재심의 요건　602

사후지정　750

상표공보　5, 6

상표관리　951

상표관리인　952

상표권　1, 2, 3, 4, 7, 9, 12

상표권 등의 등록　154

상표권 이전　801

상표권의 공유　125

상표권의 본질상 한계　70

상표권의 분할　136

상표권의 소멸　152, 200

상표권의 유지와 관련된 의무　149

상표권의 이전　125, 168

상표권의 포기　187, 190

상표권의 한계　48

상표권의 행사와 권리남용　79

상표권의 효력 제한　93

상표권침해　204

상표권침해죄　983, 987, 1004, 1006,
　1011, 1012, 1024, 1025, 1027

상표등록 또는 사용권등록취소심판　174

상표등록료　1, 4, 5, 7, 12

상표등록출원에 관한 증명　929

상표등록취소심판　184

상표문서 전자화　933, 934, 935, 936

상표법상의 항변　1003

상표사용계약　337

상표의 독립 및 종속의 이분법(In
　Gross/Appurtenant Dichotomy)　25

상표의 동일　988

상표의 유사　989

상표적 사용　993

상품분류전환　913, 914, 915, 916, 917,
　919, 920, 927, 928

상품분류전환등록   921, 923
상품의 동일   991
상품의 유사   991
새로운 거절이유   582
새로운 증거   589
색채상표   966, 968
서류의 반출   931
서류의 송달   937
서류의 열람   929
서류제출 명령   975
서류제출명령   291, 292, 293, 294
서면심리   502
선사용권   176
선사용권의 내용   181
선사용권의 범위   183
선사용권의 법적 성격   181
선사용권의 요건   177
선사용권의 의의   176
선사용권의 효과   181
선점(prior appropriation)   29
설정등록   1, 2, 3, 4, 5, 12
성과   123
성명 또는 명칭 표시의무   150
소 제기 통지   698
소급효   336, 337, 339
소멸시효   420
소송기록 열람 등의 청구 통지   974, 978
소송비용 부담   714
소의 이익의 판단시점   641
소진이론   86
손해배상청구권   147, 165
수수료 미납에 대한 보정   768
수수료의 납부   761
승계   127
승계인   309

식별력   2, 3
신성불가침의 권리   56
신의성실   120
심결각하   464
심결의 실체상의 위법   628
심결의 절차상의 위법   629
심결의 효력   417
심결취소소송에서의 분배   655
심결취소소송에서의 소송물   633
심결취소소송에서의 입증책임   650, 655
심결취소소송에서의 자백   659
심결취소소송에서의 자백간주   659, 710
심결취소소송에서의 주장책임   650, 653
심결취소소송에서의 참가   682
심결취소소송의 성질   625
심결취소소송의 소송목적의 값   689
심결취소소송의 소송물   627
심결취소소송의 소의 이익   640
심결취소소송의 심리범위   645
심결취소소송의 원고 적격   664
심결취소소송의 의의   622
심결취소소송의 종류   623
심결취소소송의 판결   699
심결취소소송의 피고 적격   693
심결취소판결의 기속력   702
심리의 병합   528
심리의 분리   530
심사규정의 상표등록거절결정에 대한
   심판에 관한 준용   426
심사절차의 흠결   582
심판관   465
심판관의 기피   491
심판관의 자격   466
심판관의 제척   482
심판관의 지정   469

심판관의 지정변경   470
심판관의 직무상 독립   467
심판관의 회피   500
심판물   633, 635
심판비용   554, 555, 556, 557, 559, 560,
   562, 565, 567, 574
심판의 합의체   474
심판장   472
심판전치   690
심판절차 및 소송절차의 중지   552
심판청구   330, 335, 340
심판청구서 등의 각하   455
심판청구서 등의 결정각하   458
심판청구서의 보정   445, 452
심판청구에 대한 보정명령   456
심판청구의 심결 각하   462
심판청구의 이익   644
심판청구의 취하   340, 532
심판청구인   326, 331

[ㅇ]
양벌규정   1045
업무표장   777
업무표장에 대한 적용 제외   777
업무표장의 특례   786
연대부담   564
연상관계(association)   68
영업비밀   973, 975, 976, 979
예납명령   570
외부반출   931, 932
요지변경의 범위   301
우선권 주장의 특례   814
우선심사의 특례   817
위법성 조각   1006
위증죄   1030, 1031, 1032, 1033, 1034,

   1035, 1036, 1038, 1039
유사상표   967
유사필수적 공동심판   434
유사필요적 공동소송   667
의정서의 폐기   901
이전   126
이전등록   155
이차적 의미(secondary meaning)   67
이해관계   510
이해관계인   327, 328
인격권   55
일반승계에 의한 이전   155
일사부재리   337
일응의 추정(prima facie evidence)   35
입증책임   178

[ㅈ]
자수범   1036
자수의 특례   1039
재산권 보장조항   51
재심 청구적격자   594
재심과 상표권의 효력   612
재심과 심판절차   618
재심사유   596, 599
재심의 의의   591
재심청구기간   608
재심청구의 대상   593
재외자에 대한 송달   951
재출원   906, 907
재판서 정본 송부   698
저작권   119
전용사용권   81, 139, 142, 144
전용사용권 설정계약의 해제 또는 해지
   153
전용사용권에 대한 질권   148

전용사용권에 대한 통상사용권   148
전용사용권을 설정한 상표권자의 지위
  146
전용사용권의 범위   145
전용사용권의 소멸   151
전용사용권의 이전   150
전용사용권의 포기   153, 190
전용사용권의 효력   146
전용사용권자의 의무   149
전용사용권자의 지위   146
절대적인 권리(absolute rights)   56
절차의 무효   770
절차적 한계   77
제3자의 채권침해   165
제소기간   684
제척기간   330, 335
존속기간   8, 10, 11, 152
존속기간 갱신등록   23
존속기간갱신   13, 15, 16
존속기간갱신등록   5, 7, 9, 10, 11, 12,
  341, 342
존속기간의 갱신   755
종업원   978
죄수   1020
주간통상조항(Interstate Commerce Clause)
  52
증거보전   516
증거조사   516
증인신문   519
지리적 표시 단체표장   961
지리적 표시 등록단체표장   965, 968,
  969
지리적표시 단체표장권   105
지정국 관청   726
지정상품   325, 331, 340

지정상품 추가등록   18, 19, 21, 23
지정상품의 감축   774
지정상품의 포기 및 취소   775
직권심리   524
직권심리주의   650
직권진행주의   522
직권탐지주의   651
직업의 자유   66
진정상품   85
질권설정의 효력   195
질권의 물상대위   197
질권의 설정   156, 194
질서유지   506
집중공격   727
집행권원   576, 577
집행력   576, 577

[ㅊ]
참가   507
참가신청   513
참가인   680
처분의 제한   186
청구이의의 소   577
청구인적격   327
출원   8, 9
출원 변경의 특례   810
출원 분할의 특례   812
출원의 승계 및 분할이전 등의 특례   801
출원주의   27
취소심판   423, 424, 425
취소의 기본이 된 이유   704
침해금지청구권의 내용   206
침해의 구성여부   410

[ㅌ]

통상사용권 157

통상사용권에 대한 질권 167

통상사용권의 내용 160

통상사용권의 범위 160

통상사용권의 설정 158

통상사용권의 소멸 168

통상사용권의 의의 157

통상사용권의 이전 167

통상사용권의 종류 158

통상사용권의 포기 191

통상사용권의 효력 160

특별현저성 67

특정승계 155

특허 및 저작권조항(Patent and Copyright Clause) 52, 53

특허권 118, 172

[ㅍ]

패러디 65

포기의 효과 192

표장의 국제등록에 관한 마드리드협정에 대한 의정서 718

피고의 경정 695

피해자 지위의 승계 1023

[ㅎ]

한-EU FTA 975

한미 FTA 975, 979

한미 자유무역협정 975

현저한 지리적 명칭 103

형성력 701

혼동 153

혼동방지표시청구권 174, 184

혼동이론 31

확인대상상표 414, 415, 417, 418

효력의 제한 148

후발적 등록무효사유 325

후발적 무효사유 332, 337

희석화 이론 31

상표법 주해 II

초판발행	2018년 3월 1일
편집대표	정상조
펴낸이	안종만
편 집	전은정
기획/마케팅	조성호
표지디자인	조아라
제 작	우인도 · 고철민
펴낸곳	㈜ **박영사**
	서울특별시 종로구 새문안로3길 36, 1601
	등록 1959. 3. 11. 제300-1959-1호(倫)
전 화	02)733-6771
f a x	02)736-4818
e-mail	pys@pybook.co.kr
homepage	www.pybook.co.kr
ISBN	979-11-303-3179-9 94360
	979-11-303-3177-5 94360(세트)

copyright©정상조, 2018, Printed in Korea

* 잘못된 책은 바꿔드립니다. 본서의 무단복제행위를 금합니다.
* 저자와 협의하여 인지첩부를 생략합니다.

정 가   60,000원